УАЙЛИ

Y. BOURMAN, G. BOBKOVSKY

ENGLISH-RUSSIAN SCIENTIFIC AND ENGINEERING DICTIONARY

Theoretical and Applied Mechanics
Mechanics of Solids, Mechanics of Fluids
Machine-Building and Construction
Mathematics
Computers and Programming
General Scientific and Technical Vocabulary

WILEY

Moscow
1995

Я. БУРМАН, Г. БОБКОВСКИЙ

АНГЛО-РУССКИЙ НАУЧНО-ТЕХНИЧЕСКИЙ СЛОВАРЬ

теоретическая и прикладная механика
механика твердого тела, жидкости и газа
машиностроение и строительство
математика
вычислительная техника и программирование
общенаучная лексика и фразеология

УАЙЛИ
Москва
1995

ББК 46.2.3

Я. Бурман, Г. Бобковский
Англо-русский научно-технический словарь. — М.: "Джон Уайли энд Санз", 1995 г., 672 с.

ISBN 5-88182-034-7

Первый словарь такого объема по механике и смежным наукам и дисциплинам, вышедший в России. Охватывает лексику по следующим темам: теоретическая и прикладная механика, механика твердого тела, жидкости и газа, машиностроение, строительство, математика (включая численные методы и, в частности, метод конечных элементов), вычислительная техника и программирование, общенаучная лексика и фразеология.

Предназначается для научных работников, инженеров, преподавателей и студентов, переводчиков научно-технической литературы.

Под общей редакцией Я. Бурмана

Книга выпущена при участии издательства "ЧеРо"
Телефон для оптовых заказов (095) 939-3381

ББК 46.2.3

ISBN 5-88182-034-7 © 1995 "Джон Уайли энд Санз" (Москва)

АОЗТ «Джон Уайли энд Санз»
117526 Москва, проспект Вернадского, 101, а/я 83
Тел. (095) 434-4340; факс (095) 434-3383
E-mail *cgrave@wiley.msk.su*

*Посвящается светлой памяти
профессора З.И. БУРМАНА*

ПРЕДИСЛОВИЕ

Настоящий словарь предназначен для чтения оригинальной научной и технической литературы на английском языке, затрагивающей проблематику ряда наук и технических дисциплин, которые можно условно объединить понятием "прикладная механика". Словарь ориентирован на широкую профессиональную аудиторию, которую составляют ученые-механики, инженеры-проектировщики, расчетчики и экспериментаторы, работающие в различных отраслях техники, разработчики прикладного программного обеспечения, преподаватели, студенты и аспиранты соответствующих специальностей, переводчики.

Работая над настоящим словарем, авторы-составители исходили из того, что прикладная механика как синтетическая дисциплина, вобрала в себя объемную терминологию многочисленных смежных наук и областей техники, что отражается в лексике публикаций. Так, термины машиностроения или строительства используются в публикациях наряду с терминами механики сред и конструкций, теории управления, математики, программного обеспечения, теории и техники эксперимента и в естественном сочетании с общенаучной лексикой и фразеологией. Соответствующие терминологические ряды даются, как правило, в различных специальных словарях и пособиях, что создает читателю немалые неудобства.

Отметим также, что известные англо-русские словари и пособия для чтения научно-технической литературы недостаточно отражают терминологию прикладной механики, особенно новую, появление которой связано с быстрым развитием многих направлений (например, численных методов расчета сложных конструкций, теории разрушения и др.)

Авторы задались целью дать читателю словарь, содержащий достаточный для практической работы объем специальной и общенаучной лексики и фразеологии.

Словарь содержит термины механики твердого тела, механики жидкости и газа, машиностроения, строительства, математики (включая численные методы и, в частности, метод конечных элементов), вычислительной техники и программирования, а также общенаучную лексику и фразеологию в объеме, достаточном для чтения научно-технической литературы.

Словарь содержит около 45 тысяч словарных статей. Отбор терминов произведен по многочисленным оригинальным публикациям на английском языке, а также словарям и пособиям по переводу научно-технической литературы.

Авторы сознают, что первое издание словаря не может быть свободно от недостатков как с точки зрения охвата и подачи словарного материала, так и трактовки отдельных терминов, и будут признательны за все замечания и конкретные предложения по улучшению книги.

ОТ АВТОРОВ

Книга посвящена памяти профессора Казанского инженерно-строительного института З.И. Бурмана, инициатива и поддержка которого определили направление разработки.

Авторы признательны канд. филол. наук И.Н. Бушканец, канд. техн. наук Д.М. Кордончику, М.В. Слесареву, Т.Г. Шамиловой за содействие в отборе словарного материала и полезные обсуждения и, особо, канд. пед. наук Т.Б. Меерович, чьи энтузиазм и поддержка сопутствовали этой работе все время. Мы с благодарностью отмечаем доброжелательную рабочую атмосферу Казанского филиала Института проблем информатики РАН, практическую помощь сотрудников лаборатории САПР Казанского инженерно-строительного института и кропотливую работу Б.Я. Зархина, подготовившего оригинал-макет книги. Авторы признательны издательству «Джон Уайли энд Санз» (Москва) за поддержку и труд по изданию и распространению словаря. Наконец, мы благодарны своим семьям, друзьям и коллегам, без помощи и бесконечного терпения которых работа вряд ли была бы завершена.

Я.З. Бурман, Г.А. Бобковский
Казань-Москва, март 1995

О ПОЛЬЗОВАНИИ СЛОВАРЕМ

Английские термины приведены в алфавитно-гнездовом порядке и выделены полужирным шрифтом. Составные термины, фразеологизмы и устойчивые словосочетания даны в гнезде главного слова в алфавитном порядке. Главное слово обозначается в гнезде своей первой буквой с точкой (например, для **acceleration** - а.) за исключением глагольных и предложных конструкций, а также форм множественного числа, где оно дается полностью.

Порядок расположения материала в гнезде следующий:
1) глагольные конструкции на основе главного слова гнезда;
2) иные глагольные конструкции в сочетании с главным словом;
3) фразеологизмы и устойчивые словосочетания;
4) составные термины, начинающиеся с основного слова гнезда;
5) составные термины, начинающиеся со слова-определения.

Например, структура гнезда термина **account**:
account ... перевод ...
1) **to account for** ... перевод ...
2) **to be of no account** ... перевод ...
3) **by all accounts** ... перевод ...
4) **a. of damping** ... перевод ...
5) **summary a.** ... перевод ...

В переводах принята следующая система разделительных знаков:
— различные части речи с одним семантическим содержанием разделены параллельными чертами (‖); например,

air воздух; атмосфера, воздушная среда, воздушное пространство; ‖ воздушный, атмосферный; авиационный; пневматический; ‖ обдувать воздушным потоком; вентилировать

— близкие значения отделены запятой, более далекие — точкой с запятой, различные значения помечаются цифрами; например,

angle 1. угол; ‖ угловой; расположенный под углом, косой, диагональный; 2. фаза колебаний; 3. уголок, угловое железо; 4. точка зрения; сторона дела, аспект; положение, ситуация

— в случае, когда основным словом гнезда является прилагательное, его перевод и перевод образованного от него существительного также разделяются цифрами; например,

annual 1. ежегодный, годовой; 2. ежегодное издание, ежегодник

Факультативная часть английского термина дана в круглых скобках. В переводах в скобках даются как факультативная часть русского эквивалента, так и синонимичные значения, а также пояснения. Термины, включающие фамилии ученых, а также распространенные сокращения (с расшифровками) даны в общем алфавитном порядке. Для удобства пользования некоторые составные термины приведены в словаре дважды — в гнездах как определяемого, так и определяющего слов. При отсутствии нужного словосочетания в гнезде определяемого слова его поиск может быть продолжен в гнезде слова-определения.

To professor Zalman I. Bourman
in grateful memory

PREFACE

This English-Russian Scientific and Engineering Dictionary is intended for people reading and translating into Russian original literature concerning a number of subjects, grouped under the title of "applied mechanics". The dictionary is aimed at scientists and engineers, analysts, researchers, developers of application software, lectures of corresponding specialities, students, both graduates and undergraduates, as well as translators.

While working on the dictionary the authors took into consideration the fact that applied mechanics is a synthetic subject involving a large amount of terminology of numerous allied sciences and branches of technology and also that is presented in the vocabulary of publications. Thus, terms of mechanical engineering or construction are used in texts alongside with mechanics of medium and structures, theory of control, mathematics, software, theory and experimental techniques. They go together with nonspecialized vocabulary and phraseology typical of scientific work. Corresponding technological terms have to be found in different specialized dictionaries and this is often inconvenient for the user.

It is necessary to note that available English-Russian dictionaries and manuals are nonsufficient in vocabulary of applied mechanics, especially in new terminology, that has resulted from intensive development of new branches of science (for example, numerical methods of structural analysis, theory of fracture etc.)

The authors tried to make a dictionary that will comprise a sufficient amount of special and general scientific vocabulary that is likely to be necessary for practical work.

The dictionary contains terms used in Mechanics of Solids, Mechanics of Fluids, Machine-Building and Construction, Mathematics (including Numerical Methods and, in particular, Finite Element Method), Computers and Programming, as well as general scientific and technical vocabulary.

The dictionary comprises about 45 thousand lexicographical entries. The selection of terms was carried out and brought together from many English texts, monographs, published reports, theses, conference proceedings and from analysis of many dictionaries.

The authors realize that the first edition of this dictionary cannot be without deficiencies, and therefore will be grateful for any suggestions regarding improvements, errors and omissions.

ACKNOWLEDGEMENTS

The authors dedicate this work to the memory of the late professor Zalman I. Bourman, whose foresight, initiative and support determined the direction of the work.

The authors express their gratitude to I.N. Bushkanets (Ph.D.), D.M. Kordonchik (Ph.D.), T.G. Shamilova, M.V. Slesarev for their assistance in the selection of the vocabulary and useful advice and recommendations and, in particular, T.B. Meyerovitch (Ph.D.), whose enthusiasm and support always accompanied the work. The staff of Kazan Branch Institute of Informatics Problems and of the Computer-Aided Design Laboratory of Kazan Civil Engineering Institute merit our special gratitude. Their people have been our loyal friends, and given us a helping hand and understanding. We wish to thank B.Y. Zarkhin whose efforts have contributed much to the accuracy of the camera-ready copy. The authors are grateful to the John Wiley & Sons Moscow team, who have been co-operative and made great efforts at publishing and promoting the dictionary. Finally, the authors are thankful to their families, friends and colleagues whose support and incessant patience helped to bring this work to its conclusion.

Y.Z. Bourman, G.A. Bobkovsky
Kazan - Moscow, March 1995

HOW TO USE THE DICTIONARY

English terms are listed in alphabetical order and are set in boldface type. Combined terms, phraseologies and set word combinations are arranged within the paragraphs also in alphabetical order.

The main word is listed in the paragraph by its first letter with the dot (for example, for **acceleration** - **a.**) except for verb and prepositional constructions and plurals, where the word is completely given.

The arrangement of the material in the paragraph is as follows:
1) the verb constructions of the main word;
2) other verb constructions together with the main word;
3) phraseologies and set expressions;
4) combined terms, beginning with the main word of the paragraph;
5) combined terms, beginning with the defining word.

For example, the arrangement of the paragraph **account** :

account ... translation ...
1) **to account for** ... translation ...
2) **to be of no account** ... translation ...
3) **by all accounts** ... translation ...
4) **a. of damping** ... translation ...
5) **summary a.** ... translation ...

The following system of separating signs is accepted in the translations:

— different parts of speech with the same meanings are divided by parallel lines (∥);
for example,

air воздух; атмосфера, воздушная среда, воздушное пространство; ∥ воздушный, атмосферный, авиационный; пневматический; ∥ обдувать воздушным потоком; вентилировать

— closed meanings are separated by commas, more distant — by semicolons, different meanings are marked by numbers; for example,

angle 1. угол; ∥ угловой; расположенный под углом, косой, диагональный; **2.** фаза колебаний; **3.** уголок, угловое железо; **4.** точка зрения; сторона дела, аспект; положение, ситуация

— in case the main word of the paragraph is an adjective, its translation and the translation of the noun derived are separated by numbers; for example,

annual 1. ежегодный, годовой; **2.** ежегодное издание, ежегодник

Optional parts of the English terms are given in parentheses. The optional part of the translation is also given in parentheses as well as synonymous meanings and explanations.

Terms, including the names of scientists and common abbreviations (with their full forms in parentheses) are presented in general alphabetical order.

For convenience some of combined terms are given in the dictionary twice — in paragraph of the defining word as well as in paragraph of the word defined.

ЛИТЕРАТУРА

1. Краткий англо-русский политехнический словарь / Составитель Л. Н. Кондратов. – М.: Гостехиздат, 1946.
2. Англо-русский словарь по металлообработке и по деталям машин / Под редакцией Н.С. Ачеркана. – М., Л.: Государственное издательство технико-теоретической литературы, 1949.
3. Webster's New Collegiate Dictionary. G. & C. Merriam Co., Springfield, Mass., USA, 1959.
4. Англо-русский словарь по аэрогидродинамике / Составитель М.Г. Котик. — М.: Государственное издательство физико-математической литературы, 1960.
5. Webster's New World Dictionary of the American Language / D.B. Guralnik, editor in chief. The world publishing company, NY, 1973.
6. Англо-русский политехнический словарь / Под редакцией А.Е. Чернухина. Издание 4-е, стереотипное, с дополнениями.– М.: Русский язык, 1979.
7. Лексический минимум по механике (на базе английского языка) / Под редакцией М.М. Глушко.– М.: Издательство Московского университета, 1979.
8. Пумпянский А.Л. Введение в практику перевода научной и технической литературы на английский язык. – М.: Наука, 1981.
9. Тетради новых терминов, № 51. Англо-русские термины по механике разрушения / Под ред. Н.А. Махутова, В.М. Тарасова. – М.: Всесоюзный центр переводов научно-технической литературы, 1983.
10. Тетради новых терминов, № 55. Англо-русские термины по механике твердого деформируемого тела / Под редакцией А.А. Левина. – М.: Всесоюзный центр переводов научно-технической литературы, 1984.
11. Словарь-минимум для чтения научной литературы на английском языке / Отв. ред. Е.С. Савинова. Издание 6-е, дополненное и переработанное. – М.: Наука, 1985.
12. Русско-английский словарь / Коллектив авторов под общим руководством проф. А.И. Смирницкого. Издание 14-е, стереотипное. – М.: Русский язык, 1987.
13. Англо-русский словарь по вычислительной технике / Под редакцией Е.К. Масловского. – М.: Русский язык, 1987.
14. Борковский А.Б. Англо-русский словарь по программированию и информатике (с толкованиями). – М.: Русский язык, 1987.
15. Радоминова С.С., Докштейн С.Я. Учебное пособие по английскому языку. Учебный англо-русский словарь для чтения и перевода военно-технической литературы. – М.: Военно-воздушная академия им. Н.Е. Жуковского, 1988.

16. Мюллер В.К. Англо-русский словарь. – 22-е издание, стереотипное.- М.: Русский язык, 1989.
17. Петров А.А., Масловский Е.К. Англо-русский словарь по робототехнике.– М.: Русский язык, 1989.
18. A.J.Lohwater's Russian-English Dictionary of the Mathematical Sciences. (Edited by R.P.Boas) – Amer. Math. Soc., 1990.
19. Большой англо-русский политехнический словарь: В 2 тт. / С.М. Баринов, А.Б. Борковский, В.А. Владимиров и др.– М.: Русский язык, 1991.
20. Каллэхэм Л.И. Русско-английский химико-политехнический словарь. 3-е издание – М.: Наука-Уайли, 1993.
21. Англо-русский словарь математических терминов / Под редакцией П.С. Александрова. 2-е издание, исправленное и дополненное. – М.: Мир, 1994.

A

aback назад; сзади
abac(us) 1. (мн.ч. abaci) абак, счеты; вычислительное устройство; 2. координатная сетка; сетчатая номограмма
abaft на корме, с кормы, в сторону кормы; || сзади, позади
abandon отказываться (от чего-либо); покидать, оставлять
abandonment отказ; оставление; закрытие
abate ослаблять(ся), уменьшать(ся), снижать(ся); отменять, прекращать; отпускать (закаленный металл); притуплять, стесывать (край)
abatement ослабление, уменьшение, снижение; отмена, прекращение
abb основа (ткани)
abbreviate сокращать (напр., слово, текст), укорачивать
abbreviation сокращение; сокращенное наименование, аббревиатура
ABC азбука, алфавит; основы, элементы, начальные положения; || простой, элементарный
abecedarian расположенный в алфавитном порядке; простой, элементарный
aberrance отклонение (напр., от траектории)
aberration аберрация, искажение, отклонение (от положения, стандарта и т.д.); заблуждение
    needle a. отклонение (магнитной) стрелки
    phase a. отклонение фазы, фазовое искажение
    wavefront a. искажение волнового фронта
abeyance неопределенность
abidance соблюдение, выполнение
    a. by rules соблюдение правил
abide соблюдать, выполнять, придерживаться; выдерживать, переносить
ability 1. способность, возможность; умение; компетенция; 2. характеристика, показатель; свойство
    a. factor показатель годности (работоспособности)
    abrasive a. абразивность
    adhesive a. адгезионная способность
    flotation a. плавучесть
    handling abilities 1. технологические свойства; 2. характеристики управляемости
    load-carrying a. несущая способность; грузоподъемность
    lubricating a. смазывающая способность
    resolving a. разрешающая способность; растворяющая способность
    wetting a. смачивающая способность
ablation размывание, таяние
able способный, в состоянии, имеющий возможность; пригодный; умеющий, знающий
    to be able быть в состоянии

abnormal аномальный, ненормальный, неправильный; аварийный; особый; сингулярный
    a. end аварийный останов, ненормальное завершение (программы)
    a. function особая (сингулярная) функция
abnormality аномальность, неправильность; аномалия
abnormity см. abnormality
aboard на борту (напр., на корабле); на борт; вдоль; внутри (конструкции, системы)
abolish отменять, уничтожать, аннулировать
abolishment отмена, уничтожение, аннулирование
aboriginal исходный, первоначальный
abort (преждевременное) прекращение, прерванное выполнение, останов(ка); || досрочно (неудачно) оканчиваться, терпеть неудачу
abortive преждевременный; неудачный
abound иметь(ся) в большом количестве, изобиловать
about вокруг, кругом; недалеко, около; приблизительно, примерно, почти; || о, об, относительно
    to be about быть готовым (к чему-либо), собираться (делать что-либо)
    to bring about осуществлять; вызывать
    to oscillate about the true value колебаться около точного значения
    to rotate about axis вращаться относительно оси
    to about примерно на
about-face поворот на 180 градусов; резкое изменение; || поворачивать(ся) на 180 градусов; резко изменять(ся)
about-sledge (кузнечный) молот
above наверху; наверх; выше, раньше, до этого; || над, свыше, больше; || вышеупомянутый
    above all прежде всего; главным образом, в основном
    above measure излишне, чрезмерно
    from above сверху
    the above вышеупомянутое
above-critical надкритический, сверхкритический
above-ground на(д)земный
above-mentioned вышеупомянутый
ab ovo (лат.) с самого начала
abradant абразив, абразивный материал
abrade (и)стирать, снашивать трением; сдирать, обдирать; царапать; шлифовать
abrasion (и)стирание; изнашивание, износ; царапание; шлифование
    a. testing испытание на истирание (на абразивный износ)
abrasive 1. абразивный; изнашивающий; шлифовальный, наждачный; царапающий; 2. абразив, абразивный материал; шлифовальное приспособление, наждак; царапина
    a. cloth наждачное полотно
    a. hardness твердость, определенная царапанием, склерометрическая твердость;

активная (режущая) твердость абразивного материала; стойкость к истиранию
  a. wear абразивный износ
abreast в ряд, рядом; на одной линии, на одном уровне
abridge сокращать, ограничивать (напр., разложение в ряд определенным числом членов), укорачивать; замыкать (электрическую цепь)
abridgement сокращение, ограничение, укорочение; сокращенный вид (напр., формулы); конспект; замыкание
abroad 1. широко, повсеместно; 2. за пределами; за границей, за границу
abrogate отменять, аннулировать
abrogation отмена, аннулирование
abrupt резкий, крутой; внезапный, мгновенный
  a. junction резкий переход
  a. curve крутая кривая, кривая с большой кривизной
  a. discharge резкое снятие нагрузки; мгновенный разряд
  a. taper тело с большой конусностью
abruption обрыв, отрыв, разрыв; разъединение; поломка
abscess раковина (в металле)
abscissa (лат.) (мн.ч. abscissae) абсцисса
absence отсутствие; недостаток, нехватка
absent отсутствующий
absolute абсолютный; безусловный, неограниченный; полный, совершенный; истинный; чистый, без примесей
  a. accuracy абсолютная точность; абсолютная величина погрешности
  a. code абсолютный (машинный) код, программа в машинном коде
  a. coordinate абсолютная координата
  a. error абсолютная ошибка (погрешность), абсолютная величина погрешности
  a. proof несомненное доказательство
  a. stability абсолютная (безусловная) устойчивость
  a. temperature абсолютная температура, температура (по шкале) Кельвина
  a. term свободный член (уравнения)
  a. value абсолютная величина, модуль (числа)
  a. weight абсолютный вес (в вакууме)
absolutely абсолютно; совершенно; безусловно, вполне; самостоятельно, независимо
absoluteness безусловность; неограниченность, полнота
absorb абсорбировать, впитывать, поглощать; амортизировать, демпфировать, смягчать
absorbed абсорбированный, поглощенный; амортизированный, демпфированный
  a. energy поглощенная энергия
absorber поглотитель; амортизатор, гаситель, демпфер
  shock a. амортизатор, демпфер
  wave a. волногаситель

absorbing впитывание, поглощение; амортизация, демпфирование, смягчение; ‖ впитывающий, поглощающий; амортизирующий, демпфирующий
  a. capacity поглотительная способность
absorptance поглотительная способность; коэффициент поглощения
absorption абсорбция, впитывание, поглощение; всасывание; амортизация, демпфирование, смягчение
  a. of shocks амортизация ударов
  acoustic a. звукопоглощение
  heat a. поглощение тепла
absorptive абсорбирующий, впитывающий, поглощающий; всасывающий; амортизирующий
  a. power поглотительная способность
absorptivity поглотительная способность; коэффициент поглощения
abstersion промывание, очищение
abstract 1. абстракция, отвлеченное понятие; отвлеченный термин; абстрактный объект; ‖ абстрактный, отвлеченный, теоретический; трудный для понимания; ‖ абстрагировать(ся), рассматривать теоретически (абстрактно); 2. аннотация, реферат; конспект; резюме; ‖ аннотировать, реферировать; конспектировать; резюмировать; 3. извлечение, выделение; отведение (напр., тепла); ‖ извлекать, выделять; отводить, отнимать
  in the abstract абстрактно, отвлеченно
  a. concept абстрактное (отвлеченное) понятие, теоретическое представление
  a. quantity абстрактная (обобщенная) величина
abstraction 1. абстракция; 2. выделение, извлечение, отведение
  heat a. отвод тепла
  level of a. уровень абстракции
abstractive абстрактный, отвлеченный; теоретический
abstruse трудный для понимания; скрытый, внутренний
absurd нелепый, абсурдный
abundance избыток, изобилие; множество; распространенность
abundant богатый чем-либо, изобилующий; имеющийся в избытке; распространенный
  a. number избыточное количество
abuse неправильное обращение (употребление)
abut примыкать, граничить; упираться, опираться
abutment 1. опора, точка опоры; упор, пята; устой (моста); контрфорс; 2. граница, линия раздела
  a. joint стыковое соединение (под прямым углом)
  a. pressure опорное давление, давление (реакция) основания
  a. span береговой пролет (моста)
  bridge a. устой моста

abutting примыкающий, смежный, соприкасающийся; упирающийся
   a. end поверхность стыка; граничная поверхность; торец
academic учёный; ‖ академический; научный; теоретический, отвлечённый, формальный; учебный
academical академический; университетский
academician академик, член академии
academy академия; высшее учебное заведение
accede присоединяться, примыкать
   to accede to соглашаться (с чем-либо)
accelerant ускоритель; катализатор
accelerate ускорять(ся), двигаться с ускорением, разгонять(ся), форсировать
accelerated ускоренный, форсированный
   a. motion ускоренное движение, движение с ускорением
   a. service ускоренная работа (машины), форсированный режим
   a. testing ускоренные (форсированные) испытания
   uniformly a. motion равномерно ускоренное движение
accelerating ускорение
acceleration ускорение; разгон; разбег; форсирование; увеличение числа оборотов (двигателя); приемистость (двигателя); перегрузка (от ускорения)
   a. due to attraction ускорение притяжения
   a. centre центр ускорений
   a. crack трещина, растущая с ускорением
   a. diagram план ускорений
   a. field поле ускорения
   a. of gravity ускорение силы тяжести, ускорение свободного падения
   a. at a growing rate возрастающее ускорение
   a. of iteration(s) ускорение (сходимости) итераций
   a. force сила ускорения, ускоряющая сила
   a. quality приемистость
   a. from rest ускорение из состояния покоя
   a. of sequence ускорение сходимости последовательности
   a. test испытания на воздействие ускорения (перегрузки)
   a. time время ускорения (разгона); длительность фронта импульса
   a. of transport ускорение поступательного движения; переносное ускорение
   a. vector вектор ускорения
   allowable a. допустимое ускорение
   angular a. угловое ускорение
   average a. среднее ускорение
   centrifugal a. центробежное ускорение
   centripetal a. центростремительное ускорение

   constant a. постоянное ускорение
   convergence a. ускорение (улучшение) сходимости
   Coriolis a. ускорение Кориолиса
   drag a. отрицательное ускорение, замедление
   free-falling a. ускорение свободного падения
   gravitational a. гравитационное ускорение, ускорение силы тяжести
   instantaneous a. мгновенное ускорение
   lateral a. боковое ускорение
   negative a. отрицательное ускорение, замедление
   normal a. нормальное ускорение, ускорение в направлении нормали; нормальная составляющая (вектора) ускорения
   particle a. ускорение частицы
   postdeflection a. послеускорение
   rate of a. степень (показатель) ускорения
   relative a. относительное ускорение
   rotary a. угловое ускорение, ускорение вращения
   starting a. начальное ускорение
   tangential a. касательное ускорение, ускорение в направлении касательной; касательная составляющая (вектора) ускорения
   timed a. ускорение, регулируемое по времени
   translation(al) a. ускорение поступательного движения; переносное ускорение
   uniform a. равномерное (постоянное) ускорение
   variable a. переменное ускорение
   vibration a. вибрационное ускорение
   yawing a. ускорение рыскания
   zero a. нулевое ускорение
accelerator ускоритель, акселератор
accelerogram акселерограмма, график ускорений
   earthquake a. акселерограмма землетрясения
accelerograph акселерограф, самописец ускорений
accelerometer акселерометр, датчик ускорений (перегрузок), ньютономер
accent ударение, акцент; штрих; характерная особенность; ‖ акцентировать, подчёркивать, выделять
accentuate акцентировать, подчёркивать, выделять
accentuation акцентирование, подчёркивание, выделение
accept приём(ка), допуск, соглашение; ввод (с клавиатуры); ‖ принимать; допускать; соглашаться (с чем-либо), признавать
acceptability допустимость, приемлемость
acceptable допустимый, приемлемый
acceptance приёмка, приёмочное испытание; принятие, одобрение, соглашение
   to gain general acceptance получить широкое признание

a. sampling выборочные испытания при приемке
a. testing приемочное (контрольное) испытание
acceptation принятое значение (слова, выражения)
accepted принятый; допустимый; известный, распространенный
a. fact известный факт
generally a. общепринятый
access доступ; обращение (напр., к устройству); подход, проход; вход, люк
a. method метод доступа
a. path путь доступа (к данным)
direct a. прямой (непосредственный) доступ
easy of a. доступный
random a. произвольный доступ
random a. memory (RAM) оперативная память, оперативное запоминающее устройство (ОЗУ)
sequential a. последовательный доступ
accessibility возможность доступа, доступность, достижимость
accessible доступный, достижимый
a. point достижимая точка
accession дополнение, прибавление, прирост
accessorial вспомогательный, дополнительный
accessories принадлежности, арматура, вспомогательное (дополнительное) оборудование
accessory дополнительный, вспомогательный
accidence элементы, основы (какой-либо дисциплины)
accident авария, катастрофа; поломка, повреждение; случай; случайность
by accident случайно
a. prevention техника безопасности
accidental 1. случайный; второстепенный, несущественный; 2. случайность; случайный элемент; несущественная черта
a. error случайная (несистематическая) ошибка
accidentally случайно
accident-free безаварийный
acclivity уклон; подъем; откос
acclivous поднимающийся наклонно, пологий
accommodate 1. приспосабливать; приводить в соответствие, согласовывать; компенсировать; 2. снабжать; помещать, вмещать, размещать
accommodation 1. приспособление, аккомодация; согласование; соглашение; компромисс; 2. помещение, размещение (напр., приборов)
accompaniment сопровождение; сопровождающее явление; дополнение
accompany сопровождать, сопутствовать, дополнять
accomplish совершать, выполнять; завершать, доводить до конца; совершенствовать

accomplishment выполнение, завершение; достижение
accord согласие, соглашение; соответствие; ‖ согласовывать(ся); соответствовать; предоставлять, оказывать
to accord attention обращать внимание
of its own accord самопроизвольно
accordance согласие, соответствие
in accordance with в соответствии с, согласно чему-либо
accordant согласный; соответственный
according согласно (чему-либо); соответственно, соразмерно
according as соответственно; соразмерно
according to в соответствии с, согласно чему-либо; по утверждению, по мнению
accordingly соответственно; в соответствии; таким образом, следовательно, поэтому
account 1. счет, расчет, подсчет; учет, рассмотрение; мнение, оценка; ‖ считать, подсчитывать; оценивать; рассматривать (в качестве); 2. основание, причина; важность, значение; 3. сообщение, доклад; отчет; обзор, сводка
to account for 1. объяснять; отвечать за, отчитываться (в чем-либо); являться причиной; 2. составлять, вычислять
to be of no account не иметь значения
to come into account учитываться
to give account of объяснять, описывать, давать сведения о, характеризовать
to leave of account не принимать во внимание, упускать из виду
to take account of принимать во внимание, учитывать
to take into account принимать во внимание, учитывать
to turn to account использовать
account is given (здесь) приводятся данные (о чем-либо)
by all accounts по общему мнению
of no account незначительный
on account of из-за, вследствие, на основании
on this account ввиду этого, учитывая это
a. of damping учет демпфирования
a. of sparsity учет разреженности (матриц)
flexibility a. учет деформируемости (упругости)
summary a. краткий отчет
accountable объяснимый
accountable for ответственный за
accrete срастаться; обрастать
accretion срастание, сращение; нарастание, увеличение; приращение, прирост; нанос (грунта)
ice a. обледенение
accrue увеличивать(ся), накапливать(ся), нарастать
to accrue from происходить от; извлекаться из; получаться в результате

accumulate аккумулировать(ся), накапливать(ся), собирать(ся), суммировать(ся)
accumulation аккумулирование, аккумуляция, накопление; скопление, масса
  a. **cycle** цикл накопления (суммирования)
  a. **of errors** накопление погрешностей
  a. **point** точка накопления; предельная точка
  product a. накопление произведений
  round-off a. накопление ошибок округления
accumulative аккумулирующий(ся), накапливающий(ся), собирающий(ся); кумулятивный, совокупный
accumulator аккумулятор, накопитель, коллектор, сборник; сумматор
accuracy точность; (абсолютная) погрешность; правильность, корректность; тщательность; надежность
  to impair accuracy снижать точность
  to improve accuracy повышать точность
  accuracy better than погрешность менее, чем
  to any required degree of accuracy с любой заданной степенью точности
  to an accuracy of с точностью (погрешностью) до
  a. **constraint** ограничение по точности (по погрешности), требуемая точность
  a. **in the mean** погрешность в среднем
  a. **of solution** точность (погрешность) решения
  a. **table** таблица поправок
  absolute a. абсолютная точность; абсолютная величина погрешности
  acceptable a. приемлемая точность, допустимая погрешность
  adequate a. адекватная (достаточная) точность
  attainable a. достижимая точность
  available a. достижимая точность; действительная точность
  composite a. суммарная (полная) погрешность
  design a. расчетная (проектная) точность
  experimental a. точность (погрешность) эксперимента
  extra a. повышенная (дополнительная) точность, избыточная точность
  extreme a. предельная точность
  fifth-digit a. точность до пятого знака
  fractional a. относительная погрешность
  functional a. функциональное соответствие
  given a. заданная точность
  inherent a. собственная точность (погрешность)
  instrument a. инструментальная погрешность, погрешность измерительного прибора
  intrinsic a. внутренняя (собственная) точность; присущая (методу) точность
  limited a. ограниченная точность
  limiting a. предел погрешности
  low a. низкая точность, большая погрешность
  modest a. умеренная погрешность, приемлемая точность
  pinpoint a. высокая точность
  obtainable a. достижимая точность
  overall a. суммарная погрешность
  radius of a. радиус погрешности, диапазон точности
  reading a. погрешность отсчета
  relative a. относительная точность (погрешность)
  split-hair a. высочайшая точность
  spurious a. мнимая (кажущаяся) точность
  true a. реальная точность; фактическая погрешность
  working a. практическая точность, рабочая погрешность; точность обработки
accurate точный; правильный; подобранный; надежный
  to be more accurate точнее (говоря)
  a. **to dimension** (обработанный) точно по размеру, в соответствии с размером
  a. **to N decimal place** с точностью до N десятичных знаков
  a. **solution** точное решение; (приближенное) решение с высокой точностью
achievable достижимый
achieve достигать, добиваться, получать
achievement достижение; выполнение
acicular игольчатый, иглообразный
acid кислота
acknowledge сознавать; допускать; подтверждать; признавать, быть признательным
acknowledgement подтверждение; признание
aclinic горизонтальный, без уклона
acme высшая точка, кульминация
acorn острие
acoustic акустический, звуковой
  a. **absorption** звукопоглощение
  a. **emission method** метод акустической эмиссии (метод исследования микродефектов)
  a. **frequency** частота акустических (звуковых) колебаний, акустическая частота
  a. **impedance** акустическое сопротивление
  a. **resonator** акустический резонатор
  a. **speed** скорость звука
  a. **surveillance** акустический контроль
  a. **vault** акустический свод
  a. **vibrations** акустические (звуковые) колебания
acoustics акустика
  a. **of buildings** строительная акустика
  geometrical a. геометрическая акустика
  wave a. волновая акустика
acoustoelasticity акустоупругость
acquaint знакомить(ся)
  to get acquainted with знакомиться с

acquaintance знакомство
acquire приобретать, достигать; обнаруживать
   to acquire knowledge приобретать знания
acquisition приобретение (напр., знаний), достижение; обнаружение
   data a. сбор данных
acre (ас) акр (мера площади = 4046,875 кв.м)
across 1. поперек, в поперечном направлении, в ширину; на противоположной стороне; на концах; 2. сквозь, через
   to come across наталкиваться, (случайно) встречать
act действие, событие, акт; || действовать, работать, функционировать; оказывать (воз)действие, влиять; вести себя
action 1. действие; функционирование; работа; воздействие, влияние; эффект; поведение; 2. принцип действия, механизм работы
   to bring into action приводить в действие, пускать в ход, включать
   in action действующий, функционирующий, работающий, на ходу
   a. centre центр действия, центр приложения силы
   a. force действующая сила, сила воздействия
   a. integral интеграл действия
   a. and reaction law закон действия и противодействия, третий закон Ньютона
   antihunt a. противоколебательное (стабилизирующее) действие, успокоение, демпфирование
   arch a. работа арки; распор
   back a. противодействие, реакция; обратное действие; обратная связь
   balancing a. уравновешивающее действие
   brake a. торможение, затормаживание
   buffer a. буферное действие; демпфирование, амортизация, поглощение (напр., удара)
   combined a. совместная работа; комбинированное воздействие; суммарное воздействие
   compensating a. компенсирующее действие, компенсация, нейтрализация, уравновешивание; коррекция
   contact a. контактное (воз)действие
   control a. управляющее (воз)действие
   course of a. образ действия
   delayed a. замедленное действие, замедление; выдержка времени; инерционность (напр., прибора)
   derivative a. воздействие по производной
   deviation a. воздействие по отклонению
   direct a. прямое (воз)действие
   drift a. смещение, сдвиг, уход (напр., частоты)
   elementary a. элементарное действие
   external a. внешнее (воз)действие
   fatigue a. усталостное (воз)действие
   floating a. плавный ход
   flywheel a. маховой (инерционный) эффект, действие вращающихся масс
   gyroscopic a. гироскопический эффект
   Hamilton a. integral интеграл действия по Гамильтону
   homing a. возвратное действие, восстановление, компенсация; наведение
   impact a. ударное (воз)действие
   indirect a. косвенное (непрямое) (воз)действие
   inhibitory a. задерживающее (замедляющее) действие
   input a. входное воздействие
   integral a. интегральное действие; суммарное воздействие
   internal a. внутреннее действие; взаимодействие
   jet a. струйный (реактивный) эффект
   joint a. совместная работа (напр., элементов конструкции); совместное действие (напр., сил)
   least a. наименьшее действие
   line of a. линия действия (напр., силы)
   load a. (воз)действие нагрузки, нагружение
   local a. местное (воз)действие
   locking a. блокирующее (запирающее) действие, блокировка, заклинивание, замыкание
   lubricating a. смазывающее действие
   mass a. (воз)действие массы
   mass a. law закон действующих масс
   mechanical a. механическое (воз)действие
   memory a. эффект памяти
   minimal a. principle принцип наименьшего действия
   moment of a. момент срабатывания
   on-off a. действие по принципу "включено-выключено"
   output a. выходное воздействие
   percussion a. ударное (воз)действие
   perturbation a. возмущающее (воз)действие, возмущение
   primitive a. элементарная операция
   protective a. защитное действие, защитный эффект; мера защиты
   radius of a. радиус действия
   ram a. скоростной напор
   random a. случайное воздействие
   rate a. воздействие по производной
   reciprocal a. взаимное воздействие (влияние)
   resultant a. суммарное (результирующее) (воз)действие
   retarded a. замедленное (запаздывающее) действие
   secondary a. вторичное действие; последействие
   snap a. мгновенное действие, скачок; "хлопок", потеря устойчивости (упругой конструкцией)

    snap-back a. скачкообразный переход в исходное состояние
    spring a. пружинящее (упругое) действие, пружинение
    standard system a. стандартное поведение системы
    surface a. поверхностное (воз)действие, поверхностный эффект
    thermal a. термическое воздействие
    time-lag a. замедленное действие, действие с запаздыванием
    trial a. пробное (воз)действие
    Venturi a. эффект Вентури, завихряющее действие
    vibration a. вибрационное воздействие
    wobble a. эксцентрическое движение, биение

activate приводить в действие, включать, запускать; активировать, возбуждать, инициировать; активизировать, вызывать (напр., программу)

activation приведение в действие, включение, запуск; активация, возбуждение, инициация; активизация, вызов (программы)
    heat a. активация нагревом
    procedure a. активизация (вызов) процедуры

active активный; действующий; выполняемый (используемый) в настоящий момент, текущий; фактический; имеющий силу
    to be active действовать, функционировать, работать
    a. area полезная (используемая, рабочая, эффективная) площадь
    a. constraint активное (действующее) ограничение
    a. force действующая сила
    a. oscillator задающий генератор (автогенератор) колебаний
    a. task активное (текущее) задание, выполняемая программа

activities (мн.ч. от activity); 1. деятельность, работа; 2. организации, учреждения

activity активность; действие, работа; функция, операция; деятельность
    no activity бездействие, простой
    dummy a. фиктивная операция
    mass a. работа (оборудования) на полную мощность

actual действительный, истинный, фактический; существующий; проходящий в настоящее время, текущий
    in actual fact в действительности, на самом деле
    in actual size в натуральную величину
    a. argument фактический параметр (программы)
    a. error фактическая погрешность
    a. fluid реальная (неидеальная) жидкость

    a. measurement фактический замер; мгновенный (текущий) замер; измерение (эксперимент) на натурном образце
    a. parameter фактический параметр; текущее значение параметра
    a. path фактическая (истинная) траектория
    a. speed действительная (истинная, путевая) скорость; мгновенная (текущая) скорость
    a. storage физическая память (ЭВМ)
    a. stress истинное напряжение
    a. testing натурные (полевые) испытания

actuate приводить в действие, включать; срабатывать; возбуждать; питать энергией

actuation приведение в действие, включение; срабатывание; возбуждение; (силовой) привод
    a. force усилие включения (срабатывания)
    a. rod приводной рычаг
    a. time время срабатывания, момент запуска
    wing-sweep a. изменение стреловидности крыла

actuator исполнительный механизм, рабочий орган; силовой привод; рукоятка привода

acuity острота, заостренность; резкость (изображения)

acuminate заостренный; ‖ заострять

acutance разрешающая способность; резкость (изображения)

acute острый, остроугольный; сильный; высокий (о звуке), резкий
    a. angle острый угол
    a. triangle остроугольный треугольник

acyclic ациклический, непериодический

Ada Ада (язык программирования)

ad absurdum (лат.) к абсурду (противоречию)
    reductio ad absurdum приведение к противоречию

Adams PECE method метод Адамса типа "предиктор-корректор" (интегрирования обыкновенных дифференциальных уравнений)

adapt 1. адаптировать(ся), настраивать(ся), приспосабливать(ся), применять(ся), подгонять; модифицировать, переделывать; 2. упрощать

adaptability адаптивность, приспособляемость, применимость; модифицируемость, возможность развития

adaptable адаптируемый, настраиваемый, приспосабливаемый; адаптирующийся, приспосабливающийся

adaptation адаптация, настройка, приспособление; видоизменение, модификация, усовершенствование

adapter 1. адаптер, переходное устройство, переходник, соединительная деталь; 2. патрубок, муфта; 3. оправка; кассета

adapting адаптация, приспособление; подгонка, согласование, стыковка; выравнивание

adaption см. **adaptation**
adaptive адаптивный, адаптационный, приспосабливающий(ся), легко применимый; настраиваемый, регулируемый; модифицируемый
   a. algorithm адаптивный алгоритм
   a. approach адаптивный (адаптационный) подход
   a. configuration адаптивная (настраиваемая) конфигурация
   a. mesh адаптивная сетка
   a. parameter регулируемый (настраиваемый) параметр
   a. quadrature formula адаптивная квадратурная формула
adaptivity см. **adaptability**
add сложение, суммирование; ‖ складывать, суммировать; добавлять, дополнять, присоединять, увеличивать
   to add in включать
   to add to добавлять, присоединять, увеличивать
   to add up складывать, подсчитывать; находить сумму
added добавленный, прибавленный, сложенный, присоединенный
   a. mass присоединенная масса
addend слагаемое
addendum 1. (лат.) (мн.ч. **addenda**) дополнение, приложение (напр., к статье, книге); **2.** высота зуба (зубчатого колеса)
   a. line внешняя окружность зубчатого колеса
adder сумматор
add-in дополнение, расширение; дополнительная возможность; встроенное (дополнительное) устройство
adding сложение, суммирование; дополнение, увеличение; ‖ суммирующий, складывающий; аддитивный
addition сложение, суммирование; дополнение, добавление, присоединение; добавка, примесь
   a. time время (выполнения операции) сложения
   a. of vectors сложение векторов
   floating-point a. сложение (чисел) с плавающей запятой
   logical a. логическое сложение
   term-by-term a. почленное сложение
   vectorial a. сложение векторов; поэлементное сложение одномерных массивов
additional дополнительный, добавочный; присоединенный; вспомогательный
   a. constraint дополнительное ограничение
   a. mass дополнительная масса; присоединенная масса
   a. variable дополнительная (вспомогательная) переменная
additive 1. аддитивный; **2.** добавление; добавка; примесь; присадка
   a. constant аддитивная постоянная
   a. operator аддитивный оператор; операция (типа) сложения
additivity аддитивность, свойство аддитивности
add-on увеличение, расширение; внешнее (дополнительное) устройство; ‖ дополнительный; внешний
address 1. адрес (напр., ячейки памяти ЭВМ); ‖ адресовать(ся); направлять; **2.** обращение; выступление; ‖ обращаться; выступать
   absolute a. абсолютный (истинный) адрес
   current a. текущий адрес
   disk a. дисковый адрес
   location a. адрес ячейки
   logical a. логический адрес
   physical a. физический адрес
addressing адресация; способ адресации
adduce представлять, приводить (напр., в качестве аргумента, доказательства)
adduction приведение доказательств, фактов
adept знаток, эксперт; ‖ знающий, сведущий
adequacy адекватность, соответствие; пригодность; достаточность; достоверность
   data a. достоверность данных
   model a. адекватность модели, соответствие модели объекту
adequate адекватный, соответствующий, отвечающий требованиям; достаточный; достоверный, правильный
   a. accuracy адекватная (достаточная) точность
   a. choice правильный выбор
   a. solution правильное решение, решение с достаточной точностью
adequation 1. приведение в соответствие, корректировка; выравнивание; **2.** эквивалент
   a. of stress выравнивание напряжение; снятие внутренних напряжений
adequately адекватно, соответствующим образом; достаточно; с достаточной точностью; достоверно
adhere 1. прилипать, сцеплять(ся); прилегать; **2.** придерживаться (напр., правил), соблюдать
   to adhere to assigned limits держаться в пределах заданных допусков
   to adhere to the opinion придерживаться мнения
adherence 1. прилипание, сцепление; прилегание; сила сцепления; **2.** приверженность, соблюдение (правил, условий)
   a. to specification соблюдение (технических) условий
adherent вязкий, клейкий; прилипающий, сцепляющийся; (плотно) прилегающий
   a. point точка соприкосновения
adhesion 1. адгезия, прилипание, сцепление; прилегание; сила сцепления; связность породы; ‖ адгезионный, клейкий; сцепной; фрикционный; **2.** приверженность, соблюдение (правил, условий)

a. contact адгезионный контакт
a. factor коэффициент сцепления
a. lamina адгезионный слой
a. wheel колесо трения, фрикционное колесо
dynamic a. динамическая сила сцепления
frictional a. фрикционное сцепление
specific a. удельная адгезия
adhesive 1. клейкий, связующий; адгезионный; 2. адгезив, клей; связующее (вещество)
a. ability адгезионная способность
a. joint клеевое соединение
a. power сила сцепления (адгезии); адгезионная способность
a. strength прочность сцепления; прочность связующего
epoxy a. эпоксидный клей
nonwarping a. клей, не вызывающий коробления (склеиваемых деталей)
structural a. конструкционный клей
ad hoc (лат.) специальный, подготовленный специально; ‖ для этого, для данной цели, специально
ad hoc algorithm специальный алгоритм
adiabat адиабата
dry a. сухая адиабата
moist a. влажная адиабата
adiabatic адиабатический, адиабатный
a. curve адиабата
a. efficiency адиабатический коэффициент полезного действия
ad infinitum (лат.) до бесконечности, без конца; до конца
ad interim (лат.) 1. временный; ‖ временно; 2. в промежутке, между
adit 1. вход, проход; приближение; 2. штольня, галерея
adjacency смежность; соседство, близость
a. matrix матрица смежности
adjacent смежный, соседний, прилегающий, примыкающий; граничащий, сопредельный
to be adjacent to прилегать, примыкать к
a. angle смежный угол, прилежащий угол
a. element смежный (соседний) элемент
a. side прилежащая сторона
a. vortex присоединенный (спутный) вихрь
adjective 1. имя прилагательное; 2. определение, характеристика; ‖ определяющий, описывающий; зависимый, несамостоятельный; дополнительный
geometrical a. геометрическая характеристика
qualitative a. качественная характеристика
adjoin примыкать, прилегать, граничить; сопрягать; присоединять
adjoint примыкающий, прилегающий; сопряженный; присоединенный
a. of a differential equation сопряженное дифференциальное уравнение

a. matrix сопряженная (присоединенная) матрица
a. space сопряженное пространство
adjointness сопряженность
adjugate дополнительный, присоединенный
a. matrix дополнительная (присоединенная) матрица
adjunct приложение, дополнение; добавка; ‖ присоединенный, дополнительный
algebraic a. алгебраическое дополнение
adjunction присоединение; дополнение, пополнение
adjust регулировать, настраивать, устанавливать, юстировать; корректировать, вносить поправки, уточнять; подгонять, приспосабливать
adjustability возможность регулирования, настройки
adjustable регулируемый, настраиваемый; подгоночный (напр., о параметре); подвижный, меняющий положение, передвижной
a. array массив с переменными границами
a. blade регулируемая лопатка (лопасть)
a. dial подвижная круговая шкала
a. for height регулируемый по высоте
a. parameter настраиваемый (регулируемый) параметр
adjustage 1. регулировка, настройка; корректировка, уточнение; 2. регулирующее устройство; на(д)ставка, патрубок, удлинитель
adjusted отрегулированный, настроенный; усовершенствованный; уточненный
a. forecast уточненный прогноз
adjustment регулировка, настройка; подбор параметров; корректировка, уточнение; поправка; выравнивание
a. angle установочный угол
a. curve переходная (соединительная) кривая, кривая сопряжения
a. factor поправочный коэффициент
a. of itself автоматическая регулировка, самоустановка
a. notch установочная метка
a. for parameter регулировка по параметру
a. for position установка по положению
a. screw установочный (регулировочный) винт
a. for wear поправка на износ
coarse a. грубая настройка
feedback a. регулирование с использованием обратной связи
fine a. точная настройка
least-squares a. подбор (корректировка, сглаживание) методом наименьших квадратов
plastic a. приспособляемость (конструкции) при пластическом деформировании
scale a. установка (регулировка) масштаба

variational a. построение вариационной формулировки задачи; построение разрешающих соотношений вариационным методом; вариационная корректировка параметров модели

zero a. установка (настройка) на нуль

adjuvant 1. вспомогательное средство; ‖ вспомогательный, полезный; 2. активатор

ad libitum (ad. lib.) (лат.) свободно, без ограничений, по желанию

admeasure отмерять; устанавливать пределы, границы

administer 1. управлять, контролировать; 2. снабжать, обеспечивать; 3. назначать, давать

administration управление; администрация

administrative исполнительный; административный

admissibility допустимость, возможность

admissible допускаемый, допустимый, возможный

   a. constraint возможное (допустимое) ограничение

   a. function допустимая функция

   a. stress допускаемое (допустимое) напряжение

   statically a. статически допустимый (возможный)

admission 1. допущение, принятие; 2. доступ; 3. впуск, подача, подвод

   a. space объем наполнения

   a. valve впускной клапан

   partial a. частичное наполнение (рабочей камеры); парциальный подвод (тепла)

admit 1. допускать, принимать; соглашаться; признавать; 2. впускать; 3. вмещать

   to admit of позволять

   it can be admitted that можно допустить, что

   it must be admitted that следует признать, что

admittance 1. доступ, вход; 2. проводимость; 3. динамическая податливость

admittedly 1. по общему признанию; 2. предположительно

admix примешивать(ся), смешивать(ся)

admixture примесь

admonish 1. делать замечание, указывать, советовать; 2. убеждать

   to admonish of напоминать, предупреждать о чем-либо

adobe глина, суглинок; (необожженный) кирпич

adopt 1. принимать, перенимать, заимствовать; 2. выбирать, брать по выбору; 3. придерживаться (напр., мнения)

   to adopt a decision принимать решение

adopted 1. принятый; заимствованный; 2. выбранный

   a. value принятое значение

adoption 1. принятие, прием; заимствование; 2. выбор

adoptive восприимчивый

adrift по течению

adsorb адсорбировать, поглощать

adsorbability адсорбционная (поглотительная) способность

adsorbent адсорбент, адсорбирующее вещество, поглотитель

adsorber адсорбер, поглотитель

adsorption адсорбция, поглощение

adulterant примесь

adulterate примешивать; имитировать; фальсифицировать

adulteration примешивание; имитация; фальсификация

adumbrate 1. дать общее представление, набросать; 2. затенять, затемнять; 3. предвещать, являться симптомом

advance 1. поступательное движение, перемещение; продвижение; распространение; опережение (напр., по фазе), упреждение; ‖ двигаться поступательно, продвигаться; опережать, упреждать; предлагать, выдвигать предложение; 2. развитие, улучшение, прогресс; ‖ развивать(ся), улучшать(ся); 3. поступь (винта); подача (инструмента)

   to advance a theory выдвигать (предлагать) теорию

   to be in advance опережать, обгонять, упреждать

   in advance вперед; впереди; заранее

   in advance of впереди (раньше) чего-либо

   a. angle угол опережения

   crack a. распространение трещины

   phase a. опережение по фазе

   quick a. быстрое перемещение, быстрая подача

   speed of a. поступательная скорость; скорость подачи; скорость поступи (винта)

advanced 1. развитый, усовершенствованный, продвинутый, находящийся на высоком уровне; 2. выдвинутый вперед

advancement продвижение; развитие, улучшение, прогресс

advancing продвижение, прохождение (напр., импульса), распространение; развитие, улучшение

advantage 1. преимущество; выгода, польза; 2. соотношение (напр., плеч рычага); передаточное отношение

   to be of advantage быть выгодным, полезным, удобным

   to take advantage of использовать что-либо, воспользоваться чем-либо

   to the best advantage наилучшим образом, полно, успешно

advection адвекция

advent приход, прибытие, появление; создание чего-либо

adventitious побочный, добавочный; случайный

adverse противоположный; противолежащий; неблагоприятный, отрицательный

advert упоминать, ссылаться; обращаться к чему-либо, касаться чего-либо
advice совет, рекомендация; консультация
advisable рекомендуемый; целесообразный; желательный
advise 1. советовать(ся), консультировать(ся), рекомендовать; 2. извещать, сообщать, уведомлять
adviser советник, консультант; научный руководитель
advisory совещательный, консультативный
advocate защитник, сторонник; ‖ защищать, отстаивать, поддерживать
aerate вентилировать, проветривать; аэрировать, насыщать газом; разрыхлять
aeration вентилирование, проветривание; аэрация, насыщение газом; разрыхление
aerial 1. воздушный, надземный, подвесной; авиационный; 2. антенна
   a. **railway** подвесная (канатная) дорога
   a. **wire** антенна
aeriform воздушный, газообразный
   a. **body** газообразное тело
aerify 1. аэрировать; 2. переводить в газообразное состояние
aero- (как компонент сложных слов) аэро-, авиа- ; воздушный; авиационный
aeroboost обтекатель
aerobrake аэродинамический тормоз
aerocapture вход (космического аппарата) в атмосферу, захват атмосферой
aerocar см. **aerocraft**
aerocarrier авианосец
aerocraft транспортное средство на воздушной подушке
aerodrome аэродром
aerodynamic(al) аэродинамический
   a. **body** тело обтекаемой (аэродинамической) формы
   a. **centre** аэродинамический фокус, центр давления
   a. **heat** аэродинамический нагрев
   a. **noise** аэродинамический шум
   a. **quality** аэродинамическое качество; аэродинамические характеристики
   a. **theory** теоретическая аэродинамика
aerodynamicist специалист по аэродинамике, аэродинамик
aerodynamics аэродинамика; аэродинамические характеристики
   a. of **supersonic flight** аэродинамика сверхзвукового полета, аэродинамика сверхзвуковых скоростей
   a. of **wing** аэродинамика крыла
   design a. аэродинамический расчет
   experimental a. экспериментальная аэродинамика
   fundamental a. основы аэродинамики
   subsonic a. дозвуковая аэродинамика, аэродинамика дозвуковых скоростей
   supersonic a. сверхзвуковая аэродинамика, аэродинамика сверхзвуковых скоростей

   swept-wing a. аэродинамика (аэродинамические характеристики) стреловидного крыла
aerodyne летательный аппарат (тяжелее воздуха)
aeroelastic аэроупругий
aeroelasticity аэроупругость
aeroengine авиационный двигатель
aerofoil аэродинамическая поверхность; крыло, профиль крыла, аэродинамический профиль; см. также **airfoil**
aerogenerator ветроэнергетическая установка
aeroglide планирующий полет, планирование
aerojet воздушно-реактивный
aeromechanics аэромеханика, аэродинамика
aerometer аэрометр
aeronautic(al) воздухоплавательный, воздушный, авиационный
aeronautics аэронавтика, воздухоплавание; авиационная техника; авиация
aeroplane самолет
aerosol аэрозоль
aerospace воздушное пространство; ‖ авиационно-космический, аэрокосмический
   a. **engineering** аэрокосмическая техника
   a. **vehicle** воздушно-космический самолет
aerostat аэростат, воздушный шар
aerostatics 1. аэростатика; 2. воздухоплавание
aerostation воздухоплавание
aerotechnics авиационная техника
aerotow авиационный буксир (напр., планера)
affair дело
affairs (мн.ч. от **affair**); деятельность
affect (воз)действовать, влиять; затрагивать; поражать, наносить ущерб
to be affected by подвергаться влиянию (воздействию)
affiliate 1. присоединять(ся); принимать в члены; 2. устанавливать авторство, определять (перво)источник
affinage очистка, рафинирование
affine аффинный
   a. **connection** аффинная связность
   a. **transformation** аффинное преобразование
affined близкий, родственный
affinity 1. близость, подобие, сходство; 2. аффинность; аффинное преобразование
affinor аффинор, линейное преобразование
affirm утверждать; подтверждать
affirmation утверждение; подтверждение
affirmative утвердительный; положительный
affix 1. добавление, добавка; присоединение; прикрепление; приданный объект; ‖ добавлять, присоединять; прикреплять, соединять; 2. привязывать (координаты)
affixment 1. добавление, добавка; присоединение; прикрепление; 2. привязка (координат)

affluent приток (реки); подпор (реки); ‖ приливающий, притекающий
afflux прилив, приток
afford 1. быть в состоянии; позволять себе; 2. давать, доставлять, приносить
   the results **afford** interesting comparison результаты позволяют сделать интересное сравнение
aflat горизонтально, плоско
afloat 1. на воде, на плаву; 2. в ходу, в употреблении
afoot в движении
   to be **afoot** готовиться, разрабатываться, находиться в стадии разработки
afore- (приставка со значением предшествования) прежде-, ранее-, выше-
aforecited вышеприведенный, вышеупомянутый
aforegoing предшествующий
aforementioned вышеупомянутый
aforenamed вышеназванный
a fortiori (лат.) тем более, заведомо, подавно
afresh вновь, снова
aft задняя (кормовая, хвостовая) часть, корма (судна), хвост (фюзеляжа); ‖ задний, кормовой, хвостовой; позади, назад; на корме, в хвостовой части; по направлению к корме; за кормой
   face **a.** (направленный) назад, против полета
after 1. после (чего-либо); после того, как; за, вслед за, позади, сзади; позднее, впоследствии; через, спустя; согласно, по, следуя (чему-либо); 2. задний; последующий
   after all в конечном итоге
   after the manner of подобно, наподобие; по методу (кого-либо), следуя (кому-либо), вслед за
   after a while через некоторое время
   in **after** years в будущем
   well **after** значительно позже
afterbay нижний бьеф (плотины); отводящий канал
afterbody задняя (хвостовая, кормовая) часть корпуса; последняя ступень ракеты
afterburner дожигатель; форсажная камера
afterburning дожигание (догорание) топлива; форсаж
aftereffect 1. последствие; 2. последействие; запаздывание; 3. результат, выявленный позднее
   elastic **a.** упругое последействие
afterflow текучесть, пластическое течение; ползучесть
afterframe задний (кормовой, хвостовой) шпангоут
aftermath последствия
aftermost последний, крайний; кормовой, хвостовой
after-rib последний (кормовой) шпангоут
afterwards впоследствии, позже; после этого; затем

afterworking (упругое) последействие
again 1. снова, вновь, опять, повторно; 2. кроме того, к тому же; более того, далее; 3. с другой стороны
   once **again** еще раз, снова
   once and **again** несколько раз, неоднократно
   now and **again** иногда, время от времени
   time and **again** неоднократно, повторно
against 1. против, напротив; по отношению к, по сравнению с, на фоне (чего-либо); в зависимости от; 2. противодействуя, преодолевая сопротивление
   to be **against** быть против, противоречить
   to be up **against** встретиться с трудностями, стоять перед задачей
   against the force of the spring преодолевая сопротивление пружины
   against the temperature по отношению к температуре
   as **against** по сравнению (с чем-либо)
age возраст; время, период; срок службы, ресурс (напр., машины); ‖ стареть; подвергать старению; выдерживать в определенных условиях
   a. embrittlement охрупчивание при старении
   a. hardening твердение при старении; дисперсионное твердение
   a. limit предельный срок службы, ресурс
   a. strain деформация от старения
   engine **a.** срок службы двигателя
ageing 1. старение; выдержка, созревание, стабилизация; тренировка (напр., аппаратуры); 2. (эксплуатационное) изнашивание
   a. test испытание на старение (на долговечность)
   ambient **a.** естественное старение
   artificial **a.** искусственное старение
   heat **a.** термическое (тепловое) старение
   life **a.** эксплуатационное старение (изнашивание)
   quench **a.** послезакалочное старение
   strain **a.** деформационное (механическое) старение; эксплуатационное старение, изнашивание
   thermal **a.** термическое (тепловое) старение
ageless не подверженный старению (износу), нестареющий
agelong очень долгий, "вечный"
agency 1. сила, средство, фактор; 2. посредство, содействие; 3. действие, деятельность; 4. учреждение, организация
   by the **agency** of с помощью, посредством
agenda 1. повестка дня (напр., конференции); 2. план решения (задачи); 3. список операторов (операций)
agent 1. среда, вещество; 2. действующая сила, средство, фактор
   antifatigue **a.** противоутомитель, средство (вещество) повышения усталостной прочности

    binding a. связующее (вещество)
    bulking a. наполнитель
    chemical a. химическое вещество
    filling a. наполнитель
    hardening a. отвердитель; закалочное средство
    physical a. физическое тело
    wetting a. смачивающее вещество
agglomerate агломерат; ‖ агломерировать; укрупнять(ся); собирать(ся), скапливать(ся)
agglomeration агломерация, окомкование; укрупнение; накапливание, скопление
agglutinate склеенный; ‖ склеивать(ся); превращать(ся) в клей
agglutination склеивание
agglutinative склеивающий
aggravate ухудшать, усугублять, усложнять (проблему, дело и т.д.)
aggregate 1. агрегат, узел, установка; 2. множество, совокупность, семейство; комплект; 3. собранный, составной; агрегированный; единый, цельный; общий, полный, суммарный; ‖ собирать, соединять; агрегировать, группировать; составлять (в сумме); 4. заполнитель, наполнитель
    as an (one) aggregate как единое целое
    in the aggregate в совокупности, в целом
    a. capacity общая мощность
    a. expression составное выражение
    a. of simple events множество элементарных событий
    concrete a. заполнитель (наполнитель) бетона
    lightweight a. легкий заполнитель
    porous a. пористый заполнитель
    soft a. мягкий заполнитель
aggregation 1. сборка, объединение, агрегирование; 2. скопление, масса, конгломерат; 3. агрегат, установка, узел
    a. force сила сцепления
    a. state агрегатное состояние
agility 1. маневренность; быстрота маневрирования; 2. быстрое изменение, быстрая перестройка; 3. сканирование
aging см. **ageing**
agitate 1. встряхивать, взбалтывать, перемешивать; 2. волновать(ся), возбуждать(ся), возмущать(ся)
agitation 1. перемешивание, взбалтывание; 2. возбуждение, возмущение
agitator смеситель, мешалка
    vortex a. вихревой смеситель
ago тому назад
    as long ago as еще, уже (напр., перед указанием даты)
    long ago давно
    a while ago недавно
agoing на ходу, в движении
    to set agoing пустить в ход, привести в движение
agonic не образующий угла

agree 1. приходить к соглашению, соглашаться, уславливаться; 2. соответствовать, согласовывать(ся), подходить; совпадать
    agreed to обусловленный, установленный; согласованный; заданный, предписанный, точно определенный
    it is commonly agreed that принято считать, что; общепризнано, что
agreeable соответствующий, согласующийся; приемлемый
agreement 1. согласие; соглашение, договор; 2. соответствие; согласованность; совпадение
    to bring into agreement согласовывать, приводить в соответствие
    to come to an agreement приходить к соглашению
    to show a good agreement with соответствовать чему-либо, согласовываться (совпадать) с чем-либо
    in agreement with согласно с, в соответствии с чем-либо
    close a. хорошее соответствие, малое расхождение
ahead вперед, впереди
    ahead of time заранее, заблаговременно
    in the years ahead в будущем
aid 1. помощь, поддержка; ‖ помогать, способствовать; 2. вспомогательное средство (устройство, оборудование), средство обеспечения
    aids and appliances приспособления
    testing aids средства тестирования, испытательное оборудование
aileron элерон
    amount of a. угол отклонения элерона
    continuous e. неразрезной элерон
    spoiler a. интерцептор
ailevator элевон
aim 1. цель, намерение; ‖ иметь целью, стремиться к чему-либо; 2. прицел, мишень
    to be aimed at быть предназначенным; быть направленным на
aimer прибор наведения (визирования, управления)
aiming 1. стремление; 2. наведение, визирование, прицеливание; ‖ прицельный
air воздух; атмосфера, воздушная среда, воздушное пространство; ‖ воздушный, атмосферный; авиационный; пневматический; ‖ обдувать воздушным потоком; вентилировать
    a. actuator воздушный привод
    a. balloon воздушный шар, аэростат
    a. bladder пузырек воздуха
    a. blast воздушная струя; порыв воздуха; дутье, нагнетание воздуха
    a. cushion воздушная подушка; пневматический амортизатор
    a. flow воздушный поток
    a. force аэродинамическая сила
    a. gap воздушный зазор, воздушная прослойка; просвет

a. **hardening** воздушная закалка; твердение на воздухе
a. **renewal** воздухообмен
a. **space** воздушное пространство; просвет, зазор, щель
a. **speed** скорость воздушного потока; скорость летательного аппарата
a. **structure** пневматическая (надувная) конструкция
a. **suspension** воздушная опора, пневматическая подвеска
a. **tool** пневматический инструмент
a. **wave** воздушная волна
actuating a. рабочий воздух
ambient a. атмосферный воздух
compressed a. сжатый воздух
dead a. область застойного воздуха
draw-in a. всасываемый воздух
entrained a. увлеченный (вовлеченный) воздух
entrapped a. захваченный воздух; воздушное включение, пузырек
exhaust a. отработавший воздух
free a. атмосферный воздух
intake a. всасываемый воздух
light a. разреженный воздух; слабый воздушный поток
outer a. наружный (атмосферный) воздух
pocket a. воздушное включение, воздушный карман
pressurized a. сжатый воздух
ram a. набегающий поток (воздуха); скоростной напор
rarefied a. разреженный воздух
rough a. турбулентный воздух, возмущенный поток
standard a. воздух при нормальных условиях, стандартная атмосфера
suction a. всасываемый воздух
surface a. нижний (приземный) слой атмосферы
turbulent a. возмущенный (турбулентный) воздух
air-based бортовой, находящийся на борту летательного аппарата
airborne воздушный, находящийся в воздухе; распыленный в воздухе, аэрозольный; летательный; установленный на воздушном судне, бортовой; полетный; транспортируемый по воздуху
a. **loads** полетные нагрузки (на летательный аппарат)
a. **particle** частица аэрозоля; пылинка
a. **vehicle** летательный аппарат
airbrake пневматический тормоз; аэродинамический тормоз
airbreathing воздушно-реактивный
aircooling воздушное охлаждение
aircraft авиация; летательный аппарат; самолет; ‖ авиационный, самолетный
a. **analysis** расчет летательного аппарата
a. **body** фюзеляж летательного аппарата

a. **steel** авиационная сталь
all-wing a. летательный аппарат типа "летающее крыло"
composite a. летательный аппарат из композиционных материалов; составной летательный аппарат
fixed-geometry a. летательный аппарат неизменяемой геометрии
jet a. реактивный самолет
low-wing a. самолет с низким расположением крыла
rotary-wing a. винтокрылый летательный аппарат
supersonic a. сверхзвуковой летательный аппарат
aircraft-borne бортовой, находящийся на борту летательного аппарата
aircushion воздушная подушка; пневматический амортизатор
a. **absorber** пневматический амортизатор
a. **vessel** судно на воздушной подушке
air-driven пневматический, с пневматическим приводом
airdrome аэродром
airfoil аэродинамическая поверхность; крыло, профиль крыла, аэродинамический профиль
a. **data** характеристики аэродинамического профиля
a. **lattice** решетка (аэродинамических) профилей
a. **theory** теория крыла
Joukowski a. профиль Жуковского
laminar-flow a. ламинарный профиль
lift a. несущее крыло, несущий профиль
low-drag a. профиль низкого сопротивления
shock-free a. безударный профиль
suction a. крыло с отсосом пограничного слоя
supersonic a. сверхзвуковой профиль
airforce аэродинамическая сила
airframe 1. авиационная конструкция; 2. конструкция летательного аппарата; 3. планер самолета (вертолета), корпус ракеты; 4. каркас летательного аппарата
all-metal a. цельнометаллический планер
semi-monocoque a. планер типа полумонокок
airgap воздушный зазор, воздушная прослойка; просвет
airgas топливо-воздушная смесь
airga(u)ge манометр
airgun распылитель, пульверизатор
airhouse надувное сооружение
air-in приточный воздух
airing 1. вентиляция; 2. аэрация
airlift грузоподъемность (летательного аппарата)
airload аэродинамическая (воздушная, полетная) нагрузка
a. **failure** разрушение (конструкции) аэродинамическими нагрузками

airlock 1. воздушная пробка (напр., в трубопроводе); 2. воздушный шлюз
airplane самолет
airport аэропорт
air-powered пневматический, с пневматическим приводом
airproof непроницаемый для воздуха, герметический, герметичный
airscoop воздухозаборник
airscrew воздушный винт, пропеллер
   coaxial a. соосный винт
   lifting a. несущий винт, ротор вертолета
   tractor a. тянущий воздушный винт
airshaft вентиляционная шахта
airshed ангар
airship воздушный корабль, летательный аппарат; дирижабль
airspace воздушное пространство; || авиационно-космический, аэрокосмический
   a. engineering аэрокосмическая техника
airspeed воздушная скорость, скорость полета; скорость воздушного потока
airstream воздушный поток
airtight непроницаемый для воздуха, герметический, герметичный
Airy-Stokes theory теория (идеальных волн) Эри-Стокса
Airy stress function функция напряжений Эри
Aitken extrapolation экстраполяция по Эйткену
akin близкий, родственный, похожий
alabaster алебастр, гипс
alar крылатый; в форме крыла, крыловидный
alarm сигнал аварии (сбоя); сигнальное устройство; || сигнальный, аварийный; сигнализировать, поднимать тревогу
albeit хотя
aleatory случайный
alee под ветром; в подветренную сторону
algebra алгебра
   a. of logic алгебра логики
   a. of polynomials алгебра многочленов
   a. of tensors алгебра тензоров, тензорная алгебра
   associative a. ассоциативная алгебра
   Boolean a. булева алгебра, алгебра логики
   higher a. высшая алгебра
   linear a. линейная алгебра
   matrix a. алгебра матриц, матричная алгебра
   propositional a. алгебра высказываний, пропозициональная алгебра
   relational a. реляционная алгебра, алгебра отношений
   universal a. универсальная (абстрактная) алгебра
   vector a. алгебра векторов, векторная алгебра
algebraic(al) алгебраический
   a. adjunct алгебраическое дополнение
   a. curve алгебраическая кривая
   a. eigenvalue problem алгебраическая проблема собственных значений
   a. sum алгебраическая сумма
algebraically алгебраически, в алгебраическом смысле
algebraist специалист по алгебре, алгебраист
ALGOL АЛГОЛ (язык программирования)
algoristic строго определенный, детерминированный
algorithm алгоритм; процедура; метод, правило; || алгоритмический; процедурный
   a. flow-chart блок-схема алгоритма
   a. of layout алгоритм компоновки (размещения)
   a. of solution алгоритм решения
   adaptive a. адаптивный алгоритм
   ad hoc a. специальный алгоритм
   black box a. алгоритм типа "черный ящик"
   branching a. ветвящийся алгоритм; алгоритм ветвления
   computational a. вычислительный алгоритм
   control a. алгоритм управления
   convergent a. сходящийся алгоритм
   Euclidean a. алгоритм Евклида
   finite element a. конечноэлементный алгоритм, алгоритм метода конечных элементов
   general a. общий алгоритм
   graph a. графовый алгоритм, алгоритм на графе
   heuristic a. эвристический алгоритм
   integration a. алгоритм (численного) интегрирования
   Newton-like a. алгоритм типа Ньютона
   numerical a. числовой (численный) алгоритм
   operative a. рабочий алгоритм
   optimal a. оптимальный (наилучший) алгоритм
   optimization a. алгоритм оптимизации
   ordering a. алгоритм упорядочения
   parallel a. параллельный алгоритм
   particular a. специальный (частный) алгоритм
   partitioning a. алгоритм разбиения
   recursive a. рекурсивный алгоритм
   robust a. робастный (устойчивый) алгоритм
   sequential a. последовательный алгоритм
   stable a. устойчивый алгоритм
   steering a. алгоритм управления
   step-by-step a. (по)шаговый алгоритм
   stochastic a. стохастический алгоритм
   testing a. алгоритм тестирования (проверки)
   universal a. универсальный алгоритм, алгоритм общего назначения

algorithmic алгоритмический; алгоритмичный
  a. **approach** алгоритмический подход
  a. **language** алгоритмический язык
  a. **method** алгоритмичный метод

alias 1. иное имя; псевдоним; || иначе называемый; неоднозначный; 2. помеха, паразитный сигнал

aliasing 1. неоднозначность; 2. помехи, наложение помех; смешивание воздействий; 3. неровность, зубчатость, ступенчатость

alidad(e) угломер

alien чуждый, несвойственный, посторонний, инородный

aliform в форме крыла, крыловидный

alight приземляться, садиться

alighting приземление, посадка; || посадочный
  a. **area** посадочная площадка
  a. **gear** посадочное устройство, шасси

align 1. выравнивать, спрямлять; устанавливать в линию (соосно), совмещать, центрировать; 2. настраивать, регулировать; 3. согласовывать; синхронизировать, фазировать

alignment 1. выравнивание, спрямление; расположение на прямой, совмещение, центровка (осей); 2. соосность, створ; 3. настройка, регулировка; 3. согласование; синхронизация, фазирование
  in alignment 1. ровно, в линию, соосно; 2. согласованно; синхронно
  a. **chart** 1. номограмма; 2. горизонтальная проекция, план
  a. **error** ошибка установки; погрешность настройки
  a. **of holes** совмещение отверстий; соосность отверстий
  boundary a. выравнивание границ, расположение в границах
  storage a. выравнивание данных в памяти

alike похожий, подобный; такой же, одинаковый; || подобно; так же, одинаково
  alike in colour одного цвета

aline, alinement см. **align, alignment**

aliquant некратный

aliquot кратный

alive включенный, действующий, работающий, на ходу

all все; целое; || весь, все; всякий, всевозможный; || вполне, полностью, совершенно
  all along все время; на всем протяжении
  all around со всех сторон
  all at once неожиданно
  all but все, кроме; за исключением; почти, чуть не, едва не
  all in all всего; вообще
  all the more so тем более, что
  all over повсюду, кругом; полностью, совершенно
  all the same все равно; тем не менее
  all through на всем протяжении

  after all в конце концов, в конечном счете
  at all вообще, совсем, сколько-нибудь; вообще не, совсем не (в отрицательном предложении)
  at all events во всяком случае
  first of all прежде всего, главным образом
  for all that несмотря на все это
  hardly at all почти ничего
  if at all если вообще (имеет место)
  in all полностью; всего
  in all respects во всех отношениях

all-around всесторонний; универсальный
  a. **compression** всестороннее сжатие
  a. **view** всесторонний обзор

allege 1. утверждать (без основания); 2. ссылаться на что-либо

alleged to be due якобы обусловленный (чем-либо)

allegedly якобы; предположительно

all-embracing всеобъемлющий, полный

alleviate облегчать, смягчать

alliance союз, общность, объединение

allied родственный, близкий; союзный
  a. **sciences** смежные науки

alligation сплав; смешение

alligator аллигатор; || аллигаторный
  a. **shears** механические ножницы

alligatoring поверхностное растрескивание, образование шагреневой поверхности

all-in-all важный, решающий; || целиком, полностью; в целом, в общем

all-in-one цельный, неразъемный, монолитный

all-metal цельнометаллический

allocate размещать, распределять; выделять, назначать; локализовывать

allocation размещение, распределение (напр. памяти ЭВМ); выделение, назначение; локализация, указание места
  a. **map** схема (таблица) распределения (памяти)
  data a. размещение данных (в памяти)
  direct a. статическое (постоянное) распределение (памяти); непосредственное распределение
  dynamic a. динамическое (переменное) распределение
  memory a. распределение памяти
  optimum a. оптимальное распределение

allot распределять, выделять; предназначать; размещать

allotment распределение, выделение; доля, часть

all-out полный; тотальный; || вполне, полностью

allow 1. разрешать, допускать, позволять; делать возможным; давать, предоставлять (возможность); 2. принимать во внимание, учитывать
  to allow clearance оставлять зазор

to allow for учитывать, принимать в расчет, делать поправку на
to allow for the fact с учетом того, что
allowable допустимый, допускаемый; законный, правомерный
   a. load допускаемая нагрузка
   a. variation допустимая вариация; допускаемое колебание (отклонение), допуск
allowance 1. разрешение, допущение; 2. допуск; припуск; поправка
   with allowance for с учетом чего-либо, с поправкой на
   machining a. припуск на обработку
   negative a. натяг
   positive a. зазор
   power a. допустимая (расчетная) мощность; запас по мощности
   rivet a. поправка (припуск) на заклепочные соединения (при расчете конструкций)
   time a. допуск по времени
   wind a. поправка на ветер
alloy сплав; примесь; || легированный, с примесями; || легировать, сплавлять
   a. steel легированная сталь
   light a. легкий сплав
all-purpose многоцелевой, универсальный, общего назначения
all-round круговой (напр., обзор); всесторонний
allude 1. упоминать, ссылаться (на что-либо); указывать на что-либо; 2. подразумевать
all-up 1. общий, полный, суммарный; 2. полный вес; суммарная характеристика
allusion упоминание, ссылка
allusive заключающий в себе ссылку
alluvial наносный, аллювиальный
alluvion нанос, наносный грунт, намыв
alluvium см. **alluvion**
all-ways всенаправленность (действия); || всенаправленный, всесторонний
ally соединять
   a. arm кронштейн; поперечина, траверса
Almansi problem задача Альманзи
almost почти; едва не
   almost certain почти достоверный
   almost everywhere почти всюду
   almost periodic почти периодический
aloft наверху, на высоте; наверх
alone один; сам по себе; || только, исключительно, лишь
   let alone не говоря уже о
along вперед; на всем протяжении, все время; || вдоль, по (направлению)
   to be well along toward находиться на пути к; приближаться к
   along the lines в направлении; в соответствии с чем-либо; по типу
   along the current по течению, по потоку
   along the strike по ходу, по простиранию (пласта)

along with наряду с, вместе; равно как и
   all along на всем протяжении, все время
alongside рядом, в одном ряду
   alongside of рядом с, сбоку от
alpha 1. альфа (первая буква греческого алфавита); || первый; важнейший, основной; 2. буквенный, символьный
   a. character текстовый символ, буква
   a. rays альфа-лучи
   a. testing лабораторные испытания
Alpha and Omega альфа и омега, начало и конец
alphabet 1. алфавит; 2. шрифт
   computer a. машинный алфавит
   cyrillic a. славянский алфавит, кириллица
   Roman a. латинский алфавит, латиница
alphabetic(al) алфавитный; буквенный, текстовый; символьный, знаковый
   a. string строка букв (символов), текстовая строка
alphabetically в алфавитном порядке, по алфавиту
alphabetical-numeric (alphameric, alphanumeric) буквенно-цифровой, алфавитно-цифровой, символьный
already уже
also тоже, также; к тому же, кроме того
alter изменять(ся); вносить изменения
alterable изменяемый
alterant изменяющий, вызывающий изменения
alteration изменение; смена, замена; перестройка, преобразование
   to make alterations вносить изменения
   a. angle угол отклонения
   a. of angle изменение угла
   form a. деформация, формоизменение
   sudden a. резкое изменение
alterative вызывающий изменение
alternate 1. переменный; перемежающийся, (периодически) чередующийся; знакопеременный; || чередовать(ся), сменять друг друга; переставлять; 2. другой, иной; 3. дополнительный, запасный; 4. замена; вариант
   a. angle противолежащий угол
   a. angles накрест лежащие углы
   a. bending знакопеременный изгиб
   a. design вариант проекта
   a. materials материалы-заменители
   a. stresses знакопеременные напряжения
alternately 1. попеременно, поочередно; 2. иначе; 3. с другой стороны; наоборот
   alternately stated иначе говоря
alternating чередующийся, альтернирующий; (знако)переменный
   a. current переменный ток
   a. directions method (ADM) метод переменных направлений
   a. load знакопеременная нагрузка

a. motion возвратно-поступательное движение
   a. strain знакопеременная деформация
   a. tensor альтернирующий тензор (Леви-Чивиты)
alternation 1. чередование, перемежаемость, периодическая смена; альтернация; 2. полупериод, половина цикла (колебания)
   stress a. чередование напряжений; (знакопеременный) цикл напряжений
alternative 1. альтернатива, выбор, вариант; ‖ альтернативный, иной, возможный; взаимоисключающий, противоположный; 2. переменный; попеременно-действующий
   as an alternative to вместо чего-либо, как альтернатива
   a. design вариант проекта
alternatively 1. наоборот, в противоположность чему-либо, иначе, или же; с другой стороны; 2. попеременно, поочередно
although хотя; даже если; несмотря на
altimeter альтиметр, высотомер
altimetry измерение высоты, техника измерения высоты
altitude (абсолютная) высота; высота над горизонтом; высота над уровнем моря; превышение; ‖ высотный
   a. control руль высоты
   a. gage альтиметр, высотомер
altogether вполне, совершенно; совсем, вообще; в общем, в целом; всего
   an altogether целое
aluminium (aluminum) алюминий
always всегда
a.m. (ante meridiem) до полудня
amalgam амальгама; объединение, соединение; смесь
amalgamate объединение, соединять(ся), сливать(ся)
amalgamation объединение, соединение, слияние
amass накапливать(ся), собирать(ся)
ambient 1. окружающая среда; ‖ окружающий, внешний; образующий естественную среду; 2. обтекающий
   a. air атмосферный воздух
   a. temperature температура окружающей среды
ambiguity неоднозначность, двойственность; неопределенность
   a. of sign неопределенность знака
ambiguous неоднозначный, двойственный; неопределенный
   a. definition неоднозначное определение
ambit окружение, окрестность; границы
ambivalent противоположный; противоречивый
amend улучшать, исправлять, вносить поправки
amendable исправимый
amended усовершенствованный, уточненный
   a. estimate уточненная оценка

amendment исправление, уточнение; поправка; исправленная редакция
amends компенсация, возмещение
amid (по)среди, между
amiss неправильный, некорректный; несвоевременный; ‖ неправильно; несвоевременно
ammeter амперметр
among среди, посреди, между; в числе, из числа
   to be among принадлежать к числу
   among other things между прочим; в частности
   among these are к ним относятся
amorphous аморфный; некристаллический
amortization амортизация
amortize амортизировать
amount 1. количество, величина, число; сумма, итог; порядок, степень, уровень; амплитуда, размах; ‖ составлять (величину, количество), быть равным, достигать; быть эквивалентным чему-либо; 2. значительность, важность
   a. of aileron угол отклонения элерона
   a. of noise уровень шума
   a. of redundancy степень статической неопределимости
   a. of sampling объем выборки
   a. of twist степень закручивания, угол крутки
   a. of vacuum величина вакуума, степень разрежения
   a. of yaw угол рыскания (скольжения); амплитуда рыскания
amperage сила тока (в амперах)
ampere ампер, А (единица силы тока)
amperemeter амперметр
ampersand знак & (и)
amphibian амфибия, плавающее транспортное средство; ‖ плавающий
amplification усиление, увеличение, расширение; распространение; коэффициент усиления
   a. factor коэффициент усиления
   feedback a. усиление обратной связи
amplifier усилитель
amplify усиливать(ся); расширять(ся); распространяться
amplitude амплитуда, величина, размах; дальность (радиус) действия; ‖ амплитудный
   a. filter фильтр амплитуд
   a. of oscillation амплитуда колебаний
   a. overswing выброс амплитуды
   a. resonance резонанс амплитуд
   a. response амплитудная характеристика
   a. of stress амплитуда (цикла) напряжений
   angular a. угловая амплитуда
   double a. удвоенная амплитуда, размах
   net a. результирующая амплитуда
   ripple a. амплитуда пульсаций

total a. полная (двойная) амплитуда, размах (колебания)
wave a. амплитуда волны
amplitude-frequency амплитудно-частотный
　a. curve амплитудно-частотная характеристика
amply полно; достаточно; широко, пространно
analog 1. аналог; модель (напр., математическая или физическая); моделирующее (аналоговое) устройство; ‖ аналоговый; моделирующий; 2. непрерывная величина; ‖ непрерывный
　a. computer аналоговая вычислительная машина (АВМ); аналоговое (моделирующее) вычислительное устройство
　a. data аналоговые (непрерывные) данные
　a. simulation аналоговое моделирование
　biaxial a. двумерная модель
　continuous a. непрерывный аналог, непрерывная модель
　hydraulic a. гидравлическая модель
　network a. сеточная (сетевая) модель
　physical a. физический аналог, физическая модель
analogical аналогичный, подобный; основанный на аналогии
analogous 1. аналогичный; сходный; 2. моделирующий, аналоговый
analogue см. **analog**
analog-to-digital converter (ADC) аналого-цифровой преобразователь (АЦП)
analogy аналогия, подобие, сходство
　on the analogy of по аналогии с
　a. parameter показатель (критерий) подобия
　fluid-flow a. гидродинамическая аналогия
　hydraulic a. гидравлическая аналогия, метод гидравлической аналогии
　kinetic a. in buckling of bars кинетическая аналогия при потере устойчивости балок
　membrane a. in torsion мембранная аналогия (Прандтля) в задаче кручения
　Reynolds a. подобие по числу Рейнольдса
analysable поддающийся анализу
analyse анализировать, изучать, исследовать; рассчитывать, выполнять расчет
　to analyse for tension рассчитывать на растяжение
analyser анализатор, определитель
　Fourier a. гармонический анализатор, Фурье-анализатор
　frequency response a. частотный анализатор
　wave a. анализатор формы волны
analysis 1. (мн.ч. **analyses**) анализ, изучение, исследование; расчет; теория; ‖ аналитический, расчетный, теоретический; 2. математический анализ
　in the last analysis в конечном счете
　a. of causes причинный анализ

a. of cracking расчет трещинообразования
a. of forces анализ (действующих) сил, расчет усилий
a. grid расчетная сетка
a. matrices расчетные матрицы
a. method метод анализа (расчета)
a. of structure расчет конструкции; анализ структуры
a. of variance дисперсионный анализ
approximate a. приближенный анализ (расчет)
arrest a. анализ механизма остановки (трещины)
backward error a. обратный анализ погрешностей
bifurcation a. анализ бифуркации, расчет потери устойчивости
buckling a. расчет на устойчивость, расчет (потери) устойчивости
comparative a. сравнительный анализ
computerized a. автоматизированный расчет, машинный анализ
confirmatory a. поверочный расчет
destructive a. разрушающий контроль
dimensional a. размерный расчет; анализ размерностей
dual a. двойственный анализ
dynamic(al) a. динамический расчет (анализ), расчет динамики (изменения, эволюции)
dynamic force a. расчет на динамическое воздействие; кинетостатика
elastic a. упругий расчет, расчет упругого деформирования
factor a. факторный анализ
finite element a. расчет (исследование) методом конечных элементов
finite-strain a. расчет конечных деформаций
flexibility a. расчет податливости; расчет методом податливостей (методом сил)
Fourier a. анализ Фурье, гармонический анализ
frequency a. частотный анализ, гармонический анализ
frequency-domain a. анализ в частотной области
frequency-response a. частотный анализ, расчет методом частотных характеристик
functional a. функциональный анализ
geometry a. геометрический анализ; расчет геометрических данных; исследование геометрии (объекта)
harmonic a. гармонический анализ, анализ Фурье
interval a. интервальный анализ
large strain a. расчет больших деформаций
least-square a. расчет методом наименьших квадратов

limit-state a. расчет предельного состояния, расчет (конструкций) по предельному состоянию
linear a. линейный анализ (расчет), расчет по линейной модели
mathematical a. математический анализ, анализ бесконечно малых
matrix a. матричный анализ; матричный расчет
modal a. расчет собственных форм (мод); модальный анализ, расчет методом разложения по собственным формам
network a. анализ схем (сетей, цепей); расчет методом сеток
numerical a. численный анализ, вычислительная математика; числовой расчет
parametric a. параметрический анализ
phase-plane a. расчет методом фазовой плоскости
photoelasticity a. анализ методом фотоупругости
plasticity a. расчет пластического деформирования, пластический расчет
qualitative a. качественный анализ
quantitative a. количественный анализ
rapid a. экспресс-анализ
regression a. регрессионный анализ
simulation a. имитационный анализ
spectral a. спектральный анализ; расчет спектра
static a. статический анализ, расчет статики (статического деформирования)
statistical a. статистический анализ
steady-state a. расчет установившегося (стационарного) процесса
step-by-step a. (по)шаговый расчет; расчет путем последовательных приближений
stiffness a. расчет жесткости; расчет методом жесткостей (методом перемещений)
stress a. расчет напряжений (напряженно-деформированного состояния), расчет на прочность
structural a. расчет конструкций (на прочность); структурный анализ
system a. системный анализ
tensor a. тензорный анализ
thermoelastic a. расчет термоупругого напряженно-деформированного состояния
transient a. расчет переходного (нестационарного) процесса, расчет динамики
ultimate a. предельный расчет, расчет на предельную нагрузку; элементарный анализ
ultrasound a. ультразвуковое исследование
vector a. векторный анализ
X-ray a. рентгенографический анализ
analyst аналитик, исследователь; расчетчик
  structural a. инженер-расчетчик, прочнист

  system a. системный аналитик; постановщик (задач)
analytic(al) аналитический; расчетный
  a. calculations аналитические расчеты (выкладки); аналитические методы расчета
  a. data данные расчета (анализа)
  a. expression аналитическое выражение (представление)
  a. function аналитическая функция
  a. geometry аналитическая геометрия
  a. model аналитическая (расчетная) модель, расчетная схема (конструкции)
  a. treatment аналитическое исследование
analytically аналитически
analyze см. **analyse**
analyzer см. **analyser**
anaseim анасейм, сейсмические волновое движение
ancestral наследственный; предшествующий
  a. relation наследственное соотношение
anchor якорь; анкер, связь; || якорный; анкерный; || прикреплять, закреплять (наглухо), фиксировать
  a. rope закрепленная растяжка
  framing a. стыковая накладка (для соединений балок)
  tie a. стяжной анкер
anchorage крепление анкерами, жесткая заделка; опора
ancillary вспомогательный, служебный; подчиненный
and 1. и; 2. а, но; 3. логическая операция И, конъюнкция, логическое умножение
and/or и/или
anemometer анемометр
anemometry анемометрия, измерение скорости ветра
anew снова, заново, еще раз; по-новому
angle 1. угол; || угловой; расположенный под углом, косой, диагональный; 2. фаза колебаний; 3. уголок, угловое железо; 4. точка зрения; сторона дела, аспект; положение, ситуация
  to make an angle составлять угол
  at an angle под углом (отличным от прямого)
  at right angle прямой угол
  a. of action угол зацепления
  a. of advance угол опережения
  a. of alteration угол отклонения
  a. arm сторона угла
  a. of arrival угол прихода (напр., волны)
  a. of ascent угол подъема, угол набора высоты
  a. of attack угол атаки; угол набегания
  a. of bank угол крена (крена)
  a. of bending угол изгиба (загиба)
  a. of blade угол установки лопатки (лопасти)
  a. at the center центральный угол
  a. at a circumference вписанный угол

a. of convergence угол сходимости; угол схождения (конвергенции); угол сужения (напр., канала, сопла)
a. of deflection угол поворота (наклона); угол отклонения
a. of descent угол снижения (падения)
a. of deviation угол отклонения (девиации)
a. of divergence угол расходимости; угол расхождения (дивергенции); угол расширения
a. error угловая погрешность, ошибка по направлению
a. of friction угол трения; угол естественного откоса (сыпучего материала)
a. of gradient угол градиента; угол подъема (падения)
a. of heel угол крена
a. of incidence угол падения (наклона); угол атаки; угол установки (крыла)
a. iron угловое железо, уголок
a. joint соединение под углом
a. of lag угол отставания, угол запаздывания (по фазе)
a. of lead угол опережения (по фазе), угол упреждения; угол подъема (напр., винтовой линии, резьбы)
a. of list угол крена
a. meter угломер
a. at periphery вписанный угол
a. of pitch угол тангажа; угол наклона (установки) лопасти
a. of plane угол наклона плоскости, угол сечения
a. protractor транспортир, угломер
a. of rest угол покоя; угол естественного откоса
a. of roll 1. угол крена; 2. угол раскрытия (развернутости)
a. of rotation угол поворота
a. of rupture угол обрушения
a. of shear угол сдвига
a. of sight угол визирования
a. of slip угол скольжения
a. of slope угол наклона (откоса)
a. of stall угол срыва потока, критический (срывной) угол атаки
a. support угловая опора
a. of tapering угол конусности
a. of trim угол дифферента, угол атаки
a. of twist угол закручивания (крутки)
a. of view угол визирования; угол (сектор) обзора
a. of wedge угол клина
a. of yaw угол рыскания (скольжения)
acute a. острый угол
adjacent a. смежный угол, прилежащий угол
adjusting a. установочный угол
alternate a. противолежащий угол
alternate angles накрест лежащие углы
aperture a. угол раскрытия (апертуры)

apex a. угол при вершине; угол раствора
aspect a. угол (сектор) обзора
axial a. угол между осями
azimuth(al) a. азимутальный угол, азимут, угол курса; полярный угол; аргумент комплексного числа; (угловая) фаза
back a. задний угол (напр., резца)
base a. угол при основании
beam a. угол расхождения пучка
blunt a. тупой угол
burble a. критический угол атаки (крыла), угол срыва потока
canting a. угол наклона
caving a. угол обрушения
central a. центральный угол
closed a. острый угол
complementary a. дополнительный (до 90 градусов) угол
complete a. полный угол, угол в 360 градусов
cone a. угол конусности, угол раствора конуса
corresponding angles соответствующие углы
dihedral a. двугранный угол
dip a. угол падения (пласта), угол уклона
direction a. направляющий угол
displacement a. угол смещения (отклонения); угол рассогласования
drift a. угол сноса (увода)
edge a. угол кромки, угол заострения
Euler a. угол Эйлера
elevation a. угол возвышения; высота светила
exterior a. внешний угол
exterior-interior angles соответственные углы
face a. плоский угол; (передний) угол режущего инструмента
flat a. плоский угол; развернутый угол, угол в 180 градусов
full a. полный угол, угол в 360 градусов
gliding a. угол скольжения (планирования, глиссирования)
harmonic-wave a. фаза гармонического колебания
included a. внутренний угол; угол между сторонами, угол при вершине
incremental a. угловое приращение
inscribed a. вписанный угол
interior a. внутренний угол
intersection a. угол пересечения
joint a. соединительный уголок, косынка
limiting a. предельный угол
Mach a. угол Маха, угол возмущений
narrow a. малый угол
nutation a. угол нутации
oblique a. косой (непрямой) угол
obliquity a. угол наклона (скоса)
obtuse a. тупой угол
opening a. угол раскрытия
opposite a. противолежащий угол

perigon a. полный угол, угол в 360 градусов
phase a. фазовый угол, фаза (колебания, циклического движения); сдвиг (разность) фаз
plane a. плоский угол
polar a. полярный угол; аргумент комплексного числа; (угловая) фаза
polyhedral a. многогранный угол
precession a. угол прецессии
pressure a. угол давления; угол зацепления
projection a. угол проекции
relief a. задний угол (режущего инструмента), угол зазора
right a. прямой угол
round a. полный угол, угол в 360 градусов
semi-opening a. угол полураствора
semivertex a. половина угла при вершине, угол полураствора
side of an a. сторона угла
skew a. косой угол; угол скрещения (между непересекающимися прямыми)
solid a. пространственный (телесный) угол
spatial a. пространственный (телесный) угол
stiffening a. уголок жесткости, косынка
straight a. развернутый (плоский) угол, угол в 180 градусов
subtended a. стягиваемый угол
supplementary a. дополнительный (до 180 градусов) угол
sweep a. 1. угол стреловидности; 2. угол охвата
tapering a. угол конусности
tetrahedral a. четырехгранный угол
torsion a. угол закручивания (крутки)
trihedral a. трехгранный угол
unequal a. неравнобокий уголок
vanishing a. исчезающе малый (близкий к нулю) угол
vectorial a. полярный угол; аргумент комплексного числа; (угловая) фаза
vertex a. угол при вершине, угол раствора (конуса), угол конусности
vertex of a. вершина угла
vertical angles вертикальные углы
visual a. угол зрения
wave a. угол наклона волны (волнового фронта); угол распространения волны
wide a. большой угол
winding a. угол намотки (навивки)
angled изогнутый, угловой; коленчатый
angle-preserving сохраняющий углы
   a. transform преобразование, сохраняющее углы
anglewise под углом; по угловой координате, по углу
angstrom ангстрем

angular угловой; дуговой, круговой; углового сечения (профиля); коленчатый
   a. acceleration угловое ускорение
   a. coordinate угловая (дуговая, круговая) координата
   a. deformation угловая деформация, деформация поворота (вращения)
   a. degree угловой градус
   a. degree of freedom угловая (вращательная) степень свободы
   a. displacement угловое смещение, наклон, поворот, вращение
   a. force вращающий момент
   a. frequency угловая (круговая) частота
   a. momentum момент импульса, момент количества движения, кинетический момент
   a. motion угловое (вращательное) движение
   a. point угловая точка
   a. rate угловая скорость; угловая (круговая) частота; производная по углу
   a. speed угловая скорость, скорость вращения; угловая частота
   a. strain угловая деформация, деформация поворота (вращения)
   a. test испытание на изгиб
   a. transformation угловое (тригонометрическое) преобразование
   a. velocity угловая скорость, скорость вращения; угловая частота
angularity расположение под углом; перекос, угол перекоса
   flow a. скос (отклонение) потока, угол отклонения потока
anharmonic ангармонический
   a. ratio ангармоническое отношение
animate создавать динамические изображения (мультипликацию)
animation создание динамических изображений, мультипликация
anisometric анизометрический; несимметричный, имеющий несимметричные части
   a. projection триметрическая проекция
anisotropic анизотропный, неизотропный
   a. elasticity анизотропная упругость; анизотропная теория упругости
   a. medium анизотропная среда
   curvilinearly a. криволинейно-анизотропный (о материале)
anisotropy анизотропия
   axes of a. оси анизотропии
   general a. общая (произвольная) анизотропия
   geometrical a. геометрическая анизотропия
   induced a. наведенная (вторичная, деформационная) анизотропия
   strain a. деформационная анизотропия
anneal обжигать; отжигать, нормализовывать (материал); прокаливать
annealing отжиг, нормализация (материала); прокаливание

a. colours цвета побежалости
a. temperature температура отжига
annex добавление, приложение; дополнительное устройство; пристройка; ‖ добавочный, дополнительный; ‖ добавлять, присоединять, прилагать
annihilate уничтожать, отменять; аннигилировать; уничтожать члены с разными знаками в математических выражениях
annihilation уничтожение, отмена; аннигиляция
annihilator аннигилятор; демпфер, гаситель, успокоитель; компенсатор
annotate аннотировать, реферировать; снабжать примечаниями, комментариями
annotation аннотация, реферат; комментарий, примечание; аннотирование, реферирование
announce объявлять; публиковать; докладывать
announcement объявление, сообщение
annual 1. ежегодный, годовой; 2. ежегодное издание, ежегодник
annul аннулировать, отменять, уничтожать; компенсировать, нейтрализовывать
annular кольцевой, кольцеобразный; угловой; секториальный
   a. sector finite element конечный элемент в форме кольцевого сектора, секториальный конечный элемент
annulate состоящий из колец, кольчатый
annulment аннулирование, отмена, уничтожение; компенсация, нейтрализация
annulus кольцо; кольцеобразная деталь; кольцевое пространство, кольцевой канал (зазор); кольцевая аэродинамическая труба
anode анод; ‖ анодный
anomalistic см. anomalous
anomalous аномальный, неправильный
anomaly аномалия; непоследовательность
another другой; отличный (от чего-либо); еще один, новый
   one another друг друга
   with one another друг с другом
answer ответ; отклик, реакция; решение (задачи); возражение; ‖ отвечать; откликаться, реагировать; подходить, соответствовать, удовлетворять (напр., условию); возражать
   to answer for быть ответственным за
   to answer the helm слушаться руля, быть управляемым
   to answer the purpose соответствовать цели
   in answer to в ответ на
answerable ответственный (за что-либо); соответственный
   to be not answerable to не соответствовать чему-либо
antagonism антагонизм; противодействие, сопротивление
antagonistic противоположный; противодействующий, сопротивляющийся
   a. spring противодействующая пружина

antagonize вызывать сопротивление; противодействовать, сопротивляться
ante вклад; ‖ делать вклад
ante- (приставка со значением предшествования) до-, пред-, перед-
antecedence 1. предшествование; 2. первенство, приоритет; 3. обратное движение
antecedent 1. предшествующий, предыдущий; 2. предыдущий член отношения, первый член пропорции
   a. event предшествующее событие
ante meridiem (a.m.) до полудня
antenna (мн.ч. antennae) антенна
   dish a. параболическая (зеркальная) антенна
   rod a. стержневая антенна
anterior передний; предшествующий
anteriority первенство, старшинство; предшествование
anti- (приставка со значением противоположности) анти-, не-, обратно-, противо-; косо-; обратный, противоположный
antialiasing выравнивание, сглаживание
anticipate ожидать, предвидеть; предупреждать; опережать, упреждать
anticipation ожидание, предвидение; предупреждение; опережение, упреждение
anticlockwise против часовой стрелки, влево
   a. rotation вращение против часовой стрелки
antiderivative первообразная (функция)
antidrag уменьшающий сопротивление
antifatiguer средство предупреждения усталости (материала), противоутомитель
antigradient антиградиент, противоградиент, обратный (отрицательный) градиент
antiheat теплостойкость
antihunt стабилизирующее действие, успокоение, демпфирование
antilogy противоречие
antinode пучность
   a. of wave пучность волны
antinomy антиномия, противоречие, парадокс
antipathic противоположный, обратный
antiphase противофаза; ‖ находящийся в противофазе
antiplane антиплоский, (направленный) из плоскости, поперечный
   a. shear сдвиг из плоскости, поперечный сдвиг
antipodal (диаметрально) противоположный
antipolar противоположный, антиполярный
antipole противоположный полюс; полная (диаметральная) противоположность
antiresonance антирезонанс, антирезонансные колебания
antistall средство предотвращения срыва потока
antisymmetric(al) антисимметричный, кососимметричный, обратно-симметричный
antithesis противопоставление, антитеза; полная противоположность

2*

antithetic(al) противоположный, обратный; несовместный
   a. events несовместные (взаимоисключающие) события
antivibrator антивибратор; амортизатор колебаний, демпфер
anvil 1. наковальня; 2. упор, пята
   on the anvil в работе; в процессе рассмотрения
any какой-нибудь; всякий, любой (в утвердительном предложении); никакой (в отрицательном предложении); ‖ сколько-нибудь; совсем, вовсе; вообще; нисколько
   any longer больше не
   at any rate по крайней мере; во всяком случае
   if any если вообще (имеется, требуется и т.д.)
   in any case во всяком случае
anybody кто-нибудь; любой, каждый, всякий; никто (в отрицательном предложении)
anyhow как-нибудь, так или иначе; никак (в отрицательном предложении); во всяком случае
anyone кто-нибудь; любой, каждый, всякий; никто (в отрицательном предложении)
anything что-нибудь; ничто (в отрицательном предложении); что угодно, все
anyway во всяком случае; так или иначе
anywhere где-нибудь, куда-нибудь; никуда (в отрицательном предложении); везде, где угодно, куда угодно
anywise как-нибудь, любым способом; в какой-либо степени
apanage атрибут, принадлежность; свойство
apart в стороне; на расстоянии; отдельно, в отдельности; кроме, помимо
   to take apart разбирать на части, разнимать
   apart from кроме, за исключением, не считая, не говоря уже о
   wide apart на большом расстоянии (друг от друга)
apeak вертикально, отвесно
aperiodic апериодический, непериодический
aperture апертура, отверстие; прорезь, щель; размер отверстия (прорези), раскрытие; диафрагма (объектива); расходимость (оптического пучка); проем, пролет
   a. angle угол раскрытия (апертуры)
   a. ratio относительное отверстие (объектива)
   angular a. угловая апертура
   mechanical a. относительное отверстие (объектива)
apex (мн.ч. **apexes** или **apices**) вершина (геометрической фигуры), верхушка, пик
   a. angle угол при вершине; угол раствора
   a. of dome вершина купола
   a. load нагрузка в вершине
   notch a. вершина надреза
apical относящийся к вершине
   a. angle угол при вершине

apices мн.ч. от **apex**
apiece за один, за штуку, за каждый, с каждого
apogean апогейный
apogee апогей
a posteriori (aposteriori, aposteriory) (лат.) апостериори, из (после) опыта, на основании опыта; ‖ апостериорный, основанный на опыте; эмпирический
   a. error analysis апостериорный анализ погрешностей
   a. estimate апостериорная оценка; эмпирическая оценка
apothem апофема
apparatus аппарат, прибор, устройство; машина, механизм
   coupling a. соединительное устройство
   elaborate a. сложный механизм
   measuring-and-recording a. контрольно-измерительный прибор
   registering a. регистрирующий (самопишущий) прибор
   tension a. натяжное приспособление
   testing a. испытательное устройство
apparent 1. видимый, заметный; 2. очевидный, явный; несомненный, истинный; 3. кажущийся; фиктивный; условный
   to become apparent выявляться, обнаруживаться
   it is apparent that ясно, что
   a. elastic limit условный предел упругости
   a. lift кажущаяся подъемная сила
   a. mass присоединенная масса
   a. motion кажущееся движение; видимое движение
   a. singularity устранимая особенность
   a. time истинное (астрономическое) время
   a. variable связанная (зависимая) переменная
   a. velocity кажущаяся скорость
apparently 1. очевидно, явно, ясно; 2. по-видимому, вероятно
appear 1. появляться, проявляться; казаться, представляться; оказываться; 2. издаваться, выходить из печати
   it appears from this из этого следует
appearance 1. появление, проявление; 2. внешний вид, видимость; 3. явление, феномен; 4. выход из печати
   to all appearance(s) судя по всему; по-видимому
   to make an appearance появляться, показываться
appellation имя, название
appellative нарицательный
append добавлять; присоединять; прилагать
appendage добавление, добавка; приложение
appendix (мн.ч. **appendices**) 1. добавление; приложение; 2. отросток

appliance 1. приспособление, устройство, прибор; 2. применение, приложение; наложение
  gripping a. захватывающее устройство; зажимное приспособление
  loading a. нагрузочное приспособление; приложение нагрузки
applicable 1. применимый, пригодный; 2. наложимый
applicate аппликата, ось аппликат
application 1. применение, приложение, использование; прикладывание, наложение, нанесение; применимость, возможность применения; область применения; 2. прикладная программа; 3. заявление, прошение
  in applications в приложениях, в прикладной области
  a. analysis прикладной анализ
  a. area прикладная область, сфера приложений
  a. of heat подвод тепла
  a. factor коэффициент, учитывающий характер приложений; коэффициент вида нагрузки
  a. of force приложение силы
  a. of loading приложение (наложение) нагрузки, нагружение
  a. of method применение метода
  a. point точка приложения (напр., силы)
  a. program прикладная программа
  a. study прикладное исследование
  a. system прикладная (программная) система; система приложения нагрузок
  restricted a. узкое (ограниченное) применение
  scientific a. научные приложения; прикладная система для научных применений
  sudden a. мгновенное приложение (напр., нагрузки)
applied 1. приложенный, наложенный; внешний; 2. прикладной
  a. field наложенное поле (напр., деформаций)
  a. load приложенная нагрузка
  a. mechanics прикладная механика
apply 1. применять, использовать; прикладывать, накладывать, прилагать (напр., нагрузку); подводить (напр., теплоту); наносить (напр., покрытие); 2. касаться, относиться
  to apply for обращаться, прибегать к
  to apply the load прикладывать нагрузку
  as applied to применительно к
  the rule applies for правило относится к
appoint 1. назначать, задавать, предписывать; 2. упорядочивать, устраивать; 3. снаряжать, оборудовать
appointment 1. назначение, определение; 2. снаряжение, оборудование
apportion распределять, (пропорционально) делить
apportionment (пропорциональное) распределение

apposition 1. присоединение; 2. приложение, прикладывание
appraisal оценка, экспертиза
  a. of accuracy оценка точности (погрешности)
appraise оценивать, расценивать
  to appraise the current status of оценить современное состояние чего-либо
appraisement оценка
appreciable 1. заметный, значительный, существенный; 2. поддающийся оценке
appreciably заметно, значительно, существенно
appreciate 1. оценивать, (высоко) ценить, отдавать должное; 2. понимать; принимать во внимание, учитывать; 3. определять, различать
  it should be appreciated that следует учесть, что
appreciation 1. (высокая) оценка; благоприятный отзыв, положительная рецензия; 2. понимание; 3. признательность
apprehend 1. понимать, воспринимать, схватывать; 2. опасаться
apprehensible понятный, постижимый
apprehension 1. понимание; осмысление, обдумывание; представление, мнение; 2. опасение
apprise 1. оценивать, расценивать; 2. извещать, оповещать, информировать
approach 1. подход, метод, методика; рассмотрение (с определенной точки зрения); принцип; ‖ подходить, рассматривать; 2. приближение; наступление, приход; сближение; подвод, подача; подводящий канал, подъездной путь; заход на посадку; причаливание; ‖ приближаться; наступать, приходить, подводить, подавать; заходить на посадку; причаливать; 3. аппроксимация; ‖ аппроксимировать, становиться близким (подобным, эквивалентным); 4. попытка; ‖ пытаться
  to approach to a limit приближаться к пределу
  difficult of approach труднодоступный
  a. flow набегающий (встречный) поток
  a. road подъездной путь
  adaptive a. адаптивный (адаптационный) подход
  analytical a. аналитический метод
  consistent a. непротиворечивый подход
  displacement a. метод перемещений (в строительной механике)
  dual a. двойственный подход
  elastic a. упругая постановка (задачи), упругое приближение
  energy a. энергетический подход (метод)
  engineering a. инженерный (технический) подход
  formal a. формальный (формализованный) метод
  game-theory a. теоретико-игровой подход
  generalized a. обобщенный метод
  graphic a. графический метод

group-theory a. теоретико-групповой подход
hierarchical a. иерархический подход
hybrid a. гибридный (объединенный, смешанный) метод
incremental a. инкрементальный подход
modular a. модульный подход (принцип)
natural a. естественный подход; физический метод
numerical a. численный метод
probabilistic a. вероятностный подход
simulation a. имитационный подход
solid a. обоснованный подход
system a. системный подход
theoretical a. теоретический (расчетный) подход

approachable доступный, достижимый
approbation 1. одобрение; 2. санкция, согласие; 3. апробация
   by approbation с одобрения
appropriate подходящий, соответствующий; свойственный, присущий; ‖ присваивать; предназначать
appropriation присвоение; назначение, предназначение
approval 1. одобрение; 2. санкция, согласие; утверждение; 3. рассмотрение; испытание; аттестация
   to submit for approval представлять на рассмотрение
   a. test приемочное (контрольное) испытание
approve 1. одобрять; принимать, утверждать; 2. разрешать, санкционировать; 3. испытывать, апробировать
approximability аппроксимируемость
approximate приближение, аппроксимация; ‖ приближенный; приблизительный; аппроксимирующий, аппроксимативный, аппроксимационный; ‖ приближать(ся), аппроксимировать; являться приближением, приближенно равняться
   a. solution приближенное решение
   a. zero приближенный нуль, приближенное значение корня (функции)
approximately приближенно, аппроксимативно; почти
approximating приближение, аппроксимация; ‖ приближающий, аппроксимирующий
   a. curve аппроксимирующая кривая
approximation приближение, аппроксимация; приближенное выражение (значение); приближенное представление, модель
   to a first approximation в первом приближении
   to a good approximation с хорошим приближением
   a. accuracy точность (погрешность) аппроксимации, порядок точности аппроксимации
   a. degree порядок аппроксимации, степень аппроксимирующей функции
   a. error погрешность аппроксимации

a. function аппроксимирующая функция
a. of the function аппроксимация функции
a. in the mean приближение в среднем
a. order порядок аппроксимации
a. by polynomials аппроксимация полиномами
adiabatic a. адиабатическое приближение
accurate a. (высоко)точное приближение
acoustic a. акустическое приближение
backward a. аппроксимация назад
beam a. балочное приближение, представление конструкции как балки, балочная модель
best a. наилучшее (оптимальное) приближение
calculus of approximations приближенные вычисления; численные методы
close a. хорошее приближение
consistent a. согласованная аппроксимация; хорошее приближение
convergent a. сходящаяся аппроксимация
crude a. грубое приближение
discrete a. дискретная аппроксимация
elastic a. упругая аппроксимация, упругое приближение
Euler a. in the elastic stability problem приближение Эйлера в задаче упругой устойчивости
exponential a. экспоненциальное приближение
final a. окончательное приближение
finite-difference a. конечноразностная аппроксимация
finite-dimensional a. конечномерное приближение
finite-element a. конечноэлементная аппроксимация
first a. первое (начальное) приближение; грубая аппроксимация
first order a. аппроксимация первого порядка
flat a. плоская аппроксимация (аппроксимация криволинейной оболочки совокупностью плоских элементов)
global a. глобальная аппроксимация
higher-order a. приближение (более) высокого порядка
initial a. исходное (начальное) приближение
integral a. интегральная аппроксимация; целочисленное приближение
least squares a. приближение методом наименьших квадратов
linear a. линейная аппроксимация, приближение первой степени
local a. локальная аппроксимация
mathematical a. математическая аппроксимация; приближенное математическое выражение
mean-square a. среднеквадратическое приближение
network a. сеточная аппроксимация

network a. of a shell сеточная (стержневая) модель оболочки
Pade a. (рациональная) аппроксимация Паде
piecewise-linear a. кусочно-линейная аппроксимация
polynomial a. полиномиальная аппроксимация, многочленное приближение
poor a. плохая аппроксимация, неудовлетворительное приближение
progressive a. последовательное приближение
quadratic a. квадратичная аппроксимация
rational a. рациональная аппроксимация, аппроксимация рациональными функциями
rigid-plastic a. жестко-пластическая аппроксимация (поведения материала), жестко-пластическая схема (деформирования)
Ritz a. приближение (полученное методом) Ритца, аппроксимация по Ритцу
rough a. грубое приближение
spline a. приближение сплайнами, сплайн-аппроксимация
step-by-step a. (по)шаговое приближение; последовательное приближение
strong a. сильная аппроксимация
successive a. последовательное приближение; последующее приближение
sufficient a. удовлетворительная аппроксимация, хорошее приближение
surface a. аппроксимация (на) поверхности
Taylor-series a. аппроксимация в виде (с помощью) ряда Тейлора, тейлоровское приближение
uniform a. равномерное приближение
valid a. допустимое (справедливое, "хорошее") приближение
weak a. слабая аппроксимация
weighted a. взвешенное приближение
working a. удовлетворительная аппроксимация, практическое приближение
approximative приближенный; аппроксимирующий, аппроксимативный
   a. function аппроксимирующая функция
   a. model приближенная (аппроксимативная) модель
   a. solution приближенное решение
   a. subspace аппроксимативное подпространство
a priori (apriori, apriory) (лат.) априори, до опыта, заранее; независимо от опыта; из первоначальных положений; || априорный, предварительный; предположительный; теоретический
   a. estimate априорная оценка
   a. probability априорная вероятность
apriority априорность
apron 1. порог; козырек, щиток; 2. флютбет; лоток
apt 1. (при)годный; соответствующий; 2. вероятный, возможный

to be apt to give быть в состоянии дать
apt to подверженный, склонный к
   a. to rust подверженный коррозии
aptitude 1. (при)годность, соответствие; 2. подверженность, склонность
apyrous огнеупорный, несгораемый
aquametry акваметрия
aquaplaning аквапланирование (шины)
aquatic водяной; водный
aqueduct акведук, водовод; канал, труба, дюкер
aqueous водяной; водный; водонасыщенный
   a. soil водонасыщенный грунт
   a. solution водный раствор
   a. vapor водяной пар
aquifer водоносный горизонт (пласт)
aquifuge водоупор
arbitrary произвольный; произвольно выбранный, условный
   a. constant произвольная постоянная
   a. load произвольная нагрузка
   a. signs and symbols условные знаки и обозначения
arbor 1. вал, ось; 2. оправка
arc 1. дуга, отрезок кривой; сектор; ребро (графа); || дуговой, относящийся к дуге; криволинейный; || образовывать дугу, соединять дугой; 2. электрическая дуга; || электродуговой
   a. of action линия действия; дуга зацепления
   a. boutant подпорная арка, арочный контрфорс
   a. coordinate дуговая координата
   a. length длина дуги
   a. tangent арктангенс
circular a. дуга окружности
contact a. дуга контакта (касания); дуга охвата
graduated a. транспортир
subtended a. стягиваемая дуга
voltaic a. электрическая дуга
welding a. сварочная дуга
arccosine арккосинус
arch 1. арка; дуга, отрезок кривой; изогнутость, изгиб; кривизна; арочное строение; свод; || арочный, сводчатый; дуговой, криволинейный, выпуклый; || перекрывать сводом; придавать форму арки; изгибать(ся); 2. поперечная балка, траверса
to tie arch стягивать (затягивать) арку
   a. action работа арки; распор
   a. bridge арочный мост
   a. finite element конечный элемент арки
   a. formation образование свода (напр., сыпучего материала)
   a. thrust распор арки
   a. of vault кривая (дуга) свода
articulated a. шарнирная (шарнирно сочлененная) арка
deep a. непологая (подъемистая) арка
flat a. перемычка; плоский свод

flexible a. гибкая арка
hinged a. шарнирно опертая арка; шарнирно сочлененная арка
hingeless a. бесшарнирная арка
pressure a. свод давления
relieving a. разгрузочная арка
rigid a. жесткая арка
semicircular a. полукруглая арка
shallow a. пологая арка
shell a. арка-оболочка, свод-оболочка
tied a. арка с затяжкой
truss(ed) a. арочная ферма

arched арочный; дуговой, криволинейный; выпуклый; сводчатый, куполообразный
a. dam арочная плотина

arching образование свода

architect архитектор; проектировщик
naval a. кораблестроитель

architectonics архитектоника

architectural архитектурный

architecture архитектура; (по)строение, структура, конфигурация

archwise арочный, в виде арки; дуговой, криволинейный; изогнутый; выпуклый

archy см. archwise

arcsine арксинус

arctangent арктангенс

arcuate см. archwise

are ар (мера площади = 100 кв.м)

area площадь; поверхность; пространство; область, сфера; участок, зона
equal in area равный по площади; равновеликий
per unit area на единицу площади
a. of base площадь основания
a. of bearing опорная (несущая) поверхность; площадь опоры
a. of cohesion площадь сцепления
a. coordinates координаты площади; система координат площади
a. of diagram площадь графика (эпюры)
a. dimension размерность площади
a. of fracture поверхность (площадь поверхности) излома
a. of heating поверхность нагрева
a. of indention площадь отпечатка (при испытании твердости)
a. of influence площадь влияния
a. integral интеграл по площади
a. measure мера площади
a. of pressure поверхность давления
a. rule правило площадей
a. of surface площадь поверхности
a. of tension область растяжения (растягивающих напряжений)
active a. полезная (используемая, рабочая, эффективная) площадь
blanketed a. закрытая область; поверхность, находящаяся в аэродинамической тени
carrying a. несущая поверхность
centre of a. центр площади, центр тяжести, центроид
compression a. область сжатия (сжимающих напряжений)
contact a. площадь контакта, поверхность (пятно) контакта
continuous a. непрерывная (сплошная) область
cross-sectional a. площадь поперечного сечения
drag a. площадь (лобового) сопротивления
dynamic a. динамическая область (памяти)
effective a. полезная (рабочая, эффективная) площадь
flow a. (поперечное) сечение потока; проходное сечение
front-face a. лицевая поверхность
functional a. функциональное назначение
impact a. зона (ударного) воздействия; область влияния
infinitesimal a. бесконечно малая (элементарная) площадь
interfacial a. межфазная поверхность
landing a. посадочная площадка
lateral a. площадь боковой поверхности, боковая поверхность
moment a. площадь эпюры момента; момент площади
passage a. площадь поперечного сечения (канала), живое сечение
regular a. регулярная область, область правильной формы
rubbing a. площадь трения
search a. область (интервал) поиска
slipping a. поверхность скольжения
specific a. удельная площадь (поверхность)
steel a. (суммарная) площадь сечения арматуры (в железобетоне)
suction a. область разрежения (отсоса); верхняя поверхность крыла
surface a. площадь поверхности
tensile a. область растяжения (растягивающих напряжений)
unit a. единичная (удельная) площадь; единица площади
useful a. полезная (эффективная) площадь; живое сечение
wetting a. смачиваемая (омываемая) поверхность
working a. рабочая область (поверхность)
yielding a. зона пластических деформаций, область текучести

areal ареал; ‖ относящийся к площади,ареальный; секториальный, секторный
a. deformation деформация поверхности, изменение площади поверхности
a. velocity секторная (секториальная, угловая) скорость

areometerареометр

areometry ареометрия, измерение плотности жидкостей
argue рассуждать; обсуждать; доказывать, аргументировать
    to argue against выступать против, спорить
    to argue in favour of приводить доводы в пользу чего-либо
    to argue into убеждать
    to argue out of разубеждать
argument 1. аргумент, довод, доказательство, пояснение; рассуждение; аргументация; 2. дискуссия, спор; 3. аргумент (функции), независимая переменная; параметр (напр., процедуры); 4. аргумент комплексного числа, полярный угол
    to produce an argument приводить довод
    a matter of argument спорный вопрос, предмет дискуссии
    is open to argument можно оспаривать
    a. list список параметров
    a. type тип переменной
    active a. фактический параметр (программы)
    dummy a. фиктивный параметр
    formal a. формальный параметр
    mathematical a. математическое доказательство
    principal a. главное значение аргумента
    solid a. убедительный довод
argumentation 1. аргументация; 2. дискуссия
argumentative 1. дискуссионный, спорный; 2. показывающий, свидетельствующий; 3. логичный
arise возникать, появляться; подниматься, восставать
    to arise from проистекать от, являться результатом, быть обусловленным чем-либо
arithmetic арифметика; счет, вычисления; арифметические операции; арифметическое устройство; ‖ арифметический
    a. expression арифметическое выражение
    binary a. двоичная (бинарная) арифметика
    complex a. комплексная арифметика, арифметические операции с комплексными числами
    decimal a. десятичная арифметика
    double-precision a. арифметика (арифметические операции) с удвоенной точностью
    fixed-point a. арифметика с фиксированной запятой
    floating-point a. арифметика с плавающей запятой
    integer a. целочисленная арифметика
    modulo N a. арифметические операции по модулю N
arithmetical арифметический
    a. coprocessor арифметический сопроцессор
    a. mean среднее арифметическое
    a. root арифметический (неотрицательный) корень
arm 1. рука, плечо; рукоять, ручка; рычаг; механическая рука, манипулятор; 2. ветвь, ответвление; интервал, участок; пролет; сторона (угла); 3. звено (цепи); связь; 4. консоль, кронштейн; лопасть; стрела (крана); (поперечная) балка; 5. спица (колеса); 6. стрелка (прибора), указатель; 7. оружие, вооружение; ‖ вооружать(ся); заряжать
    a. of an angle сторона угла
    a. of couple плечо пары сил
    a. of crane стрела крана, вылет стрелы
    a. of force плечо силы
    ascending a. восходящая ветвь
    cross a. поперечина, траверса
    lever a. плечо рычага
    supporting a. (поддерживающий) кронштейн, подкос
    tension a. тяга
    wheel a. спица колеса
armament вооружение; оружие
armature 1. арматура; 2. броня, изоляция (напр., кабеля); 3. вооружение; 4. якорь (электродвигателя), ротор
armed 1. армированный; бронированный; усиленный, укрепленный; 2. вооруженный
    a. shell армированная оболочка
arming 1. армирование; усиление, укрепление; 2. вооружение, (боевое) снаряжение; оснащение
armo(u)r 1. арматура; армировка; ‖ армировать; 2. броня; изоляция; ‖ бронированный; броневой; защитный; изолирующий; ‖ бронировать, покрывать защитной оболочкой; ‖ бронировать, покрывать защитной оболочкой, изолировать; 3. скафандр; 4. вооружение
    a. plate броневая плита
    a. rod арматурный стержень
armo(u)red армированный; бронированный
    a. concrete железобетон, армированный бетон
    a. glass армированное стекло
armo(u)r-piercing бронебойный
    a. shell бронебойный снаряд
army 1. армия; 2. множество, масса
around вблизи, поблизости; всюду, кругом; в окружности, в обхвате; ‖ вокруг; по, за, около; приблизительно, примерно
arouse пробуждать, вызывать
arrange 1. размещать, располагать, компоновать; 2. монтировать, устанавливать; 3. упорядочивать; классифицировать; 4. налаживать, приспосабливать; переделывать
    to arrange in order располагать в порядке (по порядку)
arrangement 1. размещение, расположение, компоновка; 2. организация, структура; 3. установка, монтаж, сборка; 4. порядок; классификация; 5. наладка; 6. устройство, приспособление; конструкция

a. of a body конструкция кузова (корпуса)
a. of subscripts упорядочение (преобразование) индексов
axle a. колесная формула (автомобиля)
coupling a. соединительное устройство
functional a. функциональная схема
mesh a. конфигурация сетки
spatial a. пространственное расположение
structural a. структурная схема, структура, организация

array 1. массив, множество (однотипных элементов); матрица, таблица, список; 2. периодическая структура; решетка, сетка; 3. порядок, упорядочение, классификация; ‖ упорядочивать
a. cell элемент массива (матрицы)
a. component элемент массива (матрицы, списка)
a. description описание массива
a. dimension размерность массива
a. processor матричный (векторный) процессор
a. structure структура массива; матричная структура; сетчатая (решетчатая) конструкция
adjustable a. массив с переменными границами
cell a. массив (однотипных) элементов
cross a. крестообразная структура
data a. массив данных
dislocation a. решетка (сетка) дислокаций
dynamical a. динамический массив (данных); массив с переменными границами
grating a. дифракционная решетка
memory a. массив (область) памяти
nodal a. массив (список) узлов; массив атрибутов узла
one-dimensional a. одномерный массив, вектор
processor a. матрица процессоров
regular a. периодический (циклический) массив; невырожденная матрица
slot a. щелевая решетка
solar a. солнечная батарея
triangular a. решетка (сетка) с треугольными ячейками; треугольная матрица
two-dimensional a. двумерный массив, матрица
two-way a. двумерная классификация

arrest остановка, останов, прекращение действия; торможение; задержка, приостановка; блокировка; арретир, стопор; ‖ останавливать; задерживать, приостанавливать; тормозить; блокировать; арретировать
a. patch стопорная накладка (для остановки трещины)
crack a. остановка (задержка, торможение, блокировка) трещины

arrester 1. стопорное приспособление, арретир, ограничитель; 2. улавливатель, фильтр

arrestment остановка, арретирование; стопорное приспособление, арретир, ограничитель

arris ребро; кромка; острый угол

arrival прибытие, приход, наступление
angle of a. угол прихода (напр., волны)

arrive 1. прибывать, приходить; наступать (о времени, событии); 2. принимать, достигать (напр., соглашения)
to arrive at conclusion приходить к заключению

arrow стрела; стрелка, указатель
a. wing стреловидное крыло

arrowhead наконечник, острие; стрелка (на чертеже)

arrowheaded заостренный, стреловидный

art 1. искусство; 2. мастерство, умение; 3. техника, технология
computer a. вычислительная техника
state of the a. (state-of-the-art) современное состояние, современный уровень развития

artery артерия; магистраль

article 1. статья; пункт, параграф; 2. вещь, предмет; изделие

articulate 1. составной, коленчатый; шарнирный, шарнирно-соединенный; ‖ сочленять, соединять шарнирно; 2. ясный, отчетливый

articulated составной, разрезной, нецельный; шарнирный, шарнирно-сочлененный, коленчатый; поворотный, качающийся
a. joint шарнирное соединение
a. suspension подвешивание на шарнирах; шарнирный подвес, подвес Кардана

articulation 1. соединение, сочленение; 2. шарнир, ось шарнира; 3. отчетливость, разборчивость

artifact артефакт, искусственный объект

artificial искусственный; фиктивный
a. crack искусственная трещина, имитация трещины
a. language искусственный язык
a. viscosity искусственная вязкость

as 1. как; как например; в качестве; 2. когда, в то время как; по мере того как; 3. так как, поскольку, потому что; 4. хотя; как (бы) ни
as ... as так же ... , как и; такой же ... , как и
as affected под влиянием (действием)
as against по сравнению
as between в отношениях между
as compared to по сравнению с
as a consequence в результате
as consistent with в соответствии с
as contrasted to в противоположность чему-либо
as distinct from в отличие от
as early as еще, уже; еще в, уже в (перед указанием даты)
as evidenced by о чем свидетельствует
as far as насколько, поскольку

as far as... is concerned что касается; когда речь идет о
as far as it goes что касается, поскольку дело касается
as far as we know насколько нам известно
as far back as еще, уже
as following from исходя из
as follows следующим образом; (ниже)следующее
as for в отношении, относительно, что касается
as from начиная с
as good as все равно что; фактически
as granted без доказательства
as if как если бы
as inferring that как то, что; как указывающее на то, что
as is also а также и
as is shown как показано (напр., на рисунке)
as it does фактически, в действительности
as it stands при создавшемся положении вещей
as it were так сказать
as judged by судя по
as late as только, лишь; еще
as long ago еще, уже
as long as до тех пор пока; поскольку
as low as уже, только, (вплоть) до
as a matter of convenience для удобства
as a matter of course как нечто само собой разумеющееся
as a matter of experience исходя из опыта
as a matter of fact фактически, на самом деле
as a matter of record на основании полученных данных
as much as столько же, сколько; до (перед цифрами)
as of 1990 по данным 1990 года
as often as not нередко
as opposed to в противоположность чему-либо, в отличие от
as part of the study в ходе исследования
as per согласно
as regards что касается, в отношении
as relating to относительно чего-либо
as a rule как правило, обычно
as seen как видно
as soon as как только
as such как таковой; сам по себе; по существу
as time goes on с течением времени
as though как будто, как если бы, словно
as to что касается, относительно, о
as to how как, в отношении того, как
as to where в отношении того, где (куда)
as well также, кроме того; с таким же успехом
as well as а также и; так же ... как и; не только ... , но и; и ... и
as a whole в целом
as with как и в случае
as yet еще, все еще, до сих пор, пока
just as так же как; как раз, когда
in as much as поскольку; ввиду того, что
not so ... as не так ... как
so as так, чтобы; с тем, чтобы
so far as поскольку
so far as ... is concerned что касается; поскольку речь идет о
so long as пока, поскольку
such as так напр.; а именно; такой как, типа
such as below такой, как приводится ниже
asbestine асбестовый
asbestos асбест
ascend 1. подниматься, восходить; набирать высоту; 2. возрастать, увеличиваться; 3. выходить на орбиту
ascendant поднимающийся, восходящий; возрастающий
ascending подъем; возрастание; ‖ поднимающийся, восходящий; возрастающий
   a. **angle** угол подъема
   a. **sort** сортировка по возрастанию
ascension подъем, набор высоты; возрастание
ascensional восходящий, направленный вверх; поднимающий, подъемный
   a. **power** подъемная сила
   a. **rate** скорость подъема
   a. **ventilation** восходящая вентиляция
ascent 1. подъем, набор высоты, ход вверх; угол подъема, крутизна; 2. увеличение, возрастание; 3. выведение на орбиту космического аппарата
   angle of a. угол подъема, угол набора высоты
   rapid a. крутой подъем; быстрый рост
ascertain устанавливать, выяснять, убеждаться
ash зола, шлак
aside в стороне, в сторону; отдельно
   aside from за исключением, не считая, помимо, кроме; независимо от
   to get aside наклонять(ся), склонять(ся); искривлять(ся), скашиваться
   to set aside не учитывать, игнорировать, отбрасывать
ask спрашивать
   to ask for просить о; требовать что-либо
aslant косо, наискось; поперек
aslope косо, наискось; покато; на склоне, на скате
ASME (American Society of Mechanical Engineers) Американское общество инженеров-механиков
   A. **codes** нормы (правила) ASME

aspect 1. (внешний) вид; 2. сторона; аспект; 3. (относительное) положение; точка зрения; ракурс
    a. **angle** угол (сектор) обзора
    a. **ratio** отношение размеров, (относительное) удлинение; отношение вертикального и горизонтального масштабов изображения (коэффициент сжатия); соотношение положений
    a. **ratio of finite element** отношение длин сторон (удлинение) конечного элемента
    infinite a. **ratio** бесконечное удлинение
aspects (мн.ч. от **aspect**); перспективы
asperity 1. шероховатость; неровность; выступ; 2. резкость; строгость
    a. **radius** радиус неровности
asphalt битум, асфальт
aspiration 1. всасывание, подсасывание; 2. стремление
aspirator вентилятор; дефлектор
aspire стремиться (к чему-либо)
assay испытание, проверка, проба; (количественный) анализ; образец (для анализа); || испытывать, пробовать, производить (количественный) анализ
assemblage 1. сборка, монтаж, установка; компоновка, объединение; 2. агрегат, блок, узел; 3. множество, семейство, система, совокупность; 4. ассемблирование (программы)
    a. **of curves** семейство кривых
    a. **to a system** объединение в систему (напр., уравнений)
    a. **of vectors** система векторов
assemble 1. собирать, объединять, компоновать; устанавливать, монтировать; 2. ассемблировать, транслировать (программу) с помощью ассемблера
assembled объединенный, собранный, скомпонованный; установленный, смонтированный
    a. **equations** объединенные уравнения, система уравнений
    a. **finite element model** объединенная (собранная) конечноэлементная модель
    a. **structure** собранная конструкция
assembler язык ассемблера; компонующая программа, программа сборки
assembling 1. сборка, объединение, монтаж, установка; || объединяющий, собирающий; 2. ассемблирование (программы)
assembly 1. сборка, объединение, монтаж, компоновка; || объединяющий, сборочный; 2. совокупность, комплект; 3. агрегат, блок, модуль, сборочная единица; конструкция
    a. **of elements** совокупность элементов; объединение (сборка) элементов
    a. **language** ассемблер, язык ассемблера
    a. **matrix** объединенная (собранная) матрица; матрица конструкции
    a. **stress** монтажное (сборочное) напряжение
    a. **unit** сборочная единица, агрегат, блок, модуль

    friction a. узел трения
    layer a. пакет слоев; послойная сборка
    structural a. сборка (модели) конструкции; построение результирующих уравнений модели конструкции из уравнений для отдельных элементов
assent согласие; разрешение, санкция; || соглашаться; санкционировать
assert 1. утверждать, высказывать, заявлять; 2. доказывать
assertion утверждение, высказывание, суждение, (истинное) логическое выражение; оператор контроля
assertive утвердительный
    in an assertive form в утвердительной форме
assess оценивать (количественно), определять, вычислять
assessable оцениваемый, вычислимый
assessment (количественная) оценка
    design a. оценка проекта
assessor эксперт
assign 1. задавать, назначать; присваивать (напр., значение), устанавливать; сообщать (напр., скорость); 2. предоставлять; распределять (напр., ресурсы)
    to assign a value присваивать (задавать) значение
assignation задание, назначение
assignment 1. задание, назначение; присваивание; 2. выделение, предоставление, распределение (ресурсов)
    a. **statement** оператор присваивания
    a. **of value** присваивание значения
    default a. присваивание (значения) по умолчанию
assimilate 1. сопоставлять, сравнивать; уподоблять, приравнивать; 2. поглощать
assimilation 1. сопоставление, сравнение; уподобление; 2. поглощение
assist помогать, содействовать
    to assist in принимать участие
assistance помощь, содействие
assistant помощник, ассистент
assisted (by) с помощью, на основе чего-либо; под действием чего-либо
    computer a. **design** проектирование с помощью ЭВМ, автоматизированное проектирование
    stress a. **diffusion** диффузия под напряжением
associate объединенный, связанный, ассоциированный; присоединенный; сопряженный; || соединять(ся), связывать(ся), ассоциироваться; присоединяться, вступать
associated объединенный, ассоциированный, связанный с чем-либо; действующий совместно, взаимодействующий
    to be associated with быть связанным с чем-либо
    a. **flow rule** ассоциированный закон текучести

a. function ассоциированная (присоединенная, сопряженная) функция
a. mass присоединённая масса
association 1. соединение, объединение; 2. связь, зависимость, ассоциация (напр. идей, объектов); 3. ассоциация, общество
in association with в связи с чем-либо
a. factor коэффициент ассоциации
associative ассоциативный, сочетательный
a. property свойство ассоциативности (сочетательности)
associativity ассоциативность, сочетательность
a. relation (со)отношение ассоциативности
assorted смешанный
assortment 1. сортамент, номенклатура; 2. сортировка
assume допускать, (пред)полагать, принимать
to assume a value принимать значение
it is safe to assume есть все основания предполагать, что
one can assume that можно предположить, что
assumed принятый, заданный; допускаемый, предполагаемый; расчётный
a. function заданная функция; исходная функция
a. hypothesis принятая гипотеза
a. load заданная нагрузка; расчётная нагрузка
a. stress field заданное поле напряжений
assumption допущение, гипотеза, предположение; модель
a. behaviour предполагаемое поведение
a. diagram предполагаемая (теоретическая, расчётная) кривая
a. formula заданная (исходная) формула; формула, выражающая гипотезу
a. set система гипотез
basic a. основное допущение; исходная гипотеза
kinematic a. кинематическая гипотеза
Kirchhoff's assumptions гипотезы Кирхгофа (теории тонких пластин)
quasistatic a. квазистатическое приближение (допущение, модель)
shallowness a. гипотеза пологости (оболочки); допущение мелководности
static a. статическая гипотеза (модель)
stress a. гипотеза о напряжениях (о виде напряжённого состояния), статическая гипотеза
theoretical a. теоретическое допущение; гипотеза (лежащая в основе) теории; предположение, делаемое на основе теории
wrong a. ошибочное предположение, неверная гипотеза
assumptive допускаемый, гипотетический, предположительный

assurance уверенность, гарантия; обеспечение
a. factor запас прочности, коэффициент запаса
assure гарантировать, обеспечивать; убеждать(ся)
astatic астатический
asterisk звёздочка (символ); ‖ отмечать звёздочкой
astern сзади, позади; на корме, в хвостовой части; ‖ назад
a. running движение назад, задний ход
asteroid астероид; ‖ звездообразный
astir находящийся в движении
astronaut астронавт, космонавт
astronautics астронавтика, космонавтика
astronomic(al) астрономический; очень большой
astronomy астрономия
asymmetric(al) асимметричный, несимметричный
asymmetry асимметрия; нарушение симметрии
asymptote асимптота
asymptotic(al) асимптотический
asynchronous асинхронный, не совпадающий во времени
athwart поперёк, перпендикулярно; косо; против, вопреки
A-test лабораторные испытания
atmosphere атмосфера, газовая среда; техническая атмосфера (единица давления = 98066,5 Па)
barotropic a. баротропная атмосфера
law of atmospheres барометрическая формула
low-density a. разрежённая атмосфера
lower a. нижние слои атмосферы
standard a. стандартная (физическая) атмосфера, атм
technical a. техническая атмосфера, ат
upper a. верхние слои атмосферы
atmospheric(al) атмосферный; метеорологический
atom атом; мельчайшая частица
atomic атомный
atomics атомная техника
atomistic атомистический; раздроблённый, состоящий из множества мелких элементов
atomization тонкое измельчение; распыление
fuel a. распыление топлива
atomize дробить, измельчать; распылять
atomizer распылитель, форсунка
air(stream) a. воздушная форсунка
fuel a. распылитель топлива, форсунка
atone возмещать, компенсировать
atonement возмещение, компенсация
atop наверху, на вершине
at par в соответствии с номиналом
attach прикреплять(ся), присоединять(ся); прилипать; придавать, приписывать

attached прикрепленный, присоединенный, приданный
   a. **mass** присоединенная масса
   a. **variable** связанная (зависимая) переменная
attachment 1. прикрепление, присоединение; прилипание; средство (узел) крепления; ‖ соединительный, добавочный; 2. устройство, приспособление; оснастка
   a. **force** присоединенная сила; удерживающая сила
   blade a. замок лопатки
   machining a. технологическое приспособление, оснастка
   rigid a. жесткое крепление
   wing a. присоединение крыла (к фюзеляжу), узел крепления крыла
attack 1. наступление; подход к решению, процесс решения; ‖ наступать, воздействовать; приступать (напр., к решению задачи); критиковать; 2. агрессивное воздействие, разъедание, коррозия; разрушение; ‖ разъедать, разрушать; 3. угол атаки
   angle of a. угол атаки; угол набегания
attackable уязвимый, спорный
attain достигать, добиваться; приобретать (напр., свойства)
attainable достижимый
   a. **accuracy** достижимая точность
attainment достижение, приобретение
   attainments знания, навыки
attemper регулировать, налаживать; приспосабливать; смешивать (в пропорциях)
attempt попытка, проба; опыт; ‖ пытаться, пробовать
attend сопровождать, сопутствовать; присутствовать; уделять внимание, следить; обслуживать
to be attended by сопровождаться чем-либо
attendance присутствие; аудитория, публика; обслуживание, уход
attendant сопровождающий, сопутствующий; действующий; присутствующий; обслуживающий
attention внимание, внимательность; обслуживание, уход
attenuate 1. ослабленный, размягченный; ‖ ослаблять, смягчать; затухать; 2. разжиженный; ‖ разжижать
attenuation 1. ослабление, смягчение; затухание, коэффициент (декремент) затухания; 2. разжижение
   a. **factor** коэффициент (декремент) затухания, коэффициент ослабления
   a. **rate** (удельный) коэффициент затухания
   a. **time** период затухания
   frictional a. затухание (колебаний) вследствие трения
   wave a. затухание волны
attest удостоверять, подтверждать; свидетельствовать

attestation аттестация, подтверждение; освидетельствование
attitude 1. отношение, подход (к чему-либо); 2. (пространственное) положение, ориентация
   a. **sensing** определение (пространственного) положения
   steering a. управляемость
attitude-controlled с системой ориентации
attract притягивать; привлекать внимание
attractable притягиваемый
attraction притяжение, тяготение; сила притяжения
   acceleration due to a. ускорение притяжения
   magnetic a. магнитное притяжение
attractive притягивающий; перспективный, привлекательный
   a. **force** сила притяжения
attractor аттрактор; точка притяжения
attributable (to) приписываемый (чему-либо), относимый (за счет чего-либо)
attribute 1. атрибут, принадлежность; свойство; характерный признак, показатель; ‖ приписывать (чему-либо), относить (к чему-либо, за счет чего-либо); 2. определение
   to attribute a value приписывать (присваивать) значение
   attributes of mesh атрибуты (расчетной) сетки (напр., списки координат, номеров узлов и т.п.)
   data a. атрибут (описания) данных
   line a. атрибут линии, объект (понятие), относящийся к линии
   quantitative a. количественный признак
   value a. атрибут (числовой) величины
attribution 1. присваивание атрибутов; 2. определение объекта
attributive 1. атрибут; ‖ атрибутивный; 2. определение; ‖ определительный
attrition 1. трение, истирание, изнашивание от трения, износ; 2. потери
audience аудитория, публика
audio звуковой, относящийся к звуковым частотам; речевой
   a. **frequency** звуковая частота
audio- (как компонент сложных слов) аудио-, звуко-
augend (первое) слагаемое
auger сверло, бурав; шнек
augment увеличение; прибавление, приращение; расширение, дополнение; ‖ увеличивать, прибавлять, расширять, дополнять (напр., до некоторой величины)
augmentation расширение, увеличение; прибавление, приращение; усиление, интенсификация
augmentative увеличивающийся, расширяющийся
augmented пополненный, расширенный, увеличенный; форсажный (о тяге двигателя)

    a. **Lagrangian method** метод расширенного (обобщенного) лагранжиана, метод расширения лагранжиана
    a. **matrix** расширенная (дополненная) матрица; окаймленная матрица
    a. **virtual work principle** расширенный принцип виртуальной работы
augmentor расширитель; увеличитель, усилитель
author автор, создатель, разработчик; инициатор
    joint authors соавторы
authorization санкционирование; санкция, разрешение
authorize разрешать, санкционировать; объяснять, оправдывать
authorized законный, разрешенный, санкционированный, авторизованный
    a. **access** санкционированный доступ
authorship авторство
auto автомат; автомобиль; ‖ автоматический; автомобильный
auto- (как компонент сложных слов) авто-, само-; автоматический
autocorrelation автокорреляция
autoexcitation самовозбуждение
autoflare автоматическое выравнивание
autogenesis автогенезис, самозарождение
autogiro см. **autogyro**
autograph автограф; оригинал рукописи
autographic автографический; самопишущий
autogyro автожир
automate автоматизировать; обрабатывать автоматически
automatic 1. автоматический; самопроизвольный; 2. автомат, автоматическое устройство;
    a. **control** автоматическое управление (регулирование)
    a. **data processing (ADP)** автоматическая обработка данных
    a. **tuning** автоматическая настройка
automatically автоматически
    a. **adjusting** самоустанавливающийся, саморегулирующийся
automatics автоматика
automation автоматизация; автоматика; автоматическая работа (обработка)
    comprehensive a. комплексная автоматизация
    design a. автоматизация проектирования
automaton автомат
    abstract a. абстрактный автомат
    finite-state a. конечный автомат
automobile автомобиль; ‖ автомобильный; самоходный, самодвижущийся
automodel автомодельный
automotive самоходный; автомобильный, автотракторный
    a. **engineering** автомобильная техника
autonavigator автоматическая навигационная система

autonomous автономный, независимый
auto-oscillations автоколебания
autopilot автопилот
autoprogrammable самопрограммирующийся
autorotation авторотация, самовращение
autosynchronizing самосинхронизация
auxiliary 1. вспомогательный, дополнительный; 2. резервный
    a. **condition** вспомогательное (дополнительное) условие
    a. **diagonal** побочная диагональ (матрицы)
    a. **memory** дополнительная память; внешняя память
availability 1. наличие, доступность; пригодность, готовность, работоспособность; 2. коэффициент готовности; коэффициент использования
available доступный, имеющийся (в распоряжении), располагаемый; годный, применимый; действительный
    a. **power** доступная (располагаемая) мощность; номинальная мощность
    a. **space** свободное пространство
    a. **speed** располагаемая скорость
avalanche лавина, лавинный процесс; обвал; поток; ‖ лавинный, лавинообразный
    a. **crack propagation** лавинообразное распространение трещины
    a. **error cumulation** лавинообразное накопление погрешностей
    flowing a. движущаяся лавина
avalanching лавинообразование
avenue путь, направление; средство, метод
    a. **of approach** путь, подход, метод
average 1. среднее число, средняя величина, среднее; ‖ средний, усредненный; промежуточный; ‖ осреднять, усреднять, вычислять среднее; составлять в среднем; 2. среднее арифметическое
    above the average выше среднего
    on the average в среднем
    a. **deviation** среднее отклонение
    a. **readings** усредненные данные
    a. **velocity** средняя скорость
    geometric a. среднее геометрическое
    harmonic a. среднее гармоническое
    law of averages закон больших чисел
    through-the-thickness a. среднее по толщине значение
    time a. среднее по времени
    weighted a. взвешенное среднее
averaging усреднение, вычисление средней величины; ‖ усредняющий
    a. **technique** методика усреднения
    nodal a. (по)узловое усреднение
aviation авиация
Avogadro's law закон Авогадро
avoid 1. избегать, обходить, уклоняться; предотвращать, предупреждать; 2. отменять, устранять

avoidance 1. обход, уклонение; предотвращение, предупреждение; 2. отмена, устранение
   collision a. предотвращение столкновений
   obstacle a. обход (огибание) препятствий
avoirdupois (weight) английская система мер веса
awareness знание, знакомство (с чем-либо), осведомленность
awash на уровне моря, в уровень с поверхностью воды
away вдали, на расстоянии
   to do away with избавляться от чего-либо; уничтожать, аннулировать; устранять, отменять
   to pass away исчезать, прекращаться, проходить
   far and away намного, гораздо; несомненно
   far away дальний, отдаленный; || далеко
awheel на колесах; на шасси
awhile на некоторое время, ненадолго
awkward неудобный, затруднительный, трудный (о задаче)
awn ость, (тонкий) стебель
awry кривой, искривленный; косой, скошенный; искаженный; неправильный, неудачный; || косо; неправильно, неудачно
ax(e) топор; усечение, сокращение; || работать топором; усекать, сокращать
   to fit the ax(e) in преодолеть трудность, разрешить сомнения
axes (мн.ч. от axis); система отсчета, система координат
   a. of reference система осей (координат), система отсчета
   Cartesian a. декартова система координат
   coincident a. совпадающие оси
   coordinate a. оси (система) координат
   curvilinear a. криволинейная система координат
   Eulerian a. эйлерова система координат
   global a. глобальная система координат
   main a. главные оси (напр., тензора, матрицы)
   moving a. движущаяся (подвижная) система координат
   orthogonal a. ортогональные оси, ортогональная (прямоугольная) система координат
   principal a. главные оси (направления)
   rectangular a. прямоугольная (декартова) система координат
   relative a. относительная (подвижная) система осей
   rigid a. неподвижная (фиксированная) система координат
   solid a. пространственная система координат; система координат, связанная с телом
   tensorial a. оси тензора
axial 1. осевой, аксиальный, расположенный вдоль (параллельно) оси, продольный; центральный; 2. стержневой
   a. compression сжатие вдоль оси, осевое (центральное) сжатие; одноосное сжатие
   a. coordinate осевая (продольная) координата
   a. element осевой (продольный) элемент; стержневой элемент
   a. field осевое (продольное) поле
   a. force осевая (продольная) сила
   a. section осевое сечение, продольный разрез
   a. stress осевое (продольное) напряжение; одноосное напряженное состояние
   a. symmetry осевая симметрия, осесимметричность
axial-flow имеющий (создающий) осевое направление течения
   a. compressor осевой компрессор
axially по (направлению) оси, в продольном направлении; центрально
   a. loaded нагруженный в осевом направлении; центрально нагруженный
axiom аксиома
axiomatic аксиоматический
   a. approach аксиоматический метод
   a. system система аксиом
axiomatics аксиоматика
axis (мн.ч. axes) 1. ось, осевая линия; 2. направление, прямая; 3. линия симметрии; 4. стержень; вал
   a. of abscissae ось абсцисс
   a. of anisotropy ось анизотропии
   a. of applicates ось аппликат
   a. of couple ось пары сил (момента)
   a. of inertia ось инерции
   a. of ordinates ось ординат
   a. plane осевая плоскость; плоскость симметрии
   a. of projection ось проекции
   a. of rotation ось вращения
   a. of sight линия визирования
   a. of symmetry ось симметрии
   body a. ось тела, ось связанной (с телом) системы координат
   centroidal a. центроидальная ось, ось центров тяжести
   coordinate a. ось координат
   cross-wind a. ось, перпендикулярная направлению потока, поперечная ось потоковой (скоростной) системы координат
   deflected a. изогнутая ось (балки); отклоненная ось
   drive a. вал привода
   eddy a. вихревая ось
   elastic a. упругая ось (балки)
   extremity of a. конец оси
   fiber a. ось волокна
   fixed a. неподвижная (фиксированная) ось; заданная ось
   guide a. ось направляющей
   hinge a. ось шарнира
   imaginary a. мнимая ось
   lateral a. поперечная ось

lift a. ось подъемной силы
longitudinal a. продольная ось
major a. большая ось (эллипса)
mass a. линия центров масс
minor a. малая ось (эллипса)
neutral a. нейтральная ось (напр., балки при изгибе)
oblique a. косоугольная система координат
path a. ось траектории, ось потоковой (скоростной) системы координат
pitch a. ось тангажа, поперечная ось самолета
polar a. полярная ось
principle a. главная (основная) ось
real a. вещественная (действительная) ось
rigid a. неподвижная ось
roll a. ось крена, продольная ось самолета
time a. временная ось
vortex a. ось вихря
wind a. ось (направление) потока, ось потоковой системы координат
wing a. ось крыла, линия фокусов крыла
yaw a. ось рыскания, вертикальная (нормальная) ось самолета

axisymmetric(al) осесимметричный, осесимметрический
a. body осесимметричное тело; тело вращения
a. loading осесимметричное нагружение
a. problem осесимметричная задача
a. structure осесимметричная конструкция (структура)

axle ось; полуось; вал; мост (напр., автомобиля)
a. base расстояние между осями
a. box букса
a. load нагрузка на ось
a. shaft ось (колеса)
a. weight нагрузка на ось
leading a. ведущая ось
rear a. задняя ось, задний мост
trailing a. задняя ось; ведомая ось

axoid аксоид
fixed a. неподвижный аксоид
axonometric аксонометрический
axonometry аксонометрия, аксонометрическая проекция
azimuth азимут; угол курса; ‖ азимутальный
a. angle азимутальный угол, азимут, угол курса; полярный угол; аргумент комплексного числа; (угловая) фаза

B

babbit баббит, антифрикционный сплав
baby 1. малый, малых размеров, малого объема; маломощный; 2. противовес
bachelor бакалавр

back 1. спина, спинка; задняя (обратная) сторона; ‖ задний, обратный; отдаленный; запоздалый, отсталый; ‖ двигаться назад, отступать, уступать; восстанавливать (предыдущее состояние); снижаться, спадать; ‖ назад, обратно; сзади; 2. верхняя грань (поверхность); ‖ верхний, верховой; 3. опора, поддержка; подпор; ‖ поддерживать, подкреплять; создавать подпор; 4. основа, подложка; ‖ являться основой; 5. фон; ‖ служить фоном; 6. чан, резервуар
to back away отводить, убирать, снимать
to back down отказываться от чего-либо
to back off снимать, убирать; вывинчивать
to back on граничить, примыкать
to back out отменять; отказываться от чего-либо
to back up поддерживать, подкреплять, создавать опору, нести нагрузку; восстанавливать (предшествующее) состояние; давать задний ход
to answer back возражать
back and forth туда и обратно
back from в стороне, вдалеке от чего-либо; сзади, позади
as far back as еще в, уже в (о дате)
b. action противодействие, реакция; обратное действие; обратная связь
b. axle задняя ось, задний мост (транспортного средства)
b. cylinder cover днище цилиндра
b. draft обратная тяга, реверс; задний ход
b. elevation вид сзади
b. face задняя поверхность (грань); невидимая поверхность
b. motion обратное движение, обратный (задний) ход
b. pressure противодавление
b. stagger отрицательный (обратный) вынос крыльев
backbone позвоночник; основа; суть, сущность; опора; киль судна
back-coupling обратная связь
back-draught обратная тяга, задний ход (двигателя)
backflow обратное течение, противоток
background 1. фон, задний план; 2. истоки, основы, происхождение; основание; объяснение, обоснование; предпосылка, подготовка
against the background по сравнению, на фоне
b. color цвет фона
b. computing фоновые вычисления, решение задач с низким приоритетом
b. of experience накопленный опыт
historical b. история вопроса; исторический обзор
mathematical b. математические основы; математическое обоснование
backhanded обратный, противоположный (по направлению); косой, наклонный

backing 1. обратная (изнаночная) сторона; || обратный; 2. обратное движение, задний ход; вращение против часовой стрелки; 3. опора, поддержка; подпор; || опорный, поддерживающий; 4. основа, подложка; слой; прокладка; || основной, составляющий основу; 5. фон; || фоновый; предварительный

   b. **block** упорная колодка, подкладка

   b. **vacuum** предварительное разрежение, форвакуум

   adhesive b. клейкая основа (подложка), адгезионный слой

backlash свободный (мертвый) ход; зазор, люфт

backlog резерв, ресурс; задел (работы)

backmost самый задний

backout отмена, отказ; возврат (напр., в исходную точку)

backpage левая страница (книги)

backplate задняя стенка; отбойная стенка

backrest спинка (сиденья)

backside задняя (тыльная, изнаночная) сторона

backslash косая черта с наклоном влево

backslope обратный наклон; верховой откос (плотины)

backspace возврат (на один шаг); реверс

backstay подкос; оттяжка, ванта; || крепить вантами

backstop заслон, стенка; ограничитель хода, стопор

backsubstitution обратная подстановка, обратный ход (при решении систем линейных уравнений методами типа Гаусса)

backswept стреловидный, с прямой (положительной) стреловидностью

backup 1. поддержка; подпор; 2. резервирование, дублирование; резервная копия; вспомогательные средства; || дублирующий, резервный; вспомогательный; 3. возврат, восстановление (предшествующего состояния)

   b. **system** дублирующая (резервная) система; поддерживающая система

backward обратный, обращенный назад; запаздывающий; отсталый; || назад, обратно, в обратном направлении; наоборот

   b. **derivative** производная слева, левая производная

   b. **difference** (конечная) разность "назад", левая разность

   b. **error analysis** обратный анализ погрешностей

   b. **interpolation** интерполяция назад

   b. **reference** обратная ссылка

   b. **sweep** прямая (положительная) стреловидность

   b. **wave** обратная волна, отраженная волна

backwash обратный поток; струя за винтом (реактивным двигателем), спутная струя; откат волны

backwater стоячая (запруженная) вода; застойная зона; подпор; обратное течение; аккумуляция (регулирование) стока

bad плохой; не(при)годный, неисправный; недействительный

badly 1. плохо; 2. очень сильно

badge знак, символ; признак

baffle диафрагма, (разделительная) перегородка; отражатель, щит, экран; || преграждать, препятствовать, противодействовать; отклонять, направлять; отражать

   porous b. пористая диафрагма

   slot b. щелевой глушитель

   sound b. акустический экран

   thermal b. тепловой экран, теплоизоляционная перегородка

bafflement отражение, экранирование; гашение, успокоение; отклонение (потока)

baffler диафрагма, перегородка; отражатель; глушитель, гаситель (напр., колебаний топлива в баке)

baffling 1. отражение, экранирование; гашение, успокоение; отклонение (потока); 2. трудный, неразрешимый; неблагоприятный

   b. **complexity** чрезвычайная сложность

   b. **problem** трудная задача

   b. **wind** неблагоприятный (переменный) ветер

bag мешок, сумка; оболочка, капсула, баллон; полость, карман; мягкий топливный бак; || помещать в мешок; приобретать форму мешка, надуваться (напр., о парусе)

   air b. надувная оболочка, пневмоподушка

bagged помещенный в мешок (оболочку, капсулу), находящийся в оболочке, инкапсулированный; имеющий форму мешка, надутый

bail 1. дуга, петля, скоба; 2. перекладина, распорка; 3. ковш, черпак; || черпать

bake обжиг, отжиг; спекание, отверждение; (термическая) сушка; || печь(ся); обжигать (напр., керамические изделия), прокаливать; запекать(ся), спекать(ся), затвердевать, отверждать; сушить

baking обжиг, отжиг; прокаливание; спекание, отверждение; сушка; || обжигающий; спекающий, отверждающий

balance 1. баланс, равновесие, состояние равновесия, уравновешенность; балансировка, уравновешивание; компенсация; симметрия; || быть в равновесии, сохранять равновесие; балансировать, уравновешивать; компенсировать; симметризовать; 2. весы; балансир, коромысло, маятник, противовес; || взвешивать; сопоставлять; 3. итог, остаток

   to **balance between** колебаться между

   b. **arm** балансир, коромысло, маятник, противовес

   b. **bridge** подъемный мост

   b. **of forces** равновесие сил (усилий)

   b. **level** уровень, ватерпас

   b. **mass** уравновешивающая масса, балансировочный груз

   b. **of momentum** баланс количества движения

b. weight гиря; противовес, балансировочный груз(ик); балластный груз
b. wheel маховое колесо, маховик
aerodynamic b. аэродинамическая компенсация; аэродинамическая балансировка; аэродинамические весы
beam b. рычажные весы
dynamic b. динамическое равновесие, динамический баланс
energy b. энергетический баланс
enthalpy b. баланс энтальпий
harmonic b. method метод гармонического баланса
heat b. тепловой баланс
mass b. баланс массы
running b. динамическое равновесие
spring b. пружинные весы
static b. статическое равновесие, равновесие сил (усилий)
torsional b. крутильные весы
unstable b. неустойчивое равновесие
wind tunnel b. аэродинамические весы
zero b. нулевой итог
balanced уравновешенный, сбалансированный; равновесный; скомпенсированный; симметричный, симметризированный
b. error скомпенсированная ошибка
b. running ровный ход, отсутствие биения (при вращении)
b. sample уравновешенная выборка
b. state состояние равновесия
b. system уравновешенная (равновесная) система; симметричная система
balancer балансир, стабилизатор; компенсатор; уравновешивающая добавка (поправка)
balancing балансировка, уравновешивание; уравнивание; компенсация, согласование; (точная) регулировка, юстировка; симметризация; || балансирующий, уравновешивающий; балансировочный; компенсирующий; согласующий
b. action уравновешивающее действие
b. device балансировочное устройство
b. error компенсирующая ошибка; погрешность уравновешивания
b. force уравновешивающая сила
b. of load уравновешивание нагрузки; выравнивание нагрузки
b. plane плоскость устойчивости
airplane b. балансировка (центровка) самолета
precise b. точное уравновешивание, точная регулировка
static b. статическое уравновешивание, статическая балансировка
zero b. установка (прибора) на нуль, юстировка
bale пакет, кипа, тюк; брикет; || упаковывать, брикетировать
balk 1. балка, брус, бимс; бревно; поперечина, ригель; 2. прогон, перемычка; 3. препятствие, помеха; задержка; || препятствовать, сопротивляться; задерживать;

4. обходить, уклоняться; 5. пропускать, оставлять без внимания
ball 1. шар, шарик; ядро; шаровой (сферический) шарнир, шаровая пята; || шаровой, сферический; 2. ком, комок; || комковать(ся)
b. bearing шарикоподшипник; шаровая опора
b. governor шаровой (центробежный) регулятор, регулятор Уатта
b. hardness твердость (число твердости), определенное вдавливанием шарика, твердость по Бринелю
b. hinge шаровой (сферический) шарнир
b. impression отпечаток (лунка) от шарика (напр., при определении твердости вдавливанием)
b. seat седло шарового шарнира
ballast балласт; щебень; балластный слой, (дорожная) подушка; || балластный; излишний, ненужный, обеспечивающий устойчивость; щебеночный; || балластировать, грузить балластом; придавать устойчивость
b. road щебеночная дорога; шоссе
b. tank балластная цистерна
ballasting балластировка; || балластировочный
balling окомкование
ballistic баллистический
b. cap баллистический наконечник (напр., снаряда)
b. curve баллистическая кривая (траектория)
b. flight полет по баллистической траектории
b. missile баллистический (реактивный) снаряд, баллистическая ракета
b. pendulum баллистический маятник
ballistics баллистика; баллистические свойства
balloon воздушный шар, аэростат; баллон, (мягкая) оболочка, пневматическая (надувная) конструкция; || надувать(ся), раздувать(ся); накачивать газом
b. car гондола аэростата
b. structure пневматическая (надувная) конструкция
b. tire пневматическая шина
tire b. камера шины
trial b. пробный шар
ballooning раздувание, вздутие
band 1. лента, полоса; || ленточный, полосовой; 2. слой, прослойка, пласт, залежь; 3. диапазон, зона, интервал; 4. группа, объединение; блок, модуль, связка, пучок; || объединять(ся), группировать(ся), собирать(ся); 5. связь, пояс, обод, обруч; || связывать, соединять, обхватывать, опоясывать
b. of control диапазон регулирования
b. conveyer ленточный конвейер
b. filter полосовой фильтр
b. iron полосовое железо
b. spectrum полосовой спектр

b. tire массивная шина, грузовая шина
dead b. мертвая зона; зона нечувствительности (прибора)
empty b. незаполненный интервал, свободная зона
error b. (допустимый) интервал ошибок
frequency b. диапазон (интервал, полоса) частот
nonzero b. лента ненулевых элементов (в ленточной матрице)
pass b. полоса пропускания (частот)
shear b. полоса сдвига, линия скольжения
temperature b. диапазон температур
wave b. (частотный) диапазон волн
bandage бандаж, повязка; || опоясывать, стягивать, перевязывать
banded ленточный, полосовой; линейчатый; содержащий прослойки; окаймленный
  b. matrix ленточная (полосовая) матрица
  b. spectrum полосовой (линейчатый) спектр
banding ленточность, полосчатость
bandpass полоса пропускания (частот)
  b. response полосовая частотная характеристика
bandwidth 1. ширина ленты (полосы, интервала); 2. пропускная способность, производительность, скорость обработки
  b. reduction уменьшение ширины ленты (матрицы), сужение диапазона
  frequency b. диапазон частот; ширина полосы частот
  matrix b. ширина ленты (ненулевых элементов) матрицы
  processing b. диапазон производительности системы обработки
banjo коробка, кожух, футляр; картер
bank 1. банк, хранилище; группа (напр., устройств), блок, объединение; || объединенный, групповой; || объединять, группировать; 2. насыпь, вал, дамба; отмель, нанос; залежь, пласт, слой; || делать насыпь; образовывать наносы, запруживать; 3. крен, наклон; вираж, разворот с креном; || кренить(ся), наклоняться; выполнять вираж
  b. of cylinders блок цилиндров
  angle of b. угол наклона (крена)
banking 1. хранение; группировка, объединение; 2. создание насыпи (вала), отсыпка, намыв; 3. (гидравлический) подпор; 4. крен, наклон; вираж, разворот с креном; создание крена, кренение
bankseat опора, устой, бык (моста)
banner заголовок, "шапка"
bar 1. стержень; балка, брус; тяга, штанга; 2. полоса, шина; заготовка; брусок, пруток; сортовой прокат; 3. (масштабная) шкала; линейка, измерительная рейка; 4. бар (единица давления = 100 килопаскалей); 5. черта, черточка; прямоугольник (в блок-схемах)
  b. chart столбчатая диаграмма, гистограмма

b. finite element конечный элемент стержня (балки)
b. screen решетка
b. stock прутковый прокат, пруток
angle b. угловой профиль, уголок
axis of a b. ось стержня
cantilever b. консольный стержень
channel b. швеллер, стержень корытного профиля
check b. пробный брусок, контрольный образец
circular b. стержень круглого поперечного сечения; круговой стержень
clamping b. прижимная планка
continuous b. неразрезной стержень
Cosserat b. стержень Коссера (при расчете которого учитываются моментные напряжения)
coupling b. соединительная тяга
cross b. поперечина, перекладина, распорка
curved b. криволинейный стержень, кривой брус
distance b. распорка, поперечина
draw b. тяга
flat b. полоса, шина, полосовое железо
flexible b. гибкий стержень
fraction b. дробная черта
hinged b. шарнирно опертый стержень; шарнирно сочлененный стержень
initially curved b. стержень с начальной кривизной
lever b. рычаг
notched test b. образец с надрезом для испытаний
redundant b. лишний стержень (приводящий к статической неопределимости)
reinforcing b. подкрепляющий (арматурный) стержень
round b. круглое железо, стержень круглого профиля, пруток
sample test b. образец для испытаний
shaped b. фасонное (сортовое) железо
splice b. стыковая накладка
split b. составной (разрезной) стержень
steadying b. опора, опорная стойка; распорка; брус жесткости
stiff b. жесткий стержень
stiffener b. подкрепляющий стержень, полоса жесткости; расчал
tension b. растянутый стержень; стержень, работающий на растяжение; растяжка, расчалка
test b. испытательный стержень; контрольный образец, пробный брусок
thin b. тонкий стержень
thin-wall(ed) b. тонкостенный стержень
tie b. стяжка, расчалка; поперечная связь, поперечина; растянутый стержень
transverse b. поперечина, траверса
twisted b. закрученный стержень
viscoelastic b. вязкоупругий стержень

work-hardening b. стержень из материала с (энергетическим) упрочнением
barb зубец, зазубрина; заусенец; ‖ снимать заусенцы
bare 1. голый; открытый, раскрытый; неизолированный (о проводе); ‖ обнажать, раскрывать; снимать оболочку; 2. явный, очевидный; 3. простой; 4. незначительный, малейший; едва достаточный
    in bare outlines в общих чертах
    the bare fact that сам по себе факт; тот факт, что
    b. listing простое перечисление
    b. possibility малейшая возможность
    b. wire голый (неизолированный) провод
barely 1. только, просто; 2. едва, едва лишь; 3. прямо, открыто
baric относящийся к давлению, барический; барометрический
barograph барограф
barometer барометр
barometric(al) барометрический
    b. pressure барометрическое давление
barostat баростат
barotropic(al) баротропный
    b. fluid баротропная жидкость
barotropy баротропность
barrage 1. заграждение; 2. плотина, запруда
barrel 1. бочка, барабан; резервуар, цистерна; 2. цилиндрическая оболочка (перекрытия), цилиндрический свод; 3. деталь цилиндрической формы: втулка, гильза, корпус; тело трубы; 4. (оружейный) ствол, дуло; 5. баррель (мера объема жидких и сыпучих тел: баррель нефтяной = 0,1589 куб.м, баррель сухой = 0,1156 куб.м)
    b. distortion бочкообразование (при сжатии цилиндрического образца)
    b. head днище резервуара
barricade 1. преграда; ‖ преграждать; 2. перемычка
barrier барьер; преграда, препятствие; диафрагма, мембрана, перегородка, щит, экран
    absorbing b. поглощающий экран
    filtration b. противофильтрационная завеса
    insulation b. изоляционный слой
    natural b. естественная преграда
    potential b. потенциальный барьер
    reflecting b. отражающий экран
    sound b. звуковой барьер
barring 1. крепление кровли, (шахтная) крепь; 2. пуск в ход (машины)
barring 3. за исключением, кроме, помимо
barycenter см. barycentre
barycentre центр тяжести, центр масс, барицентр
barycentric барицентрический, связанный с центром тяжести
    b. coordinates барицентрические координаты; барицентрическая система координат
basal основной, лежащий в основе, фундаментальный

basalt базальт
bascule раскрывающийся мост; крыло (подъемная часть) моста; ‖ подъемный, раскрывающийся
    b. bridge подъемный мост
    b. span крыло раскрывающегося моста
base 1. база, основа, основание; базис; фундамент; ‖ базовый, основной, базисный; исходный; ‖ основывать(ся), базировать(ся); обосновывать; 2. отсчетная точка, уровень отсчета; 3. подстилающий слой; материал основания; 4. плита основания; цоколь; станина; 5. хранилище; 6. низкий, низкокачественный; простой
    to base upon something опираться на что-либо, основываться на чем-либо
    b. angle угол при основании
    b. of column база (основание) колонны
    b. of foundation подошва фундамента
    b. frequency опорная частота, основная (низшая) частота
    b. of gage база датчика
    b. line линия отсчета, базовая (нулевая) линия, основная (осевая) линия; основание графика (эпюры)
    b. load основная нагрузка; регламентируемая нагрузка
    b. of logarithm основание логарифма
    b. number основание системы счисления
    b. plate фундаментная (опорная) плита; подушка, подложка; основная плата (прибора); базисная плоскость
    b. of power основание степени
    b. pressure давление на основание (сооружения), донное давление
    b. quantity основная единица (системы измерения)
    axle b. расстояние между осями
    decimal b. десятичное основание (системы счисление)
    data b. база данных
    gravity b. гравитационное основание
    knowledge b. база знаний
    Newtonian b. ньютонова (инерциальная) система отсчета
    notch b. основание надреза
    time b. временная ось; масштаб по оси времени
    wheel b. колесная база, база шасси
baseless необоснованный
baseline базовый, основной; минимально необходимый; см. также base line
basement 1. основание, фундамент; цоколь; 2. подвальный этаж
bash удар; ‖ ударить
basic 1. основной; главный; базисный, базовый; фундаментальный; 2. исходный, первичный; 3. простейший, элементарный; 4. стандартный
    to be basic to быть присущим, свойственным; быть характерным для
    b. concept основная идея, основное понятие

b. frequency основная (фундаментальная) частота, частота низшего тона (колебаний)
b. research фундаментальные исследования
b. set базисное множество, базис
b. solution основное (фундаментальное) решение
b. term главный член (напр., разложения); главное условие
b. unit основная единица (измерения)
BASIC БЕЙСИК (язык программирования)
basically в своей основе; по существу, в основном
basil фаска, скошенный край; || стачивать, скашивать; гранить
basin водоем; бассейн; резервуар; котловина
   model b. опытовый бассейн
basing базирование
basis основание, основа, базис, база; фундамент; || основной, базисный, базовый, фундаментальный
   to form the basis of составлять основу, лежать в основе чего-либо
   to provide the basis лежать в основе чего-либо
   to take as a basis класть в основу, принимать за основу
   on the basis of на основе, исходя из
   on this basis исходя из этого
   on a weight basis в весовом отношении
   b. function базисная функция
   b. reduction редукция (редуцирование) базиса
   b. requirements основные требования; требования к базису
   b. solution основное (фундаментальное) решение
   b. of space базис пространства
   b. spline базисный сплайн
   b. of ten основание десять (системы счисления)
   b. vector базисный вектор, вектор базиса
   complete b. полный базис
   coordinate b. координатный базис, базис системы координат
   discrete b. дискретный базис
   eigen b. базис из собственных векторов (форм, мод)
   experimental b. экспериментальный базис, экспериментальная основа (напр., для построения теории)
   finite element b. конечно-элементный базис
   full b. полный базис
   global b. глобальный базис
   local b. локальный базис
   mathematical b. математические основы, математическое обоснование
   minimal b. минимальный базис
   polynomial b. полиномиальный базис
   reduced b. сокращенный (редуцированный, неполный) базис

   reduced b. technique метод редукции базиса
   spatial b. пространственный базис
   theoretical b. теоретическая основа
   trigonometrical b. тригонометрический базис
basket корзина; бункер, кузов; гондола (летательного аппарата); || оплетать
basque облицовка
bass басовый, низкий (о звуке)
bast луб, лыко; || лубяной
baste 1. слабо (подвижно) скреплять что-либо; 2. бить; забрасывать вопросами, критиковать
batch 1. группа, комплект, партия, серия; пакет (напр., заданий на обработку данных); || групповой, пакетный; 2. доза, порция; дозировка; 3. загрузка
   b. mode пакетный режим, режим пакетной обработки
batcher бункер; питатель, дозатор
batchwise 1. группами, по группам; 2. периодически
bate уменьшать, убавлять, снижать; слабеть
bath ванна, бассейн, чан
bathymetry батиметрия, измерение глубины (моря)
bathyscaphe батискаф
bathysphere батисфера
bating за исключением, кроме, помимо
batten планка, рейка
batter 1. уступ; уклон, откос, скат; || отклоняться, отходить; 2. ударять; месить, мять (напр., глину); плющить (металл); долбить, пробивать отверстия
battery батарея; группа (однородных предметов), набор, комплект, совокупность; 2. гальванический элемент, аккумулятор
   storage b. аккумуляторная батарея
   test b. комплект испытательной аппаратуры
baud бод (единица скорости передачи информации)
baulk см. balk
Bauschinger effect эффект Баушингера
bay 1. интервал, участок; пролет (напр., моста); панель (фермы); отсек, секция; 2. ниша; 3. залив, бухта; бьеф
   frame b. отсек (конструкции)
bayonet штык, байонет
   b. joint штыковое (байонетное) соединение
   b. ring запорное кольцо
be быть, существовать; находиться; происходить
   to be about (+ инфинитив) собираться
   to be affected by подвергаться влиянию (воздействию)
   to be aimed at быть предназначенным, быть направленным на
   to be attended by сопровождаться чем-либо

to be available иметься, быть в наличии (в распоряжении)
to be beyond the scope выходить за пределы (чего-либо)
to be borne out подтверждаться
to be bound (+ инфинитив) должен
to be concerned in заниматься, участвовать; рассматривать
to be due to являться результатом, быть обусловленным (чем-либо); быть разработанным (кем-либо)
to be of (+ существительное) иметь, представлять
to be of consequence иметь значение
to be of help быть полезным
to be of interest представлять интерес
to be outside the scope выходить за пределы
to be over заканчиваться, завершаться
to be present иметься, присутствовать
to be referred to as именоваться, называться, быть известным под именем
to be related to касаться, быть связанным с, иметь отношение к
to be responsible for быть причиной; быть ответственным за
to be short of ощущать недостаток
to be subject to подвергаться, быть подверженным; подчиняться, зависеть от
to be superior to превосходить
to be sure конечно, несомненно
to be sure of быть уверенным в
to be unlike отличаться
to be valid иметь силу, быть справедливым (обоснованным)
beacon 1. маяк; бакен; геодезический знак; 2. предупреждение
bead 1. шарик; капля; пузырёк; || нанизывать; 2. прицел, мушка; 3. борт, отогнутый край, кромка; валик, буртик, реборда; борт шины; || отгибать край, отбортовывать
   b. forming отбортовка, развальцовка
   tire b. борт шины
Beaufort scale шкала Бофорта, шкала скоростей ветра
beak нос(ик); рог наковальни
beam 1. балка; стержень; брус; лонжерон, нервюра; бимс; перекладина, поперечина, траверса; 2. балансир, коромысло; 3. луч; пучок (лучей); || излучать, испускать лучи; 4. направление; 5. ширина судна
   b. analysis расчёт балки
   b. angle угол расхождения пучка
   b. axis ось балки
   b. bending изгиб балки
   b. caliper штангенциркуль
   b. cap полка балки
   b. cross section поперечное сечение (профиль) балки
   b. deflection прогиб балки
   b. depth высота (сечения) балки
   b. on elastic foundation балка на упругом основании

b. finite element конечный элемент балки, балочный конечный элемент
b. flange полка балки
b. flexibility податливость балки
b. flux плотность пучка
b. foundation балочный фундамент
b. function балочная функция
b. of impact линия удара
b. length длина балки
b. of light луч света, световой пучок
b. model модель (деформирования) балки; балочная модель (конструкции)
b. moment (изгибающий) момент в балке
b. profile профиль (поперечное сечение) балки
b. scales рычажные весы
b. sea боковая волна
b. shear сдвиг в балке (сдвиговая деформация, сдвиговое напряжение)
b. shear force поперечная (перерезывающая) сила в балке
b. span пролёт балки (между опорами); балочное пролётное строение
b. stability устойчивость балки
b. stiffness жёсткость балки
b. supporting опирание (закрепление) балки
b. test испытание балки; испытание на изгиб, балочный тест
b. thread основная нить, основа (ткани)
t. twisting кручение балки
b. of uniform strength балка равного сопротивления
b. of varying section балка переменного сечения
b. wall стенка балки
b. warping коробление (депланация) балки
balance b. коромысло, балансир; противовес
bent b. 1. изогнутая (искривлённая) балка; 2. искривлённый луч
Bernoulli-Euler b. балка Бернулли-Эйлера (классическая модель изгиба балки)
bethlehem b. широкополочная двутавровая балка
box b. балка коробчатого сечения, коробчатая балка
bracing b. балка жёсткости
buffer b. буферный (лобовой) брус, буфер
cambered b. криволинейная балка, балка с начальной погибью
cantilever b. консольная балка
channel b. балка корытного (швеллерного) профиля, швеллер
clamped b. защемлённая балка
continuous b. неразрезная (многопролётная, многоопорная) балка
convergent b. сходящийся пучок
cross b. 1. поперечная балка, траверса; распорка; 2. коромысло, балансир

curved b. криволинейная балка, кривой брус
double-cantilever b. двухконсольная балка
eccentric b. эксцентричная балка; эксцентрично присоединенная балка
elastic b. упругая балка
elastically restrained b. упруго заделанная (опертая) балка
elasto-plastic b. упруго-пластическая балка
electron b. электронный луч
end b. оконечная балка, бортовой элемент
equalizing b. балансир, балансирный брус
false b. ненесущая (ненагруженная, несиловая) балка
fixed b. закрепленная (опертая) балка; защемленная балка
flanged b. балка, имеющая полки; двутавровая балка
flexible b. гибкая балка
flitched b. составная балка
free b. свободная (незакрепленная) балка
free(ly) supported b. свободно опертая балка
front b. передний брус, передний лонжерон
gantry b. ригель рамы
girder b. балочная ферма, решетчатая балка; коробчатая балка
hinged b. шарнирно опертая балка; шарнирно-сочлененная балка
incident b. падающий луч
inextensional b. нерастяжимая балка
joining b. соединительная балка
junior b. балка легкого профиля
laminated b. слоистая балка
lattice b. решетчатая балка
load b. несущая (силовая) балка
longitudinal b. продольная балка, лонжерон, стрингер
main b. главная балка
marginal b. рандбалка
midship b. мидель-бимс
multispan b. многопролетная балка
nonuniform b. балка переменного (по длине) сечения
oscillating b. качающееся коромысло
overhanging b. консольная балка
plated b. балка, усиленная листами (напр., приклепанными)
pretwisted b. предварительно закрученная балка
propped b. консольная балка с опертым концом
rectangular b. прямоугольная балка, балка прямоугольного поперечного сечения
redundant b. статически неопределимая балка
reflected b. отраженный луч
refracted b. преломленный луч

restrained b. закрепленная (напр., защемленная) балка
rigid b. (абсолютно) жесткая балка; балка большой жесткости (допускающая лишь малые прогибы)
ring b. кольцевая балка, кольцо
scale b. коромысло весов
scanning b. сканирующий луч, бегущий луч
simple b. простая (свободно опертая) балка; балка на двух опорах
simple b. theory элементарная теория изгиба балок
simply supported b. просто опертая балка
single b. однопролетная балка; балка на двух опорах
skew-curved b. (пространственно) изогнутая балка
sound b. звуковой пучок
spatial b. пространственная балка
split b. 1. составная балка; 2. расщепленный пучок
statically determinate b. статически определимая балка
stiff b. жесткая балка (допускающая лишь малые прогибы)
stiffening b. подкрепляющая балка, балка жесткости
straining b. стяжка, затяжка
strut b. сжатая балка; стойка
strut-framed b. шпренгельная балка
supporting b. подкрепляющая балка; несущая балка
sway b. балансир
tapering b. балка уменьшающегося поперечного сечения, клиновидная балка
tee b. тавровая балка
test b. испытательный образец-балочка
thick b. толстая балка
thin b. тонкая балка
thin-walled b. тонкостенная балка
through b. неразрезная (сплошная) балка
tie b. поперечина; стяжка, расчалка; балка, работающая на растяжение
Timoshenko b. балка Тимошенко (модель изгиба балки, учитывающая поперечный сдвиг)
transverse b. поперечная балка
uniform b. однородная балка; балка постоянного сечения
uniform strength b. балка равного сопротивления
universal b. двутавровая балка
unusual b. балка специального профиля
viscoelastic b. вязкоупругая балка
walking b. балансир, коромысло
wall b. балка-стенка, рандбалка
wave b. волновой пучок
welded b. сварная балка
wide-flange b. балка с широкими полками
working b. нагруженная (несущая) балка

beam-column балка-стойка (работающая на изгиб и растяжение-сжатие)
beamguide световод
beaming излучение; облучение
beamlike 1. балочного типа, балочный; 2. лучевой
   b. structure конструкция балочного типа
beamwidth ширина пучка
bear 1. нести, переносить; выдерживать, поддерживать, служить опорой; 2. нести нагрузку; 3. производить, порождать, генерировать
   to bear an analogy быть аналогичным чему-либо
   to bear comparison выдерживать сравнение
   to bear down преодолевать; влиять
   to bear evidence свидетельствовать о чем-либо
   to bear in mind помнить, учитывать
   to bear off отклоняться
   to bear on 1. опираться на; 2. касаться, иметь отношение к
   to bear out подкреплять, поддерживать; подтверждать
   to bear a part принимать участие
   to bear a relation иметь отношение к; иметь сходство с
   to bear testimony свидетельствовать, показывать
   to bear up for брать направление на
bearable допускаемый, выдерживаемый (о воздействии, нагрузке)
beard зубец, зазубрина; острый край; || обтесывать, сглаживать, снимать фаску
bearer несущая (опорная, силовая) деталь; опора; фундамент, подушка, основание
bearing 1. опора; опорная поверхность; подушка, основание; точка опоры; || несущий, нагруженный, силовой; опорный; выдерживающий; 2. подшипник; 3. соприкосновение, контакт; 4. опорное давление; 5. отношение; положение, ориентация; направление, азимут; 6. создание, порождение, генерация; || создающий, порождающий, генерирующий
   to consider in all bearings рассматривать со всех сторон
   to have a bearing (up)on иметь отношение к, влиять на
   to take the bearings определять положение, ориентироваться
   b. area опорная (несущая) поверхность; площадь опорной поверхности
   b. capacity несущая способность, наибольшая допускаемая нагрузка; грузоподъемность
   b. frame несущая рама (конструкция), силовой каркас
   b. friction трение в опоре, трение в подшипнике
   b. housing корпус подшипника
   b. member силовой (несущий) элемент, нагруженный элемент
   b. pressure опорное давление, реакция опоры; давление на подшипник
   b. reaction опорная реакция, реакция основания; отпор грунта
   b. resistance нормальное сопротивление (при несвободном движении)
   b. rib несущий стержневой элемент, силовое ребро; реборда (колеса)
   b. strength несущая способность; прочность на смятие (раздавливание); грузоподъемность; подъемная сила (крыла)
   b. stress напряжение смятия
   b. structure несущая конструкция
   b. surface опорная (несущая) поверхность; площадь опирания
   b. test испытание несущей способности
   b. value несущая способность
   b. wall несущая стенка
   b. of the word значение слова, смысловая нагрузка термина
anchorage b. анкерная опора
axial b. осевой подшипник; упорный подшипник
ball b. шарикоподшипник; шаровая опора
blade b. ножевая (призматическая) опора
bridge b. опорное строение моста
expansion b. подвижная опора; опора, рассчитанная на (тепловое) расширение
fair b. плотное прилегание
fixed b. неподвижная опора
fluid b. гидродинамический подшипник
free b. свободное опирание
friction b. подшипник скольжения
fulcrum b. призматическая (ножевая) опора
gas b. газовый подшипник
hinge b. шарнирная опора
journal b. опорный подшипник
movable b. подвижная опора
needle b. игольчатый подшипник
pendulum b. маятниковая (качающаяся) опора; призматическая (ножевая) опора
pivoting b. шарнирная опора; ведущая опора
reference b. опорное направление
rim b. катковая опора
roller b. роликовый подшипник; катковая опора
rolling contact b. опора качения
shifting b. подвижная опора
sliding b. скользящая опора; подшипник скольжения
surface b. поверхностное опирание
swing b. качающаяся (маятниковая) опора
tangential b. тангенциальная (касательная, касающаяся) опора; тангенциальное опирание
toe b. упорный подшипник; подпятник
wide b. широкое пятно контакта

beat удар; биение, колебание, пульсация; ритм, такт; || бить, ударять, пульсировать, колебаться
   to beat back отбивать, отражать
   to beat in пробивать; раздавливать
   to beat into вбивать, вколачивать
   to beat out выбивать; ковать (металл)
   b. frequency частота биений (пульсации)
   b. of pointer колебания стрелки (прибора)
beaten 1. разбитый; кованый; 2. банальный; известный, хорошо изученный
   to be off the beaten track идти непротоптанным путём; работать в неизученной области
   b. aluminum листовой алюминий, алюминиевая фольга
beater пестик; боек
beating биение, колебание, пульсация
   b. wing машущее крыло
Beaume gravity плотность (жидкостей) в градусах Боме
because потому что, так как; вследствие того, что
   because of из-за, вследствие, ввиду чего-либо
become становиться, делаться; случаться
becoming становление; соответствие; || становящийся, делающийся, приобретающий вид; подходящий, соответствующий
bed 1. дно (водоема); основание, фундамент; опора, станина; ложе, постель, насыпь, железнодорожное полотно, платформа; || устраивать основание; ставить, укладывать (напр., на основание), устанавливать; заделывать; 2. пласт, слой; 3. стенд
   to bed in прирабатывать(ся), притирать(ся)
   b. stimulation воздействие на пласт
   ballast b. балластный слой
   boiling b. кипящий слой
   bubbling b. кипящий слой
   clay b. глинистое основание
   damping b. демпфирующее основание, амортизационная подушка
   engine b. станина машины; (опорная) рама двигателя, подмоторная рама
   filter b. фильтрующий (фильтрационный) слой
   fire b. горящий слой (топлива)
   gas-bearing b. газоносный слой
   mined b. разрабатываемый пласт
   natural b. естественное основание
   oil-bearing b. нефтеносный пласт
   permeable b. проницаемый слой
   road b. дорожное основание, земляное полотно (дороги)
   rock b. скальное основание
   spouted b. фонтанирующий слой
   test b. испытательный стенд
   thick b. мощный слой
   thin b. тонкий пласт
   vibration b. вибростенд, вибростол

bedded установленный (напр., на опоры); слоистый, пластовый; залегающий; приработанный, пригнанный
bedding 1. основание, фундамент; залегание; 2. напластование, наслоение; слоистость, стратификация; 3. приработка, притирание (напр., деталей)
   b. point место закрепления, место заделки
bedim затемнять; запутывать, вносить неясность
bedplate опорная (фундаментная) плита; станина, рама
bed-rock 1. подстилающая порода, скальное основание; 2. основные положения, основные принципы; сущность, суть дела
   to get down to bed-rock добираться до сути
beer ход основы (ткани)
beetle 1. трамбовка, баба; кувалда; || трамбовать, уплотнять, дробить; 2. нависающий, выступающий; || нависать, выступать
befit подходить, соответствовать
before до, прежде, раньше, перед; до того, как; впереди, вперед; выше, больше
   before long вскоре, в ближайшее время
   as before как и раньше
   long before задолго до (того, как)
   shortly before незадолго до (того, как)
beforehand заранее, вперед, заблаговременно; преждевременно
beg просить
   to beg the question считать вопрос решенным
beget производить, порождать, генерировать
begetter автор (напр., идеи)
begin начинать(ся), брать начало, приступать
   to begin on браться за что-либо; брать начало от чего-либо
   to begin over начинать снова
beginning начало; точка отсчета; источник, происхождение; начальная стадия; || начальный
   from the beginning с самого начала
   in the beginning сначала, прежде всего
   b. number начальное число
   b. of a vector начало вектора
begird окружать, опоясывать
behalf: in behalf of для, в интересах, ради; on behalf of от имени
behave вести себя; изменяться (о величинах, функциях и т.п.); реагировать (на воздействие); работать (о машине)
behavio(u)r поведение, характер (изменения); свойства; зависимость, характеристика; реакция на внешнее воздействие; режим (работы)
   b. of structure поведение (работа) конструкции
   b. under load поведение (работа) под нагрузкой

adaptive b. адаптивное поведение, адаптивная реакция
asymptotic b. асимптотическое поведение
brittle fracture b. поведение при хрупком разрушении
collapse b. характер (вид, тип) разрушения
critical b. критический режим
curve b. поведение кривой, вид кривой
cyclic deformation b. свойства при циклическом деформировании
ductile-brittle transition b. поведение при переходе от вязкого состояния к хрупкому
dynamic(al) b. динамическое поведение, динамическая реакция; динамическая характеристика
dynamic plastic b. динамическое поведение в условиях пластичности
elastic b. упругое поведение, упругая реакция; упругая характеристика, упругие свойства
elastic-plastic strain-hardening b. поведение упругопластического упрочняющегося тела
elastic-plastic stress-strain b. зависимость напряжений от деформаций в упругопластическом состоянии
erratic b. неверная реакция, ошибочное поведение
flexural-extensional b. поведение (реакция) при действии изгиба и растяжения
fretting fatigue b. усталостные свойства с учетом износа (фреттинг-коррозии)
harmonic b. гармоническое поведение, синусоидальное изменение
long-time b. поведение при больших значениях времени, отдаленные результаты
model b. поведение (реакция) модели; эталонная (модельная) характеристика
necking b. образование шейки (образца при растяжении); свойство неустойчивости (деформирования)
nonlinear b. нелинейное поведение, нелинейная реакция
plastic deformation b. поведение (работа) при пластическом деформировании
postbuckling b. закритическое поведение, закритическое деформирование
postyield(ing) b. работа (конструкции) за пределом упругости
precracking b. поведение до (момента) образования трещины
service b. поведение (напр., конструкции) при эксплуатации
stable b. стабильный режим, устойчивое поведение
stress-strain b. зависимость (кривая) "напряжение-деформация"
structural b. поведение (работа) конструкции; свойства конструкции

thermal b. реакция на изменение температуры, тепловые свойства; температурный режим
time b. поведение во времени, временная зависимость, динамическая реакция
time-independent b. стационарная зависимость
transient b. переходный режим, нестационарное поведение, динамическая реакция
ultimate b. предельное состояние (напр., конструкции); критический режим
unpredictable b. непредсказуемая реакция
unstable load b. неустойчивое поведение под нагрузкой
yield b. пластическое поведение, пластическая работа (конструкции)
behind сзади, позади, за, после; ниже (напр., по качеству)
  to be behind запаздывать
  to fall behind отставать
  behind the times отсталый, устаревший
behold видеть, замечать
Behre tack клейкость по Беру
being жизнь, существование; суть, сущность; ‖ существующий, настоящий
  for the time being в данное время; на некоторое время
belch столб (напр., дыма), извержение; ‖ извергать(ся), выбрасывать (напр., газ)
belie давать неверное представление; опровергать, противоречить
belief убеждение, мнение; доверие
  beyond belief невероятно
  it is our belief that мы полагаем, что
  to the best of my belief насколько мне известно
believable вероятный, правдоподобный
believe верить, доверять; думать, считать, полагать; придавать значение
  it is believed that полагают, что
belike вероятно, может быть
belittle преуменьшать
bell колокол; звонок; конус, раструб, расширение, колпак, купол; ‖ колоколообразный, воронкообразный
  b. crank коленчатый (угловой) рычаг, колено
belled см. bell-shaped
Belleville spring тарельчатая пружина (рессора), пружина Бельвиля
bellows 1. кузнечные мехи; воздуходувка; 2. сильфон; анероидная (мембранная) коробка
bell-shaped колоколообразный, воронкообразный, расширенный, в форме широкого раструба
  b. curve колоколообразная кривая
bellying выпуклость, утолщение, расширение, расширенная часть

belong принадлежать, относиться (к чему-либо), происходить (от чего-либо); находиться, помещаться
   to **belong together** подходить, соответствовать (друг другу)
belonging принадлежность, причастность
below 1. ниже, под; внизу; 2. расположенный ниже; нижеприведенный
   below the average ниже среднего значения
   below zero ниже нуля
   just below непосредственно под (ниже); чуть ниже
   such as below такой, как приводится ниже
belt ремень; пояс, бандаж; лента, полоса; брекер (шины); ‖ ленточный, в виде полосы (пояса); ‖ опоясывать, обвязывать
   b. **conveyer** ленточный конвейер
   b. **gearing** ременный привод, ременная передача
   b. **pull** натяжение ремня
   b. **sag** провес ленты (конвейера)
   driving b. ременный привод; приводной ремень
   iron b. металлическая лента, железный обруч
   tire b. брекер шины
Beltrami-Michell equations уравнения Бельтрами-Мичелла (совместности деформаций)
Beltrami vector field векторное поле Бельтрами
bench 1. скамья; станок, установка, пульт; (испытательный) стенд; станина; 2. выступ, уступ, терраса, карниз
   b. **test** лабораторное (стендовое) испытание
   levelling b. разметочная плита
benchboard пульт управления
benchmark 1. (от)метка; начало отсчета, система отсчета, репер; 2. эталон; эталонная (модельная) задача; тестирование, проверка, аттестация
   b. **data** контрольные (эталонные) данные
   b. **problem** тестовая (эталонная, модельная) задача
   b. **program** контрольная (тестовая) программа
benchmarking 1. разметка; 2. подготовка эталона (теста); контрольные испытания, тестирование
bend изгиб, сгиб, загиб; искривление, отклонение, поворот; излучина (реки), меандр; колено (трубы), отвод; ‖ изгибать(ся), гнуть(ся), сгибать(ся); загибать, отгибать; искривлять(ся), отклонять(ся), поворачивать; отводить
   to **bend over** загибать, перегибать
   b. **point** точка экстремума (кривой); точка перегиба
   circular b. изгиб по дуге окружности
   course b. отклонение от курса
   double b. U-образная труба

   elbow b. прямой отвод (трубы); изгиб под прямым углом
   pipe b. колено трубы
   reverse b. изгиб с перегибом (в обе стороны)
bender клещи; гибочный пресс
bending изгиб; изгибание, сгибание; кривизна; отклонение; гибка (технологическая операция); ‖ изгибающий(ся), изгибный, изгибаемый, работающий на изгиб; отклоняющий(ся); гибочный
   to **analyse for bending** рассчитывать на изгиб
   to **be in bending** находиться в состоянии изгиба, работать на изгиб
   to **work in bending** работать на изгиб, сопротивляться изгибу
   b. **angle** угол изгиба (загиба)
   b. **due to axial compression** продольный изгиб, изгиб от продольного сжатия
   b. **behaviour** изгибное поведение, работа на изгиб
   b. **deflection** изгибное перемещение, прогиб, провисание; стрела прогиба
   b. **failure** разрушение при изгибе
   b. **fatigue strength** усталостная прочность при изгибе
   b. **finite element** изгибный конечный элемент
   b. **fixture** гибочное приспособление
   b. **flexure** кривизна при изгибе; прогиб
   b. **frequency** изгибная частота, частота изгибных колебаний
   b. **invariant** инвариант изгибания
   b. **load** изгибающая нагрузка
   b. **moment** изгибающий момент
   b. **of a plate to a cylindrical surface** изгиб пластинки по цилиндрической поверхности
   b. **point** точка экстремума (кривой)
   b. **radius** радиус изгиба; радиус закругления (напр., колена трубы)
   b. **state** изгибное состояние
   b. **stiffness** жесткость на изгиб, изгибная жесткость
   b. **strain** деформация (от) изгиба, изгибная деформация; работа на изгиб
   b. **strength** работа на изгиб, сопротивление изгибу
   b. **stress** изгибающее напряжение; напряженное состояние при изгибе
   b. **structure** изгибаемая конструкция; конструкция, работающая на изгиб
   b. **with tension** изгиб с растяжением
   b. **test** испытание на изгиб
   b. **with torsion** изгиб с кручением
   b. **vibration** изгибное колебание
   alternate b. знакопеременный изгиб
   cross b. поперечный изгиб
   cyclic(al) b. циклический изгиб
   cylindrical b. цилиндрический изгиб, изгиб по цилиндрической поверхности
   elastic b. упругий изгиб

bending   49   **beyond**

   energy of b. энергия изгиба
   extensional b. изгиб с растяжением
   impact b. изгиб при ударе
   inextensional b. изгиб без растяжения, чистый изгиб
   in-plane b. изгиб в плоскости, плоский изгиб
   lateral b. поперечный изгиб
   local b. местный изгиб
   oblique b. косой изгиб
   out-of-plane b. поперечный изгиб
   plane b. плоский изгиб
   plate b. finite element конечный элемент изгибной (изгибаемой) пластины; плоский изгибный конечный элемент
   pure b. чистый (простой) изгиб, изгиб без растяжения; плоский изгиб
   reversed. b. изгибание с перегибом, знакопеременный изгиб
   simple b. простой (чистый) изгиб, плоский изгиб
   symmetrical b. симметричный (прямой) изгиб
   tensile b. изгиб с растяжением
   thermal b. температурный изгиб, изгиб от теплового воздействия
   three-point b. трехточечный изгиб (изгиб балки на двух опорах, нагруженной сосредоточенной силой)
   torsion-prevented b. изгиб без кручения, чистый изгиб
   transverse b. поперечный изгиб
   unsymmetrical b. несимметричный (косой) изгиб
bend-over загиб, перегиб
bends (мн.ч. от **bend**); набор судовых шпангоутов
beneath внизу; ниже, под
benefication обогащение (напр., руды)
benefit выгода, польза; || помогать, приносить пользу; извлекать выгоду
bent 1. склонность, наклонность; изгиб; 2. изогнутый, гнутый; кривой, криволинейный, искривленный; коленчатый; 3. рама; опора (рамы), устой
   b. frame изогнутая (криволинейная) рама
   b. lever коленчатый рычаг
   b. pipe колено (отвод) трубы
   b. shaft коленчатый вал
   continuous b. неразрезная рама
   multibay b. многопролетная рама
   multistory b. многоэтажная рама
berg ледяная гора, айсберг
Bernoulli-Euler theory теория Бернулли-Эйлера (классическая теория изгиба балок)
berth 1. место, расположение; стоянка; причал; || предоставлять место, располагать, ставить; 2. покрывать или обшивать досками
   building b. стапель
   covered b. эллинг
beside 1. рядом с, около; мимо; 2. по сравнению с

   beside the purpose нецелесообразно
   beside the question не по существу
besides кроме, сверх того, помимо
bespeak оговаривать, обусловливать; обнаруживать, показывать, свидетельствовать
Bessel function функция Бесселя
best высшая степень; || (наи)лучший; оптимальный; || наилучшим образом; больше всего
   to make the best использовать наилучшим образом
   at best в лучшем случае
   to the best of our knowledge насколько нам известно
   b. conditioned matrix матрица с наилучшей обусловленностью
   b. estimation наилучшая (оптимальная) оценка
   b. value оптимальное значение
bestride перекидывать (напр., мост); защищать
beta бета (вторая буква греческого алфавита)
   b. test эксплуатационные испытания, опытная эксплуатация
betake прибегать (к чему-либо); отправляться
better лучший, более хороший; больший; || улучшать(ся), исправлять(ся); превосходить, превышать; || лучше, больше
   to get the better of использовать что-либо наилучшим образом
   the better hand преимущество, превосходство
   none the better (for) ничем не лучше (чем)
   twice as long and better более чем вдвое длиннее
betterment исправление, улучшение, усовершенствование; модернизация
Betti's reciprocal theorem теорема Бетти о взаимности работ
between между
bevel наклон, скос; заострение, конус; || косой, косоугольный; конусный; || скашивать; обрабатывать на конус
   b. gear коническая передача
   b. pinion коническая шестерня
bevel(l)ed косой, скошенный; конусный
   b. joint косой стык
beyond за, вне; за пределами; помимо; позже, после; сверх, выше; вдали, на расстоянии
   to be beyond the scope выходить за пределы
   beyond comparison вне сравнения
   beyond control неуправляемый, неконтролируемый
   beyond doubt несомненно
   beyond measure без числа, неизмеримо много
   beyond one's depth слишком трудно
   beyond question вне сомнения

beyond the reach недосягаемый; (находящийся) вне досягаемости
beyond repair не поддающийся исправлению
bezel фасет(ка), скошенный край; желобок, канавка, гнездо
bi- (как компонент сложных слов) дву-, двух-, двояко-, би- ; двойной, удвоенный, повторный
bias смещение, отклонение; уклон, наклон; склон; косая линия; (систематическая) ошибка, погрешность; ‖ смещенный, отклоненный; косой; несимметричный; ‖ смещать(ся), отклонять(ся); скашивать(ся), делать(ся) несимметричным; ‖ косо, наклонно, по диагонали
    b. **error** отклонение (напр., от точного значения); ошибка наведения
    b. **sampling** смещенная выборка
    b. **tire** диагональная шина
    constant b. систематическая (постоянная) ошибка
    downward b. (систематическое) отклонение в меньшую сторону
    grid b. смещение (сдвиг) сетки
    inherent b. собственное (неустранимое) смещение
biased смещенный, отклоняющийся (напр., от ожидаемого значения); несимметричный
    b. **error** постоянная (систематическая) ошибка
biasing stresses смещающие напряжения
biaxial двухосный, двухкоординатный, двумерный
    b. **analog** двумерная модель
    b. **loading** двухосное нагружение
    b. **state** двухосное (двумерное) состояние
    b. **strength** двухосное напряженное состояние
bicirculation бициркуляция, циркуляция диполя
biconcave двояковогнутый
biconvex двояковыпуклый
bicuspid двухвершинный, двузубчатый; двухстворчатый
bidimensional дву(х)мерный, двухкоординатный, от двух переменных
    b. **distribution** двумерное распределение
    b. **model** двумерная модель
    b. **plotter** двухкоординатный графопостроитель
    b. **problem** двумерная задача
    b. **state** двумерное состояние
bidirectional двунаправленный, действующий в двух направлениях; реверсивный
bifid разделенный надвое, расщепленный
bifocal бифокальный, двухфокусный
bifoliate двулистный
bifurcate раздвоенный, разветвленный; ‖ раздваиваться, разветвляться; терять устойчивость (напр., о нелинейных системах)
bifurcation раздвоение, разветвление; бифуркация; (бифуркационная) потеря устойчивости

    b. **analysis of elastic shell** расчет бифуркации (потери устойчивости) упругой оболочки
    b. **instability** неустойчивость (типа) бифуркации, бифуркационная потеря устойчивости
    b. **point** точка бифуркации (ветвления)
    b. **of solution** бифуркация решения
    crack b. раздвоение (разветвление, бифуркация) трещины
    field b. бифуркация (разделение) поля (напр., при разветвлении трещины)
    simple b. простая бифуркация
big большой, крупный; высокий, широкий; важный, значительный
bight бухта; излучина (реки); бухта троса
bigness величина, высота; важность, значительность
biharmonic бигармонический, двоякогармонический
    b. **function** бигармоническая функция
bijection взаимно однозначное соответствие
bilateral двусторонний, двунаправленный
    b. **contact** двусторонний контакт, двустороннее взаимодействие
    b. **constraint** двусторонняя связь, удерживающая связь
bilge 1. подводная часть, днище (судна), трюм; средняя (широкая) часть бочки; ‖ подводный, трюмный; ‖ пробить днище; 2. стрела прогиба
bilinear билинейный
    b. **finite element** билинейный конечный элемент
    b. **form** билинейная форма
billet заготовка, болванка
billot слиток; полоса, брусок
bimaterial состоящий из двух материалов
    b. **interface** поверхность (граница) раздела двух материалов
bimetal биметалл; ‖ биметаллический
bimetallic биметаллический
bimodal бимодальный, двухвершинный
    b. **distribution** бимодальное распределение
bimoment бимомент
bin бункер, накопитель, резервуар; камера; ковш
binary двоичный, бинарный; с двумя состояниями, бистабильный; двойной, сдвоенный; двучленный; с двумя переменными
    b. **bit** бит, двоичный разряд
    b. **flutter** флаттер с двумя степенями свободы
    b. **logic** двузначная (бинарная) логика
    b. **relation** бинарное отношение
    b. **search** двоичный поиск, поиск делением пополам
    b. **system** двоичная система (счисления)
binary-decimal двоично-десятичный
bind 1. связь, крепление, соединение; соединительная деталь; ‖ связывать, скреплять; защемлять; переплетать; компоновать;

2. затвердевать, схватываться; 3. присваивать значение (переменной)
binder связь, связующий элемент, соединительная деталь; связующее (вяжущее) вещество
binding связь, связывание; скрепление; сращивание; заедание, защемление; переплет; компоновка; ‖ связывающий, связующий; цементирующий; скрепляющий, ограничивающий
   b. **beam** затяжка
   b. **energy** энергия связи
   b. **face** поверхность прилегания
   b. **ring** зажимное кольцо
   b. **of variable** связывание (фиксация) переменной
   functional b. функциональная связь
   program b. связывание (компоновка) программ
Bingham Бингам
   B. **flow** течение Бингама
   B. **viscous-plastic fluid** вязко-пластическая жидкость Бингама
binomial двучлен, бином; ‖ двучленный, биномиальный
   b. **coefficients** биномиальные коэффициенты
   b. **distribution** биномиальное распределение
   b. **equation** двучленное уравнение
   b. **formula** формула бинома (Ньютона)
   b. **series** биномиальный ряд
   b. **theorem** бином Ньютона, биномиальная формула
binominal имеющий два названия, имеющий двойное (составное) название
binormal бинормаль
biomechanical биомеханический
biomechanics биомеханика
biometrics биометрия
bionics бионика
bionomics экология
biophysics биофизика
biorthogonal биортогональный
Biot number число Био
Biot-Savart law закон Био-Савара
bipair бипара
bipartite двусторонний; состоящий из двух частей; двудольный
bipartitioning (последовательное) разбиение на две части, деление пополам
biped(al) двуногий
   b. **robot** двуногий (антропоморфный) робот
   b. **locomotion** двуногое перемещение, двуногая ходьба
biplane биплан
bipod двунога, рогатка, сошки
bipolar биполярный, двухполюсный
   b. **coordinates** биполярные координаты
biquadratic 1. биквадратный; четвертой степени; 2. биквадрат; биквадратное уравнение; уравнение четвертой степени

birth (за)рождение; начало, источник, происхождение
   b. **defect** исходный дефект, дефект изготовления
   crack b. зарождение трещины
bis повторно, вторично
bisecant хорда (пересекающая кривую в двух точках)
bisect делить пополам, рассекать на две равные части
bisecting делящий пополам
   b. **point of a segment** середина отрезка
bisection деление пополам, бисекция
   b. **method** метод бисекции, метод деления (отрезка) пополам
bisector биссектриса
bisectrix (мн.ч. **bisectrices**) биссектриса
bistable бистабильный, с двумя устойчивыми состояниями
bit 1. бит, двоичный разряд, (двоичная) единица информации, единица емкости памяти; 2. кусок, часть, небольшое количество; немного; 3. резец, режущий инструмент; режущий край (инструмента), лезвие; бур, бурав; зубило, долото
   bit by bit постепенно; побитно, поразрядно
   bits per second бит в секунду (единица измерения скорости передачи данных)
   b. **brace** дрель, коловорот
   b. **geometry** геометрия резца (бура)
   b. **plate** черное листовое железо, черная жесть
   binary b. бит, двоичный разряд
   bore b. сверло
   wear of b. износ режущего инструмента
bite 1. захват; зажим; ‖ захватывать; зажимать; 2. зазор, раствор; 3. врезание, прорезание; травление; ‖ врезать, прорезать; травить, разъедать; 4. сцепление (шины с дорогой)
bitumen битум; асфальт
bituminous битумный, битуминозный
   b. **concrete** асфальтобетон
bitwise поразрядный, побитовый
   b. **operation** поразрядная операция
biunique взаимно однозначный
bivariate двумерный, с двумя переменными, (зависящий) от двух переменных
   b. **distribution** двумерное распределение, функция от двух переменных
   b. **function** двумерная функция, функция от двух переменных
bivalve двустворчатый
bivector бивектор
black черный цвет; сажа, технический углерод; ‖ черный, темный; ‖ окрашивать в черный цвет; затемнять
   b. **body** абсолютно черное тело
   b. **box** черный ящик (алгоритм, для которого известны лишь входные и выходные данные)
blackboard классная доска; рабочая область

black-body conception концепция "черного ящика"
blacking зачернение, затемнение; чернение, воронение (металла); вычеркивание (текста); || зачерняющий, затемняющий
blacklead графит
bladder пузырь; пустота, полость
bladdery пузырчатый; пустой, пустотелый
blade 1. лопасть (винта, весла), лопатка (турбины), крыло (вентилятора), перо (руля); 2. лезвие; лист, пластина; лента, полотно; нож, отвал (бульдозера)
   b. **aspect ratio** относительное удлинение лопатки
   b. **bearing** призматическая (ножевая) опора
   b. **profile** профиль (поперечного сечения) лопатки
   b. **ring** лопаточный венец (турбины)
   b. **root** комель лопасти
   b. **speed** (окружная) скорость лопатки
   adjustable b. регулируемая лопатка
   angle of b. угол наклона (установки) лопатки
   cellular b. (много)секционная лопатка
   fan b. лопасть (крыло) вентилятора
   set of blades комплект (семейство) лопаток
   thin-walled beam b. **model** (расчетная) модель лопатки в виде тонкостенной балки
   turbine b. лопатка (лопасть) турбины
   twisted b. закрученная лопатка
bladed снабженный лопастями (лопатками), облопаченный, оперенный, лопастной
   b. **wheel** лопастное (облопаченное) колесо, колесо с лопатками
blading комплект лопаток (турбины и т.п.), облопачивание (ротора)
blank пробел, пропуск, пауза, пустое место; бланк, заготовка, полуфабрикат изделия; заглушка, пустышка; || чистый, пустой, незаполненный, без содержания; холостой, полный, абсолютный; сплошной, глухой
   b. **charge** холостой заряд
   b. **cover** заглушка
   b. **flange** заглушка, затвор
   b. **instruction** пустая команда
   b. **wall** глухая стена
blanket 1. покрытие, оболочка, мантия; поверхностный слой, нанос; защитное покрытие, настил; || покрывать, защищать; подавлять, глушить; 2. общий, полный, всеобъемлющий; охватывать, включать в себя; 3. (гидравлический) плоский фильтр; 4. аэродинамическое затенение
blanking 1. выключение, гашение, запирание; 2. заготовительная операция (вырубка, штамповка)
   b. **die** вырубной штамп
   b. **press** вырубной (штамповочный) пресс
Blasius equation уравнение Блазиуса
blast 1. взрыв; взрывная волна; || взрывной; || взрывать, разрушать взрывом; 2. дутье, продувка, тяга; сильная струя (напр., воздуха), порыв ветра; компрессор, нагнетатель; || струйный; нагнетательный; || дуть, продувать; нагнетать
   b. **atomizer** инжекционная форсунка
   b. **draft** нагнетательная тяга
   b. **hole** шпур, взрывная скважина
   b. **loading** взрывная нагрузка
   b. **tube** сопло
   b. **wave** взрывная (ударная) волна
   air b. воздушная струя; порыв воздуха; дутье, нагнетание воздуха
   propeller b. спутная струя винта, струя за винтом
   rocket b. струя выхлопных газов ракетного двигателя
blasting 1. взрывание, подрыв; подрывные работы, разрушение взрывом; || взрывной, подрывной, разрушающий; бризантный, взрывчатый; 2. дутье, обдув, продувка; разгон в воздухе; || дующий, обдувающий, продувающий
   b. **cartridge** подрывная шашка
   b. **fragmentation** дробление взрывом
blast-off взлет, старт (ракеты)
blaze 1. пламя; вспышка, блеск; || гореть; вспыхивать, сверкать; 2. метка; || ставить метки, отмечать
blear неясный, неотчетливый
bleed сопло, жиклер, мундштук, насадка; || отводить, отбирать (напр., пар), стравливать (жидкость, газ), опорожнять (емкость)
   to bleed pressure отбирать давление
bleeding выпуск, отвод, отбор, утечка (газа, жидкости); опорожнение (емкости)
blemish недостаток, порок, дефект
blend смесь; сочетание, соединение, сочленение; (плавный) переход; || смешивать(ся), соединять(ся), сочетать(ся); (плавно) переходить, стирать(ся) (о различиях)
blending смешивание, сочленение, соединение; переход, сопряжение; || смешивающий, соединяющий, соединительный; переходящий, переходной, стыковочный, промежуточный
   b. **function** переходная функция, функция сопряжения
blenometer пружиномер, прибор для измерения упругости пружин
blind диафрагма; заглушка, затвор, щиток; || слепой; неясный, темный; непроверенный; не выходящий на поверхность; || затемнять, диафрагмировать, блокировать
   b. **flight** полет вслепую (по приборам)
   b. **hole** глухое (несквозное) отверстие
blink мерцание; миг; мгновение; || мерцать, мигать
blister 1. пузырек (газа); вздутие, раковина (в металле); окалина; 2. обтекатель, блистер
blistered пузырчатый, ноздреватый
bloat вздуваться, вспучивать(ся)
block 1. блок, модуль; агрегат, узел (напр., конструкции); группа однородных объектов, массив; || блочный, модульный; сгруппиро-

ванный, объединенный; 2. монолит, глыба, целик, пласт; заготовка, болванка, плита, брусок; прямоугольник, параллелепипед; 3. преграда; блокировка, запирание; затор; || преграждать, препятствовать, блокировать, запирать; засорять(ся); подпирать; 4. блок, шкив, тали, полиспаст
   to block the access закрывать доступ
   to block out набрасывать вчерне, намечать; обрабатывать начерно
   in block целиком, как одно целое
   in blocks группами, блоками
   b. algebra блочная алгебра
   b. algorithm блочный алгоритм
   b. bond перевязка при (кирпичной) кладке
   b. decomposition разбиение на блоки; блочное разложение (напр., системы линейных уравнений)
   b. and falls таль, тали, полиспаст
   b. form блочная форма, блочная запись
   b. gap межблочный промежуток
   b. iteration блочная (групповая) итерация
   b. matrix блочная матрица
   b. stop ограничитель хода, стопор
   b. structure блочная конструкция (структура)
   b. of variables блок (группа) переменных
   b. work блочная конструкция
   backing b. упорная колодка, подкладка
   brake b. тормозная колодка
   building b. стандартный блок (напр., конструкции)
   common b. общий блок (данных)
   control b. блок управления
   counterweight b. блок-противовес, контргруз
   crane pulley b. крановый блок (полиспаст), крановая таль
   cylinder b. блок цилиндров (двигателя)
   data b. блок данных
   diagonal b. диагональный блок (стоящий на диагонали матрицы)
   die b. матрица, штамп; наковальня, подкладка, подушка (матрицы); ползун, кулиса
   drawing b. фильера, волочильная доска
   fixed b. неподвижный блок; фиксированный блок (напр., группа знаков)
   former b. матрица, штамп
   fulcrum b. шарнирная опора; сферическая опора
   guide b. шаблон, копир, лекало; направляющая
   lay-out b. разметочная плита
   pillow b. подушка, опорная плита, опора; опорный подшипник
   single b. единый блок; моноблочная конструкция
   spring b. подушка рессоры; группа пружин
   supporting b. подпорка, подставка, стойка; опора, устой

   thrust b. упор, упорная подушка; упорный подшипник
blockade блокада, затор; || блокировать
blockage блокирование, блокировка; засорение, забивание
   tunnel b. запирание аэродинамической трубы
block-and-tackle блок, шкив, тали, полиспаст
block-diagonal блочно-диагональный
   b. matrix блочно-диагональная матрица
block-diagram 1. блок-схема, принципиальная (структурная) схема; 2. столбчатая диаграмма, гистограмма
blocked 1. блочный, модульный, разбитый на блоки; объединенный в блок(и), сгруппированный, агрегатированный; 2. цельный, монолитный, неразъемный; 3. блокированный, закрытый, запертый; 4. выполненный начерно
blocking 1. объединение (сборка) в блоки; разбиение на блоки; || объединяющий в блоки; разделяющий на блоки; 2. блокирование, блокировка, запирание; || блокирующий; закрывающий, запирающий
   b. factor коэффициент блокировки (объединения); объем блока данных
   data b. объединение данных в блоки; упаковка данных
block-structured имеющий блочную структуру, с блочной структурой
block-tridiagonal form блочно-трехдиагональная форма
block-type system блочная система
bloom стальная заготовка, блюм
bloomer грубая ошибка
blot пятно; || грунтовать, красить
   to blot out вычеркивать, стирать, уничтожать; заглаживать
blow 1. удар, толчок; ударный импульс; прорыв (заградительного сооружения), промыв, просачивание; || ударять; прорывать(ся); взрывать(ся); 2. дутье, продувка; || дуть, продувать, раздувать
   to blow off продувать; спускать (напр., воду)
   to blow open взрывать, разламывать (взрывом)
   to blow out задувать, гасить, тушить; лопаться
   to blow over обдувать
   to blow up раздувать(ся); взрывать(ся) (напр., от избыточного давления)
   b. hole пузырь, пузырек; раковина (в металле)
   b. stress напряжение от удара; ударная нагрузка
   hydraulic b. гидравлический удар
   side b. боковой (внецентренный) удар
blowby просачивание, пропуск, травление (газов); неплотность
blow-by-blow методичный, очень подробный, выполненный во всех деталях
   b. account подробный отчет

blower нагнетатель, компрессор; вентилятор, крыльчатка, рабочее колесо
   axial-flow b. осевой компрессор
   fan b. винтовой (лопастной) вентилятор, центробежный вентилятор
   helical b. винтовой (лопастной) вентилятор
   pressure b. компрессор, нагнетатель, воздуходувная машина
   rotary b. центробежный нагнетатель, воздуходувка
   two-stage b. двухступенчатый компрессор
blow-hole газовый пузырь
blowing дутье, продувка; просачивание, утечка; || дующий, продувающий, нагнетающий
   b. engine воздуходувка, компрессор, нагнетатель
   b. past просачивание, пропуск, утечка (газа)
   boundary-layer b. сдувание пограничного слоя
   wind b. порыв ветра
blowing-up взрыв, разрыв (от избыточного давления)
blow-off продувка, выпуск (напр., пара)
   b. valve спускной клапан
blow-out разрыв (напр., шины), прорыв (плотины), выброс (жидкости, газа, пламени); срыв пламени (в камере сгорания)
blow-up взрыв, разрыв; пучение грунта
blown пористый, ноздреватый, губчатый, раковистый
blub вздутие, пузырек, (газовая) раковина
blue синий цвет; || голубой, синий; || окрашивать в синий цвет; воронить
blue-pencil редактировать, сокращать (текст)
blueprint 1. светокопия, "синька"; || делать светокопию; 2. примерный план, проект; || планировать, намечать
bluff 1. тело необтекаемой (плохо обтекаемой) формы; || плохообтекаемый; 2. отвесный, крутой, резкий, обрывистый;
   b. body плохообтекаемое тело
blunder грубая ошибка, промах, просчет; || грубо ошибаться
blunt тупой, затупленный; || притуплять
   b. angle тупой угол
   b. crack затупленная трещина
blunted тупой, притупленный
   b. cone тупой конус; усеченный конус
bluntness затупление, притупление
blur нерезкость, размытость (контура)
board 1. доска; картон; плита, щит, стол, полка; || обшивать досками; 2. (приборная) панель, плата, табло; 3. борт судна; 4. совет, комиссия, коллегия
   control b. пульт управления
   distributing b. распределительный щит
   editorial b. редакционная коллегия
   gage b. приборная доска
   test b. испытательный стенд
   wiring b. монтажная панель (плата)

boat лодка, корабль, судно; подводная лодка
boat-tailed обтекаемой формы
bob отвес, груз отвеса, подвеска; противовес; маятник, гиря маятника; шарообразный предмет; поплавок; || качаться, раскачиваться
bobbin катушка, бобина
bodily телесный, физический, материальный; целиком; в собранном виде
body 1. тело, объект; основная часть (чего-либо); корпус, кузов, фюзеляж; каркас, остов, несущая система; ствол дерева; || материальный; || придавать форму, воплощать; 2. масса, большинство; || массовый, объемный; 3. консистенция, плотность, вязкость
   b. axis ось тела, ось связанной (с телом) системы координат
   b. of a book основная часть книги
   b. with cavities тело с полостями
   b. centrode подвижная центроида
   b. coordinates материальные координаты; система координат, связанная с телом
   b. couple объемный момент; двойная массовая сила (в моментной теории упругости)
   b. force объемная (массовая) сила; сила тяжести, вес тела
   b. frame каркас кузова (корпуса, фюзеляжа)
   b. integral интеграл по объему
   b. panel панель кузова (корпуса, фюзеляжа)
   b. of a program тело программы
   b. at rest тело в состоянии покоя
   b. of revolution тело вращения
   b. in stream тело в потоке, обтекаемое тело
   b. structure конструкция кузова
   b. wave объемная волна
   aeriform b. газообразное тело
   aerodynamic b. тело обтекаемой (аэродинамической) формы
   aircraft b. фюзеляж летательного аппарата
   alone b. изолированное тело, изолированный корпус (фюзеляж)
   axisymmetrical b. осесимметричное тело
   black b. (абсолютно) черное тело
   bluff b. тело необтекаемой формы, плохообтекаемое тело
   celestial b. небесное тело, небесное светило
   Clapeyron's elastic b. упругое тело Клапейрона
   continuous b. сплошное тело, сплошная (непрерывная) среда
   convex b. выпуклое тело
   Cosserat elastic b. упругая среда Коссера
   cycle b. тело цикла (программы)
   deformable b. деформируемое тело
   deformed b. деформированное тело
   doubly connected b. двусвязное тело

ducted b. тело с протоком
elastic b. упругое тело
elastic perfectly plastic b. упруго-идеально-пластическое тело
elemental b. простое тело
entire b. тело целиком; сплошное тело (без пустот и включений)
finite b. тело конечных размеров, конечное тело
flat b. плоское тело
floating b. плавающее тело
flow around b. течение вокруг тела, обтекание тела
flow behind b. поток за телом, обтекание тела
fluid b. жидкое тело, жидкость
free falling b. свободно падающее тело
fusiform b. веретенообразное тело
geometric b. геометрическое тело
heavenly b. небесное тело
high-drag b. тело с большим сопротивлением, плохообтекаемое тело
hollow b. полое тело
homogeneous b. однородное тело
Hooke's b. тело Гука, линейно-упругое тело
hyperelastic b. сверхупругое (гиперупругое) тело
immersed b. погруженное тело; обтекаемое тело
inclined b. тело под ненулевым углом атаки
incompressible b. несжимаемое тело
infinite b. бесконечное (неограниченное) тело
kinematics of rigid b. кинематика твердого тела
large b. of data большой объем данных
loop b. тело цикла
main b. корпус, фюзеляж
material b. материальное (физическое) тело
Maxwell b. тело (модель тела) Максвелла (последовательно соединенные упругий и вязкий элементы)
missile b. корпус снаряда
non-elastic b. неупругое тело
non-pressurized b. негерметичный корпус
ogival b. тело оживальной формы, оживал
perfectly plastic b. идеально-пластическое тело
perfectly rigid b. абсолютно твердое тело
plane b. плоское тело
program b. тело программы
reinforced elastic b. армированное упругое тело
resilient b. упругое (эластичное) тело
rigid b. (абсолютно) твердое тело, твердое целое, недеформируемое тело; тело большой жесткости (допускающее лишь малые деформации); жесткий кузов (корпус)

rigid b. motion движение твердого тела; движение как твердого тела (жесткого целого)
rotation b. тело вращения
rough b. шероховатое (негладкое) тело
semi-infinite b. полубесконечное тело
slender b. тонкое тело
smooth b. (идеально) гладкое тело, тело без трения
solid b. твердое тело; объемное тело; сплошное тело
solid-state b. твердое тело, тело в твердом состоянии (твердой фазе вещества)
sound b. сплошное тело, тело без полостей (трещин, дефектов)
statement b. тело оператора
streamlined b. тело обтекаемой формы
stressed b. напряженное (нагруженное) тело
submerged b. погруженное тело
temperature-dependent b. термочувствительное тело (свойства которого зависят от температуры)
uniaxial b. тело с одной осью симметрии, осесимметричное тело
uniform b. однородное тело
winged b. фюзеляж с крылом (с крыльями), корпус с оперением, крылатая ракета
work-hardening b. тело с энергетическим упрочнением, упрочняющееся тело
bodying затвердевание, сгущение, повышение вязкости
bodywork кузовостроение
bogie тележка, ходовая часть; каретка
bogus фиктивный; относящийся к модели
 b. observation наблюдение (исследование) на модели
boil кипение; точка кипения; выпаривание; суффозия (грунта); || кипеть, кипятить(ся); выпаривать; сокращать(ся), сжимать(ся)
boiler (паровой) котел, бойлер; испаритель
 head of b. днище котла
boiler-plate котельное железо, котельный лист
boiling кипение; кипячение; интенсивное газообразование; || кипящий
 b. fragmentation дробление (пузырей) при кипении
 b. point точка (температура) кипения
 bubble b. пузырьковое кипение
boil-off выкипание; испарение
bold отчетливый, подчеркнутый, рельефный; крутой, обрывистый
bole ствол
bolster 1. брус, поперечина; втулка, шейка, валик; 2. подкладка, подушка; буфер; опорно-сцепное устройство; || подпирать, поддерживать
bolt 1. болт; стержень, палец, ось; задвижка, шкворень; || скреплять (соединять) болтами; 2. сито, решето, грохот;

|| просеивать (сквозь сито, грохот); отсеивать; 3. газовый разряд, молния
   to **bolt to the bran** внимательно рассматривать, исследовать
   to **bolt up** закреплять болтами, привинчивать
   b. **bar** засов, задвижка
   adjuster b. регулировочный болт
   distance b. распорный болт
   draw b. натяжной болт

bolted болтовой, собранный на болтах, свинченный
   bolted together свинченный, соединенный на болтах
   b. **connection** болтовое соединение
   b. **structure** конструкция на болтах

bolthead головка болта

Boltzmann constant постоянная Больцмана

Boltzmann-Volterra superposition principle принцип суперпозиции Больцмана-Вольтерры (в линейной теории вязкоупругости)

bomb бомба, мина; баллон (для сжатого газа)

bombard бомбардировать; облучать частицами

bond связь, соединение, сцепление; сварка, пайка; связующее (вещество), цемент; удерживающая сила; || связывать, соединять, сцеплять
   b. **plane** плоскость соединения
   atomic b. атомная связь
   cable b. канатное (тросовое) соединение
   stitch b. соединение наложением (внахлест)

bonded связанный, соединенный, скрепленный, сцементированный
   b. **contact** контакт с трением

bonding связь, соединение, сцепление; сварка, пайка; связующее (вещество), цемент; удерживающая сила; || связывающий, связующий, соединяющий, сцепляющий
   thermal b. термическое соединение, сварка
   viscous b. вязкое соединение (напр., клеевое)
   wire b. проводное соединение

bone кость; || костный

bones (мн.ч. от **bone**); скелет, костяк

bonnet коробка, кожух, капот, колпак, крышка

book 1. книга; том; сборник, справочник, отчет; (литературный) текст; || заносить в книгу, регистрировать; 2. логическая единица (информации), единица организации файлов
   to **speak by the book** говорить на основании точной информации
   b. **learning** книжные (теоретические) знания
   b. **reference** книжная ссылка
   reference b. справочник

Boolean 1. булев, логический; 2. булево (логическое) выражение
   B. **algebra** булева алгебра, алгебра логики
   B. **term** булев (логический) терм
   B. **variable** булева (логическая) переменная

boom 1. поперечина, укосина; стрела крана, вылет стрелы; 2. пояс (напр., фермы), лонжерон, полка лонжерона; 3. звуковой удар
   b. **tower** башня крана

boost 1. усиление, повышение; увеличение давления, наддув; || усиливать, повышать; увеличивать давление; 2. ускорение, разгон, форсирование; || ускорять, разгонять, форсировать
   to **boost pressure** повышать давление

booster усилитель, бустер; ракета-носитель, стартовый двигатель, ускоритель; вспомогательный агрегат

boot 1. загрузка; загрузочное устройство, лоток; багажник (автомобиля); || загружать, запускать; 2. башмак, колодка; 3. чехол, кожух, защитная оболочка; сильфон, компенсатор давления

border граница, рубеж; край, кромка, кайма, бордюр, ограничивающая линия, очертание; || граничить, ограничивать, окаймлять
   to **border on** граничить с чем-либо
   b. **line** граница, линия раздела
   channel b. стенка канала

borderland пограничная область; промежуточная область (напр., в науке); промежуточное положение

borderless не имеющий границы, неограниченный, бесконечный

border-line пограничный, находящийся на грани; промежуточный

bore (высверленное) отверстие, скважина, канал ствола; диаметр отверстия, внутренний диаметр, калибр; || сверлить, растачивать, бурить
   to **bore out** растачивать, высверливать
   b. **hole** (буровая) скважина, шпур, шурф

borer сверло, бур; сверлильный (расточный) станок, бурильная установка

boring сверление, бурение; (просверленное) отверстие; буровая скважина; || сверлильный, расточный, бурильный
   b. **rig** буровой станок
   b. **speed** скорость сверления (бурения, проходки скважины)
   b. **test** исследование обрабатываемости (материала) сверлением

borings буровые работы

-borne (как компонент сложных слов) установленный, носимый (на чем-либо)

borrow 1. (грунтовый) карьер; || проводить земляные работы; 2. заем (напр., единицы старшего разряда при вычитании); || занимать, заимствовать
   b. **cut** карьерная выемка

boss 1. утолщение, выступ, выпуклость; прилив, упор; 2. втулка, ступица колеса

bossy выпуклый

both оба
  both ... and как ... так и, и ... и
bottle 1. бутыль, баллон, колба; опока; 2. сноп, кипа
bottleneck горлышко сосуда; узкий проход; узкое место, критический элемент, критический параметр
  b. **problem** задача на узкие места
bottom 1. дно, днище; низ, нижняя часть; грунт, порода; подводная часть судна; осадок; ‖ нижний, крайний, последний; грунтовый; осадочный; ‖ доходить до дна, до упора; выпадать в осадок; 2. основа, причина, суть; основание, фундамент; ‖ основной, лежащий в основе; ‖ основывать(ся) на чем-либо; вникать, добираться до сути
  b. **dead centre** нижняя мертвая точка
  b. **diameter** внутренний диаметр (напр., резьбы)
  b. **die** нижний штамп, матрица
  b. **view** вид снизу
bottomless неограниченный; непостижимый; необоснованный
bottommost самый нижний
bottom-up восходящий, идущий снизу вверх (напр. о процессе разработки)
  b. **design** восходящее проектирование, проектирование снизу вверх
bounce 1. прыжок, (упругий) отскок; удар; горный удар, выброс (стреляние) породы; ‖ подпрыгивать, отскакивать; ударяться; 2. дрожание, биение
bound 1. граница, грань, предел; ограничение; ‖ граничить, ограничивать; служить границей; сдерживать; 2. прыжок, скачок, отскок; ‖ прыгать, скакать, отскакивать; 3. готовый к действию, к отправлению; направляющийся; 4. связанный; вынужденный; обязательный
  to be bound должен
  to set bounds to ограничивать, устанавливать ограничения
  within bounds в известных пределах
  b. **of buckling load** граница (нижняя или верхняя) критической нагрузки
  b. **energy** связанная энергия
  b. **of error** граница погрешности
  b. **variable** связанная переменная
  b. **vortex** присоединенный вихрь
  abstract b. абстрактная граница, абстрактное (теоретическое) ограничение
  computational b. вычислительное ограничение (напр., по объему вычислений)
  energy b. граница (по) энергии; ограничение энергии, энергетическое ограничение
  higher b. верхняя граница
  lower b. нижняя грань (граница); ограничение снизу
  lower b. **theorem of plasticity** теорема о нижней границе (оценке) в теории пластичности
  optimal b. оптимальная граница, оптимальное ограничение

  upper b. верхняя грань (граница), верхний предел, ограничение сверху
  variance b. граница (предел) дисперсии
boundary граница, край; контур, очертание; линия (поверхность) раздела; предел, ограничение; ‖ (по)граничный, краевой; разделяющий; предельный
  b. **behavior** поведение (напр., решения) на границе; характер границы
  b. **cluster** граничное множество, множество граничных (предельных) значений, граничный кластер
  b. **component** компонент (элемент) границы; граничный компонент (напр., решения)
  b. **condition** граничное (краевое) условие
  b. **conditions in forces-moments** краевые условия в усилиях-моментах
  b. **conditions in rates** граничные условия в скоростях
  b. **constraint** ограничение (связь) на границе; уравнение связи на границе, краевое условие; влияние границы
  b. **of contact** граница (области, "пятна") контакта
  b. **correspondence** соответствие границ
  b. **displacement** перемещение (точек) границы, краевое перемещение; предельное смещение
  b. **of domain** граница области
  b. **effect** краевой эффект; влияние границ, влияние стенок (аэродинамической трубы)
  b. **element** элемент границы; граничный элемент
  b. **element method** (BEM) метод граничных элементов (МГЭ)
  b. **equation** уравнение границы; граничное уравнение
  b. **equilibrium** равновесие на границе
  b. **force** граничное усилие; граничная нагрузка
  b. **integral** граничный интеграл, интеграл по границе
  b. **integral equation** граничное интегральное уравнение
  b. **integral equations method** метод граничных интегральных уравнений (МГИУ)
  b. **layer** (по)граничный слой, погранслой
  b. **layer solution** решение для (типа) пограничного слоя
  b. **member** граничный элемент; ограничитель хода, стопор
  b. **moment** граничный момент
  b. **operator** граничный оператор, оператор краевых условий
  b. **orientation** ориентация границы
  b. **surface** (по)граничная поверхность, поверхность раздела
  b. **traction** граничное усилие (напряжение); нагрузка по границе
  b. **value** граничное (краевое) значение

b. value problem краевая (граничная) задача
b. zone пограничная область, граничный интервал
Cauchy b. conditions краевые условия Коши
clamped b. защемлённая граница, защемлённый край
clamped-free b. conditions граничные условия типа "защемленно-свободный край"
compliant b. податливая граница
curved b. кривая (криволинейная, искривленная) граница
deformed b. деформированная граница
direct b. element method прямой метод граничных элементов
Dirichlet b. conditions краевые условия Дирихле
displacement b. conditions краевые условия для перемещений (в перемещениях)
elastically supported b. упруго-опёртый край
elastic-plastic b. граница (контур) пластической зоны, граница между упругой и пластической зонами
external b. внешняя граница, внешний контур
external b. normal нормаль к внешней границе
fan b. граница веера (линий скольжения)
fixed b. фиксированная (неподвижная, закреплённая) граница
fluid b. граница жидкости
free b. свободная граница, свободный край; граничные условия свободного края
friction b. condition граничное условие с учётом трения
frictionless b. гладкая граница (свободная от трения)
indeterminate b. неопределённая граница
impermeable b. непроницаемая граница
internal b. внутренняя граница, внутренний контур
laminar b. layer ламинарный пограничный слой
main b. conditions главные краевые условия
mass-loaded b. граница, загруженная массовой силой
mixed b. conditions смешанные краевые условия
moving b. подвижная граница
natural b. conditions естественные краевые условия
Neumann b. conditions краевые условия Неймана
outer b. внешняя граница, внешний контур
permeable b. проницаемая граница
plane b. плоская граница; граница плоскости

polygonal b. полигональная (многоугольная) граница
principal b. conditions главные краевые условия
regular b. граница правильной формы, гладкая (невозмущённая) граница
rigid-plastic b. граница между жесткой и пластической зонами
simply supported b. свободно (просто) опёртая граница
smooth b. гладкая граница, гладкий контур
solid b. неподвижная граница; граница твёрдого тела; твёрдая стенка
spectrum b. граница спектра
stability b. граница устойчивости
stress b. conditions краевые условия для напряжений (в напряжениях)
stress-free b. свободная (ненагруженная) граница
traction b. нагруженная граница; предел (изменения) усилия
traction-free b. свободная (от усилий) граница
trailing b. нестационарная (движущаяся, подвижная, переменная) граница
two-point b. value problem двухточечная краевая задача
unstable b. неустойчивая (переменная) граница
boundary-layer пограничный слой, погранслой
b. equation уравнение (типа) пограничного слоя
bounded ограниченный; разграниченный
b. area ограниченная область
b. degree of freedom ограниченная степень свободы
b. domain ограниченная область
b. energy ограниченная энергия
b. function ограниченная функция
b. from zero отграниченный от нуля
almost b. почти ограниченный
totally b. вполне ограниченный
boundedly ограниченно
b. convergent series ограниченно сходящийся ряд
boundedness ограниченность
bounding связь, ограничение; граница, предел; || связывающий, ограничивающий; граничный, граничащий
b. algorithm алгоритм (наложения) ограничения
boundless неограниченный, безграничный
bourne предел, граница; цель
bouse тянуть, травить, выбирать (напр., снасти)
Boussinesq problem задача Буссинеска
bout круг, кругооборот; черед, очередь
bow 1. дуга; арка, бугель; наклон, сгиб; лук; || гнуть(ся), сгибать(ся), наклонять(ся); 2. продольное коробление; 3. нос (корабля), носовая часть, скула судна; || носовой
bowed выгнутый, согнутый; выпуклый

bowel сосуд, резервуар; внутренность; недра
Bowen ratio число Бауэна
bowing изгибание; перекос
bowl 1. чаш(к)а, резервуар, бункер; купол, сферическая часть, шар; ковш; 2. валок, ролик, блок; ‖ катить(ся)
bow-wave головная волна, головной скачок уплотнения; ударная волна
   attached b. присоединенный скачок уплотнения
box коробка, ящик; кожух, корпус; камера, букс, букса, втулка, муфта; рамка, прямоугольник; блок; ‖ коробчатый; целый, неразъемный
   to box off отделять (перегородкой), разгораживать
   to box up пытаться поместить в недостаточный объем
   to box the compass совершать полный круг
   b. beam балка коробчатого сечения, коробчатая балка
   b. form коробчатая форма; опока
   b. frame коробчатый корпус, коробчатая рама
   b. girder коробчатая (пустотелая) балка
   b. joint муфтовое соединение
   b. structure коробчатая конструкция
   bearing b. подшипник; букса, коробка подшипника
   black b. "черный ящик" (алгоритм, для которого известны лишь входные и выходные данные)
   black b. algorithm алгоритм типа "черный ящик"
   coupling b. соединительная коробка; втулочная муфта
   decision b. логический блок
   function b. функциональный блок
   gear b. коробка передач (скоростей)
   pressure b. барокамера, отсек с регулируемым давлением
   torsion b. кессон (крыла)
boxing ящик, коробка; упаковка, тара, упаковочный материал; обшивка
box-type коробчатый
   b. span коробчатое пролетное строение (напр., моста)
Boyle-Mariotte law закон Бойля-Мариотта
brace 1. связь (жесткости), крепление, стяжка; скоба; поперечина, траверса; подпорка, раскос, распорка; ‖ связывать, скреплять; подпирать, подкреплять; охватывать; 2. (фигурная) скобка; ‖ заключать в (фигурные) скобки; 3. дрель, коловорот
   b. rod связь, стяжка
   b. strut подкос, укосина
   angle b. угловая связь, раскос
   cross b. поперечная связь, затяжка, распорка
   knee b. подкос
   lateral b. поперечная связь

   tensile b. связь, работающая на растяжение
   wind b. ветровая расчалка, ветровой раскос
braced 1. жесткий, усиленный, расчаленный; стянутый, охваченный; подкрепленный подкосами, подкосный; 2. находящийся в (фигурных) скобках
   b. girder балочная (ферменная) конструкция со связями жесткости
   b. wing раскосное крыло
bracer крепление, связь, скоба
brachistochrone брахистохрона, линия скорейшего спуска
   b. problem задача о брахистохроне
bracing придание жесткости, подкрепление; связь, (с)крепление, скоба; подпорка, распорка; расчалка, раскос, решетка (напр., фермы); ‖ связывающий, скрепляющий; подпирающий; охватывающий
   b. frame связующая рама, рама жесткости
   lattice b. решетчатая конструкция (напр., ферма)
   mutual b. взаимное расположение (напр., деталей)
   rigid b. жесткое крепление, жесткая стяжка
bracket 1. консоль, кронштейн, выступ; подвеска; 2. поперечина, траверса; кница; 3. (квадратная) скобка; ‖ заключать в скобки; 4. интерполировать, определять величину по смежным значениям
   b. joint угловая накладка, косынка
   angle b. (угловая) консоль, кронштейн
   body b. угловая скобка
   curly b. фигурная скобка
   hinge b. кронштейн шарнира
   knee-braced b. консоль с подкосом
   Lagrange brackets скобки Лагранжа
   pillar b. наклонный кронштейн
   pointed b. угловая скобка
   Poisson brackets скобки Пуассона
   range b. диапазон дальности
   round b. круглая скобка
   square b. квадратная скобка
   statement b. операторная скобка
   supporting b. опорный кронштейн
   unbalanced brackets незакрытые скобки
   wall b. настенный кронштейн, бракет
brad проволочный гвоздь, штифт
braid оплетка; жгут, шнур
brain мозг, интеллект; искусственный интеллект; вычислительная (управляющая) машина
brake тормоз, тормозное устройство; ‖ тормозной; ‖ тормозить, затормаживать
   b. action тормозящее действие, торможение
   b. block тормозная колодка
   b. horse power тормозная лошадиная сила, эффективная лошадиная сила; мощ-

ность в тормозных (эффективных) лошадиных силах
b. load тормозная нагрузка
b. power мощность торможения, сила торможения
b. resistance тормозное сопротивление
b. surface (рабочая) поверхность тормоза
b. test испытание на торможение
b. torque (крутящий) момент при торможении, тормозной момент
air b. пневматический тормоз; аэродинамический тормоз
dynamometer b. динамометрический тормоз
thrust b. отрицательная тяга, реверс тяги
water b. гидравлический тормоз

braking торможение, затормаживание; || тормозящий, тормозной
b. distance тормозной путь
b. energy работа торможения
b. moment тормозной момент
atmospherical b. торможение атмосферой

branch 1. ветвь, ветка, ответвление; переход (напр., в алгоритме); отвод, отросток, патрубок, рукав; || ответвляющийся; боковой, дополнительный, вспомогательный; || ветвиться, разветвляться; отводить, отходить; 2. отрасль, сфера (деятельности), область (напр., знаний); 3. отдел; филиал
to branch forth расширяться; отходить
to branch off (out) ответвляться, отходить
b. and bound algorithm метод ветвей и границ (метод оптимизации)
b. instruction команда перехода
b. line отходящая линия
b. piece отвод, ответвление, рукав
b. pipe отводная труба, патрубок
b. point точка ветвления
active b. активная ветвь (программы)
bifurcation b. бифуркационная ветвь (напр., решения)
conditional b. условный переход, переход по условию
continuous b. непрерывная область, непрерывная ветвь
descending b. нисходящая ветвь
imaginary b. мнимая ветвь (комплексной функции)
loading b. кривая (траектория) нагружения
multiway b. разделение на несколько ветвей, множественное ветвление
non-propagating b. нераспространяющаяся ветвь (напр., трещины)
regular b. регулярная ветвь (область)
solution b. ветвь решения
trivial b. тривиальная ветвь (напр., решения)
unconditional b. безусловный переход
unique b. единственная ветвь (напр., решения)

branching (раз)ветвление; переход, передача управления (в программе); отход, отвод, отведение; лес (в теории графов); || разветвляющий(ся), ветвящийся, разделяющий(ся); отходящий, отводящий
b. pipe отводная труба, патрубок; тройник
b. process ветвящийся процесс; процесс ветвления
crack b. ветвление трещины
multiple b. многократное ветвление
branchpoint точка ветвления
branchy разветвленный, ветвистый
brass латунь, желтая медь
brassy латунный, медный
brazen бронзовый; медный
breach пролом, разлом, отверстие, брешь; разрыв, интервал; || проламывать, пробивать брешь
without a breach of continuity непрерывно, не нарушая сплошности
breadboard макет, модель
breadboarding макетирование, моделирование
breadth ширина, широта
breadthways в ширину
break 1. разрушение; отрыв, разрыв, разлом, отверстие, трещина, пролом; обрушение; || разрушать(ся); отрывать(ся), разрывать(ся); разбивать(ся); растрескиваться; обрушаться; 2. прерывание, размыкание, выключение; пауза, перерыв; || прерывать(ся), выключать(ся); 3. авария, неисправность, нарушение, отказ, поломка; || нарушать(ся), приходить (приводить) в неисправное состояние, ломать(ся); 4. резкое изменение, скачок; || резко изменять(ся); 5. преодоление звукового барьера
to break away отрывать(ся), срывать(ся); отклонять(ся), уводить; сдвигать (страгивать) с места; отслаивать(ся)
to break a cover выходить на поверхность, проступать
to break down 1. разрушать(ся); разбивать(ся), раскалывать(ся), дробить(ся); делить(ся), подразделять(ся); расчленять(ся), разбирать на части; 2. делить на группы, группировать, классифицировать
to break down into components раскладывать на составляющие
to break forth прорываться, вырываться
to break off отламывать(ся), раскашивать(ся); обрывать(ся), прекращать(ся); разбирать, демонтировать
to break surface выходить на поверхность; всплывать
to break through прорывать(ся)
to break up ломать(ся), разбивать(ся); измельчать(ся); дробить(ся); разделять на группы, классифицировать
b. point точка разрыва, место разрушения; останов, прерывание (работы программы)
b. point stress предел прочности, временное сопротивление (материала)

b. running развитие процесса разрушения, интенсивное разрушение, быстрый рост трещины
   b. surface поверхность разрушения (отрыва)
breakable разрушающийся, ломкий, хрупкий; распадающийся
breakage (по)ломка, авария; разделение на части; измельчение, дробление; обрывность (нитей)
breakaway 1. отрыв, разрыв; отслаивание; срыв (потока); 2. трогание с места (напр., автомобиля); 3. (боковой) увод (шины)
breakdown 1. разрушение, разрыв, отрыв; (электрический) пробой; авария, отказ; 2. дробление, измельчение, расслоение; 3. резкое уменьшение (ухудшение); падение (скорости), торможение; 4. деление на категории, классификация
   elastic b. упругое разрушение, разрушение в пределах упругости
   lift b. падение подъемной силы
   voltaic b. электрический пробой
breaker 1. выключатель, прерыватель; 2. дробилка, измельчитель; 3. ледорез, волнолом; устой моста; 4. брекер (пневматической шины)
breaking разрушение; отрыв, разрыв, разлом; дробление, измельчение, отверстие, трещина, авария, отказ; прерывание, размыкание; преодоление звукового барьера; ‖ разрушающий, разрывающий, предельный; выключающий, размыкающий; разделяющий
   b. factor коэффициент сопротивления отрыву
   b. load разрушающая нагрузка
   b. machine разрывная машина, машина для испытаний на отрыв
   b. strain предельная (разрушающая) деформация
   b. strength прочность на разрыв; сопротивление разрушению; разрывное усилие
   b. test испытание до разрушения (образца), разрушающее испытание; проба на разрыв
breaking-off излом, отрыв; остановка, выключение; разбор, демонтаж
breakstone щебень
break-through крупное достижение, открытие, прорыв
breakup 1. авария, поломка; разлом, разрыв; распад, расщепление; перерыв; 2. пропорциональный состав (напр., веществ в смеси)
breakwater волнолом, волнорез, мол
breast (горный) забой; отвал (бульдозера)
breathe дышать; осуществлять газообмен
breathing дыхание; газообмен; вентиляция
breeching 1. дымоход, газоход; 2. тройник (трубопровода)
breech-block затвор (напр., орудия)
breech-sight прицел
breed размножать(ся), порождать

breeding размножение, увеличение, количественный рост
   b. property свойство кратного увеличения (размножения)
breeze шлак, пустая порода
breviary сокращение, сокращенное изложение, конспект
brevity краткость, сокращенность
brick кирпич; брусок, брикет; параллелепипед; ‖ класть кирпичи
   b. finite element (пространственный) конечный элемент типа "кирпич" (параллелепипед)
brickwork кирпичная кладка, футеровка
bridge 1. мост; портал; эстакада; перемычка, перегородка; скоба, хомут; ‖ мостовой, портальный; перекрывающий, соединяющий; ‖ соединять мостом, строить мост, перекрывать; 2. (электрический) шунт, мостик; ‖ замыкать, перемыкать; шунтировать
   to bridge a gap заполнить пробел, ликвидировать разрыв
   b. beam мостовая балка
   b. crane мостовой (портальный) кран
   b. floor настил, проезжая часть моста
   b. girder мостовая ферма, балочное пролетное строение моста
   b. pier мостовой бык, устой моста
   b. road ездовое полотно моста
   b. seat опорная часть пролетного строения моста
   b. span пролет (пролетное строение) моста
   arch b. арочный мост
   balance b. подъемный мост
   cable b. вантовый (висячий) мост
   cantilever b. консольный мост
   float b. понтонный (наплавной) мост
   girder b. балочный мост, ферменный мост
   suspended b. висячий мост
   swing b. разводной мост
   truss b. ферменный мост
   wire b. висячий мост
bridging 1. наведение моста; образование свода, зависание, перекрытие; 2. система связей, связи жесткости; 3. шунтирование, замыкание
brief сводка, резюме, краткое изложение; инструкция; ‖ короткий, краткий, сжатый, лаконичный; ‖ резюмировать, составлять краткое изложение; инструктировать
   in brief в краткой форме
briefly кратко, сжато
bright яркий, светлый, ясный; блестящий, полированный; прозрачный; ‖ ярко, ясно
brighten очищать, полировать; придавать блеск; прояснять(ся)
brightness яркость
brim край (сосуда); предел; ‖ наполняться до краев; доходить до предела
   to brim over переливаться через край
brine морская вода; соляной раствор

Brinell Бринель (Бринелль)
   B. hardness твердость по Бринелю (определяемая вдавливанием шарика)
   B. number число (показатель) твердости по Бринелю, твердость по Бринелю
bring приносить, доставлять; влечь за собой; доводить, приводить (в состояние)
   to bring about осуществлять; вызывать
   to bring forth производить, порождать
   to bring forward предлагать, выдвигать предложение; переносить (на следующую страницу)
   to bring in вводить, вносить, приносить; добавлять, привносить; приводить в (состояние, движение)
   to bring into action приводить в действие, пускать в ход, включать
   to bring into effect приводить в действие; осуществлять, реализовывать
   to bring into line приводить в соответствие; совмещать, центрировать; располагать вдоль; ставить в ряд
   to bring into use вводить в употребление, применять (на практике)
   to bring off (успешно) завершать
   to bring out выявлять, обнаруживать; высказывать (мнение); публиковать
   to bring over переубеждать
   to bring to correspond приводить в соответствие
   to bring to light выявлять, выяснять
   to bring to notice привлекать (обращать) внимание
   to bring under подчинять; заносить (в список), включать (в классификацию); осваивать, вводить в культуру
   to bring (up) to date модернизировать, обновлять; ставить в известность, вводить в курс дела
brisant бризантный (о взрывчатом веществе), дробящий
brittle хрупкий, ломкий
   b. coating хрупкое (лаковое) покрытие
   b. crack трещина хрупкого разрушения, хрупкая трещина
   b. fracture хрупкое разрушение
brittleness хрупкость, ломкость
   cold b. хладноломкость
   hot b. красноломкость
   impact b. ударная хрупкость
   tension b. хрупкость от внутренних напряжений
broach шило, спица, прошивка; шпиль; || делать прокол, отверстие; прошивать отверстие, протягивать
broad широкий; обширный, свободный; общий, данный в общих чертах; основной, главный; ясный, явный; || широко; свободно, открыто; вполне
   b. band широкая полоса (напр., частот), широкая лента (напр., матрицы жесткости конструкции)

broad-bladed с широкими лопастями, широколопастный
broaden расширять(ся), увеличивать(ся), распространять(ся)
broadening расширение, увеличение, распространение; || расширяющий(ся), увеличивающий(ся), распространяющий(ся)
broadly широко
broken разрушенный, разбитый; ломаный; разомкнутый, прерывистый; дробный
   b. line ломаная (линия)
   b. number дробное число, дробь
   b. pattern разрушенный образец
bronze бронза, изделия из бронзы; || бронзовый
brow край, кромка
brown коричневый цвет; || коричневый
Brownian movement броуновское движение
browse просматривать
brunt удар, толчок; динамическая нагрузка
brush щетка, кисть
brushy шероховатый
brute-force approach метод решения "в лоб", прямое решение
bubble 1. пузырь, пузырек, пузырьковое включение, раковина; шарик; || пузыриться, кипеть; 2. область сорванного потока
   b. boiling пузырьковое кипение
   b. sorting сортировка методом "пузырька" (попарных перестановок)
   separation b. оторвавшийся поток; область срыва потока
bubbling выделение пузырьков; барботирование; кипение
bubbly пузырчатый; содержащий пузырьки, аэрированный
   b. flow аэрированный поток, течение с пузырьками газа
Bubnov-Galerkin method метод Бубнова-Галеркина
bucket 1. лопатка (турбины); поршень (насоса); небольшая емкость; черпак; 2. большое количество; область (участок, блок) памяти
buckle 1. выпучивание, потеря устойчивости (конструкцией), продольный изгиб; искривление, коробление; волнистость, гофр; || терять устойчивость, выпучиваться, "прохлопывать"; изгибаться, деформироваться, коробиться; 2. скоба, хомут, стяжная муфта; подвеска; строп
   b. wave волна выпучивания
buckled потерявший устойчивость, покоробленный
   b. rod стержень, потерявший устойчивость
buckling потеря устойчивости (деформирования), выпучивание, прощелкивание, "хлопок"; продольный изгиб; искривление, коробление; параметр кривизны
   b. collapse разрушение в результате потери устойчивости

b. criterion критерий потери устойчивости, критерий выпучивания
b. load критическая нагрузка (вызывающая потерю устойчивости)
b. mode форма (мода) потери устойчивости
b. model модель потери устойчивости
b. test испытание на устойчивость
analysis of b. расчет на устойчивость, расчет потери устойчивости
critical b. потеря устойчивости, выпучивание; критическое значение параметра устойчивости
diamond-shaped b. pattern ромбовидная форма потери устойчивости
divergence b. дивергентное выпучивание
dynamical b. динамическая потеря устойчивости
elastic b. упругая потеря устойчивости, упругое выпучивание; упругий изгиб
Euler's theory of b. теория устойчивости Эйлера
inelastic b. неупругая потеря устойчивости
lateral b. поперечное (боковое) выпучивание
linearized b. analysis линеаризованный расчет потери (упругой) устойчивости, расчет устойчивости по Эйлеру
nonlinear b. нелинейная потеря устойчивости, нелинейное выпучивание
plastic b. пластическая потеря устойчивости, пластическое выпучивание
sidewise b. боковое выпучивание
slow b. медленная потеря устойчивости (без "хлопка")
snap b. выпучивание, потеря устойчивости (с "хлопком", прощелкиванием)
statical b. статическая потеря устойчивости
torsional-flexural b. крутильно-изгибная потеря устойчивости
buff амортизировать, демпфировать (удары, толчки); буферизовать
 b. load ударная нагрузка
buffer буфер, амортизатор, демпфер, глушитель; буферное устройство; буферная память; ‖ амортизировать, демпфировать, гасить удары; буферизовать, буферировать; согласовывать, состыковывать
 b. action буферное действие; демпфирование, амортизация, поглощение (напр., удара)
 b. area буферная область (напр., памяти); промежуточная зона
 b. beam буферный (лобовой) брус, буфер
 b. function согласующая функция
 input-output b. буфер ввода-вывода данных
buffeting бафтинг, тряска; вибрация
buffing полировка, полирование
bug ошибка, сбой, дефект; помеха; ошибка в программе

build (по)строение, конструкция; форма, стиль; ‖ строить, возводить; конструировать, создавать; основываться, полагаться
 to build in(to) встраивать, вделывать
 to build up 1. строить, создавать; собирать, монтировать; **2.** возрастать, увеличивать(ся)
 to build upon основывать(ся) на чем-либо, рассчитывать на что-либо
building здание, строение, сооружение; строительство, возведение; ‖ строительный; строящийся
 b. block стандартный (готовый) блок (напр., машины)
 b. frame каркас здания
 model b. разработка модели
building-up 1. сборка, монтаж; возведение; **2.** увеличение, рост
built-in встроенный, внутренний; свойственный, присущий, неотъемлемый
 b. function встроенная функция; стандартная функция (выполняемая по стандартной программе)
built-up 1. увеличение; сосредоточение, наращивание; монтаж, сборка; **2.** составной, сложный, сборный, разъемный
 b. frame составная рама
bulb сосуд, баллон; колба, электрическая лампа; пузырек, шарик; выпуклость, утолщение
bulge выпуклость, утолщение, выпучина, выступ; ‖ вздуваться, вспучиваться; выдаваться, образовывать утолщение
 b. of a curve горб кривой
bulged вздутый, вспученный
bulk 1. объем, емкость, габарит; масса, массив; большие размеры, большое количество; основная масса, значительная часть; ‖ объемный, массовый; ‖ устанавливать вес (груза); складывать, ссыпать; **2.** сыпучий материал; ‖ сыпучий; **3.** корпус, отсек; вместилище; груз (судна)
 in bulk в целом, в совокупности; в массе, в объеме; навалом (о грузе)
 b. cross-section полное сечение
 b. density объемная плотность
 b. effect объемный эффект
 b. expansion объемное расширение
 b. flow массовый расход
 b. force объемная (массовая) сила
 b. material 1. вещество в массе (в объеме), объемная среда; **2.** материал навалом; **3.** сыпучий материал
 b. modulus объемный модуль (упругости), модуль объемного (всестороннего) сжатия
 b. property объемная характеристика (материала)
 b. sound speed массовая скорость звука
 b. storage внешняя память, устройство памяти большого объема
 b. structure объемная структура
 b. viscosity объемная вязкость

b. wave объемная волна
b. weight объемный вес, объемная масса; насыпная масса
data b. большой массив данных
elasticity of b. объемная (пространственная) упругость
great b. подавляющее большинство
bulkhead переборка, перемычка; шпангоут (фюзеляжа); надстройка (судна); подпорная стенка (гидротехнического сооружения)
bulky большой, объемный, громоздкий; грузный, массивный
bulldoze разбивать крупные куски (породы, грунта); выравнивать грунт
bullet пуля, ядро; грузило
bump 1. столкновение, удар; возмущение, импульс, резкое изменение, скачок; выброс породы; || ударять(ся), толкать; резко изменять(ся); 2. выгиб, выпуклость
b. vibration ударная вибрация
bumper бампер, амортизатор, глушитель, демпфер
bumping толчок, удар; резкое изменение, скачок
bunch пучок, пачка, связка; группа; || образовывать пучки, связки; собирать(ся), группировать(ся)
b. graph сетчатая номограмма
bundle пучок, узел, связка
b. of planes связка плоскостей
b. of vortex filaments пучок вихревых нитей, пучок вихрей
convergent b. сходящийся пучок (напр., лучей)
divergent b. расходящийся пучок
bung пробка; втулка; || закрывать, закупоривать
bunker бункер, накопитель
buoy (плавучая) веха, буй; || поддерживать на поверхности, поднимать на поверхность
buoyancy плавучесть, запас плавучести; подъемная сила
b. centre центр плавучести, центр водоизмещения, гидростатический центр (выталкивающей силы); центр приложения подъемной силы
b. principle закон Архимеда
b. tank понтон, цистерна плавучести
reserve b. запас плавучести
static b. статическое равновесие плавающего тела
buoyant плавучий; создающий подъемную силу
burble возникновение завихренности в потоке; срыв потока
b. angle критический угол атаки (крыла)
burden 1. груз; тоннаж (судна); || нагружать; 2. тема; основная мысль, суть
buried погруженный, заглубленный, подземный
b. structure заглубленная (подземная) конструкция
burn 1. горение, сгорание, обжиг; выжигание; || гореть, сжигать, обжигать; программировать постоянное запоминающее устройство (ПЗУ); 2. включение реактивного двигателя; импульс тяги
to burn out выгорать, прогорать, сгорать
to burn through прожигать, проплавлять (насквозь)
to burn together спекать(ся)
propulsive b. импульс тяги
burner горелка, форсунка; камера сгорания
atomizing b. форсунка
burning 1. горение; сжигание; сгорание; работа ракетного двигателя; обжиг, обжигание, прокаливание; || горящий; 2. острый, актуальный
b. question актуальный вопрос
b. rate скорость горения
complete b. полное сгорание
rough b. неравномерное горение
burning-out выгорание, выжигание
burnish полировка; блеск; || полировать; блестеть
burn-out выгорание, прекращение горения, прекращение работы (ракетного) двигателя; конец активного участка траектории
burnt сгоревший; обожженный
b. gas отработанный газ
burn-up сгорание, выгорание
burr 1. коренная порода; 2. жернов; наждак; 3. заусенец, задир, облой
burst взрыв, разрыв; вспышка; всплеск, выброс, импульс; разрушение, растрескивание; горный удар; || взрывать(ся); разрушать(ся), растрескиваться, лопаться
b. performance максимальная производительность
b. of signal выброс сигнала
rock b. горный удар
burster разрывной заряд
bursting взрыв, разрыв; растрескивание, разрушение; || взрывающий; взрывной; разрывающий, разрушающий
b. stress разрушающее (разрывное) напряжение
b. surface поверхность разрыва
burst-type взрывного (импульсного) типа; лавинообразный
bury закапывать, засыпать (грунтом); погружать, топить
bus 1. (электрическая) шина, канал (передачи информации), магистраль; 2. автобус; транспортное средство
bush 1. куст; 2. втулка, вкладыш, гильза; букса; 3. решетка профилей (лопаток)
bushel бушель (единица объема: амер.бушель = 36,368 куб.дм, брит.бушель = 35,239 куб.дм)
buster отбойный молоток
busy состояние занятости; сигнал занятости; || занятый
but но, а, однако, тем не менее; если бы не; как не; чтобы не; || только, лишь; || кроме, за исключением
but for если бы не; если не считать

all but почти; едва не, чуть не
ifs and buts условия
last but one предпоследний
nothing but только, лишь
butt торец, торцовая поверхность; конец, комель (напр., лопасти), хвостовик; стык, соединение встык; ‖ торцовый, концевой, стыковой; ‖ соединять встык; выдаваться
    butt to butt встык (о соединении)
    to butt against упираться торцом, прилегать к чему-либо
    b. end торец, торцовая поверхность; лобовая поверхность
    b. joint стыковое соединение
butted пристыкованный
button кнопка, клавиша
buttress опора, поддержка; опирание; контрфорс, устой, бык; ‖ поддерживать, служить опорой; опираться
    to buttress up by facts подкреплять фактами
    b. dam контрфорсная плотина
by у, при; через, посредством, с помощью, благодаря, согласно, по; ‖ близко, рядом, около, мимо
    by the agency посредством, с помощью
    by all means конечно, безусловно
    by and by постепенно; вскоре
    by and large вообще говоря; в целом
    by as many на столько же
    by contrast to по сравнению с
    by degrees постепенно
    by dint of посредством, с помощью
    by eye на глаз
    by far значительно, несомненно
    by formula по формуле
    by hand вручную
    by the law согласно правилу, по закону
    by means of с помощью, посредством
    by no means никоим образом, ни в коем случае
    by now к этому времени; до сих пор, до настоящего времени
    by turns по очереди
    by virtue of благодаря чему-либо, посредством, с помощью чего-либо; в силу, на основании чего-либо
    by way of в качестве; с целью; через, посредством, путем, с помощью
    by which means посредством чего
    far and by вообще говоря, в целом
by-effect побочное явление
bypass 1. обход; обвод, байпас, обводной канал, перепуск; шунт, параллельное соединение; ‖ обходить; обводить; перепускать; блокировать; шунтировать, делать перемычку; 2. перетекающий поток; ‖ перетекать
    b. channel параллельный канал; обводной канал
    elementwise b. поэлементный обход
by-product побочный продукт

byte байт (группа из восьми битов); слог (машинного слова)
byte-serial побайтовый, посимвольный
byte-wise побайтовый; ‖ побайтно

C

C Си (язык программирования)
cab(in) кабина; рубка; салон
cabinet шкаф, стеллаж, стойка; кожух, коробка, корпус (напр., прибора); камера, отделение, отсек
cable кабель, провод; нить, корд, жгут; проволока; ванта, канат, трос; арматурный пучок; якорная цепь; ‖ закреплять тросом
    c. bridge вантовый (висячий) мост
    c. finite element конечный элемент (гибкой) нити
    c. reinforcement пучковая (тросовая) арматура
    c. shaft гибкий вал
    c. way канатная дорога
    carrier c. несущий трос
    guy c. ванта; расчалка
    hauling c. тяговый трос
    hoisting c. подъемный трос
    wire c. (проволочный) трос; арматурный пучок
cabling закрепление канатами, тросами; свивание, кручение (троса); прокладка (укладка) кабеля; система кабелей, проводка
cache сверхоперативная память, кэш; буферная память
cachet 1. оболочка, капсула; 2. печать, отпечаток; отличительный знак, метка
CAD (computer-aided design) автоматизированное проектирование; система автоматизированного проектирование (САПР)
cadre остов; схема
caeteris paribus (лат.) при прочих равных условиях
cage коробка, кожух, корпус; каркас, остов, решетка; клетка, клеть; кассета, обойма; кабина
    bracing c. каркас, остов; связи жесткости
    reinforcing c. арматурный каркас
caisson 1. кессон; 2. понтон
cake спекшаяся масса; комок, сгусток; брикет; ‖ спекать(ся), комковаться, слеживаться
caking спекание; слеживание
calcification отвердение, окаменение, обызвествление
calcination прокаливание, обжиг
calculable поддающийся исчислению (расчету, измерению)
calculate вычислять, считать, подсчитывать; рассчитывать, определять расчетом
calculated вычисленный, подсчитанный; расчетный (о параметре)
    calculated for рассчитанный на что-либо

calculating вычисление, счет; расчет; ‖ вычислительный, счетный; расчетный
   c. diagram расчетная диаграмма (номограмма)
calculation 1. вычисление, счет, подсчет, расчет; выкладка; исчисление; 2. оценивание, рассмотрение; предположение
   c. pattern схема (алгоритм) вычисления
   c. of strength расчет на прочность
   c. of triangle решение треугольника
   analog calculations аналоговые вычисления
   analytical calculations аналитические расчеты (выкладки); аналитические методы расчета
   checking c. п(р)оверочный (контрольный) расчет
   design c. расчет при проектировании, проектный расчет
   digital calculations цифровые вычисления (в отличие от аналоговых)
   fixed-point c. вычисление с фиксированной запятой
   floating-point c. вычисление с плавающей запятой
   graphic(al) c. графический расчет, решение графическим методом
   matrix calculations матричные вычисления
   non-numerical calculations нечисловые расчеты
   real-time c. вычисление в реальном (масштабе) времени
   routine c. типовой расчет
   step-by-step c. (по)шаговое вычисление
   strength of materials style c. расчет по методам сопротивления материалов
   stress c. расчет напряженного состояния, расчет на прочность
   symbolic c. символьные (аналитические) вычисления
calculator калькулятор, вычислительная машина; счетчик; вычислитель
calculus исчисление; вычисление
   c. of approximations приближенные вычисления; численные методы
   c. of variations вариационное исчисление
   Boolean c. булево (логическое) исчисление
   differential c. дифференциальное исчисление
   functional c. функциональное исчисление; исчисление предикатов
   infinitesimal c. исчисление бесконечно малых
   integral c. интегральное исчисление
   matrix c. матричное исчисление
   operational c. операционное исчисление
   predicate c. исчисление предикатов
   propositional c. исчисление высказываний
   sentential c. исчисление высказываний
   tensor(ial) c. исчисление тензоров, тензорное исчисление
   vector(ial) c. исчисление векторов, векторное исчисление
calefactor нагреватель
calendar календарь, летоисчисление; опись, указатель, список; ‖ регистрировать, вносить в список
calender каландр; валик, валок, каток
caliber см. **calibre**
calibrate калибровать; градуировать, тарировать (напр., шкалу прибора); точно измерять; проверять (мерительные инструменты), выверять, аттестовывать; сортировать, отбирать по величине
calibration калибровка; градуирование, тарировка; точное измерение; выверка, поверка, аттестация; сортировка по величине
   c. chart тарировочный график
   c. of scale градуировка шкалы; поверка шкалы
   Mach number c. тарировка по числу Маха
   stress intensity factor c. тарировка коэффициентов интенсивности напряжений
calibre 1. калибр; диаметр (напр., трубы); размер; толщина (листа); 2. измерительный инструмент
caliper 1. штангенциркуль; ‖ измерять штангенциркулем; 2. калибр; диаметр; размер; толщина (листа); 3. захват, скоба
call вызов, обращение, запрос; сигнал; требование, необходимость; ‖ вызывать, обращаться, запрашивать; присваивать имя, называть; требовать
   to call attention to обращать внимание на что-либо
   to call for требовать; предусматривать
   to call into action приводить в действие
   to call into being создавать, вводить в действие
   to call over вызывать, опрашивать (напр., датчики)
   name c. вызов по имени, передача (параметра) по имени
   recursive c. рекурсивный вызов, рекурсивное обращение
   subroutine c. вызов подпрограммы, обращение к подпрограмме
   value c. передача (параметра) по значению
call-in вызов
calling вызов, обращение, запрос; ‖ вызывающий, обращающийся, запрашивающий
   c. program вызывающая программа
calm спокойный, тихий; неподвижный; безветренный
   c. water спокойная вода
caloric теплота; ‖ тепловой
   c. value теплотворная способность; калорийность
caloricity теплотворная способность
calorie калория
   c. unit калория
   International c. международная калория

large c. большая калория, килокалория, ккал
small c. (малая) калория, грамм-калория
calorific тепловой, теплотворный, калорический
  c. capacity теплоемкость; удельная теплота; теплотворная способность, калорийность
  c. effect тепловой эффект; тепловое воздействие; теплотворная способность
  c. power теплотворная способность
  c. receptivity теплоемкость
  c. requirement потребное количество теплоты
calorification выделение теплоты
calorifics теплотехника
calorimeter калориметр
calorimetry калориметрия
calory см. calorie
cam 1. копир, шаблон; 2. кулачок, эксцентрик; ‖ отводить, поднимать (кулачком)
  c. shaft распределительный вал
CAM (computer-aided manufacturing) автоматизированное производство; автоматизированная производственная система
CAMAC (computer automated measurement and control) система КАМАК (стандарт интерфейса для подключения оборудования к ЭВМ)
camber выпуклость; кривизна; изгиб; изогнутость, погибь; строительный подъем (моста); подъемистость (арки, оболочки); прогиб, провес, стрела прогиба; ‖ выгибать(ся), изгибать(ся), искривлять(ся); иметь кривизну; прогибаться, провисать
  c. of spring прогиб рессоры
  arch c. стрела подъема арки
  concave c. вогнутость
  conical c. конический профиль
  convex c. выпуклость
  depth of c. стрела прогиба; величина кривизны
  positive c. положительная кривизна
cambered выпуклый; выгнутый, изогнутый, криволинейный
  c. frame изогнутая (криволинейная) рама
  c. outwards выпуклый наружу
camera 1. сводчатое помещение; 2. фото-, киноаппарат, телекамера
camera-ready готовый к репродуцированию
  c. copy оригинал-макет (оттиск печатного документа, пригодный для репродуцирования)
camming система кулачков, система кулачкового распределения
campus территория учебного заведения, учебный городок
can мочь, быть в состоянии, иметь возможность; иметь право
canal канал, проход, русло
canalization устройство каналов; система каналов

canalize проводить каналы; пропускать через каналы
canard аэродинамическая схема "утка", самолет схемы "утка"
  c. surface переднее оперение
canard-delta схема "утка" с треугольным крылом
cancel отмена, аннулирование, гашение; сокращение; компенсация, нейтрализация; ‖ отменять, аннулировать; вычеркивать, стирать; сокращать (напр., дроби), приводить подобные члены, взаимно уничтожаться; отменять задание, снимать программу
cancellable отменяемый; стираемый; сокращаемый, сократимый
cancellated решетчатый, сетчатый
cancellation отмена, аннулирование; стирание, гашение, подавление, сокращение; компенсация, нейтрализация; потеря точности (значащих разрядов)
  lift c. прекращение действия подъемной силы
  shock-wave c. гашение скачка уплотнения
candescence накаливание добела, белое каление
candescent раскаленный добела; светящийся
candle 1. свеча; горелка; 2. кандела, кд
  international c. международная свеча
  new c. кандела, кд
candle-power сила света в свечах
cane стержень, стержневой элемент
canister бачок, канистра; контейнер
cannabic конопляный, пеньковый
canned сохраненный; записанный на твердый носитель (напр., о программе); стандартный
  c. software стандартное программное обеспечение
cannelure желобок, выемка, канавка, (продольный) паз
cannon 1. пушка, орудие; артиллерия; 2. сталкиваться; отскакивать при столкновении
cannon-shot пушечный выстрел; артиллерийский снаряд; дальность пушечного выстрела
canon правило, критерий, канон
canonical канонический; традиционный, классический
  c. equations of motion канонические уравнения движения (Гамильтона)
  c. form каноническая форма, каноническое представление
canopy навес, тент; купол парашюта; фонарь кабины; сдвижная (откидная) часть фонаря
cant 1. наклон; наклонное положение; скос, скошенный край, фаска; ‖ наклонный, скошенный; ‖ наклонять, ставить наклонно, скашивать, опрокидывать(ся); 2. толчок, удар
cantilever консоль, кронштейн, подкос; стрела; вылет, свес; ‖ консольный, заделанный одним концом
  c. beam консольная балка

c. **restraint** консольное закрепление
c. **wing** свободнонесущее крыло
cantilevered консольный, заделанный одним концом; свободнонесущий
canvas холст, парусина, брезент; парус
canyon глубокая впадина, каньон
caoutchouc каучук
cap 1. крышка; колпак; купол; (круглый) наконечник; || накрывать, покрывать, перекрывать; 2. шляпка, головка; 3. полка балки; 4. подушка, основание сооружения; 5. беговая дорожка (шины)
capability способность, (потенциальная) возможность; характеристика; производительность
  airfield c. взлетно-посадочные характеристики
  burn c. максимальная продолжительность работы (двигателя)
  computational c. вычислительная мощность
  fracture arrest c. способность к торможению разрушения
  functional capabilities функциональные возможности
  lifting c. грузоподъемность
  output c. производительность, нагрузочная способность, выходная мощность
  performance capabilities рабочие характеристики
  wetting c. смачивающая способность
capable способный; допускающий (что-либо), поддающийся (чему-либо)
  c. **of explanation** объяснимый
  c. **of improvement** поддающийся усовершенствованию
capacitance емкость; емкостное сопротивление
  c. **strain gage** емкостный тензодатчик
capacitor конденсатор
capacity 1. вместимость, емкость, объем; 2. мощность, производительность, пропускная способность; предельная нагрузка, грузоподъемность; 3. способность, свойство, качество; 4. разрядность ЭВМ, диапазон представления чисел; предел измерений
  at full capacity с полной производительностью, на полной мощности
  in the capacity of в качестве
  c. **load** максимальная нагрузка; нагрузка, ограничиваемая объемом (вместимостью)
  c. **production** нормальная производительность
  c. **rating** расчет производительности (мощности, вместимости); расчет несущей способности
  c. **reactance** емкостное сопротивление
  absorbing c. поглотительная способность
  bearing c. несущая способность, наибольшая допускаемая нагрузка; грузоподъемность
  calorific c. теплоемкость
  carrying c. несущая способность, пропускная способность
  digit c. разрядность ЭВМ

  discharge c. пропускная способность
  energy absorption c. способность к поглощению энергии
  flexural carrying c. несущая способность при изгибе
  flow c. пропускная способность
  heat c. теплоемкость
  load c. грузоподъемность; несущая способность
  measure of c. мера объема (вместимости); показатель производительности
  memory c. емкость памяти (запоминающего устройства)
  output c. производительность, нагрузочная способность; выходная мощность
  pipe c. пропускная способность трубы
  rated c. проектная (номинальная) мощность
  resolving c. разрешающая способность
  specific-heat c. удельная теплоемкость
  storage c. емкость накопителя (запоминающего устройства)
  strain c. способность деформироваться без разрушения
  thermal c. теплоемкость
  torsional c. допускаемый крутящий момент
  ultimate c. максимальная вместимость; предельная мощность (пропускная способность)
  volumetric c. емкость, объемная вместимость
capillarity капиллярность, волосность
capillary капилляр, капиллярная трубка; || капиллярный, волосной
  c. **column** капиллярный столб
  c. **tension** капиллярное давление; поверхностное натяжение
capital прописная (заглавная) буква
capote капот (автомобиля), съемное покрытие
capping кровля (пласта), покрывающая порода; каптаж (скважины); ростверк
capsize опрокидывать(ся)
capstan ворот, кабестан, шпиль
capsulation герметизация, капсулирование
capsule 1. капсула, оболочка, мембрана; капсюль; (отделяемая) кабина, контейнер; 2. резюме, конспект, краткое изложение; || краткий, конспективный; || суммировать, делать резюме; 3. датчик
  to capsule the discussion подводить итоги обсуждения
  c. **version** сокращенный вариант
  evacuated c. вакуумная камера
  pressure c. (мембранный) датчик давления
  pressurized c. герметическая кабина, отсек высокого давления
caption заголовок; сопроводительная надпись
capture захват, перехват, улавливание; поглощение; сбор (напр., данных); || захватывать, ловить, улавливать; поглощать; собирать

car 1. автомобиль; 2. тележка, вагон(етка); 3. кабина; 4. гондола (летательного аппарата)
    c. **body** кузов автомобиля
    c. **frame** шасси автомобиля, (несущая) рама автомобиля
carbon углерод; ‖ углеродистый
    c. **steel** углеродистая сталь
    reinforcement c. армирующее углеродное волокно
carbon-copy копия, полученная через копирку; точная копия
carboy баллон, бутыль
carburetter карбюратор
carcase см. **carcass**
carcass каркас, остов; арматура; корпус, кузов; несущая конструкция
card карта; карточка, бланк; таблица; перфокарта; плата (электронной схемы)
    c. **index** картотека
cardan кардан; ‖ карданный
    c. **joint** универсальный шарнир, кардан
    c. **shaft** карданный вал
cardboard картон
cardinal 1. главный, основной; кардинальный; 2. количественное числительное; ‖ количественный
    c. **number** количественное числительное; мощность множества
cardinality мощность (множества); количество элементов (множества)
care внимание, осторожность; забота, уход; ‖ заботиться
    to take care of следить за чем-либо; принимать меры
careen подводная часть судна; кренование, килевание; ‖ килевать, крениться
careful внимательный, осторожный; точный
    c. **examination** тщательное исследование
carpet ковер, покрытие, защитный слой; дорожная одежда
carriage 1. шасси, рама, лафет, несущее устройство; повозка, вагон(етка); 2. перевозка, транспорт; 3. каретка (печатающего устройства); суппорт
    c. **frame** несущая рама; рама (шасси) транспортного средства
carrier 1. носитель; ходовая часть машины, шасси; ведущий механизм; транспортер; багажник; 2. несущий элемент (конструкции), опора, кронштейн, штатив, держатель; ‖ несущий, опорный; 3. носитель данных
    c. **cable** несущий трос
    c. **frequency** несущая частота
    c. **function** несущая функция
    c. **ring** опорное (упорное) кольцо
    c. **rocket** ракета-носитель
    aircraft c. авианосец
    charge c. носитель заряда
    data c. носитель информации
carry 1. перенос; перемещение, транспортировка; перенос (числа) в следующий разряд; ‖ нести; переносить, транспортировать; выдерживать (нагрузку), принимать на себя; протекать (о процессе); заключать в себе; влечь за собой; 2. дальность (полета); дальнобойность
    to carry away уносить; отводить
    to carry in вносить, вводить (напр., данные в ЭВМ)
    to carry into effect осуществлять, реализовывать
    to carry load нести нагрузку; выдерживать нагрузку
    to carry number запоминать число, держать число в уме
    to carry off уносить, уводить; захватывать; выдерживать
    to carry off to доводить до (состояния, положения)
    to carry off to a failure доводить до разрушения
    to carry on продолжать; вести, проводить
    to carry out выполнять, доводить до конца, осуществлять
    to carry over перемещать, транспортировать; переносить (на другую страницу, в следующий разряд); сносить, уводить, уносить
    to carry water держать (не пропускать) воду
    cyclical c. циклический перенос
    decimal c. десятичный перенос
carrying перенос, перемещение, транспортировка; ‖ несущий; поддерживающий, опорный
    c. **capacity** несущая способность, наибольшая допускаемая нагрузка; грузоподъемность; пропускная способность
    c. **surface** несущая поверхность
carry-over перенос; перемещение; смещение, снос, увод
cart тележка; вагонетка; ‖ везти, перевозить
Cartesian (cartesian) Декарта, декартов
    C. **axes** декартовы оси; декартова система координат
    C. **component** декартова составляющая
    C. **coordinates** декартовы (прямоугольные) координаты; декартова (прямоугольная) система координат
    C. **display** декартова координатная сетка
    C. **product** декартово (прямое) произведение
    C. **vector** вектор в декартовой системе координат; базисный вектор декартовой системы координат
cartilage хрящ (сустава)
carton картон; изделие из картона
cartoon 1. рисунок, эскиз; 2. динамическое изображение, анимация; мультипликация
cartridge патрон, заряд; кассета, магазин, обойма; контейнер; ампула, баллон
carve резать, вырезать, высекать; разделять, дробить

cascade 1. каскад; ступень (напр., компрессора); последовательное (каскадное) включение; 2. решетка профилей (лопаток); 3. водопад
　c. **flow** течение в решетке, обтекание решетки (профилей)
　airfoil c. решетка (аэродинамических) профилей
　nozzle c. сопловой аппарат
　stalled c. срывная решетка (обтекаемая со срывом потока)
　wing c. решетка профилей
case 1. случай; обстоятельство; положение; дело; 2. оболочка; корпус; обшивка, облицовка; кожух, картер; кассета, магазин, обойма, коробка, футляр, упаковка, оправа, рамка; ‖ помещать в корпус; покрывать оболочкой, обшивать; упаковывать; вставлять в оправу; 3. упрочненная поверхность; ‖ упрочнять (поверхность), закалять; укреплять, крепить; 4. покрышка шины; 5. регистр (клавиатуры)
　to be the case иметь место, происходить
　to meet the case отвечать требованиям
　to put the case that предположим, что
　as the case stands в данной ситуации, при данном положении дел
　as it is usually the case как это обычно имеет место
　in any case во всяком случае
　in case of если, в случае
　in no case никогда, ни в коем случае
　it is not the case это не так, это не имеет места
　just in case на всякий случай
　such being the case в таком случае
　c. **history** история вопроса
　c. **statement** оператор выбора
　c. **study** характерный пример, иллюстрация
　degenerated c. вырожденный случай
　exception c. исключительный случай
　extreme c. предельный случай
　gear c. коробка передач
　loading c. случай нагружения, расчетный случай
　lower c. нижний регистр (клавиатуры)
　special c. особый (частный) случай
　test c. контрольный пример
cased 1. закрытый, в оболочке; 2. упрочненный, цементированный
case-hardening упрочнение, (поверхностная) закалка, цементация
casing оболочка; корпус; обшивка, облицовка, футеровка; упаковка, опалубка; обсадная труба (скважины)
cask бочка, (цилиндрический) контейнер
cassette кассета, обойма
cast 1. бросок; бросание, метание; расстояние броска; ‖ бросать, метать; отбрасывать; 2. образец; вид, род; тип (данных); 3. литье; заливка, разливка; отливка, слепок; форма для литья; ‖ литой, отлитый;

‖ лить, отливать, формовать; разливать; 4. отклонение, поворот; коробление
　to cast about обдумывать, изыскивать средства
　to cast away отбрасывать, отвергать
　to cast doubt ставить под сомнение
　to cast light проливать свет, вносить ясность
　to cast up извергать, выбрасывать
　to cast to shape отливать по требуемой форме
　c. **iron** чугун; ‖ чугунный
castability литейные свойства
caster 1. литейная машина; 2. (поворотное) колесо, ролик
Castigliano principle принцип Кастильяно, принцип максимума дополнительной энергии
casting 1. бросание, метание; 2. литье, отливка, литая деталь; ‖ литейный; 3. удаление выкопанного грунта; 4. коробление (напр., древесины при сушке)
　c. **box** литейная форма, изложница
　c. **stress** (внутреннее) напряжение в отливке
castor см. **caster** 2.
casual случайный, несистематический
casually случайно, несистематически, нерегулярно
catalog каталог, реестр, список; проспект, программа, учебный план; ‖ каталогизировать, заносить в каталог
　c. **raisonne** систематический каталог (с пояснениями)
cataloged каталогизированный, библиотечный
cataloging каталогизация
catalogue см. **catalog**
catapult катапульта, метательная машина; пусковое устройство; ‖ метать, катапультировать(ся); запускать
cataract 1. сильный поток; водопад; 2. гидравлический регулятор, демпфер, тормоз
catastrophe катастрофа
　c. **theory** теория катастроф
catch поимка, захват, остановка; захватывающее устройство, ловушка; задвижка, защелка; стопор; ‖ ловить, захватывать, схватывать; задерживать, останавливать
catchment водосбор, дренаж
catchword заглавное (ключевое) слово; колонтитул
catechism ряд вопросов и ответов
catechize излагать в форме вопросов и ответов
categorical безусловный, категорический; ясный, однозначный
categorize распределять по категориям, классифицировать, группировать
category категория, класс, разряд
catena (мн. число **catenae**) цепь, ряд, последовательное соединение; связь
catenarian цепной

catenary цепная линия; || цепной
  c. **curve** цепная линия
  c. **suspension** цепная подвеска
catenate сцеплять, образовывать цепь; связывать
catenation сцепление, соединение, сочленение; связь; конкатенация; последовательное (каскадное) включение
caterpillar гусеница, гусеничный ход; гусеничный трактор
  c. **band** гусеничная лента
catgut кетгут; струна
cathead 1. катушка; патрон; 2. кран-балка
cathode катод
Cauchy Коши
  C. **boundary conditions** граничные условия Коши
  C. **convergence criterion** признак сходимости Коши
  C. **equations** уравнения Коши, соотношения Коши (в теории упругости)
  C. **integral** интеграл (типа) Коши
  C. **principal value** главное значение (в смысле) Коши
  C. **problem** задача Коши (задача с начальными условиями)
Cauchy-Green strain tensor тензор деформаций Коши-Грина
Cauchy-Riemann equations уравнения Коши-Римана
cauldron котёл
caulk герметик, мастика; || заделывать щели (дефекты), герметизировать
causal причинный, каузальный
  c. **dependence** причинная зависимость, причинное отношение
causality причинность, причинная связь, каузальность
causation см. causality
cause причина; основание; повод; || вызывать, быть причиной, обусловливать; заставлять
  c. **variable** аргумент причинной зависимости
  analysis of causes причинный анализ
causeless беспричинный, необоснованный
causeway дорога с твердым покрытием; дамба, плотина; || строить дорогу; строить дамбу (плотину)
caustic 1. каустика; 2. едкое вещество, каустик
  c. **surface** каустика
cautery (гальваническое) травление
caution осторожность; предупреждение; предостережение; || предупреждать
cautious осторожный
cave полость; углубление, впадина; пещера; || делать углубление (выемку, полость); выдалбливать
  to cave in оседать, опускаться; обрушивать(ся) (о кровле горной выработки)
cavern каверна; полость, пещера

cavernous имеющий полости, каверны; впалый
caving обрушение, обвал
  c. **angle** угол обрушения
cavitation 1. кавитация; разрежение; кавитационные каверны; 2. порообразование
  c. **damage** кавитационное разрушение; кавитационная эрозия
  c. **flow over body** кавитационное обтекание
  c. **tunnel** кавитационная (гидродинамическая) труба
  hydrofoil c. кавитация гидрокрыла
cavity 1. полость; пустота; впадина, канавка, углубление; каверна; раковина (в металле); пора; пузырек газа; трещина в породе; (объемный) резонатор; 2. область кавитации; застойная зона
  air c. воздушная полость (пора); воздушный резонатор
  contraction c. усадочная раковина
  cylindrical c. цилиндрическая полость
  dislocation c. дислокационная трещина
  gas c. газовый пузырь, газовая раковина
  grain boundary c. межзеренная пора
  resonant c. (объемный) резонатор
  shrinkage c. усадочная раковина
  slitlike c. щелевидная полость
  vortex c. вихревая область
cay отмель, нанос
cease прекращать(ся), (при)останавливать
ceaseless непрерывный, безостановочный
ceil покрывать, перекрывать
ceiling потолок, перекрытие; обшивка; верхний предел, предельная высота (полета); || наивысший; предельный, максимальный
  strength c. предел прочности; ограничение по прочности
  tunnel c. верхняя стенка аэродинамической трубы
  vaulted c. сводчатое перекрытие
celestial небесный; астрономический
  c. **navigation** астрономическая навигация
cell 1. клетка; ячейка; отсек, секция; || помещать в ячейку, клетку; 2. датчик; 3. полость, пустота; камера; 4. баллон, сосуд; 5. (гальванический) элемент, батарея
  c. **method** метод ячеек
  c. **of a table** ячейка таблицы
  array c. элемент массива (матрицы)
  combustion c. топливный элемент
  elementary c. элементарная (первичная) ячейка
  filter c. фильтрующий элемент
  fuel c. топливный элемент; топливный отсек (в баке)
  grid c. ячейка сетки
  light c. фотоэлемент
  memory c. ячейка памяти
  noise c. акустическая камера
  pressure c. датчик давления
cellular клеточный, ячеистый; клеточного строения; модульный, секционный
  c. **blade** (много)секционная лопатка

cellulate клеточный, ячеистый
cellule отсек (напр., крыла), секция
celluloid целлулоид
cellulose целлюлоза, клетчатка
Celsius temperature температура по шкале Цельсия
cement цемент; вяжущее (скрепляющее) вещество, клей; связь, соединение; ‖ цементировать, скреплять (цементом); соединять
cementation цементирование; схватывание цементного раствора; науглероживание (стали)
census (лат.) полный набор характеристик; перепись
cent сто, сотня
    per cent процент
center см. centre
centering 1. центрирование, размещение в центре; установка (прибора) на нуль; 2. сосредоточение, концентрирование; 3. опалубка
centerline центральная (осевая, средняя) линия
centesimal сотый; разделенный на сто частей
centi- (как компонент сложных слов) санти-; одна сотая доля основной меры (обозначение: с)
centibar сантибар
centigrade стоградусная шкала (термометра), шкала Цельсия
centimetre сантиметр, см
centner центнер, ц (в Англии = 100 фунтов = 45,36 кг)
    metric c. метрический центнер (100 кг)
central центральный; расположенный в центре; основной, важнейший, главный
    c. angle центральный угол
    c. axis of inertia центральная ось инерции
    c. derivative центральная производная
    c. difference центральная (конечная) разность
    c. difference scheme схема метода центральных (конечных) разностей, центрально-разностная схема
    c. force центральная сила (приложенная в центре); осевая (продольная) сила
    c. idea основная идея
    c. point центральная точка, центр; нулевая точка, начало отсчета
    c. processing unit (CPU) центральный процессор
centralization централизация; сосредоточение
centre 1. центр; середина; ‖ помещать(ся) в центре; центрировать; 2. средоточие, место концентрации; узел; ядро; ‖ сосредоточивать(ся), концентрировать(ся); 3. ось (движения, симметрии); линия приведения; 4. шаблон, угольник; ‖ размечать; 5. расстояние между центрами (осями), база

out of centre не в центре, не на оси, с эксцентриситетом
c. of action центр действия, центр приложения силы
c. of area центр площади, центр тяжести, центроид
c. of buoyancy центр плавучести, центр водоизмещения, гидростатический центр (выталкивающей силы); центр приложения подъемной силы
c. of curvature центр кривизны
c. of displacement центр водоизмещения
c. distance расстояние между центрами, межцентровое расстояние
c. of forces центр сил
c. of gravity центр тяжести
c. of gyration центр вращения
c. of inertia центр инерции, центр масс
c. of lift точка (центр) приложения подъемной силы
c. of mass центр масс, центр инерции
c. of motion центр движения
c. of oscillation центр колебания
c. of percussion центр удара
c. of pressure центр давления
c. of rotation центр вращения
c. of shear центр сдвига (изгиба, жесткости) (поперечного сечения тонкостенной балки)
c. of similitude центр подобия
c. of symmetry центр симметрии
c. of twist центр кручения
c. of volume центр объема, центр тяжести
acceleration c. центр ускорений
aerodynamical c. аэродинамический фокус, центр давления
boss c. ступица (втулка) колеса
dead c. неподвижный центр; мертвая точка
dislocation c. ядро дислокации
fixed c. неподвижный центр; заданный центр
flexural c. центр изгиба
homothetic c. центр подобия
instantaneous c. мгновенный центр (напр., скоростей, вращений)
load c. центр нагрузки
moment c. полюс момента
phase c. фазовый центр
reduction c. центр (точка) приведения
strain c. центр деформации
switching c. распределительное устройство, коммутатор
wheel c. колесный центр
wind tunnel c. ось аэродинамической трубы
centreless бесцентровый
centre-piece крестовина
centre-section центроплан (летательного аппарата)
centric(al) центральный

centrifugal центробежный
- c. **acceleration** центробежное ускорение
- c. **force** центробежная сила
- c. **machine** центрифуга
- c. **turbine** радиальная турбина

centrifuge центрифуга

centripetal центростремительный
- c. **force** центростремительная сила

centrode центроида (геометрическое место мгновенных центров вращения)
- **body** c. подвижная центроида
- **fixed** c. неподвижная центроида
- **space** c. неподвижная центроида

centroid центроид, центр инерции, центр тяжести
- **fixed** c. неподвижный центроид
- **load** c. центр нагрузки, точка приложения нагрузки
- **moving** c. подвижный центроид

centuple стократный; || увеличивать в сто раз, умножать на сто

century столетие, век

ceramic керамический

ceramics керамика, керамические изделия
- **reinforced** c. армированная керамика
- **structural** c. конструкционная керамика

cermet металлокерамика

certain 1. определенный; известный; достоверный, несомненный; 2. некоторый, некий
- **to feel certain** быть уверенным
- **to make certain** убеждаться
- **for certain** наверняка
- **it is certain** определенно, несомненно
- **to a certain extent** до некоторой степени, в известной мере
- **under certain conditions** при определенных условиях
- c. **event** достоверное событие

certainly несомненно, с уверенностью; конечно

certainty уверенность; достоверное событие, несомненный факт
- **with certainty** с уверенностью
- c. **value** вероятность

certificate удостоверение, свидетельство, сертификат, аттестат; паспорт (оборудования); || удостоверять, сертифицировать, выдавать свидетельство

certification 1. аттестация, сертификация, подтверждение права; выдача свидетельства; 2. свидетельство, сертификат

certify заверять, подтверждать, удостоверять; аттестовывать, сертифицировать

certitude уверенность, несомненность

cessation прекращение; остановка, перерыв

cession уступка, передача (напр., прав)

cf. (confer) (лат.) сравни

CG method (conjugate gradient method) метод сопряженных градиентов

CGS system система единиц СГС (сантиметр-грамм-секунда)

chain 1. цепь, цепочка; 2. последовательность, ряд однотипных объектов или событий; 3. цепная передача, цепной привод; 4. система, сеть
- c. **bridge** цепной мост
- c. **gear** цепная передача; цепное колесо, звездочка
- c. **link** звено цепи
- c. **load** грузоподъемность цепи
- c. **reaction** цепная реакция
- c. **rule** цепное правило (дифференцирования сложных функций)
- c. **structure** цепная (цепочечная, последовательная) структура
- **kinematic** c. кинематическая цепь (схема)
- **logic** c. логическая цепь
- **Markov** c. цепь Маркова, марковская цепь

chainlet цепочка

chair 1. стул, кресло; 2. основание, подкладка, подушка; 3. кафедра; профессура; || возглавлять, стоять во главе, председательствовать

chairman председатель

chalk мел
- **to chalk out** набрасывать, намечать
- **by a long chalk** намного, значительно, гораздо

chalk-stone известняк

chalky меловой, известковый

challenge 1. запрос, требование; || запрашивать, требовать; 2. вызов; сложная задача; || бросать вызов; 3. сомневаться, отрицать; оспаривать, критически оценивать
- **to face the challenge** столкнуться с проблемой, с трудностями
- **to meet the challenge** удовлетворять требованиям
- **to offer the challenge** ставить задачу

chamber камера, полость; отсек, отделение; || помещать в камеру; образовывать полость
- **aneroid** c. анероидная коробка
- **combustion** c. камера сгорания
- **compression** c. камера сжатия
- **exhaust** c. выпускная камера, глушитель
- **lock** c. шлюзовая камера
- **plenum** c. камера давления
- **resonant** c. объемный резонатор
- **sealed** c. герметическая камера
- **volute** c. спиральная камера
- **vortex** c. циклонная (вихревая) камера
- **working** c. рабочая камера

chamfer выемка, паз; скос, фаска; галтель, выкружка; || выбирать паз, делать выемку; скашивать, снимать фаску
- **hollow** c. галтель, выкружка

chance случай; случайность; возможность, вероятность, шанс; риск; || случайный; || случаться
- **to chance upon** случайно находить, натыкаться
- **to stand a good chance** иметь хорошие шансы

to take a chance воспользоваться случаем
by chance случайно
c. error случайная (несистематическая) ошибка
c. variable случайная переменная
theory of chances теория вероятностей

change 1. изменение; замена, смена, переход, превращение; ‖ переменный, сменный; ‖ изменять(ся); обменивать(ся); переходить; **2.** приращение
  to change over менять(ся) местами, переводить, переходить
  c. in argument приращение аргумента
  c. of coordinates преобразование (системы) координат
  c. gear box коробка передач
  c. in momentum изменение количества движения
  c. in section изменение (поперечного) сечения
  c. of sign перемена знака
  c. of state фазовый переход, фазовое превращение
  c. of variable замена переменной
  abrupt c. скачкообразное (резкое) изменение
  adiabatic c. изменение по адиабатическому закону
  brittle-ductile c. переход от хрупкого состояния к пластичному
  crack length подрастание трещины
  discontinuous c. скачкообразное изменение, скачок, разрыв (непрерывности)
  fracture mode c. изменение характера разрушения
  incremental c. приращение
  infinitesimal c. бесконечно малое изменение
  irreversible c. необратимое изменение
  local c. местное (локальное) изменение
  phase c. фазовый переход, фазовое превращение
  rate of c. скорость (степень) изменения
  stability c. изменение запаса устойчивости
  stepwise c. ступенчатое (скачкообразное) изменение
  structural c. изменение структуры, структурное превращение
  unit volume c. относительное изменение объема

changeability переменность, изменчивость; возможность замены; нестационарность, неустойчивость; модифицируемость
changeable изменчивый, переменный; нестационарный, неустойчивый; заменяемый, сменный; модифицируемый
changeless неизменный, постоянный; устойчивый
changeover смена, замена; переключение
changing изменение; замена, смена; переход, превращение; переключение; ‖ переменный, изменчивый, изменяющийся

channel 1. канал; проток, русло, пролив; путь, тракт, дорожка; ‖ проводить канал; направлять по каналу; **2.** желоб, выемка, канавка, паз; ‖ делать выемку, паз; **3.** швеллер, корытный профиль
  c. beam балка швеллерного (корытного) профиля, швеллер
  c. capacity пропускная способность канала
  c. flow течение в канале
  annular c. кольцевой канал
  bypass c. параллельный канал; обводной канал
  convergent c. сходящийся (сужающийся) канал
  convergent-divergent c. сходящийся-расходящийся канал, сопло Лаваля
  data c. канал (передачи) данных
  noisy c. (информационный) канал с помехами
  river c. русло реки
  rough c. шероховатый канал
  two-dimensional c. канал с двухмерным потоком, плоский канал
  varying-area c. канал переменного сечения
  wind c. аэродинамическая труба

channeled гофрированный, волнистый, рифленый (о листовом материале)
channeling 1. система каналов; **2.** рифление, гофрирование
chaos хаос, беспорядок
chaotic хаотический, беспорядочный
  c. motion хаотическое движение
chap трещина; щель; ‖ трескаться; образовывать щель
chapter глава (книги), раздел; сегмент (напр., программы); ‖ разбивать на главы, сегменты
character 1. характер; характерный признак, отличительная черта, особенность; качество, свойство; **2.** знак, символ, буква, литера; условное обозначение; ‖ знаковый, символьный; **3.** алфавит
  c. of phenomenon характер (природа) явления
  c. recognition распознавание символов
  c. set набор символов; алфавит
  c. spacing интервал между символами
  c. variable символьная переменная
  graphic c. графический символ
  illegal c. запрещенный (недопустимый) символ
  numerical c. цифра
  relation c. знак отношения
  separating c. разделительный символ, разделитель
  significant c. значимый символ; значащий разряд (числа)
  space c. знак пробела
  substitute c. символ подстановки (замены)
  throw-away c. отбрасываемый знак (разряд числа)

character-coded в символьной записи
characteristic 1. характеристика; свойство; отличие, признак; параметр; ‖ характеристический; характерный, отличительный; типичный; 2. зависимость (одной величины от другой), функция; кривая (зависимости), график; 3. характеристика числа (в экспоненциальной форме)
    to be characteristic of быть характерным для
    to be in characteristic соответствовать
    to be out of characteristic не соответствовать
    c. curve характеристическая кривая, характеристика
    c. equation характеристическое уравнение
    c. number характеристическое (собственное) число
    c. oscillations собственные (свободные) колебания
    c. time постоянная времени
    c. value характеристическое (собственное) значение; показатель
    amplitude versus frequency response c. амплитудно-частотная характеристика
    creep c. кривая ползучести
    decay c. кривая затухания
    dynamic c. динамическая характеристика; передаточная функция
    frequency response c. частотная характеристика
    functional c. функциональная характеристика, функциональная зависимость
    gain c. амплитудная (передаточная) характеристика
    hysteresis c. кривая гистерезиса
    linear c. линейная характеристика, линейная зависимость
    load c. график (кривая, эпюра) нагрузки; нагрузочная характеристика
    operational characteristics рабочие параметры, эксплуатационные характеристики
    output c. выходная характеристика
    performance c. рабочая характеристика; кривая производительности
    physical c. физическая характеристика, физическое свойство
    pulse response c. импульсная характеристика
    resonance c. резонансная кривая
    rising c. возрастающая характеристика
    spectral characteristics спектральные характеристики, данные о спектре
    steady-state c. характеристика установившегося процесса, стационарная функция
    subcritical c. докритическая характеристика (напр., роста трещины)
    toughness c. характеристика (ударной) вязкости
    transfer c. переходная характеристика
    transient c. переходная (динамическая) характеристика, характеристика переходного процесса
characterization характеристика, описание
characterize 1. характеризовать, описывать, изображать; 2. отличать, служить признаком
charge 1. заряд; зарядка; ‖ заряжать; 2. груз, нагрузка; загрузка, засыпка; ‖ нагружать, загружать; 3. заполнитель, наполнитель
    c. carrier носитель заряда
    c. density плотность заряда
    c. quantity величина заряда, заряд
    conservation of c. сохранение заряда
    electric c. электрический заряд
    explosive c. заряд взрывчатого вещества
    point c. точечный заряд
    unit c. единичный заряд
charger устройство нагружения, загрузочная машина
charging 1. зарядка; 2. нагрузка, загрузка; засыпка; ‖ загружающий, нагрузочный
    c. appliance нагрузочное устройство
    tire c. накачка шин
    volumetric c. загрузка по объёму
    weight c. загрузка по массе
Charles law закон Шарля
Charpy Шарпи
    C. impact energy ударная вязкость по Шарпи
    C. impact machine копер Шарпи, маятниковый копер
    C. notched-bar test испытание образцов с надрезом по Шарпи
    C. value ударная вязкость по Шарпи
chart 1. диаграмма, график; схема, чертёж; карта; ‖ чертить диаграмму (схему, карту); 2. таблица; номограмма; ‖ составлять таблицу
    c. paper диаграммная (миллиметровая) бумага
    alignment c. 1. номограмма; 2. горизонтальная проекция, план
    band c. ленточная диаграмма
    bar c. столбчатая диаграмма, гистограмма
    calibration c. тарировочный график
    circular c. круговая (секторная) диаграмма
    design c. расчётный график
    flow c. 1. блок-схема, графическое представление процесса (алгоритма); 2. график течения
    grid c. 1. координатная сетка; 2. сетчатая номограмма
    layout c. схема компоновки; топологическая схема
    load-deflection c. диаграмма "нагрузка-прогиб"
    logic c. логическая (блок-)схема
    mode c. диаграмма мод (колебаний)
    polar c. круговая (секторная) диаграмма; график в полярных координатах
    recorder c. лента самописца

structure c. структурная схема
timing c. временная диаграмма
chase 1. жёлоб, канавка, паз; || прорезать (пазы), вырезать; нарезать резьбу; 2. оправа, рамка; 3. дуло орудия; 4. складка, сгиб, фальц
chaser инструмент для вырезания, нарезания резьбы
  die c. винторезная плашка, лерка
  thread c. резьбовый резец, метчик
chasm пробел, разрыв
chassis 1. шасси, несущая система; каркас; 2. ходовая часть (транспортного средства)
chatter дрожание, дребезжание, вибрация; || дрожать, вибрировать
check 1. проверка, контроль; контрольное приспособление; || проверочный, контрольный; || проверять, контролировать; 2. препятствие, остановка, задержка; стопорное устройство; || препятствовать; останавливать(ся); 3. предохранительное устройство; 4. (гидравлический) затвор, шлюз; 5. трещина; щель; || растрескиваться; 6. располагать в шахматном порядке
  to check in регистрировать
  to check the figures проверять расчёты
  to check up проверять, контролировать
  to check with совпадать с, соответствовать чему-либо
  to hold in check сдерживать, задерживать
  without check без задержки, безостановочно
  c. on accuracy проверка точности
  c. analysis контрольный анализ, поверочный расчёт
  c. bar контрольный образец
  c. bit контрольный разряд
  c. crack волосная трещина, волосовина; усадочная трещина
  c. piece останов, упор, ограничитель хода
  c. problem контрольный пример, тестовая (модельная) задача
  c. routine программа контроля
  c. standard эталон
  c. sum контрольная сумма
  c. test контрольное испытание
  c. total контрольная сумма
  automatic c. автоматический контроль
  bias c. тестирование в нестандартных условиях
  built-in c. внутренний контроль, встроенные средства контроля
  consistency c. проверка на непротиворечивость
  continuity c. проверка целостности; контроль непрерывности (сплошности)
  desk c. проверка вручную (напр., проверка программы без запуска на ЭВМ)
  heat c. температурная трещина
  marginal c. испытания в предельном режиме

nondestructive c. неразрушающий контроль
parity c. контроль (по) чётности
postmortem c. постконтроль (напр., после выполнения вычислений)
sign c. проверка знака, контроль по знаку
surface c. 1. поверхностная трещина; 2. контроль поверхности
twin c. двойной контроль; проверка двойным (повторным) вычислением
validity c. проверка достоверности
checker средство контроля; контрольно-измерительный прибор
checkered шахматный, расположенный в шахматном порядке, чередующийся; клеточный; рифлёный (напр., металл)
checking 1. проверка, контроль; || проверочный, тестовый, контрольный; контролирующий; 2. растрескивание
  c. calculation поверочный (контрольный) расчёт
  c. meter контрольный прибор
  c. routine программа контроля
  c. by substitution проверка подстановкой
  thermal c. термическое растрескивание
check-out проверка, контроль; наладка, отладка
checkpoint 1. ориентир, репер; 2. наладка, отладка; 3. контрольная точка, точка повторного запуска (программы)
  c. restart повторный запуск (программы) с контрольной точки
checksum контрольная сумма
cheek щека (напр., тисков); боковая стойка, косяк
chemical химический
chemicals химические препараты
chemistry химия
chequer размещать в шахматном порядке
chequer-wise в шахматном порядке
chert сланец
chief руководитель, глава; || главный, основной, важнейший
  c. problem основная проблема
chiefly главным образом, прежде всего; особенно
child дочерний, подчинённый (напр., в иерархической системе)
chill 1. охлаждение, закалка; || охлаждать, закаливать; 2. кристаллизатор, кокиль, изложница, литейная форма; || затвердевать, кристаллизоваться, отливать (в форму)
chilled 1. охлаждённый; закалённый; 2. отверждённый, кристаллизовавшийся, литой
  c. steel закалённая сталь
chilling 1. охлаждение, закалка; замораживание; 2. отверждение, кристаллизация
chime-hoop крайний шпангоут
chimney труба (дымовая, вытяжная); кратер
chink 1. трещина; щель; 2. скважина

chinky трещиноватый
chip 1. стружка, щепа; обломок; щебень; ‖ стругать, обтесывать; откалывать(ся), отбивать(ся), ломать(ся); 2. кристалл. интегральная схема, микросхема; микропроцессор
    large scale integration c. (LSI) кристалл большой интегральной схемы (БИС)
chipboard древесно-стружечная плита
chippy зазубренный, неровный
chisel резец; долото; ‖ высекать
chock клин; подставка, подушка; (тормозная) колодка
choice выбор, отбор; вариант, альтернатива; пункт меню (в диалоговой программе)
    axiom of c. аксиома выбора
    adequate c. правильный выбор
choke заглушка, заслонка; дроссель; сужение (напр., сечения трубы); ‖ заглушать; сужать; засорять(ся), забивать(ся)
    c. area площадь сечения канала (диффузора)
choking заглушение, запирание; засорение (канала); дросселирование; ‖ заглушающий, закупоривающий; дроссельный
    flow c. запирание потока
Cholesky Холецкий
    C. decomposition разложение Холецкого
    C. method метод Холецкого (решения симметричных систем линейных алгебраических уравнений)
choose выбирать, отбирать; решать(ся); предпочитать
chop 1. (рубящий) удар; ‖ рубить, разрубать; нарезать; 2. дефект, повреждение; трещина; ‖ давать трещину, растрескиваться; 3. прерывание; ‖ прерывать(ся); 4. изменение, колебание; легкое волнение; ‖ изменяться, колебаться
    to chop about обрубать, срезать; резко изменять направление
    to chop off обрубать, срезать
choppy 1. срезанный; нарезанный; 2. содержащий дефекты, трещиноватый; 3. часто меняющийся; прерывистый
chord 1. хорда; 2. струна; волокно; 3. пояс (фермы, балки)
    in chord в долях хорды
    c. axes хордовые оси (система координат, одна из осей которой направлена по хорде)
    c. line хорда; линия хорд, направление хорд
    extended c. продолжение хорды; плоскость хорд
    wing c. хорда крыла
chordwise вдоль хорды, по хорде
chromatic цветной
chuck зажим, зажимное приспособление, держатель, патрон; ‖ зажимать, удерживать
churn устройство для перемешивания, мешалка; ‖ мешать, перемешивать; взбалтывать, вспенивать; закручиваться, завихряться

churning перемешивание, взбалтывание; образование вихрей; завихренность
chute лоток, желоб
cinder зола, шлак; окалина; ‖ сжигать
cinematics см. **kinematics**
cipher 1. нуль (число); 2. цифра, символ; ‖ высчитывать, вычислять; 3. код, шифр; ‖ кодировать, шифровать
circa (лат.) приблизительно, около
circle 1. круг; окружность; оборот, цикл; орбита, круговая (замкнутая) траектория; ‖ двигаться по кругу, вращаться, описывать окружность; делать оборот, циклически повторять(ся); окружать; 2. область, сфера
    c. diagram круговая (секторная) диаграмма
    approximate c. кривая, близкая к окружности
    boundary c. ограничивающая окружность
    circumscribed c. описанная окружность
    concentric circles концентрические окружности
    convergence c. круг сходимости
    divided c. круговая шкала, лимб
    generating c. образующая окружность
    great c. большой круг (на сфере), экватор
    imaginary c. мнимая окружность
    inscribed c. вписанная окружность
    Mohr's inertia c. круг инерции Мора
    parallel c. параллельная окружность, параллель
    stress c. круг напряжений (Мора)
    tangent c. касательная окружность
    unit c. окружность единичного радиуса; круг единичной площади
circlet кружок; кольцо, хомут
circs (сокращ. от **circumstances**) обстоятельства, условия
circuit 1. оборот, цикл; циркуляция, движение по замкнутому контуру; ‖ оборачиваться, совершать оборот; циркулировать, двигаться по замкнутому контуру; 2. цепь, контур, схема
    analog(ous) c. аналоговая схема; эквивалентная схема, моделирующая схема
    electric c. электрическая цепь
    Euler c. эйлеров контур (в теории графов)
    Hamilton c. гамильтонов контур (в теории графов)
    hydraulic c. гидравлическая система (сеть); гидравлическая схема
    network c. сетевая схема; разветвленная цепь, сложный контур
    open(ed) c. незамкнутая цепь, разомкнутый контур
    schematic c. принципиальная схема
    symbolic c. функциональная схема
    tunnel c. внутренний контур аэродинамической трубы
circuitry схемы, цепи; компоновка схем, схематика

circular 1. круглый, круговой, относящийся к кругу (окружности), циркульный; кольцевой, дисковый; 2. циклический, повторяющийся

    c. **acceleration** ускорение в круговом движении

    c. **arc** дуга окружности

    c. **bar** стержень круглого поперечного сечения; круговой стержень

    c. **chart** круговая (секторная) диаграмма

    c. **frequency** круговая (угловая) частота

    c. **function** тригонометрическая (круговая) функция

    c. **motion** круговое движение, вращение

    c. **permutation** круговая (циклическая) перестановка

    c. **pitch** шаг по дуге (окружности), круговой шаг

    c. **point** циклическая точка

    c. **references** круговые ссылки, циклическая зависимость

    c. **saw** круглая (циркульная) пила

circularity 1. кругообразность; 2. цикличность

circulate 1. совершать круговое движение; 2. циркулировать, двигаться по замкнутому контуру; 3. (периодически) повторяться; 4. распространять(ся), передавать; 5. периодическая дробь

circulation 1. круговое движение; 2. циркуляция, движение по замкнутому контуру; 3. (периодическое) повторение; 4. распространение

    c. **about airfoil** циркуляция вокруг профиля, циркуляционное обтекание профиля

    c. **around circuit** циркуляция по контуру

    c. **on loaded line** циркуляция несущей линии

    c. **loop** циркуляционная петля

    atmospherical c. атмосферная циркуляция

    forced c. принудительная циркуляция

circulatory циркуляционный, циркулирующий

circum- в сложных словах имеет значения: около, вокруг, кругом; круговой, относящийся к границе, периферический; описанный

circumambient окружающий; омывающий

circumcenter центр описанной окружности

circumcircle описанная окружность

circumference окружность; контур, обвод, периферия; длина окружности, периметр

circumferential круговой, окружной (относящийся к окружности), периферический, кольцевой; цилиндрический

    c. **coordinate** окружная координата

    c. **displacement** круговое перемещение, вращение

    c. **stress** окружное напряжение, напряжение в окружном направлении

    c. **velocity** окружная скорость, скорость на периферии

circumflexion изгиб; кривизна

circumfluent обтекающий; окружающий

circumgyration (круговое) вращение, кружение

circumjacent окружающий, расположенный вокруг

circumradius радиус описанной окружности

circumrotation вращение (вокруг своей оси); полный оборот

circumrotatory вращательный; делающий полный оборот

circumscribe описывать (напр., окружность); очерчивать; ограничивать

circumscribed описанный (о геометрической фигуре); ограниченный

    c. **triangle** описанный треугольник

circumsolar вращающийся вокруг Солнца

circumstance 1. обстоятельство; случай; 2. подробность, деталь

    the circumstance that тот факт, что

    under no circumstances ни при каких условиях

circumstanced поставленный в определенные условия

circumstantial 1. деталь, подробность; || подробный, обстоятельный; 2. случайный, привходящий (об обстоятельствах); 3. непрямой, косвенный

circumvolution 1. вращение (вокруг центра); 2. плоская спираль; 3. изгиб

cistern 1. бак, цистерна; 2. водоем

citation 1. цитирование; ссылка, упоминание; цитата; 2. перечисление

    c. **of facts** перечисление фактов

cite ссылаться, цитировать, упоминать

civil гражданский

    c. **engineer** инженер-строитель

    c. **engineering** гражданское строительство; строительное дело; строительная техника

clack 1. щелчок, хлопок; || щелкать; 2. клапан, заслонка, створка; || створчатый, откидной

clad армированный, бронированный, плакированный

cladding оболочка, обшивка; плакирование

claim требование; утверждение, заявление; || требовать; утверждать, заявлять

claimed accuracy требуемая точность

clamp зажим, зажимное устройство; клемма; струбцина, тиски; || зажимать, защемлять; закреплять, фиксировать

clamped защемленный, зажатый; закрепленный, фиксированный

    c. **beam** защемленная балка

    c. **boundary conditions** граничные условия защемления

    c. **edge** защемленный край (ребро), защемленная грань

clamping зажим; фиксация, крепление; || зажимной, фиксирующий

c. **apparatus** зажимное приспособление, фиксатор
clamps зажим, струбцина, тиски
clap хлопок, удар; хлопанье; || хлопать, ударять
Clapeyron Клапейрон
    C. **elastic body** упругое тело Клапейрона
clarification 1. выяснение; 2. очистка
    c. **of term** выяснение смысла термина
clarify 1. прояснять(ся), делать(ся) ясным, вносить ясность; 2. очищать(ся), делать(ся) прозрачным
clarity ясность; чистота, прозрачность
clash столкновение, удар; конфликт; || сталкиваться, ударяться; совпадать (налагаться) во времени
clasp зажим, фиксатор; || зажимать, фиксировать; обжимать
class 1. класс; группа; категория; || классифицировать; составлять мнение, оценивать; 2. сорт, качество; 3. курс обучения
    to **class with** ставить наряду с чем-либо; относить к классу, классифицировать
    c. **frequency** частота попадания в класс
    c. **of functions** класс функций
    c. **interval** интервал группировки
    c. **mean** среднее внутри класса
    c. **of problem** тип (класс) задачи
    c. **of problems** круг задач, круг вопросов
    accuracy c. класс точности
    consistent c. непротиворечивый класс
    equivalence classes классы эквивалентности
    functional c. класс функций, функциональный класс
classic классический; образцовый
classical классический
    c. **elasticity** классическая (идеальная) упругость; классическая теория упругости
    c. **mechanics** классическая механика
classification классификация; группировка, сортировка; разделение
    Brussels c. (Universal Desimal Classification) универсальная десятичная классификация (УДК) научной литературы
    concept c. смысловая сортировка
    gravity c. гравитационное разделение, разделение отстаиванием
    two-way c. классификация по двум признакам
classified классифицированный, сортированный; разделенный
classifier классификатор; разделитель
classify классифицировать; группировать, сортировать; разделять
clause 1. предложение, высказывание; 2. оператор (в языке программирования); 3. статья, параграф
Clausius Клаузиус
    C. **virial law** теорема вириала Клаузиуса
Clausius-Clapeyron equation уравнение (термодинамики) Клаузиуса-Клапейрона
Clausius-Duhem inequality неравенство Клаузиуса-Дюгема
clay глина, глинозем
    firm c. твердая глина
    quick c. пластичная глина
clayey глинистый
clean 1. чистый; без примесей; ясный, определенный, точный; || чистить(ся); очищать(ся); прояснять(ся), уточнять(ся), определять(ся); || полностью, совершенно; прямо, точно; 2. гладкий, ровный; обтекаемый; || сглаживать(ся), выравнивать(ся); обрабатывать начисто
    c. **wing** аэродинамически чистое крыло
    aerodynamically c. хорошо обтекаемый
cleaning 1. очистка; мойка; фильтрация; 2. выяснение, уточнение; 3. сглаживание, выравнивание
cleanliness 1. чистота; 2. гладкость, ровность; 3. хорошая обтекаемость; аэродинамическое совершенство
clear 1. ясный, чистый; понятный, отчетливый; прозрачный; || очищать(ся); выяснять(ся), прояснять(ся); становиться прозрачным; || ясно; 2. свободный; пустой, незаполненный, незагруженный; || освобождать(ся); разгружать(ся), опустошать(ся); 3. целый, полный; || полностью, целиком
    to **clear off** избавляться от чего-либо
    to **clear up** выяснять(ся), прояснять(ся)
    to **clear screen** стирать изображение (на экране дисплея), очищать экран
    to **make clear** разъяснять
    it is clear that ясно, что
    it is still far from clear еще далеко не ясно
    c. **area** свободная область, чистый участок
    c. **height** габаритная высота, высота в свету
    c. **opening** просвет, проход; ширина в свету, свободное (живое) сечение
    c. **span** длина пролета (в осях)
    c. **width** габаритная ширина; ширина в свету
    c. **wing** аэродинамически чистое крыло
clearance 1. очистка; 2. обнуление; установка в исходное положение; 3. зазор, промежуток, люфт, просвет, клиренс (напр., автомобиля); относительная высота, превышение; 4. вредное пространство (цилиндра двигателя); холостой ход; 5. габарит; 6. устранение препятствий; разрешение
    c. **diagram** габарит, предельное очертание
    c. **for expansion** компенсационный зазор (напр., для учета температурного расширения)
    c. **height** габаритная высота
    c. **hole** проходное отверстие, гладкое отверстие
    c. **leakage** неплотность (негерметичность) в зазорах; утечка через зазоры (неплотности)

c. **radius** габаритный радиус
c. **space** зазор, просвет, клиренс
amount of c. величина зазора
flow in c. течение в зазоре
ground c. дорожный просвет, клиренс
tolerance c. допуск посадки
clearcole грунтовка
clear-cut ясный, определенный, четкий; явно выраженный
clearly ясно, очевидно, несомненно
clearness 1. чистота, ясность, очевидность, четкость (напр., изображения), прозрачность; 2. свободное состояние, пустота; 3. полнота, цельность
clearway фарватер
cleavable (легко) раскалываемый, расщепляющийся, колющийся; слоистый
cleavage 1. раскалывание, расщепление, кливаж; скол; отрыв, разрыв; 2. слоистость (напр., материала); 3. расхождение (мнений)
c. **fracture** разрушение сколом; разрушение по плоскости спайности
c. **stress** напряжение отрыва (скола)
c. **surface** поверхность скола; плоскость спайности
cleave раскалывать(ся), расщеплять(ся), расслаивать(ся); разрезать
cleft 1. трещина; щель; ‖ расщепленный, расколотый; 2. кливаж
clevis 1. вага, рычаг; 2. скоба, серьга
click щелчок, щелканье; защелка; ‖ щелкать
climate климат; атмосфера
climax высшая точка, кульминация; ‖ доводить до кульминации
climb 1. подъем; набор высоты; ‖ подниматься, набирать высоту; 2. приподниматься, неплотно прилегать
c. **of dislocation** переползание дислокации
c. **indicator** указатель вертикальной скорости
rate of c. скорость подъема; скороподъемность
clinch 1. зажим, захват; скоба; ‖ зажимать, захватывать; 2. заклепка; ‖ заклепывать; 3. тупиковая ситуация
cling прилипать, приклеиваться; (за)цепляться
clink разрыв; трещина
clinker 1. спекшийся материал, клинкер, клинкерный кирпич; 2. шлак
clip 1. зажим, зажимное приспособление; хомут; ‖ зажимать, скреплять; 2. обрезать, отсекать
clipping ограничение, отсечение, срезание; часть, обрезок; ‖ режущий, острый
clock 1. часы, часовой механизм; 2. таймер, генератор тактовых импульсов; синхронизация, тактирование; тактовые импульсы; ‖ хронометрировать, отмечать время; синхронизировать; 3. прибор со стрелками

c. **diagram** круговая (секторная) диаграмма
c. **frequency** тактовая частота, частота тактирования (синхронизации)
c. **rate** тактовая частота
c. **oscillator** генератор синхроимпульсов, тактовый генератор
day c. датчик (астрономического, истинного) времени
internal c. внутренние (встроенные) часы, внутренний генератор синхронизирующих импульсов; внутренняя синхронизация
clocking 1. хронометрирование; 2. тактирование, синхронизация
clockwise движущийся (направленный) по часовой стрелке; ‖ по часовой стрелке
c. **rotation** вращение по часовой стрелке
clock-work часовой механизм
clod ком, глыба; ‖ слеживаться комьями
clog препятствие; засорение; ‖ препятствовать, мешать; засорять(ся)
clone имитация; аналог, клон; прототип
close конец, завершение, окончание; ‖ закрытый, замкнутый; близкий, тесный; подробный, детальный; точный; ‖ закрывать; замыкать; заканчивать, завершать; ‖ близко; приблизительно
to **close about** окружать
to **close a discussion** прекращать обсуждение
to **close down** останавливать(ся); подавлять, гасить
to **close a file** закрывать файл
to **close in** приближаться, наступать; окружать
to **close on** приходить к соглашению
to **close round** окружать
to **close up** закрывать; заканчивать
to **close with** принимать предложение
to **bring to a close** доводить до конца, завершать
at the **close of** в конце чего-либо
c. **angle** острый угол
c. **investigation** тщательное изучение
c. **orbit** низкая орбита
c. **relationship** тесная зависимость
c. **tolerance** малый допуск
close-cut резкий, четкий, контрастный
c. **separation** резкое разделение
c. **wavefront** четкий волновой фронт
closed закрытый, замкнутый; сомкнутый; изолированный; малый, ограниченный; завершенный, законченный
c. **angle** острый угол
c. **circuit** замкнутая схема, замкнутый цикл
c. **cross-section** замкнутое поперечное сечение
c. **curve** замкнутая кривая
c. **formula** замкнутая формула
c. **loop** замкнутый контур; замкнутая система; замкнутый цикл

c. **path** замкнутая траектория; замкнутый контур
c. **polygon** замкнутый многоугольник
c. **set** замкнутое множество
c. **system** закрытая (замкнутая, нерасширяемая) система
closedown прекращение работы, останов
close-ended замкнутый; сомкнутый
closed-form замкнутый, представимый в замкнутом (аналитическом, формульном) виде
c. **solution** решение в замкнутой форме, аналитическое решение
closed-loop system замкнутая система, система с обратной связью
close-grained мелкозернистый, тонковолокнистый, с тонкой структурой
close-in включение; замыкание
closely близко, тесно; внимательно, подробно; точно; целиком, полностью
arbitrary c. сколь угодно близко (точно)
closeness замкнутость; близость; точность; плотность
closer крышка, заглушка, фланец
closing закрытие, замыкание; перекрытие; завершение, заключение, конец; || закрывающий, замыкающий, заключительный, завершающий
c. **force** результирующая сила (многоугольника сил)
closure 1. закрытие, замыкание; сближение, смыкание; 2. перегородка, заслонка; перекрытие, затвор; герметизация; 3. замкнутое (аналитическое) выражение
c. **of dam** перекрытие плотины
crack c. смыкание берегов трещины, закрытие трещины
force c. замыкающая линия многоугольника сил
rate of c. скорость сближения
triangle c. замыкание треугольника; невязка треугольника
clot комок, сгусток; || сгущаться, слеживаться
cloth ткань, полотно; сетка
c. **laminate** материал из слоев ткани, текстолит
abrasive c. абразивное полотно
compound c. многослойная ткань
filter c. фильтровальная ткань
glass-fiber c. стеклоткань
wire c. проволочная сетка, металлическая ткань
clothe одевать, покрывать
clothing 1. одежда; обшивка; 2. оснащение
c. **of surface** оснащение поверхности
clou основная мысль, суть
cloud 1. облако, туча; 2. пятно; помутнение, матовость; 3. множество, скопление; 4. покров
c. **of vortices** скопление вихрей
cloudy 1. облачный; 2. непрозрачный, мутный (о жидкости); с пятнами, вкраплениями,

прожилками (о материале); 3. туманный, неясный
clow ворота шлюза
clue ключ (напр., к проблеме), основная идея
cluster группа элементов, блок, кластер; пучок, куст; скопление, концентрация; || групповой, кластерный, объединенный; || группировать(ся), объединять(ся), накапливать(ся)
c. **analysis** кластерный анализ
c. **sampling** групповая выборка
data c. кластер данных
defect c. скопление дефектов; дефектный кластер
gear c. группа шестерен
pile c. куст свай
well c. куст скважин
clustering разбиение на группы, группировка, кластеризация; образование скоплений
clutch сцепление, схватывание; устройство сцепления, муфта, захват; || сцеплять, схватывать, зажимать
clutter беспорядок, хаос; помехи
co- (приставка, придающая значения совместности, общности, соединенности) ко-, с-, со-; напр., **co-ordinate** координировать, согласовывать, **coprocessor** сопроцессор
coagulate сгущать(ся), коагулировать(ся)
coagulation сгущение, коагуляция
coal уголь
coal-bed угольный пласт
coalesce срастаться, слипаться, соединяться
coalescence коалесценция, слияние, соединение, срастание (напр., частиц)
crack c. слияние трещин
void c. слияние пор (пустот)
coalition коалиция, объединение, союз
coarse грубый; крупный, с грубой структурой, крупнозернистый; необработанный, шероховатый; низкого качества
c. **aggregate** крупный заполнитель (напр., бетона)
c. **fit** грубая (неточная) посадка; неточная аппроксимация, грубое приближение
c. **mesh** крупная (грубая, редкая) сетка
c. **thread** резьба крупного шага
coarse-grained крупнозернистый
coarsening увеличение, укрупнение, огрубление
c. **of mesh** разрежение сетки
coast 1. берег, побережье; 2. спуск под уклон; движение по инерции; || двигаться под уклон; двигаться по инерции (до полной остановки)
coat покрытие; оболочка, обшивка, облицовка, слой; грунт; кожух, корпус; обкладка; || покрывать, наносить покрытие, обшивать, облицовывать; грунтовать; заключать в оболочку
absorbing c. поглощающее покрытие
antirust c. антикоррозионное покрытие
photoelastic c. фотоупругое покрытие
protective c. защитное покрытие

seal c. грунтовка
stress c. тонкое покрытие, используемое для определения напряжений (напр., хрупкое лаковое покрытие)
coated покрытый, обшитый, облицованный; плакированный, окрашенный
c. beam method метод балок с покрытием (при изучении динамических свойств вязкоупругих материалов)
coating покрытие; оболочка, обшивка, облицовка, слой; грунт; нанесение покрытия; ‖ покрывающий, изолирующий
armored c. армированная оболочка
heavy c. толстое (толстослойное) покрытие
surface c. поверхностный слой
coauthor соавтор
coaxial соосный, коаксиальный, имеющий общую ось; спаренный
c. cable коаксиальный кабель, коаксиал
c. cylinders соосные цилиндры
c. jets соосные струи
cob глыба, ком
cobweb паутина, очень мелкая сетка (паутинка)
cock кран; кронштейн, скоба
cockle усадка (материала); волнистость (листового материала); морщина, складка
cockpit кабина летательного аппарата, кокпит
cocurrent параллельный, одновременный; попутный, спутный
c. flow параллельный поток, спутное течение
code 1. код, шифр, кодировка, система кодирования; машинная команда; программа (ЭВМ), текст программы; ‖ кодировать, шифровать; программировать; 2. технические условия; свод норм и правил (напр., отраслевые нормы прочности)
absolute c. абсолютный (машинный) код, программа в машинном коде
ASME codes нормы (правила) ASME
character c. код символа
instruction c. код команды; система (набор, состав) команд
machine c. машинный код, система команд (ЭВМ); программа в машинном коде
object c. объектный код, объектная программа
source c. исходный код (текст), исходная программа
structural codes нормы прочности, нормы и правила расчета конструкций
coded (за)кодированный; запрограммированный
coder кодирующее устройство, шифратор; преобразователь в цифровую форму
codification кодификация, сведение в кодекс, приведение в систему, упорядочение; нормирование; шифрация, кодирование

coding кодирование; программирование, составление программ; система кодирования, кодировка
coefficient 1. коэффициент, множитель; постоянная, модуль; индекс, показатель; 2. содействующий фактор; ‖ содействующий
c. of correction поправочный коэффициент
c. of cubic(al) expansion коэффициент объемного расширения
c. of efficiency коэффициент полезного действия
c. of elasticity модуль (коэффициент) упругости
c. of elongation коэффициент удлинения, относительное удлинение
c. of expansion коэффициент расширения
coefficients of expansion коэффициенты разложения
c. of extension коэффициент расширения
c. of flow коэффициент расхода
c. of friction коэффициент трения
c. of hardness число (индекс, показатель) твердости
c. of impact динамический коэффициент, коэффициент динамичности
c. of losses коэффициент потерь
c. of performance коэффициент полезного действия
c. of resistance коэффициент сопротивления; коэффициент безопасности (надежности), запас прочности
c. of restitution коэффициент (упругого) восстановления, коэффициент возврата
c. of rolling friction коэффициент трения качения
c. of safety коэффициент безопасности (надежности, прочности), запас прочности
c. of thermal expansion коэффициент теплового расширения
c. of variation коэффициент вариации (изменчивости)
c. of waste коэффициент (показатель) износа
absorption c. коэффициент поглощения
added-mass c. коэффициент присоединенной массы
arbitrary c. произвольный коэффициент
assurance c. коэффициент безопасности, запас прочности
attenuation c. коэффициент затухания
binomial c. биномиальный коэффициент
bulk c. объемный коэффициент
compressibility c. коэффициент сжимаемости
constant c. постоянный коэффициент
contraction c. коэффициент сжатия; коэффициент (поперечного) обжатия
correlation c. коэффициент корреляции
damping c. коэффициент затухания (демпфирования)

dielectric c. диэлектрическая постоянная
differential c. производная
dimensionless c. безразмерный коэффициент
discharge c. коэффициент расхода
drag c. коэффициент (лобового) сопротивления
efflux c. коэффициент истечения
end fixity c. коэффициент, учитывающий (вид) закрепление края
flexibility c. коэффициент податливости
floating-point c. мантисса числа (при представлении с плавающей запятой)
form c. коэффициент формы
influence c. коэффициент влияния
Lagrangian c. множитель Лагранжа (в задачах условной оптимизации)
Lame coefficients коэффициенты Ляме (механических свойств материалов); (геометрические) параметры Ляме (поверхности)
lift c. коэффициент подъемной силы
lumped c. приближенное значение коэффициента
mass c. массовый коэффициент
moment c. индекс момента
nonzero c. ненулевой коэффициент
orifice c. мерный коэффициент, коэффициент истечения
reliability c. коэффициент надежности
scalar c. скалярный коэффициент
scaling c. коэффициент масштабирования, масштабный коэффициент
scattering c. коэффициент рассеяния
section lift c. коэффициент подъемной силы профиля
shear c. коэффициент сдвига
slip c. коэффициент скольжения
stiffness c. коэффициент (фактор) жесткости
strain-optical c. коэффициент оптической деформации
transverse shear c. коэффициент поперечного сдвига
variable c. переменный коэффициент
viscosity c. коэффициент вязкости
wave drag c. коэффициент волнового сопротивления
weighting c. весовой коэффициент
wing c. (аэродинамический) коэффициент крыла

coerce принуждать, вынуждать; удерживать; сообщать принудительное движение
coercibility сжимаемость; податливость
coercible сжимаемый (напр., о газе), сжимающийся; податливый
coercion принуждение, вынуждение; удержание; сжатие, сжимание; приведение (напр., типов данных)
coerci(ti)ve принудительный, вынуждающий; коэрцитивный
  c. **force** вынуждающая (задерживающая) сила; коэрцитивная сила

coerciveness коэрцитивность
coffer(dam) короб, кессон; камера, шлюз; перемычка, плотина
Coffin's low-cycle fracture criterion критерий разрушения Коффина при малоцикловом нагружении
coflow спутный поток, спутное течение
coflowing спутный
  c. **jet** спутная струя
cog 1. выступ, зубец; 2. упрочнять металл (напр., прокаткой)
cogence убедительность, неопровержимость
cogent убедительный, неоспоримый, обоснованный
cogitable мыслимый, доступный пониманию
cogitation обдумывание, размышление
cognate сходный, близкий, родственный, одного происхождения
cognation сходство, близость, родство
cognition знание, познание; распознавание
cognitive познавательный
cognizance 1. знание, узнавание; компетенция; 2. отличительный знак
cognize узнавать, познавать; замечать
cog-wheel зубчатое колесо
cohere связывать(ся), сцеплять(ся), соединять(ся); согласовывать(ся); быть связанным (сцепленным)
coherence связь, сцепление; связность; согласованность; когерентность
coherent 1. связанный, сцепленный; связный; согласованный; когерентный; 2. ясный, отчетливый
cohesion когезия, сцепление, слипание; (межмолекулярная) связь; сила сцепления; когезионная прочность; связанность (напр., сети), связность
  force of c. сила сцепления
cohesionless несвязанный, несцепленный; несвязный
cohesive связующий; когезионный; связный
  c. **force** сила сцепления
  c. **resistance** когезионная прочность, прочность сцепления
  c. **soil** связный грунт
  c. **strength** прочность сцепления, сила когезии
  c. **zone** зона сцепления (когезии)
cohesiveness связывающая (когезионная) способность; связность
coil 1. катушка, спираль; виток, кольцо; рулон, бухта; обмотка, намотка; ‖ сворачивать кольцом, спиралью; наматывать, обматывать; 2. пружина, виток пружины;
  c. **pipe** змеевик
  c. **spring** винтовая (цилиндрическая) пружина
  magnet c. катушка электромагнита
coiled скрученный, намотанный; имеющий вид винтовой линии, спирали
coincide совпадать, равняться; соответствовать

coincidence совпадение; соответствие, согласованное положение; совмещение
coincident совпадающий, совмещающийся; соответствующий
   c. **axes** совпадающие оси
   c. **wave** стоячая волна
coincidental 1. см. coincident; 2. случайный
cold холод; ‖ холодный, в холодном состоянии; неработающий, остановленный
   c. **brittleness** хладноломкость
   c. **drawing** холодное протягивание, волочение
   c. **flow** текучесть в холодном состоянии
   c. **hardening** наклеп, нагартовка
   c. **pressing** холодная штамповка
   c. **short(ness)** хладноломкость
   c. **test** испытание холодом, испытание при низкой температуре
   c. **working** холодная обработка; нагартовка, наклеп
collapse разрушение, коллапс; выход из строя; потеря устойчивости; сжатие, смятие, сплющивание; осадка, оседание; ‖ разрушаться; выходить из строя; терять устойчивость; сминаться, сплющиваться; оседать, давать осадку
   c. **of bubbles** слияние (оседание) пузырьков
   c. **resistance** сопротивление смятию, прочность на смятие
   c. **test** испытание на разрушение (смятием)
   buckling c. разрушение в результате потери устойчивости
   elastic-plastic c. упруго-пластическое разрушение
   impact c. ударное разрушение
   low-cycle fatigue c. малоцикловое разрушение
collapsible разборный, раздвижной, складной
collapsing 1. разрушающий, вызывающий разрушение; 2. разборный, складной
   c. **load** разрушающая нагрузка
collar 1. кольцо, обруч, буртик, прилив, шайба, (короткая) втулка; 2. отверстие (буровой) скважины, устье шахты; 3. гидроизоляция, противофильтрационная диафрагма
   c. **rim** выступ обода колеса, реборда
collate сопоставлять, сравнивать; сортировать, упорядочивать, подбирать
collateral 1. побочный, второстепенный, дополнительный, факультативный; косвенный, непрямой; 2. совместный; параллельный
   c. **execution** совместное выполнение (программ)
   c. **lines** параллельные линии
collating сопоставление, сравнение; сортировка, упорядочение, подбор; ‖ сопоставляющий; сортирующий
   c. **sequence** схема упорядочения
collect собирать(ся), накапливать(ся)

collecting собирание, накопление; связывание; ‖ собирающий, накапливающий
   c. **of terms** приведение подобных членов
collection собирание, сбор; набор, совокупность, система
   data c. сбор данных; совокупность данных
   pattern c. совокупность (система, набор) образцов
   test c. система тестов
collector коллектор, приемник, сборник
college колледж, высшее специальное учебное заведение
collegiate университетский, академический
collet зажимное приспособление, патрон
collide сталкиваться, вступать в противоречие
colliery угольная шахта
colligate связывать, обобщать (факты)
collimation 1. коллимация; 2. визирование
   line of c. линия визирования
collinear коллинеарный, лежащий на одной прямой, имеющий общую прямую
   c. **vectors** коллинеарные векторы
collinearity коллинеарность, расположение на одной прямой
colliquate плавить, расплавлять
colliquation плавление
collision столкновение, соударение; противоречие, конфликт; наложение, перекрытие
   c. **frequency** частота (число) соударений
   c. **of particles** соударение частиц
   elastic c. упругое соударение
   head-on c. лобовое столкновение
   Hertz c. (упругое) соударение по Герцу
   rigid c. жесткое (неупругое) соударение
collocate размещать, располагать, расставливать
collocation коллокация; размещение, расположение, расстановка
   c. **method** метод коллокаций
   finite element c. **method** метод конечных элементов-коллокаций, коллокационный метод конечных элементов
   point c. коллокация в точке, (по)точечная коллокация
   subdomain c. коллокация в подобласти
colloid коллоид; ‖ коллоидный
colloquium коллоквиум, собеседование, устный экзамен; обсуждение
colon двоеточие
color см. colour
coloration см. colouration
colour цвет; оттенок; краска, красящее вещество, пигмент; свет, вид; ‖ цветной, разноцветный; ‖ красить, окрашивать(ся), раскрашивать(ся)
   c. **gamut** цветовая гамма, цветовой круг
   annealing colours цвета побежалости
   background c. цвет фона
   fundamental colours основные цвета

colouration окраска, раскраска, расцветка; окрашивание
coloured цветной, окрашенный
colouring окраска; цвет, тон; красящее вещество, пигмент; ‖ красящий, раскрашивающий
column 1. колонна; (вертикальный) стержень, стойка, столб; аппарат колонного типа; 2. колонка, столбец, вертикальная графа
   c. **action** работа стойки (колонны) при продольном нагружении
   c. **crane** башенный кран
   c. **diagram** столбцовая диаграмма, гистограмма
   c. **foot** база (основание, пята) колонны
   c. **height** высота колонны (стойки); высота столба
   c. **matrix** матрица-столбец
   c. **of matrix** столбец матрицы
   c. **pivoting** выбор главного элемента по столбцам (в методе Гаусса-Жордана решения систем линейных алгебраических уравнений)
   c. **scaled matrix** матрица, масштабированная по столбцам
   c. **space** пространство столбцов (натянутое на векторы-столбцы)
   c. **vector** вектор-столбец
   air c. столб воздуха
   beam c. балка-стойка (работающая на изгиб и растяжение-сжатие)
   capillary c. капиллярный столб
   Euler beam c. балка-стойка Эйлера (теряющая устойчивость по Эйлеру)
   frame c. рамная стойка
   liquid c. столб жидкости
   mercury c. ртутный столб
   plasma c. плазменный шнур
   pressure c. напорный столб
   reaction c. реакционная колонна
   steering c. рулевая колонка
   table c. столбец таблицы
   zero c. нулевой столбец
columnar колоннообразный; поддерживаемый на столбах (колоннах); столбчатый, расположенный по столбцам (столбцами); стебельчатый
columnwise столбцовый, колонный, типа колонны; столбчатый; ‖ по столбцам
   c. **storing** хранение по столбцам (напр., матрицы)
comb 1. гребень; ‖ разделять на полосы, расчесывать; 2. волнолом; ‖ разбиваться (о волнах); 3. (пчелиные) соты; ‖ сотовый, в форме сотов
combination комбинация, сочетание; объединение, соединение; набор, система, совокупность; смешение; смесь
   c. **of loads** сочетание нагрузок
   c. **of n things by r** сочетание из n элементов по r
   chemical c. химическое соединение
   linear c. линейная комбинация (напр., векторов)
   wing-body c. система крыло-фюзеляж
combinative комбинационный, объединительный, сочетательный; комбинаторный
combinatorial комбинаторный, сочетательный
   c. **property** сочетательное свойство
combinatorics комбинаторика
combine объединение, соединение, сочетание; объединение агрегатов, комбайн; ‖ объединять(ся), соединять(ся); комбинировать(ся), сочетать(ся), смешивать(ся)
combined комбинированный, составной, сложный; совместный, совмещенный, составляющий одно целое; суммарный
   c. **action** совместная работа; комбинированное воздействие; суммарное воздействие
   c. **stress** сложное напряженное состояние
   c. **surface** составная поверхность
   c. **test** сложное (совмещенное) испытание; комбинированный критерий
combust гореть; сгорать; сжигать
combustibility горючесть, воспламеняемость
combustible горючее вещество, топливо; ‖ горючий, воспламеняемый
combuster камера сгорания, топка
combustion горение; сгорание; сжигание
   c. **cell** топливный элемент
   c. **chamber** камера сгорания
   c. **engine** двигатель внутреннего сгорания
   c. **gas** газообразные продукты сгорания
   c. **materials** продукты сгорания
   c. **rate** скорость горения
   c. **value** теплота сгорания; теплотворная способность (топлива)
   c. **wave** фронт горения
   adiabatic c. адиабатическое горение
   incomplete c. неполное сгорание
   pulsating c. пульсационное горение
   steady-state c. устойчивое (установившееся) горение
   uniform c. равномерное сгорание
combustor см. combuster
come приходить, подходить, прибывать; делаться, становиться; случаться, происходить; доходить до, достигать; происходить от; сводиться к
   to **come about** происходить, случаться; менять направление
   to **come across** наталкиваться на что-либо
   to **come after** следовать; искать
   to **come again** возвращаться
   to **come along** идти, сопровождать
   to **come apart** распадаться на части
   to **come at** добиваться чего-либо, получать доступ
   to **come away** уходить; отламываться
   to **come back** возвращаться

to come before предшествовать; превосходить
to come by проходить мимо; доставать, достигать
to come down падать, спускаться, опускаться
to come for заходить за
to come into входить, вступать
to come into account учитываться
to come into being возникать
to come into force вступать в силу, начинать действовать
to come into notice привлекать внимание
to come into use начинать (широко) применяться
to come off уходить, удаляться; происходить, иметь место
to come on приближаться; появляться, возникать; расти; возникать (о вопросе)
to come out выходить; появляться (напр., в печати); обнаруживаться, проявляться
to come out to be оказываться
to come round обходить; менять мнение, соглашаться с иной точкой зрения
to come through проникать, проходить; выходить из положения
to come to приходить к, доходить до, равняться
to come to conclusion приходить к заключению, делать вывод
to come to know знакомиться, узнавать
to come to grips подходить вплотную
to come to light становиться очевидным
to come to point доходить до сути
to come to rest останавливаться
to come through проходить внутрь, проникать
to come together объединяться, собираться
to come true оказываться правильным; осуществляться
to come up подниматься, вырастать, возникать; достигать уровня, сравниваться
to come upon наталкиваться; предъявлять требования
come-back возвращение (в исходное состояние); ответ, возражение
  elastic c. упругая отдача
come-down падение, спуск; ухудшение, упадок
come-off завершение
coming приход, прибытие, наступление, приближение; ‖ будущий, наступающий, предстоящий, ожидаемый
  in the years coming в ближайшие годы
comma запятая
  inverted commas кавычки
command 1. команда, предписание, управляющий сигнал; ‖ командный, управляющий, предписывающий; ‖ управлять, задавать; 2. владение; ‖ владеть; 3. превышение, разность высот

commander управляющий, задающий; средство задания команд
commence начинать(ся)
commensurate соответственный; соразмерный
comment замечание, комментарий, примечание; ‖ делать замечания, комментировать
  c. statement оператор комментария (в программе)
  explanatory c. пояснительный комментарий
  program c. комментарий к программе
commentary комментарий
commentation комментирование, толкование; аннотация
commercial промышленный, технический; промышленного типа, промышленного значения; выпускаемый промышленностью, имеющийся на рынке
  c. elastic limit технический предел упругости
  c. load промышленная (эксплуатационная) нагрузка
  c. measurement техническое измерение
  c. software промышленное программное обеспечение
  c. steel сортовая сталь
  c. testing промышленные испытания; испытание всех изделий (сплошной контроль)
commingle смешивать(ся)
commingler смеситель
comminute дробить, разбивать на мелкие части, толочь; делить
comminution измельчение, (раз)дробление
commission 1. приведение в готовность, введение в строй; ‖ готовить, подготавливать; 2. комиссия; 3. поручение; ‖ поручать
  in commission в исправности, в полной готовности
commit связывать, фиксировать; передавать, поручать
commitment связывание, блокирование; передача
committee комитет, комиссия
  steering c. организационный, подготовительный комитет
common 1. общий; распространенный, стандартный, типовой; простой, обыкновенный; 2. оператор Common (Фортран); общая переменная или массив данных
  common to свойственный чему-либо
  in common общий; ‖ совместно
  in common with наряду с
  c. area общая область (напр., памяти)
  c. block общий блок (данных)
  c. factor общий множитель
  c. form принятая (стандартная) форма
  c. fraction простая дробь
  c. measure общий делитель
  c. sense здравый смысл

c. software стандартное программное обеспечение
c. tangent общая касательная
c. time единое время
least c. multiple наименьшее общее кратное

commonality общность; стандартность, унифицированность

commonly обычно, обыкновенно
most commonly чаще всего

commotion волнение (воды)

communicable передающийся, сообщающийся

communicate сообщать(ся), передавать(ся), связывать(ся)

communication связь, коммуникация, передача (данных); средства связи, пути сообщения; взаимодействие; ∥ служащий для связи, коммуникативный, коммуникационный, связной

community объединение (людей), (со)общество; общность; ∥ общественный
scientific c. научная общественность

commutation переключение, коммутация, коммутирование; замена; перестановка

commutative коммутативный, перестановочный, переместительный
c. law коммутативный (переместительный) закон
c. operation коммутативная операция
c. property свойство коммутативности (перестановочности)

commutator переключатель, коммутатор; коллектор; преобразователь тока

commute коммутировать, переключать; переставлять, заменять

compact 1. компактный, плотный, сжатый; ∥ уплотнять, сжимать; 2. сплошной, в виде сплошного массива; 3. мелкозернистый; 4. компакт, компактное множество
c. ground плотный грунт
c. specimen компактный образец
c. set компактное множество, компакт

compacted сжатый, прессованный, уплотнённый

compact-grained плотного строения, плотный, мелкозернистый

compaction сжатие, прессование, уплотнение

compactor уплотнитель, компактор

comparable сравнимый, сопоставимый

comparative сравнительный, сопоставительный, относительный
c. analysis сравнительный анализ
c. method сопоставительный метод
c. study сравнительное изучение

comparatively сравнительно, относительно

compare сравнивать, сопоставлять, сличать; уподоблять; сравниваться; выдерживать сравнение

comparison сравнение, сопоставление, сличение
to make a comparison сравнивать, сопоставлять, проводить аналогию
beyond all comparison вне всякого сравнения
in comparison with по сравнению с
magnitude c. сравнение по величине

compartment отделение, отсек; ячейка, камера, коробка
water-tight c. водонепроницаемый отсек

compass 1. компас; ∥ компасный; 2. круг; окружность; (криволинейный) обвод; циркуль; ∥ (полу)круглый; ∥ обходить кругом, окружать; 3. объем, охват, диапазон; граница, предел(ы); ∥ охватывать; 4. понимать, схватывать; 5. достигать, осуществлять
within the compass в пределах
c. variation магнитное склонение

compatibility совместимость, совместность, соответствие; взаимозаменяемость
c. criterion критерий совместности (совместимости)
c. deformation model совместная модель деформирования, модель деформирования в перемещениях
c. equations уравнения совместности (деформаций); совместные уравнения
approximate c. приближенная совместность
displacement c. совместность перемещений
downward c. совместимость "сверху вниз"
forward c. совместимость "снизу вверх"
program c. программная совместимость, совместимость на уровне программ
software c. программная совместимость
strain c. совместность деформаций
type c. соответствие типов
upward c. совместимость "снизу вверх"

compatible совместный, совместимый; сходный (с чем-либо)
c. events совместимые (совместные) события
c. finite element совместный конечный элемент
forward c. совместимый снизу вверх
program c. программно-совместимый

compendious краткий, сжатый

compendium (лат.) (мн.ч. compendia) краткое руководство; конспект, резюме

compensate компенсировать, восполнять; корректировать, выправлять; выравнивать, уравновешивать, балансировать

compensation компенсация, восполнение; корректировка, исправление; выравнивание, уравновешивание
c. joint компенсационный (температурный) шов
c. term компенсирующий член, поправка

compensative компенсирующий, возмещающий, восполняющий; корректирующий; выравнивающий, уравновешивающий

compensator компенсатор; бустер, (электрический) трансформатор

compensatory см. compensative
competence способность, умение; компетенция
competent 1. знающий, компетентный; 2. правомочный, законный; 3. достаточный
compilation 1. составление, сбор, (напр., материала), компилирование; 2. компиляция, трансляция (программы)
compile 1. составлять, собирать, компилировать; 2. транслировать, компилировать (программы)
compiled составленный, собранный; откомпилированный, оттранслированный
   c. **code** откомпилированная программа, объектный код
compiler транслятор, компилятор; составитель
complement 1. дополнение; пополнение; ‖ дополнять, служить дополнением; пополнять; 2. комплект; ‖ комплектовать
   c. **of an angle** дополнение угла до прямого
   algebraic c. алгебраическое дополнение
   Boolean c. булево (логическое) дополнение
   zero c. точное (алгебраическое) дополнение; дополнительный код (числа)
complementary дополнительный, добавочный, комплементарный
   complementary to дополнительный к чему-либо; ‖ кроме, помимо (чего-либо)
   c. **angle** дополнительный (до 90 градусов) угол
   c. **energy** дополнительная энергия (деформации)
   c. **energy principle** принцип (максимума) дополнительной энергии (деформации), принцип Кастильяно
   c. **work** дополнительная работа (деформации)
complementation дополнение, образование дополнения
complete 1. полный; завершенный, законченный; совершенный; замкнутый; непополняемый; ‖ заканчивать, завершать, выполнять; укомплектовывать; 2. полный набор (комплект), полная система
   c. **angle** полный угол, угол в 360 градусов
   c. **basis** полный базис
   c. **polynomial** полный многочлен
   c. **set** полный набор, комплект; полная система
   c. **shell** замкнутая оболочка
completely полностью, совершенно, вполне, целиком
completeness полнота; законченность, завершенность
   c. **criterion** критерий полноты
   system c. полнота системы
completion окончание, завершение; заключение; пополнение, расширение
complex 1. сложный; составной, состоящий из частей; объединенный, совокупный; комплексный; 2. сложный (составной) объект, комплекс; объединение, совокупность
   c. **boundary** сложная (составная) граница, граница сложной формы
   c. **displacement** составное (сложное) перемещение; комплексное смещение (в теории оболочек)
   c. **eigenvalue** комплексное собственное значение
   c. **experiment** многофакторный (сложный) эксперимент
   c. **loading** сложное нагружение
   c. **number** комплексное число
   c. **object** сложный (составной) объект
   c. **plane** комплексная плоскость
   c. **potential** комплексный потенциал
   c. **problem** сложная задача
   c. **profile** сложный (фасонный) профиль
   c. **root** комплексный корень
   c. **system** сложная система; комплексная система (уравнений)
   cell c. клеточный комплекс, клеточное разбиение
   imaginary part of the c. **number** мнимая часть комплексного числа
complexion вид; аспект
complexity сложность; усложненность
   computational c. вычислительная сложность
   level of c. уровень сложности
complex-valued комплекснозначный
compliance 1. податливость, деформируемость; коэффициент податливости; 2. соответствие, согласование
   in compliance with в соответствии с чем-либо
   c. **factor** коэффициент податливости
   c. **modulus** модуль податливости
   c. **of support** податливость опоры
   extensional c. податливость при растяжении
compliant податливый, деформируемый
complicate усложнять
complication сложность; усложнение
complicative усложняющий
comply уступать, соглашаться; подчиняться (напр., правилам)
component компонент, составная часть, составляющая; слагаемое; деталь, элемент; агрегат, блок; ‖ составляющий, слагающий; составной
   c. **analysis** факторный анализ
   c. **of array** элемент массива (матрицы, списка)
   c. **element** составной элемент; составляющий элемент, компонент, звено, ячейка
   c. **error** составляющая погрешности
   c. **force** составляющая сила
   c. **of force** составляющая силы
   c. **frequency** составляющая частота
   c. **geometry** геометрическая структура
   c. **of lift** составляющая подъемной силы

c. parts составные части
acceleration c. компонент (вектора) ускорения
Cartesian c. декартова составляющая
circumferential c. окружная (круговая) составляющая
deformation components компоненты (тензора) деформации
diagonal c. диагональный элемент (матрицы); раскос
elastic c. of strain упругая составляющая (тензора) деформации
energy c. составляющая энергии; активная составляющая
harmonic c. гармоническая составляющая, гармоника
lateral c. боковая (поперечная) составляющая
linear c. линейная составляющая, линейный член
machine components детали машин
marginal c. элемент, работающий на пределе возможностей
rotational c. касательная (вращательная) составляющая
solid c. объемный элемент; твердотельный элемент
spectral c. элемент спектра
stable c. устойчивый элемент, устойчивое звено
stress c. компонент (тензора) напряжений
tangential c. тангенциальная (касательная) составляющая
vector c. компонент (составляющая) вектора
velocity c. составляющая (вектора) скорости
zero c. нулевой элемент
component-level на уровне (отдельных) компонентов
componentwise покомпонентный, поэлементный; ǁ покомпонентно
c. addition покомпонентное сложение
comport согласовывать(ся), соответствовать
compose составлять, компоновать, собирать, формировать
composite 1. смесь, композит; композиционный материал; ǁ смешанный; композитный, композиционный; 2. комбинация, составной объект; ǁ сложный, составной; комбинированный; суммарный
c. action совместная работа, совместное действие; комбинированное воздействие; суммарное воздействие
c. figure сложное число
c. function сложная функция
c. index сложный индекс; сводный показатель
c. grid составная сетка
c. joint комбинированное соединение
c. material композитный (композиционный) материал, композит
c. modules модули композита, физико-механические параметры композиционного материала
c. number составное число
c. shell оболочка из композиционного материала
c. structure структура композита (композиционного материала); конструкция из композиционного материала
c. surface составная поверхность
anisotropic c. анизотропный композит
delamination of c. расслаивание (растрескивание) композиционного материала
fibre reinforced c. material композиционный материал, армированный волокнами
fibred c. волокнистый композит
laminated c. слоистый композит
layered c. слоистый (многослойный) композит
metal-matrix c. композит с металлической матрицей
multilayered c. beam многослойная композитная балка
woven c. тканый композит
composition 1. составление, построение, формирование; композиция, компоновка; структура, (процентный) состав; соединение, смесь, сплав; ǁ сложный, составной, композиционный; 2. монтаж, сборка; 3. сложение векторов; внутреннее произведение тензоров; 4. соглашение, компромисс
c. of atmosphere состав атмосферы
c. of forces сложение сил
c. in percent состав в процентах, процентное соотношение
c. of vectors сложение векторов
c. by volume состав по объему
c. by weight состав по весу
adhesive c. клеевая композиция
blend c. состав смеси
symmetrical c. симметричное (регулярное) построение
compositive искусственный, синтетический
compound смесь, соединение, состав, компаунд; сложное слово; составной оператор; ǁ смешанный, сложный, составной; компаундный; ǁ смешивать, соединять, составлять
c. cloth многослойная ткань
c. curve составная кривая
c. unit единица (измерения) со сложной размерностью
additive c. добавка, присадка
compounded смешанный, составной
compounding смешение, смешивание, составление смеси
rubber c. составление резиновой смеси
compreg пропитанная смолами и спрессованная древесина
comprehend понимать, постигать; охватывать, включать
comprehension понимание, постижение; охват, включение

comprehensive широкий, полный, всесторонний
  c. **approach** комплексный (системный) подход
  c. **definition** широкое (исчерпывающее) определение
  c. **survey** полный обзор
  c. **treatment** детальное исследование
compress компресс; ‖ сжимать(ся), сдавливать(ся); сокращать(ся), уменьшать(ся)
compressed сжатый; сокращенный; уменьшенный
  c. **air** сжатый воздух
  c. **column** сжатая стойка
  c. **face** сжатая грань
  c. **limits** уменьшенные пределы
  c. **member** сжатый элемент (конструкции)
  c. **specimen** сжатый образец
  highly c. сильно сжатый, работающий при больших сжимающих нагрузках (напряжениях)
compressed-air пневматический
compressibility сжимаемость, свойство сжимаемости (материала); коэффициент сжатия
  under compressibility при наличии сжимаемости; с учетом сжимаемости
compressible сжимающийся; сжимаемый, сдавливаемый, сокращаемый
  c. **flow** течение сжимаемой жидкости
  c. **material** сжимаемый материал
compressing сжатие; сокращение; уменьшение; ‖ сжимающий(ся), сдавливающий(ся); уменьшающий(ся)
  c. **force** сжимающая сила, сжимающее усилие
  c. **stress** напряжение сжатия
compression сжатие; давление, компрессия, сдавливание; прессование, уплотнение; подавление; свертка
  to analyse for compression рассчитывать на сжатие
  to be in compression находиться в состоянии сжатия, работать на сжатие
  to be strong in compression хорошо сопротивляться сжатию
  to fail in compression повреждаться (разрушаться) при сжатии
  to subject to compression подвергать сжатию, сжимать
  to test by compression испытывать на сжатие
  c. **area** область сжатия (сжимающих напряжений)
  c. **chamber** камера сжатия
  c. **curve** кривая (деформации) сжатия; график изменения давления; эпюра сжимающих напряжений
  c. **deformation** деформация сжатия, относительное сжатие (укорочение образца)
  c. **diagonal** раскос, работающий на сжатие
  c. **face** сжатая грань
  c. **flow** течение сжатия
  c. **fracture** разрушение при сжатии, разрушение от сжатия
  c. **front** фронт (волны) сжатия
  c. **impact** ударное сжатие
  c. **joint** сжатый стык; прессовое соединение
  c. **load** сжимающая нагрузка
  c. **member** сжатый элемент; элемент, работающий на сжатие
  c. **mould** пресс-форма
  c. **oscillation** колебание сжатия-растяжения; пульсация давления
  c. **set** остаточная деформация при сжатии
  c. **space** камера сжатия (давления)
  c. **specimen** образец для испытания на сжатие
  c. **spring** пружина сжатия
  c. **strain** деформация сжатия, деформация при сжатии; относительное сжатие (укорочение образца)
  c. **strength** прочность на сжатие, (временное) сопротивление сжатию; работа на сжатие
  c. **stress** напряжения сжатия, сжимающее напряжение
  c. **stroke** такт (ход) сжатия
  c. **testing machine** машина для испытания на сжатие, испытательный пресс
  c. **wave** волна сжатия, скачок уплотнения
  axial c. сжатие вдоль оси, осевое (центральное) сжатие; одноосное сжатие
  biaxial c. двухосное сжатие
  boundary c. сжатие по границе
  centric c. центральное (осевое) сжатие
  compound c. сложное (неоднократное, многоступенчатое) сжатие
  crack-parallel c. сжатие вдоль трещины
  data c. уплотнение (сжатие) данных
  deformation of c. деформация сжатия
  degree of c. степень сжатия
  eccentric c. внецентренное сжатие
  elastic c. упругое сжатие
  high strain rate c. сжатие с высокой скоростью деформации
  limit of c. предел упругости (прочности) при сжатии
  linear c. одноосное сжатие
  local c. местное (локальное) сжатие
  major principal c. главное сжимающее напряжение
  modulus of c. модуль упругости при сжатии
  negative c. отрицательное сжатие
  pulse of c. импульс сжатия
  shock c. ударное сжатие, сжатие в скачке уплотнения
  single-stage c. однократное (одноступенчатое) сжатие
  stability in c. устойчивость при сжатии

state of c. состояние сжатия, сжатое состояние
  transverse c. поперечное сжатие
  triaxial c. трехосное (всестороннее) сжатие
  uniform c. равномерное сжатие; равномерное (равномерно распределённое) давление
  work of c. работа сжатия
  yield limit of c. предел текучести при сжатии
  zone of c. зона сжатия, область сжимающих напряжений
compression-tension cycle цикл "сжатие-растяжение"
compressive сжимающий, сдавливающий; сокращающий
  c. edge load сжимающее усилие по кромке
  c. force усилие сжатия, сжимающая сила
  c. hardening упрочение при сжатии
  c. stiffness жесткость на сжатие
  c. strain деформация сжатия; работа на сжатие
  c. stress сжимающее напряжение
  c. yield point предел текучести при сжатии
  critical c. stress критическое (сжимающее) напряжение
compressor 1. компрессор; 2. уплотнитель
  c. blade лопатка (турбины) компрессора
  c. stage ступень компрессора
  axial(-flow) c. осевой компрессор
  radial(-flow) c. центробежный компрессор
  multistage c. многоступенчатый компрессор
comprise включать, заключать в себе, вмещать, содержать, охватывать; входить в состав
compulsion вынуждение, принуждение
compulsive принудительный; принуждающий, вынуждающий
computable вычислимый, исчислимый; вычисляемый, исчисляемый
  c. function вычислимая функция
computation вычисление, счёт, расчёт, выкладка; вычисления, расчёты
  analytical c. аналитические расчёты, выкладки
  analog c. аналоговое моделирование, вычисление на аналоговых (моделирующих) устройствах
  double-precision c. вычисления с двойной (удвоенной) точностью
  elemental c. вычисления для элемента, вычисления на уровне (отдельных) (конечных) элементов
  fixed-point c. вычисления с фиксированной запятой
  floating-point c. вычисления с плавающей запятой
  hybrid c. смешанные (аналого-цифровые) вычисления

  incremental c. инкрементальное (пошаговое) вычисление, вычисление путём приращений
  matrix c. вычисление матриц(ы); матричные вычисления
  numerical c. численный расчёт, численный анализ
  real-time c. вычисления в реальном (масштабе) времени
  recursive c. рекурсивное вычисление
  sequential c. последовательное вычисление
  step-by-step c. пошаговое вычисление
  symbolic c. символьные (аналитические) вычисления
  unstable c. неустойчивые вычисления, неустойчивый счёт
computational вычислительный, расчётный, численный
  c. algorithm вычислительный алгоритм
  c. cost вычислительные затраты, стоимость вычислений
  c. efficiency эффективность вычислений
  c. experiment вычислительный эксперимент
  c. geometry вычислительная геометрия
  c. mathematics вычислительная математика
  c. mechanics вычислительная механика
  c. scheme алгоритм вычислений, метод расчёта
  c. science вычислительные науки; наука о вычислениях
  c. solution численное (числовое) решение
  c. technique метод расчёта
compute вычислять, рассчитывать, (количественно) оценивать
computer (электронная) вычислительная машина (ЭВМ), компьютер; ‖ вычислительный, компьютерный, машинный, относящийся к вычислительной технике
  c. graphics машинная графика; средства (устройства) машинной графики
  c. language машинный язык, язык машины
  c. network сеть ЭВМ
  c. power производительность (быстродействие) ЭВМ
  c. procedure вычислительная процедура (программа)
  c. run запуск (выполнение) программы на ЭВМ; работа ЭВМ, счёт
  c. science вычислительная наука и техника, информатика
  c. storage память ЭВМ
  c. system вычислительная система, ЭВМ
  c. user пользователь ЭВМ
  c. vision машинное зрение (средства ввода и распознавания изображений)
  c. word машинное слово
  c. zero машинный нуль

analog c. аналоговая вычислительная машина (АВМ); аналоговое (моделирующее) вычислительное устройство
concurrent c. параллельная вычислительная машина
control c. управляющая вычислительная машина (УВМ)
digital c. цифровая вычислительная машина (ЦВМ)
general-purpose c. универсальная вычислительная машина
host c. центральная ЭВМ (в сети)
mainframe c. универсальная ("большая") ЭВМ; см. также host computer
parallel c. параллельная ЭВМ
personal c. (PC) персональная электронно-вычислительная машина (ПЭВМ), персональный компьютер (ПК)
satellite c. периферийная ЭВМ
scientific c. ЭВМ для научных расчетов
serial c. последовательная ЭВМ
vector c. векторная ЭВМ
computer-aided автоматизированный, компьютеризированный, машинный, выполняемый с помощью ЭВМ
c. design (CAD) автоматизированное проектирование, проектирование с использованием ЭВМ; система автоматизированного проектирования (САПР)
c. instruction (CAI) компьютеризированное обучение
c. manufacturing (CAM) автоматизированное производство; производство, управляемое ЭВМ; автоматизированная система управления производством (АСУП)
c. software engineering (CASE) автоматизированная разработка программного обеспечения
computer-assisted см. computer-aided
computer-based компьютерный, машинный, с использованием ЭВМ, основанный на применении ЭВМ
computer-controlled управляемый ЭВМ
computerisation использование ЭВМ, компьютеризация, автоматизация обработки данных
computerise автоматизировать (вычисления или обработку данных) при помощи ЭВМ, компьютеризировать; ставить (задачу) на ЭВМ
computerised автоматизированный, машинный
c. control автоматизированное управление
c. device прибор, оснащенный ЭВМ (напр., для управления, расчетов)
c. modelling компьютерное моделирование, моделирование на ЭВМ
c. simulation компьютерное (численное) моделирование, имитация на ЭВМ (процессов, явлений)
c. structural analysis автоматизированный расчет конструкций, расчет конструкций на ЭВМ; автоматизированный структурный анализ
c. testing автоматизированные испытания
computerization см. computerisation

computerize см. computerise
computerized см. computerised
computer-limited ограниченный возможностями ЭВМ
computer-oriented рассчитанный на использование ЭВМ, машинно-ориентированный, вычислительный (о математическом методе)
computing вычисление, расчет, обработка данных; применение вычислительной техники; ‖ вычислительный, расчетный
c. machinery вычислительная техника
c. technique техника вычислений; метод расчета; вычислительная техника
c. time время счета
c. unit 1. вычислительное устройство; 2. единица масштаба
background c. фоновые вычисления, решение задач с низким приоритетом
batch c. пакетная обработка данных
distributed c. распределенная обработка данных
foreground c. решение задач с высоким приоритетом (при наличии задач с низким приоритетом)
parallel c. параллельная обработка данных, параллельные вычисления
concatenate связывать, соединять, сцеплять
concatenation соединение; (взаимная причинная) связь, конкатенация, сцепление
concave впадина; свод; ‖ вогнутый; ‖ выгибать, образовывать вогнутую поверхность
c. curve вогнутая кривая
concavity вогнутость; вогнутая поверхность; полость
concavo-concave двояковогнутый
concavo-convex вогнуто-выпуклый
conceal скрывать, маскировать
concede допускать (напр., возможность чего-либо); признавать
conceivable возможный; постижимый, мыслимый
conceivably предположительно, как можно представить
conceive понимать, постигать, представлять себе; задумывать; предлагать, формулировать идею
concentrate концентрат, обогащенный продукт; ‖ сосредоточивать(ся), локализовать(ся), собирать(ся), сгущать(ся), концентрировать(ся); обогащать, увеличивать концентрацию, сгущать
concentrated сосредоточенный, локализованный, локальный; концентрированный; обогащенный
c. force сосредоточенная (локальная) сила
c. load сосредоточенная нагрузка
c. vorticity результирующий вихрь
concentration концентрация, сосредоточение, локализация; кучность; сгущение
data c. концентрация данных; сбор данных

    elastic-plastic strain c. концентрация упругопластических деформаций
    stress c. концентрация напряжений
concentrator концентратор; накопитель
    stress c. концентратор напряжений
concentre концентрировать(ся), сосредоточивать(ся); сходиться в центре, иметь общий центр
concentric концентрический, с совпадающими центрами
    c. circles концентрические окружности
concentricity концентричность
concept понятие, идея, общее представление, концепция; принцип, теоретические основы; план, проект; система, устройство, конструкция
    c. of sources and sinks метод источников и стоков
    area-rule c. правило площадей
    basic c. основная идея, основное понятие
    black box c. концепция черного ящика
    physical c. физическое понятие; физический смысл; физический принцип (подход)
    system c. системный подход; системные принципы
conception понимание; понятие, идея, представление, концепция; план, проект; теория
    generalized c. обобщенное понятие
    vortex c. вихревая теория
conceptual понятийный, концептуальный; умозрительный, теоретический, предполагаемый
    c. design концептуальное проектирование; эскизный проект
    c. development теоретическая разработка; разработка проекта
    c. model концептуальная модель
concern отношение, дело; участие, интерес; значение, важность; ‖ касаться, иметь отношение; заниматься, интересоваться
    to concern oneself with заниматься чем-либо
    to be concerned with иметь дело, быть связанным с чем-либо; рассматривать что-либо; заниматься, участвовать в чем-либо
    to be of concern представлять интерес, иметь значение
    to be of primary concern представлять особый интерес, иметь первостепенное значение
concerned рассматриваемый, связанный (с чем-либо), имеющий отношение; затронутый, указанный
concerning касающийся, имеющий отношение; ‖ относительно, касательно
concert согласие, согласованность; ‖ согласовывать
concerted согласованный, совместный, синхронный
conch(a) раковина
conchoid конхоида

concise краткий, сжатый
conciseness краткость, сжатость
concision см. conciseness
conclude заключать, делать вывод, приходить к (умо)заключению
conclusion вывод, (умо)заключение; окончание, завершение; результат
    in conclusion в заключение
    to draw a conclusion делать вывод
    theoretical c. теоретический вывод; умозрительное заключение
conclusive заключительный; окончательный, решающий; убедительный
    c. evidence убедительное доказательство
concordance согласие; соответствие
    in concordance with в соответствии, согласно чему-либо
concordant согласующийся
concrete 1. конкретный; реальный; 2. бетон, железобетон; ‖ бетонный, железобетонный; ‖ бетонировать; загустевать, твердеть; срастаться, сращивать(ся)
    in the concrete реально, практически
    c. cracking растрескивание бетона
    c. hardening затвердевание бетона
    c. number именованное число
    c. reinforcement арматура железобетона
    c. shell (железо)бетонная оболочка
    armoured c. железобетон, армированный бетон
    fibrous c. фибробетон (бетон, армированный волокнами)
    foam(ed) c. ячеистый бетон, пенобетон
    mass c. монолитный (неармированный) бетон
    monolithic c. монолитный бетон
    prestressed c. предварительно напряженный железобетон
    reinforced c. железобетон, армированный бетон
    stiffening of c. армирование бетона; схватывание бетона
concrete-piercing пробивающий бетон (напр., о снаряде)
concretion сращение, сращивание; сгущение, оседание, коагуляция; твердая масса
concreting бетонирование
concretize конкретизировать
concur совпадать; происходить совместно (одновременно)
concurrence совпадение; согласованность; параллелизм
concurrency см. concurrence
concurrent совпадающий, совместный; согласованный, согласующийся; одновременный, параллельный
    concurrent with одновременно (параллельно) с чем-либо
    c. activities одновременно (параллельно) выполняемые операции
    c. forces сходящиеся силы; параллельные силы; одновременно действующие силы

c. lines сходящиеся линии
c. processing параллельная обработка (данных)
c. programming параллельное программирование
concuss трясти, сотрясать; ударять
concussion сотрясение, толчок
c. resistance амортизационная способность
condemn признавать непригодным, браковать
condensable конденсирующийся, конденсируемый, сгущаемый; сжижаемый
condensate конденсат
condensation 1. конденсация; сгущение, уплотнение, отверждение; 2. исключение (конденсация) части степеней свободы (в методе конечных элементов)
c. of element matrices конденсация матриц (конечного) элемента
c. trail конденсационный (инверсионный) след
atmospherical c. атмосферные осадки
dropwise c. капельная конденсация
jet c. струйная конденсация
statical c. статическая конденсация (исключение неинерциальных степеней свободы)
vapor c. конденсация пара
condense 1. сгущать(ся), сжимать(ся), уплотнять(ся), конденсировать(ся); сжижать(ся); 2. кратко излагать
condensed 1. (с)конденсированный, уплотненный, сгущенный; 2. краткий, сжатый
c. degree of freedom исключенная (сконденсированная) степень свободы
c. flexibility уплотненная (конденсированная) матрица податливости
c. substructure сконденсированная подконструкция (с исключенными внутренними неизвестными), суперэлемент
condenser конденсатор; холодильник, компрессор
condensivity диэлектрическая постоянная
condition условие; критерий, признак; соотношение, уравнение; состояние, положение; режим; среда, внешние условия; ‖ ставить условия, обусловливать; испытывать, проверять; улучшать, кондиционировать
c. of elasticity условие (соотношение) упругости
c. of homogeneity условие однородности
c. involved данное (рассматриваемое) условие
c. of irrotationality условие отсутствия вихрей
c. number число обусловленности
c. of perpendicularity условие перпендикулярности
c. of support условие опирания
auxiliary c. вспомогательное (дополнительное) условие
boundary c. граничное (краевое) условие

compatibility c. условие совместности
continuity c. условие непрерывности (неразрывности, сплошности)
constant shearing stress intensity c. условие постоянства интенсивности касательных напряжений, условие (текучести) Мизеса
contour c. условие на контуре
convex plasticity c. выпуклое условие пластичности
corner c. условие в угловой точке
current c. мгновенное (текущее) условие
degeneracy c. условие вырождения
Dirichlet boundary c. краевое условие Дирихле
discontinuity c. условие разрывности (несплошности, скачка)
displacement boundary c. граничное условие в перемещениях
disruptive c. условие разрушения
dynamic conditions динамический режим
end c. условие на конце (на краю)
entry c. начальное условие; условие на входе
environmental conditions внешние условия; условия окружающей среды
equilibrium c. условие равновесия, уравнение равновесия
existence c. условие существования
feasibility c. условие реализуемости (осуществимости)
fixed c. заданное (фиксированное, неизменное) условие
force conditions силовой режим, условия нагружения; распределение усилий
fracture arrest c. условие (критерий) остановки трещины
free-air conditions условия свободной атмосферы, условия обтекания безграничным потоком
free-surface c. условие (на) свободной поверхности
friction boundary c. граничное условие с учетом трения
geometrical c. геометрическое условие
hexagonal yield c. условие текучести, представляемое шестиугольником (в пространстве напряжений)
hinged end c. условие шарнирного закрепления на конце
initial conditions начальные условия; исходное состояние; исходные данные
isentropic c. условие постоянства энтропии
jump c. условие разрывности; условие на скачке
incompressibility c. условие несжимаемости
initial c. начальное условие
interelement c. межэлементное условие, условие на границе между (конечными) элементами

kinematic(al) boundary c. кинематическое граничное условие
limiting c. условие-ограничение, предел; предельное состояние
linear c. линейное условие; линейное соотношение
loading conditions режим (вид, схема) нагружения; условия нагружения; нагруженное (напряженное) состояние
logical c. логическое условие
marginal conditions граничный (предельный) режим
(von) Mises-Hencky yield c. условие текучести Мизеса-Генки
mismatch c. условие несоответствия (несовпадения)
mixed boundary conditions смешанные краевые условия
multiaxial stress c. многоосное (общее) напряженное состояние
natural boundary c. естественное краевое условие
necessary c. необходимое условие
Neumann boundary c. граничное условие Неймана
nonslip c. условие непроскальзывания
normal conditions нормальные (стандартные) условия; нормальный режим
normality c. условие нормальности (ортогональности)
off c. закрытое состояние, состояние "выключено"
off-design conditions нештатные условия; нерасчетный режим
on c. открытое состояние, состояние "включено"
operation c. рабочее состояние
orthogonality c. условие ортогональности
perfectly plastic strain conditions условия идеально пластического деформирования
physical conditions физическое состояние
plane strain conditions условия плоской деформации (плоского деформированного состояния)
plane stress conditions условия плоского напряженного состояния
plastic flow c. условие пластического течения, условие текучести
quiescent c. режим покоя
ready c. состояние готовности
restraining c. ограничивающее условие, ограничение; условие закрепления
semistalled conditions околосрывной режим (обтекания)
simulated conditions воспроизведенные условия; искусственный режим
single-valued. c. условие однозначности
slip c. условие проскальзывания
slope c. условие на угол поворота (наклона, откоса)
stable c. устойчивое состояние
stability c. условие (уравнение) устойчивости

standard conditions стандартные (нормальные) условия; стандартный режим
starting conditions начальные условия; пусковой (стартовый) режим
static conditions статический режим, статическое (стационарное) состояние
steady-state conditions стационарный (установившийся) режим
strain-hardening c. условие (деформационного) упрочнения
stream c. характеристика потока
strength c. условие прочности
stress c. напряженное (нагруженное) состояние
stress boundary c. граничное условие для напряжений (в напряжениях)
stress-free crack surface boundary c. граничное условие отсутствия напряжений на поверхности трещины
sufficient c. достаточное условие
symmetry c. условие симметрии (симметричности)
terminal conditions условия на концах (напр., интервала), граничные условия
traction-displacement boundary c. граничное условие в усилиях-перемещениях
traction-free boundary c. условие на свободной от нагрузок границе
Tresca-Saint-Venant plasticity c. условие пластичности Треска-Сен-Венана
true-stress controlled cyclic conditions мягкое циклическое нагружение (с постоянной амплитудой напряжений)
uniform stress c. условие однородного напряженного состояния
variational c. вариационное условие, вариационное соотношение
virtual work c. условие виртуальной работы
weakened c. ослабленное условие
wait c. состояние ожидания
working c. рабочее состояние
working conditions условия работы (эксплуатации), режим работы
yield(ing) c. условие текучести
conditional условный, обусловленный
 c. **branch** условный переход, переход по условию
 c. **probability** условная вероятность
 c. **statement** условный оператор
conditionally условно
 c. **complete** условно полный
 c. **stable** условно устойчивый
conditioned 1. обусловленный; 2. кондиционный, отвечающий стандарту; кондиционированный
 ill c. **matrix** плохо обусловленная матрица
conditioning 1. обусловленность; II обусловливающий; 2. согласование; установление требований; сертификация; приведение к требуемому состоянию (стандарту); кондицио-

нирование; ‖ согласующий; определяющий, устанавливающий (требования, условия)
   c. number число обусловленности
   c. transform (пред)обусловливающее преобразование
   c. value число обусловленности
   spectral c. criterion спектральный критерий обусловленности (фон Неймана), критерий обусловленности по отношению максимального и минимального собственных чисел

conduce вести к чему-либо, способствовать; проводить, пропускать

conduct (по)ведение; ‖ проводить, служить проводником; вести

conductance см. conduction

conduction проводимость (напр., электрическая), передача
   heat c. теплопередача, теплоперенос; распределение тепла

conductive проводящий, передающий

conductivity (удельная) проводимость; теплопроводность; электропроводность
   eddy c. турбулентная теплопроводность
   heat c. (удельная) теплопроводность
   perfect c. идеальная проводимость
   specific c. удельная проводимость, коэффициент проводимости

conductor проводник; провод, кабель

conduit трубопровод, труба; канал; (электрический) провод, проводник
   c. head резервуар
   c. joint стык труб

cone конус, коническая поверхность; раструб, сопло; головная часть (ракеты); ‖ конусный, конический; ‖ придавать форму конуса, обрабатывать на конус
   c. angle угол конусности, угол раствора конуса
   c. fracture конический излом; разрушение с конусом
   c. of friction конус трения
   c. imprint отпечаток конуса (при определении твердости вдавливанием)
   c. point коническая точка
   blunted c. тупой конус
   circular c. круговой конус
   delivery c. нагнетательное сопло
   disturbance c. конус возмущений
   element of c. образующая конуса
   fracture c. конус разрушения
   frustum of c. усечённый конус, конический слой
   half-angle c. полуконус
   lifting c. несущий конус
   Mach c. конус Маха, конус возмущений
   spherical c. шаровой сектор
   truncated c. усечённый конус
   vortex c. вихревой конус

cone-type конусообразный, конический, конусный, расширяющийся

confer 1. придавать (свойство); присуждать (напр., ученую степень); 2. обсуждать, совещаться; 3. проводить конференцию

confer 4. (cf.) (лат.) сравни

conference конференция, совещание; ассоциация

confide доверять; поручать

confidence доверие; достоверность; ‖ доверительный
   c. interval доверительный интервал
   c. level уровень доверительной вероятности, уровень достоверности
   c. limit доверительный предел

configuration конфигурация; очертание, форма; схема расположения; состав оборудования
   c. space пространство конфигураций
   adaptive c. адаптивная (настраиваемая) конфигурация
   boundary layer c. форма пограничного слоя
   geometrical c. геометрическая конфигурация
   hardware c. состав аппаратного оборудования, конфигурация технических средств
   reference c. исходная (отсчетная) конфигурация
   single c. единственная конфигурация
   strained c. деформированная конфигурация
   unbuckled c. неискаженная (недеформированная) конфигурация

configuring выбор конфигурации, конфигурирование; ‖ задающий конфигурацию, конфигурирующий

confine ограничивать; вынуждать, принуждать; сужать, обжимать

confined ограниченный, вынужденный, стесненный; узкий; обжатый; закрытый
   c. filtration напорная фильтрация

confinement ограничение, принуждение; удержание; обжатие, сужение; герметизация; ограждение

confines предел, границы, рамки

confirm подтверждать, утверждать; закреплять

confirmation подтверждение, утверждение

confirmatory подтверждающий; поверочный
   c. analysis поверочный расчет

conflict конфликт, столкновение; противоречие; ‖ противоречить, сталкиваться
   c. resolution разрешение противоречия

confluence пересечение, слияние; место пересечения

confluent приток; ‖ сливающийся

confocal софокусный, конфокальный
   c. coordinates конфокальные эллипсоидальные координаты

conform соответствовать, согласовывать(ся); подчинять(ся) правилам

conformable соответствующий, согласующийся; подобный

conformal соответствующий, согласованный, конформный
   c. **mapping** конформное отображение
conforming совместный, согласованный, согласующийся, конформный
   c. **finite element** совместный (конформный) конечный элемент
   c. **model** совместная модель (деформирования), модель деформирования в перемещениях
   c. **shape function** совместная (согласованная) функция формы
conformity совместность, конформность; согласованность, соответствие
   c. **testing** проверка совместности (напр., конечных элементов)
confound смешивать, соединять
confutation опровержение
confute опровергать
congeal замерзать, застывать; замораживать(ся); сгущать(ся); затвердевать
congelation замерзание, застывание; замораживание; сгущение; затвердевание
   point of c. точка (температуры) замерзания
congeneric(al) родственный, однородный
congenerous родственный, однородный; выполнять одинаковые функции
congeries масса, скопление
congest перегружать, переполнять; накапливать(ся); насыщать
   to congest with reinforcement насыщать арматурой (о бетоне)
congestion скопление; перегруженность; закупорка
conglobate шарообразный, сферический; ‖ придавать (принимать) сферическую форму
conglomerate слитная масса, скопление, конгломерат; многокомпонентная масса; ‖ собирать(ся), скапливать(ся), превращать(ся) в слитную массу
conglomeration накопление, скопление, сгусток; конгломерация
conglutination склеивание, слипание
congregate собирать(ся), скапливаться
congregation собрание, скопление
congruence конгруэнтность, совпадение; конгруэнция, сравнение; взаимное соответствие, сходство
   c. **relation** соотношение конгруэнтности
congruent конгруэнтный; совпадающий; сравнимый
congruous см. **congruent**
conic(al) коническое сечение, кривая второго порядка; ‖ конический; конусный, конусообразный
   c. **failure** разрушение по конической поверхности
   c. **section** коническое сечение, линия второго порядка
   c. **surface** коническая поверхность
   c. **wave** коническая (головная) волна; конус возмущений
   point c. кривая второго порядка

conicity конусность, угол конусности
conjectural предположительный
conjecture предположение; ‖ предполагать
conjoin соединять(ся), сочетать(ся)
conjoint соединенный, объединенный; общий, совместный
conjugate сопряженный; парный; соединенный; ‖ соединять, сопрягать
   c. **angle** сопряженный угол; дополнительный (до 360 градусов) угол
   c. **complex numbers** комплексно-сопряженные числа
   c. **directions** сопряженные направления
   c. **gradient method (CG method)** метод сопряженных градиентов
   c. **roots** сопряженные корни
conjugation соединение, сопряжение
conjunct 1. объединенный, связанный; 2. конъюнкт; операнд операции "И"
conjunction 1. соединение, связь, сочетание; совпадение; 2. конъюнкция, логическое умножение
   in conjunction вместе, сообща, в связи
conjuncture стечение обстоятельств; конъюнктура
connect соединять(ся), связывать(ся), согласовывать(ся); включать(ся), подключать(ся), присоединять(ся), сочетать(ся), ассоциировать(ся)
connected 1. связанный, соединенный; находящийся в (причинной) связи, согласованный, ассоциированный; 2. связный
   c. **domain** связная область
   c. **graph** связный граф
   c. **mass** присоединенная масса
   n-tuply c. n-связный, связности n
   simple c. односвязный
connecting соединение, связь; ‖ связывающий, связующий, соединительный
   c. **angle** соединительный уголок
   c. **curve** соединительная (переходная) кривая
   c. **link** связь, соединительное звено, кулиса
   c. **piece** соединительная деталь; патрубок, штуцер
   c. **rod** (соединительная) тяга, шатун
   c. **in series** последовательное соединение
connection 1. связь, (при)соединение, сочленение; соединительная деталь; 2. включение, подключение; 3. связность; согласованность
   bayonet c. байонетное (штыковое) соединение
   bolted c. болтовое соединение
   compression c. прессовое соединение
   cross c. поперечное соединение, перекрестная связь
   delta c. соединение треугольником
   flange(d) c. фланцевое соединение
   flexible c. гибкое (деформируемое) соединение, гибкая связь
   hinge c. шарнирное соединение
   in-cut c. разъемное соединение, разъем
   joint c. узловое соединение

kinematical c. кинематическая связь
link c. шарнирное соединение; связь
mesh c. сетчатое соединение; связность сетки
nodal c. соединение в узлах, узловое соединение
nodal connections связи (соединения) узлов
parallel c. параллельное соединение
permanent c. неразъемное (постоянное) соединение
releasable c. разъемное соединение
rigid c. жесткое соединение, жесткая связь, жесткий узел
screwed c. винтовое соединение
series c. последовательное соединение
connective связь, соединяющий (соединительный) элемент, связка; || соединительный, связующий
connectivity связность, наличие связей; связность; смежность, инцидентность
   c. matrix матрица смежности (инцидентности)
   node c. связи (список связей) узла; связность (инцидентность) узла
connector связь; соединитель, соединительная часть, разъем
connexion см. **connection**
connexive см. **connective**
connotation дополнительное (второстепенное) значение; то, что подразумевается
connote иметь дополнительное (второстепенное) значение
conoid коноид; усеченный конус; параболоид или гиперболоид общего вида; параболоид или гиперболоид вращения; || конический, конусный, конусообразный
consecution последовательность; следование
consecutive последовательный, следующий
   c. indexing последовательное деление
   c. numbers последовательные числа
consequence (по)следствие; вывод, заключение; значение, важность
   as a consequence как следствие, как результат; в результате
   in consequence of вследствие, в результате чего-либо
   of consequence имеющий значение
consequent результат, (по)следствие; последующий член; || последовательный, следующий; являющийся следствием, результатом
consequential (логически) вытекающий; важный
consequently следовательно; в результате
conservation сохранение
   c. of energy сохранение энергии
   c. law закон сохранения
   c. of mass сохранение массы
   c. of momentum сохранение импульса, сохранение количества движения
conservative 1. консервативный; обеспечивающий выполнение законов сохранения, потенциальный; 2. устойчивый, установившийся; 3. имеющий запас прочности; осторожный, незавышенный; 4. устаревший
   c. estimate консервативная оценка; осторожная оценка
   c. field консервативное (потенциальное) поле
   c. finite-difference scheme консервативная конечно-разностная схема
   c. force консервативная сила
   c. system консервативная система; устойчивая система
   c. value установившееся (стационарное) значение; осторожная оценка
conserve сохранять
consider рассматривать, обсуждать; полагать, считать; принимать во внимание, учитывать
   all things considered принимая все во внимание, учитывая все факторы
considerable значительный, существенный
   to a considerable extent в значительной мере
consideration рассмотрение, обсуждение; внимание; аргумент, соображение
   to take into consideration принимать во внимание
   in consideration of принимая во внимание
   under consideration рассматриваемый, решаемый
considering рассмотрение, обсуждение; || рассматривающий, обсуждающий; полагающий, считающий; || принимая во внимание
consilience совпадение
consilient совпадающий
consist 1. состоять (из), заключаться (в); 2. совмещаться, совпадать
   to consist with совпадать с
consistence консистенция, плотность, густота; показатель плотности
consistency 1. совместимость, совместность, непротиворечивость, согласованность; состоятельность (напр., оценки); 2. см. **consistence**
   c. condition условие согласованности (совместности)
   c. gage измеритель плотности, пенетрометр
consistent 1. совместный, совместимый, непротиворечивый, согласованный; состоятельный; 2. твердый, плотный
   to be consistent with соответствовать чему-либо, согласовываться с чем-либо
   as consistent with в соответствии с чем-либо
   c. approach непротиворечивый подход
   c. estimate состоятельная оценка; согласованная оценка
   c. fat твердая смазка, тавот
   c. fields согласованные поля (напр., температур и напряжений)
   c. finite element согласованный (совместный) конечный элемент

c. load vector согласованный вектор нагрузки
c. mass matrix согласованная матрица масс
console 1. консоль, кронштейн; ∥ консольный, закрепленный одним концом; 2. консоль, пульт управления, терминал; ∥ консольный, терминальный; 3. корпус, шасси (прибора)
    c. beam консольная балка
    control c. пульт управления
consolidate уплотнять(ся), затвердевать, консолидироваться; укреплять(ся); объединять(ся), сливать(ся)
consolidation консолидация, уплотнение, затвердевание, отверждение; укрепление; объединение, слияние
conspectus (лат.) обзор; конспект
conspicuous заметный, явный
constancy постоянство, неизменяемость, стабильность
    c. of curvature постоянство кривизны
constant постоянная (величина), константа; коэффициент; модуль; ∥ постоянный, неизменный; твердый
    c. area постоянная площадь; область констант (в памяти ЭВМ)
    c. cost step size величина шага с постоянным объемом вычислений
    c. declaration объявление (описание) констант (в программе)
    c. factor постоянный множитель
    c. flow равномерное течение
    c. of friction постоянная трения
    c. of integration постоянная интегрирования
    c. load постоянная (статическая) нагрузка; длительная нагрузка
    c. mapping постоянное (тривиальное) отображение
    c. mesh постоянная (фиксированная) сетка; равномерная сетка
    c. multiplier постоянный множитель
    c. pressure постоянное давление, равномерно распределенное давление
    c. pressure line линия равного (или постоянного) давления, изобара
    c. of proportionality коэффициент пропорциональности
    c. shearing stress intensity condition условие постоянства интенсивности касательных напряжений
    c. speed постоянная скорость
    c. strain triangle (CST) треугольный конечный элемент с постоянной деформацией (CST-элемент)
    absolute c. абсолютная постоянная
    additive c. аддитивная постоянная
    arbitrary c. произвольная постоянная
    character c. символьная константа
    damping c. константа демпфирования, (логарифмический) декремент затухания
    dimensionless c. безразмерная постоянная

    distributed constants распределенные параметры
    elastic c. константа упругости (материала)
    elastic c. matrix матрица упругих констант
    foundation c. коэффициент постели
    gas c. газовая постоянная
    gravitation(al) c. гравитационная постоянная
    indeterminate c. неопределенная постоянная
    integer c. целая константа
    logical c. логическая константа
    material c. постоянная материала
    mesh c. постоянная сетки (определяемая сеткой)
    numerical c. числовая постоянная
    positive c. положительная константа
    physical c. физическая постоянная
    real c. действительная (вещественная) постоянная
    scalar c. скалярная константа
    sensibly c. практически постоянный
    stress-optical c. фотоупругий коэффициент, оптико-механическая постоянная
    system c. системная константа
    time c. постоянная времени
    transfer c. коэффициент передачи
    variation of constants вариация (произвольных) постоянных
    yield limit c. предел текучести
constant-load creep ползучесть при постоянной нагрузке
constantly постоянно; часто
constant-moment-plate-bending element (конечный) элемент пластины с постоянными изгибающими моментами
constellation созвездие; совокупность, группа (напр. одинаковых элементов)
constituent составляющая, составная часть, компонент; ∥ составляющий (часть целого), входящий в состав
    c. element составляющий элемент, составная часть
    active c. активная составляющая
constitute составлять, образовывать; основывать
constitution строение, состав, структура; состояние; составление, построение
    c. formula структурная формула, формула строения
    c. of matter строение вещества
    c. model модель структуры; модель состояния
    homogeneous c. однородный (постоянный) состав, однородное строение
constitutional относящийся к строению (структуре); определяющий конституцию, конституциональный
constitutive определяющий, основной; устанавливающий, образующий, составляющий; относящийся к состоянию (материала, среды)

c. equations уравнения состояния (материала, среды), физические уравнения; определяющие уравнения
c. functional определяющий функционал, функционал состояния
c. model определяющая модель, модель состояния
c. parameter параметр состояния; определяющий параметр
c. parts составные части
c. relation определяющее соотношение, уравнение состояния; физическое уравнение
c. theory основная теория; теория определяющих соотношений
stress c. equation определяющее соотношение для напряжений
constrain связывать, накладывать связи, ограничивать, стеснять; принуждать, вынуждать
constrained ограниченный, связанный, стесненный, закрепленный, несвободный; вынужденный, принудительный; условный
  c. deformation ограниченная (стесненная) деформация
  c. degrees of freedom ограниченные степени свободы
  c. deplanation стесненная депланация
  c. equation уравнение со связями (ограничениями)
  c. functional функционал с ограничениями, ограниченный функционал
  c. motion несвободное (ограниченное, вынужденное) движение; ограниченное перемещение
  c. optimization условная оптимизация (при наличии условий, ограничений)
  c. parameter ограниченный параметр, заданный параметр
  c. particle несвободная материальная точка
  c. structure конструкция со связями; закрепленная конструкция
  c. torsion стесненное кручение
  c. vibrations вынужденные колебания; ограниченные колебания
  c. warping стесненное коробление, стесненная депланация
constraining наложение ограничений, связей; принуждение, вынуждение; || ограничивающий, связывающий, стесняющий; вынуждающий, принуждающий
  c. condition ограничивающее условие, условие связи
  c. force ограничивающее усилие, вынуждающая сила; усилие (реакция) связи
  c. relations ограничивающие соотношения, уравнения связей
constraint ограничение, ограничивающее условие, связь, стеснение; принуждение; влияние; реакция связи
  c. depending on time нестационарная (зависящая от времени) связь, реономная связь

c. function функция ограничения
c. independent on time стационарная (постоянная во времени) связь, склерономная связь
c. reaction реакция связи
accuracy c. ограничение по точности (по погрешности), требуемая точность
active c. активное (действующее) ограничение
admissible c. возможное (допустимое) ограничение
approximate c. аппроксимативное (приближенное) ограничение
bilateral c. двухсторонняя связь, удерживающая связь
boundary c. ограничение (связь) на границе; уравнение связи на границе, краевое условие; влияние границы
close-ended c. замкнутое ограничение
compatibility c. ограничение (по) совместности, условие совместимости
computational c. вычислительное ограничение
consistency c. условие согласованности
convexity of c. выпуклость (уравнения) ограничения
design c. проектное (расчетное) ограничение
displacement c. ограничение перемещений; ограничение в терминах перемещений; связь по перемещениям
elastic c. упругое ограничение, упругая связь
engineering c. техническое (технологическое) ограничение
equilibrium c. equations равновесные уравнения связей
feasible c. допустимое (возможное) ограничение
frictional c. связь с трением, неидеальная связь
frictionless c. связь без трения, идеальная связь
functional c. ограничение функционала; функциональное ограничение
highly nonlinear c. существенно нелинейное ограничение
holonomic c. голономная связь
ideal c. идеальная связь, связь без трения
incompressibility c. условие несжимаемости
inequality c. ограничение типа неравенства
instantaneous c. мгновенная (мгновенно налагаемая) связь
internal c. внутренняя связь, внутреннее ограничение
kinematical c. кинематическая связь, ограничение на перемещения
linear c. линейное ограничение, линейная связь
linearized c. линеаризованное ограничение

multiple constraints множественные ограничения, многократные ограничения
nodal c. ограничение (заданное) в узле
rheonomous c. реономная (нестационарная) связь
scleronomous c. склерономная (стационарная) связь
sparse constraints разреженные уравнения связей
tight c. жесткое (строгое) ограничение
tunnel c. влияние стенок аэродинамической трубы
unilateral c. одностороннее ограничение, неудерживающая связь
variational c. вариационное ограничение
weak c. слабое (нестрогое) ограничение

constrict стягивать, сжимать, сокращать, сужать

constriction стягивание, сжатие, сокращение, сужение; стягивающийся канал

construct конструкция, структура; || конструировать; строить, сооружать

construction конструкция; строение, структура; здание, сооружение; строительство; составление (напр., уравнения); || относящийся к конструкции (структуре), конструкционный, структурный; строящийся, строительный

under construction строящийся, разрабатывающийся
c. engineering строительная техника
c. error конструктивная ошибка; ошибка монтажа
cellular c. ячеистая конструкция (структура)
decision c. построение доказательства (напр., теоремы)
fault of c. конструктивный дефект, недостаток конструкции
frame c. каркасная (рамная, стрежневая) конструкция, несущая система
machine c. машиностроение
modular c. модульная конструкция (структура)
optimal c. оптимальная конструкция (структура)
program c. составление программы
semirigid c. полужесткая конструкция (напр., дирижабля)
shell c. оболочечная конструкция
unit c. блочная конструкция (структура)

constructional конструктивный; конструкционный; строительный
c. iron строительное железо (профили, арматура)
c. steel конструкционная сталь

constructive конструктивный; творческий, созидательный; выведенный путем умозаключения
c. suggestion конструктивное предложение

constructor конструктор; строитель
construe толковать, истолковывать

consult консультироваться, советоваться; справляться, искать (напр., в словаре); принимать во внимание
consultation консультация, совещание; опрос
consume потреблять, расходовать
consummate совершенный, законченный
consummation завершение; достижение, осуществление
consumption потребление, расход(ование)
c. of power расход энергии, потребление мощности

contact контакт, касание, соприкосновение; связь, сцепление; || контактирующий, контактный, касающийся; || контактировать, (сопри)касаться
c. action контактное (воз)действие
c. area площадь контакта, поверхность (пятно) контакта
c. elasticity problem контактная задача теории упругости
c. force усилие контакта, контактное усилие
c. lever рычаг управления
c. line линия контакта, линия зацепления
c. loss нарушение контакта
c. pair контактная пара; пара трения
c. patch площадка ("пятно") контакта
c. path линия зацепления; длина зацепления
c. pressure контактное давление
c. problem контактная задача
c. relations уравнения (условия) контакта
c. stress контактное напряжение
c. surface поверхность контакта
adhesion c. адгезионный контакт
angle of c. угол соприкосновения (контакта), угол прилегания; прилежащий угол
boundary of c. граница (области, "пятна") контакта
elasto-plastic c. упруго-пластический контакт, контакт при упруго-пластическом деформировании контактирующих тел
frictionless c. контакт без трения
Hertzian c. контакт Герца (постановка задачи контактного взаимодействия упругих тел)
non-slipping c. контакт без проскальзывания
perfect c. идеальный контакт, контакт без трения
point c. точечный контакт
point of c. точка контакта, точка касания
rail-wheel c. контакт колеса с рельсом
sliding c. контакт с проскальзыванием
static c. неподвижный (статический) контакт
surface c. поверхностный контакт
unbonded c. контакт без связей (без трения)
unidirectional c. односторонний контакт
wipe c. подвижный (скользящий) контакт

contain содержать, вмещать, включать в себя; удерживать, ограничивать; делиться (на число без остатка)

    six contains two and three 6 делится на 2 и на 3

contained plasticity ограниченная пластичность

container контейнер; резервуар; отсек; приёмник

containment локализация, сдерживание распространения; защитная оболочка

contaminate загрязнять; оказывать вредное влияние

contemplate обдумывать, рассматривать; предполагать, ожидать

contemplated теоретический, расчётный, проектный; ожидаемый, предусмотренный

contemplation рассмотрение, изучение; предположение

contemporaneity одновременность, совпадение во времени; современность

contemporaneous одновременный; современный

contemporary одновременный, совпадающий во времени, одного времени; современный

contemporize совпадать во времени, существовать одновременно

content 1. содержание; 2. суть, сущность; 3. ёмкость, вместимость, объём; протяжённость

    cubic c. вместимость, объём
    form and c. форма и содержание
    frequency c. частотный спектр
    heat c. теплосодержание, теплоёмкость
    information c. количество (объём) информации
    moisture c. содержание влаги
    problem c. сущность задачи
    superficial c. площадь поверхности
    void c. пористость

contents (мн.ч. от content); 1. оглавление, содержание (книги); 2. содержимое

    table of c. оглавление

conterminal смежный, имеющий общую границу, пограничный

conterminous совпадающий; см. также conterminal

context контекст; ситуация, связь, фон

    to be in the context of соответствовать чему-либо
    in this context в этом смысле, в этой связи

contextual контекстуальный, контекстный, вытекающий из контекста

contexture сплетение; ткань

contiguity смежность, близость

contiguous смежный, соприкасающийся, прилегающий, близкий; идущий подряд, непрерывный, сплошной

    c. angle смежный угол, прилежащий угол
    c. area смежная область; непрерывная область (памяти)

contingence смежность, близость; касание, соприкосновение; сопряжённость; ограничение

    angle of c. угол смежности

contingency 1. случай, случайность; вероятность, возможность; неучтённое обстоятельство; 2. см. contingence

    c. approach ситуационный подход

continua мн.ч. от continuum

continual непрерывный, неразрывный, континуальный, непрерывно продолжаемый; постоянный, часто повторяющийся

    c. approximation непрерывная (континуальная) аппроксимация
    c. equations непрерывные (континуальные) уравнения
    c. function непрерывная функция, непрерывно продолжаемая функция
    c. model непрерывная (континуальная, сплошностная) модель

continuance продолжительность, длительность; непрерывность

continuation продолжение; повторение, возобновление

    c. parameter параметр продолжения (решения)
    displacement c. продолжение (решения) по параметру перемещения

continue продолжать(ся); оставаться, сохраняться; длиться, тянуться; служить продолжением

continued продолженный, продолжающий(ся); непрерывный

    c. deformation непрерывная деформация
    c. fraction непрерывная (цепная) дробь
    c. product бесконечное произведение

continuity непрерывность, неразрывность, сплошность, целостность; постоянство, (большая) продолжительность, длительность; преемственность

    c. of control непрерывность управления
    c. equation уравнение неразрывности (непрерывности, сплошности, совместности)
    c. model модель непрерывности (сплошности); непрерывная (континуальная) модель
    c. property свойство непрерывности
    c. of strain непрерывность деформаций
    approximate c. приближённая (аппроксимативная) непрерывность
    mass flow c. постоянство массового расхода
    force c. неразрывность усилий
    stress resultant c. неразрывность результантов напряжений

continuous непрерывный, неразрывный, сплошной; несоставной, цельный; неразрезной; продолжающийся, продолжительный, длительный, постоянный

    c. approximation непрерывная (континуальная) аппроксимация
    c. area непрерывная (сплошная) область

c. **beam** неразрезная (многоопорная, многопролётная) балка
c. **body** сплошное тело, сплошная (непрерывная) среда
c. **control** непрерывное управление (регулирование)
c. **current** постоянный ток
c. **deformation** непрерывная деформация; непрерывное деформирование
c. **dependence** непрерывная зависимость
c. **distribution** непрерывное распределение
c. **duty** длительный режим
c. **extension** непрерывное продолжение (напр., функции); непрерывное развитие (распространение)
c. **footing** ленточный фундамент
c. **function** непрерывная функция
c. **girder** неразрезная балка (балочная конструкция, ферма)
c. **load** непрерывная (сплошная) нагрузка; равномерно распределённая нагрузка; постоянно действующая (длительная) нагрузка
c. **mass method** метод распределённых масс
c. **plate** неразрезная пластина
c. **simulation** непрерывное (континуальное) моделирование; аналоговое моделирование
c. **span** непрерывный диапазон; неразрезное пролётное строение
c. **spectrum** непрерывный спектр
c. **wave** непрерывная (незатухающая) волна, незатухающее колебание
piecewise c. кусочно-непрерывный
right-hand c. непрерывный справа
totally c. вполне непрерывный
uniformly c. равномерно непрерывный
continuously непрерывно; без разрывов, без нарушений сплошности; постоянно, длительно
c. **differentiable** непрерывно дифференцируемый
continuous-motion непрерывного действия
continuum (мн.ч. **continua**) континуум; сплошная (непрерывная) среда, сплошное тело
c. **theory** теория сплошной среды; континуальная (непрерывная) теория
contort искривлять, искажать
contortion искривление, искажение
contour 1. контур, очертание, профиль, обводы; ‖ контурный, граничный; ‖ наносить контур, оконтуривать; 2. линия уровня, изолиния, горизонталь; ‖ строить линии уровня (изолинии), чертить в горизонталях
c. **constraint** ограничение, вносимое границами (напр., потока); влияние границ (напр., стенок аэродинамической трубы)
c. **coordinate** координата (отсчитываемая) вдоль контура
c. **integral** интеграл по (замкнутому) контуру, криволинейный интеграл; циркуляция, интеграл циркуляции
c. **interval** расстояние (интервал) между линиями уровня
c. **line** 1. линия контура, линия границы; 2. линия (равного) уровня, изолиния
airfoil c. контур крыла
stress c. линия равных напряжений, изолиния напряжений
contouring 1. построение контура (очертания), оконтуривание; ‖ контурный, оконтуривающий, граничный; 2. построение линий уровня (изолиний)
c. **algorithm** алгоритм построения линий уровня
contra (лат.) нечто противоположное; ‖ против, напротив, наоборот
pro and contra все за и против
contra- (приставка) контр-, контра-, против-, противо-; напр., **contradistinction** противопоставление; различение
contract 1. контракт, договор, соглашение; ‖ заключать договор; 2. сжимать(ся); сокращать(ся), сужать(ся), укорачивать(ся); обжимать(ся); стягивать(ся), давать усадку; 3. свёртывать(ся), сворачивать(ся) (напр., о тензоре)
contracted 1. обусловленный договором; 2. сжатый; сокращённый; суженный, укороченный; обжатый; 3. свёрнутый
c. **notation** сокращённая запись; сокращённое обозначение
contractible сжимаемый; сокращаемый; сжимающийся, укорачивающийся
contractile сжимающий(ся), сокращающийся, укорачивающийся
contractility сжимаемость, сокращаемость
contraction 1. сжатие; сокращение, сужение, укорочение; обжатие; стягивание; усадка; 2. свёртывание, свёртка; 3. коллектор, конфузор; течение в коллекторе
c. **in area** (относительное) поперечное сжатие, уменьшение площади (напр., сечения канала)
c. **cavity** усадочная раковина
c. **coefficient** коэффициент сжатия; коэффициент (поперечного) обжатия
c. **crack** (температурно-)усадочная трещина
c. **in length** уменьшение длины, укорочение
c. **stress** напряжение сжатия (обжатия); усадочное напряжение
c. **in thickness** сжатие (обжатие) по толщине
fluid c. усадка при застывании
jet c. поджатие струи
lateral c. поперечное сжатие (обжатие, сужение)
Poisson c. поперечное сжатие, сжатие за счёт коэффициента Пуассона

sudden c. резкое сужение (напр., канала)
tensor c. свертка тензора
contractive сжимающий(ся), стягивающий(ся), сокращающий(ся)
 c. force сила сжатия
 c. transformation стягивающее (сжимающее) преобразование
contractor средство сжатия (сокращения), контрактор; сжатие, сужение; суживающая часть, коллектор, конфузор
contradict противоречить, возражать; опровергать, отрицать
contradiction противоречие, расхождение; противоположность, контраст; опровержение
 c. in terms явное противоречие
contradictory 1. противоречащий, противоречивый, несовместимый; 2. положение, противоречащее другому
contradistinction противопоставление; различение
 in contradistinction to в отличие от
contradistinguish противопоставлять; различать
contraflow противоток
contrail инверсионный след (самолета)
contraposition противоположение, противопоставление
contrariety 1. противоречие, расхождение; 2. препятствие; противодействие
contrarotation противовращение
contrariwise 1. наоборот; 2. в противоположном направлении; 3. с другой стороны
contrary 1. противоположный, обратный, противный; 2. противоположность; противоположное утверждение
 to be contrary to противоречить чему-либо
 contrary to вопреки, в противоположность (чему-либо)
 on the contrary наоборот, напротив
contrast 1. контраст; противоположность; || контрастировать, (резко) различаться; 2. противоположение; || противопоставлять, противополагать; 3. сопоставление, сравнение; || сопоставлять, сравнивать; 4. контрастность; 5. оттенок
 in contrast with в противоположность, по сравнению с чем-либо
contravariant контравариантный
contravene 1. нарушать (напр., правило), противоречить, идти вразрез с чем-либо; 2. возражать, оспаривать
contravention нарушение, противоречие
contribute делать вклад; вносить (напр., предложение), отдавать (время); способствовать, содействовать, сотрудничать (напр., в журнале)
contribution 1. вклад (напр., в науку), вносимая доля, лепта; содействие, сотрудничество; 2. (научная) работа, публикация, доклад; 3. слагаемое

stiffness contributions компоненты (слагаемые) жесткости, вклады отдельных элементов в жесткость конструкции
control 1. управление, регулирование, контроль; устройство (система) управления; || управлять, регулировать; контролировать, проверять; настраивать; 2. обусловливать; 3. дозировать, нормировать
 to be in control управлять чем-либо, контролировать
 to be out of control выходить из управления
 under control управляемый
 c. action управляющее (воз)действие
 c. arm рычаг управления
 c. character управляющий символ
 c. computer управляющая ЭВМ
 c. design проектирование (синтез) системы управления; расчет (системы) управления
 c. facilities средства (аппаратура) управления
 c. flow последовательность управляющих команд
 c. ga(u)ge эталон, эталонная мера; устройство контроля
 c. gear механизм управления
 c. interval диапазон регулирования
 c. point 1. опорная точка; контрольное значение (параметра); 2. ориентир, репер; 3. контрольная точка, точка рестарта (программы)
 c. program управляющая программа, программа-монитор; операционная система
 c. response реакция на управляющее воздействие
 c. space пространство (параметров) управления
 c. surface поверхность управления, рулевая поверхность
 c. total контрольная сумма
 c. vector вектор (параметров) управления
 c. volume контрольный объем
 accuracy c. контроль (по) точности, управление погрешностью
 automatic c. автоматическое управление (регулирование)
 continuous c. непрерывное управление (регулирование)
 data c. контроль данных; контроль по данным
 demand limit c. регулирование в заданных пределах
 derivative c. регулирование по производной (по скорости изменения)
 differential c. дифференциальное управление
 digital c. цифровое управление
 dimension c. контроль размерности
 directional c. управление по направлению (по курсу)
 distributed c. распределенное управление

error c. контроль ошибок; контроль (по) точности, управление погрешностью
feedback c. управление с обратной связью
field c. регулирование возбуждением
fine c. точная настройка
flow c. регулирование потока (расхода); контроль (технологического) процесса; управление потоками данных
following c. следящее управление
frequency c. управление по частоте; регулировка (подстройка, стабилизация) частоты
indirect c. непрямое (косвенное) управление, регулирование по косвенным параметрам
interactive c. управление в диалоговом режиме
jet c. управление струей; реактивное управление
linkage c. рычажное управление
manual c. ручное управление
multiloop c. многоконтурное регулирование
nozzle c. регулирование сопла
numeric(al) c. (NC) числовое (программное) управление (ЧПУ)
on-line c. оперативное управление; управление в реальном (масштабе) времени
open-loop c. управление без обратной связи
optimal c. оптимальное управление
pitch c. управление по тангажу
position c. регулирование по положению, позиционное регулирование
program c. программное управление
rate c. регулирование (по) скорости
ratio c. регулирование соотношения (величин)
reaction c. регулирование обратной связи
real-time c. управление в реальном (масштабе) времени
remote c. дистанционное управление, телеуправление
rod c. рычажное управление; рычажный механизм управления
run-off c. регулирование расхода
safety controls аппаратура безопасности; приборы защиты
self-operated c. саморегулирование; прямое (непосредственное) регулирование
sensitivity c. регулирование (по) чувствительности
sequential c. последовательное управление
servo c. следящее управление, сервоуправление
sign c. управление (контроль) по знаку
slide c. плавная регулировка
step-by-step c. (по)шаговое управление
stepsize c. управление размером шага (напр., при численном интегрировании)
surge c. сглаживание пульсаций

time c. регулирование по времени
unilateral c. одностороннее регулирование
upsetting c. задающее управление; управление воздействием
visual c. визуальный контроль
yaw c. управление по рысканию; управление по курсу (полета)
control-gear механизм управления
controllability управляемость, регулируемость
controllable управляемый, регулируемый, контролируемый
   c. air screw воздушный винт с изменяемым шагом
controlled управляемый, регулируемый
controller 1. контроллер, устройство управления, регулятор; (специализированный) управляющий компьютер; **2.** датчик
   flow c. регулятор расхода
controlling управление, регулирование, настройка; задание (управляющего) воздействия; контроль; ‖ управляющий, регулирующий, настраивающий, задающий
   c. force управляющее усилие, усилие регулирования
   c. mean средство управления
controversial спорный, дискуссионный
controversy спор, дискуссия, полемика
   beyond controversy неоспоримо, бесспорно
   a point of controversy спорный вопрос
controvert 1. спорить, оспаривать; дискутировать; **2.** возражать, отрицать
convection конвекция; перенос, передача
   c. by cooling конвекция при охлаждении
   c. loss конвективные потери
   cellular c. ячейковая конвекция
   forced c. принудительная (вынужденная) конвекция
   free c. свободная конвекция
   laminar c. конвекция при ламинарном течении
   natural c. естественная (свободная) конвекция
convective конвекционный, конвективный; переносный
   c. jet конвективная струя
convenience 1. удобство; **2.** пригодность, готовность; ‖ пригодный (готовый) к использованию; **3.** устройство, приспособление, механизм
   as a matter of convenience для удобства
convenient 1. удобный; **2.** пригодный
convention 1. соглашение, договоренность; условность; **2.** условное обозначение
   by convention принято; обычно
   notation convention(s) условные обозначения
   sign c. правило знаков
conventional 1. обычный, (обще)принятый, стандартный; типовой; **2.** условный, обусловленный
   c. density условная плотность
   c. fatigue обычная (многоцикловая) усталость

c. method обычный (стандартный) метод
c. test типовые испытания
converge 1. сходиться; приближаться, стремиться (напр., к пределу); сводить (напр., в точку); 2. сужаться; 3. затухать, убывать, уменьшаться
  to converge in the mean сходиться в среднем
converged 1. сошедшийся; достигший предела; 2. суженный
  c. iterations сошедшиеся итерации
  c. series сошедшийся ряд
convergence 1. сходимость; 2. конвергенция, сближение, схождение, сведение; 3. сужение; 4. затухание, убывание, уменьшение
  c. acceleration ускорение (улучшение) сходимости
  c. almost everywhere сходимость почти всюду
  c. angle угол сходимости; угол схождения (конвергенции); угол сужения (напр., канала, сопла)
  c. circle круг сходимости
  c. criterion критерий сходимости
  c. in energy сходимость по энергии
  c. exponent показатель (порядок) сходимости
  c. measure мера сходимости; показатель (критерий) сходимости
  c. in measure сходимость по мере
  c. method метод (последовательных) приближений
  c. of non-conforming elements сходимость несовместных (конечных) элементов
  c. in norm сходимость по норме
  c. order порядок (скорость) сходимости
  c. order by patch test порядок сходимости (конечноэлементной аппроксимации), определенный с помощью кусочного теста
  c. in probability сходимость по вероятности
  c. radius радиус сходимости
  c. rate скорость (порядок) сходимости
  absolute c. абсолютная сходимость
  algorithmic c. алгоритмическая сходимость (сходимость, достижимая с помощью алгоритма)
  approximation c. сходимость аппроксимации
  conditional c. условная сходимость
  degree of c. порядок сходимости
  drag c. уменьшение лобового сопротивления
  monotone c. монотонная сходимость
  nozzle c. сужение сопла
  quadratic c. квадратичная сходимость, сходимость со вторым порядком
  stable c. устойчивая сходимость
  stochastic c. сходимость по вероятности
  strong c. сильная сходимость
  test of c. проверка сходимости; признак сходимости

  uniform c. равномерная сходимость
  weak c. слабая сходимость; плохая сходимость
convergency см. **convergence**
convergent 1. сходящийся; стремящийся к пределу; сходящийся в одной точке; 2. сближающийся, конвергирующий; 3. суживающийся; 4. затухающий, убывающий, уменьшающийся
  c. angle угол конвергенции
  c. front сходящийся фронт (напр., распространения волны)
  c. response затухающая реакция, сходящееся (устанавливающееся) решение
  c. series сходящийся ряд
  absolutely c. абсолютно сходящийся
  conditionally c. условно сходящийся
  globally c. глобально сходящийся
convergent-divergent сходящийся-расходящийся, суживающийся-расширяющийся
  c. nozzle сопло Лаваля
converging 1. сходимость; ‖ сходящийся; стремящийся к пределу; 2. сближение, схождение; ‖ сближающийся; двигающийся по сходящимся направлениям, пересекающийся, перекрестный; 3. сведение (в точку), сосредоточение; ‖ собирательный; сосредоточенный
  c. beams сходящиеся лучи
  c. lens собирательная линза
  c. solution сходящееся решение
conversation беседа, собеседование; диалог
conversational устный, в форме беседы; диалоговый
  c. mode диалоговый режим
converse 1. обратный; противоположный; перевернутый; 2. обратное (противоположное) утверждение, обратная теорема; 3. беседа; общение; ‖ беседовать, разговаривать
  the converse обратное (утверждение)
conversed обращенный, обратный; перевернутый
  c. expression обратное выражение, обратная запись
  c. sine единица минус синус угла
conversely (и) наоборот, обратно; в противоположность чему-либо; с другой стороны
conversion 1. превращение, преобразование, трансформирование; пересчет, перевод (напр., одних единиц измерения в другие); 2. обращение, конверсия
  c. factor коэффициент преобразования; переводной множитель, коэффициент пропорциональности
  c. formula формула обращения; формула перевода (пересчет)
  c. frequency частота преобразования
  c. to infinite aspect ratio пересчет на бесконечное удлинение
  c. loss потери при преобразовании
  c. of motion обращение движения; преобразование движения (из одного вида в другой)

c. table таблица преобразования; таблица перевода (одних мер в другие)
binary-to-decimal c. преобразование из двоичной системы счисления в десятичную
digital c. цифровое преобразование
forward c. прямое (непосредственное) преобразование
metric c. перевод в метрическую систему единиц
reverse c. обратное преобразование
type c. преобразование типов (данных)
convert 1. преобразовывать, трансформировать; 2. обращать, конвертировать; 3. пересчитывать, переводить (напр., единицы измерения)
converter 1. конвертор (конвертер), преобразователь; 2. устройство (программа) обращения
  analog-to-digital c. (ADC) аналого-цифровой преобразователь (АЦП)
  digital-to-analog c. (DAC) цифро-аналоговый преобразователь (ЦАП)
convertibility 1. возможность преобразования, трансформируемость; изменяемость; 2. (взаимная) обратимость; 3. заменяемость
convertible 1. трансформируемый; изменяемый; 2. (взаимно) обратимый; 3. сменный, съемный; откидной
  c. terms синонимы
convex 1. выпуклый; 2. выпуклое тело; выпуклая поверхность (оболочка)
  c. camber выпуклость
  c. function выпуклая функция
  c. surface выпуклая поверхность
  strictly c. строго выпуклый
convex-dished выпуклый наружу
convexity выпуклость
  c. of constraint выпуклость ограничения
convexo-concave выпукло-вогнутый
convexo-convex двояковыпуклый
convexo-plane плосковыпуклый
convey 1. перевозить, транспортировать; 2. передавать (напр., данные), сообщать; 3. проводить
conveyance 1. перевозка, транспортировка, доставка, подача; 2. передача; сообщение; 3. транспортное средство; конвейер, транспортер
conveyer конвейер, транспортер
  c. rope тяговый трос
  c. trough 1. транспортный желоб, лоток; 2. роликовый путь, рольганг
  belt c. ленточный конвейер
  screw c. винтовой (шнековый) транспортер
convolute 1. свернутый; свитый; 2. свертка
convoluted свернутый; свитый; изогнутый
convolution 1. свертывание; свертка; 2. оборот (спирали), виток, изгиб; 3. изогнутость
  c. transform преобразование свертки
  integral c. интегральная свертка

convolve сворачивать(ся); скручивать(ся); сплетать(ся)
convulsion колебание, сотрясение
  c. of nature землетрясение
cooccurence 1. совпадение, наложение (напр., событий), совместное протекание; 2. смежность
cool 1. холодный; ‖ охлаждать(ся), остывать; 2. инертный
coolant охлаждающее средство (вещество), охлаждающий (холодильный) агент
cooler 1. средство охлаждения, охлаждающий агент; 2. холодильник; теплообменник; градирня
cooling охлаждение; ‖ охлаждающий
  c. crack трещина, возникающая при охлаждении
  c. medium охладитель, охлаждающая среда
  c. pipe охлаждающий змеевик, теплообменник
  c. rate скорость охлаждения (остывания)
  c. stress напряжение при охлаждении
  c. surface поверхность охлаждения
  c. tower градирня
  air c. воздушное охлаждение
  blast c. воздушное охлаждение
  dynamic c. динамическое (адиабатическое) охлаждение
  forced c. принудительное охлаждение
  liquid c. жидкостное охлаждение
  ram air c. охлаждение набегающим потоком воздуха
  transpiration c. охлаждение испарением
coomb (узкая) долина, овраг, ущелье
cooperate сотрудничать; содействовать, способствовать; кооперироваться, объединяться; взаимодействовать
cooperation сотрудничество; кооперация; совместные действия; взаимодействие
cooperative совместный, объединенный; совместно (согласованно) действующий
coordinate 1. координата; позиция, положение; значение координаты; ‖ координатный, отсчетный; ‖ определять (задавать) координаты; 2. согласованный; ‖ координировать, согласовывать, устанавливать соотношение; 3. одного порядка (ранга); равноправный
  c. axis ось координат
  c. basis координатный базис, базис системы координат
  c. derivative производная по координате
  c. function координатная функция, функция (от) координат
  c. grid координатная сетка
  c. increment приращение координат, шаг по координате
  c. line координатная линия
  c. map координатная сетка
  c. mapping отображение (преобразование) координат
  c. orientation ориентация (системы) координат

c. origin начало координат, начало отсчета
c. paper координатная (диаграммная, миллиметровая) бумага
c. plane координатная плоскость
c. rotation поворот (системы) координат
c. scale масштаб координат; координатная сетка; масштабная сетка
c. solution решение в координатах
c. space пространство координат
c. substitution замена координат
c. system система координат, система отсчета
c. transformation преобразование (системы) координат
c. translation перенос (системы) координат
c. value значение координаты
c. vectors координатные векторы, (базисные) векторы системы координат
c. zooming увеличение масштаба координат; увеличение части графического изображения
absolute c. абсолютная координата
angular c. угловая (дуговая, круговая) координата
arc c. дуговая координата
area c. координата (значение координаты) площади
axial c. осевая (продольная) координата
bipolar coordinates биполярные координаты; биполярная система координат
body coordinates материальные координаты; система координат, связанная с телом
Cartesian coordinates декартовы (прямоугольные) координаты; декартова (прямоугольная) система координат
chord c. координата в направлении хорды (по хорде); координата в долях хорды
circumferential c. окружная координата
contour c. координата (отсчитываемая) вдоль контура
convected coordinates переносные координаты; сопутствующая (следящая) система координат
corotational coordinates сопутствующая (следящая) система координат
current c. текущая координата
curvilinear coordinates криволинейные координаты; криволинейная система координат
cylindrical coordinates цилиндрические координаты; цилиндрическая система координат
3-D coordinates трехмерная система координат
Eulerian coordinates эйлеровы координаты; эйлерова (пространственная) система отсчета
false c. условная координата; неверная координата

fixed c. постоянная (заданная) координата
fixed coordinates неподвижная (постоянная) система координат
general coordinates произвольная система координат
generalized c. обобщенная координата
global coordinates глобальные координаты, глобальная (общая) система координат
homogeneous coordinates однородные координаты
hoop c. окружная координата
incremental c. координата в приращениях; дискретная координата
independent c. независимая координата
instantaneous coordinates мгновенная система отсчета
Lagrangian coordinates лагранжевы координаты; лагранжева (материальная) система отсчета
line c. линейная координата, координата вдоль линии
local c. system локальная (местная) система координат
middle plane coordinates система координат в срединной плоскости (пластины)
natural coordinates естественные координаты; естественная система координат
normal coordinates нормальные координаты; главные координаты
oblique coordinates косые (косоугольные) координаты; косоугольная система координат
original coordinates начальные координаты; исходная система координат
orthogonal coordinates ортогональные (прямоугольные) координаты; ортогональная система координат
parametric coordinates параметрические координаты
plane coordinates координаты на плоскости; плоская система координат
polar coordinates полярные координаты; полярная система координат
radial c. радиальная координата
ray c. лучевая координата
rectangular coordinates прямоугольные (декартовы) координаты; прямоугольная (декартова) система координат
relative c. относительная координата
running c. текущая координата
skew c. косые (косоугольные) координаты; косоугольная система координат
spatial c. пространственная координата
spatial polar coordinates сферическая система координат
spherical coordinates сферические координаты; сферическая система координат
spin-wise c. координата вдоль оси вращения

streamwise c. координата в направлении потока (по потоку)
surface coordinates координаты поверхности; поверхностная система координат
tangential c. тангенциальная координата, координата вдоль касательной
temporal c. временная координата
three-dimensional coordinates трехмерные координаты, пространственная система координат
time c. временная координата
toroidal coordinates тороидальные координаты; тороидальная система координат
translational coordinates переносная система координат
triangular coordinates треугольные координаты, система координат площади треугольника
two-dimensional coordinates двумерные координаты, двумерная система координат
variable c. переменная (текущая) координата
volume c. объемная координата, значение объемной координаты
world coordinates мировые координаты, внешняя (реальная, физическая) система координат
coordinates (мн.ч. от **coordinate**); система координат, система отсчета
coordination координация, согласование
cope 1. колпак, крышка, кожух; кабина; ‖ покрывать; 2. обхватывать
cope-stone завершение, заключение; последнее слово (напр., науки)
copier копировальный аппарат
coping 1. покрытие, перекрытие; навес; ‖ покрывающий, перекрывающий; охватывающий; 2. парапетная плита; гребень плотины
copious обильный, обширный; огромный, мощный
coplanar компланарный, находящийся в одной плоскости; плоский
   c. **force system** плоская система сил
   c. **vectors** компланарные векторы
coplanarity компланарность
copper (красная) медь; ‖ медный
coprime взаимно простой
   c. **numbers** взаимно простые числа
coprimes взаимно простые числа
coprocessing совместная обработка (данных), сопроцессирование
coprocessor сопроцессор (копроцессор); специализированный процессор (работающий параллельно с основным)
   mathematical c. математический (арифметический) сопроцессор
copy 1. экземпляр; копия, оттиск, отпечаток; ‖ копировать, воспроизводить; 2. образец, оригинал; шаблон; ‖ делать по образцу; 3. рукопись, материал (напр., книги)

   authorized c. авторизованная (разрешенная, законная) копия
   hard c. твердая (печатная, документальная) копия
copying копирование, воспроизведение
corbel выступ; кронштейн; ‖ поддерживать кронштейном
cord (прочная) нить, жгут, корд, струна, шнур; (тонкий) трос; строп; каркасная (кордная) нить; кордная ткань
   c. **fabric** кордная ткань
   c. **mechanism** тросовый механизм
   c. **ply** слой корда (армирующих волокон)
   c. **thread** кордная нить
   body c. корд в каркасе (шины)
   explosive c. детонирующий шнур
   extension c. удлинительный шнур
   metal c. металлический корд
   reinforcing by c. армирование кордом
   tire c. шинный корд
   weightless c. невесомая нить
cordage снасти, такелаж
cord-reinforced армированный (упрочненный) кордом
core 1. ядро; 2. суть, сущность; 3. внутренняя часть, сердцевина, сердечник; 4. заполнитель, внутренний слой (в трехслойной оболочке); 5. каркасная нить, основа (ткани); 6. керн; 7. оперативная память ЭВМ
   to the core насквозь
   c. **diameter** внутренний диаметр
   c. **line** контур ядра (напр., в поперечном сечении)
   c. **memory** оперативная память ЭВМ
   c. **of section** ядро сечения
   c. **thread** основная (каркасная) нить
   drill c. буровой керн
   flow c. ядро потока
   foundation c. ядро основания
   elastic c. упругое ядро (сечения)
   rigidity c. ядро жесткости
   rotating c. вихревой жгут, ядро вихря
   solution in c. решение (задачи) в оперативной памяти ЭВМ
   viscous c. вязкое ядро
   vortex c. вихревой жгут, ядро вихря
cored полый, имеющий полость (вкладыш, сердцевину)
   c. **for lightness** сделанный полым для снижения веса
co-reside совместно находиться, размещаться (в памяти)
Coriolis Кориолис
   C. **acceleration** ускорение Кориолиса
   C. **force** кориолисова сила
cork 1. пробка; 2. поплавок
cork-screw винтообразное движение, движение по спирали; штопор; ‖ спиральный, винтообразный; ‖ двигаться по спирали; вводить самолет в штопор
   c. **spin** движение (спуск) по спирали

corner угол; угловая точка, вершина угла; уголок, угловой (прокатный) профиль; колено (трубопровода); поворот, изгиб; ‖ угловой, принадлежащий углу, находящийся в вершине угла

    c. **bracket** угловой кронштейн; уголок жесткости

    c. **condition** условие в угловой точке

    c. **diameter** диаметр окружности, описанной вокруг многоугольника; длина диагонали

    c. **iron** угловое железо, уголок

    c. **nodes** узлы в вершинах углов (конечного элемента), угловые узлы

    c. **stay** угловой подкос

    c. **stone** краеугольный камень

    c. **support** угловое опирание; угловая опора; угловое подкрепление

    concave c. тупой угол

    entrant c. входящий угол

    filleted c. скругленный угол; галтель, выкружка

cornering 1. движение на повороте; 2. обработка углов

corner-stone краеугольный камень

corollary 1. вывод, заключение; ‖ заключительный; 2. следствие; результат

    as a corollary как следствие этого

    there is an immediate corollary отсюда следует вывод

corona корона, венец

corotational сопутствующий, следящий, движущийся вместе с телом

    c. **coordinates** сопутствующая (следящая) система координат

coroutine сопрограмма

corporeal вещественный, материальный

corporeality вещественность, материальность

corposant явление атмосферного электричества

corpus (лат.) (мн.ч. **corpora**) 1. собрание, свод, кодекс; 2. объем, совокупность, фонд

corpuscle частица, корпускула; атом

corpuscular корпускулярный; атомный

correct правильный, точный, корректный; ‖ исправлять, корректировать, вносить поправки

    to correct for вводить поправку на что-либо

    correct to с точностью до

    c. **problem** корректная (корректно поставленная) задача

corrected исправленный, уточненный, скорректированный, включающий поправки; приведенный

correction исправление, коррекция, корректировка; уточнение; поправка

    to make corrections вносить поправки, корректировать, править

    to make correction for вводить поправку на

    c. **for compressibility** поправка на сжимаемость

    c. **for contour constraint** поправка на влияние границ

    c. **factor** поправочный коэффициент, поправка

    c. **for flexure** поправка на деформируемость (на изгиб)

    c. **function** корректирующая функция, функция поправки

    c. **for scale effect** поправка на масштабный эффект

    c. **size** величина поправки

    c. **step** шаг (этап) коррекции

    c. **vector** вектор поправки

    additive c. аддитивная поправка

    equilibrium c. корректировка (уточнение) состояния равновесия

    error c. исправление ошибок, внесение поправок

    first-order c. поправка первого порядка

    frequency c. частотная коррекция

    index c. инструментальная поправка, поправка на ошибку прибора

    iterative c. итерационное уточнение; итерационная поправка

    phase c. фазовая коррекция

    Prandtl-Glauert c. поправка Прандтля-Глауэрта, поправка на сжимаемость

    shear c. **factor** коэффициент (корректировки) сдвига

    subtractive c. вычитаемая поправка

    wall c. поправка на влияние стенок (аэродинамической трубы)

    wind c. поправка на ветер

corrective 1. корректирующий, исправляющий, уточняющий, поправочный; 2. поправка, исправление, уточнение

corrector корректор; способ (формула, средство, устройство) коррекции; ‖ корректирующий, исправляющий; поправочный

    c. **formula** поправочная формула, формула коррекции

correlate 1. находиться в связи (в соотношении), коррелировать; устанавливать соотношение; 2. соотносительное понятие, коррелят

correlation корреляция; соотношение; соотнесение; взаимосвязь, взаимозависимость; функция корреляции

    c. **analysis** корреляционный анализ

    c. **array** корреляционная матрица

    cross c. взаимная корреляция

    curvilinear c. нелинейная корреляция

    direct c. положительная корреляция

    inverse c. отрицательная корреляция

    linear c. линейная корреляция

    positive c. положительная корреляция

    space c. пространственная корреляция

    time c. временная корреляция, связь по времени

    triple c. тройная корреляция

    weak c. слабая корреляция

correlative соотносительный; корреляционный; парный

    c. **function** корреляционная функция

correspond 1. соответствовать; согласовывать(ся); быть аналогичным; 2. переписываться

correspondence 1. соответствие; соотношение; аналогия; 2. переписка, корреспонденция
  to put in correspondence with ставить в соответствие чему-либо
  direct c. прямое соответствие
  one-to-one c. взаимно-однозначное соответствие
  univocal c. взаимно-однозначное соответствие

corresponding соответствующий; корреспондирующий; соответственный; аналогичный
  c. angles соответствующие углы

corridor коридор, проход

corrigenda (мн.ч. от corrigendum); список опечаток

corrigendum (лат.) опечатка

corrigible исправимый

corroborant подтверждающий, подкрепляющий

corroborate подтверждать, подкреплять (напр., фактами)

corrode разъедать; ржаветь, подвергаться коррозии

corrosion коррозия, ржавление, разъедание; окисление
  c. fatigue коррозионная усталость
  c. protection защита от коррозии
  c. test испытание на коррозию
  stress c. коррозия под напряжением

corrosion-resisting противокоррозионный; нержавеющий

corrosive разъедающий, вызывающий коррозию, коррозионный; корродирующий
  c. damage коррозионное разрушение
  c. wear коррозионный износ

corrugate делать волнистым (рифленым), гофрировать

corrugated волнистый, рифленый, гофрированный
  c. shell волнистая (гофрированная, рифленая) оболочка
  c. surface волнистая поверхность

corrugation складка; волнистость; рифление, гофрирование

corruption разрушение; искажение, нарушение; разложение

cosecant косеканс

coseismal 1. сейсмический; 2. сейсмическая кривая
  c. line сейсмическая кривая

cosine косинус
  c. curve косинусоида, график косинуса
  c. integral интегральный косинус
  c. transform косинус-преобразование (Фурье)
  arc c. арккосинус
  direction c. направляющий косинус
  law of cosines теорема косинусов

cosinusoidal косинусоидальный

cosmic 1. космический; 2. огромный, всеобъемлющий

cosmonautics космонавтика

cosmos 1. космос, вселенная; 2. упорядоченная система

Cosserat Коссера
  C. solid деформируемое тело (типа) Коссера (с учетом моментных напряжений)
  C. theory of elasticity (моментная) теория упругости Коссера

cost стоимость, цена; затраты, расход (напр., времени); ‖ стоить, составлять (о стоимости); оценивать
  at the cost of ценой чего-либо, за счет чего-либо
  c. per dof стоимость (расчета) в пересчете на одну степень свободы
  c. function функция стоимости
  c. of a sample цена выборки
  computational c. вычислительные затраты
  constant c. step size величина шага с постоянным объемом вычислений

costal реберный

cotangent котангенс

cotter клин; шплинт, шпонка

cotton хлопок; хлопчатобумажная ткань

Couette flow течение Куэтта

coulisse выемка, паз; направляющая с пазом

Coulomb friction кулоново (сухое) трение

coulomb кулон, Кл

coulter нож, режущий рабочий орган

council 1. совет; 2. совещание

count 1. счет, подсчет; измерение, отсчет; результат расчета, итог; единица счета (измерения); число измерений; ‖ считать, подсчитывать, рассчитывать; измерять; 2. полагать; учитывать, принимать во внимание; иметь значение; 3. одиночный импульс
  to count down считать в обратном направлении
  to count for иметь значение
  to count on рассчитывать на, полагаться на
  to count out опускать, пропускать; не учитывать, не принимать во внимание
  in every count во всех отношениях
  in other counts в других отношениях
  reference c. контрольный (исходный) отсчет

countability исчислимость, исчисляемость; счетность

countable исчислимый, исчисляемый; счетный

countdown обратный счет, отсчет (времени) в обратном порядке

counter 1. счетчик, счетное (регистрирующее) устройство; 2. противное, обратное; ‖ обратный, противоположный, встречный; противоположно направленный; противодействующий; ‖ противодействовать; противоречить; ‖ наоборот, обратно; в противоположном

направлении; 3. отражение удара; встречный удар
   counter to в противоположность (чему-либо)
   c. motion обратное (возвратное) движение
   cycle c. счетчик циклов (оборотов)
   frequency c. частотомер
   revolution c. счетчик числа оборотов
counter- (как компонент сложных слов) противо-, контр-; обратный, противоположный, противодействующий
counteract 1. противодействовать; 2. уравновешивать, нейтрализовывать; 3. воспринимать нагрузку
counteraction 1. противодействие; 2. уравновешивание, нейтрализация
counteractive 1. противодействующий; 2. уравновешивающий, нейтрализующий
   c. force противодействующая сила
counter-attraction обратное притяжение
counterbalance 1. противовес, контргруз; || уравновешивать; 2. весы
counterblast 1. встречный порыв ветра; 2. противодействие
counter-bracing перекрестные связи (раскосы)
countercheck противодействие; препятствие
counter-clockwise против (хода) часовой стрелки, влево
counter-condition несоответствие (условиям), несоблюдение (требований), противоречие
countercurrent противоток, встречный поток; || противоточный
counter-example контрпример, противоречащий пример
counterface противолежащая поверхность, сопряженная поверхность
counterflow противоток, встречный поток; || противоточный
counterforce противодействие, сила противодействия
counterfort контрфорс, подпорка
countermotion обратное (возвратное) движение
counterpart 1. ответная часть (деталь); 2. заменяемая деталь; 3. дубликат, копия
counterpoise противовес; равновесие; || уравновешивать, сохранять равновесие
counterpressure противодавление; опорное давление, реакция опоры
counter-revolution обратное вращение
counter-timer счетчик-измеритель интервалов времени
countervail противодействовать, противостоять; компенсировать, уравновешивать
counterweight противовес, контргруз; уравновешивание; || уравновешивать
counting счет; отсчет, измерение; вычисление; || счетный, вычислительный; отсчетный, измерительный
country страна; территория, район, провинция; область, сфера

couple 1. двойка, пара; || соединять, сцеплять, связывать (попарно), спаривать; 2. пара сил, момент; 3. гальванический элемент, термопара
   c. of forces пара сил
   c. of rotation вращающий момент
   c. stress моментное напряжение
   aerodynamic c. аэродинамический момент
   arm of c. плечо пары сил
   axis of c. ось пары сил (момента)
   balance of couples равновесие моментов
   body c. объемный (массовый) момент; двойная массовая сила (в моментной теории упругости)
   centrifugal c. момент центробежных сил
   distributed body c. распределенный объемный момент (напр., от внешнего магнитного поля)
   equipollent c. результирующий момент
   external c. момент внешних сил
   flexural c. изгибающий момент
   frictional c. пара трения; фрикционный момент
   gyroscopic c. гироскопический момент
   individual c. собственный момент
   kinematic c. кинематическая пара
   mating c. сопряженная пара
   pitching c. момент тангажа
   rolling c. момент крена
   shearing c. сдвигающая пара сил, момент сдвига
   sliding p. пара трения скольжения
   stress c. момент напряжений
   torsional c. крутящий момент
   turning c. момент вращения
   unit point c. пара единичных сил, единичный момент
   voltaic c. гальваническая пара, гальванический элемент
   yawing c. момент рыскания
coupled связанный, соединенный, сцепленный, совместный; спаренный
   coupled with в сочетании с, вместе с
   c. equations связанные (сцепленные) уравнения; система уравнений
   c. fields связанные поля
   c. thermoelasticity problem связанная задача термоупругости
   c. vibrations связанные колебания; совместные колебания
   c. wheels спаренные колеса
coupler соединение, устройство сопряжения; переходник, фитинг; муфта; устройство связи
coupling 1. связь; соединение, связывание, сочленение, стыковка, сцепление; соединительное устройство; переходник, фитинг; муфта; || связывающий, соединительный, стыковочный; 2. взаимодействие; || взаимодействующий
   c. arrangement соединительный механизм
   c. of modes взаимодействие мод

c. piece соединительная деталь; переходник, фитинг; муфта
c. rod соединительная тяга
c. strain моментная деформация
adjustable c. регулируемая связь
back c. обратная связь
ball c. шаровое шарнирное соединение
closed c. глухое (неразъемное) соединение; сильная (тесная) связь
cross c. перекрестная связь; взаимодействие
direct c. прямое (непосредственное) соединение; прямая связь
elastic c. упругое соединение, упругая связь; упругая муфта
feedback c. обратная связь
fixed c. жесткое соединение
flange c. фланцевое соединение
friction c. фрикционное сцепление; фрикционная муфта
Hooke's joint c. универсальный шарнир, шарнир Гука, кардан
loose c. свободное (неплотное) соединение; слабая связь
mutual c. взаимная связь
rigid c. жесткое соединение
screw c. винтовая стяжка
solid c. неразъемное соединение
substructure c. объединение подконструкций
tight c. плотное соединение
toothed c. зубчатое соединение
universal c. универсальный шарнир, шарнир Гука, кардан
weak c. слабая связь
coupon пробный образец, образец для испытаний
Courant number число Куранта
course 1. курс, направление; 2. движение, ход, течение; 3. порядок, очередь; 4. слой, пласт; простирание (пласта); ряд (напр., кирпичной кладки); (горная) выработка; 5. курс обучения; курс лекций
as a matter of course как нечто само собой разумеющееся
during the course of в течение, во время
in course по очереди, по порядку, последовательно
in due course 1. своевременно; 2. должным образом
in the course of a year в течение года
of course конечно
c. of action образ действия
c. of nature естественный порядок
c. of work рабочий ход (напр., поршня)
cushion c. подстилающий слой, подушка
damp c. гидроизоляция, изолирующий слой
covariant ковариантный
c. derivative ковариантная производная
c. tensor ковариантный тензор

covariation ковариация, совместное изменение (нескольких переменных)
cove 1. свод; 2. выкружка
cover 1. покрытие; крышка, кожух, оболочка, днище; покрышка (шины); ‖ закрывать, покрывать; укрывать, прятать; 2. проходить (о расстоянии), преодолевать
c. sheet лист обшивки
concrete c. бетонная оболочка
glass c. остекление
rock c. покрывающая порода
snow c. снежный покров
transparent c. прозрачное покрытие
coverage 1. охват, диапазон; зона действия; сектор обзора; 2. покрытие, перекрытие
angular c. угловой сектор (обзора)
frequency c. (перекрываемый) диапазон частот
covered 1. закрытый, покрытый; защищенный, изолированный; 2. охваченный, входящий в диапазон (наблюдения, измерения и т.д.)
covering 1. покрытие, крышка, оболочка, кожух; обшивка, облицовка; (изолирующий) слой; ‖ закрывающий, покрывающий, защищающий; скрывающий; 2. охват, диапазон (напр., измерений); зона действия; сектор обзора; ‖ охватывающий
c. domain покрывающая область
c. theorem теорема покрытия
protective c. защитное покрытие
coving 1. свод; 2. выкружка
cow см. cowl
cowl колпак, дефлектор, кожух, капот
cowling обтекатель; капот двигателя
CP 1. (central processor) центральный процессор; 2. (control program) управляющая программа; операционная система
CPU (central processing unit) центральный процессор
crab 1. лебедка, ворот, подъемный механизм; 2. тележка крана; 3. снос, дрейф
c. rope крановый трос
capstan c. вертикальный ворот, кабестан
travelling c. крановая тележка
crack 1. трещина; щель; ‖ растрескиваться, давать трещину; разрушать(ся); раскалывать(ся), расщеплять(ся); лопаться; 2. треск, щелкание; ‖ трещать, щелкать
c. advance распространение трещины
c. angle угол (наклона) трещины
c. arrest остановка (задержка, торможение, блокировка) трещины
c. bifurcation раздвоение (разветвление, бифуркация) трещины
c. birth зарождение трещины
c. blunting затупление трещины
c. branching ветвление трещины
c. closure смыкание берегов трещины, закрытие трещины
c. closure energy энергия закрытия трещины
c. control контроль трещинообразования

c. defector дефектоскоп
c. extension распространение (продвижение, развитие, подрастание) трещины
c. face поверхность (берег) трещины
c. front фронт трещины
c. growth рост (распространение) трещины
c. incubation зарождение (инкубация) трещины
c. opening раскрытие трещины
c. opening stress напряжение раскрытия трещины
c. origin зарождение трещины; начало трещины
c. path траектория (путь) трещины
c. propagation распространение трещины
c. retardation торможение трещины
c. separation distance расстояние между берегами трещины
c. side берег трещины
c. splitting ветвление трещины
c. step скачок (роста) трещины
c. stop остановка трещины
c. starter инициатор трещины
c. strength сопротивление растрескиванию
c. stress напряжение растрескивания; напряжённое состояние в области трещины
c. tip вершина (кончик) трещины
c. tip stress напряжение в вершине трещины
c. velocity скорость (распространения) трещины
acceleration c. трещина, растущая с ускорением
arch(ed) c. дугообразная (криволинейная) трещина
arrested c. остановленная трещина
artificial c. искусственная трещина, имитация трещины
atmospheric c. трещина от воздействия атмосферы (напр., вследствие старения материала)
avalanche c. propagation лавинообразное распространение трещины
blunt c. затупленная трещина
branched c. ветвящаяся (разветвленная) трещина
brittle fracture c. трещина хрупкого разрушения, хрупкая трещина
check c. волосная трещина, волосовина; усадочная трещина
circular c. круговая (дугообразная) трещина
combined mode c. трещина смешанного типа
contraction c. (температурно-)усадочная трещина
critical c. критическая трещина
cross c. секущая (поперечная) трещина
crotchcorner c. угловая трещина
crow-foot cracks лучеобразные трещины

deaccelerating c. замедляющаяся трещина
double edge c. двусторонняя (боковая) трещина
drying c. усадочная трещина, трещина вследствие высыхания
ductile c. вязкая трещина
Dugdale c. трещина Дагдейла (эффективная трещина, которая длиннее реальной)
edge c. краевая (боковая) трещина, трещина у кромки
embedded c. внутренняя трещина (не выходящая на поверхность)
endurance c. усталостная трещина
equilibrium c. равновесная трещина
explosively propagating c. трещина, распространяющаяся со скоростью взрыва; взрывная трещина
extending c. распространяющаяся трещина
face c. поверхностная (лицевая) трещина
fast running c. быстрорастущая трещина
fatigue c. усталостная трещина
fine c. тонкая (волосная) трещина, волосовина
finite c. конечная трещина, трещина конечных размеров
finite element with c. конечный элемент с трещиной; конечный элемент, моделирующий трещину
fixed-length c. трещина постоянной (заданной) длины
fixed-shape c. трещина заданной формы
fracture c. трещина, вызывающая разрушение
frost c. трещина от низкой температуры, морозобоина
Griffith c. трещина Гриффитса (модель трещины в виде выреза эллиптического сечения)
growing c. растущая трещина
hair c. нитеобразная (волосная) трещина, волосовина
hardening c. закалочная трещина
heat c. тепловая трещина
high-stress c. трещина при высоких уровнях напряжений
high-velocity c. трещина, распространяющаяся с высокой скоростью
initial c. начальная трещина
initiation of c. зарождение (страгивание) трещины
insulated c. изолированная (отдельная) трещина
interface c. трещина по поверхности раздела
interlaminar c. межслойная трещина
kinked c. ломаная трещина
lateral vent c. трещина, выходящая на боковую поверхность
lens-shaped c. трещина в виде линзы
line c. (бесконечно) тонкая трещина, волосовина

longitudinal shear c. трещина при продольном сдвиге
low-cycle fatigue c. трещина малоцикловой усталости
main c. магистральная трещина
mathematically sharp c. идеально острая трещина
minute c. микротрещина
mixed-mode c. трещина смешанного типа
mode I (opening mode) c. трещина типа I, трещина нормального отрыва
mode II (sliding mode) c. трещина типа II, трещина поперечного сдвига
mode III (tearing mode) c. трещина типа III, трещина продольного сдвига
nonslip c. трещина без проскальзывания
nonthrough thickness c. несквозная трещина
notch c. трещина в надрезе
oblique c. наклонная трещина
opening mode c. трещина нормального отрыва, трещина типа I
orderly oriented c. трещина заданной ориентации
part-through thickness c. несквозная трещина
penetrated c. проросшая (внедрившаяся) трещина
plane-propagating c. трещина, распространяющаяся в плоскости
plastic shear c. трещина пластического сдвига
pre-existing c. начальная трещина (до приложения нагрузки)
pressing c. трещина как дефект прессования
pressurized c. нагруженная трещина; сжатая (обжатая) трещина
quench c. закалочная трещина
randomly oriented c. случайно ориентированная трещина
rate of c. скорость (распространения) трещины
root c. трещина в основании, корневая трещина
semi-elliptic c. полуэллиптическая трещина
service-induced c. эксплуатационная трещина
semi-infinite c. полубесконечная трещина
sharp c. острая трещина
sharp-tipped c. трещина с острым кончиком, заостренная трещина
shatter c. ковочная трещина
shear c. сдвиговая трещина, трещина среза
shrinkage c. (температурно-)усадочная трещина
single edge c. односторонняя краевая трещина
skin c. поверхностная трещина
sliding mode c. трещина поперечного сдвига, трещина типа II

slip-band c. сдвиговая трещина
slit c. щелевидная трещина
solidification c. трещина затвердения, усадочная трещина
stable c. устойчивая (неподвижная) трещина
stable c. **growth** устойчивый рост трещины
stationary c. стационарная трещина
steadily growing c. монотонно растущая трещина
straight c. прямая трещина
strain c. деформационная трещина
subsurface c. подповерхностная трещина
surface c. поверхностная трещина
tearing mode c. трещина продольного сдвига, трещина типа III
tensile c. растягиваемая трещина; трещина отрыва
thermal c. термическая трещина
thermal fatigue c. термоусталостная трещина
thermally insulated c. теплонепроницаемая (теплоизолированная) трещина
through(-the)-thickness c. сквозная трещина
transversal c. поперечная трещина
volume distributed c. трещина, распределенная по объему
vulnerable c. (наиболее) опасная трещина
water c. закалочная трещина от охлаждения в воде
wedged c. расклиниваемая трещина
wedge-shaped c. клиновидная трещина
well-defined c. ярко выраженная (видимая) трещина
cracked содержащий трещины, трещиноватый; разрушенный; расколотый, расщепленный, расслоившийся, лопнувший
  c. **finite element** конечный элемент, содержащий (моделирующий) трещину
  c. **member** элемент с трещиной; разрушившийся элемент
cracking 1. растрескивание, образование (распространение) трещин, трещинообразование; разрушение, расщепление, расслоение; трещиноватость; ‖ растрескивающийся, разрушающий(ся), расщепляющий(ся); **2.** крекинг (нефти)
  c. **load** разрушающая нагрузка, нагрузка трещинообразования
  c. **pattern** картина трещин
  c. **resistance** сопротивление растрескиванию
  c. **test** испытание на растрескивание
avalanche c. лавинообразное растрескивание
edge c. образование краевых трещин
environmental c. растрескивание от воздействия внешней среды
fast c. быстрый рост трещин

    fatigue c. образование усталостных трещин
    mid-plane c. растрескивание по срединной плоскости
    multiple c. множественное растрескивание
    relief c. система разгружения трещин
    shock-induced c. растрескивание при импульсном (ударном) нагружении
    solidification c. образование трещин в процессе затвердевания, образование усадочных трещин
    stress corrosion c. коррозионное растрескивание под напряжением
    stress relief c. растрескивание, снимающее напряжение

crack-porous media трещиновато-пористая среда

crack-tip вершина (кончик) трещины
    c. blunting затупление вершины трещины
    c. opening angle угол раскрытия в вершине трещины
    c. opening displacement раскрытие трещины в вершине
    c. stress singularity сингулярность (поля) напряжений в вершина трещины
    c. vicinity окрестность вершины трещины

cracky растрескавшийся, трещиноватый, с трещинами

cradle 1. начало, истоки, происхождение; 2. подвесная платформа (кабина); 3. рама, станина; опора, опорная подушка; 4. ложемент; 5. аппарели, спусковые салазки

craft 1. силовой агрегат, двигатель; 2. летательный аппарат; корабль, судно; 3. профессия, специальность
    air-cushion c. судно на воздушной подушке
    ground-effect c. экраноплан
    heavier-than-air c. летательный аппарат тяжелее воздуха
    hovering c. судно на воздушной подушке
    hydrofoil c. судно на подводных крыльях
    submersible c. подводное судно

cram переполнение; заполнение (с усилием); || переполнять, заполнять

cramp 1. зажим, струбцина, скоба; || зажимать; скреплять (напр., скобой); стеснять, ограничивать, мешать движению; суживать; 2. целик, непрерывный (сплошной) массив
    c. frame зажим, струбцина
    c. iron скоба

cramped зажатый, закрепленный, скрепленный; ограниченный, стесненный

crane 1. (грузоподъемный) кран; || крановый; || поднимать (груз) краном; 2. сифон, изогнутая трубка
    c. arm стрела крана, вылет стрелы
    c. beam (под)крановая балка
    c. boom стрела крана
    c. girder (под)крановая балка
    c. radius вылет стрелы крана

    arm c. консольный кран
    bridge c. мостовой кран
    column c. башенный кран
    gantry c. портальный кран
    portable c. подвижный кран
    tower c. башенный кран

crank 1. коленчатый рычаг, колено; кривошип; || изгибать в виде колена; 2. расшатанный, неустойчивый
    c. arm плечо кривошипа
    c. axle коленчатый вал
    c. case картер двигателя
    c. effort касательное (тангенциальное) усилие
    c. handle рукоятка ручного привода (или управления)
    c. lever коленчатый (угловой) рычаг
    c. motion 1. возвратно-поступательное движение; 2. кривошипно-шатунный механизм
    c. point вершина угла; точка перелома; точка возврата
    c. shaft коленчатый вал; кривошип
    c. throw радиус кривошипа
    c. web плечо кривошипа
    bell c. коленчатый (угловой) рычаг

cranked 1. коленчатый, угловой; 2. изогнутый, криволинейный

Crank-Nicholson scheme схема Кранка-Никольсон (схема численного интегрирования)

crankshaft коленчатый вал; кривошип

cranky 1. коленчатый; 2. неисправный, расшатанный

crannied растрескавшийся

cranny трещина, щель

crash 1. сильный удар (напр., при столкновении); авария, крушение; аварийный отказ; аварийное завершение работы; || разрушать(ся); вызывать (терпеть) аварию; 2. срочный, неотложный; 3. холст
    to crash down разрушаться, рушиться
    c. test разрушающее (образец) испытание, аварийное испытание

crash-helmet защитный шлем

crash-landing вынужденная (аварийная) посадка

crashproof ударопрочный, неразрушающийся

crashworthiness ударопрочность, стойкость к ударным нагрузкам
    c. design ударопрочная конструкция; проектирование с учетом возможного столкновения (разрушения)

crate упаковка, тара; ящик; (об)решетка; || упаковывать

crater кратер, воронка, лунка

crawl ползание, медленное движение; сползание; || ползти, медленно двигаться; сползать

crawler гусеничный ход; || гусеничный
    c. belt гусеница, лента гусеничного хода
    c. tractor гусеничный трактор

craze тонкая (волосная) трещина, волосовина; ‖ растрескиваться, давать (тонкие) трещины
crazy 1. шаткий, неустойчивый; 2. покрытый трещинами; 3. сделанный из кусков
creak скрип; ‖ скрипеть
crease складка, сгиб, загиб; линия сгиба; загнутая кромка, фальц; граница, черта; ‖ загибать, делать складки, отгибать кромку, фальцевать
create 1. творить; создавать, разрабатывать; образовывать, строить, формировать; 2. присваивать звание (ученую степень)
creation 1. создание, разработка; образование, построение, формирование; синтез; 2. произведение (науки, искусства); 3. присвоение звания (ученой степени)
creative созидательный, творческий
creator автор, создатель
credibility вероятность, правдоподобие; доверие
credible вероятный, правдоподобный; заслуживающий доверия
credit 1. доверие; ‖ верить, доверять; 2. кредит, долг; 3. отдавать должное; 4. влияние; значение
   to give credit for отдавать должное за что-либо
creek залив, бухта; устье реки; приток, ручей
creep 1. ползучесть, крип; текучесть; медленное изменение свойств; 2. медленное движение; сдвиг; ‖ медленно двигаться, ползти; сдвигать(ся) с места; 3. смещение, уход, увод; ‖ смещаться, уходить, уводить; 4. проскальзывание; люфт; ‖ проскальзывать; 5. сползание; оползание, оползень; ‖ сползать; 6. просачивание; ‖ просачиваться
   c. **compliance** податливость при ползучести
   c. **fracture** разрушение при ползучести
   c. **kernel** ядро (интегрального уравнения) ползучести
   c. **rate** скорость ползучести
   c. **rupture strength** длительная прочность
   c. **of soil** ползучесть грунта
   c. **strain** деформация (при) ползучести
   c. **strength** сопротивление ползучести
   c. **stress** напряжение (при) ползучести; предел текучести
   c. **surface** поверхность ползучести
   c. **test** испытание на ползучесть
   c. **of zero** смещение нулевой точки (шкалы)
   constant-load c. ползучесть при постоянной нагрузке, вторая (установившаяся) стадия ползучести
   cyclic c. циклическая ползучесть, ползучесть при циклическом деформировании
   deformation of c. деформация (при) ползучести
   dislocation c. дислокационная ползучесть

   high-temperature c. высокотемпературная ползучесть
   initial c. начальная (переходная) стадия ползучести
   irradiation c. радиационная ползучесть
   limit of c. предел ползучести
   primary c. начальная (переходная) стадия ползучести
   secondary c. вторая (установившаяся) стадия ползучести
   settled c. установившаяся ползучесть
   shear c. сдвиговая ползучесть
   steady-state c. установившаяся ползучесть
   tensile c. ползучесть при растяжении
   tertiary c. третья (ускоренная) стадия ползучести
   thermal c. температурная ползучесть
   total c. суммарная деформация ползучести
   transient c. неустановившаяся ползучесть
creeper 1. конвейер; лента конвейера; 2. шип (шины), грунтозацеп; 3. трал
creeping 1. ползучесть, крип; 2. медленное движение; ползание; ‖ медленно двигающийся; ползущий; 3. сползание; оползание; ‖ сползающий
   c. **crack** трещина (излом) при ползучести
creep-resisting устойчивый к ползучести
creepy ползучий
crenellated зубчатый
cresceleration изменение скорости по степенному закону
crescent 1. серп, тело серповидной формы; ‖ серповидный; 2. растущий, увеличивающийся
   c. **wing** серповидное крыло
crest 1. вершина; пик, максимальное значение; ‖ достигать вершины (максимального значения); 2. гребень волны
crevice щель; трещина
crib 1. сруб; крепь; ‖ крепить (горную выработку); 2. короб, ящик; ‖ помещать в замкнутый объем
cribble решето, сито, грохот
crime нарушение, отклонение (напр., от правил), возмущение
   variational c. нарушение (возмущение) вариационной формулировки
crimp 1. складка, загиб, фланец; (за)виток, волна гофра; ‖ загнутый, волнистый, гофрированный; ‖ делать складки, загибать, отгибать, гофрировать; вить, завивать; 2. помеха, препятствие
crimper обжатие, обжимание; инструмент для обжатия
crinkle изгиб, загиб; складка, волна гофра; ‖ изгибать(ся), загибать(ся), делать складки, гофрировать
crinkled изогнутый, загнутый; гофрированный, складчатый
cripple 1. повреждение, поломка; неисправное (повреждённое) устройство; ‖ повреждать(ся); 2. деформирование; изгиб; деформирован-

ная конструкция; || деформировать(ся); изгибать(ся)

crippling 1. повреждение, разрушение; || повреждающий, разрушающий; 2. деформирование; изгиб, перегиб; || деформирующий; изгибающий; 3. потеря устойчивости
   c. load нагрузка, вызывающая остаточную деформацию (или разрушение), разрушающая нагрузка; критическая нагрузка
   c. resilience напряжение при перегибе (ниже предела упругости)
   c. test проба на перегиб; испытание на устойчивость

criss-cross перекрещивающийся, перекрестный; зигзагообразный; || перекрещивать(ся); оплетать (крест-накрест); || крест-накрест

Cristoffel symbol символ Кристоффеля

criterion (мн.ч. **criteria**) 1. критерий; признак; показатель; условие; способ оценки; 2. ключ, ключевое слово
   c. of error критерий погрешности; признак ошибки
   c. of fitting критерий соответствия
   c. function оценочная функция, функция критерия
   c. selection выбор критерия
   c. of similitude критерий подобия
   absolute c. абсолютный критерий; точный признак
   buckling c. критерий потери устойчивости (деформирования), критерий выпучивания
   chi-square c. критерий хи-квадрат
   clustering c. признак группировки
   convergence c. критерий сходимости
   crack opening c. критерий раскрытия трещины
   deformation c. деформационный критерий, критерий в деформациях (в терминах деформаций)
   energy c. энергетический критерий (напр., устойчивости)
   equilibrium c. критерий равновесия
   failure c. критерий (общего) разрушения, критерий потери несущей способности
   fracture c. критерий разрушения (трещинообразования)
   integral c. интегральный критерий; общий показатель
   ordering c. критерий упорядочения
   performance c. критерий (показатель) эффективности
   plasticity c. критерий пластичности, критерий (начала) пластической деформации
   recognition c. критерий распознавания
   reliability c. критерий надежности
   root-mean-square minimum error c. критерий минимума среднеквадратической ошибки
   Routh's c. критерий (устойчивости) Рауса
   selection c. критерий отбора

   simulation c. критерий подобия
   specified c. заданный критерий
   spectral conditioning c. спектральный критерий обусловленности (фон Неймана)
   stability c. критерий (потери) устойчивости
   strength c. критерий прочности
   stress c. критерий в напряжениях (в терминах напряжений)
   termination c. критерий завершения (напр., итераций)
   valid c. состоятельный критерий
   validation c. критерий достоверности
   yield c. критерий текучести

critical критический, критичный; предельный, экстремальный; опасный; определяющий, основной; ответственный
   c. failure критический (опасный) отказ
   c. frequency критическая (предельная) частота
   c. load критическая (предельная) нагрузка, нагрузка потери устойчивости
   c. parameter критический параметр; основная характеристика
   c. part ответственная деталь
   c. section критическое (опасное) сечение

criticism критика; рецензия, критический разбор, критическая статья

crocodile крокодиловый зажим, аллигаторный замок
   c. shears рычажные (аллигаторные) ножницы

crook крюк; изгиб, поворот; перекос; || изгибать(ся), искривлять(ся)
   c. warp (продольно-поперечное) коробление, депланация

crop 1. большое количество, масса; 2. доза, порция; партия; 3. выход (пласта) на поверхность
   to crop out выходить на поверхность
   to crop up неожиданно обнаруживаться, возникать

cross 1. крест; крестовина; пересечение; перекрестье; || поперечный, перекрестный, пересекающий(ся); скрещивать(ся), пресекать(ся); 2. противоположный, противный; || противодействовать, противоречить; 3. косой, диагональный
   c. beam 1. поперечная балка, траверса; распорка; 2. коромысло, балансир
   c. bending поперечный изгиб
   c. breaking изгиб; прогиб, стрела прогиба
   c. breaking strength прочность на изгиб, сопротивление изгибу
   c. connection поперечное соединение, перекрестная связь
   c. coupling перекрестная связь; взаимодействие
   c. crack секущая (поперечная) трещина
   c. derivative перекрестная производная
   c. force поперечная сила
   c. frame междурамное скрепление

c. hairs перекрестье нитей (напр., в оптическом приборе)
c. hatch штриховка (перекрестными линиями)
c. head 1. поперечина, траверса; 2. крестовина
c. heading подзаголовок
c. linking образование поперечных (перекрестных, взаимных) связей
c. member поперечный элемент, поперечина
c. piece 1. поперечная балка, поперечина, траверса; 2. крестовина
c. pipe трубная крестовина, пересечение труб
c. point точка пересечения
c. product векторное произведение
c. rail поперечина, траверса
c. ratio двойное (или сложное) отношение
c. references перекрестные ссылки
c. section поперечное сечение, профиль; поперечный разрез; живое сечение (потока), створ
c. tie поперечная связь; поперечина, распорка; шпала
c. wind боковой ветер
c. wires перекрестье нитей (в оптическом приборе)
foundation c. ростверк
cross-bred смешанный, гибридный
cross-cut 1. поперечный разрез, поперечное сечение; || поперечный; 2. кратчайший путь
crossfire взаимное (перекрестное) влияние
cross-flow поперечное течение, сносящий поток
cross-hatched заштрихованный (перекрестными штрихами)
crossing 1. пересечение, перекрещивание; || пересекающий(ся), перекрещивающий(ся), поперечно направленный; 2. крест; крестовина; 3. транспортная развязка
c. angle угол пересечения
c. lines пересекающиеся линии
right c. пересечение под прямым углом; прямое (ортогональное) сечение
skew c. пересечение под острым углом
zero c. переход через нуль (напр., графика функции)
cross-light 1. пересекающиеся лучи; 2. рассмотрение вопроса с разных точек зрения
cross-line пересекающая (поперечная) линия
cross-over 1. поперечная балка, поперечина; || поперечный; 2. переход; переходное устройство; область перехода; переходный; 3. пересечение; точка пересечения
c. bend 1. переходное колено (трубопровода); 2. переходная кривая
cross-piece 1. поперечная балка, поперечина, 2. крестовина
cross-ply диагонально (поперечно) армированный слой; перекрестно армированный

слоистый материал; || диагонально (поперечно) армированный; образованный из перекрестно армированных слоев
cross-section поперечное сечение, профиль; поперечный разрез; живое сечение (потока), створ
   annular c. кольцевое сечение, сечение кольца
   bulk c. полное сечение
   circular c. круглое (круговое) поперечное сечение
   closed c. замкнутое поперечное сечение
   geometrical c. геометрическое сечение
   H-type c. поперечное сечение типа "двутавр" (с широкими полками)
   I-type c. поперечное сечение типа "двутавр" (с узкими полками)
   laminated c. слоистое поперечное сечение
   L-type c. L-образное поперечное сечение, сечение типа "уголок"
   open c. открытое поперечное сечение
   rectangular c. прямоугольное поперечное сечение
   reinforced c. подкрепленное (усиленное) поперечное сечение
   single-cell c. односвязное поперечное сечение
   solid c. сплошное поперечное сечение
   thin-walled c. тонкостенное поперечное сечение
   T-type c. Т-образное поперечное сечение, тавровый профиль
   uniform c. постоянное поперечное сечение
   variable c. переменное поперечное сечение
   warped c. искаженное (искривленное, депланированное) поперечное сечение (напр., тонкостенной балки)
   webbed c. многосвязное поперечное сечение
   wetted c. живое сечение
cross-sectional относящийся к поперечному сечению
   c. area площадь поперечного сечения
   c. properties характеристики поперечного сечения
cross-shaped крестообразный
cross-wind перпендикулярный направлению потока, поперечный
crosswise крестообразно, перекрестно, крест-накрест
crotch 1. разветвление, развилка; 2. угловое соединение; 3. крюк
crow-bar рычаг, вага
crowd 1. множество, масса; толпа, нагрузка от толпы (на мост); 2. объединение; || объединять; 3. наложение; || накладывать (одно на другое); 4. уплотнение; || уплотнять, оказывать давление
   to crowd out вытеснять
crown 1. корона, венец; 2. наивысшая точка, вершина; завершение, окончание; || до-

стигать максимума, вершины; завершать, заканчивать; 3. выпуклость; купол, свод; стрела подъема (напр., оболочки); 4. гребень плотины
crowning выпуклость; свод
crucial критический, решающий
cruciate крестообразный
crude 1. грубый; необработанный, неочищенный, сырой; неточный, приближенный; 2. сырье, исходный материал
    c. **approximation** грубое приближение
    c. **oil** сырая нефть
    c. **sampling** необработанная выборка
    c. **surface** грубая (шероховатая) поверхность
cruise крейсерский (маршевый) полет; крейсерский режим
cruising крейсерский, маршевый
    c. **speed** крейсерская скорость, экономичная эксплуатационная скорость
crumb крошка; крупица; ‖ крошить, измельчать
crumble крошить(ся), раздроблять(ся), толочь; распадаться, разрушаться
crumbly крошащийся, распадающийся, рыхлый
crump сильный удар; падение; ‖ сильно ударять
crumple мять, комкать; сгибать(ся), закручивать(ся)
crunch 1. скрипеть, трещать; 2. уплотнять; 3. перерабатывать (напр., большой объем данных), (быстро) выполнять числовые расчеты
cruncher перерабатывающее устройство
    number c. быстродействующий процессор для числовых расчетов
crunode точка самопересечения кривой, двойная точка
crush 1. раздавливание, смятие; ‖ раздавливать, сминать; 2. (раз)дробление, измельчение; ‖ раздроблять, измельчать
crusher дробилка, измельчитель
crushing 1. разрушение, раздавливание, смятие; ‖ разрушающий; раздавливающий, сминающий; 2. (раз)дробление, измельчение; ‖ раздробляющий, дробящий, измельчающий
    c. **test** испытание на разрушение (раздавливание, смятие)
    shock c. ударное разрушение
crust твердый поверхностный слой, кора
crutch опора, стойка, костыль
crux затруднение; трудный вопрос
    crux of matter суть дела
cryogenic криогенный, низкотемпературный
cryogenics физика низких температур
crystal кристалл; прозрачный предмет; ‖ кристаллический; прозрачный
crystalline кристаллический
    c. **grain** кристаллическое зерно
crystallization кристаллизация
crystallography кристаллография

CST (constant strain triangle) треугольный (конечный) элемент с постоянной деформацией
cube 1. куб; 2. третья степень; ‖ возводить в куб (в третью степень); 3. вычислять объем, кубатуру
    c. **face** грань куба
    c. **root** кубический корень, корень третьей степени
cubic(al) 1. объемный; 2. кубический, кубичный, третьей степени; 3. кубическое уравнение; 4. кривая третьего порядка
    c. **capacity** емкость, вместимость, объем, литраж (напр., двигателя)
    c. **determinant** определитель (матрицы) третьего порядка
    c. **equation** кубическое уравнение, уравнение третьей степени
    c. **lattice** кубическая решетка
    c. **strain** объемная деформация
cuboid кубоид, прямоугольный параллелепипед
cue признак, ориентир
culminate достигать высшей точки (степени)
culmination наивысшая точка (степень); зенит
cultivate культивировать, развивать
culture культура; культивирование, развитие
culvert водопропускная (дренажная) труба
cumber затруднение, стеснение, препятствие; ‖ затруднять, стеснять, препятствовать
cumbersome затруднительный; громоздкий
cumulate накопленный, аккумулированный, собранный; ‖ накапливать(ся), аккумулировать(ся), собирать(ся)
cumulation накопление, аккумуляция
    damage c. накопление повреждений
cumulative 1. совокупный, накопленный, интегральный; нарастающий; 2. кумулятивный
    c. **error** накопленная (суммарная) погрешность
    c. **damage theory** теория накопления повреждений
    c. **fracture** кумулятивное разрушение
    c. **jet** кумулятивная струя
cumulus (лат.) (мн.ч. **cumuli**) множество, скопление
cup чаш(к)а; купол; полусфера; кожух, колпак
    c. **fracture** воронкообразный излом; разрушение с чашечкой
    c. **head** полукруглая (или круглая) головка
    piston c. юбка поршня
cupola 1. купол, свод, колпак, зонт; 2. вагранка
cupped чашеобразный, сводчатый; имеющий круглое углубление
cupreous медный, содержащий медь

cuprum медь
cure 1. лечение, исправление; средство, способ (напр., устранения неисправности); ‖ лечить, исправлять, устранять; 2. затвердевание, отверждение; структурирование; кристаллизация; вулканизация (резины); выдержка, созревание; сушка; ‖ затвердевать, отверждать(ся); вулканизировать(ся); выдерживать, созревать; сушить
   c. **rate** скорость затвердевания (кристаллизации)
cureless неисправимый, неустранимый
curing 1. лечение, исправление; 2. затвердевание, отверждение; структурирование; вулканизация (резины); выдержка, созревание; сушка
   concrete c. твердение бетона; выдержка бетона
curl 1. (за)виток; спираль; валик, кольцо; закручивание, скручивание; коробление; ‖ закручивать(ся), скручивать(ся), коробиться; 2. вихрь, завихрение, ротор (векторного поля); ‖ завихряться
   c. **field** вихревое поле
   piston c. поршневое кольцо
   transverse c. поперечное скручивание (коробление)
currency употребительность, распространенность (чего-либо)
current 1. поток, течение; струя; 2. движение, ход; 3. (электрический) ток; 4. текущий; мгновенный; 5. настоящий, современный
   to be of current interest быть актуальным
   to go current быть общепринятым
   against the current против течения
   c. **achievement** последнее достижение
   c. **axes** мгновенная (текущая) система координат
   c. **coordinate** текущая координата
   c. **parameter** текущее значение параметра
   c. **point** текущая точка
   c. **strength** сила тока
   c. **surge** пульсация потока
   c. **thread** линия тока
   c. **time** текущее время, текущий момент
   c. **trend** современная тенденция
   c. **tube** трубка тока
   c. **value** текущее значение
   c. **yield condition** мгновенное условие текучести
   alternating c. переменный ток
   ascendant c. восходящий поток
   bed c. донное течение
   coastal c. прибрежное течение
   convective c. конвективное течение
   counter c. противоток
   deep c. глубинное течение
   direct c. постоянный ток
   heavy c. сильное течение; большой (электрический) ток
   layer of c. слой течения
   ocean c. морское течение
   output c. выходной ток; выходное течение
   stream of c. направление течения
   surface c. поверхностное течение
   tidal c. приливное течение
   upper c. высотное течение
   whirling c. завихренный поток
curriculum курс обучения; учебный план, программа
curse of dimensionality "проклятие размерности" (о быстром росте размерности разрешающих соотношений дискретных математических моделей с увеличением числа точек дискретизации)
cursor стрелка, указатель, курсор; движок (счетной линейки)
   c. **update** перемещение курсора
curt краткий, сжатый
curtail сокращать, уменьшать; останавливать
curtailment сокращение, уменьшение; прекращение
curtain завеса; отражатель, экран; шторка
   liquid c. жидкая завеса
curvature кривизна; искривление, изгиб
   c. **array** матрица кривизн
   c. **increment** приращение кривизны
   c. **index** показатель кривизны
   c. **lines** линии кривизны
   c. **measure** мера кривизны
   c. **radius** радиус кривизны
   c. **rate** скорость изменения кривизны
   c. **strain** деформация искривления
   c. **of surface** кривизна поверхности
   c. **tensor** тензор кривизн(ы)
   asymptotic c. асимптотическая кривизна
   centre of c. центр кривизны
   compound c. пространственная кривизна
   double c. двойная (двоякая) кривизна
   first c. кривизна пространственной кривой
   Gauss(ian) c. гауссова (полная) кривизна
   negative c. отрицательная кривизна
   positive c. положительная кривизна
   principle curvatures главные кривизны
   second c. кручение пространственной кривой
   total c. полная (гауссова) кривизна
curve кривая (линия); график, диаграмма, зависимость, функция, характеристика, эпюра; изгиб, кривизна; путь, траектория; дуга; лекало; ‖ проводить кривую; изгибать(ся), искривлять(ся)
   c. **fitting** аппроксимация (подбор, подгонка) кривой; подбор аппроксимирующей формулы; сглаживание кривой; вычерчивание кривой по точкам
   c. **follower** повторитель кривых, графопостроитель
   c. **gage** фасонный шаблон, лекало
   c. **radius** радиус кривой, радиус закругления; радиус кривизны

c. tracing построение кривых; исследование кривых
abrupt c. крутая кривая, кривая с большой кривизной
adiabatic c. адиабата, адиабатическая кривая
adjustment c. переходная (соединительная) кривая, кривая сопряжения
amplitude-frequency c. амплитудно-частотная характеристика
approximate c. приближенная кривая, приближенный график
ballistic c. баллистическая кривая (траектория)
broken c. ломаная линия; пунктирная линия
build-up c. кривая нарастания
calibration c. тарировочная кривая
catenary c. цепная линия
characteristic c. характеристическая кривая, характеристика
climb c. барограмма
closed c. замкнутая кривая
compound c. составная кривая
compression c. кривая (деформации) сжатия; график изменения давления; эпюра сжимающих напряжений
connecting c. соединительная (переходная) кривая
cosine c. косинусоида, график косинуса
creep c. кривая ползучести
cubic c. кубическая кривая, кривая третьего порядка
deflection c. кривая прогиба (напр., оси балки)
dog-leg c. кривая с изломом
dotted c. пунктирная (точечная) линия
drop-down c. кривая спада
easement c. переходная кривая
easy c. плавная (пологая) кривая
empiric(al) c. эмпирическая (опытная) кривая, эмпирическая зависимость
envelope c. огибающая кривая
equidistant c. равноудаленная кривая, эквидистанта
equipotential c. эквипотенциальная кривая, линия равного уровня, изолиния
excitation c. кривая (функция) возбуждения
experimental c. экспериментальная кривая (зависимость)
exponential c. показательная кривая, экспонента
fair(ed) c. усредненная (сглаженная) кривая
fatigue c. кривая усталости (Велера)
fitted c. кривая, проведенная по экспериментальным точкам; подобранная (подогнанная) кривая; сглаженная кривая
flat(tened) c. пологая кривая
flexible c. адаптивная кривая; гибкая (чертежная) линейка
French c. лекало

frequency c. частотная характеристика
function c. график функции
funicular c. веревочная кривая, кривая провеса, цепная линия
Gaussian c. гауссова кривая, кривая нормального распределения
guide c. направляющая линия; контрольная линия
harmonic c. гармоническая кривая, гармоника; синусоида
helical c. винтовая линия, спираль
high c. крутая кривая
hodograph c. годограф; кривая в плоскости годографа
horsepower c. кривая мощности
integral c. интегральная кривая, график решения дифференциального уравнения; суммарная характеристика
involute c. эвольвента, развертка кривой
irregular c. нерегулярная кривая, кривая неправильной формы; сингулярная кривая, кривая с особенностью
isostatic c. изостатическая кривая, изостата
isothermal c. изотермическая кривая, изотерма
load c. график (кривая, эпюра) нагрузки; диаграмма нагружения; нагрузочная характеристика
load-deflection c. кривая прогибов в зависимости от нагрузки, кривая "нагрузка-прогиб"
locus c. кривая геометрических мест
log(arithmic) c. логарифмическая кривая (спираль)
moment c. график (эпюра) моментов
natural equation of a c. натуральное уравнение кривой
peaky c. острая кривая, кривая с пиком (или пиками); кривая с точками возврата
performance c. рабочая характеристика, кривая производительности
Pitot c. кривая полных давлений
planar c. плоская кривая
quadric c. кривая второго порядка
quartic c. кривая четвертого порядка
quintic c. кривая пятого порядка
rapid c. крутая кривая
rating c. график расхода
resonance c. резонансная кривая
response c. кривая реакции (отклика), характеристика
retardation c. график замедления, кривая движения (по инерции) до остановки
saw-tooth c. пилообразная кривая
second-order c. кривая второго порядка
shallow c. пологая (плавная) кривая
sharp c. крутая кривая, кривая с малым радиусом кривизны
shearing force c. эпюра перерезывающей (поперечной) силы
sine c. синусоидальная кривая, синусоида

slight c. пологая (плавная) кривая
slope of a c. наклон (тангенс угла наклона) кривой
smooth c. гладкая кривая; пологая кривая
solid c. сплошная линия
solution c. кривая (график) решения
spatial c. пространственная кривая
stress-strain c. диаграмма "напряжение-деформация"
summation c. кривая суммирования; результирующая кривая
superposed curves сложенные кривые
tangent c. касательная кривая; тангенсоида
tangent to a c. касательная к кривой
terminal c. конечная кривая
three-dimensional c. пространственная кривая
time c. график (функции) от времени
time-displacement c. кривая смещения (пути) в зависимости от времени, график "время-перемещение"
torsion of a c. кручение кривой
transition c. переходная кривая, линия сопряжения; линия (фазового) перехода
uniaxial c. одноосная кривая, кривая одноосного растяжения образца
Wohler c. кривая Велера, кривая усталости
curved кривой, криволинейный, искривленный, изогнутый
  c. **beam** криволинейная балка, кривой брус
  c. **dam** криволинейная (арочная) плотина
  c. **shell** криволинейная оболочка
  doubly c. **surface** поверхность двойной (двоякой) кривизны
  initially c. исходно искривленный, имеющий начальную кривизну (погибь)
curvilinear криволинейный, искривленный; непрямолинейный, неплоский; нелинейный
  c. **coordinates** криволинейные координаты; криволинейная система координат
  c. **grid** криволинейная сетка
  c. **finite element** криволинейный конечный элемент
  c. **motion** криволинейное движение
  c. **regression** нелинейная регрессия
curving изгиб, искривление; кривизна, деформация искривления
curviture см. **curvature**
cushion 1. подушка; амортизатор, демпфер, буфер; прокладка; упругая подвеска; ‖ амортизировать, демпфировать, смягчать, гасить; 2. воздушная подушка; 3. сиденье
  to cushion a shock смягчать удар
  c. **course** подстилающий слой, подушка
  c. **craft** корабль на воздушной подушке
  c. **effect** амортизирующий эффект
  c. **lift** подъемная сила воздушной подушки

air c. воздушная подушка; пневматический амортизатор
frame of c. каркас сиденья
ground c. грунтовая подушка
cusp точка возврата (кривой)
  double c. точка самопересечения (самокасания), двойная точка
cut 1. разрез, сечение; вырез, выемка; резание; отсечение, срезка, усечение, уменьшение; ‖ (раз)резать, вырезать; пересекать; отсекать, срезать, усекать; уменьшать; 2. (поперечное) сечение, профиль; 3. отрезок; кратчайший путь; 4. пролет (напр., моста)
  to cut down сокращать
  to cut in см. **cut-in**
  to cut off см. **cutoff**
  to cut out см. **cutout**
  to cut short прерывать, обрывать
  force of c. усилие резания
  lateral c. поперечный разрез
cut-and-try method метод проб и ошибок; метод последовательных приближений
cut-away срезанная (вырезанная) часть
cutback уменьшение, понижение, сокращение
cut-in включение, начало работы; ‖ включать
cutless цельный, без вырезов; неразрезной, монолитный
cutoff 1. выключение, отключение; ‖ выключать, отключать; 2. граница, предел; ‖ граничный, предельный, критический; ‖ ограничивать, задавать предел (напр., предельный срок); 3. вырез, отверстие; сечение, срез; ‖ вырезать, делать сечение; 4. сокращение пути; обход; ‖ сокращать ("срезать") путь; обходить
  c. **frequency** предельная (граничная, пороговая) частота; критическая частота
cutout 1. вырез, прорезь; выемка; ‖ вырезать, прорезать, вытеснять; 2. выключатель, прерыватель; (электрический) предохранитель; ‖ выключать, отключать; 3. очертание, контур; ‖ очерчивать; 4. исключать
  shell with c. оболочка с вырезом
  supported c. подкрепленный вырез (напр., в пластине)
cutset сечение
cuttability режущая способность
cutter режущий инструмент; резак, нож; резец; фреза
cutting резание; отсечение, усечение, отбрасывание (напр., членов ряда); ‖ режущий; уменьшающий, снижающий; острый
  c. **angle** угол резания; угол резца
  c. **tool** резец, режущий инструмент
  rate of c. скорость резания
cybernation кибернетизация, применение вычислительной техники, автоматизация обработки данных
cybernetic кибернетический
cybernetics кибернетика
  engineering c. техническая кибернетика

cycle цикл, круг, оборот; круговой (замкнутый) процесс; шаг цикла, период, такт; || циклический, круговой, периодически повторяющийся; || циклически изменять(ся), повторять(ся); вращать(ся)
  c. **body** тело цикла (программы)
  c. **counter** счетчик циклов (оборотов)
  c. **index** параметр цикла
  c. **of motion** период движения
  c. **of operation** рабочий цикл
  c. **per second** период в секунду, герц, Гц
  c. **study** поцикловое исследование (напр., роста трещины)
  accumulation c. цикл накопления
  Carnot c. цикл Карно
  compression-expansion c. цикл "расширение-сжатие"
  duty c. рабочий цикл
  four-stroke c. четырехтактный цикл (работы двигателя)
  heat c. тепловой цикл
  ideal c. идеальный цикл
  Joule c. цикл Джоуля
  life c. срок службы, (эксплуатационный) ресурс; жизненный цикл
  loading-unloading c. цикл "нагружение-разгрузка"
  open c. разомкнутый цикл
  stress c. цикл напряжений
  symmetrical c. симметричный (регулярный) цикл
  vibration c. цикл колебания
  vital c. жизненный цикл (изделия)
  water c. влагооборот
  working c. рабочий цикл
cycle-by-cycle поцикловый, пошаговый, поэтапный
  c. **study** поцикловое исследование (напр., роста трещины)
cyclic(al) круговой, циклический, периодический
  c. **bending** циклический изгиб
  c. **coordinates** циклические координаты
  c. **creep** циклическая ползучесть, ползучесть при циклическом деформировании
  c. **deformation** циклическая деформация
  c. **frequency** круговая (угловая) частота
  c. **function** периодическая (циклическая) функция
  c. **loading** циклическое нагружение
  c. **motion** круговое движение, вращение; периодическое (циклическое) движение
  c. **permutation** круговая (циклическая) перестановка
  c. **stress** циклическое напряжение
  c. **symmetry** циклическая (периодическая) симметрия
cycling цикл; вращение; периодическое изменение, чередование, оборот; выполнение цикла, циклическая (периодическая) работа, циклирование; || (периодически) изменяющийся (повторяющийся, чередующийся); вращающийся
  c. **to fracture** циклирование (циклическое нагружение) до разрушения
  strain c. циклическое деформирование
  temperature c. температурное циклирование, термоциклирование
cycloid циклоида
cyclone циклон; вихрь
  c. **chamber** циклонная (вихревая) камера
cylinder цилиндр; валик, барабан, баллон; втулка, гильза
  c. **block** блок цилиндров (двигателя)
  c. **bore** диаметр цилиндра (в свету)
  c. **capacity** емкость, литраж цилиндра (двигателя)
  c. **diagram** диаграмма хода поршня
  c. **end** днище цилиндра
  axis of c. ось цилиндра
  circular c. круговой цилиндр
  element of c. образующая боковой поверхности цилиндра
  elliptical c. эллиптический цилиндр, цилиндр с направляющей в виде эллипса
  expansion c. подвижный каток (напр., опоры моста)
  gas c. газовый баллон
  hollow c. полый цилиндр
  infinite c. бесконечный цилиндр
  hydraulic c. гидроцилиндр
  oblique c. косой цилиндр
  radius of c. радиус цилиндра
  ribbed c. ребристый (оребренный) цилиндр
  right c. прямой цилиндр
  supported c. подкрепленный цилиндр (цилиндрическая оболочка); опертый цилиндр
  thin-walled c. тонкостенный цилиндр
  truncated c. усеченный цилиндр
cylindric(al) цилиндрический
  c. **barrel** цилиндрическое перекрытие
  c. **bending** цилиндрический изгиб, изгиб по цилиндрической поверхности
  c. **cavity** цилиндрическая полость
  c. **coordinates** цилиндрические координаты; цилиндрическая система координат
  c. **function** цилиндрическая функция
  c. **hinge** цилиндрический шарнир
  c. **panel** цилиндрическая панель
  c. **pipe** цилиндрическая труба
  c. **shell** цилиндрическая оболочка
  c. **spring** цилиндрическая пружина
  c. **stiffness** цилиндрическая жесткость
  c. **surface** цилиндрическая поверхность; поверхность (площадь боковой поверхности) цилиндра
cymometer волномер; частотомер
cymoscope индикатор колебаний
cypher см. **cipher**

D

dab 1. касание; || касаться; 2. пятно; || покрывать (напр., краской); 3. отметка; разметка; || намечать, размечать
dabby сырой, мокрый
DAC (digital-to-analog converter) цифро-аналоговый преобразователь (ЦАП)
dado 1. цоколь; 2. грань, панель (стены); 3. облицовка; || облицовывать, обшивать
d'Alembert principle принцип Даламбера (Д'Аламбера)
Dalton law of partial pressure закон парциальных давлений Дальтона
dam плотина; дамба, запруда, насыпь, гать; мол; перемычка; || перегораживать плотиной, запруживать воду
   to **dam back** сдерживать, удерживать (воду)
   to **dam in** запруживать
   to **dam out** задерживать, отводить (воду)
   d. **foundation** основание плотины
   d. **walling** шандорный щит
   arch(ed) d. арочная плотина
   body of d. тело плотины
   buttress d. контрфорсная плотина
   curved d. криволинейная (арочная) плотина
   fill d. насыпная плотина
   gravity d. гравитационная (массивная) плотина
   measuring d. водомерная плотина
   solid d. гравитационная (массивная) плотина; глухая плотина
   storage d. плотина водохранилища
damage 1. повреждение; разрушение; || повреждать(ся); разрушать(ся); 2. износ; || изнашивать(ся); 3. ущерб, убыток; || наносить ущерб
   to cause **damage** вызывать повреждения; наносить ущерб
   d. **cumulation** накопление повреждений
   d. **(line) test** испытание для определения чувствительности материала к усталости
   d. **modelling** моделирование повреждений (повреждаемости)
   abrasive d. абразивный износ
   cavitation d. кавитационное разрушение
   cumulative d. накопленное повреждение
   delamination d. разрушение расслаиванием
   distributed d. распределенные повреждения (микродефекты)
   fatigue d. усталостное повреждение (разрушение)
   frictional d. износ от трения
   gradual d. постепенное изнашивание (разрушение), накопление повреждений
   structural d. повреждение (разрушение) конструкции; дефект структуры

   surface d. дефект поверхности; износ поверхности, поверхностное разрушение
   theory of d. теория повреждаемости
   volume d. объемный дефект
damageable (легко) повреждаемый
damp 1. смягчать, уменьшать; амортизировать, демпфировать, гасить; тормозить; 2. влажность; испарения, туман; || сырой, влажный; || отсыревать, увлажнять(ся); испарять(ся)
   d. **course** гидроизоляция, изолирующий слой
damped смягченный, амортизированный, демпфированный; затухающий, (постепенно) уменьшающийся
   d. **function** затухающая функция
   d. **natural frequency** собственная частота затухающих колебаний
   d. **oscillation** затухающее (демпфированное) колебание
   d. **structure** амортизированная (демпфированная) конструкция
damper 1. амортизатор, демпфер, глушитель, гаситель, успокоитель; тормоз; 2. увлажнитель
   air d. пневматический демпфер
   friction-type d. фрикционный демпфер
   hydraulic d. гидравлический демпфер
   lumped d. сосредоточенный (локальный) демпфер; сосредоточенная модель демпфера
   shock d. амортизатор, демпфер
   spring d. пружинный амортизатор
   viscous d. вязкостный демпфер
   yaw d. демпфер рыскания
damping 1. амортизация, демпфирование; затухание, успокоение; ослабление, смягчение; торможение; 2. увлажнение, смачивание
   d. **account** учет демпфирования
   d. **bed** демпфирующее основание, амортизационная подушка
   d. **decrement** (логарифмический) декремент затухания (колебаний)
   d. **factor** коэффициент (декремент) затухания, коэффициент демпфирования
   d. **force** демпфирующая сила, сила успокоения
   d. **layer** демпфирующий слой
   d. **matrix** матрица демпфирования
   d. **model** модель демпфирования
   d. **piston** поршень (гидравлического) амортизатора
   d. **ratio** относительное демпфирование, коэффициент демпфирования; декремент затухания
   d. **time** время затухания (успокоения)
   absolute d. полное гашение (колебаний)
   artificial d. искусственное демпфирование
   consistent d. matrix согласованная матрица демпфирования
   critical d. критическое демпфирование

distributed d. распределенное демпфирование
exponential d. экспоненциальное затухание
friction d. фрикционное демпфирование, демпфирование трением
lumped d. сосредоточенное (дискретное) демпфирование
lumped d. matrix сосредоточенная (диагональная) матрица демпфирования
nonproportional d. непропорциональное демпфирование
Rayleigh d. демпфирование по Релею
structural d. конструкционное демпфирование; демпфирование конструкции
visco-coulomb d. вязкокулоновское демпфирование
viscous d. вязкое демпфирование
dampness влажность
damp-proof влагонепроницаемый, гидроизоляционный
damsite створ плотины
dance пляска, колебание (напр., стрелки прибора); || плясать, прыгать, колебаться
dancing пляска, колебание
danger 1. опасность; 2. угроза
to keep out of danger избегать опасности, риска
dangerous опасный, рискованный
dap 1. отметка; зазубрина; 2. упругий отскок, подпрыгивание; 3. паз
Darcy Дарси
D. rule закон (фильтрации) Дарси
D. velocity скорость Дарси, скорость переноса жидкости в пористой среде
darcy дарси, Д (единица проницаемости пористых сред)
dark 1. темный, затемненный; непонятный, неясный; скрытый; 2. темнота; неведение
darken затемнять; делать неясным; скрывать
dart 1. стрела; 2. бросок, метание; резкое движение, скачок; || метать; стремиться; резко (скачкообразно) двигаться
to dart down пикировать
dash 1. удар, толчок; быстрое движение; || разбивать(ся), разрушать(ся); разбрызгивать(ся); быстро двигаться; 2. малое количество, примесь; || смешивать, разбавлять; 3. штрих, тире
dash-and-dot line штрих-пунктирная линия
dashboard 1. щиток, приборная доска; 2. переднее стекло (кабины); 3. крыло (автомобиля)
dashed штриховой, пунктирный; разрывный
d. line штриховая (пунктирная) линия
dash-pot гидравлический (пневматический) демпфер, амортизатор
data (мн.ч. от datum) данные, информация
d. analysis анализ данных
d. array массив данных
d. attribute атрибут (описания) данных
d. base см. database
d. conversion преобразование данных
d. handling обработка данных
d. input ввод данных; входные данные
d. item элемент данных
d. output вывод данных; выходные данные
d. processing обработка данных
d. set набор данных
d. stream поток данных
d. structure структура данных
d. unit элемент данных
analog d. аналоговые (непрерывные) данные
biased d. данные, содержащие систематическую погрешность
control d. управляющая информация
design d. проектные (расчетные) данные
field d. данные полевых (натурных) измерений, эксплуатационные данные
finite element d. (исходные) данные для расчета методом конечных элементов; результаты расчета методом конечных элементов
generated d. сгенерированные (вычисленные, порожденные) данные
geometrical d. геометрические данные (характеристики)
input d. входные данные
in-situ d. данные (натурных) наблюдений
integer d. целые (целочисленные) данные
mass d. большой объем данных; данные о массах (инерциальных характеристиках)
meaningful d. значащие (содержательные) данные
measuring d. данные измерений
numeric(al) d. числовые данные
observation(al) d. данные наблюдений, экспериментальные данные
output d. выходные данные, результаты
plotted d. данные в графической форме (нанесенные на график, карту)
problem d. данные задачи
public d. общедоступные данные
reference d. контрольные (эталонные) данные; справочная (нормативная) информация; исходные данные
service d. эксплуатационные данные
tabular d. табличные данные
database база данных
d. management system (DBMS) система управления базой данных (СУБД)
geometrical d. геометрическая база данных
intelligent d. база знаний
unified d. интегрированная база данных
data-in входные данные
data-out выходные данные
date дата, число; срок, период; || датировать; вести отсчет времени; относиться (к какому-то времени)
to date from вести свое начало от

to bring to date доводить до современного уровня
to date до настоящего времени, до сих пор; на сегодняшний день
out of date устаревший
up to date современный
dated датированный; устаревший
date-line выходные данные (публикации)
datum 1. (мн.ч. **data**) (за)данная величина, данное; исходная величина; 2. элемент данных, единица данных; 3. исходное положение; 4. база, базовая точка (линия, плоскость и т.п.), начало отсчета; репер; точка (линия, поверхность) приведения; || базовый, базисный, нулевой, отсчетный
   to take as a datum принимать за начало отсчета (за исходное положение)
   d. axis ось координат; базовая ось (линия)
   d. surface координатная поверхность; отсчетная (базовая) поверхность; поверхность приведения
datuming 1. установка в исходное положение; 2. проверка по эталону
day 1. день; сутки; 2. пора, время; отрезок времени
deaccelerate замедлять(ся), тормозить
deacceleration замедление, торможение
dead 1. мертвый; неподвижный, неизменный, постоянный; 2. абсолютный, полный; 3. неработающий, выключенный, пассивный; 4. глухой, наглухо закрытый; неразборный, неразъемный
   d. axle неподвижная ось
   d. center неподвижный центр; мертвая точка
   d. ended наглухо закрытый; неподвижно закрепленный
   d. joint глухое (неразъемное) соединение
   d. in line соосный, расположенный на одной оси
   d. loading постоянная (статическая, неизменная) нагрузка; нагружение собственным весом; жесткое нагружение
   d. point 1. мертвая точка (напр., хода поршня); фиксированная точка; 2. опорная точка, ориентир, репер
   d. region застойная зона
   d. space мертвая (застойная) зона, область нечувствительности; вредное пространство (цилиндра двигателя)
   d. true обладающий высшей степенью точности
   d. weight 1. собственный вес (конструкции); 2. полная грузоподъемность (судна), дедвейт
   d. zone мертвая (застойная) зона; зона нечувствительности
dead-beat 1. остановившийся, успокоенный; 2. апериодический
deaden глушить, заглушать, ослаблять (шум)
dead-end тупик, безвыходное положение; || безвыходный
deadening шумопоглощение; звукоизоляция

dead-level 1. ровная (горизонтальная) поверхность; 2. неизменность; монотонность
deadline критическая отметка; предельный срок
deadlock 1. мертвая точка; застой; 2. безвыходное положение, тупик; 3. блокировка
deafen глушить, заглушать, ослаблять (шум)
deal 1. некоторое количество; доля; || распределять; 2. вести дело; заниматься чем-либо, касаться чего-либо; принимать меры к чему-либо; 3. обращение; обхождение; общение; || обращаться; обходиться, поступать; общаться, иметь дело с кем-либо; 4. соглашение
   to deal out распределять
   to deal with иметь дело, заниматься чем-либо; рассматривать что-либо, касаться чего-либо
   to deal with a problem разрешать вопрос
   a great deal of большое количество чего-либо
dearth нехватка, недостаток
debacle 1. ледоход; 2. прорыв воды
debatable спорный, дискуссионный
debate 1. дискуссия, обсуждение; || дискутировать, обсуждать; 2. обдумывать, рассматривать
debouchment устье реки
debris отходы; обломки, осколки; продукты износа
debug налаживать, устранять неисправности, дорабатывать; отлаживать (программу)
debugger отладчик, программа отладки
debugging наладка, устранение неисправностей, доработка; отладка
deca- (как компонент сложных слов) дека-, десяти-; десять единиц основной меры (обозначение: да; напр., **decalitre** декалитр)
decade десяток; декада; десятичный разряд
decagonal десятиугольный
decahedral десятигранный
decalitre декалитр
decant фильтровать, процеживать
decantation фильтрование, процеживание
decanter (фильтр-)отстойник
decatenation декатенация, разъединение
decay 1. распад; разрушение; || распадаться; разрушаться; 2. спад, ослабление, затухание, исчезновение; вырождение; || спадать, ослабевать, затухать, исчезать; вырождаться; 3. срез импульса
   exponential d. экспоненциальное затухание
   pressure d. спад давления
   vortex d. затухание (диффузия) вихря
decelerate замедлять(ся), тормозить
deceleration замедление, торможение
   abrupt d. резкое торможение
   smooth d. плавное замедление
decentralize децентрализовывать

deception обман, введение в заблуждение, дезориентация
deceptive обманчивый, вводящий в заблуждение
deci- (как компонент сложных слов) деци-; одна десятая доля основной меры (обозначение: д)
decibel децибел, дБ
decibel-frequency characteristic амплитудно-частотная характеристика
decide решать(ся), принимать решение; разрешать(ся)
    to decide on выбирать
decided 1. решительный; 2. несомненный, бесспорный
    d. superiority явное превосходство
decimal 1. десятичный; 2. десятичное число; десятичная дробь; десятичный знак
    d. fraction десятичная дробь
    d. notation десятичная система счисления; десятичная запись (числа)
    d. numeration десятичная система счисления
    d. place десятичный разряд
    d. point десятичная запятая (точка)
    accurate to N d. place с точностью до N десятичных знаков
    nonterminating d. бесконечная десятичная дробь
    recurring d. периодическая десятичная дробь
decimalize переводить в десятичную систему; переводить в метрическую систему единиц
decimally в десятичной системе
decimetre дециметр
decipher расшифровывать
decision решение; выбор; заключение
    d. algorithm алгоритм (выбора) решения
    d. problem проблема разрешимости
    d. procedure разрешающая процедура, алгоритм решения
    d. space пространство решений
    d. variable искомая переменная; переменная, входящая в решение
    binary d. двоичный выбор, выбор из двух альтернатив
    terminal d. окончательное решение
    unique d. единственное решение
    yes-no d. выбор типа "да-нет"
decision-making принятие решения
    d. under uncertainty принятие решений в условиях неопределенности
decisive решающий, имеющий решающее значение; убедительный
deck 1. настил, палуба, пол (вагона, кузова); плоская крыша (крышка), перекрытие; ездовое полотно (моста); этаж, ярус; опалубка; || настилать (палубу, пол); покрывать; 2. пачка, штабель, колода (перфокарт); 3. лентопротяжный механизм
    d. landing посадка на палубу
    roof d. плоская крыша, настил крыши

decking палуба, настил; опалубка
declaration декларация; объявление; описание, определение
    d. of type описание типа (данных)
    array d. описание (объявление) массива
    explicit d. явное описание (определение)
declarative объявляющий, описывающий
    d. statement оператор описания
declare декларировать; объявлять; описывать, определять
declension отклонение (напр., от эталона), ухудшение
declination 1. отклонение; наклон; 2. (магнитное) склонение; 3. уменьшение, падение, снижение; 4. спад, ухудшение
    magnetic d. магнитное склонение
decline 1. склон, уклон; угол наклона; || наклонять(ся); 2. отклонение; || отклонять(ся); отказывать(ся); 3. уменьшение, падение, снижение; || уменьшать(ся); идти к концу; 4. спад, ухудшение; || ухудшать(ся)
declinometer уклономер, деклинометр
declivity спуск, склон, откос; покатость, уклон
declivous покатый, отлогий
declutch отцеплять, разъединять
decode декодировать, дешифровать
decollate разделять, разрывать, разъединять; рассортировывать
decomplex вдвойне сложный; имеющий сложные части
decompose 1. разбирать, разделять, разлагать (на составляющие), декомпозировать; анализировать; 2. растворять(ся)
decomposed 1. разобранный, разделенный (на части), разложенный (на составляющие), декомпозированный; распадающийся; 2. растворенный
    d. curve распадающаяся кривая
decomposite составной, состоящий из частей
decomposition разбиение, разложение, расщепление, декомпозиция; распад
    d. of domain разбиение (декомпозиция) области
    d. of a fraction разложение дроби (на элементарные)
    d. of functional расщепление (декомпозиция) функционала
    d. of motion разложение движения (на составляющие)
    block d. разбиение на блоки; блочное разложение (системы линейных уравнений)
    Cholesky d. разложение Холецкого
    eigenvector d. разложение по собственным векторам
    Fourier d. разложение (в ряд) Фурье
    large-scale system d. декомпозиция большой системы
    LU-d. LU-разложение (матрицы на треугольные множители)

matrix d. разложение матрицы
mode d. разложение по (собственным) формам
modular d. разбиение на модули
problem d. декомпозиция задачи, выделение подзадач
singular(-value) d. сингулярное разложение
spectral d. спектральное разложение
structural d. структурное разбиение; разбиение конструкции (на подконструкции)
vector d. разложение вектора (на составляющие)

decompound составной, состоящий из частей; ‖ разлагать на составные части; составлять из (сложных) частей

decompress уменьшать давление; разгерметизировать

decompression снижение (падение) давления, декомпрессия; разгерметизация

deconvolution обращение свертки; (восстановленный) оригинал функции

deconvolve обращать свертку; находить (восстанавливать) оригинал функции

decouple разделять, расцеплять, разъединять; нарушать связь

decoupling разделение, разъединение; разрыв связей

decrease уменьшение, снижение, спад; затухание; ‖ уменьшать(ся), снижать(ся), убывать, затухать

decreasing уменьшающий(ся), снижающий(ся), убывающий; затухающий
d. function убывающая (невозрастающая) функция
d. sequence убывающая последовательность

decrement 1. уменьшение, снижение; отрицательное приращение; ‖ уменьшать(ся), снижать(ся); давать отрицательное приращение; 2. гашение, демпфирование, затухание, успокоение; 3. декремент затухания, коэффициент (степень) убывания
of zero decrement без затухания
d. by one уменьшение на единицу
damping d. (логарифмический) декремент затухания (колебаний)

decrepitate обжигать; прокаливать до растрескивания

decrescent убывающий, уменьшающийся

decussate пересекающиеся под прямым углом; расположенные крестообразно; ‖ пересекать(ся) под прямым углом, располагать(ся) крест-накрест

dedendum высота зуба (шестерни)
d. line of contact линия зацепления зубьев

dedicate (пред)назначать, (специально) выделять

dedicated (пред)назначенный, выделенный, специальный
d. application специальное применение

deduce выводить (заключение, формулу), делать вывод; прослеживать (логическую цепь)

deducibility выводимость

deduct 1. вычитать; отнимать; 2. выводить

deduction 1. вычитание; вычитаемое; 2. вывод, (умо)заключение, дедукция; доказательство
d. theorem теорема о дедукции
resulting d. окончательный вывод, заключение
subsidiary d. вспомогательный вывод

deductive дедуктивный

deep глубокий; глубинный; интенсивный, насыщенный; низкий (о звуке); ‖ глубоко
d. current глубинное течение
d. mining подземные горные работы, подземная добыча
d. shell подъемистая (непологая) оболочка
d. sound низкий звук
d. water глубокая вода; глубинная вода
d. web высокая стенка (балки)

deep-draft глубокая осадка судна

deepening углубление

deep-laid 1. глубокого заложения (напр., о фундаменте); 2. детально проработанный (о проекте)

deepness глубина; интенсивность, насыщенность

deep-sea глубоководный

deface искажать, портить (напр., поверхность при обработке); стирать (запись)

defacement искажение; стирание

de facto (лат.) на деле, фактически, де-факто

defat обезжиривать

default 1. отсутствие; неупоминание; оператор умолчания (неявного использования); ‖ неявный, подразумеваемый; принимаемый по умолчанию; ‖ подразумевать, принимать по умолчанию; 2. устранять неисправности
in default of за неимением, ввиду отсутствия
on default по умолчанию, неявно
d. assignment присваивание (значения) по умолчанию
d. option режим (вариант), принимаемый по умолчанию; стандартный режим

defect дефект, порок, недостаток; неисправность, повреждение
d. of a matrix дефект матрицы (разность между числом столбцов и рангом матрицы)
angular d. угловой дефект (треугольника)
birth d. исходный дефект, дефект изготовления
design d. конструктивный недостаток, ошибка проекта
dimensional d. отклонение от размеров
fatal d. критический дефект
line d. линейный дефект, дислокация
minor d. незначительный дефект

defect — 130 — **deflection**

    noncoverable d. необнаруживаемый (скрытый) дефект
    point d. точечный (локализованный) дефект
    repairable d. устранимый дефект
    visible d. видимый (явный) дефект
defective дефектный, неисправный, поврежденный; недостаточный, неполный; несовершенный
defectoscope дефектоскоп
defence 1. оборона, защита; оборонительное сооружение; 2. обоснование
defend оборонять(ся), защищать(ся); отстаивать (мнение), оправдывать
defer 1. задерживать, откладывать; 2. считаться с мнением, уступать
    to defer to somebody's experience полагаться на чей-либо опыт
deferent выводящий, отводящий (напр., канал)
defibration разделение на волокна
deficiency недостаток, недостаточность, дефицит
deficient недостаточный, неполный; недостающий; несовершенный, имеющий недостатки
    to be deficient in быть недостаточным, ощущать недостаток (в чем-либо)
    d. element неполный (несовершенный) элемент
    rank d. недостаточного ранга (о матрице)
deficit дефицит, нехватка; недостаток, недочет
definable определимый
define определять; давать определение; характеризовать; вычислять, находить, устанавливать, задавать (значение); формулировать, ставить (задачу); обозначать
    to define a notion определять (вводить) понятие
    to define a problem формулировать (ставить, определять) задачу
    to define a variable определять (обозначать, вводить) переменную; задавать значение переменной; вычислять (находить) значение переменной
defined определенный; найденный, вычисленный; заданный
    d. condition определенное (заданное) условие
    d. notion определенное понятие
    d. shape заданная форма
    d. value определенное (вычисленное) значение; заданное значение
    clearly d. ясно выраженный, четко поставленный (напр., вопрос)
    completely d. function всюду определенная функция
definiendum (лат.) определяемое выражение
definiens (лат.) определяющее выражение
definite определенный, заданный; точный, ясный; конечный; окончательный

    d. integral определенный интеграл
    d. solution известное решение
    positive d. matrix положительно определенная матрица
definition 1. определение; описание, характеристика; формулировка, постановка (задачи); вычисление, нахождение, отыскание (напр., решения); 2. четкость, разрешение (изображения)
    explicit d. явное определение (описание, задание)
    function d. определение функции
    problem d. постановка (формулировка) задачи
    unambiguous d. однозначное определение
definitive 1. окончательный; 2. безусловный
deflate 1. выкачивать (выпускать) воздух; спускать шину; 2. терять устойчивость, прохлопывать, сплющиваться; 3. уменьшать, снижать; 4. опровергать
deflation 1. выпуск воздуха (газа); 2. потеря устойчивости, хлопок, схлопывание; 3. уменьшение, снижение
deflect 1. отклонять(ся), смещать(ся), деформировать(ся); изгибать(ся), прогибать(ся), провисать; 2. преломлять(ся) (о лучах)
deflection 1. отклонение, перемещение, смещение; деформирование; прогиб, провес; 2. преломление (луча)
    d. angle угол поворота (наклона); угол отклонения
    d. of control отклонение органа управления (руля)
    d. curve кривая прогиба (напр., оси балки)
    d. indicator прибор для измерения прогиба, дефлектометр
    d. influence coefficient коэффициент влияния прогиба
    d. influence matrix матрица влияния прогиба, матрица (функций) Грина
    d. rate коэффициент упругости (жесткости), жесткость
    d. surface поверхность прогиба
    d. test испытание на изгиб
    angular d. угловое отклонение (смещение); угол поворота
    bending d. изгибное перемещение, прогиб, провисание; стрела прогиба
    dynamic d. динамический прогиб
    full-scale d. полное отклонение, полный прогиб; отклонение (стрелки) на всю шкалу (прибора)
    gravity d. отклонение под действием силы тяжести; прогиб от собственного веса
    jet d. отклонение струи
    large d. theory теория больших прогибов
    lateral d. поперечное смещение, прогиб
    line of d. линия прогиба, упругая ось (балки); линия отклонения
    maximum d. наибольший прогиб, стрела прогиба
    permanent d. остаточный прогиб

self-weight d. прогиб от собственного веса
static d. статический прогиб, прогиб от статической нагрузки
torsional d. перемещение (прогиб) от кручения
unit d. единичный прогиб
deflective вызывающий отклонение
deflectivity деформируемость; способность к изгибу
deflectometer прибор для измерения прогиба (поперечного изгиба), дефлектометр
deflector 1. отражатель, дефлектор; 2. отклоняющее устройство; (оптическое) преломляющее устройство; 3. поворотная лопатка
deform деформировать(ся), искажать(ся); изменять форму
deformable деформируемый, способный к деформированию
    freely d. свободно деформируемый
    mechanics of d. bodies механика деформируемых (твердых) тел
deformation 1. деформация; деформирование; искажение (изменение) формы; величина (мера) деформации; деформированное состояние; 2. изгибание (поверхности)
    d. of bending деформация изгиба
    d. bound граница деформации, ограничение (предел) деформации
    d. compatibility совместность деформаций
    d. components компоненты (тензора) деформации
    d. of compression деформация сжатия
    d. of creep деформация ползучести
    d. criterion деформационный критерий, критерий в деформациях (в терминах деформаций)
    d. energy энергия деформации
    d. energy principle принцип (минимума) энергии деформации
    d. field поле деформаций
    d. finite element конечный элемент в деформациях
    d. due to hardening закалочная деформация; деформация от упрочнения
    d. measure мера деформации
    d. member составляющая деформации; деформационное слагаемое
    d. mode вид (мода) деформации; деформационная мода
    d. path траектория деформирования, траектория в пространстве деформации
    d. quadric квадратичная форма от деформаций
    d. range амплитуда (диапазон) деформаций
    d. rate скорость деформаций
    d. ratio коэффициент деформации, деформационное отношение; коэффициент искажения (напр., при конформном преобразовании)
    d. of shear деформация сдвига (среза, скола)
    d. space пространство деформаций
    d. state деформированное состояние
    d. surface поверхность деформаций
    d. of tension деформация растяжения
    d. tensor тензор деформаций
    d. theory теория деформаций; деформационная теория
    d. of torsion деформация кручения, крутка
    d. value величина (значение) деформации
    d. vector вектор деформаций
    d. wear деформационный износ
    d. work работа деформации
    alternating d. знакопеременная деформация
    angular d. угловая деформация, деформация поворота (вращения)
    areal d. деформация поверхности, изменение площади поверхности
    axial d. осевая (продольная) деформация
    biaxial d. двухосное деформирование, двухосное деформированное состояние
    boundary d. деформация на границе; искажение (формы) границы
    Cauchy-Green d. tensor тензор деформаций Коши-Грина
    constrained d. ограниченная (стесненная) деформация
    continuous d. непрерывная деформация; непрерывное деформирование
    creep d. деформация (при) ползучести
    cubic d. объемная деформация
    curvature d. деформация искривления
    cyclic d. циклическая деформация
    distribution of deformations распределение (картина) деформаций
    effective d. эффективная (приведенная) деформация, условная деформация; интенсивность деформаций
    elastic d. упругая деформация; упругое деформирование
    elasto-plastic d. упруго-пластическое деформирование
    finite d. конечная деформация
    general d. общая деформация, общее деформированное состояние
    homogeneous d. однородная (постоянная) деформация, однородное деформированное состояние
    hoop d. окружная деформация, деформация в окружном направлении
    hyperelastic d. гиперупругая деформация
    incremental d. приращение (инкремент) деформаций
    infinitesimal d. бесконечно малая деформация
    initial d. начальная деформация
    large d. theory теория больших деформаций; теория, учитывающая большие деформации
    lateral d. поперечная деформация

linear d. линейная деформация, изменение длины; линейное деформирование; линейная модель деформирования
longitudinal d. продольная (осевая) деформация
moment d. моментная деформация, изгибная деформация
nodal d. узловая деформация, значение деформации в узле
normal d. нормальная деформация, деформация по нормали
octahedral d. октаэдрическая деформация
permanent d. остаточная деформация
plane d. плоская деформация, плоское деформированное состояние
plastic d. пластическая деформация; пластическое деформирование
postbuckling d. закритическое деформирование
prebuckling d. докритическое деформирование
principal d. главная деформация
relative d. относительная деформация
repeated d. повторная (циклическая) деформация
residual d. остаточная деформация
shear d. деформация сдвига, сдвиговая (угловая) деформация; работа на сдвиг
small d. малая деформация
small elasto-plastic d. theory теория малых упруго-пластических деформаций
surface d. поверхностная деформация; деформация поверхности
tangential d. касательная (тангенциальная, мембранная) деформация
tensile d. деформация растяжения; относительное растяжение (удлинение); работа на растяжение
thermal d. тепловая (температурная) деформация
transverse d. поперечная деформация
transverse shear d. деформация поперечного сдвига
true d. истинная деформация
uniaxial d. одноосное деформирование, одноосное деформированное состояние
volume(tric) d. объёмная деформация
yield d. деформация текучести, пластическая деформация
deformational деформационный
   d. displacement деформационное смещение
   d. relations уравнения в деформациях
   d. stability деформационная устойчивость, устойчивость (процесса) деформирования
   d. test механическое испытание, испытание на прочность
deformed деформированный, искажённый; искривлённый
   d. shape искажённая форма
   d. state деформированное состояние
   d. surface деформированная поверхность
   initially d. начально деформированный

degeneracy вырождение
   d. operator оператор вырождения
   mode d. вырождение моды
degenerate вырожденный, выродившийся; || вырождаться; ухудшаться
   d. case вырожденный случай
degenerated вырожденный, выродившийся
   d. problem вырожденная задача
   d. shell finite element вырожденный (трёхмерный) конечный элемент оболочки
   d. transform вырожденное (тривиальное) преобразование
degeneration 1. вырождение; ухудшение, спад; ослабление, затухание; разрушение; 2. отрицательная обратная связь
   d. factor коэффициент отрицательной обратной связи
   noise d. затухание шумов
   triangle d. вырождение треугольника (в отрезок)
degradation ухудшение, сокращение, снижение (напр., эффективности); уменьшение масштаба
degree 1. степень, порядок; показатель степени; 2. градус (угловой, географический, температуры); 3. ступень, положение, ранг, уровень; качество, сорт; 4. относительная величина; коэффициент; 5. период дроби; 6. учёная степень, звание
   by degrees постепенно, постадийно
   in degrees of Kelvin в градусах Кельвина, по абсолютной шкале (температур)
   to a certain degree до некоторой степени, в некотором отношении
   to a large degree в значительной степени
   d. of accuracy порядок (степень) точности
   d. of approximation порядок аппроксимации, степень аппроксимирующей функции
   d. of centigrade градус (по шкале) Цельсия
   d. of circle угловой градус
   d. of compaction коэффициент уплотнения, коэффициент сжимаемости (грунта)
   d. of compression степень сжатия
   d. of convergence порядок сходимости
   d. of cooling интенсивность охлаждения
   d. of correlation степень корреляции
   d. of curve степень (уравнения) кривой, порядок кривой
   d. of expansion степень расширения
   d. of Fahrenheit градус Фаренгейта (по Фаренгейту)
   d. of freedom (d.o.f., dof) степень свободы
   d. of hardness степень (показатель) твёрдости
   d. of latitude градус широты
   d. of longitude градус долготы
   d. of map степень (порядок) отображения

d. of polynomial степень (порядок) многочлена
d. of redundancy степень статической неопределимости
d. of safety коэффициент безопасности, запас прочности
d. of stress уровень напряжений
d. of turn величина (угол) разворота
d. of uncertainty степень неопределенности
angular d. угловой градус
angular d. of freedom угловая (вращательная) степень свободы
banking d. of freedom степень свободы в движении крена
circular d. круговой градус
condensed d. of freedom исключенная (сконденсированная) степень свободы
constrained d. of freedom ограниченная степень свободы
deplanation d. of freedom депланационная степень свободы
displacement degrees of freedom степени свободы - перемещения
dynamical d. of freedom динамическая степень свободы
finite degrees of freedom system система с конечным числом степеней свободы
free degrees of freedom свободные (незаданные, неограниченные) степени свободы
kinematical degrees of freedom кинематические степени свободы, степени свободы - перемещения
multiple degrees of freedom system система с многими степенями свободы
nodal degrees of freedom узловые степени свободы, степени свободы узла
node d. степень вершины (графа)
redundancy d. степень статической неопределимости
rotational d. of freedom вращательная степень свободы
single d. of freedom system система с одной степенью свободы
slave d. of freedom зависимая (второстепенная) степень свободы
strain d. степень (уровень) деформации
stress degrees of freedom степени свободы-напряжения
translational d. of freedom поступательная степень свободы
vibrational d. of freedom колебательная (динамическая) степень свободы
degression уменьшение, снижение, спад
degressive уменьшающийся; нисходящий
deictic непосредственно доказывающий
delamination расслаивание, расслоение; растрескивание
  d. of composite расслаивание (растрескивание) композиционного материала
  d. criterion критерий расслаивания (напр., при расчете слоистых оболочек)

d. wear износ расслаиванием (растрескиванием), деламинационный износ
delay задержка, запаздывание; замедление; время запаздывания; ‖ задерживать; замедлять; запаздывать
  d. angle угол задержки
  d. differential equation дифференциальное уравнение с запаздывающим аргументом
  phase d. запаздывание по фазе, фазовая задержка
  principle of d. принцип запаздывания
  time d. временная задержка, запаздывание; инерция, инерционность
delayed замедленный, задержанный, с задержкой; отсроченный
  d. action замедленное действие, замедление; выдержка времени; инерционность (напр., прибора)
  d. feedback обратная связь с запаздыванием
delayed-action замедленного действия, с задержкой, инерционный
deleave разделять на части, рассортировывать
delete удалять, уничтожать; исключать; стирать
  to delete a file удалить файл
  to delete a job снять задание, прекратить выполнение (программы)
deleterious вредный, отрицательно действующий
deletion удаление, уничтожение; исключение; стирание
delicacy тонкость; чувствительность (прибора)
delicate тонкий; чувствительный
delimit разделять, разграничивать; определять границы
delimitation разделение, разграничение; определение границ
delimiter разделитель, ограничитель
delineate очерчивать, обрисовывать; изображать, описывать; устанавливать размеры; раскраивать
delineation очерчивание; изображение, описание; чертеж, план; очертание; раскрой
deliquesce переходить в жидкое состояние; растворять(ся)
deliquescence возможность перехода в жидкое состояние; растворимость
deliver 1. доставлять, питать, подавать, снабжать; нагнетать (о насосе); 2. выдавать, вырабатывать, производить, выпускать; 3. представлять (напр., отчет); 4. уступать; отступать, отходить; 5. произносить; читать (лекцию)
  to deliver from освобождать от
  to deliver over передавать
delivery 1. доставка, передача, подача, питание; нагнетание, нагнетательный насос; ‖ подающий, питающий; нагнетательный, напорный; 2. выработка, выпуск; производительность; расход (потока)

d. chamber нагнетательная камера, пространство сжатия
d. conduit нагнетательный трубопровод
d. cone нагнетательное сопло
d. head (гидравлический) напор
d. head lift высота напора, подъемная высота
d. orifice расходное отверстие
d. pipe питающая (напорная) труба
d. space выходной канал; диффузор
d. speed скорость на выходе; скорость истечения
d. volume объем подачи (напр., воздуха); производительность (компрессора)
fuel d. подача топлива
power d. подача энергии; отбор мощности (у двигателя)
theoretical d. теоретическая производительность; теоретический расход
delta 1. дельта (буква греческого алфавита); объект треугольной (дельтовидной) формы; треугольное крыло; || дельтовидный, треугольный; 2. приращение
d. connection соединение треугольником
d. of coordinate приращение координаты
d. function дельта-функция, функция Дирака
d. wing треугольное (дельтовидное) крыло
Kronecker d. символ (дельта) Кронекера
deltoid дельтовидный, треугольный
deluge затопление, заводнение, наводнение; || затапливать, наводнять
delumping 1. рассредоточение, распределение, разнесение; 2. определение места (напр., частей конструкции); сборка (при проектировании конструкций)
mass d. распределение (рассредоточение) масс
delusion заблуждение, иллюзия
delusive обманчивый, иллюзорный
delusory см. delusive
delve 1. впадина; 2. делать изыскания
demand 1. требование; || требовать, предъявлять требование; 2. запрос; || запрашивать; 3. потребность; || нуждаться; 4. потребление
to meet the demands удовлетворять требованиям (потребностям)
d. factor коэффициент загрузки
d. for steam расход (потребление) пара
power d. потребление (расход) мощности
demerit недостаток, дефект
demi- (приставка) полу-, деми-; наполовину, частично
demolish разрушать, разбивать, сносить (напр., здание); опровергать (довод)
demolition разрушение; снос, демонтаж; подрыв; || разрушительный, разрушающий; подрывной, фугасный
demonstrable доказуемый; очевидный, наглядный
demonstrate демонстрировать, (наглядно) показывать; доказывать; проявлять(ся), обнаруживать(ся)

to demonstrate a proposition доказать положение (утверждение)
demonstration демонстрация, (наглядный) показ; доказательство; проявление, обнаружение (свойств, признаков)
operational d. демонстрация работоспособности
demount 1. разбирать, снимать; 2. разгружать
demountable разборный, разъемный, съемный
demounting 1. разборка, демонтаж, снятие; 2. разгрузка
denary десятичный
dendritic древовидный, ветвящийся
denial 1. отрицание; 2. опровержение; 3. отказ, запрещение
alternative d. дизъюнкция отрицания
joint d. конъюнкция отрицания
denominate именованный; размерный; || именовать, называть; обозначать
d. number именованное (размерное) число
denomination 1. название, наименование; обозначение; 2. класс, вид, тип, категория
denominator знаменатель (дроби), делитель
to reduce to a common denominator приводить к общему знаменателю
lowest common d. наименьший общий знаменатель (делитель)
denotation 1. обозначение; знак, символ; 2. значение, смысл; объем понятия
denotative 1. обозначающий; 2. указывающий (на что-либо); 3. значащий, означающий
denote 1. обозначать; 2. указывать (на что-либо); 3. значить, означать
to denote by x обозначать через x
denotement 1. обозначение; знак, символ; 2. указание
dense плотный; плотно расположенный, компактный; интенсивный; концентрированный, насыщенный; частый; непроницаемый, непрозрачный
d. gas плотный газ
d. grid мелкая (густая) сетка
d. matrix плотная матрица, полностью заполненная матрица
d. set плотное множество
denseness сплошность; отсутствие внутренних дефектов (полостей, трещин)
densification уплотнение; загустевание; увеличение концентрации (интенсивности)
densify повышать плотность, уплотнять(ся); загустевать; увеличивать концентрацию (интенсивность)
densimeter измеритель плотности, денсиметр, плотномер; ареометр, пикнометр
density 1. плотность; компактность; концентрация, интенсивность; частота; 2. удельный вес, удельное содержание
d. of distribution плотность распределения

    d. factor коэффициент плотности (концентрации)
    d. of flux интенсивность (плотность) потока
    d. ga(u)ge см. densimeter
    d. of load интенсивность (распределенной) нагрузки
    d. of material плотность материала, удельный вес
    actual d. фактическая плотность
    area d. поверхностная плотность
    atmospheric d. атмосферная плотность, плотность воздуха
    ballistic d. баллистическая плотность
    bulk d. объемная плотность
    buoyant d. плавучая плотность
    charge d. плотность заряда
    conventional d. условная плотность
    dislocation d. плотность дислокаций
    energy d. плотность (интенсивность) энергии
    entropy d. плотность энтропии
    equilibrium d. равновесная концентрация
    field d. плотность (интенсивность, напряженность) поля; магнитная индукция
    fluid d. плотность жидкости
    Fourier d. спектральная плотность
    heat d. теплонапряженность, плотность теплового потока
    line d. линейная (погонная) плотность
    mass d. массовая плотность, плотность материала
    power d. плотность мощности; плотность энергии
    probability d. плотность вероятности
    propellant d. удельный объем топлива
    spatial d. объемная плотность
    specific d. плотность, удельный вес (материала)
    spectral d. плотность спектра, спектральная плотность
    strain d. интенсивность деформации
    strain energy d. интенсивность энергии деформации
    surface d. поверхностная плотность
    volume d. объемная плотность
    vortex d. плотность вихря

dent 1. зуб, зубец; 2. вмятина, впадина, насечка, углубление; || вдавливать, вминать
dentate зубчатый; зазубренный
denticulate(d) зубчатый; зазубренный
deny отрицать; отказывать(ся), не допускать
    it can hardly be denied that едва ли можно отрицать, что
deorbit уходить с орбиты, отклоняться от орбиты
depart отправляться
    to depart from отклоняться, уклоняться, отходить от чего-либо; исходить из чего-либо

department 1. отдел, отделение; факультет; 2. ведомство; 3. отрасль, область (напр., науки)
departure 1. отправление, начало движения; 2. уход, увод; отклонение (напр., от заданного значения), разница
    d. of bubbles отрыв пузырьков (напр., при кипении)
    d. from conditions отклонение от условий
    point of d. начало отсчета; исходная точка, начальный момент
depend 1. зависеть (от); 2. полагаться, рассчитывать (на)
    to depend on 1. зависеть от чего-либо; обусловливать(ся) чем-либо; 2. полагаться, рассчитывать на что-либо
dependability надежность
dependable надежный
dependance см. dependence
dependence 1. зависимость; 2. отношение подчинения (в иерархии); подчиненное положение; 3. (со)отношение, функция; формула
    angular d. угловая зависимость, функция угла
    causal d. причинная зависимость, причинное отношение
    continuous d. непрерывная зависимость
    data d. зависимость от данных; зависимость по данным (напр., между модулями программы)
    empiric(al) d. опытная (экспериментальная) зависимость, эмпирическое соотношение
    exponential d. экспоненциальная зависимость (функция)
    linear d. линейная зависимость
    many-to-many d. зависимость (отношение) типа "множество-множество"
    multivalued d. многозначная зависимость
    nonlinear d. нелинейная зависимость
    one-to-one d. взаимно-однозначное соответствие
    power d. степенная зависимость; зависимость от мощности
    quadratic d. квадратичная зависимость
    random d. случайная зависимость
    time d. зависимость от времени, функция (от) времени
    unique d. однозначная зависимость
dependency 1. зависимость; 2. отношение подчинения (в иерархии); подчиненное положение
    d. relation отношение подчиненности
dependent зависимый, зависящий; подчиненный
    to be dependent on зависеть от чего-либо, обусловливаться чем-либо
    d. variable зависимая переменная
deplanation депланация, искривление, коробление (обычно, о тонкостенных балках)

d. degree of freedom депланационная степень свободы
d. function функция депланации
d. of a section депланация (коробление) сечения (напр., тонкостенной балки)
constrained d. стесненная депланация

deplete 1. исчерпывать, истощать; 2. уменьшать(ся), убывать

depletion 1. исчерпывание, истощение; обеднение; 2. уменьшение, убывание

deploy 1. разворачивать, развертывать; раскрывать; 2. разблокировать; 3. вводить в действие

deployment 1. развертывание; раскрытие (напр., парашюта); 2. ввод в действие

depopulate уменьшать количество (численность)

deposit 1. отложение; отстой, осадок; ‖ откладывать(ся); осаждать(ся); 2. месторождение, залежь; 3. хранилище; ‖ хранить, сохранять; 4. покрытие; ‖ наносить покрытие

deposition отложение; осаждение; осажденный слой; покрытие
electrochemical d. электрохимическое осаждение
metal d. осаждение металла, металлизация

depository хранилище
depot депо, хранилище
depravation ухудшение; искажение
deprave ухудшать(ся); искажать(ся)
depreciate 1. снижать, уменьшать; недооценивать, умалять; 2. изнашиваться, устаревать

depreciation 1. снижение, уменьшение; преуменьшение, пренебрежение; 2. амортизация, износ (оборудования), устаревание (техническое, моральное)

depress 1. подавлять; понижать, ослаблять; 2. понижать давление; 3. опускать

depressed 1. подавленный; пониженный, сниженный; 2. сплющенный, вогнутый
d. nappe прижатая струя
d. trajectory пологая (настильная) траектория

depression 1. ослабление, снижение, падение; 2. (атмосферное) разрежение, вакуум; область пониженного давления; 3. спуск, опускание; осадка; 4. впадина, выемка, углубление
d. of support осадка (проседание) опоры
d. wave волна разрежения; волна разгрузки

depressurization уменьшение давления; разгерметизация

depth 1. глубина; толщина, высота, мощность (напр., пласта); 2. густота; интенсивность, насыщенность
d. of cut глубина резания
d. of fill высота насыпи, высота засыпки (наполнения)
d. of foundation глубина (заложения) фундамента

d. of girder высота балки
d. of heat penetration глубина прогрева
d. of indentation глубина отпечатка
d. of pavement толщина дорожного покрытия
d. of shell подъемистость (стрела подъема, высота) оболочки; толщина оболочки
beam d. высота (сечения) балки
camber d. стрела прогиба; величина кривизны
convection d. глубина конвекции; толщина конвективного слоя
crack d. глубина трещины
diving d. глубина погружения
drilling d. глубина бурения (сверления)
frost d. глубина (горизонт) промерзания
function of d. функция глубины (высоты, толщины); функция подъемистости (оболочки)
integration through the shell d. интегрирование по толщине оболочки
procedural d. глубина вложенности процедур
section d. высота (поперечного) сечения
structural d. строительная высота
submergence d. глубина погружения
truss d. высота фермы
well d. глубина скважины

derail сходить с направляющих (рельсов)
derange нарушать нормальную работу; нарушать порядок
derate понижать, уменьшать; ухудшать; замедлять
derestrict снимать ограничения, освобождать

derivation 1. происхождение; источник, начало; 2. (теоретический) вывод, получение (напр., формулы); извлечение (напр., из литературного источника); 3. взятие производной, дифференцирование; 4. отклонение, деривация; ответвление (напр., трубопровода); шунт
direct d. непосредственный (прямой) вывод
energy d. вывод выражения (функционала) энергии; энергетический вывод (напр., разрешающего уравнения); дифференцирование (функции) энергии
variational d. вариационный вывод (напр., дифференциальных уравнений)

derivative 1. производная (функция); ‖ относящийся к производной; 2. производный (от чего-либо); 3. вариант, модификация
d. action воздействие по производной
d. control регулирование по производной (по скорости изменения)
d. of function with respect to argument производная от функции по аргументу
d. on the left производная слева, левая производная
d. order порядок производной
d. relation производное (выведенное) (со)отношение

d. on the right производная справа, правая производная
d. smoothing сглаживание производной
d. value значение производной
d. of vector производная (от) вектора
approximate d. аппроксимация (приближенное значение) производной
backward d. производная слева, левая производная
bounded d. ограниченная производная
camber d. производная по кривизне
central d. центральная производная
coordinate d. производная по координате
covariant d. ковариантная производная
directional d. производная по направлению
forward d. правая производная
generalized d. обобщенная производная
higher (order) d. производная высшего порядка
left-hand d. левая производная
local d. частная производная
mixed d. смешанная производная
normal d. производная по нормали
oblique d. наклонная (косая) производная
ordinary d. обыкновенная производная
partial d. частная производная
particle d. полная (субстанциальная) производная
path d. производная по пути (по траектории)
right-hand d. правая производная
smooth d. гладкая производная
space d. производная по пространственной координате
substantial d. субстанциальная (материальная) производная
time d. производная по времени
total d. полная производная (функции многих переменных)
transitory d. производная от поступательной скорости
yawing stability d. производная путевой устойчивости
derive 1. происходить; устанавливать происхождение; 2. (теоретически) выводить, получать (напр., формулу), порождать, производить (от чего-либо); извлекать; 3. дифференцировать, брать производную; 4. отводить (напр., воду); отклонять(ся), ответвлять(ся)
to derive benefit извлекать выгоду
to derive a conclusion делать вывод
to derive energy получать (вырабатывать) энергию
derived 1. выведенный; производный, вторичный; 2. полученный дифференцированием; 3. отведенный; отклоненный
d. act производное событие
d. curve дифференциальная кривая
d. function производная функция

d. series производный (продифференцированный) ряд
d. unit производная единица (в системе величин)
derrick 1. лебедка, ворот; подъемная стрела; 2. буровая вышка
desalt опреснять
desample 1. восстанавливать аналитическую зависимость (по дискретным значениям); 2. выполнять цифро-аналоговое преобразование
desampler 1. программа восстановления аналитической зависимости; 2. цифро-аналоговый преобразователь (ЦАП)
descend спускаться; убывать, уменьшаться, понижаться; переходить от общего к частному
descending спускающийся; убывающий, понижающийся, нисходящий (напр., по иерархии)
d. series убывающий ряд
d. sort сортировка по убыванию
descent 1. спуск; уменьшение, снижение; падение; склонение к горизонту; 2. склон, скат; 3. переход от общего к частному; 4. происхождение
d. module спускаемый (космический) аппарат
angle of d. угол снижения (падения)
steepest d. method метод (наи)скорейшего спуска
describe описывать, характеризовать; изображать; очерчивать, чертить
description 1. описание, представление, характеристика; изображение; вычерчивание; 2. вид, тип, род, класс
to answer the description соответствовать описанию
algorithmic d. алгоритмическое описание
data d. описание (определение) данных, представление данных, задание данных
finite element d. описание (формулировка) конечного элемента; конечно-элементное представление, конечно-элементная модель
formal d. формальное описание (определение)
generic d. обобщенное описание
graph d. описание (представление) графа; представление в виде графа
kinematical d. кинематическое описание
model d. описание (задание) модели
problem d. описание (постановка) задачи
descriptive описательный, наглядный
d. geometry начертательная геометрия
descriptor описатель, дескриптор; идентификатор; ключевое слово, признак
desiccate высушивать, испарять, обезвоживать; высыхать
desiccation сушка, высушивание
desiccator испаритель, сушильная печь
design 1. проектирование, конструирование, разработка; расчет; ‖ проектный, относя-

щийся к проекту; расчетный; ‖ проектировать, конструировать, разрабатывать; рассчитывать; **2.** проект, план; схема, чертеж; **3.** конструкция

d. accuracy расчетная (проектная) точность

d. data данные проекта; расчетные данные

d. database база данных проектирования (проекта)

d. formula расчетная формула

d. generation разработка проекта, генерирование проектных решений

d. iteration итерация проектирования

d. limitation ограничение (недостаток) проекта

d. load расчетная (проектная) нагрузка

d. norms нормы (правила) проектирования, расчетные нормативы

d. objectives (требуемые) проектные параметры

d. reliability расчетная (проектная) надежность; надежность конструкции

d. of a shell проектирование (расчет) оболочки

d. space пространство (параметров) проектирования

d. speed расчетная скорость

d. stress расчетное (проектное) напряжение, рабочее напряжение

d. study конструкторская проработка

d. technique метод проектирования

d. value проектное (расчетное) значение; конструктивный параметр

d. workstation автоматизированное рабочее место проектировщика

alternative d. вариант проекта

block d. блочная (модульная) конструкция

bottom-up d. восходящее проектирование, проектирование снизу вверх

clean aerodynamic d. аэродинамически совершенная конструкция

computer-aided d. (CAD) автоматизированное проектирование, проектирование с использованием ЭВМ; система автоматизированного проектирования (САПР)

conceptual d. концептуальное проектирование; концептуальный (эскизный) проект

control d. проектирование (синтез) системы управления, расчет (системы) управления

crashworthiness d. ударопрочная конструкция; проектирование с учетом возможного столкновения (разрушения)

detailed d. рабочий (подробный) проект

draft d. эскизный проект

empirical d. опытное конструирование, конструирование на основе эмпирических данных

engineering d. инженерное проектирование, конструкторские расчеты; технический проект

functional d. функциональное проектирование; функциональная схема

interactive d. проектирование в диалоговом режиме

inverse d. обратное проектирование; обратный расчет

iterative d. итерационное (итеративное) проектирование

limit d. расчет по предельным (разрушающим) нагрузкам

logical d. логическое проектирование; логическая схема

machine d. машиностроительное конструирование; автоматизированное проектирование

modular d. блочная (модульная) конструкция; модульное проектирование

nested d. иерархический проект

optimal d. оптимальное проектирование; оптимальный проект, оптимальная конструкция

pilot d. опытная конструкция; конструкция-прототип

plastic d. проектирование с учетом пластических деформаций

point d. конструкция, отвечающая заданным требованиям

preliminary d. эскизный проект

program d. разработка программы

proved d. отработанная конструкция

step-by-step d. поэтапное (пошаговое) проектирование

streamlined d. обтекаемая конструкция

strong d. прочная конструкция

structural d. проектирование конструкций; строительное проектирование

structured d. структурное проектирование

thermal d. тепловой расчет

top-down d. нисходящее проектирование, проектирование сверху вниз

trial d. пробная конструкция, опытный образец

designate 1. назначать; предназначать; указывать; **2.** определять; обозначать

designation 1. назначение, цель; указание; **2.** определение; обозначение, наименование

symbolic d. символическое обозначение

designator указатель; обозначение

designing 1. проектирование, конструирование; расчет; **2.** черчение

desintegration 1. дезинтеграция, разложение; **2.** измельчение, дробление

desirable 1. желательный; требуемый; ожидаемый; **2.** пригодный

desire желание; пожелание, просьба, требование; ‖ желать; просить, требовать

desk рабочий стол; пульт управления, стенд, щит; ‖ настольный

d. book настольная книга, справочник

control d. пульт управления

test d. испытательный стенд

desk-size настольный; малогабаритный

desk-top настольный
    d. computer настольная (персональная) ЭВМ
despite несмотря на, вопреки
destination назначение, предназначение; цель, целевое положение (состояние)
destroy разрушать, уничтожать
destruction разрушение, уничтожение; ‖ разрушающий
    d. test испытание до разрушения (образца), разрушающий контроль
destructive средство разрушения; ‖ разрушительный, вредный; разрушающий
desultory несистематический, отрывочный
detach отделять(ся), разъединять(ся), расцеплять(ся)
detachable съемный, разъемный
detached отдельный, выделенный, обособленный; независимый
    d. wave отдельная (отошедшая) волна, неприсоединенный скачок уплотнения
detachment отделение, выделение, разъединение
    d. of shock wave отделение скачка уплотнения
detail 1. деталь, подробность; ‖ детализировать, подробно описывать; 2. элемент (конструкции), узел
    in details подробно
    d. drawing подробный чертеж
detailed подробный, детальный
detain задерживать, замедлять
detect 1. открывать, обнаруживать; 2. детектировать, выпрямлять
detection 1. обнаружение, выявление; 2. детектирование
    d. limit предел чувствительности
    error d. обнаружение ошибок
detector детектор, средство обнаружения, индикатор, датчик
detent стопорное устройство, фиксатор, упор
deteriorate 1. ухудшать(ся); 2. разрушать(ся); изнашивать(ся); 3. вырождаться; 4. стареть (о материале); устаревать
deterioration 1. ухудшение; 2. разрушение; изнашивание, износ; 3. вырождение; 4. старение; устаревание
determinancy определенность, детерминированность
determinant 1. определитель (матрицы), детерминант; 2. определяющий фактор; ‖ определяющий, решающий, обусловливающий
    d. of matrix определитель матрицы
    functional d. функциональный определитель
    second-order d. определитель второго порядка
determinate определенный, заданный, установленный; окончательный; ясный; ‖ определять, задавать
    statically d. статически определимый
determination определение, нахождение, установление; детерминирование; решение, вычисление, измерение

determine 1. определять, устанавливать; находить, обнаруживать; вычислять; 2. обусловливать, детерминировать; 3. ограничивать, определять границы
determined 1. определенный, установленный; найденный; вычисленный; 2. обусловленный; детерминированный; 3. ограниченный
    d. system детерминированная система; замкнутая система (уравнений)
    d. value найденное (вычисленное) значение
determinism детерминизм
deterministic детерминированный, определенный; детерминистский
    d. formulation детерминированная постановка
detonate детонировать, взрывать(ся)
detonation детонация, взрыв
detonator детонатор, взрыватель
detract 1. отнимать, уменьшать; 2. занижать
detrain разгружать, выгружать
detriment вред, ущерб
detrimental вредный
detrition стирание, изнашивание от трения
detrude сбрасывать, выталкивать; откалывать(ся)
detruncate срезать, укорачивать; отбрасывать
detrusion сдвиг, срез, скол; деформация сдвига
detune расстраивать(ся), разрегулировать(ся), сбивать настройку
de-update восстанавливать исходное состояние
develop 1. развивать(ся); 2. разрабатывать, конструировать, создавать; улучшать, совершенствовать; модифицировать; 3. распространять(ся); развертывать(ся), раскрывать(ся); нарастать, увеличиваться; 4. вырабатывать, выделять (напр., тепло); 5. выводить (напр., формулу), делать заключение; 6. разлагать (в ряд); 7. выяснять(ся), обнаруживать(ся); проявляться; 8. проявлять (фотоматериалы)
    to develop into превращаться во что-либо
    it develops that оказывается, что
development 1. развитие; эволюция; 2. разработка, конструирование, создание; улучшение, совершенствование; 3. распространение; развертывание, раскрытие; увеличение, нарастание; 4. выделение (напр., тепла); 5. вывод (напр., формулы); 6. разложение (в ряд); 7. выяснение, обнаружение; 8. проявление (фотоматериалов)
    under development развиваемый, разрабатываемый, (находящийся) в процессе разработки
    d. aircraft экспериментальный (опытный) летательный аппарат
    d. engineering техническое развитие; рационализация в технике
    d. of heat теплообразование, выделение тепла, получение тепловой энергии
    d. type опытный образец

d. work разработка, опытно-конструкторская работа
advanced d. перспективная разработка; разработка опытного образца
bottom-up d. разработка снизу вверх, восходящее проектирование
crack d. развитие трещины, распространение трещины
engineering d. инженерная разработка; усовершенствованная конструкция (технология)
field d. разработка месторождения
parachute d. раскрытие (купола) парашюта
research and d. centre центр исследований и разработок, научно-технический центр
series d. разложение в ряд
surface d. развертка поверхности
time of d. время (продолжительность) разработки; время развития (зарождения, инкубации)

deviate отклонять(ся); изменять направление, уходить, уводить, уклоняться

deviation отклонение; девиация; изменение направления, уход, увод, уклонение
d. action воздействие по отклонению
d. angle угол отклонения (девиации)
d. function функция девиации
d. tensor тензор-девиатор
average d. среднее отклонение
curve d. отклонение (реальной) кривой (от идеальной)
frequency d. уход частоты
lower d. наименьшее отклонение, нижняя граница отклонения
path d. отклонение (увод) траектории
root-mean-square d. среднеквадратичное отклонение
squared d. квадрат отклонения
standard d. стандартное отклонение; среднеквадратическое отклонение

deviator 1. тензор-девиатор; 2. отклоняющее устройство, девиатор
d. tensor тензор-девиатор
jet d. устройство для отклонения струи
principal d. axes главные оси девиатора
strain d. девиатор (тензора) деформаций

deviatoric девиаторный
d. function девиаторная функция
d. space девиаторное пространство
d. stress девиаторное напряжение
d. tensor тензор-девиатор

device 1. устройство, приспособление; прибор, аппарат, механизм; 2. способ, метод, алгоритм; схема
d. coordinates система координат устройства
d. drive привод механизма
actuating d. исполнительное устройство
adjusting d. установочное (регулирующее) приспособление
analogue d. моделирующее устройство
antivibration d. амортизатор колебаний, антивибратор
clamping d. зажимное (фиксирующее) приспособление
control d. устройство управления; средство контроля
conversion d. преобразователь
counter d. счетное устройство, счетчик
damping d. демпфирующее устройство, амортизатор
handling d. манипулятор
gripping d. захват, схват
input d. входное устройство; устройство ввода
interface d. устройство сопряжения, интерфейс
lift devices механизация крыла (напр., закрылки)
logical d. логическое устройство
mapping d. устройство отображения; способ отображения
measuring d. измерительное устройство
navigation d. навигационный прибор
operation d. рабочий орган
output d. выходное устройство; устройство вывода
propulsion d. движитель
protective d. защитное устройство, предохранитель; способ защиты
pulling d. тяговое устройство
recording d. регистрирующее устройство, самописец
reference d. эталонный прибор
sensing d. чувствительный элемент, датчик
setting d. задающий (установочный) механизм
stilling d. гаситель, успокоитель
take-up d. компенсаторное устройство
terminal d. оконечное (терминальное) устройство, терминал, консоль
test d. испытательное устройство
timing d. временной механизм; счетчик времени; устройство синхронизации
tripp(l)ing d. 1. устройство выключения; 2. турбулизатор
virtual d. виртуальное устройство (ЭВМ)

device-independent машинно-независимый (напр., о языке программирования)

devious отклоняющийся от прямой (о пути, траектории); обходной, обводной; блуждающий

devise придумывать, изобретать, разрабатывать; выводить (напр., формулу)

devoid лишенный чего-либо, свободный от чего-либо
devoid of sense бессмысленный
devoid of substance лишенный основания

devolution 1. передача, переход (напр., полномочий); 2. ухудшение, регресс, вырождение

devolve 1. переходить; передавать; 2. обваливаться, осыпаться; скатываться

devote посвящать; уделять (время, внимание)
devoted посвященный (чему-либо)
dew роса; ‖ орошать, смачивать
  d. **point** точка росы, температура конденсации (таяния)
dewater обезвоживать, осушать
dewetting 1. выпотевание; каплеобразование; 2. уменьшение смачивающей способности
dewy влажный, увлажненный
dexter правый
dextrorotary правовращающий
dextrorsal с правым вращением (ходом), с правой резьбой
  d. **curve** кривая с положительным (правым) кручением
di- (как компонент сложных слов) дву-, двух-; двояко-; двойной, удвоенный
dia- (приставка) чрез-, между-; сквозь
diagnose диагностировать, определять, выявлять (неисправности, ошибки)
diagnosis (мн.ч. **diagnoses**) диагноз; точное определение, оценка; диагностика, диагностирование, выявление
diagnostic диагностический
diagonal диагональ; косая линия; раскос, подкос; ‖ диагональный, косой, наклонный; поперечный
  d. **dominance** диагональное преобладание (в матрице)
  d. **element** диагональный элемент (матрицы); косой (диагональный) стержень, раскос
  d. **lumped mass matrix** диагональная матрица сосредоточенных масс, "сосредоточенная" матрица масс
  d. **preconditioning** диагональное предобуславливание
  d. **reinforcement** наклонное подкрепление; диагональное армирование, косая арматура
  d. **scale** поперечный масштаб
  d. **shock** косой удар, косой скачок уплотнения
  d. **strut** раскос
  d. **tension** косое растяжение
  d. **tire** диагональная шина
  auxiliary d. побочная диагональ (матрицы)
  buckled d. раскос, потерявший устойчивость
  compression d. раскос, работающий на сжатие
  lateral d. поперечный раскос
  main d. главная диагональ (матрицы)
  secondary d. побочная диагональ (матрицы)
  tension d. растягиваемый раскос, растяжка
diagonalization диагонализация, приведение к диагональному виду (напр., матрицы)

diagram 1. диаграмма, график, эпюра; графическое изображение (представление), план, схема; ‖ вычерчивать диаграмму (график), составлять схему, изображать графически; 2. развертка
  d. **of blade wheel** развертка колеса (турбины) с лопатками
  d. **of component forces** диаграмма (эпюра) разложения силы; силовой (веревочный) многоугольник
  d. **of gears** схема зубчатой передачи; схема механизма, кинематическая схема
  d. **method** графический метод, метод диаграмм
  d. **of stresses** эпюра напряжений
  d. **to a time base** диаграмма (график) по времени
  acceleration d. план ускорений
  angular d. диаграмма в полярных координатах; круговая (секторная) диаграмма
  block d. блок-схема, принципиальная схема, структурная схема
  calculating d. расчетная номограмма
  carpet d. "ковровый" график, номограмма для определения коэффициентов подъемной силы
  circle d. круговая (секторная) диаграмма
  clearance d. габарит, предельное очертание
  clock d. круговая (секторная) диаграмма
  column d. столбцовая диаграмма, гистограмма
  design d. проектная схема
  direction(al) d. (векторная) диаграмма направленности
  displacement-time d. график зависимости перемещений от времени
  distribution d. кривая распределения
  elementary d. принципиальная схема, схематическое представление
  engineering logic d. логическая схема с техническими пояснениями
  flow d. эпюра (схема) течения; блок-схема
  force d. диаграмма сил (усилий), диаграмма Максвелла-Кремоны
  force-displacement d. график "сила-перемещение"
  frequency d. частотная диаграмма, гистограмма
  functional d. функциональная (принципиальная) схема
  line d. линейная (одномерная) диаграмма
  load-extension d. диаграмма растяжения, кривая "нагрузка - растяжение"
  load(ing) d. диаграмма нагружения; эпюра нагрузки
  moment d. эпюра моментов
  performance d. график мощности (производительности); характеристическая диаграмма, характеристика
  pictorial d. наглядное изображение

polar d. диаграмма в полярных координатах; круговая (секторная) диаграмма
run d. (временной) график выполнения
sector d. секторная (круговая) диаграмма
shear d. эпюра напряжений сдвига (поперечных сил)
sinusoidal d. синусоидальная кривая
skeleton d. общая схема
stability d. диаграмма устойчивости
state d. диаграмма состояния
stress-cycle d. диаграмма циклического напряжения
stress-strain d. диаграмма (кривая) "напряжение-деформация"
structural d. структурная диаграмма; диаграмма состояния, фазовая диаграмма
tensile d. диаграмма растяжения
timing d. временная диаграмма
tree d. древовидная схема, дерево
vector d. векторная диаграмма
velocity d. диаграмма (план, эпюра) скоростей
velocity-time d. график скорости, кривая "скорость-время"
wing polar d. поляра крыла

diagrammatic(al) диаграммный, графический, схематический

diagramming изображение с помощью диаграмм, графическое представление

dial циферблат, лимб, круговая шкала; ‖ измерять по круговой шкале; градуировать (круговую) шкалу
d. gage прибор с круговой шкалой
dividing d. делительный круг
index d. циферблат, круговая шкала

dialog(ue) диалог

diameter диаметр
d. of a conic диаметр конического сечения
d. of screw номинальный диаметр (резьбы) винта
conjugate diameters сопряжённые диаметры
core d. внутренний диаметр
effective d. средний (эффективный) диаметр (напр., трубы)
inner d. внутренний диаметр, диаметр в свету
major d. больший (внешний) диаметр
minor d. меньший (внутренний) диаметр
nominal d. номинальный (расчётный) диаметр
outer d. наружный (внешний) диаметр

diametral диаметральный; поперечный
d. line диаметр
d. pitch диаметральный шаг

diametric(al) см. **diametral**; диаметрально противоположный

diametrically (диаметрально) противоположно

diamond 1. алмаз; 2. ромб
Mach d. ромбовидный скачок уплотнения

diamond-shaped ромбовидный, ромбоидальный
d. buckling pattern ромбовидная форма потери устойчивости

diapason диапазон, интервал
diaper ромбовидный узор
diaphanous прозрачный
diaphragm диафрагма; мембрана; перегородка, переборка; экран; днище
buried d. заглублённая диафрагма, диафрагма плотины
capillary d. капиллярная мембрана
facing d. экран
liquid d. жидкая (жидкостная) мембрана
measuring d. измерительная диафрагма
permeable d. проницаемая диафрагма
porous d. пористая диафрагма
slit d. щелевая диафрагма
stiffening d. диафрагма жёсткости, подкрепляющая мембрана
supporting d. опорная диафрагма
watertight d. противофильтрационный экран

diaphragmatic диафрагмальный, мембранный; выполняющий функции диафрагмы
diathermal диатермический, теплопроводный, теплопроводящий
diathermancy диатермичность, теплопроводность, теплопрозрачность
dichotomy дихотомия, деление на две части (пополам), бисекция
d. method метод деления (отрезка) пополам, метод дихотомии
dictionary словарь
d. order лексикографическое упорядочение, словарный порядок
die 1. штамп; матрица; пуансон; пресс-форма; ‖ штамповать; 2. волочильная доска, фильера; 3. кристаллизатор; 4. умирать; заканчиваться, исчезать; ослабляться, затухать; испаряться (о жидкости); глохнуть (о моторе)
d. mould пресс-форма
d. pressing горячая штамповка
d. set комплектный штамп (пуансон и матрица)
bending d. гибочный штамп
bottom d. матрица, нижний штамп,
cupping d. вытяжной штамп
female d. матрица, неподвижный штамп
forging d. ковочный штамп
male d. пуансон, подвижный штамп
punching d. вырубной штамп
screwing d. плашка, лерка
seaming d. гибочный штамп, фальцовочный штамп
top d. пуансон, верхний штамп
wire d. фильера

dielectric диэлектрик, изолятор; ‖ диэлектрический
d. constant диэлектрическая постоянная
d. strength диэлектрическая прочность

differ отличаться, различаться; не соглашаться, расходиться (во мнениях)
difference 1. различие, разница; отличие, отличительный признак; разногласие; ‖ отличать, различать; служить отличием; 2. разность, перепад, смещение; приращение; ‖ разностный; ‖ вычислять разность, вычитать
   d. equation разностное уравнение, уравнение в (конечных) разностях
   d. interval шаг разности (разностной сетки)
   d. quotient разностное отношение, разделенная разность
   d. report сообщение об изменениях (напр., в программе)
   d. table таблица разностей
   backward d. (конечная) разность "назад", левая разность
   central d. центральная (конечная) разность
   central d. scheme схема центральных разностей, центрально-разностная схема
   correlation d. корреляционная разность
   divided d. разделенная разность
   finite d. конечная разность
   finite d. approximation конечноразностная аппроксимация
   finite d. equation конечноразностное уравнение
   finite d. mesh конечноразностная сетка
   finite d. method (FDM) метод конечных разностей (МКР), конечноразностный метод
   finite d. model конечноразностная модель
   finite d. pattern конечноразностный шаблон
   finite d. scheme конечноразностная схема
   finite d. solution конечноразностное решение; решение, полученное методом конечных разностей
   first order d. первая разность, разность первого порядка
   forward d. правая разность, разность "вперед"
   frequency d. разность (сдвиг) частот
   higher differences высшие разности
   left d. левая разность, разность "назад"
   mean d. средняя разность, среднее расхождение
   partial d. частная разность
   phase d. разность (сдвиг) фаз
   potentials d. разность потенциалов
   pressure d. перепад давлений
   right d. правая разность, разность "вперед"
   second order d. вторая разность, разность второго порядка
   tabular d. табличная разность
   vector d. векторная разность
differencing вычисление (последовательных) разностей

different 1. другой, иной; различный; 2. дифферент (напр., корабля)
differentia (мн.ч. **differentiae**) отличительное свойство
differentiability дифференцируемость
differentiable дифференцируемый
   continuously d. непрерывно дифференцируемый
differential 1. дифференциал; ‖ дифференциальный; 2. разность, перепад (напр., температур); ‖ разностный; 3. отличительный; неодинаковый, неравномерный; 4. дифференциальная передача
   d. block дифференциальный блок, полиспаст
   d. calculus дифференциальное исчисление
   d. case картер дифференциала, картер ведущего моста (автомобиля)
   d. coefficient производная
   d. control дифференциальное управление
   d. equation дифференциальное уравнение
   d. of function дифференциал функции
   d. gear дифференциальная передача, дифференциал
   d. geometry дифференциальная геометрия
   d. motion неравномерное движение; относительное движение; планетарное движение; дифференциальный механизм, дифференциал
   d. operator дифференциальный оператор
   d. quotient производная
   d. settlement неравномерная осадка
   d. sign знак дифференциала; отличительный признак
   d. threshold порог различимости
   d. of volume дифференциал объема, (бесконечно малый) элемент объема
   complete d. полный дифференциал
   computing d. счетный дифференциал
   head d. разность напоров, высота напора
   ordinary d. equation (ODE) обыкновенное дифференциальное уравнение (ОДУ)
   partial d. частный дифференциал
   partial d. equation (PDE) дифференциальное уравнение в частных производных
   partial d. system система уравнений в частных производных
   pressure d. перепад (разность) давлений
   total d. полный дифференциал
differential-difference equation дифференциально-разностное уравнение
differentiate 1. дифференцировать, определять производную; 2. отличать(ся), различать(ся), разграничивать; видоизменяться
differentiation 1. дифференцирование, взятие производной; 2. дифференциация, различение, разграничение; видоизменение
   d. operator оператор дифференцирования; дифференциал

d. with respect to parameter дифференцирование по параметру
backward d. дифференцирование назад
double d. двукратное дифференцирование
graphical d. графическое дифференцирование
implicit d. дифференцирование неявной функции
logarithmic d. дифференцирование при помощи логарифмирования
numerical d. численное дифференцирование

differently различно, иначе

difficult трудный, затруднительный, сложный

difficulty трудность, затруднение; препятствие

diffluent переходящий в жидкое состояние; растекающийся, расплывающийся

diffract преломлять (лучи), дифрагировать

diffraction дифракция, преломление (лучей)
d. grating дифракционная решётка

diffuse рассеянный, распылённый; диффузный; расплывчатый; ‖ рассеивать(ся), распылять(ся), рассыпать(ся); диффундировать

diffused рассеянный, распылённый; диффузный, диффундированный; расплывчатый
d. front размытый фронт
d. light рассеянный свет
d. zone зона диффузии

diffuser диффузор; распылитель; выпускное отверстие (устройство); рассеиватель (света, звука)
d. vane выходная лопатка
divergent d. расширяющийся диффузор
ideal d. идеальный диффузор (без потерь)
light d. рассеиватель света
multiport d. многосопловой диффузор
slot d. щелевой диффузор
vaned d. лопаточный диффузор

diffusible способный к распространению или диффузии, диффундирующий

diffusion 1. диффузия; распространение; рассеяние, распыление; 2. торможение (потока)
Fick d. law закон диффузии Фика
gaseous d. газовая диффузия
load d. распределение нагрузки
matter d. диффузия вещества
momentum d. рассеивание импульса
shock d. ударное торможение потока; рассеивание скачка (импульса)
stress-assisted d. диффузия под напряжением
thermal d. термодиффузия
turbulent d. турбулентная диффузия

diffusive диффузный

diffusivity диффузионная способность; коэффициент диффузии

dig 1. копать, рыть; выкапывать, раскапывать; 2. заедать, заклинивать, защемлять(ся)

digest 1. сборник (материалов); справочник; обзор; резюме, краткое изложение; ‖ приводить в систему, классифицировать; делать обзор; аннотировать; 2. осваивать, усваивать

digestion освоение, усвоение (напр., знаний)

digging земляные работы; добыча (полезных ископаемых); рудник

digit 1. цифра; 2. однозначное число, разряд; 3. символ, знак
digits with like place values цифры одинаковых разрядов
digits per word разрядность слова (в вычислительной машине)
binary d. двоичная цифра, двоичный разряд, двоичный знак
decimal d. десятичная цифра, десятичный разряд (знак)
equal order digits цифры одинаковых разрядов
hexadecimal d. шестнадцатеричная цифра
high-order d. цифра старшего разряда
leading d. первая цифра
low-order d. цифра младшего разряда
nonzero d. ненулевой разряд
sign d. знаковый разряд
significant d. значащая цифра
valid d. верная цифра

digital цифровой; числовой, численный; дискретный
d. computer цифровая ЭВМ, ЭЦВМ
d. filter цифровой (дискретный) фильтр
d. form цифровая форма (напр., сигнала)
d. process дискретный процесс

digital-to-analog converter (DAC) цифро-аналоговый преобразователь (ЦАП)

digitize преобразовывать в цифровую форму, оцифровывать; дискретизировать

digitizer дигитайзер, цифровой преобразователь (графической информации), графический планшет

digraph ориентированный граф

dihedral 1. двугранный, образованный двумя пересекающимися плоскостями; 2. двугранный угол
d. angle двугранный угол

dihedron двугранный угол

dike дамба, плотина; преграда, препятствие; ров, траншея; ‖ защищать дамбой

dilapidate разрушать(ся), ломать(ся), разваливать(ся)

dilatable 1. способный расширяться; растяжимый; 2. ковкий

dilatancy дилатансия, расширение, увеличение объёма; способность расширяться (напр., при деформировании)

dilatation (относительное) расширение, растяжение, дилатация; распространение
d. ratio относительное растяжение
cubical d. (относительное) объёмное расширение
linear d. линейное удлинение

dilatational дилатационный
  d. function "шаровая" функция
dilate расширять(ся); распространять(ся)
dilation см. **dilatation**
dilute разжижать, разбавлять, растворять; ослабевать, слабеть; ‖ разведенный, разбавленный; разреженный
dilution разжижение, разведение, растворение; ослабление
dimension 1. размер; габарит; объем; ‖ устанавливать (определять) размеры; проставлять размеры, образмеривать (чертеж); обрабатывать по размеру; 2. размерность; ‖ определять (задавать) размерность; 3. измерение; 4. протяженность; длительность; 5. порядок, число неизвестных (задачи)
  d. analysis анализ размерностей
  d. of area размерность площади
  d. of array размерность массива
  d. control размерность контроля
  d. factor коэффициент размерности; размерный коэффициент; геометрический коэффициент (масштабирования)
  d. figure размерное число; размер (на чертеже)
  d. formula формула (вычисления) размерности
  d. of matrix размерность (порядок) матрицы
  d. of parameter размерность параметра
  d. of plotter габаритное поле (максимальный размер чертежа) графопостроителя
  d. of pressure размерность давления
  d. of quantity размерность (физической) величины
  d. of rigidity размерность жесткости
  d. scaling масштабирование размеров, геометрическое масштабирование
  d. of space размерность пространства
  d. of vector размерность (число элементов) вектора
  accurate to d. соответствующий размеру, обработанный (точно) по размеру
  angular d. угловая величина; размер в угловом (градусном) выражении
  boundary dimensions граничные (габаритные) размеры
  finite d. конечная размерность
  high d. большая размерность, высокий порядок (напр., системы уравнений)
  linear dimensions линейные размеры
  metric d. 1. метрическая размерность; 2. размер в метрической системе единиц
  nominal d. номинальный размер; размер с установленными допусками
  overall d. полный (габаритный) размер
  pitch d. размер шага (напр., винта)
  structural d. конструктивный размер
  superficial d. двумерность, наличие двух измерений (координат); площадь поверхности
  theory of dimensions теория размерностей
  typical d. характерный размер

  zero d. нулевая размерность, отсутствие размерности, безразмерность
dimensional размерный, имеющий размерность; определяющийся по размеру; пространственный
  d. analysis размерный расчет; анализ размерностей
  d. quantity размерная величина
  d. unit размерная единица
-dimensional (как компонент сложных слов) -мерный; напр., **three-dimensional** трехмерный, **high-dimensional** высокой размерности
dimensionality 1. размерность; 2. порядок, число неизвестных (задачи); 3. измерение
  curse of d. "проклятие размерности" (о быстром росте размерности разрешающих соотношений дискретных математических моделей с увеличением числа точек дискретизации)
dimensioned 1. размерный, имеющий размерность; 2. образмеренный (о чертеже), с проставленными размерами; обработанный по размеру
  d. quantity размерная величина
dimensioning 1. размерность; 2. определение (подбор) размеров; доведение до нужных размеров; образмеривание (напр., чертежа), проставление размеров
dimensionless безразмерный, не имеющий размерности; в относительных единицах
  d. equation уравнение в безразмерном виде, безразмерное уравнение
  d. notation безразмерная форма (запись)
  d. quantity безразмерная величина
dimidiate разделенный пополам; ‖ делить пополам
diminish уменьшать(ся), сокращать(ся), ослаблять(ся)
  d. in bulk сокращаться в объеме
diminution уменьшение, сокращение, падение; вычитание, вычитаемое
dint вмятина, выбоина, впадина, след от удара
dip 1. наклон; уклон; склонение; падение (пласта); откос; ‖ наклонять(ся); опускать(ся), падать; 2. провес, стрела провеса (цепи, каната); ‖ провисать; 3. ослабление, уменьшение; ‖ ослабевать, уменьшаться; 4. провал, яма; минимум (кривой); 5. погружение (в жидкость); глубина погружения; ‖ погружать(ся), окунать(ся); 6. пропитка (жидкостью); ‖ пропитывать
  d. of span прогиб пролетного строения
  high d. крутой уклон; большой провес
  upraise d. уклон (пласта)
diphasic двухфазный
diploma диплом, свидетельство
dipolar двухполюсный, имеющий два полюса
dipole диполь; вибратор
dipper ковш
Dirac (delta) function функция Дирака, дельта-функция
dire полный, крайний

direct 1. прямой, непосредственный; полный, абсолютный; ясный, отчетливый; || направлять, ориентировать, управлять; || непосредственно, прямо; **2.** постоянный (о токе); **3.** осевой, продольный, нормальный (о силе, усилии)

    to direct attention to привлекать внимание
    to direct the control передавать управление
    d. access прямой доступ
    d. boundary element method прямой метод граничных элементов
    d. correlation положительная корреляция
    d. correspondence прямое соответствие
    d. current постоянный ток
    d. drive прямая передача, непосредственный привод
    d. elimination прямое исключение (напр., неизвестных в методе Гаусса решения системы линейных уравнений)
    d. execution непосредственное выполнение, немедленное выполнение
    d. file файл прямого доступа
    d. force осевая (продольная, нормальная) сила
    d. fracture прямой излом, разрыв
    d. impact прямой (осевой, нормальный) удар
    d. influence непосредственное влияние
    d. interpolation прямая (непосредственная) интерполяция
    d. levelling геометрическое нивелирование
    d. method прямой метод
    d. minimization прямая минимизация
    d. opposite полная противоположность
    d. progression прямая прогрессия
    d. ratio прямая пропорциональность
    d. reading прямое считывание (измерение), непосредственный отсчет
    d. sampling непосредственный выбор
    d. solution прямое решение
    d. stiffness approach прямой метод жесткости (в строительной механике)
    d. stress нормальное напряжение
    d. stress machine машина для испытаний на растяжение-сжатие
    d. wave прямая волна

direct-acting непосредственный, непосредственно действующий, прямого действия; с прямым приводом

direct-axis продольный

directed направленный; ориентированный
    d. graph ориентированный граф, орграф
    d. number относительное число

directing 1. направление; наведение; указание; || направляющий; наводящий; указывающий, указательный; **2.** управление; || управляющий
    d. cosine направляющий косинус
    d. force направляющая сила

direction 1. направление; ориентация; **2.** управление; инструкция, команда; **3.** область, сфера (деятельности)

opposite in direction противоположный по направлению
    d. angle направляющий угол
    d. of axis направление оси
    d. cosine направляющий косинус
    d. field поле направлений
    d. finder угломер; пеленгатор
    d. of hand направление подъема (винтовой линии)
    d. of reference направление отсчета, отсчетное (исходное, начальное) направление
    d. in space направление в пространстве
    d. sign обозначение направления
    d. stability устойчивость по направлению, устойчивость на курсе
    d. of (a) vector направление вектора, ориентация вектора

anisotropy directions направления анизотропии

anticlockwise d. направление против часовой стрелки

axial d. осевое (продольное) направление

characteristic d. характеристическое направление; направление характеристики

clockwise d. направление по часовой стрелке

conjugate directions сопряженные направления

constant d. постоянное направление

coordinate d. координатное направление, направление вдоль оси координат

counter-clockwise d. направление против часовой стрелки

drag d. направление набегающего потока

flow d. направление потока

force d. направление силы, линия действия силы

forward d. прямое направление

gravity d. направление (действия) силы тяжести

lateral d. поперечное направление

lift d. направление подъемной силы

method of feasible directions метод возможных направлений (метод оптимизации)

normal d. нормальное направление; направление нормали

off-axis d. направление под углом к оси

principal d. главное направление

propagation d. направление распространения

tangential d. касательное направление; направление касательной

windstream d. направление набегающего потока

directional направленный; направленного действия; зависящий от направления
    d. control управление по направлению (по курсу)
    d. derivative производная по направлению
    d. line направляющая (кривая)

d. search направленный поиск
   highly d. остронаправленный; кумулятивного действия
directive инструкция, команда, директива; ‖ направляющий, указывающий; предписывающий
directivity направленность, ориентированность
directly прямо, непосредственно; немедленно, сразу; точно
   d. contrary прямо противоположный
director 1. директор; 2. направляющее устройство; прибор управления
   d. curve направляющая (кривая)
   d. tensor направляющий тензор
   unit d. vector единичный направляющий вектор, орт
directory 1. указатель, справочник, руководство; 2. каталог, директорий
   contents d. оглавление
   current d. текущий директорий
   user d. руководство пользователя; каталог (директорий) пользователя
directrix (мн.ч. **directrices**) директриса, направляющая линия
Dirichlet Дирихле
   D. boundary conditions краевые условия Дирихле
   D. problem (краевая) задача Дирихле
dirigible дирижабль; ‖ управляемый (об аэростате)
dirt почва, грунт, порода; наносы; ‖ земляной, грунтовый
dis- приставка, которая: 1) придает отрицательное или противоположное значение; 2) указывает на разделение, отделение, лишение чего-либо, разложение на составляющие
disability непригодность, невозможность выполнения чего-либо
disable выводить из строя, повреждать; отключать; блокировать, запирать
disadjustment нарушение настройки (юстировки), разрегулировка
disadvantage недостаток; неудобство, невыгодное положение; помеха
disadvantageous невыгодный, неблагоприятный
disaffirm отрицать; отменять, аннулировать
disaggregate разделять на составные части (составляющие)
disagree не соответствовать, не совпадать, противоречить; не соглашаться; не подходить
disagreement расхождение, несоответствие, рассогласование
disalignment отклонение, отход (напр., от оси); непараллельность
disannul отменять, аннулировать, уничтожать
disappear исчезать, пропадать
disappearance исчезновение

disarrangement расстройство; разрегулировка; несогласованность; расхождение (результатов)
disarray неупорядоченность (системы), хаос
disarticulate разделять, расчленять
disassemble разбирать, демонтировать; раскладывать
disbalance нарушение равновесия, дисбаланс
disc см. **disk**
discern различать, распознавать; отличать, проводить различие
   to discern no difference не видеть различия
discharge 1. разгрузка, снятие нагрузки; ‖ разгружать(ся), снимать нагрузку, освобождать(ся); 2. (электрический) разряд; выстрел, залп; ‖ разряжать(ся), выстреливать; 3. выпуск, выход; производительность; продукт; ‖ выпускать, производить; 4. дебит; (объёмный) расход, сток; выпускное (выхлопное) отверстие; нагнетательная труба; ‖ выпускать, выливать, опорожнять
   d. area площадь выходного сечения
   d. capacity пропускная способность
   d. coefficient коэффициент расхода
   d. head гидравлический напор; давление на выходе
   d. hole выпускное отверстие
   d. of seepage фильтрационный расход
   d. velocity скорость истечения
   abrupt d. резкое снятие нагрузки; мгновенный разряд
   flow d. расход потока
   gas(eous) d. газовый разряд
   lateral d. побочный продукт
   orifice d. расход (жидкости) через отверстие (мерительную диафрагму)
   oscillatory d. колебательный (газовый) разряд
   uniformity of d. постоянство расхода
disclose открывать, обнаруживать
disclosure открытие, обнаружение
discoid дисковидный, имеющий форму диска
discolo(u)r обесцвечивать(ся); изменять цвет
disconnect разъединять, разобщать, расцеплять; отключать
disconnected разъединенный, расцепленный; несвязный
   d. graph несвязный граф
disconnection разъединение, разобщение, расцепление; отключение
discontiguous несоприкасающийся, несмежный
discontinuance разрыв, нарушение сплошности; перерыв
discontinue терпеть разрыв; разрывать, прерывать
discontinuity разрыв, скачок; разрывность, отсутствие непрерывности
   d. condition условие разрывности (скачка)
   d. modelling моделирование разрывности (несплошности)

derivative d. разрыв(ность) производной
displacement d. разрыв(ность) перемещений
point of d. точка разрыва (скачка); точка нарушения сплошности
pressure d. скачок давления
removable d. устранимый разрыв, устранимая особенность
velocity d. разрыв скорости
weak d. слабый разрыв

discontinuous разрывный, содержащий разрывы, несплошной; дискретный; скачкообразный; прерывающийся, перемежающийся
   d. approximation разрывное (дискретное) приближение
   d. function разрывная функция
   d. stress field разрывное поле напряжений
   piecewise d. кусочно-разрывный

discordant несогласующийся, несогласованный, противоречивый
discourse рассуждение; доклад, лекция; ‖ рассуждать; излагать; читать лекцию
discover открывать, обнаруживать, находить
discovery открытие, обнаружение
discrepancy расхождение, рассогласование, отклонение (напр., от заданного размера); неточность; разногласие, противоречие
discrepant отличающийся (от чего-либо), несходный; противоречивый
discrete дискретный элемент, отдельная часть; ‖ дискретный; несвязанный, отдельный, раздельный; дискретно заданный; состоящий из отдельных элементов
   d. data дискретные данные
   d. field дискретное поле, поле дискретных (дискретно заданных) параметров
   d. increment дискретное приращение, отдельный шаг
   d. mass отдельная (сосредоточенная, дискретная) масса, дискретно заданная масса
   d. material сыпучий материал
   d. mathematics дискретная математика
   d. model дискретная модель
   d. programming дискретное программирование
   d. quantity дискретная величина
   d. simulation дискретное моделирование
   d. spectrum дискретный спектр
   d. system дискретная система
   d. transform(ation) дискретное преобразование

discrete-continuous дискретно-непрерывный
   d. model дискретно-непрерывная (дискретно-континуальная) модель

discretization дискретизация
   d. error погрешность дискретизации
   d. method метод дискретизации
   finite element d. конечноэлементная дискретизация, дискретизация по методу конечных элементов

spatial d. пространственная дискретизация, дискретизация по пространственным переменным
time d. дискретизация по времени

discriminant дискриминант
discriminate отличать, выделять; различать, распознавать
discriminating 1. отличающий, выделяющий; 2. отличительный, характеристический; дифференциальный
   d. curve характеристическая кривая
discrimination 1. выделение, различение; 2. исключение; 3. разрешающая способность
discuss обсуждать; рассматривать, исследовать
discussion обсуждение, дискуссия; рассмотрение, исследование; научная публикация, статья
   under discussion обсуждаемый, рассматриваемый

disembody абстрагировать(ся), рассматривать теоретически
disembogue впадать, вливаться
disengage освобождать(ся); отключать, разъединять, разобщать
disequilibrium отсутствие или потеря равновесия; неустойчивость
dish тарелка, деталь тарельчатой формы; ‖ тарельчатый; выпуклый, вогнутый; ‖ выгибать, придавать выпуклую или вогнутую форму
dished тарельчатый, изогнутый; выпуклый, вогнутый
   d. head выпуклое днище
disintegrate разделять(ся) на составные части, дезинтегрировать(ся); расщеплять(ся), распадаться, разрушать(ся); раздроблять(ся), измельчать(ся)
disintegration разделение на (составные) части, измельчение; расщепление, разрушение
   jet d. распад струи
disject разбрасывать, рассеивать
disjoin разъединять, разобщать
disjoint расчленять, разбирать на части, разделять; не иметь общих элементов, не пересекаться
disjunct разобщенный, разъединенный
disjunction 1. разделение, разъединение, расщепление; ‖ разделительный; 2. дизъюнкция, логическое сложение; ‖ дизъюнктивный
disjunctive 1. разделительный, разъединяющий; 2. альтернативный; 3. дизъюнктивный
disk 1. диск, круг, круглая пластина, шайба; 2. дисковое запоминающее устройство; пакет (магнитных) дисков
   d. storage запоминающее устройство (накопитель) на дисках, дисковая память
   abrasive d. абразивный (шлифовальный) круг
   flexible d. гибкий диск, гибкая (круглая) пластина; гибкий (магнитный) диск, флоппи-диск, дискета
   hard d. жесткий (магнитный) диск
   Mach d. диск Маха, дисковидный скачок уплотнения

magnetic d. магнитный диск
   punctured d. проколотый круг (диск)
   taper d. конический диск
dislocate сдвигать, перемещать, смещать; нарушать (структуру)
dislocation дислокация, смещение; нарушение
   d. array решетка (сетка) дислокаций
   d. centre ядро дислокации
   d. creep дислокационная ползучесть
   d. damping затухание дислокаций
   d. field поле дислокаций
   d. generation образование (размножение) дислокаций
   d. pinning-unpinning закрепление-освобождение дислокации
   d. theory теория дислокаций
   glide d. дислокация скольжения
dislodge удалять; смещать, вытеснять
dismantle разбирать, демонтировать; снимать верхний слой, обшивку
dismantling разборка, демонтаж
dismember расчленять, разбирать (разрывать) на части
dismembering расчленение, разделение
dismiss 1. отпускать; 2. отклонять, отвергать
dismount разбирать, демонтировать
disorder беспорядок; разупорядочение; разладка, нарушение (нормальной работы), сбой; ‖ приводить (приходить) в беспорядок; разлаживать(ся); сбивать(ся)
disparate несопоставимый, несоизмеримый, несравнимый; в корне отличный
disparity неравенство, несоответствие, несоразмерность
dispart 1. разделять(ся), расходиться; 2. распределять
dispel рассеивать, разгонять
dispensable необязательный; несущественный
dispense распределять; дозировать
   to dispense from освобождать от
   to dispense with обходиться без
dispensing распределение; дозирование
dispersal рассеяние; рассеивание; рассредоточение
disperse рассеивать(ся), диспергировать; разбрасывать, рассыпать; разгонять, исчезать; распространять
disperser распылитель; диспергирующее вещество
dispersion дисперсия; рассеяние, разброс (напр., параметров); рассеивание, диспергирование; разбросанность; разбрасывание
   d. index индекс рассеяния
   acoustic d. дисперсия звука
   angle of d. угол рассеяния
   angular d. угловая дисперсия
   colour d. дисперсия света
   fatigue life d. дисперсия усталостной долговечности

   heat d. рассеяние тепла
   linear d. линейная дисперсия
   profile d. дисперсия (искажение) профиля
   readings d. разброс показаний (прибора)
   spatial d. пространственная дисперсия
dispersive рассеивающий, диспергирующий; разбрасывающий
displace 1. перемещать(ся), смещать(ся); переставлять; сдвигать(ся); отклонять(ся); 2. вытеснять, замещать; иметь водоизмещение (о судне); 3. фильтровать, процеживать
displaced 1. смещенный; сдвинутый; отклоненный; 2. вытесненный (об объеме)
displacement 1. перемещение, смещение; передвижение; сдвиг; перестановка; отклонение, рассогласование; 2. вытеснение (жидкости); замещение; водоизмещение (судна); литраж, рабочий объем (цилиндра двигателя); 3. фильтрование, процеживание
   d. analysis расчет перемещений, анализ деформированного состояния; расчет (конструкций) в перемещениях, расчет методом перемещений
   d. angle угол смещения; угол отклонения; угол рассогласования
   d. approach метод перемещений (в строительной механике)
   d. boundary conditions граничные условия для перемещений (в перемещениях)
   d. centre центр водоизмещения
   d. compatibility совместность перемещений
   d. constraint ограничение перемещений; ограничение в терминах перемещений; связь по перемещениям
   d. contours линии уровня (изолинии) перемещений
   d. discontinuity разрывность перемещений; разрыв (скачок) в перемещениях
   d. equations of equilibrium уравнения равновесия в перемещениях
   d. equations of motion уравнения движения в перемещениях
   d. error погрешность (определения) перемещений
   d. field поле перемещений
   d. finite element конечный элемент в перемещениях
   d. formulation формулировка (задачи) в перемещениях, формулировка метода перемещений
   d. function функция перемещений
   d. gradient градиент перемещения
   d. increment приращение (инкремент) перемещения
   d. measure мера перемещений
   d. method метод перемещений (в строительной механике)
   d. norm норма (вектора) перемещений
   d. parameter continuation продолжение (решения) по параметру перемещения

d. sensor датчик перемещений
d. shape function функция формы для перемещений (конечного элемента)
d. solution решение в перемещениях
d. of support перемещение (смещение) опоры
d. ton тонна водоизмещения
d. vector вектор смещения; вектор перемещений
d. volume литраж, рабочий объем (цилиндра двигателя); вытесненный объем
absolute d. абсолютное перемещение
angular d. угловое смещение, наклон, поворот, вращение
antiplane d. смещение из плоскости
bending d. изгибное смещение
boundary d. перемещение (точек) границы, краевое перемещение; предельное смещение
central d. 1. перемещение центра; 2. смещение вдоль оси
circumferential d. круговое перемещение, вращение
complex d. составное (сложное) перемещение; комплексное смещение (в теории оболочек)
crack opening d. перемещение, вызывающее раскрытие трещины
cubic d. объемное водоизмещение; литраж, рабочий объем (двигателя)
deformational d. деформационное смещение
elastic d. упругое перемещение
elementary d. бесконечно малое (элементарное) перемещение
elementary angular d. бесконечно малый поворот
engine d. объем (литраж) двигателя
finite d. конечное перемещение
finite d. analysis расчет конечных (больших) перемещений (конструкции)
float d. объем (вес) вытесненной воды
generalized d. обобщенное перемещение
incremental d. приращение перемещений
inelastic d. неупругое перемещение
infinitesimal d. бесконечно малое (элементарное) перемещение
initial d. начальное смещение
inplane displacements перемещения в плоскости
interlaminar d. межслойное смещение, сдвиг слоев
large displacements большие перемещения (соизмеримые с линейными размерами деформируемого тела)
lateral d. поперечное перемещение, прогиб
linear d. линейное (поступательное) перемещение; линейно изменяющееся перемещение
longitudinal d. продольное (осевое) перемещение
nodal d. узловое перемещение

normal d. нормальное перемещение, перемещение по нормали
opening d. отрывное смещение (концов трещины)
parallel d. параллельное перемещение, параллельный перенос (осей)
phase d. сдвиг фаз, смещение по фазе
prescribed d. заданное перемещение
radial d. радиальное перемещение
redundant displacements лишние неизвестные перемещения
relative d. относительное смещение
residual d. остаточное смещение
resultant d. результирующее перемещение
rigid(-body) d. жесткое смещение, смещение как жесткого целого (как твердого тела), перемещение без деформации
rotational d. угловое смещение; вращение, поворот; угол поворота
screw d. винтовое перемещение
shear d. сдвиговое смещение, перемещение от сдвига
small displacements малые перемещения (значительно меньше линейных размеров деформируемого тела)
step d. скачкообразное смещение, скачок
successive d. последовательное смещение
superelement d. method суперэлементный метод перемещений
tangential d. тангенциальное (касательное) смещение, перемещение по касательной (в касательной плоскости)
tip d. перемещение вершины (напр., трещины), смещение концевой точки
transverse d. поперечное смещение, прогиб
translational d. поступательное смещение
unit d. единичное перемещение
unit d. theorem теорема о единичном перемещении
vibratory d. вибрационное перемещение
virtual d. возможное (виртуальное) перемещение
volume d. объем вытесненной жидкости
displacer вытеснитель, заместитель
display 1. показ; демонстрация; выделение; выявление, обнаружение; ‖ показывать; демонстрировать; выделять, указывать; выявлять, обнаруживать; 2. воспроизведение; изображение; отображение, индикация; дисплей, видеотерминал; монитор, индикатор, устройство отображения; ‖ воспроизводить; изображать; отображать; индицировать, выводить на экран
d. element элемент изображения
animated d. динамическое изображение, мультипликация
Cartesian d. декартова координатная сетка
color d. цветной дисплей; цветное изображение
numeric d. цифровой индикатор
oscilloscope d. осциллограмма
projected d. проектируемое изображение

raster d. растровое (поэлементное) изображение; растровый дисплей
scanned d. сканируемое изображение
disposable 1. находящийся (имеющийся) в распоряжении, располагаемый; свободный; 2. устранимый
disposal 1. расположение, размещение; 2. распоряжение, возможность распорядиться; 3. передача; распределение; 4. устранение, удаление, избавление; отведение (напр., вод); ‖ устранимый, удаляемый; 5. отвал (грунта)
dispose 1. располагать, размещать; 2. устранять, удалять; ликвидировать; отводить, сбрасывать
  to dispose of an argument опровергать довод
disposition 1. расположение, размещение; рассредоточение; 2. распоряжение, возможность распорядиться; 3. устранение, удаление
disproof опровержение
disproportion непропорциональность, несоразмерность, диспропорция
disprove опровергать, доказывать ложность (ошибочность)
disputable спорный, сомнительный
dispute 1. диспут, дискуссия; ‖ спорить, оспаривать, подвергать сомнению; обсуждать; 2. препятствовать
  beyond dispute вне сомнения, бесспорно
disregard пренебрежение, игнорирование; ‖ не обращать внимания, пренебрегать, игнорировать
disregistry рассогласование, разупорядочение
disrupt разрывать, разрушать
disruption разрыв, разрушение; (электрический) пробой; подрыв; срыв; распад
disruptive разрушающий, разрывающий; разрушительный; пробивной, разрядный; подрывной
  d. force разрывающее усилие
dissatisfactory неудовлетворительный
dissect разрезать, рассекать; раскладывать, разлагать; (критически) анализировать
dissection разделение, рассечение; разложение; анализ, разбор
  nested d. method метод вложенных сечений (для разреженных систем уравнений)
dissemblance 1. различие; разница; 2. сокрытие; неупоминание
dissemble скрывать; не упоминать, умалчивать
disseminate рассеивать(ся); разбрасывать; распространять(ся)
disseminated рассеянный; распространенный; вкрапленный
dissemination рассеяние; распространение (напр., сигнала)
dissent разногласие; несогласие
dissert рассуждать; писать диссертацию
dissertation диссертация

dissever разъединять(ся), отделять(ся); делить на части
disseverance разъединение, отделение
dissimilar непохожий, несходный, не являющийся подобным; разнородный
  d. terms члены (математического выражения), не являющиеся подобными
dissimilarity несходство, различие; неоднородность
dissipate рассеивать(ся), диссипировать
dissipation диссипация, рассеяние; рассеивание; утечка
  d. of energy диссипация (рассеяние) энергии
  d. factor коэффициент диссипации
  heat d. рассеяние тепла
  internal d. внутреннее рассеяние
  power d. потеря мощности; рассеиваемая мощность
  speed d. снижение скорости
dissipative диссипативный, связанный с диссипацией (рассеянием)
  d. term диссипативный член (в уравнении), диссипативная составляющая
dissipator рассеиватель; гаситель энергии (потока)
dissociate диссоциировать, разлагать(ся), распадать(ся); разъединять(ся), отделять(ся)
dissociation диссоциация, разложение, распад; разъединение, отделение
dissolubility 1. разложимость; отделимость; 2. растворимость
dissoluble 1. разложимый; отделимый; 2. растворимый
dissolution 1. разложение (на составляющие); 2. растворение; разжижение; таяние
dissolvable 1. разложимый; 2. растворимый; разжижающийся (способный к разжижению); тающий
dissolve 1. разлагать(ся) на составляющие; 2. растворять(ся); разжижать(ся); таять; 3. испаряться; постепенно исчезать; 4. аннулировать
dissolvent растворитель; ‖ растворяющий
dissymmetrical 1. асимметричный, несимметричный; 2. зеркально симметричный
dissymmetry 1. асимметрия, несимметричность, отсутствие симметрии; 2. зеркальная симметрия
distance расстояние, дистанция; дальность; интервал, отрезок, промежуток; удаленность, отдаленность; перспектива
  in the distance вдали, на расстоянии
  d. bar распорка, поперечина
  d. control дистанционное управление
  d. ring распорное кольцо, кольцевая прокладка
  d. scale линейный масштаб
  d. of slip расстояние (шаг) скольжения; путь трения
  angular d. угловое расстояние
  braking d. тормозной путь

correlation d. интервал (радиус) корреляции
crack separation d. расстояние между берегами трещины
focal d. фокусное расстояние
free d. 1. зазор, просвет; 2. расстояние, пройденное по инерции, свободный выбег
fuel d. запас хода (по топливу)
geodesic d. геодезическое расстояние
grazing d. расстояние по касательной
great circle d. расстояние по дуге большого круга
ground d. горизонтальная дальность (полета); дальность на местности
infinite d. бесконечный интервал, бесконечность
level d. расстояние между уровнями, шаг изолиний
overlap d. длина перекрывающего участка
propagation d. дальность распространения
radial d. расстояние по радиусу
reference d. расстояние по линии сетки координат
sliding d. путь трения
slope d. расстояние по наклонной (по откосу)
spanwise d. расстояние по размаху
distance-to-go остающееся расстояние
distinct 1. отличный, различный, отдельный, особый, индивидуальный; 2. отчетливый, ясный, определенный
  as distinct from в отличие от
distinction 1. различение, распознавание; 2. различие, отличие; отличительная особенность, признак; 3. высокие качества; известность
  to make a distinction различать, проводить различие
  nice d. тонкое различие
distinctive отличительный, характерный; особый, специальный
  d. feature отличительный признак, особенность
distinctly ясно, отчетливо; определенно
distinctness ясность, отчетливость; определенность
distinguish 1. различать, проводить различие; отличаться, различаться; 2. отмечать; 3. характеризовать
  to be distinguished from в отличие от
distinguishable отличимый, различимый
distinguishing 1. различающий(ся), отличающий(ся); 2. отличительный, характерный
distort искажать(ся); деформировать(ся); искривлять(ся), коробить(ся)
distorted искаженный; деформированный; искривленный
  d. element искаженный (деформированный) элемент, (конечный) элемент неправильной формы
  d. mesh искаженная (возмущенная) сетка; нерегулярная сетка
  d. normal искривленная нормаль

distortion дисторсия; искажение; деформация, искривление; формоизменение
  d. energy энергия формоизменения
  d. inaccuracy неточность вследствие деформации
  d. tensor тензор дисторсий
  barrel d. бочкообразование (при испытании на сжатие цилиндрического образца)
  curvilinear d. дисторсия
  end d. концевое (краевое) искажение
  flow d. возмущение потока; искажение характера обтекания
  lateral d. боковой скос (при разрушении)
  lattice d. искажение (кристаллической) решетки
  phase d. фазовое искажение
  plastic d. пластическое изменение формы, пластическая дисторсия
  pulse d. искажение (формы) импульса
  thermal d. температурная деформация
distrail спутная струя
distress повреждение, поломка, авария
distribute 1. распределять; 2. размещать; 3. распространять; 4. группировать, классифицировать
distributed распределенный; распространенный
  d. control распределенное управление
  d. load(ing) распределенная нагрузка
  d. mass распределенная масса
  d. model распределенная (непрерывная) модель, модель с распределенными параметрами
  d. parameters system система с распределенными параметрами
  d. processing распределенная обработка (данных), обработка данных в сети ЭВМ
  uniformly d. равномерно распределенный (напр., о нагрузке)
distribution 1. распределение; 2. распространение; 3. функция
  d. curve кривая распределения
  d. through depth распределение по толщине (высоте, глубине); распространение по толщине
  d. of eigenvalues распределение собственных значений
  d. of forces распределение сил (усилий); распределение нагрузок
  d. function функция распределения
  d. law правило (закон) распределения
  d. system распределительная система
  d. of zeros распределение нулей (корней функции)
  accumulated d. (интегральная) функция распределения
  axial d. осевое (продольное) распределение; распространение вдоль оси
  binomial d. биномиальное распределение
  bivariate d. двумерное распределение, функция от двух переменных
  chordwise d. распределение по хорде

conditional d. условное распределение
crack-tip stress d. распределение напряжений вблизи вершины трещины
doublet d. распределение диполей
energy d. распределение энергии; энергетический спектр
equal d. равномерное распределение
equilibrium d. равновесное (равномерное) распределение
fatigue life d. распределение усталостной долговечности
flow d. распределение стока
flux d. распределение плотности потока
fracture d. распределение трещин (повреждений)
frequency d. распределение частот, частотное распределение; распределение плотности вероятностей
gas d. газораспределение
Gaussian d. гауссово (нормальное) распределение, кривая распределения Гаусса
geometric d. геометрическое распределение
Hertzian stress d. герцевское распределение напряжений (в контактной задаче)
lognormal d. логарифмически нормальное распределение
mass d. распределение масс, разнос масс
multivariate d. многомерное распределение, функция многих переменных
particle-size d. гранулометрический состав
Poisson d. распределение Пуассона
polynomial d. полиномиальное распределение
power d. распределение мощности, спектр мощности
probability d. распределение вероятностей
quadratic d. квадратичное распределение, распределение по закону второй степени
random d. случайное распределение
size d. распределение (сортировка) по размерам
skewed d. асимметричное распределение
source d. распределение источников
spatial d. пространственное распределение
spectral d. спектральное распределение; спектральный состав
stress d. распределение (картина) напряжений
Student's d. распределение Стьюдента
temporal d. временное распределение
temperature d. распределение температур
total d. общее распределение
transverse shear d. распределение напряжений поперечного сдвига
uniform d. равномерное распределение
unimodal d. унимодальное (одновершинное) распределение
univariate d. одномерное распределение, функция одной переменной

velocity d. profile профиль распределения скоростей (напр., по сечению канала), эпюра скоростей
wave d. распространение волны
distributional распределительный, дистрибутивный
distributive распределительный, дистрибутивный; распределенный
 d. law дистрибутивный (распределительный) закон
 d. parameters system система с распределенными параметрами
 d. shaft распределительный вал
distributor распределитель, распределительное устройство; направляющее устройство (турбины)
distune расстраивать(ся), разрегулировать(ся), сбивать(ся) (о настройке)
disturb возмущать, искажать; нарушать, расстраивать; создавать помехи
 to disturb stability нарушать устойчивость
disturbance 1. возмущение, искажение; помеха; 2. нарушение; дислокация; 3. динамическое возбуждение (нагружение)
 d. value величина возмущения (искажения)
 d. velocity скорость (распространения) возмущения
 d. wave волна возмущения, интерференционная волна
 aerodynamic d. аэродинамическое возмущение
 driving d. управляющее возмущение
 edge d. краевое искажение, краевой эффект
 expansive d. волна расширения; возмущение разрежения
 external d. внешнее возмущение (возбуждение)
 initial d. начальное возмущение
 introduction of d. внесение возмущения
 lattice d. нарушение структуры (кристаллической) решетки
 pressure d. колебание давления
 random d. случайное возмущение
 significant d. существенное искажение (возмущение)
 singular d. сингулярное возмущение
 small d. method метод малых возмущений
 stress d. концентрация напряжений
 surface d. поверхностное возмущение; искажение поверхности
 transient d. нестационарное возмущение
 unit d. единичное возмущение, единичное воздействие
 wave d. волновое возмущение
disturbed возмущенный, искаженный; нарушенный
 d. finite element искаженный (с возмущенной формой) конечный элемент

    d. **Lagrangian** лагранжиан с возмущениями, возмущенный лагранжиан
    d. **mesh** искаженная (возмущенная) сетка
    d. **state** возмущенное состояние
disuse неупотребление, неиспользование
ditch ров, траншея; котлован; ‖ выкапывать, окапывать (рвом), устраивать траншею; дренировать (с помощью траншей)
    d. **for foundation** котлован для фундамента
dither 1. возмущение, искажение; ‖ возмущать(ся), вносить искажения; 2. колебание, дрожание; ‖ колебаться, дрожать
ditto (мн.ч. **dittos**) то же, столько же (употребляется для избежания повторения); точная копия; ‖ делать повторения; ‖ так же, аналогично
dive ныряние, погружение (в воду); пикирование; ‖ нырять, погружаться; пикировать
divector двойной вектор, бивектор
diverge 1. расходиться; отклоняться, уклоняться; отходить (от нормы, стандарта); расширяться; 2. совершать неустойчивое движение, апериодически изменяться
diverged разошедшийся; отклонившийся, отошедший
    d. **iteration** разошедшаяся итерация
divergence 1. дивергенция; расходимость, расхождение; отклонение, уклонение; расширение; 2. апериодическое движение
    d. **of a beam** расходимость (расхождение) пучка
    d. **buckling** дивергентное выпучивание
    d. **criterion** критерий расходимости
    d. **rate** скорость расходимости; угол расширения
    d. **of results** расхождение результатов
    d. **of a series** расходимость ряда
    d. **theorem** теорема (Гаусса-Остроградского) о дивергенции
    d. **of vector** дивергенция вектора
    angle of d. угол расходимости; угол расхождения; угол расширения (напр., канала)
    drag d. рост (лобового) сопротивления
    lift d. падение подъемной силы
    nozzle d. расширение сопла
    wing d. дивергенция крыла
divergency см. **divergence**
divergent 1. расходящийся; дивергентный; отклоняющийся; расширяющийся; рассеивающий (об оптическом приборе); 2. апериодический
    d. **approximation** расходящаяся аппроксимация (не обеспечивающая сходимости решения)
    d. **iterations** расходящиеся итерации, расходящийся итерационный процесс
    d. **jet** расходящаяся струя; рассеянная струя
    d. **motion** расходящееся (неустойчивое) движение, "разболтка"

    d. **response** неустойчивая реакция, нарастающая характеристика; расходящееся решение
diverse 1. другой, иной, отличный (от чего-либо); 2. разный, разнообразный
diversified разнообразный, многосторонний
diversiform разнообразный, имеющий различные формы
diversion 1. отклонение; 2. обход, объезд; отвод, отведение; ответвление; 3. отвлечение
    d. **dam** отводная плотина
    road d. объезд, объездная дорога
diversity 1. разнообразие; разнородность; 2. различие, несходство; 3. разновидность; 4. разнесение, разнос; несовпадение, разновременность
    d. **effect** эффект разнесения (разновременности)
    space d. пространственное разнесение
    species d. видовое разнообразие
divert отводить, уводить, отклонять
divest снимать (напр., обшивку), убирать, удалять
    to divest of лишать чего-либо
divide 1. делить(ся); разделять(ся); подразделять(ся); 2. отделять(ся), разъединять(ся); 3. дробить(ся), измельчать(ся); 4. распределять(ся); 5. градуировать, наносить деления (на шкалу); 6. (раз)деление
    to divide between распределять между
    to divide from отделять(ся) от чего-либо
    to divide into parts разделять на части
divided 1. разделенный; отделенный; 2. раздельный; 3. раздробленный, измельченный; 4. распределенный; 5. разъемный, составной; 6. градуированный
    d. **circle** круговая шкала, лимб
    d. **difference** разделенная разность
dividend делимое
divider 1. делитель; 2. сепаратор; 3. редуктор
    pressure d. редуктор (делитель) давления
dividers циркуль(-измеритель)
dividing деление; разделение, отделение; ‖ разделяющий, отделяющий, делящий; делительный
    d. **point** точка отделения (отрыва); десятичная запятая
dividual отдельный, разделенный; делимый
divination предсказание, прогноз
divine предсказывать, предугадывать; предполагать
diving погружающийся, ныряющий; падающий, пикирующий; исчезающий
diving-dress водолазный скафандр
diving-rudder руль высоты
divisibility делимость; отделимость
divisible делимый; делящийся без остатка; отделимый
division 1. деление; 2. разделение, отделение, разбиение; 3. распределение; 4. граница, разделитель; перегородка; 5. участок,

интервал; часть, раздел (книги); 6. отдел (учреждения), филиал
   d. ratio отношение, в котором производится деление (напр., отрезка)
   d. time время выполнения (арифметической операции) деления (в ЭВМ)
   d. by zero деление на нуль
   calibration d. деление шкалы, градуировка, тарировка
   coarse d. крупное деление (шкалы); грубое (сеточное) разбиение
   component d. разбиение на компоненты
   data d. раздел данных
   dial d. деление (градуировка) круговой шкалы
   exact d. деление без остатка
   frequency d. деление частоты; интервал частот; частотное разделение
   integer d. целочисленное деление
   repeated d. повторное (последовательное) деление
   segment d. деление отрезка
   spatial d. пространственное разделение (распределение, разнесение)
   substructure d. разбиение на подконструкции
   structural mechanics d. отдел строительной механики
divisional относящийся к делению; дробный
divisor делитель
   elementary d. элементарный делитель
   greatest common d. (g.c.d.) наибольший общий делитель
divizor см. **divisor**
divorce отделение, разделение, разъединение, разрыв; || отделять(ся), разъединять(ся), разрывать(ся)
do делать, выполнять; действовать, функционировать; подходить, соответствовать
   to do away with избавляться от чего-либо; уничтожать, аннулировать; устранять, отменять
   to do by обращаться
   to do good приносить пользу
   to do into English переводить на английский язык
   to do one's best делать все возможное
   to do without обходиться без
   to have to do with иметь дело с, иметь отношение к
   to have much to do with иметь много общего с
   as it does в действительности, фактически
   in so doing при этом
DO statement оператор цикла
dock 1. док, эллинг; причал; 2. помост; эстакада; 3. стыковка (космических аппаратов); || стыковать(ся); 4. обрубать; уменьшать, сокращать, урезать
dockage 1. постановка судна в док; 2. стыковка (космических аппаратов); 3. уменьшение, сокращение; 4. посторонняя примесь

docking 1. постановка (судна) в док; швартовка; 2. стыковка (космических аппаратов); 3. уменьшение, сокращение, урезание
dockyard судостроительная верфь, судоремонтный завод
doctor 1. доктор; 2. вспомогательный механизм; 3. добавка; 4. снимающий нож
doctoral докторский
   d. thesis докторская диссертация
doctorate докторская степень
doctrinal относящийся к доктрине, учению
doctrine доктрина, учение, теория; догма
document документ; свидетельство; документальный источник; || документировать; подтверждать документами
documentation документация; документальное подтверждение
dodeca- (как компонент сложных слов) двенадцати-
dodecagon двенадцатиугольник
dodecahedron додекаэдр, двенадцатигранник
dof (d.o.f.) (сокр. от **degree of freedom**) степень свободы
   constrained dofs ограниченные (фиксированные, заданные) степени свободы
   cost per dof стоимость (расчета) в пересчете на одну степень свободы
   dynamical dof динамическая степень свободы
   free dofs свободные (незаданные, неограниченные) степени свободы
   kinematical dofs кинематические степени свободы, степени свободы - перемещения
   massless dof безмассовая (неинерциальная, статическая) степень свободы
   multiple-dof system система с многими степенями свободы
   nodal dofs узловые степени свободы
   prescribed dofs заданные (ограниченные, фиксированные) степени свободы
   rotational dof вращательная степень свободы
   single-dof system система с одной степенью свободы
   stress dofs степени свободы - напряжения
   translational dof поступательная степень свободы
dog собачка; захват, зажим; скоба, хомут; стопор, упор; кулачок
   to dog down зажимать, защемлять
dog-leg излом; резкое искривление
   d. curve кривая с изломом
dogma догма
dogmatic догматический; категорический
dogs (мн.ч. от **dog**); клещи
dolly тележка, вагонетка
domain 1. область, пространство; интервал, зона; отдел, сфера; 2. область определения (функции); 3. домен
   d. of a function область определения функции

    d. integral интеграл по области
    d. of knowledge область знаний; предметная область
    d. of mapping область (значений) отображения
    d. of science область науки
    d. subdivision разбиение области (на подобласти)
    application d. область применения; прикладная область
    arbitrary d. произвольная область
    connected d. связная область
    continuation d. область продолжения
    control d. область (интервал) регулирования
    convergence d. область сходимости
    fictitious d. method метод фиктивных областей
    frequency d. частотная область
    image d. область изображения (отображения)
    infinite d. бесконечная область
    n-tuply connected d. n-связная область
    plastic d. зона пластичности
    representative d. область представления; репрезентативная область
    time d. временная область, временной интервал
    univalence d. область однолистности
domain-specific зависящий от конкретной (предметной) области, предметно-ориентированный
dome купол, свод; колпак, крышка; обтекатель; ‖ выпуклый; куполообразный
    antenna d. обтекатель антенны
    pressure d. криволинейная диафрагма (оболочки под внутренним давлением), гермоднище
    segmental d. плоский свод
    spherical d. сферический купол
domed выпуклый; куполообразный, (полу)-сферический; покрытый куполом
domic(al) купольный, куполообразный
dominance преобладание, доминирование, мажорирование; влияние
    diagonal d. диагональное преобладание (в матрице)
    pivot d. преобладание главного элемента (напр., в строке матрицы)
dominant преобладающий, доминирующий, мажорирующий; главный, основной; возвышающийся
dominate преобладать, доминировать, мажорировать; влиять; возвышаться (над чем-либо)
doming 1. купол, сводчатое перекрытие; 2. куполообразование
don't-care безразличное состояние
door дверь, дверка; люк, створка, заслонка
    escape d. аварийный люк
    nozzle d. створка сопла
    pressure d. гермостворка
door-case дверная коробка

doorway дверной проем, проем люка
dope паста, густая смазка
dormant 1. скрытый, потайной; потенциальный; бездействующий; 2. главная балка (перекрытия); ригель рамы
DOS (disk operational system) дисковая операционная система (ДОС)
dosage доза; дозировка
dose доза; ‖ дозировать
dot точка; штрих, пунктир; ‖ отмечать точкой (штрихом), проводить пунктирную линию
    d. matrix точечная матрица, растр
    d. product скалярное произведение
    picture d. элемент изображения, точка растра
dot-dash line штрих-пунктирная линия
dotted отмеченный точкой (штрихом); пунктирный
    d. line пунктирная линия
dotty точечный, пунктирный, штриховой
double 1. двойное количество; сдвоенное (спаренное) устройство; ‖ двойной; удвоенный, сдвоенный; спаренный; парный; ‖ удваивать(ся), увеличивать(ся) в два раза, умножать на два; сдваивать, спаривать; ‖ дважды, вдвойне, вдвое; 2. дубликат, копия; ‖ дублировать, копировать, повторять; 3. изгиб, крутой поворот; петля; ‖ изгибаться, огибать; сгибать, складывать вдвое
    to double flat складывать вдвое
    to double in подгибать, загибать внутрь
    to double upon обходить, огибать
    d. amplitude удвоенная амплитуда, размах
    d. curvature двойная (двоякая) кривизна
    d. integral двойной интеграл
    d. meaning двоякое значение
    d. precision двойная (удвоенная) точность
    d. precision solution решение с двойной точностью
    d. ratio двойное (сложное) отношение
    d. wave двойная волна, двойной импульс
double- (как компонент сложных слов) дву-, двух-; удвоенный, сдвоенный; увеличенный вдвое; двойной
double-action двойного действия
double-circuit двухконтурный
double-length двойной длины, удвоенный
    d. word (машинное) слово двойной длины
double-natured двойственный, имеющий двойную природу
double-pole двухполюсный
double-precision с двойной (удвоенной) точностью, двойной точности
    d. arithmetic арифметика с удвоенной точностью
doubler удвоитель
double-sided двухсторонний
    d. contact двухсторонний контакт
double-stage двухступенчатый, двухстадийный

double-strength с удвоенной прочностью; особо прочный
doublet 1. дубликат, копия; парный объект; 2. диполь, дублет; вибратор
   transient d. нестационарный диполь
   vortex d. вихревой диполь
double-tee двутавровое железо, двутавровая балка, двутавр
doubletree крестовина
double-type 1. двойной, сдвоенный; 2. дублированный; 3. двухсторонний
doubling 1. удваивание, удвоение; сдваивание, спаривание; || удваивающий, сдваивающий; 2. повторение, дублирование; || повторяющий, дублирующий; 3. сгибание, складывание вдвое
   d. effect повторение, эхо
   d. test испытание на изгиб на 180 градусов (до соприкосновения сторон)
   frequency d. удвоение частоты
doubly вдвое, вдвойне; двояко; двойственно
   d. curved surface поверхность двойной (двоякой) кривизны
doubt сомнение; || сомневаться; колебаться
   beyond doubt вне сомнения, несомненно
doubtful сомнительный; колеблющийся
doubtless несомненно
dough тесто; паста, густая масса
doughy тестообразный, густой, вязкий
dovetail ласточкин хвост, лапа, шип; соединение деталей типа "ласточкин хвост"; || соединять, подгонять; подходить, соответствовать, совпадать; согласовывать
   d. joint соединение типа "ласточкин хвост"; соединение бревен "в лапу"
dowel дюбель; шпилька, шпонка, чека; || скреплять шпонками
down 1. вниз; внизу; вдоль (вниз) по; 2. идущий вниз, направленный книзу, нисходящий; 3. опускать, спускать; заканчивать; преодолевать; 4. отказ; простой
   to be down уменьшаться, ослабевать, снижаться
   to flow down стекать
   to gear down замедлять, уменьшать число оборотов, переключать на более низкую скорость; выпускать шасси
   to get down опускать(ся), сходить; снимать
   to go down to снижаться до
   to keep down задерживать, препятствовать
   to round down округлять (число) в меньшую сторону
   down to (вплоть) до
downcast нисходящий, направленный вниз
downcomer выпускная (спускная) труба, выпуск; переточная (циркуляционная) труба
downdraft нисходящий поток; обратная тяга
downfall 1. падение; уменьшение, снижение; 2. (атмосферные) осадки
downflow нисходящий поток
downgrade 1. уклон (напр., пути); 2. ухудшение

downhill склон; спуск под уклон; || наклонный; || вниз, под уклон
downhole колодец, скважина, шурф
downleg нисходящая ветвь (напр., траектории)
downright явный, очевидный; || явно, совершенно
downstream нижний бьеф, нижняя сторона плотины; находящийся ниже по течению (по потоку); || вниз (ниже) по течению
downtime простой; время простоя, непроизводительная затрата времени
downturn загиб
downward 1. спускающийся, понижающийся, направленный вниз; || вниз, книзу; 2. уменьшающийся, ослабевающий
   d. compatibility совместимость "сверху вниз"
   d. error ошибка в меньшую сторону
   d. flow нисходящий поток
downwards вниз, внизу
downwash скос потока вниз
downwind (направленный) по ветру, в направлении ветра (потока), по потоку
draft 1. чертеж, эскиз, рисунок; план, проект; || чертежный, эскизный; черновой, предварительный, рабочий (напр., о проекте); || чертить, рисовать; составлять план; 2. тяга; сила тяги; натяжение; || тянуть; тащить, буксировать; 3. струя воздуха; дутье; вытяжка (воздуха), вытяжное (вентиляционное) устройство; || обдувать, продувать; вытягивать (воздух); 4. волочение (проволоки); вытяжка, протягивание; || волочить; вытягивать, протягивать; 5. узкая часть (напр., сосуда); сужение, уменьшение (сечения); обжатие; 6. осадка, канал (судна); 7. понижение (уровня); снижение (давления); стравливание, попуск; 8. фильтровать, процеживать
   d. force тяговое усилие
   d. gage измеритель тяги; дифференциальный манометр
   back d. обратная тяга, реверс; задний ход
   forced d. принудительная тяга
   rolling d. обжатие при прокатке
drafting 1. черчение, рисование; изготовление чертежей; проектирование; || чертежный, графический; проектный; предварительный, рабочий, черновой; 2. создание тяги; натяжение; || тянущий; тяговый; натягивающий; 3. струя воздуха; дутье; вытяжка (воздуха), вытяжное (вентиляционное) устройство; 4. волочение (проволоки); вытяжка, протягивание; 5. сужение, уменьшение (сечения), обжатие; 6. понижение (уровня); снижение (давления), стравливание, попуск; 7. фильтрация, процеживание
   d. design эскизный проект
   d. report проект документа; предварительное сообщение; предварительный отчет
   d. system система (автоматизированного) изготовления чертежей
   computer d. машинное (автоматизированное) черчение

drag 1. сопротивление среды; лобовое сопротивление; торможение; тормоз; задержка; запаздывание; || сопротивляться, оказывать сопротивление; тормозить; 2. тяга, тяговое усилие; || тянуть, тащить, буксировать; увлекать; 3. драга, землечерпалка
   to **drag out** вытаскивать, вытягивать
   d. acceleration отрицательное ускорение, замедление
   d. area площадь (лобового) сопротивления
   d. axis ось лобового сопротивления; ось, параллельная скорости набегающего потока
   d. bar тяга, сцепное приспособление
   d. coefficient коэффициент (лобового) сопротивления
   d. divergence рост (лобового) сопротивления
   d. force 1. сила сопротивления, тормозящая сила; лобовое сопротивление; 2. тяговое усилие
   d. reduction снижение (лобового) сопротивления
   d. rise Mach number критическое число Маха
   d. surface поверхность (площадь) лобового сопротивления; засасывающая поверхность (лопасти винта)
   d. torque тормозной (тормозящий) момент, момент сопротивления
   airfoil d. лобовое сопротивление профиля (крыла)
   cavity d. кавитационное сопротивление
   engine d. (внутреннее) сопротивление двигателя
   form d. (гидродинамическое) сопротивление формы, профильное сопротивление
   friction d. сопротивление трения
   hydrodynamic d. гидродинамическое сопротивление
   induced d. индуктивное сопротивление
   motion d. (лобовое) сопротивление движению
   shock d. сопротивление, вызванное скачком уплотнения; волновое сопротивление
   sonic d. лобовое сопротивление при околозвуковых скоростях
   total d. полное (суммарное) сопротивление
   transient d. неустановившееся сопротивление, сопротивление при нестационарном обтекании
   viscous d. вязкое (вязкостное) сопротивление
   vortex d. вихревое сопротивление
   wave d. волновое сопротивление
   wheel d. волочение колеса; тормозная колодка
drag-free без сопротивления
   d. velocity скорость движения при отсутствии сопротивления (в пустоте)
dragging 1. сопротивление; торможение; замедление; запаздывание; 2. тяга, волочение

drag-rise возрастание сопротивления
   transonic d. возрастание сопротивление вблизи скорости звука
drain дрена; вытекание, сток, спуск; расход; водоотвод, дренаж; утечка; || дренировать, осушать, отводить (воду); течь, вытекать, стекать; фильтровать, просачиваться
   to **drain off** спускать, выпускать, сливать; отводить (воду); отсасывать
   d. table дренажный стол
   d. valve выпускной клапан
   filter d. дренажный фильтр
   pressure-relief d. разгрузочная дрена
drainage дренаж; дренирование, осушение; слив, сток; продувание; || дренажный, дренирующий
   d. blanket дренирующий слой
   d. flow дренажный сток
   d. gage инфильтрометр
   gas d. дренирование газа
   surface d. поверхностный (плоский) дренаж; дренажный слой (тюфяк)
dramatic сильный, значительный, существенный, резкий
   d. increase значительное увеличение
drape драпировка; обойный (звукоизоляционный) материал
draping драпировка; заглушение, звукоизоляция
drastic сильный, резкий; существенный, коренной, радикальный
   d. change резкое изменение
draught 1. тяга, тяговое усилие; 2. тяга (вытяжка) воздуха; 3. осадка, водоизмещение (корабля); 4. фильтрация, процеживание
draw 1. рисунок, чертеж, эскиз, схема; || рисовать, чертить; 2. тяга; натяжение; || тянуть; натягивать; 3. вытягивание, вытяжка, протяжка; волочение; прокатка; || вытягивать, протягивать, волочить; прокатывать; 4. извлечение; вытаскивание; || извлекать; вытаскивать; 5. вывод, получение соотношений (формул); || выводить, делать вывод; 6. отпускать (металл); 7. пробивать, проходить (напр., штрек)
   to **draw an analogy** проводить аналогию
   to **draw attention to** привлекать внимание к
   to **draw a conclusion** делать вывод, приходить к заключению
   to **draw a distinction** проводить различие
   to **draw in** втягивать, всасывать; заканчиваться, сокращаться
   to **draw off** снимать, стягивать; отводить (напр., воду)
   to **draw on** надевать, натягивать; наступать, приближаться
   to **draw out** вытягивать(ся), вытаскивать; продолжать(ся), тянуть(ся)
   to **draw a parallel between** проводить параллель, сравнивать с чем-либо
   to **draw together** стягивать, притягивать; подтягивать (резьбовое соединение)

draw   159   **drive**

to **draw** up составлять (напр., проект)
   d. **bench** волочильный станок
   d. **lift** втягивающая труба (насоса)
   assembly d. сборочный чертеж
   layout d. компоновочный чертеж, общий (генеральный) план, макет
drawback недостаток, отрицательная сторона; дефект; препятствие
drawbar тяга
drawbridge подъемный (разводной) мост
draw-down уменьшение, сужение (напр., поперечного сечения)
drawer секция, раздел
drawing 1. рисование, черчение; рисунок, чертеж, эскиз, схема; || чертежный; 2. тяга; натяжение; || тяговый; тянущий, вытягивающий; 3. вытягивание, волочение (проволоки); вытяжка; прокатка; || вытяжной, волочильный, прокатный; 4. извлечение; вытаскивание; 5. вывод, получение соотношений (формул); 6. отпуск (металла); 7. пробивка, проходка (штрека)
   d. **force** сила тяги; усилие вытяжки
   d. **furnace** печь для отпуска (металла)
   d. **machine** 1. волочильный станок; подъемная лебедка; 2. графопостроитель
   d. **scale** масштаб изображения
   d. **to scale** вычерчивание в масштабе
   d. **test** испытание на вытяжку
   oblique d. диметрическое изображение, диметрия
   wire d. волочение проволоки
   work d. рабочий чертеж
drawn-out длительный, продолжительный
dredge драга
dregs осадок, отстой
drench смачивание, промокание; пропитка; || смачивать, промачивать; пропитывать
dress 1. оболочка, покрытие; || покрывать оболочкой; 2. отделывать, обрабатывать; выравнивать, править; обтесывать, строгать, шлифовать; 3. обогащать (руду)
dressing 1. покрытие; 2. отделка; выравнивание, правка; шлифовка; 3. обогащение (руды)
dribble капля; || капать
dribblet малое количество
drier сушильная камера (печь)
drift 1. дрейф; смещение, сдвиг, снос, увод, девиация; отклонение, погрешность; || смещать(ся), сдвигать(ся), отклонять(ся); уходить, уводить, сносить (напр., ветром, течением); 2. (медленное) течение; скорость течения; 3. направление, тенденция; 4. пробойник, пуансон; || пробивать, расширять отверстия; 5. штольня, штрек, (горизонтальная) выработка
   d. **of zero** уход (сдвиг) нуля (на шкале прибора)
   angle of d. угол сноса (увода)
   cumulative d. результирующее отклонение

   curve d. отклонение кривой (напр., от требуемого положения)
   frequency d. уход (дрейф) частоты
   gyro d. уход гироскопа
   lateral d. боковое отклонение, боковой увод
   zero d. отсутствие отклонения (сдвига, увода)
drifting 1. дрейф; смещение, сдвиг, снос, увод, девиация; отклонение, погрешность; 2. проходка
drill 1. сверло, бур; || сверлить, бурить; 2. борозда; 3. скольжение, проскальзывание, занос; || скользить, проскальзывать, заносить; 4. упражнение, тренировка; || обучать, тренировать
   d. **core** буровой керн
   d. **tower** буровая вышка
drillhole буровая скважина
drilling 1. сверление, бурение; скважина; 2. упражнение; тренировка
   d. **pattern** расположение скважин
   core d. керновое бурение
   exploration d. разведочное бурение
   percussion d. ударное бурение
   rotary d. вращательное (роторное) бурение
   thermal d. термическое бурение
   vibration d. вибрационное бурение
drip капля; капанье; || капать, падать каплями
dripping 1. капанье; || капающий; 2. просачивание
drive 1. движение; езда; управление (транспортным средством); || везти; ехать; вести, управлять; 2. приведение в движение; передача (задание) движения; привод; || приводной, ведущий, задающий; || двигать(ся); сообщать (задавать) движение; 3. возбуждение; запуск; || возбуждать(ся); запускать(ся), приводить(ся) в действие; 4. направление, тенденция; || направлять; 5. (горная) выработка, туннель, штрек; 6. вытеснение (жидкости); || вытеснять; 7. вбивать; ввинчивать, завинчивать
   to **drive down** 1. уменьшать число оборотов, замедлять (движение); 2. забивать, завинчивать
   to **drive home** 1. забивать (завинчивать) до отказа; 2. убеждать
   to **drive in** забивать, завинчивать
   to **drive off** 1. выбивать, вывинчивать; 2. отделять, отгонять
   to **drive out** 1. выбивать, вывинчивать; расклепывать; 2. выделять (напр., газ из жидкости путем нагрева), отгонять, выпаривать
   to **drive positively** сообщать принудительное движение
   to **drive rivets** ставить заклепки
   to **drive up** увеличивать число оборотов, ускорять (движение)
   d. **box** коробка скоростей
   d. **pulley** приводной (ведущий) шкив

d. shaft ведущий вал, вал привода, трансмиссия
   adjustable d. регулируемый привод
   chain d. цепная передача
   differential d. дифференциальная передача
   direct d. прямая (непосредственная) передача
   disk d. накопитель (данных) на дисках, дисковод
   engine d. привод (от) двигателя
   flexible d. гибкий привод (вал)
   fluid d. гидравлический привод
   follower d. следящий привод
   friction d. фрикционная передача
   gas d. вытеснение (нефти) газом
   gear d. зубчатая передача
   hydraulic d. гидравлический привод
   link d. передача движения через шарнирный (кулисный) механизм
   screw d. винтовая (червячная) передача
   tape d. накопитель на магнитной ленте
   water d. вытеснение (нефти) водой
drive-down понижение числа (редукция) оборотов, замедление движения; понижающая передача
driven ведомый, приводимый в действие, управляемый; с приводом от
   d. wheel ведомое колесо
driver 1. двигатель, движущий (задающий) механизм, (силовой) привод; ведущий элемент передачи, ведущее колесо; 2. задающее устройство; устройство управления; 3. управляющая программа, драйвер
   d. pinion ведущая шестерня
   device d. (программа-)драйвер устройства
drive-up повышение числа (мультипликация) оборотов, ускорение движения; повышающая передача
driving 1. движение; езда; управление (транспортным средством), вождение; 2. приведение в движение; передача (задание) движения; привод; управление (движением, работой); || ведущий, приводной; задающий, вынуждающий; управляющий; 3. возбуждение; запуск; 4. смещение, снос, дрейф; 5. (горная) проходка; прокладка (магистрали); 6. вытеснение (жидкости); 7. забивание; завинчивание
   d. axle ведущая ось
   d. force движущая сила; вынуждающая (задающая) сила
   d. frequency частота возбуждения, задающая частота
   d. function задающая функция
   d. moment вращающий момент (двигателя)
   d. surface ведущая (передняя) поверхность; нагнетающая поверхность (лопасти винта)
   d. wheel ведущее колесо
   pile d. забивка (погружение) свай
   tunnel d. проходка туннеля

drone (теле)управляемый снаряд, беспилотный летательный аппарат
droop 1. понижение, снижение; наклон; || понижать(ся), снижать(ся), ослабевать; наклонять(ся); 2. провисание; свес; || провисать
drop 1. капля; || капать; 2. падение; спад, снижение; уклон, наклон; || падать, снижать(ся); сбрасывать; 3. превышение, разность высот; перепад; градиент; 4. подвеска, серьга; 5. падающий молот, баба копра
   to drop behind отставать
   to drop a distinction не делать различия
   to drop off расходиться; уменьшаться
   to drop out 1. опускать; сбрасывать; 2. не включать, не учитывать, упускать; 3. выпадать из синхронизма
   to drop a perpendicular опускать перпендикуляр
   to drop short не хватать, недоставать; не достигать цели
   to drop to понижаться (спадать) до
   d. breaking дробление капель
   d. growth рост (подрастание) капли
   d. in pressure падение (перепад) давления
   d. test испытание падающим грузом
   d. weight вес капли; падающий груз
   adiabatic d. адиабатический перепад
   evaporating d. испаряющаяся капля
   frictional d. потери на трение (от трения)
   heat d. теплоперепад
   hydraulic d. гидравлический напор
   potential d. разность потенциалов
   sessile d. неподвижная капля
   sudden d. резкое падение, резкий перепад
   translating d. движущаяся капля
drop-hammer копёр, падающий молот
droplet (мелкая) капля, капелька; вкрапление; малое количество
dropping 1. капание; || капающий; капельный; 2. падение; уменьшение, спад, понижение; || падающий, сбрасываемый; понижающий(ся), уменьшающий(ся); 3. неучёт, отбрасывание (напр., значащих цифр)
   d. curve падающая характеристика
   d. liquid капельная жидкость
   d. speed скорость падения
   load d. уменьшение (сброс) нагрузки
drop-shaped каплевидный
drop-weight падающий груз; баба копра
   d. test испытание падающим грузом
dropwise капельный
dross 1. окалина, шлак; 2. ржавчина
drought сухость (воздуха)
droughty сухой
drown тонуть; топить, заливать, затапливать; заглушать
Drucker's postulate постулат Друкера

drum барабан; цилиндр; цилиндрическая оболочка, обечайка; топливный бак, резервуар; ‖ барабанный, цилиндрический
   d. **memory** запоминающее устройство на магнитном барабане
   boiler d. барабан (обечайка) котла
   brake d. тормозной барабан
drumming дребезжание, вибрация
dry 1. сухой; безводный; ‖ сушить, высушивать; сохнуть, высыхать; ‖ досуха, насухо; всухую; **2.** высыхание; **3.** жесткий (напр., о бетоне); **4.** иссякать, заканчиваться
   to **dry out** высыхать
   d. **friction** сухое трение
   d. **load** балластная нагрузка
   d. **measure** мера сыпучих тел
   d. **running** работа без смазки (всухую)
   d. **suit** водолазный костюм (скафандр)
   d. **weight** масса (вещества) в сухом состоянии; сухая масса (напр., двигателя)
drying сушка, высушивание; обезвоживание; высыхание; ‖ высушивающий, сушильный; сохнущий
   d. **crack** усадочная трещина, трещина вследствие высыхания
   air d. воздушная (атмосферная, естественная) сушка
   forced d. принудительная (ускоренная) сушка
   jet d. струйная сушка
   kiln d. сушка в сушильном шкафу, печная сушка
   thermal d. термическая сушка
   vacuum d. вакуумная сушка
dryout высыхание
dual двойственный; двойной, сдвоенный; дублированный; состоящий из двух частей
   of **dual purpose** двойного назначения
   d. **approach** двойственный подход
   d. **control** двойное управление
   d. **tires** двойные (сдвоенные) шины
   d. **variable** двойственная (сопряженная) переменная
   d. **variational problem** двойственная вариационная задача
duality двойственность; взаимность
   d. **principle** принцип двойственности
dualize раздваивать; делать двойственным
dual-mode двойственный; имеющий две формы (моды), двухрежимный
dub обрубать; обтесывать, строгать; подгонять
duck 1. утка; ‖ нырять, погружать(ся), окунать; **2.** техническая ткань, парусина
ducking ныряние, погружение, окунание
duct 1. канал, проток; труба, трубопровод; проход, туннель; тракт; **2.** реактивный двигатель; **3.** волновод; **4.** короб
   d. **stub** штуцер, патрубок
   bypass d. внешний контур (двухконтурного двигателя), байпас-канал
   discharge d. нагнетательный канал
   flat d. плоский канал
   gas-air d. газовоздушный тракт
   inlet d. канал впуска; воздухозаборник
   pipe d. трубопровод; канал для трубопровода
   plenum d. нагнетательный (приточный) канал
   ramjet d. газовоздушный тракт
   wave d. волновой канал, (трубчатый) волновод
ducted имеющий канал (проток, проход); находящийся в канале (в трубе)
   d. **body** тело с протоком
   d. **propeller** туннельный винт, винт в трубе
ductile вязкий; ковкий; пластичный; тягучий, способный к удлинению
   d. **crack** вязкая трещина
   d. **fracture** вязкое (пластическое) разрушение
   d. **metal** ковкий (пластичный) металл
ductility вязкость; ковкость; пластичность; тягучесть
   d. **test** проба на ковкость (вязкость, пластичность); проба на вытяжку (листового металла)
   fracture d. вязкость (пластичность) при разрушении
   hot d. ковкость (пластичность) в горячем состоянии
   tensile d. пластичность при растяжении
ducting 1. система каналов (трубопроводов); **2.** прогонка по трубе (каналу); волноводное распространение; **3.** короб
dud неудача; ‖ неудачный; недействительный
due должное; ‖ должный, надлежащий, соответствующий; обусловленный чем-либо; ‖ точно, прямо
   to **be due to 1.** быть обусловленным, являться следствием чего-либо; **2.** быть обязанным
   due to благодаря, с помощью, посредством, вследствие чего-либо; обусловленный
   due to the fact that вследствие того, что
   after due consideration после внимательного рассмотрения
   force due to сила, вызванная чем-либо
   in due coarse в свое время, со временем
   with due regard for учитывая должным образом
   d. **explanation** надлежащее объяснение
Duffing equation уравнение Дуффинга
Dugdale Дагдейл
   D. **crack** трещина Дагдейла
   D. **strip yield zone** полоска текучести по Дагдейлу
Duhamel integral интеграл (свертки) Дюамеля
Duhamel-Neumann relations соотношения Дюамеля-Неймана

dull 1. тупой, затупленный; ‖ притуплять; 2. матовый, тусклый; 3. монотонный

duly должным образом, правильно, соответственно; в должное время

dummy 1. макет, модель; замена; эквивалент; манекен; ‖ пустой, холостой, немой; макетный, модельный; 2. фиктивный объект; ‖ фиктивный; ложный; формальный
   d. **argument** формальный параметр (подпрограммы)
   d. **index** немой индекс
   d. **program** программа-имитатор, программная заглушка; макет программы
   d. **statement** пустой оператор
   d. **variable** фиктивная переменная

dump 1. куча, отвал (породы), штабель; насыпь; ‖ сваливать; насыпать, отсыпать; 2. выгрузка, разгрузка; опрокидывание; слив (жидкости); ‖ разгружать(ся); опрокидывать(ся); сливать; 3. дамп, вывод (распечатка) содержимого памяти; данные дампа; ‖ выводить (распечатывать) данные из памяти; 4. отключение (электропитания)
   d. **unloading** разгрузка опрокидыванием
   memory d. дамп (вывод, распечатка) памяти

dumping 1. сброс; отсыпка; 2. выгрузка, разгрузка, опрокидывание, опорожнение, слив; 3. выдача дампа (памяти); 4. отключение (электропитания)
   side d. боковая разгрузка
   steam d. сброс пара

dunnage амортизационный материал (внутри тары)

duodecimal двенадцатая часть; ‖ двенадцатеричный

duodenary двенадцатеричный

duple двойной; удвоенный

duplex дуплексный, двухсторонний; двойной, удвоенный; спаренный

duplicate 1. двойной, удвоенный; спаренный; ‖ удваивать, увеличивать вдвое; сдваивать; 2. копия, дубликат; ‖ являющийся копией, (точно воспроизведенный); аналогичный; ‖ копировать, воспроизводить; 3. запасная часть; ‖ запасной, сменный
   d. **part** запасная часть
   d. **ratio** удвоенное отношение; отношение квадратов

duplication 1. удваивание, удвоение; сдваивание; 2. дублирование, копирование, размножение

durability надежность; долговечность, срок службы, ресурс; выносливость, живучесть; длительная прочность; сопротивление усталости; износостойкость
   d. **test** тест долговечности, ресурсные испытания; испытание на усталость

durable надежный; долговечный, обладающий большим сроком службы, прочный; выносливый, живучий, стойкий, устойчивый; износостойкий
   d. **algorithm** надежный (устойчивый, робастный) алгоритм

duralumin дюралюминий, дюраль

duration длительность, продолжительность; время работы, срок службы, ресурс
   of short duration непродолжительный; недолговечный
   d. **of heat** продолжительность нагрева
   life d. срок службы, ресурс
   pulse d. длительность (ширина) импульса

during во время; в течение, в продолжение

dust пыль, (мелкий) порошок, пудра
   to dust off удалять пыль
   to separate dust отделять (улавливать) пыль
   d. **arrester** пылеуловитель
   d. **filter** пылевой фильтр
   airborne d. атмосферная (взвешенная) пыль
   deposited d. осажденная пыль
   fine d. мелкая (тонкодисперсная) пыль

dustfall выпадение пыли

dustiness запыленность

dusting 1. пылеобразование; истирание (с образованием пыли); пыление; 2. удаление пыли

dustlike пылевидный, пылеобразный

dustproof пыленепроницаемый

dusty 1. пыльный; загрязненный; 2. (очень) мелкий, пылевидный

duty 1. обязанность; 2. работа, режим работы; нагрузка; производительность, мощность; 3. выполняемые функции, назначение
   d. **cycle** рабочий цикл
   extra d. перегрузка
   heavy d. интенсивный (тяжелый) режим
   momentary d. мгновенная мощность
   periodic d. периодический режим
   rated d. номинальный (расчетный) режим
   specific d. удельная производительность
   starting d. режим пуска; пусковая мощность
   varying d. переменный режим; переменная нагрузка (мощность)

dwang 1. поворотный стержень; рычаг; 2. поперечина, траверса

dwell 1. находиться, быть, пребывать; 2. задержка, выдержка времени; перерыв, простой; интервал (времени); ‖ задерживаться; 3. подробно останавливаться (на чем-либо)
   to dwell at some length подробно останавливаться на чем-либо

dwindle уменьшаться, сокращаться, истощаться; ухудшаться, вырождаться; терять значение

dyad число два; диада, двойка, пара

dyadic состоящий из двух элементов; двоичный; двучленный
   d. **relation** двоичное (двуместное) отношение

dye краска, красящее вещество; окраска, цвет; ‖ красить, окрашивать(ся)

dying угасание, затухание; ‖ угасающий, затухающий

dying-out затухание, гашение (напр., колебаний)
dynamic(al) 1. динамический; 2. активный, действующий
  d. analysis динамический расчет (анализ), расчет динамики (изменения, эволюции)
  d. area динамическая область (памяти)
  d. balancing динамическое уравновешивание, динамическая балансировка
  d. buckling динамическая потеря устойчивости
  d. compression динамическое сжатие
  d. deflection динамический прогиб
  d. degree of freedom динамическая степень свободы
  d. effect динамический эффект; динамическое (воз)действие
  d. elasticity динамическая упругость; динамическая теория упругости
  d. endurance динамическая выносливость, сопротивление усталости при динамических нагрузках
  d. equilibrium динамическое равновесие
  d. factor коэффициент динамичности (перегрузки)
  d. force динамическая сила; динамическая нагрузка
  d. hardness динамическая твердость
  d. head динамический (скоростной) напор
  d. lift (аэро)динамическая подъемная сила
  d. loading динамическая нагрузка; динамическое нагружение; динамическая загрузка (напр., программ)
  d. pressure динамическое давление, скоростной напор
  d. programming динамическое программирование
  d. quality динамическое качество
  d. relaxation динамическая релаксация
  d. response динамическая реакция; динамическая характеристика
  d. stability динамическая устойчивость
  d. stress динамическое напряжение, динамическое напряженное состояние
  d. test динамическое испытание; испытание динамической нагрузкой; испытание на удар
dynamically динамически, в динамическом режиме
  to represent dynamically представлять динамически (во времени, в динамике); выполнять динамическое моделирование
dynamics динамика; изменение, эволюция; динамические свойства; движущие силы
  d. of control динамика (системы) управления
  d. of fluids динамика жидкостей, гидродинамика, гидромеханика
  d. of gases газовая динамика
  d. of particle динамика частицы (материальной точки)
  d. of solids динамика (деформируемого) твердого тела
  d. of system динамика системы
  analytical d. аналитическая динамика
  forward d. прямая задача динамики
  fracture d. динамика разрушения
  gross d. общая динамика
  group d. групповая динамика
  inverse d. обратная задача динамики
  multi-body d. динамика (системы) многих тел
  nonlinear d. нелинейная динамика
  Newtonian d. ньютонова (классическая) динамика
  rigid-body d. динамика твердого тела
  structural d. динамика конструкций
dynamo динамо-машина, динамо
dynamometer динамометр
  traction d. тяговый динамометр
dyne дина, дин. (единица силы)

E

each каждый, всякий
  each other друг друга, одно другого
ear 1. ухо; слух; 2. ушко, проушина, дужка
early ранний; преждевременный; своевременный; начальный; первый; ‖ рано; преждевременно; своевременно
  as early as еще в, уже в (о времени)
  at an early date в ближайшем будущем
  in early в начале, на начальной стадии
  e. fracture раннее (преждевременное) разрушение
  e. models первые модели
  e. warning раннее предупреждение; дальнее обнаружение
earnest серьезный, важный; убедительный
Earth Земля, земной шар
  E. atmosphere атмосфера Земли
  E. gravity field поле земного тяготения
  E. mantle мантия Земли
  E. surface поверхность Земли
earth земля, суша; почва; грунт; ‖ земляной, грунтовый; ‖ насыпать грунт, закапывать, заглублять в грунт; заземлять(ся) (об электроприборе); приземлять(ся)
  to move earth производить земляные работы
  e. crust земная кора
  e. escape velocity вторая космическая скорость
  e. flow грязевой поток, сель
  e. foundation грунтовое (естественное) основание
  e. structure грунтовое сооружение
  e. thrust давление грунта
  e. tremors толчки землетрясения
  banked e. насыпной грунт, насыпь
  floating e. плывун

granular e. сыпучий грунт
loose e. рыхлый грунт
reinforced e. армированный грунт
earth-bound земной, наземный
earthen земляной, грунтовый, почвенный; земной
eathenware глина; керамические изделия, керамика; || глиняный, керамический
earth-flax асбест
earthing заземление (электроприбора); приземление
earthquake землетрясение; || сейсмический, сейсмологический
e. engineering сейсмическая техника
e. focus эпицентр (очаг) землетрясения
e. grade сила (интенсивность) землетрясения
e. intensity интенсивность (сила) землетрясения
e. magnitude магнитуда землетрясения
e. wave сейсмическая волна
accelerogram of e. акселерограмма землетрясения
earthquake-proof сейсмостойкий
earthwork земляное сооружение; земляные работы
ease покой; легкость; свобода, отсутствие ограничений (принуждения); облегчение, упрощение; || облегчать; освобождать, ослаблять, уменьшать напряжение, отпускать (напр., гайку); снижать (напр., скорость); упрощать
to ease down облегчать, ослаблять, отпускать, уменьшать напряжение; замедлять ход
to ease off ослаблять; травить (канат, трос)
for ease для простоты, для упрощения
with ease легко
e. of handling легкость управления
easement 1. удобство; облегчение, упрощение, ослабление; 2. плавность, постепенность; 3. (плавный) переход, кривая сопряжения, закругление
e. curve переходная кривая
easily легко, свободно, без усилий
easy 1. легкий; свободный, без ограничений, без принуждения; простой, несложный; удобный; || легко; свободно; просто; удобно; 2. постепенный; плавный, пологий
it is easy to see that легко видеть, что
e. curve плавная (пологая) кривая
e. grade малый наклон (подъем, уклон), пологий профиль
east восток
ebb 1. отлив; || отливать; 2. снижение, уменьшение, ослабление; || убывать, уменьшать(ся), ослабевать
ebb-tide отлив
EBE (element-by-element) поэлементный
E. method поэлементный метод, метод решения задачи без объединения элементов в систему

ebon черный
ebonite эбонит
ebullience кипение, вскипание
ebullient кипящий
ebullition см. ebullience
eccentric 1. эксцентричный, эксцентрический, внецентренный, нецентральный, неосевой; 2. эксцентрик; кулак
e. loading внецентренное (эксцентричное, неосевое) нагружение
e. stiffening эксцентричное подкрепление
eccentrically эксцентрично, с эксцентриситетом, внецентренно
to load eccentrically нагружать внецентренно
eccentricity эксцентричность, эксцентриситет; величина эксцентриситета
e. of beam эксцентриситет (подкрепляющей) балки (напр., относительно подкрепляемой оболочки)
e. matrix матрица эксцентриситетов
e. of rotation эксцентричность (эксцентриситет) вращения
echelon 1. эшелон; ступень, уровень; ступенчатое расположение; иерархия, соподчинение; || эшелонировать; размещать уступами; располагать по уровням (иерархии); 2. звено
accuracy e. уровень точности
echo эхо; отражение; повторение; || отражаться (напр., о звуке), повторять(ся), отдаваться
e. sounder эхолот
e. sounding измерение (глубины) эхолотом
echo-check(ing) эхоконтроль, эхопроверка
echometer эхолот
Eckert number число Эккерта
eclipse затмение; затенение; || затмевать; затенять, заслонять
ecliptic эклиптика
economic 1. экономический; материальный; 2. выгодный; 3. практический, прикладной
economical 1. экономный, экономичный; 2. экономический; материальный
economize экономить; экономизировать
eddy вихрь, завихрение; вихревое (турбулентное) движение; облако (напр., дыма); || вихревой, турбулентный; || завихриваться; клубиться
e. axis вихревая ось
e. currents вихревые токи
e. formation вихреобразование
e. motion вихревое (турбулентное) движение
e. resistance вихревое сопротивление
e. viscosity турбулентная вязкость; вязкость завихренной жидкости
axial e. осевой вихрь
tip e. концевой вихрь
transient e. нестационарный вихрь
eddying завихренность, турбулентность; вихревое движение; || вихревой; завихривающий(ся), турбулизирующий(ся)

edge край, кромка; грань, ребро; граница, контур; фронт, срез (импульса); борт; остриe, лезвие, опорная призма; образующая; элемент; ‖ ограничивать, окаймлять, обрамлять; заострять

    e. **crack** краевая (боковая) трещина, трещина у кромки
    e. **effect** концевой (краевой) эффект
    e. **filter** щелевой фильтр
    e. **notch** краевой надрез
    e. **of prism** ребро призмы
    e. **of shell** край (торец) оболочки
    e. **warp(ing)** коробление кромок
    e. **zone** краевая зона
    alignment e. направляющая грань
    back e. задняя грань; срез (импульса)
    bevelled e. скошенный край
    clamped e. защемленный край (ребро), защемленная грань
    cutting e. режущая кромка
    elastically supported e. упруго-опертый край
    flanged e. загнутая кромка; фланец; борт
    fracture e. край излома
    free e. свободный (незакрепленный, ненагруженный) край
    front e. передняя кромка; фронт (волны, импульса)
    fuzzy e. размытый контур
    graph e. ребро графа
    hinged e. шарнирно опертый край; шарнирно присоединенный край
    hinge-supported e. шарнирно опертый край
    jet e. граница струи
    knife e. ножевая опора, опорная призма
    lateral e. боковое ребро, боковая грань
    leading e. передняя кромка (крыла); передний фронт (волны, импульса)
    multiple edges кратные ребра (графа)
    nozzle e. срез сопла
    outer e. внешняя граница
    pointed e. заостренная кромка
    polyhedron e. ребро многогранника
    pulse e. фронт импульса; срез импульса
    ragged e. рваный край
    rising e. нарастающий фронт
    sharp e. острая кромка; крутой фронт (срез); резкая граница
    simply supported e. просто (свободно) опертый край
    stiffened e. подкрепленный край
    supersonic e. сверхзвуковая кромка (крыла)
    supported e. опертый край; подкрепленный край
    trailing e. задняя кромка, кромка схода (крыла); задний фронт (волны, импульса)
    water e. урез воды

edge-tool режущий инструмент
edging край, кромка; грань, ребро; борт; загиб кромки; окантовка; оконтуривание; фаска, фасетка; острие, лезвие; опорная призма; ‖ краевой, граничный; бортовой; режущий, острый; очерчивающий, оконтуривающий

edgy острый; режущий; четко очерченный
edifice 1. здание, сооружение; 2. доктрина, теория
edify сооружать, строить
edit редактировать, готовить к печати
editing редактирование
editio princeps (лат.) первое издание
edition издание; выпуск; копия; тираж
editor редактор; программа редактирования, текстовый процессор

    graphics e. графический редактор, редактор графической информации
    link e. программа-компоновщик, редактор связей
    text e. программа редактирования текстов, текстовый процессор

editorial редакторский, редакционный
    e. **board** редакционная коллегия
education образование; обучение
educational образовательный, учебный
educe выводить (напр., заключение); выделять, выявлять
eduction вывод; выпуск, выход, сток; извлечение, удаление; выделение, выявление; ‖ выходной, выпускной

    e. **port** выпускное отверстие
    e. **stroke** ход выталкивания (поршня)

eductor отвод, эдуктор
efface стирать, вычеркивать
effect 1. эффект, явление; действие, выполнение; воздействие, влияние, сила; ‖ действовать; воздействовать, оказывать влияние; выполнять, осуществлять; 2. следствие, результат; впечатление; 3. полезное действие; производительность, мощность

    to bring into effect приводить в действие; осуществлять, реализовывать
    to come into effect вступать в действие (в силу)
    to have effect влиять, воздействовать; достигать желаемого результата, подействовать
    to take effect вступать в действие (в силу)
    in effect в действительности, фактически
    of no effect безрезультатно
    to the effect that в том смысле, что; с тем, чтобы; так, чтобы
    to this effect для этой цели, с этой целью
    without effect безрезультатно
    e. **of gravity** влияние веса (силы тяжести); влияние весомости
    e. **of inertia** эффект инерции; влияние инерции
    e. **of load** (воз)действие нагрузки
    e. **variable** зависимая переменная
    abrasion e. абразивное воздействие

after e. запаздывание; явление последействия
avalanche e. лавинный эффект
Bauschinger e. эффект Баушингера
blast e. взрывной эффект; действие ударной волны
bottom e. донный эффект
boundary e. краевой эффект; влияние границ, влияние стенок (аэродинамической трубы)
bulk e. объемный эффект
capillary e. капиллярный эффект
cause and e. причина и следствие
choking e. запирание (аэродинамической трубы)
combined e. совместный эффект; общее (суммарное) (воз)действие
compressibility e. влияние (эффект) сжимаемости
cooling e. охлаждающее действие
coupling e. взаимное влияние, взаимодействие
cross e. взаимное (перекрестное) воздействие
cushioning e. амортизирующее действие
destructive e. разрушающее (воз)действие
detrimental e. вредное (воз)действие
directional e. направленное (воз)действие
dissipative e. эффект диссипации
disturbing e. возмущающее (воз)действие
dynamic(al) e. динамический эффект; динамическое (воз)действие
edge e. концевой (краевой) эффект
environmental e. влияние окружающей среды
feedback e. явление обратной связи; действие обратной связи
flue e. образование тяги, эффект "трубы"
fringe e. (оптический) краевой эффект, окантовка, "бахрома"
gap e. влияние зазоров, щелевой эффект
ghost e. кажущееся явление; побочное явление, паразитный эффект
gravity e. влияние веса (силы тяжести); эффект весомости
gross e. суммарное (воз)действие, суммарный эффект; полная (действительная) мощность
gyroscopic e. гироскопический эффект
heat e. тепловое действие, тепловой эффект
hysteresis e. явление гистерезис
ill e. вредное (воз)действие
image e. зеркальный эффект
immediate e. 1. непосредственное (воз)действие; 2. немедленный результат
impact e. ударное (воз)действие
interface e. граничное явление, влияние границы
interference e. эффект интерференции; влияние помех

inverse e. обратное (воз)действие, обратный эффект
lag e. эффект запаздывания, инерционность
lift e. эффект подъемной силы
lubrication e. смазывающее действие
Mach e. влияние числа Маха, влияние сжимаемости
membrane e. мембранный эффект
Moire e. эффект Муара, муаровый эффект
mutual e. взаимовлияние
negligible e. слабое (воз)действие, незначительный эффект
net e. суммарное (воз)действие, результирующий эффект; полная (действительная) мощность
nonlinear e. нелинейное явление; нелинейный характер влияния
osmotic e. осмотическое явление, осмос
photoelastic e. явление фотоупругости
presence e. эффект присутствия
protective e. защитное действие
ram e. скоростной напор; поджатие потока за счет скоростного напора
residual e. остаточное действие, последействие
Reynolds number e. влияние числа Рейнольдса
rotational e. эффект вращения
saturation e. эффект насыщения
scale e. масштабный эффект
screening e. эффект экранирования
second-order e. явление второго порядка
seismic e. сейсмическое воздействие
selective e. избирательное действие
separation e. эффект разделения; явление разрыва; влияние срыва потока
shear e. эффект (влияние) сдвига
shielding e. экранирующий эффект; аэродинамическое затенение
shock e. ударное (воз)действие, ударный эффект
side e. побочное действие
sink e. эффект поглощения
skin e. поверхностный эффект (скин-эффект), поверхностное (воз)действие
slipping e. эффект скольжения (проскальзывания)
surface e. поверхностный эффект
thermal e. тепловой эффект, тепловое (воз)действие
time e. влияние времени, эффект нестационарности
tip e. концевой эффект
viscosity e. влияние вязкости
wall e. граничный эффект, влияние стенок
wave e. волновой эффект

effective 1. эффективный; действенный; экономичный, рациональный; действующий, действительный, имеющий силу; 2. используемый, полезный, рабочий; 3. приведенный, усредненный; обобщенный, условный

e. **algorithm** эффективный (экономичный) алгоритм
e. **area** полезная (рабочая, эффективная) площадь
e. **diameter** средний (эффективный) диаметр
e. **efficiency** эффективная мощность, полезная производительность
e. **head** полезный напор
e. **length** эффективная (приведённая) длина; полезная длина; действительная длина
e. **modulus** эффективный (приведённый, усреднённый) модуль (напр., неоднородного материала)
e. **output** эффективная (полезная) мощность
e. **range** рабочий (используемый) диапазон
e. **section** эффективное (полезное) сечение, сечение-нетто
e. **strain** эффективная (приведённая) деформация, условная деформация; интенсивность деформаций
e. **value** эффективное (действующее) значение; усреднённое значение
e. **work** полезная работа

effectively 1. эффективно, действенно; 2. по существу
effectiveness эффективность, действенность, результативность
effectless неэффективный, безрезультатный
effector исполнительный орган (элемент)
effectual действенный; действительный, имеющий силу
effectuate совершать, выполнять
effectuation выполнение
efferent выносящий; центробежный
effervesce выделяться в виде газа, пузырьков; закипать, пениться
effervescence выделение (пузырьков) газа; вскипание
efficacious действенный, эффективный; производительный
efficacy эффективность, действенность; сила
efficiency 1. действенность, эффективность; экономичность, рациональность, выгодность; производительность; 2. коэффициент полезного действия (кпд), коэффициент использования; 3. высокое качество, совершенство
e. **curve** кривая производительности
e. **of cycle** кпд цикла
e. **factor** кпд, показатель эффективности
e. **test** определение кпд
adiabatic e. адиабатический кпд
aerodynamic e. аэродинамическое качество (совершенство)
blade e. кпд лопасти (лопатки), кпд облопачивания
calorific e. теплотворная способность (топлива); коэффициент теплоотдачи
Carnot e. кпд цикла Карно
combustion e. полнота сгорания (топлива)
cooling e. холодопроизводительность

cost e. эффективность затрат
design-point e. проектный кпд, кпд на расчётном режиме
diffusion e. эффективность торможения потока
directive e. коэффициент направленности
effective e. эффективная мощность, полезная производительность
energy e. энергетическая отдача
filter e. эффектность (пропускная способность) фильтра
flight e. лётные характеристики
fuel e. теплотворная способность топлива
heat e. тепловой кпд
indicated e. индикаторный кпд
isentropic e. изэнтропический кпд
joint e. прочность (надёжность) соединения
lifting e. несущие свойства (крыла); характеристики подъёмной силы
lubricating e. смазывающая способность
mechanical e. механический кпд
net e. практический (результирующий, эффективный) кпд, производительность-нетто
operational e. рабочий (эксплуатационный) кпд
propeller e. кпд (гребного) винта
propulsive e. тяговый кпд; кпд движителя
stage e. кпд ступени (компрессора)
thermal e. тепловой кпд; полезная отдача тепла
throughout e. пропускная способность
useful e. используемая мощность; действительная (эффективная, полезная) мощность; кпд
volume e. объёмный кпд; коэффициент заполнения
wake e. энергия спутной струи
wind tunnel e. качество аэродинамической трубы

efficient 1. эффективный, действенный, продуктивный; экономичный; рациональный; 2. фактор, (со)множитель
effluence истечение
effluent 1. вытекающий; просачивающийся; 2. поток, сток; фильтрат; сточные воды
e. **stream** вытекающий поток
e. **treatment** очистка сточных вод
industrial e. промышленные стоки
effluvium (мн.ч. **effluvia**) испарение
efflux 1. истечение (жидкости), утечка; 2. (реактивная) струя газа; 3. истечение (окончание) срока
e. **rate** скорость истечения
heat e. вынос тепла
jet e. струйное (ис)течение; реактивная струя
rocket e. выхлоп ракетного двигателя
effort 1. усилие, сила, напряжение; форсированный режим; 2. попытка; 3. исследовательская работа; 4. затраты, объём работ
braking e. тормозное усилие

centrifugal e. центробежная сила
   computational e. вычислительные затраты
   crank e. касательное (тангенциальное) усилие
   design e. конструкторские работы
   starting e. 1. начальное (пусковое) усилие; 2. начальные затраты (для инициации вычислительного процесса)
   sustained e. длительное усилие
   traction e. тяговое усилие, сила тяги
effuser расширяющееся сопло; коллектор; эффузор, конфузор
   supersonic e. сверхзвуковое сопло
effuse истекать; растекаться; извергаться
effusion истечение; растекание, эффузия; извержение
e.g. (exempli gratia) (лат.) например
egg яйцо
   e. end (полу)сферическое днище
eigen собственный, характеристический; внутренний
   e. basis базис из собственных векторов (форм, мод)
   e. decomposition разложение по собственным векторам
   e. form см. eigenmode
   e. frequency собственная частота, частота собственных (свободных) колебаний
   e. function собственная (характеристическая) функция
   e. mode см. eigenmode
   e. pair собственная пара (собственное число и собственный вектор)
   e. spectrum собственный спектр, спектр собственных чисел (частот свободных колебаний)
   e. value собственное (характеристическое) значение, собственное число
   e. vector собственный (характеристический) вектор
eigenmode собственная форма (мода), собственный (характеристический) вектор
   e. expansion разложение по собственным формам
   e. expansion error погрешность разложения по собственным формам
   e. orthogonality ортогональность собственных форм
   e. truncation отбрасывание собственных форм (в разложении)
   higher eigenmodes высокие (высшие) собственные формы
eigenrotation собственное вращение; вращение вокруг своей оси
eigenstate собственное состояние
eigentone собственный тон (колебаний)
eigenvalue собственное (характеристическое) значение, собственное число
   e. analysis расчет собственных чисел, решение собственной проблемы; анализ собственного спектра
   e. conditioning criterion критерий обусловленности (матрицы) по отношению

(максимального и минимального) собственных чисел, критерий обусловленности фон Неймана
   e. solver программа решения собственной проблемы
   algebraic e. problem алгебраическая проблема собственных значений
   bounded e. ограниченное собственное значение
   complex e. комплексное собственное значение
   full e. problem полная проблема собственных значений
   generalized e. problem обобщенная собственная проблема
   imaginary e. мнимое собственное значение
   lowest e. низшее собственное значение
   partial e. problem частичная проблема собственных значений
   real e. действительное собственное значение
   repeated eigenvalues кратные (повторяющиеся) собственные значения
   simple e. простое (некратное) собственное значение
eigenvector собственный вектор
   e. basis базис из собственных векторов
   e. decomposition разложение по собственным векторам
   reduced e. basis редуцированный (неполный) базис из собственных векторов
eigenvibration собственное колебание
eight цифра восемь; (число) восемь
eighteen восемнадцать
eighth восьмая часть; ‖ восьмой
eight-node восьмиузловой
   e. quadrilateral восьмиузловой четырехугольник (конечный элемент)
   e. solid element пространственный (конечный) элемент с восемью узлами
eight-square восьмиугольный, восьмигранный
eighty восемьдесят
either 1. один из двух, тот или другой; 2. и тот и другой, оба; каждый, любой (из двух); 3. также (при отрицании); 4. или
   either ... or или ... или, либо ... либо; как ... так и; ни ... ни (в отрицательном предложении)
eject извергать, выпускать, выталкивать; катапультировать(ся)
ejection извержение, выбрасывание, выталкивание, эжекция; катапультирование; выброшенная масса
   e. seat катапультируемое кресло
   e. stroke ход выталкивания
ejector 1. эжектор, выталкиватель; отражатель; 2. струйный насос
   e. pump струйный насос
elaborate сложный; усовершенствованный; тщательно разработанный; ‖ разрабатывать, развивать, усовершенствовать; продумывать
elaboration 1. разработка, развитие, совершенствование; уточнение; 2. сложность

elapse проходить, истекать (о времени); затрачивать (время)

elapsed time (общее) затраченное время; истекшее время

elastic 1. упругий, эластичный; гибкий; деформируемый, растяжимый; нежесткий; 2. адаптивный, перестраиваемый, приспосабливающийся; 3. эластик; эластика (гибкий упругий стержень)
- e. **after-effect** упругое последействие
- e. **analysis** упругий расчет, расчет упругого деформирования
- e. **approximation** упругая аппроксимация, упругое приближение
- e. **axis** упругая ось (балки)
- e. **barrier** упругая преграда, упругий экран
- e. **bending** упругий изгиб
- e. **behaviour** упругое поведение, упругая реакция (конструкции); упругая характеристика, упругие свойства
- e. **body** упругое тело
- e. **brakedown** упругое разрушение, разрушение в пределах упругости
- e. **buckling** упругая потеря устойчивости, упругое выпучивание; упругий изгиб
- e. **collapse** упругое разрушение
- e. **collision** упругое соударение
- e. **come-back** упругая отдача
- e. **compression** упругое сжатие
- e. **constant** константа упругости (материала)
- e. **constraint** упругое ограничение, упругая связь
- e. **contact** упругий контакт
- e. **core** упругое ядро (сечения)
- e. **coupling** упругое соединение, упругая связь; упругая муфта
- e. **deformation** упругая деформация; упругое деформирование
- e. **design** расчет по допускаемым нагрузкам
- e. **energy** упругая энергия, энергия упругой деформации
- e. **equilibrium** упругое равновесие
- e. **extension** упругое расширение; упругое растяжение
- e. **failure** упругое разрушение
- e. **fatigue** упругая усталость
- e. **fluid** упругая жидкость
- e. **forces** силы упругости
- e. **foundation** упругое основание
- e. **fracture** упругое разрушение
- e. **half-plane** упругая полуплоскость
- e. **hysteresis** упругий гистерезис
- e. **impact** упругий удар, упругое соударение
- e. **joint** упругое сочленение
- e. **lag** упругое последействие
- e. **limit** предел упругости
- e. **line** упругая линия, упругая ось (балки)
- e. **liquid** упругая жидкость

- e. **modulus** модуль упругости (при растяжении), модуль упругости первого рода, модуль Юнга
- e. **problem** упругая задача, задача упругого деформирования, задача теории упругости
- e. **range** диапазон упругого деформирования; упругая зона (область)
- e. **recovery** упругое восстановление, упругая отдача
- e. **region** упругая зона; диапазон упругого деформирования
- e. **relief** упругая разгрузка
- e. **response** упругий отклик, упругое поведение
- e. **restitution** упругое восстановление, упругое пружинение
- e. **rigidity** упругая жесткость, коэффициент жесткости (упругости)
- e. **scattering** упругое рассеяние
- e. **shell theory** теория упругих оболочек
- e. **solid** упругое тело
- e. **solution** упругое решение; задачи теории упругости; решение по упругой модели деформирования
- e. **stability** упругая устойчивость, устойчивость в пределах упругости, устойчивость упругого деформирования
- e. **state** состояние упругости (материала), упругое (напряженно-деформированное) состояние
- e. **stiffness** упругая жесткость; коэффициент упругости
- e. **strain** упругая деформация; упругое натяжение
- e. **strength** прочность упругого деформирования; сопротивление (сил) упругости, упругая работа (конструкции)
- e. **stress** упругое напряжение; упругое напряженное состояние
- e. **support** упругое опирание (закрепление); упругая опора; упругое подкрепление
- e. **suspension** упругая подвеска
- e. **term** составляющая, соответствующая упругому деформированию; упругое слагаемое
- e. **torsion** упругое кручение
- e. **unloading** упругая разгрузка
- e. **vibration** упругое колебание
- e. **warping** упругое коробление, упругая депланация
- e. **wave** упругая волна
- e. **zone** см. elastic range

apparent e. **limit** условный предел упругости

commercial e. **limit** технический предел упругости

instantaneously e. **material** мгновенно упругий материал

linear e. линейно упругий

nonlinear e. нелинейно упругий

perfectly e. идеально упругий

resin e. резина; каучук

elastica эластика, упругий гибкий стержень
elastically упруго, эластично; гибко
  e. supported edge упруго-опертый край
elastic-hereditary наследственно-упругий
  e. bond наследственно-упругая связь
elasticity 1. упругость, эластичность; деформируемость, податливость; гибкость; теория упругости; 2. адаптивность
  e. of bulk объемная (пространственная) упругость
  e. of compression упругость при сжатии
  e. criterion критерий упругости
  e. of elongation упругость при растяжении
  e. modulus модуль упругости (при растяжении), модуль упругости первого рода, модуль Юнга
  e. problem упругая задача, задача упругого деформирования; задача теории упругости
  e. of shear упругость при сдвиге
  anisotropic e. анизотропная упругость; анизотропная теория упругости
  bulk e. объемная упругость; упругость при всестороннем сжатии (растяжении)
  classical e. классическая (идеальная) упругость; классическая теория упругости
  contact e. контактная упругость
  dynamic e. динамическая упругость; динамическая теория упругости
  finite e. конечная упругость, упругость при конечных деформациях
  flexural e. упругость при изгибе
  impact e. ударная вязкость
  incompressible e. упругость несжимаемого тела
  isotropic e. изотропная упругость, упругость изотропного тела
  lateral e. упругость в поперечном направлении; упругость при (поперечном) изгибе
  linear e. линейная упругость; линейная теория упругости
  micropolar e. микрополярная упругость
  nonlinear e. нелинейная упругость
  perfect e. идеальная упругость
  plane e. плоская упругость, плоская задача теории упругости
  residual e. остаточная упругость, упругое последействие
  static e. статическая упругость, статическое упругое деформирование; статическая теория упругости
  theory of e. теория упругости
  three-dimensional e. трехмерная (трехосная, пространственная); пространственная задача теории упругости
elastic-perfectly-plastic body упруго-идеально-пластическое тело
elastic-plastic упруго-пластический
  e. boundary граница (контур) пластической зоны, граница между упругой и пластической зонами
  e. matrix упруго-пластическая матрица, матрица упруго-пластических соотношений (материала)
  e. state equations уравнения упруго-пластического состояния
elastic-plastic-creep-large-strain analysis упруго-пластический анализ больших деформаций с учетом ползучести
elastodynamics упругая динамика, эластодинамика
elastomer эластомер
  extended e. наполненный эластомер
  reinforced e. армированный эластомер
  thermoplastic e. термоэластопласт
elastoplastic см. **elastic-plastic**
elastoplasticity упругопластичность
elastostatics упругая статика, эластостатика; статическая теория упругости
elbow колено (напр., трубы), угольник; коленчатая труба; изгиб, загиб; излучина, меандр
  e. finite element конечный элемент колена (коленчатого соединения труб)
  e. pipe коленчатая труба, отвод трубы
  mitre e. колено под углом в 45 градусов; составное колено
  reducing e. переходное колено
  sweep e. закругленное колено
elbowed коленчатый, имеющий колено; загнутый
elect избирать, выбирать
elective избирательный, по выбору, необязательный
electric(al) электрический; электротехнический
  e. drive электропривод
  e. engineering электротехника
  e. field электрическое поле
  e. intensity напряженность электрического поля
electricity электричество
electrics электрооборудование; электрическая часть (машины, прибора)
electrify электризовать, заряжать электричеством; электрифицировать
electrization электризация
electro- (как компонент сложных слов) электро-; электрический
electrode электрод
electrodepositing нанесение электролитического (гальванического) покрытия
electrodynamic(al) электродинамический
electrodynamics электродинамика
electroforming электролитическое формование; гальванопластика
electromagnet электромагнит
electromagnetic электромагнитный
electromechanic(al) электромеханический
  e. analogue электромеханическая модель
electromotive электродвижущий
  e. force электродвижущая сила

electron электрон; ‖ электронный
   e. **gun** электронная пушка, электронно-лучевая трубка
electronic электронный; автоматизированный, выполняемый с помощью ЭВМ
electronics электроника; электронная аппаратура
electroosmosis электроосмос
electrostatics электростатика
element 1. элемент; компонент, (составная) часть, деталь, звено; блок, модуль; 2. первичный (неприводимый, образующий, базовый) элемент; образующая
   per element (приходящийся) на элемент
   e. **averaging** поэлементное усреднение (в методе конечных элементов)
   e. **axes** оси (координат) элемента
   e. **barycentre** центр тяжести элемента
   e. **boundary** граница элемента
   e. **of boundary** элемент (компонент, составляющая) границы
   e. **of column** элемент столбца (матрицы)
   e. **of cone** образующая конуса
   e. **connections** соединения (связи) элемента
   e. **coordinates** координаты элемента; система координат элемента
   e. **of cylinder** образующая боковой поверхности цилиндра
   e. **dimension** размерность (конечного) элемента
   e. **displacement vector** вектор перемещений (конечного) элемента
   e. **distortion** искажение (формы) элемента
   e. **dofs (e. degrees of freedom)** степени свободы (конечного) элемента
   e. **edge** край (ребро, грань, граница) элемента
   e. **integration** интегрирование элемента (напр., члена сложного выражения); интегрирование по (конечному) элементу
   e. **of integration** подинтегральное выражение
   e. **of length** линейный элемент
   e. **matrix** матрица (конечного) элемента
   e. **of matrix** элемент матрицы
   e. **measure** мера элемента
   e. **nodes** узлы (конечного) элемента
   e. **order** порядок элемента; порядок аппроксимирующей функции (конечного) элемента
   e. **properties** свойства (параметры, характеристики) элемента
   e. **rank** ранг (матрицы) элемента
   elements of science основы (начала) науки
   e. **shape functions** функции формы (конечного) элемента
   e. **stiffness matrix** матрица жесткости (конечного) элемента
   e. **of structure** элемент конструкции (структуры)

   e. **of surface** элемент поверхности, дифференциал поверхности; элементарная площадка
   e. **tractions** усилия в элементе
   e. **unknowns** неизвестные, связанные с элементом (напр., степени свободы элемента)
   e. **of volume** элемент объема, дифференциал объема
active e. активный (включенный, работающий) элемент
actuating e. исполнительный элемент (орган)
array e. элемент массива
assembling of elements сборка (объединение) элементов (модулей, блоков); построение (сборка) разрешающей системы уравнений из систем уравнений отдельных (конечных) элементов
axial e. осевой (продольный) элемент; стержневой элемент
beam e. элемент балки, балочный элемент
bearing e. несущий (нагруженный) элемент
bending e. изгибаемый элемент
boundary e. элемент (компонент, составляющая) границы; граничный элемент
boundary e. **method (BEM)** метод граничных элементов (МГЭ)
component e. составной элемент; составляющий элемент, компонент, звено, ячейка
conforming finite e. совместный (конформный) конечный элемент
constituent e. составляющий элемент, составная часть
coplanar elements компланарные элементы
cracked e. элемент с трещиной
current e. текущий элемент (напр., обрабатываемый в настоящий момент)
damping e. демпфирующий (амортизирующий) элемент, амортизатор, демпфер, гаситель
data e. элемент данных
deficient e. несовершенный (дефектный) элемент; неполный элемент
degenerating e. вырождающийся элемент
detecting e. чувствительный элемент, датчик, индикатор
diagonal e. диагональный элемент (матрицы); косой (диагональный) стержень, раскос
disconnected elements необъединенные (несвязанные, отдельные) элементы
displacement e. (конечный) элемент в перемещениях
dissipative e. диссипативный элемент, элемент с потерями
eight-node solid e. пространственный (конечный) элемент с восемью узлами
elbow e. колено, элемент коленчатого соединения (труб)
equilibrium e. равновесный (конечный) элемент; элемент, находящийся в равновесии; конечный элемент, построенный методом сил
finite e. конечный элемент

finite e. analysis расчет (исследование) методом конечных элементов
finite e. approximation конечноэлементная аппроксимация, аппроксимация методом конечных элементов
finite e. aspect ratio отношение длин сторон (удлинение) конечного элемента
finite e. assembling сборка конечных элементов (построение разрешающей системы уравнений из матриц отдельных конечных элементов)
finite e. averaging осреднение по конечным элементам (конечному элементу)
finite e. collocation method метод конечных элементов-коллокаций
finite e. connectivity связность конечного элемента; связи (на сетке) конечных элементов; матрица смежности конечных элементов
finite e. contouring построение линий уровня на сетке конечных элементов
finite e. with crack конечный элемент с трещиной, конечный элемент, моделирующий трещину
finite e. data (исходные) данные для расчета методом конечных элементов; результаты расчета методом конечных элементов
finite e. degrees of freedom степени свободы конечного элемента
finite e. description описание (формулировка) конечного элемента; конечноэлементное представление, конечноэлементная модель
finite e. displacement method метод конечных элементов в перемещениях, конечноэлементный метод перемещений
finite e. formulation конечноэлементная формулировка (постановка)
finite e. function функция конечного элемента; функция, заданная на конечном элементе (на сетке конечных элементов)
finite e. Galerkin method конечноэлементный метод Галеркина (Бубнова-Галеркина)
finite e. hybrid method гибридный метод конечных элементов
finite e. matrix матрица конечного элемента
finite e. mesh конечноэлементная сетка, сетка конечных элементов
finite e. method (FEM) метод конечных элементов (МКЭ), конечноэлементный метод
finite e. mixed method смешанный метод конечных элементов
finite e. model конечноэлементная модель
finite e. nodes узлы конечного элемента
finite e. package пакет программ для расчетов методом конечных элементов
finite e. pattern картина (сетки) конечных элементов; конечноэлементная аппроксимация
finite e. simulator конечноэлементная модель
finite e. smoothing сглаживание (численных решений) в методе конечных элементов; сглаживание методом конечных элементов
finite e. solution решение методом конечных элементов, конечноэлементное решение
finite e. stiffness matrix матрица жесткости конечного элемента
finite e. stress method метод конечных элементов в напряжениях, конечноэлементный метод напряжений (сил)
finite e. system конечноэлементная система (уравнений); конечноэлементная модель
finite e. topology топология конечноэлементной сетки (модели)
finite e. unknowns неизвестные, связанные с конечным элементом (напр., степени свободы элемента)
fluid e. элемент (частица) жидкости
general purpose e. универсальный элемент (модуль, блок)
generating e. порождающий элемент
global e. method метод глобальных элементов
grid e. элемент (ячейка) сетки
heating e. нагревательный элемент
Hermitian finite e. эрмитов конечный элемент
higher-order e. (конечный) элемент высокого порядка
hook-up e. навесной элемент
hybrid finite e. гибридный конечный элемент
hybrid stress finite e. гибридный конечный элемент в напряжениях
identity e. элемент тождественности (эквивалентности)
image e. элемент (примитив) изображения
infinite e. бесконечный элемент (элемент бесконечной длины)
infinite finite e. конечный элемент для моделирования бесконечной области, бесконечный элемент
infinitesimal e. бесконечно малый элемент
instantaneous e. безинерционный элемент
irregular e. элемент неправильной формы, нерегулярный элемент; нерегулярно повторяющийся элемент
isoparametric finite e. изопараметрический конечный элемент
Lagrangian finite e. лагранжев конечный элемент
line e. элемент линии, дифференциал линии (дуги); продольный элемент
linear e. линейный элемент; дифференциал линии (дуги)
list e. элемент списка
locking finite e. заклинивающий конечный элемент (завышающий жесткость)
lossy e. элемент с потерями, диссипативный элемент

lumped e. элемент с сосредоточенными параметрами
mass e. элемент массы, массовый элемент
massless e. безмассовый (безинерционный) элемент
matrix e. элемент (компонент) матрицы
membrane finite e. конечный элемент мембраны (безмоментной оболочки), конечный элемент плоской задачи теории упругости
memory e. элемент (ячейка) памяти
moving e. подвижный элемент
network e. элемент (ячейка) сети
noncycle e. нерегулярно повторяющийся (нецикличный) элемент
nonlinear e. нелинейный (нелинейно работающий) элемент
normal e. нормальный элемент; элемент нормали
output e. выходной элемент, выходное устройство; элемент выходных данных
picture e. элемент (примитив) изображения
pin-jointed e. шарнирно (при)соединенный элемент
plain stress finite e. плосконапряженный конечный элемент
plate e. элемент пластины, пластинчатый элемент
plate bending e. элемент изгибаемой пластины
precast e. сборный элемент, (строительный) элемент заводского изготовления
prestressed e. предварительно напряженный элемент
primary e. первичный (основной) элемент; чувствительный (измерительный) элемент, датчик
primitive e. первичный (базовый) элемент, неприводимый (неразложимый, простейший) элемент, примитив
processing e. процессорный элемент, процессор; обрабатывающий элемент
quadrilateral finite e. четырехугольный конечный элемент
reference e. опорный элемент; образец, эталон
regular e. регулярный элемент, элемент правильной формы; повторяющийся (циклический) элемент
reinforcing e. подкрепляющий элемент; элемент подкрепления (армирования)
residual e. остаточный элемент; примесь
sector finite e. конечный элемент в виде сектора
semi-Loof finite e. конечный элемент (оболочки) типа "семилуф"
sensitive e. чувствительный (воспринимающий) элемент, датчик
serendipian finite e. серендипов конечный элемент, конечный элемент серендипова типа

shearing e. сдвиговой элемент; элемент конструкции, воспринимающий (поперечный) сдвиг
shell finite e. конечный элемент оболочки
simplex e. симплекс-элемент
slip e. элемент скольжения; элемент пластической среды, образованный сеткой линий скольжения
smallest e. наименьший элемент (напр., матрицы)
solid e. объемный (пространственный) элемент; твердотельный элемент
solid finite e. объемный (пространственный) конечный элемент
standard e. типовой (стандартный) элемент
strain finite e. конечный элемент в деформациях
stress finite e. конечный элемент в напряжениях
stretched e. растянутый элемент
stiffening e. подкрепляющий элемент, элемент жесткости
strain-sensing e. тензочувствительный элемент
structural e. элемент конструкции (структуры); конструктивный элемент; структурный элемент
supporting e. подкрепляющий элемент
tensile e. элемент, работающий (только) на растяжение; растянутый элемент
thin-walled e. тонкостенный элемент, элемент тонкостенной конструкции
threshold e. пороговый элемент
time e. элемент времени; конечный элемент по времени; устройство, срабатывающее по времени
top e. последний элемент (списка), последний элемент
transition e. переходный элемент
transmitting e. передающий (передаточный) элемент
truss finite e. конечный элемент фермы, ферменный элемент
unit normal e. единичная нормаль
universal e. универсальный элемент (модуль, блок)
unreinforced e. неподкрепленный элемент (конструкции)
variable-length e. элемент переменной длины
yielding e. пластически деформируемый элемент
wall e. элемент (типа) стенки, стенка
elemental элементный, относящийся к элементу; элементарный, простейший; неразложимый, неприводимый; основной, первичный
   e. computations вычисления для элемента, вычисления на уровне (отдельных) (конечных) элементов
   e. data данные об элементе; основные данные
   e. equilibrium равновесие элемента

e. forces усилия в элементе
e. matrix матрица элемента (напр., конечного элемента)
e. properties свойства (характеристики) элемента

elementary элементарный; простейший, неразложимый, неприводимый; основной, первичный; элементный; относящийся к элементу
e. angular displacement бесконечно малый поворот, бесконечно малое угловое смещение
e. cell элементарная (первичная) ячейка
e. diagram принципиальная схема, схематическое представление
e. displacement бесконечно малое (элементарное) перемещение
e. divisor элементарный делитель
e. function элементарная функция
e. item простейший элемент, примитив
e. matrix матрица (конечного) элемента
e. particle элементарная частица
e. volume элементарный объем, (бесконечно малый) элемент объема, дифференциал объема
e. work элементарная работа

element-by-element (EBE) поэлементный, относящийся к отдельным элементам, выполняемый последовательно для (всех) элементов; ‖ поэлементно
e. method поэлементный метод, метод решения задачи без объединения элементов в систему
e. preconditioning поэлементное предобуславливание

elementwise поэлементный, относящийся к отдельным элементам, выполняемый последовательно для (всех) элементов; ‖ поэлементно
e. bypass поэлементный обход
e. evaluation поэлементное оценивание, последовательные вычисления (для) элементов

elevate поднимать(ся), повышать(ся); придавать угол, возвышать(ся); улучшать(ся)
elevated поднятый, приподнятый; высокий, повышенный; установленный под углом, имеющий угол возвышения; улучшенный
elevating подъем, поднятие; рост, увеличение; улучшение; ‖ поднимающий(ся), повышающий(ся), увеличивающий(ся); подъемный
e. capacity грузоподъемность
e. force подъемная сила

elevation 1. подъем, поднятие; рост, увеличение; возвышение, высота, отметка высоты; угол возвышения, угол места; 2. вертикальный разрез (на чертеже); вертикальная проекция; фасад; профиль
e. view вертикальная проекция; вид в вертикальном разрезе
angle of e. угол возвышения; высота светила
back e. вид сзади
front e. вид спереди; вертикальная проекция

rear e. вид сзади
sectional e. разрез, сечение, вид в разрезе
side e. вид сбоку, боковая проекция
wave e. профиль волны; ордината (высота) волны

elevator элеватор; лифт, подъемник; руль высоты
eleven одиннадцать
elevon элевон (комбинация элерона и руля высоты)
elicit извлекать; выявлять; делать вывод; добиваться (результата)
elicitation извлечение; выявление
eligibility приемлемость, годность
eligible приемлемый, годный; желательный
elimenable устранимый; исключаемый, элиминируемый
eliminate устранять; элиминировать; исключать (напр., неизвестные в системе уравнений); сокращать
elimination устранение; элиминация; исключение (неизвестных); сокращение
e. of hidden lines удаление невидимых линий (изображения)
e. by substitution исключение (неизвестных) способом подстановки
heat e. отвод теплоты
Gauss(ian) e. исключение Гаусса (по Гауссу)
noise e. подавление шумов (помех)
redundancy e. устранение избыточности; устранение (раскрытие) статической неопределимости (в строительной механике)
selective e. выборочное исключение (неизвестных)

ell колено (трубы); соединительный элемент, угольник, фитинг
ellipse эллипс, овал
e. of dispersion эллипс рассеивания
e. of errors эллипс погрешностей
e. of inertia эллипс инерции
elongated e. удлиненный (вытянутый) эллипс
(von) Mises e. эллипс Мизеса (на девиаторной плоскости)
polarization e. эллипс поляризации (вектора поля)
slender e. вытянутый (тонкий) эллипс
stress e. эллипс напряжений
yield e. эллипс текучести

ellipsoid эллипсоид
e. of gyration эллипсоид вращения
e. of inertia эллипсоид инерции
e. of revolution эллипсоид вращения, сфероид
central e. центральный эллипсоид
momental e. мгновенный эллипсоид
prolate e. удлиненный эллипсоид
stress e. эллипсоид напряжений

ellipsoidal эллипсоидальный

elliptic(al) эллиптический
　e. cylinder эллиптический цилиндр
　e. equation эллиптическое уравнение, уравнение эллиптического типа
　e. function эллиптическая функция
　e. point эллиптическая точка, точка эллиптичности
elongate удлиненный, вытянутый, растянутый; ‖ удлинять(ся), растягивать(ся); продлевать срок
elongation удлинение; растяжение, вытягивание; продление, продолжение
　e. at rupture относительное удлинение (образца) при разрыве
　e. test испытание на растяжение
　e. per unit length относительное (удельное) удлинение
　absolute e. абсолютное удлинение
　elasticity of e. упругость при растяжении
　extension e. удлинение от растяжения
　homogeneous e. однородное удлинение
　percentage (of) e. относительное удлинение (в процентах)
　permanent e. остаточное удлинение
　specific e. относительное удлинение
　ultimate e. предельное удлинение (напр. образца при растяжении)
　unit e. единичное удлинение; удельное удлинение
else другой; ‖ еще, кроме; иначе
　or else или же, иначе
elsewhere где-либо (куда-либо) еще, в другом месте
elucidate объяснять, проливать свет
elucidation разъяснение
emanate исходить, истекать; излучать; происходить (от чего-либо)
emanation истечение, излучение, испускание
embank защищать дамбой, насыпью; обносить валом; запруживать плотиной
embankment дамба, насыпь; набережная
　e. wall подпорная стенка
embed вкладывать, помещать, погружать(ся); вставлять(ся), встраивать(ся), заделывать; внедрять(ся), проникать
embeddability вложимость; встраиваемость
embedded вложенный; погруженный; встроенный, внутренний; заделанный
　e. crack внутренняя трещина (не выходящая на поверхность)
　e. flaws внутренние (скрытые) дефекты
　e. loops вложенные циклы (в программе)
embedding вложение, помещение (во что-либо); погружение; внедрение, проникновение; заделка; вставка; ‖ заключающий в себе, включающий в себя
　e. of reinforcement заделка арматуры
　e. theorem теорема вложения
　invariant e. инвариантное вложение (погружение)
　invariant e. method метод инвариантного погружения

embodiment 1. осуществление, воплощение; реализация; 2. конструктивное исполнение, вариант конструкции; 3. объединение, слияние
embody 1. воплощать, осуществлять; 2. заключать в себе; включать, объединять
emboss выбивать, выдавливать, чеканить; гофрировать
embow образовывать арку (свод)
embrace 1. включать, заключать в себе, содержать, охватывать; 2. принимать (напр. теорию); 3. избирать (напр. специальность, направление); 4. пользоваться (случаем, предложением)
embranchment ответвление, ветвь; разветвление
embrasure амбразура, проем, отверстие
embrittle делать хрупким (ломким), охрупчивать
embrittlement хрупкость, ломкость; придание (приобретение) хрупкости, охрупчивание
　ageing e. охрупчивание при старении
　hydrogen e. водородное охрупчивание
　irradiation e. радиационное охрупчивание
　temper e. охрупчивание в результате отпуска, отпускное охрупчивание
emerge выходить; возникать, появляться; выясняться
emergence 1. выход; возникновение, появление; 2. см. **emergency**
emergency непредвиденный случай; критическое положение; крайняя необходимость; авария; ‖ непредвиденный; критический, аварийный; запасной, вспомогательный
　e. apparatus запасной аппарат
　e. control запасное (аварийное) управление
　depressurization e. авария от разгерметизации
emersion появление, возникновение; всплытие (подводной лодки)
emery корунд, наждак
emery-cloth наждачное полотно, наждачная бумага
eminence высота; возвышенность
eminent высокий, высоко расположенный; выдающийся, знаменитый
emission выделение, излучение, эмиссия; распространение
　acoustic e. акустическая эмиссия
　heat e. выделение теплоты, тепловое излучение
　wave e. генерация (распространение) волн
　X-ray e. рентгеновское излучение
emissive выделяющий, выпускающий, излучающий
emissivity излучательная (эмиссионная) способность; коэффициент излучения; коэффициент черноты
emit испускать, излучать; выбрасывать, извергать
emittance см. **emissivity**

emitter источник, излучатель, эмиттер; генератор

emolliate размягчать

empennage хвостовое оперение

emphasis подчеркивание, выделение, акцент

    to make an emphasis особо подчеркивать, придавать особое значение чему-либо

    with great emphasis настоятельно

emphasize подчеркивать, выделять, акцентировать; придавать особое значение

empirical эмпирический, опытный, экспериментальный

    e. curve эмпирическая кривая, опытная зависимость

    e. data эмпирические данные, результаты эксперимента

    e. factor эмпирический коэффициент

    e. relation опытная (экспериментальная) зависимость, эмпирическое соотношение

emplacement установка на место; предназначение места

employ 1. нанимать; занимать (напр., чье-то время); 2. использовать, применять, употреблять

employment 1. работа, служба; 2. использование, применение

empower давать возможность (сделать что-либо)

empty пустой; незанятый, незаполненный; холостой, без нагрузки; || освобождать, очищать, опустошать

    e. set пустое множество

emptying опустошение, опорожнение, слив (жидкости)

emulate эмулировать, имитировать; моделировать

emulator эмулятор, имитатор

emulsion эмульсия

emulsive эмульсионный; маслянистый

enable 1. разрешать, давать возможность (право), позволять (сделать что-либо); включать, открывать; 2. приспосабливать, адаптировать

enact предписывать, вводить правило

enamel эмаль; глазурь; лак

encapsulant капсула, (непроницаемая) оболочка; герметизирующее вещество, герметик

encapsulate заключать в капсулу (оболочку), капсулировать; герметизировать

encapsulation заключение в капсулу (оболочку), капсулирование; герметизация; корпус, оболочка

encase упаковывать, помещать в оболочку, закрывать; включать (в себя), охватывать; обрамлять, окаймлять

encasement упаковка, оболочка, кожух, футляр; обшивка, облицовка; опалубка

enchiridion справочник, руководство

encircle окружать; делать круг

encirclement окружение

enclasp обхватывать, окружать

enclave включение, инклюзия; (внутренняя) зона, область

    plastic e. пластическое включение, зона пластичности

    rigid e. жесткое включение (вкрапление), жесткая инклюзия

enclose окружать, заключать, включать в себя, замыкать; закрывать, защищать; помещать в корпус

enclosed закрытый, замкнутый; защищенный, заключенный

    e. area замкнутая (ограниченная) область

    e. vessel закрытый сосуд

enclosed-type закрытого типа

enclosure 1. закрытие, замыкание, вложение; ограждение, отделение; замкнутая (отделенная) область, камера, полость; оболочка, корпус; 2. включение, инклюзия

encode кодировать, шифровать

encompass окружать, заключать, замыкать

encounter столкновение, соударение; появление непредвиденных трудностей; || сталкиваться; неожиданно встречаться, наталкиваться на трудности

encourage ободрять, поощрять, поддерживать

encouraging обнадеживающий, ободряющий

    e. results обнадеживающие результаты

encumber мешать, препятствовать

encumbrance препятствие, затруднение

encyclop(a)edia энциклопедия

encyclop(a)edic(al) энциклопедический

encyst образовывать оболочку, капсулу

end 1. конец, окончание; граница, край, предел; || конечный, концевой, краевой, граничный, предельный; последний; || заканчивать(ся), завершать(ся), прекращать(ся); 2. днище; торец; (концевая) опора; 3. цель; конечный результат; следствие; 4. аспект, сторона, грань; 5. оператор end (в языках программирования)

    to end up заканчивать(ся), прекращать(ся), обрывать(ся)

    end on в продольном направлении; концом вперед

    end to end непрерывно, один за другим; вплотную

    end up поставленный вертикально (прямо); концом вверх

    in the end в конечном счете; в заключение

    to that end с этой целью

    with this end in view с этой целью

    e. effect концевой (краевой) эффект

    e. elevation вид сбоку; вид с торца

    e. displacement перемещение конца (напр., балки), концевое смещение

    e. distortion концевое (краевое) искажение

    e. face торцевая поверхность, торец; лобовая поверхность

    e. load концевая (граничная) нагрузка

    e. plane торец, торцевая плоскость

    e. plate днище

e. position конечное (крайнее) положение
e. pressure опорное давление; осевое давление
e. problem краевая задача
e. reaction опорная реакция
e. result конечный результат
e. of segment конец отрезка
e. surface торцевая поверхность
e. thrust осевая тяга; осевое давление, распор
e. user конечный пользователь (потребитель)
e. of a vector конец вектора
e. view вид с торца; вид сбоку
abnormal e. аварийный останов, ненормальное завершение (программы)
abutting e. поверхность стыка; граничная поверхность; торец
ball e. шаровая головка; шаровая (сферическая) пята
clamped e. защемленный край (торец)
cutting e. режущая кромка
dead e. тупик
dished e. выпуклое днище
entry e. входная сторона, входное сечение
expansion e. подвижный конец (напр., балки)
face e. передняя (лобовая) поверхность; торец
flared e. расширяющийся конец, раструб
free e. свободный конец (край); подвижная опора
freely supported e. свободно опертый край
hinged e. шарнирно опертый (закрепленный) край; шарнирно присоединенный конец
leading e. передний (ведущий) конец, передняя кромка
pointed e. заостренный конец
trailing e. задний (следящий) конец
end-around круговой, повторяющийся, циклический
endeavo(u)r 1. попытка; стремление; ‖ пытаться, прилагать усилия; 2. область деятельности (науки)
ending конец; окончание, завершение; прерывание, разрыв; окантовка, окаймление; ‖ окончательный, заключительный; оканчивающий(ся), прерывающий(ся)
endless бесконечный; замкнутый; непрерывный
e. chain замкнутая цепь
endlong вдоль, в длину, в осевом (продольном) направлении, прямо; вертикально, отвесно
e. movement движение в осевом направлении
endo- (как компонент сложных слов) эндо-, внутри-
endochronic эндохронный
e. plasticity theory эндохронная теория пластичности

endogenous внутренний, эндогенный
endovibrator полый резонатор
end-to-end непрерывно, один за другим, вплотную
endurable выносливый, стойкий, долговечный, прочный
endurance 1. выносливость, стойкость; долговечность; длительная прочность; сопротивление усталости; износостойкость; 2. длительность, продолжительность; срок службы, (эксплуатационный) ресурс; 3. дальность (полета, плавания)
e. in bending выносливость при работе на изгиб
e. crack усталостная трещина
e. failure усталостный излом, усталостное разрушение
e. limit предел выносливости (усталости)
e. tension test испытание на выносливость при растяжении
e. test испытание на выносливость (усталость); испытание на долговечность; испытание на длительное нагружение
cold e. хладостойкость
heat e. теплостойкость, термостойкость
enduring долговечный, (износо)стойкий
endways концом вперед; вверх, вертикально, отвесно; вдоль
energetic интенсивный, насыщенный, обладающий большой энергией
energetics энергетика
energize сообщать энергию, питать; включать; возбуждать; пропускать ток
energized энергизированный, включенный, подключенный (к электросети); возбужденный; ускоренный, форсированный
energizer активизатор; ускоритель; возбудитель; генератор
vortex e. генератор вихрей
energy энергия
to acquire energy приобретать энергию
to convert energy превращать энергию
to extract energy отбирать (отводить) энергию; высвобождать энергию
to give off energy выделять (высвобождать) энергию
e. balance энергетический баланс
e. of bending энергия изгиба
e. bound граница (по) энергии; энергетическое ограничение
e. component составляющая энергии; активная составляющая
e. conservation law закон сохранения энергии
e. constant энергетическая постоянная
e. consumption потребление (расход, затрата) энергии
e. criterion энергетический критерий
e. density плотность (интенсивность) энергии
e. derivation вывод выражения (функционала) энергии; энергетический вывод

(напр., разрешающего уравнения); дифференцирование (функции) энергии
e. dissipation диссипация (рассеяние) энергии
e. distribution распределение энергии; энергетический спектр
e. equation уравнение энергии
e. error погрешность (значения) энергии; погрешность (решения) по энергии
e. estimation энергетическая оценка; вычисление (величины) энергии
e. to failure работа (необходимая для) разрушения
e. flow поток энергии
e. flux излучение энергии; поток энергии; интенсивность потока энергии
e. formulation энергетическая формулировка (постановка)
e. of fracture энергия разрушения
e. functional энергетический функционал, функционал энергии
e. gap перепад энергии; энергетический интервал
e. generation выработка энергии
e. inequality энергетическое неравенство
e. integral интеграл энергии
e. level энергетический уровень
e. method энергетический метод
e. of motion энергия движения, кинетическая энергия
e. output выделение энергии; выделенная (выработанная) энергия; (выходная) мощность; энергоемкость
e. principle энергетический принцип; принцип (экстремума) энергии
e. release высвобождение энергии
e. requirement потребная работа (энергия)
e. due rotation энергия вращательного движения
e. of rupture энергия разрыва
e. state энергетическое состояние
e. storage накопление энергии; аккумулятор энергии
e. surface энергетическая поверхность, потенциальный рельеф
e. thickness плотность энергии
e. transformation law закон превращения энергии
e. waste потери энергии
absorbed e. поглощенная энергия
available e. располагаемая энергия
binding e. энергия связи
bound e. связанная энергия
Charpy impact e. ударная вязкость по Шарпи
complementary e. дополнительная энергия (деформации)
complementary e. principle принцип (максимума) дополнительной энергии (деформации), принцип Кастильяно
convergence in e. сходимость по энергии

crack closure e. энергия закрытия трещины
crack propagation e. энергия, затрачиваемая на распространение трещины
deformation e. энергия деформации
distortion e. энергия формоизменения
elastic e. упругая энергия, энергия упругой деформации
exhaust e. энергия выхлопа
excitation e. энергия возбуждения, работа внешних сил
external force e. работа (энергия) внешних сил
fracture e. работа (энергия) разрушения
free e. свободная энергия
heat e. тепловая энергия
hydraulic e. гидравлическая энергия
impact e. энергия удара
input e. подводимая (потребляемая) энергия
integral e. суммарная (интегральная, полная) энергия
internal e. внутренняя энергия
kinetic e. кинетическая энергия
let-loose e. освобождаемая энергия
mechanical e. механическая энергия
minimum e. principle принцип минимума энергии
net e. чистая затрата энергии
potential e. потенциальная энергия
recoil e. энергия отдачи
radiant e. лучистая энергия
released e. высвобожденная энергия
resilience e. энергия упругости
rest e. энергия покоя
restored e. возвращенная энергия
shear e. энергия (деформации) сдвига
sound e. звуковая энергия
specific e. удельная энергия
stationary e. principle принцип стационарности энергии
stored e. накопленная энергия
strain e. (потенциальная) энергия деформации
striking e. энергия удара
surface-tension e. энергия поверхностного натяжения
tear e. энергия разрыва
thermal e. тепловая энергия
threshold e. пороговая энергия, энергетический порог
total e. полная энергия
uppermost e. верхняя граница энергии, максимальная энергия
volumetric e. объемная энергия; энергия элементарного (единичного) объема
enfold оборачивать; охватывать
enforce 1. оказывать давление, принуждать; требовать; 2. укреплять, подкреплять, усиливать
enforcement 1. давление, принуждение; требование (напр., о выполнении правил,

стандартов и т.п.); **2.** укрепление, усиление, подкрепление, армирование
   e. by ribs подкрепление ребрами (жесткости)
   e. of structure усиление (подкрепление, армирование) конструкции
enframe обрамлять, охватывать
engage включать; зацеплять(ся), сцеплять(ся), входить (вводить) в контакт; привлекать, вовлекать
engaged включенный; сцепленный
engagement включение; зацепление, сцепление, контакт
   e. surface поверхность зацепления (контакта)
engine машина; двигатель (внутреннего сгорания), двигательная установка, мотор; механизм, орудие, инструмент
   e. bed рама (станина) двигателя, (под)моторная рама; фундамент двигателя
   e. capacity мощность двигателя, объем (литраж) двигателя
   e. displacement объем (литраж) двигателя
   e. mount 1. см. **engine bed**; **2.** двигательная установка
   e. output мощность двигателя
   e. speed частота вращения двигателя
   aero e. авиационный двигатель
   air e. пневматический двигатель, компрессор
   automotive e. автомобильный двигатель
   booster e. стартовый двигатель
   combustion e. двигатель внутреннего сгорания
   cruise e. маршевый двигатель
   Diesel e. двигатель Дизеля, дизель
   explosion e. двигатель внутреннего сгорания
   four stroke e. четырехтактный двигатель
   in-line e. рядный двигатель
   jet e. реактивный двигатель
   piston e. поршневой двигатель
   ramjet e. прямоточный двигатель
   reciprocating e. поршневой двигатель
   steam e. паровая машина
   turbofan e. турбовентиляторный двигатель
   turbojet e. турбовинтовой двигатель
   water e. гидравлическая машина
   winding e. подъемная машина
engine-driven с приводом от двигателя
engineer инженер, механик; специалист в какой-либо технической области; || конструировать; сооружать
   civil e. инженер-строитель
   design e. инженер-конструктор
   field e. специалист по эксплуатации
   mechanical e. инженер-механик
   propulsion e. специалист по двигателям (силовым установкам)
   research e. инженер-исследователь

   software e. специалист по программному обеспечению, разработчик программного обеспечения
   structural e. инженер-конструктор; инженер-прочнист
engineering техника, технология; проектирование, конструирование; машиностроение; строительство; || технический, прикладной, технологический, машиностроительный, конструкционный
   e. analysis технический анализ, инженерный расчет
   e. applications технические применения (приложения)
   e. approach инженерный (технический) подход
   e. cybernetics техническая кибернетика
   e. data технические данные (характеристики)
   e. design инженерное проектирование, конструкторские расчеты; технический проект
   e. factors технические условия
   e. materials конструкционные материалы
   e. report технический отчет (доклад, сообщение)
   e. science техническая (прикладная) наука
   e. software программное обеспечение для решения технических задач
   e. strain условная ("инженерная") деформация; эффективная (приведенная) деформация
   e. survey инженерные изыскания
   aerospace e. аэрокосмическая техника
   aircraft e. авиационная техника; авиастроение
   automatic control e. техника автоматического управления, автоматика
   automotive e. автомобильная техника
   civil e. гражданское строительство; строительное дело; строительная техника
   computer aided e. (CAE) автоматизированное конструирование; автоматизированная подготовка производства; система автоматизированного конструирования
   computer aided software e. (CASE) автоматизированная разработка программного обеспечения
   development e. техническое развитие; рационализация в технике
   earthquake e. сейсмическая техника
   electrical e. электротехника
   electronics e. электроника
   human e. инженерная психология, учет субъективных (человеческих) факторов в технике; эргономика
   hydraulic e. гидротехника
   industrial e. промышленная технология; промышленное строительство
   mechanical e. машиностроение
   power e. энергетика

process e. технология, разработка технологии
reliability e. техника обеспечения надёжности
software e. технология программирования
solar e. гелиотехника
structural e. строительная техника (технология); проектирование (расчёты) конструкций
system e. системный анализ; системное проектирование; проектирование (больших) систем

enginery машины, механическое оборудование
engird опоясывать, охватывать
Engler unit градус Энглера (условной вязкости жидкости)
English 1. английский; 2. английский язык
engorgement люк, заливное (засыпное) отверстие
engrail нарезать резьбу; зазубривать
engulf поглощать
enhance усиливать(ся), повышать(ся), увеличивать(ся); усовершенствовать, улучшать
enhancement усиление, расширение, увеличение; совершенствование, модернизация
enjoin предписывать, требовать; запрещать
enlarge увеличивать(ся), расширять(ся), распространять(ся)
enlargement увеличение, рост, расширение, распространение
crack e. рост (распространение) трещины
image e. увеличение изображения
en masse в целом
enormous огромный
enormously значительно, несоизмеримо
enough достаточное количество; ‖ достаточный; ‖ достаточно, довольно
just enough достаточно, как раз
strangely enough как ни странно
surely enough без сомнения
enounce выражать, излагать; произносить
enquiry вопрос; запрос, опрос; исследование
enrich обогащать; улучшать
enrol(l) вносить в список, регистрировать(ся)
enroot укоренять, внедрять
en route 1. в пути, в полёте; по пути, по маршруту; 2. промежуточный
ensemble ансамбль; множество, совокупность; группа
ensue получаться в результате; следовать
to ensue from происходить от, следовать из
ensuing (по)следующий, будущий; вытекающий
in the ensuing years в последующие годы
ensure обеспечивать, гарантировать
entail влечь за собой, вызывать
enter 1. входить; 2. вводить (напр., данные); вписывать, вносить (в список); 3. начинать, приступать, браться за что-либо
enterprise предприятие

enthalpy энтальпия, теплосодержание
e. flux энтальпийный поток
e. of transition энтальпия (фазового) перехода
free e. свободная энтальпия (Гиббса)
specific e. удельная энтальпия, удельное теплосодержание
total e. полная энтальпия
entier целая часть (числа), антье
entire 1. целый; целостный; взятый в целом; полный; сплошной; совершенный, идеальный; 2. (единое) целое; полнота
e. function целая функция
e. system целостная система, система в целом
entirely полностью, совершенно; целиком
entirety полнота, цельность; итог, конечная сумма
entitle давать название, озаглавливать
entity 1. (целостный) объект; 2. единица, величина; 3. сущность; категория
e. generation формирование объектов
data e. информационный объект
whole e. целостный объект, единое целое
entrain уносить, вовлекать; забирать, подсасывать; захватывать
entrainment увлечение, унос; забор, подсос; захват
entrance вход; вхождение, вступление; право входа; входное устройство; входной участок, входное сечение; ‖ входной; вступительный
at entrance на входе, при входе
atmosphere e. вход в атмосферу
entrant входящий, вступающий
e. corner входящий угол
entrap захватывать, улавливать; задерживать
entrenchment траншея
entropy энтропия
e. balance баланс энтропии
e. rate коэффициент энтропии
e. of transition энтропия (фазового) превращения
e. per unit volume энтропия единицы объёма
communal e. общая (коллективная) энтропия
partial e. парциальная энтропия
total e. полная (суммарная) энтропия
entry 1. вход; вступление, вхождение, начало; 2. ввод (данных); введённые данные; 3. входное устройство, заборник; входной участок, входное сечение; 4. (отдельный) элемент, компонент; 5. статья, пункт, позиция (списка, таблицы)
e. condition начальное условие; условие на входе
e. list список, перечень
e. point точка входа
e. of signal вхождение (начало, поступление) сигнала
e. time начальный момент

diagonal e. диагональный элемент (напр., матрицы)
index e. элемент индекса
indexed e. индексированный элемент (напр., массива)
keyboard e. ввод с клавиатуры
latest e. последнее (вычисленное) значение; последний элемент (напр., списка)
nozzle e. входное сечение сопла
tree e. элемент древовидной структуры
entwine сплетать(ся), вплетать(ся); охватывать
enucleate выяснять, выявлять
enumerable счетный, перечислимый
enumerate перечислять, нумеровать
enumeration перечисление, нумерация; подсчет; перечень
full e. полное перечисление, полный перебор (вариантов)
enunciate объявлять; формулировать
enunciation объявление; формулировка
general e. общая формулировка
envelop оборачивать, обертывать; окружать; огибать
envelope 1. оболочка, обечайка, покрышка; боковая поверхность (напр., цилиндра); 2. огибающая (линия, поверхность)
e. curve огибающая кривая
e. velocity групповая скорость (распространения волны)
glass e. стеклянный баллон, колба
shock e. поверхность скачка уплотнения; система скачков уплотнения
working e. рабочий диапазон, зона обслуживания
enveloping surface огибающая поверхность
envelopment оболочка, покрышка
environ окружать
environment 1. (окружающая) среда, окружение; обстановка; рабочая среда, условия (эксплуатации); 2. окрестность
aquatic e. водная среда
computing e. вычислительная среда
constraint e. ограниченное (рабочее) пространство, стесненные условия
external e. внешняя среда, условия эксплуатации
field e. эксплуатационные (полевые) условия
gas-laden e. газонасыщенная среда
hostile e. агрессивная среда
humid e. влажная среда
laboratory e. лабораторные условия
man-made e. антропогенная (искусственная) среда
natural e. природная (естественная) среда
operational e. 1. операционная среда, операционная система; 2. условия эксплуатации
problem e. проблемная среда
run-time e. условия эксплуатации
standard e. нормальные условия
structured e. структурированная среда

support e. средства обеспечения
use e. условия использования (эксплуатации)
vacuum e. условия вакуума
environmental окружающий, внешний; вызванный внешними условиями
e. crack трещина от воздействия внешней среды
envisage предвидеть, предусматривать; рассматривать, исследовать
enwrap оборачивать, заворачивать, окружать
eolation выветривание
epicentre эпицентр
epicycle эпицикл
epicyclic эпициклический, планетарный
e. train эпициклическая (планетарная) передача
epicycloid эпициклоида
epoch эпоха, эра, период
epure эпюр(а), диаграмма; чертеж
e. of bending moments эпюра изгибающих моментов
e. of transverse forces эпюра поперечных (перерезывающих) сил
spatial e. пространственная эпюра
equability равномерность; уравновешенность
equable равномерный, ровный
equal равный; одинаковый; равносильный, эквивалентный; равновеликий; конгруэнтный, совпадающий; ‖ равняться, быть равным; уравнивать, приравнивать
to be equal равняться
equal and opposite равный по величине, но противоположный по знаку
e. angle iron равнобокое угловое железо, равнобокий уголок
e. events эквивалентные события
e. modulo 2 сравнимый по модулю 2
e. triangles равные (равновеликие, конгруэнтные) треугольники
respectively e. соответственно равный
equal-arm равноплечий
e. lever равноплечий рычаг
equality равенство; равносильность, эквивалентность; конгруэнтность, совпадение
e. of vectors равенство векторов
approximate e. приближенное равенство
continued e. цепочка равенств
numerical e. числовое равенство, равенство значений
sign of e. знак равенства
strict e. строгое (точное) равенство
equalization выравнивание, уравнивание; уравновешивание; компенсация; коррекция; стабилизация; снятие (внутренних) напряжений
phase e. выравнивание (стабилизация) фазы
equalize выравнивать, уравнивать; уравновешивать; компенсировать
equalizer выравниватель, уравнитель; компенсатор; балансир, коромысло, противовес; стабилизатор

equalizing выравнивание, уравнивание; уравновешивание, балансировка; компенсация; ‖ уравновешивающий, балансировочный; компенсирующий; поправочный (о коэффициенте)

equally одинаково, равно, в равной степени

equal-sized равновеликий, равных размеров

equal-spaced равноотстоящий, равноудалённый

   e. **nodes** равноотстоящие узлы

equate приравнивать, уравнивать; составлять уравнение, устанавливать равенство

equation уравнение; уравнивание; выравнивание

   to **satisfy** to equation удовлетворять уравнению

   to **set up** an equation составлять уравнение

   to **solve** an equation решать уравнение

   e. **of boundary** уравнение границы

   e. **of circle** уравнение окружности

   e. **of compatibility** уравнение совместности (неразрывности)

   e. **of continuity** уравнение неразрывности (непрерывности, сплошности, совместности)

   e. **of diffusion** уравнение диффузии

   e. **of equilibrium** уравнение равновесия

   e. **of motion** уравнение движения

   e. **operator** оператор уравнения

   e. **order** порядок (степень) уравнения

   e. **of pendulum** уравнение маятника

   e. **preconditioning** предобуславливание уравнения

   e. **residual** невязка уравнения

   e. **scaling** масштабирование уравнения

   e. **solvable for** уравнение, разрешимое относительно

   e. **solver** программа решения уравнений, программа - "решатель"

   e. **of state** уравнение состояния, закон (изменения) состояния

   e. **in stresses** уравнение в напряжениях (в терминах напряжений)

   e. **of tangent** уравнение касательной

   e. **of transfer** уравнение переноса

   e. **transform(ation)** преобразование уравнения

   e. **type** тип (вид) уравнения

   e. **unknowns** неизвестные, входящие в уравнение

adjoint e. присоединенное (сопряженное) уравнение

affected e. уравнение с неизвестными в разных степенях

algebraic e. алгебраическое уравнение

anisotropic constitutive e. уравнение состояния анизотропного тела

approximate e. приближенное уравнение (равенство)

approximating e. аппроксимирующее уравнение

assembled equations объединенные уравнения, система уравнений

Beltrami-Michell equations уравнения Бельтрами-Мичелла (совместности деформаций)

bending e. уравнение изгиба

Bernoulli e. уравнение Бернулли

biquadratic e. биквадратное уравнение

Blasius e. уравнение Блазиуса

Boolean e. булево (логическое) уравнение

boundary constraint e. уравнение связи на границе

boundary layer e. уравнение пограничного слоя

caloric e. калорическое уравнение

canonical equations of motion канонические уравнения движения (Гамильтона)

characteristic e. характеристическое уравнение

Clausius-Clapeyron e. уравнение (термодинамики) Клаузиуса-Клапейрона

comparison e. уравнение сравнения

compatibility equations уравнения совместности (деформаций); совместные уравнения

complex e. комплексное уравнение, уравнение с комплексными коэффициентами

conservation e. уравнение сохранения; уравнение неразрывности

consistent equations совместные уравнения

consistent with e. согласующийся с уравнением; удовлетворяющий уравнению

constitutive equations уравнения состояния (материала, среды), физические уравнения; определяющие уравнения

constrained e. уравнение со связями (ограничениями)

continual equations непрерывные (континуальные) уравнения

continuity e. уравнение неразрывности (непрерывности, сплошности)

convection-diffusion e. уравнение конвекции с диффузией

couple stress constitutive e. определяющее соотношение дел моментных напряжений

coupled equations связанные (сцепленные) уравнения; система уравнений

cubic e. кубическое уравнение, уравнение третьей степени

degenerated e. вырожденное уравнение

dependent e. зависимое уравнение

design e. расчетная формула

difference e. разностное уравнение, уравнение в (конечных) разностях

differential e. дифференциальное уравнение

differential-difference e. дифференциально-разностное уравнение

diffusion e. уравнение диффузии

diffusivity e. уравнение переноса

dimension of e. размерность уравнения

dimensionless e. безразмерное уравнение
Diophant e. диофантово уравнение
distortional e. уравнение дисторсии (формоизменения)
disturbed e. возмущенное уравнение
dual equations двойственные (парные) уравнения
Duffing e. уравнение Дуффинга
eigenvalue e. уравнение относительно собственных значений, характеристическое (вековое) уравнение
elastic constitutive e. уравнения состояния теории упругости
elliptic(al) e. эллиптическое уравнение, уравнение эллиптического типа
energy e. уравнение энергии
error e. уравнение погрешностей; формула погрешности
exponential e. показательное уравнение
field e. уравнение поля
finite element e. уравнение метода конечных элементов, конечноэлементное уравнение
first-order e. уравнение первого порядка (первой степени)
fitted e. подобранное (эмпирическое) уравнение
flapping e. уравнение махового движения
flow e. уравнение течения (потока), уравнение движения жидкости
frequency e. частотное уравнение
functional e. функциональное уравнение
generalized e. обобщенное уравнение
generating e. порождающее уравнение
Germain e. уравнение (Софи) Жермен (изгиба пластин)
governing e. основное (разрешающее) уравнение
heat conductivity e. уравнение теплопроводности
high-order e. уравнение высокого порядка (высокой степени)
hodograph e. уравнение годографа
homogeneous e. однородное уравнение
Hugoniot e. уравнение Гюгонио
hyperbolic-type e. уравнение гиперболического типа
ill-conditioned e. плохообусловленное уравнение
imaginary e. уравнение с мнимыми коэффициентами
impulse-momentum e. уравнение количества движения
incompatible equations несовместные уравнения
incremental e. уравнение в приращениях, инкрементальное уравнение
independent equations независимые уравнения
indicial e. 1. уравнение с индексами; уравнение относительно индексов; 2. определяющее уравнение

inhomogeneous e. неоднородное уравнение
integral e. интегральное уравнение
integral-differential e. интегрально-дифференциальное уравнение
integration of e. интегрирование (дифференциального) уравнения
irrational e. иррациональное уравнение
joint e. уравнение (равновесия) узла
(von) Karman plate equations уравнения (больших прогибов) пластин фон Кармана
kinematical equations уравнения кинематики, уравнения (механического) движения
kinetic e. кинетическое уравнение, уравнение кинетики (движения, развития, эволюции)
Lagrange e. of second type уравнение Лагранжа второго рода
Lame equations уравнения Ляме (уравнения упругого равновесия в перемещениях)
Laplace e. уравнение Лапласа
left-hand side of e. левая часть уравнения
likelihood e. уравнение правдоподобия
linear e. линейное уравнение, уравнение первой степени
linearized e. линеаризованное уравнение
literal e. уравнение с буквенными коэффициентами
logarithmic e. логарифмическое уравнение
low-order e. уравнение низкого порядка (низкой степени)
Mathieu e. уравнение Матье
matrix e. матричное уравнение
mixed e. смешанное уравнение, уравнение смешанного типа
moment(al) e. уравнение моментов; уравнение (деформирования) с учетом изгиба (моментности)
momentum e. уравнение количества движения
multigrade e. многостепенное уравнение
natural e. of a curve натуральное уравнение кривой
Navier e. of equilibrium уравнение равновесия Навье
Navier-Stokes equations уравнения Навье-Стокса
Newton equations уравнения Ньютона
nondimensional e. безразмерное уравнение
nonhomogeneous e. неоднородное уравнение
non-Hookian e. негуковское уравнение (состояния упругого тела)
nonlinear e. нелинейное уравнение
nonsolvable e. неразрешимое уравнение
normal e. нормальное (каноническое) уравнение; нормированное уравнение
octic e. уравнение восьмой степени (восьмого порядка)
ordered equations упорядоченные уравнения

ordinary differential e. (ODE) обыкновенное дифференциальное уравнение (ОДУ)
original e. исходное уравнение
overdetermined e. переопределенное уравнение
parabolic e. параболическое уравнение, уравнение параболического типа
parametric e. параметрическое уравнение, уравнение с параметром
parametrized e. параметризованное уравнение
partial differential e. (PDE) дифференциальное уравнение в частных производных
performance e. характеристическое уравнение
perturbed e. возмущенное уравнение
physical e. физическое уравнение, уравнение физического состояния
plane stress equations уравнения плоского напряженного состояния
Poisson e. уравнение Пуассона
polar e. уравнение в полярных координатах; уравнение поляры
polynomial e. полиномиальное (степенное) уравнение
potential e. уравнение потенциала
power e. степенное уравнение
quadratic e. квадратное уравнение, уравнение второй степени
quartic e. уравнение четвертой степени
quasi-linear e. квазилинейное уравнение
quintic e. уравнение пятой степени
radical e. уравнение в радикалах
reciprocal e. возвратное уравнение
recursion e. рекурсивное равенство
reduced e. приведенное (редуцированное) уравнение
reducible e. приводимое уравнение
redundant e. уравнение для лишних неизвестных (в строительной механике); избыточное уравнение; уравнение, содержащее посторонние корни
regression e. уравнение регрессии
related equations связанные уравнения; система уравнений
resultant e. результирующее уравнение; уравнение результанта
resulting e. результирующее (разрешающее) уравнение
retarded e. уравнение запаздывающего типа (с запаздывающим аргументом)
Reynolds e. уравнение Рейнольдса
right-hand side of e. правая часть уравнения
rigid e. жесткое уравнение
root of e. корень уравнения
Saint-Venant compatibility equations уравнения совместности деформаций Сен-Венана
secular e. вековое (характеристическое) уравнение, уравнение для собственных значений
self-adjoint e. самосопряженное уравнение
set of equations система уравнений
shallow water e. уравнение мелкой воды
simple e. линейное уравнение с одним неизвестным
simultaneous equations совместные (рассматриваемые совместно) уравнения; система уравнений
single-degree-of-freedom e. уравнение (системы) с одной степенью свободы
solution of e. решение уравнения
spectral e. уравнение для определения (собственного) спектра, характеристическое уравнение
square e. квадратное уравнение
static e. уравнение статики (равновесия), статическое уравнение
steady-state e. уравнение для установившегося режима, стационарное уравнение
stiff e. жесткое уравнение
stress constitutive e. определяющее соотношение для напряжений
stress equilibrium e. уравнение равновесия в напряжениях
stress field e. уравнение поля напряжений
system of equations система уравнений
transcendental e. трансцендентное уравнение
transient e. уравнение переходного режима (процесса), нестационарное уравнение
transport e. уравнение переноса
three-moment e. уравнение трех моментов
Tricomi e. уравнение Трикоми
trigonometric e. тригонометрическое уравнение
trim e. уравнение равновесия
uncoupled equations несвязанные уравнения (не объединенные в систему)
underdetermined e. недоопределенное уравнение
variational e. вариационное уравнение, уравнение в вариациях
vectorial e. векторное уравнение
wave e. волновое уравнение
working e. рабочее (разрешающее) уравнение, рабочая формула
equator экватор
celestial e. небесный экватор
equatorial экваториальный
e. moment of inertia экваториальный момент инерции
e. plane плоскость экватора
equi- (как компонент сложных слов) равно-, экви-, изо-; выражает: 1) равенство, приравнивание; 2) постоянство, сохранение
equiangular равноугольный; сохраняющий углы (об отображении), изогональный
e. spiral логарифмическая спираль
equibalance равновесие; ‖ уравновешивать

equibiaxial равномерный в двух направлениях
   e. stress равномерное двухосное напряжённое состояние
equidirectional равнонаправленный
equidistant 1. равноудалённый, равноотстоящий, эквидистантный; 2. эквидистанта
   e. line эквидистанта, равноудалённая линия
   e. projection проекция, сохраняющая расстояния
equilateral равносторонний
   e. triangle равносторонний треугольник
equilibrant уравновешивающий
   e. force уравновешивающая сила
equilibrate приводить в равновесие, уравновешивать, балансировать
equilibrating уравновешивание, балансировка; ‖ уравновешивающий; балансировочный
   e. load уравновешивающая нагрузка, балансировочный груз
equilibrious находящийся в равновесии, равновесный
equilibrium равновесие; уравновешенность, баланс; положение равновесия; ‖ равновесный, уравновешенный, сбалансированный
   to be in equilibrium находиться в равновесии
   to get into equilibrium приходить в равновесие
   e. condition условие равновесия, уравнение равновесия
   e. configuration равновесная конфигурация, равновесное положение
   e. crack равновесная трещина
   e. deformation model равновесная модель деформирования (модель, построенная методом сил)
   e. element равновесный (конечный) элемент; элемент, находящийся в равновесии; конечный элемент, построенный методом сил
   e. equation уравнение равновесия
   e. figures фигуры равновесия
   e. of forces равновесие сил (усилий)
   e. mode равновесная форма (мода)
   e. model равновесная модель, модель (расчётная схема), построенная по методу сил (в строительной механике); модель равновесия
   e. polygon (замкнутый) многоугольник сил
   e. problem задача о равновесии
   e. residual невязка (уравнений) равновесия
   e. stress field равновесное поле напряжений
   e. of torques равновесие моментов
   adiabatic e. адиабатическое равновесие
   approximate e. приближённое равновесие
   boundary force e. равновесие граничных усилий
   buoyant e. равновесие плавучести
   convective e. конвективное равновесие
   displacements e. equations уравнения равновесия в перемещениях
   dynamic e. динамическое равновесие
   edge e. равновесие на краю (грани)
   elastic e. упругое равновесие
   elemental e. равновесие элемента
   flight e. установившийся режим полёта
   heat e. тепловое равновесие, тепловой баланс
   incremental e. равновесие на шаге
   indifferent e. безразличное равновесие
   kinetic e. кинетическое равновесие
   labile e. неустойчивое равновесие
   mass e. равновесие масс
   mobile e. подвижное (динамическое) равновесие
   neutral e. нейтральное (безразличное) равновесие
   nodal e. равновесие в узлах
   overall e. общее равновесие
   pressure e. равновесное давление
   stable e. устойчивое равновесие
   static e. статическое равновесие
   stress e. equations уравнение равновесия в напряжениях
   thermal e. тепловое равновесие
   transient e. переходное равновесие, подвижное (динамическое) равновесие
   true e. точное равновесие; устойчивое равновесие
   unstable e. неустойчивое равновесие
equimultiples числа с общими множителями
equip оборудовать, оснащать, снаряжать
equipartition разбиение (разделение) на равные части; равномерное распределение
equipment оборудование; аппаратура; приборы; установка, устройство; арматура
   industrial e. промышленное оборудование
   metering e. измерительная аппаратура
equipoise равновесие, положение равновесия; противовес; ‖ уравновешивать
equipollent равнозначный, равноценный; равнодействующий, результирующий
   e. couple результирующий момент
   e. vectors равные векторы
equiponderant 1. равный по весу; 2. состояние равновесия
equiponderate уравновешивать, компенсировать вес, быть равным по весу; служить противовесом
equipotential 1. эквипотенциальный, одного потенциала, равного уровня; 2. эквипотенциал, линия (поверхность) уровня
   e. line эквипотенциальная линия, линия уровня, изолиния
equipping оборудование, оснащение
equispaced равномерно расположенный, расположенный с равным шагом; равномерно распределённый
   e. nodes равномерно расположенные узлы (сетки)
equivalence эквивалентность, равносильность, равнозначность
   e. relation отношение эквивалентности

e. statement оператор эквивалентности (в языках программирования)
e. table таблица эквивалентности, переводная таблица (напр., мер)

equivalency см. equivalence

equivalent 1. эквивалентный, равносильный, равнозначный; приведенный, эффективный; 2. эквивалент
e. formulations эквивалентные (равнозначные) формулировки
e. length эффективная (приведенная) длина
e. stress эквивалентное (эффективное, обобщенное) напряжение, интенсивность напряжений
e. by symmetry эквивалентный в силу симметрии
load e. эквивалент нагрузки
mechanical e. of heat механический эквивалент теплоты
statically e. статически эквивалентный

equivocal неоднозначный; сомнительный; неопределенный

equivocation неоднозначность; неопределенность

eradiate излучать, испускать (лучи)

erasable стираемый, удаляемый, исправляемый

erase стирать, удалять (напр., запись), вычеркивать, разрушать (информацию)

erasure стирание, удаление, разрушение (информации)

Eratosthenes sieve решето Эратосфена (алгоритм поиска простых чисел)

erect прямой, вертикальный, перпендикулярный; поднятый; || сооружать, устанавливать, монтировать; поднимать, выпрямлять; восстанавливать (гироскоп)
to erect a perpendicular восставлять перпендикуляр

erecting сооружение, возведение, установка, сборка, монтаж
e. drawing сборочный (рабочий) чертеж

erection 1. сооружение, возведение; сборка, установка, монтаж; выпрямление; восстановление (гироскопа); 2. надстройка (напр., на судне)
e. stress сборочное (монтажное) напряжение

erf (error function) функция ошибок; интеграл (вероятности) ошибок

erg эрг (единица работы)

erode эродировать, разъедать, разрушать; выветривать, вымывать

erosion эрозия, разъедание, разрушение; выветривание, размывание
cavitation e. кавитационная эрозия

erosive эрозивный, эрозионный, вызывающий эрозию; выветривающий, размывающий

err ошибаться, заблуждаться

errata (лат.) (мн.ч. от erratum); список опечаток

erratic беспорядочный, неупорядоченный; изменчивый, неустойчивый

erratum опечатка, описка

erroneous ошибочный, неправильный, ложный

error ошибка; погрешность; искажение; отклонение, уклонение, рассогласование
to accumulate errors накапливать погрешности
to be in error заблуждаться, ошибаться; быть неправильным, ошибочным; давать (содержать) ошибку, погрешность
to introduce an error вносить погрешность
to negate errors исключать (компенсировать) погрешности
to reduce an error уменьшать погрешность
e. bound граница погрешностей
e. of calculation погрешность расчета
e. of closure невязка
e. code код (признак, обозначение) ошибки
e. correction исправление ошибок, внесение поправок
e. criterion критерий погрешности; признак ошибки
e. cumulation накопление погрешностей
e. in deformations погрешность (определения) деформаций
e. estimation оценка погрешности
e. of estimation погрешность оценки
e. estimator формула (алгоритм, программа) оценки погрешности
e. in frequency ошибка по частоте
e. function (erf) функция ошибок; интеграл (вероятности) ошибок
e. integral интеграл ошибок
e. of lumping погрешность дискретизации (замены распределенных параметров сосредоточенными); погрешность приближения
e. measure мера погрешности
e. of measurement погрешность измерения
e. of modelling погрешность моделирования
e. of observation погрешность наблюдения
e. of significance существенная погрешность
e. of solution погрешность решения
e. term выражение погрешности, остаточный член (напр., ряда)
e. tolerance допустимый предел погрешности
e. value величина погрешности
e. variance дисперсия ошибок
absolute e. абсолютная ошибка (погрешность), абсолютная величина погрешности
acceptable e. приемлемая погрешность
accidental e. случайная (несистематическая) ошибка
accumulated e. накопленная (суммарная, общая) ошибка

accumulative e. накапливаемая погрешность
actual e. фактическая погрешность
additive e. аддитивная (суммируемая) погрешность
admissible e. допустимая ошибка
ambiguity e. ошибка (погрешность) вследствие неоднозначности; ошибка за счет неустойчивой работы
appreciable e. грубая (явная) ошибка
approximation e. погрешность аппроксимации
assigned e. заданная величина (оценка) погрешности
backward e. analysis обратный анализ погрешностей
balanced e. скомпенсированная ошибка
balancing e. компенсирующая ошибка; погрешность уравновешивания
basic e. основная погрешность
bias e. отклонение (напр., от точного значения); систематическая ошибка (погрешность); ошибка наведения
biased e. постоянная (систематическая) ошибка
calibration e. ошибка градуировки (тарировки)
chance e. случайная (несистематическая) ошибка
combined e. суммарная ошибка
computational e. погрешность вычислений
constant e. постоянная погрешность; систематическая ошибка
construction e. конструктивная ошибка; ошибка монтажа
contributory e. внесенная погрешность
control e. ошибка управления (регулирования)
correlated errors коррелированные ошибки
cumulative e. накопленная (суммарная) погрешность
data e. ошибка (погрешность) в данных
design e. ошибка проектирования
detected e. обнаруженная ошибка
displacement e. погрешность (определения) перемещений
distance e. ошибка определения расстояния (длины)
downward e. ошибка в меньшую сторону
ellipse of errors эллипс погрешностей
energy e. погрешность (значения) энергии; погрешность (решения) по энергии
energy e. estimation энергетическая оценка погрешности
estimated e. расчетная погрешность, оценка погрешности
extent of e. интервал (изменения) погрешности; величина погрешности
extreme e. предельная (предельно допустимая) погрешность
fatal e. критическая ошибка
fixed e. постоянная погрешность; систематическая ошибка

geometrical e. геометрическая погрешность; дефект формы
gross e. грубая ошибка
guidance e. ошибка наведения
human e. субъективная ошибка
inbound e. погрешность в заданных пределах
indication e. ошибка отсчета, погрешность прибора
individual e. составляющая погрешности
inherent e. внутренняя ошибка, собственная (неустранимая) погрешность
initial e. исходная ошибка; начальная погрешность; погрешность в исходных данных
input e. ошибка на входе; погрешность исходных данных; ошибка ввода
instrument(al) e. инструментальная ошибка, погрешность измерения
integral e. общая (интегральная, суммарная) погрешность, интегральная оценка погрешности
integrated e. суммарная (полная) погрешность; проинтегрированная погрешность
integration e. погрешность (численного) интегрирования
intolerable e. недопустимая погрешность
intrinsic e. собственная (внутренняя) ошибка, неустранимая погрешность
limiting e. предельная погрешность, предел точности
linear e. линейная ошибка, погрешность линейных измерений
local e. локальная погрешность
long-term e. накопленная погрешность
marginal e. выход за допустимые пределы
maximum e. максимальная (предельная) ошибка
mean-square e. среднеквадратичная погрешность
measuring e. ошибка измерения
mismatch e. ошибка рассогласования
momentary e. мгновенное (текущее) значение погрешности
negligible e. незначительная погрешность
nominal e. номинальная погрешность
nonreducible e. неуменьшаемая погрешность
nonsampling e. постоянная (систематическая) ошибка
norm of e. норма погрешности
numerical e. числовая погрешность
observation e. ошибка наблюдения (измерения)
optimistic e. заниженная погрешность
output e. ошибка на выходе; погрешность выходной величины, погрешность результата
overall e. полная (суммарная) погрешность
permissible e. допустимая погрешность
pessimistic e. завышенная погрешность
pointwise e. estimation поточечная оценка погрешности

position e. погрешность определения местоположения
prediction e. ошибка прогноза
probable e. вероятная ошибка
program e. ошибка в программе, программная ошибка
propagation e. распространяющаяся ошибка; накапливающаяся погрешность
quiet e. скрытая ошибка
random e. случайная (несистематическая) ошибка
reasonable e. допустимая погрешность
recoverable e. исправимая ошибка
relative e. относительная погрешность
removable e. устранимая погрешность
residual e. остаточная погрешность, невязка
response e. погрешность решения
resultant e. полная (суммарная) погрешность, результирующая погрешность
root-mean-square e. среднеквадратичная ошибка
roundoff e. ошибка округления
run-time e. ошибка при выполнении (программы)
sampling e. ошибка выборки, ошибка выборочного обследования; ошибка дискретизации
scale e. ошибка на деление шкалы
sequence e. нарушение порядка
significant e. существенная ошибка, значительная погрешность
single e. одиночная ошибка
solid e. постоянная (устойчивая) ошибка
source e. начальная погрешность
specified e. заданная погрешность; вычисленная погрешность
standard e. среднеквадратическая погрешность
static e. статическая (постоянная) погрешность
steady-state e. постоянная (стационарная) погрешность
stored e. накопленная (суммарная) погрешность
syntactical e. синтаксическая ошибка
systematic e. систематическая (постоянная) ошибка
theoretical e. погрешность теории; теоретическая (предсказанная) погрешность
threshold e. граница ошибки, допустимый предел погрешности
total e. общая (интегральная, суммарная) погрешность
transient e. нерегулярная (несистематическая) ошибка
trial-and-e. method метод проб и ошибок
true e. истинная погрешность
truncation e. ошибка округления, ошибка отбрасывания (напр., остаточного члена ряда)
typing e. опечатка

unbiased e. случайная (несистематическая) ошибка
uncompensated e. нескомпенсированная ошибка
unrecoverable e. неисправимая ошибка
unsuspected e. неучтенная погрешность
vector of errors вектор погрешностей
yaw e. отклонение по курсу
zero e. нулевая погрешность
zero-setting e. ошибка установки нуля (прибора)
error-free безошибочный; не содержащий погрешности, точный
eructate извергать(ся), выбрасывать
eructation извержение (вулкана), выброс
erudite ученый; эрудит; || эрудированный
escalate расширять, увеличивать, поднимать
escalation расширение, увеличение, подъем
escalator эскалатор, подъемник
escape выход, уход; выпуск, утечка; выпускное устройство (отверстие); выделение (газа, жидкости); вылет, отрыв; || уходить, выходить; выпускать, вытекать; давать утечку; просачиваться; выделяться (о газе, жидкости); вылетать, отрываться
  e. character символ выхода (перехода); символ управляющей последовательности
  e. sequence управляющая последовательность (символов)
  e. velocity вторая космическая скорость; скорость отрыва
  gas e. утечка газа
  emergency e. аварийный выход
escapement выход, переход; выпуск, утечка; выпускное (разгрузочное) устройство; выходной люк
escarp откос, крутая насыпь; || делать откос
escribe описывать (напр., окружность)
especial особый, специальный
especially особенно; главным образом
espouse поддерживать (напр., идею)
espy заметить, увидеть; (неожиданно) обнаружить
esquisse эскиз, набросок
essay проба, опыт, попытка; || испытывать; пытаться
essence 1. сущность; 2. существование
  in essence в сущности, по существу
  of the essence существенно
essential 1. важный, существенный; неотъемлемый; 2. сущность; неотъемлемая часть
  to be essential быть важным, иметь существенное значение
  it is essential that необходимо (важно), чтобы
  e. part неотъемлемая часть
  e. result важный результат
  e. singularity существенная (неустранимая) особенность
  e. unit существенная единица (измерения)

    e. variable основная (независимая) переменная
essentiality сущность; существенность, важность
essentially по существу, в основном; существенно, значительно
essentials (мн.ч. от essential); основы, основные положения
establish 1. основывать, создавать, порождать, строить (напр., модель); 2. устанавливать (факт), определять, подтверждать, доказывать (напр., теорему)
    to establish the equation вывести уравнение
established 1. основанный, созданный; 2. установленный, определенный, доказанный; 3. устоявшийся, привычный; неизменный
    e. fact установленный факт
    e. practice устоявшаяся практика
establishment 1. предприятие, организация, учреждение; 2. создание, образование; 3. установление, подтверждение
    the establishment of this fact установление этого факта
    research establishments исследовательские организации
estimable допускающий оценку, оцениваемый
estimate значение; (приближенный) подсчет; ‖ оценивать, давать оценку; (приближенно) вычислять, подсчитывать
    to form an estimate оценивать, составлять мнение
    at least estimate по низшей оценке, минимально
    e. from below оценка снизу
    admissible e. допустимая оценка
    amended e. уточненная оценка
    a priori e. априорная оценка
    asymptotic e. асимптотическая оценка
    biased e. смещенная оценка
    conservative e. консервативная оценка; осторожная оценка
    consistent e. состоятельная оценка; согласованная оценка
    efficient e. эффективная оценка
    error e. оценка погрешности
    improved e. уточненная (улучшенная) оценка
    least-squares e. оценка по методу наименьших квадратов
    meaningful e. значимая оценка
    optimal e. оптимальная (неулучшаемая) оценка
    optimistic e. оптимистическая оценка, заниженная оценка погрешности
    overall e. полная (суммарная) оценка; всесторонняя оценка
    preliminary e. предварительная оценка
    upper e. верхняя оценка, верхний предел оценки; оценка сверху
    weighted e. взвешенная оценка
estimated оцененный, вычисленный; расчетный, предполагаемый, теоретический
    e. flow теоретический расход
    e. performance теоретическая (расчетная) производительность
    e. value расчетное значение, оценка
estimating оценка, оценивание; подсчет, (приближенное) вычисление, нахождение; ‖ оценивающий; оценочный, приблизительный; теоретический
    e. equation уравнение оценки
    e. value оценочное значение
estimation оценка; оценивание, подсчет, (приближенное) вычисление; анализ; суждение, мнение
    absolute e. абсолютная оценка
    approximate e. приближенная оценка
    best e. наилучшая оценка
    chi-square e. оценка (оценивание) по критерию хи-квадрат
    energy e. энергетическая оценка; вычисление (величины) энергии
    integral e. интегральная (общая, суммарная) оценка; оценка в виде интеграла
    pointwise e. поточечная оценка
    qualitative e. качественная оценка
    sample e. оценка по выборке; выборочное оценивание
    spectral e. спектральная оценка, оценка по спектру; оценка (чисел) спектра
    stiffness e. оценка (вычисление, измерение) жесткости; оценка по жесткости
    theoretical e. теоретическая оценка, теоретическое значение
estimator оценка (как значение, величина); алгоритм (программа) оценки, оценочная формула (функция)
estuary устье реки, дельта, эстуарий
et al. (et alii) (лат.) и другие
etc. (et cetera) (лат.) и так далее
etch травление, протравливание; ‖ травить, протравливать
etching травление, вытравливание
eternal неизменный, непреложный
ether эфир
et seq. (et sequentia) (лат.) и последующие
Euclid Евклид (Эвклид)
Euclidean (Euclidian) Евклида, евклидов
    E. geometry евклидова геометрия
    E. postulate постулат Евклида
    E. space евклидово пространство
    E. weighted norm взвешенная евклидова норма
Euler Эйлер
    E. angles углы Эйлера
    E. buckling потеря устойчивости по Эйлеру
    E. circuit контур Эйлера (в теории графов)
    E. column стойка Эйлера
    E. equations of hydrodynamics уравнения гидродинамики Эйлера
    E. strain tensor тензор деформаций Эйлера
    E. substitution подстановка (замена переменных) Эйлера

Eulerian Эйлера, эйлеров, по Эйлеру
  E. coordinates эйлеровы координаты; эйлерова (пространственная) система отсчета
  E. representation эйлерово описание, пространственное описание; модель Эйлера
  E. stability устойчивость по Эйлеру
  E. variables эйлеровы переменные

evacuate удалять, эвакуировать; опорожнять; откачивать (воздух), создавать разрежение

evacuated разреженный, вакуумный, пустотный

evacuation удаление, эвакуация; опорожнение; создание разрежения

evade уклоняться, обходить, избегать; не поддаваться (напр., определению)

evaluate оценивать, вычислять, (количественно) определять, получать, выражать в числах

evaluation оценка; оценивание; вычисление, определение (значения), расчет
  e. of finite element вычисление матриц конечного элемента; оценка (эффективности) конечного элемента
  e. of structure оценка (расчет) конструкции
  e. test аттестационные испытания
  e. of unknowns определение неизвестных
  benchmark e. контрольная (аттестационная) оценка, оценка на тесте
  cost-benefit e. оценка эффективности затрат
  elementwise e. поэлементное оценивание, последовательные вычисления (для) элементов
  engineering e. инженерная оценка
  explicit e. явная оценка; вычисление по явной формуле
  experimental e. опытная оценка; экспериментальное оценивание
  forecast e. оценка предсказания (прогноза)
  formula e. вычисление по формуле
  numerical e. численная оценка; (приближенное) вычисление
  qualitative e. качественная оценка
  strain e. оценка (вычисление) деформации
  theoretical e. теоретическая оценка; теоретический расчет

evaluator 1. формула (алгоритм) оценки, оценочная функция; 2. анализатор; измерительное устройство; 3. эксперт

evanesce становиться (весьма) малым, исчезать; сглаживаться

evanescence исчезновение, (резкое) уменьшение

evanescent исчезающий; приближающийся к нулю, малый

evaporant 1. испаряющийся; 2. испаряющееся (испаряемое) вещество

evaporate испарять(ся), выпаривать(ся), сгущать (выпариванием); напылять

evaporation испарение, парообразование, выпаривание; напыление

evaporative испаряющий, парообразующий

evaporator испаритель

evasion уклонение, обход; маневрирование

evasive обходной; неуловимый

even 1. четный; 2. ровный, гладкий; равномерный, монотонный, находящийся на одном уровне; || выравнивать (напр., поверхность), сглаживать; уравновешивать; || ровно; как раз, точно; 3. даже
  even as как раз
  even if даже если
  even so даже при этом; в таком случае
  even though хотя бы; но хотя
  e. fracture гладкий (мелкозернистый) излом
  e. function четная функция
  e. harmonic четная гармоника
  e. load равномерная (равномерно распределенная) нагрузка
  e. movement равномерное движение
  e. node четная вершина (графа)
  e. number четное число
  e. parity проверка на четность, контроль четности
  e. permutation четная подстановка

evenly ровно, поровну; одинаково; равномерно
  e. distributed равномерно распределенный

evenness 1. четность; 2. ровность, гладкость; равномерность; плоскостность
  surface e. гладкость поверхности; плоскостность

event 1. событие; явление; факт; ситуация; случай; исход, результат; авария, сбой; 2. такт (двигателя); 3. волна; вступление волны
  at all events в любом случае, во всяком случае
  in the event of в случае (чего-либо)
  e. time время (наступления) события
  antecedent e. предшествующее событие
  antithetic events несовместные (взаимоисключающие) события
  arrest e. факт остановки (напр., трещины)
  basic e. базисное (основное) событие
  certain e. достоверное событие
  compatible events совместимые (совместные) события
  elastic e. упругое соударение
  equal events эквивалентные события
  exclusive events взаимоисключающие (несовместные) события
  file e. обращение к файлу
  incompatible events несовместимые события
  independent events независимые события
  likely e. вероятное событие
  null e. событие с нулевой вероятностью
  predecessor e. предшествующее событие
  primary e. основное (первичное) событие
  random e. случайное событие

reflected e. вступление отраженной волны
simple e. элементарное событие
sure e. достоверное событие
weather e. метеорологическое явление
eventual 1. возможный; 2. конечный, окончательный
eventuality возможность, возможный случай; случайность
eventually в конечном счете, в результате; со временем
eventuate кончаться, разрешаться; являться результатом; возникать, случаться
ever всегда; когда-либо
  ever since с тех пор (как), с момента
  ever so 1. очень, намного, гораздо; 2. как бы ни
  as ever как только
  for ever навсегда
  hardly ever почти никогда; редко
  if ever если вообще (имеет место)
everfrost вечная мерзлота
ever-increasing постоянно возрастающий
everlasting постоянный, длительный; стойкий, прочный, долговечный
evert выворачивать (наружу)
every каждый; всякий, все
  to exert every effort прилагать все усилия
  every bit во всех отношениях; совершенно, полностью
  every time всегда; когда бы ни, каждый раз
  every way во всех отношениях; во всех направлениях
everybody каждый, всякий (человек); все
everyday ежедневный; повседневный, обычный
everyone см. **everybody**
everywhere везде, всюду
evidence очевидность; данные, информация; довод, основание; признак; доказательство; ǁ свидетельствовать; доказывать, подтверждать
  to bear evidence to свидетельствовать о чем-либо
  to give evidence приводить доказательства, свидетельствовать
  to show evidence for иметь признаки чего-либо, доказывать что-либо
  as evidenced by о чем свидетельствует
  in evidence очевидный, заметный
  cumulative e. совокупность данных (признаков, показаний)
  experimental e. экспериментальные данные; экспериментальное подтверждение
  expert e. экспертная оценка
  extensive e. большое количество данных
  theoretical e. теоретические данные
evident очевидный, явный, ясный
  it is evident that очевидно, что
evidential основанный на очевидности; доказательный
evidently очевидно; ясно, несомненно
evince проявлять, показывать; доказывать
evincible доказуемый

evincive доказывающий; доказательный
eviscerate лишать содержания, выхолащивать
evolute эволюта
evolution 1. развитие, эволюция; изменение (во времени); 2. эволюция, маневр (летательного аппарата); 3. развертывание; 4. выделение (напр., теплоты, газа), образование; 5. извлечение корня
  gas e. выделение газа
evolutional эволюционный; нестационарный, неустановившийся
evolutionary см. **evolutional**
evolve 1. развиваться, эволюционировать, изменяться (во времени); развивать, разрабатывать; 2. возникать, появляться; 3. развертывать(ся), разворачивать(ся); 4. выделять (напр., теплоту, газ), образовывать
evolvent развертка, эвольвента
ex- 1. (приставка, указывающая на исключение, изъятие и т.д.) из-, ис-, без-, вне-, экс-; напр., **exclude** исключать; не допускать (напр., возможности); предотвращать; 2. бывший, прежний; экс-
exact точный; верный, безошибочный; совершенно правильный, строгий
  to be more exact точнее говоря
  e. couple точная пара
  e. differential equation дифференциальное уравнение в полных дифференциалах
  e. division деление без остатка
  e. sciences точные науки
  e. solution точное решение
  e. value точное значение
exactitude точность; безошибочность; строгость
exactly точно, в точности, строго
  not exactly не совсем, не вполне (точно)
exactness см. **exactitude**
exaggerate преувеличивать
examination проверка, осмотр, испытание, исследование, анализ, экспертиза; экзамен
  under examination рассматриваемый, исследуемый
  under close examination при внимательном рассмотрении
  e. of materials испытание материалов
  external e. внешний осмотр
examine проверять, осматривать, исследовать, изучать, рассматривать; экзаменовать
examiner наблюдатель, исследователь; экзаменатор
example пример; образец, экземпляр; аналогичный случай, прецедент
  for example например
  graphical e. графический пример; наглядный пример
  working e. демонстрационный пример
excavate копать, рыть, вынимать грунт
excavation выкапывание, выемка грунта, земляные работы; котлован, (открытая) горная выработка, карьер
excavator экскаватор
exceed превышать, превосходить

exceeding превышающий; чрезмерный
excel выделяться; превосходить
excellence превосходство; высокое качество
except исключать; || исключая, кроме
    to except **against** возражать против
    except **for** за исключением, исключая, кроме
    except **in so far** за исключением того, что
    except **that** за исключением того, что
    e. **function** функция запрета (напр., по некоторым переменным), функция исключения
excepting за исключением
exception 1. исключение; исключительный случай; особое состояние; **2.** возражение
    by way of exception в виде исключения
    with the exception **of** за исключением, кроме чего-либо
    with few exceptions за редким исключением
    important e. важное исключение
exceptionable вызывающий возражения
exceptional исключительный; необычный; выдающийся
    e. **accuracy** очень высокая (исключительная) точность
    e. **point** особая точка, исключительная точка
    e. **value** исключительное значение
exceptionally исключительно; в большой степени, очень
exceptive составляющий исключение; исключительный; необычный
excerpt отрывок, выдержка, фрагмент, цитата; (отдельный) оттиск; || выбирать отрывки, делать выдержки
excess избыток, излишек; остаток (при делении); || дополнительный; избыточный
    to be excess **of** превышать
    in excess **of** свыше
    too excess слишком много, избыточно
    pressure e. избыток давления; избыточное давление
excessive избыточный, излишний, превышающий норму
    e. **load** чрезмерная нагрузка, перегрузка
    e. **pressure** избыточное давление, давление выше атмосферного
excessively избыточно, чрезмерно; широко, обширно
exchange обмен; смена, замена, перестановка; передача; || обменивать(ся), заменять, переставлять
    data e. обмен данными
    heat e. теплообмен
    moisture e. влагообмен
    turbulent mass e. турбулентный массообмен
exchangeable (взаимо)заменяемый, сменный
exchanger обменник; заменяемое устройство
    heat e. теплообменник

excitant средство (устройство) воздействия (возмущения); || воздействующий, возбуждающий, возмущающий
excitation возбуждение; возмущение; (динамическое) нагружение; возмущающая сила
    e. **by collision** возбуждение соударением
    e. **curve** кривая (функция) возбуждения
    e. **energy** энергия возбуждения, работа внешних сил
    e. **frequency** частота возбуждения (динамического нагружения)
    e. **function** функция возбуждения, возмущающая функция
    e. **mode** форма (мода) возбуждения, форма динамического нагружения
    e. **profile** профиль (вид кривой) возбуждения
    e. **response** реакция на внешнее воздействие; характеристика возбуждения
    e. **term** нагрузочный член (напр., в уравнении динамики); составляющая возбуждения
    e. **wave** волна возмущения (нагружения)
    external e. внешнее возбуждение (нагружение)
    field e. возбуждение полем
    harmonic e. гармоническое возбуждение (возмущение, нагружение)
    high-frequency e. высокочастотное возбуждение
    impact e. ударное возбуждение (воздействие, нагружение)
    in-phase e. синфазное возбуждение
    kinematic(al) e. кинематическое возбуждение
    multiple e. множественное возбуждение
    pulse e. импульсное (ударное) возбуждение
    random e. случайное возбуждение
    regular e. циклическое возбуждение
    shock e. ударное возбуждение
    step e. ступенчатое возбуждение, ступенчатый импульс (нагрузки)
excite возбуждать, возмущать; побуждать, вызывать
excitement возбуждение, возмущение
exciter устройство возбуждения (напр., колебаний), задающее устройство, генератор, вибратор
    vibration e. возбудитель колебаний; вибратор, вибростенд
exciting возбуждение; возмущение; (динамическое) нагружение; возмущающая сила; || возбуждающий, возмущающий, вынуждающий; нагружающий, нагрузочный
    e. **circuit** цепь возбуждения
    e. **force** возбуждающая (возмущающая, вынуждающая) сила
exclude исключать; не допускать (напр., возможности); предотвращать
excluder защитное приспособление, ограждение, экран

exclusion исключение; предотвращение
  to the exclusion of за исключением чего-либо
exclusive исключительный, особый, единственный, исключающий; разделительный
  exclusive of исключая, не считая
  e. disjunction разделительная дизъюнкция
  e. events несовместные (взаимно исключающие) события
  e. or исключающее ИЛИ
  mutually e. взаимно исключающие
exclusively исключительно, единственно, только
excursion движение, перемещение, экскурсия; отклонение, сдвиг; амплитуда движения; возвратно-поступательное движение (напр., поршня)
  amplitude e. размах, двойная амплитуда
  frequency e. уход частоты
  total e. размах, двойная амплитуда
  vehicle e. отклонение космического аппарата (от заданной траектории)
excursive 1. отклоняющийся (напр., от заданного значения, траектории и т.п.); 2. беспорядочный, бессистемный
excursus отклонение, отступление (напр., от темы); экскурс; подробное обсуждение предмета
execute выполнять, исполнять, осуществлять
execution выполнение, исполнение, осуществление
  e. time время выполнения (программы)
  e. unit исполнительное устройство
  concurrent e. одновременное (параллельное) выполнение
executive 1. исполнительный; управляющий; 2. исполнительное устройство; 3. управляющая программа, диспетчер; операционная система
  e. component исполнительный элемент
  e. system исполнительная система; операционная система, управляющая программа
exemplar образец, пример; экземпляр; тип, вид
exemplary примерный; типовой; иллюстративный
exemplification пояснение на примере, иллюстрация
exemplify приводить пример, иллюстрировать; служить примером
exercise 1. упражнение; || упражнять(ся), развивать(ся); 2. осуществление, выполнение; проявление; || осуществлять(ся), выполнять(ся); проявлять; действовать (о силах)
  to exercise caution соблюдать осторожность
  to exercise control over осуществлять контроль над
  to exercise judgement правильно подходить к чему-либо, дать правильное решение
  to exercise influence upon оказывать влияние на
  to exercise restrain in соблюдать пределы, не переходить определенных границ

exert 1. оказывать воздействие (давление), влиять; вызывать напряжение; 2. проявлять(ся), обнаруживать(ся) (напр., о свойствах)
  to exert a force оказывать воздействие; вызывать усилие
  to exert a pressure оказывать давление
  to exert a repulsion вызывать отталкивание
exertion 1. влияние, воздействие; усилие, напряжение; 2. проявление (свойств)
exfiltration эксфильтрация, просачивание (извне)
exfoliate отслаиваться; расслаиваться; отлипать
exfoliation отслаивание; расслаивание; отлипание
exhalation испарение; пар, туман
exhale испарять(ся), выделять пар
exhaust 1. выхлоп, выпуск, истечение (газов); выхлопные газы, (отходящие) продукты сгорания, выхлопная труба; || выпускать, выкачивать, вытягивать; 2. разрежение (воздуха), создание вакуума; || разрежать, создавать вакуум; 3. исчерпывание; истощение; || исчерпывать; истощать
  to exhaust the subject исчерпать тему
  e. air отработавший воздух
  e. chamber выпускная камера, глушитель
  e. nozzle выхлопное сопло
  e. steam отработанный (мятый) пар
  e. stroke ход выхлопа (выталкивания)
  e. system система выхлопа; вытяжная система
  e. thrust реактивная тяга
  jet e. выхлопная (вытекающая) струя; струйный выхлоп; выхлопное сопло
exhauster всасывающий вентилятор
exhaustion 1. выпуск, выхлоп, вытягивание, высасывание; 2. разрежение (воздуха), создание вакуума; 3. исчерпывание; истощение; 4. извлечение
exhaustive исчерпывающий; полный; истощающий
  e. events полная группа событий
  e. process сходящийся (конечный, затухающий) процесс; процесс исчерпывания
exhibit 1. показ, выставка; экспонат; || показывать; выставлять, демонстрировать; 2. обнаруживать, проявлять; предъявлять
exhibition 1. выставка, показ; 2. проявление; предъявление; представление
exiguous малый, незначительный
exist существовать; быть, находиться; иметься; встречаться
existence существование; наличие
  e. theorem теорема существования
  unique e. существование и единственность (напр., решения)
existent существующий; происходящий; имеющийся

existential относящийся к существованию, экзистенциальный
   e. quantifier квантор существования

exit выход, уход; выпуск, выхлоп, истечение; выходное устройство; завершение выполнения (напр., программы); исчезновение
   e. branch отводящий патрубок (трубопровода), отходящая ветвь
   e. pipe выпускная (выхлопная) труба
   e. speed скорость на выходе; скорость истечения; скорость отрыва
   jet e. реактивное сопло
   loop e. выход из цикла
   nozzle e. выходное сечение (срез) сопла

exo- (приставка, указывающая на: 1) положение вне, снаружи чего-либо; 2) превышение определенных пределов) вне-, экзо-

exogenous внешний; внесистемный

exorbitant избыточный, чрезмерный

exordial вступительный, вводный

exordium (мн.ч. **exordia**) вступление, введение (напр., в книгу)

exothermic экзотермический

expand 1. расширять(ся); увеличивать(ся) (в объеме); растягивать(ся); распространять(ся); развивать(ся); наращивать(ся); расправлять(ся); 2. раскладывать(ся) в ряд; раскрывать(ся), развертывать(ся), расписывать (напр., о формуле); 3. подробно излагать
   to expand an equation расписывать уравнение
   to expand in powers разлагать по степеням
   to expand a solution раскладывать решение (напр., в ряд)

expandability расширяемость; наращиваемость

expanded 1. расширенный; увеличенный; растянутый; протяженный; распространенный; разреженный (о газе); 2. разложенный (в ряд); раскрытый, развернутый (о формуле)
   e. form развернутый вид (напр., математического выражения); форма ряда
   e. memory расширенная память
   e. metal тянутый металл
   e. scale растянутая шкала, увеличенный масштаб

expander устройство расширения, расширитель

expanding 1. расширение; увеличение; растяжение; распространение; развитие; || расширяющий(ся); увеличивающий(ся); растягивающий(ся); распространяющий(ся); 2. разложение (в ряд); раскрытие (формулы, записи); || разложимый, раскладывающийся; разворачивающийся
   e. element растягивающийся (работающий на растяжение) элемент; расширяющийся элемент

expanse (широкое) пространство; протяжение, длительность; расширение, экспансия

expansibility 1. возможность расширения (увеличения); растяжимость; 2. разложимость (в ряд)

expansible 1. расширяемый, увеличиваемый; растяжимый; 2. разложимый

expansion 1. расширение; увеличение; растяжение; распространение; наращивание; протяжение, протяженность; расширяющаяся часть, раструб; 2. разложение (в ряд); раскрытие (формулы)
   e. constraint ограничение расширения, распространения
   e. curve кривая расширения
   e. cylinder подвижный каток (напр., опоры моста)
   e. device расширительное устройство, компенсатор
   e. end подвижный конец (напр., балки)
   e. of equation развернутая запись уравнения
   e. factor коэффициент (теплового) расширения; коэффициент разложения
   e. formula формула разложения
   e. gap компенсационный зазор
   e. girder балка, один конец которой лежит на подвижной опоре
   e. joint расширительное соединение; температурный стык
   e. in length удлинение
   e. loop расширительная петля, петля компенсатора (в трубопроводе)
   e. parameter параметр разложения (в ряд)
   e. piece компенсатор
   e. in positive powers разложение по положительным степеням
   e. shock скачок разрежения
   e. of shock распространение ударной волны
   e. of specimen растяжение образца
   e. stage фаза расширения; ход расширения
   e. stroke ход расширения, рабочий ход (поршня)
   e. term член разложения
   e. theorem теорема разложения
   e. by thickness разложение по толщине (по параметру толщины)
   e. wave волна расширения (разрежения)
   e. work работа расширения (растяжения)
   adiabatic e. адиабатическое расширение
   asymptotic e. асимптотическое разложение
   binomial e. биномиальное разложение
   bulk e. объемное расширение
   clearance for e. компенсационный зазор (напр., для учета температурного расширения)
   convergent e. сходящееся разложение
   cubical e. объемное расширение
   disruptive e. расширение (растяжение) с образованием трещин
   eigen-mode e. разложение по собственным формам
   equibiaxial e. равномерное двухосное расширение
   flow e. расширение потока

Fourier e. разложение (в ряд) Фурье
freezing e. расширение при замораживании
hardware e. аппаратное расширение
harmonic e. гармоническое разложение
heat e. тепловое расширение
isentropic e. изентропическое расширение
isothermal e. изотермическое расширение
isotropic e. изотропное расширение
lateral e. расширение в поперечном направлении
linear e. линейное расширение (удлинение); линейный размер, протяженность
matched e. согласующееся разложение
parametric e. разложение (в ряд) по параметру
power e. разложение по степеням, степенное разложение
series e. разложение в ряд
sine-series e. разложение по синусам
small-parameter e. разложение по малому параметру
spectral e. спектральное разложение
strain e. деформационное расширение; разложение деформации (в ряд)
sudden e. резкое расширение
supersonic e. сверхзвуковое течение расширения
system e. расширение системы
taper e. коническое расширение
Taylor e. разложение (в ряд) Тейлора
thermal e. тепловое расширение
thin-wing e. разложение по параметру тонкого крыла
time e. увеличение временного масштаба
truncated e. усеченное (оборванное) разложение
unit volume e. относительное объемное расширение
volume e. 1. объемное расширение; 2. расширение динамического диапазона
volumetric e. объемное расширение

expansive способный расширяться, растяжимый; растяжимый; расширительный; распространяющийся; обширный, широкий
  e. disturbance волна расширения; возмущение разрежения
  e. force сила расширения, растягивающая сила

expansivity расширяемость; растяжимость; коэффициент (объемного) расширения

expect ждать, ожидать; надеяться, (пред)полагать, думать, рассчитывать
  as expected как и предполагалось
  it can be expected that можно предполагать, что

expectance 1. ожидание; оценка, предсказание, теоретическое значение; 2. вероятность, математическое ожидание
  life e. расчетный срок службы, ожидаемый ресурс

expectation 1. ожидание; оценка, предсказание, теоретическое значение; 2. вероятность, математическое ожидание
  e. behaviour предсказываемое (расчетное) поведение
  e. value математическое ожидание; ожидаемое значение, оценка
  mathematical e. математическое ожидание

expedience целесообразность; выгодность
  for reasons of expedience по соображениям целесообразности

expedient 1. целесообразный, соответствующий; выгодный; 2. прием, способ, средство

expedite быстрый; удобный; незатрудненный; || ускорять, быстро выполнять; облегчать, упрощать, устранять препятствия

expeditious быстрый; ускоренный

expel(l) удалять, исключать; выбрасывать, выталкивать; вытеснять

expend расходовать, тратить, затрачивать

expendability невосстанавливаемость; изнашиваемость

expendable потребляемый, расходуемый; невосстанавливаемый, одноразового применения
  expendables расходуемые материалы (компоненты)

expenditure потребление, расход; затраты

expense затраты, расход; цена
  at the expense of за счет чего-либо

expensive дорогой, дорогостоящий

experience опыт; квалификация, знания, мастерство; || испробовать, проверять на практике; знать по опыту; испытывать, претерпевать, подвергаться действию чего-либо
  to gain experience приобретать опыт
  to know by experience знать по опыту
  as a matter of experience исходя из опыта
  field e. опыт эксплуатации

experienced опытный, знающий, квалифицированный

experiential опытный, основанный на опыте, эмпирический, экспериментальный

experiment эксперимент, опыт, проба, испытание, исследование; см. также experiments; || экспериментировать, производить опыты (пробы, испытания)
  e. data данные (результаты) опыта, эксперимента
  e. planning планирование эксперимента
  complex e. сложный (многофакторный) эксперимент
  computational e. вычислительный эксперимент
  dimensionally scaled e. эксперимент на подобной модели (с соблюдением условий теории моделирования)
  flight e. (по)летный эксперимент, (по)летное исследование

full-scale e. натурный опыт, эксперимент на полноразмерной модели; промышленный эксперимент
ground e. наземный эксперимент
laboratory e. лабораторный опыт
model e. испытание модели; эксперимент на модели; модельный (эталонный) эксперимент
pilot e. первый (предварительный) эксперимент
proof e. контрольный эксперимент
routine of e. методика эксперимента
shock tube e. эксперимент в ударной трубе
simulation e. имитационный эксперимент
small-scale e. эксперимент на маломасштабной модели
test-bed e. стендовый эксперимент

experimental экспериментальный, опытный, пробный; исследуемый; эмпирический, основанный на опыте; опытный
  e. accuracy точность (погрешность) эксперимента
  e. curve экспериментальная кривая (зависимость)
  e. equipment экспериментальное оборудование
  e. error ошибка (погрешность) эксперимента
  e. facility экспериментальная установка
  e. material исследуемый материал
  e. model экспериментальная модель, макет; опытный образец
  e. run пробный запуск (напр., программы)
  e. study экспериментальное исследование
  e. tank опытовый бассейн
  e. validation экспериментальное обоснование (доказательство, подтверждение)

experimentally на опыте, опытным путем, экспериментально
experimentation экспериментирование, проведение опытов; эксперимент, опыт
experimenter экспериментатор, исследователь
experiments 1. мн.ч. от **experiment**; 2. научная аппаратура, приборы
expert эксперт, консультант, специалист; ǁ экспертный; опытный, квалифицированный
  e. evidence экспертная оценка
  e. system экспертная система; система искусственного интеллекта
expertise знания, опыт, компетенция; экспертиза
expiate компенсировать (напр., погрешность)
expiation компенсация
expiration 1. окончание, истечение (срока); 2. затухание
expire 1. заканчиваться, истекать (о времени); 2. затухать, угасать
expiry окончание, истечение (срока)
explain объяснять; толковать

explainable объяснимый, поддающийся объяснению
explanation объяснение, разъяснение; толкование
explanatory объяснительный; толковый (о словаре)
explicable объяснимый
explicate объяснять; излагать (напр., идею)
explication 1. объяснение, толкование; 2. развертывание, разворачивание
explicative объяснительный
explicit 1. явный; прямой, непосредственный; точный, определенный; представимый в явном (формульном) виде; 2. подробный
  e. definition явное определение (описание, задание)
  e. difference scheme явная разностная схема
  e. evaluation явная оценка; вычисление по явной формуле
  e. expression явное выражение (представление), явная запись; аналитическое (формульное) выражение
  e. flow-chart подробная блок-схема
  e. function явная функция
  e. integration явное (аналитическое) интегрирование; (численное) интегрирование по явной формуле
  e. occurrence явное вхождение (присутствие)
  e. stiffness явное выражение (матрицы) жесткости

explode взрывать(ся); разбивать (на мелкие части), разрывать, подрывать
exploded взорванный, разбитый на мелкие части; подробный, детальный, покомпонентный
  e. view покомпонентное изображение; чертеж, показывающий сложный объект в разобранном виде
exploder взрыватель, детонатор; сейсмический источник
exploit 1. эксплуатировать, использовать; 2. разрабатывать, вести разработку (месторождений)
exploitation 1. эксплуатация (напр., ресурсов); пользование; 2. разработка (месторождений)
exploration исследование, нахождение; зондирование, разведка (месторождений)
explorative исследовательский, разведочный
exploratory см. **explorative**
explore исследовать, изучать, обследовать, разведывать; зондировать
explorer 1. исследователь; 2. зонд, щуп
explosion взрыв; вспышка
  e. engine двигатель внутреннего сгорания
  e. loading взрывная нагрузка
  e. stroke рабочий такт (двигателя)
  e. test испытание взрывом
  e. theory теория взрыва
  e. wave взрывная волна
  excavation e. взрыв на выброс (грунта)

    pin-point e. направленный взрыв
    spread of e. распространение взрыва
explosive 1. взрывной; взрывчатый; **2.** взрывчатое вещество
    e. forming формовка взрывом
    e. fracture разрушение взрывом (от взрыва); лавинообразное разрушение, растрескивание взрывного типа
explosive-driven движимый (перемещаемый) взрывом; взрывной, взрывного типа
    e. shock tube ударная труба взрывного типа
explosively по типу взрыва; мгновенно
    e. propagating crack трещина, распространяющаяся со скоростью взрыва; взрывная трещина
exponent 1. показатель; степень, показатель степени; экспонента; порядок (числа); || показательный, степенной; **2.** образец, экземпляр, представитель (напр., научного направления); род, тип; **3.** толкователь; || объяснительный, толкующий
    e. of convergence показатель (порядок) сходимости
    e. of dimension показатель размерности
    e. overflow переполнение (разрядов) порядка
    e. of power показатель степени
    adiabatic e. показатель адиабаты
    decimal e. десятичный порядок, порядок в десятичной системе
    delivery e. показатель политропы истечения
    flaw-density e. показатель плотности повреждений
    fractional e. дробный показатель (степени)
    hardening e. показатель (коэффициент) упрочнения
    number e. показатель степени числа; порядок числа
    polytropic e. показатель политропы
exponential 1. показательный, экспоненциальный; **2.** показательная (экспоненциальная) функция, экспоненциал
    e. curve показательная кривая, экспонента
    e. decay экспоненциальное затухание
    e. equation показательное уравнение
    e. form экспоненциальная форма представления (чисел с плавающей запятой)
    e. function показательная (экспоненциальная) функция
    e. notation экспоненциальное представление (чисел)
    e. quantity показатель степени
    e. series показательный (экспоненциальный) ряд
exponentially экспоненциально, по экспоненциальному закону
exponentiate возводить в степень; потенцировать (находить число по данному логарифму)

expose 1. выставлять; **2.** экспонировать; **3.** подвергать внешнему воздействию, облучению
exposed 1. выставленный; внешний, наружный; **2.** подверженный воздействию чего-либо; открытый, незащищенный
exposition 1. выставление; выставка, показ; **2.** выдержка, экспозиция; **3.** описание, изложение; толкование
expositive описательный; объяснительный
exposure 1. выставление; выставка, показ; **2.** внешнее влияние, воздействие; незащищенность от воздействия; подвергание воздействию; **3.** выдержка, экспозиция; фотосъемка; фотокадр; **4.** выход на поверхность, обнажение (породы)
    e. of instruments установка приборов
    e. test испытания на воздействие атмосферных условий, климатические испытания
    e. time длительность воздействия
    rock e. обнажение породы
expound излагать; разъяснять, толковать
express 1. определенный, точно выраженный; явный; || выражать, представлять; **2.** выдавливать, выжимать; **3.** срочный; быстрый, быстродействующий; **4.** специальный
    to express in terms of выражать через (посредством, в терминах)
    e. pump быстроходный (производительный) насос
expressible выразимый, представимый
expression 1. выражение; представление, формулировка; запись, формула; **2.** выжимание, выдавливание
    e. with subscripts выражение с индексами
    e. in terms of выражение (запись) в терминах, выражение через (на основе, посредством), формулировка в понятиях
    aggregate e. составное выражение
    algebraic e. алгебраическое выражение, алгебраическая запись
    analytical e. аналитическое выражение (представление)
    binomial e. двучлен, бином
    conditional e. условное выражение
    conversed e. обратное выражение, обратная запись
    explicit e. явное выражение (представление), явная запись; аналитическое (формульное) выражение
    graphical e. графическое (наглядное) представление
    hot e. горячее выдавливание
    invariant e. инвариантное выражение (представление)
    literal e. буквенное выражение
    mathematical e. математическое выражение
    monomial e. одночлен
    numerical e. числовое выражение
expressiveness выразительные возможности

expressly 1. точно, ясно; явно; 2. специально; намеренно
expulsion выталкивание; выпуск, выхлоп; продувка
expulsive выталкивающий; выхлопной
   e. **force** выталкивающая сила
exscind вырезать, отсекать
exsiccate высушивать, обезвоживать
exsiccation высушивание; обезвоживание
extend растягивать(ся), удлинять(ся); вытягивать(ся), натягивать(ся); продолжать(ся), распространять(ся), тянуть(ся); расширять(ся); обобщать
   to **extend across** перекрывать что-либо
   to **extend to infinity** стремиться к бесконечности, уходить в бесконечность; продолжать до бесконечности
extended растянутый; длительный, протяженный, обширный; продолженный, расширенный; обобщенный
   e. **chord** продолжение хорды; плоскость хорд
   e. **fibre** растянутое волокно
   e. **length of spring** длина развернутой пружины, длина проволоки пружины
   e. **memory** расширенная (дополнительная) память
   e. **method** обобщенный метод
extender 1. удлинитель; расширитель; 2. наполнитель, заполнитель (напр., композиционного материала)
extending растяжение; удлинение; расширение; продолжение, распространение, протяженность, объем; ‖ растягивающий(ся), расширяющий(ся), удлиняющий(ся); распространяющий(ся)
   e. **crack** распространяющаяся трещина
   e. **tower** выдвижная (телескопическая) мачта
extensibility растяжимость; возможность расширения (распространения, продолжения, обобщения)
extensible растяжимый, расширяемый; продолжаемый; выдвижной, телескопический
   e. **middle surface** растяжимая срединная поверхность (напр., оболочки)
   e. **tie-rod** растяжимая расчалка (стяжка)
extensile растяжимый; расширяемый
extension 1. растяжение; удлинение; расширение; продолжение, развитие, распространение; протяжение, протяженность, объем; 2. относительное удлинение (образца); 3. вытягивание, вытяжка (как технологическая операция); 4. удлинитель, надставка; консольная (выступающая) часть
   e. **arm** удлинитель, надставка
   e. **base** подставка; надставка
   e. **cord** удлинительный шнур
   e. **elongation** удлинение от растяжения
   e. **force** растягивающая сила, усилие растяжения
   algebraic e. алгебраическое расширение
   bounded e. ограниченное расширение
   coefficient of e. коэффициент (теплового) расширения; коэффициент удлинения
   continuous e. непрерывное продолжение (напр., функции); непрерывное развитие (распространение)
   crack e. распространение (продвижение, развитие, подрастание) трещины
   dimensionless e. безразмерное удлинение, безразмерный параметр удлинения
   elastic e. упругое растяжение; упругое расширение
   finite e. конечное удлинение
   linear e. линейное (осевое) удлинение, линейное расширение
   local e. местное растяжение
   longitudinal e. продольное удлинение
   natural e. естественное удлинение (расширение)
   permanent e. остаточное удлинение
   plane e. плоское расширение; распространение в плоскости
   plastic e. пластическое растяжение; пластическое удлинение
   principal e. главное удлинение
   relative e. относительное удлинение (расширение), относительная протяженность
   residual e. остаточное удлинение (расширение)
   spatial e. пространственная протяженность; пространственное распространение
   strength of e. прочность на растяжение, (временное) сопротивление растяжению; работа на растяжение
   thermal e. тепловое (температурное) расширение
   total e. полное удлинение (напр., образца при растяжении); полная протяженность
   uniform e. однородное растяжение (расширение); равномерное распространение (продолжение)
   zone of e. область растяжения, область растягивающих напряжений; область распространения
extensional растягивающийся, растяжимый; расширяемый, распространяющийся
   e. **compliance** податливость при растяжении
   e. **frame** рама, воспринимающая растяжение; раздвижная рама
   e. **rod** стержень, работающий на растяжение; растяжимый стержень
   e. **strain** деформация растяжения (удлинения), относительное удлинение
extension-type растягиваемый, расширяемый; работающий на растяжение (об элементе конструкции); выдвижной, раздвижной, телескопический
extensive обширный, широкий, пространный
   e. **area** обширная область
   e. **use** широкое применение; систематическое применение

extent протяжение, пространство; интервал, диапазон; размер, величина, объем; мера, степень
- to the extent of (вплоть) до; в пределах
- to the extent that в том смысле, что
- to a certain extent в известной мере, до некоторой степени
- to a great extent в значительной степени
- e. of correction величина поправки
- e. of error интервал (изменения) погрешности; величина погрешности
- infinite e. бесконечная протяженность, бесконечный интервал
- laminar flow e. протяженность ламинарного участка течения
- memory e. непрерывная область памяти (для размещения данных)

extenuate ослаблять, смягчать
extenuation ослабление, смягчение; истощение, исчерпывание
exterior внешность; внешняя сторона; ǁ внешний, наружный; лежащий вне, за пределами; посторонний; несущественный
- e. angle внешний угол
- e. normal внешняя нормаль
- alternate e. angles внешние накрест лежащие углы

exteriority внешность; внешний вид; внешняя сторона
external внешний, наружный; лежащий вне, за пределами; дополнительный; несущественный
- e. action внешнее (воз)действие
- e. angle внешний угол
- e. arithmetic (дополнительный) арифметический сопроцессор
- e. couple момент внешних сил
- e. environment внешняя среда, условия эксплуатации
- e. excitation внешнее возбуждение (нагружение)
- e. feedback внешняя обратная связь
- e. force внешняя сила
- e. function внешняя функция (определенная вне тела программы)
- e. load внешняя нагрузка
- e. load functional функционал внешней нагрузки (внешних сил)
- e. performance фактическая производительность
- e. product внешнее (векторное) произведение
- e. storage внешняя память, внешнее запоминающее устройство
- e. surface внешняя поверхность
- e. tangent внешняя касательная
- e. width габаритная ширина

externality внешность; внешняя сторона
externally извне, снаружи, внешним образом
externally-controlled с внешним управлением
externally-driven с внешним возбуждением
extinction затухание, угасание; гашение; прекращение

extinguish гасить, тушить; уничтожать; аннулировать
extra 1. дополнительный, добавочный; излишний, избыточный; внешний, расположенный вне; ǁ дополнительно; избыточно; 2. особый; ǁ особо
- e. accuracy повышенная (дополнительная) точность, избыточная точность

extra- (приставка) экстра-, сверх-; вне-; особо
extract извлечение, выдержка (напр., из книги); экстракт; ǁ получать, выделять, извлекать; выжимать; выбирать (примеры, цитаты), делать выдержки
- to extract energy отбирать (отводить) энергию; высвобождать энергию
- to extract a root извлекать корень

extraction 1. извлечение, добывание, выделение; отвод, отбор; выход (продукта); 2. происхождение, природа
- e. of seam разработка пласта
- feature e. выделение признаков
- heat e. отвод (отбор) теплоты

extractive добывающий, извлекающий; добываемый
- e. industry добывающая промышленность

extra-hard особо твердый
extra-high сверхвысокий
- e. frequency сверхвысокая частота

extra-mural заочный (о форме обучения)
extraneous внешний, находящийся вне; посторонний, побочный
- e. root побочный корень (уравнения)

extrapolate экстраполировать, распространять (вне, за пределы)
extrapolation экстраполяция; распространение
- e. error погрешность экстраполяции
- e. formula экстраполяционная формула
- e. to a limit экстраполяция к пределу
- e. order порядок экстраполяции
- e. rule формула экстраполяции
- e. of a vector sequence экстраполяция векторной последовательности
- Aitken e. экстраполяция по Эйткену
- linear e. линейная экстраполяция
- polynomial e. полиномиальная экстраполяция

extravehicular находящийся вне космического корабля, относящийся к выходу (космонавта) в открытый космос
- e. activity работа вне космического корабля

extremal 1. экстремальный, крайний, предельный; 2. экстремаль
- e. equation уравнение экстремали
- e. value экстремальное (предельное) значение

extreme 1. предельный; экстремальный; крайний, последний; 2. предел; крайняя (высшая) степень; крайний член пропорции; экстремальное значение, экстремум
- in the extreme в высшей степени.
- e. fibres of beam крайние волокна балки

e. and mean ratio золотое сечение
  e. point предельная точка; точка экстремума; последняя (крайняя) точка
  e. position крайнее положение
  e. speed предельная скорость
extremely очень, весьма, в наивысшей степени
extremity край, крайняя (предельная) точка, оконечность, конец; конечность
  e. of axis конец оси
extremize экстремизировать
extremum экстремум, экстремальное значение; ‖ экстремальный, предельный
  e. of a function экстремум функции
  e. principle принцип экстремума (максимума, минимума), экстремальный принцип
  e. problem экстремальная задача, задача на экстремум
  e. value экстремальное значение, значение экстремума (функции, выборки и т.д.)
  absolute e. абсолютный экстремум
  conditional e. условный экстремум
  functional e. экстремум (экстремальное значение) функционала
  global e. глобальный экстремум
  local e. локальный экстремум
  relative e. относительный экстремум
extrude выталкивать, вытеснять; выдавливать; штамповать, прессовать
extrusion выталкивание, вытеснение; выдавливание, экструзия; штамповка, прессование
  cold e. холодная экструзия; холодное прессование
  impact e. ударное прессование
  plane strain e. экструзия в условиях плоской деформации
exuberate изобиловать
exudation проступание, выделение (сквозь поры), фильтрация
exude проступать, выделять(ся), фильтровать
eye 1. глаз; зрение; взгляды, суждения; ‖ смотреть, наблюдать; 2. визирное устройство; видоискатель; 3. глазок; малое отверстие, проушина
  with an eye to с учетом чего-либо
  with a naked eye невооруженным глазом
eyeballing осмотр, визуальный контроль
eyepiece окуляр (оптического прибора)
eyeshot поле зрения
eyesight зрение
Eyring fluid жидкость Эйринга

F

fabric 1. ткань, материя; (тканый) материал; ‖ тканый, матерчатый; 2. изделие; ‖ вырабатывать; создавать; 3. структура, строение, устройство; 4. сооружение, здание, остов; ‖ строить, возводить
  backing f. каркасная ткань
  cord f. кордная ткань
  dipped f. пропитанная ткань
  glass f. стеклоткань
  nonwoven f. нетканый материал
  reinforcing f. армирующая (кордная) ткань, арматурная сетка
  tire f. кордная (шинная) ткань
  wire f. проволочная (арматурная) сетка
  woven f. тканый материал, ткань
fabricability технологичность
fabricate 1. изготавливать, производить; обрабатывать; 2. подготавливать детали сборной конструкции; собирать (из готовых деталей), монтировать; 3. придумывать
fabricated structure сборная конструкция, конструкция из типовых элементов
fabrication 1. изготовление, производство; обработка; подготовка деталей сборных конструкций; сборка, монтаж; 2. изделие; 3. (сборная) конструкция, сооружение; 4. выдумка
  f. system производственная (технологическая) система
  flexible f. гибкое (автоматизированное) производство
  routine f. серийное производство
fabric-covered имеющий матерчатую обшивку
facade фасад; внешность, внешний вид; внешняя сторона (вопроса)
face 1. лицо; внешний вид; ‖ внешний, лицевой, передний; ‖ смотреть, быть обращенным (в определенную сторону); сталкиваться с, наталкиваться на; обращаться к; 2. вид спереди; внешняя (лицевая) сторона; передняя (лобовая) поверхность; грань; фаска, срез; торец; экран; циферблат, шкала (прибора); 3. облицовка, защитное покрытие; отделка, полировка; ‖ облицовывать; отделывать, полировать
  to face page 20 обращаться к странице 20
  to face a problem сталкиваться с проблемой
  to face a task стоять перед необходимостью; выполнять требование
  to face up выравнивать; облицовывать
  in the face of перед лицом чего-либо; вопреки чему-либо, несмотря на
  f. aft (направленный) назад, против полета
  f. angle плоский угол; (передний) угол режущего инструмента
  f. of building фасад здания
  f. crack поверхностная (лицевая) трещина
  f. end передняя (лобовая) поверхность; торец
  f. of fissure плоскость трещины
  f. fore (направленный) вперед, в направлении движения, по полету
  f. of polyhedron грань многогранника
  f. side лицевая поверхность, верхняя (передняя) грань, внешняя сторона
  active f. рабочая грань (поверхность)
  adjacent f. смежная грань
  back f. задняя поверхность (грань); невидимая поверхность

back f. removal удаление невидимых поверхностей
bank f. береговой откос
blade f. поверхность лопатки
cleavage f. плоскость спайности; плоскость скола
compression f. сжатая грань
crack f. поверхность (берег) трещины
dam f. грань (откос) плотины
dial f. шкала (циферблат) прибора
end f. торцевая поверхность, торец; лобовая поверхность
flat f. плоская грань
free f. свободная поверхность
friction f. поверхность трения
front f. передняя (лобовая) поверхность; внешняя (лицевая) сторона
full f. вид спереди
glide f. поверхность скольжения
guide f. плоскость (грань) направляющей; поверхность скольжения
half f. профиль, вид сбоку
hardened f. закаленная (упрочненная) поверхность
impact f. ударная поверхность
inner f. внутренняя поверхность, обратная (изнаночная) сторона
joint f. поверхность стыка
lateral f. боковая поверхность
outer f. внешняя поверхность; лицевая сторона
parting f. поверхность раздела
plane f. плоская грань
reading f. отсчетная шкала
reference f. базовая поверхность, поверхность отсчета
roller f. поверхность качения
rupture f. поверхность разрушения
side f. боковая поверхность (грань)
slip f. поверхность скольжения
striking f. ударная поверхность
suction f. сторона разрежения (лопасти), верхняя поверхность (крыла)
thrust f. опорная поверхность
traction free f. поверхность, свободная от усилий
tube f. экран электронно-лучевой трубки
working f. рабочая поверхность

face-hardened с упрочненной поверхностью
facet 1. грань (многогранника); фасетка, фаска; 2. аспект, сторона (проблемы)
faceted образованный плоскими гранями, фасеточный; многогранный
   f. finite element shell model конечноэлементная модель (криволинейной) оболочки, составленная из плоских элементов
   f. shell оболочка (оболочечная конструкция) из плоских элементов, складка
facework облицовка
facia 1. валик, поясок; полоса; 2. приборная панель
facile легкий, простой; плавный

facilitate облегчать; содействовать, способствовать
facilitation облегчение, смягчение (устранение) ограничений; содействие
facility 1. легкость, удобство; возможность; способность; 2. (техническое) устройство, аппарат, прибор; стенд, установка; сооружение; 3. производственное (лабораторное) помещение
   f. of access возможность доступа, доступность (напр., для осмотра)
   comprehensive facilities развитые (мощные) средства; большие возможности
   computing facilities вычислительные средства
   control facilities средства (аппаратура) управления
   experimental f. экспериментальная установка
   mechanical facilities технические приспособления, оборудование, оснастка
   power f. энергетическая установка; электростанция
   test f. испытательная установка

facing внешний слой; покрытие, обшивка, облицовка; обработка поверхностей; || внешний; отделочный, обшивочный
fact факт, событие, явление; обстоятельство; истина, действительность; сущность
   as a matter of fact в действительности, фактически
   due to the fact в силу того, что
   in fact в действительности; в сущности
   the fact is дело в том, что
   the fact that то, что
   fixed f. установленный факт

factor 1. множитель, коэффициент, фактор; || разлагать на множители, факторизовать; 2. фактор, показатель, характеристика; критерий, признак, условие; 3. фактор, движущая сила; 4. аспект; особенность
   to factor into разлагать на множители, факторизовать
   to factor out выносить (общий множитель) за скобки
   f. analysis факторный анализ
   f. of apparent mass коэффициент присоединенной массы, присоединенный фактор
   f. of an integer делитель целого числа
   f. matrix матрица факторных коэффициентов, фактор-матрица
   f. of merit добротность, критерий качества
   f. of proportionality коэффициент пропорциональности
   ability f. показатель годности (работоспособности)
   adhesion f. коэффициент сцепления
   adjustment f. поправочный коэффициент
   amplification f. коэффициент усиления
   assurance f. запас прочности, коэффициент запаса
   attenuation f. коэффициент (декремент) затухания, коэффициент ослабления

blocking f. коэффициент блокировки (объединения); объём блока (данных)
breaking f. коэффициент сопротивления разрыву
common f. общий множитель
compacting f. коэффициент уплотнения (уплотняемости)
compensation f. поправочный коэффициент, поправка
compliance f. коэффициент податливости
complexity f. фактор (показатель) сложности
compressibility f. коэффициент сжимаемости; поправка на сжимаемость
concentration f. коэффициент концентрации
constant f. постоянный множитель
conversion f. коэффициент преобразования, переводной множитель; коэффициент пропорциональности
correction f. поправочный коэффициент, поправка
correlation f. коэффициент корреляции
coupling f. коэффициент связи
damping f. коэффициент (декремент) затухания, коэффициент демпфирования
design f. расчётный коэффициент
dilatancy f. коэффициент дилатансии
dimension f. коэффициент размерности; размерный коэффициент; геометрический коэффициент (масштабирования)
dimensionless f. безразмерный коэффициент
dissipation f. коэффициент диссипации
distortion f. коэффициент искажения
duty f. коэффициент использования (заполнения, загрузки)
dynamic(al) f. коэффициент динамичности (перегрузки)
efficiency f. коэффициент полезного действия, показатель эффективности
engineering factors технические условия
expansion f. коэффициент (теплового) расширения; коэффициент разложения
external f. внешний фактор
feedback f. коэффициент обратной связи
filling f. коэффициент заполнения (загрузки)
filtration f. коэффициент фильтрации
flexibility f. податливость, коэффициент податливости
floating f. переменный коэффициент
form f. коэффициент формы, формфактор
force f. силовой коэффициент; коэффициент связи
frequency f. частотный коэффициент, частотная характеристика
friction f. коэффициент трения; коэффициент шероховатости
gain f. коэффициент усиления
heat conductivity f. коэффициент теплопроводности

highest common f. наибольший общий делитель
human f. человеческий (субъективный) фактор; эргономическая характеристика
hysteresis f. коэффициент гистерезиса, коэффициент потерь на гистерезис
ignorance f. коэффициент незнания
integer f. целый (целочисленный) множитель
intensity f. коэффициент интенсивности
integrating f. интегрирующий множитель
iteration f. параметр итерации (цикла); итерационный коэффициент; глубина цикла
leakage f. коэффициент фильтрации; коэффициент потерь
lift f. коэффициент подъёмной силы
literal f. буквенный коэффициент
load f. коэффициент нагрузки (загрузки); коэффициент запаса прочности (по нагрузке)
loss f. коэффициент потерь
magnification f. коэффициент усиления; кратность увеличения (оптического прибора)
mass f. коэффициент массы; массовая характеристика
mass-transfer f. коэффициент массопереноса (массоотдачи)
matrix f. матричный множитель
multiplication f. множитель; коэффициент усиления (умножения)
multiplier f. множитель
normalization f. нормирующий множитель
operation(al) factors рабочие (текущие) параметры, эксплуатационные характеристики
overload f. коэффициент перегрузки
participation f. коэффициент участия
peak f. коэффициент амплитуды
phase f. фазовый множитель, фазовая постоянная
proportionality f. коэффициент пропорциональности
quality f. фактор качества, добротность
reduction f. коэффициент приведения, коэффициент редукции (уменьшения)
reliability f. коэффициент надёжности
repetition f. коэффициент повторения, кратность
rigidity f. коэффициент жёсткости
roughness f. коэффициент (параметр) шероховатости
safety f. запас прочности, коэффициент надёжности (безопасности)
scaling f. коэффициент масштабирования, масштабный множитель, масштаб; коэффициент пересчёта; цена деления шкалы
service f. эксплуатационный коэффициент; коэффициент динамичности
shape f. коэффициент формы, формфактор
shear f. коэффициент (корректировки) сдвига

similarity f. коэффициент подобия
smoothing f. коэффициент (параметр) сглаживания
space f. коэффициент заполнения
stability f. коэффициент (параметр) устойчивости; запас устойчивости
stiffness f. жесткость, коэффициент жесткости
strength f. коэффициент (запас) прочности
stress f. коэффициент напряжений, коэффициент запаса по напряжениям; эффект напряженности
stress intensity f. коэффициент интенсивности напряжений
temperature f. температурный коэффициент
time f. временной коэффициент; масштаб времени; фактор времени
time-scale f. масштабный временной коэффициент
transmission f. коэффициент пропускания
utilization f. коэффициент использования
variable f. переменный параметр
viscosity f. коэффициент вязкости
void f. коэффициент пустотности (пористости)
wear f. коэффициент износа
weighting f. весовой множитель (коэффициент)

factorability разложимость на множители, факторизуемость

factorable разложимый на множители, факторизуемый

factorial 1. факториал; ‖ факториальный; 2. факторный
f. experiment факторный эксперимент, анализ влияния нескольких факторов
f. routine программа вычисления факториала
f. series факториальный ряд

factoring см. **factorization**

factorizable разложимый (на множители)

factorization 1. факторизация, разложение на множители, представление в виде произведения, вынесение (множителя) за скобки; 2. разложение на простейшие (элементарные) операции; 3. расстановка
incomplete f. неполная (частичная) факторизация
matrix f. факторизация матрицы
polynomial f. разложение полинома (на множители)
scale f. подбор масштаба

factorize разлагать на множители, факторизовать; выносить за скобки

factory завод, фабрика
f. test промышленные испытания

factual действительный, фактический; основанный на фактах

facultative необязательный, факультативный; несистематический, случайный

faculty 1. способность; 2. право; 3. область науки; факультет; профессорско-преподавательский состав

fade медленно изменять(ся); постепенно затухать, исчезать
to fade in постепенно п(р)оявляться; медленно увеличивать(ся), усиливать(ся)
to fade out постепенно уменьшать(ся), ослабевать, затухать

fadeaway постепенное уменьшение, исчезновение

fading затухание, постепенное ослабление

faggot пакет, связка; фашина; ‖ связывать

Fahrenheit temperature температура по шкале Фаренгейта

fail 1. терпеть неудачу; не достигать успеха; испытывать недостаток в чем-либо; 2. повреждаться, отказывать; разрушаться; 3. ослабевать, истощаться
to fail in tension повреждаться (разрушаться) при растяжении
to fail with an experiment потерпеть неудачу с экспериментом
without fail безошибочно, наверняка, без сбоев; обязательно, непременно

fail-active многоотказный, живучий (о системе)

failing 1. неудача; недостаток; ‖ неудачный; недостающий; 2. повреждение, неисправность, отказ; разрушение; ‖ поврежденный, неисправный, аварийный; приводящий к повреждениям, отказам; 3. за неимением; при отсутствии
f. stress разрушающее напряжение

fail-operational многоотказный, живучий (о системе)

fail-passive одноотказный

failproof защищенный от отказов; безотказный

fail-safe надежный, отказоустойчивый; живучий (сохраняющий работоспособность при отказах элементов)
f. feature отказоустойчивость, надежность

fail-safety надежность, отказоустойчивость; живучесть

fail-survival многоотказный, живучий

failure 1. повреждение, неисправность, отказ; разрушение, разрыв, излом; обвал, обрушение; потеря несущей способности; 2. неудача, неблагоприятный исход; недостаток чего-либо; неспособность, несостоятельность
to be a failure являться неудачным
to carry off to a failure доводить до разрушения
to meet with failure оказаться безуспешным
f. analysis анализ отказов; расчет разрушения
f. of equation нарушение уравнения
f. load разрушающая нагрузка
f. of oscillations срыв колебаний
f. rate частота (интенсивность) отказов
f. simulation моделирование разрушения; имитация отказов

f. survival устойчивость к отказам, живучесть
f. test испытание на отказ
airload f. разрушение (конструкции) аэродинамическими нагрузками
bending f. разрушение при изгибе
benign f. неопасный отказ
brittle f. хрупкое разрушение
chance f. случайный сбой
cleavage(-type) f. разрушение отрывом; кристаллическое разрушение
common f. типичный отказ
complete f. полный отказ
compression f. разрушение при сжатии
conical f. разрушение по конической поверхности
creep f. разрушение при ползучести
critical f. критический (опасный) отказ
cyclic f. разрушение при циклическом нагружении
ductile f. пластическое разрушение
elastic f. упругое разрушение
elongation at f. (относительное) удлинение (образца) при разрыве
endurance f. усталостный излом, усталостное разрушение
energy to f. работа (необходимая для) разрушения
fatigue f. усталостное разрушение
field f. эксплуатационный отказ
fracture f. хрупкое разрушение
gross f. полное разрушение
hardening f. разрушение при закаливании; закалочный порок, закалочная трещина
latent f. скрытый (неявный) отказ
life-limit f. ресурсный отказ
low-cycle f. малоцикловое разрушение
low-energy-type f. низкоэнергетический вид разрушения
macroscopic f. макроскопическое разрушение
mechanical f. механическое повреждение; механическая неисправность
oblique f. косое разрушение
operational f. эксплуатационный отказ
progressive f. постепенное (прогрессирующее) разрушение
random f. случайное повреждение
repeated stress f. (усталостное) разрушение в результате повторных нагрузок
resistance to f. устойчивость против отказов
simultaneous f. внезапное разрушение
static f. разрушение при статической нагрузке, статическое разрушение
structural f. отказ (поломка) конструкции, нарушение прочности
sudden f. внезапный отказ
surface f. поверхностное разрушение
surface fatigue f. усталостное разрушение поверхности
tensile f. разрушение при растяжении
time to f. наработка на отказ
tolerance f. отклонение от допуска, выход за пределы
transgranular f. транскристаллическое разрушение
transverse f. поперечное разрушение
wear(-out) f. отказ за счет износа
failure-free безотказный
faint слабый; недостаточный, незначительный; неотчетливый, неяркий; ‖ слабеть, ослабевать
f. echo слабое эхо
fair 1. удовлетворительный, приемлемый, достаточный; благоприятный; 2. объективный, справедливый; 3. уменьшать лобовое сопротивление; придавать обтекаемую форму, снабжать обтекателем; 4. выставка, ярмарка
it is fair to say справедливо, что; можно утверждать, что
under fair conditions при благоприятных условиях
fairing 1. уменьшение лобового сопротивления; 2. обтекатель
nose f. носовой обтекатель
fairly довольно; достаточно
fairness обтекаемость
fairway судоходный канал, фарватер; проход
faith доверие; вера, уверенность
faithful верный, истинный; заслуживающий доверия; точный
f. representation точное представление
falciform серповидный
fall падение; снижение, спад; перепад (высот); (гидравлический) напор; наклон, уклон; осаждение; обрушение; ‖ падать, опускаться, понижаться, уменьшаться; осаждаться; обрушаться; валиться
to fall away уменьшаться, спадать; отделять(ся)
to fall back прибегать к чему-либо
to fall behind отставать
to fall down падать, опускаться (напр., до какого-то уровня); терпеть неудачу
to fall in проваливаться, обрушиваться
to fall in with встречаться, сталкиваться с чем-либо; уступать, соглашаться
to fall inside the limits находиться в пределах
to fall into начинать, приниматься за что-либо; распадаться на группы, категории; относиться (напр., к какой-то категории)
to fall into the category относиться к категории
to fall into disuse выходить из употребления
to fall into line with находиться в соответствии с
to fall off отваливаться, отсоединяться; сбрасывать; уменьшаться, спадать, ослабевать
to fall on начинать, приступать

to fall out выпадать (из); исчезать; не соответствовать, не подходить; выходить из строя

to fall out of step рассогласовываться, выпадать из синхронизма

to fall short не достигать, быть меньше чего-либо; нуждаться; не соответствовать

to fall through терпеть неудачу

to fall to начинать, приступать; доставаться, приходиться (напр., на долю)

to fall to pieces распадаться на части

to fall under подвергаться; подпадать (напр., под определение)

  angle of f. угол падения

  free f. свободное падение

  pressure f. падение (перепад) давления

  rate of f. скорость падения

  roof f. обрушение кровли (выработки)

  stepped f. ступенчатое понижение, ступенчатый перепад

  time of f. время (свободного) падения

fallacious ошибочный, ложный

fallacy ошибка, заблуждение, ложный вывод; ошибочность; софизм, ложный довод

fallaway уменьшение, спад; падение; отделение (ступени ракеты)

  f. section отделяемая ступень (ракеты)

fall-back устранение неисправности

fallibility ошибочность, погрешность; подверженность ошибкам, отклонениям

fallible ошибочный; подверженный ошибкам

falling падение; снижение, уменьшение; || падающий; опускающийся, снижающийся

  f. characteristic падающая характеристика

  freely f. свободно падающий

fall-off падение; сваливание; отделение (ступени ракеты), сброс

fall-out 1. выпадение (напр., осадков); осадки; 2. исчезновение; 3. несовпадение, несоответствие; 4. выход из строя

false 1. ложный, ошибочный, неверный; 2. искусственный; условный; 3. логическое значение "ложь"

  f. beam ненесущая (ненагруженная, несиловая) балка

  f. coordinate условная координата

  f. statement ложное утверждение

falsehood ложность, неистинность; ложное заключение

falsely ложно, ошибочно

falsework опалубка; (строительные) леса

falsity ложность, ошибочность

faltung свертка, преобразование свертки

familiar знакомый, известный; обычный; знающий, осведомленный

  to be familiar with быть знакомым, знать

  to become familiar with ознакомиться с чем-либо

familiarization ознакомление, осваивание

familiarize ознакомлять(ся), осваивать(ся)

family семейство; совокупность, система; ряд, серия

  f. of curves семейство кривых

  f. of designs семейство проектных решений; семейство конструкций

  airfoil f. семейство профилей

  finite element f. семейство конечных элементов

  moire f. картина муаровых полос

  one-parameter f. однопараметрическое семейство

famous знаменитый, известный

fan вентилятор; лопасть, крыло, крыльчатка; воздушный винт; веер; || дуть, обдувать, подавать воздух; раздувать; развертывать веером

  f. blade лопасть (крыло) вентилятора

  f. boundary граница веера (линий скольжения)

  f. jet турбовентиляторный двигатель

  f. tracery нервюра; несущий каркас (свода, купола)

  f. vault веерный свод, ребристый свод

  blower f. нагнетающий вентилятор

  centrifugal f. центробежный вентилятор

  draft f. вытяжной вентилятор

fang зуб, зубец; острый наконечник; крюк, захват

fan-like веерообразный

fanner корма судна

fanning обдувка; вентиляция; раскрытие (струи); развертывание

fan-shaped веерообразный

far далекий, удаленный, отдаленный; || далеко, на большом расстоянии; гораздо, значительно, намного

  far away далекий, дальний, отдаленный; || далеко

  far and away значительно; несомненно

  far and by в общем, вообще говоря

  far and wide всесторонне; повсеместно

  far better значительно лучше

  far cry большое расстояние; большое различие; отдаленное отношение

  far different значительно отличающийся

  far from далеко от; далеко не

  far less значительно меньше

  far more значительно больше

  far reaching многообещающий, важный

  as far as насколько; поскольку, что касается, в отношении; до

  as far as ... is concerned что касается; когда речь идет о

  as far as it goes поскольку дело касается, что касается

  as far back as еще, уже

  by far намного, значительно; несомненно

  few and far between немногочисленные, редкие

  from far издалека

  (in) so far as поскольку; насколько, настолько

(in) so far as ... is concerned поскольку речь идет о; когда дело касается
so far до сих пор, пока
this is far from being the case это далеко не так
farad фарад, Ф (единица электрической емкости)
far-away далекий, дальний, отдаленный
far-between редкий
far-famed широко известный
far-field дальний, удаленный
   f. **integration path** дальний контур интегрирования
far-flung обширный, широкий
farina (мелкий) порошок
far-off отдаленный
far-out крайний; передовой, нетрадиционный
far-reaching важный, далеко идущий, с серьезными последствиями; широкий
farther более отдаленный; дальнейший, позднейший; дополнительный; ‖ дальше, далее; кроме того, также
farthermost самый дальний, наиболее отдаленный
farthest самый дальний; последний
   at the farthest самое большее
fascia пояс, валик; полоса
fascine связка, фашина
fashion 1. образ, способ; режим (работы); 2. форма; стиль; ‖ придавать вид, форму; формовать, моделировать
   after in a fashion до известной степени
   after the fashion of по методу, наподобие
   in this fashion таким (же) образом
fashioned формованный; фасонный, фигурный, сложной формы
fast 1. быстрый; скорый; быстродействующий; частый; 2. прочный, жесткий; закрепленный, фиксированный, неподвижный; ‖ прочно; неподвижно; 3. причал, швартов; 4. (горная) выработка, штрек
   to make fast фиксировать, закреплять
   f. **convergence** быстрая сходимость
   f. **dyeing** прочная окраска
   f. **Fourier transform (FFT)** быстрое преобразование Фурье (БПФ)
   f. **response** быстрая реакция; высокая чувствительность; малая инерционность, реактивность; малое время срабатывания
fast-acting быстродействующий
fasten соединять, скреплять, закреплять; упрочнять; затвердевать
fastener устройство крепления, зажим, скоба; замок
fastening (за)крепление, связывание; упрочнение; затвердевание; см. также fastener
fastness прочность, жесткость, сопротивляемость, стойкость
fast-response быстродействующий, малоинерционный; чувствительный
fat жир; (густая) смазка; ‖ жирный
   hard f. густая (консистентная) смазка, тавот

fatal неизбежный; критический, разрушительный
   f. **error** критическая ошибка
fathom 1. вникать, понимать; 2. измерять глубину
fathometer глубиномер, эхолот
fatigue усталость; ‖ усталостный; ‖ подвергать(ся) усталостным нагрузкам
   f. **in bending** усталость при изгибе
   f. **crack** усталостная трещина
   f. **curve** кривая усталости (Велера)
   f. **damage** усталостное повреждение (разрушение)
   f. **failure** усталостное разрушение
   f. **fracture** усталостное разрушение; усталостный излом
   f. **fracture toughness** вязкость разрушения при усталости
   f. **limit** предел усталости; предел выносливости
   f. **perturbed creep** ползучесть, искаженная усталостью
   f. **resistance** усталостная прочность
   f. **score** усталостный задир
   f. **strength** усталостная прочность; предел усталости
   f. **stress** усталостное напряжение
   f. **stress range** размах напряжений в усталостном цикле (при оценке усталости)
   f. **stressing** циклическое нагружение
   f. **striations** бороздки усталости (на поверхности разрушения)
   f. **test** испытание на усталость (выносливости)
   f. **value** предел усталости (выносливости), усталостная прочность
   f. **wear** усталостный износ
bulk f. объемная усталость
conventional f. обычная (многоцикловая) усталость
corrosion f. коррозионная усталость
cyclic f. усталость при циклическом нагружении
elastic f. упругая усталость
flexural f. усталость при изгибе
fretting f. усталость при фреттинге (фреттинг-коррозии)
high-cycle f. многоцикловая усталость
impact f. усталость при ударных нагрузках
low-cycle f. малоцикловая усталость
low-endurance f. малоцикловая усталость
multiaxial f. усталость при многоосном (сложном) напряженном состоянии
plastic f. пластическая (малоцикловая) усталость
random f. усталость в условиях случайного нагружения
range of f. интервал (пределы) выносливости
sonic f. звуковая усталость

surface f. поверхностная усталость
thermal f. тепловая (термическая) усталость
torsional f. усталость при кручении
wear f. усталость от изнашивания, поверхностная усталость
fatigue-cracked с усталостными трещинами
fatigue-damaged с усталостными повреждениями
fatigue-proof выносливый, с высоким сопротивлением усталости
fatiguing усталостное нагружение
faucet вентиль, втулка; раструб
fault 1. неисправность, повреждение; отказ; недостаток, дефект, порок; ошибка; 2. разрыв; сдвиг, сброс (породы); 3. короткое замыкание; пробой (изоляции)
  to be at fault быть неверным, ошибочным
  f. of construction конструктивный порок, недостаток конструкции
  f. finder средство обнаружения неисправностей; дефектоскоп
  f. intolerance чувствительность к отказам
  f. simulation моделирование (имитация) неисправностей
  f. tolerance отказоустойчивость, живучесть
  assembly f. дефект сборки; ошибка при сборке
  design f. ошибка проектирования
  image i. искажение изображения
  latent f. скрытая неисправность, скрытый дефект
fault-free безотказный, надёжный; безошибочный
fault-proof устойчивый к ошибкам (отказам)
  user f. algorithm алгоритм, устойчивый к ошибкам пользователя (напр., при выборе параметров)
faulty ошибочный; содержащий дефекты, пороки; неисправный, повреждённый
favour одобрение; предпочтение; польза, интерес; помощь; ‖ одобрять; отдавать предпочтение; помогать, поддерживать, способствовать
  in favour of в пользу, в защиту, за; вместо чего-либо
favourable благоприятный, удобный; полезный
  under favourable conditions при благоприятных условиях
  f. interference полезная интерференция
FE (finite element) конечный элемент (сочетания с термином *finite element* см. также на **element**)
  FE analysis расчёт (исследование) методом конечных элементов
  FE method метод конечных элементов (МКЭ)
feasibility возможность, выполнимость, осуществимость; обоснованность, целесообразность; допустимость, работоспособность
  engineering f. техническая осуществимость
feasible возможный, выполнимый, осуществимый; допустимый, обоснованный, целесообразный; вероятный, правдоподобный

f. constraints допустимые (возможные) ограничения
f. region допустимая область
method of f. directions метод возможных направлений (метод оптимизации)
physically f. физически возможный, осуществимый
feather 1. перо, оперение; 2. выступ, шпонка, шпунт; ‖ соединять на шпунт (на шпонку); 3. флюгировать воздушный винт; циклически изменять шаг (лопастей несущего винта вертолёта); 4. тонкая (волосная) трещина
  f. key направляющая шпонка
featheredged ножевой, клиновидного сечения; сходящий на нет, заострённый
feathering 1. оперение; 2. соединение на шпунт (на шпонку); 3. флюгирование, циклическое движение (напр., лопасти)
feature 1. особенность, характерная черта; признак, свойство; характеристика, параметр; ‖ описывать, характеризовать; быть характерным; 2. приспособление, устройство; 3. деталь, часть, элемент
  f. of construction свойство конструкции, конструктивная особенность
  f. extraction выделение признаков
  f. vector вектор характеристик (признаков)
  adjustment f. настраиваемость, возможность регулировки; регулировочное приспособление
  automatic f. автоматизм; автоматическое действие
  distinctive f. отличительный признак, особенность
  external f. внешний признак
  fail-safe f. отказоустойчивость, надёжность
  high-wearing f. высокая износостойкость, большое сопротивление износу
  mathematical f. математическое свойство; математический признак
  mechanical f. механическое свойство; конструктивная особенность; деталь конструкции
  ranking f. признак классификации; ранжируемость
  structural f. особенность конструкции (структуры); элемент конструкции
  unique f. особенность, отличительная черта
feculent мутный
fed-up насыщенный
feeble слабый; малый, незначительный
feed питание; подача, транспортировка; подающий (питающий) механизм; подаваемый материал, сырьё, заготовка; ‖ питающий, подающий, загрузочный; ‖ питать, подавать
  f. line линия питания
  f. motion подача, движение подачи; механизм подачи
  f. screw подающий шнек; ходовой винт
  forced f. принудительная подача, подача под давлением

gravity f. подача под действием собственного веса, подача самотеком
feedback обратная связь
   f. control управление с обратной связью
   f. gain коэффициент обратной связи
   degenerative f. отрицательная обратная связь
   delayed f. обратная связь с запаздыванием
   derivative f. обратная связь по производной
   elastic f. упругая (гибкая) обратная связь
   force f. обратная связь по усилию
   inverse f. отрицательная обратная связь
   multiple-loop f. многоконтурная обратная связь
   position f. обратная связь по положению
   positive f. положительная обратная связь
   proportional f. пропорциональная (линейная) обратная связь
   rate f. обратная связь по скорости (по производной)
   regenerative f. положительная обратная связь
   servo f. следящая обратная связь
feeder подающий (питающий) механизм, питатель; загрузочное устройство
feedforward прямая связь
feel чувствовать, ощущать; полагать, считать
   to feel certain быть уверенным
   to feel reliance on полагаться на
feeler чувствительный элемент, контактный датчик; щуп; зонд; проба
   f. pin контактный датчик; щуп (напр., индикатора)
felloe обод колеса
fellow сотрудник, коллега; член научного общества
   research f. научный сотрудник
felly см. felloe
felt войлок, фетр
FEM (finite element method) метод конечных элементов (МКЭ)
female охватывающий, принимающий; внутренний, с внутренней резьбой
   f. screw гайка; внутренняя резьба
   f. thread внутренняя резьба
   f. wrench торцовый ключ
fence ограждение; защитное приспособление; предохранительный кожух; ‖ ограждать, защищать, предохранять
fend ограждать, отражать
fender ограждение, отражательный щит; автомобильное крыло; кранец
ferriferous содержащий железо, железистый
ferro-alloy железный сплав, ферросплав
ferroconcrete железобетон
ferruginous 1. содержащий железо, железистый; 2. ржавый
ferrule (металлический) обод, оправа, кольцо; обечайка, муфта

ferry переправа; паром; перевозка, транспортировка; транспортный космический корабль; ‖ перевозить, перегонять
ferry-bridge аппарели, полозья
fetch 1. приносить, доставлять; достигать; добиваться; 2. выборка; вызов (программы); ‖ выбирать; вызывать; 3. нагон (волны)
   to fetch out выявлять; выделять
   f. cycle цикл выборки
fettle 1. состояние, положение; 2. облицовка, футеровка; ‖ облицовывать, футеровать
few немного, мало; немногие
   a few несколько; некоторые из
   in a few words кратко, в нескольких словах
   not a few значительное число
   quite a few довольно много
   some few незначительное количество, немного, несколько
   with few exceptions за редким исключением
fiber волокно, нить, фибра; слой
   f. armed shell оболочка, армированная волокнами
   f. reinforcement армирование волокнами
   f. space расслоенное пространство, расслоение
   artificial f. искусственное (химическое) волокно
   carbon f. углеродное волокно
   compressed f. сжатое волокно
   crimped f. извитое волокно
   extended f. растянутое волокно
   extreme fibres of beam крайние волокна балки
   fine f. тонкое волокно
   glass f. стекловолокно
   light-guide f. световодное волокно, световод
   lower f. (крайнее) нижнее волокно
   lower stressed fibres наименее напряженные волокна
   metallic f. металлическое волокно
   middle f. среднее (срединное) волокно
   optical f. световод
   outer f. наружнее (крайнее) волокно
   outer f. stress напряжение в наружном волокне (напр., балки)
   reinforcing f. армирующее волокно
   tensile f. растянутое волокно
   textile f. текстильное волокно, текстильная нить
   twisted f. скрученное волокно
   upper f. (крайнее) верхнее волокно
   wood f. древесное волокно
fiberglass стекловолокно, фибергласс
fiber-reinforced упрочненный (армированный) волокнами
Fibonacci sequence последовательность Фибоначчи
fibre см. fiber

fibred волокнистый; содержащий волокна, образованный из волокон; армированный волокнами
    f. composite волокнистый (армированный волокнами) композит
fibrous волокнистый; содержащий волокна, образованный из волокон
    f. concrete фибробетон (бетон, армированный волокнами)
    f. fracture волокнистый излом
    f. structure волокнистая структура
Fick law закон (диффузии) Фика
fictile глиняный; гончарный
fictitious фиктивный; воображаемый, вымышленный
    f. domain method метод фиктивных областей
    f. variable фиктивная переменная
fid клин, колышек; шпилька
fidelity достоверность, точность (воспроизведения)
fiducial опорный, отправной, принятый за основу (напр., при сравнении), эталонный
    f. axis опорная (отсчетная) линия
    f. object эталонный объект; основа для сравнения
    f. value эталонное значение, нормирующее значение
field 1. поле; область, пространство; участок, зона; область знаний, сфера деятельности; 2. поле (физической) величины; последовательность однородных объектов; 3. поле, полевые условия; производственные условия; 4. месторождение (полезных ископаемых); 5. возбуждение, возмущение
    f. of application область (сфера) применения
    f. connection монтажное соединение
    f. of contact область контакта, зона зацепления (зубчатых колес)
    f. of constants поле констант
    f. data данные полевых (натурных) измерений, эксплуатационные данные
    f. of deformation поле деформации
    f. density плотность (интенсивность, напряженность) поля; магнитная индукция
    f. development разработка месторождения
    f. of events поле событий
    f. of extremals поле экстремалей
    f. gradient градиент поля
    f. of gravity поле тяготения, поле силы тяжести, гравитационное поле
    f. intensity интенсивность (напряженность) поля
    f. joint монтажный стык
    f. line линия (векторного) поля, силовая линия
    f. map карта месторождения
    f. mark метка поля (данных), ограничитель поля
    f. observations натурные исследования
    f. of plasticity область (зона) пластичности
    f. problems задачи теории поля
    f. rivet монтажная заклепка
    f. of search зона поиска
    f. of science область науки
    f. strength напряженность (интенсивность) поля
    f. study натурное (экспериментальное) исследование
    f. of tension поле (область) растяжения
    f. test натурные (полевые) испытания; эксплуатационные испытания
    f. theory теория поля
    f. trials полевые (промышленные) испытания
    f. vector вектор (напряженности) поля
    f. of vectors векторное поле
    f. of vision поле зрения
    f. winding обмотка возбуждения
acceleration f. поле ускорения
acoustic f. акустическое (звуковое) поле
admissible f. допустимое поле
alongwind velocity f. поле скоростей вдоль потока
analog f. аналоговая техника (как область знаний)
angular f. угол раствора
applied f. внешнее (приложенное) поле, наложенное поле (напр., деформаций)
argument f. поле аргумента (операнда)
assumed f. заданное поле (напр., напряжений в конечном элементе)
axial f. осевое (продольное) поле
biaxial f. двухосное (двумерное) поле
circuital f. вихревое поле
conical flow f. область конического течения
conservative f. потенциальное (безвихревое) поле
consistent fields согласованные поля (напр., напряжений и деформаций)
constant f. постоянное поле
Coulomb f. кулоновское поле, поле точечного заряда
coupled fields связанные поля
couple-stress f. поле связанных (моментных) напряжений
curl(ing) f. вихревое поле
data f. поле данных
deformation f. поле деформаций
diffusion f. диффузионное поле
discontinuous f. разрывное поле
discrete f. дискретное поле, поле дискретных (дискретно заданных) величин
dislocation f. поле дислокаций
displacement f. поле перемещений
droplet f. капельное поле, поле капельной жидкости
Earth's gravity f. поле земного тяготения
equilibrium stress f. равновесное поле напряжений
finite f. конечное поле, поле конечных размеров

flow f. поле течения, спектр обтекания
force f. поле силы, силовое поле
gas f. газовое месторождение
geomagnetic f. магнитное поле Земли, геомагнитное поле
gravity f. гравитационное поле, поле тяготения
high f. напряженное (сильное) поле
homogeneous f. однородное поле
image f. поле изображения
inertia f. поле инерции
instruction f. поле команды
irrotational f. безвихревое (потенциальное) поле
lamellar f. безвихревое (потенциальное) поле, слоистое (расслоенное) поле
low f. слабое поле
magnetic f. магнитное поле
near tip f. поле (напряжений) вблизи вершины (напр., трещины)
non-uniform f. неоднородное поле
number f. поле чисел
oil f. нефтяное месторождение
operand f. поле операнда
operational f. рабочее поле
oscillating f. колебательное поле
overlapping fields перекрывающиеся поля
perturbed f. возмущенное поле
plane strain f. область плоского деформированного состояния (плоской деформации)
potential f. потенциальное (безвихревое) поле; поле потенциала
pressure f. поле давления, барическая область
principal strain f. поле главных деформаций
radiation f. поле излучения
residual f. остаточное поле
rotational f. вихревое поле
scalar f. скалярное поле
scanning f. поле развертки; растр
seismic f. сейсмическое поле, поле сейсмических волн
singular f. сингулярное поле
slip-line f. поле линий скольжения
sound f. звуковое (акустическое) поле
source-flow f. поле скоростей от источника
stationary f. стационарное поле
strain f. поле деформаций
stress f. поле напряжений
tension f. область растяжения
terrestrial f. (гравитационное) поле Земли
uniaxial tension f. поле одноосного растяжения
uniform f. однородное поле
variable f. переменное (нестационарное) поле; поле переменной, поле атрибутов переменной
vectorial f. векторное поле
velocity f. поле скоростей

vortex f. вихревое поле
wave f. волновое поле
fifteen пятнадцать
fifth пятая часть; || пятый
 f. part пятая часть
fifty пятьдесят
figure 1. (геометрическая) фигура; изображение, рисунок, чертеж; форма, конфигурация; || (графически) изображать, рисовать; придавать форму; представлять себе; 2. цифра; знак, символ; число, показатель; || обозначать цифрами; проставлять цифры (напр., на чертеже); подсчитывать, оценивать; 3. текстура, узор; 4. фигурировать, играть роль
 to figure on рассчитывать, делать расчеты; учитывать
 to figure out вычислять, подсчитывать; понимать, постигать
 to figure up вычислять, рассчитывать
 in round figures округленно, приближенно
 f. of merit показатель (критерий) качества, добротность
 Arabic f. арабская цифра
 Brinell f. число твердости по Бринелю
 composite f. сложное число
 congruent figures конгруэнтные фигуры
 curvilinear f. криволинейная фигура
 dimension f. размерное число; размер (на чертеже)
 equilibrium figures фигуры равновесия
 geometric f. геометрическая фигура
 identic(al) figures тождественные (конгруэнтные) фигуры
 interference f. интерференционная картина
 Lissajous f. фигура Лиссажу
 noise f. коэффициент шума
 performance f. показатель производительности, кпд
 plane f. плоская фигура
 rectilinear f. прямолинейная фигура
 significant f. значащая цифра
 similar figures подобные фигуры
 simplex f. симплексная фигура, фигура-симплекс
 specific f. удельная величина
 strain f. картина деформации
figured 1. фигурный, фасонный; узорчатый; 2. образный
 f. steel фасонная (профильная) сталь
figure-of-eight имеющий форму восьмерки
figuring 1. рисование, вычерчивание; 2. вычисление, расчет; нанесение цифр, размеров (напр., на чертеж), оцифровка делений (шкалы)
filament 1. волокно, нить; шнур; 2. последовательность однородных объектов, цепочка
 f. winding намотка волокон
 air f. струйка воздуха
 flow f. элементарная струйка, трубка тока
 glass f. стекловолокно

metal f. металлическая нить
plasma f. плазменный шнур
reinforcing f. армирующее волокно
stream f. элементарная струйка, трубка тока
vortex f. вихревая нить, вихревая трубка, одиночный вихрь

filamentary волокнистый
filamentous волокнистый, состоящий из волокон
filar ниточный
file 1. файл, совокупность (группа, блок, массив) данных; внешнее запоминающее устройство; ‖ формировать (создавать, хранить) файл; 2. картотека, архив; комплект (документов); ‖ вести учет, картотеку; 3. напильник; отделка, шлифование, полировка; ‖ пилить, опиливать; шлифовать, полировать; 4. колонна, ряд, очередь; ‖ передвигаться колонной
   to file away опиливать, снимать напильником
   to open a file открывать файл
   f. of piles ряд свай
   f. updating корректировка (ведение) файла
filing 1. запись в файл; ведение файлов; 2. учет, составление картотеки; 3. обработка напильником, опиливание; шлифовка, полировка
filings опилки, мелкая стружка
fill заполнение, наполнение, насыщение; засыпка, заливка; закрашивание; ‖ заполнять(ся), наполнять(ся), набивать(ся), насыпать(ся); насыщать(ся); занимать свободное место; закрашивать(ся)
   to fill in 1. заполнять(ся), наполнять(ся); заполнять свободное место; сгущать(ся) (напр., о сетке); замещать; 2. разрабатывать (напр., детали)
   to fill out наполнять(ся), заполнять(ся); надувать(ся); расширять(ся); возмещать (недостающее)
   to fill up holes заделывать отверстия
   f. area область заполнения; область закрашивания (в машинной графике)
   f. dam насыпная плотина
   f. piece прокладка, вкладыш
   f. slope откос насыпи
   earth f. земляная насыпь
filled заполненный; насыщенный; закрашенный
   f. ground насыпной грунт
   f. matrix заполненная (полная) матрица
filler заполнитель, наполнитель; вкладыш, прокладка; устройство наполнения, горловина
   f. metal наплавной (сварочный) металл
   light f. легкий заполнитель
   ring f. кольцевая прокладка
   space f. прокладка
   void f. материал для заполнения пустот
fillet 1. галтель, выкружка, закругление, скругление; обтекатель, зализ; 2. лента,

узкая полоса; 3. валик, кромка, ободок, утолщение
fill-in наполнение, заполнение (напр., заполнение матрицы ненулевыми элементами в процессе исключения неизвестных в системе уравнений)
filling 1. наполнение, заполнение; загрузка, заливка, засыпка; 2. прокладка, вкладыш; 3. заряд (снаряда); 4. уток (ткани)
   f. area область заполнения
   f. of gaps заполнение промежутков
   f. material наполнитель, заполнитель
   f. plate прокладка, шайба
   f. thread уточная нить, уток
   f. valve заливочный клапан
   sparse f. редкое заполнение (матрицы), разреженность
film пленка; тонкая оболочка, мембрана, тонкий слой; фотопленка, кинопленка; кинофильм; ‖ покрывать пленкой, оболочкой; снимать, производить фото- (кино-) съемку
   laminar f. ламинарный слой
   liquid f. жидкостная пленка
   oxide f. окисная пленка
   thin f. тонкая пленка
   transparent f. прозрачная пленка
filmy пленчатый; покрытый пленкой; очень тонкий
filter 1. фильтр; ‖ фильтровальный, фильтрационный, фильтрующий; ‖ фильтровать; процеживать, очищать; просачиваться, проникать; 2. шлюз
   f. bed фильтрующий (фильтрационный) слой
   f. cell фильтрующий элемент
   f. cloth фильтрующая ткань
   f. gain коэффициент фильтра
   f. layer фильтрующий слой, плоский фильтр
   f. media фильтрационный (фильтрующий) материал; набивка (наполнитель) фильтра
   f. plugging забивание фильтра
   aperture f. щелевой фильтр
   band-pass f. полосовой фильтр
   digital f. цифровой (дискретный) фильтр
   drainage f. дренажный фильтр
   dust f. пылевой фильтр
   edge f. щелевой фильтр
   frequency f. частотный фильтр
   full-flow f. полнопоточный фильтр
   gauze f. сетчатый фильтр
   gravitation f. фильтр-отстойник
   harmonic f. фильтр (подавления) гармоник
   heat f. тепловой (теплозащитный) фильтр
   high-pass f. фильтр высоких частот
   intake f. всасывающий фильтр
   jet f. струйный фильтр
   low-pass f. фильтр низких частот
   mode f. фильтр мод, фильтр типов волн
   noise f. фильтр шумов (помех)
   pressure f. напорный фильтр

separation f. разделительный фильтр
smoothing f. сглаживающий фильтр
sponge f. губчатый фильтр
viscous f. вязкостный фильтр
wave f. волновой фильтр
filtering фильтрация; фильтрование
  digital f. цифровая фильтрация
  frequency f. частотная фильтрация
filtrate фильтрат; || фильтровать, просачиваться; пропускать через фильтр, очищать
filtration фильтрация; фильтрование
  f. under constructions фильтрация под сооружениями
  f. with initial gradient фильтрация с начальным градиентом
  f. laws законы фильтрации
  f. from reservoirs фильтрация из водоемов
  f. resistance фильтрационное сопротивление
  f. of water фильтрация воды
  adsorption f. адсорбционная фильтрация, фильтрация поглощением
  confined f. напорная фильтрация
  dual-media f. двухслойная фильтрация
  fine f. тонкая фильтрация
  free-surface f. безнапорная (свободная) фильтрация
  gas f. фильтрация газа
  gravity f. безнапорная фильтрация
  linear f. линейная фильтрация
  liquid f. фильтрация жидкости
  percolation f. перколяционная фильтрация
  precise f. тонкая фильтрация
  pressure f. напорная фильтрация
  two-phase f. двухфазная фильтрация
fin киль, оперение, стабилизатор; плавник; ребро
  canard f. носовой стабилизатор (руль)
  folding f. складывающийся киль (оперение)
  radiator f. ребро радиатора, охлаждающее ребро
  sweptback f. стреловидный киль (оперение)
  turbine f. лопасть турбины
final конечный; заключительный, итоговый; последний, концевой; окончательный, решающий; законченный, определенный; целевой
  f. cause конечная цель
  f. element концевой (последний) элемент
  f. finishing окончательная (чистовая) отделка
  f. output окончательный результат
  f. product конечный продукт
  f. speed конечная скорость
finality законченность; завершение, заключительное действие
finalize завершать, заканчивать; придавать окончательную форму

finally в заключение; в результате, в конечном счете; окончательно
find находка; || находить, обнаруживать; получать, добиваться; определять, вычислять; приходить к заключению, убеждаться
  to find out, находить, выяснять, обнаруживать
finder искатель; визир; дальномер; устройство обнаружения
  acoustic f. эхолот
  range f. дальномер
finding находка; нахождение, определение, установление, вычисление; факт, заключение
  fault f. отыскание неисправностей
  position f. определение (место)положения
findings (мн.ч. от finding); находки; (полученные) данные, сведения; выводы, результаты
  laboratory f. данные (лабораторного) исследования
findpath поиск пути (маршрута, траектории)
fine 1. тонкий, мелкий; точный; чистый, очищенный; высококачественный; || очищать(ся); 2. младший
  to fine away сводить (сходить) на нет, заострять
  to fine down очищать(ся), становиться прозрачным
  to fine off сокращаться, уменьшаться
  in fine в заключение, в итоге; в общем
  f. adjustment точная регулировка (настройка)
  f. contribution ценный вклад
  f. control точная регулировка
  f. crack тонкая (волосная) трещина, волосовина
  f. droplet мелкая капелька
  f. edge острый край
  f. example отличный пример
  f. fibre тонкое волокно
  f. index младший (второй) индекс (напр., при двойной индексации)
  f. line тонкая линия (на чертеже)
  f. mechanics точная механика
  f. mesh мелкая (густая) сетка
  f. sand мелкий песок
  f. scale мелкий масштаб
  f. structure тонкая структура
  f. thread мелкая резьба
fine-grained мелкозернистый
finely-fibred тонковолокнистый
finely-porous мелкопористый
fineness тонкость; точность; чистота; мелкость; мелкозернистость; высокое качество
  f. ratio аэродинамическое качество (отношение подъемной силы к лобовому сопротивлению); относительное удлинение
  aerodynamic f. аэродинамическое качество
  aggregate f. мелкость (крупность) частиц заполнителя

filter f. тонкость фильтрации
mesh f. мелкость (разрешающая способность) сетки
fine-scale мелкомасштабный
finger палец; штифт; указатель, стрелка (напр., прибора)
fingerhold шаткая опора
finger-print характерный признак; || характерный, идентифицирующий
   f. method метод идентификации
   f. region характерная зона
finis (лат.) конец
finish окончание, завершение; окончательная (чистовая) обработка, отделка, доводка; чистота (шероховатость) поверхности; внешнее покрытие; || оканчивать, завершать; обрабатывать окончательно (начисто), отделывать, доводить; сглаживать
   to finish to size обрабатывать точно по размеру
finished оконченный, законченный; окончательный; конечный; отделанный, обработанный
   f. bright отполированный
   f. product конечный продукт, готовое изделие
   f. size окончательный (чистовой) размер
   f. true точно обработанный
finishing окончание, завершение; окончательная (чистовая) обработка, отделка, доводка
finite 1. конечный, ограниченный, имеющий предел; финитный; 2. определимый
   f. area конечная площадь; конечный участок
   f. automaton конечный автомат
   f. body тело конечных размеров, конечное тело
   f. difference конечная разность (сочетания с термином finite difference см. на difference)
   f. dimension конечная размерность
   f. displacement конечное перемещение
   f. displacement analysis расчет конечных (больших) перемещений (конструкции)
   f. domain конечная область
   f. duration pulse импульс конечной длительности
   f. elasticity конечная упругость, упругость при конечных деформациях
   f. element конечный элемент (сочетания с термином finite element см. на element)
   f. excursion конечное отклонение (смещение)
   f. extension конечное удлинение
   f. function конечная функция; финитная функция, функция с конечным носителем
   f. jump конечный разрыв (скачок)
   f. point конечная точка
   f. rigidity конечная жесткость
   f. ring method метод конечных колец
   f. set конечное множество; конечная система (уравнений)
   f. strain конечная деформация

   f. strain plasticity пластичность с конечными деформациями
   f. strip method метод конечных полос
   f. time element конечный элемент по времени, временной конечный элемент
   f. value конечное значение
   f. wing крыло конечного размаха
   f. zone конечная зона, конечный интервал
finite-difference конечноразностный; см. также на difference
   f. scheme конечноразностная схема
finite-dimensional конечномерный
   f. approximation конечномерное приближение
   f. space конечномерное пространство
finite-element конечноэлементный; см. также на element
   f. model конечноэлементная модель
finite-state machine конечный автомат
finned снабженный оперением, оперенный; оребренный, ребристый
   f. radiator ребристый радиатор
   f. rocket оперенная ракета
   f. shell ребристая оболочка (подкрепленная ребрами)
fire огонь, пламя; свечение; || зажигать, воспламенять(ся), загораться; обжигать; стрелять, вести огонь
   angle of f. угол возвышения (напр., пусковой установки)
fire-box топка
fire-brick огнеупорный кирпич
fire-clay огнеупорная глина
firing горение, сгорание, сжигание (топлива); обжиг; стрельба, запуск (ракеты), работа реактивного двигателя
fireproof огнестойкий, огнеупорный
firing горение; сжигание; зажигание; взрывание; обжиг
   f. sequence порядок зажигания (в цилиндрах двигателя)
firm твердый, плотный; прочный; устойчивый; || укреплять(ся); уплотнять(ся)
   f. soil плотный грунт
firming уплотнение, укрепление
firmness плотность; твердость; устойчивость
first начало; || первый; начальный; || сначала; впервые; в первую очередь, предпочтительно
   first of all прежде всего
   first and last в общем и целом
   at first сначала
   for the first time в первый раз, впервые
   from the first с самого начала
   from first to last с начала до конца
   f. approximation первое (начальное) приближение; грубая аппроксимация
   f. frequency первая (низшая, основная, фундаментальная) частота

first-order первого порядка, первой степени
   f. member член первого порядка (малости), слагаемое первой степени
   f. theory теория первого порядка, линейная теория
fish накладка, стык; || соединять накладкой
   f. plate стыковая накладка
fishing стыковое соединение (с накладкой)
fission (раз)деление, расщепление; трещина, разрыв, щель; || растрескиваться, разрываться, расщеплять(ся), разделяться
fissionable разделяющийся; расщепляющийся (напр., материал)
fissure трещина, щель, разлом; излом
   f. formation образование трещин
   face of f. плоскость трещины
fit подбор, подгонка; соответствие, совпадение; сборка, установка; посадка; || соответствующий; приспособленный, подобранный; || подходить, соответствовать; подгонять, приспосабливать; собирать, устанавливать; вычерчивать по точкам
   to fit in приспосабливать(ся), подходить; подгонять, вставлять, сажать
   to fit in with соответствовать (подходить) чему-либо
   to fit on подгонять; примерять; насаживать
   to fit out оснащать, снаряжать
   to fit together подбирать, пригонять (напр., детали одну к другой)
   to be fit for соответствовать, быть пригодным для чего-либо
   to shape to fit придавать заданную форму
   best f. наилучшее (оптимальное) приближение; наилучшее соответствие
   clearance f. посадка с зазором
   close f. неподвижная посадка; точная аппроксимация, хорошее приближение (соответствие)
   coarse f. грубая (неточная) посадка; неточная аппроксимация, грубое приближение
   conical f. коническая посадка
   force f. посадка с натягом, напряженная посадка
   goodness of f. согласие, соответствие; критерий соответствия
   loose f. свободная посадка
   movable f. подвижная посадка
   press f. прессовая посадка
   shrink f. горячая (горячепрессовая) посадка, напряженная посадка
   slide f. подвижная посадка, посадка скольжения
   system of fits система допусков и посадок
   tight f. неподвижная (глухая) посадка; хорошая аппроксимация
   wringling f. напряженная посадка
fitful прерывистый, импульсный, перемежающийся; порывистый
   f. wind порывистый ветер

fitment 1. соединение, пригонка, подгонка; **2.** предмет из набора (комплекта)
fitments (мн.ч. от **fitment 2.**); арматура, соединительные части; оборудование
fitness (при)годность, соответствие
fit-out снаряжение; оборудование
fitting 1. подгонка, доводка; приведение в соответствие; || подходящий, соответствующий, годный, **2.** сборка, монтаж; || сборочный; **3.** аппроксимация, приближение, сглаживание; вычерчивание по точкам; || аппроксимирующий; **4.** соединительное приспособление, устройство; переходник, фитинг; патрубок, штуцер; || переходной, соединительный
   f. gap сборочный зазор (в соединении)
   f. piece соединительное приспособление, фитинг, переходник
   f. pipe патрубок, штуцер
   f. of tire монтаж шины
   attachment f. узел крепления, соединительное приспособление
   corner f. угловой фитинг
   criterion of f. критерий соответствия (напр., аппроксимирующей кривой заданным значениям)
   curve f. аппроксимация (подбор, подгонка) кривой; подбор аппроксимирующей формулы; сглаживание кривой; вычерчивание кривой по точкам
   least squares f. аппроксимация методом наименьших квадратов
   pipe f. переходник трубопровода, патрубок, фитинг; трубопроводная арматура
   polynomial f. подбор полинома (напр., для аппроксимации данных); полиномиальное сглаживание; сглаживание полинома
   tee f. тройник
fittings (мн.ч. от **fitting 4.**); соединительные детали, арматура
fitting-up сборка, монтаж, установка
five цифра пять; (число) пять
five-cant(ed) пятигранный; пятиугольный
fivefold пятикратный; || в пять раз
fivepoint пятиточечный
   f. scheme пятиточечная (разностная) схема
five-term пятичленный
   f. expansion разложение (в ряд) с сохранением пяти членов
fix 1. фиксировать, устанавливать неподвижно, закреплять; зажимать, защемлять; **2.** определять, устанавливать (напр., величину); задавать, назначать; **3.** местоположение, координаты; привязка координат; отметка (напр., на карте), точка; ориентир; || находить местоположение, определять координаты; **4.** сгущать(ся), затвердевать; оседать
   to fix on выбирать, останавливаться на чем-либо
   to take a fix определять координаты (местоположение в пространстве)

f. index указатель (отметка) местоположения
fixation 1. фиксация, закрепление, установка; 2. определение, нахождение (напр., значения); задание, назначение; 3. определение местоположения, привязка координат; 4. сгущение, затвердевание
fixed фиксированный; неподвижный; закрепленный; постоянный, стационарный; заданный; определенный, установленный; жесткий, неизменяемый
  f. arch закрепленная (защемленная) арка; бесшарнирная арка
  f. area постоянная (заданная) площадь; фиксированная область памяти
  f. axis неподвижная (фиксированная) ось; заданная ось
  f. beam закрепленная (опертая) балка; защемленная балка
  f. centre неподвижный центр; заданный центр
  f. centroid неподвижный центроид
  f. coordinates неподвижная (постоянная) система координат
  f. cycle постоянный цикл
  f. dam глухая (неразборная) плотина
  f. end закрепленный (защемленный) край; неподвижная опора
  f. error постоянная (систематическая) ошибка
  f. fact установленный факт
  f. frame of reference неподвижная (фиксированная) система координат; заданная система координат
  f. joint жесткое (неразъемное) соединение
  f. level постоянный уровень, нивелир
  f. load постоянная нагрузка; заданная нагрузка
  f. point фиксированная (неподвижная) точка, заданная точка; фиксированная (десятичная) запятая
  f. point calculation вычисление с фиксированной запятой
  f. system of reference неподвижная система координат
  f. variable заданная переменная; ограниченная (связанная) переменная
  f. vector неподвижный (постоянный) вектор; связанный вектор
fixed-geometry с неизменяемой геометрией, постоянной формы
  f. wing крыло постоянной геометрии
fixed-length имеющий постоянную длину, постоянной длины
fixedness неподвижность, закрепленность; неизменяемость; устойчивость
fixed-point 1. с фиксированной запятой (о представлении чисел); 2. заданный; неподвижный; ограниченный
  f. arithmetic арифметика с фиксированной запятой
  f. data (числовые) данные в формате с фиксированной запятой
  f. theorem теорема о неподвижной точке

fixed-wing с неизменяемой геометрией крыла
fixing (за)крепление, фиксация; обеспечение неподвижности, неизменности; определение, установление, нахождение; || закрепляющий, фиксирующий; установочный, крепежный, стопорный; задающий, определяющий, устанавливающий
  f. device стопорное устройство, зажимное приспособление
  detachable f. разъемное крепление
  elastic f. упругое закрепление (защемление), упругое опирание
  frequency f. стабилизация частоты
  pin-edge f. шарнирное закрепление
  rigid f. неподвижное закрепление, защемление
fixings арматура; снаряжение, принадлежности, оборудование
fixity неподвижность, закрепленность; стойкость, устойчивость; жесткость, неизменяемость
fixture прикрепление, закрепление; зажимное приспособление; сборочное устройство; арматура
  bending f. гибочное приспособление
  erecting f. сборочное устройство
flag 1. признак; разделитель, ограничитель; || помечать, отмечать; разделять; 2. плита дорожного покрытия; || мостить плитами
flair склонность, способность
flake 1. чешуйка, пластинка; || отслаиваться, расслаиваться; 2. ряд, слой; 3. бухта (напр., кабеля)
flaking отслаивание, расслаивание
flaky чешуйчатый; слоистый
  f. fracture чешуйчатый излом
flam развал шпангоута
Flamant problem задача Фламана
flame пламя; факел (конус) пламени; || гореть
  f. engine газовый двигатель
  f. wedge конус пламени
  adiabatic f. адиабатическое пламя
  laminar f. ламинарное пламя
  steady-state f. установившееся пламя
  turbulent f. турбулентное пламя
  two-dimensional f. двумерное пламя
flame-holding стабилизация горения
flame-out срыв пламени; выброс пламени
flange фланец; кромка, борт; полка (балки), подошва рельса; реборда колеса; || загибать кромку, отбортовывать
  f. joint фланцевое соединение
  angle of f. угол загиба (борта)
  bearing f. опорный фланец
  rail f. подошва рельса
  sleeve f. соединительный фланец
  spar f. полка лонжерона
  tension f. растянутая полка (балки), растянутый пояс
  wheel f. реборда колеса

flanged имеющий фланец, отбортованный; фланцевый; ребристый (напр., цилиндр)
   f. beam балка, имеющая полки; двутавровая балка
   f. edge загнутая кромка; фланец; борт
   f. joint фланцевое соединение
   f. wheel колесо с ребордой

flank 1. бок, (боковая) сторона; фланг; торец; профиль; склон (горы); ‖ боковой, фланговый; торцовый; ‖ располагать(ся) по бокам, прилегать, примыкать; 2. ножка (зуба шестерни); рабочая поверхность (напр., инструмента, резьбы); ‖ зацеплять(ся), контактировать; 3. амплитуда кривой вне пика, амплитуда нерезонансной гармоники
   f. angle угол прилегания (зацепления)
   f. surface боковая поверхность; поверхность прилегания (зацепления)
   working f. рабочая (боковая) поверхность

flap хлопок; взмах; створка, откидной борт (крышка), клапан, щиток, закрылок; ‖ хлопать, махать, свисать; откидывать(ся)
   to extend flaps выпускать закрылки
   f. angle угол отклонения закрылка
   full f. полностью отклоненный закрылок
   wing f. закрылок, щиток

flaperon элерон-закрылок

flapper см. flap

flapping см. flap; маховые движения; ‖ машущий; хлопающий; откидывающийся, отклоняющийся
   f. equation уравнение махового движения
   f. wing машущее крыло

flare 1. факел, пламя; вспышка; ‖ гореть (в факеле), вспыхивать; 2. расширение, конусность; раструб; ‖ расширяться (раструбом); 3. выпуклость; ‖ выступать, выдаваться (наружу)
   f. opening расширение, раструб
   f. point точка вспышки, температура воспламенения

flared 1. расширяющийся; 2. выступающий, выпуклый
   f. end расширяющийся конец, раструб

flash 1. вспышка; ‖ вспыхивать; 2. мгновение, короткий отрезок времени; ‖ мгновенно проходить; 3. вскипание, мгновенное испарение; 4. тонкий слой; 5. гидроизоляция, фартук; 6. подъем воды

flashing 1. вспышка; пропускание импульса; искрение; ‖ вспыхивающий, сверкающий; 2. мгновенный; 3. вскипание, мгновенное испарение; 4. гидроизоляция, фартук; 5. подъем воды, паводок
   f. point температура воспламенения, точка вспышки

flashing-off оплавленный

flask сосуд, баллон, колба; опока
   compressed-gas f. баллон для сжатого газа

flat 1. плоскость, (плоская) грань, площадка; пластинка, настил; ‖ плоский; прямой, ровный, пологий; ‖ делать плоским, выравнивать; ‖ плоско, ровно, прямо; 2. точно, как раз

   f. angle плоский угол; развернутый угол, угол в 180 градусов
   f. approximation плоская аппроксимация (аппроксимация криволинейной оболочки совокупностью плоских элементов)
   f. arch перемычка; плоский свод
   f. bar полоса, шина, полосовое железо
   f. crack плоская трещина
   f. curve пологая кривая
   f. face плоская грань
   f. flow плоское течение
   f. fracture плоский (гладкий) излом
   f. graph плоский (планарный) граф
   f. plate плоская пластина
   f. slope малый уклон; пологий откос
   f. steel полосовая сталь
   f. surface плоская поверхность, плоскость
   f. trajectory пологая (настильная) траектория
   f. tire ненакаченная (спущенная) шина

flatbed горизонтальный (пологий) слой, залежь, пласт; плоское основание, плоская опора; планшет; ‖ плоский, ровный, горизонтальный; пологий
   f. plotter планшетный графопостроитель

flat-car вагон-платформа

flatly плоско, прямо, ровно

flatness плоскость; плоскостность; пологость, настильность

flatpack плоский корпус

flatten делать(ся) плоским, выравнивать(ся), расплющивать(ся), сглаживать(ся)

flattening выравнивание, выпрямление, уплощение; сплющивание, прокатка (металла)

flatways плоско, плашмя, ровно

flatwise см. flatways

flaw 1. дефект, порок, повреждение; раковина (в металле), трещина, свищ; ошибка; ‖ повреждать(ся); трескать(ся); 2. порыв ветра
   f. growth рост (размножение) дефектов
   embedded f. внутренний (скрытый) дефект
   hardening f. закалочная трещина

flaw-density exponent показатель плотности повреждений

flawing образование дефектов, трещин

flawless без дефектов; без трещин (разрывов, раковин); безошибочный

flawly с дефектами; содержащий ошибки

fleck пятно, точка, крапинка; частица; ‖ покрывать пятнами, крапинками

flecker покрывать, испещрять

fleet 1. флот; парк (напр., автомобилей); 2. быстрый, быстротекущий; ‖ быстро протекать; 3. поверхностный, мелкий (о воде); ‖ плыть по поверхности

fleeting 1. быстрый; 2. поверхностный

flex изгиб, перегиб; гибкий шнур; ‖ изгибать(ся), сгибать(ся), гнуть(ся)

flexibility 1. гибкость; упругость, эластичность; деформируемость; 2. податливость, параметр (коэффициент) податливости;

3. приспособляемость; адаптивность, настраиваемость; трансформируемость
 f. account учет деформируемости (упругости)
 f. analysis расчет податливости; расчет методом податливостей (методом сил)
 f. factor податливость, коэффициент податливости
 f. formulation формулировка (задачи) в терминах податливости, формулировка в усилиях, постановка метода сил
 f. inversion обращение (матрицы) податливости
 f. matrix матрица податливости
 f. method метод податливостей, метод сил (в строительной механике)
 f. point точка перегиба
 condensed f. уплотненная (конденсированная) матрица податливости
 elastic f. упругая податливость
 foundation f. податливость основания
 root f. податливость в заделке (напр., балки)
 software f. гибкость (адаптивность, универсальность) программного обеспечения
flexible 1. гибкий; упругий, эластичный, деформируемый; податливый; 2. адаптивный, настраиваемый; трансформируемый; широкого назначения, многоцелевой, универсальный
 f. array массив с переменными границами
 f. beam гибкая балка
 f. coupling упругое соединение, упругая связь
 f. curve адаптивная кривая; гибкая (чертежная) линейка
 f. drive гибкий привод (вал)
 f. gear гибкая передача
 f. joint гибкое (упругое, подвижное) соединение
 f. manufacturing system (FMS) гибкая производственная система (ГПС)
 f. shell theory теория гибких оболочек
 f. structure гибкая конструкция; перестраиваемая структура
 f. unit универсальная (многоцелевая) установка
flexing изгибание, изгиб; прогиб
 f. machine машина для испытания на (многократный) изгиб
flexion изгиб, сгиб; искривление, изогнутость, кривизна; вторая производная
 f. spring изгибная пружина, рессора
flexural изгибный; относящийся к изгибу; гибкий, изгибающийся
 f. centre центр изгиба
 f. couple изгибающий момент
 f. elasticity упругость при изгибе
 f. modulus модуль упругости при изгибе
 f. rigidity изгибная жесткость, жесткость на изгиб
 f. strain деформация изгиба

 f. strength сопротивление изгибу, прочность на изгиб
 f. stress напряжение при изгибе, изгибное напряжение
 f. vibration изгибное колебание
flexure изгиб, изгибание, изгибная деформация; искривление; прогиб; кривизна
 f. test испытание на изгиб
 bending f. кривизна при изгибе; прогиб
 correction for f. поправка на деформируемость (на изгиб)
 lateral f. поперечный изгиб
 longitudinal f. продольный изгиб
 normal f. нормальный (поперечный) изгиб
 plate f. изгиб пластины; прогиб пластины
 strain of f. деформация изгиба; работа на изгиб
 two-way f. изгиб в двух направлениях
 vertical f. изгиб в вертикальной плоскости
flier 1. летательный аппарат; быстро движущийся предмет; маховое колесо, маховик; 2. поперечная балка, ригель; пролет (конструкции)
flight полет; перелет; пролет (лестницы); || совершать полет (перелет)
 f. at M=2 полет при числе Маха M=2
 f. observation (по)летное исследование
 f. path траектория полета
 f. simulation моделирование (имитация) полета
 f. under high incidence полет с большим углом атаки
 ballistic f. полет по баллистической траектории
 boosting f. полет на активном участке траектории, полет с работающим двигателем (с ускорителем)
 free f. свободный (неуправляемый) полет
 ground f. имитация полета в земных условиях
 hovering f. парящий полет; режим висения
 interstellar f. космический полет
 level f. горизонтальный полет
 sailing f. парящий полет
 supersonic f. сверхзвуковой полет
 powered f. полет с работающим двигателем
flight-deck кабина экипажа (летательного аппарата); полетная палуба (авианосца)
fling бросание; || бросать, кидать
flip 1. щелчок, легкий удар; || щелкать, ударять; 2. подбрасывание; || подбрасывать; 3. быстрый переход, перескок; || перескакивать
flipper 1. см. flip; 2. плавник, ласт
flitch планка, пластина
flitched beam составная балка
float 1. плавучая масса; поплавок, буй; || плавать, держаться на поверхности (воды), всплывать; находиться в равновесии; 2. перемещение, смещение; || смещаться;

подстраиваться; **3.** функция, преобразующая число в форму с плавающей запятой (в экспоненциальную форму)
floatability плавучесть; флотируемость
floatable плавучий
floatables плавающие (твердые) частицы
floatage 1. плавучесть; запас плавучести; **2.** надводная часть судна
floatation см. flotation
floater поплавок
floating плавающий; плавучий; плывучий (о грунте); подвижный, нестационарный; незаданный, неопределенный; качающийся, шарнирный; самоустанавливающийся
   f. bridge понтонный (наплавной) мост
   f. earth плывучий грунт
   f. line ватерлиния
   f. piston плавающий (свободный) поршень
   f. point плавающая запятая (точка)
floating-point с плавающей запятой (точкой), экспоненциальный (о формате представления чисел)
   f. arithmetic арифметика с плавающей запятой
   f. (co)processor (со)процессор для вычислений с плавающей запятой, арифметический (со)процессор
   f. notation представление (чисел) в форме с плавающей запятой
   f. number число с плавающей запятой
   f. ratio вещественное отношение
float-plane гидросамолет
floaty плавучий; легкий
floe (плавучая) льдина, ледовое поле
flood паводок, прилив, подъем воды; заводнение; поток; сток; || затоплять, наводнять; подниматься (о воде)
   f. wave волна паводка
flood-gate шлюз, шлюзовые ворота, шлюзовой затвор
flooding затопление; заводнение; заполнение, наполнение; нагнетание
   air f. нагнетание воздуха (в нефтяной пласт)
floor пол, настил, перскрытие, флор; ярус, этаж; || настилать пол, делать перекрытие
   f. projection горизонтальная проекция, план
   bridge f. настил, проезжая часть моста
   truss f. ферменное перекрытие
flooring пол, настил, перекрытие, флор; || перекрывающий
flop хлопок
floppy 1. свободно висящий; **2.** гибкий (магнитный) диск, дискет(а), флоппи-диск
flotage плавучесть, запас плавучести
flotation 1. плавание, плавучесть; **2.** флотация; **3.** проходимость (автомобиля)
flour мука; порошок, пудра; || молоть, размалывать
flow 1. поток, течение; обтекание; струя; расход (потока), дебит; || течь, протекать;

вытекать; **2.** движение; || двигаться; **3.** текучесть, пластическая деформация; || деформироваться пластически; **4.** последовательность (порядок) операций, технологическая последовательность; **5.** проистекать, происходить (от чего-либо); **6.** постепенно изменяться, (плавно) переходить
   f. analysis расчет течения; анализ потоков данных
   f. angularity скос (отклонение) потока, угол отклонения потока
   f. area (поперечное) сечение потока; проходное сечение
   f. around body течение вокруг тела, обтекание тела
   f. behind body поток за телом, обтекание тела
   f. capacity пропускная способность
   f. chart блок-схема, логическая схема (процесса, алгоритма)
   f. choking запирание потока
   f. without circulation бесциркуляционное обтекание
   f. in clearance течение в зазоре
   f. control регулирование потока (расхода); контроль (технологического) процесса; управление потоками (данных)
   f. contour профиль течения
   f. in corner обтекание угла; течение в колене трубы
   f. of currents поток
   f. diagram эпюра (схема) течения; блок-схема
   f. discharge расход потока
   f. of electricity электрический ток
   f. field поле течения, спектр обтекания
   f. filament элементарная струйка, трубка тока
   f. friction гидравлическое (гидродинамическое) сопротивление
   f. function функция тока
   f. gage расходомер
   f. gain увеличение расхода; коэффициент усиления по расходу
   f. hardening упрочнение при пластической деформации; текучесть с упрочнением
   f. at incidence поток под ненулевым углом атаки
   f. induced motion движение под действием потока
   f. with injection течение при наличии впрыскивания
   f. lines линии тока; линии Людерса (на растягиваемом металле)
   f. map картина течения, спектр обтекания; карта течений
   f. of matter поток массы (вещества)
   f. of metal текучесть (течение, пластическая деформация) металла
   f. meter расходомер, измеритель расхода (жидкости)

f. model модель течения (обтекания); гидравлическая (гидродинамическая) модель
f. of momentum изменение количества движения
f. nozzle измерительное (расходомерное) сопло
f. over body обтекание тела
f. past body течение за телом, обтекание тела
f. pattern картина течения, спектр обтекания
f. process производственный (технологический) процесс
f. quantity параметр (характеристика) течения; расход
f. range (температурный) диапазон текучести; область течения
f. rate скорость потока; мощность потока, расход, норма стока; дебит скважины
f. reattachment соединение потоков
f. regime режим течения, характер течения
f. rule закон течения
f. separation срыв потока; разделение потока
f. without separation безотрывное обтекание
f. scheme диаграмма потока; блок-схема
f. shear пластический сдвиг; сдвиг течения
f. stream поток, (струйное) течение
f. of stream расход потока
f. stress напряжение (пластического) течения
f. superposition method метод суперпозиции течений
f. in suspension поток суспензии
f. table гидролоток
f. theory теория (пластического) течения; теория обтекания
f. through the blades обтекание лопастей (лопаток)
f. tube трубка тока; трубка (расходомер) Вентури
f. per unit area расход через единицу площади сечения канала
f. velocity скорость течения
f. in vortex течение в вихре, вихрь
f. for wing обтекание крыла, спектр обтекания крыла
accelerating f. течение с ускорением
adiabatic f. адиабатическое течение
air f. воздушный поток
air-mass f. массовый расход воздуха
all-gas f. однофазное течение газа
all-subsonic f. чисто дозвуковое течение (обтекание)
approach f. набегающий (встречный) поток
associated f. rule ассоциированный закон текучести
available f. располагаемый сток
axial f. осевое (продольное) течение

axisymmetric f. осесимметричный поток (течение); осесимметричное обтекание
bad f. возмущенный поток
Bingham f. течение Бингама
blade-to-blade f. межлопаточное течение
boundary-layer f. течение в пограничном слое
bubbly f. аэрированный поток, течение с пузырьками газа
bulk f. массовый расход
bumpy f. завихренный поток
bypass f. течение по обводному каналу, байпасное течение
capillary f. капиллярное течение
cascade f. течение в решетке, обтекание решетки (профилей)
cavity f. кавитационное течение (обтекание)
channel f. течение в канале
choking f. течение с запиранием
circulatory f. циркуляционное течение (обтекание)
clean f. безвихревое течение (обтекание)
cocurrent f. см. concurrent f.
cold f. текучесть в холодном состоянии
compressible f. течение сжимаемой жидкости
compression f. течение сжатия
concurrent f. спутный поток; параллельное течение
confined f. напорное (стесненное) течение
constant f. равномерное течение
control f. поток (команд) управления
controlled f. регулируемое течение; зарегулированный расход (сток)
Couette f. течение Куэтта
creeping-plastic f. ползуче-пластическое течение
critical f. критический расход
current f. электрический ток
curved f. криволинейное течение; закругленное течение
cylindrical f. цилиндрическое течение
data f. поток данных
deep f. глубинное течение
degenerate f. вырождающееся течение
design f. расчетный расход
developed f. развитое течение
deviated f. отклоненный поток
diffusion f. поток диффузии
dissipative f. течение вязкой жидкости
distorted f. возмущенный поток
downward f. нисходящий поток
drainage f. дренажный сток
droplet-free f. бескапельный поток
dust f. пылевой поток
dynamics of f. динамика течения
earth f. грязевой поток, сель
eddying f. турбулентный (завихренный) поток
encircling f. окружающий поток

energy f. поток энергии
entropy f. поток энтропии
equilibrium f. равновесное течение, установившееся течение
estimated f. теоретический расход
exhaust f. выхлопное течение
expanding f. течение расширения
flat f. плоское течение
fluid f. течение жидкости; расход жидкости
forced f. вынужденное (напорное) течение
forced-convection f. течение с принудительной конвекцией
forward f. набегающий поток; прямоток
free f. свободное (нестесненное) течение, безнапорное течение
frictional f. течение с трением, вязкое течение
frictionless f. течение без трения, поток идеальной жидкости
full f. полный расход
gas f. течение газа; расход газа
gravity f. течение под действием силы тяжести, самотек
ground f. текучесть (пластическая деформация) грунта
head f. напор
heat f. тепловой поток
Helmholtz f. течение Гельмгольца, струйное течение
high f. большой расход
ideal f. течение идеальной жидкости
incident f. нисходящий поток; набегающий поток
inclined f. наклонный (отклоненный) поток
incoming f. входящий поток
incompressible f. течение несжимаемой жидкости
inviscid f. невязкое течение, течение идеальной жидкости
irrotational f. безвихревое течение
isentropic f. изэнтропическое течение
isothermal f. изотермическое течение
jet f. струйное течение; реактивная струя
Knudsen f. течение Кнудсена
laminar f. ламинарное (безвихревое, потенциальное) течение (обтекание)
laminated f. слоистый поток
lattice f. течение в решетке (профилей)
liquid-gas f. жидкостно-газовый поток
local f. местное течение
locally choked f. течение с местным запиранием потока
low Reynolds number f. течение с малым числом Рейнольдса
low-viscous f. течение маловязкой жидкости
lubricant f. течение смазочного вещества; течение в смазочном слое; расход смазки
mass f. поток массы; массовый расход
melt f. течение расплава

(von) Mises f. rule условие текучести Мизеса
mixed f. течение смешанного типа, смешанное обтекание
mud f. грязевой поток, сель
multicomponent f. многокомпонентное течение
multiphase f. многофазное течение
natural f. течение под действием силы тяжести, свободное стекание, самотек
natural-convection f. течение с естественной конвекцией
near-sonic f. околозвуковой поток
Newtonian f. ньютоновское течение
non-circulatory f. бесциркуляционное течение (обтекание)
non-continuum f. разрывное течение
non-eddying f. безвихревое течение (обтекание)
nonequilibrium f. неравновесное течение
nozzle f. течение в сопле; истечение из сопла
non-viscous f. невязкое течение, течение невязкой жидкости
one-dimensional f. одномерное течение
one-sided f. одностороннее течение
open-channel f. поток в открытом канале (русле); течение со свободной поверхностью
outward f. выходящий поток
permanent f. установившееся течение
pipe f. течение в трубопроводе; расход трубопровода
piston f. поршневой (пробковый) режим потока
plane f. плоское (плоскопараллельное) течение, двумерное течение
plane-strain f. текучесть в условиях плоской деформации
plastic f. пластическая деформация, пластическое течение
plug f. жесткое течение, поршневой режим (двухфазного) потока
Poiseuille f. течение Пуазейля
positive f. принудительное (напорное, стесненное) течение
potential f. потенциальный поток, безвихревое течение
power f. поток мощности
Prandtl-Meyer expansion f. течение Прандтля-Мейера (при обтекании выпуклого угла), течение расширения
pressure f. напорное течение
process f. последовательность (технологических) операций
program f. выполнение программы; блок-схема программы
pump f. подача насоса
quantity f. расход
radial f. радиальное течение
reattached f. присоединенное течение
reduced f. суженный (поджатый) поток; сниженный расход

reflux f. противоток; обратное течение
regulated f. зарегулированный расход (сток)
return f. обратное течение, противоток
reverse f. обратное течение; противоток
reversed f. реверсированный поток
rising f. восходящий поток
river f. течение реки; расход (сток) реки
rotational f. вихревое течение, циркуляционное обтекание
saturated f. насыщенное течение
seepage f. фильтрационный поток; расход фильтрации
separation f. отрывное обтекание
shear f. 1. поток сдвига (касательных усилий, напряжений); 2. сдвиговое течение; поток вязкой жидкости; вихревое течение
sheet f. тонкое (поверхностное) течение; поверхностный (склоновый) сток
shocked f. течение со скачком уплотнения
shock-free f. безударное течение
simulation of f. моделирование течения
sink f. сток
slip f. течение со скольжением; обтекающий поток
small f. поток с малым расходом
smooth f. плавное (непрерывное) течение; безвихревое обтекание
sonic f. течение со скоростью звука
source f. поток от источника
stagnation f. тормозящее течение
stalled f. сорванный поток
steady(-state) f. установившееся (стационарное) течение, устойчивое обтекание
stratified f. расслоенное течение
stream f. струйное течение
streamline f. ламинарное течение
submerged f. затопленное течение
subsonic f. дозвуковой поток
supersonic f. сверхзвуковой поток
surface f. поверхностное течение; поверхностный (склоновый) сток
survey of f. исследование потока; спектр обтекания
swirling f. завихренное течение; закрученное течение
theory of flows теория течения
thin f. поток малой глубины
three-dimensional f. пространственное течение
through f. сквозной поток
tidal f. приливное течение
time-dependent f. неустановившееся течение
total f. полный расход
tranquil f. медленное течение
turbulent f. турбулентное течение
turbulent shear f. турбулентное течение реальной (вязкой) жидкости

two-phase f. двухфазный поток, течение двухфазной смеси
unbalanced f. неравновесное течение; нестационарное течение
unbounded f. неограниченный поток, поток со свободными границами
uniform f. равномерное течение
uniformity of f. равномерность течения; постоянство расхода
unimpeded f. свободное течение
unrestricted f. свободное (нестесненное) течение
unsteady f. неустановившееся (нестационарное) течение
unstirred f. невозмущенное течение; безвихревое течение
upward f. восходящий поток
viscous f. вязкое течение, течение вязкой жидкости
volume f. объемный расход
vortex f. вихревой поток, турбулентное течение
wave f. волновое течение
wedge f. обтекание клина
weight f. весовой (массовый) расход
weir f. расход водослива
wind f. воздушный поток
wind-induced f. ветровое течение
yielding f. текучесть, пластическое течение

flowage 1. течение; 2. текучесть, пластическая деформация
flow-chart блок-схема, логическая схема, графическое представление процесса (алгоритма)
  f. symbol символ блок-схемы
  detail f. детальная (подробная) блок-схема
  outline f. укрупненная блок-схема
  structure f. структурная блок-схема
flow-field поле течения, спектр обтекания
flowing 1. течение; обтекание; струя; расход (потока), дебит; фонтанирование (скважины); ‖ текущий; обтекающий; вытекающий; 2. движение; протекание; прохождение (процесса); выполнение (программы); ‖ движущийся, протекающий, проходящий; выполняющийся; 3. растекание, расплывание; 4. текучесть, пластическая деформация; ‖ находящийся в состоянии текучести, деформирующийся пластически; 5. прилив; 6. плавность; ‖ плавный, гладкий
  f. avalanche движущаяся лавина
  f. stream поток, (струйное) течение
  f. tide прилив
  f. waters проточная вода
  natural f. естественное фонтанирование
  well f. фонтанирование скважины
flowmeter расходомер
  f. survey расходометрия
  head f. напорный расходомер
  mass f. массовый расходомер, измеритель весового расхода

fluctuate колебаться, (нерегулярно) изменяться, флуктуировать
fluctuation флуктуация, колебание, изменение, вариация, отклонение (напр., от заданной величины)
    flow f. пульсация потока; колебания стока
    irregular f. беспорядочная пульсация
    pressure f. флуктуация давления
    total f. полная вариация
flue воздуховод, газоход, "труба"; русло
    f. effect образование тяги, эффект "трубы"
    exit f. выпускная (выхлопная) труба
    vent f. вентиляционный канал
fluence интенсивность (плотность) потока, флюенс
fluent 1. текучий, жидкий; гладкий, плавный; 2. переменная величина; функция
fluently гладко, плавно
fluid жидкость; жидкая (текучая) среда; газ, газообразная среда; раствор; поток, течение; ‖ жидкий, текучий; жидкостный; газообразный; изменчивый, подвижный
    f. contraction усадка при застывании
    f. coupling гидравлическая муфта, гидравлическое сцепление
    f. drive гидравлический привод
    f. dynamics динамика жидкостей, гидродинамика, гидромеханика
    f. element элемент (частица) жидкости
    f. flow течение жидкости; расход жидкости
    f. flux течение жидкости
    f. friction жидкостное (гидродинамическое) трение
    f. lubrication жидкая (жидкостная, гидродинамическая) смазка
    f. mechanics механика жидкости, гидромеханика
    f. motion движение жидкости
    f. in motion движущаяся жидкость
    f. particle элемент (частица) жидкости
    f. path линия тока
    f. pressure давление жидкости; гидростатическое давление
    f. at rest неподвижная (покоящаяся) жидкость
    f. solution жидкий раствор
    f. stream поток (струя) жидкости
    f. viscosity вязкость жидкости (текучей среды)
    f. wedge жидкостный клин
    actual f. реальная (неидеальная) жидкость
    azeotropic f. азеотропная жидкость
    boundary-layer f. жидкость в пограничном слое
    Bingham viscous-plastic f. вязко-пластическая жидкость Бингама
    carrier f. жидкость-носитель
    compressible f. сжимаемая жидкость
    computational dynamics of f. вычислительная гидродинамика
    condensed f. конденсационная жидкость, конденсат
    damping f. амортизационная жидкость
    displacement f. вытесняющая жидкость
    drilling f. буровой раствор
    elastic f. упругая жидкость
    elasto-viscous f. упруго-вязкая жидкость
    Eyring f. жидкость Эйринга
    frictionless f. идеальная (невязкая) жидкость
    gaseous f. газообразная среда, газ
    heat-conducting f. теплопроводная жидкость
    heat-transfer f. жидкий теплоноситель
    hydraulic f. рабочая жидкость
    ideal f. идеальная (невязкая) жидкость
    immiscible fluids несмешивающиеся жидкости
    incompressible f. несжимаемая жидкость
    inviscid f. невязкая жидкость
    kinetics of f. кинетика жидкости
    lubricating f. смазочная жидкость
    mud f. буровой раствор
    Newtonian f. ньютоновская жидкость
    nonperfect f. неидеальная (вязкая) жидкость
    nonwetting f. несмачивающая жидкость
    perfect f. идеальная (невязкая) жидкость
    pneumatic f. рабочий газ для пневмосистем
    pressure f. рабочая жидкость
    pressurized f. жидкость под давлением
    real f. реальная (неидеальная) жидкость
    reference f. эталонная жидкость
    rotating f. вращающаяся жидкость
    static f. жидкость в покое (в статическом состоянии)
    stratified f. расслоенная жидкость
    stress detection f. жидкость для обнаружения напряжений
    thinly f. жидкий, (жидко)текучий, обладающий малой вязкостью
    turbulent f. турбулентный поток
    unlimited f. безграничный поток
    viscoelastic f. вязкоупругая жидкость
    viscous f. вязкая жидкость
    working f. рабочая жидкость
fluidal жидкий, текучий; жидкостный
fluid-drop каплевидный, каплеобразный
    f. shell каплеобразная оболочка
fluid-dynamic гидродинамический
fluid-elastic гидроупругий
fluidic жидкостный, гидравлический; струйный
fluidics теория и техника гидравлических и пневматических систем, струйная техника
fluidimeter вискозиметр
fluidity жидкое (газообразное) состояние; текучесть, жидкотекучесть; подвижность, из-

менчивость; текучесть (как обратная величина вязкости)
fluidization разжижение, ожижение
fluidized ожиженный; взвешенный (о твердых частицах в жидкости)
fluidmeter вискозиметр
fluid-origin литой
fluidstatic гидростатический
fluid-tight влагонепроницаемый
flume желоб; подводящий канал; (гидрометрический) лоток
   diversion f. отводящий лоток
   headrace f. подводящий канал
   steep f. наклонный (гидрометрический) лоток; быстроток
   Venturi f. лоток Вентури
   wave f. волновой лоток
fluorescence свечение, флуоресценция
fluorescent флуоресцентный
flush 1. струя, поток, приток; промывание, промывка; выпуск (жидкости); затопление; || бить струей; промывать, смывать; выпускать жидкость; затоплять; прорывать (о воде); 2. полный, наполненный; 3. расположенный на одном уровне; || выравнивать; располагать на одном уровне; || вровень, заподлицо
   to flush out промывать (смывать) струей
   f. joint гладкий шов
flute канавка, паз, желобок; гофр; || делать желобки, нарезать канавки
fluted желобчатый; гофрированный
flutter 1. махание; || махать; 2. флаттер; (неустойчивое) колебание; дрожание, пульсация; || колебаться, вибрировать, пульсировать
   binary f. флаттер с двумя степенями свободы
   flexure-torsion f. изгибно-крутильный флаттер
   panel f. панельный флаттер
   stalling f. срывной флаттер
   wing f. флаттер крыла
flux 1. поток, течение; движение; расход; || течь, протекать; 2. поток вектора; интенсивность (плотность) потока; силовые линии (поля); 3. расплав; плавитель; || плавить(ся), расплавлять(ся); разжижать(ся); 4. флюс
   f. density плотность (интенсивность) потока; магнитная индукция
   f. of forces силовой поток, поток усилий
   f. of momentum поток количества движения, поток импульса
   f. vector вектор (плотности) потока
   f. of vector поток вектора
   f. per unit area поток на единицу площади
   beam f. плотность пучка
   eddy f. турбулентный поток
   energy f. излучение энергии; поток энергии; интенсивность потока энергии
   enthalpy f. энтальпийный поток
   fluid f. течение жидкости
   heat f. тепловой поток; теплопередача
   lines of f. силовые линии (поля)
   magnetic f. магнитный поток; силовые линии магнитного поля
   mass f. массовый расход; подвод массы, массовая скорость
   net f. результирующий поток
   radiant f. поток излучения
   total f. полный расход
fluxibility плавкость
fluxing разжижение
fluxion 1. течение; истечение; 2. дифференциал, производная, флюксия
fly 1. полет; || летать; выполнять полет, пилотировать; лететь, быстро перемещаться; пролетать; 2. маховик, маховое колесо; 3. крыло ветряка; 4. балансир, маятник
   to fly round вращаться вокруг чего-либо, оборачиваться; облетать
fly-around оборот; облет (планеты)
flyby пролет (мимо); облет
flyer 1. летательный аппарат; быстро движущийся предмет; маховое колесо, маховик; 2. поперечная балка, ригель; пролет (конструкции)
flying полет; летное дело, пилотирование; || летающий; летательный, летный, пилотажный
   f. bridge перекидной мост
   f. instrument пилотажный прибор
   f. machine летательный аппарат
flyover эстакада, путепровод
flyweight центробежный (балансировочный) грузик
flywheel маховое колесо, маховик
   f. action маховой (инерционный) эффект, действие вращающихся масс
foam пена; вспененный материал (напр., пенопласт, пенобетон); || пениться
   f. rubber пенорезина, губчатая резина; поролон
   elastomeric f. пенорезина
   expanded f. пенопласт
   plastic f. пенопласт, поропласт
   polystyrene f. пенополистирол
   porous f. поропласт
   thick f. густая пена
   urethane f. пеноуретан
foaming вспенивание, пенообразование; аэрация; || вспенивающий(ся), пенообразующий
foamy пенящийся
focal фокальный, фокусный; центральный, узловой
   f. length фокусное расстояние
   f. point фокальная точка, фокус; основной аспект (проблемы)
focus (мн.ч. **foci**) 1. фокус, центр; средоточие, узел; эпицентр, очаг (землетрясения); || собирать(ся) в фокусе, фокусировать(ся); сосредоточивать(ся), концентрировать(ся); 2. фокусное расстояние
   to focus attention on сосредоточивать внимание на чем-либо

focusing фокусировка
fog туман; вуаль; матовость, скопление микродефектов
fogging образование тумана; помутнение, потускнение
foil 1. аэродинамическая поверхность; крыло, профиль крыла; 2. фольга, тонкий листовой материал
    f. system крыльевое устройство
fold складка, сгиб, загиб, фальц; впадина; ‖ складывать(ся), перегибать(ся), загибать(ся); откидывать(ся)
-fold (суффикс) -кратный; напр., **N-fold** N-кратный
folded сложенный, согнутый, перегнутый, складчатый
    f. plate складчатая пластина, складка
    f. plate structure пространственная пластинчатая конструкция, складчатая конструкция
folding изгиб, перегибание, складывание, образование складок, фальцовка; свертывание, свертка; ‖ складной, складывающийся, откидной; разворачивающийся
    f. strength прочность на перегиб
    f. test испытание на перегиб (на 180 градусов)
folding-winged со складывающимся крылом
foliate в форме листа, листообразный
foliated листообразный; пластинчатый
    f. fracture пластинчатый излом
foliation слоистость, полосчатость; расслоение, расщепление; расплющивание, раскатывание
follow следовать, идти за; следить, сопровождать, преследовать, повторять; логически вытекать; внимательно следить, понимать; наблюдать; придерживаться чего-либо, руководствоваться чем-либо; быть последователем
    to follow the formula подчиняться (следовать) формуле
    to follow the trajectory двигаться по траектории
    to follow up 1. следить, сопровождать; 2. доводить до конца, осуществлять, завершать
    to be followed by сопровождаться чем-либо
    followed by за которым следует; с последующим
    as follows следующее, следующие; следующим образом, как следует (указано) ниже
    in what follows в дальнейшем, ниже
    it follows that отсюда следует, что
follower следящий элемент; ведомый механизм; следящая нагрузка
    f. gear ведомое зубчатое колесо
    f. load следящая нагрузка, неконсервативная нагрузка
    graph f. графопостроитель
following слежение, сопровождение; движение по (заданной) траектории; ‖ следующий, последующий; попутный (напр., ветер); ‖ следуя (напр., методу), по, после

the following (ниже)следующее
    f. error ошибка слежения
    f. force следящая сила
    path f. движение вдоль (заданной) траектории, отслеживание траектории
follow-on (по)следующий образец, модификация
follow-up следящий механизм, следящая система
font шрифт
foolproof защищенный от неумелого (несанкционированного) использования, безопасный
foot 1. нога; ножка, опора, пята; опорная поверхность, постель; 2. основание перпендикуляра, проекция точки; 3. фут (мера длины = 0,3048 м)
    f. bridge пешеходный мост
    f. lever педаль, ножной рычаг
    f. measure дюймовая мера
    f. screw опорный винт
    f. step пята, опора
    rail f. подошва рельса
    slope f. подошва откоса
    square f. квадратный фут
footage длина в футах; площадь в футах
footboard подножка, ступенька; опора, пята; подкладка
footer 1. опора, основание; 2. сноска, подстрочное примечание
footing 1. опора, основание, фундамент; несущая поверхность фундамента; 2. итог, сумма (столбца чисел)
    on an equal footing в равных условиях; на равных основаниях
    bridge f. опора моста
    continuous f. ленточный фундамент
    mat f. ленточный фундамент
    pile f. свайное основание
    shallow f. мелкий (мелкозаложенный) фундамент
    spread f. протяженное основание; естественное основание (напр., скальное)
foot-note подстрочное примечание, сноска
footpiece опорный блок, подставка
footstalk стебель (растения)
footstall цоколь, подставка
footstep подножка, ступенька; опора, пята, подкладка
for 1. для; за; 2. в направлении, к; 3. из-за, по причине, вследствие; поскольку, ибо; ввиду того, что; 4. в течение, в продолжение; 5. на (определенный) момент, на расстояние; 6. вместо, в обмен на
    to analyse for рассчитывать на
    to look for искать, определять; ожидать, надеяться
    to make for 1. способствовать, содействовать; 2. направляться
    to make up for возмещать, восполнять, компенсировать
    to mistake for принимать за
    to provide for обеспечивать, предусматривать

to substitute for замещать (второе первым)
for all that несмотря на это
for all we know насколько нам известно
for certain наверняка
for example например
for granted без доказательства
for instance например
for lack of из-за отсутствия (недостатка)
for the moment в данное время
for one например
for one thing во-первых, прежде всего
for once на этот раз; в виде исключения
for reason given на основании этого
for the rest в остальном
for some reason по некоторым причинам
for the time being на некоторое время, временно, пока
for want of из-за отсутствия, недостатка
for a while на некоторое время, в течение некоторого времени
as for в отношении, относительно, что касается
save for исключая, кроме, без
forasmuch : forasmuch as ввиду того что, поскольку
forbid запрещать
forbidden запрещенный, не разрешенный
force сила, усилие; нагрузка; влияние, действие; принуждение, вынуждение; интенсивность; ‖ вынуждать, принуждать; усиливать, форсировать, ускорять; (воз)действовать, влиять
   to force against действовать против, противодействовать; прижимать
   to force down действовать вниз, прижимать книзу, отжимать
   to force home перемещать до отказа
   to force in(to) вдавливать, продавливать; запрессовывать
   to force into alignment сдвигать до совпадения (напр., отверстия)
   to force into application вводить с усилием
   to force on (воз)действовать на что-либо; продвигать с сопротивлением; насаживать с усилием
   to force out выдавливать, выжимать, вытеснять; выкачивать
   to force together сжимать вместе, спрессовывать
   to force through продавливать, проталкивать
   to force up передвигать; подбрасывать
   to force a wedge вбивать клин
   to apply a force прикладывать силу, прилагать усилие
   to balance a force уравновешивать силу
   to combine forces складывать силы
   to come into force вступать в силу
   to create a force создавать силу
   to distribute a force распределять силу
   to exert a force оказывать воздействие; вызывать усилие

to interact by forces взаимодействовать с силами
to resolve a force разлагать силу (на составляющие)
to subject to a force подвергать действию (силы)
to take up force воспринимать усилие
by force с принуждением, с усилием
f. of cohesion сила сцепления
f. of compression сила сжатия, сжимающее усилие
f. conditions силовой режим, условия нагружения; распределение усилий
f. continuity неразрывность усилий
f. of cut усилие резания
f. diagram диаграмма сил (усилий), диаграмма Максвелла-Кремоны
f. direction направление силы, линия действия силы
f. factor силовой коэффициент; коэффициент связи
f. fan нагнетательный вентилятор
f. fit посадка с натягом, напряженная посадка
f. of friction сила трения
f. function функция усилий; силовая функция, потенциал сил
f. of gravity сила притяжения, сила тяжести
f. of inertia сила инерции
f. intensity напряженность силового поля, интенсивность усилия (напр., на единицу длины); величина силы
f. in the joint усилие в сочленении
f. method метод сил (в строительной механике)
f. of periphery окружное усилие; касательная (тангенциальная) сила
f. pipe нагнетательная труба
f. plug пуансон
f. polygon многоугольник сил
f. of pressure сила давления (сжатия)
f. resolution разложение силы
f. of support реакция опоры; опорное давление
f. system система сил
f. technique метод сил (в строительной механике)
f. of transport переносная сила
f. unit единица силы
f. vector вектор сил(ы), вектор нагрузок
accelerating f. ускоряющая сила
action f. действующая сила, сила воздействия
actuation f. усилие включения (срабатывания)
adhesive f. сила сцепления, адгезионная сила
aggregation f. сила сцепления
air f. аэродинамическая сила
alternating f. (знако)переменная сила
angular f. вращающий момент

annulling f. компенсирующая сила
applied f. внешняя (приложенная) сила
arm of f. плечо силы
ascentional f. подъемная сила
assemblage of forces система сил
attachment f. присоединенная сила; удерживающая сила
attraction f. сила притяжения
axial f. осевая (продольная) сила
balanced f. уравновешенная сила
balancing f. уравновешивающая сила
bearing f. несущая способность
bending f. изгибающее усилие
Bernoulli f. гидродинамическая сила
binding f. сила связи (сцепления)
body f. объемная (массовая) сила; сила тяжести, вес тела
boundary f. граничное усилие; граничная нагрузка
buckling f. критическая сила (при потере устойчивости), критическая нагрузка
buffing f. ударная сила
bulk f. объемная (массовая) сила
buoyancy f. выталкивающая сила (в жидкости), сила плавучести
central f. центральная сила (приложенная в центре); осевая (продольная) сила
centre of forces центр сил
cenrifugal f. центробежная сила
centripetal f. центростремительная сила
closing f. результирующая сила (многоугольника сил)
coacting f. содействующая сила
coerci(ti)ve f. вынуждающая (задерживающая) сила; коэрцитивная сила
cohesive f. сила сцепления
collapsing f. разрушающее усилие, разрушающая нагрузка (при смятии)
component f. составляющая сила
component of a f. составляющая силы
composite f. результирующая сила
composition of forces сложение сил
compressive f. усилие сжатия, сжимающая сила
concentrated f. сосредоточенная (локальная) сила
concurrent forces сходящиеся силы; параллельные силы; одновременно действующие силы
conservative f. консервативная сила
constant f. постоянная сила; постоянно действующая сила
constraining f. ограничивающее усилие, вынуждающая сила; усилие (реакция) связи
contact f. усилие контакта, контактное усилие
contractive f. сила сжатия
control f. управляющее усилие
coplanar forces компланарные силы
Coriolis f. кориолисова сила
corner f. усилие в угловой точке

cornering f. сила, возникающая при повороте (напр., автомобиля)
counteracting f. противодействующая сила
couple of forces пара сил
crack extension f. сила раскрытия (распространения) трещины
crack-driving f. трещинодвижущая сила
critical f. критическая сила (вызывающая потерю устойчивости); предельное усилие
cross f. поперечная сила
cutting f. усилие резания
damping f. демпфирующая сила, сила успокоения
deflecting f. отклоняющая сила; изгибающая сила
direct f. осевая (продольная, нормальная) сила
directing f. направляющая сила
disruptive f. разрывающее усилие
distributed f. распределенная сила (нагрузка); распределенное усилие
distribution of forces распределение сил (усилий); распределение нагрузок
disturbing f. возмущающая сила
downward f. сила, направленная вниз
draft f. тяговое усилие
drag f. 1. сила сопротивления, тормозящая сила; лобовое сопротивление; 2. тяговое усилие
drawing f. сила тяги; усилие вытяжки
driving f. движущая сила; вынуждающая (задающая) сила
dynamic(al) f. динамическая сила; динамическая нагрузка
eccentric f. внецентренная сила, эксцентрично приложенная сила
effective f. действующая сила
elastic f. сила упругости
electromotive f. электродвижущая сила, эдс
engaging f. усилие зацепления (контакта)
equilibrant f. уравновешивающая сила
equipollent f. результирующая сила
equivalent f. равнодействующая сила; эквивалентное (эффективное) усилие
exchange forces силы взаимодействия
expulsive f. выталкивающая сила
extension f. растягивающая сила, усилие растяжения
external f. внешняя сила
feed f. усилие подачи
field f. напряженность поля
field of f. силовое поле, поле силы
flow f. гидродинамическая сила
following f. следящая сила
fracture driving f. сила, вызывающая распространение разрушения, трещинодвижущая сила
friction(al) f. сила трения
fundamental f. основная (исходная, первичная) сила
g f. перегрузка
generalized f. обобщенная сила

gravitational f. сила тяжести, сила тяготения
guiding f. направляющая (следящая) сила
harmonic f. сила, изменяющаяся по гармоническому закону
holding f. удерживающая сила
impact f. сила удара; ударная нагрузка
imposed f. внешняя (приложенная) сила
impulse f. импульсная (мгновенная) сила
inertial f. сила инерции
inplane forces силы, действующие в плоскости
instantaneous f. мгновенная сила
integral f. интегральное (суммарное) усилие
interacting forces взаимодействующие силы; силы взаимодействия
intermolecular forces межмолекулярные силы (сцепления)
internal f. внутреннее усилие
interparticle f. сила взаимодействия частиц
joint f. суммарная (общая) сила
joint forces объединенные усилия
Kirchhoff concentrated corner f. кирхгоффово усилие, сосредоточенное в угловой точке (пластины)
lateral f. поперечная сила; перерезывающая сила
lift(ing) f. подъемная сила; сила, направленная вверх
line f. усилие, приложенное по линии; погонное усилие
line of f. линия (направление) действия силы; силовая линия (поля)
linear f. линейно изменяющаяся сила; продольная (осевая) сила
local f. локальная (сосредоточенная) сила
longitudinal f. продольная (осевая) сила
longitudinal pressure end f. продольное усилие, обусловленное давлением на днище (напр., цилиндрического сосуда)
magnetizing f. напряженность магнитного поля; намагничивающая сила
magnetomotive f. магнитодвижущая сила
mass f. массовая сила, объемная сила
material f. system механическая система сил
mechanical f. механическая сила
member f. усилие в элементе конструкции
membrane f. мембранное (тангенциальное, цепное) усилие
molecular cohesive f. сила молекулярного сцепления
moment of f. момент силы
momentary f. мгновенное усилие
motion under no forces движение по инерции
motive f. движущая сила; сила тяги
moving f. движущая сила
net f. равнодействующая (результирующая, чистая) сила
nodal f. узловая сила, узловое усилие
nonconservative f. неконсервативная сила

normal f. сила, направленная по нормали; нормальная (продольная, осевая) сила; стандартная (эталонная) сила; расчетная (ожидаемая) сила
opposed f. противоположно направленная сила; противодействующая сила
oscillating f. осциллирующая сила
pair of forces пара сил
parallel f. system система параллельных сил
piston f. давление на поршень
point f. сосредоточенная сила
press f. сила нажатия, сила давления
pressing f. сжимающая сила, усилие сжатия (прессования)
prestressing f. усилие предварительного натяжения
propelling f. движущая сила, сила тяги; реактивная сила
pulling f. тяговое усилие
raising f. подъемная сила; сила, направленная вверх
rated f. расчетная сила
reactive f. сила реакции, реактивная сила, сила противодействия
redundant forces лишние неизвестные усилия
repulsive f. сила отталкивания
residual f. усилие-невязка
resisting f. сила сопротивления; противодействующая сила
restoring f. восстанавливающая (возвращающая) сила, сила упругости
restraining f. ограничивающая (удерживающая) сила, усилие в связи
resultant f. равнодействующая (результирующая) сила, главный вектор системы сил
retarding f. замедляющая (задерживающая, тормозящая) сила; тормозное усилие
retention f. удерживающая сила
rotary f. усилие вращения
rotor f. тяга несущего винта (вертолета)
shearing f. 1. касательное усилие, перерезывающая (поперечная) сила, усилие сдвига; 2. сила трения (в жидкости)
short-range f. короткодействующая сила
side f. боковая сила
single f. отдельное усилие; сосредоточенная сила, единичная сила
skating f. скатывающая сила
spatial f. system пространственная система сил
specific f. удельная сила
speeding-up f. усилие трогания (с места)
spring f. сила сжатия пружины, жесткость пружины
starting f. пусковое усилие, усилие трогания
static f. статическая сила
static lift f. статическая подъемная сила
statically equivalent f. статически эквивалентная сила
stretching f. растягивающая сила

suction f. сила всасывания
sump f. усилие внедрения
superposed f. приложенная (внешняя) сила
superposition of forces суперпозиция (сложение) сил
supporting f. поддерживающая сила; реакция опоры, опорное давление
surface f. поверхностная сила
surface tension f. сила поверхностного натяжения
tangential f. сила, направленная по касательной; касательное (тангенциальное, мембранное, цепное) усилие
tearing f. разрывающая сила, усилие отрыва
tensile f. растягивающая сила
thrust f. сила тяги; равнодействующая давления (распора)
tightening f. сила натяжения (затяжки)
torsional f. скручивающая (крутящая) сила
total f. равнодействующая сила, суммарное усилие
towing f. тяговое (буксировочное) усилие
tractive f. сила тяги, тяговое усилие; сила растяжения (натяжения)
transition f. переходная (промежуточная) форма
transverse f. поперечная (перерезывающая) сила
triangle of forces треугольник сил
true f. истинное усилие
twisting f. скручивающее (крутящее) усилие
unbalance of forces неуравновешенность сил
unit f. единичная сила; единица силы
uplift f. подъемная сила; сила, направленная вверх
vectorial f. вектор силы
variable f. изменяющаяся сила, переменное усилие
virtual f. виртуальное (возможное) усилие
viscous f. сила вязкости, сила внутреннего трения
volume f. объемная (массовая) сила
warping f. усилие коробления (депланации), закручивающее усилие
water f. гидростатическая сила
wave f. волновая нагрузка
wedge f. расклинивающая сила
weight f. сила веса
wind f. сила ветра; ветровая нагрузка
forced вынужденный; принудительный; вызванный чем-либо, индуцированный, искусственный; форсированный; усиленный
  f. circulation принудительная циркуляция
  f. draft искусственная тяга; форсированная тяга
  f. feed принудительная подача, подача под давлением
  f. induction наддув

  f. landing вынужденная посадка
  f. lubrication принудительная смазка, смазка под давлением
  f. vibrations вынужденные колебания
  f. working форсированная работа, работа с большой нагрузкой
forcedly вынужденно; принудительно
force-feed принудительный
forceful сильный; действительный, имеющий силу
forcer нагнетатель; поршень; пуансон, пробойник; рычаг
forcing вынуждение, принуждение; форсирование; нагнетание, принудительная подача; || вынуждающий; форсирующий
  f. frequency частота возмущающей (периодической) силы
  f. function вынуждающая (задающая) функция
  f. lift нагнетательный насос
wind f. воздействие ветра
fore передняя часть, нос (судна); || передний, носовой; первый; предварительный; || вперед, впереди; в носовой части; предварительно
  fore and aft на носу и на корме
  to the fore поблизости; впереди, на переднем плане, заметный
  f. part передняя часть; первая часть
  f. stroke прямой ход (поршня)
  f. wheel переднее колесо
  face f. (направленный) вперед, в направлении движения, по полету
fore- (приставка) пред- (напр., foresee предвидеть); перед; передний; предварительный; верхний
fore-and-aft продольный, осевой
  f. axis продольная ось (напр., судна)
forebay подводящий канал; верхний бьеф
forebody носовая часть (корпуса судна, фюзеляжа)
forecast предсказание, прогноз; теоретическая (априорная) оценка; || предсказывать, прогнозировать, предвидеть
foredoom предопределять
foredrag сопротивление передней (носовой) части тела, лобовое сопротивление
forefront 1. передний край, фронт; 2. важнейшее место, центр
  to put into the forefront выдвигать на передний план
forego предшествовать
foregoing предыдущий, предшествующий; упомянутый выше (ранее)
foregone 1. предыдущий, предшествующий; 2. известный заранее; предопределенный; неизбежный
  f. conclusion заранее известный вывод
foreground передний план; || передний; (высоко)приоритетный
  to be in the foreground находиться на переднем плане

f. computing решение задач с высоким приоритетом
foreign иностранный; чужой, инородный; несоответствующий
  f. matter инородное вещество, примесь
foreknowledge предвидение
forelock шплинт, чека
foremost передний, передовой; основной, главный; ‖ в первую очередь, во-первых, прежде всего
  f. considerations основные соображения
forename имя
foreordain предопределять
forepart передняя часть; первая часть
foresee предвидеть
foreseeable прогнозируемый, оцениваемый
forest лес
  dislocation f. лес дислокаций
forestall предупреждать; опережать
forethought возможность априорной оценки (предсказания, прогноза)
forevacuum предварительное разрежение, форвакуум
forever 1. навсегда; 2. постоянно, непрерывно
foreword предисловие
forge 1. кузница; ковочный (штамповочный) пресс; ‖ ковать, прессовать, штамповать; 2. (постепенно) обгонять
foregeability ковкость, тягучесть
forgeable ковкий, пластичный, тягучий
forged кованый, прессованный, штампованный
forging ковка; штамповка; поковка; ‖ ковочный, кузнечный
  f. property ковкость
  f. stress (остаточное) напряжение при ковке
  f. test испытание на ковкость
  explosing f. штамповка взрывом
  extrusion f. штамповка выдавливанием
  upset f. высадка, расковка, осаживание
fork вилка; раздвоение, разветвление, ответвление; ‖ раздваивать(ся), разветвлять(ся)
  crack f. разветвление трещины
forked раздвоенный, вильчатый; разветвленный
  f. tube тройник (фитинг), тройниковое соединение
form 1. форма; внешний вид, внешность; очертание, контур, профиль; ‖ придавать (принимать) форму, формировать(ся), оформлять; составлять, образовывать; являться чем-либо; 2. вид, род, тип; 3. модель, образец; стиль; порядок; 4. бланк (документа), формуляр, страница; анкета; 5. формат, представление (напр., данных); 6. формовка; ‖ формовать; 7. опалубка
  to form the basis of лежать в основе, составлять базис чего-либо
  to form a part of являться частью чего-либо
  to take the form of принять форму чего-либо

form and matter форма и содержание
  f. drag сопротивление формы, профильное сопротивление
  f. factor коэффициент формы, формфактор
  f. of load вид нагрузки, представление нагрузки
  f. tool фасонный резец
  aerodynamic f. аэродинамическая (обтекаемая) форма
  analog f. аналоговая (непрерывная) форма
  analytic f. аналитическая форма (запись), аналитическое выражение
  bilinear f. билинейная форма
  canonical f. каноническая форма
  casting f. литейная форма, изложница
  concrete f. опалубка
  digital f. цифровая (дискретная) форма (напр., сигнала)
  eigen f. собственная форма (мода), собственный (характеристический) вектор
  eigen f. expansion разложение по собственным формам
  expanded f. развернутый вид; разложение в ряд
  exponential f. экспоненциальная форма представления (чисел)
  free vibration f. форма (мода) свободных колебаний
  fundamental f. фундаментальное представление; основная форма (колебаний)
  graphical f. графическое представление
  master f. эталон; модель, копир, шаблон
  mathematical f. математическая форма (запись); аналитическое выражение
  mode f. собственная форма (мода), форма колебаний
  multilinear f. полилинейная форма
  normal f. нормальная форма
  normalized f. нормализованное представление (числа)
  profile f. форма профиля; шаблон, копир, лекало
  quadratic f. квадратичная форма
  reduced f. приведенная (редуцированная) форма
  shaped f. сложная форма; криволинейный профиль
  streamline f. обтекаемая форма
  time-history f. временная зависимость, функция времени
  true f. истинная форма; естественная форма; прямой код (числа)
  vector f. векторная форма
  vorticity f. тип турбулентности
  wave f. форма волны (импульса)
  well-rounded f. обтекаемая форма
-form (-iform) (суффикс) -видный, -образный: напр., **cuneiform** клиновидный
formal формальный; внешний, относящийся к форме; номинальный; соответствующий правилам, правильный; формализованный
  f. inference формальный вывод

    f. logic формальная логика
    f. parameter формальный параметр
    f. specification формальная спецификация; описание формы
formalism формализм, формальная система; формальный подход
formalize формализовывать; оформлять, придавать форму
formally формально
format формат; (определенный) вид, форма; порядок, размер, структура; разметка; ‖ задавать формат (вид, форму); размечать, форматировать
    data f. формат данных
    fixed-point f. формат чисел с фиксированной запятой
    free f. свободный (произвольный) формат
    input f. формат ввода, вводной формат
    instruction f. формат команды
    matrix f. матричная (табличная) форма
    output f. выходной формат, формат результатов
    packet f. упакованный формат (данных)
    scientific f. экспоненциальный формат (чисел)
    signal f. форма сигнала
formation 1. образование, объект, формация; порядок, строение, структура; конструкция; система, совокупность; 2. создание, формирование; возникновение; 3. формование, формовка, отлив(ка); 4. горная порода; пласт
    f. rules правила образования (построения)
    eddy f. вихреобразование
    flaw f. образование дефектов, трещинообразование
    shock wave f. образование скачка уплотнения; система скачков уплотнения
formative образующий, формирующий
    in a formative stage в стадии формирования
formatless неформатированный, бесформатный
formatted форматный, форматированный, размеченный
    f. capacity емкость (носителя данных) после разметки, форматированная емкость
formatting задание формата, форматирование
formdrag сопротивление формы, профильное сопротивление
former 1. создатель; составитель; 2. задатчик, генератор; 3. копир, модель, шаблон; штамп
    f. block матрица, штамп
    pulse f. генератор импульсов
former 4. предшествующий; бывший, прежний
    the former первый (из двух)
formidable большой, огромный; значительный, важный; сложный
forming 1. образование, генерация, формирование; построение; ‖ образующий, формирующий; 2. формоизменение; формование,

формовка; профилирование; гибка, штамповка; ‖ формовочный
    die f. штамповка
    explosive f. формовка взрывом
    hot f. горячее формование; горячая штамповка
    plastic f. пластическое формование
    press f. прессование, штамповка
formless бесформенный, аморфный
formula (мн.ч. **formulae, formulas**) формула; аналитическое выражение; формулировка; композиция, состав, рецептура
    to express in a formula выражать формулой
    to follow the formula подчиняться (следовать) формуле
    approximation f. приближенная формула
    assumption f. заданная (исходная) формула; формула, выражающая гипотезу
    capacity f. формула определения объема (вместимости); формула определения несущей способности
    closed f. замкнутая формула
    constitution f. структурная формула, формула строения
    converse f. обратная формула
    conversion f. формула обращения; формула перевода (пересчета)
    corrector f. поправочная формула, формула коррекции
    design f. расчетная формула
    dimensional f. размерная формула
    empiric(al) f. эмпирическая формула
    evaluation f. формула оценки, расчетная формула
    evaluation by f. расчет по формуле
    exact f. точная формула
    interpolation f. интерполяционная формула
    inversion f. формула обратного преобразования, формула обращения
    limiting f. предельная формула
    primary f. первичная (исходная) формула; элементарная формула
    product f. формула (в виде) произведения; формула приведения к виду, удобному для логарифмирования
    quadratic f. формула для корней квадратного уравнения
    quadrature f. квадратурная формула, формула (численного) интегрирования
    reciprocal formulas взаимные (взаимно обратные) формулы
    recurrence f. рекуррентная формула
    reduction f. формула приведения
    semirational f. полуэмпирическая формула
    solution f. формула решения
    starting f. начальная формула (для инициации вычислительного процесса)
    structural f. структурная формула, формула строения
    three-point finite difference f. трехточечная конечно-разностная формула

trapezoidal f. формула трапеций (численного интегрирования)
working f. рабочая формула
formulae мн.ч. от **formula**
formulate формулировать, выражать, определять; выражать формулой; составлять смесь (рецептуру)
formulation формулировка; выражение, запись, определение, постановка, представление; редакция; состав, композиция, рецептура
   displacement f. формулировка (задачи) в перемещениях, постановка метода перемещений
   energy f. энергетическая формулировка (постановка)
   final f. окончательная формулировка; окончательная редакция
   finite element f. конечноэлементная формулировка (постановка)
   flexibility f. формулировка (задачи) в терминах податливости, формулировка в усилиях, постановка метода сил
   increment f. инкрементальная формулировка, постановка (задачи) в приращениях
   matrix f. матричная формулировка (запись)
   model f. разработка модели
   plasticity f. формулировка задачи пластического деформирования; модель пластического деформирования
   problem f. формулировка (постановка) задачи
   stress f. формулировка (задачи) в напряжениях, постановка метода сил
   unconstrained f. формулировка без ограничений, безусловная постановка
   variational f. вариационная формулировка (постановка)
   weak f. слабая формулировка
forsake оставлять, покидать; отказываться
forth вперед, дальше; впредь, в дальнейшем; наружу
   to bring forth производить, порождать
   to set forth предлагать; выдвигать; излагать; разрабатывать
   and so forth и так далее
   back and forth туда и обратно
   so far forth постольку
forthcoming появление, приближение; ‖ предстоящий; появляющийся, приближающийся; ожидаемый
forthwith немедленно, сразу
fortification оборонительное сооружение; фортификация; подкрепление, укрепление
fortify укреплять; поддерживать; подтверждать (фактами)
Fortran Фортран (язык программирования)
   F. statement оператор языка Фортран, предложение Фортрана
fortuitous случайный
   f. fault случайная ошибка; случайное повреждение
fortunate удачный, благоприятный
   if one is fortunate в лучшем случае

forty сорок
forum форум, собрание; свободная дискуссия
forward передний; передовой, опережающий; предварительный, априорный; ‖ продвигать, способствовать, ускорять; отправлять, пересылать; ‖ вперед, дальше; впредь
   to put forward выдвигать (напр., предложение), предлагать, представлять
   from this time forward с этого времени
   f. compatible совместимый снизу вверх
   f. conversion прямое (непосредственное) преобразование
   f. derivative правая производная
   f. difference правая разность, разность "вперед"
   f. dynamics прямая задача динамики
   f. estimate предварительная оценка
   f. flow набегающий поток; прямоток
   f. interpolation интерполяция вперед
   f. reference ссылка вперед
   f. running передний ход, ход вперед
   f. shock фронтальный (прямой) удар; головной скачок уплотнения
   f. speed поступательная скорость, горизонтальная составляющая скорости
   f. stroke рабочий ход (поршня), ход вперед
   f. substitution прямая подстановка
   f. wave прямая волна
forward-bent отогнутый вперед
forwarding отправление; продвижение, прохождение
forward-looking перспективный
forwards вперед, дальше; впредь
forward-swept с обратной (отрицательной) стреловидностью (о крыле)
forwork опалубка
fosse ров, траншея
fossil ископаемое, окаменелость
   f. fuel природное топливо
Foucault pendulum маятник Фуко
foul 1. загрязнение; искажение; ‖ загрязненный, засоренный, содержащий примеси; искаженный, неправильный, противоречащий правилам; ‖ засорять(ся), загрязнять(ся); искажать(ся); портиться; 2. столкновение; ‖ сталкиваться, наталкиваться, ударяться (о препятствие), задевать; образовывать затор, пробку
   f. wind встречный ветер
found 1. основывать(ся), обосновывать; 2. закладывать (устраивать) фундамент; 3. плавить; лить, отливать (в форму)
foundation 1. основа; обоснование; обоснованность; 2. фундамент, основание, постель; закладка (устройство) фундамента; 3. организация, учреждение; фонд
   to lay the foundations of положить начало, заложить основы чего-либо
   f. bolt анкерный болт
   f. constant коэффициент постели
   f. cross ростверк
   f. depth глубина (заложения) фундамента

f. flexibility податливость основания
f. girder фундаментная балка
f. pillar фундаментный столб
f. pit котлован под фундамент
f. plate фундаментная (опорная) плита
f. stone фундаментный камень; основа, основной принцип
f. washer анкерная плита
base of f. подошва фундамента
beam f. балочный фундамент
deep f. фундамент глубокого заложения
earth f. грунтовое (естественное) основание
elastic f. упругое основание
mat f. сплошной фундамент
mathematical f. математические основы; математическое обоснование
pile f. свайное основание
raft f. сплошной фундамент
rock f. скальное основание
shallow f. мелкий фундамент, фундамент мелкого заложения
strip f. ленточный фундамент
Winkler f. (упругое) основание Винклера (как расчетная модель основания)
yielding of f. податливость основания; осадка фундамента

foundations (мн.ч. от foundation); основания, основы (науки, теории и т.п.); важнейшие положения, принципы
f. of geometry основания геометрии
sound f. прочные основы

founded основанный, заложенный; обоснованный, убедительный
well founded убедительный

founder 1. основатель, учредитель; 2. оседать; тонуть, погружаться

foundry литье; отливки; литейное производство

fount 1. источник; 2. шрифт

fountain источник; исток; фонтан; колодец; резервуар; ‖ течь, фонтанировать

fountain-head источник; начало, первоисточник
to go to the fountain-head обращаться к первоисточнику

four цифра четыре; (число) четыре
on all fours точно совпадающий, тождественный; аналогичный

four- (как компонент сложных слов) четырех-
four-bar четырехзвенный
four-cornered четырехугольный
four-cycle четырехтактный (о двигателе)
four-digit четырехразрядный; четырехзначный
fourfold четырехкратный; ‖ четырежды, вчетверо, в четыре раза (больше)
f. table четырехпольная таблица (2 x 2)

Fourier Фурье
F. analysis анализ Фурье, гармонический анализ
F. components компоненты (ряда) Фурье
F. conduction law закон теплопроводности Фурье
F. decomposition разложение (в ряд) Фурье
F. inversion обратное преобразование Фурье
F. series ряд Фурье
F. transform(ation) преобразование Фурье
fast F. transform (FFT) быстрое преобразование Фурье

four-place четырехзначный
four-pole четырехполюсный
foursquare квадрат; ‖ квадратный
four-stage четырехстадийный, четырехступенчатый
f. rocket четырехступенчатая ракета
four-start четыреххóдовой, четырехзаходный
fourteen четырнадцать
fourth четвертая часть, четверть; ‖ четвертый
four-way четырехсторонний; четыреххóдовой; крестовидный, крестообразный
f. piece крестовина

fraction 1. дробь; доля, часть; фракция; 2. излом, разрыв, трещина; обломок, осколок
to reduce a fraction сокращать дробь
fraction in its lowest terms сокращенная дробь
f. bar дробная черта
f. of a second доля секунды
circulating f. периодическая дробь
common f. простая дробь
continued f. непрерывная (цепная) дробь
decimal f. десятичная дробь
error f. составляющая погрешности
improper f. неправильная дробь
light f. легкая фракция
mixed f. смешанная дробь
periodical f. периодическая дробь
proper f. правильная дробь
reduced f. сокращенная дробь
sampling f. доля выборки
simple f. простая дробь
terminating f. конечная дробь
vanishing f. дробь, стремящаяся к нулю
void f. коэффициент пористости, пористость
vulgar f. простая дробь

fractional дробный; частичный, неполный, парциальный; дольный; фракционный
f. exponent дробный показатель (степени)
f. line дробная черта
f. load неполная (частичная) нагрузка
f. part дробная часть (числа), мантисса
f. step method метод дробных шагов
f. unit дольная единица (измерения)

fractionate разделять на части (фракции), дробить; фракционировать

fractographic фрактографический

fractography фрактография

fracture разрушение; излом, разлом, разрыв, трещина; поверхность излома; ‖ разрушаться; давать трещину, растрескиваться; разламывать(ся), разрывать(ся)
to show fracture давать излом

f. analysis расчет (анализ) разрушения
f. cone конус разрушения
f. crack трещина, вызывающая разрушение
f. criterion критерий разрушения (трещинообразования)
f. distribution распределение трещин (повреждений)
f. failure хрупкое разрушение
f. finite elements конечные элементы для решения задач механики разрушения
f. kinetics кинетика разрушения
f. load разрушающая нагрузка
f. mechanics механика разрушения
f. model модель разрушения
f. path кривая разрушения, траектория трещины
f. speed скорость разрушения, скорость распространения трещины
f. strength сопротивление разрушению
f. stress разрушающее напряжение
f. surface поверхность разрушения
f. test испытание на разрушение
f. toughness вязкость разрушения, трещиностойкость
appearance of f. вид (форма) разрушения
bending f. разрушение при изгибе (от изгиба)
brittle f. хрупкое разрушение
cleavage f. разрушение сколом; разрушение по плоскости спайности
coarse-grained f. крупнозернистый излом
compression f. разрушение при сжатии (от сжатия)
conchoidal f. раковистый излом
cone f. конический излом; разрушение с конусом
creep f. разрушение при ползучести
cumulative f. кумулятивное разрушение
cup f. воронкообразный излом; разрушение с чашечкой
cycling to f. циклирование (циклическое нагружение) до разрушения
direct f. прямой излом, разрыв
ductile f. вязкое (пластическое) разрушение
early f. раннее (преждевременное) разрушение
elastic f. упругое разрушение
elastic-brittle f. упруго-хрупкое разрушение
elastic f. mechanics механика упругого разрушения, линейная механика разрушения
elastic-plastic f. упруго-пластическое разрушение
elastodynamic f. динамическое упругое разрушение
energy of f. энергия разрушения
even f. гладкий (мелкозернистый) излом
explosive f. разрушение взрывом, разрушение от взрыва; лавинообразное разрушение, растрескивание взрывного типа
fatigue f. усталостное разрушение; усталостный излом

fibrous f. волокнистый излом
flaky f. чешуйчатый излом
flexural f. разрушение при изгибе
flat f. плоский (гладкий) излом
full-width f. полное разрушение (напр., образца)
gliding f. вязкое разрушение
granular f. зернистый излом
Griffith f. stress гриффитовское разрушающее напряжение
high-energy-type f. разрушение высокоэнергоемкого типа
impact f. ударное разрушение
initiation f. toughness сопротивление разрушению на стадии возникновения трещины, стартовая вязкость разрушения
instability f. разрушение при потере устойчивости
intercrystalline f. межкристаллическое (транскристаллитное) разрушение
interfacial f. разрушение по поверхности раздела
laminar f. пластинчатый (слоистый) излом; разрушение расслаиванием
line of f. линия разрушения; линия пластического шарнира
linear f. analysis линейный анализ разрушения
low-cycle f. малоцикловое разрушение
low-stress f. разрушение при низких напряжениях
lusterless f. матовый излом
macrobrittle f. макрохрупкий излом
massive f. полное разрушение
needle f. игольчатый излом
normal f. нормальный отрыв
oblique f. косой излом
oyster-shell f. раковистый излом
plane f. плоский излом, плоская форма разрушения
plane strain f. разрушение в условиях плоской деформации
post-yield f. разрушение за пределом текучести, пластическое разрушение
progressive-type f. прогрессирующее разрушение (трещинообразование), разрушение в результате постепенного роста трещины
running f. распространяющееся разрушение, бегущая трещина
service f. эксплуатационное разрушение
sharp-crack f. хрупкое разрушение
shear f. разрушение от сдвига, сдвиговое разрушение
single-stage f. одностадийное разрушение
slant f. косое разрушение, косой излом
sliding f. срез, скалывание
smooth f. гладкий (мелкозернистый) излом
splintery f. осколочный излом
split f. разрушение расщеплением (раскалыванием, расслоением)
square f. плоское разрушение

stress-corrosion f. коррозионно-механическое разрушение
sudden f. мгновенное разрушение
tensile f. разрушение при растяжении
thermal cycling f. разрушение вследствие термоциклирования
thermal shock f. разрушение при термическом ударе
total f. полное разрушение
tough f. вязкий излом
uneven f. неровный (крупнозернистый) излом
vitreous f. стекловидный излом
wavy f. волнистый излом

fractured разрушенный; содержащий трещины, трещиноватый
  f. surface разрушенная (трещиноватая) поверхность

fracture-tough вязкий (к разрушению)
  f. steel вязкая сталь

fracturing разрушение, растрескивание, трещинообразование; разрыв
  directional f. направленное разрушение
  hydraulic f. гидравлический разрыв (напр., нефтяного пласта)

fragile хрупкий, ломкий, непрочный; недолговечный

fragility хрупкость, ломкость; недолговечность

fragment фрагмент, часть; обломок, осколок; отрывок

fragmentary отрывочный, фрагментарный; частичный, неполный; состоящий из частей, нецельный

fragmentation разделение на части (фрагменты), фрагментация; дробление
  blasting f. дробление взрывом
  boiling f. дробление (пузырей) при кипении
  storage f. фрагментация памяти

frame 1. рама; каркас, остов, силовой набор; несущая система (рама, ферма, опора, станина, шасси); рамка, оправ(к)а, обойма; корпус; планер самолета; ‖ каркасный; несущий, силовой; ‖ являться каркасом, остовом; строить каркас; 2. стержневая система, элементы которой работают на изгиб; шпангоут (напр., корпуса судна или фюзеляжа летательного аппарата); ‖ рамный, стержневой, балочный; 3. система отсчета, система координат, базис; 4. структура, система, строение; 5. конструкция, сооружение; ‖ собирать конструкцию, строить, сооружать; 6. станок, стенд, установка; 7. модуль, группа, блок (напр., данных); кадр (изображения); 8. границы, пределы, рамки; ‖ обозначать границы; обрамлять; 9. формулировать, выражать; 10. фрейм, единица представления знаний
  within the frame of в рамках, в пределах чего-либо
  f. aerial рамочная (стержневая) антенна
  f. of axes система (координатных) осей, система координат
  f. bay отсек (конструкции)
  f. construction каркасная (рамная, стержневая) конструкция, несущая система
  f. girder балочная (решетчатая) конструкция
  f. level рамный уровень (ватерпас)
  f. of reference 1. система отсчета, система координат, базис; 2. критерий, признак; 3. точка зрения; 4. компетенция, сфера деятельности
  f. of roof несущая (стропильная) система крыши
  f. structure рамная конструкция, стержневая система
  articulated f. шарнирно-сочлененная рама
  bearing f. несущая рама (конструкция), силовой каркас
  bed f. рама основания, фундаментная рама
  bent f. изогнутая (криволинейная) рама
  body f. каркас кузова (корпуса, фюзеляжа)
  bogie f. рама тележки (шасси)
  box f. коробчатый корпус, коробчатая рама
  braced f. подкосная рама
  bracing f. связующая рама, рама жесткости
  building f. каркас здания
  built-up f. составная рама
  cambered f. изогнутая (криволинейная) рама
  channeled f. швеллерная рама
  car f. шасси автомобиля, (несущая) рама автомобиля
  carriage f. несущая рама; рама (шасси) транспортного средства
  Cartesian f. of reference декартова система координат
  channelled f. швеллерная рама
  closed f. замкнутая рама; коробчатая рама
  continuous f. цельная (неразрезная, сплошная) рама
  curved f. криволинейная (изогнутая) рама
  curved f. of reference криволинейная система координат
  cushion f. каркас сиденья
  dynamical f. of reference подвижная система отсчета
  elastic f. упругая рама, упругий каркас
  Eulerian f. система координат Эйлера
  extensional f. рама, воспринимающая растяжение; раздвижная рама
  fixed f. of reference неподвижная (фиксированная) система координат
  fuselage f. каркас фюзеляжа (летательного аппарата); шпангоут фюзеляжа
  grade f. шкала с делениями; градусная сетка
  hinged f. шарнирная (шарнирно сочлененная) рама; шарнирно опертая рама
  imperfect f. рама с начальными несовершенствами; статически неопределимая конструкция
  inertial f. of reference инерциальная система отсчета
  intrinsic f. of reference собственная (внутренняя) система координат

global f. of reference глобальная система координат
joggled f. коленчатая рама; рамная конструкция, подкрепленная уголками жесткости (косынками)
lattice f. решетчатая (рамная) конструкция
launching f. пусковая установка; пусковая ферма
local f. of reference локальная система координат
main f. несущий каркас, рама шасси; главный (силовой) шпангоут; основная конструкция
main f. of reference основная система координат
midship f. мидель-шпангоут
outer ring f. внешний пояс шпангоута
orthogonal f. of reference ортогональная система координат
overhung f. консольная (рамная) конструкция, навесная рама
pin-connected f. шарнирно-сочлененная (стержневая) конструкция, ферма
pipe f. трубчатая рама
plane f. плоская рама
plane f. of reference плоская система координат
plate f. листовая рама, листовой каркас
pressed f. штампованная рама
redundant f. статически неопределимая рама
reference f. система координат, система отсчета
registering f. система отсчета, система координат, базис
reinforced-concrete f. железобетонный каркас, железобетонная рама (конструкция)
rigid f. жесткая рама; неподвижная система отсчета
ring f. кольцевой шпангоут
rotating f. of reference вращающаяся система координат
skeleton f. рама каркаса; стержневой каркас, остов
solid f. сплошная (неразрезная) рама
space f. пространственная рама (конструкция); космический аппарат
spatial f. пространственная рама (конструкция)
spatial f. of reference пространственная система отсчета
split f. разъемная (сборная) рама
stamped f. штампованная рама
stiff f. жесткая (слабодеформируемая) рама; рама с жесткими узлами
stiffening f. рама жесткости, подкрепляющая конструкция
strut f. рама с подкосами; распорная рама; шпренгельная система
substatic f. геометрически изменяемая стержневая система
supporting f. несущая рама (конструкция); опорная рама

temporal f. система отсчета во времени
thrust f. рама крепления двигателя
time f. система отсчета во времени; интервал (квант) времени
trussed f. раскосная конструкция; ферменная рама
tubular f. трубчатая рама
wire f. проволочный (арматурный) каркас
framed имеющий каркас (раму, остов), каркасированный; рамный; обрамленный
f. structure каркасированная конструкция; рамная конструкция
frameless бескаркасный, безрамный
framework 1. рама; стержневая система; каркас, остов, силовой набор; несущая система (рама, ферма, опора, станина, шасси); рамка, оправ(к)а, обойма; 2. корпус; короб; планер летательного аппарата; 3. конструкция, сооружение; 4. структура, система, строение; 5. станок, стенд, установка; 6. модуль, группа, блок (напр., данных); 7. система отсчета, система координат, базис; 8. основа; основные положения, начала, принципы
  to take as a framework принимать за основу
  a large framework of problems большой круг проблем
  logical f. логическая основа
  rigid f. жесткая конструкция
  simple f. стержневая система (ферма) с треугольной решеткой
  wing f. каркас крыла
framing 1. каркас, остов, силовой набор; сруб, обвязка; строительные леса; 2. обрамление; кадрирование
  body f. каркас кузова
  timber f. деревянный каркас
frangibility ломкость; хрупкость
frangible ломкий; хрупкий
fray 1. столкновение; 2. истирание, износ; изношенный участок (напр., материала)
frazil обледенение; наледь
freak необычное явление; ненормальный ход (напр., какого-то процесса); ‖ необычный, странный
Fredholm Фредгольм
  F. integral equation интегральное уравнение Фредгольма
  F. kernel ядро Фредгольма
free свободный; не имеющий ограничений; независимый; невынужденный; невозмущенный; ненагруженный; незакрепленный, подвижный; неуправляемый; доступный, открытый; ‖ освобождать; снимать ограничения; отпускать; ‖ свободно; без ограничений
  to free from освобождать от
  to be free from быть свободным от, не содержать чего-либо
  to be free of быть свободным от; находиться за пределами чего-либо
  to make free освобождать, снимать ограничения

f. beam свободная (незакрепленная) балка
f. bearing свободное опирание
f. boundary свободная граница, свободный край; граничные условия свободного края
f. convection свободная конвекция
f. degrees of freedom свободные (незаданные, неограниченные) степени свободы
f. distance 1. зазор, просвет; 2. расстояние, пройденное по инерции, свободный выбег
f. edge свободный (незакрепленный, ненагруженный) край
f. end свободный край (конец); подвижная опора
f. face свободная поверхность
f. fall свободное падение
f. filtration безнапорная (свободная) фильтрация
f. flight свободный (неуправляемый) полет
f. frequency частота свободных (собственных) колебаний; несинхронизированная частота
f. jet свободная струя
f. lift свободная (избыточная, всплывная) подъемная сила
f. of losses без потерь
f. mobility полная подвижность
f. to move подвижный
f. occurrence свободное вхождение
f. parameter свободный (незаданный, неизвестный) параметр
f. particle свободная частица
f. path траектория свободного движения (блуждания); длина свободного пробега, свободный выбег
f. play зазор, люфт; свободный (холостой) ход; качание
f. position свободное (произвольное, незаданное) положение; нейтральное положение
f. rocket неуправляемая ракета
f. running свободный (легкий) ход; движение по инерции, холостой ход; автономная работа
f. structure свободная (незакрепленная) конструкция; произвольная структура
f. surface свободная поверхность
f. term свободный член (уравнения)
f. variable свободная (несвязанная, неограниченная) переменная; независимая переменная
f. vibrations свободные (собственные) колебания

freeboard превышение над уровнем воды (напр., плотины); надводный борт
freedom 1. свобода; отсутствие ограничений, связей; независимость; 2. степень свободы; 3. просвет, зазор; люфт, качка, игра
f. of movement свобода (независимость) движения; подвижность, степень подвижности
degree of f. (d.o.f., dof) степень свободы
lateral f. свобода перемещения в поперечном направлении, поперечная степень свободы
system with multiple degrees of f. система с многими степенями свободы
freedoms (= degrees of freedom) степени свободы
free-ended со свободным концом (напр., о балке); со свободно опертыми концами
free-falling свободное падение
f. acceleration ускорение свободного падения
free-flow безнапорный, идущий самотеком
f. discharge расход безнапорного потока
freely свободно, без ограничений, без принуждения
f. supported свободно опертый, свободно лежащий
free-rolling свободно вращающийся (катящийся)
free-running свободно движущийся; автономный, автономно работающий; несинхронизированный
free-surface относящийся к свободной поверхности, имеющий свободную поверхность
f. boundary conditions граничные условия (на) свободной поверхности
f. normal нормаль к свободной поверхности
freeze замерзание, замораживание; затвердевание; фиксация; || замерзать, замораживать; затвердевать; принимать окончательный вид; фиксировать, останавливать; стандартизировать
to freeze in вмораживать, вмерзать
freeze-thaw (цикл) замерзание-оттаивание
freezing замерзание, замораживание; затвердевание; фиксация; || замораживающий, охлаждающий; замерзающий, застывающий; фиксирующий
f. method метод замораживания (напр., при поляризационно-оптическом исследовании напряжений)
f. point точка (температура) замерзания; температура затвердевания (кристаллизации)
ingot f. затвердевание слитка
stress f. "замораживание" (фиксация) напряжений
freight груз
French 1. французский; 2. французский язык
frequency частота; повторяемость, частотность; периодичность; || частотный
f. analysis частотный анализ; гармонический анализ
f. band диапазон (интервал, полоса) частот
f. changer преобразователь частоты
f. characteristic частотная характеристика
f. constraint ограничение на частоты; ограничение периодичности (повторяемости)
f. control управление по частоте; регулировка (подстройка, стабилизация) частоты

f. correction частотная коррекция
f. curve частотная характеристика
f. diagram частотная диаграмма, гистограмма
f. difference разность (сдвиг) частот
f. distribution распределение частот, частотное распределение; распределение плотности вероятности
f. domain частотная область
f. drift уход (дрейф) частоты
f. equation частотное уравнение
f. factor частотный коэффициент, частотная характеристика
f. function частотная функция, функция (распределения) частот; плотность вероятности
f. interval частотный диапазон (интервал)
f. meter частотомер, герцметр; волномер
f. of operation рабочая частота
f. period период колебаний, время одного колебания
f. response частотная характеристика, частотный отклик
f. sample частотная выборка; частотная дискретизация
f. spectrum частотный спектр; диапазон частот
acoustic f. частота акустических (звуковых) колебаний, акустическая частота
angular f. угловая (круговая) частота
antiresonance f. антирезонансная частота
audio f. звуковая частота
base f. опорная частота; основная (низшая) частота
basic f. основная (низшая) частота, частота низшего тона (колебаний)
beat f. частота биения (пульсации)
bending f. изгибная частота, частота изгибных колебаний
carrier f. несущая частота
circular f. круговая (угловая) частота
clock f. тактовая частота, частота тактирования (синхронизации)
collision f. частота соударений
component f. составляющая частота
conversion f. частота преобразования
critical f. критическая (предельная) частота
cutoff f. предельная (граничная, пороговая) частота; критическая частота
cyclic(al) f. круговая (угловая) частота
damped natural f. собственная частота затухающих колебаний
disturbing f. частота возмущения
dominant f. преобладающая частота
driving f. частота возбуждения, задающая частота
eigen f. собственная частота, частота собственных (свободных) колебаний
excitation f. частота возбуждения (динамического нагружения)
extra-high f. сверхвысокая частота

first f. первая (низшая, основная, фундаментальная) частота
forcing f. частота возбуждения
free f. собственная частота, частота свободных колебаний; несинхронизированная частота
fundamental f. фундаментальная (низшая, основная) частота; собственная частота
gliding f. плавно изменяющаяся частота
harmonic f. частота гармоники
high f. высокая частота
high f. modes высокочастотные формы (колебаний)
hypersonic f. гиперзвуковая (сверхзвуковая) частота
impulse f. частота (повторения) импульсов
infrasonic f. инфразвуковая частота
instantaneous f. мгновенное значение частоты
intended f. заданная частота
low f. низкая частота
lowest f. низшая (первая, основная) частота
master f. главная частота; задающая частота
modal f. частота формы колебаний
multiple frequencies кратные частоты
natural f. собственная частота, частота собственных (свободных) колебаний
note f. частота биений
partial f. парциальная частота
radian f. круговая (угловая) частота
rated f. номинальная (расчетная) частота
reference f. опорная (эталонная) частота
resonant f. резонансная частота
ripple f. частота пульсаций
rotation f. частота вращения
scanning f. частота развертки
shift of f. сдвиг частоты
sliding f. плавно изменяющаяся частота
sonic f. звуковая частота
spacing f. частота пауз (промежутков)
standard f. эталонная частота
supersonic f. ультразвуковая частота
supply f. частота электросети
supreme frequencies высшие (крайние) частоты
sweep f. частота развертки
theoretical f. теоретическая (расчетная) частота; теоретическая вероятность
threshold f. пороговая (граничная, предельная) частота
torsional f. крутильная частота, частота крутильный колебаний
undamped f. частота незатухающих колебаний
unwanted f. побочная (паразитная) частота
vibration f. частота колебаний
waveguide f. частота волновода

    wobble f. частота (периодичность) качания (биения)
    zero f. нулевая частота, частота нулевого порядка
frequency-domain относящийся к частотной области, частотный
    f. analysis анализ в частотной области
    f. representation представление в частотной области, частотное представление
frequent частый; часто встречающийся, обычный
frequently часто
fresh свежий; новый; добавочный
freshly недавно, только что
fret эрозия, разъедание; коррозия; износ, истирание; ǁ эродировать, разъедать(ся); корродировать; истирать(ся); срабатывать(ся)
fretting фрикционная коррозия, фреттинг-коррозия, коррозионное истирание; выработка (материала) трением; механическое повреждение поверхности; заедание
    f. fatigue усталость при фреттинг-коррозии
friability рыхлость; ломкость, хрупкость
friable рыхлый; ломкий, хрупкий, крошащийся
friction трение; стирание, растирание; сила трения; устройство, использующее трение; фрикцион; ǁ фрикционный, от трения
    f. assembly узел трения
    f. bearing подшипник скольжения
    f. boundary condition граничное условие с учетом трения
    f. brake фрикционный тормоз
    f. coupling фрикционное сцепление; фрикционная муфта
    f. damping фрикционное демпфирование, демпфирование трением
    f. drag сопротивление (от) трения
    f. drive фрикционная передача
    f. face поверхность трения
    f. factor коэффициент трения; коэффициент шероховатости
    f. force сила трения
    f. gear фрикционная передача
    f. knot узел трения
    f. with lubrication трение при смазке
    f. of motion трение движения, кинетическое трение
    f. pair пара трения
    f. resistance сопротивление (от) трения
    f. of rest трение покоя, статическое трение
    f. surface поверхность трения
    f. wheel фрикционное колесо
    angle of f. угол трения; угол естественного откоса (сыпучего материала)
    bearing f. трение в опоре, трение в подшипнике
    collar f. трение во вращательной паре
    cone of f. конус трения
    constant of f. постоянная трения
    Coulomb f. кулоново (сухое) трение
    dry f. сухое трение
    dynamic f. динамическое трение, трение движения
    flow f. гидравлическое (гидродинамическое) сопротивление
    fluid f. жидкостное (гидродинамическое) трение
    internal f. внутреннее (собственное) трение; вязкое трение
    journal f. трение во вращательной паре
    kinetic f. кинетическое трение, трение движения
    liquid f. жидкостное (гидродинамическое) трение
    minute f. капиллярное трение
    pivoting f. трение при вращении (повороте)
    rolling f. трение качения
    skin f. поверхностное трение
    sliding f. трение скольжения
    static f. статическое трение, трение покоя
    surface f. поверхностное трение
    threshold f. пороговое трение; трение покоя, коэффициент трения покоя
    total f. полное трение; максимальная сила трения
    unlubricated f. сухое трение
    viscous f. вязкое трение
    work due to f. работа (сил) трения
frictional фрикционный, определяемый трением, (работающий) от трения; вязкий
    f. area площадь (поверхность) трения
    f. constraint связь с трением, неидеальная связь
    f. couple пара трения; фрикционный момент
    f. damage износ от трения
    f. flow течение с трением, вязкое течение
    f. force сила трения
    f. loss потери на трение (от трения)
    f. moment момент трения
    f. wear износ при трении
frictionally с помощью трения, трением
    f. held удерживаемый силой трения, плотно посаженный
frictionless без трения, свободный от трения, гладкий
    f. boundary гладкая граница (свободная от трения)
    f. constraint связь без трения, идеальная связь
    f. contact контакт без трения
    f. fluid идеальная (невязкая) жидкость
friction-tight с большим трением, плотный, без проскальзывания (о посадке)
friendliness удобство (обращения с системой), дружественность (системы по отношению к пользователю)
friendly удобный, дружественный
    user f. удобный для пользователя, дружественный к пользователю
frigid 1. холодный; 2. инертный

frigidity 1. мерзлота; 2. инертность
  eternal f. вечная мерзлота
frill складки, гофр
frilled складчатый, гофрированный
fringe 1. полоса; кайма; внешняя область, периферия; край, граница; ‖ окаймлять, окантовывать; 2. интерференционная полоса
  to touch the fringe of вплотную подойти к чему-либо (напр., к решению задачи)
  f. pattern интерференционная картина
  capillary f. капиллярная зона
  diffraction f. дифракционная полоса, дифракционное кольцо
  interference f. интерференционная полоса, интерференционное кольцо
  isochromatic f. изохрома
  isoclinic f. изоклина
  Moire (moire) f. (интерференционная) полоса Муара, муаровая полоса
  stress fringes (интерференционные) полосы напряжений равного уровня
frit спекать(ся), сплавлять(ся), оплавлять(ся)
friz(z) вить(ся), закручивать(ся), коробиться
frizzling закручивание, коробление
from 1. от, из, с, у, по; 2. на основании, исходя из; из-за, по причине, в результате
  to exclude from исключать из
  from above сверху
  from away с расстояния, издали
  from below снизу
  from now on с этого времени
  from one another друг от друга
  from outside снаружи, извне
  from over из-за (пределов чего-либо)
  from ... to от ... до
  from under из-под
  from the very beginning с самого начала
  as from начиная с
front фронт, передний край, передняя (лицевая) сторона; фасад; забой, лава; ‖ передний, лицевой, лобовой, торцовый, фронтальный; ‖ выходить на, быть обращенным к; противостоять
  in front of перед чем-либо, впереди чего-либо
  f. edge передняя кромка; фронт (волны, импульса)
  f. elevation вид спереди; вертикальная проекция
  f. face передняя (лобовая) поверхность; внешняя (лицевая) сторона
  f. line передний край, фронт
  f. time время нарастания импульса
  compression f. фронт (волны) сжатия
  condensation f. фронт конденсации
  convergent f. сходящийся фронт (напр., распространения волны)
  crack f. фронт трещины
  diffused f. размытый фронт
  flame f. фронт горения (распространения пламени)
  impulse f. фронт импульса
  Mach f. фронт (поверхность возмущений) Маха
  phase f. фазовый фронт
  plane f. плоский фронт
  shock f. ударный фронт, фронт ударной волны
  solidification f. фронт кристаллизации
  thermal f. температурный фронт
  wave f. фронт волны (импульса), волновой фронт
frontage 1. передняя (лицевая) часть; 2. ширина фронта; протяженность; 3. граница (участка)
frontal фронтальный; передний, прямой, лобовой, торцевой
  f. area фронтальная (лобовая) поверхность; мидель
  f. impact прямое (фронтальное) соударение, лобовой удар
  f. method фронтальный метод (решения системы линейных уравнений); метод фронтов
  f. resistance лобовое сопротивление
  f. solver программа фронтального решения (системы линейных алгебраических уравнений), фронтальный "решатель"
  f. wave прямая (фронтальная) волна
frontier (передняя) граница, рубеж; ‖ граничный, пограничный
  f. property граничное свойство
frontwise вдоль фронта, по фронту; по торцу; по фасаду
frost мороз; изморозь, иней; узор "мороз"; ‖ морозить, замораживать; покрывать изморозью ("морозом"), матировать
  f. crack трещина от низкой температуры, морозобоина
  f. heave пучение (грунта) при замерзании
  f. penetration промерзание
frosted замороженный; покрытый изморозью, матированный
frost-work ледяной узор, изморозь; тонкий узор
frosty морозный; холодный, ледяной
froth пена; ‖ образовывать пену, вспенивать(ся); кипеть
frothing вспенивание, пенообразование; кипение
Froude Фруд
  F. number число Фруда
  F. scaling моделирование по критерию подобия Фруда (в гидромеханике)
frozen 1. замороженный; холодный; 2. фиксированный
  f. soil мерзлый грунт
  f. stress field замороженное поле напряжений
fruitful плодотворный
fruitless бесплодный, бесполезный
frustum (лат.) (мн.ч. **frusta, frustums**) 1. часть тела, вырезанная двумя параллельными

плоскостями; усеченный конус, усеченная пирамида; 2. телесный угол
   f. of cone усеченный конус, конический слой
   f. of sphere шаровая зона, шаровой сегмент
   f. of wedge усеченный клин
fuel топливо, горючее; ‖ заправлять(ся) топливом
   f. atomizer топливная форсунка, распылитель топлива
   f. tank топливный бак
   dry f. твердое топливо
   liquid f. жидкое топливо
   mission f. запас топлива (на полет)
   solid f. твердое топливо
fueling топливо, горючее; заправка топливом; подача топлива
fulcrum (лат.) (мн.ч. fulcra, fulcrums) опора; точка опоры (рычага); ось шарнира, центр вращения; опорная призма; ‖ поворотный; шарнирный
fulfil выполнять, осуществлять; завершать; удовлетворять (требованиям)
fulfilment выполнение, осуществление; завершение; удовлетворение (требований)
full полный, абсолютный, совершенный; законченный, завершенный; целый, цельный, сплошной, монолитный, неразъемный; достаточный; комплектный; обширный, широкий; богатый (чем-либо); высший, максимальный; ‖ вполне, полностью, максимально
   in full полностью
   to full advantage полностью, в полной мере
   to the full полностью, в полной мере
   f. angle полный угол, угол в 360 градусов
   f. basis полный базис
   f. diameter полный (наружный, внешний) диаметр
   f. face вид спереди
   f. integration полное (точное) интегрирование
   f. line сплошная (непрерывная) линия
   f. load полная нагрузка; максимальная загрузка
   f. Newton step полный шаг по методу Ньютона
   f. rank matrix матрица полного ранга
   f. stop останов(ка); крайнее положение
   f. wave полное колебание; полный период
full-automatic автоматический, полностью автоматизированный
full-flow полнопоточный
   f. filter полнопоточный фильтр
full-function функционально полный
full-laden с (под) полной нагрузкой
full-length полный; обширный, протяженный; ‖ по всей длине, на всем протяжении
fuller желоб, канавка
fulling вытягивание, расплющивание
fullness полнота; целостность, цельность, сплошность; законченность, завершенность;

комплектность; широта, обширность, обилие; степень заполнения
   to describe with great fullness описывать очень подробно
   f. property свойство полноты (напр., базиса)
full-power (работающий) с полной нагрузкой
full-scale полномасштабный, натурный, в натуральную величину, в масштабе 1:1; полный, широкий, обширный
   f. experiment натурный опыт, эксперимент на полноразмерной модели; промышленный эксперимент
   f. range полный диапазон (напр., прибора); полный (широкий) охват
   f. study натурный (полномасштабный) эксперимент; обширное исследование
   f. value 1. значение для натурного объекта; 2. верхний предел измерений (прибора)
full-size(d) полноразмерный, полногабаритный; в натуральную величину
   f. model модель в натуральную величину
full-span полный; обширный, протяженный, широкий; ‖ по всей длине, на всем протяжении; по всему пролету, во всему размаху (напр., крыла, лопасти)
full-width полный; обширный, протяженный, широкий; ‖ по всей ширине, на всем протяжении
fully вполне, полностью, совершенно
   f. extended полностью развернутый
   f. formed сложившийся
   f. isotropic вполне изотропный
   f. justified вполне оправданный
   f. swept полностью сложенный (убранный)
fulminant мгновенный
fume дым, пар(ы), газ(ы); испарение; ‖ дымить(ся); испарять(ся)
fumy дымный, дымящий(ся), испаряющийся
function 1. функция; математическая зависимость; 2. действие, работа, функционирование; срабатывание; ‖ действовать, работать, функционировать; срабатывать; 3. назначение, цель; обязанность; ‖ выполнять обязанности
   to apply a function to применять функцию к
   to be a function of зависеть от (являться функцией) чего-либо
   f. call обращение к (программе-)функции
   f. of bounded variation функция с ограниченным изменением, функция ограниченной вариации
   f. of complex variable функция комплексного переменного
   f. curve график функции
   f. definition определение функции
   f. derivative производная функции
   f. description описание (определение) функции
   f. gradient градиент функции

f. of initial conditions функция начальных условий
f. modulus модуль функции
f. of n variables функция от n переменных
f. of position функция положения, функция координат
f. power степень функции
f. property свойство функции
f. rate скорость изменения функции, производная функции
f. of real variable функция действительного переменного
f. sign знак (символ) функции
f. space функциональное пространство, пространство функций
f. of support опорная функция
f. of time функция (от) времени
f. type тип (вид) функции
f. value значение функции
f. zero нуль (корень) функции
abnormal f. особая (сингулярная) функция
additive f. аддитивная функция
admissible f. допустимая функция
Airy stress f. функция напряжений Эри
algebraic f. алгебраическая функция
analytic f. аналитическая функция
AND f. (логическая) функция И, конъюнкция
antihyperbolic f. обратная гиперболическая функция
antitrigonometric f. обратная тригонометрическая функция
approximation f. аппроксимирующая функция
arbitrary f. произвольная функция
arc hyperbolic f. обратная гиперболическая функция
arc trigonometric f. обратная тригонометрическая функция
argument of a f. аргумент функции
arithmetic f. арифметическая функция
associated f. ассоциированная (присоединенная, сопряженная) функция
assumed f. заданная функция; исходная функция
basis f. базисная функция
Bessel f. функция Бесселя
biharmonic f. бигармоническая функция
blending f. переходная функция, функция сопряжения
Boolean f. булева (логическая) функция
bounded f. ограниченная функция
buffer f. согласующая функция
built-in f. встроенная функция; стандартная функция (реализуемая стандартной программой)
change in f. приращение функции
characteristic f. характеристическая (собственная) функция
circular f. круговая (тригонометрическая) функция
class of functions класс функций

completely defined f. всюду определенная функция
complex-valued f. комплекснозначная функция, функция комплексного переменного
composite f. сложная функция
compulsion f. вынуждающая функция, функция возбуждения
computable f. вычислимая функция
concave f. вогнутая функция
constraint f. функция ограничения
continuous f. непрерывная функция
control f. функция (системы) управления; управляющая функция
convex f. выпуклая функция
coordinate f. координатная функция, функция (от) координат
correction f. корректирующая функция, функция поправки
correlative f. корреляционная функция
cost f. функция стоимости
criterion f. оценочная функция, функция критерия
cyclic(al) f. периодическая (циклическая) функция
cylindrical f. цилиндрическая функция
damped f. затухающая функция
decreasing f. убывающая (невозрастающая) функция
delta f. дельта-функция, функция Дирака
density f. функция плотности
deplanation f. функция депланации
derived f. производная функция
describing f. характеристическая (описывающая) функция
deviation f. функция девиации
deviatoric f. девиаторная функция
differentiable f. дифференцируемая функция
Dirac (delta) f. функция Дирака, дельта-функция
discontinuous f. разрывная функция
displacement f. функция перемещений
distribution f. функция распределения
disturbing f. возмущающая функция, функция возбуждения
domain of a f. область определения функции
driving f. задающая функция
edge f. краевая функция
eigen f. собственная (характеристическая) функция
elementary f. элементарная функция
elliptic f. эллиптическая функция
entire f. целая функция
entity-to-entity f. функция связи между объектами
error f. (erf) функция ошибок; интеграл (вероятности) ошибок
evaluated f. вычисленное значение функции
even f. четная функция

except f. функция запрета (напр., по некоторым переменным), функция исключения
excitation f. функция возбуждения, возмущающая функция
explicit f. явная функция
exponent(ial) f. показательная (экспоненциальная) функция
external f. внешняя функция (определенная вне тела программы)
extrapolation f. экстраполирующая функция
extremum of a f. экстремум функции
feedback f. функция обратной связи
finite f. конечная функция; финитная функция, функция с конечным носителем
fitted f. подобранная функция (напр., по точкам); эмпирическая функция
flow f. функция тока
force f. функция усилий; силовая функция, потенциал сил
forcing f. вынуждающая (задающая) функция
form f. функция формы
frequency f. частотная функция, функция (распределения) частот; плотность вероятности
fundamental f. фундаментальная функция, функция Грина, функция источника, функция влияния; собственная функция
generalized f. обобщенная функция
generating f. производящая (порождающая) функция
Gibbs f. функция Гиббса
goal f. целевая функция
Green f. функция Грина, функция источника, функция влияния, фундаментальная функция
Hamiltonian f. функция Гамильтона, гамильтониан
hardening f. функция упрочнения
harmonic f. гармоническая функция
hat f. функция-шапочка
Heaviside step f. единичная ступенчатая функция, функция Хевисайда
Hermit f. функция Эрмита
homogeneous f. однородная функция
hyperbolic f. гиперболическая функция
identity f. функция тождества (тождественности)
ill-behaved f. "плохая" (несогласующаяся) функция; нерегулярная (сингулярная) функция; плохо обусловленная функция
ill-defined f. некорректно заданная функция
impact f. импульсная функция; функция ударного нагружения
implicit f. неявная функция
impulse f. импульсная функция
increasing f. возрастающая (неубывающая) функция
individual f. собственная функция
inference f. функция логического вывода

influence f. функция влияния, функция источника, функция Грина, фундаментальная функция
initial strain f. функция начальных деформаций
integer f. целая функция
integral f. 1. интегральная функция; 2. целая функция
integrated f. проинтегрированная функция, интеграл функции
interpolation f. интерполирующая функция
intrinsic f. встроенная (внутренняя) функция; внутренне присущее (существенное) свойство
inverse f. обратная функция
irrational f. иррациональная функция
jump f. скачкообразная (разрывная) функция, функция скачка
kernel f. функция ядра (интегрального уравнения)
Krylov beam f. балочная функция Крылова
Lagrange f. функция Лагранжа, лагранжиан
library f. библиотечная функция
likelihood f. функция правдоподобия
limit of f. предел функции
linear f. линейная функция, функция первой степени
Lipschitz-continuous f. Липшиц-непрерывная функция
locus f. функция положения, функция радиуса-вектора, функция годографа
logic(al) f. логическая функция
loss f. функция потерь
majorant f. мажорантная (мажорирующая) функция, мажоранта; функция преобладания (большинства)
mapping f. функция отображения, отображающая функция; функция преобразования
Mathieu f. функция Матье
matrix f. матричная функция, функция от матрицы
minimization of f. минимизация функции
minority f. минорантная функция, миноранта
network f. сеточная функция
nodal f. узловая функция
nondecreasing f. неубывающая функция
nonincreasing f. невозрастающая функция
nonlinear f. нелинейная функция
non-negative f. неотрицательная функция
normalized f. нормализованная (нормированная) функция
NOT f. (логическая) функция НЕ, функция отрицания
object f. выходная функция; целевая функция
objective f. целевая функция
odd f. нечетная функция
OR f. (логическая) функция ИЛИ, дизъюнкция

partition f. функция разбиения
penalty f. штрафная функция, функция штрафа
periodic f. периодическая функция
piecewise f. кусочная функция
piecewise continuous f. кусочно-непрерывная функция
piecewise polynomial f. кусочно-полиномиальная функция
point f. функция точки (координат, положения)
polyharmonic f. полигармоническая функция
polynomial f. полиномиальная функция, многочлен
positive f. положительная функция
potential f. потенциальная функция, функция потенциала, потенциал; силовая функция; гармоническая функция
power f. степенная функция; функция мощности
predefined f. заранее заданная функция; стандартная функция
quadratic f. квадратичная функция, функция второй степени
ramp f. линейно изменяющаяся (нарастающая) функция; пилообразная функция
random f. случайная функция
ranking f. функция ранжирования
rational f. рациональная функция
real f. вещественная (действительная) функция
reckonable f. вычислимая функция
recurrent f. рекуррентная функция
recursive f. рекурсивная функция
related functions зависимые функции
response f. функция отклика (реакции), характеристика; функция решения
risk f. функция риска
sample f. выборочная функция
saw-tooth f. пилообразная функция
scalar f. скалярная функция
scaling f. масштабирующая функция
scheduled functions график работы
sensitivity f. функция чувствительности
Serendipian shape f. серендипова функция формы (конечного элемента)
shallow f. пологая (плавная) функция
shape f. функция формы (конечного элемента)
shifting f. функция сдвига
signum f. знаковая функция, сигнум-функция
sine f. синусоидальная функция, синусоида
single-valued f. однозначная функция
singular f. сингулярная функция, функция с особенностями
slow(-varying) f. "медленная" (медленно меняющаяся) функция
smooth f. гладкая функция
smoothed f. сглаженная функция

source f. функция источника, функция влияния, функция Грина, фундаментальная функция
spectral f. спектральная функция
spherical f. сферическая функция
spline f. сплайн-функция
staircase f. ступенчатая функция
state f. функция состояния
step f. ступенчатая функция; функция скачка, функция Хевисайда
stream f. функция тока
stress f. функция напряжений (Эри)
successor f. функция упорядочения
symmetrical f. симметричная функция
table f. табличная (таблично заданная) функция
tabulated f. табулированная (табличная) функция
temperature f. функция температуры
tensor(ial) f. тензорная функция, функция тензора
test f. пробная функция; функция критерия
threshold f. пороговая функция
torsion f. функция кручения
transcendental f. трансцендентная функция
transfer f. передаточная функция; функция преобразования
transition f. переходная функция; функция сопряжения
trial f. пробная функция
trigonometrical f. тригонометрическая функция
truth f. функция истинности
two-dimensional f. двумерная функция, функция (от) двух переменных
unimodal f. унимодальная функция
unit f. единичная функция
unit-step f. единичная ступенчатая функция, функция Хевисайда
utility f. вспомогательная функция, функция-утилита; функция полезности
vanishing f. стремящаяся к нулю (исчезающе малая) функция
variation of f. вариация функции; варьирование функции; изменение функции
vector f. векторная (векторзначная) функция, вектор-функция
velocity f. функция скорости
wave f. волновая функция
weight(ing) f. весовая функция
yield f. функция текучести
zero f. нуль-функция

functional 1. функциональный; 2. функционал; ‖ относящийся к функции (функционалу); 3. принципиальный, схематический; конструктивный
   f. abilities функциональные возможности
   f. analysis функциональный анализ
   f. area функциональное назначение
   f. binding функциональная связь

f. calculus функциональное исчисление; исчисление предикатов
f. characteristic функциональная характеристика; функциональная зависимость, функция
f. class класс функций, функциональный класс
f. description описание функций; функциональное описание; схематическое представление
f. design функциональное проектирование; функциональная схема
f. determinant функциональный определитель
f. diagram функциональная (принципиальная) схема
f. equation функциональное уравнение
f. of external load функционал внешней нагрузки
f. generator генератор функций; функциональный преобразователь
f. of kinetic energy функционал кинетической энергии
f. space функциональное пространство, пространство функций
f. of strain energy функционал энергии деформации
additive f. аддитивный функционал
Castigliano f. функционал Кастильяно
constitutive f. определяющий функционал, функционал состояния
constrained f. функционал с ограничениями, ограниченный функционал
convex f. выпуклый функционал
decomposition of f. расщепление (декомпозиция) функционала
energy f. энергетический функционал, функционал энергии
external load f. функционал внешней нагрузки (внешних сил)
extremum of f. экстремум (экстремальное значение) функционала
Hamilton f. функционал Гамильтона, гамильтониан
Lagrange f. функционал Лагранжа, лагранжиан
minimization of f. минимизация функционала
mixed f. смешанный функционал
penalty f. функционал штрафа
quadratic f. квадратичный функционал
Reissner f. функционал Рейсснера
unimodal f. унимодальный функционал
variation of f. вариация функционала
velocity potential f. функциональный потенциал скоростей
work f. функционал работы
functionality функциональность; функциональное назначение, функциональные возможности; функциональная зависимость
functionally функционально; в отношении функции
f. complete функционально полный

functioning функционирование, работа, действие; срабатывание; ‖ функционирующий, действующий
function-oriented функционально-ориентированный
fund запас; фонд; ‖ накапливать; объединять, консолидировать
fundamental 1. фундаментальный, основной, базисный, важнейший; 2. неприводимый, простейший, элементарный; 3. фундаментальная (низшая, основная) частота; первая гармоника
f. aerodynamics основы аэродинамики
f. frequency фундаментальная (низшая, основная) частота; собственная частота
f. function фундаментальная функция, функция Грина, функция источника, функция влияния; собственная функция
f. mode основная (собственная) форма, мода основного колебания
f. operations of arithmetic основные арифметические действия
f. probability set множество элементарных событий
f. quantity основная величина (напр., в системе единиц)
f. sequence фундаментальная последовательность; последовательность Коши
f. solution фундаментальное решение
f. solution matrix матрица фундаментальных решений (матрица Грина, матрица влияния)
f. truth аксиома
f. type базовый тип (напр., данных)
f. unit основная единица (измерения)
f. vibration собственное колебание; колебание на основной частоте
f. wave основная волна; главная гармоника
fundamentally 1. основательно, глубоко; 2. в основном
fundamentals основы, начала, основные положения
fungible заменяющий; взаимозаменяемые (напр., детали, материалы)
fungibles взаимозаменяющие детали (материалы); смешиваемые материалы
fungous губчатый, пористый
funicular фуникулер, канатная дорога; ‖ веревочный, канатный
f. curve веревочная кривая, кривая провеса, цепная линия
f. force сила натяжения каната (провода, нити)
f. polygon веревочный многоугольник
funnel дымоход, дымовая (вентиляционная) труба; воронка, раструб
funnelled в виде воронки, колоколообразный
furcate раздвоенный, разветвленный; ‖ раздваиваться, разветвляться
furcation раздвоение, разветвление

furl свертывание, скручивание; свернутый предмет, рулон, бухта; ‖ сворачивать, скручивать; складывать
furnace печь; топка, топочная камера; вагранка
furnish снабжать, доставлять; представлять, предоставлять; загружать, заполнять, заряжать; оборудовать
   to **furnish explanation** давать объяснение
   to **furnish witn information** предоставлять информацию
furniture принадлежности, инвентарь, оборудование; арматура, фурнитура
furrow 1. борозда, колея, желоб; 2. складка, фальц
further более отдаленный; дальнейший; добавочный, дополнительный; ‖ продвигать; способствовать; ‖ дальше, далее, затем; кроме того, более того
   further out еще дальше
furtherance продвижение; поддержка
furthermore кроме того; более того
fuse 1. плавка, плавление; сплавление, слияние; растворение; объединение; ‖ плавить(ся), расплавлять(ся); сплавлять(ся), сливаться; растворять(ся); объединять(ся); 2. плавкий предохранитель; запал, взрыватель, детонатор; ‖ детонировать, подрывать, делать короткое замыкание
fuselage фюзеляж; ‖ фюзеляжный, относящийся к фюзеляжу
   f. **framework** остов (стержневой каркас, силовой набор) фюзеляжа
   f. **layout** компоновка фюзеляжа
   f. **stress analysis** расчет фюзеляжа на прочность
   monocoque f. монококовый фюзеляж (включающий стрингеры и обшивку)
   semi-monocoque f. полумонококовый фюзеляж (включающий шпангоуты, стрингеры и обшивку)
fusible (легко)плавкий
fusibility плавкость
fusiform веретенообразный
fusing плавка, плавление; сплавление, слияние; растворение; объединение; ‖ плавящий(ся), расплавляющий(ся); плавкий
   f. **point** точка (температура) плавления
fusion плавка, плавление; сплавление, слияние; расплав, расплавленная масса; сплав
fust стержень колонны, стойка
futile 1. бесполезный, нецелесообразный; 2. неглубокий, поверхностный
futility 1. бесполезность, нецелесообразность; 2. поверхностность
future 1. будущий; 2. будущее (время)
   in future в будущем, впредь
fuze запал, взрыватель, детонатор; ‖ детонировать, подрывать
fuzzy 1. неясный, нечеткий, неопределенный, расплывчатый; 2. ворсистый
   f. **logic** нечеткая логика
   f. **set** нечеткое множество

G

gab 1. крюк; вилка; 2. вылет (стрелы), вынос, радиус (охвата); 3. выемка; надрез; отверстие; 4. зазор, люфт
gabarit габарит; контур, очертание
gable фронтон; конек крыши
gad острие; резец, зубило
gadget приспособление, устройство; принадлежность
gaff крюк
gag пробка, заглушка; ‖ запирать, останавливать, заглушать
gage 1. мера, масштаб; критерий, способ оценки; размер, калибр, эталон; ‖ градуировать, калибровать; 2. измерительный прибор; датчик; ‖ измерять, проверять, выверять; размечать; 3. набор, сортамент; 4. колея, ширина колеи
   to **keep on gage** поддерживать в заданных пределах (напр., значения параметров)
   g. **factor** показатель чувствительности (датчика)
   g. **grid** сетка (тензо-)датчиков
   g. **length** расчетная длина (образца); база датчика
   g. **pressure** манометрическое давление
   g. **of tire** расстояние между колесами, колея
   altitude g. высотомер
   angle g. угломер; угловая мера
   broad g. широкая база измерительного прибора; широкая колея
   density g. измеритель плотности, пикнометр, ареометр
   depth g. глубиномер
   dial g. прибор с круговой шкалой
   digital g. цифровой измерительный прибор
   discharge g. расходомер
   draft g. измеритель тяги; дифференциальный манометр
   flow g. расходомер
   gas g. газомер
   length g. мера длины; измеритель длины
   level g. указатель уровня; нивелир
   limiting g. предельный калибр (диаметр)
   line g. штриховая мера длины
   master g. контрольный (эталонный) калибр, эталон
   Pitot g. трубка Пито, датчик полного давления
   pressure g. манометр, датчик давления
   rail g. (рельсовая) колея, ширина колеи
   reference g. эталонная мера, эталон; эталонный (измерительный) прибор
   standard g. эталонный (измерительный) прибор; эталонная мера; нормальный размер (калибр)
   steam g. манометр
   strain g. датчик деформаций, тензодатчик

stress g. датчик напряжений
   sylphon g. сильфонный манометр
   templet g. шаблон
   test g. эталонный прибор; эталонная мера
   vacuum g. вакуумметр
   velocity g. датчик скорости; счетчик оборотов, тахометр
   vibration g. датчик колебаний, вибродатчик
   viscosity g. измеритель вязкости, вискозиметр; вязкостный манометр
gaged измеренный; калиброванный, тарированный
gaging измерение, замер; контроль; опрос датчиков
   actual g. активный контроль, контроль в процессе выполнения (обработки)
   direct g. прямое (непосредственное) измерение
   stream g. расходометрия, гидрометрия
gain 1. (при)рост, приращение; выигрыш; увеличение, усиление; коэффициент усиления (передачи); ‖ увеличивать(ся), усиливать(ся); получать, приобретать, выигрывать; улучшаться; достигать; 2. вырез, гнездо, паз
   to gain acceptance получить признание
   to gain access to получать доступ, проникать
   to gain advantage иметь преимущество, воспользоваться, использовать
   to gain experience приобретать опыт
   to gain an insight into проникать в сущность, понимать
   g. curve амплитудная характеристика
   g. factor коэффициент усиления
   altitude g. набор высоты
   directive g. коэффициент направленного действия
   energy g. приращение энергии
   feedback g. коэффициент обратной связи
   filter g. коэффициент фильтра
   flow g. увеличение расхода; коэффициент усиления по расходу
   frictional heat g. выделенное при трении количество теплоты
   heat g. приток теплоты
   information g. накопление информации
   loop g. приращение в цикле; коэффициент обратной связи
   pressure g. прирост давления; коэффициент прироста давления
   speed g. увеличение скорости, выигрыш в скорости
   vector of g. вектор приращения
gainful дающий выигрыш, выгодный
gainsay противоречить, отрицать
gait ходьба; походка
   biped g. двуногая ходьба
gaiter защитное покрытие
gale 1. взрыв, вспышка; 2. буря, шторм; сильный ветер

gallery галерея; площадка, помост; штольня, штрек, туннель
galling заедание; задирание (поверхности); истирание, фреттинг-коррозия
gallon галлон (мера объема жидких и сыпучих тел: амер. галлон сухой = 4,4048 куб.дм, амер. галлон жидкостный = 3,7854 куб.дм, брит. галлон = 4,5461 куб.дм)
gallop галоп; ‖ галопировать; быстро прогрессировать
galloping галопирование
   aeroelastic g. аэроупругое галопирование
galvanic гальванический
   g. cell гальванический элемент
galvanization гальванизация
galvanometer гальванометр
galvanoplastics гальванопластика
galvanoplasty см. galvanoplastics
game игра; замысел, проект; дело
   g. with inexact information игра с неполной (неточной) информацией
   g. theory теория игр
   constrained g. игра с ограничениями
   differential g. дифференциальная игра
   matrix g. матричная игра
game-theory approach теоретико-игровой подход
gamut гамма, спектр; диапазон, интервал; полнота, глубина
gang 1. комплект, (полный) набор, пакет; бригада, экипаж; ‖ обрабатывать группу деталей (пакет заданий); 2. (механическое) соединение, сопряжение; ‖ соединять, сопрягать
ganging 1. комплектование, объединение (в группу); групповая обработка; 2. механическое соединение, сопряжение, сцепление
gangue пустая порода
gangway сходня, трап, мостки; проход, штрек; расстояние между рядами
gantry 1. помост, платформа; рама, эстакада; портал, портальный кран; балка на двух опорах; 2. радиолокационная антенна
   g. crane портальный кран
   g. pillar качающаяся опора
   transfer g. портальный кран
gap интервал, промежуток, пропуск, разрыв; зазор, люфт; щель; прокладка, прослойка; впадина резьбы; пауза, перерыв
   g. effect влияние зазоров, щелевой эффект
   g. finite element конечный элемент, моделирующий зазор
   g. section профиль (поперечное сечение) зазора
   air g. воздушный зазор, воздушная прослойка
   energy g. перепад энергии; энергетический интервал
   expansion g. компенсационный зазор
   filling of gaps заполнение промежутков
   fitting g. сборочный зазор (в соединении)
   gaseous g. искровой промежуток в газе

joint g. зазор в соединении, сборочный зазор
technical g. нерешенная техническая проблема
time g. пауза, перерыв
garbage ненужные данные (в памяти), "мусор"
　　g. collection чистка памяти, "сборка мусора"
garble искажать (информацию), вносить помехи
garbling искажение (информации)
garment одежда, покров; предмет (деталь) одежды
　　pressure g. гермокостюм, скафандр
garniture гарнитура, принадлежности; отделка, орнамент
gas 1. газ, газообразное тело; ‖ газовый, газообразный; 2. бензин, горючее
　　g. bearing газовый подшипник
　　g. cavity газовый пузырь, газовая раковина
　　g. cell газовый (топливный) элемент; камера (полость, сосуд) с газом
　　g. constant газовая постоянная
　　g. cylinder газовый баллон
　　g. engine газовый двигатель; двигатель внутреннего сгорания
　　g. escaping утечка газа
　　g. flow течение газа; расход газа
　　g. fuel газовое (газообразное) топливо
　　g. jet струя газа
　　g. law уравнение состояния газа
　　g. lubrication газовая смазка
　　g. piping газопровод
　　g. recovery добыча газа
　　g. rock газоносная порода
　　g. separator газоотделитель
　　g. tank газгольдер
　　g. trap газоуловитель
　　g. welding газовая (автогенная) сварка
　　g. well газовая скважина
　　combustion g. газообразные продукты сгорания
　　compressed g. сжатый газ
　　compressible g. сжимаемый газ
　　condensed g. сжиженный газ
　　dense g. плотный газ
　　dilute g. разреженный газ
　　dynamics of gases газовая динамика
　　humid g. влажный газ
　　ideal g. идеальный газ
　　incompressible g. несжимаемый газ
　　liquefied g. сжиженный газ
　　perfect g. идеальный газ
　　pressure g. сжатый газ
　　rarefied g. разреженный газ
　　streaming g. поток газа
　　theory of gases теория газов; газовая динамика
　　working g. рабочий газ

gas-bag газовый баллон; аэростат
gaseous газовый, газообразный
gasholder газохранилище, газгольдер
gashole газовая раковина
gasification газификация, газообразование
gas-jet газовая горелка
gasket прокладка, уплотнение
gas-liquid газожидкостный
　　g. mixture газожидкостная смесь
gas-main газопровод
gasoline бензин
gasometer газомер, газовый счетчик (расходомер), индикатор расхода газа
gasometry газометрия; газовый анализ
gasproof газостойкий; газонепроницаемый, газоплотный
gasser газовая скважина
gassing газообразование, выделение газа; наполнение газом
gassy газообразный; наполненный газом
gas-tank резервуар для газа; бак для горючего, бензобак
gate ворота, проход; затвор, шлюз; задвижка, клапан, вентиль, регулятор; ‖ пропускать, управлять пропусканием, регулировать (поток)
　　to gate off выключать, закрывать
　　to gate on включать, открывать
　　g. chamber камера шлюза
　　g. regulator гидротехнический затвор
gated регулируемый, управляемый; вентильный;
gateway ворота, вход; шлюз; штрек
gather 1. собирать(ся), накапливать(ся); 2. делать вывод, заключение
　　to gather experience накапливать опыт
　　to gather way трогаться (о судне)
gathering 1. собирание, сбор; сборка, комплектование; скопление; ‖ собирающий, накапливающий; 2. переходник (напр., между каналами различного сечения)
　　statistics g. сбор статистики
gating пропускание, управление пропусканием, вентильное действие; селекция, отбор
gauge см. gage
gauged см. gaged
gauging см. gaging
Gauss Гаусс
　　G. curvature гауссова (полная) кривизна
　　G. distribution гауссово (нормальное) распределение (вероятностей)
　　G. nodes узлы (квадратурной формулы) Гаусса
　　G. numerical integration численное интегрирование по Гауссу
　　G. triangularization method метод триангуляции (триангуляризации) Гаусса (для решения систем линейных уравнений)
gauss гаусс, Гс (единица магнитной индукции)
Gaussian гауссов, Гаусса, по Гауссу
　　G. distribution гауссово (нормальное) распределение, кривая распределения Гаусса
　　G. elimination исключение по Гауссу

G. minimal action principle принцип минимального действия Гаусса
G. noise гауссов (нормально распределенный) шум
G. quadrature (численное) интегрирование по Гауссу; квадратурная формула Гаусса
G. system система (единиц) Гаусса, система СГС
Gauss-Codazzi relations соотношения Гаусса-Кодацци
Gauss-Jordan elimination with pivoting исключение по Гауссу-Жордану с выбором главного элемента
Gauss-Legendre quadrature квадратурная формула Гаусса-Лежандра
Gauss-Lobatto integration scheme метод (численного) интегрирования Гаусса-Лобатто
Gauss-Seidel iteration итерация (по методу) Гаусса-Зейделя
gauze сетчатый материал, тонкая (металлическая) сетка
Gay-Lussac law закон Гей-Люссака
g.c.d. (greatest common divisor) наибольший общий делитель
gear 1. (механический) привод, (зубчатая) передача; зубчатое колесо, шестерня; (механическое) зацепление, сцепление; ‖ снабжать приводом; приводить в движение; зацеплять(ся), сцеплять(ся); 2. механизм, устройство, прибор; 3. приспособление; оснастка; такелаж; ‖ приспосабливать; оснащать
   to gear down замедлять, уменьшать число оборотов, переключать на более низкую скорость; выпускать шасси
   to gear into приспосабливать, пригонять
   to gear to ставить в зависимость, связывать с чем-либо
   to gear up ускорять, увеличивать число оборотов, переключать на более высокую скорость
   to get into gear входить в зацепление; включать передачу
   in gear включенный, действующий; находящийся в зацеплении, сцепленный
   out of gear выключенный, недействующий
   g. box коробка передач (скоростей)
   g. pair зубчатая пара
   g. pitch шаг зубчатого колеса
   g. ratio передаточное число (отношение), передаточный коэффициент
   g. set зубчатая передача; набор шестерен
   g. train зубчатая передача
   g. wheel зубчатое колесо, шестерня
bevel g. коническая передача
chain g. цепная передача; цепное колесо, звездочка
control g. механизм управления
differential g. дифференциальная передача, дифференциал
drive g. ведущий механизм, ведущая шестерня
flexible g. гибкая передача
frictional g. фрикционная передача
increase g. повышающая передача; мультипликатор
landing g. шасси, посадочное устройство (летательного аппарата)
launching g. пусковая установка
low g. низкая (низшая, первая) передача
pinion g. шестерня; зубчатая передача
reduction g. понижающая передача, редуктор
supporting g. поддерживающая (опорная) конструкция
gearing 1. (механический) привод, (зубчатая) передача; зубчатое колесо, шестерня; (механическое) зацепление, сцепление; ‖ приводящий (в движение), приводной; зацепляющий, сцепляющий; 2. механизм, устройство, прибор
gel гель
gelatine желатин
gelatinous желатиновый; желеобразный
gelation 1. застывание, загущение; затвердевание, отвердение; 2. замораживание
geminate сдвоенный, спаренный; ‖ сдваивать, спаривать; удваивать
gemination сдваивание; удвоение
genera мн.ч. от **genus**
general 1. общий; общего вида (характера); всеобщий, универсальный; произвольный; широкий, обширный; общего назначения, неспециальный; полный, исчерпывающий; 2. главный, генеральный
   in general вообще, вообще говоря; в общем случае, в большинстве случаев
   in general terms в общих чертах
   g. anisotropy общая (произвольная) анизотропия
   g. approach общий подход (метод)
   g. assumptions предположения общего характера
   g. coordinates произвольная система координат
   g. domain произвольная область
   g. loading нагрузка общего вида, произвольное нагружение
   g. quantities основные параметры (напр., прибора)
   g. shell произвольная оболочка, оболочка произвольной формы
   g. solution общее решение
   g. state общее (произвольное) состояние
   g. surface произвольная поверхность
   g. theory общая теория
general-duty общего назначения, универсальный
generalities общие замечания, общая часть (напр., статьи)
   a few generalities несколько общих замечаний
generality 1. общность, универсальность; применимость ко всему; 2. утверждение общего характера; общее замечание

the generality большинство, большая часть
for generality ради общности
without loss of generality без потери общности
g. quantifier квантор общности
generalization обобщение; распространение, расширение; общее правило
generalize обобщать; расширять (напр., круг понятий), распространять; вводить в употребление
generalized обобщенный; более общий, расширенный, распространенный
   g. coordinate обобщенная координата
   g. displacement vector вектор обобщенных перемещений
   g. eigenvalue problem обобщенная проблема собственных значений
   g. force обобщенная сила
   g. Hooke's law обобщенный закон Гука
   g. quantity обобщенная величина
   g. space обобщенное пространство
generally в общем смысле, вообще; обычно, как правило, в основном; в целом; широко
   generally accepted общепринятый
   generally speaking вообще говоря
   it is generally recognized общепризнано
general-purpose общего (широкого) назначения, универсальный
   g. computer универсальная ЭВМ
   g. program универсальная программа, программа общего назначения
general-utility общего назначения, универсальный
generate производить, создавать, генерировать, порождать, образовывать, формировать; вызывать, возбуждать (напр., колебания)
generated произведенный, созданный; сгенерированный, порожденный, сформированный
   g. data сгенерированные (вычисленные, порожденные) данные
   g. mesh сгенерированная (построенная) сетка
generating генерация, генерирование, порождение, формирование, образование, произведение, создание; || генерирующий, порождающий, формирующий, образующий, производящий
   g. function производящая (порождающая) функция
   g. line образующая (линия)
generation 1. генерация, генерирование, порождение, формирование; образование, создание; (функциональное) преобразование; 2. поколение; род; 3. вариант, версия, модель, модификация
   g. of finite elements формирование конечных элементов, построение разрешающих соотношений для конечных элементов; генерация конечноэлементной сетки
   g. number номер версии (варианта, модели)
   computer g. поколение вычислительных машин

   data g. формирование (генерация) данных; поколение данных
   dislocation g. образование (размножение) дислокаций
   energy g. выработка энергии
   report g. генерирование отчетов (документов), подготовка результатов для печати
   system g. построение системы; генерация операционной системы; поколение системы
   wave g. образование (генерация) волн
generator 1. источник, генератор, формирователь; источник энергии; 2. генерирующая программа; порождающая функция; образующая линия; 3. датчик
   acoustic g. генератор звуковых колебаний
   functional g. генератор функций; функциональный преобразователь
   harmonic g. генератор гармоник (гармонических импульсов)
   pulse g. генератор импульсов
   random number g. генератор случайных чисел
   rectilinear g. прямолинейная образующая
   sine-wave g. генератор синусоидальных колебаний
   triangular g. генератор треугольных импульсов
   vibration g. генератор колебаний, вибратор
   vortex g. возбудитель вихрей, турбулизатор
generatrix (мн.ч. generatrices) образующая линия; производящая функция
   g. of cone образующая конуса
generic 1. родовой; характерный для определенного рода (класса), типичный; 2. общий; 3. обобщенный
   g. description обобщенное описание
   g. point общая точка
generically в общем
   g. exact точный в общем
genericity общность, универсальность; степень общности
generous большой, обильный; интенсивный, густой
genesis происхождение, генезис; возникновение
genetic генетический
gentle мягкий, легкий, слабый; пологий
   g. curve пологая кривая
   g. landing мягкая посадка
   g. notch неострый надрез
genus (мн.ч. genera) вид, род, тип
   g. of surface род поверхности
geo- (как компонент сложных слов) гео-; относящийся к Земле
geodesic 1. геодезический; 2. геодезическая линия, линия кратчайшего пути
geodesy геодезия
geodetic геодезический
   g. curvature геодезическая кривизна
   g. level геодезический уровень, нивелир

g. line геодезическая линия, линия кратчайшего пути
g. network геодезическая сеть
geologic(al) геологический
geology геология
geomagnetical геомагнитный
g. field магнитное поле Земли
geomechanic геомеханический
geomechanics геомеханика
geometric(al) геометрический, относящийся к геометрии (форме, конфигурации)
g. anisotropy геометрическая анизотропия
g. average среднее геометрическое
g. description геометрическое описание
g. locus геометрическое место точек
g. mean среднее геометрическое
g. model геометрическая модель, модель геометрии (объекта)
g. primitive (простейший) геометрический элемент, геометрический примитив
g. progression геометрическая прогрессия
g. representation геометрическое представление, графическое изображение
g. solid геометрическое тело
g. stiffness matrix геометрическая матрица жесткости
geometrically геометрически, в геометрическом смысле; по геометрическим принципам
g. consistent геометрически согласованный
g. linear problem геометрически линейная задача
geometrician геометр
geometry геометрия; (геометрическая) форма, очертания, конфигурация; геометрические данные; геометрические размеры
g. analysis геометрический анализ; расчет геометрических данных; исследование геометрии (объекта)
g. design проектирование формы (конфигурации); геометрическое проектирование
g. of flow геометрия потока
g. of space геометрия пространства; геометрия в пространстве
g. of structure геометрия (конфигурация) конструкции
g. updating перестроение геометрии, корректировка геометрических данных
analytic g. аналитическая геометрия
complex g. сложная геометрия (форма), сложные геометрические свойства
computational g. вычислительная геометрия (численные методы и алгоритмы геометрических расчетов)
descriptive g. начертательная геометрия
differential g. дифференциальная геометрия
Euclidean g. евклидова геометрия
initial g. исходная (начальная) геометрия (форма); исходные геометрические данные
mass g. геометрия масс

nonlinear g. нелинейная геометрия
nozzle g. геометрия сопла
plane g. планиметрия, геометрия на плоскости
projective g. проективная геометрия
Riemannian g. риманова геометрия
similar g. геометрическое подобие
solid g. геометрия в пространстве, стереометрия
surface g. геометрия поверхности; рельеф поверхности
geophysics геофизика
germ зародыш, зачаток; происхождение; начало, истоки
Germain equation уравнение (Софи) Жермен (изгиба пластин)
German 1. немецкий; 2. немецкий язык
germane уместный, подходящий
germinal зародышевый, начальный
germinate порождать, начинать, развивать
germination порождение, развитие, рост
gesso гипс
get получать, доставать, извлекать; доставлять, приносить; устанавливать, определять, вычислять; становиться, делаться
to get abroad распространять(ся); становиться известным
to get acquainted with знакомиться с
to get across переходить; (четко) излагать, высказывать
to get across an idea четко излагать мысль
to get ahead идти вперед, продвигаться
to get aside наклонять(ся), склонять(ся); искривлять(ся), скашиваться
to get at понимать, постигать; достигать, добираться
to get away уходить, отправляться; отходить, отклонять(ся); отрываться (от поверхности), взлетать
to get back возвращаться; возмещать, компенсировать
to get behind поддерживать; внимательно знакомиться
to get the better of воспользоваться чем-либо
to get by проходить, проезжать; сдать экзамен
to get down опускать(ся), сходить; снимать
to get down to work приступать к работе
to get in входить, заходить, проходить; участвовать, принимать участие
to get in touch with касаться, контактировать, вступать в контакт
to get into gear входить в зацепление; включать передачу
to get to know узнавать, знакомиться
to get loose ослабевать, расшатывать(ся), разрыхлять(ся)
to get off отправляться; начинать; снимать; отходить, отклонять(ся); отрываться (от земли), подниматься

to get off the point отклоняться от темы
to get on приближаться (о времени); продолжать(ся)
to get out выходить, вылезать, вынимать, вытаскивать; обходить
to get out of control выходить из управления
to get out of order выходить из строя, ломаться
to get over переходить, преодолевать; проходить (расстояние)
to get rid of избавляться от
to get round обходить (напр., трудность)
to get through проходить через (насквозь), преодолевать; выдерживать экзамен; приниматься за что-либо
to get to достигать; приниматься за что-либо; сталкиваться с
to get under гасить, глушить, подавлять
to get up поднимать(ся), усиливать(ся); подготавливать, осуществлять

get-at-able доступный
get-up устройство, общая структура
g-force перегрузка
ghost кажущееся явление, мнимый (фиктивный) объект; побочное явление; инородное включение
   g. effect кажущееся явление; побочное явление, паразитный эффект
   g. point фиктивная точка (напр., конечно-разностной сетки)
giant 1. огромный, гигантский; 2. гидромонитор
gib 1. клин; (прижимная) планка; 2. направляющая; || направлять, снабжать направляющими
   g. arm стрела (крана), укосина
gibbet стрела крана, укосина; кронштейн
gibbosity выпуклость, горб
gibbous выпуклый
Gibbs potential (термодинамический) потенциал Гиббса
gift подарок; способность, дарование; || дарить; наделять
gig подъемная машина, лебедка
giga- (как компонент сложных слов) гига-; миллиард единиц основной меры (обозначение: Г)
gigabyte (Gbyte) гигабайт, Гбайт
gigahertz (GHz) гигагерц, ГГц
gigantic гигантский, громадный
gimbaled установленный в кардановом подвесе, шарнирно закрепленный
gimbal(s) универсальный (карданов) шарнир, шарнир Гука; карданов подвес
   gyro g. подвес (рамка) гироскопа
gimlet бурав
gin лебедка, ворот; блок, шкив блока
   g. block грузоподъемный блок
gird обруч, кольцо; || опоясывать, окружать кольцом

girder (балочная) ферма; составная (решетчатая) балка; брус, перекладина, распорка; балочное пролетное строение (моста)
   g. beam балочная ферма, решетчатая балка; коробчатая балка
   g. iron строительные металлические профили
   g. pole решетчатая мачта
   g. truss балочная ферма
   arched g. арочная ферма
   box g. коробчатая (пустотелая) балка
   braced g. балочная (ферменная) конструкция со связями жесткости
   bridge g. мостовая ферма, балочное пролетное строение моста
   built-up g. составная балка
   cellular g. пустотелая балка; секционированная балочная конструкция
   continuous g. неразрезная балка (балочная конструкция, ферма)
   cross g. поперечина
   frame g. балочная (решетчатая) конструкция
   lattice g. решетчатая балка (ферма)
   longitudinal g. продольная (балочная) конструкция, прогон, пролет; ригель
   main g. главная балка
   plate g. листовая балка (балочная конструкция); лонжерон
   stiffening g. балка (ферма) жесткости
   tee g. тавровая балка
   trellis g. решетчатая (балочная, ферменная) конструкция
   trough g. балка швеллерного (корытного) профиля
   truss g. ферменная балка
   twin g. сдвоенная балка
   warren g. ферма с треугольной решеткой
   web g. балка со сплошной (высокой) стенкой
girderless безбалочный (напр., о пролете)
girdle 1. кольцо, обойма, пояс; || окружать, опоясывать; 2. (тонкий) пласт
giro автожир
girt 1. обхват, окружность, периметр; обвязка; || окружной, кольцевой; 2. поперечный размер; 3. пояс (фермы); (поперечная) балка, горизонтальная связь; ребро
   g. joint кольцевой шов
   g. rail распорка, ригель
girth см. girt
gist суть, сущность, главное
give 1. давать, отдавать, передавать; предоставлять; задавать, назначать; показывать, демонстрировать, высказывать; давать в результате (действия), равняться; уступать, соглашаться; 2. податливость, упругость, эластичность; усадка; || подаваться, деформироваться, сгибаться, проседать; 3. зазор, люфт
   to give attention to обращать внимание, уделять внимание чему-либо

to give back отдавать, возвращать, компенсировать
to give consideration to рассматривать, учитывать что-либо
to give credit for отдавать должное
to give evidence свидетельствовать, показывать
to give forth объявлять, публиковать
to give impetus to стимулировать что-либо
to give in подаваться, деформироваться; уступать, соглашаться; вписывать, регистрировать
to give it in other words другими словами, иначе говоря
to give off выделять, излучать, испускать
to give out выдавать, выпускать; издавать; выделять; распределять
to give place давать место, уступать
to give rise to вызывать, создавать, обусловливать что-либо
to give support поддерживать, оказывать поддержку; подкреплять, усиливать
to give under уступать, проседать, деформироваться, не выдерживать
to give up отдавать; оставлять, отказываться от чего-либо
to give way to уступать; не выдерживать
given (за)данный, определенный, обусловленный
   given that если; при условии, что; при наличии; зная, имея
   within a given period в течение установленного срока
   g. boundary заданная (определенная) граница
glacial ледниковый; ледовый, ледяной; кристаллизованный
glaciate замораживать; покрываться льдом
glacier ледник, глетчер
glance 1. взгляд; быстрый просмотр; || быстро просматривать; **2.** блеск, сверкание; || блестеть; полировать, шлифовать
   at a glance с первого взгляда, сразу
   with a glance to с учетом чего-либо
gland прокладка, уплотнение
glare блеск, яркий свет; || блестеть
glaring яркий, блестящий; бросающийся в глаза
   g. mistake очевидная (грубая) ошибка
glass стекло; стеклянные предметы; зеркало; смотровое стекло, оптический прибор
   g. fabric стеклоткань
   g. fibre стекловолокно
   g. hardened сильно закаленный
   g. hardness твердость стекла, очень крепкая закалка
   g. pane стекло (напр., на шкале прибора)
   ceramized g. стеклокерамика, ситалл
   eye g. окуляр; смотровое (контрольное) стекло
   fluid g. жидкое стекло, стекломасса
   wired g. армированное (волокнами) стекло

glass-ceramic(s) стеклокерамика, ситалл
glass-ware изделия из стекла
glassy стеклянный, стекловидный; зеркальный
glaze 1. глазурь; глянец; || покрывать глазурью, полировать, лакировать; **2.** слой льда, ледяной покров; **3.** застеклять, остеклять
glazy глянцевитый, блестящий; остекленный
g.l.b. (greatest lower bound) (точная) нижняя грань
gleam вспышка, проблеск, мерцание; отблеск, отражение; || светиться, мерцать; отражать свет
glide скольжение; плавное движение; планирование, планирующий спуск; || скользить; плавно двигаться; планировать
   g. dislocation дислокация скольжения
   g. face поверхность скольжения
glider планер; глиссер
gliding скольжение; планирование; глиссирование; || скользящий; плавно двигающийся; планирующий; глиссирующий
   g. fracture вязкое разрушение
   g. plane плоскость скольжения
   angle of g. угол скольжения (планирования, глиссирования)
glimpse 1. мелькание, проблеск, мерцание; || мелькать, мерцать; **2.** беглый взгляд, просмотр; некоторое представление (о предмете); || просматривать
glissade 1. скольжение, соскальзывание; || скользить, соскальзывать; **2.** глиссада
glitch 1. всплеск, выброс, пик; **2.** неточность, погрешность
g-loading создание перегрузок
global 1. глобальный; мировой, всемирный; всеобщий, всеобъемлющий, универсальный; **2.** общий, единый; рассматриваемый в целом; задаваемый (выполняемый) для всей области
   g. approach общий подход
   g. approximation functions глобальные аппроксимирующие функции
   g. basis глобальный базис
   g. coordinates глобальные координаты, глобальная (общая) система координат
   g. element method метод глобальных элементов
   g. extremum глобальный экстремум
   g. identifier глобальный идентификатор, глобальное имя (в программе)
   g. search глобальный поиск, поиск по всей области
   g. stiffness matrix глобальная (общая) матрица жесткости, матрица жесткости в глобальной системе координат
globe 1. шар, сфера; небесное тело; земной шар; глобус; || шаровидный, сферический; шаровой; **2.** округлый корпус, колпак, купол
   fluid g. жидкий шар
   terrestrial g. глобус
globose шаровидный, сферический
globular шаровидный, сферический

globule шарик, сферическая частица
glossary классификатор; глоссарий, толковый словарь; словарь специальных терминов
glossology терминология
glow накал; свечение; ‖ накалять(ся); светиться
glue клей; связующее (вещество), цемент; ‖ клейкий; клеевой, цементирующий; ‖ клеить, склеивать(ся), связывать, цементировать
gluey клейкий
gluing склеивание; объединение
    g. of subdomains склеивание подобластей
glut 1. клин; опорная призма; **2.** соединительная шпилька
g-meter акселерометр, датчик ускорений, измеритель перегрузки
go 1. идти, ходить, двигаться; находиться в движении (в процессе выполнения), выполнять(ся), работать; проходить, протекать; становиться, делаться; пролегать, простираться, тянуться; вести; **2.** движение; ход, ходьба, проход; выполнение, работа, функционирование; попытка; обстоятельство, положение
    to go about обходить; поворачивать(ся) кругом; циркулировать, иметь хождение
    to go after искать
    to go against противоречить
    to go ahead двигаться вперед, продвигаться, продолжать
    to go along двигаться; продолжать
    to go along with сопровождать
    to go at приниматься за
    to go away уходить, отходить, отклоняться
    to go back возвращать(ся); восходить к (периоду)
    to go back on нарушать; отказываться
    to go behind изучать; пересматривать, рассматривать заново
    to go between находиться между, являться промежуточным звеном
    to go beyond превышать, выходить за рамки
    to go by проходить мимо; проходить (о времени); руководствоваться чем-либо, судить на основании чего-либо
    to go by the name of быть известным под именем
    to go down опускаться, снижаться, уменьшаться; быть приемлемым (одобренным)
    to go down to снижаться до
    to go for стремиться к; идти за, следовать за; быть принятым за
    to go forth быть опубликованным
    to go in входить; участвовать
    to go in for ставить целью, добиваться
    to go in with объединяться, присоединяться; действовать совместно
    to go into входить, вступать; переходить в другое состояние

    to go into details вдаваться в подробности; тщательно рассматривать
    to go into a problem обсуждать вопрос, рассматривать проблему
    to go into service вступать в действие
    to go off уходить, сходить; отделяться; ослабевать, ухудшаться
    to go on продолжать, идти дальше, продолжаться, длиться
    to go on for приближаться к (о времени)
    to go on to переходить к чему-либо
    to go out выходить; заканчиваться, исчерпываться; гаснуть; терпеть неудачу
    to go over **1.** переходить (на другую сторону); переходить (в другое состояние), превращаться; опрокидываться; **2.** превосходить; **3.** повторять; **4.** подробно изучать
    to go round вращать(ся); оборачивать(ся), циклически повторять(ся); обходить (кругом)
    to go through подробно изучать, исследовать, искать; испытывать, подвергать(ся); проделывать; быть принятым (напр., о проекте)
    to go through with доводить до конца
    to go to trouble брать на себя труд
    to go together соответствовать, сочетаться
    to go under не выдерживать (напр., испытаний); опускать(ся) ниже некоторого уровня, погружать(ся), тонуть; исчезать
    to go up подниматься, повышаться, расти
    to go up to подниматься (возрастать) до
    to go with подходить, соответствовать, согласовываться; сопровождать
    to go without обходиться без
    to be on the go двигаться, находиться в движении (в процессе выполнения), работать
    as far as it goes что касается этого
    it goes without saying само собой разумеется, не требует доказательства
goaf 1. выработанное пространство (напр., в шахте); **2.** завал
go-ahead движение вперед; прогресс
goal цель; задача; назначение; целевое положение; ‖ целевой
    g. function целевая функция
gob 1. пустая порода; **2.** выработанное пространство
go-between связующее (промежуточное) звено, связь
go-by обгон; обход
goffer гофрировка; ‖ гофрировать
going ходьба, ход, движение; работа, выполнение, функционирование; ‖ идущий, двигающийся; выполняющийся, происходящий; работающий; действительный, существующий
    to be going to do собираться сделать что-либо
    g. fact действительное явление, установленный факт

golden золотой
   g. section золотое сечение
gondola гондола, корзина (напр., аэростата)
good 1. хороший; годный, исправный; надежный; полезный, целесообразный; 2. добро, благо; польза
   to be good быть действительным, иметь силу
   to be good for годиться для; распространяться на
   to do good приносить пользу
   to have good reason to believe иметь все основания считать
   to hold good иметь силу, действовать, быть (считаться) справедливым, распространяться на
   a good deal значительное количество, много
   as good as все равно, что; почти
   g. sense здравый смысл
   g. time полезное время
goodness хорошее качество, ценное свойство; добротность
goods 1. товар, товары; изделия; 2. материалы; 3. груз
go-off начало, старт; уход, отход
goop вязкая масса; мастика
gooseneck деталь S-образной формы
gore клин
gorge 1. горловина, узкое место; затор, пробка; 2. выкружка, канавка, поясок
Gothic 1. готический; 2. готический шрифт
GOTO (go to) переход, передача управления (оператор в языках программирования)
   conditional G. переход по условию, оператор условного перехода
gouge канавка, выемка; || выдалбливать, выдавливать
gouging выдалбливание; выдавливание
govern управлять, регулировать; влиять, направлять, определять
governing управление, регулирование; || управляющий, регулирующий; главный, определяющий
   g. equations основные (разрешающие) уравнения
   g. parameter управляющий параметр
governor 1. регулятор, стабилизатор; 2. управляющий параметр
   centrifugal г. центробежный регулятор
   inertia g. инерционный регулятор
   pressure g. регулятор давления
grab 1. захват; схват; сцепное устройство; || захватывать, схватывать; заедать; 2. экскаватор, ковш экскаватора
gradate 1. постепенно переходить; располагать(ся) в порядке (напр., в порядке возрастания); 2. градуировать, размечать (шкалу)
gradation 1. постепенность, постепенный переход, 2. градация; 3. сортировка; 4. гранулометрический состав

gradations (мн.ч. от gradation); переходные степени, оттенки
grade 1. этап, стадия; постепенное изменение, плавный переход; || постепенно изменяться, плавно переходить; 2. порядок, степень; ранг; уровень; качество, класс, разряд, сорт; отметка, оценка; || располагать по порядку (классам, степеням); сортировать, классифицировать; 3. подъем, наклон, угол наклона; падение, уклон; градиент; 4. градус; || градуировать, размечать шкалу
   to grade to size сортировать по размерам
   to bring to grade приводить к уровню; выравнивать, профилировать (поверхность)
   g. grid делительная (градусная) сетка
   g. of instrument класс прибора
   g. line кривая уклона; продольный профиль (напр., дороги)
   accuracy g. степень точности; класс точности
   ascending g. подъем, угол подъема
   earthquake g. сила (интенсивность) землетрясения
   easy g. малый наклон (подъем, уклон), пологий профиль
   high g. быстрый (крутой) подъем
   matrix g. ранг матрицы
   negative g. отрицательный наклон, уклон, спуск
   positive g. положительный наклон, подъем
   steel g. сорт (марка) стали
graded 1. плавный, постепенный; 2. расположенный в определенном порядке; градуированный; ступенчатый; 3. качественный, кондиционный
   g. junction плавный переход
   g. scale градуированная шкала
gradient 1. градиент; || градиентный; 2. наклон; подъем; падение, уклон
   g. current градиентное течение
   g. direction направление градиента
   g. of a function градиент функции
   g. method градиентный метод
   g. optimization градиентная оптимизация, оптимизация градиентным методом
   g. projection method метод проекции градиента
   g. vector вектор-градиент
   angle of g. угол градиента; угол подъема (падения)
   conjugate g. method (CG method) метод сопряженных градиентов
   density g. градиент плотности
   field g. градиент поля
   low g. малый градиент; пологий подъем (уклон)
   potential g. градиент потенциала
   pressure g. градиент давления
   reverse g. обратный градиент; обратный (отрицательный) наклон, падение
   temperature g. температурный градиент
   useful g. полезный градиент
   velocity g. градиент скорости

grading 1. постепенное изменение, плавный переход; 2. градация; сортировка, упорядочение, подбор; классификация; оценивание; 3. градуировка, построение шкалы; 4. выравнивание, сглаживание; профилирование
gradual постепенный, последовательный; плавный
gradually постепенно, последовательно
   g. **applied load** постепенное нагружение
graduate 1. постепенно изменять(ся), переходить; 2. располагать по порядку; сортировать, подбирать; калибровать, сортировать; 3. градуировать (шкалу), наносить деления; 4. выравнивать, сглаживать; профилировать; 5. испарять(ся); 6. окончивший учебное заведение, выпускник; имеющий ученую степень
   to graduate from заканчивать учебное заведение
   g. **school** аспирантура
   g. **student** аспирант
   post g. **course** аспирантура
graduation 1. упорядочение, сортировка, подбор; градация, классификация; 2. градуировка, нанесение делений (на шкалу); деление, делящая линия, отметка; шкала; 3. выравнивание, сглаживание; 4. испарение; 5. окончание учебного заведения; получение (присуждение) ученой степени
   g. **line** отметка, деление шкалы
   g. **tower** градирня
   dial g. деление (круговой) шкалы
   linear g. линейная градуировка
   time g. отметка времени
grain 1. зерно; гранула, крупинка; кристалл; ‖ гранулировать, кристаллизоваться; раздроблять, дробить(ся); 2. волокно, фибра; 3. зернистость; шероховатость; 4. строение, структура, текстура; 5. природа, характер, сущность; 6. шашка, заряд (ракетного топлива)
   across grain поперек волокон
   parallel to grain вдоль волокон
   g. **boundary cavity** межзеренная пора
   g. **size** размер зерна
   cloth g. текстура ткани
   coarse g. крупная зернистость
   wood g. текстура древесины
grained зернистый, гранулированный
graininess зернистость; зернистое строение
grainy зернистый, гранулированный; негладкий, шероховатый
Gram determinant определитель Грама, грамиан
Gram-Schmidt orthogonalization ортогонализация по Граму-Шмидту
grammar 1. грамматика; 2. основы (элементы) науки
gram(me) грамм
grand 1. большой; важный, главный; 2. итоговый, общий, суммирующий
   g. **mean** общее среднее
   g. **total** общая сумма, итог

grant 1. разрешение, согласие; ‖ разрешать, давать согласие; допускать, принимать; 2. дотация, стипендия, грант; ‖ давать субсидию; предоставлять
granted 1. разрешенный; допущенный, принятый; 2. предоставленный; 3. при условии, что; допустим, что; если
   to take for granted принимать без доказательства, считать доказанным
   granted the fact that при условии, что
granular зернистый, гранулированный; сыпучий
   g. **fracture** зернистый излом
   g. **media** сыпучая среда
granularity 1. зернистость; 2. неоднородность, неравномерность; 3. степень детализации
granulate дробить(ся), измельчать(ся); гранулировать(ся)
granulation дробление, измельчение; зернение, грануляция
   fine g. мелкозернистость
granule зерно, гранула
graph 1. график, кривая, диаграмма; номограмма; ‖ строить график, вычерчивать кривую; изображать графически; 2. граф
   g. **of behaviour** график поведения (изменения), кривая решения
   g. **edge** ребро графа
   g. **of function** график функции
   g. **nodes** узлы (вершины) графа
   g. **ordering** упорядочение (вершин) графа
   g. **paper** диаграммная (миллиметровая) бумага
   g. **path** путь в графе
   g. **of solution** график решения
   g. **theory** теория графов
   bar g. гистограмма, столбчатая диаграмма
   circular g. круговая (секторная) диаграмма
   connected g. связный граф
   cyclic g. циклический граф
   directed g. ориентированный граф, орграф
   disconnected g. несвязный граф
   flat g. плоский (планарный) граф
   infinite g. бесконечный граф
   kinematical g. граф кинематической цепи; кинематический график
   labelled g. помеченный граф
   nodal g. узловой граф, граф сетки узлов
   ordered g. упорядоченный граф
   planar g. плоский (планарный) граф
   state g. граф состояния (состояний)
   tree g. древовидный граф, дерево
   two-dimensional g. двумерный граф
grapher регистрирующий прибор, самописец
graphic графический символ; изображение; график, кривая; ‖ см. **graphical**
graphical графический, изобразительный; иллюстративный, наглядный

g. example графический пример; наглядный пример
   g. model графическая (изобразительная) модель, изображение, наглядное представление
   g. primitive графический примитив, элемент изображения
   g. solution графическое решение, решение графическим методом
   g. tablet графический планшет, устройство (цифрового) ввода изображений, дигитайзер
graphically графически; наглядно
graphics 1. графика; изображения, иллюстрации; 2. графические средства (устройства); 3. обработка изображений
   g. package пакет машинной графики, пакет графических программ
   g. pad графический планшет, дигитайзер
   computer c. машинная графика; средства (устройства) машинной графики
   interactive g. интерактивная графика; средства (устройства) графического взаимодействия
   raster g. растровая графика
   three-dimensional g. трехмерная графика
graphing вычерчивание графиков (диаграмм)
graphite графит
grapnel захват, крюк
grapple захват, крюк; || захватывать, зацеплять; сцеплять; укреплять связями
Grashof number число Грасгофа
grasp 1. зажим, захват; схватывание, сцепление, зацепление; || зажимать, захватывать; 2. рукоятка; 3. способность воспринимать, понимание; || понимать, охватывать
   within the grasp of в пределах досягаемости; в пределах возможностей
grate 1. решетка, сетка; 2. грохот, сито; || просеивать, сортировать; 3. тереть; растирать
grateful благодарный, признательный
gratefulness благодарность, признательность
grater рашпиль, терка
graticule координатная (масштабная) сетка; перекрестье нитей (в оптическом приборе); || наносить (масштабную) сетку
grating 1. решетка, сетка; дифракционная решетка; 2. грохот, сито; просеивание, сортировка; 3. каркас, обрешетка; 4. (сетчатое) ограждение
   diffraction g. дифракционная решетка
   reference g. эталонная дифракционная решетка
gravel гравий
gravimetric(al) гравиметрический, весовой
   g. unit единица веса
gravimetry гравиметрия
gravitate тяготеть, стремиться; притягиваться; подвергаться воздействию силы тяготения; перемещаться под действием силы тяжести, двигаться самотеком; падать, оседать

   to gravitate to the bottom падать, оседать на дно
   to gravitate towards притягиваться к; стремиться к
gravitation тяготение; гравитация, притяжение; сила притяжения, сила тяжести
   g. constant гравитационная постоянная
   g. feed подача самотеком
   law of g. закон всемирного тяготения Ньютона
   potential of g. гравитационный потенциал
   universal g. всемирное тяготение
gravitational гравитационный
   g. acceleration гравитационное ускорение, ускорение силы тяжести
   g. constant гравитационная постоянная
   g. force сила тяжести, сила тяготения
   g. units единицы системы с основными величинами: сила, длина, время
gravity 1. тяготение; сила тяжести; вес; ускорение силы тяжести; || гравитационный; || двигаться под действием силы тяжести, течь самотеком; 2. плотность; напряженность; 3. важность, серьезность
   by gravity под действием силы тяжести, самотеком
   g. dam гравитационная (массивная) плотина
   g. effect влияние веса (силы тяжести); эффект весомости
   g. field гравитационное поле, поле тяготения
   g. force сила притяжения, сила тяжести
   g. head гидростатический напор
   g. load нагрузка от собственного веса
   g. pendulum гравиметрический маятник
   g. unit единица ускорения свободного падения
   g. wall подпорная стенка
   g. wave гравитационная волна
   acceleration due to g. ускорение силы тяжести
   API g. плотность (нефтепродуктов) в градусах Американского нефтяного института
   apparent g. кажущийся вес; перегрузка
   artificial g. искусственное тяготение; искусственный вес
   Beaume g. плотность (жидкостей) в градусах Боме
   centre of g. центр тяжести
   Earth's g. земное тяготение; сила тяжести
   specific g. плотность, удельный вес
   terrestrial g. земное тяготение; сила тяжести
   zero g. невесомость
gray 1. яркость; 2. серый; 3. серый цвет
   g. scale 1. шкала яркости; 2. шкала градаций серого
graze касание, задевание; царапание; || касаться, задевать; царапать
grease густая (консистентная) смазка; || смазывать

great великий; большой, важный, значительный; интенсивный, сильный; длительный, продолжительный
  great many много, большое количество
  to a great extent в значительной степени
greatest наибольший; наиболее значительный
  g. common divisor (g.c.d.) наибольший общий делитель
  g. lower bound (g.l.b.) точная нижняя грань
greatly значительно, весьма, очень
Greek 1. греческий; 2. греческий язык
green 1. зеленый; 2. зеленый цвет; 3. сырой, необработанный; мягкий, незакаленный (о металле)
Green Грин
  G. deformation tensor тензор деформаций Грина
  G. function функция Грина, функция источника, функция влияния
grey 1. серый; 2. серый цвет;
grid решетка, сетка, сеть; координатная сетка; ‖ наносить сетку
  g. cell ячейка сетки
  g. expansion разложение (распространение) по сетке
  g. generation генерация (построение) сетки
  g. resolution разрешающая способность сетки
  g. size шаг сетки
  g. structure конфигурация сетки; сетчатая конструкция (структура)
  adaptive g. адаптивная сетка
  analysis g. расчетная сетка
  coarse g. грубая (крупная, редкая) сетка
  coordinate g. координатная сетка
  degenerating g. вырождающаяся сетка
  fine g. мелкая (густая) сетка
  finite element g. конечноэлементная сетка, сетка конечных элементов
  grade g. делительная (градусная) сетка
  log-log g. двойная логарифмическая сетка, двойная логарифмическая система координат
  nested g. вложенная сетка
  plane g. плоская сетка; сетка на плоскости; плоская стержневая система
  rectangular g. прямоугольная сетка
  reference g. координатная сетка, отсчетная сетка
  spatial g. пространственная (координатная) сетка; пространственная стержневая конструкция, каркас
  surface g. сетка на поверхности
gridiron 1. решетка, сетка, сеть (напр., трубопроводов); 2. комплект запасных частей
Griffith Гриффитс
  G. crack трещина Гриффитса (модель трещины в виде выреза эллиптического сечения)
  G. fracture stress разрушающее напряжение Гриффитса

grill(e) 1. решетка, сетка; 2. (решетчатое) ограждение
  foundation g. ростверк
grillage решетка, каркас, обрешетка; ростверк
grilled решетчатый, сетчатый; оребренный, ребристый
grillwork решетка, решетчатая конструкция
grind 1. измельчение; ‖ измельчать, размалывать, растирать; 2. доводка, заточка, шлифовка; ‖ точить, доводить, шлифовать
grip(e) 1. захват, схват, зажим; закрепление, защемление; ‖ захватывать, зажимать, закреплять; 2. ручка, рукоятка
  g. conditions условия закрепления (фиксации)
grit 1. твердая частица; песчинка; 2. абразивный материал, абразив; абразивная пыль; 3. металлические опилки; 4. песок, гравий; 5. степень зернистости, шероховатости
grommet прокладка, шайба
groove 1. канавка, паз; выточка, шейка; надрез; ‖ делать канавки, пазы; 2. шахта, рудник
grope искать, нащупывать
gross 1. большой, объемный, крупный; суммарный, полный; 2. грубый, явный; 3. масса; большое количество; общий вес, брутто
  g. effect суммарное (воз)действие, суммарный эффект; полная (действительная) мощность
  g. error грубая ошибка
  g. failure полное разрушение
  g. index старший (первый) индекс
  g. tractive power суммарное тяговое усилие
  g. weight общий (полный) вес, вес брутто
ground 1. земля, почва, грунт; заземление, "масса" (в электрической цепи); ‖ грунтовый, земляной; наземный; ‖ заземлять; 2. основание (сооружения), фундамент, подошва; дно (водоема); подложка, грунтовка; ‖ закладывать основание (фундамент); грунтовать; 3. площадка, участок; 4. основание, основа, причина; обоснование; ‖ основывать, обосновывать; 5. фон, фоновое явление или процесс; 6. измельченный, размолотый; 7. шлифованный; матовый
  to take the ground приземляться
  on the ground по причине, на основании
  g. control наземное управление, управление с земли
  g. clearance дорожный просвет, клиренс
  g. elevation отметка высоты
  g. range горизонтальная дальность (полета)
  g. speed скорость (самолета) относительно земли
  g. test наземные испытания
  g. water грунтовые воды
  g. wave земная (сейсмическая) волна

g. work основание, фундамент; железнодорожное полотно
banked g. насыпной грунт, насыпь
compact g. плотный грунт
frozen g. мерзлый грунт
hover g. рыхлый грунт
loose g. рыхлый грунт
made-up g. насыпной грунт
moist g. водонасыщенный грунт
natural g. материк, прочный грунт
reinforced g. армированный грунт
sandy g. песчаный грунт
soft g. слабый грунт
solid g. плотный грунт
ground-based наземный
groundless необоснованный, неосновательный, беспричинный
groundwater грунтовые (подпочвенные) воды
g. table уровень подземных вод
group группа; совокупность; блок, куст, пучок; || группировать(ся); объединять(ся); классифицировать; приводить подобные члены
g. averaging усреднение по группе
g. method метод групп, (теоретико-)групповой метод
g. theory теория групп
pile g. куст свай
pulse g. серия импульсов
rotation g. группа вращений
symmetry g. группа симметрии
transformation g. группа преобразований
grouped сгруппированный, объединенный; составной
grouping группирование, группировка, объединение
parenthetic g. группировка и заключение в скобки
groupment группировка
grout цементный раствор; || цементировать
grow расти, увеличиваться, усиливаться, развиваться
to grow down уменьшаться, укорачиваться
to grow in врастать
to grow out перерастать, переходить (за)
to grow together срастаться, сливаться
to grow weak ослабевать
growing рост, увеличение, усиление, развитие; || растущий, возрастающий, развивающийся; способствующий развитию
wave g. нарастание волны
growth рост, увеличение, усиление, развитие; прирост
g. of boundary-layer нарастание пограничного слоя
g. of function рост функции
g. rate скорость увеличения, норма роста
crack g. рост (распространение) трещины
drop g. рост (подрастание) капли
exponential g. экспоненциальный рост
reliability g. повышение надежности
g-scale шкала перегрузок (приведенная к величине ускорения свободного падения)

g-sensing измерение ускорений (перегрузок)
g-tolerance предел допустимых ускорений (перегрузок)
guarantee гарантия; обеспечение; || гарантировать; обеспечивать
g. load безопасная нагрузка
guard защита; ограждение, защитное (предохранительное) устройство; ограничитель (напр., хода); || охранять, защищать, ограждать
gudgeon ось, цапфа; болт
guess догадка, предположение; приближение, оценка; || догадываться, предполагать; приблизительно определять, оценивать
crude g. грубая оценка
initial g. начальное приближение
guessing угадывание; оценивание
guidance 1. руководство, управление; направление, наведение; система управления; 2. (техническая) инструкция, правила
under the guidance под управлением (руководством)
celestial g. астронавигация
coast g. управление (ракетой) на пассивном участке траектории
inertial g. инерциальное управление (наведение)
range g. наведение по дальности
remote g. дистанционное управление
roll g. управление по крену
guide 1. управление; направление, наведение; направляющее устройство, направляющая (напр., линия, деталь); ориентир; || управлять; направлять, наводить, вести; 2. руководитель; руководящий принцип; || руководить; 3. проводник, волновод; || проводить, пропускать; 4. учебное пособие, руководство; инструкция
as a rough guide примерно, приблизительно
g. face плоскость (грань) направляющей; поверхность скольжения
g. line направляющая (линия)
g. mark контрольная отметка
g. screw направляющий (ходовой) винт
light g. световод
user g. руководство пользователя
guided управляемый, направляемый
g. missile управляемая ракета
guideline 1. руководящий принцип; 2. инструкция, нормативный документ; 3. тенденция
guides направляющие, аппарели
guiding 1. управление; направление, наведение; 2. руководство; 3. проведение, пропускание
g. force направляющая (следящая) сила
gum смола, клейкое вещество; резина, резиновое изделие
g. elastic резина, каучук
gummy смолистый, клейкий

gun 1. орудие, пушка; ружье; огнестрельное оружие; горелка, форсунка; шприц; электронная пушка; **2.** сейсмический источник
    gas g. газовая пушка
    hydraulic g. гидромонитор
    light g. световое перо, световой карандаш
g-unit единица ускорения свободного падения
gunnery артиллерийское дело
gunning 1. стрельба; **2.** струйное перемешивание
gunny грубая ткань, мешковина
gunshot ружейный выстрел; дальность выстрела
Gurtin variational principle вариационный принцип Гуртина (в линейной динамической теории вязкоупругости)
gush сильный поток, излияние; || изливаться, фонтанировать
gusher фонтанирующая скважина, (нефтяной) фонтан
gusset косынка, угольник
    g. reinforcement подкрепление косынкой
gust порыв ветра, шквал
    g. load ветровая нагрузка
gusty порывистый (о ветре); турбулентный
gut узкий проход (пролив, канал)
gutter 1. желоб; выемка, паз; || проделывать желоб; **2.** стекать
guy ванта, растяжка, расчалка; || укреплять растяжками, расчаливать
    g. shell висячая оболочка, оболочка покрытия
    stay g. ванта, расчалка (мачты, стойки)
Guyan-Irons reduction method метод редукции Гайана-Айронса (метод статической конденсации)
guyed расчаленный
    g. tower мачта (опора) с расчалками
guying крепление вантами
gypsum гипс
gyrate 1. вращаться, двигаться по окружности (по спирали); циркулировать; **2.** свернутый спиралью
gyrating вращение; || вращающийся, вращательный
    g. mass вращающаяся масса
gyration вращение, круговое движение; циркуляция
    g. about a point вращательное движение вокруг точки
    g. vector вектор вращений
    centre of g. центр вращения
    ellipsoid of g. эллипсоид вращения
    radius of g. радиус вращения (центра тяжести), радиус инерции
gyratory вращательный
gyre (круго)вращение, вихрь; круг, кольцо; спираль
gyro- (как компонент сложных слов) гиро-; гироскопический
gyrocompass гирокомпас

gyropilot автопилот
gyroplane автожир
gyroscope гироскоп; гирокомпас, гиродатчик
    azimuth g. курсовой гироскоп
    balanced g. уравновешенный гироскоп
    directional g. гирокомпас
    free g. свободный гироскоп
    master g. управляющий гироскоп
    restrained g. гироскоп с ограниченными степенями свободы
    vertical g. гировертикаль
gyroscopic гироскопический
    g. action гироскопический эффект
    g. couple гироскопический момент
gyrostat гиростат

H

habilitate оснащать, снабжать оборудованием
habit особенность, свойство, характерная черта; характер; направленность, тенденция
habitat место распространения, естественная среда
hachure штрих, штриховка; || штриховать
hack надрез, насечка; зарубка; || надрезать; рубить, разрубать; обтесывать
hackly грубый (о поверхности), шероховатый; зазубренный
Hadamar stability устойчивость по Адамару
hade отклонение от вертикали, угол падения; || отклоняться от вертикали, составлять угол с вертикалью
haft рукоятка, ручка
hag надрез, насечка; зарубка
hail град
hair волос(ок); ворс; тонкая нить; тонкая линия
    h. crack тонкая (волосная) трещина, волосовина
    cross hairs перекрестье нитей (напр., в оптическом приборе)
hairline тонкая, волосная линия; визирная линия, визир; риска; || тонкий, волосной
half 1. половина; часть; || половинный; неполный, частичный; || наполовину; в значительной степени, почти; **2.** семестр
    half as much в два раза меньше
    half as much again в полтора раза больше
    in half пополам
    one and a half полтора
half- (как компонент сложных слов) полу-; составляющий половину, неполный, частичный
half-and-half смесь из двух равных частей; || смешанный в равных количествах; || пополам
half-angle угол полураствора
half-axis полуось
half-cycle полупериод
half-face профиль, вид сбоку
half-hard средней твердости

half-plane полуплоскость
half-round полукруг; ‖ полукруглый
half-size в половину натуральной величины
half-space полупространство
    elastic h. упругое полупространство
half-turn полуоборот
half-wave полуволна; половина длины волны
half-way половинный; частичный, компромиссный; ‖ наполовину; частично; на пол-оборота, на 180 градусов
half-width полуширина
halo ореол, нимб
halt 1. останов(ка); ‖ останавливаться; 2. колебаться
halve делить пополам, делить на два; уменьшать (сокращать) наполовину
halving 1. деление пополам, деление на два; 2. соединение, сращивание; замок, соединение взамок
Hamilton Гамильтон
    H. action integral интеграл действия по Гамильтону
    H. functional функционал Гамильтона, гамильтониан
    H. principle принцип Гамильтона
Hamiltonian 1. Гамильтона, гамильтонов; 2. гамильтониан, функция (функционал) Гамильтона
    H. circuit гамильтонов контур (в теории графов)
hammer молот, молоток; баба (молота), ударник, удар; ‖ ударять, бить, вбивать; ковать, обрабатывать молотом
    h. hardened наклепанный, нагартованный
    hydraulic h. гидравлический молот; гидравлический удар
hamper мешать, препятствовать
hand рука; ручка, рукоятка; захват, схват, указатель, стрелка (напр., прибора); направление, сторона, положение; подъем (напр., винтовой линии); ‖ ручной, с ручным приводом, сделанный вручную
    to hand out выдавать, раздавать
    to hand over передавать; переходить
    at hand рассматриваемый; имеющийся под рукой
    by hand вручную
    off hand без подготовки, сразу
    on hand имеющийся, располагаемый; рассматриваемый
    on all hands со всех сторон
    on the other hand с другой стороны
    h. control ручное управление
    h. drive ручной привод
    h. of rotation направление вращения
handbook справочник, руководство; указатель
handicap затруднение; помеха, препятствие; ‖ затруднять, препятствовать
handle ручка, рукоятка; рычаг управления; ‖ управлять, оперировать, манипулировать; перемещать, передвигать (что-либо); обращаться с чем-либо; работать с чем-либо, обрабатывать
    to handle data обрабатывать данные
    to handle the problem решать задачу
handler рукоятка, рычаг управления; устройство (средство) управления; манипулятор
handling управление, манипулирование; обращение, обслуживание; обработка
    h. abilities 1. технологические свойства; 2. характеристики управляемости
    h. radius радиус обслуживания; вылет стрелы крана
    data h. обработка данных
handlist алфавитный список
hand-operated управляемый вручную
handout тезисы (доклада, лекции), выдаваемые слушателям
handover переход, переключение; передача (управления)
hand-pick тщательно выбирать, подбирать
hand-picked выбранный, подобранный, отсортированный
handwheel штурвал; маховик
handy удобный, легко управляемый; имеющийся под рукой; портативный
hang 1. подвеска, навеска; прикрепление; ‖ подвешивать, навешивать; прикреплять; 2. вид, тип, особенности; смысл, значение; 3. склон, наклон, скат
    to hang behind отставать
    to hang down свисать
    to hang on удерживать(ся)
    to hang over нависать
    to hang together быть связным, логичным; соответствовать
    to hang upon опираться, полагаться на что-либо
hangar ангар; навес
hanger подвеска, навеска; кронштейн, крюк; проушина
hanging навешивание, подвешивание; ‖ навесной, висячий
    h. bridge висячий мост
    h. test испытание (на разрыв) подвешиванием груза
hang-glider дельтоплан
hanging подвешивание, навешивание; ‖ подвесной, висячий
hangup зависание (программы)
hank бухта (напр., троса), моток; ‖ сматывать
haphazard случай, случайность; ‖ случайный; несистематический; бессистемный
    at haphazard случайно
happen случаться, происходить; оказываться
    there happened to be some reason for оказалось, что имеются причины для
happenstance случайное явление, случайность
happily к счастью, по счастливому стечению обстоятельств; удачно, успешно
harbour гавань, порт
hard твердый, жесткий; трудный, тяжелый; строгий, строго определенный; устойчивый,

постоянный; контрастный; || твердо, жестко; тяжело, с трудом; строго; близко, вплотную
   h. copy твердая (печатная, документальная) копия
   h. disk жесткий (магнитный) диск
   h. lubrication консистентная (твердая) смазка
   h. surfacing поверхностная закалка, цементация
harden 1. твердеть, отверждать(ся); застывать; 2. упрочнять(ся), закаливать(ся), цементировать(ся)
hardened 1. отвержденный; застывший; 2. упрочненный, закаленный, цементированный
   h. face закаленная (упрочненная) поверхность
hardening 1. затвердевание, отверждение; || затвердевающий, отверждающийся; 2. упрочнение, закаливание, закалка, цементация; || упрочняющий(ся), закаливающий(ся), цементирующий(ся); закалочный
   h. agent отвердитель; закалочное средство
   h. of concrete затвердевание бетона
   h. crack закалочная трещина
   h. exponent показатель (коэффициент) упрочнения
   h. failure разрушение при закаливании; закалочный порок, закалочная трещина
   h. material упрочняющийся материал
   h. parameter параметр упрочнения
   h. response характеристика упрочнения (материала)
   age h. упрочнение при старении; дисперсионное твердение
   air h. воздушная закалка; твердение на воздухе
   case h. упрочнение, (поверхностная) закалка, цементация
   cold(work) h. наклеп, нагартовка
   compressive h. упрочение при сжатии
   face h. поверхностная закалка, цементация
   flame h. пламенная закалка
   flow h. упрочнение при пластической деформации; текучесть с упрочнением
   fracture h. упрочнение при разрушении (за счет возникновения внутренних микроповреждений)
   heat h. термическая закалка, термическое упрочнение
   isotropic h. изотропное упрочнение
   kinematic h. кинематическое упрочнение
   linear h. линейное упрочнение
   local h. местное упрочнение; местная закалка
   mechanical h. механическое (деформационное) упрочнение, наклеп, нагартовка
   negative h. отпуск, отжиг (металла)
   pack h. поверхностная закалка, цементация
   piecewise-linear h. кусочно-линейное упрочнение
   power-law h. степенное упрочнение

   rate of h. коэффициент (показатель) упрочнения; скорость затвердевания
   secondary h. приобретение вторичной твердости (при отпуске)
   strain h. деформационное упрочнение; наклеп, нагартовка
   surface h. поверхностное упрочнение, поверхностная закалка, цементация
   tensile h. упрочнение при растяжении
   time h. временное упрочнение
   translational h. трансляционное упрочнение
   work h. энергетическое (деформационное, механическое) упрочнение, наклеп
hardly едва; едва ли, вряд ли; с трудом; почти не
   hardly any почти ничего
   hardly ever почти никогда, редко
hardness твердость; жесткость, прочность, стойкость; степень (индекс, показатель, число) твердости
   h. number число (показатель) твердости
   h. scale шкала твердости
   h. test испытание на твердость, определение твердости
   h. tester прибор для определения твердости, твердомер, склероскоп
   abrasive h. твердость, определенная царапанием, склерометрическая твердость; активная (режущая) твердость абразивного материала; стойкость к истиранию
   ball h. твердость (число твердости), определенное вдавливанием шарика, твердость по Бринелю
   Barcol h. твердость по Барколу (полимерных материалов)
   Brinell h. твердость по Бринелю (определяемая вдавливанием шарика)
   D.P.V. h. (diamond pyramid Vickers h.) твердость по Виккерсу
   dynamic h. динамическая твердость
   dynamic ball indentation h. твердость, определяемая с помощью падающего шарика
   impact h. ударная вязкость
   indentation h. твердость на вдавливание, инденторная (индентометрическая) твердость
   Martens h. твердость по Мартенсу (определяемая царапанием)
   natural h. первичная твердость
   passive h. износостойкость, сопротивление износу
   pendulum h. маятниковая твердость
   penetration h. твердость на вдавливание, инденторная (индентометрическая) твердость
   pressure h. твердость на вдавливание
   quench h. закалочная твердость
   rebound h. твердость по склероскопу, твердость по Шору; упругая твердость
   red h. красностойкость, сохранение твердости при высокой температуре

Rockwell h. твердость по Роквеллу (определяемая вдавливанием конического наконечника)
scratch h. твердость, определяемая царапанием (твердость по Мартенсу)
Shore h. твердость по Шору, твердость по склероскопу
static h. статическая твердость
strain h. твердость, создаваемая холодной обработкой (наклепом)
Vickers h. твердость по Виккерсу (определяемая вдавливанием алмазной пирамиды)
wear h. износостойкость, сопротивление износу, пассивная твердость

hardness-depth curve кривая "твердость-глубина", кривая изменения твердости образца от поверхности внутрь
hardometer прибор для определения твердости, твердомер, склероскоп
hardpoint силовой узел; узел наружной подвески (летательного аппарата)
hard-surface с поверхностным упрочнением, цементированный
hard-tempered закаленный
hardware 1. технические средства; аппаратура, оборудование; аппаратные средства ЭВМ; 2. металлические изделия; крепежные изделия, метизы

by hardware на основе оборудования, с использованием аппаратуры; аппаратным методом
h. support аппаратное обеспечение; аппаратная поддержка (реализация)
fastening h. соединительная арматура
high-lift h. устройство для увеличения подъемной силы
prototype h. опытный образец (изделия)

hard-wearing износостойкий
hardware-compatible аппаратно-совместимый
hardy выносливый, стойкий; закаленный
harmonic 1. гармоника; гармоническая составляющая; гармоническая функция; ǁ гармонический; 2. гармоничный, стройный; согласующийся

h. analysis гармонический анализ, анализ Фурье
h. balance method метод гармонического баланса
h. behavior гармоническое поведение, синусоидальное изменение
h. component гармоническая составляющая, гармоника
h. curve гармоническая кривая, гармоника, синусоида
h. excitation гармоническое возбуждение (возмущение, нагружение)
h. function гармоническая функция
h. generator генератор гармоник (гармонических импульсов)
h. mean гармоническое среднее
h. motion движение по гармоническому закону, гармоническое колебание

h. number порядок гармоники
h. ratio гармоническое отношение
h. series гармонический ряд
h. theory стройная теория
h. vibration гармоническое (синусоидальное) колебание
h. wave гармоническая волна, гармоническое колебание
even h. четная гармоника
fundamental h. основная (низшая, фундаментальная) гармоника
higher h. высшая (высокая) гармоника
odd h. нечетная гармоника
spherical h. сферическая гармоника

harmonicity гармонический характер, синусоидальность
harness 1. строп, жгут; система подвешивания, подвесная система (напр., парашюта); система гибких связей; ǁ подвешивать (на стропах, тросах); связывать, соединять; 2. использовать как источник энергии (напр., течение реки, ветер); перекрывать реку
harsh 1. грубый; необработанный, шероховатый; 2. строгий
harshness 1. грубость; шероховатость; 2. низкочастотные вибрации (напр., кабины автомобиля)
Hartmann number число Гартмана
hash 1. путаница; 2. помехи, шумы
hashing перемешивание, рандомизация, хэширование
hasp запор, накладка; ǁ запирать
hastate стреловидный
hasten ускорять; торопиться
hat 1. шапка, шляпка; покрытие, крышка; верхний слой; ǁ надевать (напр., покрытие), покрывать; 2. образовывать случайную последовательность

h. function функция-шапочка

hatch 1. люк, вертикальный проход; крышка люка, затвор, заслонка; 2. отделение, отсек; 3. запруда; шлюзовая камера, гидротехнический затвор; 4. штрих, штриховая линия; ǁ штриховать
haul 1. тяга; устройство натяжения; волочение, буксировка; ǁ тянуть, буксировать; 2. перевозка, транспортировка; пройденное расстояние, путь, пробег; ǁ перевозить, транспортировать; 3. лента конвейера

to haul down опускать, травить (напр., канат)
to haul up поднимать
short h. короткое плечо (рычага)

haulage 1. тяга, буксирование, буксировка; 2. перевозка, транспортировка; 3. пройденное расстояние, путь, пробег
hauler 1. тяговое устройство, лебедка, ворот; 2. транспортное средство, тягач
haulm стебель (растения)
haunch консольное утолщение; вут (в соединении рамных элементов)
have 1. иметь, обладать; содержать, иметь в составе; 2. испытывать что-либо, подвер-

гаться чему-либо; 3. получать, добиваться; 4. быть должным, вынужденным (с последующим инфинитивом)
- to have a bearing on иметь отношение к
- to have an effect on влиять, воздействовать на
- to have in mind помнить, учитывать; подразумевать
- to have recourse to обращаться, прибегать к помощи
- to have reliance on полагаться на
- to have regard to учитывать, обращать внимание на
- we have to account the effect of self-heating мы должны учесть явление саморазогрева

haven гавань
hawser трос
hazard 1. шанс; 2. риск, опасность; ‖ рисковать; 3. вредный фактор
- at all hazards во что бы то ни стало

hazardous 1. рискованный, опасный; 2. вредный
H-bar двутавровая балка (с широкими полками)
head 1. голова; головная (верхняя, передняя) часть, верхушка, крышка; (магнитная) головка; ‖ верхний; головной; передний, лобовой; встречный (о потоке, ветре); 2. глава, руководитель; ‖ главный, головной; ‖ возглавлять, вести, руководить; 3. высота столба жидкости, напор; верхний бьеф; 4. высота конструкции в свету, габаритный размер; 5. насадка; сопло; 6. заголовок, рубрика, "шапка"; ‖ озаглавливать, давать заглавие
- h. of list первый элемент списка
- h. pressure гидравлический (гидростатический) напор
- h. race подводящий канал; верхний бьеф
- h. of rail головка рельса
- h. resistance лобовое сопротивление
- h. stone краеугольный камень
- h. water верховая вода, верхний бьеф
- h. wave головная волна, головной скачок уплотнения
- h. wind встречный (лобовой) ветер
- adiabatic h. адиабатический напор
- discharge h. гидравлический напор; давление на выходе
- dynamic h. динамический (скоростной) напор
- gravity h. гидростатический напор
- hydrostatic h. гидростатический напор, статическая высота подъема
- kinetic h. скоростной напор
- loop h. заголовок цикла
- magnetic h. магнитная головка
- Pitot h. трубка Пито
- sensing h. датчик, чувствительный элемент
- spherical h. сферическая головка; сферическое днище
- suction h. высота всасывания (насоса), подсос
- supply h. напор подачи
- term of h. главный член (напр., разложения)
- total h. полный напор, высота подачи (жидкости)
- well h. устье скважины

header 1. головная (верхняя, передняя) часть, головка, крышка; 2. основание корпуса, цоколь; 3. коллектор, сборник; 4. насадка; сопло; 5. заголовок, рубрика, "шапка"
- file h. заголовок файла
- suction h. всасывающее сопло

headgear буровая вышка
heading 1. направление, курс (движения); 2. горная выработка, штрек; 3. заголовок, рубрика, "шапка"
- to set the heading задавать курс
- program h. вводная часть программы, заголовок (шапка) программы
- subject h. предметный указатель (в книге)
- true h. истинный курс

headmost передний, головной; передовой, наиболее развитый
head-note краткое введение, вступление
head-on головной, фронтальный; встречный
- h. wind встречный (лобовой) ветер

headrace подводящий канал; верхний бьеф
headspring источник
headway 1. поступательное движение, движение вперед; скорость движения; 2. прогресс, успех; 3. высота в свету, габаритный размер
headwind встречный (лобовой) ветер
heal излечивать, залечивать
healing 1. залечивание (дефектов); 2. кровля
heap 1. груда, куча; отвал (породы); 2. масса, множество, большое количество; ‖ нагромождать, накапливать; 3. неупорядоченный массив информации; динамическая (динамически распределяемая) область памяти
hear слышать, слушать
heart сердце; сердцевина; сердечник, ядро
heat тепло, теплота; нагрев, накал; (высокая) температура; плавка; ‖ тепловой, термический, температурный; ‖ нагревать(ся), разогревать(ся); накаливать(ся)
- to heat up нагревать(ся)
- h. action тепловое (воз)действие
- h. balance тепловой баланс
- h. capacity теплоемкость
- h. carrier теплоноситель
- h. of combustion теплота сгорания
- h. conduction теплопередача, теплоперенос; распределение тепла
- h. conductivity (удельная) теплопроводность
- h. crack тепловая трещина
- h. density теплонапряженность, плотность теплового потока
- h. dissipation рассеяние тепла
- h. efficiency тепловой коэффициент полезного действия

h. emission выделение теплоты, тепловое излучение
h. endurance теплостойкость, термостойкость
h. engine тепловой двигатель
h. equation уравнение теплопроводности
h. equilibrium тепловое равновесие, тепловой баланс
h. exchange теплообмен
h. exchanger теплообменник
h. expansion тепловое расширение
h. extraction отвод (отбор) теплоты
h. filter тепловой (теплозащитный) фильтр
h. flow тепловой поток
h. gain приток теплоты
h. hardening термическая закалка, термическое упрочнение
h. gain приток теплоты
h. impact тепловой удар
h. load тепловая нагрузка
h. loss теплопотеря
h. and mass transfer тепломассоперенос
h. medium теплоноситель
h. of melting теплота плавления
h. of metal плавка металла
h. rate тепловая мощность
h. rays тепловые лучи
h. rejection теплоотдача, отвод тепла
h. resistance теплостойкость; термическое сопротивление
h. storage аккумулирование теплоты
h. supply подвод теплоты
h. tint цвет побежалости
h. transfer теплопередача, теплоперенос
h. treatment тепловая обработка, термообработка
h. treatment crack трещина от термообработки, закалочная трещина
h. wave тепловая волна, тепловой импульс
aerodynamical h. аэродинамический нагрев
depth of h. penetration глубина прогрева
dissipated h. рассеянное тепло
fusion h. теплота плавления
Joule h. джоулева теплота
latent h. скрытая теплота
Peltier h. теплота Пельтье
radiant h. лучистая теплота
source of h. источник теплоты
specific h. удельная теплоемкость
total h. теплосодержание, энтальпия
unit of h. единица количества теплоты
waste h. отходящая (использованная) теплота
heater источник тепла; нагревательный прибор, нагреватель, радиатор
heating нагрев, нагревание, разогревание; накаливание, накал; обогрев, отопление; || нагревающий, разогревающий, накаливающий; обогревающий

h. capacity теплотворная способность, калорийность; теплоемкость
h. chamber топочная камера, огневое пространство
h. curve кривая нагрева
h. effect эффект нагревания; тепловой эффект, тепловое воздействие
h. element нагревательный элемент
h. value теплотворная способность, калорийность
diurnal h. суточное повышение температуры
frictional h. нагрев от трения
kinetic h. кинетический (аэродинамический) нагрев
ohmic h. омический нагрев
heat-proof теплостойкий; теплонепроницаемый
heat-protective теплозащитный
heat-resistant теплостойкий, жаропрочный; тугоплавкий
h. alloy жаропрочный сплав
heave 1. подъем, поднятие, вертикальное перемещение; подъемное усилие; || поднимать; перемещать (напр., грузы), тянуть; 2. вспучивание, пучение (грунта); смещение, сдвиг (горной породы); || вспучиваться; смещаться; 3. всплывание; || всплывать; 4. волнение (моря); 5. вертикальная качка (судна)
heaven небо
heavenly небесный
h. body небесное тело
heaver рычаг, вага
heavier-than-air craft летательный аппарат тяжелее воздуха
heavily тяжело; интенсивно, сильно; прочно, надежно
h. supported прочно закрепленный, надежно опертый
heaviness тяжесть; интенсивность, сила; значительность
Heaviside step function единичная ступенчатая функция, функция Хевисайда
heavy 1. тяжелый; трудный; прочный, надежный; интенсивный, сильный; большой, значительный; 2. имеющий вес, весомый; инертный; 3. несущий нагрузку, силовой
h. current сильное течение; большой (электрический) ток
h. duty интенсивный (тяжелый) режим
h. layer мощный слой (породы)
h. liquid тяжелая (весомая) жидкость
h. pressure большое давление
h. ring упорное кольцо, силовой шпангоут
h. in section большого сечения
heavy-duty тяжелого типа, большой мощности; большегрузный (о транспортном средстве)
heavy-loaded тяжело нагруженный; несущий, силовой
heavy-walled толстостенный

hedge преграда, препятствие; ограждение; || препятствовать, ограничивать, связывать; ограждать
-hedral (как компонент сложных слов) -гранный; напр., *polyhedral* многогранный
heed внимание; осторожность; || обращать внимание, внимательно следить
heel 1. пята, подпятник, опора; опорная часть конструкции; задняя (тыльная) часть; **2.** грань, вершина, ребро; зуб плотины; **3.** крен; || кренить(ся)
heft 1. вес, тяжесть; || (при)поднимать; определять вес, взвешивать; **2.** большая часть
height высота; возвышение, относительная высота; отметка высоты; вертикальный размер (габарит); высшая степень, верх (чего-либо); высшая точка, максимум; амплитуда; стрела подъема; гидравлический напор
   h. in the clear высота в свету
   h. of damming подпор, высота подпора
   arch h. высота свода
   camber h. стрела подъема; стрела прогиба
   clearance h. габаритная высота
   column h. высота колонны (стойки); высота столбца (матрицы)
   flying h. высота полета
   free h. высота в свету
   overall h. габаритная высота
   passage h. расстояние по вертикали; вертикальный пролет
   perpendicular h. высота перпендикуляра
   pressure h. гидростатический напор
   pulse h. амплитуда импульса
   relative h. относительная высота, превышение
   slant h. длина по образующей конуса (пирамиды)
   thread h. высота профиля резьбы
hele-shaw tank щелевой лоток
helical винтовой, винтообразный; спиральный, спиралевидный
   h. curve винтовая линия; спираль
helice см. *helix*
helicity спиральность
helicoid геликоид, винтовая поверхность
helicoidal геликоидальный, винтовой
   h. surface винтовая поверхность
helicopter вертолет, геликоптер
helix (пространственная) спираль; винтовая линия; винтовая поверхность
   h. angle угол подъема винтовой линии
   circular h. винтовая линия
Hellinger-Reissner mixed variational principle смешанный вариационный принцип Хеллингера-Рейсснера
helm руль, рулевое колесо, штурвал; управление; || управлять
helmet (защитный) шлем, каска; колпак, кожух
Helmholtz's wave equation волновое уравнение Гельмгольца
help помощь; || помогать, оказывать помощь
   to be of help быть полезным

helper вспомогательное средство
helpful полезный
helve ручка, рукоятка
hem кайма, кромка; || окаймлять
hemi- (приставка) полу-; наполовину; частично, не полностью
hemisphere полусфера, полушарие; область (знаний)
hemispheric(al) полусферический
hence 1. отсюда, следовательно; **2.** с этого времени, с этих пор
henceforth с этого времени, впредь, в дальнейшем
hepta- (как компонент сложных слов) семи-, гепта-
heptagon семиугольник
here здесь, тут, в этом месте; сюда; в этот момент
   here again и здесь
   from here (on) отсюда; с этого времени
hereabout(s) поблизости; где-то рядом
hereafter затем, далее, в дальнейшем, ниже (по тексту); в будущем
hereat при этом
hereby таким образом; этим, настоящим
hereditary наследственный, наследственного типа
hereditary-elastic наследственно-упругий
heredity наследственность
herein в этом; здесь, при этом
hereinafter в дальнейшем, ниже (по тексту)
hereof в этом; отсюда, из этого
hereto к этому, к тому
heretofore прежде, до этого, до сих пор
hereupon вслед за этим, после этого; вследствие этого, вследствие чего
heritable наследственный, наследуемый
heritage наследство; наследие
hermetic 1. герметический, герметичный; плотно закрытый; **2.** герметик, уплотнитель
hermetically герметически, плотно
hermeticity герметичность
Hermite Эрмит
   H. function функция Эрмита
   H. polynomial полином Эрмита
Hermitian эрмитов, Эрмита
   H. finite element эрмитов конечный элемент
   H. interpolation эрмитова интерполяция
   H. matrix эрмитова матрица
Hertz Герц
   H. contact problem контактная задача Герца
   H. elastic collision упругое соударение по Герцу
hertz герц, Гц (единица частоты)
Hertzian Герца, по Герцу
   H. stress analysis расчет (контактных) напряжений по Герцу
   H. waves электромагнитные волны, радиоволны

hesitate колебаться, сомневаться; приостанавливать(ся), временно прерывать(ся)
hesitation колебание, сомнение; приостановка, кратковременное прерывание
Hessian гессиан, матрица Гессе
heterodyne накладывать колебания
heterogeneity неоднородность, гетерогенность
heterogeneous неоднородный, гетерогенный
heuristic эвристический
   h. **approach** эвристический метод
heuristics эвристика, эвристическая процедура
hew рубить, разрубать; высекать
hexadecimal шестнадцатеричный
   h. **notation** шестнадцатеричная система счисления; шестнадцатеричная запись (числа)
hexagon шестиугольник
   regular h. правильный шестиугольник
hexagonal шестиугольник; ‖ шестиугольный
   h. **mesh** шестиугольная сетка (образованная шестиугольными ячейками)
   h. **yield condition** условие текучести (Треска), определяемое шестиугольником (шестигранником)
hexahedral шестигранный, гексагональный
hexahedron шестигранник
   regular h. куб, гексаэдр
H-girder двутавровая балка (с широкими полками)
hiatus пробел, пропуск
hide прятать(ся), скрывать(ся)
hidden незаметный, невидимый, скрытый; неявный; погруженный (во что-либо), утопленный
   h. **lines** невидимые (скрытые) линии (изображения)
   h. **lines removal** удаление невидимых линий
   h. **periodicity** скрытая периодичность
   h. **variable** неявная переменная
hierarchical иерархический, многоуровневый (с отношениями подчиненности)
   h. **finite elements** иерархические конечные элементы
   h. **modelling** иерархическое (многоуровневое) моделирование, использование иерархии моделей
   h. **stiffness matrices** иерархические (вложенные) матрицы жесткости, матрицы жесткости иерархических конечных элементов
hierarchy иерархия, соподчиненность
high 1. высокий; высший, лучший; большой, интенсивный, сильный; полный, законченный; ‖ высоко; сильно, интенсивно; в высокой степени; 2. высшая точка, максимум
   high in с высоким содержанием чего-либо
   as high (вплоть) до
   half as high в два раза ниже
   twice as high в два раза выше

   h. **accuracy** высокая точность, малая погрешность
   h. **bound** верхняя граница
   h. **curve** крутая кривая
   h. **dimension** большая размерность, высокий порядок (напр., системы уравнений)
   h. **frequency** высокая частота
   h. **limit** верхний предел (допуск)
   h. **opinion** высокая оценка
   h. **resolution** высокая разрешающая способность, высокое разрешение
   h. **tide** максимальный прилив, полная вода
   h. **value** высокое (верхнее) значение
   h. **wind** сильный ветер
   h. **wing** высоко расположенное крыло
high- (как компонент сложных слов) высоко-, много-, сильно-
higher более высокий, высший; более значительный (интенсивный, сильный)
   h. **frequencies** высшие (высокие) частоты
   h. **(order) derivatives** производные высших порядков
higher-order см. **high-order**
highest самый высокий, наивысший, наибольший
   h. **common factor** наибольший общий делитель
high-drag с большим (лобовым) сопротивлением
high-frequency высокочастотный
   h. **excitation** высокочастотное возбуждение (динамическое нагружение)
   h. **vibrations** высокочастотные колебания
high-grade (высоко)качественный, высокосортный; высокого уровня
high-heat жаропрочный, огнеупорный; тугоплавкий
high-level высокого уровня, высокоуровневый; высококачественный
   h. **language** язык (программирования) высокого уровня
highlight 1. выделение, подчеркивание; ‖ выделять, подчеркивать; 2. основной факт, важнейший аспект; ‖ придавать значение
highly весьма, очень; значительно, сильно, существенно, в высокой степени
   h. **nonlinear** сильно (существенно) нелинейный
   h. **oscillating function** сильно осциллирующая функция
highness 1. высота; возвышенность; 2. величина; высокая степень
high-order высокого порядка, высокой степени; старший
   h. **digit** цифра старшего разряда
   h. **finite element** конечный элемент высокого (высшего) порядка
   h. **term** член высшего порядка (малости)
high-performance быстродействующий, мощный, производительный
high-power мощный, интенсивный
high-precision высокоточный, прецизионный

high-priority первоочередной, с высоким приоритетом
high-rise высокий, высотный; многоэтажный
high-speed 1. (высоко)скоростной, быстроходный; 2. мощный, производительный (напр., компьютер)
  h. **impact** высокоскоростной удар
high-strength (высоко)прочный
high-temperature высокотемпературный; жаропрочный
  h. **creep** высокотемпературная ползучесть
high-tensile прочный на растяжение (на разрыв)
high-tension сильно нагруженный, напряженный; интенсивный
high-test (высоко)качественный, высокосортный
high-velocity см. **high-speed**
high-wearing износостойкий
highway основная дорога, главный путь; магистраль, шоссе
Hilbert Гильберт
  H. **matrix** матрица Гильберта
  H. **space** гильбертово пространство
hill холм, возвышение, возвышенность
hind задний
  h. **wheel** заднее колесо
hinder 1. задний; последний; 2. мешать, препятствовать; задерживать
hindmost последний, самый задний; самый отдаленный
hindrance помеха, препятствие
hindsight 1. взгляд в прошлое, ретроспектива; 2. (артиллерийский) прицел
hinge 1. шарнир; навеска, подвеска, петля; || шарнирный, поворачивающийся; || подвешивать на шарнирах, петлях; висеть; 2. основная идея, суть
  to hinge (up)on зависеть от
  h. **joint** шарнирное соединение, шарнирный узел, (цилиндрический) шарнир
  h. **pin** ось шарнира; шарнир
  h. **support** шарнирное опирание (закрепление); шарнирная опора
  ball h. шаровой (сферический) шарнир
  cylindrical h. цилиндрический шарнир
  nodal h. узловой шарнир
  perfect h. идеальный шарнир, шарнир без трения
  plastic h. пластический шарнир
hinged шарнирный; шарнирно закрепленный (опертый); шарнирно сочлененный, откидной, поворотный
  h. **on a pin** закрепленный шарнирно
  h. **shell** шарнирно опертая оболочка; шарнирно сочлененная оболочка
hingedly шарнирно
hingeless бесшарнирный, цельный, неразрезной
  h. **arch** бесшарнирная арка
hinge-supported шарнирно опертый
  h. **edge** шарнирно опертый край

hinging шарнирное крепление; навеска, подвеска
hint 1. намек; налет, оттенок; || намекать; 2. совет, рекомендация, указание
hip 1. боковая поверхность; || боковой; шатровый; 2. пересечение скатов (ребро) крыши; крайний (угловой) узел фермы
  h. **roof** шатровая крыша
hirst нанос песка
histogram гистограмма, столбчатая диаграмма
  area h. гистограмма с площадью столбцов, пропорциональной значениям функций
  frequency h. частотная гистограмма
history 1. история; предыстория, прошлое; 2. изменение (во времени), характер протекания, динамика (процесса)
  h. **of loading** история нагружения
  h. **of material** предыстория материала
  case h. история вопроса
  life h. жизненный цикл
  stress h. история нагружения
  thermal h. тепловая предыстория
  time h. изменение во времени, временной график
hit 1. удар, толчок; соударение; попадание (в цель); совпадение; || (со)ударять(ся), сталкивать(ся), поражать, попадать в цель; находить, наталкиваться; 2. всплеск, пик; 3. успех
hit-and-mis неточный; случайный; несистематический
  h. **method** метод проб и ошибок
hitch 1. толчок, рывок; || подталкивать, подтягивать; 2. остановка, задержка; 3. узел, петля; строп; навесное (сцепное) устройство; || зацеплять(ся), прикреплять(ся), скреплять, связывать; 4. подходить, согласовываться, соответствовать
hitherto до настоящего времени, до сих пор
hit-or-mis см. **hit-and-mis**
hoar 1. иней, изморозь; 2. туман
hoard запас; || запасать, хранить
hob 1. ступица, втулка (колеса); 2. червяк, бесконечный винт, шнек; 3. направляющая, полоз; 4. пуансон
hod лоток
hodograph годограф
  h. **plane** плоскость годографа
  motion h. годограф скорости
hoe ковш (экскаватора)
hog искривление, изгиб, выгиб, прогиб; коробление; строительный подъем (моста); || искривляться, изгибаться; коробиться
hoist подъем, поднятие; подъемный механизм, блок, полиспаст; || поднимать(ся)
hoist-bridge подъемный мост
hoisting подъем; подъемник, подъемное устройство; || подъемный
  h. **capacity** грузоподъемность
  h. **crane** подъемный кран
  h. **height** высота подъема
  h. **jack** домкрат

hold 1. удержание; захват, фиксация; блокировка; крепежная деталь, фиксатор; ‖ держать, удерживать; захватывать, фиксировать; блокировать; 2. владение; включение, охват; ‖ владеть, иметь; включать в себя, содержать, вмещать, охватывать; 3. соблюдать(ся), выполнять(ся), иметь силу, быть справедливым; 4. понимание; ‖ полагать, считать; 5. синхронизация; ‖ синхронизировать(ся), удерживать(ся) в синхронизме; 6. помещение, отсек, трюм

 to hold back from воздерживаться от
 to hold a conference проводить конференцию
 to hold control контролировать, управлять
 to hold down держать, удерживать; прикреплять
 to hold forth рассуждать; предлагать
 to hold good иметь силу, действовать, быть (считаться) справедливым, распространяться на
 to hold in захватывать, удерживать
 to hold on продолжать (делать что-либо)
 to hold the opinion придерживаться мнения
 to hold over сохранять; задерживать, откладывать
 to hold a position занимать положение (позицию)
 to hold rigidly жестко закреплять, защемлять
 to hold to держаться, придерживаться (напр., мнения); настаивать
 to hold together удерживать вместе, связывать
 to hold true быть справедливым (действительным)
 to hold up (при)останавливать, задерживать; поддерживать, подкреплять, подпирать; выставлять, показывать
 to hold valid оставаться действительным, сохранять силу
 h. of pile глубина забивки сваи
 freight h. грузовой отсек

holder держатель, фиксатор; несущая деталь; корпус, обойма, оправа

holdfast захват, зажим, устройство фиксации; анкер

hold-in захват, удержание

holding 1. удерживание, захватывание; закрепление, блокировка; 2. хранение (напр., данных)
 h. capacity емкость, вместимость
 h. device зажимное устройство; предохранительное приспособление
 h. force удерживающая сила
 h. position положение "включено"

hold-off освобождение, расцепление; выход из синхронизма, рассинхронизация

hold-up 1. поддержка; опора; 2. задержка; остановка; 3. удержание; удерживающая способность

hole 1. отверстие, вырез, полость, лунка; скважина, шахта, шурф, шпур; канал; ‖ делать отверстие, вырез; сверлить, пробивать; 2. ошибка, просчет
 h. size размер (диаметр) отверстия
 h. stiffening подкрепление (подкрепляющий элемент) отверстия
 air h. вентиляционное отверстие; воздушная раковина
 blast h. шпур, взрывная скважина
 cutout h. вырезанное отверстие
 gas h. газовая раковина
 irregularly shaped h. отверстие неправильной формы, фасонное отверстие
 pin h. точечное отверстие, прокол
 prospect h. разведочная скважина
 puncture h. прокол
 sink h. сток; усадочная раковина
 square h. квадратное отверстие, квадратный вырез
 test h. разведочная скважина
 through h. сквозное отверстие
 weep h. фильтрационное отверстие
 wet h. обводненная скважина

hollow 1. пустота, полость; впадина, углубление; кратер; выкружка; ‖ полый, пустой, пустотелый; ‖ выдалбливать, высверливать; 2. вполне, совершенно
 h. chamfer галтель, выкружка
 h. rod полый стержень

hologram голограмма
 interference h. интерференционная голограмма
 surface h. поверхностная голограмма

holographic(al) голографический
 h. pattern голограмма

holography голография; голографирование

holometry голографическая интерферометрия

holomorphic голоморфный, аналитический
 h. function аналитическая функция

holonomic голономный
 h. constraint голономная связь
 h. system голономная система

holonomicity голономность

home 1. дом, жилище; ‖ собственный; внутренний; отечественный; 2. начало, начальное (исходное) положение; начало отсчета; ‖ возвращаться, устанавливать (возвращать) в исходное положение; ‖ в исходное положение; до конца, до отказа; 3. наводить (в цель); ‖ в цель
 to bring home to убеждать, делать ясным
 to come home to становиться понятным
 to feel at home быть хорошо знакомым, уметь обращаться с чем-либо
 h. position начальное (исходное) положение

homeo- (как компонент сложных слов) гомео-; указывает на подобие, сходство

homeomorphic гомеоморфный

homeomorphism гомеоморфизм, топологическое отображение
homing 1. возврат в начальное положение; 2. наведение
   h. action 1. возвратное действие, восстановление, компенсация; 2. наведение
homo- (как компонент сложных слов) гомо-, одно-; однородный; одинаковый; сходный
homogeneity однородность, гомогенность
homogeneous однородный, гомогенный; равномерный; постоянный
   h. coordinates однородные координаты
   h. deformation однородная (постоянная) деформация, однородное деформированное состояние
   h. equation однородное уравнение
   h. material однородный (гомогенный) материал
homogenization гомогенизация, приведение к однородным свойствам; перемешивание, усреднение
homologate признавать, подтверждать; соглашаться, допускать
homologous соответственный; гомологический
homology гомология
homomorphous гомоморфный
   h. mapping гомоморфное отображение, гомоморфизм
homomorphy гомоморфизм
homothetic гомотетический, подобный; подобно расположенный
   h. transformation преобразование подобия, гомотетия
homotopy гомотопия
honeycomb соты; сотовая конструкция; сотовый заполнитель; ячеистая (пористая) структура; поры, каверны, пузыри, раковины (напр., в металле); ‖ сотовый, сотовидный; ячеистый; пористый
   h. sandwich shell трехслойная (слоистая) оболочка с сотовым заполнителем
   h. structure сотовая (ячеистая) структура; (трехслойная) конструкция с сотовым заполнителем, сотовая конструкция
hood крышка, кожух, капот, фонарь (кабины самолета); навес; ‖ закрывать, накрывать; скрывать
hook крюк, крючок; крутой изгиб; ‖ сгибать (в виде крюка); подвешивать на крюк
Hooke Гук
   H. body тело Гука, линейно-упругое тело
   H. elastic media упругая среда Гука, линейно-упругий материал
   H. joint шарнир Гука, универсальный шарнир, кардан
   H. law закон Гука (линейная связь между напряжениями и деформациями)
hook-up подключение, соединение, сцепление; схема соединений (напр., электрических цепей, трубопроводов и т.д.)

hoop обруч, обод, кольцо; ‖ окружной, кольцевой; ‖ окружать, скреплять кольцом (обручем); сжимать, связывать
   h. coordinate окружная координата
   h. force усилие в окружном направлении (напр., в оболочке вращения)
   tire h. обод шины
hop прыжок; ‖ прыгать, подпрыгивать
hope 1. надежда; ‖ надеяться; 2. залив; 3. уклон
hopeful подающий надежды, многообещающий
hopeless безнадежный; неисправимый
hopper бункер; загрузочный ковш, воронка
   h. shaped воронкообразный
hopping резкое изменение, скачок; биение (при вращении несбалансированных масс)
   mode h. перескок моды
horizon горизонт; кругозор; ярус
   apparent h. видимый (кажущийся) горизонт
   time h. временной горизонт; период времени
   working h. рабочий горизонт
horizontal 1. горизонтальный; 2. горизонтальная линия, горизонталь
horizontality горизонтальность
horn 1. выступ, кронштейн; 2. рычаг; брус; 3. горн, рупор
Horner's method схема Горнера
horse рама, станина, козлы; ложемент
horsepower лошадиная сила, л.с.; мощность в лошадиных силах
   h. curve кривая мощности
   actual h. эффективная мощность (в л.с.)
   metric h. метрическая лошадиная сила (=735,5 Вт)
horseshoe подкова; ‖ подковообразный
   h. vortex подковообразный (П-образный) вихрь
hose рукав, шланг, гибкий трубопровод
   high-pressure h. шланг высокого давления
   reinforced h. армированный (бронированный) шланг
host основной механизм, ведущее устройство, "хозяин" (в иерархии); основная (центральная) ЭВМ (в сети); ‖ главный, основной; центральный
   h. computer центральная ЭВМ (в сети)
hot 1. горячий; нагретый, накаленный; 2. срочный, экстренный; 3. близкий к цели
   h. crack термическая трещина
   h. fabrication горячая обработка
   h. shortness красноломкий
   h. tinting цвета каления (побежалости)
   h. working горячая обработка
hour 1. час; определенное время; интервал времени; 2. угол в 15 градусов (в астрономии)
   actual h. эффективное время
   observation h. интервал наблюдения

house дом; помещение; фирма; цех; корпус, кожух; ‖ вмещать(ся), размещать(ся); защищать, укрывать; вставлять в корпус
housekeeping служебные действия, обслуживание; ‖ вспомогательный, служебный
   h. information служебная информация
   h. overhead затраты на вспомогательные операции, системные затраты
housing 1. корпус, тело; коробка, картер; 2. станина, рама; 3. выемка, гнездо, ниша, паз
   axle h. картер ведущей оси
   turbine h. корпус турбины
hover парить, планировать; зависать (о вертолете)
hovercraft транспортное средство на воздушной подушке
how 1. как?, каким образом?; ‖ как, что; 2. способ, метод
   as to how как
   that is how вот как
   how far насколько
however однако, тем не менее, несмотря на; как бы ни
   however much сколько бы ни
hub 1. втулка, ступица (колеса); 2. сердечник, ядро (жесткости); 3. веха, отметка; 4. центр внимания
   wheel h. ступица колеса
hue цвет, оттенок цвета
huge очень большой, огромный
hugely очень, весьма
Hugoniot equation уравнение Гюгонио
hull оболочка; корпус, фюзеляж; остов, каркас
   convex h. выпуклая оболочка
   floating h. плавучий корпус, поплавок, понтон
hum гул, шум
human человеческий; субъективный
   h. engineering инженерная психология, учет субъективных (человеческих) факторов в технике; эргономика
   h. error субъективная ошибка
humidification увлажнение; адиабатическое насыщение
humidity влажность, сырость; влага
   h. indicator гигрометр
   specific h. удельная влажность, влагосодержание
hump выпуклость, горб; вершина кривой
hundred сто; сотня
hundredfold стократный; ‖ в сто раз
hunt 1. охота; поиск, слежение; ‖ охотиться; искать, отыскивать; следить; 2. колебание; рыскание; блуждание; ‖ качаться, колебаться; блуждать; рыскать
hunting 1. охота; поиск, слежение; 2. колебание; блуждание; рыскание; перерегулирование
hurl бросать, метать
hurricane буря, ураган
hurry спешить

hurt повреждение; вред, ущерб; ‖ наносить повреждение; причинять вред
Hu-Washizu variational principle вариационный принцип Ху-Вашицу (Ху-Васидзу)
hybrid гибрид; смесь; композиционный материал; ‖ гибридный, смешанный, разнородный
   h. formulation гибридная (смешанная) формулировка, смешанная постановка (задачи)
   h. population смешанная совокупность
   h. stress finite element гибридный (конечный) элемент в напряжениях
hydraulic гидравлический
   h. actuator гидравлический привод; гидроцилиндр
   h. analogue гидравлическая модель
   h. engineering гидротехника
   h. head гидравлический напор
   h. jump гидравлический прыжок
   h. pressure давление жидкости, напор
   h. shock гидравлический удар
   h. structure гидротехническое сооружение
hydraulics гидравлика; гидравлическая техника; гидроаппаратура, гидравлическая система; гидравлические характеристики
hydro- (как компонент сложных слов) гидро-; жидкостный, гидравлический
hydrocyclone гидроциклон
hydrodynamic(al) гидродинамический
hydrodynamics гидродинамика, механика жидкостей
hydroelasticity гидроупругость
hydrofoil подводное крыло; судно на подводных крыльях
hydrogen водород; ‖ водородный
hydrograph(er) гидрограф
hydrokinematics кинематика жидкостей
hydromagnetics магнитная гидродинамика
hydromechanics гидромеханика, механика жидкостей
hydroplane глиссер
hydrostatic(al) гидростатический
   h. pressure гидростатическое давление, напор
hydrostatics гидростатика
hypar гиперболический параболоид, гипар
hyper- (приставка) гипер-, сверх-
hyperacoustic сверхзвуковой
hyperbola (мн.ч. hyperbolae, hyperbolas) гипербола
hyperbolic гиперболический
   h. logarithm натуральный логарифм
   h. operator гиперболический оператор
   h. paraboloid гиперболический параболоид, гипар
   h. point гиперболическая точка
   h. sine гиперболический синус
hyperboloid гиперболоид

hyperboloid 271 **idealized**

    h. of one sheet однополостный гиперболоид
    h. of two sheets двухполостный гиперболоид
hypercomplex гиперкомплексный
    h. number гиперкомплексное число
hyperelasticity гиперупругость
hypergeometric гипергеометрический
    h. series гипергеометрический ряд
hypermatrix гиперматрица
hyperplane гиперплоскость
hypersonic гиперзвуковой, сверхзвуковой
    h. speed сверхзвуковая (гиперзвуковая) скорость
hypersonics аэродинамика гиперзвуковых скоростей; сверхзвуковая акустика
hyperstatic статически неопределимый
hypersurface гиперповерхность
hypervelocity сверхзвуковая скорость
    h. impact удар со сверхзвуковой скоростью
hyphen дефис; знак переноса
hypo- (приставка) гипо-, под-
hypocycloid гипоциклоида
hypotenuse гипотенуза
hypothesis (мн.ч. hypotheses) гипотеза, допущение, предположение, постулат
    h. of continuity гипотеза непрерывности (сплошности)
    admissible h. допустимая гипотеза
    assumed h. принятая гипотеза
    Bernoulli-Euler hypotheses гипотезы Бернулли-Эйлера (в классической теории изгиба балок)
    composite h. сложная гипотеза
    kinematical h. кинематическая гипотеза
    null h. нулевая (основная) гипотеза
    shell hypotheses гипотезы теории оболочек
    statistical h. статистическая гипотеза
hypothesize выдвигать (строить) гипотезы, принимать допущения, постулировать
hypothetic(al) гипотетический, возможный, допустимый, предполагаемый, предположительный
    h. behaviour предполагаемое поведение (напр., функции)
hysteresis гистерезис, запаздывание, отставание фаз
    h. loop петля гистерезиса
    h. loss потери на гистерезис
    elastic h. упругий гистерезис
    lift h. гистерезис подъемной силы
    mechanical h. механический (упругий) гистерезис

I

ib., ibid. (сокр. от **ibidem**) (лат.) там же, в том же месте
I-bar двутавровая балка (с узкими полками)
I-beam см. **I-bar**

ibidem (лат.) там же, в том же месте
IC (сокр. от **integrated circuit**) интегральная схема (ИС)
icand множимое
ice лед; ǁ покрываться льдом; замерзать; замораживать
    to ice up обледенеть
    i. formation образование льда, обледенение
ice-ton тонна охлаждения (единица холодопроизводительности)
ichnography горизонтальная проекция, план
icing обледенение; замораживание
icon изображение; графический символ, пиктограмма; образ, портрет
iconic относящийся к изображению; пиктографический; портретный; точно повторяющий
icy ледяной, покрытый льдом; замороженный; холодный
id. (сокр. от **idem**) (лат.) то же самое; тот же (напр., автор), та же (напр., книга); так же
idea идея; понятие, представление; план, намерение
    to form an idea получить представление
    general i. общее представление
    rough i. грубое (приближенное) представление
ideal 1. идеальный; совершенный; нереальный, недостижимый; теоретический; без трения (напр., о контакте, связи), без потерь (напр., о тепловом цикле), невязкий (о газе, жидкости); несобственный, бесконечно удаленный; 2. идеал
    in the ideal case в идеальном случае
    i. computations идеальные вычисления, вычисления без (учета) погрешностей (при неограниченной разрядности)
    i. constraint идеальная связь, связь без трения
    i. cycle идеальный цикл
    i. flow течение идеальной жидкости
    i. fluid идеальная (невязкая) жидкость
    i. mixing идеальное смешение
    i. operation идеальная работа (машины), работа без (учета) потерь, идеальный цикл; вычисление без (учета) погрешностей
    i. point несобственная (бесконечно удаленная) точка
    i. value истинное значение; абсолютно точное значение
ideal-elastic идеально упругий
idealize идеализировать, абсолютизировать; сводить к идеальному (напр., понятию, представлению); упрощать (путем идеализации), строить идеальную (идеализированную, упрощенную) модель, расчетную схему
idealized идеализированный; абсолютизированный, канонизированный; упрощенный, схематизированный
    i. characteristic идеализированная характеристика, упрощенный график

i. structure идеализированная конструкция (структура); упрощенная расчетная модель конструкции

idealization идеализация; абсолютизация, канонизация; упрощение (путем идеализации)

   i. approach метод идеализации; подход на основе идеализации

ideally идеально; в идеальном случае; мысленно, умозрительно, теоретически

ideate формировать понятия; представлять

idem (id.) (лат.) то же самое; тот же (напр., автор), та же (напр., книга); так же

identic(al) одинаковый, тождественный, идентичный; конгруэнтный; тот же

   i. figures тождественные (конгруэнтные) фигуры

identically одинаково, тождественно, идентично

identifiability опознаваемость, отождествляемость, идентифицируемость

identification 1. отождествление, идентификация, определение, распознавание; 2. обозначение; 3. маркировка; опознавательный знак

   i. card лист спецификации; (краткий) паспорт (напр., детали)

   i. mark маркировка, клеймо; условное обозначение; опознавательный знак

   pattern i. распознавание образов

   symbol i. стандартизация обозначений

identifier 1. идентификатор, имя, обозначение; 2. средство (устройство, программа) распознавания

   array i. идентификатор (имя) массива

   entity i. идентификатор объекта

identify 1. отождествлять, идентифицировать; распознавать; 2. служить отличительным (при)знаком; 3. обозначать

identity 1. тождество; тождественность, идентичность; ‖ тождественный; опознавательный; 2. подлинность

   i. function функция тождества (тождественности)

   i. mapping тождественное отображение

   i. matrix матрица тождественности (тождественного преобразования), единичная матрица

ideograph знак, символ, идеограмма

id est (i.e. = that is) (лат.) то есть

idle ожидание; простой (машины); холостой ход (режим); ‖ не работающий, простаивающий; резервный; холостой (о ходе машины); промежуточный; нейтральный; бесполезный; ‖ простаивать; работать вхолостую; работать на малых оборотах

   i. component реактивная составляющая

   i. position промежуточное (нейтральное) положение

   i. running холостой ход

   i. space вредное пространство (напр., цилиндра двигателя)

   i. stroke холостой ход; обратный ход

   i. time время простоя (ожидания)

   i. torque момент (двигателя) на холостом ходу

idling ожидание; простой (машины); холостой ход (режим)

i.e. (id est = that is) (лат.) то есть

if 1. если; при условии, что; если бы; 2. условие, предположение

   if and only if (сокращенно: iff) тогда и только тогда, когда; только в том случае, если

   if any если вообще (напр., имеется, требуется и т.п.)

   if ever если это вообще имеет место

   if finished будучи законченным

   if for no other reason than хотя бы потому, что

   if kept при хранении

   if not если не

   if so если это так.

   as if как если бы, как будто, словно

   even if даже если

iff (сокр. от **if and only if**) тогда и только тогда, когда; только в том случае, если

IF statement условный оператор (в языках программирования)

IF-THEN-ELSE условный оператор: если ... , то ... , иначе ...

ignite воспламенять(ся), зажигать(ся); раскалять(ся); прокаливать

igniter воспламенитель, устройство зажигания

ignitible горючий

ignition 1. воспламенение, зажигание, вспышка; прокаливание; взрывание (горной породы)

   i. chamber камера зажигания

   i. temperature температура воспламенения

   i. time момент зажигания

ignorance незнание; неосведомленность

   i. factor коэффициент незнания

   prior i. априорное незнание

ignorant несведущий, не знающий

ignore игнорировать, не учитывать; отклонять, пропускать

il- (приставка, часто перед l) не-, без-; напр., **illogical** нелогичный

ill плохой, вредный; недостаточный, слабый; не отвечающий требованиям; ‖ плохо; вредно; мало, недостаточно, слабо; едва ли, с трудом

   i. effect вредное (воз)действие

   i. success неудача

ill- (приставка) плохо-, мало-; не-, без-; недостаточно, слабо; напр., **ill-founded** необоснованный, плохо обоснованный

illation вывод, заключение

illative заключительный, заключающий

ill-behaved "плохой"; несоответствующий, несогласующийся, не принадлежащий (искомому) классу; некорректный, неточный, ошибочный; нерегулярный, сингулярный, особый, особенный; плохо обусловленный

i. approximation "плохое" (неточное, расходящееся) приближение
i. function "плохая" (несогласующаяся) функция; нерегулярная (сингулярная) функция; плохо обусловленная функция
ill-conditioned 1. плохо обусловленный (плохообусловленный); некорректный; **2.** некондиционный, не соответствующий требованиям
  i. matrix плохо обусловленная матрица
ill-defined плохо сформулированный (поставленный), некорректно заданный, некорректный
  i. problem некорректно поставленная задача
illegal незаконный; недопустимый, неразрешенный; нестандартизованный
  i. character недопустимый символ
illegible непонятный; нечеткий, неразборчивый, неудобочитаемый
illegitimate незаконный; логически неправильный, нелогичный
ill-founded необоснованный, плохо обоснованный
illicit незаконный; недопустимый, неразрешенный
illimitable неограниченный
illogical нелогичный
illogicality нелогичность
ill-placed неудачно (неправильно) расположенный; неуместный
ill-posed см. **ill-defined**
ill-sorted плохо подобранный
ill-suited непригодный, неподходящий
illuminate освещать, иллюминировать; проливать свет, объяснять
illumination освещение, иллюминация; освещенность, яркость
illuminator осветительный прибор; излучатель
illumine освещать; просвещать
illusion иллюзия
illusive см. **illusory**
illusory иллюзорный, обманчивый, ложный
illustrate иллюстрировать, делать наглядным, пояснять
illustration иллюстрация, рисунок; пояснение; пример
illustrative иллюстративный, пояснительный, наглядный
im- (перед b, m, p) **1.** (приставка со значениями внутри, внутрь) в-, при-, внутри-; напр., **implant** внедрять, имплантировать; **2.** (приставка со значениями отрицания, отсутствия) не-, без-; напр., **immobile** неподвижный
image изображение, образ; отражение; отображение, преобразование; подобие; ‖ изображать, формировать (получать) изображение; отражать(ся); отображать(ся); представлять себе; символизировать
  i. effect зеркальный эффект
  i. fault искажение изображения
  i. generation формирование изображения (модели)
  i. identification распознавание образов (изображений)
  i. lines зеркальные линии
  i. path кажущаяся траектория
  i. plane плоскость изображения
  i. of a point образ (изображение, отображение) точки
  i. processing обработка изображений
  affine i. аффинное преобразование
  animated i. динамическое изображение, мультипликация
  dot-matrix i. точечное (точечно-матричное, растровое) изображение
  enlarged i. увеличенное изображение
  inverse i. обратное отображение; прообраз
  inverted i. зеркальное отображение
  Laplace i. изображение по Лапласу
  memory i. отображение в памяти
  method of images метод изображений
  negative i. негативное изображение, негатив
  original i. исходное изображение, оригинал
  phase i. фазовое изображение, фазовый портрет
  plane i. плоское (двумерное) изображение
  virtual i. мнимое изображение
  visible i. видимое изображение
  visual i. визуальное (наглядное) изображение
imageneering моделирование, искусственное воспроизведение
imagery изображения; образы
imaginary 1. воображаемый, фиктивный; **2.** мнимый, комплексный; **3.** несобственный
  i. axis мнимая ось
  i. circle мнимая окружность
  i. number (чисто) мнимое число; комплексное число
  i. part of a complex number мнимая часть комплексного числа
  i. point несобственная точка
  i. root мнимый корень (уравнения)
  i. surface воображаемая поверхность
  i. unit мнимая единица
  pure i. number чисто мнимое число
imagine воображать, представлять себе; думать, (пред)полагать, понимать
imaging отображение; отражение; формирование (воспроизведение) изображения; представление; ‖ изображающий, отображающий; отражающий; воображающий, представляющий
imago (мн.ч. **imagines** или **imagos**) образ
imbalance дисбаланс, неуравновешенность, нарушение равновесия; неустойчивость; диспропорция, несоответствие
imbed погружать(ся); помещать (во что-либо); вкладывать(ся), вставлять(ся), встраивать(ся); внедрять(ся), проникать

imbedded вложенный; погруженный; внутренний, встроенный

imbedding вложение, помещение (во что-либо); внедрение, проникновение; погружение; вставка; ‖ заключающий в себе, включающий в себя

imbibe впитывать, поглощать, всасывать; усваивать, ассимилировать

imbibition впитывание, поглощение, всасывание; пропитка; усвоение

imbricate класть внахлестку, накладывать

imbrication укладка внахлестку, наложение

imbue насыщать, пропитывать; окрашивать

imitate имитировать; моделировать; копировать, повторять

imitation имитация, имитирование; моделирование; копирование, повторение

imitative имитационный, имитирующий; моделирующий; искусственный

imitator имитатор, имитирующее устройство

immanence неотъемлемое свойство, внутреннее качество, имманентность

immanent присущий, внутренний, постоянный, имманентный

immaterial несущественный, неважный

immeasurability неизмеримость

immeasurable неизмеримый

immediacy непосредственность; немедленность

immediate непосредственный, прямой; немедленный; ближайший

   i. **effect** непосредственное (воз)действие; немедленный результат

   i. **inference** непосредственное заключение (следствие), прямой вывод

immediate-action мгновенного действия

immediately непосредственно, прямо; немедленно, сразу же; как только

immense огромный

immensely очень, весьма, в большой степени

immerse 1. погружать, окунать; затоплять; помещать (во что-либо); вкладывать; 2. поглощать; занимать (напр., внимание); 3. вовлекать

immersible 1. погружаемый; помещаемый (во что-либо), вкладываемый; 2. поглощаемый; 3. герметичный, водонепроницаемый

immersion 1. погружение, окунание; затопление; вложение; 2. осадка, проседание; 3. поглощение

   i. **test** испытание (герметичности) погружением

immiscibility 1. несмешиваемость; 2. расслоение; разделение фаз

immiscible 1. не поддающийся смешению, несмешивающийся; 2. расслаивающийся, разделяющийся

   i. **fluids** несмешивающиеся жидкости

immix смешивать; примешивать

immixture смешивание

immobile неподвижный

immobility неподвижность

immobilize делать неподвижным, останавливать, фиксировать; связывать

immoderate излишний, чрезмерный

immovable неподвижный; стационарный

immune невосприимчивый, защищённый (от чего-либо), устойчивый; свободный от чего-либо

immunity невосприимчивость; защищённость, устойчивость

   noise i. помехозащищённость

immutable неизменный, непреложный

impact 1. удар, толчок; соударение, столкновение; ударная (динамическая) нагрузка; импульс; ‖ ударный, импульсный; динамический; ‖ ударять(ся), сталкивать(ся); прикладывать динамическую нагрузку; 2. (воз)действие, влияние; эффект; ‖ (воз)действовать, влиять; 3. уплотнять, сжимать; укреплять

   i. **absorption** ударопоглощение, демпфирование (амортизация) удара

   i. **action** ударное (воз)действие

   i. **area** зона (ударного) воздействия; область влияния

   i. **behaviour** реакция на удар, поведение при ударном (динамическом) нагружении

   i. **bending** изгиб при ударе

   i. **collapse** ударное разрушение

   i. **compression** ударное сжатие; ударное уплотнение

   i. **dynamics** динамика удара

   i. **effect** ударное (воз)действие

   i. **elasticity** ударная вязкость

   i. **excitation** ударное возбуждение (воздействие, нагружение)

   i. **face** ударная поверхность

   i. **force** сила удара; ударная нагрузка

   i. **fracture** ударное разрушение

   i. **function** импульсная функция; функция ударного нагружения

   i. **hardness** ударная вязкость

   i. **head** скоростной напор

   i. **load** ударная нагрузка

   i. **number** ударная вязкость

   i. **of particles** соударение частиц

   i. **plate** ударная плита; (отражающий) экран; амортизационная подушка

   i. **pressure** ударное давление; динамическое давление, скоростной напор; полное давление

   i. **resistance** ударопрочность; ударная вязкость

   i. **rupture** ударное разрушение, разрыв при ударе

   i. **strength** прочность на удар; ударная вязкость

   i. **stress** напряжение при ударе

   i. **testing** испытание на удар

   i. **toughness** ударная вязкость

   i. **tube** ударная труба; трубка Пито

   i. **value** прочность на удар; ударная вязкость

   i. **velocity** скорость соударения

   i. **wave** ударная волна

i. wreck разрушение при ударе (напр., в момент приземления)
acoustic i. акустический (звуковой) удар
alternating i. знакопеременное ударное нагружение
beam of i. линия удара
central i. центральный (осевой) удар
Charpy i. energy ударная вязкость по Шарпи
coefficient of i. динамический коэффициент, коэффициент динамичности
direct i. прямой (осевой, нормальный) удар
eccentric i. внецентренный удар
elastic i. упругий удар, упругое соударение
elasto-plastic i. упруго-пластический удар
frontal i. прямое (фронтальное) соударение, лобовой удар
heat i. тепловой удар
hydraulic i. гидравлический удар
inelastic i. неупругий удар, неупругое соударение
Izod i. ударная вязкость по Изоду, проба на изод
jet i. соударение струй
landing i. удар при посадке
lateral i. поперечный (боковой) удар; внецентренный удар
line of i. линия удара
longitudinal i. продольный удар
normal of i. нормаль к линии удара
oblique i. косой удар
rapidly applied i. мгновенно приложенный удар
temperature i. тепловой удар
tensile i. растягивающий удар; ударное растяжение
torsion i. скручивающий удар
transverse i. поперечный удар
impair 1. ослаблять, уменьшать; ухудшать, повреждать; искажать; 2. непарный; нечётный
to impair stability ухудшать устойчивость
impairment ослабление; ухудшение, повреждение
impale прокалывать
impalpable неразличимый, неуловимый, мельчайший
i. distinctions тонкие различия
imparity неравенство
impart давать, придавать; сообщать, передавать (напр., энергию)
to impart stability придавать устойчивость
impartible неделимый, неразделяемый
impassable непроходимый
impaste превращать в однородную массу, месить
impedance 1. импеданс, полное (электрическое) сопротивление, характеристическое сопротивление; 2. динамическая жесткость
acoustic i. акустическое сопротивление

complex i. полное сопротивление в комплексной форме
internal i. полное внутреннее сопротивление
load i. импеданс нагрузки
lumped i. сосредоточенный импеданс
mechanical i. механический импеданс, динамическая жесткость
mode i. (характеристическое) сопротивление моды
natural i. характеристический (собственный) импеданс
shield i. полное сопротивление экрана
wave i. волновое сопротивление
impede препятствовать, сопротивляться; задерживать, затруднять
impediment препятствие, помеха, задержка
impel приводить в движение; побуждать, принуждать
impellent движущая сила; двигатель; || движущий, приводящий в движение; побуждающий
impeller 1. рабочее колесо, ротор; крыльчатое (лопастное) колесо, крыльчатка; 2. крыло, лопасть, лопатка
i. blade лопатка рабочего колеса
axial-flow i. рабочее колесо осевого типа
closed-type i. закрытая крыльчатка
radial-flow i. рабочее колесо радиального типа
impend 1. нависать; 2. приближаться
impenetrable 1. непроницаемый, недоступный; 2. непонятный, непостижимый
impenetrate проникать внутрь (вглубь), проходить сквозь
imperceptible незаметный, незначительный, несущественный
imperfect несовершенный, неидеальный; имеющий недостатки; неполный, недостаточный; незавершенный
i. frame рама с начальными несовершенствами; статически неопределимая конструкция
i. gas неидеальный газ, реальный газ
i. surface поверхность с несовершенствами; негладкая поверхность
imperfection несовершенство; недостаток, дефект, нарушение структуры; неполнота
crystalline i. дефект кристаллической решётки
initial i. начальное несовершенство (напр., формы оболочки), начальные неправильности
point i. точечный дефект
small initial i. малая начальная неправильность (напр., формы оболочки до деформирования)
structural i. нарушение (неоднородность) структуры; несовершенство (дефект) конструкции; наличие (начальных) неправильностей в конструкции
impermanent непостоянный, переменный; неустойчивый, нестойкий

impermeability непроницаемость; плотность; герметичность, непромокаемость
impermeable непроницаемый; плотный; герметический
   i. **boundary** непроницаемая граница
impervious непроницаемый; непроходимый; невосприимчивый
   i. **joint** плотный шов
   i. **soil** водонепроницаемый грунт
impetus движущая сила; импульс, толчок; стимул, побудительный мотив
   to give an **impetus** to давать толчок чему-либо
impinge 1. ударяться, сталкиваться, наталкиваться; 2. нарушать (напр., границу), проникать
impingement 1. удар, столкновение; 2. нарушение, проникновение
implant внедрять, имплантировать
implantation внедрение, имплантация; легирование
implate покрывать листовым материалом, обшивать
implement 1. выполнять, осуществлять; 2. орудие, инструмент, прибор, средство; ‖ оснащать, снабжать, обеспечивать (необходимыми средствами)
implementation 1. осуществление, выполнение, реализация; внедрение; ввод в действие; 2. оснащение, обеспечение
   numerical **i.** численная реализация (алгоритма)
   software **i.** программная реализация
implemen(ta)tor разработчик, конструктор; специалист по внедрению
implex сложный, запутанный
implicate 1. заключать в себе, подразумевать; 2. вовлекать
implication 1. смысл, значение; то, что подразумевается; 2. вывод, заключение; следствие; последствие; 3. импликация (как логическая операция); 4. вовлечение, включение
   by **implication** по смыслу; предположительно
   the **implication** of facts смысл (значение) фактов
   i. of events включение событий (в другие)
   conditional i. условная импликация
   formal i. формальная импликация
implicit 1. неявный; внутренний; подразумеваемый; 2. безусловный, безоговорочный, полный
   i. **expression** неявное выражение (представление), неявная запись (формулы)
   i. **function** неявная функция
   i. **integration scheme** неявная схема интегрирования
implicitly 1. неявно; непрямо, косвенно; 2. безусловно, полностью
implode взрывать(ся)
implosion взрыв (направленный внутрь)

imply 1. заключать в себе; означать, значить; подразумевать, предполагать, (неявно) выражать; 2. влечь (за собой), иметь следствием; наводить на мысль
imponderable незначительный, несущественный; невесомый, очень легкий
import 1. импорт, введение (извне); ‖ импортировать, вводить, (при)вносить; 2. смысл, значение, суть; ‖ выражать, означать, иметь значение; 3. важность, значительность, ценность; ‖ быть важным
importance значение; значительность, важность
   to be of **importance** иметь (большое) значение
   of no **importance** не имеющий значения
importation введение, внесение, импортация
impose налагать, накладывать (напр., условия), прикладывать; вынуждать, (принудительно) вводить; сообщать (напр., скорость)
   to **impose constraints** накладывать связи, налагать (вводить) ограничения
   to **impose load** прикладывать нагрузку
imposition наложение; приложение; вынуждение, (принудительное) введение; сообщение (напр., скорости)
   i. of **boundary conditions** наложение граничных условий
impossibility невозможность; невыполнимость
impossible невозможный; невероятный; невыполнимый
impound заключать, запирать; запруживать воду, затоплять, аккумулировать (сток)
impoundment наполнение, заполнение; аккумуляция (стока); водохранилище, пруд
impracticability невыполнимость, неосуществимость; неприменимость, непригодность
impractical невыполнимый, неосуществимый; непригодный, бесполезный
imprecision неточность; погрешность; расхождение результатов
impreg пропитанный (смолой) материал
impregnable 1. насыщающийся, поддающийся пропитке; 2. стойкий, устойчивый
impregnant пропитывающее вещество
impregnate 1. насыщать, наполнять; пропитывать; 2. внедрять, вводить
imprescriptible неотъемлемый
impress 1. производить впечатление; 2. след, отпечаток; оттиск, печать; ‖ вдавливать, отпечатывать; прилагать (силу)
impression 1. впечатление; 2. вдавливание, внедрение; отпечаток, вмятина, лунка; печать, печатание, издание
   to convey the **impression** создавать впечатление
   one has the **impression** создается впечатление
   i. **area** площадь отпечатка
   ball i. отпечаток (лунка) от шарика (напр., при определении твердости вдавливанием)
imprimis (лат.) во-первых

imprint 1. отпечаток, оттиск, штамп; ‖ вдавливать; отпечатывать; оставлять след; **2.** выходные данные (публикации)
    i. depth indicator измеритель глубины отпечатка (напр., при определении твердости вдавливанием)
improbability невероятность, неправдоподобие
improbable невероятный, неправдоподобный
improper 1. неправильный; ложный; несоответствующий, непригодный; неточный, нестрогий; неисправный; **2.** несобственный
    i. fraction неправильная дробь
    i. integral несобственный интеграл
    i. minimum нестрогий минимум
    i. solution неправильное решение (не удовлетворяющее условиям задачи)
improvable поддающийся усовершенствованию, улучшению
improve улучшать(ся), усовершенствовать(ся), исправлять(ся), уточнять(ся)
    to improve a convergence улучшать (ускорять) сходимость
    to improve upon улучшать, усовершенствовать
    to improve a value уточнять значение
improved улучшенный, усовершенствованный, уточненный
    i. edition исправленная редакция (напр., книги)
    i. value уточненное значение
improvement улучшение, усовершенствование, исправление, уточнение; модернизация, реконструкция
    improvement on усовершенствование по сравнению с чем-либо
    drag i. уменьшение лобового сопротивления
    iterational i. итерационное уточнение
    mesh i. улучшение (измельчение) сетки
    weight i. снижение веса
improver улучшающая добавка, присадка; уточняющая поправка
impugn оспаривать, опровергать; ставить под сомнение
impugnable спорный
impugnment оспаривание; опровержение
impulse 1. импульс; (механический) удар, толчок; количество движения; ‖ импульсный, ударный; динамический; мгновенный, кратковременный; **2.** стимул, побуждение
    i. excitation импульсное (ударное) возбуждение
    i. force импульсная (мгновенная) сила
    i. front фронт импульса
    i. function импульсная функция
    i. of impact force мгновенный импульс силы, мгновенная ударная нагрузка
    i. ratio импульсное отношение (отношение продолжительности импульса к его периоду)
    i. stroke рабочий ход (двигателя)
    i. time длительность импульса; интервал между импульсами
    i. turbine активная турбина
    angular i. вращательный импульс; момент импульса
    density of i. удельный импульс, импульс на единицу объема
    impact i. ударный импульс
    instantaneous i. мгновенный импульс
    specific i. удельный импульс
    timing i. синхронизирующий импульс
    triangular i. треугольный импульс
    unit i. единичный импульс
    unit i. response импульсная переходная функция, реакция на единичный импульс
impulsion стимул, побуждение; импульс
impulsive импульсный, ударный; динамический; действующий под влиянием импульса; движущий, побуждающий
    i. force импульсная (мгновенно приложенная) сила; ударная (динамическая) сила; движущая сила
    i. load ударная нагрузка
impulsively started приведенный в движение импульсом; мгновенно начавшийся
impure нечистый, неочищенный, с примесями, неоднородный, смешанный
impurity загрязнение; посторонняя примесь, включение
imputation предпосылка
in 1. (предлог) в, во, на, у, при, под, по, с, из; **2.** (наречие) внутрь, внутри; **3.** расположенный внутри, направленный внутрь
    to believe in верить во что-либо
    to bring in вводить, вносить, приносить; добавлять, привносить; приводить в (состояние, движение)
    to build in wood строить из дерева
    to change in size изменяться в размерах
    to differ in различаться в чем-либо
    to get in входить, заходить, проходить; участвовать, принимать участие
    to give in подаваться, деформироваться; уступать, соглашаться; вписывать, регистрировать
    to go in входить; участвовать
    to result in приводить (приходить) к, давать в результате
    to share in принимать участие в чем-либо
    to wear in притирать(ся), прирабатывать(ся) трением
    in bad repair неисправный, требующий ремонта; изношенный
    in behalf of для, ради
    in block цельный, монолитный, (рассматриваемый) как единое целое
    in bulk в целом, в совокупности; в массе, в объеме; навалом (о грузе)
    in clear в свету (напр., о диаметре трубы)

in control управляемый, в управляемом состоянии; не выходящий за рамки заданных параметров
in gear включенный, действующий; находящийся в зацеплении, сцепленный
in line (лежащий) на одной прямой, на одной оси; параллельный
in a manner в некотором смысле; до известной степени
in opposition против, вопреки; (диаметрально) противоположно
in parallel параллельно
in particular в частности, в особенности
in parvo (лат.) в незначительной мере
in place of вместо
in point подходящий; рассматриваемый
in point of в отношении
in point of fact фактически, действительно
in position (установленный) в правильном положении
in question рассматриваемый, обсуждаемый, данный
in ratio прямо пропорционально, в прямой пропорции
in re (лат.) относительно, по вопросу
in rotation по очереди, последовательно, один за другим
in series последовательно
in situ (лат.) на месте, по месту; непосредственно, прямо; ‖ непосредственный, прямой; натурный (об эксперименте)
in stages поэтапно, в несколько приемов
in step одновременно, синхронно
in such a manner таким образом; так, чтобы
in suspension на весу, в подвешенном состоянии
in terms of посредством, при помощи, через; на основе; на примере; исходя из, с точки зрения; в терминах, на языке, в понятиях, в смысле, в единицах; в функции, в значениях
in toto в общем
in turn в свою очередь, по очереди, последовательно
in view of ввиду (того, что), принимая во внимание
in virtue of в силу чего-либо; с помощью, посредством
in work действующий, работающий
the in part внутренняя часть
in- 1. (приставка со значением внутри, внутрь) в-, при-, внутри- ; напр., **include** заключать, содержать в себе; включать; 2. (приставка со значением отрицания, отсутствия) не-, без- ; напр. **ineffectual** безрезультатный, неудачный
inability неспособность, невозможность
inaccessible недоступный, недостижимый
inaccuracy неточность; ошибка, погрешность
inaccurate неточный; неправильный, ошибочный

inaction бездействие, пассивность, инертность; отключенное (неработающее) состояние; отказ в работе
inactive неактивный, инертный; недействующий, выключенный; неисправный
inadaptability неприспособленность, невозможность приспособить (применить); неприменимость, непригодность
inadequacy неадекватность, несоответствие требованиям; недостаточность; несоразмерность
inadequate неадекватный, не отвечающий требованиям, несоответствующий; недостаточный
inadhesive неклейкий, неприлипающий, без адгезии
inadmissible недопустимый, неприемлемый
in-and-out 1. то внутрь, то наружу; непостоянно, попеременно, с колебаниями; 2. внутри и снаружи; детально, подробно
inapplicability неприменимость, невозможность использовать; несоответствие, непригодность
inapplicable неприменимый; несоответствующий, непригодный
inappreciable 1. незаметный, неощутимый, незначительный, не принимаемый в расчет; 2. неоценимый
inapprehensible непостижимый, непонятный
inapproachable недоступный, недостижимый
inappropriate несоответствующий, непригодный
inaptitude 1. неспособность; 2. несоответствие, непригодность
inasmuch (as) так как, поскольку; ввиду того, что
in-between промежуток, интервал; переход, соединение; ‖ промежуточный, переходный
  i. piece переходная (соединительная) деталь
  i. tints промежуточные тона, оттенки цвета
inboard находящийся на борту, внутри (судна); установленный; ‖ на борту, внутри
inbuilt встроенный, внутренний, внутрисхемный
incalculable неисчислимый
incandesce раскалять(ся) добела
incadescence накал, накаливание, температурное свечение; тепловое излучение
incapability невозможность, неспособность
incapable неспособный к; неподдающийся
  i. of improvement не поддающийся улучшению (уточнению)
  i. of solution не поддающийся решению, неразрешимый
incapacious ограниченный, тесный, невместительный
incentive 1. побудительный; 2. побудительная причина, стимул
incentre центр вписанной окружности (сферы)
inception начало; исходное положение

inceptive начальный, начинающий(ся), зарождающий(ся)
incertitude неопределенность
incessant непрерывный, безостановочный
inch дюйм (мера длины = 2,54 см); ‖ дюймовый
    inch by inch постепенно
    by inches 1. постепенно; **2.** почти, чуть не
    every inch вполне, целиком
    i. thread дюймовая резьба
    pound-force per square i. (psi, p.s.i.) фунт-сила на квадратный дюйм (единица давления, напряжения = 6894,757 Па)
    pound per cubic inch фунт на кубический дюйм (единица плотности = 27679,9 кг/куб.м)
    square i. квадратный дюйм
inchoate (находящийся) в начальном состоянии; ‖ начинать, класть начало
incidence 1. сфера действия, охват, распространение; **2.** смежность, инцидентность (напр., вершин в графе); **3.** падение, наклон, скос; угол атаки; угол установки (напр., оперения)
    i. matrix матрица инциденций (инцидентности), матрица смежности, матрица связности
    angle of i. угол падения (наклона); угол атаки; угол установки (крыла)
    angle of i. below stalling докритический угол атаки
    angle of i. beyond stalling закритический угол атаки
    negative i. отрицательный угол атаки
    oblique i. наклонное (косое) падение
    stalling i. критический (срывной) угол атаки, угол срыва
    wing i. угол атаки крыла
incident 1. случай, случайность; происшествие, инцидент, авария; **2.** смежный, инцидентный; **3.** падающий; набегающий; наклонный, находящийся под углом
    incident to свойственный, присущий чему-либо
    i. flow набегающий поток
    i. loading pulse возбуждаемый ударом импульс нагружения
    i. pulse падающий импульс
incidental 1. случайный, несистематический; **2.** побочный, неосновной, второстепенный; **3.** свойственный, присущий; **4.** вытекающий из чего-либо, связанный с чем-либо; **5.** смежный, инцидентный
    i. vertex инцидентная вершина (графа)
incidentally 1. случайно; **2.** неважно, несущественно; **3.** между прочим, к тому же; **4.** в данном случае, в частности
incipient начальный, находящийся в начальной стадии, зарождающийся
    i. fracture зарождающееся разрушение
    i. turbulence начальная турбулентность
incircle вписанная окружность
in-circuit встроенный, внутрисхемный

incise делать разрез, надрезать, насекать; вырезать
incision разрез, надрез, насечка; разрезание, надрезание
incite побуждать; возбуждать
incitement побуждение, стимул
inclinable 1. наклоняющийся, отклоняющийся; **2.** склонный, расположенный
inclination 1. наклон, уклон, угол наклона; отклонение, (магнитное) склонение; **2.** склонность (к чему-либо)
    angle of i. угол наклона; угол подъема винтовой линии
incline наклон; наклонная плоскость, скат; ‖ наклонять(ся), склонять(ся)
inclined наклонный, имеющий наклон, косой
    i. plane наклонная плоскость
    i. shore подкос
inclinometer инклинометр, уклономер
include заключать, содержать в себе; включать
including заключающий, объемлющий, содержащий в себе; включающий; ‖ включая, в том числе
inclusion 1. включение; вложение; присоединение; **2.** примесь, вкрапление; инородное тело; инклюзия; **3.** импликация
    i. relation отношение включения
    air i. воздушный пузырек, воздушная раковина
    cluster of inclusions скопление включений
    elastic i. упругое включение
    Sobolev i. theorem теорема вложения Соболева
inclusive включающий в себя, содержащий
incoercibility несжимаемость (газа)
incoherent 1. некогерентный; **2.** несвязный; **3.** непоследовательный; **4.** рыхлый (напр., о грунте), несцементированный
incombustible невоспламеняемый, негорючий; огнестойкий
incoming приход, прибытие; ‖ входящий, поступающий (напр., о сигнале), наступающий; следующий
    i. flow входящий поток
incommensurable несравнимый, несоизмеримый; непропорциональный
    i. quantities несоизмеримые величины
incommensurate несоответствующий; несоизмеримый; несоразмерный
incompact некомпактный, неплотный
incomparable несравнимый
incompatibility несовместимость, несовместность; несмешиваемость
    i. model модель (с учетом) несовместности; несовместная модель (деформирования); расчетная схема в усилиях (в строительной механике)
    displacement i. несовместность перемещений
    system i. несовместность системы (напр., системы уравнений)

incompatible несовместимый, несовместный
- i. equations несовместные уравнения
- i. events несовместимые события
- i. finite element несовместный конечный элемент
- i. shape functions несовместные функции формы (конечного элемента)

incomplete неполный; незавершённый, незаконченный; незамкнутый; несовершенный, дефектный
- i. basis неполный базис
- i. Cholesky decomposition неполное разложение Холецкого
- i. circuit незамкнутая цепь
- i. combustion неполное сгорание
- i. polynomial неполный полином
- i. rank неполный ранг (напр., матрицы)
- i. system незамкнутая (неполная) система (уравнений)

incompletely неполно, несовершенно; не полностью; не всюду
- i. defined function не всюду определённая функция

incompleteness неполнота; незавершённость, незаконченность; незамкнутость; несовершенность

incompliance 1. недеформируемость, жёсткость; 2. несоответствие, несогласованность; несогласие

incomprehensible непонятный, необъяснимый

incomprehension непонимание

incompressibility несжимаемость; несминаемость
- i. condition условие (уравнение) несжимаемости

incompressible несжимаемый, несжимающийся; несминаемый
- i. elasticity упругость несжимаемого тела
- i. fluid несжимаемая жидкость
- i. layer несжимаемый слой, слой несжимаемого материала
- i. material functional функционал для несжимаемого материала
- i. theory of plasticity теория пластичности несжимаемых сред

inconclusive неубедительный; незавершённый; неокончательный

incondensable неконденсируемый, неконденсирующийся; несжимаемый

incondite плохо составленный; грубый; неоконченный, неотделанный

incongruity несоответствие, несовместимость

incongruous несоответствующий, несовместимый

inconsecutive непоследовательный

inconsequent 1. непоследовательный, нелогичный; 2. несущественный, незначительный; 3. неуместный

inconsiderable незначительный, несущественный

inconsistency 1. несовместимость, несовместность, несогласованность; противоречивость; несостоятельность, ошибочность; 2. изменчивость; неустойчивость

inconsistent 1. несовместимый, несовместный, несогласованный; противоречивый; несостоятельный, неправильный; 2. изменчивый, непостоянный; неустойчивый
- i. estimator несостоятельная оценка, несогласованная оценка
- i. mass matrix несогласованная матрица масс
- i. solution неправильное решение
- i. system несовместная (противоречивая) система (уравнений)

inconstancy непостоянство, изменчивость; неустойчивость

inconstant непостоянный, изменчивый; неустойчивый

incontinently немедленно, сразу же

incontrovertible неопровержимый; несомненный

inconvenience неудобство; затруднение

inconvenient неудобный; затруднительный

inconveniently 1. неудобно; 2. чрезмерно

inconvertible необратимый, не поддающийся обращению (преобразованию)

incoordinate несогласованный, некоординированный

incoordination несогласованность

in-core находящийся (выполняющийся) в оперативной памяти ЭВМ
- i. solution решение в оперативной памяти

incorporate 1. объединённый, соединённый; включённый (в состав), встроенный, внедрённый; неразделяющийся; ‖ объединять(ся), соединять(ся); включать (в состав), охватывать, содержать; встраивать, внедрять; принимать (в члены); 2. использовать, применять (напр., об идее); 3. смешанный; ‖ смешивать

incorporation 1. объединение; включение (в состав), встраивание, внедрение; 2. использование, применение; 3. смешивание

incorrect неправильный, некорректный; неточный
- i. problem некорректная (некорректно поставленная) задача
- i. solution неверное решение
- i. tuning неточная настройка

incorrigible неисправимый (об ошибке)

incorrodible некорродирующий

increase возрастание, рост, увеличение, усиление; приращение; ‖ возрастать, увеличивать(ся), усиливать(ся)
- to be on the increase расти, увеличиваться
- rate of i. скорость (коэффициент) увеличения

increasing возрастание, рост, увеличение, усиление; приращение; ‖ возрастающий, увеличивающий(ся), усиливающий(ся); неубывающий
- i. function возрастающая (неубывающая) функция

i. gear повышающая передача, мультипликатор
i. sum возрастающая (накапливающаяся) сумма
increment возрастание, увеличение; приращение, инкремент, шаг; величина приращения, размер шага; бесконечно малое приращение, дифференциал; || увеличивать, давать приращение, делать шаг (напр., по координате)
    i. of displacement приращение (инкремент) перемещения
    i. of load приращение (инкремент) нагрузки
    i. number номер шага
    i. operation операция увеличения
    i. of parameter приращение параметра, шаг по параметру
    i. size величина приращения, размер шага
    i. vector вектор приращения
    allowed i. допустимое приращение
    approach i. шаг перемещения, шаг (дискрета) позиционирования
    coordinate i. приращение координаты, шаг по координате
    current i. текущий шаг, текущее приращение
    curvature i. приращение кривизны
    drag-rise i. прирост сопротивления
    finite i. конечное приращение
    forbidden i. недопустимое приращение
    function i. приращение (инкремент) функции
    infinitesimal virtual i. бесконечно малое приращение
    initial i. начальное приращение, начальный шаг
    interim i. промежуточный шаг
    intermediate i. промежуточный шаг, вспомогательный шаг
    lift i. прирост подъемной силы
    parameter i. приращение параметра, шаг по параметру; увеличение параметра
    relative i. относительное приращение
    quantization i. шаг квантования
    stepping i. шаговое (ступенчатое) приращение
    stress i. приращение напряжений
    time i. приращение времени, шаг по времени
    total i. полное (суммарное) приращение
    virtual i. возможное (виртуальное) приращение
    zero i. нулевое приращение
incremental 1. инкрементальный, (по)шаговый; относящийся к приращениям; (сформулированный) в приращениях, дифференциальный; **2.** дополнительный, добавочный
    i. approach инкрементальный подход
    i. coordinate координата в приращениях; дискретная координата
    i. element equilibrium равновесие бесконечно малого элемента; равновесие элемента на шаге (напр., по параметру)
    i. equation уравнение в приращениях, инкрементальное уравнение
    i. equilibrium равновесие на шаге
    i. formulation инкрементальная формулировка, постановка (задачи) в приращениях
    i. length длина шага, величина приращения; бесконечно малая длина
    i. method инкрементальный (шаговый) метод
    i. nodal displacement приращение узловых перемещений
    i. parameter параметр приращения
    i. plastic strain vector вектор приращения пластической деформации
    i. portion приращение; нарастающая часть (характеристики)
    i. refinement пошаговое уточнение, уточнение (решения) на шагах
    i. relation инкрементальная зависимость, соотношение в приращениях
    i. ratio отношение приращений
    i. resistance дифференциальное сопротивление
    i. solution решение в приращениях, (по)шаговое решение
    i. step шаг приращения
    i. stiffness matrix матрица жесткости на шаге, инкрементальная матрица жесткости
    i. strain приращение (инкремент) деформаций
    i. theory of plasticity инкрементальная теория пластичности, теория пластичности в приращениях
    i. velocity приращение скорости
    i. work приращение работы, работа на шаге по параметру
incremental-iterative algorithm шагово-итерационный алгоритм
incrementation приращение, шаг; прирост, увеличение
    unit i. единичное приращение; добавление единицы (напр., к счетчику цикла)
increscent нарастающий, усиливающийся
incrustation кора, корка; накипь; образование корки
incubate 1. зарождаться, появляться; **2.** выдерживать (напр., при определенной температуре); вынашивать (мысль); **3.** выращивать, культивировать
incubation 1. зарождение, инкубация; появление, (скрытый) рост; **2.** выдерживание; **3.** выращивание, культивирование
    crack i. зарождение (инкубация) трещины
incubator термостат
incumbrance 1. неполадки, затруднения; **2.** загромождение

incunabula (лат.) период зарождения, ранняя стадия
incur подвергаться (чему-либо), испытывать
incursion набег(ание), наступление; проникновение
   phase i. набег(ание) фазы
incurvation сгибание, искривление; изгиб (внутрь), выгиб; вогнутость, прогнутость; кривизна
incurvature см. **incurvation**
incurve сгибать(ся), выгибать(ся), загибать(ся)
incut врезка, вставка; ‖ врезанный, вставленный; ‖ врезать, вставлять
indecomposable неразложимый, неприводимый
   i. representation неприводимое представление
indecomposability неразложимость, неприводимость
indeed в самом деле, действительно, фактически
indefeasible 1. неотъемлемый; 2. неоспоримый, непреложный
indefectible бездефектный, безупречный, совершенный
indefensible незащищенный; недоказуемый
indefinability неопределимость
indefinable неопределимый, не поддающийся определению (объяснению)
indefinite 1. неопределенный; неясный; незаданный; 2. неограниченный; бесконечный
   i. boundary conditions неопределенные (незаданные) граничные условия
   i. domain неопределенная область; бесконечная (бесконечно протяженная) область
   i. integral неопределенный интеграл
   i. matrix (знако)неопределенная матрица
indemnify гарантировать (от потерь); возмещать, компенсировать
indemnity гарантия (от потерь); возмещение, компенсация
indemonstrable недоказуемый; не требующий доказательства
indent 1. вмятина, углубление; выемка, вырез; зубец, зазубрина; отпечаток, оттиск; ‖ делать вмятину, углубление; зазубривать, надрезать, насекать; делать вырезы; делать отпечатки; 2. абзац, отступ; ‖ делать абзац, отступ
indentation 1. вмятина, углубление; выемка, вырез; зубец, зазубрина; отпечаток, оттиск; 2. вдавливание; вырезывание; 3. абзац, отступ; выделение абзацев
   i. analysis анализ отпечатков (при определении твердости)
   i. area площадь выемки (выреза); площадь отпечатка (при определении твердости)
   i. cup лунка, полусферический отпечаток
   i. hardness твердость на вдавливание, индентометрическая) твердость

   i. method метод определения твердости вдавливанием (индентора)
   i. resistance сопротивление вдавливанию; сопротивление механическому повреждению
   depth of i. глубина отпечатка
indented 1. вдавленный; зазубренный, зубчатый; неровный, с выступами (вмятинами); 2. с абзацами, с отступами (о тексте)
indenter 1. наконечник, индентор; 2. пенетрометр
indention см. **indentation**
indentor см. **indenter**
indenture 1. см. **indent**; 2. договор, контракт, соглашение; ‖ связывать договором
independence независимость; автономность
   data i. независимость (от исходных) данных
   hardware i. независимость от (конкретных) технических средств
   linear i. линейная независимость (напр., функций, векторов)
independent независимый; автономный; изолированный, отдельный; незакрепленный
   to be independent of не зависеть от, быть независимым от
   i. drive автономный привод
   i. events независимые события
   i. structure независимая конструкция; незакрепленная конструкция
   i. substructures независимые (необъединенные) подконструкции
   i. variable независимая переменная
   linearly i. vectors линейно независимые векторы
   temperature i. не зависящий от температуры
independently независимо; автономно; изолированно
indestructibility ненарушимость, неразрушимость, сохранение
   the law of i. of matter закон сохранения материи
indeterminable неопределимый; неразрешимый
indeterminacy неопределенность, неопределимость; неразрешимость
indeterminate неопределенный, неопределимый; неразрешимый; неясный, нечеткий
   i. boundary неопределенная граница
   statically i. статически неопределимый
index 1. (мн.ч. **indices**) индекс, показатель; ‖ показывать, указывать; 2. порядок, степень; коэффициент, множитель; 3. индекс, номер; ‖ индексировать, снабжать индексами, нумеровать, упорядочивать; 4. указатель, индикатор, стрелка (измерительного прибора); ‖ указывающий, инструментальный, измерительный, приборный; ‖ указывать, показывать значение (при измерениях); 5. каталог, оглавление, алфавитный (предметный) указатель; ‖ составлять каталог (оглавление, указатель); ‖ делать ссылку, отсылать (к источнику), ссылаться; 6. со-

впадать (напр., об отверстиях); 7. (по)шаговое перемещение (поворот), дискретное позиционирование; ‖ перемещаться шагами (дискретно), (циклически) поворачивать(-ся) на определенный угол
   i. **correction** инструментальная поправка, поправка на ошибку прибора
   i. **dial** лимб, шкала, циферблат
   i. **of dispersion** индекс рассеяния (характеристика однородности выборки)
   i. **entry** элемент индекса
   i. **file** индексный файл
   i. **of goodness** показатель качества
   i. **of inertia** индекс (показатель) инерции
   i. **line** 1. указательная линия, шкала; 2. линия отсчета, линия приведения
   i. **matrix** матрица индексов
   i. **number** числовой показатель; коэффициент, множитель; (числовой) индекс, порядковый номер
   i. **of plasticity** показатель пластичности; число пластичности (глинистых пород)
   i. **plate** шкала, циферблат
   i. **of a point relative to a curve** порядок точки относительно кривой
   i. **of radical** показатель корня
   i. **of refraction** показатель преломления
   i. **register** индексный регистр
   i. **of root** показатель корня
   i. **of turbulence** масштаб турбулентности
adiabatic i. показатель адиабаты, адиабатический индекс
aggregate i. составной индекс
catalog i. индекс каталога
circulation i. показатель (индекс) циркуляции
citation i. индекс цитируемости (научных публикаций)
component i. индекс компоненты (массива), порядковый номер компоненты
correction i. поправочный коэффициент
cycle i. параметр цикла
direct i. прямой показатель
dummy i. немой индекс
fine i. младший (второй) индекс (напр., при двойной индексации)
fix i. указатель (отметка) местоположения
fractional i. дробный индекс; дробный показатель степени
gross i. старший (первый) индекс
hardness i. число (показатель) твердости
hydraulic i. гидравлический модуль
iteration i. номер итерации
loss i. коэффициент потерь
main i. старший (первый) индекс
mode i. индекс моды
multiple i. мультииндекс, многомерный индекс
permeability i. коэффициент проницаемости
permutation i. индекс перестановки

porosity i. коэффициент пористости
reliability i. показатель надежности
secondary i. второй (младший) индекс
subject i. предметный указатель (в книге)
summation i. индекс суммирования
swelling i. степень набухания
viscosity i. показатель вязкости
waviness i. показатель (критерий) волнистости
indexed 1. указанный; 2. индексированный, снабженный индексами; упорядоченный
   i. **disk** круговая шкала, лимб
   i. **entry** индексированный элемент (напр., массива)
   i. **variable** переменная с индексами
indexer 1. координатное поле, координатный стол (прибора); 2. шаговый механизм
indexing 1. указание; индикация; ‖ указывающий; 2. индексирование, индексация; ‖ индексирующий; 3. градуировка (шкалы), разметка; 4. составление указателя (каталога); 5. совмещение отверстий (напр., при сборке); 6. (по)шаговое перемещение (поворот), дискретное позиционирование
   i. **in degrees** деление на градусы
   angle i. (циклический) поворот на заданный угол
   consecutive i. 1. последовательное деление (шкалы); 2. (по)шаговое перемещение
   target i. индикация цели
indicate 1. указывать, показывать; 2. обозначать; означать, служить признаком
indicated индикаторный, приборный; номинальный
   i. **power** индикаторная мощность
indication 1. указание; 2. индикация, показание, отсчет (прибора); 3. индикатор, указатель; 4. признак, критерий, симптом
   to note an indication снимать показания (с прибора)
   there is every indication that все говорит о том, что
   incidence i. измерение угла атаки
   spread of indications диапазон показаний (прибора)
indicative указывающий, показывающий; показательный, характерный (для чего-либо)
   to be indicative of указывать на что-либо; являться показателем (признаком), свидетельствовать о чем-либо
indicator 1. индикатор, указатель; контрольно-измерительный прибор; стрелка (прибора); 2. индикатриса (функции)
   i. **card** индикаторная диаграмма; индикаторная бумага
   i. **scale** индикаторная шкала
   bank i. указатель крена
   blast i. тягомер
   deflection i. прибор для измерения прогиба, дефлектометр
   digital i. цифровой индикатор

flow i. расходомер
level i. указатель уровня
revolution i. счетчик оборотов
strain-gage i. тензометрический датчик
indicatory указывающий, показывающий; указательный
indicatrix индикатриса
Dupin i. индикатриса Дюпена
indices мн.ч. от **index**
indicial 1. относящийся к индексам, показателям; 2. определяющий
i. equation 1. уравнение с индексами; уравнение относительно индексов; 2. определяющее уравнение
indifferent 1. безразличный, индифферентный, нейтральный; 2. незначительный, несущественный
i. equilibrium безразличное равновесие
statically i. статически нейтральный
indirect непрямой; косвенный; побочный, дополнительный
i. action косвенное (непрямое) (воз)действие
i. differentiation дифференцирование сложной функции
i. light отраженный свет
i. method непрямой метод
i. proof косвенное доказательство
i. result побочный (дополнительный) результат
i. solution непрямое решение
indirect-action непрямого действия
indirection непрямой путь, обход; косвенность, побочность
by indirection косвенно
indiscernible неразличимый
indiscrete непрерывный, сплошной, однородный
indispensable необходимый; обязательный, не допускающий исключений
indisputable бесспорный, неоспоримый
indissoluble 1. неразложимый; 2. нерастворимый
indistinct неясный, неотчетливый
indistinctive неотличительный, нехарактерный
indistinguishable неразличимый; сплошной
individual 1. индивидуальный, отдельный; единичный, частный, одиночный; 2. особенный, оригинальный; 3. характерный, присущий; собственный
i. couple собственный момент
i. finite element test тест для отдельного конечного элемента
i. function собственная (характеристическая) функция
individually по отдельности, отдельно
indivisible 1. неделимый, неразделимый; 2. элементарный, бесконечно малый
indoor находящийся (установленный) в помещении, внутренний, закрытый; стационарный
indraft приток, притекание; поток, направленный внутрь; всасывание, присасывание

i. velocity скорость набегающего потока
angle of i. угол притекания
indraught см. **indraft**
indrawn направленный внутрь; втянутый
indubitable несомненный; очевидный, бесспорный
induce 1. порождать; индуцировать, вызывать, возбуждать, наводить, создавать; побуждать, стимулировать; 2. вносить, вводить, вовлекать; 3. эжектировать, подсасывать; 4. выводить (доказывать) по индукции
induced 1. порожденный; индуцированный, вызванный, наведенный; вынужденный; 2. внесенный, введенный; 3. эжектируемый, подсасываемый, затянутый (в поток); 4. выведенный (по индукции)
i. anisotropy наведенная (вторичная, деформационная) анизотропия
i. draft искусственная тяга
i. resistance индуктивное сопротивление
inducement побуждение, мотив, стимул
inducer индуктор
induct вводить, вовлекать; впускать, всасывать
inductance индуктивность, коэффициент индуктивности; (само)индукция, собственная индукция
inductile нетягучий, нековкий (металл)
induction 1. индукция, индуцирование, наведение; 2. ввод, впуск, всасывание; 3. индукция, индуктивный метод
i. coil индукционная катушка, индуктор
i. heating индукционный нагрев
i. method метод (математической) индукции
i. pipe всасывающая труба
i. step шаг индукции
i. stroke ход всасывания
i. valve впускной клапан
complete i. полная (математическая) индукция
forced i. наддув
infinite i. бесконечная (математическая) индукция
intrinsic i. внутренняя (собственная) индукция
magnetic i. магнитная индукция
mathematical i. математическая индукция
inductive 1. индуктивный; наведенный; вынужденный; 2. индукционный; 3. полученный по индукции
i. impedance индуктивное сопротивление
i. inference вывод по индукции
inductivity индуктивность; диэлектрическая проницаемость; диэлектрическая постоянная
indurate делать(ся) твердым, затвердевать
induration отвердение, затвердевание; затвердевшая масса
industrial производственный, промышленный; используемый для производственных целей; технический
i. engineering промышленная технология; промышленное строительство

    i. ga(u)ge промышленный (измерительный) прибор
    i. software программное обеспечение для производственных применений
    i. test промышленные испытания
industry промышленность, индустрия; отрасль промышленности; предприятие
    aerospace i. авиакосмическая промышленность
    aircraft i. авиационная промышленность
    automotive i. автомобильная промышленность
    machine(-building) i. машиностроительная промышленность, машиностроение
    machine-tool i. станкостроение
    oil i. нефтяная промышленность
    power i. (электро)энергетика
    ship(-building) i. судостроительная промышленность
ineffective неэффективный; безрезультатный, недейственный; недействительный
    i. time время простоя
ineffectual безрезультатный, неудачный
inefficiency 1. неэффективность, недейственность; низкая производительность; неэкономичность; нерациональность; 2. недостаточность; 3. неспособность, неумение
inefficient 1. неэффективный, недейственный; плохо действующий; непроизводительный; неэкономичный; нерациональный; 2. недостаточный; 3. неспособный, неумелый
    i. production низкая (недостаточная) производительность
inelaborate простой, несложный; неразработанный, неразвитый
inelastic 1. неупругий; неэластичный, негибкий; жесткий; 2. неадаптивный; неперестраиваемый
    i. analysis неупругий расчет (деформирования), расчет деформирования за пределами упругости
    i. collision неупругое соударение
    i. constraint неупругая связь, нелинейное ограничение (на характер деформирования)
    i. curve кривая деформирования за пределами упругости
    i. deformation неупругая деформация; неупругое деформирование
    i. link неупругая связь
    i. model неупругая модель; модель неупругого деформирования
    i. range диапазон неупругого деформирования; неупругая зона (область)
    i. solution решение неупругой задачи, решение задачи о деформировании за пределами упругости
    i. stability неупругая устойчивость, устойчивость за пределами упругости
    i. support неупругая опора, неупругое опирание
    i. term составляющая, соответствующая неупругому деформированию; неупругое слагаемое

    i. zone область неупругого деформирования
inelasticity 1. неупругость, неэластичность; негибкость, жесткость; 2. неадаптивность, неперестраиваемость
    i. model модель неупругого деформирования, модель неупругой (нелинейной) работы материала
inequable 1. изменчивый, переменный; 2. неуравновешенный
inequal 1. неравный; различающийся; неравносильный, неэквивалентный; 2. неравномерный; изменчивый, переменный
inequality 1. неравенство; различие; несходство; неравносильность, неэквивалентность; несоответствие; 2. неравномерность; неровность (напр., поверхности); изменчивость, переменность
    i. constraint ограничение типа неравенства
    i. estimate оценка в виде неравенства, оценка с помощью неравенства
    i. set система неравенств
    absolute i. абсолютное (безусловное) неравенство
    conditional i. условное неравенство
    consistent inequalities совместные (непротиворечивые) неравенства
    continued inequalities цепочка неравенств
    estimation i. оценивающее неравенство, оценка в виде неравенства
    numerical i. числовое неравенство, неравенство значений
    simultaneous inequalities система неравенств
    slack i. нестрогое неравенство
    strict i. строгое неравенство
    unilateral c. одностороннее неравенство
    variational i. вариационное неравенство
inequilateral неравносторонний
inequivalence неэквивалентность, неравнозначность
inert инертный; пассивный; безразличный, нейтральный; нечувствительный, невосприимчивый
    i. aggregate заполнитель, инертный материал
    i. gas инертный газ
    i. zone зона нечувствительности
inertance коэффициент инерции
inertia 1. инерция; инертность; сила инерции; инерционные свойства, массовые характеристики; || инерционный, инерциальный; массовый; 2. момент инерции
    inertia about инерция (момент инерции) относительно
    i. balance баланс массы, динамическая уравновешенность
    i. field поле инерции
    i. force сила инерции
    i. governor инерционный регулятор
    i. index индекс (показатель) инерции
    i. law закон инерции

i. of motion инерция движения
i. tensor тензор инерции
attached i. инерция, обусловленная присоединённой массой
axes of i. оси инерции
axial i. осевая (продольная) инерция
centre of i. центр инерции, центр масс
effective i. эффективная (действующая) инерция; эффективный момент инерции
electric i. электрическая инерция; собственная индукция
ellipse of i. эллипс инерции
joint i. 1. инерция в сочленении; 2. суммарная инерция; 3. суммарный момент инерции
mass i. (механическая) инерция; сила инерции
Mohr's circle of i. круг инерции Мора
moment of i. момент инерции
principal moment of i. главный момент инерции
product of i. 1. действие инерции; 2. (центробежный) момент инерции
property of i. свойство инерции
radius of i. радиус инерции
rotary i. инерция вращения
temperature i. тепловая инерция

inertia-coupled с инерционным взаимодействием
inertial инерциальный; инерционный; действующий (происходящий) по инерции; инертный
i. force сила инерции
i. frame of reference инерциальная система отсчёта
i. mass инертная масса
i. property свойство инерции, инерциальность
i. term инерциальный член, инерциальная составляющая

inertialess безынерционный
i. degrees of freedom безмассовые (неинерционные, статические) степени свободы
i. sensor безынерционный датчик

inertness инертность, инерциальность
inessential неважный, несущественный, незначительный
inestimable не допускающий оценки, неоцениваемый; неоценимый
inevitable неизбежный, обязательный
inexact неточный; ошибочный; приближённый, содержащий погрешность
inexactitude неточность; ошибочность; приближённость
inexhaustible неисчерпаемый
inexpedient нецелесообразный, нерациональный
inexpensive недорогой, экономичный
inexpert неопытный, несведущий
inexplicable необъяснимый, непонятный
inexplicit неопределённый, неясно выраженный, непонятный; неявный

inextensional нерастяжимый
i. beam нерастяжимая балка
i. bending изгиб без растяжения, чистый изгиб

infancy ранняя стадия развития
infant начальный
in an infant state на начальном этапе
infect (отрицательно) влиять
infelicity погрешность, неточность (напр., терминологии)
infer 1. заключать, делать вывод, получать (напр., как следствие); 2. означать, подразумевать
inferable возможный в качестве вывода, заключения; выводимый
inference 1. заключение, (логический) вывод, следствие; 2. то, что подразумевается; 3. предположение
to draw an inference (from) приходить к выводу, делать заключение (из)
i. rule правило вывода
analogical i. вывод по аналогии
formal i. формальный вывод
immediate i. непосредственное заключение (следствие), прямой вывод
inductive i. вывод по индукции
mediate i. опосредованное (косвенное) заключение
unfounded i. необоснованный вывод

inferential выведенный (логически), дедуктивный
inferior нижний, низший, расположенный ниже; подчинённый
to be inferior to уступать, быть хуже
i. bound (точная) нижняя граница
i. index нижний (подстрочный) индекс
i. stress limit нижнее предельное напряжение (цикла)

infill наполнять(ся), заполнять(ся), набивать(ся); занимать свободное место; сгущать(ся) (напр., о сетке)
infiltrate (ин)фильтрат; ∥ фильтровать(ся), просачиваться, проникать
infiltration инфильтрация, просачивание, проникание; дренаж; (ин)фильтрат
heat i. приток теплоты
i. tunnel дренажная труба

infiltrometer инфильтрометр
infimum (лат.) инфимум, точная нижняя грань
infinite 1. бесконечный, неограниченный; бесконечно большой; бесчисленный; 2. бесконечность, бесконечное пространство; 3. масса, множество
i. body бесконечное (неограниченное) тело
i. distance бесконечный интервал, бесконечность
i. domain бесконечная область
i. domain finite element конечный элемент для моделирования бесконечной области, бесконечный элемент

infinite   287   **information**

    i. integral интеграл с бесконечным пределом, интеграл по бесконечной области (по бесконечному интервалу)
    i. point точка в бесконечности, бесконечно удаленная точка
    i. population бесконечная совокупность
    i. product бесконечное произведение
    i. series бесконечный ряд
    i. stiffness бесконечно большая (абсолютная) жесткость
    i. sum бесконечная сумма
    function of i. type функция бесконечного (максимального) типа
    positively i. function положительная бесконечно большая функция
infinite-dimensional бесконечномерный
infinitely бесконечно, неограниченно
infinitesimal 1. бесконечно малый, элементарный; 2. бесконечно малая (величина)
    i. calculus исчисление бесконечно малых
    i. increment бесконечно малое приращение
    i. strain бесконечно малая деформация
    i. volume бесконечно малый (элементарный) объем
infinitude бесконечность; бесконечно большое число
infinity 1. бесконечность; неограниченность; 2. предельное значение шкалы
    to go into infinity стремиться к бесконечности, уходить в бесконечность; продолжать(ся) до бесконечности
    an infinity of множество чего-либо
    at infinity в (на) бесконечности
    to infinity до бесконечности, беспредельно
    i. point бесконечно удаленная точка, точка на бесконечности
    line at i. бесконечно удаленная (несобственная) линия
    negative i. минус бесконечность
    positive i. плюс бесконечность
    velocity at i. скорость на бесконечности
infix 1. вставлять, укреплять (в чем-либо); 2. запоминать, запечатлевать
inflame загораться, воспламеняться, зажигать
inflammability горючесть, воспламеняемость
inflammable 1. горючий, воспламеняющийся; 2. горючее вещество
inflammation воспламенение
inflate надувать(ся), накачивать, наполнять газом
inflated надутый, накаченный; вздувшийся, раздутый
inflation надувание, накачивание, наполнение газом; вздутие, вздутость; внутреннее давление (в оболочке), давление воздуха в камере шины
inflator насос, нагнетательное устройство
inflect гнуть, изгибать, сгибать; отклонять (напр., луч); (видо)изменять

inflected изогнутый, согнутый; вогнутый; отклоненный; (видо)измененный
inflection 1. изгиб, сгиб; изгибание; прогиб, величина прогиба; отклонение; 2. перегиб, точка перегиба
    i. point точка перегиба
    surface i. изгибание поверхности
inflexible 1. негибкий, негнущийся, неизгибаемый; жесткий, недеформируемый; 2. неадаптивный, ненастраиваемый, неперестраиваемый
inflexion см. **inflection**
inflow впадение, втекание; втекающий поток, приток; подача, питание; впуск, всасывание, засасывание; ‖ впадать, втекать, притекать; всасывать, засасывать
    i. angle угол притекания
    i. seepage инфильтрация; приток фильтрационной жидкости
    air i. подсос воздуха
influence влияние, (воз)действие; фактор, оказывающий влияние; ‖ влиять, оказывать влияние (воздействие)
    to be influenced by находиться под влиянием (воздействием) чего-либо
    i. coefficient коэффициент влияния
    i. function функция влияния, функция источника, функция Грина
    i. of gravity влияние веса (силы тяжести)
    i. line линия влияния
    i. matrix матрица влияния, матрица (функций) Грина
    aerodynamic i. аэродинамическое воздействие
    boundary i. влияние стенок (канала)
    external i. внешнее воздействие
    secondary i. второстепенное воздействие (влияние)
influent входящий поток; приток; ‖ втекающий, впадающий, притекающий
influential влияющий; важный, существенный
influx втекание; всасывание, засасывание; приток, входящий поток; устье реки
inform информировать, сообщать; передавать данные
informal неформальный; относящийся к существу дела, содержательный
informatics информатика
information информация, данные, сведения; сообщения; знания; оповещение
    i. bit информационный разряд
    i. retrieval system информационно-поисковая система
    i. technology информационная технология, техника (технология) обработки информации
    i. theory теория информации
    amount of i. количество информации
    complete i. полная информация, полный набор данных
    image i. наглядная (визуальная) информация, графические данные

input i. входная информация, входные данные
non-numerical i. нецифровая (нечисловая) информация
null i. отсутствие информации
precise i. точные данные
processed i. обработанные данные
qualitative i. качественная информация
redundant i. избыточная информация
relevant i. существенная информация
side i. дополнительная информация
source i. исходная информация
stored i. хранимая информация
updating i. корректирующая информация
visual i. информация в наглядной форме, визуальная информация
informative информативный, информационный; содержательный, содержащий информацию
as informative as содержит такую же информацию, как и
i. results содержательные результаты
informatization информатизация, распространение информационных технологий
infra (лат.) ниже
infra- (лат.) (как компонент сложных слов) ниже-, под-, инфра-
infraction нарушение (напр., правил)
infrangible неразрушимый; ненарушимый; неразложимый, неделимый
infrared 1. инфракрасный; 2. инфракрасное (тепловое) излучение, инфракрасные лучи, инфракрасная область спектра
i. rays инфракрасные (тепловые) лучи
infrasound инфразвук
infrastructure инфраструктура, внутренняя структура, подструктура
infrequent редкий, редко встречающийся
infringe нарушать (напр., ограничения)
infringement нарушение
infundibular воронкообразный
infuse вливать; вводить, внедрять, диффундировать
infusible неплавкий, тугоплавкий
infusion вливание; введение, внедрение, диффундирование; примесь
ingoing вход, вступление, вхождение; || входящий, вступающий, приходящий
i. wave набегающая волна
ingot слиток, болванка; || литой, отлитый
i. freezing затвердевание слитка
i. mould изложница
i. steel литая сталь
ingrained прочно укоренившийся, проникший; вкрапленный, пропитавший(ся)
ingredient составная часть, составляющая, компонент, ингредиент; наполнитель
ingress вход, доступ; право доступа; попадание, проникновение; впитывание, поглощение
i. of heat поглощение теплоты
inhabit жить, обитать, населять

inhabited населенный, обитаемый
inhale вдыхать; всасывать, поглощать
inhaler всасывающее устройство, (воздухо)заборник; воздушный фильтр
inhaust всасывать, втягивать
inhere быть присущим, свойственным; принадлежать, быть неотъемлемым
inherence неотделимость, неотъемлемость
inherent собственный, свойственный, присущий, внутренний
i. accuracy собственная точность (погрешность)
i. instability собственная (внутренняя) неустойчивость
i. property внутреннее свойство
i. regulation саморегулирование
i. settlement осадка (сооружения) от собственного веса
i. stability собственная (естественная) устойчивость
inherently по существу, по (своей) природе
inherit наследовать
inhibit запрещение, запрет; препятствие, блокировка; задержка, замедление; || запрещать; препятствовать, сдерживать; задерживать, замедлять, тормозить; подавлять (сигнал)
inhibition запрещение, запрет; сдерживание, замедление, торможение
creep i. торможение ползучести
inhibitory запрещающий; препятствующий, блокирующий; задерживающий, замедляющий
i. action задерживающее (замедляющее) действие
inhomogeneity неоднородность, негомогенность, разнородность
flow i. неоднородность потока
spatial i. пространственная неоднородность
stratified i. слоистая неоднородность
structure i. структурная неоднородность
inhomogeneous неоднородный, негомогенный, разнородный; неравномерный
i. boundary conditions неоднородные краевые условия
i. material неоднородный материал
initial 1. начальный, исходный; 2. начальная буква
i. conditions начальные условия; исходное состояние; исходные данные
i. crack начальная трещина
i. creep начальная (переходная) стадия ползучести
i. deflection начальный прогиб, начальная погибь
i. deformation начальная деформация
i. displacement начальное смещение
i. error исходная ошибка; начальная погрешность; погрешность в исходных данных
i. geometry исходная (начальная) геометрия (форма); исходные геометрические данные

i. **guess** начальное приближение
i. **heating** разогрев, прогрев
i. **imperfection** начальное несовершенство (напр., формы оболочки), начальные неправильности
i. **load** начальная нагрузка; предварительная нагрузка
i. **load stiffness matrix** исходная матрица жесткости (напр., для первого шага нагружения)
i. **outlay** эскизный проект, начальная компоновка
i. **phase** начальная фаза; начальная стадия, исходное состояние
i. **position** исходное положение
i. **state** начальное (исходное) состояние
i. **strain** начальная деформация, начальное деформированное состояние
i. **strain method** метод начальных деформаций
i. **stress** начальное напряжение (напряженное состояние)
i. **surface** исходная поверхность; поверхность до деформации
i. **tension** предварительное (начальное) натяжение
i. **value problem** задача с начальными условиями, начальная задача, задача Коши
i. **velocity** начальная скорость
initialization инициализация; установка в исходное положение; задание начальных условий (значений)
initialize инициализировать; устанавливать в исходное положение; задавать начальные условия (значения)
initially вначале; начально, исходно; в начальной стадии, в исходном положении
i. **curved** исходно искривленный, имеющий начальную кривизну (погибь)
initiate инициировать; начинать, класть начало; приступать; включать, возбуждать
initiation инициирование; возбуждение; возникновение, зарождение, начало; основание, учреждение (чего-либо)
i. **of combustion** воспламенение (топлива), запуск двигателя
i. **of slip** начало проскальзывания
crack i. зарождение (страгивание) трещины
flow i. возникновение течения
neck i. начало образования шейки (в растягиваемом образце)
vorticity i. зарождение завихренности
initiative 1. начальный; вводный; положивший начало, инициативный; 2. инициатива
initiatory начальный; вводный
inject 1. вводить; впускать, впрыскивать (напр., топливо), вдувать; нагнетать; 2. вкладывать; включать (в состав); 3. выводить (на орбиту)
to **inject into orbit** выводить на орбиту

injection 1. впрыск(ивание), инжекция; нагнетание; 2. вложение, включение; 3. вывод (на орбиту)
i. **nozzle** впрыскивающее сопло, форсунка
i. **well** нагнетательная скважина
gas i. впуск (нагнетание) газа
jet i. впрыскивание струей
vectored i. направленный впрыск
well i. закачивание в скважину
injector 1. инжектор, форсунка; струйный насос; 2. нагнетательная скважина
fuel i. инжектор топлива, топливная форсунка
injure повреждать(ся), вызывать повреждение, наносить ущерб; терпеть аварию
injury вред, ущерб; повреждение
ink чернила, тушь; красящее вещество
inlay вставка, вложение, включение; ‖ вставлять, вкладывать, включать (в состав)
inleak 1. приток; подсос; ‖ втекать, прибывать; подсасывать; 2. просачивание; ‖ просачиваться
inleakage 1. приток; подсос; 2. просачивание
inlet вход, входная часть; входной (подводящий) канал; впуск; впускное (входное) отверстие, заборник; ‖ входной, впускной
i. **angle** угол на входе
i. **connection** впускной патрубок
i. **pressure** давление на входе, давление впуска (всасывания)
i. **velocity head** скоростной напор на входе
air i. воздухозаборник
drainage i. устье дрены
duct i. вход в канал, входное сечение канала
in-line 1. находящийся на одной линии (оси), соосный, совпадающий, совмещенный; 2. находящийся в составе системы (комплекса), включенный (в состав оборудования); подключенный, действующий
inmost см. **innermost**
innage содержимое; заполненное (внутреннее) пространство; высота заполнения (напр., резервуара)
inner 1. внутренний; 2. внутренний (вложенный) объект
i. **bar** перегородка, диафрагма; перекладина, распорка
i. **diameter** внутренний диаметр, диаметр в свету
i. **face** внутренняя поверхность, обратная (изнаночная) сторона
i. **index** внутренний (младший) индекс
i. **loop** внутренний цикл
i. **product** скалярное (внутреннее) произведение
i. **screw** гайка
i. **stress** внутреннее (собственное) напряжение
i. **tire** камера шины
innermost самый внутренний; лежащий глубоко внутри

innominate не имеющий названия
innovation нововведение, новшество; ‖ инновационный
innumerable бесчисленный; несчетный
inoperative недействующий, неработающий, невключенный; не имеющий силы, недействительный, неприменимый
inopportune несвоевременный; несоответствующий
inordinate 1. излишний, чрезмерный; 2. неупорядоченный
inosculate переплетать(ся), соединять(ся)
in-out (сокр. от **input-output**) ввод-вывод; вход-выход; входные/выходные параметры
   i. **parameter** изменяемый параметр
in-parallel параллельный, одновременный; ‖ параллельно
in parvo (лат.) в незначительной мере
in-phase совпадающий по фазе, находящийся в фазе, синфазный
inplace замещать
inplane плоский, двумерный, находящийся в плоскости
   i. **representation** плоское (двумерное) представление
   i. **trajectory** плоская траектория
   i. **vectors** векторы, лежащие в плоскости
input вход, ввод; подвод, подача; входное воздействие, входной сигнал; устройство ввода, входное устройство; входные данные; ‖ входной, на входе; вводимый, потребляемый; введенный, поглощенный; ‖ вводить, подводить, подавать; задавать извне
   i. **action** входное воздействие
   i. **data** входные (исходные) данные
   i. **language** входной язык
   i. **load** входная нагрузка; нагрузка на входе
   i. **parameter** входной параметр
   i. **stream** входной поток (напр., данных)
   i. **unit** устройство ввода, входное устройство
   i. **variable** входная переменная
   analog i. аналоговый вход (ввод)
   control i. входное управляющее воздействие, управляющий импульс
   data i. ввод данных; входные данные
   energy i. подвод (потребление) энергии
   fuel i. расход топлива
   heat i. подводимая теплота; подвод теплоты
   keyboard i. ввод с клавиатуры; данные, вводимые с клавиатуры
   load i. ввод нагрузки; вводимая нагрузка
   power i. подводимая мощность; затраты энергии
   program i. ввод программы; входные данные программы
   quantized i. дискретный ввод, дискретные входные данные
   rated i. номинальное потребление
   serial i. последовательный ввод (данных)

   sinusoidal i. синусоидальный (входной) импульс
   unit step i. входной сигнал в виде единичного скачка
input-output (I/O) ввод-вывод; вход-выход; устройства ввода-вывода; входные/выходные данные
   i. **specification** описание (спецификация) ввода-вывода (входных и выходных параметров)
   formatted i. форматный ввод-вывод, форматный обмен
   logical i. логический (виртуальный) ввод-вывод
   physical i. физический (реальный) ввод-вывод
inputting подвод, подача; процесс ввода, ввод
inquire спрашивать, узнавать; запрашивать, опрашивать; выяснять, исследовать
   to inquire after спрашивать, узнавать о
   to inquire into исследовать
inquiry вопрос; запрос, опрос; исследование
inradius радиус вписанной окружности (сферы)
inrush 1. напор, натиск; прорыв (напр., воды); обрушение, обвал; 2. пусковой импульс (тока)
inscribe 1. вписывать (геометрическую фигуру); 2. записывать; надписывать; вписывать (напр., формулы)
inscribed вписанный
   i. **square** вписанный квадрат
inseparability неотделимость, неразделяемость; несепарабельность
in-series последовательный; ‖ последовательно
insert 1. вставка; вставление, помещение, ввод; ‖ вставлять, помещать; вводить; подставлять (напр., в уравнение); включать (напр., в цепь); 2. вкладыш, прокладка; втулка
insertion 1. ввод, введение; вставление, вставка, врезка; включение (в цепь); место ввода (включения, врезки); 2. вкладыш, прокладка; втулка; 3. выведение на орбиту
inset вставка, вклейка; заделка; ‖ вставлять (внутрь, между), вкладывать; заделывать
inseverable неотделимый, неразъединимый
inshore прибрежный; ‖ у берега
inside 1. внутренняя сторона (поверхность); внутренность; содержимое; середина; ‖ внутренний; скрытый; ‖ внутрь, внутри; 2. составная часть
   inside of внутри чего-либо; в пределах, в рамках
   i. **diameter** внутренний диаметр
insignificance незначительность; маловажность
insignificant незначащий, несущественный, малый
   i. **error** несущественная ошибка, малая погрешность

insight проникновение; понимание, представление; интуиция
   to gain an insight into понять, проникнуть в (сущность)
   to provide insight into дать представление о чем-либо
in situ (in-situ) (лат.) на своем месте, по месту; непосредственно, прямо; ‖ непосредственный, прямой; натурный (об эксперименте)
   i. block установленный блок; монолитный (неразъемный) блок
   i. data данные (натурных) наблюдений
   i. method прямой (непосредственный) метод
   i. sensor датчик прямого действия
insofar as в такой мере (степени), что; поскольку
   insofar as ... is concerned что касается ... ; когда речь идет о ...
insoluble 1. неразрешимый; 2. нерастворимый
insomuch настолько, что
   insomuch as поскольку, так как
   insomuch that настолько (до такой степени), что
inspect (внимательно) рассматривать, изучать; осматривать, обследовать; проверять, контролировать
inspection изучение, обследование, осмотр; проверка, контроль, приемка; дефектоскопия
   i. of structures осмотр (обследование) конструкций
   i. tools средства контроля
   complete i. сплошной контроль
   conformance i. проверка соответствия (напр., техническим требованиям)
   flaw i. дефектоскопия
   incoming i. входной контроль
   nondestructive i. неразрушающий контроль
   outer i. наружный осмотр
   random i. выборочный контроль
   solution by i. решение методом подбора (подстановки)
   supersonic i. ультразвуковая диагностика
   X-ray i. рентгеновская дефектоскопия
insphere вписанная сфера
inspiration 1. вдыхание; всасывание; 2. влияние
inspirator инжектор
inspire 1. вдыхать; всасывать; 2. влиять; внушать
inspissate сгущать(ся), конденсировать(ся), уплотнять(ся)
instability неустойчивость, потеря устойчивости; нестабильность, изменчивость; нестационарность
   i. analysis расчет потери устойчивости, анализ неустойчивости
   i. bounds границы (не)устойчивости
   i. of computations неустойчивость вычислений
   i. of crack неустойчивость (неустойчивый) рост) трещины
   i. criterion критерий (не)устойчивости (потери устойчивости)
   i. of equilibrium неустойчивость равновесия; потеря устойчивости (напр., деформируемой системы)
   i. fracture разрушение при потере устойчивости
   i. load критическая нагрузка, нагрузка потери устойчивости
   i. mode форма (мода) потери устойчивости; неустойчивая форма
   i. of motion неустойчивость движения
   i. region область (диапазон, интервал) неустойчивости
   i. due to rounding-off errors неустойчивость (вычислений) из-за ошибок округления
absolute i. абсолютная неустойчивость
aerodynamic i. аэродинамическая неустойчивость
aeroelastic i. аэроупругая неустойчивость (потеря устойчивости)
bifurcation i. неустойчивость (типа) бифуркации, бифуркационная потеря устойчивости
burst i. взрывная неустойчивость
conditional i. условная неустойчивость
control i. неустойчивость управления
dimensional i. геометрическая изменяемость (конструкции)
directional i. путевая неустойчивость, неустойчивость на курсе
dynamic i. динамическая неустойчивость, динамическая потеря устойчивости
elastic i. упругая потеря устойчивости, неустойчивость упругого деформирования
Eulerian i. потеря устойчивости по Эйлеру
explosive i. взрывная неустойчивость
flow i. неустойчивость течения
frequency i. нестабильность частоты
global i. общая потеря устойчивости
inherent i. собственная (внутренняя) неустойчивость
lateral i. боковая (поперечная) неустойчивость (потеря устойчивости)
local i. местная потеря устойчивости
mode i. неустойчивость формы (моды)
oscillatory i. колебательная неустойчивость
overall i. общая потеря устойчивости
parametric i. параметрическая неустойчивость
phase i. нестабильность фазы; фазовая неустойчивость
plastic i. пластическая потеря устойчивости, неустойчивость пластического деформирования
pitch i. неустойчивость по тангажу
rolling i. неустойчивость по крену
shear i. сдвиговая форма потери устойчивости; неустойчивость сдвига
shell i. потеря устойчивости оболочки
static i. статическая неустойчивость, статическая потеря устойчивости

structural i. неустойчивость (потеря устойчивости) конструкции; структурная неустойчивость
time i. неустойчивость во времени
wriggle i. потеря устойчивости при изгибе, изгибная неустойчивость
yaw i. путевая неустойчивость

instable неустойчивый; нестабильный, непостоянный, изменчивый; неустановившийся, нестационарный
i. algorithm неустойчивый алгоритм
i. behavior неустойчивое поведение; нестационарное поведение
i. branch неустойчивая ветвь (напр., решения)
i. equilibrium неустойчивое равновесие
i. mode неустойчивая форма (мода)
i. solution неустойчивое решение; неустойчивый процесс (численного) решения; неустановившееся решение
i. structure неустойчивая конструкция (структура); геометрически изменяемая конструкция

install 1. помещать, размещать; 2. устанавливать, монтировать, собирать, инсталлировать; настраивать; вводить в действие

installation 1. размещение, расположение; 2. установка, монтаж, сборка, инсталляция; настройка; ввод в действие; 3. аппаратура, оборудование; агрегат; конструкция, сооружение
acceleration i. ускоритель
board i. бортовое оборудование; установка (размещение) на борту
engine i. силовая установка
strain-gage i. тензометрическая установка
test i. экспериментальная установка
wind tunnel i. аэродинамическая труба

installing 1. размещение, расположение; 2. установка, монтаж, сборка; настройка; ввод в действие

instalment 1. часть, партия; 2. отдельный выпуск; очередной выпуск (журнала)

instance 1. пример, отдельный случай; || приводить пример, приводить в качестве примера; 2. представитель группы, класса; образец, экземпляр; 3. копия; 4. вариант; 5. момент (времени); 6. просьба, требование
at the instance of по просьбе, по требованию
for instance например
in the first instance прежде всего, в первую очередь, сначала
in this instance в этом случае
parallel i. подобный случай

instant 1. момент (времени), мгновение; || мгновенный, моментальный; немедленный; текущий, относящийся к данному моменту времени; 2. настоятельный, необходимый
on the instant немедленно, сразу же; как только; в тот момент, когда
i. of failure момент отказа

initial i. начальный момент
sampling i. момент измерения

instantaneous мгновенный; относящийся к данному моменту времени, текущий; немедленный
i. acceleration мгновенное ускорение
i. axis мгновенная ось (напр., вращения)
i. centre мгновенный центр (напр., скоростей, вращений)
i. constraint мгновенная (мгновенно налагаемая) связь
i. coordinate текущая координата
i. load мгновенная (мгновенно прилагаемая) нагрузка; кратковременная нагрузка
i. modulus мгновенный (текущий) модуль
i. strength временное сопротивление (материала)
i. stress мгновенное напряжение
i. velocity мгновенная скорость
i. velocity pole мгновенный центр скоростей

instantaneously мгновенно; немедленно; для текущего момента
instantaneously elastic мгновенно упругий (о материале)

instantiate иллюстрировать примерами, показывать на примерах; конструировать пример, (соз)давать образец; конкретизировать

instantly мгновенно, немедленно

instead вместо, взамен

institute институт, (научное) учреждение, общество, организация; || устанавливать; учреждать, основывать; вводить; начинать, назначать

institution 1. установление, учреждение; 2. определенный порядок, система; 2. общество, организация, ведомство; учебное заведение

instop (при)останавливать

instruct 1. обучать; 2. информировать; 3. давать команду

instruction 1. обучение; инструкция, руководство; 2. команда (ЭВМ); оператор (языка программирования)
i. set система (набор, состав) команд
absolute i. команда на машинном языке
assignment i. команда присваивания
branching i. команда перехода
call i. команда вызова (обращения)
current i. текущая (исполняемая) команда
double-precision i. команда для вычислений с двойной точностью
dummy i. фиктивная (пустая) команда
exit i. команда выхода
floating-point i. команда для вычислений с плавающей запятой
iterative i. команда организации цикла; команда в цикле
machine i. машинная команда
transfer i. команда перехода; команда пересылки

instrument 1. инструмент, орудие; прибор, измерительное устройство; ‖ инструментальный, приборный; ‖ оборудовать (приборами), оснащать; 2. осуществлять, реализовывать
   i. **board** приборная панель
   i. **precision** точность прибора
   i. **range** пределы измерения
   i. **rating** класс точности прибора
   angle-of-attack i. указатель угла атаки
   board i. бортовой прибор
   calibration i. эталонный прибор
   end i. (первичный) датчик, измеритель
   gaged i. калиброванный (поверенный) инструмент (прибор)
   humidity i. гигрометр
   immersion-type i. погружной прибор
   measuring i. измерительный прибор
   pressure i. манометрический прибор
   recording i. самопишущий прибор
instrumental 1. инструментальный, приборный; 2. вспомогательный, служебный; служащий средством (для чего-либо)
   i. **error** инструментальная ошибка, погрешность измерения
instrumentality посредство, содействие
   by the instrumentality of посредством, с помощью
instrumentation 1. контрольно-измерительная аппаратура, средства измерения; приборное оснащение; 2. измерения; 3. осуществление, реализация; средство, способ
   test i. 1. испытательное (измерительное) оборудование; 2. измерения при испытаниях
   test bed i. 1. измерительная аппаратура стенда; 2. стендовые измерения
instrumented 1. оборудованный; оснащенный (измерительной) аппаратурой; 2. осуществленный
insufficiency недостаточность; неполнота; несоответствие
insufficient недостаточный, неполный, неудовлетворительный; несоответствующий
insufflation вдувание, инжекция
insufflator инжектор
insulance сопротивление изоляции
insulant 1. изолирующий, изоляционный; 2. изоляция, изоляционный материал
insular изолированный; замкнутый
insulate изолировать; отделять, разобщать
insulated изолированный; отделенный; отдельный
   i. **crack** изолированная (отдельная) трещина
   thermally i. термоизолированный
insulating изолирующий, отделяющий; изоляционный, непроводящий
insulation изоляция, отделение, разделение; изоляционный материал
   acoustic i. звукоизоляция
   vibration i. виброизоляция
insulator изолятор, изоляционный материал
insuperable непреодолимый, очень трудный

insure обеспечивать, гарантировать
insusceptible нечувствительный, невосприимчивый
inswept обтекаемый, каплевидный, сигарообразный
insymbol вводить символ (обозначение)
in-system системный, входящий в систему; внутренний; внутрисхемный
   i. **unit** 1. системная единица (измерения); 2. устройство, входящее в систему
intact 1. целый, цельный, неповрежденный; работоспособный; 2. безотрывный (об обтекании)
   i. **boundary layer** безотрывный пограничный слой
intake поглощение, потребление; впуск, поступление, приток; забор, всасывание; приемное (впускное) устройство, заборник; всасываемое вещество; потребляемая мощность; ‖ впускной; приемный; всасываемый, потребляемый, поглощаемый
   i. **area** площадь входного сечения
   i. **manifold** всасывающий патрубок
   i. **stroke** ход впуска (всасывания)
   air i. воздухозаборник; забор (всасывание, приток) воздуха
   capillary i. капиллярное поглощение; капиллярная пропитка
int. al. (лат.) (**inter alia**) между прочим
integer 1. целый, целочисленный; 2. целое число; 3. единое целое
   i. **algorithm** целочисленный алгоритм
   i. **number** целое число
   i. **part** целая часть (числа)
   i. **programming** целочисленное программирование
   i. **solution** решение в целых числах
   complex (Gaussian) i. комплексное целое число
   positive i. положительное целое число
   short i. короткое целое число
   signed i. целое число со знаком
integer-valued целый, целочисленный
integrability интегрируемость; суммируемость; возможность объединения (частей, систем)
integrable интегрируемый; суммируемый; допускающий объединение
   i. **with square** интегрируемый с квадратом (со второй степенью)
   totally i. вполне интегрируемый
integral 1. интеграл; ‖ интегральный; 2. единое целое; составная часть целого; ‖ полный, суммарный; объединенный; составляющий единое целое; неотъемлемый, существенный; внутренний, встроенный; 3. целое число; ‖ целый, целочисленный
   to be made integral with выполняться как единое целое с
   i. **action** интегральное действие; суммарное воздействие
   i. **of action** интеграл действия
   i. **calculus** интегральное исчисление

i. capacity суммарная (полная) вместимость (емкость, объем); суммарная мощность (производительность)
i. along a contour интеграл по контуру
i. criterion интегральный критерий; общий показатель
i. curvature интегральная кривизна
i. curve интегральная кривая, график решения дифференциального уравнения; суммарная характеристика
i. of a differential equation интеграл (решение) дифференциального уравнения
i. over domain интеграл по области
i. energy суммарная (полная) энергия
i. equation интегральное уравнение
i. error общая (интегральная, суммарная) погрешность, интегральная оценка погрешности
i. estimation интегральная (общая, суммарная) оценка; оценка в виде интеграла
i. evaluation оценка (вычисление) интеграла
i. force интегральное (суммарное) усилие
i. function 1. интегральная функция; 2. целая функция
i. method интегральный метод
i. of motion интеграл движения
i. parameter интегральный (суммарный) параметр; целочисленный параметр
i. part 1. целая часть (числа); 2. неотъемлемая часть; цельная (неразъемная) деталь
i. sine интегральный синус
i. sum интегральная сумма
i. transform интегральное преобразование
i. type 1. тип интеграла; 2. целочисленный тип данных
i. unit 1. агрегат, объединение устройств; 2. целая единица (измерения)
i. value значение интеграла; целое значение
i. with variable upper limit интеграл с переменным верхним пределом
area i. интеграл по площади
body i. интеграл по объему
boundary i. граничный интеграл, интеграл по границе
boundary i. equation граничное интегральное уравнение
circulation i. интеграл по замкнутому контуру; интеграл циркуляции, циркуляция
contour i. интеграл по (замкнутому) контуру, криволинейный интеграл; интеграл циркуляции, циркуляция
convolution i. интеграл свертки
cosine i. интегральный косинус
curvilinear i. криволинейный интеграл
definite i. определенный интеграл
double i. двойной интеграл
Duhamel i. интеграл (свертки) Дюамеля
elliptic i. эллиптический интеграл
energy i. интеграл энергии
error i. интеграл ошибок
Fourier i. интеграл Фурье
general i. общий интеграл
Hamilton action i. интеграл действия по Гамильтону
improper i. несобственный интеграл
indefinite i. неопределенный интеграл
infinite i. интеграл с бесконечным пределом, интеграл по бесконечной области (по бесконечному интервалу)
invariant i. инвариантный интеграл; интеграл, не зависящий от пути (интегрирования)
iterated i. повторный интеграл
Lebesgue i. интеграл Лебега
line i. интеграл по линии, криволинейный интеграл
Maupertius-Lagrange action i. интеграл действия по по Мопертюи-Лагранжу
multiple i. кратный интеграл
n-fold i. n-кратный интеграл
particular solution i. интеграл частного решения
path-independent i. интеграл, не зависящий от пути (интегрирования)
phase i. фазовый интеграл
probability i. интеграл вероятности
repeated i. повторный интеграл
singular i. сингулярный интеграл
singular i. equation сингулярное интегральное уравнение
space i. интеграл по пространству (по пространственным переменным), пространственный интеграл
standard i. стандартный (табличный) интеграл
surface i. поверхностный интеграл
time i. интеграл по времени
triple i. тройной интеграл
volume i. объемный интеграл, интеграл по объему
work i. интеграл работы
integrality целостность, полнота
integrally в целом; целиком, полностью
integrals мн.ч. от **integral**; составные части целого
integrand подинтегральная функция, подинтегральное выражение
 exact i. подинтегральное выражение, являющееся точным дифференциалом
integrant 1. интегрирующий, суммирующий; 2. объединяющий; 3. составляющий элемент целого
integrate 1. интегрировать; суммировать; 2. полный, целый; объединенный; составной; || составлять целое; объединять; встраивать, включать в состав; группировать
 to integrate by parts интегрировать по частям
 to integrate by substitution интегрировать подстановкой
 to integrate over the interval интегрировать по интервалу

integrated 1. (про)интегрированный; суммированный; 2. объединенный; сгруппированный; 3. внутренний, встроенный
  i. **approach** интегрированный (комплексный, объединенный) подход
  i. **circuit** (IC) интегральная схема (ИС)
  i. **curve** интегральная кривая
  i. **data** сгруппированные (объединенные) данные
  i. **environment** интегрированная (программная) среда
  i. **error** суммарная (полная) погрешность; проинтегрированная погрешность
  i. **function** проинтегрированная функция, интеграл функции
  i. **package** интегрированный пакет (программ)
  i. **study** комплексное исследование
  i. **through the thickness** (про)интегрированный по толщине
  analytically i. аналитически (про)интегрированный
  numerically i. численно (про)интегрированный

integrating 1. интегрирование, суммирование; ‖ интегрирующий, суммирующий; 2. интеграция, объединение; слияние; ‖ объединяющий
  i. **factor** интегрирующий множитель
  i. **matrix** интегрирующая матрица

integration 1. интегрирование; 2. интеграция, объединение; слияние; включение (в состав), встраивание; 3. комплексирование, компоновка
  i. **bounds** пределы интегрирования
  i. **constant** постоянная интегрирования
  i. **error** погрешность интегрирования
  i. **formula** формула (численного) интегрирования
  i. **limits** пределы интегрирования
  i. **by parts** интегрирование по частям
  i. **path** путь (контур, траектория) интегрирования
  i. **point** точка (узел) численного интегрирования
  i. **rule** формула (численного) интегрирования
  i. **step** шаг интегрирования
  i. **stepsize** размер шага интегрирования
  i. **by substitution** интегрирование подстановкой
  i. **technique** метод интегрирования
  i. **term** подинтегральное выражение
  i. **test** комплексное (совместное) испытание
  i. **variable** переменная интегрирования
  adaptive i. адаптивное (численное) интегрирование
  analytical i. аналитическое (символьное) интегрирование, интегрирование в квадратурах
  approximate i. приближенное интегрирование
  element of i. подинтегральное выражение
  explicit i. явное (аналитическое) интегрирование; (численное) интегрирование по явной формуле
  explicit time i. (численное) интегрирование по времени явным методом; аналитическое интегрирование по времени
  Gauss i. (численное) интегрирование по формуле Гаусса
  large-scale i. интеграция высокого уровня
  line of i. путь (траектория) интегрирования
  lower limit of i. нижний предел интегрирования
  minimum degree i. (численное) интегрирование минимального (минимально допустимого) порядка
  numerical i. численное интегрирование
  reduced i. сокращенное (редуцированное) интегрирование
  single-step i. **scheme** одношаговый метод интегрирования
  stable i. устойчивое (численное) интегрирование
  step-by-step i. (по)шаговое интегрирование
  symbolic i. символическое интегрирование; символьное (аналитическое) интегрирование
  temporal i. интегрирование по времени
  term-by-term i. почленное интегрирование
  through-the-thickness i. интегрирование по толщине (слоя, оболочки)
  time i. интегрирование по времени
  transversal i. интегрирование в поперечном направлении, интегрирование по толщине
  trapezoidal i. (численное) интегрирование по формуле трапеций
  two-point Gauss i. интегрирование по двухточечной формуле Гаусса
  upper limit of i. верхний предел интегрирования
  variable step i. (численное) интегрирование с переменным шагом

integrator 1. интегрирующее устройство, интегратор; интегрирующая функция (матрица); 2. накопитель

integrity 1. целостность; непрерывность; 2. сохранность, работоспособность; 3. достоверность, безошибочность
  conceptual i. концептуальная целостность
  operational i. работоспособность

integro-differential интегро-дифференциальный

integument оболочка, наружный покров; обшивка

intelligence 1. интеллект; развитые логико-информационные возможности; 2. информация, данные, сведения
  artificial i. искусственный интеллект

intelligent интеллектуальный
  i. **robot** интеллектуальный робот

intelligible понятный, разборчивый
intend 1. намереваться, иметь в виду; предполагать; 2. подразумевать, значить
    to intend for предназначать
intended заданный, предопределенный; предназначенный
    to be intended for 1. предназначаться для чего-либо; 2. преследовать цель
    i. frequency заданная частота
intense сильный, интенсивный, напряженный
intensification усиление, интенсификация
intensifier 1. усилитель; 2. электронно-оптический преобразователь
intensify усиливать(ся), интенсифицировать(ся)
intension 1. интенсивность, напряженность; напряжение, сила, усилие; 2. содержание (понятия), интенция
intensity интенсивность, напряженность; напряжение, сила, усилие; яркость (изображения)
    i. of breaking разрывное напряжение, напряжение при разрыве
    i. of current сила тока
    i. of draft сила тяги
    i. of gravity напряженность поля тяготения; ускорение силы тяжести, ускорение свободного падения
    i. of load интенсивность (распределенной) нагрузки
    i. of shear интенсивность (напряжения) сдвига, перерезывающее усилие
    i. of strain интенсивность деформации
    i. of tension интенсивность (напряжения) растягивающее, растягивающее усилие
    i. value интенсивность, напряженность, плотность; параметр (величина) интенсивности
    discharge i. удельный расход
    earthquake i. сила (интенсивность) землетрясения
    field i. интенсивность (напряженность) поля
    flow i. (удельный) расход потока
    force i. напряженность силового поля, интенсивность усилия (напр., на единицу длины); величина силы
    light i. сила света
    retention i. удерживающая сила
    sound i. интенсивность (сила) звука
    source i. интенсивность источника
    spectral i. спектральная плотность
    stress i. интенсивность напряжений
    stress i. factor коэффициент интенсивности напряжений
    stress i. fracture criterion критерий разрушения в интенсивностях напряжений
    vortex i. интенсивность вихря
intensive интенсивный, напряженный
intent 1. намерение, цель; 2. настойчивый; внимательный; 3. занятый чем-либо, погруженный во что-либо

to all intents фактически, действительно, в сущности; во всех отношениях
intention намерение, стремление, цель; замысел
inter- (как компонент сложных слов) интер-, меж-, между-, среди-; взаимо-; пере-
interact взаимодействовать, влиять друг на друга
interaction взаимодействие, взаимовлияние; диалог; обмен данными
    by interaction косвенно
    i. forces силы взаимодействия
    i. pattern схема взаимодействия
    i. space область взаимодействия
    attractive i. взаимное притяжение
    body-wing i. взаимодействие (совместная работа) крыла с фюзеляжем (корпусом судна)
    contact i. контактное взаимодействие
    elastic i. упругое взаимодействие
    jet-shock i. взаимодействие струи со скачком уплотнения
    matrix-filler i. взаимодействие "матрица-наполнитель" (в композиционном материале)
    mutual i. взаимодействие, взаимовлияние
    nonlinear i. нелинейное взаимодействие
    one-way i. одностороннее взаимодействие
    repulsive i. взаимное отталкивание
    user i. диалог пользователя с системой
    well i. взаимодействие скважин
interactive взаимодействующий; диалоговый, интерактивный
    i. application (прикладная) диалоговая система
    i. graphics интерактивная графика; средства (устройства) графического взаимодействия
    i. mode диалоговый (интерактивный) режим
inter alia (лат.) (int. al.) между прочим
interattraction взаимное притяжение
interbracing внутренние распорки, раскосы
interburden прослойка
intercalate вставлять (напр., новые данные), включать, прибавлять; прослаивать
intercalation вставка, прибавление; внедрение; прослойка, чередование прослоек
intercept 1. отрезок; || выделять, отсекать (напр., отрезок линии); 2. перехватывать, прерывать; останавливать, задерживать
    to intercept an arc опираться на дугу
    i. form of the equation of a straight line уравнение прямой в отрезках
    x i. отрезок на оси x
interception перехватывание, задержание (напр., стока); преграда, заграждение
interchain связывать цепью, включать в цепочку
interchange (взаимный) обмен, замена, смена; чередование, перестановка; || обменивать(ся), переставлять, менять местами, чередовать(ся)
    i. of matter обмен веществом (массой)
    heat i. теплообмен

interchangeable (взаимо)заменяемый; сменный, съемный; перестановочный; равнозначный, эквивалентный
interchangement взаимный обмен
interchanger обменник; коммутатор
intercommunicate сообщаться (между собой); иметь связь
intercomparison (взаимное) сравнение, сопоставление
interconnect связывать(ся); соединять(ся)
interconnection взаимосвязь, взаимозависимость; внутреннее (межкомпонентное) соединение
   i. of flows взаимное влияние потоков
   layer i. соединение слоев (напр., в многослойных оболочках)
   system i. взаимосвязь систем; объединение систем
   welded i. сварное соединение
interconvertible взаимно преобразующийся; взаимозаменяемый; равноценный
interconversion взаимное преобразование, перевод (напр., из одной системы счисления в другую); взаимное превращение
intercorrelation взаимная корреляция
intercoupling взаимосвязь, взаимозависимость, взаимовлияние
intercross пересекаться, скрещиваться
interdepend зависеть друг от друга
interdependence взаимосвязь, взаимозависимость
interdict запрещение, запрет; ‖ запрещать; препятствовать; удерживать (от); лишать права
interdictory запрещающий; запретительный
interdiffusion взаимная диффузия
interelement межэлементный, межкомпонентный
   i. boundary межэлементная граница
   i. condition межэлементное условие, условие на границе между (конечными) элементами
   i. continuity межэлементная непрерывность
   i. shear межэлементный сдвиг
interest интерес, значение; заинтересованность; выгода, польза; ‖ интересовать, заинтересовывать
   to take an interest in проявлять интерес к чему-либо
   of interest интересный, важный
interested заинтересованный
   to be interested in интересоваться чем-либо
interesting интересный
interface интерфейс; граница, стык; раздел, поверхность раздела; контактная поверхность; сопряжение, согласование, переход; связующее звено, согласующее устройство; ‖ разделяющий; промежуточный; согласующий; ‖ разделять; связывать, сопрягать
   i. crack трещина по поверхности раздела

   i. device устройство сопряжения, интерфейс
   i. kinetics кинетика поверхности раздела (напр., фазового перехода)
   i. node узел на поверхности раздела; интерфейсный узел, узел сопряжения
   i. surface поверхность раздела (стыка)
   i. variables промежуточные переменные
   i. vehicle экраноплан
   bimaterial i. поверхность раздела двух материалов
   docking i. средства стыковки; стыковочная поверхность
   freezing i. поверхность раздела при замерзании (затвердевании)
   front-end i. внешний интерфейс
   gas-liquid i. поверхность раздела "газ-жидкость"
   graphical i. графический интерфейс, средства графического взаимодействия
   hardware i. аппаратный интерфейс, аппаратный стык
   input/output i. интерфейс ввода/вывода
   intelligent i. интеллектуальный интерфейс
   liquid-solid i. граница раздела жидкой и твердой фаз
   man-machine i. взаимодействие (средства взаимодействия) человека и машины, человеко-машинный интерфейс
   menu-type user i. интерфейс пользователя типа меню
   peripheral i. интерфейс периферийного (внешнего) устройства, внешний интерфейс
   phase i. поверхность раздела фаз, межфазная граница
   solid-melt i. граница "твердое тело - расплав", фронт кристаллизации
   user i. интерфейс пользователя, средства взаимодействия пользователя с ЭВМ (с программой)
   user-friendly i. интерфейс, удобный для пользователя ("дружественный" пользователю)
interfacial разделяющий; промежуточный; согласующий; межфазный
interfere 1. мешать, препятствовать; противоречить, сталкиваться; создавать помехи; вмешиваться; 2. взаимно влиять, интерферировать
interference 1. помеха, препятствие; вмешательство; столкновение, противоречие; 2. взаимное влияние, интерференция; взаимодействие; 3. помехи, шумы; 4. натяг, (прессовая) посадка; 5. удар (задевание) движущихся деталей
   i. band интерференционная полоса
   i. effect эффект интерференции; влияние помех
   i. filter фильтр против помех
   i. fringes интерференционные полосы (кольца)
   i. range область интерференции, зона искажений

aerodynamic i. аэродинамическая интерференция
body-wing i. (силовое) взаимодействие фюзеляжа и крыла
gage i. несовпадение размеров; разнотолщинность (листового проката)
favourable i. полезная интерференция
harmonic i. гармонические помехи
modal i. интерференция мод
motion i. помеха движению
optical i. интерференция света, оптическая интерференция
vortex i. (взаимо)влияние вихрей, интерференция вихрей
wall i. влияние стенок (напр., аэродинамической трубы)
well i. взаимодействие скважин
interferogram интерферограмма
interferometer интерферометр
interferometry интерферометрия; метод интерферометрии
   coherent light i. когерентная интерферометрия
   hologram i. голографическая интерферометрия
interflow слияние; || сливаться, соединяться
interfluent 1. сливающийся; 2. протекающий между
interfuse сплавлять(ся); смешивать(ся), перемешивать(ся)
interfusion сплавление; перемешивание; смесь
intergranular межзеренный, межгранулярный, межкристаллитный
   i. embrittlement межзеренная хрупкость
intergrowth срастание, врастание
interim промежуток времени; || временный; промежуточный
   in the interim тем временем; в промежутке
interior 1. внутренний; находящийся внутри, изнутри; (внутренне) присущий, существенный; 2. внутренняя сторона (поверхность); внутренность; содержание
   within the interior внутри
   i. angle внутренний угол
   i. face внутренняя поверхность
   i. geometry внутренняя геометрия
   i. point внутренняя точка
   i. stability внутренняя (присущая) устойчивость
interjacent промежуточный, лежащий между; переходный, временный
interjoist межбалочный промежуток
interlace 1. переплетение; || переплетать(ся); 2. чередование, перемежение; || чередовать(ся)
interlacing 1. переплетение; образование (сетчатой) структуры; 2. чередование, перемежение
interlaminar межслойный
   i. crack межслойная трещина
   i. displacement межслойное смещение, сдвиг слоев

   i. shear (относительный) сдвиг слоев; межслойное сдвигающее напряжение
interlayer промежуточный слой, прослойка; || межслойный
interleaf 1. прослойка, прокладка; 2. разделение (пространственное или временное), разнесение; 3. перемежение, чередование
   i. friction трение между листами (напр., рессоры)
interleave 1. прослаивать, прокладывать (между слоями); 2. разделять(ся), разносить(ся); 3. перемежать(ся), чередовать(ся)
interlinear междустрочный; подстрочный
interliner промежуточный слой, прослойка
interlink связывать(ся), сцеплять(ся)
interlock соединение; замок, фиксатор; блокировка; || соединять(ся), сцеплять(ся), смыкать(ся); блокировать(ся)
interlude вставка; промежуточный участок, промежуточное звено; || вставлять (между)
intermediate промежуточное звено; промежуточная стадия; полуфабрикат; || промежуточный; средний; вспомогательный
   i. agent вспомогательное средство
   i. differential частный дифференциал
   i. lamina промежуточный слой, заполнитель (напр., в трехслойных оболочках)
   i. position промежуточное (среднее) положение
   i. quantity промежуточное (среднее) значение; вспомогательная величина
intermedium 1. средство сообщения, передачи; 2. связующее звено; посредство
interminable бесконечный, вечный
intermingle смешивать(ся), перемешивать(ся)
intermission перерыв, пауза, остановка
intermit прерывать(ся), приостанавливать(ся)
intermittent перемежающийся, прерывистый, пульсирующий; скачкообразный; периодического действия
   i. contact прерывистый контакт
   i. control прерывистое регулирование (с периодическим выключением)
   i. failure перемежающаяся неисправность
   i. load прерывистая (пульсирующая) нагрузка
intermix смешивать(ся), перемешивать(ся)
intermixture смешение; смесь; примесь
internal внутренний; находящийся внутри, скрытый; направленный внутрь; собственный, присущий
   i. ballistics внутренняя баллистика
   i. evidence доказательство, вытекающее из существа дела
   i. friction внутреннее (собственное) трение; вязкое трение
   i. normal внутренняя нормаль
   i. product внутреннее произведение
   i. resistance внутреннее сопротивление
   i. specification описание устройства (принципа работы)

i. storage собственная память, оперативное запоминающее устройство
i. stress внутреннее (собственное) напряжение
i. voltage электродвижущая сила (эдс)
i. work внутренняя работа
internally внутренне; по сути дела
i. stable внутренне устойчивый
internals внутреннее устройство, внутренняя организация; детали, находящиеся внутри
international международный
 I. System of Units Международная система единиц (СИ)
interpenetration взаимное проникновение; перекрытие, взаимное наложение
interphase граница раздела фаз, межфазная линия (поверхность); || межфазный
interplanetary межпланетный
interplay взаимодействие, взаимосвязь
interpolate интерполировать
interpolating интерполирующий, интерполяционный
 i. spline интерполяционный сплайн
interpolation интерполяция, интерполирование
 i. convergence сходимость интерполяции
 i. error погрешность интерполяции
 i. function интерполирующая функция
 i. interval интервал интерполяции
 i. node узел интерполяции
 i. order порядок интерполяции
 i. polynomial интерполяционный полином
 i. program программа интерполяции
 i. series интерполяционный ряд
 i. table интерполяционная таблица
 i. value значение, полученное путем интерполяции
 backward i. интерполяция назад
 bivariate i. двумерная интерполяция
 constant i. постоянная интерполяция
 continuity i. непрерывная интерполяция
 cubic(al) i. кубическая интерполяция
 direct i. прямая интерполяция
 displacement i. интерполяция перемещений
 finite element i. конечноэлементная интерполяция
 forward i. интерполяция вперед
 high-order i. интерполяция высокого порядка
 inverse i. обратная интерполяция
 linear i. линейная интерполяция
 one-dimensional i. одномерная интерполяция
 piecewise-linear i. кусочно-линейная интерполяция
 polynomial i. полиномиальная (многочленная) интерполяция
 quadratic i. квадратичная интерполяция
 rational i. рациональная интерполяция
 regressive i. обратная интерполяция, интерполяция назад

serendipian i. серендипова интерполяция
spatial i. пространственная интерполяция
spline i. интерполяция сплайнами, сплайн-интерполяция
temporal i. временная интерполяция
interpose вводить, вставлять, размещать между; прерывать, вмешиваться; выдвигать, выставлять
 to interpose an objection выдвигать возражение
interposition введение, вставка; нахождение между чем-либо; прерывание, вмешательство
interpret интерпретировать, объяснять, толковать; переводить (с языка на язык); расшифровывать
interpretation интерпретация, объяснение, толкование; перевод; расшифровка
 i. program интерпретирующая программа, интерпретатор
 instruction i. интерпретация команд
 physical i. физическое истолкование
 test i. обработка (интерпретация) данных эксперимента
interregion промежуточная область
interrelation взаимосвязь; взаимозависимость; соотношение
interrogate спрашивать, опрашивать
interrogation вопрос; опрос; вопросительный знак
 i. point вопросительный знак
interrogative вопросительный
interrupt 1. прерывание; вмешательство; сигнал прерывания; || прерывать(ся); вмешиваться; 2. препятствие, помеха; || препятствовать, мешать, преграждать; 3. разрыв; разлом; || разрываться; разламываться
 program i. программное прерывание
interruption 1. прерывание; перерыв, пауза; 2. разъединение, размыкание; разрыв, обрыв
intersect 1. пересекать(ся), перекрещивать(ся); 2. делить на части
intersecting пересечение; скрещивание, перекрещивание; || пересекающий(ся), перекрещивающий(ся)
 i. angle угол пересечения
intersection 1. пересечение; точка (линия) пересечения; 2. конъюнкция, логическое умножение
 i. of events пересечение (произведение) событий
 i. point точка пересечения
 i. of sets пересечение (произведение) множеств
 i. of surfaces пересечение поверхностей
 shock-wave i. пересечение скачков уплотнения
interspace промежуток, интервал; || делать промежутки, располагать с интервалами; заполнять промежутки
intersperse 1. разбрасывать, рассыпать; усыпать, усеивать; 2. вставлять в промежутки
interstellar межзвездный, космический

interstice 1. промежуток; 2. щель, расщелина
interstitial 1. промежуточный; внутренний; 2. образующий трещины, щели
intertie распорка, внутренняя (промежуточная) связь
intertwine сплетать(ся), переплетать(ся); закручивать(ся), скручивать(ся)
interval интервал, отрезок, расстояние; промежуток, шаг; участок, зона, диапазон; пауза, перерыв; ‖ делить на интервалы (отрезки)
  at intervals с промежутками; время от времени
  i. analysis интервальный анализ
  i. of convergence интервал сходимости
  i. estimation интервальная оценка
  i. function функция интервала
  closed i. замкнутый интервал, отрезок, сегмент
  confidence i. доверительный интервал
  control i. диапазон регулирования
  difference i. шаг разности (разностной сетки)
  graduation i. шаг (цена деления) шкалы
  mesh i. расстояние между узлами сетки, шаг сетки
  sampling i. шаг дискретизации
  time i. временной интервал, промежуток времени
  unit i. единичный интервал
intervene 1. вмешиваться; являться помехой; находиться между; 2. происходить, иметь место, случаться
intervention вмешательство, интервенция
  manual i. вмешательство оператора (напр., в работу системы)
interweave вплетать, сплетать, переплетать; прошивать
interwork оказывать взаимное (воз)действие, взаимодействовать
interworking взаимодействие
intimate 1. близкий, тесный; хорошо знакомый; 2. внутренний; глубокий (о знаниях); 3. однородный (о смеси); 4. объявлять, ставить в известность; 5. подразумевать; 6. упоминать
intimation 1. сообщение; указание; 2. упоминание
intolerable недопустимый, невозможный; неустойчивый, чувствительный, с низкой сопротивляемостью
  i. conditions недопустимые условия
intolerance низкая сопротивляемость, неустойчивость, чувствительность
  fault i. чувствительность к отказам
intra- (приставка) в-, внутри-, интра-; внутренний, расположенный внутри
intracavity внутренняя полость, внутренний резонатор
intraconnection внутреннее соединение
intractable неподатливый, жесткий, прочный; труднообрабатываемый

intrant входящий; вступающий, поступающий (внутрь)
  i. corner входящий угол
intricacy сложность, затруднительность
intricate сложный, затруднительный
intrinsic 1. внутренний; собственный; присущий, свойственный; существенный, важный; 2. встроенный
  i. accuracy внутренняя (собственная) точность; присущая (методу) точность
  i. anisotropy внутренняя (собственная) анизотропия
  i. area внутренняя площадь
  i. necessity внутренняя необходимость
  i. stability внутренняя (собственная) устойчивость
  i. viscosity внутренняя (характеристическая) вязкость
intrinsically внутренне, по существу
intro- (приставка) в-, внутри-, интро-; внутренний, расположенный внутри, направленный внутрь
introduce 1. вводить; вставлять, внедрять; вводить в употребление, применять; 2. знакомить; предварять, предпосылать; объявлять
introduction 1. введение; ввод; внедрение, внесение; вставка; 2. представление, ознакомление, знакомство; объявление, уведомление; 3. нововведение, новшество; 4. предисловие
  i. into service ввод в эксплуатацию
  correction i. введение поправок
  disturbance i. внесение возмущения
introductory вступительный, вводный, предварительный
  i. chapter вводная глава
  i. remarks предварительные замечания
intromission впуск; вхождение; допущение
introspect вникать; смотреть внутрь, диагносцировать
introspection интроспекция; самодиагностика
intrude проникать, вводить, внедрять(ся)
intrusion проникновение, внедрение, интрузия
intuition интуиция
intuitional интуитивный
inundate затоплять, наводнять
inundation наводнение, обводнение
  i. of seam обводнение пласта
inutile бесполезный
invalid неправильный, ошибочный; неисправный, неработоспособный; недействительный, необоснованный
  i. command неверная команда
  i. specimen непригодный образец; разрушенный образец
invalidate делать недействительным, сводить на нет, аннулировать
invalidation лишение (законной) силы, аннулирование

invalidity ошибочность, недействительность, необоснованность; несостоятельность
invaluable неоценимый
invariability постоянство, неизменность, неизменяемость, инвариантность; устойчивость
invariable постоянный, неизменный, инвариантный; устойчивый
invariance инвариантность, неизменность
   i. **under transformation** инвариантность при преобразовании
invariant 1. инвариантный, постоянный, неизменяемый; 2. инвариант
   i. **of bending** инвариант изгибания
   i. **integral** инвариантный интеграл; интеграл, не зависящий от пути (интегрирования)
   i. **to load** инвариантный к нагрузке
   i. **of mapping** инвариант преобразования (отображения)
   i. **subspace** инвариантное подпространство
   i. **theory** теория инвариантов
   basic i. основной инвариант
   integral i. интегральный инвариант
   iteration i. итерационный инвариант, инвариант цикла
   scalar i. скалярный инвариант
   stress i. инвариант (тензора) напряжений
   tensor i. инвариант тензора
invasion 1. инвазия, проникновение, вторжение (напр., массы воздуха); 2. поглощение, растворение
invent изобретать; придумывать
invention изобретение; выдумка
inventor изобретатель
inventory 1. опись, список; составление описи; || составлять опись, вносить в список; 2. наличное количество; имеющееся (установленное) оборудование; производственные запасы
   in the inventory имеющийся в наличии; (находящийся) в использовании, на вооружении
inverse 1. обратный, противоположный, инверсный; 2. противоположность; обратный порядок; обратная величина; 3. инверсия, обращение
   i. **correlation** отрицательная корреляция
   i. **design** обратное проектирование; обратный расчёт
   i. **dimension** обратная размерность
   i. **dynamics** обратная задача динамики
   i. **effect** обратное (воз)действие, обратный эффект
   i. **feedback** отрицательная обратная связь
   i. **image** обратное отображение; прообраз
   i. **iteration method** метод обратных итераций
   i. **logarithm** антилогарифм
   i. **matrix** обратная матрица
   i. **motion** обратное движение
   i. **to a number** обратная величина числа
   i. **probability** апостериорная вероятность
   i. **ratio** обратное отношение, отношение обратных величин; обратная пропорциональность
   i. **sine** арксинус
   i. **spectrum** обратный спектр
   i. **stiffness** податливость
   i. **theorem** обратная теорема
   i. **transformation** обратное преобразование
   additive i. аддитивная инверсия, инверсия относительного сложения
   unique i. единственный обратный (напр., элемент, величина, порядок)
inversely 1. обратно, наоборот; противоположно, инверсно; в обратном порядке; 2. в обратной пропорции, обратно пропорционально
   inversely as the square of обратно пропорционально квадрату (величины)
inversion обращение, инверсия; обратное преобразование, инвертирование; обратная перестановка, обратный порядок; обратная величина
   i. **formula** формула обратного преобразования, формула обращения
   i. **of stress** перемена знака напряжений
   i. **variation** изменение по закону обратной пропорциональности
   Fourier i. обратное преобразование Фурье
   logic i. логическая инверсия
   matrix i. обращение матрицы
   mirror i. зеркальное обращение (изображения)
   phase i. инверсия фазы
invert 1. обращать, инвертировать; переставлять, менять порядок; переворачивать; менять направление; 2. дно, днище
   to invert the motion изменять направление движения на обратное
inverted обращённый, инвертированный; обратный
   i. **commas** кавычки
   i. **order** обратный порядок
inverter инвертор, обратный преобразователь (программа, устройство), оператор обращения
invertible обратимый, обращаемый, инвертируемый
   i. **matrix** обратимая матрица
invertor см. **inverter**
investigate исследовать, изучать
investigation (научное) исследование; изучение; анализ
   under investigation исследуемый
   field investigations полевые изыскания; натурные исследования
   full-scale i. натурное (полномасштабное) исследование
   photoelastic i. исследование методом фотоупругости
   qualitative i. качественное исследование
   structure i. исследование структуры; анализ конструкции

wind tunnel i. исследование в аэродинамической трубе
X-ray i. рентгеновское исследование, рентгенография
investigative исследовательский
investigator исследователь, испытатель
investigatory см. investigative
inviolate ненарушенный, неповрежденный
inviscid невязкий, без (учета) вязкости
   i. equations of fluid motion уравнения движения невязкой жидкости
   i. flow невязкое течение, течение идеальной жидкости
invisibility невидимость, неразличимость
invisible невидимый, незаметный, неразличимый
invitation приглашение; вызов
invite приглашать; вызывать; побуждать, привлекать; вести к чему-либо
   to invite attention привлекать внимание
invocation 1. вызов (напр., процедуры); 2. инициирование, запуск
invoke 1. вызывать; призывать; 2. инициировать, запускать
involute 1. закрученный, спиральный; сложный, запутанный; 2. эвольвента, развертка; 3. возводить в степень
   i. of a circle развертка окружности
   i. curve эвольвента, развертка кривой
   i. gear эвольвентная зубчатая передача
involution 1. закручивание (спиралью); 2. инволюция, инволютивное отображение; 3. возведение в степень
involve 1. включать (в себя); 2. оборачивать, завертывать, окутывать; закручивать (спиралью); 3. вызывать, влечь за собой; вовлекать; 4. подразумевать, предполагать; 5. усложнять, запутывать; 6. возводить в степень
involved 1. включенный (в состав); 2. вовлеченный, затронутый; связанный (с чем-либо); 3. обернутый, завернутый; закрученный; 4. сложный, запутанный
   i. mechanism сложный механизм
involvement 1. вовлечение, включение, участие (в чем-либо); 2. сложность, усложненность
inwall внутренняя облицовка, футеровка
inward внутренний; направленный внутрь, обращенный внутрь; ‖ внутрь; внутренне
inwardly внутри, внутрь; внутренне
inwardness (внутренняя) сущность, природа
inwash намыв; ‖ намывать
inweave вплетать, сплетать
inwrought 1. вплетенный, сплетенный; узорчатый; 2. тесно связанный
I/O (input-output) ввод-вывод; устройства ввода-вывода; входные/выходные данные
ion ион
ionic ионный
ionosphere ионосфера
ipso facto (лат.) в силу самого факта, тем самым

ir- (перед r) приставка со значением отрицания: не-, без-, ир- ; напр., **irrationality** 1. иррациональность; 2. нелогичность; 3. нерациональность
iridescent радужный; многоцветный
iron 1. железо; черный металл (сталь, чугун); изделия из черных металлов; ‖ железный; ‖ покрывать железом; 2. железный (стальной) прокат; прокатный сортамент; 3. гладить, выглаживать, править
   to iron down выглаживать, править
   i. foundry чугунолитейное производство
   i. mould изложница, кокиль
   i. ore железная руда
   i. plate листовое железо
   angle i. угловое железо, уголок
   box i. коробчатый профиль
   cast i. литейный чугун
   channel i. швеллер, корытный профиль
   core i. железный сердечник; арматурное железо
   corrugated i. гофрированное (волнистое) железо
   ductile i. ковкое (мягкое) железо
   foundry i. литейный чугун
   grey i. серый чугун
   hollow i. полый металлический профиль, железная труба
   I-shaped i. двутавровое железо, двутавровый профиль
   L-shaped i. L-образный профиль, уголок
   profiled i. фасонное (сортовое) железо, прокатные профили
   sheet i. (тонко)листовое железо, жесть
   T-shaped i. тавровое железо, тавровый профиль
   U-shaped i. корытное железо, швеллер
ironclad 1. бронированный; 2. жесткий, твердый
ironwork изделия из черного металла; металлическая конструкция; железная часть (конструкции, прибора)
irradiate 1. излучать, испускать лучи; освещать; облучать; 2. разъяснять
irradiation излучение, испускание, иррадиация; облучение; освещение
irrational 1. иррациональный; 2. иррациональное число; иррациональность; 3. нелогичный; 4. нерациональный, неразумный
   i. number иррациональное число
irrationality 1. иррациональность; 2. нелогичность; 3. нерациональность
irrecoverable невосстановимый, неисправимый
irreducibility неприводимость, несводимость, несократимость
irreducible 1. неприводимый, несводимый, несократимый; 2. минимальный, минимально возможный; 3. непреодолимый
   i. equation неприводимое уравнение
   i. proof несводимое доказательство
irredundant неизбыточный; несводимый, неприводимый, несократимый
   i. representation неприводимое представление

i. structure статически определимая конструкция
irrefragable неопровержимый, бесспорный
  i. answer исчерпывающий ответ
irrefutable неопровержимый
irregular 1. нерегулярный; неправильный; 2. имеющий неправильную форму, несимметричный; неупорядоченный; 3. ошибочный; нарушающий правила; нестандартный; 4. неровный, неравномерный, неоднородный; 5. неповторяющийся, несистематический, нецикличный; 6. особенный, сингулярный
  i. mesh нерегулярная сетка; сетка (с ячейками) неправильной формы, неравномерная сетка
  i. motion неравномерное движение
  i. outline сложное очертание
  i. solution сингулярное решение; ошибочное решение
  i. stress неравномерное напряжение; сингулярное напряженное состояние
irregularity 1. нерегулярность; неправильность; 2. ошибочность; ошибка; нарушение нормы (порядка, симметрии и т.п.); 3. неупорядоченность; 4. неровность, неравномерность, неоднородность; 5. отсутствие повторяемости, цикличности; 6. особенность, сингулярность
  flow i. неравномерность течения
  isolated i. изолированная особенность; отдельная неровность (напр., поверхности); отдельная ошибка
  surface i. неправильная форма поверхности; неровность поверхности; особенность (сингулярность, особая точка) поверхности
  track i. неровность пути
irrelative 1. безотносительный (к чему-либо); абсолютный; 2. несоответствующий, неуместный
irrelevant несоответствующий, нерелевантный; неуместный; несущественный
irremovable неустранимый; постоянный; несменяемый
  i. error неустранимая погрешность
irresoluble 1. неразрешимый; необъяснимый; 2. неразложимый; 3. нерастворимый
irresolvable см. irresoluble
irrespective безотносительный, независимый (от)
irresponsive невосприимчивый, нечувствительный; не реагирующий
irretraceable непрослеживаемый
irretrievable невосполнимый, невосстановимый, некомпенсируемый
irreversible 1. необратимый; нереверсивный; 2. окончательный; непреложный
  i. process необратимый процесс
irrevocable окончательный, неотменяемый
irrigate орошать; промывать
irrigation орошение, ирригация; промывание
  i. engineering мелиорация
irrigative оросительный, ирригационный; промывочный

irrotational 1. невращающийся; 2. безвихревой, потенциальный
  i. axes неповорачивающаяся (фиксированная) система координат
  i. field безвихревое (потенциальное) поле
  clearly i. чисто безвихревой
irrotationality 1. невозможность (отсутствие) вращения; 2. отсутствие вихрей, потенциальность
Irwin's theory of fracture теория разрушения Ирвина (учитывает пластическую работу у вершины трещины)
I-section двутавровое сечение
isentropic изэнтропический, с постоянной энтропией
  i. approximation изэнтропическое приближение (в предположении постоянства энтропии)
island остров; (изолированная) область, участок
iso- (как компонент сложных слов) изо-, равно-
isobar изобара, линия равного давления
isobaric изобарический
isochor(e) изохора
isochoric изохорический
isochoromat изохрома
isochromatic изохроматический
  i. stress pattern изохроматический рисунок напряжения (в фотоупругости)
isochrone изохрона
isochronous изохронный; одновременный; одинаково продолжительный; повторяющийся через одинаковые промежутки времени, (строго) цикличный
isoclinal изоклинальный, равнонаклоненный
isocline изоклина, линия равного наклона
isoclinic см. isoclinal
isocurlus линии постоянной интенсивности вихрей
isocurve изолиния, линия (равного) уровня
isoenergetic изоэнергетический
isogonal равноугольный, изогональный; подобный; конформный
  i. magnification подобное увеличение
  i. transformation конформное преобразование
isogonic см. isogonal
isogram изограмма, изолиния
isohyps(e) изогипса; горизонталь
isokinetic изокинета
isolate изолировать; отделять, разобщать; отключать; выделять (напр., из смеси), вычленять; локализовывать; определять местоположение (о дефектах, неисправностях)
isolated изолированный, отдельный; независимый; отделенный, выделенный; локализованный
  i. case единичный (отдельный) случай
  i. point изолированная точка; особая точка
  i. root отделенный корень

isolation изоляция; изолирование; отделение, разобщение; отключение; выделение; локализация, определение местоположения
    fault i. локализация дефектов
    formation i. разобщение пластов
    sound i. звукоизоляция
    spatial i. разнос в пространстве, пространственная развязка
    vibration i. виброизоляция

isolator изолятор; амортизатор; устройство отключения (разъединения)
    shock i. амортизатор ударов

isoline изолиния, линия равных значений, линия уровня
    i. contouring построение изолиний
    stress i. изолиния напряжений, линия равных напряжений

isolux изолюкса, линия равных освещенностей

isomer изомер

isometric 1. изометрический; происходящий без изменения меры (напр., объема); 2. линия постоянного объема; 3. изометрия, изометрическое изображение
    i. view изометрическое изображение, изометрическая проекция

isomorphic изоморфный
    i. sets изоморфные множества

isomorphism изоморфизм

isoparametric изопараметрический
    i. finite element изопараметрический конечный элемент
    i. mapping изопараметрическое преобразование

isoperimetric(al) изопериметрический
    i. inequality изопериметрическое неравенство

isophot изофот, линия равной освещенности

isopleric изоплера, линия равного объема

isosceles равнобедренный
    i. triangle равнобедренный треугольник

isostatic изостатический; подверженный всестороннему равномерному давлению
    i. line изостата, линия равных давлений (напряжений)

isosurface изоповерхность, поверхность равных значений, поверхность уровня

isotenic изотена, линия равных деформаций

isotherm изотерма, линия постоянной температуры

isothermal изотермический; проходящий при постоянной температуре; не вызывающий изменения температуры
    i. expansion изотермическое расширение

isothermic см. **isothermal**

isothetic изотета, линия равных перемещений

isotime изохрона

isotope изотоп

isotopy изотопия
    i. invariant изотопический инвариант

isotropic изотропный; (пространственно) однородный; ненаправленного действия
    i. hardening изотропное упрочнение
    i. material изотропный материал
    i. process изотропный процесс
    i. state equations уравнения состояния изотропного материала
    i. tensor шаровой тензор
    elastically i. упруго-изотропный
    transversally i. трансверсально-изотропный

isotropy изотропия, изотропность, свойство изотропии; (пространственная) однородность
    i. group группа изотропии
    elastic i. упругая изотропия
    geometrical i. геометрическая изотропия (напр., сетки конечных элементов)
    optical i. оптическая изотропия
    strict i. полная изотропия

issuance выход, выпуск

issue 1. истечение; выходное (выхлопное) отверстие, устье; ‖ вытекать, выходить; 2. вопрос, тема, предмет обсуждения; 3. исход, результат; ‖ происходить, получаться в результате, кончаться (чем-либо); 4. выпуск, издание; номер, экземпляр (напр., журнала); ‖ выпускать, издавать; выходить (об издании)
    to issue from вытекать (выходить) из; исходить из, происходить от, получаться (в результате чего-либо)
    at issue рассматриваемый, обсуждаемый
    the point at issue предмет обсуждения

isthmus место сужения, перешеек

italic курсивный (о шрифте)

italicize выделять курсивом; подчеркивать

item 1. (отдельный) объект; элемент (данных, списка, структуры); компонент, составляющая; единица, деталь; пункт, статья, позиция (напр., в таблице); ‖ записывать (перечислять) по пунктам; классифицировать; 2. вопрос, предмет обсуждения; 3. также, тоже, равным образом
    i. value значение элемента данных, значение переменной
    data i. элемент данных
    derived i. производный элемент
    elementary i. простейший элемент, примитив
    logical i. логическая единица
    menu i. пункт (элемент, функция) меню
    principal i. главный элемент; основной вопрос
    weight i. составляющая веса

itemize перечислять последовательно (по пунктам); составлять список (спецификацию), классифицировать

iterant 1. повторяющийся, циклический; 2. повторяющееся действие, тело цикла

iterate повторять; итерировать; выполнять цикл

iterated повторный; (про)итерированный; циклический
    i. integral повторный интеграл
    i. vector (про)итерированный вектор

iteration повторение; итерация; цикл; итерационный процесс; шаг цикла (итерации)
   i. acceleration ускорение (сходимости) итераций
   i. algorithm итерационный (итеративный) алгоритм; алгоритм итераций
   i. body тело цикла
   i. convergence сходимость итераций
   i. criterion критерий окончания (сходимости) итераций
   i. cycle итерация, итерационный цикл
   i. divergence расходимость итераций
   i. factor параметр итерации (цикла); итерационный коэффициент; глубина цикла
   i. loop итерационный цикл
   i. number номер итерации; параметр итерации (цикла); глубина цикла
   i. order порядок (скорость сходимости) итераций; последовательность операций цикла
   i. rate скорость сходимости (порядок) итераций
   i. sequence итерационная последовательность
   block i. блочная (групповая) итерация
   convergent iterations сходящиеся итерации, сходящийся итерационный процесс
   correction by iterations итерационное уточнение
   design i. итерация проектирования
   Gauss-Seidel i. итерация (по методу) Гаусса-Зейделя
   increment iterations итерации на шаге
   inner i. внутренние итерации, внутренний итерационный цикл
   inverse iterations обратные итерации, метод обратных итераций
   Jacobi i. итерация (по методу) Якоби
   method of iterations метод итераций, итерационный (итеративный) метод; метод последовательных приближений
   nested i. вложенный цикл, цикл в цикле
   simple i. method метод простой итерации
   subspace i. method метод итерации подпространства (итерации в подпространстве)
   unstable iterations неустойчивый итерационный процесс
iterational итерационный, итеративный; циклический
iterative повторяющийся; повторный; итерационный, итеративный; циклический
   i. approximation итерационное приближение
   i. correction итерационное уточнение; итерационная поправка
   i. design итерационное (итеративное) проектирование
   i. invariant инвариант итераций

   i. method итерационный (итеративный) метод, метод итераций
itered повторный; повторно выполненный, итерированный
   i. integral повторный интеграл
   i. loading повторное нагружение
   i. solution повторное решение; (про)итерированное решение
itinerary маршрут, путь, трасса; ‖ дорожный, путевой
itself сам, сама, само; себе, себя, собой
   by itself самостоятельно, отдельно; сам по себе, само собой
   in itself само по себе; по своей природе
   of itself само по себе, вне связи с чем-либо, независимо
I-type двутавровый (о профиле)
Izod Изод
   I. (notched) specimen образец Изода, образец с надрезом (для испытаний на удар) по Изоду
   I. test проба (образцов с надрезом) по Изоду

J

jack 1. подъемное устройство, домкрат, лебедка, таль; рычаг; ‖ поднимать домкратом (лебедкой); тянуть, натягивать; **2.** подставка, опора, стойка; **3.** контактное гнездо, разъем; переключатель; **4.** зажим, фиксатор
   to jack up поднимать домкратом
   hydraulic j. гидравлический домкрат; гидроцилиндр
   pin j. контактное гнездо
   prestressing j. натяжное устройство (для предварительного натяжения арматуры)
jacket оболочка, обшивка; кожух, капот (двигателя); чехол; ‖ покрывать, обшивать
   cooling j. охлаждающая рубашка
   concrete j. бетонная оболочка (рубашка)
   engine j. капот двигателя
Jacobi Якоби
   J. iterations итерации по (методу) Якоби
   J. rotations (преобразования) вращения Якоби
Jacobian якобиан, функциональный определитель; матрица Якоби; ‖ якобиев
   J. of mapping якобиан преобразования (отображения)
   J. variety якобиево многообразие
   zero J. нулевой якобиан
jag(g) острый выступ, зубец, зазубрина; ‖ зазубривать, надсекать
jagged зубчатый, зазубренный
jam 1. сжатие, сжимание; защемление; заедание, заклинивание; затор; остановка; ‖ сжимать, зажимать; защемлять; заедать, заклинивать; останавливать(ся); **2.** искажение, помеха; ‖ искажать (сигнал), создавать помехи

jar 1. толчок, сотрясение; дрожание, вибрация; ‖ сотрясать, вызывать вибрацию; вибрировать; 2. емкость, сосуд
jarring сотрясение; встряхивание; вибрация
jato стартовый реактивный ускоритель
Jaumann incremental stress tensor тензор приращений напряжений Яумана
jaw захват, зажим, тиски
jel(l) см. jelly
jelly гель, желеобразная масса; ‖ желеобразный
jerk толчок, рывок; ‖ двигаться толчками, толкать, дергать
jet 1. струя (жидкости, газа); факел (пламени); ‖ струйный; ‖ бить струей; 2. сопло; мундштук, насадка; горелка, жиклер, форсунка; реактивный двигатель; реактивный самолет; ‖ реактивный
   j. **action** струйный (реактивный) эффект
   j. **contraction** поджатие струи
   j. **edge** граница струи
   j. **efflux** струйное (ис)течение; реактивная струя
   j. **engine** реактивный двигатель
   j. **exit** реактивное сопло
   j. **flow** струйное течение; реактивная струя
   j. **flow around body** струйное обтекание
   j. **impact** соударение струй
   j. **injector** струйный инжектор
   j. **machine** реактивный двигатель; эжекторная (сопловая) машина, распылитель
   j. **nozzle** реактивное сопло; жиклер, форсунка
   j. **orifice** выходное сопло; инжекционное отверстие; форсунка
   j. **path** траектория струи
   j. **pipe** реактивное сопло; инжекционная трубка; наконечник
   j. **propulsion** реактивное движение; ракетный двигатель
   j. **spread** расширение струи
   j. **stream** реактивная струя; струйное течение
   j. **syphon** эжектор
   j. **thrust** реактивная тяга
   j. **vane** газовый руль
   air j. воздушная струя
   annular j. кольцевая струя
   break-up of j. распад струи
   coaxial jets соосные струи
   coflowing j. спутная струя
   compressible j. струя сжимаемой жидкости
   convective j. конвективная струя
   cumulative j. кумулятивная струя
   discharging j. вытекающая струя; выходное сопло
   dispersed j. распыленная струя
   exhaust j. струя выхлопных газов; выхлопное сопло
   fan j. турбовентиляторный двигатель
   free j. свободная струя
   gas j. струя газа
   impinging jets сталкивающиеся (смешивающиеся) струи
   laminar j. ламинарная струя
   metering j. дозирующий жиклер
   multiple j. многоструйное истечение
   plane j. плоская струя
   plasma j. плазменная струя
   propulsive j. реактивный двигатель
   ram j. (прямоточный) воздушно-реактивный двигатель
   slot j. плоская струя
   spraying j. расширяющаяся (растекающаяся) струя; сопло; жиклер, форсунка
   stream-penetrating j. струя, втекающая в поток
   supersonic j. сверхзвуковая струя
   swirling j. закрученная струя
   turbulent j. турбулентная струя
   wall j. пристенная струя
jet-boosted с реактивным ускорителем
jet-propelled реактивный, с реактивным двигателем, с реактивной тягой
   j. **projectile** реактивный снаряд
jettison сбрасывание, отбрасывание, отделение; аварийный сброс; ‖ сбрасывать, отбрасывать, отделять
jetty мол, пирс
jib поперечина, укосина, подкос; консоль; стрела (крана)
jig зажимное приспособление; сборочное приспособление, стапель; направляющий шаблон; оправка
   to jig down закреплять, зажимать; устанавливать
   assembly j. сборочное приспособление, стапель
jigger вибратор
jitter неустойчивость; дрожание, вибрация, колебание; флуктуации, разброс, искажения
job 1. работа; задание, задача; (выполняемая) программа; (рабочая) операция; 2. изделие, обрабатываемая деталь
   j. **batch** пакет заданий
   active j. выполняемая работа, текущее задание
   pending j. "зависшая" программа
jog 1. толчок, встряхивание; помеха, небольшое препятствие; ‖ толкать, трясти; 2. излом (линии); резкое изменение направления
joggle 1. толчок, встряхивание; 2. выступ; шип, шпунт; соединение на шипах; 3. уголок жесткости, косынка (скрепления балочных элементов); 4. опорная площадка (основание) стойки
join соединение, объединение; сочленение; сращивание, сшивание; точка (линия, поверхность) соединения; ‖ соединять(ся), объединять(ся), присоединять(ся); связывать; вступать (в общество)
   j. **operation** операция объединения

j. of solutions объединение ("сшивание") решений
joined соединенный, объединенный; составной
  j. substructures объединенные подконструкции
joining соединяющий, объединяющий
joint соединение; сочленение; место соединения; стык, шов; узел (соединения), шарнир, сустав; ‖ объединенный; совместный, общий; суммарный; смешанный, комбинированный; ‖ соединять; сочленять
  j. action совместная работа (напр., элементов конструкции); совместное действие (напр., сил)
  j. angle соединительный уголок, косынка
  j. authors соавторы
  j. connection узловое соединение
  j. efficiency прочность (надежность) соединения
  j. face поверхность стыка
  j. moment смешанный момент; момент в соединении
  j. pin ось шарнира
  j. speed суммарная скорость
  j. sufficiency совместная достаточность
  j. tie стыковая накладка
  abutting j. стыковое соединение (под прямым углом)
  adhesive j. клеевое соединение
  angle j. соединение под углом
  articulated j. шарнирное соединение
  ball j. шаровой (сферический) шарнир
  bolt(ed) j. болтовое соединение
  butt j. см. abutting j.
  cardan j. универсальный шарнир, кардан
  cemented j. клеевое соединение
  composite j. комбинированное соединение
  compression j. сжатый стык; прессовое соединение
  connection j. соединительный узел
  corner j. угловое соединение; концевой узел (напр., фермы)
  coupling j. соединение, зацепление; соединительная муфта
  edge j. торцевое соединение
  elastic j. упругое сочленение
  expansion j. расширительное соединение; температурный стык
  field j. монтажный стык
  fixed j. жесткое (неразъемное) соединение
  girth j. кольцевой шов
  globe j. шаровое (сферическое) соединение, шаровой шарнир
  glued j. клеевое соединение
  hinged j. шарнирное соединение, шарнирный узел; цилиндрический шарнир
  Hooke's j. шарнир Гука, универсальный шарнир, кардан
  jump j. стыковое соединение, стык
  knee j. коленчатое сочленение; коленно-рычажное соединение
  lap(ped) j. соединение внахлестку
  mitered j. косое соединение (с углом в 45 градусов), соединение в ус
  movement j. подвижное соединение; деформационный шов
  nodal j. узловое соединение, узел
  open j. соединение с зазором; открытый (разомкнутый) шов
  overlap(ping) j. соединение внахлестку
  pin j. шарнирное соединение, шарнирный узел; цилиндрический шарнир
  pivot j. шарнирное соединение
  revolute j. шарнирное соединение, вращательное сочленение
  rigid j. жесткое (недеформируемое) соединение, жесткий узел
  rivet(ed) j. заклепочное соединение
  rotational j. вращательное сочленение
  screw j. винтовое (резьбовое) соединение
  shear j. соединение внахлестку
  shrinkage j. усадочный шов
  sliding j. подвижное соединение
  spherical j. сферический (шаровой) шарнир
  split j. соединение взамок
  stiff j. жесткий (недеформируемый) узел
  strength j. прочное соединение, прочный шов
  supported j. подкрепленное (усиленное) соединение; подпертый стык, опертый узел
  tap j. ответвление, разветвление
  tension j. соединение, работающее на растяжение
  tight j. плотный шов, плотное (герметичное) соединение
  toggle j. коленно-рычажное соединение
  turning j. шарнирное соединение, вращательное сочленение
  universal j. универсальный шарнир, шарнир Гука, кардан
  wedge j. соединение клином
  welded j. сварное соединение, сварной шов
jointed соединенный; сочлененный, составной; шарнирный, коленчатый
jointing 1. соединение, объединение; стык, шов; 2. уплотнение; 3. образование слоистости, расслаивание; трещиноватость
jointly совместно; одновременно
  to vary jointly изменяться совместно
joint-pin ось шарнира
joist брус, балка (перекрытия), перекладина; ‖ балочный, каркасный
  floor j. балка перекрытия
  heavy j. несущий брус
  trussed j. решетчатая (ферменная) балка
joke 1. скоба; 2. насадка

jolt 1. толчок, удар; тряска; ‖ трясти, встряхивать; 2. расковывать, расклёпывать; осаживать

jostle толчок, столкновение; ‖ сталкивать(ся), наталкивать(ся)
  to jostle against наталкиваться на, сталкиваться с

Joukowski (Joukowsky) Жуковский
  J. airfoil профиль Жуковского
  J. function функция Жуковского
  J. transformation преобразование Жуковского

Joule heat джоулева теплота

joule джоуль, Дж (единица работы, энергии, количества теплоты)

journal 1. шейка вала, цапфа; 2. журнал
  j. friction трение во вращательной паре
  j. neck шейка вала, выточка на валу

journal-box букса (колеса)

journey перемещение, подъем, ход, экскурсия; ‖ двигаться, перемещаться

joystick "джойстик", координатная ручка, ручка управления

judder вибрация, тряска

judge эксперт; ‖ судить, составлять мнение (суждение), оценивать, решать
  to judge by (from) судить по, исходить из
  as judged by судя по, исходя из

judgement суждение, мнение
  to exercise judgement высказывать суждение

jugged зубчатый

jumbo крупногабаритный, большой вместимости (грузоподъемности)

jump 1. скачок, резкое изменение, перепад; разрыв, величина разрыва (функции); ‖ скачкообразный, резкий; ‖ совершать скачок, резко изменяться; перескакивать; 2. переход, передача управления (в программе); ‖ переходить
  j. condition условие разрывности; условие на скачке
  j. (of) discontinuity разрыв типа скачка, разрыв с конечным скачком
  j. function скачкообразная (разрывная) функция, функция скачка
  j. instruction команда перехода
  j. joint стыковое соединение, стык
  j. in pressure скачок давления
  conditional j. переход по условию, условный переход
  finite j. конечный разрыв (скачок)
  hydraulic j. гидравлический прыжок
  unit j. единичный скачок; единичный импульс
  velocity j. разрыв скорости

jumper 1. перемычка, соединитель; 2. переключатель; 3. бур

junction 1. соединение, стык, узел; пересечение; точка соединения (разветвления); 2. переход
  j. line линия стыка, линия перехода
  abrupt j. резкий переход

  graded j. плавный переход
  shell j. соединение (пересечение) оболочек
  step j. ступенчатый (резкий) переход

juncture соединение; стык, шов

junior младший; подчиненный; меньший

just верный, точный; обоснованный, справедливый; ‖ точно, как раз, именно; только, лишь, едва; только, что; прямо, просто
  just as точно также как; как раз, когда
  just below непосредственно под (ниже); чуть ниже
  just in case на всякий случай
  just like точно такой же, как; точно так же
  just over непосредственно над (выше); чуть выше
  just the same точно такой же; одно и то же; все равно
  just so именно так
  just then именно тогда
  just when в то время, когда; именно когда
  it is just the case это именно так, это действительно имеет место (наблюдается и т.п.)
  j. proportion правильная пропорция

justifiable обоснованный; согласованный; допустимый, законный

justifiably с полным основанием, оправданно; допустимо

justification 1. обоснование, объяснение; подтверждение; 2. выравнивание

justify 1. объяснять, обосновывать; подтверждать, оправдывать; 2. выравнивать

just-in-time согласованно, совместно, синхронно

jut выступ; ‖ выступать, выдаваться

juxtapose помещать (располагать) рядом, накладывать друг на друга; сопоставлять

juxtaposition расположение рядом, наложение; сопоставление

K

(von) Karman plate equations уравнения (больших прогибов) пластин фон Кармана

Kbit килобит, Кбит (1024 бит)

Kbyte килобайт, Кбайт (1024 байт)

keel киль (судна)

keen острый, заостренный; сильный, интенсивный, напряженный; резкость; ‖ точить, заострять

keeness острота, заостренность

keep держать; хранить, сохранять; продолжать (делать что-либо); соблюдать, придерживаться (напр., правил); находиться, держаться (в каком-либо положении); вести, управлять
  to keep back удерживать, задерживать; скрывать

to keep down задерживать, препятствовать; подавлять
to keep from воздерживаться от
to keep in не выпускать; поддерживать; удерживать
to keep in mind помнить, учитывать
to keep on продолжать (делать что-либо); сохранять в прежнем положении (на прежнем уровне)
to keep on gage поддерживать в заданных пределах (напр., значения параметров)
to keep out не допускать, не позволять
to keep a record записывать, регистрировать
to keep to соблюдать, придерживаться
to keep true to shape сохранять исходную форму
to keep under препятствовать
to keep up поддерживать; продолжать, не останавливаться; придерживаться; быть осведомленным, хорошо знать
to keep up pressure поддерживать давление
to keep up with не отставать от
keeper держатель, оправка; стопор
keeping (со)хранение, удержание; владение, содержание; соблюдение, выдерживание
  to be out of keeping не согласовываться, не соответствовать
  in keeping with в соответствии с, согласно (чему-либо)
Kelvin temperature температура (по шкале) Кельвина, абсолютная температура
Kelvin-Somigliana tensor тензор Кельвина-Сомильяны
ken кругозор, круг знаний; || знать; узнавать по виду
kennel сток, дренажное устройство
kentledge (постоянный) балласт, груз, противовес
kerf прорезь, разрез, щель; надрез
kern ядро, сердцевина
kernel 1. ядро; зерно; 2. суть, сущность; 3. (литейный) стержень
  k. of integral equation ядро интегрального уравнения
  creep k. ядро (интегрального уравнения) ползучести
  elastic k. упругое ядро (сечения)
  Fredholm k. ядро Фредгольма
  resolvent k. разрешающее ядро, резольвента
  system k. ядро (операционной) системы
kettle котел; (химический) реактор; оболочка вращения, обечайка
key 1. ключ; основной принцип; указание к решению, разгадка; пояснение; || ключевой, важнейший, принципиальный, пояснительный; 2. клавиша, кнопка; переключатель; || нажимать клавишу (кнопку); переключать; 3. код, условное обозначение; || использовать условные обозначения, кодировать; 4. приводить в соответствие; 5. клин, шпонка; || закреплять, заклинивать; 6. гаечный ключ
  to key in вводить с клавиатуры, печатать
  to key to a surface сцепляться с поверхностью
  k. board см. keyboard
  k. plan пояснительный чертеж
  k. point ключевой пункт; важная мысль
  k. sorting сортировка по ключу (по признаку)
  control k. ключ (кнопка, клавиша) управления
  function k. функциональная клавиша
  nut k. гаечный ключ
  switch k. переключатель
keyboard 1. клавиатура; 2. коммутационная панель
  k. input ввод с клавиатуры; данные, введенные с клавиатуры
keying заклинивание; соединение шпонкой
keynote основная мысль; основной принцип; основной доклад (на конференции); || ведущий, основной; || определять, задавать
keynoter основной докладчик
keystone основной принцип, краеугольный камень
keyword ключевое слово, дескриптор
kick удар, толчок; выброс, всплеск, резкое повышение; отскакивание, отдача; || ударять, толкать; отбрасывать, отдавать
kickback отбрасывание, отскакивание, отдача
kicker толкатель, эжектор
kill уничтожать, удалять, аннулировать; ослаблять, подавлять, гасить (напр., колебания); отключать; вычеркивать (напр., строку); травить (металл)
killer гаситель, глушитель, успокоитель
kiln сушильная (обжиговая) печь; || сушить, обжигать
kilo- кило-; тысяча единиц основной меры (обозначение: к)
kilocalorie килокалория, большая калория, ккал
kilocycle килоцикл, тысяча периодов; килогерц, кГц
kilogram(me) килограмм, кг
kilohertz килогерц, кГц
kilojoule килоджоуль, кДж
kilometer (kilometre) километр, км
kilowatt киловатт, кВт
kilter порядок, исправность
  in kilter в порядке
kin родство, подобие, близость; || родственный, подобный, близкий
kind 1. род, сорт, вид, класс, семейство; 2. отличительный признак, качество
  equation of the first k. уравнение первого рода
kindle зажигать(ся), воспламенять(ся)
kinematic(al) кинематический
  k. assumption кинематическая гипотеза

k. boundary conditions кинематические граничные условия
k. chain кинематическая цепь (схема)
k. constraint кинематическая связь, ограничение на перемещения
k. couple кинематическая пара
k. degrees of freedom кинематические степени свободы, степени свободы перемещения
k. equations уравнения кинематики, уравнения (механического) движения
k. graph граф кинематической цепи; кинематический график
k. hardening кинематическое упрочнение
k. link кинематическая связь; звено кинематической цепи
k. loading кинематическое нагружение
k. pair кинематическая пара
k. synthesis кинематический синтез, синтез кинематической схемы
k. viscosity кинематическая вязкость
kinematically кинематически
  k. admissible кинематически допустимый (возможный)
kinematics кинематика; кинематическая схема, кинематическое устройство
  k. of deformation кинематика деформирования
  k. of material system кинематика механической (материальной) системы
  k. of particle кинематика частицы (материальной точки)
  plane k. кинематика плоского движения
  rigid body k. кинематика твердого тела
  vorticity k. кинематика вихрей
kinescope кинескоп
kinetic кинетический
  k. energy кинетическая энергия
  k. equation кинетическое уравнение, уравнение кинетики (движения, развития, эволюции)
  k. friction кинетическое трение, трение движения
  k. head скоростной напор
  k. model кинетическая модель, модель кинетики
  k. theory of gases кинетическая теория газов
kinetics кинетика
  k. of particle кинетика частицы (материальной точки)
  fluid k. кинетика жидкости
  fracture k. кинетика разрушения
  interface k. кинетика поверхности раздела (напр., фазового перехода)
kinetostatics кинетостатика
kink загиб, изгиб, перегиб; излом, точка излома; петля, узел; колено (трубы); ‖ изгибать(ся), перегибать(ся); образовывать узел, перекручивать(ся)
kinked ломаный; загнутый, изогнутый
  k. crack ломаная трещина

Kirchhoff Кирхгоф (Кирхгофф)
  K. assumptions гипотезы Кирхгофа (теории тонких пластин)
  K. concentrated corner force (кирхгофово) усилие, сосредоточенное в углу (пластины)
  K. laws законы (правила) Кирхгофа
  K. plate пластина (модель пластины) Кирхгофа
Kirchhoff-Love shell theory (классическая) теория оболочек Кирхгофа-Лява
Kirsch problem задача Кирша
kit набор, комплект (напр., инструментов)
  tool k. комплект инструментов, набор инструментальных средств
klon клон
knap дробить, измельчать
knead разминать; месить; пластифицировать
knee колено; подкос; кница; излом (кривой); ‖ коленчатый; содержащий изломы
  k. joint коленчатое сочленение; коленно-рычажное соединение
kneepiece колено; подкос; кница; косынка, угольник
knife нож; резец; опорная призма; ‖ ножевой; ‖ резать ножом, резцом
knife-edge опорная призма, опорное ребро
knit вязать, плести; связывать, соединять; сращивать(ся)
knob выпуклость; ручка, головка, кнопка; ролик; ‖ выдаваться
knock удар, стук; толчок; детонация; ‖ ударять(ся), бить, стучать
  to knock down ломать, разрушать; разбирать (конструкцию); разделять (фракции)
  k. wave ударная волна, волна детонации
knot 1. узел; сук; ‖ завязывать, связывать (узлом); 2. затруднение, трудность; основной вопрос; 3. узел (единица скорости судна = 1,853 км в час)
  friction k. узел трения
knotty 1. узловатый; 2. затруднительный, сложный
know знать; понимать; уметь; узнавать, распознавать, отличать
  to be in the know быть осведомленным
  to get to know узнать, познакомиться
know-how "ноу-хау", техническая (технологическая) информация, технический секрет
knowledge знание; осведомленность; данные, сведения
  as far as our knowledge goes насколько нам известно
  from knowledge of зная, что
  it is common knowledge that общеизвестно, что
  to the author's knowledge насколько известно автору
  to the best of our knowledge насколько нам известно

k. base база знаний
  branches of k. отрасли науки
  present k. современные (научные) данные
  working k. практическое умение (владение); практические результаты научных исследований
known известный
  known as известный в качестве, известный под именем
knuckle шарнир, сустав; ось, палец, цапфа
  k. pin ось шарнира
knuckle-joint шарнир, шарнирное соединение
Knudsen flow течение Кнудсена
Kronecker delta символ (дельта) Кронекера
Krylov Крылов
  K. beam function балочная функция Крылова
  K. subspace подпространство Крылова
Kutta-Joukowski condition условие Кутты-Жуковского

L

lab сокр. от **laboratory**
label метка, марка, индикатор; маркировка, индикация; ‖ помечать, маркировать; обозначать, присваивать обозначение; размечать
  l. identifier метка, идентификатор метки
  l. variable переменная типа метки
  file l. метка файла
labelled помеченный, отмеченный; маркированный; размеченный
  l. common block помеченный (поименованный) общий блок (данных)
labelling маркирование, присваивание меток, помечивание; маркировка, индикация; присваивание обозначений
labile неустойчивый, лабильный
  l. equilibrium неустойчивое равновесие
lability неустойчивость, лабильность
laboratory лаборатория, исследовательское учреждение
  l. study лабораторное исследование
  research l. научно-исследовательская лаборатория
laborious трудный, трудоемкий, утомительный
labo(u)r работа, труд; усилие; ‖ работать, разрабатывать
  to labour a point подробно исследовать
labour-saving экономящий трудозатраты, рационализирующий
labware лабораторное оборудование
labyrinth лабиринт; затруднительное положение
lace 1. узор; 2. шнур
lacelike узорчатый; решетчатый
lacing 1. связи, система связей; решетка (фермы); 2. шнур, шнуровка

lack отсутствие, недостаток; потеря; ‖ испытывать недостаток, нуждаться
  for lack of из-за отсутствия (недостатка)
  l. of balance неуравновешенность
  l. of coincidence несовпадение
  l. of fit несоответствие, неадекватность
laconic(al) лаконичный, краткий
lacquer лак; ‖ покрывать лаком
lacuna пустота, впадина, углубление, лакуна; пробел, пропуск
ladder 1. лестница, трап; 2. многозвенная схема
  l. network многозвенная схема; принципиальная схема
lade 1. грузить, нагружать; 2. черпать, вычерпывать; 3. канал, проток; устье
lading погрузка; груз
ladle ковш; ‖ черпать; разливать
lag 1. отставание, запаздывание; задержка (выдержка) времени, замедление; сдвиг времени (аргумента, фазы); гистерезис; последействие, инерционный эффект; ‖ отставать, запаздывать; 2. планка, полоса; обшивка, облицовка, изоляция
  l. angle угол запаздывания, угол отставания (по фазе)
  aerodynamic l. аэродинамическое запаздывание, аэродинамический гистерезис
  control l. запаздывание регулирования
  elastic l. упругое последействие
  phase l. отставание фазы
  shear l. сдвиговое запаздывание
  thermal l. тепловая инерция
  time l. запаздывание по времени, временная задержка
  zero l. отсутствие запаздывания; безинерционность
Lagrange Лагранж
  L. brackets скобки Лагранжа
  L. equations of second type уравнения Лагранжа второго рода
  L. function функция Лагранжа, лагранжиан
  L. interpolation интерполяция Лагранжа
  L. multiplier method метод (неопределенных) множителей Лагранжа
  L. principle принцип Лагранжа
Lagrangian (lagrangian) лагранжиан, функция Лагранжа; ‖ Лагранжа, лагранжев, по Лагранжу
  L. coefficient множитель Лагранжа (в задачах условной оптимизации)
  L. coordinates лагранжевы координаты; лагранжева (материальная) система отсчета
  L. finite element лагранжев конечный элемент
  L. representation лагранжево описание, материальное описание; лагранжева модель
  L. strain tensor тензор деформаций Лагранжа
  L. variables лагранжевы переменные

augmented L. расширенный (обобщенный) лагранжиан
total L. полный лагранжиан
updated L. модифицированный (перестроенный) лагранжиан
updated L. scheme модифицированный лагранжев метод, схема перестроенного (модифицированного) лагранжиана
Lamb wave волна Лэмба
Lame Ляме (Ламе)
  L. coefficients коэффициенты Ляме (механических свойств материалов); (геометрические) параметры Ляме (поверхности)
  L. elasticity modulus модуль упругости Ляме
  L. equations уравнения Ляме (уравнения упругого равновесия в перемещениях)
  L. parameters параметры Ляме (геометрические параметры поверхности)
  L. theory of thickwalled cylinders теория Ляме для толстостенного цилиндра
lame 1. поврежденный, испорченный; неправильный; неудовлетворительный, неубедительный; 2. тонкая (металлическая) пластина
lamel(la) пластин(к)а, полоса, ламель; чешуйка
lamellar пластинчатый, листовой; многослойный, слоистый; ламинированный; чешуйчатый
  l. field безвихревое (потенциальное) поле, слоистое (расслоенное) поле
  l. fracture пластинчатый (слоистый) излом; разрушение расслаиванием
lament утверждение, предложение
lamina (мн.ч. **laminae**) (тонкая) пластин(к)а, лист; слой; плоскость расслаивания
  adhesive l. адгезионный слой
  honeycomb l. сотовый слой, слой сотового заполнителя (напр., в трехслойной пластине)
  orthotropic l. ортотропный слой
laminal пакет слоев (пластин)
laminar ламинарный; безвихревой, потенциальный (о потоке); слоистый, пластинчатый
  l. boundary layer ламинарный пограничный слой
  l. flow ламинарное течение (обтекание)
  l. fracture пластинчатый (слоистый) излом; разрушение расслаиванием
  l. jet ламинарная струя, ламинарный поток
  l. solid слоистый материал
  l. wake ламинарный след
  l. wing крыло с ламинарным обтеканием
laminarity ламинарность (потока); слоистость
laminate слоистый материал, ламинат; ‖ расслаивать(ся), расщеплять(ся); изготавливать слоистый материал (изделие), ламинировать; раскатывать, прокатывать (металл)
  cloth l. материал из слоев ткани, текстолит

cross-ply l. слоистый материал с перекрестным расположением армирующих волокон
fiber-reinforced l. слоистый материал, армированный волокнами
plastic l. слоистый пластик
sandwich l. слоистый материал с заполнителем, трехслойный материал
structural l. конструкционный слоистый материал
unidirectional l. слоистый материал с однонаправленным расположением армирующих волокон
laminated слоистый, многослойный; листовой, пластинчатый; ламинизированный, расщепленный на слои; раскатанный
  l. flow слоистый поток
  l. package пакет слоев (материалов), слоистый пакет
  l. shell слоистая оболочка
  l. spring листовая рессора
  l. structure слоистая конструкция (структура)
laminating machine прокатный стан
lamination расслоение; изготовление слоистого материала (изделия), раскатывание, ламинирование; слоистость; тонкий слой, лист
  l. of package расслоение пакета
  spring l. лист рессоры
lamp лампа, светильник; индикатор; ‖ освещать
LAN (local area network) локальная вычислительная сеть (ЛВС)
Lanczos method метод Ланцоша
land 1. земля, суша; почва, грунт; ‖ приземляться; причаливать; помещать, размещать; достигать, добиваться чего-либо; 2. площадка, участок; 3. полоска, фаска; режущая кромка
  to land on приземляться; причаливать
  to approach to land заходить на посадку
  l. area контактная площадка
land-based наземный, сухопутный
lander спускаемый аппарат, посадочная ступень (космического аппарата)
landfall 1. приземление, посадка; 2. обвал, оползень
landing посадка, приземление; размещение; ‖ посадочный
  l. gear шасси, посадочное устройство (летательного аппарата)
  three-point l. посадка на три точки
landmark ориентир (на местности), репер
landscape ландшафт; ‖ ландшафтный; горизонтальный
landslide обвал, оползень
lane путь; дорожка, канал; полоса движения, трасса (напр., полета)
language язык; речь; стиль
  algorithmic l. алгоритмический язык
  assembly l. ассемблер, язык ассемблера
  control l. язык управления

high-level l. язык (программирования) высокого уровня
input l. входной язык
machine l. машинный язык
object-oriented l. объектно-ориентированный язык (программирования)
parallel l. язык параллельного программирования
programming l. язык программирования
source l. исходный (входной) язык

lantern фонарь, остекленный купол; проектор
lap 1. напуск, нахлест(ка), перекрытие; ‖ перекрывать, соединять внахлестку; 2. пола, клапан, складка; 3. загиб, сгиб; ‖ загибать, сгибать; 4. виток, оборот (каната, нити), круг; рулон; ‖ окружать, охватывать; оборачивать, свертывать; 5. шлифовка; ‖ шлифовать, притирать
  l. butt соединение внахлестку
  coil l. виток пружины (рулона)
  end l. перекрытие, нахлестка

Laplace Лаплас
  L. operator оператор Лапласа, лапласиан
  L. representation изображение по Лапласу
  L. transform преобразование Лапласа; изображение по Лапласу

Laplacian лапласиан, оператор Лапласа
lapse 1. течение времени; интервал времени; ‖ течь, проходить (о времени); 2. вертикальный градиент; понижение (напр., температуры) с увеличением высоты; ‖ снижаться; терять силу; 3. промежуток, пропуск; 4. упущение, ошибка, описка
  l. rate вертикальный (температурный) градиент

lapsus (лат.) ошибка, описка
large большой, крупный, значительный; многочисленный; обильный; широкий
  as large as до (обычно перед цифрами)
  at large подробно, детально; в целом, во всем объеме, весь; широко, вообще, неконкретно
  by and large вообще говоря; в целом
  half as large в два раза меньше
  in large в большом (крупном) масштабе
  twice as large в два раза больше
  to go into question at large подробно рассматривать вопрос
  l. dam высокая (высоконапорная) плотина
  l. displacements большие перемещения (соизмеримые с линейными размерами деформируемого тела)
  l. displacements theory теория больших перемещений; теория, учитывающая большие перемещения
  l. scale problem задача высокой размерности, большая задача
  l. strain tensor тензор больших деформаций

largely главным образом, в значительной степени; в широком масштабе

largeness большая величина (протяженность, длительность и т.п.); значительность
large-scale большой, крупномасштабный, высокой размерности
  l. problem "большая" задача, задача высокой размерности

laser лазер
lash 1. (резкий) удар, хлопок; резкая критика; ‖ резко ударять, хлестать; резко критиковать; 2. связка; подвеска; ‖ связывать, привязывать; крепить; 3. зазор
lasher плотина, запруда
lash-up временное приспособление
lasography лазерная голография
last 1. последний; окончательный; ‖ в последний раз; на последнем месте, в конце; 2. продолжаться, длиться; сохраняться; 3. хватать, быть достаточным
  last but one предпоследний
  at last наконец
  at long last в конце концов
  next to the last предпоследний

lasting продолжающийся, длящийся; длительный, постоянный; стойкий, долговечный
  l. qualities продолжительность службы, ресурс; (износо)стойкость, долговечность

lastly наконец (при перечислении); в заключение
latch фиксатор, задвижка, защелка; ‖ фиксировать(ся), запирать(ся), защелкивать(ся)
late последний, поздний, запоздалый; недавний; прежний, бывший; ‖ поздно; недавно, в (за) последнее время
  as late as только в, уже в (обычно перед цифрами); еще в
  in the late в конце
  of late недавно, в (за) последнее время

lately недавно, в (за) последнее время
latency скрытое состояние; время ожидания, задержка
latent скрытый, латентный
  l. failure скрытый (неявный) отказ
  l. heat скрытая теплота

later более поздний; ‖ позже, позднее
lateral боковая часть; ответвление, отвод; поперечная связь, поперечина; ‖ боковой, поперечный, поперечно направленный; побочный, вторичный, второстепенный
  l. acceleration боковое ускорение
  l. axis поперечная ось
  l. component боковая (поперечная) составляющая
  l. contraction поперечное сжатие (обжатие, сужение)
  l. cut поперечный разрез
  l. deflection поперечное смещение, прогиб
  l. discharge побочный продукт
  l. face боковая поверхность
  l. force поперечная сила; перерезывающая сила

l. elasticity упругость в поперечном направлении; упругость при (поперечном) изгибе
l. instability боковая (поперечная) неустойчивость (потеря устойчивости)
l. load поперечная (боковая) нагрузка
l. moment боковой (поперечный) момент
l. shear поперечный сдвиг; перерезывающая сила
l. stress поперечное напряжение
l. velocity поперечная (боковая) скорость, боковая составляющая скорости
l. vibrations поперечные колебания

latest (самый) последний, новейший
at (the) latest самое позднее

latex латекс

lath планка, рейка, дранка

lathe токарный станок

Latin 1. латинский; 2. латинский язык, латынь

latitude 1. (географическая) широта; широтная характеристика; 2. обширность; широкие возможности

latten латунь

latter недавний; последний (из нескольких названных)

lattice решетка, сетка; структура; кристаллическая решетка; || решетчатый, сетчатый
l. beam решетчатая балка
l. damage дефект (кристаллической) решетки
l. frame решетчатая (рамная) конструкция
airfoil l. решетка (аэродинамических) профилей
crystal l. кристаллическая решетка
diffraction l. дифракционная решетка
skew l. косая решетка
space l. пространственная решетка
vortex l. вихревая решетка

latticed решетчатый, сетчатый
l. shell сетчатая оболочка

latticework решетка, решетчатая (сетчатая) конструкция

launch (за)пуск, взлет; метание; спуск судна на воду; || запускать (напр., ракету), выпускать (снаряд), катапультировать(ся); бросать, метать; спускать судно на воду; начинать, предпринимать

launcher пусковая установка, стартовый комплекс; ракета-носитель; ускоритель; катапульта

launching (за)пуск, старт, взлет; бросок, метание; || пусковой, стартовый, метательный; стартующий; начинающий, инициирующий
l. acceleration стартовое ускорение
catapult l. катапультирование

launder желоб, лоток

Laurent series ряд Лорана

(de) Laval nozzle сопло Лаваля, расширенное сопло

law 1. закон, правило, принцип; формула, теорема; 2. право
l. of action and reaction закон действия и противодействия, третий закон Ньютона
l. of atmospheres барометрическая формула
l. of averages закон больших чисел
laws of conservation законы сохранения
l. of conservation of energy закон сохранения (и превращения) энергии
l. of conservation of mass закон сохранения массы
l. of conservation of momentum закон сохранения импульса (количества движения)
l. of cosines теорема косинусов
l. of distribution правило (закон) распределения
l. of gravitation закон всемирного тяготения (Ньютона)
l. of inertia закон инерции
l. of large numbers закон больших чисел
l. of least action принцип наименьшего действия
l. of lever закон рычага
l. of mass action закон действующих масс
laws of motion законы механики
l. of parallelogram правило параллелограмма
l. of signs правило знаков
l. of similarity правило (принцип) подобия; теория подобия
l. of sines теорема синусов
l. of tangents теорема тангенсов
laws of thermodynamics законы (начала) термодинамики
associative l. ассоциативный (сочетательный) закон
Avogadro l. закон Авогадро
basic l. основной закон, основное правило
Boyle-Mariotte l. закон Бойля-Мариотта
Charles l. закон Шарля
Clausius virial l. теорема вириала Клаузиуса
commutative l. коммутативный (перестановительный) закон
constitutive l. закон (уравнение) состояния; определяющий принцип
Dalton l. of partial pressure закон парциальных давлений Дальтона
distributive l. дистрибутивный (распределительный) закон
exponential l. экспоненциальный (степенной) закон
Fick diffusion l. закон диффузии Фика
Fourier conduction l. закон теплопроводности Фурье
gas l. уравнение состояния газа
Gay-Lussac l. закон Гей-Люссака
general l. общее правило, общий принцип

law   315   **lead**

  Hooke's l. закон Гука
  Maxwell's l. of reciprocity теорема Максвелла о взаимности (перемещений)
  Newton's second law второй закон (механики) Ньютона
  Newtonian laws of motion законы механики Ньютона
  power l. степенной закон
  pressure l. закон распределения давления
  quadratic l. квадратичный закон
  reciprocity l. правило (закон) взаимности
  reflexive l. закон рефлексивности
  scaling l. правило подобия
  symmetry l. закон симметрии
lax слабый; неплотный, рыхлый; неточный, неопределенный
lay 1. (рас)положение; размещение; укладка; ‖ класть, укладывать; располагать, размещать; 2. направление, курс; ‖ прокладывать курс; 3. слой; 4. очертание, рельеф
  to lay by откладывать
  to lay down излагать, формулировать; составлять план, проектировать
  to lay claim претендовать на что-либо
  to lay emphasis on подчеркивать, выделять; придавать значение
  to lay foundation положить начало, заложить фундамент
layer 1. слой, прослойка, пласт, наслоение; покрытие; ‖ слоистый; ‖ наслаивать, класть пластами; 2. уровень; срез, разрез
  l. assembly пакет слоев; послойная сборка
  l. of current слой течения
  air l. слой (прослойка) воздуха
  anisotropic l. анизотропный слой
  base l. основной (базовый) слой; несущий слой
  boundary l. (по)граничный слой, погранслой
  boundary l. solution решение (типа) пограничного слоя
  buffer l. промежуточный слой; амортизирующий слой
  circulation l. циркуляционный слой
  composite l. слой из композиционного материала
  filter l. фильтрующий слой, плоский фильтр
  honeycomb l. слой сотов (сотового заполнителя) (напр., в трехслойной пластине)
  insulating l. изолирующий слой
  intact boundary l. безотрывный пограничный слой
  interface l. слой на границе раздела
  laminar boundary l. ламинарный пограничный слой
  neutral l. нейтральный слой
  physical l. физический уровень
  shallow l. тонкий слой; пласт малой мощности

  shear l. 1. слой, работающий на сдвиг; 2. пограничный слой
  shock l. ударный слой
  stiffened l. армированный слой
  structure of layers структура слоев
  surface l. (при)поверхностный слой
  transition l. переходный слой
  vorticity l. вихревой слой
layered слоистый, многослойный; расположенный слоями, чередующийся
  l. shell слоистая (многослойная) оболочка
layering слоистость; расслоение; разбиение на слои; многоуровневое (иерархическое) представление
layer-type слоистый
laying 1. расположение; размещение; укладка; закладка (напр., фундамента); 2. прокладка курса; наводка, прицеливание
lay-off временная остановка, задержка
layout 1. расположение, размещение; ‖ располагать, размещать; 2. планировка, проект; компоновка; схема расположения; топология; макет; ‖ проектировать, конструировать, планировать; компоновать; макетировать; 3. разбивка, разметка; ‖ размечать
  l. design проект компоновки
  l. draw компоновочный чертеж, общий (генеральный) план, макет
  aircraft l. компоновка (схема) летательного аппарата
  body l. компоновка кузова (фюзеляжа, корпуса судна)
  canard l. схема "утка" (летательного аппарата)
  data l. формат данных
  general l. общая компоновка, генеральный план
  polycell l. многоэлементная компоновка
lb. (сокр. от pound) фунт (= 0,4536 кг)
L-beam балка уголкового профиля
lbf (сокр. от pound-force) фунт-сила (=4,4482 H)
lead 1. руководство, указание, директива; ‖ вести; руководить, направлять, управлять; 2. опережение, упреждение; превосходство; ‖ опережать, упреждать; превосходить; 3. проводник, провод; канал, трубка; ввод, вывод; подача; ‖ подводить, проводить (напр., ток); вводить, выводить; подавать; 4. шаг (винта), ход (поршня); 5. свинец; отвес, грузило, лот; ‖ свинцовый; 6. стрела (крана), укосина
  to lead away уводить, отклонять
  to lead off начинать, класть начало, открывать
  to lead to вести, приводить к
  to lead up to постепенно подготавливать к
  to take the lead быть впереди, возглавлять
  l. angle угол опережения (по фазе), угол упреждения; угол подъема (напр., винтовой линии)
  l. of helix шаг винтовой линии (спирали)
  l. hole направляющее отверстие

l. time время (производственного) цикла, срок разработки; время упреждения
power l. силовой провод
screw l. шаг винта
leaden свинцовый; тяжелый; замедленный
leader 1. руководитель, ведущий; 2. проводник, провод; трубопровод; 3. заголовок, шапка; 4. ходовой винт; 5. пунктирная линия
leadership ведущее положение; руководство
lead-in ввод, подвод; устройство ввода
leading 1. руководство; указание, инструкция, директива; ‖ руководящий, направляющий, ведущий; основной, старший; 2. опережение, упреждение; ‖ опережающий; передний, первый; 3. подача; ‖ двигательный, подающий
l. axle ведущая ось
l. edge передняя кромка (крыла); передний фронт (волны, импульса)
l. wave головная (передняя) волна
l. zeros нулевые старшие разряды (числа)
lead-off начало
lead-out вывод; устройство вывода
leaf лист, (тонкий) диск, пластина, полотнище, створка; крыло, пролет
l. suspension рессорная подвеска
bascule l. крыло разводного моста
leak 1. течь, утечка; неплотное соединение; ‖ давать течь, пропускать (воду); просачиваться; 2. рассеяние
to leak out просачиваться; обнаруживаться, стать известным
to develop a leak давать течь
pressurization l. нарушение герметизации
leakage 1. течь, утечка; просачивание, фильтрация; объем потерь (от утечки); проницаемость, негерметичность; 2. рассеяние
l. factor коэффициент фильтрации; коэффициент потерь
l. test испытание на герметичность
seep l. просачивание
leak-free см. leak-proof
leak-in приток; подсос
leakness неплотность (соединения), негерметичность
leak-proof герметичный, герметический, плотный
leaky протекающий, имеющий течь
lean 1. наклон, уклон; отклонение (от вертикали); ‖ наклонять(ся), отклоняться; 2. опираться, основываться; отдавать предпочтение, склоняться к чему-либо; 3. бедный (по содержанию)
leap прыжок; скачок, резкое изменение; препятствие; ‖ прыгать; резко изменяться; преодолевать скачком
learn учить(ся), изучать, узнавать
learned изученный; ученый, эрудированный
learning обучение, изучение; эрудиция; ‖ изучающий, обучающийся
lease аренда; ‖ сдавать (брать) в аренду

least наименьший; самый малый, малейший, минимальный; ‖ менее всего, в наименьшей степени, минимально
to say the least по меньшей мере, без преувеличения
at least по крайней мере, хотя бы
at least estimate по самой скромной оценке, минимально
not in the least ни в малейшей степени, нисколько
l. action principle принцип наименьшего действия
l. common multiple наименьшее общее кратное
l. energy principle принцип наименьшей энергии
l. in number наименьший по количеству
l. squares method метод наименьших квадратов
leastwise по крайней мере
leather кожа; кожаное изделие; ремень
leave 1. оставление, уход, отъезд; прекращение (действия), остановка; ‖ оставлять, уходить, уезжать; прекращать(ся); 2. передавать; предоставлять; 3. разрешение, позволение
to leave behind 1. опережать, превосходить; 2. забывать
to leave off прекращать(ся), останавливать(ся)
to leave out пропускать, не включать; упускать
to leave over откладывать
leaved имеющий листья; створчатый
Lebesgue integral интеграл Лебега
lection 1. чтение; 2. разночтение
lecture лекция; ‖ читать лекции
lecturer лектор, преподаватель
ledge 1. выступ, борт, реборда; 2. планка, линейка; 3. слой, ряд, пласт
lee защита, защищенное место, укрытие; подветренная сторона; ‖ защищенный; подветренный
leeward подветренная сторона; ‖ подветренный; ‖ в подветренную сторону
leeway 1. дрейф, снос в подветренную сторону; 2. отставание; отсрочка, запас времени
left левый; изнаночный, внутренний; ‖ налево, слева
over the left как раз наоборот
l. member of equation левая часть (уравнения)
left-hand левый, левосторонний; с левым ходом, с левой резьбой; вращающийся влево
l. derivative левая производная
l. moment левый (левовращающий) момент (направленный против часовой стрелки)
l. side (l.h.s.) левая часть (уравнения)
l. thread левая (левосторонняя) резьба
leftmost крайний слева

leftward(s) влево, налево; слева
leg 1. нога, ножка; опора, подставка, стойка; 2. отрезок (напр., линии), участок, этап; ветвь, ответвление; сторона, плечо, катет (треугольника), полка (балки); 3. колено, излом, угольник
    l. of frame стойка рамы
    active l. активная ветвь (напр., программы)
    downward l. нисходящая ветвь
    infinite l. бесконечный интервал
    vortex l. нить вихря
legal законный; допустимый, разрешенный; стандартизованный, стандартный
    l. unit стандартизованная единица (измерения)
legend надпись, (подрисуночная) подпись, пояснение условных обозначений
Legendre Лежандр
    L. polynomial полином Лежандра
    L. transform преобразование Лежандра
legibility четкость, разборчивость, удобочитаемость
legible четкий, разборчивый
legitimacy допустимость, законность
legitimate допустимый, законный; правильный, разумный; ‖ признавать допустимым
    l. argument правильный довод
    l. range допустимая область
leg-of-mutton имеющий излом, коленчатый; треугольный
lemma 1. лемма, вспомогательная теорема; 2. аннотация; примечание; краткое введение (напр., в книгу)
lend давать, предоставлять; сообщать
    to lend assistance оказывать поддержку
length длина, протяженность, расстояние; отрезок, участок, интервал, пролет; продолжительность
    at length подробно; наконец
    at full length во всю длину; на всем протяжении; со всеми подробностями
    of some length довольно длинный (продолжительный)
    per unit length на единицу длины
    l. of arc длина дуги
    l. cut продольный вырез
    l. dimension длина, размер по длине
    l. ga(u)ge мера длины; измеритель длины
    l. of overhung вылет, свес (балки); свободная длина
    l. of support расстояние между опорами; свободная длина
    l. of a tangent отрезок касательной
    l. of testing продолжительность испытаний
    bearing l. рабочая (несущая) длина; опорный интервал
    collapsing l. (критическая) длина (стержня), при которой происходит потеря устойчивости
    dimensionless l. безразмерная длина
    effective l. эффективная (приведенная) длина; полезная длина; действительная длина
    entrance l. входной участок
    focal l. фокусное расстояние
    free l. свободный участок; длина свободного пробега; приведенная длина (стержня при потере устойчивости)
    grid l. шаг сетки
    incremental l. величина (шаг) приращения; бесконечно малая длина
    load per unit l. погонная нагрузка
    measure of l. мера длины
    modified l. приведенная длина
    overall l. полная длина
    overhanging l. вылет (консоли), свободная длина
    path l. длина пути (траектории); длина пробега
    propagation l. дальность (длина) распространения
    pulse l. длительность импульса
    record l. длина записи
    reduced buckling l. приведенная длина (стержня) при потере устойчивости
    reference l. исходная длина
    relative l. относительная длина
    stretched l. полная длина (напр., выпрямленной проволоки)
    unit l. единичная длина; единица длины
    unsupported l. свободная длина, расстояние между (соседними) опорами; вылет (консоли)
    wave l. длина волны
    word l. длина (разрядность) слова
lengthen удлинять(ся), увеличивать(ся); продолжать(ся), тянуть(ся); постепенно переходить
lengthy длинный, растянутый; длительный
lengthways см. lengthwise
lengthwise вдоль, в продольном направлении, по длине
lens линза; оптическое стекло, лупа, объектив; линзовидная залежь
    liquid l. жидкостная линза
    negative l. рассеивающая линза
    positive l. положительная (собирающая) линза
    thermal l. тепловая линза
lens-shaped имеющий форму линзы
    l. crack трещина в виде линзы
lenticular чечевицеобразный; двояковыпуклый
lentous клейкий
lesion повреждение, поражение
less меньший; ‖ меньше, менее, в меньшей степени
    to grow less уменьшаться
    less known менее известный
    less than (LT) меньше, чем (операция сравнения в языках программирования)
    in a less degree в меньшей степени

of less importance менее важный
none the less тем не менее
-less (суффикс, придающий значения отрицания, отсутствия) не-, без-; напр., **limitless** неограниченный
lessen уменьшать(ся); преуменьшать, недооценивать
lesser меньший
lest чтобы не, как бы не
let 1. позволять, разрешать, допускать; давать возможность; (про)пускать; 2. помеха, препятствие; ‖ мешать, препятствовать
 to let by пропускать
 to let down 1. разбавлять, разжижать; ослаблять, ухудшаться; 2. снижаться (о летательном аппарате)
 to let in вводить, вставлять, впускать, пропускать
 to let out выпускать; расширять
 to let up оставлять, прекращать; ослаблять
 let alone не говоря уже о
letter 1. буква; символ, знак, литера; ‖ помечать буквами, надписывать; 2. письмо; извещение
 to the letter буквально, точно
lettering надпись; буквенное обозначение
levee дамба; набережная
level 1. уровень; горизонт, отметка, плоскость; нивелир, ватерпас; горизонтальная линия (плоскость); ‖ горизонтальный; находящийся на одном уровне; ровный, равномерный; ‖ выравнивать, горизонтировать, нивелировать; спрямлять; устанавливаться; 2. порядок, степень; значение (параметра); ‖ достигать уровня (значения, порядка)
 to level down понижать до уровня
 to level off выравнивать, приводить к одному уровню; выпрямлять (напр., кривую)
 to level up устанавливать уровень, нивелировать; поднимать до уровня
 to do one's level best сделать все зависящее
 above the level выше уровня
 at the level of на уровне чего-либо
 l. flight горизонтальный полет
 l. line линия уровня; горизонтальная линия
 l. of noise уровень шумов
 l. of substructure уровень (вложенности) подконструкции
 energy l. энергетический уровень
 fixed l. постоянный уровень, нивелир
 freezing l. граница замерзания
 ground l. основной (исходный) уровень; уровень грунта
 reference l. исходный (отсчетный, нулевой) уровень
 turbulence l. степень турбулентности
levelling выравнивание; горизонтирование, нивелирование; регулировка уровня; стабилизация, установление
lever 1. рычаг; балансир, коромысло; рукоятка, тяга; плечо рычага; вылет, вынос (напр., стрелы); ‖ рычажный; ‖ поднимать; передвигать рычагом; 2. средство воздействия
 l. arm плечо рычага
 l. control рычажное управление
 l. throw плечо рычага
 angled l. коленчатый рычаг
 balancing l. балансир, коромысло
 curved l. кривой (коленчатый) рычаг
 equalizing l. балансир
 law of l. закон рычага
 live l. подвижный рычаг
 operating l. рычаг управления
 toggle l. коленчатый рычаг
leverage 1. рычажный механизм, система рычагов; сила (действие) рычага; выигрыш в силе от применения рычага, отношение плеч рычага, передаточное отношение; 2. подъемная сила; 3. (вращающий, опрокидывающий) момент
 l. of load грузовое плечо рычага, плечо груза
lever-type рычажный
levigate растирать в порошок
levitate поднимать(ся) (над поверхностью)
levitation подъем (над поверхностью), парение
levity легкость
lewis 1. анкерный (фундаментный) болт; 2. схват
 l. hole паз типа "ласточкин хвост"
lexicographic лексикографический
 l. order лексикографический порядок
lexicon словарь, лексикон
l.h.s. (left-hand side) левая часть (уравнения)
liable 1. принадлежащий чему-либо; 2. доступный; подверженный чему-либо; 3. ответственный (за что-либо); 4. вероятный, возможный
liaison связь, соединение, взаимодействие
liberal 1. свободный; небуквальный, вольный; 2. большой, обильный
liberally 1. свободно; 2. обильно
 l. proportioned 1. имеющий произвольную (свободную) компоновку; 2. имеющий большой запас прочности; массивный, больших размеров
liberality 1. отсутствие ограничений; 2. обилие
liberalize снимать ограничения, расширять (напр., возможности)
liberate освобождать(ся); выделять(ся) (напр., о газе)
liberation освобождение; выделение
 l. of heat выделение тепла
librarian библиотекарь; программа-библиотекарь
library библиотека
 source l. библиотека исходных программ (модулей)
 subroutine l. библиотека подпрограмм
licence 1. разрешение; лицензия, патент; документ, свидетельство; 2. отклонение от нормы (правила)

license см. licence; ‖ разрешать, давать право, выдавать патент

licensed 1. допустимый, разрешенный; имеющий разрешение (право, патент, свидетельство); дипломированный; 2. привилегированный, признанный

   l. pressure (максимальное) допустимое давление

lid 1. крышка, колпак; 2. ограничение, запрет

lie 1. (рас)положение; направление; ‖ лежать; находиться, заключаться (в чем-либо); относиться (к чему-либо); 2. обманывать, быть обманчивым

lieu: in lieu of вместо

life долговечность, ресурс, срок службы; стойкость

   l. cycle срок службы, (эксплуатационный) ресурс; жизненный цикл

   l. in cycles ресурс, выраженный числом циклов (до разрушения)

   l. test испытания на долговечность, ресурсное испытание

   design l. расчетная долговечность, расчетный ресурс

   fatigue l. усталостная долговечность

   load l. эксплуатационная долговечность, ресурс

   no-failure l. период безотказной работы

   rated l. номинальный ресурс

   specified l. назначенный (определенный) ресурс

   rupture l. время до разрушения

   useful l. срок службы, (эксплуатационный) ресурс

   warranty l. гарантийный ресурс (срок)

lifelength эксплуатационная долговечность, ресурс

life-size(d) в натуральную величину

lifetime эксплуатационная долговечность, ресурс

   effective l. эффективный (средний) ресурс; действительный ресурс

lift 1. подъем, поднятие; высота подъема; повышение, продвижение; ‖ подъемный, поднимающий; ‖ поднимать(ся), повышать(ся); 2. подъемная сила, вертикальная тяга; выталкивающая сила; напор, высота напора, водяной столб; ‖ прикладывать подъемную силу; 3. подъемная машина, подъемник, лифт; поднимаемый груз

   to lift off 1. отрывать(ся) от (поверхности); 2. отходить; отслаиваться

   to lift restrictions снимать ограничения

   to give lift создавать (сообщать, прикладывать) подъемную силу

   to induce lift вызывать (создавать) подъемную силу

   l. airfoil несущее крыло, несущий профиль

   l. axis ось подъемной силы

   l. breakdown падение подъемной силы

   l. bridge подъемный мост

   l. carried by wing подъемная сила крыла

   l. centre точка (центр) приложения подъемной силы

   l. coefficient коэффициент подъемной силы

   l. devices механизация крыла (напр., закрылки)

   l. direction направление подъемной силы

   l. divergence падение подъемной силы

   l. efficiency несущие свойства (профиля); характеристика подъемной силы

   l. force подъемная сила; сила, направленная вверх

   l. margin избыток (запас) подъемной силы

   l. span подъемное пролетное строение

   l. over surface распределение подъемной силы по поверхности

   airfoil l. подъемная сила крыла (профиля)

   body l. подъемная сила тела (фюзеляжа)

   component of l. составляющая подъемной силы

   cushion l. подъемная сила воздушной подушки

   design l. расчетная подъемная сила

   disposable l. располагаемая подъемная сила

   dynamic l. (аэро)динамическая подъемная сила

   free l. избыточная (свободная, всплывная) подъемная сила

   gross l. полная подъемная сила

   height of l. высота подъема; (гидравлический) напор

   jet l. подъемная сила реактивной струи; тяга подъемного реактивного двигателя

   negative l. отрицательная подъемная сила

   theory of l. теория подъемной силы

   unit l. удельная подъемная сила; единичная подъемная сила

   wing l. подъемная сила крыла

   work of l. работа подъема (подъемной силы)

lift-cruise подъемно-маршевый (о двигателе)

lift-drag ratio аэродинамическое качество, отношение подъемной силы к лобовому сопротивлению

lifter подъемник; толкатель

lifting подъем, поднятие; повышение, продвижение; вспучивание; ‖ поднимающий, подъемный; повышающий; несущий

   l. component вертикальная составляющая (силы)

   l. force подъемная сила; сила, направленная вверх; грузоподъемность

   l. mechanism (грузо)подъемный механизм

   l. moment опрокидывающий момент

   l. power грузоподъемность; подъемная сила; мощность насоса

   l. speed скорость подъема, вертикальная скорость

   l. vortex несущий вихрь

   l. wing несущее крыло

lift-off 1. подъем, отрыв от земли; **2.** отслаивание
ligament связь; связка
ligature связь; лигатура
light 1. свет, световое излучение; освещение; источник света, осветительный прибор; световой проем; ‖ светлый; ‖ освещать, светить; **2.** разъяснение, толкование, интерпретация; аспект; **3.** легкий, облегченный; пустой; неплотный; незначительный; быстрый, подвижный; ‖ легко; **4.** опускаться, садиться; падать; **5.** случайно наталкиваться
   to bring to light выявлять, выяснять
   to come to light обнаруживаться, проявляться
   l. cell фотоэлемент
   l. load малая нагрузка; световая нагрузка
   l. scattering рассеяние света
   l. in section имеющий тонкое сечение
   l. source источник света
   l. spectrum световой (оптический) спектр
   l. speed скорость света
   infrared l. инфракрасное излучение
   polarized l. поляризованный свет
   reflected l. отраженный свет
   refracted l. преломленный свет
   ultraviolet l. ультрафиолетовое излучение
   visible l. видимый свет, излучение в видимой части спектра
   white l. дневной свет
light-duty легкий, маломощный
lighten 1. освещать; **2.** облегчать(ся), разгружать(ся); уменьшать(ся)
lighter устройство освещения; запальное устройство, запал
lightguide световод
lighting освещение; осветительная аппаратура; зажигание
lightly легко, без усилий; слегка, незначительно
lightness легкость; подвижность, быстрота
lightning молния
light-resistant светостойкий
light-tight светонепроницаемый, непрозрачный
light-weight легкий, с малым (удельным) весом
like 1. подобный, похожий, одинаковый, равный, эквивалентный; **2.** возможный, вероятный
   and the like и тому подобное
   l. signs одинаковые знаки
   l. terms подобные члены
likelihood правдоподобие, вероятность
   in all likelihood по всей вероятности
   l. function функция правдоподобия
   maximum l. method метод максимального правдоподобия
likely 1. вероятный, возможный; ‖ вероятно, возможно; **2.** подходящий, пригодный
   most likely по всей вероятности, наиболее вероятно

liken сравнивать, уподоблять; приравнивать
likeness сходство, подобие
likewise 1. подобно, аналогично; точно так же; **2.** более того
limb 1. конечность; ветвь, ветка; **2.** деталь, часть; ‖ разделять на части, расчленять; **3.** лимб, круг (кольцо); круговая шкала
limber гибкий, податливый, мягкий; ‖ делать(ся) гибким, размягчать(ся)
lime известь
limestone известняк
limit граница, предел; предельный размер, допуск; интервал значений; ‖ граничный, предельный; ‖ ограничивать; служить границей
   to pass to the limit переходить к пределу
   to place a limit ограничивать, налагать ограничение
   within the limits в пределах, в диапазоне
   l. of accuracy предел точности (погрешности)
   l. of adhesion предел сцепления
   l. analysis расчет предельного состояния, расчет по предельному состоянию, расчет несущей способности (конструкций)
   l. of elasticity предел упругости
   l. equilibrium предельное равновесие
   l. of error предел погрешности
   l. formula предельная формула
   l. of function предел функции
   l. gage предельный калибр (диаметр)
   limits of integration пределы интегрирования
   l. load предельная нагрузка; (наибольшая) допустимая нагрузка
   l. in the mean предел в среднем
   l. point предельная точка
   l. of proportionality предел пропорциональности; предел упругости (материала)
   l. of range граница интервала
   l. of sensibility порог (предел) чувствительности
   l. of sequence предел последовательности
   l. of shakedown предел приспособляемости
   l. of stability предел (граница) устойчивости
   l. state предельное состояние
   l. stop ограничитель хода, стопор
   l. of tolerance граница допуска; допустимый предел
   l. of variation границы изменения (отклонения); пределы варьирования
   compression l. предел упругости (прочности) при сжатии
   confidence l. доверительный предел
   conditional l. условное ограничение
   creep l. предел ползучести
   dimension l. допуск на размер; ограничение (предел) размерности

elastic l. предел упругости
endurance l. предел выносливости (усталости)
extrapolation to a l. экстраполяция к пределу
inferior l. нижний предел, нижняя граница
lower l. нижний предел
permissible l. допустимый предел
prescribed l. заданный предел
rated l. номинальный предел
service l. срок службы, (эксплуатационный) ресурс
smooth l. гладкая граница
stall l. граница срыва (потока)
structural l. предельно допустимая нагрузка, предел прочности (конструкции)
superior l. верхний предел
theory of limits теория пределов
time l. ограничение по времени
unilateral l. одностороннее ограничение
upper l. верхний предел
variable l. переменный предел (интегрирования)
wear l. максимально допустимый износ
yield l. предел текучести

limitary ограниченный; ограничительный; пограничный

limitation ограничение, предел; предельный срок; ограниченность (напр., теории), недостаток; оговорка, условие
  l. of frequency ограничение по частоте
  l. of method ограничение метода; недостаток метода
  memory l. ограничение по памяти

limitative ограничивающий, лимитирующий

limited ограниченный, предельный
  to a limited extent в известной степени
  l. accuracy ограниченная точность

limiter ограничитель, разделитель

limiting ограничение; || ограничивающий, предельный
  l. accuracy предел погрешности
  l. condition условие-ограничение, предел; предельное состояние
  l. design расчет по предельным нагрузкам (воздействиям)
  l. error предельная погрешность, предел точности
  l. stress предельное (предельно допустимое) напряжение; предел цикла напряжений
  l. value предельное значение
  strict l. строгое ограничение

limitless неограниченный
limp мягкий, слабый; гибкий
limpid прозрачный
limpidity прозрачность
limpness мягкость, слабость; гибкость, малая жесткость; сминаемость
limy известковый; клейкий
linage число строк (на странице)

line 1. линия, кривая; черта, штрих; граница, контур, профиль; график, характеристика, эпюра; || проводить линии, чертить; обрисовывать, оконтуривать; 2. направление; ось; курс движения; || располагать(ся) вдоль (в линию, по направлению); 3. строка; 4. кабель, магистраль, (трубо)провод, шина; 5. вид, группа, класс, серия, тип; ряд, совокупность (однотипных объектов), цепочка; || образовывать ряд, совокупность; 6. поведение, образ действия; 7. происхождение
  to line up выравнивать, настраивать; располагать вдоль (направления, оси)
  to line with располагать(ся) на одной прямой
  along the line на линии, вдоль оси
  in line совпадающий; совмещенный, находящийся на одной линии, в ряду
  in line with согласующийся с чем-либо
  in the line of в направлении, по направлению
  in the lines of в соответствии с чем-либо, по типу, по примеру, по методу, следуя чему-либо
  off (the) line отключенный (напр., от сети); автономный, в автономном режиме; на холостом ходу
  on general lines в общих чертах
  on (the) line включенный; неавтономный, находящийся в составе комплекса оборудования, управляемый (от) ЭВМ; находящийся под нагрузкой, работающий
  on the lines of следуя чему-либо, по примеру
  l. of action линия действия (силы)
  l. of application линия приложения
  l. of centres линия центров
  l. coordinate линейная координата, координата вдоль линии
  l. crack (бесконечно) тонкая трещина, волосовина
  l. of deflection линия прогиба, упругая линия (балки)
  l. density линейная (погонная) плотность
  l. element элемент линии, дифференциал линии (дуги); продольный элемент
  l. force усилие, приложенное по линии; погонное усилие
  l. of force линия (направление) действия силы; силовая линия (поля)
  l. of fracture линия разрушения; линия пластического шарнира
  l. gage штриховая мера длины
  l. integral интеграл по линии
  l. of integration путь (траектория) интегрирования
  l. load нагрузка, приложенная по линии; погонная нагрузка
  l. of origin линия отсчета, ось координат
  l. of pipes трубопровод
  l. of position линия положения
  l. of pressure линия (кривая, эпюра) давления; линия зацепления

l. search линейный (одномерный) поиск, одномерная оптимизация
l. of sight линия визирования
l. size длина строки
l. of slide линия скольжения
l. spectrum линейчатый (дискретный) спектр
l. of stress график (кривая, эпюра) напряжений
l. symmetry осевая симметрия
l. traction осевое усилие; погонное усилие; нагружение по линии
l. vortex линейный вихрь, вихревая линия (нить)
aircraft lines обводы (контуры) летательного аппарата
attribute of a l. атрибут линии, объект (понятие), относящийся к линии
axial l. осевая линия
bending l. линия прогиба
boundary l. граничная линия, линия контура
broken l. ломаная линия
catenary l. цепная линия
centre l. осевая линия, линия центров; (геометрическая) ось
centroid l. центроида
character l. строка символов
characteristic l. характеристическая кривая, характеристика
chord l. хорда; линия хорд; направление хорд
closed l. замкнутая линия
column l. ось стойки; столбец (напр., таблицы)
concurrent lines сходящиеся линии
conjugate l. сопряженная кривая
contact l. линия контакта, линия зацепления
continuous l. непрерывная (сплошная) линия
contour l. линия контура, линия границы; линия (равного) уровня, изолиния
cross lines пересекающиеся линии; крест (перекрестье, сетка) нитей
curved l. кривая
dash(ed) l. штриховая (пунктирная) линия
datum l. ось координат, линия отсчета; линия приведения
deflection l. линия отклонения; линия прогиба, упругая ось (балки)
dimension l. размерная линия
directed l. направленная линия
direction(al) l. направляющая (кривая)
displacement l. линия смещения, ось прогибов
divergence l. линия дивергенции
divergent lines расходящиеся прямые
dog-leg l. кривая с изломом
dot(ted) l. пунктирная линия
dot-and-dash l. штрих-пунктирная линия

elastic l. упругая линия, упругая ось (балки)
end l. замыкающая сторона (веревочного многоугольника); последняя строка
endless l. замкнутая линия
equidistant l. эквидистанта, равноудаленная линия
equilibrium l. равновесная кривая
equipotential l. эквипотенциальная линия, линия уровня, изолиния
expansion l. график расширения
field l. линия (векторного) поля, силовая линия
flow lines линии тока; линии Людерса (на растягиваемом металле)
force l. линия действия силы; эпюра силы
fraction l. дробная черта
full l. сплошная (непрерывная) линия
funicular l. луч веревочного многоугольника
generating l. образующая (линия)
geodetic l. геодезическая линия, линия кратчайшего пути
grid l. линия (координатной) сетки
guide l. направляющая (линия)
hair l. волосная линия
heavy l. жирная линия
helical l. винтовая линия
hidden lines невидимые (скрытые) линии (изображения)
hydraulic l. гидромагистраль
hyperbolic l. гиперболическая кривая
image lines зеркальные линии
imaginary l. воображаемая линия
inclined l. наклонная линия
infinite l. бесконечная линия
influence l. линия влияния
isobar l. изобара, линия равного давления
isoclinic l. изоклина, линия равного наклона
isothermic l. изотерма, линия равной температуры
level l. линия уровня; горизонтальная линия
lifting l. линия действия подъемной силы, несущая линия
load l. линия нагружения; график (характеристика, эпюра) нагрузки
load per l. нагрузка на единицу длины, погонная нагрузка
loaded l. несущая линия
Luders lines линии Людерса, линии скольжения
Mach l. линия Маха, граница возмущений
main l. главная линия, магистраль
mean l. средняя линия; биссектриса
moment l. эпюра моментов
neutral l. нейтральная линия, нейтральная ось (напр., при изгибе балки)
nodal l. линия узлов, узловая линия

number l. числовая прямая
open(ed) l. незамкнутая линия
outer normal l. внешняя нормаль, направление внешней нормали
parallel lines параллельные прямые
parting l. разделяющая линия, граница
path l. линия траектории, траектория
polar l. поляра
program l. строка программы
position l. линия положения
reference l. линия отсчета, ось координат; опорная линия; линия приведения
screw l. винтовая линия, спираль
secant l. секущая
shaft l. трансмиссия, привод
shear l. эпюра напряжений сдвига (перерезывающих сил)
side l. боковой путь, боковая ветвь
skeleton l. основная (контурная) линия
skew lines скрещивающиеся линии
slip l. линия скольжения
slope of l. наклон (угол наклона, угловой коэффициент) линии
solid l. сплошная (жирная) линия
sonic l. линия перехода через скорость звука, линия возмущений
spectral l. линия спектра
spiral l. спираль, винтовая линия
stipple l. пунктирная линия
straight l. прямая (линия)
stream l. линия тока; струя; направление течения
supply l. (подающий) трубопровод; линия электропитания
tangential l. касательная (линия)
tie l. соединительная линия
transient l. переходная кривая, переходная характеристика
transition(al) l. переходная кривая, линия сопряжения; линия (фазового) перехода
transmission l. передача, привод, трансмиссия
vector l. линия (направление) вектора; силовая линия (векторного поля)
vortex l. вихревая нить, вихревой шнур
wave l. направление распространения волны
wear l. профиль износа
zero l. нулевая линия, линия отсчета; линия приведения, нейтральная линия (ось)

lineal 1. линейный; относящийся к линии; 2. наследственный; 3. линеал
lineament 1. очертание, контур; 2. отличительная черта
linear линейный; прямолинейный; продольный, осевой, поступательный; одномерный; последовательный
  linear in x линейный относительно x
  l. analysis линейный анализ (расчет), расчет по линейной модели
  l. approximation линейная аппроксимация, приближение первой степени
  l. combination линейная комбинация
  l. component линейная составляющая, линейный член
  l. contraction линейное (продольное) сжатие, укорочение
  l. deformation линейная деформация, изменение длины; линейное деформирование, линейная модель деформирования
  l. dimension линейный размер; размерность длины
  l. displacement линейное (поступательное) перемещение; линейно изменяющееся перемещение
  l. element линейный элемент; дифференциал линии (дуги)
  l. function линейная функция, функция первой степени
  l. hardening линейное упрочнение
  l. load нагрузка по линии; нагрузка на единицу длины; линейно изменяющаяся нагрузка
  l. mapping линейное отображение (преобразование)
  l. measure мера длины, линейная мера
  l. motion прямолинейное движение; поступательное движение, перемещение
  l. problem линейная задача
  l. programming линейное программирование
  l. property свойство линейности, линейная характеристика
  l. search линейный поиск; последовательный перебор
  l. size линейный размер
  l. space линейное пространство
  l. strain линейная деформация, линейное деформирование
  l. strain triangle (LST) треугольный конечный элемент с линейными деформациями (LST-элемент)
  l. stress линейное (одноосное) напряжение (напряженное состояние)
  l. structural analysis линейный расчет (деформирования) конструкций
  l. structure линейная (последовательная) структура; линейно деформирующаяся конструкция
  l. theory линейная теория
  l. velocity линейная скорость, скорость поступательного движения
  geometrically l. problem геометрически линейная задача
  piecewise l. кусочно-линейный

linearity 1. линейность, свойство линейности; изменение по линейному закону; прямолинейность; 2. отклонение от прямой
  l. of dial линейность шкалы
  l. property свойство линейности
  physical l. физическая линейность

linearization линеаризация
  l. **approach** подход, использующий линеаризацию; метод линеаризации
  l. **error** погрешность линеаризации
  Newton l. линеаризация методом Ньютона
  piecewise l. кусочная линеаризация
  stepwise l. (по)шаговая линеаризация
linearize линеаризовать, сводить нелинейную функцию (задачу) к линейной
linearized линеаризованный
  l. **buckling analysis** линеаризованный расчет потери (упругой) устойчивости, расчет устойчивости по Эйлеру
  l. **buckling mode** форма потери устойчивости, найденная из линеаризованных уравнений; эйлерова форма потери устойчивости
  l. **solution** линеаризованное решение; решение линеаризованной задачи
linearly линейно, по линейному закону, по закону первой степени; прямолинейно; поступательно; последовательно
  l. **dependent** линейно зависимый
  l. **varying** линейно изменяющийся
linen полотно, холст; парусина
liner 1. втулка, гильза; 2. подкладка, прокладка, грунтовка; облицовка, обкладка, рубашка; 3. лайнер, рейсовое судно (самолет)
line-up выравнивание, настройка; построение, расположение
linewidth ширина (толщина) линии
linger замедлять(ся)
lingering задерживающий(ся), длительный
lingot изложница
lining 1. подкладка, прокладка, грунтовка; облицовка, обкладка, рубашка, слой изолятора; (горная) крепь, обделка (туннеля); опалубка; 2. содержимое, наполнение; 3. выпрямление, выравнивание
link связь, соединение; связующее звено; звено механизма (цепи); ребро (графа); шарнир; кулиса, рычаг; шатун; ‖ соединять, связывать; компоновать
  l. **editor** программа-компоновщик, редактор связей
  l. **motion** кулиса, кулисный механизм
  l. **pin** ось шарнира
  articulated l. шарнирное соединение
  chain l. звено цепи
  compression l. сжатый элемент; элемент, работающий на сжатие
  distance l. соединительная тяга (поддерживающая неизменное расстояние между элементами механизма)
  extensional l. растягивающаяся (растяжимая) связь
  fixed l. неподвижное соединение; фиксированное звено
  kinematic l. кинематическая связь; звено кинематической цепи
  motion l. направляющая

  nonlinear l. нелинейная связь; нелинейное звено
  suspension l. тяга подвески
  tie l. соединительная тяга, растяжка
  transverse l. поперечная связь
  virtual l. виртуальная связь
  weakest l. **theory** теория слабого звена
linkage 1. связь, соединение; сочленение, сцепление; компоновка (программ); 2. рычажный механизм
  elastic l. упругая связь; упругое сочленение
  split l. разъемное соединение
linked связанный, соединенный, сочлененный; скомпонованный
linker программа-компоновщик, редактор связей
linking связь, соединение; сочленение, сцепление; компоновка (программ); ‖ связывающий, объединяющий; компонующий
link-up соединение; стыковка
linkwork шарнирный (рычажный) механизм; цепь, цепная передача
lintel перемычка
lip губа; выступ, консоль; край, (режущая) кромка, фланец
  l. **surface** передняя грань (напр., резца)
Lipschitz-continuous function Липшиц-непрерывная функция
liquate плавить(ся), расплавлять(ся); ожижаться, переходить в жидкое состояние
liquation плавка, плавление; ожижение
liquefaction ожижение, разжижение
  l. **point** точка (температура) ожижения
liquefiable плавкий, ожижающийся; растворимый
liquefy превращать(ся) в жидкость, ожижать(ся); растворять(ся)
liquescent переходящий в жидкое состояние; растворяющийся
liquid жидкость; ‖ жидкий, жидкостный; непостоянный, неустойчивый
  l. **contraction** усадка при застывании
  l. **film** жидкостная пленка
  l. **friction** жидкостное (гидродинамическое) трение
  l. **fuel** жидкое топливо
  l. **layer** слой жидкости, жидкий слой
  l. **lubricant** жидкая смазка
  l. **mixture** смесь жидкостей
  l. **phase** жидкая фаза
  l. **resistance** сопротивление жидкости
  l. **seal** гидравлический затвор
  l. **shrinkage** усадка при застывании
  l. **stage** жидкое состояние, жидкая фаза
  actual l. реальная жидкость
  dropping l. капельная жидкость
  elastic l. упругая жидкость
  heavy l. тяжелая (весомая) жидкость
  ideal l. идеальная жидкость
  immiscible liquids несмешивающиеся жидкости

incompressible l. несжимаемая жидкость
laminated l. слоистая жидкость
newtonian l. ньютоновская жидкость
perfect l. идеальная жидкость
thermal l. жидкий теплоноситель
thixotropic l. тиксотропная жидкость
viscous l. вязкая жидкость
volatile l. летучая жидкость
wetting l. смачивающая жидкость
working l. рабочая жидкость

liquidate ликвидировать, уничтожать; избавляться (от чего-либо)
liquidation ликвидация, уничтожение
liquid-cooled с жидкостным охлаждением
liquid-propellant работающий на жидком топливе (о двигателе)
liquor жидкость; раствор
Lissajous figure фигура Лиссажу
list 1. список, перечень; перечисление; таблица; каталог, опись; ‖ составлять список; вносить в список; перечислять; 2. распечатывать, печатать; 3. край, кромка; 4. наклон, крен; ‖ наклонять(ся), накренять(ся)
    to take a list накренять(ся)
    l. of contents оглавление, содержание (напр., книги); опись
    l. representation представление в виде списка
    argument l. список параметров
    command l. состав команд
listen слушать
listing распечатка, листинг
    output l. выходная распечатка, распечатка результатов (работы программы)
liter см. litre
literacy грамотность
literal 1. символьная (литеральная) константа, литерал; текст; ‖ буквенный, литеральный; 2. буквальный, дословный, точный
    l. error опечатка
    character l. символьная (литеральная) константа
literally буквально
literate образованный, ученый
literatim (лат.) буквально, слово в слово
literature литература; список литературы, библиография
lithe гибкий, податливый
litre литр
    l. capacity литраж, объем (напр., цилиндров двигателя)
little маленький, небольшой; незначительный; короткий, непродолжительный; ‖ немного, мало
    (little) by little понемногу, постепенно
    little more than немного больше, чем
    a little немного, небольшое количество
    as little as только; до (перед цифрами)
    in little в небольшом масштабе, в малом
littleness малая величина; малость, незначительность

live 1. жить, существовать; 2. действующий, работающий; динамический, подвижный, переменный; включенный; заряженный; 3. имеющийся; располагаемый; 4. практический, реальный; актуальный; 5. яркий
    l. axle ведущая (вращающаяся) ось
    l. issue актуальный вопрос
    l. load динамическая (подвижная, переменная) нагрузка; живая сила; полезная нагрузка; временная нагрузка
lively интенсивный, насыщенный; быстрый
livery окраска
load груз; нагрузка, нагружение; загрузка, заправка, зарядка; нагруженность, загруженность; ‖ нагрузочный, грузовой; ‖ грузить, нагружать, прикладывать нагрузку; загружать, заправлять, заряжать
    to load off разгружать, снимать нагрузку
    to load on грузить, загружать, нагружать
    to load up нагружать, загружать
    to apply load прикладывать нагрузку
    to carry load нести нагрузку; выдерживать нагрузку
    to put load (on) нагружать, подвергать нагрузке; прикладывать нагрузку
    to take up load воспринимать нагрузку
    l. on axle нагрузка на ось
    l. capacity грузоподъемность; несущая способность
    l. centre центр нагрузки
    l. characteristic график (кривая, эпюра) нагрузки; нагрузочная характеристика
    l. component составляющая (компонент вектора) нагрузки
    l. continuation parameter параметр нагрузки как параметр продолжения (решения)
    l. curve график (кривая, эпюра) нагрузки; диаграмма нагружения; нагрузочная характеристика
    l. cycle цикл нагружения
    l. expansion разложение нагрузки (в ряд)
    l. factor коэффициент нагрузки (загрузки); коэффициент запаса прочности (по нагрузке)
    l. increment приращение (инкремент) нагрузки
    l. life эксплуатационная долговечность, ресурс
    l. matrix матрица нагрузки (нагрузок), грузовая матрица
    l. member грузовой член (уравнения); составляющая (вектора) нагрузки
    l. parameter параметр нагрузки
    l. pattern схема (распределение, картина) нагрузок
    l. point точка приложения нагрузки
    l. program программа нагружения, последовательность приложения нагрузок (напр., при механических испытаниях)
    l. representation представление нагрузки
    l. reversal перемена знака нагрузки
    l. rise нарастание нагрузки

l. shedding сброс нагрузки
l. space пространство нагрузок
l. step шаг (этап) нагружения
l. by support displacement нагрузка от смещения опор
l. term нагрузочный член; составляющая нагрузки
l. trajectory траектория нагружения
l. transmission передача нагрузки
l. trial испытание под нагрузкой
l. per unit length погонная нагрузка
l. vector вектор нагрузки, грузовой вектор
l. wave волна нагружения
l. due to wind ветровая нагрузка
acoustic l. акустическая (звуковая) нагрузка
actual l. действующая (фактическая) нагрузка; полезная нагрузка
additional l. дополнительная (добавочная) нагрузка
admissible l. допускаемая нагрузка
airborne loads полетные нагрузки (на летательный аппарат)
alternate l. знакопеременная (симметричная) нагрузка
apex l. нагрузка в вершине
apparent l. кажущаяся нагрузка; фиктивная нагрузка; присоединенная нагрузка
applied l. приложенная нагрузка
arbitrary l. произвольная нагрузка
assumed l. заданная нагрузка; расчетная нагрузка
axial l. осевая (продольная) нагрузка
balanced l. равновесная нагрузка, уравновешенная нагрузка; симметричная нагрузка
balancing l. уравновешивающая нагрузка
bearable l. (наибольшая) допускаемая нагрузка
bearing l. давление на опору
bending l. изгибающая нагрузка
biaxial l. двухосное нагружение
blasting l. взрывная нагрузка
breaking l. разрушающая нагрузка
buckling l. критическая нагрузка (вызывающая потерю устойчивости)
buff l. ударная нагрузка
calculated l. расчетная нагрузка
capacity l. максимальная нагрузка; нагрузка, ограничиваемая объемом (вместимостью)
centrifugal l. центробежная нагрузка
changing l. переменная нагрузка
collapsing l. разрушающая нагрузка
combined l. комбинированная нагрузка, сочетание нагрузок
common l. типовая (стандартная) нагрузка (напр., для тестирования)
compression l. сжимающая нагрузка
concentrated l. сосредоточенная нагрузка
connected l. присоединенная нагрузка
consistent l. vector согласованный вектор нагрузки
constant l. постоянная (статическая) нагрузка; длительная нагрузка
continuous l. непрерывная (сплошная) нагрузка; равномерно распределенная нагрузка; постоянно действующая (длительная) нагрузка
cracking l. разрушающая нагрузка, нагрузка трещинообразования
critical l. критическая (предельная) нагрузка, нагрузка потери устойчивости
crushing l. разрушающая (раздавливающая) нагрузка
dead l. постоянная (статическая) нагрузка; нагружение собственным весом
dead-weight l. нагружение собственным весом
density of l. интенсивность (распределенной) нагрузки
design l. расчетная (проектная) нагрузка
direct l. непосредственное нагружение
discontinuous l. разрывная нагрузка
disposable l. полезная нагрузка; полезный груз
distributed l. распределенная нагрузка
drop in l. падение (перепад) нагрузки
dummy l. искусственная (фиктивная) нагрузка, эквивалент нагрузки
dynamic(al) l. динамическая нагрузка
eccentric l. внецентренная (эксцентричная, неосевая) нагрузка
edge l. нагрузка по кромке (по краю)
end l. концевая (граничная) нагрузка
even l. равномерная (равномерно распределенная) нагрузка
excessive l. чрезмерная нагрузка, перегрузка
explosive l. взрывная нагрузка
failure l. разрушающая нагрузка
fictitious l. фиктивная нагрузка
field of loads поле нагрузок
fixed l. постоянная нагрузка; заданная нагрузка
flight l. полетная нагрузка
fluctuating l. колеблющаяся (изменяющаяся) нагрузка
follower l. следящая нагрузка; неконсервативная нагрузка
fractional l. неполная (частичная) нагрузка
fracture l. разрушающая нагрузка
full l. полная нагрузка; максимальная загрузка
generalized l. vector вектор обобщенной нагрузки
gravity l. нагрузка от собственного веса
gross l. полная (суммарная) нагрузка; общий вес
guiding l. направляющая (следящая) нагрузка
harmonic l. гармоническая нагрузка
heat l. тепловая нагрузка

hydrodynamic l. гидродинамическая нагрузка
imaginary l. фиктивная нагрузка
impact l. ударная нагрузка
imposed l. приложенная нагрузка; временная нагрузка (в отличие от постоянно действующей)
impulsive l. ударная нагрузка
increment l. приращение (инкремент) нагрузки; добавочная нагрузка
indirect l. косвенная (опосредованная) нагрузка
indivisible l. неделимая нагрузка
inertial l. инерционная (инерциальная) нагрузка, нагрузка силами инерции
inplane l. нагрузка в плоскости
installed l. присоединенная нагрузка
instantaneous l. мгновенная нагрузка; кратковременная нагрузка
intensity of l. интенсивность (распределенной) нагрузки
irregular l. неравномерная нагрузка
landing l. посадочная нагрузка
lateral l. поперечная (боковая) нагрузка
limit l. предельная нагрузка; (наибольшая) допустимая нагрузка
line l. нагрузка, приложенная по линии; погонная нагрузка
live l. динамическая (подвижная, переменная) нагрузка; живая сила; полезная нагрузка; временная нагрузка
local l. локальная нагрузка
lumped l. сосредоточенная (приведенная к сосредоточенной) нагрузка
lumped l. vector вектор сосредоточенных нагрузок
mass l. массовая нагрузка; инерциальная нагрузка
matched l. подобранная нагрузка
mobile l. подвижная нагрузка
momental l. моментная (изгибная) нагрузка; нагружение моментом
momentary l. мгновенная (кратковременная) нагрузка
most efficient l. нагрузка (мощность, производительность) при наибольшем к.п.д.
moving l. подвижная нагрузка
net l. полезная нагрузка; полезный (рабочий) вес; результирующая нагрузка
nodal l. узловая нагрузка
noncentral l. внецентренная (нецентральная) нагрузка
nonconservative l. неконсервативная нагрузка
normal l. проектная (расчетная) нагрузка; нормальная нагрузка (действующая в направлении нормали)
oblique l. косая нагрузка
operating l. рабочая нагрузка
oscillating l. пульсирующая нагрузка
out-of-balance l. несбалансированная (неуравновешенная) нагрузка
out-of-plane l. поперечная нагрузка

peak l. максимальная (пиковая) нагрузка
peak-peak l. наибольшая из пиковых нагрузок
permanent l. постоянная (статическая, длительная) нагрузка
permissible l. допустимая нагрузка
phantom l. искусственная (фиктивная) нагрузка
point l. сосредоточенная нагрузка; точечный груз
power l. силовая загрузка; нагрузка на единицу мощности
pressure l. нагружение давлением, давление; сжимающая нагрузка
prestressing l. нагрузка предварительного напряжения
program l. загрузка программы
proof l. испытательная нагрузка
pulsating l. пульсирующая нагрузка
pulse l. импульсная нагрузка
quiescent l. постоянная (статическая) нагрузка
radial l. радиальная нагрузка
rated l. расчетная (номинальная) нагрузка
reactive l. реактивная нагрузка
reversal l. обратная (реверсивная) нагрузка; знакопеременная нагрузка
reverse l. обратная нагрузка, нагрузка обратного знака
rolling l. подвижная нагрузка
safe l. допускаемая (безопасная) нагрузка
seismic l. сейсмическая нагрузка
self-balanced l. самоуравновешенная нагрузка
service l. полезный груз, эксплуатационная нагрузка
sequential l. последовательная (последовательно прилагаемая) нагрузка
severe l. тяжелая нагрузка
shear l. сдвиговая (срезающая, скалывающая) нагрузка
shock l. ударная нагрузка
sine l. синусоидальная нагрузка
single l. однократное нагружение; сосредоточенная нагрузка
sliding l. скользящая нагрузка
snow l. снеговая нагрузка
specific l. удельная нагрузка
specified l. заданная (фиксированная) нагрузка; определенная нагрузка; расчетная нагрузка
static l. статическая нагрузка; постоянная нагрузка
steady l. стационарная нагрузка; постоянная (длительная) нагрузка
step l. ступенчатая нагрузка
structural l. нагрузка на конструкцию
sudden l. внезапно приложенная нагрузка
superelastic l. нагрузка выше предела упругости

superposition of loads суперпозиция (сложение) нагрузок
surcharge l. добавочная (временная) нагрузка; перегрузка
surface l. поверхностная нагрузка
sustained l. длительная нагрузка
symmetrical l. симметричная нагрузка
tensile l. растягивающая нагрузка
test l. пробная (контрольная, тестовая) нагрузка
thermal l. тепловая нагрузка
thrust l. осевая нагрузка, давление
tilting l. опрокидывающая нагрузка
torque l. нагрузка крутящим моментом, скручивающая нагрузка
torsional l. скручивающая (крутящая) нагрузка
total l. полная (суммарная, общая) нагрузка
traction l. растягивающая нагрузка; тяговая нагрузка
traffic l. нагрузка от движения (напр., по мосту)
train l. нагрузка, распределенная по нескольким точкам; подвижная система грузов
transient l. нестационарная (динамическая) нагрузка
transmitted l. переданная нагрузка; косвенная нагрузка
transverse l. поперечная (боковая) нагрузка
trial l. пробная (тестовая) нагрузка
ultimate l. предельная нагрузка
uniform l. равномерная (равномерно распределенная, постоянная) нагрузка
unit l. удельная нагрузка; единичная нагрузка
up l. вертикальная нагрузка, подъемная сила
useful l. полезная нагрузка
variable l. переменная нагрузка; нестационарная нагрузка
vehicular l. колесная нагрузка, нагрузка от колесного транспорта
water l. гидростатическая (гидродинамическая) нагрузка; водяной балласт
wave l. волновая нагрузка
wheel l. колесная нагрузка, давление колеса (на грунт); нагрузка на колесо
wind l. ветровая (аэродинамическая) нагрузка
working l. полезная нагрузка; рабочая (эксплуатационная) нагрузка, допускаемая нагрузка
yield-point l. нагрузка перехода за пределы упругости
load-bearing воспринимающий нагрузку, несущий, силовой

   l. capacity несущая способность; грузоподъемность
   l. frame силовой каркас, несущая рама (конструкция)

load-carrying см. **load-bearing**
load-deflection curve кривая прогибов в зависимости от нагрузки, кривая "нагрузка-прогиб"
loaded нагруженный; загруженный; воспринимающий нагрузку, силовой
loader нагружающее устройство; программа загрузки
load-extension diagram диаграмма растяжения, кривая "нагрузка - растяжение"
loading нагрузка, нагружение; груз; загрузка; заправка, зарядка; || нагружающий, загружающий; нагрузочный; грузовой

   l. appliance нагрузочное приспособление; приложение нагрузки
   l. case случай нагружения, расчетный случай
   l. conditions режим (вид, схема) нагружения; условия нагружения; нагруженное (напряженное) состояние
   l. control управление нагружением
   l. diagram диаграмма нагружения; эпюра нагрузки
   l. evaluation определение нагрузок
   l. history история нагружения
   l. instructions нормы загрузки, порядок нагружения
   l. number номер (случай) нагружения, расчетный случай
   l. by own weight нагружение собственным весом
   l. path траектория (путь) нагружения
   l. space пространство нагрузок
   l. system система нагрузок; нагружающая система
   l. vector вектор нагрузок
   l. weight вес груза
axisymmetrical l. осесимметричное нагружение
biaxial l. двухосное нагружение
commercial l. промышленная (эксплуатационная) нагрузка
complex l. сложное нагружение
computerized l. процесс нагружения, управляемый ЭВМ
dead l. постоянная (статическая) нагрузка; нагружение собственным весом; жесткое нагружение
drop in l. падение (перепад) нагрузки
dynamic(al) l. динамическая нагрузка; динамическое нагружение; динамическая загрузка (напр., программ)
external l. внешнее нагружение; наружная подвеска
g l. создание перегрузок
gas l. нагрузка давлением газа; сжатие газа
general l. нагрузка общего вида, произвольное нагружение
guiding l. следящее нагружение
kinematical l. кинематическое нагружение
lift l. нагружение подъемной силой

postbuckling l. закритическое нагружение, нагружение после потери устойчивости
pressurization l. нагружение (гидростатическим) давлением; опрессовка
process of l. процесс нагружения
proportional l. пропорциональное (однопараметрическое) нагружение
repeated l. циклическое нагружение
self-weight l. нагружение собственным весом
short-term l. кратковременное нагружение
simple l. простое нагружение
spatial l. пространственное нагружение, пространственная система нагрузок
temperature l. температурное (тепловое) нагружение
velocity of l. скорость нагружения
wing l. нагрузка на крыло; отношение веса самолета к поверхности крыла
load-line грузовая линия; эпюра нагрузки
loam (формовочная) глина, суглинок
lobe 1. выступ, прилив; кулачок; 2. лепесток (напр., антенны); лопасть; 3. доля
　l. plate основная (фундаментная) плита
local 1. местный, локальный; 2. частичный, частный
　l. area network (LAN) локальная вычислительная сеть (ЛВС)
　l. contraction местное сжатие; локальное сужение
　l. coordinates локальные координаты, локальная (местная) система координат
　l. extremum локальный экстремум
　l. load локальная нагрузка
　l. mass сосредоточенная масса
　l. optimization локальная оптимизация
　l. stiffness matrix матрица жесткости (конечного элемента) в локальной системе координат
　l. strain местная деформация
locality район, участок; местоположение
localization определение местонахождения; локализация; ограничение распространения
localize определять местонахождение, относить к определенному месту; локализовывать; ограничивать распространение
locally в определенном месте, локально; в малом масштабе
locate определять местоположение, обнаруживать; локализовывать (напр., ошибку); размещать, располагать(ся)
locating определение места (местоположения), обнаружение; || определяющий, задающий (напр., позицию), базовый
　l. surface установочная (базовая) поверхность
location место, (место)положение, позиция; размещение, расположение; определение местоположения; адрес, ячейка (запоминающего устройства); элемент (массива)
　fault l. место повреждения

home l. исходное положение
memory l. ячейка (адрес) памяти
zero l. нулевой элемент; определение расположения нулевых элементов
locator определитель, локатор; фиксатор
loci мн.ч. от **locus**
lock 1. замок, затвор, стопор; зажимное приспособление; шлюз, плотина; || запирать, стопорить, зажимать; 2. блокировка, запирание; || блокировать, замыкать, запирать; 3. захват; фиксация; синхронизация; || захватывать; фиксировать; синхронизировать, входить в синхронизм
　l. bar задвижка
　l. gate шлюзовые ворота
　air l. воздушная пробка; пневматический затвор
　protection l. средство защиты (напр., данных)
lockage шлюзовое сооружение
locked закрытый, запертый, замкнутый; блокированный; остановленный
　l. position положение "заперто"
　l. wheel заторможенное колесо
lock-in 1. блокировка, запирание; || блокировать, замыкать, запирать; 2. захват; фиксация; синхронизация; || захватывать; фиксировать; синхронизировать, входить в синхронизм; 3. замкнутость, ограниченность; || ограничивать
locking 1. запирание, заклинивание, блокировка; 2. захват, фиксация; синхронизация; 3. барьер, ограждение
　l. angle угол поворота от одного упора до другого
　l. device стопорный механизм, арретир; блокирующее устройство
　l. effect 1. явление запирания (заклинивания); явление завышения жесткости (при использовании теорий оболочек с учетом сдвига для расчета тонких оболочек); 2. явление синхронизации
　l. finite element заклинивающий конечный элемент (завышающий жесткость)
　l. time время синхронизации
　mode l. синхронизация мод
　phase l. фазовая синхронизация
lock-jointed соединенный взамок
locknut контргайка
lock-on захват; привязка (напр., по месту, времени)
lock-up запирание; блокировка; затормаживание; (за)крепление; тупик, безвыходное положение
locomotion (пере)движение, перемещение, локомоция
　legged l. передвижение посредством ходьбы; перемещение шагающего аппарата
　means of l. средства передвижения
locomotive 1. движущий(ся); двигательный, локомотивный; 2. (железнодорожный) локомотив
　l. power движущая сила

locomotor движитель
locus (лат.) (мн.ч. loci) 1. расположение, (место)положение; 2. геометрическое место (точек); 3. графическое изображение движения, годограф; траектория
    l. **curve** кривая геометрических мест
    l. **of discontinuity** линия (поверхность) разрыва
    l. **of points** геометрическое место точек
    geometrical l. геометрическое место точек
Lode parameter параметр Лоде
lodge помещать(ся), размещать(ся)
lodgement 1. ложемент, опора; 2. скопление, затор
loess лесс, лессовый грунт
log 1. регистрация, запись; протокол регистрации; ‖ регистрировать, записывать, протоколировать; 2. проводить каротаж; 3. бревно, колода; 4. сокращение от **logarithm**
    to log in входить в систему, регистрироваться
    to log out выходить из системы
    l. **paper** логарифмическая бумага
    flow l. регистрация расхода (потока)
logarithm логарифм
    decimal l. десятичный логарифм
    inverse l. антилогарифм
    Napierian l. натуральный (неперов) логарифм
    natural l. натуральный логарифм
logarithmic логарифмический
    l. **curve** логарифмическая кривая (спираль)
    l. **scale** логарифмическая шкала
log-book журнал регистрации
logging 1. запись, регистрация, протоколирование; 2. каротаж, геофизические исследования в скважинах
    failure l. регистрация отказов (повреждений)
logic логика; логическая схема; ‖ логический
    l. **theory** математическая логика
    Boolean l. булева логика
    classical l. классическая логика
    control l. управляющая логика; логические схемы (устройства) управления
    processing l. логическая последовательность обработки (данных)
logical логический; логичный, последовательный
    l. **addition** логическое сложение
    l. **device** логическое устройство
    l. **operator** логический оператор, знак логической операции
    l. **product** логическое произведение
    l. **value** логическое значение
long длинный; долгий, длительный, продолжительный; удлиненный, продолговатый; ‖ долго; давно
    long after долгое время спустя
    long before задолго до

before long вскоре, скоро
for long надолго
in the long run в конце концов
so long as пока; если; при условии, что; поскольку
    l. **life** продолжительный срок службы, долговечность
    l. **measure** мера длины
    l. **selection** длинная выборка
    l. **waves** длинные волны
long-distance дальний, отдаленный, удаленный
long-drawn длительный, продолжительный
long-endurance долговечный, стойкий; с большой продолжительностью (напр., полета)
longeron лонжерон, брус
longevity долговечность
longevous долговечный
longitude (географическая) долгота
longitudinal 1. продольный, осевой; меридиональный, по долготе; 2. продольный элемент (конструкции); лонжерон; продольная связь; прогон, пролет
    l. **axis** продольная ось
    l. **beam** продольная балка, лонжерон, стрингер
    l. **displacement** продольное (осевое) перемещение
    l. **flexure** продольный изгиб
    l. **force** продольная (осевая) сила
    l. **impact** продольный удар
    l. **trim** дифферент
    l. **velocity** продольная (осевая) скорость, продольная составляющая скорости
    l. **vibrations** продольные (осевые) колебания
long-range длительный, дальнего действия; дальнобойный
long-run дальний, далекий, отдаленный
long-term см. **long-time**
long-time длительный, продолжительный; долгосрочный
    l. **creep** ползучесть при длительной нагрузке
    l. **strength** длительная прочность; предел прочности при длительной нагрузке
longways в длину, по длине
long-wearing износоустойчивый, износостойкий
longwise см. **longways**
look взгляд; поиск; просмотр; внешний вид; ‖ смотреть; осматривать; просматривать; следить; выглядеть, казаться; выходить на, быть обращенным к
    to look about осматриваться, ориентироваться; искать
    to look after следить, наблюдать за
    to look ahead опережать, упреждать; предвидеть, предусматривать; просматривать вперед
    to look at смотреть на; проверять
    to look back оглядываться; вспоминать

to look for 1. искать, определять; 2. ожидать, надеяться
to look into заглядывать; исследовать
to look like быть похожим, выглядеть подобно чему-либо
to look on наблюдать; иметь вид, выходить
to look over просматривать; не замечать
to look round обдумывать, ориентироваться
to look through просматривать; смотреть сквозь
to look to следить, заботиться о чем-либо; рассчитывать, надеяться; стремиться, быть направленным к чему-либо
to look up искать, отыскивать (напр., в справочнике); улучшаться, повышаться
to look upon смотреть как на, считать за
to take a look at посмотреть, ознакомиться с чем-либо
fault l. поиск неисправностей
table l. поиск в таблице
look-alike имитация
looker наблюдатель
looking обзор; поиск
looking-for 1. поиск; 2. ожидания, надежды
lookout 1. обзор, вид; точка наблюдения; наблюдатель; 2. консоль, кронштейн
loom 1. ткацкий станок; 2. оплетка; 3. (нечеткий) контур; тень
loop 1. петля; виток, оборот; цикл (напр., программы); || делать виток (оборот, петлю); повторять(ся); выполнять (организовывать) цикл, зацикливать(ся); 2. (замкнутый) контур, система; 3. проушина, скоба, хомут; 4. полуволна; пучность волны
to get into a loop зацикливаться; повторяться
l. body тело цикла
l. counter счетчик (параметр) цикла
l. of the curve петля кривой
l. gain приращение в цикле; коэффициент обратной связи
l. of N число циклов, равное N
l. statement оператор цикла
l. system замкнутая система, система с обратной связью
l. termination окончание цикла
l. variable переменная (параметр) цикла
circulation l. циркуляционная петля
closed l. замкнутый контур; замкнутая система; замкнутый цикл
elementwise l. цикл по элементам
embedded loops вложенные циклы (в программе)
endless l. бесконечный (замкнутый) цикл
expansion l. петлевой (трубный) компенсатор
hysteresis l. петля гистерезиса
inner l. внутренний цикл
iterative l. итерационный цикл
main l. основной цикл

nested loops вложенные циклы
open l. незамкнутый контур; разомкнутый цикл; открытая система
operation l. рабочий цикл
oscillation l. колебательный контур; пучность волны
repeat-until l. цикл с условием завершения типа "пока не"
tracking l. система слежения
WHILE loop цикл с условием продолжения
loop-free без повторений, без циклов
looping многократное повторение, циклирование; организация цикла; зацикливание
infinite l. бесконечный цикл, зацикливание
loop-within-loop цикл в цикле
loose 1. свободный; неплотный; незакрепленный, свободно прикрепленный; откидной; неточный; холостой, без нагрузки; || ослаблять(ся); освобождать(ся); снимать нагрузку; 2. рыхлый, сыпучий; || разрыхлять(ся)
in a loose sense в широком смысле
l. axle подвижная ось
l. coupling свободное (неплотное) соединение; слабая связь
l. earth сыпучий грунт
l. goods рыхлый (сыпучий) материал
l. part отдельная (съемная) часть; запасная часть
l. running холостой ход
loosely свободно; широко; неплотно; неточно, примерно, в общих чертах; вхолостую
loosen 1. ослаблять(ся); освобождать(ся); 2. разрыхлять(ся)
looseness 1. неплотность; люфт, зазор; качка; 2. рыхлость, сыпучесть
lop 1. отрубать, отрезать; 2. свисать; 3. волнение, зыбь
lopping неравномерная работа двигателя
lop-sided неравномерный; односторонний, несимметричный
Lorentz forces силы Лоренца
lorry грузовой автомобиль; вагонетка, (железнодорожная) платформа
lose терять, утрачивать; пропускать, упускать; опаздывать, отставать
to lose importance терять значение
to lose sight of упускать из виду
loss потеря, потери; затухание, ослабление; убыток, урон; проигрыш
to be at a loss быть в затруднении
free of losses без потерь
without loss of generality не нарушая общности, без потери общности
l. behind the shock потеря давления за скачком уплотнения
l. of efficiency потеря производительности, снижение эффективности
l. factor коэффициент потерь
l. due to friction потери на трение (от трения)

l. function функция потерь
l. in head падение напора
l. due to leakage потери от утечки (фильтрации)
l. of life сокращение ресурса
l. of phase нарушение синхронизма
l. of pressure падение давления (компрессии), потеря напора
l. of stability потеря устойчивости
l. of tension потеря натяжения
l. of volume уменьшение объема
l. of work потеря работы (напр., на трение)
attenuation l. потери на затухание
churning l. потери вследствие вихреобразования, потери на вихреобразование
component l. частичная потеря
contact l. нарушение контакта
conversion l. потери при преобразовании
energy l. потеря энергии
flow l. потеря расхода
heat l. теплопотеря
inserted l. привнесенные потери; привнесенное (внешнее) затухание
intrinsic l. собственные (внутренние) потери
mass l. убывание массы
pressurization l. разгерметизация
shrinkage l. усадка
slip l. потери за счет скольжения
specific l. удельные потери
total l. суммарные (общие) потери
lossless не допускающий (не имеющий) потерь
lossy допускающий (имеющий) потери
l. system система с потерями
lot 1. доля, часть; участок (земли); ‖ делить (на части); 2. группа, партия; ‖ группировать; 3. жребий; 4. большое количество, масса, много; ‖ гораздо, намного
a lot better гораздо лучше
a lot of много
loud громкий; ‖ громко
loudness громкость
loupe увеличительное стекло, лупа
louver жалюзи, решетка
Love wave волна Лява
low 1. низкий, невысокий; небольшой, недостаточный, слабый; младший; ‖ низко; слабо; 2. область низкого атмосферного давления, циклон
l. accuracy низкая точность, большая погрешность
l. aspect ratio малое отношение размеров, малое удлинение
l. dimension низкая размерность, малый порядок (напр., системы уравнений)
l. gear низкая (низшая) передача
l. gradient малый градиент; пологий уклон
l. resolution низкое разрешение
l. tide малая (низкая) вода, уровень отлива

l. wing низкое (низко расположенное) крыло
low-cycle малоцикловый
l. failure малоцикловое разрушение
l. fatigue малоцикловая усталость
l. fracture малоцикловое разрушение
low-density с малой плотностью; разреженный
low-drag с малым (лобовым) сопротивлением
l. airfoil (аэродинамический) профиль с малым сопротивлением
low-duty легкий, легкого типа, маломощный; нененесущий (об элементе конструкции), неответственный
low-endurance с низкой выносливостью, низкоресурсный; малоцикловый
l. fatigue малоцикловая усталость
lower низший, нижний; ‖ снижать(ся), спускать(ся), уменьшать(ся)
l. atmosphere нижние слои атмосферы
l. bound нижняя грань (граница); ограничение снизу
l. eigenvalue низшее (наименьшее) собственное значение
l. frequency низшая частота
l. mode decomposition разложение по низшим (собственным) формам
l. periodicity период колебаний ниже периода собственных колебаний
lowering уменьшение; опускание, спуск; ‖ уменьшающий(ся); опускающий(ся)
lower-most самый нижний
lowest низший, наименьший; самый нижний
l. common denominator наименьший общий знаменатель (делитель)
l. frequency низшая (первая, основная) частота
low-frequency низкочастотный
l. vibrations низкочастотные колебания
low-grade низкосортный, низкого качества
low-level низкого уровня
l. language язык (программирования) низкого уровня
low-loss с малыми потерями
low-order низкого порядка, низкой степени; младший
l. approximation аппроксимация низкого порядка
l. digit младший разряд (числа)
l. polynomial полином низкой степени
l. term член низшего порядка (малости)
low-powered маломощный
low-range с малым диапазоном
low-speed низкоскоростной
lozenge ромб; ‖ ромбический, ромбовидный, ромбоидальный
lpi (lines per inch) строк на дюйм
lpm (lines per minute) строк в минуту
L-shaped beam L-образный профиль, (неравнобокий) уголок
lube машинное масло

lubricant смазочный материал, смазка
lubricate смазывать
lubricating смазывание; ‖ смазывающий, смазочный
    l. **property** смазывающая способность; маслянистость
lubrication смазка; ‖ смазывающий, смазочный
    contact l. контактная смазка
    drop l. капельная смазка
    fluid l. жидкая (жидкостная, гидродинамическая) смазка
    forced l. принудительная смазка
    gas l. газовая смазка
    grease l. консистентная (твердая) смазка
    perfect l. совершенная смазка
    viscous l. вязкая (пластичная) смазка
lubricity смазочное свойство, смазывающая способность; маслянистость
lubricous гладкий, скользкий
lubrification смазывающая способность; смазывание, смазка
lucid ясный, прозрачный; понятный
LU-decomposition LU-разложение (матрицы)
Luders lines линии Людерса, линии скольжения
luff перемещать груз (в горизонтальной плоскости); менять вылет (наклон) стрелы (крана)
lug 1. выступ, утолщение; 2. проушина, подвеска; 3. зажим; 4. волочение; ‖ волочить; тащить, тянуть
    to lug out вытаскивать
    track l. звено гусеницы, трак
lumen люмен, лм (единица светового потока)
luminaire источник света
luminance яркость
luminary светило
luminescence свечение, люминесценция
luminescent светящийся, люминесцентный
luminosity свечение; яркость света
luminous светящийся, светлый; ясный, понятный
    l. **intensity** сила света
lump ком, (крупный) кусок, сгусток; большое количество; средоточие; ‖ концентрировать, сосредоточивать, дискретизовать
    in the lump в целом, в общей массе
lumped 1. сконцентрированный, сосредоточенный, дискретизированный, дискретный; 2. приближенный
    l. **coefficient** приближенное значение коэффициента
    l. **damping** сосредоточенное (дискретное) демпфирование
    l. **load** сосредоточенная (приведенная к сосредоточенной) нагрузка
    l. **mass matrix** сосредоточенная (диагональная) матрица масс, матрица сосредоточенных масс

    l. **model** модель с сосредоточенными параметрами, сосредоточенная (дискретная) модель
    system with l. **parameters** система с сосредоточенными параметрами
lumping 1. дискретизация, концентрация, сосредоточение, распределение по узлам (напр., расчетной схемы); 2. приближение, приближенная оценка, приближенный расчет
    l. **error** погрешность дискретизации (замены распределенных параметров сосредоточенными); погрешность приближения
    l. **technique** метод дискретизации (концентрации, сосредоточения)
    distributed parameters l. сосредоточение (концентрация) распределенных параметров
    mass l. дискретизация (распределенных) масс, концентрация (сосредоточение) масс
lunar лунный
lurch крен; ‖ крениться
luster см. lustre
lusterless матовый, тусклый
lustre блеск, глянец
lute замазка; глиняный раствор; ‖ замазывать
lux люкс, лк (единица освещенности)
Lyapunov method метод Ляпунова

M

macadam щебень; щебеночное покрытие
macerate 1. вымачивать, размачивать; 2. извлекать; истощать
maceration 1. вымачивание, размачивание; 2. извлечение; истощение
Mach Max
    M. **angle** угол Маха, угол возмущений
    M. **cone** конус Маха, конус возмущений
    M. **diamond** ромбовидный скачок уплотнения
    M. **disk** диск Маха, дискообразный скачок уплотнения
    M. **effect** влияние числа Маха, влияние сжимаемости
    M. **line conditions** условия на границе возмущения
    M. **line pattern** спектр (система) линий возмущения
    M. **number** число Маха
    M. **wave** волна Маха, ударная волна, волновой фронт Маха, линия возмущений; аэродинамическая характеристика
machinable поддающийся обработке (о материале); технологичный
machinal механический, машинный
machine машина; механизм; устройство; станок; транспортное средство; двигатель; ‖ машинный; механический, автоматический; ‖ подвергать механической обработке
    m. **code** машинный код, система команд (ЭВМ); программа в машинном коде

m. components детали машин
m. construction машиностроение
m. design машиностроительное конструирование; автоматизированное проектирование
m. engineer инженер-механик
m. industry машиностроительная промышленность
m. instruction машинная команда
m. precision машинная точность
m. steel машиностроительная сталь
m. tool станок; (обрабатывающий) инструмент
m. word машинное слово
abstract m. абстрактная машина
alternating stress testing m. машина для определения предела выносливости при (знако)переменном нагружении
analog m. аналоговая (вычислительная) машина, АВМ; аналоговое (моделирующее) устройство
axial flow m. разрывной компрессор
Brinell's m. пресс Бринеля, прибор для определения твердости по Бринелю (вдавливанием шарика)
calculating m. счетная (вычислительная) машина; вычислительное устройство, калькулятор
centrifugal m. центрифуга
Charpy impact m. копер Шарпи, маятниковый копер
compression testing m. машина для испытания на сжатие, испытательный пресс
creep testing m. машина для испытания на ползучесть
digital m. цифровая (вычислительная) машина, ЦВМ; цифровое устройство
direct stress m. машина для испытаний на растяжение-сжатие, разрывная машина
ductility testing m. машина для испытания (металла) на вязкость (ковкость)
endurance testing m. машина для испытания на выносливость (на сопротивление усталости)
fatigue testing m. машина для испытания на сопротивление усталости
finite-state m. конечный автомат
flexing m. машина для испытания на (многократный) изгиб
hardness testing m. прибор для определения твердости, твердомер, склероскоп
jet m. реактивный двигатель; эжекторная (сопловая) машина, распылитель
life-testing m. машина для испытания на ресурс
lifting m. подъемное устройство
logical m. логическая машина
mining m. горный (проходческий) комбайн
(von) Neumann m. (вычислительная) машина фон-Неймана

pendulum impact testing m. маятниковый копер для испытания на удар, копер Шарпи
pilot m. опытный образец машины
rotary-wing m. винтокрылый летательный аппарат
strength testing m. машина для испытания на прочность; машина для определения предела прочности материала
tensile testing m. машина для испытания на растяжение, разрывная машина
thermal m. тепловая машина, тепловой двигатель
torsion testing m. машина для испытания на кручение
vibration testing m. вибростенд
walking m. шагающий аппарат
machine-building машиностроение; || машиностроительный
machined (механически) обработанный
machine-made машинного производства
machinery машины, оборудование, механизмы; техника; машиностроение
m. testing испытание машин
computing m. вычислительные машины; вычислительная техника
machining (механическая) обработка
m. allowance припуск на обработку
m. attachment технологическое приспособление, оснастка
m. tool обрабатывающий (режущий) инструмент
surface m. обработка поверхности
Mach-meter указатель числа Маха, М-метр
macro 1. большой; макроскопический; 2. макрокоманда, макрос
m. model макроскопическая модель, макромодель
macro- (как компонент сложных слов) макро-, крупно-; большой, крупный
macroanalysis макроанализ
macrocell макроэлемент
macrocode макрокоманда, макрос
macrocrack макротрещина
macrocrystalline крупнокристаллический
macrodefinition макроопределение, определение макрокоманды
macroscopic макроскопический
macrostatistics макростатистика, статистика больших выборок
macrostructure макроструктура
macroturbulence макротурбулентность
macula (лат.) (мн.ч. maculae) пятно
made 1. сделанный, изготовленный; разработанный; 2. завершенный, законченный; 3. (искусственно) созданный, искусственный; 4. сборный, составной
made fast закрепленный, жестко соединенный
made solid with выполненный за одно целое с
madefy смачивать, увлажнять

made-up 1. искусственный; 2. вымышленный, придуманный; 3. подготовленный заранее, готовый; 4. сборный, составной; составленный
   m. **circuit** составленная (замкнутая) цепь
   m. **ground** насыпной грунт
madid влажный, сырой
maelstrom водоворот, вихрь
magazine 1. приемник, магазин, накопитель; обойма, кассета; 2. журнал
magistral 1. преподавательский; 2. авторитетный; 3. главный, магистральный
   m. **staff** преподавательский состав
magma магма
magnesium магний
magnet 1. (электро)магнит; ‖ магнитный; 2. сила притяжения
magnetic магнитный
   m. **disk** магнитный диск
   m. **field** магнитное поле
   m. **hydrodynamics** магнитная гидродинамика
   m. **moment** магнитный момент
   m. **repulsion** магнитное отталкивание
magnetics 1. магнетизм; 2. магнитная разведка
magnetization намагничивание; намагниченность
magnetize намагничивать(ся); притягивать
magneto магнето, магнитоэлектрическая машина
magneto- (как компонент сложных слов) магнито-; магнитный
magneto-elasticity магнитоупругость
magneto-fluid-mechanics магнитная гидродинамика
magneto-hydrodynamic(al) магнито-гидродинамический (м.г.д., мгд)
   m. **generator** магнито-гидродинамический генератор, мгд-генератор
magneto-hydrodynamics магнитная гидродинамика
magneto-mechanics магнитомеханика
magnetometer магнитометр, эрстедметр
magnetomotive магнитодвижущий
   m. **force** магнитодвижущая сила
magneto-solid-mechanics механика твердого тела в магнитном поле, магнитоупругость
magnification усиление; увеличение (оптического прибора)
   m. **factor** коэффициент усиления; кратность увеличения
magnifier усилитель; увеличительная линза, лупа; увеличитель
magnify увеличивать, усиливать; преувеличивать
magnitude величина; значение (величины), модуль; амплитуда, магнитуда; длина (вектора); размер, размерная характеристика; важность, значительность
   in **absolute magnitude** по абсолютной величине, по модулю
   of the **first magnitude** первостепенной важности

   m. of **current** сила тока
   m. of **force** величина силы
   m. **order** порядок величины
   m. of the **problem** важность проблемы
   m. of **pulse** амплитуда импульса
   m. **relation** количественное отношение, соотношение величин
   m. of **vector** модуль (длина) вектора
   average m. средняя величина, среднее значение
   earthquake m. магнитуда землетрясения
   geometrical m. геометрическая величина
   Richter m. магнитуда (землетрясения) по шкале Рихтера
   signed m. величина со знаком
mail 1. броня; защитная оболочка; 2. почта; корреспонденция; ‖ почтовый; ‖ посылать по почте
mailed защищенный броней, бронированный, имеющий защитную оболочку
main 1. главная (основная) часть; главное, основное; ‖ главный, основной; 2. магистраль, основная линия; трубопровод; питающий провод; электрическая сеть; ‖ магистральный
   in the **main** в основном, главным образом
   m. **axes** главные оси (напр., тензора, матрицы)
   m. **bearing** главный (коренной) подшипник
   m. **crack** магистральная трещина
   m. **diagonal** главная диагональ (матрицы)
   m. **features** основные характеристики
   m. **frame** несущий каркас, рама шасси, главный (силовой) шпангоут; основная конструкция
   m. **girder** главная балка
   m. **index** старший (первый) индекс
   m. **leaf of spring** коренной лист рессоры
   m. **loop** основной цикл
   m. **motion** главное движение, рабочий ход
   m. **plane** главная плоскость; основная несущая поверхность, крыло
   m. **storage** основная (оперативная) память
   m. **stress** главное напряжение
   m. **variable** основная (независимая) переменная
mainframe универсальная ("большая") ЭВМ; центральная ЭВМ (сети); ‖ "большая", центральная (о ЭВМ)
mainland материк
mainly главным образом, в основном
mainplane центроплан (летательного аппарата)
mains-operated работающий от сети; питающийся от главного трубопровода
mainspring главная движущая сила, источник (движения); ходовая пружина
mainstream основное направление, основная линия
maintain 1. поддерживать, удерживать; сохранять, содержать в исправности, обслуживать; восстанавливать, ремонтировать; 2. утверждать, полагать

maintainability надежность в эксплуатации, удобство обслуживания; восстанавливаемость, ремонтопригодность

maintenance 1. поддержка; техническое обслуживание, текущий ремонт, сопровождение (напр., программ); 2. утверждение
   m. **panel** инженерный пульт
   m. **test** эксплуатационные испытания
   routine m. (текущее) обслуживание, сопровождение

major 1. главный, основной; старший; большой; больший, более важный; значительный, существенный; 2. профилирующая дисциплина (в учебном заведении); ‖ специализироваться в изучении какого-либо предмета
   m. **axis** большая ось (эллипса)
   m. **components** основные части (напр., машины)

majorant 1. мажорантный, мажорирующий, преобладающий; 2. мажоранта;
   m. **function** мажорантная (мажорирующая) функция, мажоранта; функция преобладания (большинства)

majority большинство; преобладание, доминирование; мажорантность

majorized мажорируемый

majorizing мажорирующий, мажорантный

make 1. делать, производить, создавать, совершать; составлять (напр., угол, величину и т.п.), равняться чему-либо; 2. работа, производство; изделие, продукция; развитие; 3. вид, форма; тип, модель, конструкция; марка, сорт; 4. замыкание (электрической цепи), включение; ‖ замыкать, включать
   to **make after** следовать, идти за
   to **make allowance for** учитывать, принимать во внимание, предусматривать, делать поправку на что-либо
   to **make an appearance** появляться
   to **make the best of** использовать что-либо наилучшим образом
   to **make certain** убеждаться
   to **make clear** разъяснять
   to **make close** замыкать (цепь)
   to **make a comparison** сравнивать, проводить аналогию
   to **make conditions** ставить условия
   to **make a distinction** различать, проводить различие
   to **make for** 1. способствовать, содействовать; 2. направляться
   to **make an impression** производить впечатление
   to **make itself felt** проявляться (в чем-либо)
   to **make a long story short** короче говоря
   to **make mention of** упоминать о, ссылаться на
   to **make no difference** не иметь значения
   to **make out** 1. разбирать, понимать; видеть, различать; 2. доказывать; 3. составлять (напр., документ)
   to **make over** 1. передавать; 2. переделывать

   to **make a provision for** предусматривать что-либо; обеспечивать, принимать меры к
   to **make reference** ссылаться, делать ссылку, упоминать; обращаться (напр., к устройству)
   to **make sense** иметь смысл
   to **make sure** убеждаться
   to **make terms** приходить к соглашению
   to **make up** 1. составлять, образовывать; придавать форму; 2. собирать, комплектовать; 3. подходить, приближаться
   to **make up for** возмещать, восполнять, компенсировать что-либо
   to **make use of** использовать, применять что-либо

makeshift замена; паллиатив, временное средство; ‖ временный, паллиативный

make-up состав, структура, строение; вид, форма

makeweight 1. добавка, довесок; 2. противовес

making 1. создание, изготовление, разработка, производство, работа; ‖ делающий; изготавливающий, производящий; 2. форма, вид
   in the making в процессе создания (развития)
   decision m. принятие решений

mal- приставка со значением отрицания: не-, без-, рас- или значениями: плохо, плохой, неправильный

maladjustment несоответствие; рассогласование; неправильная настройка

maldistribution неправильное (неравномерное) распределение

male входящий (в другую деталь), вдвигаемый, охватываемый; с внешней резьбой
   m. **die** пуансон, подвижный штамп
   m. **pin** штырек, шип
   m. **pipe** вдвинутая (телескопическая) труба
   m. **plate** плита пуансона
   m. **screw** винт; внешняя резьба
   m. **thread** наружная резьба

malformation неправильное формирование; порок (развития), дефект

malfunction неисправность, ошибка в работе, сбой; нарушение, искажение; ‖ отказывать, не срабатывать; искажать(ся)

mall молот

malleability ковкость, тягучесть, способность деформироваться в холодном состоянии; податливость

malleable ковкий, тягучий; податливый

malleate ковать, расковывать; сплющивать

malobservation ошибка наблюдения

maloperation неправильное действие; неисправность

manage управлять, руководить; уметь обращаться

management управление; умение обращаться
   computer-assisted m. автоматизированное управление

man-carried переносный, ручной

mandatory обязательный; вынужденный, принудительный; окончательный
mandrel 1. оправка; 2. пробойник
mane молот
manganese марганец
mangle 1. валки, вальцы; каток; ‖ катать, прокатывать; 2. рубить; 3. искажать, портить; деформировать
manhole люк, лаз, колодец; смотровое отверстие
manifest декларация, объявление; ‖ очевидный, явный; ясный; ‖ показывать, доказывать, служить доказательством; обнаруживаться, проявляться
manifestation объявление; проявление
manifold 1. многообразие; множество, совокупность; система; ‖ многообразный, разнообразный, разнородный; многочисленный; 2. трубопровод, система труб; коллектор; патрубок; выхлопная труба; 3. копия (через копировальную бумагу); ‖ размножать в копиях
   m. classification классификация по нескольким признакам
   m. uses разнообразные применения
   differentiable m. дифференцируемое многообразие
   pipe m. система трубопроводов
   Riemann's m. Риманово многообразие
manipulate управлять, манипулировать, обращаться; воздействовать, влиять; обрабатывать (информацию)
manipulation управление, манипулирование, обращение; воздействие; действия, операции; обработка
manipulator манипулятор, механическая рука; робот
   anthropomorphic m. антропоморфный манипулятор
   articulated m. шарнирный манипулятор
   data m. блок обработки данных
   fine m. прецизионный манипулятор
   robotic m. робот-манипулятор
man-machine человеко-машинный
   m. interface взаимодействие (средства взаимодействия) человека и машины, человеко-машинный интерфейс
man-made искусственный; антропогенный
   m. fibre искусственное волокно
   m. satellite искусственный спутник
manned управляемый (человеком), неавтоматический, пилотируемый; обитаемый
manner метод, способ; образ действия; стиль; вид, род, сорт
   after the manner of следуя методу, по методу; наподобие
   all manner of всевозможные, разнообразные
   in a manner в некотором смысле; до известной степени
   in a broad manner вообще
   in the same manner аналогичным образом

   in such a manner таким образом; так, чтобы
   no manner of ... никакой ...
man(o)euvrability маневренность, подвижность
man(o)euvre маневр; ‖ маневрировать, совершать маневр
manometer манометр
   absolute m. абсолютный манометр
   bellows m. сильфонный манометр
   recording m. самописец давлений, манограф
   vacuum m. вакуумный манометр
manostat маностат, стабилизатор давления
mantel см. mantle
mantissa мантисса
mantle покров; мантия (Земли); оболочка, обшивка, кожух; ‖ покрывать
   gaseous m. of the earth газовая оболочка Земли
manual 1. ручной, с ручным управлением (приводом); 2. руководство, справочник, описание, инструкция; 3. клавиатура
   m. control ручное управление
   engineering m. техническое руководство
   reference m. справочное руководство
   user m. руководство пользователя
manually вручную, от руки
manually-operated управляемый вручную
manufacture производство; изготовление; обработка; ‖ производить, изготавливать, обрабатывать, перерабатывать
manufactured изготовленный; обработанный, переработанный; искусственный, синтетический
manufacturing производство; изготовление; обработка
   m. plant производственная установка
   m. tolerance допуск на неточность изготовления
   computer-aided m. (CAM) автоматизированное производство; автоматизированная производственная система
manuscript рукопись; оригинал; ‖ рукописный; исходный, оригинальный
many большое количество; множество; ‖ многие, многочисленные; ‖ много
   a good many (довольно) большое количество
   a great many очень большое количество; множество
   as many as столько же сколько, до (обычно перед цифрами)
   not so many as меньше, чем
   the many большинство; множество
many-height регулируемый по высоте
many-sided многосторонний
many-stage многоэтапный, многофазный; многоступенчатый
many-valued многозначный
map 1. карта; план, схема; ‖ наносить на карту (схему); планировать, распределять; 2. сетка координат; 3. отображение, соответствие; преобразование; характеристика; функция; ‖ отображать, устанавливать соответствие; преобразовывать; 4. таблица

to map in(to) отображать в
to map on(to) отображать на
to map out составлять план, планировать; распределять
off the map несуществующий; незначительный, неважный
on the map существующий; значительный, важный, существенный
m. projection картографическая проекция
m. scale масштаб карты
climatic m. климатическая (погодная) карта
coordinate m. координатная сетка
field m. карта месторождения
flow m. картина течения, спектр обтекания; карта течений
line m. контурная карта
memory m. схема (таблица) распределения памяти
run-off m. карта стока
prognostic m. прогностическая карта
surface m. карта поверхности, плоская модель (развертка) поверхности
thermal m. карта распределения температур
mapped отображенный; нанесенный на карту
mapping 1. составление карты (схемы, таблицы), картографирование; 2. отображение, соответствие; преобразование; характеристика, функция; установление (функциональной) зависимости; || отображающий; преобразующий; 3. управление памятью (ЭВМ)
m. of coordinates отображение (преобразование) координат
m. domain область (значений) отображения
m. function функция отображения, отображающая функция; функция преобразования
m. in(to) отображение в
m. on(to) отображение на
m. range область (значений) отображения
m. of set отображение множества
aerial m. аэросъемка
affine m. аффинное преобразование
conformal m. конформное отображение
constant m. постоянное (тривиальное) отображение
curve m. отображение кривой
dynamic m. динамическое отображение; динамическое распределение памяти
field m. полевая съемка
identity m. тождественное отображение
inverse m. обратное отображение
isoparametric m. изопараметрическое преобразование
Jacobian of m. якобиан преобразования (отображения)
linear m. линейное отображение (преобразование)
memory m. распределение памяти
one-to-one m. взаимно однозначное соответствие (отображение)
orthogonal m. ортогональное преобразование

quasi-conformal m. квазиконформное отображение
topological m. топологическое отображение
mar (наружное) повреждение, царапина; || повреждать, царапать; нарушать, искажать
marble мрамор
march 1. движение, ход; развитие, прогресс; || двигаться, продвигаться; развиваться; 2. граница, разделительная полоса; || граничить
to march away уводить
to march on продвигаться вперед
marching 1. движение, ход; развитие; 2. разметка, маркировка, обозначение границ
m. method метод прогонки
parameter m. движение (продолжение) по параметру; прогонка по параметру
margin 1. граница, край, предел; кайма; поле (страницы); || окаймлять; 2. допуск; запас, резерв; || оставлять запас
m. of error предел погрешности
m. of power запас мощности
m. of safety запас прочности; коэффициент безопасности
centre of gravity m. диапазон центровок, запас устойчивости (летательного аппарата)
lift m. запас (избыток) подъемной силы
seam m. припуск на шов; ширина шва
stability m. запас устойчивости
strength m. запас прочности
top m. верхнее поле (страницы)
visible m. видимое поле
marginal 1. граничный, краевой; находящийся на границе; 2. предельный; критический, решающий; 3. незначительный, несущественный
m. beam краевая балка, рандбалка
m. component элемент, работающий на пределе возможностей
m. conditions граничный (предельный) режим
m. error предельная ошибка; выход за допустимые пределы
m. stability предел устойчивости
marginalia заметки на полях
Marguerre shallow shell theory теория пологих оболочек Маргерра
marine 1. морской; судовой; 2. морской флот
mark 1. знак; метка; || отмечать, обозначать; 2. маркер, штрих; граница, предел; деление шкалы; || размечать, делать разметку; 3. отметка, ориентир, веха; уровень, рубеж; 4. цель, мишень; 5. след, отпечаток; клеймо; || оставлять след; маркировать; 6. оценка, балл; || оценивать
to mark off отделять, разграничивать
to mark out размечать, делать разметку (разбивку)
to mark with an asterisk отмечать звездочкой
to be up to the mark отвечать условиям, быть на современном уровне

alignment m. метка совмещения
altitude m. отметка высоты
control m. управляющий символ
design reference m. проектная отметка
dot m. точка (напр., на графике), точечная отметка
flow m. спектр обтекания
graduating m. отметка, штрих, деление шкалы
land m. наземный ориентир
line m. штрих; деление шкалы
punctuation marks знаки препинания
quotation marks кавычки
record m. метка (маркер) записи
reference m. 1. начало отсчета, нулевая отметка, нуль шкалы; 2. ориентир, репер; 3. знак ссылки (сноски)
scale m. деление шкалы
timing m. отметка времени
marked отмеченный, помеченный; размеченный, градуированный; заметный
    marked difference заметное различие
    strongly marked ярко выраженный
marker 1. маркер, метка, признак; 2. инструмент для разметки
marker-and-cell method метод частиц в ячейках
marking отметка; маркировка, разметка; обозначение, цифра, надпись
Markoff (Markov) Марков
    M. chain цепь Маркова, марковская цепь
    M. process марковский процесс
marriage соединение, стыковка, подгонка; контакт; сочетание
marry соединять(ся), стыковать(ся); сочетать(ся)
marshal располагать по порядку, сортировать, упорядочивать
marshalling расположение в определенном порядке, сортировка, упорядочение
Martens hardness твердость по Мартенсу (определяемая царапанием)
mash 1. сдавливать, обжимать, плющить, уменьшать толщину; раздавливать, разминать, разбивать; 2. пульпа
mask маска; экран, щит; защита; трафарет, шаблон; || маскировать, скрывать, защищать, экранировать; накладывать маску
masked закрытый маской, (за)маскированный, скрытый, экранированный, защищенный
masking маскирование, защита, экранирование; маскировка; || маскирующий, скрывающий, экранирующий, защищающий
masonry каменная кладка
    brick m. кирпичная кладка
    coarse m. бутовая кладка
masonwork каменная кладка
mass 1. масса; || массовый, инерциальный, инерционный, динамический; 2. гиря; 3. множество, большое количество; || многочисленный, множественный; || сосредоточивать(ся), концентрировать(ся), накапливать(ся)

in the mass в целом; в массе
m. action law закон действующих масс
m. axis линия центров масс
m. condensation method метод конденсации масс (исключения неинерциальных степеней свободы)
m. degrees of freedom массовые (инерциальные, динамические) степени свободы
m. density массовая плотность, плотность материала
m. distribution распределение масс, разнос масс
m. element элемент массы, массовый элемент
m. equilibrium равновесие масс
m. factor коэффициент массы; массовая характеристика
m. flow поток массы; массовый расход
m. flux массовый расход, подвод массы, массовая скорость
m. force массовая сила, объемная сила
m. geometry геометрия масс
m. inertia (механическая) инерция; сила инерции
m. load массовая нагрузка; инерциальная нагрузка
m. lumping дискретизация (распределенных) масс, концентрация (сосредоточение) масс
m. matrix матрица масс
m. measure мера массы
m. model массовая модель
m. moment of inertia массовый момент инерции
m. point материальная точка, сосредоточенная (точечная) масса
m. pressure массовое (инерционное) давление
m. production массовое производство
m. rate (удельный) массовый расход
m. storage внешнее запоминающее устройство (большой емкости)
m. transfer массопередача, массоперенос
m. unit единица массы
m. velocity массовая скорость, массовый расход
actual m. действительная масса
added m. присоединенная масса
air m. масса воздуха, воздушная масса
apparent m. присоединенная масса
atomic m. атомная масса
attached m. присоединенная масса
balance m. уравновешивающая масса, балансировочный груз
centre of m. центр масс, центр инерции
connected m. присоединенная масса
consistent m. matrix согласованная матрица масс
critical m. критическая масса
diagonal m. matrix диагональная матрица масс, "сосредоточенная" матрица масс
distributed m. распределенная масса

effective m. эффективная (приведенная, эквивалентная) масса
element of m. дифференциал массы
equivalent m. эквивалентная (приведенная, эффективная) масса
fully loaded m. полная (снаряженная) масса (транспортного средства)
generalized m. обобщенная масса
gravitational m. гравитационная масса
gyrating m. вращающаяся масса
inertial m. инертная масса
local m. сосредоточенная масса
lumped m. сосредоточенная (сконцентрированная) масса
lumped m. matrix "сосредоточенная" (диагональная) матрица масс
lumpy m. суммарная масса
moment of m. момент массы, статический момент
payload m. полезная масса
point m. сосредоточенная (точечная) масса
pure m. масса-нетто
recoil m. рабочее тело (реактивного двигателя)
reduced m. приведенная (эффективная, эквивалентная) масса
rest m. масса покоя, собственная масса
rock m. массив породы
rotating m. вращающаяся масса
sensor m. матрица датчиков
single m. отдельная (сосредоточенная) масса; единичная масса
sprung m. подрессоренная масса
structural m. масса конструкции
steady m. устойчивая масса
take-off m. взлетная масса
tip m. концевая масса (сосредоточенная на конце)
unbalanced m. неуравновешенная масса
unit m. единичная масса; единица массы
unsprung m. неподрессоренная масса
variable m. переменная масса
virtual m. виртуальная масса; присоединенная масса
water m. масса воды
zero m. нулевая масса
massless безмассовый, неинерциальный, невесомый
  m. degree of freedom безмассовая (неинерциальная, статическая) степень свободы
mass-loaded нагруженный массовыми силами; несущий массу
massif горный массив
massive массивный, тяжелый, плотный; большой, крупный; сплошной, полный; цельный; массовый
  m. body массивное (объемное) тело, массив
  m. fracture полное разрушение
massiveness массивность; плотность; сплошность; цельность

mast 1. мачта; опора, столб; 2. грузоподъемный механизм; 3. рулевая колонка
master 1. основной элемент (в иерархии); ‖ главный, основной, первостепенный; ‖ подчинять себе; управлять, руководить; 2. ведущий механизм, задающее устройство; ‖ ведущий, задающий; ‖ вести, задавать (движение, ритм); 3. эталон, шаблон; ‖ эталонный; 4. магистр (ученая степень)
  m. components основные компоненты
  m. coordinates главные (нормальные) координаты
  m. degrees of freedom основные (главные, независимые) степени свободы
  m. form эталон; модель, копир, шаблон
  m. frequency главная частота; задающая частота
  m. gear главная шестерня
  m. variable основная (независимая) переменная
mastership главенство, старшинство
mastic мастика, герметик, вязкий клей
mastication измельчение, истирание; пластикация
mat 1. подстилка, мат, (дренажный) тюфяк, защитный слой; ‖ подстилать, устилать; устраивать тюфяк; 2. (сплошной) плоский фундамент; настил; подставка; 3. арматурный каркас, арматурная сетка; 4. матовая поверхность; ‖ матовый; 5. матрица
  m. foundation плоский фундамент
  filter m. дренажный тюфяк, плоский фильтр
match 1. согласование; подбор, подгонка; выравнивание; соответствие, совпадение; сопоставление, сравнение; ‖ согласовывать, подбирать, подгонять; выравнивать; подходить, соответствовать, совпадать; сопоставлять, сравнивать; 2. равноценный объект, пара; ‖ составляющий пару; равноценный, равносильный; ‖ подбирать пару
  to match requirements соответствовать (удовлетворять) требованиям
  to match up подходить, соответствовать
matched подобранный, подогнанный, согласованный; равносильный, эквивалентный
  m. curve подобранная (аппроксимирующая) кривая
  m. expansion согласующееся разложение
  m. set набор, комплект
matching согласование; подбор, подгонка; выравнивание; сопоставление, сравнение; совмещение, сочетание; ‖ соответствующий, подходящий, согласующий(ся); совпадающий; парный
  m. components соответствующие компоненты
  m. function согласующая (переходная) функция
  m. parentheses парные скобки
  exponent m. выравнивание порядков
  interface m. согласование на границе раздела

load m. согласование нагрузки; подбор нагрузки
mode m. согласование форм (мод); подбор режима
model m. подбор модели
partial m. частичное соответствие (совпадение)
pattern m. сопоставление с образцом, отождествление
point m. method метод пристрелки
scale m. согласование масштабов; подбор масштаба
time m. согласование во времени
mate пара; соответствующая (ответная) часть, парная (сопряженная) деталь; || сопрягать, соединять; соответствовать; составлять пару; находиться в сопряжении (зацеплении); сопоставлять, сравнивать
mateability сочетаемость, парность; сочленяемость; сопоставимость
mated парный, сопряженный
material 1. материал; вещество; || материальный; физический, телесный; 2. факты, данные; 3. важный, существенный
  to calibrate a material (точно) определять свойства материала
  m. data характеристики (параметры) материала
  m. elasticity modulus модуль упругости материала, модуль Юнга
  m. line материальная линия
  m. matrix матрица (свойств) материала
  m. with memory материал с памятью (с наследственностью)
  m. model модель (свойств, структуры) материала; модель деформирования материала
  m. nonlinearity физическая нелинейность
  m. particle материальная частица (точка)
  m. point материальная точка
  m. properties свойства материала, характеристики (параметры) материала
  m. system материальная (физическая, механическая) система, система масс
  m. testing испытания (свойств) материала
  abrasive m. абразивный материал, абразив
  absorbent m. абсорбирующий (поглощающий) материал, абсорбент, поглотитель
  aircraft m. авиационный материал
  anisotropic m. анизотропный материал
  antifriction m. антифрикционный материал
  barrier m. защитный материал
  basic m. исходный материал, основной материал; сырье
  binding m. связующий материал, связующее
  bonding m. связующий материал, связующее; клей, адгезив
  brittle m. хрупкий материал
  bulk m. 1. вещество в массе (в объеме); объемная среда; 2. материал навалом; 3. сыпучий материал

caved m. обрушенная порода
cementing m. вяжущий (цементирующий) материал
ceramic m. керамический материал, керамика
charging m. загружаемый материал; наполнитель; шихта
coherent m. плотный материал; плотный грунт
combustible m. горючий материал
combustion materials продукты сгорания
composite m. композиционный (композитный) материал, композит
constructional m. конструкционный материал; строительный материал
covering m. покрывной (облицовочный) материал
damping m. демпфирующий материал, виброизоляционный материал; демпфирующая среда
dielectric m. диэлектрический материал, диэлектрик
discrete m. сыпучий материал; зернистый материал
ductile m. ковкий (пластичный) материал
elastic m. упругий материал
elasto-plastic m. упруго-пластический материал
engineering materials конструкционные материалы
excavated m. вынутый грунт
expanded m. вспененный (пористый) материал, пенопласт
explosive m. взрывчатое вещество
extraneous m. инородное вещество, примесь
facing m. облицовочный материал
ferrous m. черный металл
fiber-glass m. стекловолокнистый материал, фиберглас, стеклопластик
fiber-reinforced m. материал, армированный волокнами
fibrous m. волокнистый материал
filling m. наполнитель, заполнитель
fired m. обожженный материал
fire-proof m. огнестойкий (огнеупорный) материал
foam m. вспененный (пористый) материал, пенопласт
generally anisotropic m. материал с анизотропией общего вида
granular m. сыпучий (гранулированный) материал, сыпучее тело
hard m. твердый материал, прочный материал
hardening m. упрочняющийся материал
heat-insulating m. теплоизоляционный материал
heat-resistant m. теплостойкий материал
heat-transfer m. теплопередающий материал, теплоноситель
high-expansion m. материал с большим коэффициентом расширения

high-performance m. материал с высокими технологическими (эксплуатационными) характеристиками
history of m. предыстория материала
homogeneous m. однородный (гомогенный) материал
ideal elastic m. идеально упругий материал
ideal granular m. идеально сыпучая среда
impact m. ударопрочный материал
inert m. инертный материал; заполнитель
instantaneously elastic m. мгновенно упругий материал
insulating m. изолирующий материал, изолятор
isotropic m. изотропный (однородный) материал
laminated m. слоистый материал
linear elastic m. линейно-упругий материал
lining m. облицовочный материал
loading m. наполнитель
loose m. рыхлый материал, рыхлый грунт; сыпучий материал
low-expansion m. материал с малым коэффициентом расширения
lump m. кусковой материал
magnetic m. магнитный материал, магнетик
Maxwell m. материал (модель материала) Максвелла
molding m. формовочный материал
Mooney m. материал Муни
multilayer(ed) m. многослойный материал
noncoherent m. несвязанный (рыхлый) материал, сыпучий материал
nonlinear m. нелинейный материал, материал с нелинейными свойствами, нелинейно-деформирующийся материал
optical m. оптический материал
oriented m. материал с ориентированной структурой
parent m. исходный (основной) материал; материнская порода
particle-strengthened m. материал, упрочненный частицами
plastic m. пластмасса, пластик; пластически деформируемый материал
ponderable m. весомый материал
porous m. пористый материал
reference m. эталонный материал
reinforced m. армированный (подкрепленный, усиленный) материал
roll(ed) m. прокат, листовой материал; рулонный материал
rubber-cord m. резинокордный материал
rubber-like m. резиноподобный материал
sandwiched m. слоистый материал
sealing m. герметик
sintered m. спеченный материал
soft m. мягкий материал

softening m. разупрочняющийся (разрыхляющийся) материал
starting m. исходный материал
strength of materials сопротивление материалов
strengthening m. упрочняющийся (уплотняющийся) материал
structural m. конструкционный материал
thermoelastic m. термоупругий материал
transparent m. прозрачный материал
transversally isotropic m. трансверсально-изотропный материал
viscoelastic m. вязкоупругий материал
Voigt m. материал (модель материала) Фойхта
web m. листовой материал
weighting m. наполнитель; утяжелитель, балласт
yielded m. материал в состоянии пластичности, пластический материал; упрочненный материал
materialization материализация; осуществление
materially материально, вещественно; фактически; значительно, существенно
math сокр. от **mathematical**
mathematical математический
  m. analysis математический анализ, анализ бесконечно малых
  m. background математические основы; математическое обоснование
  m. computations математические расчеты
  m. equipment математические приборы
  m. expectation математическое ожидание
  m. feature математическое свойство; математический признак
  m. form математическая форма (запись); аналитическое выражение
  m. foundation математические основы; математическое обоснование
  m. induction математическая индукция
  m. logic математическая логика
  m. modelling математическое моделирование
  m. notation математическая запись; математическое обозначение, система математических обозначений
  m. pendulum математический маятник
  m. physics математическая физика
  m. processor математический (арифметический) (со)процессор
  m. programming математическое программирование
  m. proof математическое доказательство
  m. statistics математическая статистика
  m. tools математический аппарат
mathematically математически, с математической точки зрения; в математическом смысле
  m. established математически установленный (доказанный)
  m. founded математически обоснованный
  m. sharp crack идеально острая трещина

mathematician математик
mathematics 1. математика; 2. математическая сторона вопроса; 3. математическое соотношение
   m. **of computations** вычислительная математика
   m. **of logic** математическая логика
   abstract m. абстрактная (чистая) математика
   applied m. прикладная математика
   Boolean m. Булева алгебра
   branches of m. разделы математики
   computational m. вычислительная математика
   foundations of m. основания математики
   pure m. чистая (абстрактная) математика
Mathieu function функция Матье
maths сокр. от **mathematics**
mating сопряженный, парный; соответствующий, подобранный, пригнанный
   m. **members** сопряженные (парные) детали
   m. **surfaces** сопряженные (соответствующие) поверхности; контактирующие (соприкасающиеся) поверхности
matrix 1. (мн.ч. **matrices**) матрица; таблица; 2. форма, шаблон; 3. решетка, сетка; 4. связующее (вяжущее, цементирующее) вещество; 5. основа; материнская порода
   m. **algebra** алгебра матриц, матричная алгебра
   m. **algorithm** матричный алгоритм, алгоритм в матричной форме
   m. **analysis** матричный анализ; матричный расчет
   m. **assembly** объединение матриц
   m. **band** лента (ненулевых элементов) матрицы
   m. **calculus** матричное исчисление
   m. **computations** матричные вычисления
   m. **conditioning** обусловленность матрицы
   m. **of coupling** матрица связей; матрица соединений
   m. **decomposition** разложение матрицы
   m. **defect** дефект матрицы
   m. **degree** степень матрицы
   m. **determinant** определитель (детерминант) матрицы
   m. **eigenvalues** собственные числа матрицы
   m. **entry** элемент матрицы
   m. **exponent** матричная экспонента
   m. **factor** матричный множитель
   m. **factorization** факторизация матрицы, разложение матрицы на множители
   m. **form** матричная форма (записи), матричное представление; вид матрицы
   m. **formulation** матричная формулировка (запись)
   m. **function** матричная функция, функция от матрицы
   m. **game** матричная игра
   m. **inversion** обращение матрицы

   m. **iterations** матричные итерации, итерации матриц
   m. **method** матричный метод
   m. **norm** норма матрицы; матричная норма
   m. **notation** матричная запись
   m. **operator** матричный оператор
   m. **order** порядок (размерность) матрицы
   m. **ordering** (пере)упорядочение элементов матрицы
   m. **power** степень матрицы
   m. **problem** матричная задача, задача в матричной форме
   m. **processor** матричный (векторный) процессор
   m. **profile** профиль (ненулевых элементов) разреженной матрицы
   m. **rank** ранг матрицы
   m. **representation** матричное представление, матричная форма
   m. **series** матричный ряд
   m. **size** размерность (порядок) матрицы
   m. **spur** след матрицы
   m. **storage scheme** схема хранения матрицы (в памяти)
   m. **theory** теория матриц
   m. **triangulation** триангуляция (триангуляризация) матрицы, приведение матрицы к треугольному виду, разложение матрицы на треугольные множители
   m. **updating** перестроение (корректировка) матрицы
   adjacency m. матрица смежности
   adjoint m. сопряженная (присоединенная) матрица
   adjugate m. дополнительная (присоединенная) матрица
   algebra of matrices алгебра матриц
   analysis m. расчетная матрица
   assembly m. объединенная (собранная) матрица; матрица конструкции
   asymmetrical m. несимметричная матрица
   augmented m. расширенная (дополненная) матрица; окаймленная матрица
   band(ed) m. ленточная (полосовая) матрица
   block m. блочная матрица
   block-diagonal m. блочно-диагональная матрица
   Boolean m. булева матрица
   characteristic m. характеристическая матрица
   coefficient m. матрица коэффициентов
   column m. матрица-столбец
   column scaled m. матрица, масштабированная по столбцам
   compliance m. матрица податливости
   composite m. составная матрица
   condensed m. сконденсированная (уплотненная) матрица (напр., подконструкции)
   conductivity m. матрица проводимости
   conjugate m. сопряженная матрица

connectivity m. матрица смежности (инцидентности)
consistent m. согласованная матрица
constitutive m. матрица состояния, определяющая матрица
constraint m. матрица ограничений
correcting m. корректирующая матрица, матрица поправок
correlation m. матрица (коэффициентов) корреляции, корреляционная матрица
covariance m. ковариационная матрица
damping m. матрица демпфирования
decomposable m. разложимая матрица
dense m. плотная матрица, полностью заполненная матрица
density m. матрица плотности
dependency m. матрица зависимостей (связей)
diagonal m. диагональная матрица
dimension of m. размерность (порядок) матрицы
dissipation m. матрица диссипации (рассеяния)
dot m. точечная матрица, растр
eccentricity m. матрица эксцентриситетов
elasticity m. матрица упругости, матрица модулей (упругого) материала
elastic-plastic m. упруго-пластическая матрица, матрица упруго-пластических соотношений (материала)
elemental m. матрица (конечного) элемента
error m. матрица ошибок
factor m. матрица факторных коэффициентов, фактор-матрица
finite element m. матрица конечного элемента
flexibility m. матрица податливости
full m. полная (заполненная) матрица
full rank m. матрица полного ранга
full row rank m. матрица со строками полного ранга
fully populated m. полностью заполненная матрица, плотная матрица
functional m. функциональная матрица
fundamental solution m. матрица фундаментальных решений (матрица Грина, матрица влияния)
Gram m. матрица Грама
hardware m. таблица устройств
heat conduction m. матрица теплопроводности
Hermitian m. эрмитова матрица
Hessian m. матрица Гессе, гессиан
identity m. матрица тождественности (тождественного преобразования), единичная матрица
ill-conditioned m. плохо обусловленная матрица
impedance m. матрица импедансов
incidence m. матрица инциденций (инцидентности), матрица смежности, матрица связности

incremental m. матрица приращений
indefinite m. (знако)неопределенная матрица
influence m. матрица влияния, матрица (функций) Грина
initial load stiffness m. матрица жесткости (конструкции) для начальной нагрузки
input m. входная матрица, матрица входных данных
integer m. целочисленная матрица
inverse m. обратная матрица
invertible m. обратимая матрица
Jacobian m. якобиан, матрица Якоби
load m. матрица нагрузки (нагрузок), грузовая матрица
loss m. матрица потерь
lumped mass m. сосредоточенная (диагональная) матрица масс, матрица сосредоточенных масс
main diagonal of a m. главная диагональ матрицы
material m. матрица (свойств) материала
memory m. матрица памяти; матричное запоминающее устройство
negative-definite m. отрицательно-определенная (отрицательная) матрица
nonsingular m. невырожденная (несингулярная, неособенная) матрица
nonsquare m. неквадратная матрица
null m. нулевая матрица
orthogonal m. ортогональная матрица
output m. выходная матрица, матрица результатов
overdetermined m. переопределенная матрица
partitioned m. разделенная матрица
pencil of matrices пучок матриц
permutation m. матрица перестановок
positive-definite m. положительно-определенная (положительная) матрица
positive-semidefinite m. положительно-полуопределенная (неотрицательная) матрица
precedence m. матрица предшествования
preconditioning m. матрица предобусловливания
profile m. профильная матрица
projective m. проективная матрица, матрица проектирования (проективного преобразования)
quasi-diagonal m. квазидиагональная матрица
quasi-inverse m. квазиобратная матрица
rank deficiency m. матрица неполного ранга
real m. вещественная матрица
rectangular m. прямоугольная матрица
reduced m. разложенная матрица; приведенная (редуцированная) матрица
reducible m. разложимая (приводимая) матрица
reflection m. матрица отражения

regret m. матрица потерь
resistance m. матрица сопротивлений
response m. матрица откликов, матрица чувствительности
rotation m. матрица (преобразования) поворота, матрица вращений
row m. матрица-строка
scalar m. диагональная матрица
scattering m. матрица рассеяния
sensor m. матрица чувствительных элементов, матрица датчиков
sign-determined m. знакоопределенная матрица
similar matrices подобные матрицы
singular m. сингулярная (вырожденная, особенная) матрица
skew-symmetric m. кососимметричная матрица
skyline m. профильная матрица
sparse m. разреженная (редкозаполненная) матрица
square m. квадратная матрица
stiffness m. матрица жесткости
stochastic m. стохастическая матрица
strain m. матрица деформаций
sufficient rank m. матрица достаточного (полного) ранга
symmetric(al) m. симметричная (симметрическая) матрица
three-dimensional m. трехмерная матрица
trace of m. след матрицы
transfer m. передаточная матрица; матрица перехода (преобразования)
transformation m. матрица преобразования
transition m. матрица перехода; матрица переноса
transposed m. транспонированная матрица
triangular m. треугольная матрица
tridiagonal m. трехдиагональная матрица
two-variable m. таблица (значений функции) двух переменных
uncondensed mass m. неуплотненная (несконденсированная) матрица масс
underdetermined m. недоопределенная матрица
unimodular m. унимодулярная матрица
unit m. единичная матрица
unitary m. унитарная матрица
upper triangular m. верхняя треугольная матрица
viscosity m. матрица вязкости, матрица демпфирования
weighting m. весовая матрица, матрица весовых коэффициентов
well-conditioned m. хорошо обусловленная матрица
zero m. нулевая матрица
matter 1. вещество, материя; материал; 2. сущность, содержание; предмет (напр., обсуждения); дело, вопрос; ‖ иметь значение
a matter of argument спорный вопрос
a matter of prime concern вопрос первостепенной важности
as a matter of convenience для удобства
as a matter of course как само собой разумеющееся
as a matter of experience исходя из опыта
as a matter of fact фактически, на самом деле; в сущности
as a matter of record на основании полученных данных
as matters stand при существующем положении (дел)
for that matter в этом отношении, в связи с этим
form and matter форма и содержание
it does not matter неважно, не имеет значения
conservation of m. сохранение материи
dry m. сухая масса
flow of m. поток массы (вещества)
foreign m. инородное вещество, примесь
subject m. сущность, содержание (напр., публикации); основной вопрос, предмет рассмотрения
suspended m. взвешенное вещество
volatile m. летучее вещество
matter-of-course ясный, очевидный; естественный
matter-of-fact буквальный, фактический
mattress 1. плоское (защитное) покрытие, защитный слой; подстилка, мат, (дренажный) тюфяк; 2. плита, ростверк
foundation m. фундаментная плита; подушка, подготовка (под фундамент)
maturate созревать, вызревать, стареть; выдерживать
maturation созревание, старение; выдерживание; достижение полного развития
Maupertuis action integral интеграл действия (действие) по Мопертюи
maximal максимальный, наибольший
maximin максимин
maximization максимизация
complementary energy functional m. максимизация функционала дополнительной энергии
maximize максимизировать, обеспечивать максимум, обращать в максимум; доводить до наибольшего значения
maximum (мн.ч. **maxima**) максимум, наибольшее (максимальное) значение; высшая степень; ‖ максимальный, наибольший
m. condition условие максимума (максимальности)
m. of a function максимум функции
m. load наибольшая нагрузка; предельно допустимая нагрузка
m. point точка максимума
m. principle принцип максимума
m. value наибольшее (максимальное) значение

absolute m. абсолютный максимум, глобальный максимум
　　conditional m. условный максимум
　　local m. локальный максимум
　　overall m. глобальный максимум
　　relative m относительный максимум
　　strict m. строгий максимум
maximum-likelihood method метод максимального правдоподобия
Maxwell Максвелл
　　M. body тело (модель материала) Максвелла (последовательно соединенные упругий и вязкий элементы)
　　M. reciprocal theorem теорема Максвелла о взаимности перемещений
maxwell максвелл, Мкс (единица магнитного потока)
may мочь, иметь возможность; быть вероятным
Mbyte мегабайт, Мбайт
meagre недостаточный, ограниченный
meal мука, мелкий порошок; ‖ размалывать (в муку)
mean 1. значить, означать, иметь значение; предназначаться; 2. думать, иметь в виду, подразумевать; намереваться; 3. середина; средняя величина, среднее (значение); средний член пропорции; ‖ средний, находящийся посредине, серединный; 4. посредственный, слабый; 5. трудный; 6. (употребляется в мн.ч. — means) средство, способ, метод, механизм; средства, устройства
　　by means of с помощью, посредством
　　by all means любым способом; любой ценой; конечно, безусловно
　　by any means любым способом
　　by no means никоим образом, ни в коем случае; нисколько, отнюдь не
　　by some means or other тем или иным способом
　　by which means посредством чего
　　in the mean в среднем
　　in the mean time тем временем; между тем
　　no mean большой, значительный
　　means of communication средства связи
　　m. convergence сходимость в среднем
　　m. diameter средний диаметр (полусумма внешнего и внутреннего диаметров)
　　m. error средняя ошибка (погрешность)
　　m. of a function среднее значение функции
　　m. line средняя линия; биссектриса
　　m. proportional среднее пропорциональное, средний член пропорции
　　m. stress среднее напряжение (напр., цикла)
　　means of support способ опирания (подкрепления); опорная система; источник подъёмной силы
　　m. value среднее значение; математическое ожидание
　　m. value theorem теорема о среднем значении

　　arithmetical m. среднее арифметическое
　　controlling means средства управления (регулирования)
　　geometrical m. среднее геометрическое
　　grand m. общее среднее
　　harmonic m. гармоническое среднее
　　logarithmic m. логарифмическое среднее
　　measuring means средства измерений
　　motor means привод
　　population m. среднее по совокупности; математическое ожидание
　　production means средства производства
　　quadratic m. среднее квадратичное
　　sample m. выборочное среднее
　　weighted m. взвешенное среднее
meander изгиб, извилина; излучина (реки); меандр; ‖ изгибаться, извиваться
meaning значение, смысл; содержание; ‖ значащий; значительный
　　geometrical m. геометрический смысл
　　multiple m. многозначность
　　physical m. физический смысл
meaningful значащий, имеющий смысл; важный, значительный
　　m. solution нетривиальное решение
meaningless не имеющий смысла, бессмысленный
mean-square среднеквадратичный
　　m. approximation среднеквадратичное приближение
meantime 1. между тем; тем временем; 2. среднее значение времени, средний интервал; ‖ средний по времени
　　m. between failures (среднее) время наработки на отказ
　　m. value среднее по времени (значение)
mean-value средняя величина; ‖ средний
meanwhile между тем; тем временем
measurability измеримость
measurable 1. измеримый, поддающийся измерению; 2. заметный, ощутимый; 3. умеренный, средний
　　m. quantity измеримая величина
　　m. set измеримое множество
measurably в известной мере, до известной степени
measurand измеряемая величина
measure 1. мера; размер, величина; показатель, уровень, индекс; степень, масштаб; мерило, критерий, признак; предел, лимит, граница; ‖ измерять(ся), мерить; иметь размеры; оценивать(ся), определять(ся); соизмерять, соразмерять, регулировать; 2. единица измерения; 3. масштабная линейка; 4. делитель; 5. ритм, такт; 6. мера, мероприятие, средство
　　to measure alike быть соизмеримым с; иметь одинаковые размеры с
　　to measure incrementally измерять (значения) в порядке возрастания
　　to measure off отмерять
　　to measure out отмерять; дозировать; распределять

to **measure** to better than измерять с погрешностью менее чем
to **measure** to a precision of. измерять с погрешностью до
to **measure** up достигать (напр., уровня); соответствовать, отвечать (требованиям)
to take **measures** принимать меры
beyond **measure** излишне, чрезмерно
in absolute **measure** в (по) абсолютной мере
in a good **measure** в большой степени
in a some **measure** до некоторой степени, отчасти
m. algebra алгебра с мерой
m. of area мера площади
m. of effectiveness критерий эффективности
m. of error мера погрешности
m. expansion объемное расширение
m. of length мера длины
m. space пространство с мерой
m. of time мера времени
m. of uncertainty мера неопределенности
m. zero set множество меры нуль
absolute m. абсолютная мера; абсолютный критерий
additive m. аддитивная мера
angular m. угловая мера, мера угла
basic m. основная мера
capacity m. мера объема (вместимости); показатель производительности (мощности)
circular m. круговая (угловая) мера, штриховая мера угла
common m. общий делитель
convergence m. мера сходимости; показатель (критерий) сходимости
convergence in m. сходимость по мере
cubic m. мера объема
derived m. производная мера
dry m. мера сыпучих тел
fixed m. заданная мера; определенный размер
foot m. дюймовая мера
grade m. градусная мера (угла)
graduated m. градуированная мера
greatest common m. наибольший общий делитель
information m. мера (количества) информации
land m. мера площади
linear m. мера длины, линейная мера
liquid m. мера жидкости
long m. мера длины
loose m. мера сыпучих тел
metric(al) m. метрическая мера
performance m. критерий качества; показатель производительности
preventive m. предупредительная мера
probability m. вероятностная мера
protective m. мера защиты, защитное мероприятие
quantity under m. измеряемая величина

radian m. радианная мера (угла)
similarity m. степень сходства
scalar m. скалярная мера
short m. неполная мера
solid m. мера объема
square m. мера площади
standard m. эталонная мера
statistical m. статистический критерий
strain m. мера деформации
surveyor's m. землемерная мера
tape m. мерная лента, рулетка
theory of m. теория меры
unit m. единица измерения
volume m. мера объема
measured 1. измеренный, замеренный; 2. ритмичный, циклический
measureless неизмеримый; неограниченный
measurement 1. измерение; замер; контроль; 2. размер; 3. система мер
m. error погрешность измерения
accurate m. точное измерение
actual m. фактический замер; мгновенный (текущий) замер; измерение (эксперимент) на натурном образце
balance m. взвешивание; измерение методом уравновешивания
calibration m. калибровочное измерение, градуировка
check m. контрольное измерение
commercial m. техническое измерение
comparative m. сравнительное измерение, сличение
dimensional m. линейные измерения, измерения линейных размеров (габаритов)
direct m. прямое (непосредственное) измерение
discharge m. измерение расхода (напр., жидкости)
distance m. измерение расстояния (дальности), дальнометрия
engineering measurements технические измерения
field m. измерения (параметров) поля; эксплуатационные (натурные) измерения
flow m. измерение (параметров) потока; измерение расхода, расходометрия
indirect m. непрямое (косвенное) измерение
in-situ m. натурное (эксплуатационное) измерение; измерение "по месту"
instantaneous m. мгновенное измерение; измерение мгновенных значений параметров
linear m. линейное измерение, измерение длины
load m. измерение нагрузок
one-shot m. одномоментное измерение
path m. измерение (параметров) траектории
pendulum m. измерение с помощью маятника

photoelastic m. измерение методом фотоупругости
position m. определение местоположения (координат), пеленгация
precision m. точное (прецизионное) измерение
primary m. первичное измерение
qualitative m. качественное измерение
reference m. эталонное измерение
reliable m. достоверное измерение
remote m. дистанционное измерение, телеизмерение
strain m. измерение деформаций, тензометрирование, тензометрия
ultrasonic m. ультразвуковое измерение
volume m. измерение объёма, волюметрия

measurer измерительный прибор, измеритель
measuring измерение, замер; контроль; дозировка; || мерный, измерительный
   m. face мерительная поверхность (плоскость)
   m. hopper дозатор (сыпучих сред)
   m. instrument измерительный прибор
   m. orifice измерительное (мерное) отверстие
   m. point точка замера
   m. screw мерительный винт (микрометра)
   m. tape мерная лента, рулетка
   m. technique методика измерений
   range m. измерение дальности, дальнометрия

measuring-and-recording apparatus контрольно-измерительный прибор

mechanic(al) механический; машинный, технический, машиностроительный; автоматический
   m. action 1. механическое действие; 2. механическое воздействие, механическое управление; 3. полезная (эффективная) мощность
   m. analog механический аналог, механическая модель
   m. control механическое управление
   m. draft механическая тяга, принудительная (искусственная) тяга
   m. drawing машиностроительное черчение; автоматическое (машинное) черчение
   m. effect механический эффект; полезная (эффективная) мощность
   m. efficiency механический кпд
   m. energy механическая энергия
   m. engineer инженер-механик, инженер-машиностроитель
   m. engineering машиностроение
   m. equivalent механический эквивалент (напр., теплоты); эквивалент работы
   m. facilities технические приспособления, оборудование, оснастка
   m. failure механическое повреждение; механическая неисправность
   m. feature механическое свойство; конструктивная особенность; деталь конструкции
   m. hardening механическое упрочнение, наклёп, нагартовка
   m. impedance механический импеданс, динамическая жёсткость
   m. impurities механические примеси
   m. link механическая связь
   m. losses механические потери, потери в механизме (напр., на трение)
   m. model механическая модель, модель механического поведения (напр., деформирования)
   m. outfit аппаратура, механическое оснащение
   m. pilot автопилот
   m. power механическая энергия
   m. properties механические свойства
   m. sense механический смысл
   m. skill технические навыки
   m. strength механическая прочность
   m. system механическая система
   m. test механические испытания
   m. transport механическая тяга; перемещение механическим путём
   m. treatment механическая обработка
   m. vibrations механические колебания
   m. work механическая работа; механическая обработка
   m. working механическая обработка

mechanically механически, механическим путём; с механической точки зрения, в механическом смысле; автоматически
   m. controlled с автоматическим управлением; с принудительной передачей движения
   m. propelled самоходный

mechanician конструктор, машиностроитель

mechanics 1. механика; 2. механические свойства; механическое поведение; 3. принцип действия (устройства)
   m. of anisotropic media механика анизотропных сред
   m. of composites механика композиционных материалов
   m. of continua механика сплошных сред
   m. of elastic media механика упругих сред
   m. of flight механика полёта
   m. of flows механика жидкостей и газов, гидро(аэро)механика; механика течений, механика обтекания
   m. of fluids механика жидкостей и газов, гидро(аэро)механика
   m. of frozen soil механика мёрзлых грунтов
   m. of gases газовая динамика
   m. of granular media механика сыпучих сред
   m. of ice механика льда
   m. of impact механика удара
   m. of large deformations механика больших деформаций

m. of laminated media механика слоистых сред
m. of membranes механика мембран, механика тонких пленок
m. of multiphase media механика многофазных сред
m. of a particle механика (материальной) точки, механика частицы
m. of plasma механика плазмы
m. of porous media механика пористых сред
m. of rigid body механика твердого тела
m. of rubber механика резины
m. of soil механика грунтов
m. of solids механика твердого (деформируемого) тела
m. of structures строительная механика
m. of tissues механика мягких тканей
m. of turbulence механика турбулентности
m. of tires механика шин
air(-flow) m. аэромеханика, аэродинамика
analytical m. аналитическая механика
applied m. прикладная механика
celestial m. небесная механика
classical m. классическая механика
computational m. вычислительная механика
elastic fracture m. механика упругого разрушения, линейная механика разрушения
elastic-plastic fracture m. механика упругопластического разрушения
engineering m. техническая механика
fine m. точная механика
fracture m. механика разрушения
general m. общая механика
magneto-solid m. механика твердого тела в магнитном поле, магнитоупругость
micropolar continuum m. микрополярная механика сплошной среды
model of m. модель механики (напр., механики деформирования), механическая модель
Newtonian m. ньютонова механика
nonlinear m. нелинейная механика
rock m. механика горных пород
seismic m. сейсмическая механика, механика землетрясений
statistical m. статистическая механика
structural m. строительная механика, механика конструкций
theoretical m. теоретическая механика
wave m. волновая механика

mechanism 1. механизм; (механическое) устройство, прибор, аппарат; 2. принцип действия, основная идея; метод, способ, техника
 actuating m. исполнительный механизм; приводной механизм
 adjusting m. механизм регулировки
 arrest m. механизм остановки (напр., трещины), механизм блокировки; стопорное приспособление
 bidirectional m. реверсивный механизм
 blade-operating m. механизм управления лопастями
 blade retention m. устройство крепления лопастей
 cam m. кулачковый механизм
 control m. устройство управления; принцип регулирования
 cord m. тросовый механизм
 coupling m. соединительный механизм, муфта
 crack-seal m. механизм залечивания трещин
 cracking m. механизм образования трещин
 crank m. кривошипно-шатунный механизм
 delivery m. подающий механизм, питатель
 dislocation-generation m. механизм порождения (образования) дислокаций
 docking m. стыковочное устройство
 drive m. приводной механизм, привод
 executing m. исполнительный механизм
 failure m. механизм разрушения
 follow-up m. следящий механизм, следящее устройство
 fracture m. механизм разрушения
 fracture propagation m. механизм распространения трещины
 friction m. фрикционный механизм
 guidance m. механизм наведения; направляющее приспособление
 hardening m. механизм упрочнения; механизм затвердевания
 hitch m. сцепное устройство
 hoisting m. подъемный механизм
 indentation m. механизм вдавливания (при определении твердости материала)
 indexing m. задатчик (фиксатор) положения
 lifting m. (грузо)подъемный механизм
 link(age) m. рычажный механизм
 loading m. загрузочное устройство
 manipulator m. манипулятор
 microstructural separation m. механизм микроразрушения (микроструктурного разрушения)
 open m. разомкнутый механизм
 operating m. исполнительный (рабочий) механизм; привод
 pitch-control m. механизм регулировки шага (воздушного винта)
 plane m. плоский механизм
 position-sensing m. механизм позиционирования
 recording m. регистрирующий механизм
 relief m. разгрузочное устройство
 release m. механизм сброса; пусковое устройство
 rocker m. кулисный механизм
 servo m. следящая система, сервопривод
 setting m. задающее устройство, задатчик

shear m. срезающее устройство, механические ножницы
spatial m. пространственный механизм
theory of mechanisms теория механизмов
transfer m. передаточный механизм
tripping m. расцепляющий (размыкающий) механизм
variable-sweep m. механизм изменения стреловидности (крыла)
walking m. шагающий аппарат
wave m. волновой механизм
wear m. механизм износа

mechanization механизация; автоматизация
mecha(no)tronics механотроника
media мн.ч. от medium
medial средний, срединный, серединный
median 1. средний, срединный, серединный; 2. медиана, средняя линия
  m. line средняя линия
  m. surface срединная поверхность (оболочки)
mediate промежуточный; косвенный, непрямой, опосредованный; ‖ занимать промежуточное положение, служить связующим звеном
  m. inference опосредованное (косвенное) заключение
medium (мн.ч. media, mediums) 1. (сплошная) среда; вещество, материал; 2. окружающая среда, атмосфера; внешние условия; 3. средство, способ; 4. средство передачи, носитель; устройство хранения (напр., данных); 5. промежуточное (передаточное) звено; промежуточная ступень; ‖ промежуточный; 6. середина; ‖ средний; умеренный; 7. среднее число; средний член
  through the medium of посредством, с помощью чего-либо
  m. term средний член
  m. wavelength длина волны в среде
  absorbing m. абсорбирующая среда, поглотитель
  actuating m. рабочее тело
  ambient m. окружающая среда
  automation m. средство автоматизации
  anisotropic m. анизотропная среда
  compressible m. сжимаемая среда
  continuous m. непрерывная (сплошная) среда
  cooling m. охлаждающая среда
  crack-porous m. трещиновато-пористая среда
  data m. носитель данных
  dense m. плотная (тяжелая) среда; непроницаемая среда
  discrete m. дискретная среда
  driving m. ведущее звено (кинематической цепи)
  elastic m. упругая среда
  filter m. фильтрационный (фильтрующий) материал; набивка (наполнитель) фильтра
  fluid m. жидкая среда
  gaseous m. газообразная среда
  generally anisotropic m. материал с анизотропией общего вида
  granular m. сыпучая среда
  heating m. теплоноситель
  Hooke's elastic m. упругая среда Гука, линейно-упругий материал
  isotropic m. изотропная среда, однородный материал
  layered m. слоистая среда
  loss-free m. среда без потерь
  lossy m. среда с потерями
  low modulus elastic m. низкомодульный упругий материал
  magnetic m. магнитная среда; магнитный носитель (информации)
  Maxwell's relaxation m. релаксирующая среда Максвелла
  micropolar m. микрополярная среда
  multiphase m. многофазная среда
  nonhomogeneous m. неоднородная среда
  nonlinear m. нелинейная среда
  optical m. оптическая среда
  particulate m. дискретная среда
  perfect m. идеальная среда
  permeable m. проницаемая среда
  physical m. физическая среда
  porous m. пористая среда
  propagation m. среда распространения
  quenching m. охладитель, охлаждающая среда
  random m. случайная среда (напр., со случайными неоднородностями)
  resisting m. сопротивляющаяся (создающая сопротивление) среда
  saturated m. насыщенная среда
  scattering m. рассеивающая среда
  semi-infinite elastic m. полубесконечная упругая среда, упругое полупространство
  single-phase m. однофазная (однокомпонентная) среда
  solid m. твердая среда
  storage m. носитель информации
  stratified m. слоистая среда
  time-varying m. нестационарная среда
  transmission m. передающее звено
  transparent m. прозрачная среда
  uniform m. однородная среда
  working m. рабочее тело
  work-hardening m. упрочняющийся материал

medium-hard средней твердости
medium-range среднего диапазона, средней дальности (полета)
medium-sized средней величины
meet 1. встреча; ‖ встречать(ся); 2. пересечение; ‖ пересекать(ся); 3. опровергать (возражение); 4. соответствовать, удовлетворять (требованиям)
  to meet the case удовлетворять (предъявляемым) требованиям, соответствовать
  to meet in a point пересекаться в точке

meeting 1. собрание, заседание; 2. встреча; ‖ встречный; 3. пересечение; 4. соединение, стык
    m. orbit орбита сближения
mega- мега- (миллион единиц основной меры), обозначение: М
megabit мегабит, Мбит
megabyte мегабайт, Мбайт
megaflops миллион операций с плавающей запятой в секунду
megahertz мегагерц, МГц
megapascal мегапаскаль, МПа
megascopic увеличенный; видимый невооруженным глазом
megawatt мегаватт, МВт
Melan's theorem теорема Мелана, статическая теорема о приспособляемости
melt 1. плавка, плавление; таяние; расплавленный материал, расплав; ‖ плавить(ся), растапливать(ся), выплавлять(ся); таять; 2. слабеть, уменьшаться, исчезать; постепенно переходить (напр., в другую форму), сливаться
    to melt down расплавлять(ся), таять; переплавлять
    to melt out выплавлять(ся)
    to melt through проплавлять насквозь
    m. flow течение расплава
    liquid m. расплав
meltability плавкость
meltback сплавление; оплавление
meltdown расплавление; таяние; переплавка
melter плавильный аппарат, тигель
melting плавка, плавление, выплавление, расплавление, таяние; ‖ плавкий; плавильный; тающий
    m. heat теплота плавления
melting-point точка (температура) плавления; точка таяния
melting-pot тигель
    to go into the melting-pot подвергнуться коренному изменению
member 1. член; участник; 2. деталь, компонент, функциональная единица; элемент конструкции; 3. член (часть) математического выражения; элемент множества
    m. in bending элемент, работающий на изгиб; изгибаемый элемент
    m. of equation член уравнения
    m. force усилие в элементе конструкции
    m. in shear элемент, работающий на сдвиг
    m. of sum слагаемое
    bearing m. силовой (несущий) элемент, нагруженный элемент
    compression m. сжатый элемент; элемент, работающий на сжатие
    corresponding m. 1. соответствующая (ответная) часть, сопряженная деталь; 2. соответствующий член (математического выражения); 3. член-корреспондент (научного общества)
    cross m. поперечный элемент, поперечина
    data m. элемент (набора) данных
    diagonal m. 1. диагональный элемент (матрицы); 2. косой (диагональный) стержень, раскос
    drag m. элемент (конструкции), воспринимающий нагрузки от (лобового) сопротивления движению
    driven m. ведомое звено (кинематической цепи)
    driving m. ведущее звено
    first-order m. член первого порядка (малости), слагаемое первой степени
    hinged m. шарнирный элемент
    joint m. соединительный элемент
    left m. левая часть (уравнения)
    longitudinal m. продольный элемент
    main m. 1. главный член; 2. основной (несущий) элемент
    mating m. сопряженная (парная) деталь
    redundant m. лишняя связь
    reinforcing m. подкрепляющий (упрочняющий) элемент
    remainder m. остаточный член (напр., ряда)
    resilient m. упругий элемент
    right m. правая часть (уравнения)
    rigid m. жесткий (недеформируемый) элемент
    secondary m. дополнительный (второстепенный) элемент
    sequence m. член (элемент) последовательности
    set m. элемент множества
    shell m. оболочечный элемент (конструкции)
    side m. боковая часть, боковина
    spanwise m. продольный элемент, элемент продольного силового набора
    stiffening m. подкрепляющий элемент, элемент жесткости
    stop m. стопор, упор
    strain m. составляющая деформации; деформационное слагаемое; несущий (силовой) элемент (конструкции); элемент, работающий на растяжение
    strength m. силовая (несущая, напряженная) деталь
    structural m. элемент конструкции (структуры)
    substitution m. 1. подставляемый член (математического выражения); 2. замещающая связь (механической системы)
    supporting m. подкрепляющий элемент; опорный элемент, опора; несущий элемент
    suspension m. элемент подвески
    tensile m. растянутый элемент; элемент, работающий на растяжение; тяга, растяжка
    terminal m. конечное звено
    thin-walled m. тонкостенный элемент
    tie m. элемент, работающий на растяжение; затяжка, растяжка

torque m. элемент, работающий на кручение
transverse m. поперечный элемент, поперечная балка
unstrained m. неработающий (ненагруженный) элемент (конструкции), недеформированный элемент
membership принадлежность (напр., множеству); членство; состав
membrane 1. мембрана; диафрагма; перегородка, перепонка; пленка; изолирующий слой, экран; ‖ мембранный; диафрагмальный; пленочный; изолирующий; 2. оболочка-мембрана, безмоментная оболочка; ‖ мембранный, безмоментный, безызгибный, тангенциальный
 m. analogy in torsion мембранная аналогия (Прандтля) в задаче кручения
 m. behaviour безмоментное деформирование (конструкции)
 m. buckling потеря устойчивости (прохлопывание) мембраны
 m. finite element конечный элемент мембраны (безмоментной оболочки), конечный элемент плоской задачи теории упругости
 m. force мембранное (тангенциальное, цепное) усилие
 m. mode мембранная мода, безмоментная форма (работы конструкции)
 m. shell оболочка-мембрана, безмоментная (безызгибная) оболочка
 m. solution мембранное (безмоментное) решение; решение для мембраны (оболочки-мембраны, безмоментной оболочки); решение плоской задачи
 m. stress мембранное (касательное, тангенциальное, цепное) напряжение; плоское напряженное состояние; напряженное состояние мембраны (безмоментной оболочки)
 m. theory теория мембран; мембранная (безмоментная) теория (оболочек)
buckling m. прохлопывающая (теряющая устойчивость, хлопающая) мембрана
buried m. заглубленная мембрана; противофильтрационный слой
capillary m. капиллярная мембрана
cellular m. клеточная мембрана
concrete m. бетонная диафрагма
diffusion m. диффузионная мембрана
elastic m. упругая мембрана
facing m. экран
filtering m. фильтрующая мембрана, фильтрующий слой
flexible m. гибкая мембрана
hemispherical m. полусферическая мембрана
impervious m. противофильтрационная диафрагма
liquid m. жидкая (жидкостная) мембрана
permeable m. проницаемая мембрана
porous m. пористая мембрана
rigid m. жесткая мембрана (диафрагма)
rubber m. резиновая мембрана

space m. пространственная мембрана, оболочка-мембрана, безмоментная оболочка
supporting m. подкрепляющая мембрана, опорная диафрагма
thin m. тонкая (тонкостенная) мембрана
transverse m. поперечная диафрагма
woven m. матерчатая (тканевая) мембрана
membran(e)ous 1. мембранный; диафрагменный; пленочный; перепончатый; 2. мембранный, безмоментный, безызгибный, тангенциальный
memoir научная публикация
memorize запоминать
memory 1. память; способность запоминать; 2. (машинная) память, запоминающее устройство (ЗУ), накопитель информации; емкость памяти
 m. allocation распределение памяти
 m. array массив (область) памяти
 m. capacity емкость памяти
 m. cell ячейка памяти
 m. dump дамп (вывод, распечатка) памяти
 m. functional функционал памяти (материала)
 m. location ячейка памяти; адрес ячейки памяти
 m. map схема (таблица) распределения памяти
 m. property запоминающая способность, свойство памяти
 m. unit запоминающее устройство (ЗУ); ячейка памяти
auxiliary m. дополнительная память; внешняя память
buffer m. буферная память
core m. оперативная память, оперативное ЗУ (ОЗУ)
direct access m. память (ЗУ) с прямым доступом
disk m. дисковая память, ЗУ на (магнитных) дисках
extended m. расширенная (дополнительная) память
external m. внешняя память, внешнее ЗУ
in-core m. solver программа решения, использующая только оперативную память
inherent m. внутренняя (собственная) память
material with m. материал с памятью, наследственный материал
out-of-core m. внешняя память, внешнее ЗУ
peripheral m. внешняя память, внешнее ЗУ
random access m. (RAM) оперативная память, оперативное ЗУ (ОЗУ)
read-only m. (ROM) постоянное ЗУ (ПЗУ)
read-write m. оперативная память, оперативное ЗУ (ОЗУ)
virtual m. виртуальная память
memoryless не обладающий памятью
memory-limited ограниченный возможностями запоминающего устройства

mend исправление, ремонт; улучшение; исправленная поломка, заделанная трещина и т.п.; ‖ исправлять, ремонтировать; улучшать(ся), совершенствовать(ся)
   to **mend up** ремонтировать
mending исправление, ремонт; улучшение
meniscus (мн.ч. **menisci**) мениск; луночка; выпукло-вогнутая линза; деталь серповидной формы
   converging m. положительный мениск
   convex m. выпуклый мениск
mensurable измеримый
mensural периодический, ритмичный, цикличный
mensuration измерение
mental умственный; мысленный; производимый в уме; мнемонический
mention упоминание, ссылка; ‖ упоминать, указывать, ссылаться на что-либо
   to **mention only a few** не говоря уже о многих других
   to **make mention** упоминать, ссылаться
   mention is made of (здесь) упоминается
   not to mention не говоря уже о
menu меню, набор возможных ответов (в диалоговых системах)
   m. item пункт (элемент, функция) меню
   m. selection выбор пункта меню
   display m. экранное меню
   user m. меню пользователя
menu-driven управляемый с помощью меню
mercury ртуть; ртутный столб
   m. column ртутный столб
   millimeter of m. миллиметр ртутного столба, мм рт.ст. (= 133,322 Па)
mere 1. простой; явный; ‖ только, лишь; не более чем
   the **mere assumption** одно лишь предположение
   the **mere fact** сам факт
mere 2. водоем; водное пространство; 3. граница
merely только, просто; единственно, лишь
merge слияние, объединение; поглощение; ‖ сливать(ся), объединять(ся); поглощать(ся)
merging слияние, объединение; поглощение
   line m. слияние линий; объединение (фрагментов) линий
   node m. слияние узлов (графа)
meridian меридиан; высшая точка, зенит; ‖ меридианный, меридиональный; наивысший
   m. coordinate меридиональная координата
   m. curvature кривизна (вдоль) меридиана
   m. plane плоскость меридиана
   radius of m. радиус меридиана
   shell of revolution with branching m. оболочка вращения с разветвляющимся меридианом
meridional меридиональный
   m. ribs меридиональные ребра (в оболочке вращения)

m. section меридиональное сечение
m. stress меридиональное напряжение
merit качество, характеристика, показатель; оценка; достоинство, преимущество; ‖ заслуживать
   m. function оценочная функция
   m. rating оценка (показатель) качества; качественная оценка
   figure of m. показатель (критерий) качества, добротность
   weight-power m. показатель (двигателя) "мощность на единицу веса"
mesh 1. сетка, сеть; решетка; ячейка (клетка) сетки; клетка; отверстие (сетки); ‖ сеточный, клеточный, сетчатый, решетчатый, ячеистый; 2. зацепление; переплетение; петля; ‖ зацеплять(ся), входить в зацепление
   m. attribute атрибут (принадлежность) сетки
   m. cell ячейка сетки
   m. connection соединение в виде сетки, сетчатое соединение; вид соединения узлов сетки (напр., треугольником)
   m. constant постоянная сетки (определяемая сеткой)
   m. convergence сходимость (решения) на сетке, сходимость по сетке (напр., по шагу сетки); сходимость сетки
   m. data данные о сетке
   m. definition определение (задание) сетки
   m. degeneration вырождение сетки
   m. estimation оценка сетки; оценка (функции) на сетке
   m. function сеточная функция, функция на сетке
   m. generation генерация (построение) сетки
   m. generator генератор сетки
   m. geometry геометрия сетки, конфигурация сетки; геометрические данные о сетке
   m. lumping сосредоточение (распределенного параметра) в узлах сетки
   m. measure мера сетки, сеточная мера
   m. method метод сеток
   m. node узел сетки
   m. norm сеточная норма
   m. optimization оптимизация сетки
   m. ordering упорядочение (узлов) сетки
   m. orientation ориентация сетки
   m. parameter параметр сетки
   m. pattern рисунок сетки
   m. point точка (узел) сетки
   m. ratio отношение размеров ячейки
   m. refinement измельчение (улучшение) расчетной сетки
   m. resolution разрешающая способность сетки
   m. scheme сеточная схема, конечно-разностная схема; конфигурация сетки
   m. size шаг сетки, размер ячейки
   m. solution сеточное решение, решение на сетке

m. space шаг сетки, размер ячейки; сеточное пространство
m. spacing шаг сетки; нанесение сетки, сеточное разбиение
m. step шаг сетки
m. structure конфигурация сетки; сетчатая (ячеистая) структура
m. subdivision подразбиение (дополнительное измельчение) сетки
m. topology топология сетки
m. of triangulation треугольная сетка; мелкость триангуляции
adaptive m. адаптивная сетка
auxiliary m. вспомогательная сетка
coarse m. крупная (грубая, редкая) сетка
composite m. составная сетка
constant m. постоянная (фиксированная) сетка; равномерная сетка
coordinate m. координатная сетка, сетка координатных линий
curvilinear m. криволинейная сетка
3-D m. трехмерная (пространственная) сетка
diamond m. ромбовидная (ромбоидальная) сетка
distorted m. искаженная (возмущенная) сетка; нерегулярная сетка
fine m. мелкая (густая) сетка
finite difference m. конечноразностная сетка
finite element m. конечноэлементная сетка, сетка конечных элементов
gears m. зацепление зубчатых колес
initial m. исходная сетка
irregular m. нерегулярная сетка; сетка (с ячейками) неправильной формы, неравномерная сетка
merging of meshes объединение (слияние) сеток
narrow m. мелкая (частая) сетка
non-structured m. неупорядоченная сетка, нерегулярная (неравномерная) сетка
ordered m. упорядоченная сетка; пронумерованная сетка
plane m. плоская сетка, сетка на плоскости
quadrilateral m. четырехугольная сетка
random m. сетка со случайным расположением узлов
rectangular m. прямоугольная сетка
regular m. регулярная сетка, сетка с ячейками правильной формы; сетка из повторяющихся элементов
spatial m. пространственная (трехмерная) сетка
square m. квадратная сетка
surface m. сетка на поверхности
temporal m. сетка (узлов) по временной координате
triangular m. треугольная сетка
uniform m. равномерная сетка
wire m. проволочная (арматурная) сетка
mesh-consistent согласованный с сеткой

meshed 1. покрытый сеткой (узлов), с нанесенной сеткой; 2. зацепленный, сцепленный; переплетенный; 3. сетчатый, ячеистый; снабженный отверстиями
meshing 1. сетка, сеть; нанесение сетки, сеточное разбиение; 2. зацепление, сцепление; запутывание, усложнение
 m. algorithm алгоритм построения сетки
meshwidth шаг сетки, размер ячеек
message сообщение; передаваемая информация; запрос; ‖ передавать сообщения
messenger 1. средство передачи информации; 2. несущий трос
 primary m. основной несущий трос
metal 1. металл; ‖ металлический; ‖ покрывать, обшивать металлом; 2. щебень; балласт; ‖ мостить щебнем
 m. flow текучесть (течение, пластическая деформация) металла
 m. work металлическая конструкция
 m. working металлообработка
 ductile m. ковкий (пластичный) металл
 expanded m. тянутый металл
 ferrous m. черный металл
 glass m. стекломасса
 hard m. твердый сплав
 light m. легкий металл
 matrix m. связующий металл, металлическая матрица
 reinforcement m. арматурный металл
 road m. щебень
 rolled m. прокат
 sheet m. листовой металл
 structural m. конструкционный металл
 yielded m. металл в состоянии текучести (пластической деформации)
 weld m. сварочный (наплавленный) металл
metal-clad с металлической обшивкой, бронированный
metal-cord металлокордный
metallic металлический
metallize металлизировать
metallurgical металлургический
metalware металлические изделия
metastable метастабильный, неустойчивый
mete граница, предел; мера; ‖ размечать, разграничивать, отделять; отмерять
meteorology метеорология; физика атмосферы; метеорологические условия
meter 1. метр (мера длины); 2. измерительный прибор, измеритель; датчик; счетчик; дозатор; ‖ измерительный; ‖ измерять; дозировать
 altitude m. альтиметр, высотомер
 angle m. угломер
 check m. контрольный прибор
 density m. измеритель плотности
 draft m. тягомер
 elevation m. нивелир
 flow m. расходомер, измеритель расхода (жидкости)

flow rate m. измеритель скорости потока; расходомер
frequency m. частотомер, герцметр; волномер
fuel-flow m. топливный расходомер
gas m. газовый счетчик, газомер
gas volume m. объемный газовый счетчик
gravity m. гравиметр
hardness m. склероскоп, склерометр, определитель твердости
haze m. нефелометр
heat m. датчик температур, тепломер
humidity m. влагомер, гигрометр
incidence m. измеритель угла атаки
inductance m. измеритель индуктивности
induction flow m. индукционный расходомер
light m. люксметр, фотометр
mass-flow m. массовый расходомер
noise-level m. измеритель шума, шумомер
power m. измеритель мощности, ваттметр
pressure m. измеритель давления, манометр
recording m. самопишущий измерительный прибор
resistance m. измеритель (электрического) сопротивления, омметр
running m. погонный метр
strain m. тензометрический датчик, тензодатчик, тензометр
torque m. измеритель крутящего момента
water m. расходомер воды
wave m. волномер, частотомер
-meter (как компонент сложных слов) -метр; измерительный прибор, измеритель
meterage (приборные) измерения; показания прибора
metering 1. измерение; снятие показаний прибора; || измерительный; **2.** калибровка; дозировка; || калибровочный, дозирующий; калиброванный
   m. hole калиброванное отверстие
   m. jet дозирующий жиклер
   d. nozzle дозирующее сопло
   check m. контрольное измерение
metewand мерило, критерий
method метод; методика; прием, способ; технология; классификация, порядок, система; идеология
   m. of afterglow метод послесвечения
   m. of analysis метод анализа, метод расчета
   m. of augmented Lagrangian метод расширенного (обобщенного) лагранжиана, метод расширения лагранжиана
   m. of boundary collocation метод граничной коллокации
   m. of cells метод ячеек
   m. of comparison способ сравнения
   m. of convergence acceleration метод ускорения сходимости
   m. of elimination метод исключения
   m. of feasible directions метод возможных направлений
   m. of fractional steps метод дробных шагов
   m. of images метод изображений
   m. of iterations итерационный (итеративный) метод, метод итераций; метод последовательных приближений
   m. of joints метод вырезания узлов
   m. of least squares метод наименьших квадратов
   m. of limit equilibrium метод предельного равновесия
   m. of limits метод пределов
   m. of linear approximation метод линейных приближений; метод упругих решений
   m. of lines метод прямых
   m. of local variations метод локальных вариаций
   m. of lumping метод дискретизации, метод сосредоточения (концентрации)
   m. of moments метод моментов
   m. of pole assignment метод распределения полюсов
   m. of procedure принцип работы; образ действия; алгоритм
   m. of projections способ проекций
   m. of residuals метод остатков; метод невязок
   m. of rotations метод вращений
   m. of selected points метод опорных точек, метод построения зависимости по отдельным точкам
   m. of small parameter метод малого параметра
   m. of smoothing метод сглаживания
   m. of successive approximations метод последовательных приближений; итерационный метод; метод простой итерации
   m. of successive substitutions метод последовательных подстановок
   m. of undetermined coefficients метод неопределенных коэффициентов
   m. of variable separation метод разделения переменных
accelerated m. ускоренный метод
accelerated testing m. метод ускоренных (форсированных) испытаний
access m. метод доступа
accurate m. точный метод
active column m. метод активного столбца
acoustic emission m. метод акустической эмиссии
Adams PECE method метод Адамса типа "предиктор-корректор"
adaptive m. адаптивный метод
ad hoc m. специальный метод; метод, специально созданный для решения данной задачи
alternating directions m. метод переменных направлений

analytic(al) m. аналитический метод; метод расчета
approximate m. приближенный метод
approximation m. метод аппроксимации, метод (последовательных) приближений; приближенный метод
asymptotic(al) m. асимптотический метод
averaging m. метод усреднения
axiomatic m. аксиоматический метод
batch m. групповой (пакетный) метод
bisection m. метод бисекции, метод деления (отрезка) пополам
boundary element m. (BEM) метод граничных элементов
boundary integral equations m. метод граничных интегральных уравнений
Bubnov-Galerkin m. метод Бубнова-Галеркина
caustics m. метод каустик
central difference m. метод центральных (конечных) разностей
Cholesky m. метод Холецкого
collocation m. метод коллокаций
cone-field m. метод конических сечений
conjugate gradient m. метод сопряженных градиентов
continuation m. метод продолжения (по параметру)
control volume m. метод контрольных объемов
conventional m. обычный (стандартный) метод
convergence m. метод (последовательных) приближений
convergent m. сходящийся метод
cut-and-try m. метод проб и ошибок; метод последовательных приближений
deceleration m. метод торможений
decomposition m. метод декомпозиции (разбиения, расщепления)
deductive m. дедуктивный метод
diagram m. метод диаграмм, графический метод
dichotomy m. метод дихотомии, метод деления (отрезка) пополам
difference m. метод (конечных) разностей, разностный метод
direct m. прямой метод
direct access m. прямой метод доступа
direct boundary element m. прямой метод граничных элементов
direct stiffness m. прямой метод жесткости
discrete m. дискретный метод
discrete transform m. метод дискретного преобразования
discrete vortex m. метод дискретных вихрей
discretization m. метод дискретизации
displacement m. метод перемещений
domain-splitting m. метод декомпозиции области
doublet distribution m. метод диполей

dynamic relaxation m. метод динамической релаксации
eigenvalue solution m. метод определения собственных значений
elastic m. of design расчет по допустимым напряжениям
element-by-element m. поэлементный метод, метод решения задачи без объединения элементов в систему
energy m. энергетический метод
error of a m. погрешность метода
expansion m. метод разложения (напр., в ряд)
explicit m. явный метод
extended m. обобщенный метод
factorization m. метод факторизации
falling-ball m. метод падающего шарика
finite difference m. (FDM) метод конечных разностей (МКР), конечноразностный метод
finite element displacement m. метод конечных элементов в перемещениях, конечноэлементный метод перемещений
finite element hybrid m. гибридный метод конечных элементов
finite element m. (FEM) метод конечных элементов (МКЭ), конечноэлементный метод
finite element mixed m. смешанный метод конечных элементов
finite element stress m. метод конечных элементов в напряжениях, конечноэлементный метод напряжений (сил)
finite ring m. метод конечных колец
finite strip m. метод конечных полос
finite volume m. метод конечных объемов
finite vortex m. метод конечных вихрей
flexibility m. метод податливостей, метод сил
force m. метод сил
frequency analysis m. метод частотного (гармонического) анализа
frequency-domain m. частотный метод, метод анализа в частотной области
frequency-response m. метод частотных характеристик
frontal m. фронтальный метод; метод фронтов
full enumeration m. метод полного перебора
Gauss integration m. метод (численного) интегрирования Гаусса
Gauss-Seidel m. метод Гаусса-Зейделя
Gauss triangularization m. метод триангуляции (триангуляризации) Гаусса
gradient m. градиентный метод
gradient projection m. метод проекции градиента
graphical m. графический метод
grid m. метод сеток
group m. метод групп, (теоретико-)групповой метод

Guyan-Irons reduction m. метод редукции Гайана-Айронса, метод статической конденсации
harmonic balance m. метод гармонического баланса
heuristic m. эвристический метод
hit-and-mis m. метод проб и ошибок
hodograph m. метод годографа
homotopy m. метод гомотопии
Horner's m. схема Горнера
hybrid displacement m. гибридный метод (конечных элементов) в перемещениях
hybrid stress m. гибридный метод (конечных элементов) в напряжениях
hydraulic analogy m. метод гидравлической аналогии
implicit m. неявный метод
incomplete factorization m. метод неполной факторизации
incremental m. инкрементальный (шаговый) метод
indentation m. метод определения твердости вдавливанием
indexed-sequential access m. индексно-последовательный метод доступа
indirect m. непрямой метод
induction m. метод (математической) индукции
initial parameters m. метод начальных параметров
initial strain m. метод начальных деформаций
initial stress m. метод начальных напряжений
in situ m. прямой (непосредственный) метод
integral equation m. метод интегральных уравнений
invariant embedding m. метод инвариантного погружения
inverse m. обратный метод
inverse iterations m. метод обратных итераций
inversion m. метод обращения (инверсии)
isoclines m. метод изоклин
iterative m. итерационный (итеративный) метод, метод итераций
Lagrange multiplier m. метод (неопределенных) множителей Лагранжа
Laplace transform m. метод преобразования Лапласа
least-squares m. метод наименьших квадратов
linear m. линейный метод
linearization m. метод линеаризации
liquid film m. метод жидкой пленки
lumped-parameters m. метод сосредоточенных параметров
Lyapunov m. метод Ляпунова
marching m. метод прогонки
marker-and-cell m. метод частиц в ячейках
mass condensation m. метод конденсации масс

matrix m. матричный метод
matrix displacement m. матричный метод перемещений
maximum likelihood m. метод максимального правдоподобия
mesh m. метод сеток
mesh generation m. метод построения сетки
modified Newton m. модифицированный метод Ньютона
Moire m. метод Муара, метод муаровых полос
momentum m. метод, основанный на теореме количества движения
Monte-Carlo m. метод Монте-Карло, метод статистических испытаний
multigrid m. многосеточный метод
nested dissection m. метод вложенных сечений
net m. метод сеток
Newton-Raphson m. метод Ньютона-Рафсона
nondestructive m. неразрушающий метод (контроля)
nonwaste m. безотходный способ
null m. нулевой (компенсационный) метод
numerical m. численный метод
numerical quadrature m. метод численного интегрирования
offset m. метод определения остаточной деформации
operational m. операторный метод
optimization m. метод оптимизации
orthogonalization m. метод ортогонализации
parameter marching m. метод движения (продолжения) по параметру; метод прогонки по параметру
partition m. метод разделения (переменных)
penalty function m. метод штрафных функций
pendant drop m. метод висячей капли
perturbation m. метод возмущений
phase-plane m. метод фазовой плоскости
photoelastic m. метод фотоупругости
point-by-point m. поточечный метод
point Jacobi iteration m. точечный итерационный метод Якоби
point matching m. метод пристрелки
potential m. метод потенциала
power m. степенной метод
predictor-corrector m. метод "предиктор-корректор", метод предсказаний и поправок
projective m. проекционный метод
pseudo-force m. метод фиктивных сил
pseudo-load m. метод фиктивных нагрузок
qualitative m. качественный метод
quantitative m. количественный метод
rapid m. экспресс-метод
Rayleigh-Ritz m. метод Релея-Ритца
receptance m. метод (динамической) податливости
reduced basis m. метод редукции базиса

reduction m. метод приведения, метод редукции
reflected shadow m. метод отраженной тени
regularization m. метод регуляризации
relaxation m. метод релаксации, релаксационный метод
reliability m. метод теории надежности; метод обеспечения надежности
residual force m. метод усилий-невязок
residual potential m. метод разностного потенциала
resonance m. резонансный метод, метод резонансов
retardation m. метод торможений
rigorous m. строгий (точный) метод
"rule-of-thumb" m. эмпирический метод, практическое правило
Runge-Kutta m. метод Рунге-Кутты
safety methods техника безопасности
sampling m. выборочный метод
scale factor m. метод масштабных множителей
schlieren m. метод полос
secant m. метод секущих
sectioning m. метод сечений
self-correcting m. самокорректирующийся метод, адаптивный метод
semi-inverse m. полуобратный метод
sequential access m. последовательный метод доступа
shear difference m. метод сдвиговой разницы
shooting m. метод пристрелки
short-cut m. сокращенный (упрощенный) метод
sieve m. метод решета
similarity m. метод подобия
simplex m. симплекс-метод
simultaneous iteration m. метод одновременных итераций
small disturbances m. метод малых возмущений
source and sink m. метод источников и стоков
source superposition m. метод наложения источников
square-root m. метод квадратного корня
state space m. метод пространства состояний
static "zero-mass" condensation m. метод статической конденсации (исключения неинерциальных степеней свободы)
statistical m. статистический метод
steepest descent m. метод скорейшего спуска
step-by-step m. (по)шаговый метод; метод последовательных приближений
strain-energy m. метод энергии деформации, энергетический метод
streamline m. метод линий тока
stress-ration m. метод равнонапряженной конструкции

subspace iteration m. метод итерации подпространства
substitution m. метод подстановки; метод замены связей
substructuring m. метод подконструкций (суперэлементов)
successive over-relaxation m. метод последовательной верхней релаксации
superelement m. метод суперэлементов (подконструкций), суперэлементный метод
superposition m. метод суперпозиции, метод наложения
symbolic m. символический (аналитический) метод, операторный метод
tangent m. метод касательных
target m. метод проб, метод пристрелки
testing m. метод испытаний
thread of a m. идея метода
time-domain m. временной метод, метод анализа во временной области
transfer matrix m. метод передаточных матриц
transfer matrix - finite element m. метод передаточных матриц - конечных элементов
Trefftz m. метод Треффтца
trial-and-error m. метод проб и ошибок, метод подбора; метод последовательных приближений
trial-load m. метод пробных нагрузок
triangulation m. метод триангуляции
two-stage m. двухстадийный (двухэтапный) метод
ultimate-strength m. of design расчет по разрушающим нагрузкам
variational m. вариационный метод
vortex m. метод вихрей
vortex lattice m. метод вихревой решетки
weighted residuals m. метод взвешенных невязок
what-if m. метод проб и ошибок
zooming m. метод выделения фрагментов, метод "лупы"

methodical методический; методичный; систематический, упорядоченный
methodize приводить в систему, упорядочивать; классифицировать
methodology методология; метод
metre 1. метр (мера длины); 2. ритм
metre-kilogram килограммометр
metric 1. метрический, относящийся к метрической (десятичной) системе мер; 2. метрический, относящийся к метрике; 3. мера; показатель
  m. conversion перевод в метрическую систему единиц
  m. dimension 1. метрическая размерность; 2. размер, выраженный в метрической системе единиц
  m. horsepower метрическая лошадиная сила (= 735,5 Вт)
  m. space метрическое пространство

m. system метрическая (десятичная) система
m. ton метрическая тонна
m. thread метрическая резьба
m. unit метрическая единица
metrical 1. измерительный; 2. метрический
m. measure метрическая мера
m. property метрическое свойство
metrically метрически
metrication переход к метрической системе единиц
metrics метрика
m. definition определение (задание) метрики
m. of a surface метрика поверхности
metrology 1. метрология; измерения; 2. система мер и весов
applied m. прикладная метрология
dimensional m. линейные и угловые измерения
dynamic m. динамические измерения
legal m. законодательная метрология
mass m. измерения массы
optical m. оптические измерения
regulatory m. законодательная метрология
theoretical m. теоретическая метрология
-metry (как компонент сложных слов) -метрия; напр. **electrometry** электрометрия
micra мн.ч. от **micron**
micro 1. малый, сверхмалый; 2. микросхема, интегральная схема; 3. микро-ЭВМ, микрокомпьютер
micro- (как компонент сложных слов) микро- ; миллионная часть основной меры (обозначение: мк)
microasperity микронеровность
microcell микроэлемент
microcircuit микросхема, интегральная схема
microcomputer микрокомпьютер, микроЭВМ
microcosm микромир
microcrack микротрещина
microcreep микроползучесть
microelement микроэлемент, микрокомпонент
microfatigue микроусталость
microfiche микрофиша
microflaw микродефект
microflow микротекучесть, микропластическая деформация
microgeometry микрогеометрия
micrograph микроснимок, микрофотография
microhardness микротвердость
micromainframe супермини-ЭВМ
micrometer микрометр
micron (мн.ч. **micra**, **microns**) микрон (0.001 мм)
microphone микрофон
micropolar микрополярный
m. continuum mechanics микрополярная механика сплошной среды
m. media микрополярная среда
microprocessor микропроцессор

microrelief микрорельеф
microscope микроскоп
through a microscope под микроскопом
electron m. электронный микроскоп
optical m. оптический микроскоп
microscopy микроскопия
microscrew микрометрический винт
microsecond микросекунда, мкс
microsection микросрез, шлиф
microseism микросейсм
microslip микроскольжение, микропроскальзывание
microstatistics статистика малых выборок
microstructure микроструктура
microvoids микропустоты, микропоры
microwave микроволновый, сверхвысокий (о частоте), сверхвысокочастотный
m. frequency сверхвысокая частота
microwaves диапазон сверхвысоких частот, микроволновый диапазон
mid средний, срединный
mid- в сложных словах означает: средний, срединный, промежуточный; напр., **midline** средняя линия
midchannel фарватер, судовой ход
mid-coefficient средний коэффициент (напр., формулы)
middle 1. середина; средняя точка, среднее положение; ǁ средний, срединный; внутренний, центральный; промежуточный; ǁ помещать в середину; 2. миделево сечение, мидель; 3. ядро (потока)
m. point средняя точка
m. surface срединная поверхность
m. thickness shell оболочка средней толщины
reduction to m. plane приведение к срединной плоскости
middlemost находящийся в середине; ближайший к центру, центральный
middle-sized средний, среднего размера
middling средний; внутренний; промежуточный; посредственный
middlings промежуточный продукт (результат)
midgear среднее (нейтральное) положение (механизма)
midget малый, малогабаритный, миниатюрный
midline средняя линия
mid-plane срединная плоскость
midpoint средняя точка, середина, центр
m. quadrature rule правило средней точки (при численном интегрировании), метод трапеций
midposition среднее положение; промежуточное положение
mid-set расположенный в середине (центре)
midship среднее (миделево) сечение, мидель; средняя часть судна
m. frame мидель-шпангоут
midside середина (центр) стороны; ǁ находящийся в середине, серединный, центральный; промежуточный

    m. nodes узлы (конечных элементов), находящиеся в серединах сторон
midspan середина пролета; среднее сечение (крыла)
migration миграция, перемещение, перенос
    defect m. миграция дефектов
    dislocation m. перемещение дислокаций
mil 1. мил (мера длины = 0,001 дюйма = 25,4 мкм); 2. тысяча : per mil на тысячу
mild мягкий; умеренный, слабый
    m. conditions слабые (нестрогие) условия; умеренный режим
    m. steel мягкая сталь
mile миля
    English m. английская миля (= 1605 м)
    land m. сухопутная (английская) миля
    geographical m. морская миля (= 1853 м)
    nautical m. морская миля
mileage расстояние в милях; пройденное расстояние, пробег (в милях)
milestone 1. веха, этап; 2. промежуточный отчет (об исследованиях)
military военный, воинский; военного образца
militate 1. препятствовать; 2. говорить (свидетельствовать) против
mill 1. мельница; дробилка; || молоть, дробить, измельчать; 2. прокатный стан; пресс; || прокатывать; 3. станок; фреза; || обрабатывать на станке; фрезеровать; 4. фабрика, завод; 5. двигатель
    m. bar прокат, прокатный материал
    m. board картон
    m. train прокатный стан
    blooming m. блюминг
    facing m. цилиндрическая фреза
    wind m. ветряной двигатель
milli- милли-; тысячная доля основной меры (обозначение: м)
milliard миллиард
milligram(me) миллиграмм, мг
millimeter миллиметр, мм
    m. of mercury миллиметр ртутного столба, мм рт.ст. (= 133,322 Па)
    m. of water миллиметр водяного столба, мм вод.ст. (= 9,80665 Па)
milling 1. измельчение, дробление; 2. прокатка; 3. фрезерование
    m. tool фреза
million миллион
    the million множество, масса
millionfold в миллион раз больше
millipore сверхтонкий фильтр
millisecond миллисекунда, мс
mind 1. ум, разум; 2. память; || помнить, иметь в виду; 3. мнение; 4. намерение, желание; 5. заниматься чем-либо, смотреть за чем-либо
    to bear in mind помнить, учитывать, иметь в виду
    with this in mind имея это в виду
mine 1. рудник, шахта; залежь, пласт; || производить горные работы, разрабатывать месторождение, добывать (напр., руду); копать под землей; 2. мина
    m. working горная выработка
    open pit m. открытая выработка, карьер
mineral минерал; полезное ископаемое; руда; || минеральный; ископаемый; неорганический
    m. deposit месторождение полезных ископаемых
mini- (как компонент сложных слов) мини-; малый
minicomputer мини-компьютер, мини-ЭВМ
minim мельчайшая частица, очень малая доля
minima мн.ч. от minimum
minimal минимальный, наименьший; очень маленький
    m. action principle принцип наименьшего действия
    m. data минимальные данные, наименьшее (допустимое) количество данных
    m. polynomial минимальный многочлен
    m. residual method метод минимальных невязок
    m. surface минимальная поверхность
    m. value наименьшее значение, минимум
minimax минимакс; || минимаксный, минимаксимальный
    m. estimate минимаксная оценка
    m. theorem теорема о минимаксе
minimization минимизация; поиск минимума; (предельное) уменьшение, снижение
    m. of computational effort снижение вычислительных затрат
    m. with constraints минимизация при наличии ограничений, условная минимизация
    m. of degrees of freedom уменьшение числа степеней свободы
    m. in functional class минимизация (функционала) в классе функций
    m. of losses снижение потерь
    m. method метод минимизации
    m. of work минимизация работы
    direct m. прямая минимизация
    energy functional m. минимизация функционала энергии
    goal function m. минимизация целевой функции
    mass m. уменьшение массы
    matrix profile m. минимизация профиля (ненулевых элементов) матрицы
    quasi-Newton m. квазиньютоновская минимизация, минимизация (функции) квазиньютоновским методом
    unconditional m. безусловная минимизация
minimize минимизировать, доставлять минимум; (предельно) уменьшать, снижать
minimizer функция (или параметр), обеспечивающая минимум

minimizing минимизирующий, доставляющий минимум; (предельно) уменьшающий
   m. sequence минимизирующая последовательность
minimum (мн.ч. **minima**) минимум; минимальное значение; минимальность; ‖ минимальный, наименьший
   m. condition условие минимума, условие минимальности
   m. degree integration (численное) интегрирование минимального (минимально допустимого) порядка
   m. energy solution решение, отвечающее условию наименьшей энергии
   m. of function наименьшее значение (минимум) функции
   m. point точка минимума
   m. of potential energy минимум потенциальной энергии
   m. solution наименьшее (нижнее) решение; решение, доставляющее минимум (напр., целевой функции)
   m. variance наименьшая дисперсия
   m. weight design проект минимального веса; проектирование объекта минимального веса
   absolute m. абсолютный минимум
   conditional m. условный минимум
   global m. глобальный минимум
   improper m. нестрогий минимум
   local m. локальный минимум
   overall m. глобальный минимум
   pressure m. минимум давления, барический минимум; область низкого давления (циклон)
   relative m. относительный минимум
   strict m. строгий минимум
mining горное дело; горная промышленность; разработка месторождений, добыча полезных ископаемых; ‖ горный, рудный
   m. engineering горное дело; горная техника
   deep m. подземные горные работы, подземная добыча
   seabed m. морская добыча
minor 1. меньший (из двух); младший; малый; незначительный; второстепенный; 2. минор
   of minor interest не представляющий большого интереса
   m. axis малая ось (эллипса)
   m. cycle малый цикл
   m. determinant минор
   m. order порядок минора
   m. premise меньшая посылка
   m. product побочный продукт
   complementary m. дополнительный минор
   N-th m. минор порядка N
   principal m. главный минор
   signed m. алгебраическое дополнение
minoranta миноранта, минорантная функция
minority меньшинство; меньшая часть; меньшее число; ‖ меньший, минорантный

   m. function минорантная функция, миноранта
minuend уменьшаемое
minus 1. знак минуса, минус; отрицательное число; ‖ отрицательный; ‖ минус, без, за вычетом; кроме, не считая, за исключением; 2. недолет
   m. charge отрицательный заряд
   m. quantity отрицательная величина
minute 1. минута (единица измерения времени, угла); мгновение, момент; ‖ измерять в минутах; 2. мелкий, мельчайший; незначительный; 3. подробный, детальный; точный, прецизионный; 4. набросок, записка; ‖ набрасывать начерно; 5. вести протокол
   to minute down записывать
   m. adjustment точная установка (регулировка)
   m. crack микротрещина
   m. description подробное описание
   m. friction капиллярное трение
   m. surface гладкая (зеркальная) поверхность
minute-hand минутная стрелка
minuteness 1. малость, незначительность; 2. подробность, точность
minutiae мелочи; детали
mirror зеркало; отражатель, рефлектор; отражение, (зеркальное) отображение; зеркальная плоскость (поверхность); плоскость симметрии; ‖ зеркальный; отражающий; ‖ отражать, отображать
   m. image зеркальное отображение
   m. inversion зеркальное обращение (изображения)
   m. plane зеркальная плоскость; плоскость симметрии
   m. surface зеркальная поверхность
   m. symmetry зеркальная симметрия
   concave m. вогнутое зеркало
   focusing m. фокусирующее зеркало
   metallic-surfaced m. зеркало с металлическим покрытием
   multifaceted m. многогранное зеркало
   one-piece m. монолитное зеркало
   parabolic m. параболическое зеркало
mirroring зеркальное отображение (отражение)
mis- приставка, придающая значения: неправильно, ошибочно, ложно
misadjustment неправильная регулировка (настройка); несогласованность
misalignment отклонение, смещение; рассогласование; непрямолинейность; несоосность
   angular m. угловое отклонение
   axis m. несоосность
misapplication неверное использование
miscalculation неверный расчет, ошибка в вычислениях; просчет
miscellaneous 1. смешанный, неоднородный; разнообразный, разносторонний; 2. раздел "Разное" (напр., в журнале)
mischief вред; повреждение

miscibility смешиваемость
miscomprehension неправильное понимание (ис)толкование
misconceive неправильно понимать, иметь неверное представление
misconception неправильное представление
misconstruction неверное (ис)толкование
misconstrue неправильно истолковывать
miscount ошибка в расчете; просчет; ‖ ошибаться при подсчете
misdirect неверно направлять (наводить, адресовать)
misentry ошибка ввода (данных)
(von) Mises (фон) Мизес
    M. equivalent stress эквивалентное напряжение (интенсивность напряжений) по Мизесу
    M. flow rule условие текучести Мизеса
    M. truss ферма Мизеса
(von) Mises-Hencky yield condition условие текучести Мизеса-Генки
misfit несоответствие, несовпадение; рассогласование; ‖ не соответствовать, не совпадать
misguide неправильно направлять (наводить); вводить в заблуждение, дезориентировать
mishandling неправильное обращение
mishap выход из строя, (случайная) поломка, авария
misinterpretation неверное (ис)толкование
misjudge составлять неправильное суждение; недооценивать
misjudgement неправильное суждение; недооценка
mislead вводить в заблуждение, направлять по ложному пути
misleading вводящий в заблуждение, обманчивый
mismatch несоответствие, несовпадение; рассогласование; неправильный подбор; неточное сопряжение (деталей); ‖ не соответствовать, не совпадать
    m. error ошибка рассогласования
    phase m. фазовое рассогласование
    type m. несоответствие типов (данных)
misnomer неправильное употребление имени (термина)
misoperation неправильная работа; неверное (ложное) срабатывание
misplace помещать (ставить) не на место
misprint опечатка; ‖ делать опечатки
misquotation неправильное цитирование; неправильная цитата
misread неверное чтение, ошибочное снятие показаний (приборов); неправильное (ис)толкование; ‖ ошибаться при чтении; неправильно истолковывать
miss пропуск, перебой; ошибка; отсутствие, потеря; выпадение, пропадание (напр., сигнала); нехватка; ‖ пропускать; ошибаться, промахиваться; упускать, не замечать; не достигать цели; не хватать чего-либо; обнаруживать отсутствие чего-либо
missequencing нарушение последовательности
missile (реактивный) снаряд, ракета; ‖ реактивный, ракетный; метательный
    m. in boost ракета на участке разгона
    m. complex стартовый комплекс
    ballistic m. баллистический (реактивный) снаряд, баллистическая ракета
    carrier m. ракета-носитель
    cruising m. крылатая ракета
    guided m. управляемая ракета
    multistage m. многоступенчатая ракета
missile-borne (установленный) на борту ракеты, бортовой
missilery ракетная техника, ракетостроение
missing пропуск, перебой; отсутствие; ‖ отсутствующий, недостающий, пропущенный
    m. link недостающее звено
mission 1. задание, поручение; назначение, цель; 2. (космический) полет; программа (полета)
mist туман; дымка
    air-oil m. воздушно-масляный туман
mistake ошибка; заблуждение; ‖ ошибаться, заблуждаться
    to mistake for принимать за
mistaken ошибочный
    to be mistaken ошибаться
mistakenly ошибочно; неуместно
misterm неправильно называть, неправильно употреблять термин
mistiming расхождение во времени; рассинхронизация
mistune неправильно настраивать; расстраивать
misunderstand неправильно понимать
misunderstanding неправильное понимание; недоразумение
misuse неправильное употребление, использование не по назначению; ‖ неправильно употреблять
miter см. **mitre**
mitigate ослаблять, смягчать, облегчать; подавлять
mitigation ослабление, смягчение; подавление
    emissions m. обезвреживание выхлопных газов
mitre скос, срез, косое соединение (с углом в 45 градусов), соединение в ус; ‖ скашивать; соединять под углом в 45 градусов, соединять в ус
    m. angle угол в 45 градусов
mitre-wheel коническое (зубчатое) колесо
mix 1. смесь; смешивание, перемешивание, смешение; сочетание; состав, композиция; ‖ смешивать(ся), соединять(ся), сочетать(ся); перемешивать(ся); примешивать(ся); микшировать; 2. номенклатура (напр., деталей)
    to mix up перемешивать; перепутывать
    mortar m. строительный раствор

resin m. полимерная смесь
work m. 1. совмещение операций; 2. номенклатура (деталей)
mixable смешиваемый, поддающийся смешиванию
mixed смешанный, комбинированный, разнородный
  m. boundary conditions смешанные краевые условия
  m. decimal смешанная десятичная дробь
  m. derivative смешанная производная
  m. finite element method смешанный метод конечных элементов
  m. hardening комбинированное упрочнение
  m. population смешанная совокупность
  m. variational principle смешанный вариационный принцип
mixed-mode смешанный, смешанного типа
  m. crack трещина смешанного типа
mixed-type см. **mixed-mode**
mixer смеситель, смешивающий аппарат, миксер; мешалка
mixing смешивание, перемешивание; приготовление смеси, композиции; смешение, микширование (сигналов)
  m. chamber смесительная камера, форкамера
  circulation m. циркуляционное перемешивание
  jet m. смешение струй; струйное перемешивание
  natural m. естественное перемешивание
  positive m. принудительное перемешивание
  uniform m. равномерное перемешивание
  wind-induced m. ветровое перемешивание
mixture смесь, состав, композиция; смешивание, перемешивание
  m. ratio (долевой) состав смеси
  m. strength насыщенность смеси
  adhesive m. клеевая композиция
  air-fuel m. топливовоздушная смесь
  air-steam m. паровоздушная смесь
  charge m. шихта
  fuel m. топливная смесь
  gas m. смесь газов; газовая смесь, рабочая (горючая) смесь
  liquid-gas m. газожидкостная смесь
  liquid-solid m. жидкость с твердыми частицами
  plastic m. пластичная (пластическая) масса, пластмасса
  poor m. бедная (тощая) смесь
  stratified m. слоистая (расслоенная) смесь
mnemonic мнемонический
moat углубление, канавка; ров
mobile 1. подвижный, мобильный; перемещающийся, перемещаемый; передвижной, переносный; незакрепленный; 2. изменчивый; 3. автомобиль; ‖ автомобильный
  m. equilibrium подвижное (динамическое) равновесие
  m. object движущийся объект; подвижная цель
mobility подвижность, мобильность; изменчивость
mock-up макет; модель (в натуральную величину); имитация
  m. testing испытание на (полномасштабной) модели
modal 1. модальный; относящийся к форме (моде); 2. наиболее вероятный
  m. analysis расчет собственных форм (мод); модальный анализ, расчет методом разложения по собственным формам
  m. expansion модальное разложение, разложение по (собственным) формам
  m. frequency частота формы колебаний
  m. interference интерференция мод
  m. synthesis модальный синтез, синтез форм, вычисление динамических характеристик конструкции по информации для подконструкций
  m. transit перенос (распространение) моды
  m. value наиболее вероятное значение
modality модальность
  m. approximation technique метод модальных аппроксимаций
mode 1. форма, мода; конфигурация; вид, тип; 2. способ, метод; образ действий; 3. состояние; 4. режим (работы), условия; 5. наиболее вероятное значение
  m. of behavior режим работы; поведение (напр., системы), тип поведения
  m. of crack тип трещины
  m. decomposition разложение по (собственным) формам
  m. of deformation вид (тип) деформированного состояния, мода деформирования
  m. of failure вид (тип) разрушения, характер повреждения (отказа)
  m. filter фильтр мод, фильтр типов волн
  m. of flight режим полета
  m. frequency частота формы колебаний
  m. of functioning режим работы; принцип действия
  m. of interaction вид (режим) взаимодействия
  m. jump перескок моды, потеря устойчивости, (резкая) смена конфигурации; смена режима
  m. of motion вид (тип) движения; режим движения
  m. of operation режим работы; метод работы; способ обработки
  m. of test режим проверки; тестовый режим
  accelerated m. ускоренный (форсированный) режим; режим разгона
  acceleration m. форма (мода) ускорений
  active m. активный режим; текущая конфигурация
  adaptive m. адаптивный режим; адаптивная конфигурация

alternate modes чередующиеся моды; попеременные режимы
automatic m. автоматический режим
axial m. осевая (продольная) форма (напр., колебаний)
batch m. пакетный режим (обработки данных)
bifurcation m. мода бифуркации, форма потери устойчивости
buckling m. форма потери устойчивости
cavity m. мода резонатора
characteristic m. характеристическая (собственная, нормальная) форма
closed-loop m. режим (регулирования) с обратной связью
convergent m. of motion затухающее движение
coupled modes связанные моды
critical m. критическая мода, форма потери устойчивости
cruise m. крейсерский режим (движения)
damped m. демпфированная мода, форма затухающих колебаний
deflected m. деформированная конфигурация
deformation m. вид (мода) деформации; деформационная мода
disturbed m. возмущенная (искаженная) форма
divergent m. of motion нарастающее движение; неустойчивое движение, "разболтка"
dominant m. основная форма (гармоника), преобладающий тип (напр., колебаний)
dynamic m. динамическая форма (напр., равновесия); динамический режим
edge m. краевая мода
eigen m. собственная форма (мода), собственный (характеристический) вектор
equilibrium m. равновесная форма
even m. четная мода
excitation m. форма (мода) возбуждения, форма динамического нагружения
extensional m. продольная мода (колебаний)
flexural m. изгибная форма
following m. режим слежения
fracture m. форма разрушения, характер (тип) разрушения
free m. форма свободных колебаний; свободный режим
free-space m. мода свободного пространства
fundamental m. основная (собственная) форма, мода основного колебания
graphics m. графический режим
heating m. режим нагрева
high-frequency modes высокочастотные формы (колебаний)
high-resolution m. режим с высоким разрешением
in-phase modes синфазные моды
in-plane m. плоская форма (колебаний)
instability m. форма потери устойчивости; неустойчивая форма

interacting modes взаимодействующие формы
interactive m. интерактивный режим
isolated m. изолированная мода
lengths m. продольная форма (колебаний)
low-frequency modes низкочастотные формы (колебаний)
matched m. согласованная форма; подобранный режим
membrane m. мембранная мода, безмоментная форма (работы конструкции)
mixed m. смешанная форма; комбинированный режим
multitask m. многозадачный режим
natural m. собственная форма (мода), форма собственных (свободных) колебаний
normal m. нормальная (собственная) форма; расчетный режим
normal m. method метод разложения по собственным формам
odd m. нечетная мода
off m. состояние "выключено"
off-line m. автономный режим
on-line m. работа в системе (под управлением ЭВМ), оперативный режим
opening fracture m. разрушение типа нормального отрыва, разрушение раскрытием (трещины)
open-loop m. режим (регулирования) без обратной связи
operating m. рабочий режим
orthogonal modes ортогональные моды
parametric m. параметрическая форма; параметрический режим
parasitic m. паразитная (лишняя) мода
principal m. основная (фундаментальная) мода, низшая форма (колебаний)
propagating m. распространяющаяся мода; распространяющаяся волна
pulsed m. импульсный режим
real-time m. режим реального времени
reflected m. отраженная мода; отраженная волна
satellite m. сопутствующая (побочная) мода
self-similar m. автомодельный режим
shear m. сдвиговая форма
single m. одиночная мода
spectral m. собственная форма (мода), собственный вектор
spurious energy m. мода с нулевой энергией деформации, ложная (кинематическая) мода
stability m. форма (мода) устойчивости, форма устойчивого равновесия (движения)
stable equilibrium m. устойчивая форма равновесия
stalling m. срывной режим
static m. статическая форма (мода); статический режим

structure of modes структура (состав) мод (напр., колебаний)
time m. временная мода; временной режим
transient m. мода переходного процесса; переходный режим
truncated m. усеченная мода
undamped m. недемпфированная мода, форма незатухающих колебаний
user m. режим пользователя
vector of m. вектор формы (моды)
unstable m. неустойчивая мода; неустойчивый режим
vibration m. форма (мода) колебаний; вид колебаний; режим колебаний
virtual m. виртуальная мода (деформации); виртуальный режим
warping m. форма коробления, депланационная мода
wave m. вид (тип) волны; вид (форма) колебания; волновой режим
wear m. форма изнашивания, характер (тип) изнашивания
zero-energy m. мода (деформации) с нулевой энергией
model 1. модель; (идеализированное) представление, схема; (подобное) воспроизведение, имитация; макет; ‖ модельный; схематичный; теоретический; опытный, экспериментальный; ‖ моделировать; воспроизводить, имитировать; 2. образец, эталон, шаблон; ‖ примерный, эталонный; ‖ делать по модели (образцу); 3. форма; ‖ формировать, задавать (определять) форму; формовать
  m. analysis анализ (исследование) модели; расчет с использованием (имитационной, математической) модели; модельный (эталонный) расчет
  m. of buckling модель потери устойчивости
  m. data данные (о) модели; эталонные данные
  m. of data модель (представления) данных
  m. development создание (разработка) модели
  m. equation уравнение модели; модельное уравнение
  m. evaluation оценка модели, проверка (тестирование) модели
  m. experiment испытание модели; эксперимент на модели; модельный (эталонный) эксперимент
  m. generation формирование (построение, порождение) модели
  m. of instability модель неустойчивости (потери устойчивости)
  m. invariant инвариант модели
  m. of loading модель нагружения
  m. parameter параметр модели
  m. problem модельная (тестовая, эталонная) задача
  m. of problem модель (представление) задачи
  m. of process модель процесса; теория процесса
  m. properties свойства (характеристики, параметры) модели
  m. representation представление модели; модельное представление
  m. requirements требования (к) модели
  m. restrictions ограничения модели
  m. result результат испытаний (расчетов) на модели; эталонный результат
  m. sample образец для испытаний; эталонный образец
  m. sampling пробная выборка; эталонная выборка
  m. solution модельное (эталонное) решение; решение по модели
  m. of solution модель (представление) решения
  m. of structure модель конструкции; расчетная схема конструкции
  m. test испытание (на) модели; типовое испытание
  m. validation обоснование модели; проверка (тестирование) модели
  abstract m. абстрактная (теоретическая) модель
  accurate m. (высоко)точная модель, точное представление
  adaptive m. адаптивная модель; настраиваемая модель
  adequate m. адекватная модель (соответствующая объекту)
  aerodynamic m. аэродинамическая модель
  analog m. аналоговая (непрерывная) модель
  analytical m. аналитическая (расчетная) модель, расчетная схема (конструкции)
  approximate m. приближенная модель
  assembled m. объединенная (собранная) модель
  assumed m. принятая (заданная) модель
  baroclinic m. бароклинная модель
  beam m. модель (деформирования) балки; балочная модель (конструкции)
  beam blade m. балочная модель лопатки
  behavior(al) m. модель поведения, поведенческая модель; динамическая модель
  biomechanical m. биомеханическая модель
  breadboard m. лабораторный образец, макет
  calculation m. расчетная модель, расчетная схема
  causal m. причинная (причинно-следственная) модель
  circulation m. модель циркуляции; циркуляционная модель
  classical m. классическая модель
  closed m. замкнутая модель
  cognitive m. познавательная модель
  compatibility (deformation) m. совместная модель (деформирования); модель (расчетная схема) в перемещениях (в строительной механике)

complete m. полная (замкнутая) модель
complex m. сложная модель; составная модель
comprehensive m. полная (всеобъемлющая) модель
computational m. расчетная (вычислительная) модель, расчетная схема (конструкции)
computer m. машинная (вычислительная) модель, расчетная модель
conceptual m. концептуальная модель
conformity m. совместная модель; расчетная схема (конструкции) в перемещениях; модель совместности
consistent mass m. согласованная массовая модель, массовая модель (конструкции) с согласованными матрицами масс элементов
constitution m. структурная модель, модель структуры; определяющая модель; модель состояния
constitutive m. определяющая модель; модель состояния
constrained m. модель с ограничениями; ограниченное представление
continuity m. модель непрерывности (сплошности); непрерывная (континуальная) модель
continuous m. непрерывная (континуальная, сплошная, сплошностная) модель, континуальное представление
continuum m. модель сплошной среды; непрерывная (континуальная) модель
continuum mechanical m. непрерывная (континуальная) механическая модель, модель в рамках механики сплошных сред
coupled m. связанная модель; модель, учитывающая взаимодействие
crack propagation m. модель распространения трещины
creep m. модель ползучести; модель (деформирования) с учетом ползучести
3-D m. трехмерная (пространственная) модель
decision-tree m. модель в виде дерева решений
deformation m. модель деформирования; деформационная модель
descriptive m. описательная модель, наглядное представление
desk(-top) m. настольная модель
deterministic m. детерминированная модель
developmental m. экспериментальная модель; эволюционная модель, модель развития
differential m. дифференциальная модель, дифференциальное представление
dimension of m. размерность модели
discrete m. дискретная модель
discretized m. дискретизированная модель

displacement m. модель (расчетная схема) в перемещениях (в строительной механике)
distributed parameter m. модель с распределенными параметрами
dynamic m. динамическая модель, эволюционная модель; динамически подобная модель; модель динамики
elastic m. упругая модель; модель упругого деформирования
elasticity m. модель (явления) упругости; модель упругого деформирования (конструкции), упругая модель
elasto-plastic m. упруго-пластическая модель (деформирования)
equilibrium m. равновесная модель; модель (расчетная схема) в усилиях (в строительной механике); модель равновесия
experimental m. экспериментальная модель, макет; опытный образец
exponential m. экспоненциальная модель, экспоненциальное представление
external m. внешнее представление
facility of m. гибкость модели
failure m. модель разрушения; модель неисправности
fault m. модель неисправности (повреждения, отказа)
filtration m. модель фильтрации; фильтрационная модель
fine m. адекватная (точная, "хорошая") модель, модель с высоким разрешением
fine-mesh m. (расчетная) модель на густой сетке
finite element m. конечноэлементная модель
flow m. модель течения (обтекания); гидравлическая (гидродинамическая) модель
flow over body m. модель обтекания
fluid m. модель жидкости; жидкостная модель
formal m. формальная модель
frequency-domain m. частотная модель, представление в частотной области
full-scale m. полноразмерная модель, модель в натуральную величину
functional m. функциональная модель
general m. общая модель, общее представление; универсальная модель
geometrical m. геометрическая модель, модель геометрии (объекта)
geometrically similar m. геометрически подобная модель
graphical m. графическая (изобразительная) модель, изображение, наглядное представление
group m. (теоретико-)групповая модель
growth m. модель роста (развития); модификация
heat transfer m. модель теплопереноса
heterogeneous m. неоднородная модель
heuristic m. эвристическая модель

hierarchical m. иерархическая (многоуровневая) модель
homogeneous m. однородная модель
hybrid stress m. гибридная модель в напряжениях
incompatible m. несовместная модель (деформирования); модель с учетом несовместности; модель (расчетная схема) в усилиях (в строительной механике)
incompressibility m. модель (с учетом) несжимаемости
incremental m. инкрементальная модель, модель в приращениях
inhomogeneity m. модель неоднородности
integrated m. объединенная модель, совокупное представление
jet m. струйная модель
kinematic m. кинематическая модель, модель кинематики
laminated m. слоистая модель
large rotations m. модель (деформирования) с большими поворотами (вращениями)
lateral contraction m. модель поперечного обжатия
linear m. линейная модель, линейное представление
linearized m. линеаризованная модель
low-level m. модель низкого уровня
lumped m. модель с сосредоточенными параметрами, сосредоточенная (дискретная) модель
macro(-level) m. макромодель
mass m. массовая модель
master m. эталонная модель; старшая модель (в иерархии)
material m. модель (свойств, структуры) материала; модель деформирования материала
mathematical m. математическая модель
mechanical m. механическая модель, модель механического поведения
membrane m. модель мембраны (диафрагмы); мембранная (безмоментная) модель (деформирования оболочки)
mixed m. смешанная модель
mixing m. модель перемешивания
moment m. моментная (изгибная) модель (деформирования оболочки)
multiple-dofs m. модель с многими степенями свободы
nonlinear m. нелинейная модель
numerical m. численная (вычислительная) модель
one-dimensional m. одномерная модель
one-parameter m. однопараметрическая модель
penetration m. модель проникания (пенетрации)
phenomenological m. феноменологическая модель
phenomenon m. модель явления
photoelastic m. фотоупругая модель

physical m. физическая модель
pilot m. опытная модель; головной образец
plane m. плоская (двумерная) модель
plastic m. пластическая модель (деформирования); модель пластичности
plasticity m. модель пластичности; пластическая модель (деформирования конструкции)
polynomial m. полиномиальная модель, полиномиальное представление
potential-flow m. модель потенциального течения (обтекания)
prediction m. прогностическая модель
probabilistic m. вероятностная модель
projective m. проективная модель
propagation m. модель распространения (прохождения), модель роста (развития)
prototype m. прототип; макет; опытный (головной) образец
qualitative m. качественная модель, качественное представление
random walk m. модель случайных блужданий
reference m. эталонная модель
reliability m. модель (для расчета) надежности
research m. исследовательская (экспериментальная) модель
rigid-plastic m. жестко-пластическая модель (деформирования)
scaled. m. масштабная (масштабированная) модель, модель в масштабе
scale of m. масштаб модели
shear m. модель сдвига; сдвиговая модель (деформирования), модель с учетом сдвига
shell m. модель оболочки; оболочечная модель (деформирования конструкции)
similar m. подобная модель
simplified m. упрощенная модель
simulation m. имитационная модель, модель поведения; математическая (расчетная) модель
single-degree-of-freedom m. модель с одной степенью свободы
skeleton m. каркасная модель
small-displacement m. модель деформирования (лишь) с малыми перемещениями
software m. программная модель
solid m. пространственная модель; твердотельная (геометрическая) модель
spatial m. пространственная (трехмерная) модель, пространственное представление
spring-mass m. пружинно-массовая модель
stability m. модель устойчивости; модель для испытаний (расчетов) на устойчивость
state-of-the-art m. современная модель, новейшее представление
state-space m. модель в пространстве состояний
static m. статическая модель, равновесная модель; модель равновесия

statistical m. статистическая модель
steady-state m. стационарная модель
stiffness-mass m. жесткостно-массовая модель (конструкции)
stochastic m. стохастическая (вероятностная) модель
stress m. (расчетная) модель в напряжениях; прочностная модель; модель напряженного состояния
strict m. строгая модель
structural m. модель конструкции (структуры), расчетная модель (схема); структурная модель
structurally orthotropic m. конструктивно-ортотропная модель
surface m. модель (представление) поверхности; поверхностная модель
test(ing) m. тестовая модель; испытательная модель
theoretical m. теоретическая (расчетная) модель, теоретическое представление
time-dependent m. модель, зависящая от времени; временная модель
time-domain m. модель (представление) во временной области
tow-line m. буксируемая модель
transversally isotropic m. трансверсально изотропная модель
turbulence m. модель турбулентности
two-dimensional m. двумерная модель
typical m. типовая модель; типовой образец
unresolvable m. неразрешимая модель
unsteady m. нестационарная (эволюционная) модель; неустойчивая модель
viscid m. модель с учетом вязкости, "вязкая" модель
viscosity m. модель вязкости; "вязкая" модель
weakest link fracture m. модель разрушения с использованием концепции "слабейшего звена"
wind tunnel m. модель для испытаний в аэродинамической трубе, трубная модель
wire(-frame) m. каркасная модель (геометрии объекта)
world m. модель внешней среды, модель мира
yield m. модель текучести (пластического деформирования)

model(l)ing 1. моделирование; построение модели; (подобное) воспроизведение, имитация; макетирование; ‖ моделирующий, имитирующий, воспроизводящий; 2. исполнение по модели (образцу); формовка
 computerised m. компьютерное моделирование
 constitutive m. построение определяющей модели
 continuous m. непрерывное моделирование
 damage m. моделирование повреждений (повреждаемости)
 discrete m. дискретное моделирование
 dynamical m. динамическое моделирование
 finite element m. моделирование методом (по методу) конечных элементов, конечноэлементное моделирование
 full-scale m. натурное (полномасштабное) моделирование
 geometrical m. геометрическое моделирование
 mathematical m. математическое моделирование
 numerical m. численное (числовое) моделирование
 physical m. физическое моделирование
 similar m. подобное моделирование
 simulation m. имитационное моделирование
 solid m. твердотельное (пространственное) моделирование
 structural m. моделирование (расчет) конструкций; моделирование структуры

moderate 1. средний, умеренный; небольшой; 2. замедленный; смягченный; ‖ замедлять, сдерживать; смягчать(ся)
 m. deflection mode форма (мода) среднего прогиба; состояние среднего изгиба
 m. frequency excitation возбуждение в диапазоне средних частот
 m. wear умеренный износ
 shell of m. thickness оболочка средней толщины

moderation 1. замедление; смягчение, демпфирование, гашение; 2. регулирование
moderator 1. модератор, замедлитель, гаситель, демпфер; 2. регулятор
modern современный; новый
modernization модернизация, развитие
modernize модернизировать, развивать
modest умеренный, средний; небольшой, ограниченный
modi (лат.) мн.ч. от modus
modicum очень малое количество
modifiability модифицируемость, возможность изменения
modification (видо)изменение, модификация; вариант, разновидность; небольшое отклонение, поправка
modificatory (видо)изменяющий, модифицирующий
modified 1. (видо)измененный, модифицированный; 2. приведенный, эффективный
 m. length приведенная длина (напр., стержня при потере устойчивости)
 m. mean модифицированное среднее (полусумма крайних значений в выборке)
 m. Newton method модифицированный метод Ньютона
 m. total Lagrangian scheme модифицированная схема полного лагранжиана
modify (видо)изменять, модифицировать
modular 1. модульный, блочный; 2. модулярный; 3. относящийся к модулю (напр., числа)
 m. approach модульный подход (принцип)
 m. function модулярная функция

m. surface рельеф функции
m. system модульная система, система блоков (агрегатов)

modularity 1. модульность, модульное построение; 2. модулярность
  design m. модульность конструкции; модульное проектирование

modularize разбивать на модули; конструировать из модулей

modulate 1. модулировать; изменять; 2. снижать частоту

modulation 1. модуляция; изменение; 2. понижение, спад
  amplitude m. амплитудная модуляция
  angle m. угловая модуляция
  frequency m. частотная модуляция
  phase m. фазовая модуляция

modulator 1. модулятор; 2. антивибратор

module 1. модуль; блок, агрегат, стандартный (сменный) элемент (конструкции); (типовая) подконструкция; 2. отсек, кабина, капсула; 3. программный модуль, (независимая) часть программы; 4. коэффициент, параметр; физическая константа; 5. абсолютное значение, модуль (числа), величина; 6. основание системы счисления
  m. of number модуль (абсолютная величина) числа
  m. of vector модуль (длина) вектора
  accuracy m. абсолютная величина (модуль) погрешности
  algebra m. модуль над алгеброй
  descent m. спускаемый (космический) аппарат
  instrumentation m. измерительный блок; приборный отсек
  nested modules вложенные блоки
  object m. объектный (программный) модуль; конечный модуль
  payload m. грузовой отсек
  plug-in m. сменный блок
  pressurized m. герметизированный отсек
  software m. программный модуль
  strength of m. прочность модуля (блока, отсека)
  structure m. конструктивный модуль (блок); типовой элемент (модуль) конструкции
  transfer m. переходной отсек
  working m. 1. рабочий отсек; 2. работающая программа

moduli мн.ч. от modulus

modulo (лат.) по модулю
  modulo N arithmetic арифметические операции по модулю N

modulus (мн.ч. moduli) 1. модуль; коэффициент, параметр; физическая константа; 2. абсолютное значение, модуль (числа), величина; 3. основание системы счисления; 4. блок, агрегат, стандартный (сменный) элемент (конструкции); (типовая) подконструкция; 5. отсек, кабина, капсула
  in modulus по модулю, по абсолютной величине
  m. of cohesion модуль сцепления
  m. of complex number модуль комплексного числа
  m. of compression модуль упругости при сжатии
  m. of congruence модуль сравнения
  m. of dilatation модуль объемного расширения
  m. of elasticity модуль упругости (при растяжении), модуль упругости первого рода, модуль Юнга
  m. of elongation относительное удлинение, коэффициент (относительного) удлинения
  m. of flexibility величина, обратная модулю упругости; модуль упругости при изгибе
  m. of flow расход, норма стока
  m. of impedance модуль полного сопротивления; модуль динамической жесткости
  m. of precision мера точности, абсолютная величина погрешности
  m. of resilience удельная энергия деформации
  m. of resistance модуль сопротивления; коэффициент прочности
  m. of rigidity модуль упругости при сдвиге, модуль сдвига; коэффициент жесткости
  m. of shear(ing) модуль сдвига, модуль упругости при сдвиге, модуль поперечной упругости, модуль упругости второго рода
  m. of torsion модуль упругости при кручении, модуль кручения
  m. of volume elasticity модуль (коэффициент) объемной упругости
  asymptotic m. асимптотический модуль
  bulk m. объемный модуль (упругости); модуль объемного (всестороннего) сжатия
  chord m. модуль материала, определяемый хордой (проведенной между двумя заданными точками кривой "напряжение-деформация")
  dynamic m. динамический модуль (упругости)
  effective m. эффективный (приведенный, усредненный) модуль (напр., неоднородного материала)
  elastic m. модуль упругости (при растяжении), модуль упругости первого рода, модуль Юнга
  flexural m. модуль упругости при изгибе
  flexural-torsional m. изгибно-крутильный модуль
  foundation m. модуль (коэффициент) упругости основания, коэффициент постели
  function m. модуль функции
  initial tangent m. начальный касательный модуль
  instantaneous m. мгновенный (текущий) модуль

Lame elasticity m. модуль упругости Ляме
   local m. местный модуль, локальный параметр (среды); касательный модуль (материала)
   plastic section m. пластический момент сопротивления сечения
   secant m. секущий модуль (материала)
   section m. момент сопротивления сечения
   steady-state m. of elasticity стационарный модуль упругости
   strain hardening m. модуль деформационного упрочнения
   stretch m. модуль продольной упругости, модуль упругости первого рода, модуль Юнга
   tangent m. касательный модуль (материала)
   tensile m. модуль упругости на растяжение
   transverse m. модуль поперечной упругости (поперечного сжатия), модуль упругости второго рода, модуль сдвига
   unloading m. модуль разгрузки
   unrelaxed m. of elasticity мгновенный модуль упругости
   Young's m. модуль Юнга, модуль упругости при растяжении, модуль упругости первого рода
   Z m. момент сопротивления сечения
modus (лат.) (мн.ч. **modi**) способ
   modus operandi образ действия
Mohr Мор
   M. circle of inertia круг инерции Мора
   M. stress circle круг напряжений Мора
Mohr-Coulomb yield condition условие текучести Мора - Кулона
Mohs scale (минералогическая) шкала твердости Мооса
Moire (fringe) method метод Муара, метод муаровых полос
moire интерференционные искажения, муар
moist сырой, влажный
   m. ground водонасыщенный грунт
moisten увлажняться, становиться сырым; смачивать
moistening увлажнение, смачивание; смачивающая способность; || увлажняющий, смачивающий
moisture влага; сырость, влажность; влагоемкость (материала)
   m. resistance влагонепроницаемость; влагостойкость
   air m. влажность воздуха
   bound m. связанная влага
   excess m. избыточная влажность
   extraneous m. поверхностная влага
   free m. свободная влага
   inherent m. связанная влага
   residual m. остаточная влажность
   soil m. влажность грунта; влагоемкость грунта

moisture-proof влагонепроницаемый; влагостойкий
mold 1. (литейная) форма; изложница, кристаллизатор; формованное изделие; отливка, отлитая деталь; || формовать; отливать; 2. пресс-форма; || прессовать; 3. шаблон, лекало; || делать по шаблону
   die m. пресс-форма
   female m. матрица
   ingot m. изложница
   section m. форма-шаблон
   shell m. оболочечная (оболочковая) форма
moldability формуемость, прессуемость
molding 1. формование, формовка; литье; формованное изделие; отливка, отлитая деталь; || формовочный; литьевой; 2. прессование
   compression m. прессование
   extrusion m. экструзия, выдавливание
   impact m. ударное прессование, штамповка
   injection m. литье под давлением
   jet m. литье под давлением
   plastic m. пластическое формование
   precision m. точное литье
mole 1. мол, дамба; 2. моль, грамм-молекула
molecular молекулярный
molecule молекула
mollify смягчать
molten расплавленный; жидкий; литой
moment 1. момент (напр., силы, инерции); || моментный, относящийся к моменту; 2. момент (времени), мгновение; малый интервал времени; || мгновенный, моментальный; 3. важность, значение
   at the moment в данное время
   of great moment имеющий большое значение, важный
   m. area площадь эпюры момента; момент площади
   m. of area (статический) момент площади
   m. of buoyancy момент плавучести
   m. centre полюс момента
   m. coefficient индекс момента
   m. of couple момент пары (сил)
   m. curve график (эпюра) моментов
   m. of deflection изгибающий момент
   m. diagram эпюра моментов
   m. of flexure изгибающий момент
   m. of force момент силы
   m. of friction момент (сил) трения
   m. of gyration момент вращения; вращающий (крутящий) момент
   m. of impulse момент импульса
   m. of inertia момент инерции
   m. load моментная (изгибная) нагрузка, нагружение моментом
   m. of load момент нагрузки, грузовой момент
   m. of mass момент массы, статический момент

m. of momentum момент количества движения, момент импульса, кинетический момент
m. in pitch момент тангажа
m. about point момент относительно точки
m. of resistance 1. момент сопротивления; 2. момент внутренних сил, изгибающий момент
m. in roll момент крена
m. of rotation момент вращения; вращающий (крутящий) момент
m. of shear момент сдвига
m. of stability момент устойчивости, удерживающий момент
m. state моментное (изгибное) состояние
m. strain моментная деформация, изгибная деформация
m. vector вектор момента
m. of volume with respect to a point (статический) момент объема относительно точки
m. in yaw момент рыскания
aerodynamic m. аэродинамический момент
applied m. приложенный момент, момент внешних сил
beam m. (изгибающий) момент в балке
bending m. изгибающий момент
braking m. тормозной момент
capsizing m. опрокидывающий момент
central m. центральный момент
centrifugal m. центробежный момент, момент центробежной силы
clamped end bending m. изгибающий момент в заделке
concentrated m. сосредоточенный (локальный) момент
counter-balance m. уравновешивающий момент, момент противовеса
damping m. момент демпфирования
design m. расчетный момент
distribution of moments распределение моментов
disturbing m. возмущающий момент; опрокидывающий момент
driving m. вращающий момент (двигателя)
edge m. краевой момент
even turning m. постоянный крутящий момент
exciting m. возбуждающий (вынуждающий) момент
first m. статический момент (инерции)
flywheel m. момент махового колеса, маховой момент
gyroscopic m. гироскопический момент
heeling m. кренящий момент
hogging m. отрицательный изгибающий момент
joint m. смешанный момент; момент в соединении
left-hand(ed) m. левый (левовращающий) момент (направленный против часовой стрелки)
lifting m. опрокидывающий момент

lifting force m. момент подъемной силы
longitudinal m. продольный момент
magnetic m. магнитный момент
mid-chord m. момент относительно середины хорды (крыла)
negative pitching m. отрицательный момент тангажа, пикирующий момент
nodal m. момент в узле, узловой момент
overturning m. опрокидывающий момент
pitch m. момент тангажа; момент килевой качки
polar m. of inertia полярный момент инерции
population m. выборочный момент (популяции)
positive m. положительный момент
principal m. of inertia главный момент инерции
product m. смешанный момент
reaction m. реактивный момент, момент реакции
restoring m. восстанавливающий (возвращающий) момент
resulting m. результирующий момент
retarding m. тормозящий момент
right-hand(ed) m. правый (правовращающий) момент (направленный по часовой стрелке)
righting m. восстанавливающий момент
rolling m. момент крена
second m. момент второго порядка; момент инерции
section m. геометрический момент инерции сечения; момент по сечению
sectorial m. of inertia секториальный момент инерции (поперечного сечения тонкостенного стержня)
stabilizing m. удерживающий (стабилизирующий) момент
static(al) m. статический момент
stiffness m. момент жесткости
sum m. сумма моментов, результирующий момент
support m. опорный момент
terminal m. концевой момент
thrust m. момент тяги
tilting m. опрокидывающий момент
torsion(al) m. крутящий момент
transfer m. передаваемый момент
transverse m. поперечный (боковой, изгибающий) момент
turning m. вращающий (крутящий) момент
twisting m. крутящий (скручивающий) момент
ultimate m. предельный (критический) момент
virtual m. виртуальный момент
warping m. депланационный момент, момент коробления
wind m. ветровой момент
yawing m. момент рыскания

momenta мн.ч. от **momentum**

momental 1. моментный, относящийся к моменту (напр., силы, массы); относящийся к моментному (изгибному) состоянию, изгибный; 2. мгновенный, текущий
- m. boundary layer effect моментный (изгибный) краевой эффект
- m. ellipsoid мгновенный эллипсоид
- m. equation уравнение моментов; уравнение (деформирования) с учетом изгиба (моментности)
- m. load моментная (изгибная) нагрузка; нагружение моментом
- m. state 1. моментное (изгибное) состояние; 2. текущее состояние

momentary 1. мгновенный, текущий; кратковременный; 2. моментный
- m. duty мгновенная мощность
- m. load мгновенная (мгновенно приложенная) нагрузка; кратковременная нагрузка

momentless безмоментный, безизгибный, мембранный (о типе деформированного состояния)
- m. approximation безмоментное приближение, безмоментная модель
- m. deformation mode безмоментная (безизгибная, мембранная) мода деформирования (оболочки)
- m. spatial structure безмоментная пространственная конструкция, пространственная мембрана
- m. state безмоментное состояние

momentness моментность, наличие моментного (изгибного) состояния

momentous важный, имеющий важное значение

momentum (мн.ч. **momenta**) количество движения, импульс; инерция движения, механический момент
- to grow in momentum усиливаться; развивать скорость
- because of momentum по инерции; по привычке
- m. equation уравнение количества движения
- m. theorem теорема об изменении количества движения
- m. vector вектор количества движения
- aggregate m. суммарный (результирующий) импульс
- angular m. момент импульса, момент количества движения, кинетический момент
- balance of m. баланс количества движения
- entering m. входящее количество движения
- flux of m. поток количества движения, поток импульса
- generalized m. обобщенный импульс
- horizontal i. горизонтальная составляющая количества движения
- leaving m. выходящее количество движения
- linear m. количество движения, импульс
- moment of m. момент количества движения, момент импульса, кинетический момент
- principle of m. теорема об изменении количества движения
- principle of m. conservation закон сохранения количества движения
- principle of moment of m. теорема об изменении момента количества движения
- total angular m. полный момент количества движения
- vertical m. вертикальная составляющая количества движения

monitor монитор; контрольный индикатор; видеомонитор, дисплей; измерительное (контрольное) устройство, датчик; управляющая программа, программа-монитор; ‖ контролировать, вести контроль, наблюдать; управлять
- color m. цветной (видео)монитор
- failure m. индикатор отказов
- hydraulic m. гидравлический монитор
- phase m. фазоиндикатор
- program m. управляющая программа, программа-монитор
- waveform m. индикатор формы сигналов, контрольный осциллограф

monitoring текущий контроль, наблюдение, мониторинг; адаптивное (динамическое) управление
- m. of functions контроль функционирования
- multipoint m. контроль во многих точках, множественный (многопараметрический) контроль
- sample m. выборочный контроль

mono- (как компонент сложных слов) моно-, одно-, едино-

monochrome 1. одноцветный, монохроматический; 2. одноцветное изображение

monocoque монокок (тип авиационной тонкостенной конструкции, подкрепленной системой стрингеров)

monofilament мононить

monofuel однокомпонентное (унитарное) топливо

monograph монография

monographer автор монографии

monographic монографический

monolayer монослой

monolith монолит, цельный массив
- solid m. массив, блок

monolithic монолитный

monomer мономер

monomial одночлен; ‖ одночленный
- m. approximation одночленное приближение
- m. factor of expression общий множитель выражения

monoplane моноплан
- cantilever m. свободнонесущий моноплан
- semicantilever m. подкосный моноплан

monorail монорельс, монорельсовый путь

monostable с одним устойчивым состоянием, моностабильный
monotone монотонность; ‖ монотонный
monotonic монотонный; неизменный, однообразный
    m. convergence монотонная сходимость
    m. function монотонная функция
monotonically монотонно; однообразно
    m. increasing sequence монотонно возрастающая последовательность
monotonous см. monotonic
monotony монотонность; однообразие
Monte-Carlo method метод Монте-Карло (статистических испытаний)
month месяц
monthly 1. (еже)месячный; ‖ раз в месяц; 2. ежемесячное издание
moon 1. луна; 2. спутник (планеты)
    m. rover луноход
Mooney material материал Муни
moot спорный; ‖ ставить вопрос на обсуждение, обсуждать
moral 1. правильный; соответствующий; 2. вероятный, возможный, виртуальный
    m. expectation математическое ожидание
more 1. больший; более многочисленный; добавочный, дополнительный; ‖ больше, более; еще; опять, снова; 2. большее количество; дополнительное количество
    more or less более или менее
    more recently совсем недавно
    all the more тем более
    any no more больше не
    once more еще раз
    so much the more тем более
    the more so тем более, что
    the more ... the more чем больше ..., тем больше
    what is more кроме того, к тому же
moreover кроме того, сверх того
morphology морфология, строение, структура
mortality отказ, выход из строя; подверженность отказам
    m. parts (сменные) изнашиваемые детали
mortar строительный раствор; ‖ скреплять раствором
    cement m. цементный раствор
mortise гнездо, паз, прорезь
mosaic мозаика; ‖ мозаичный
most 1. наибольший; ‖ больше всего; в высшей степени, весьма, очень; 2. наибольшее количество; большая часть; большинство
    most of большинство (большая часть) из
    to make the most of использовать наилучшим образом
    most likely весьма правдоподобно
    most probably по всей вероятности
    at most самое большее; в лучшем случае
    for the most part главным образом
mostly главным образом; обычно
mote пылинка; пятнышко

mother начало, источник; основа, прототип; носитель; ‖ материнский, исходный, первоначальный, основной; ‖ порождать, основывать, начинать
    m. ship (космический) корабль-носитель
motherboard материнская (объединительная) плата
motherlode основной пласт, основная жила
motif основная тема, главная мысль
motile подвижный, способный передвигаться
motion 1. движение, перемещение, ход; подача; 2. течение (жидкости, газа); 3. механизм, устройство; 4. побуждение; 5. предложение
    to set in motion приводить в движение, пускать в ход
    in motion находящийся (происходящий) в движении, на ходу; движущийся
    m. in circle движение по кругу
    m. link направляющая; звено механизма
    m. in orbit движение по орбите
    m. path траектория движения
    m. in path движение по траектории
    m. plan план (схема) движения
    m. at rate of движение со скоростью (обычно перед цифрами)
    m. rod тяга (звено, стержень) механизма
    m. screw ходовой винт
    m. state состояние движения; характер движения
    m. in a straight line прямолинейное движение
    m. synthesis синтез (построение) движения
    m. of translation поступательное движение; переносное движение
    m. under no forces движение по инерции
    m. work движущиеся части, трущиеся детали
    absolute m. абсолютное движение
    accelerated m. ускоренное движение, движение с ускорением
    alternating m. возвратно-поступательное движение
    angular m. угловое (вращательное) движение
    apparent m. кажущееся движение; видимое движение
    ascending m. восходящее движение, подъем
    atmospheric m. атмосферная циркуляция
    attitude m. движение ориентации
    axis m. координатное перемещение
    back m. обратное движение, обратный (задний) ход
    back-and-forth m. возвратно-поступательное движение
    backward m. обратное движение, задний ход
    bicirculating m. диполь
    boundary-layer m. течение в пограничном слое
    Brownian m. броуновское движение
    centre of m. центр движения
    centrifugal m. центробежное движение

centripetal m. центростремительное движение
centroidal m. движение центра масс
chaos m. хаотическое (беспорядочное) движение
circular m. круговое движение, вращение
circulating m. циркуляционное движение (течение)
climbing m. подъем, набор высоты
compound m. сложное (составное) движение
conflicting motions несовместимые (взаимно исключающие) движения
constant m. равномерное (прямолинейное) движение; движение с постоянной скоростью
constrained m. несвободное (ограниченное, вынужденное, связанное) движение; ограниченное перемещение
continuous m. непрерывное движение
controlled m. управляемое движение
conversion of m. обращение движения; преобразование движения (из одного вида в другой)
coordinate m. движение по координате, координатное перемещение
counter m. обратное (возвратное) движение
crank m. 1. возвратно-поступательное движение; 2. кривошипно-шатунный механизм
cross m. поперечное движение
curvilinear m. криволинейное движение
cycle of m. период движения
cyclic(al) m. круговое движение, вращение; периодическое (циклическое) движение
damped m. затухающее движение (колебание)
decelerated m. замедленное движение
decomposition of m. разложение движения (на составляющие)
defined m. определенное (заданное) движение; расчетное движение
differential m. неравномерное движение; относительное движение; планетарное движение; дифференциальный механизм, дифференциал
discontinuous m. прерывистое движение
disturbed m. возмущенное движение
divergent m. расходящееся (неустойчивое) движение, "разболтка"
down-up m. движение вверх-вниз
driving m. движение от механического привода
eccentric m. планетарное движение; эксцентриковая передача
eddy m. вихревое (турбулентное) движение
end m. движение конца (напр., вектора); перемещение в осевом направлении
end-to-end m. возвратно-поступательное движение
energy of m. энергия движения, кинетическая энергия

feed m. движение подачи, подача; механизм подачи
flapping m. маховое движение
flexural m. изгибное перемещение
flow induced m. индуцируемое потоком движение
fluid m. движение жидкости (газа), течение
fluid in m. движущаяся жидкость
forced m. вынужденное движение, несвободное движение
forward m. движение вперед; поступательное движение; рабочий ход; подвод (рабочего органа)
free m. свободное движение, движение свободного тела
galloping m. скачкообразное движение, галопирование
gyroscopic m. гироскопическое движение
harmonic m. движение по гармоническому закону, гармоническое колебание
heat m. тепловое движение
helical m. движение по спирали, винтовое движение
hobbing m. качание
increasing m. ускоренное движение, движение с возрастающей скоростью
incremental m. движение приращениями, (по)шаговое движение; движение, задаваемое в приращениях
inertial m. движение по инерции
infinitesimal m. бесконечно малое движение (перемещение)
in-line m. прямолинейное движение
in-plane m. движение в плоскости, плоское движение
integral of m. интеграл движения
intermittent m. прерывистое (перемежающееся) движение
inverse m. обратное движение
irregular m. неравномерное движение
irregular(ly) accelerated m. неравномерно ускоренное движение
irrotational m. безвихревое движение (течение)
isochoric m. изохорическое движение, изохорическая деформация
jerking m. толчкообразное (скачкообразное, прерывистое) движение
jigging m. качание, колебательное движение
laminar m. ламинарное течение
laws of m. законы движения, законы механики
lever m. рычажная передача, рычажный механизм
lift m. подъем; подъемный механизм
linear m. прямолинейное движение; поступательное движение, перемещение
link m. кулисный механизм, кулиса
longitudinal m. продольное перемещение
lost m. холостой ход
main m. главное движение, рабочий ход
micro m. микродвижение

microrigid m. жесткое микродвижение
natural motions собственные (свободные) колебания
nonstationary m. нестационарное (неустановившееся) движение
nonuniform m. неравномерное движение
operating m. рабочий ход
orbital m. планетарное движение; орбитальное движение
oscillatory m. осциллирующее (колебательное) движение, колебание
parallel m. поступательное движение
parallel-link m. параллелограммный механизм
pattern of m. картина движения; спектр обтекания
pendulum m. маятниковое движение; колебания маятника
period of m. период движения; период колебания
periodic m. периодическое движение, колебание
perpetual m. "вечное" движение, перпетуум-мобиле
phugoid m. фугоидное (длиннопериодическое) движение
pivoting m. движение поворота (вращения вокруг оси); качание
plane m. плоское движение, движение в плоскости
planetary m. планетарное (эпициклическое) движение
point-to-point m. позиционное движение, позиционирование
positive m. 1. вынужденное (принудительное) движение; 2. движение без буксования (без взаимного проскальзывания ведущей и ведомой деталей); 3. движение по часовой стрелке
prescribed m. заданное движение
progressive m. поступательное движение
proper m. собственное движение
quantity of m. количество движения
random m. беспорядочное (хаотическое) движение
rate of m. скорость движения
reactive m. реактивное движение
reciprocal m. возвратно-поступательное движение
rectilinear m. прямолинейное движение
relative m. относительное движение
restricted m. принудительное (несвободное) движение
resulting m. результирующее движение
retarded m. замедленное движение
return m. обратное (возвратное) движение, обратный ход, задний ход; отвод (рабочего органа)
reverse m. обратное движение
rigid(-body) m. движение как твердого тела (жесткого целого)
rigid rotary m. вращение как твердого тела, жесткое вращение

rocking m. качание
rolling m. 1. качение; 2. движение крена, кренение; 3. качание
rotary m. вращательное (круговое) движение, вращение, поворот
rotational m. вращательное движение; вихревое (турбулентное) движение
round m. круговое (циклическое) движение
screw m. винтовое движение
seesaw m. возвратно-поступательное движение
sense of m. направление движения
simple m. простое (элементарное) движение
simple harmonic m. простое гармоническое колебание
sinusoidal m. синусоидальное движение, движение по синусоиде
slewing m. поворотное движение
sliding m. скольжение, движение со скольжением
slipping m. скольжение, движение со скольжением; проскальзывание
smooth m. плавное (гладкое) движение
span of m. размах движений
spatial m. пространственное движение
spiral m. винтовое движение; движение по спирали
stable m. устойчивое движение
stationary m. стационарное (установившееся) движение
steady m. установившееся (стационарное) движение
stirring m. вихревое (турбулентное) движение
straight m. прямолинейное движение
streamline m. ламинарное (безвихревое) течение, струйное течение
streamline of m. линия тока
superposition of motions суперпозиция (сложение) движений
swing(ing) m. качательное (колебательное) движение, маятниковое движение
swirling m. вихревое движение
three-dimensional m. пространственное движение
tilting m. наклон, опрокидывание; качание
transient m. неустановившееся движение; переносное движение
translational m. поступательное движение; переносное движение
transverse m. поперечное движение; поперечная подача
turbulent m. турбулентное (вихревое) движение
two-dimensional m. двухмерное (плоское) движение
two-fold m. двойное движение
undulatory m. волнообразное движение
unequal m. неравномерное движение; непрямолинейное движение
uniform m. равномерное движение

uniform velocity m. движение с постоянной скоростью, равномерное движение
uniformly accelerated m. равномерно-ускоренное движение
uniformly decelerated m. равномерно-замедленное движение
uniformly variable m. равномерно-переменное движение
unstable m. неустойчивое движение; переменное движение
unsteady m. неустановившееся (нестационарное) движение
upward m. движение вверх
variable m. неравномерное (переменное) движение
variable decreasing m. переменно-замедленное движение
vibratory m. колебательное движение, колебание
vortex m. вихревое (турбулентное) течение
vortex-free m. безвихревое течение
wasted m. холостой ход
wave m. волновое движение
whirling m. вихревое (турбулентное) течение
wobbling m. качательное движение

motional двигательный; относящийся к движению

motionless неподвижный, без движения; (находящийся) в состоянии покоя

motivation побуждение; движущая сила; мотивировка

motivator орган управления, руль (летательного аппарата)
force m. орган управления, создающий силу
pitch m. орган управления тангажом (создающий момент тангажа)

motive 1. повод, мотив, побуждение; || побуждать, вызывать; мотивировать; 2. движущая сила; энергия; || движущий, двигательный; 3. основная тема, главная мысль
m. cycle рабочий цикл
m. force движущая сила; сила тяги
m. power движущая сила; источник энергии

motor 1. двигатель, мотор; || моторный, двигательный; 2. электродвигатель; 3. автомобиль; || автомобильный
m. engine двигатель, мотор
m. fuel моторное топливо
m. tire транспортная (автомобильная) шина
AC m. электродвигатель переменного тока
acceleration m. ускоритель, акселератор
combustion m. двигатель внутреннего сгорания
DC m. электродвигатель постоянного тока
propulsion m. ходовой (электро)двигатель
traction m. тяговый двигатель
thrust m. реактивный (ракетный) двигатель

water m. гидравлический двигатель; водяная турбина

motor-drawn на механической тяге, прицепной

motor-driven с приводом от двигателя

motored снабженный двигателем

motorless безмоторный

motor-operated см. motor-driven

motory вызывающий движение, двигательный

mottle (маленькое) пятно, крапинка; рябь, пятнистость
diffraction m. дифракционная полоса
diffusion m. диффузионное пятно

mould см. mold

mound насыпь, вал; || сооружать насыпь, обваловывать
earth m. земляная насыпь
ice m. наледь

mount 1. установка, сборка, монтаж; крепление; || устанавливать, собирать, монтировать; крепить; 2. опора, основание; (несущая) рама, станина; подвеска; штатив, оправа, рамка; 3. подложка, грунтовка, (нижний) слой; 4. гора, холм; || подниматься, повышаться; преодолевать
antivibration m. виброизолирующее основание
direct m. непосредственное крепление
engine m. 1. (под)моторная рама, станина двигателя; фундамент двигателя; крепление (подвеска) двигателя; 2. двигательная установка, двигатель
panel m. крепление (на) панели
pivoted m. шарнирная опора
suspension m. подвесное крепление, подвеска

mountain 1. гора, холм; 2. большое количество, множество

mounted установленный, собранный, смонтированный
m. wheels колесный скат
elastically m. амортизированный, подрессоренный, установленный на упругих опорах

mounting 1. установка, сборка, монтаж; расположение, размещение, компоновка; крепление, опирание; 2. опора, основание; подложка, слой; монтажная площадка, подставка; 3. оснастка, (крепежная) арматура, принадлежности; 4. (несущая) рама, станина; подвеска; штатив, оправа, рамка
m. plate установочная (монтажная) плита
board m. установка на плате
flange m. фланцевое крепление
lens m. оправа линзы
resilient m. упругое крепление
rubber-in-shear m. крепление на упругих амортизаторах
shock m. противоударное крепление
swinging m. качающаяся опора; плавающая подвеска

mouse 1. координатный манипулятор типа "мышь"; 2. грузило

mouth (входное) отверстие, вход, зев, дуло, раствор; узкая часть (сосуда), горловина, сужение; устье; наконечник, штуцер, патрубок
   m. of crack устье трещины
   m. piece наконечник, штуцер, мундштук
   adjustable m. регулируемое (входное) отверстие
   bell m. раструб; устье (реки)
   intake m. входная часть заборного устройства
movable подвижный; передвижной, переносный, разборный; незакрепленный, закрепленный подвижно
   m. fit подвижная посадка
   m. support подвижная опора
move 1. движение, передвижение, перемещение; шаг, ход; такт; || двигать(ся), передвигать(ся), перемещать(ся); продвигать(ся); приводить в движение (в состояние); 2. передача, пересылка (данных); || передавать(ся), пересылать; 3. действие; манипуляция, управление; || действовать; манипулировать, управлять, оперировать (чем-либо); 4. развитие, динамика; распространение, рост; || развиваться, распространяться, расти; 5. побуждать; 6. вносить предложение
   to move about переходить, переносить (с места на место)
   to move away отводить, отходить, отодвигать(ся), удалять(ся)
   to move back идти (отводить) назад, двигаться задним ходом, отодвигать(ся)
   to move down опускать(ся), спускать(ся)
   to move earth производить земляные работы
   to move in вводить, вдвигать(ся); подходить, приходить
   to move on продолжать(ся) (о движении), идти дальше; проходить
   to move on to переходить к чему-либо
   to move out выводить, отходить, сдвигать(ся); выдвигать(ся)
   free to move подвижный, незакрепленный
movement 1. движение, передвижение, перемещение; шаг, ход; такт; 2. кинематическая цепь, механизм; движущиеся детали механизма; 3. передача, пересылка (данных); 4. действие; манипуляция, управление; 5. развитие, динамика; распространение, рост; 6. побуждение; 7. внесение предложения
   m. along поступательное движение, перемещение
   m. joint подвижное соединение; деформационный шов
   angular m. угловое перемещение
   axial m. осевое (аксиальное) перемещение
   Brownian m. броуновское движение
   continuous m. непрерывное движение
   data m. перемещение (пересылка, движение) данных
   even m. равномерное движение
   feeding m. движение подачи
   fine m. точное (прецизионное) движение
   free m. свободное движение (перемещение); холостой ход
   ice m. ледоход
   legged m. ходьба, перемещение шагающего аппарата
   lifting m. движение вверх, подъем
   meandering m. меандрирующее движение
   oscillatory m. колебательное движение
   pivoting m. поворот, вращение
   position m. координатное перемещение, позиционирование
   rearward m. перемещение назад
   reciprocal m. возвратно-поступательное движение
   rotational m. вращательное движение, вращение, поворот
   sliding m. скольжение, проскальзывание
   sluggish m. замедленное движение
   strata m. сдвиг (сдвижка) слоев, сдвиг (горной) породы
   thermal m. тепловое движение; температурная деформация
mover 1. двигатель, мотор; привод; движущая сила; движитель; 2. инициатор
moving 1. движение, перемещение; || движущий(ся), перемещающий(ся); приводящий в движение; подвижный; переносный; скользящий; 2. передача, пересылка (данных)
   m. approximation скользящая аппроксимация
   m. axes движущаяся (подвижная) система координат
   m. back движение назад, задний ход
   m. boundary problem задача с движущейся (подвижной) границей
   m. centroid подвижный центроид
   m. force движущая сила
   m. frame 1. подвижная (складная) рама; 2. подвижная система отсчета
   m. load подвижная нагрузка
   m. observer подвижный наблюдатель
   m. runner рабочее колесо (напр., турбины)
   m. trihedron сопровождающий трехгранник (пространственной кривой)
much 1. много; значительно, гораздо; весьма, очень; почти, приблизительно; 2. многое
   much about the same почти то же самое; почти такой же
   much as как бы много ... ни; почти так же, как
   much more гораздо больше
   much more likely более вероятно; по всей вероятности
   much of значительная часть чего-либо
   much of a size почти того же размера
   much the same почти такой же
   much weaker значительно слабее
   as much столько же
   as much as столько же, сколько; до (обычно перед цифрами), вплоть до

as much as to say равносильно тому, что сказать
however much сколько бы ни
in as much as поскольку; ввиду того, что
not much отнюдь нет, ни в коем случае
so much for все, что касается
so much the more тем более, что
muck отвал, вынутый грунт; отбитая порода
muck-shifting земляные работы
mud 1. грязь, ил, шлам; 2. буровой раствор; 3. глиняная (керамическая) масса
   drilling m. буровой раствор
mudflow грязевой поток, сель
mudguard защитный щиток, брызговик
muff 1. муфта, втулка муфты; гильза, цилиндр; 2. неудача, ошибка, промах; ‖ ошибаться, промахиваться
   m. coupling муфтовое соединение
muffler 1. звукопоглощающее устройство, (шумо)глушитель; ‖ заглушать; 2. муфельная печь
mule толкач; тягач
mullock отходы; пустая порода
multangular 1. многоугольный; 2. многоугольник
multeity многообразие, разнообразие
multi- (как компонент сложных слов) много-, мульти-, поли-
multiaxial многоосный; многомерный
   m. fatigue усталость при многоосном (сложном) напряженном состоянии
   m. plasticity theory теория многоосной пластичности
   m. stress многоосное (общее) напряженное состояние
multibank многорядный (напр., о двигателе)
multibay многопролетный
multibody dynamics динамика (системы) многих тел
multicell многосекционный, ячеистый; многосвязный
   m. section многосвязное (многосекционное) сечение
multiconnected многосвязный
   m. domain многосвязная область
multidimensional многомерный, многоосный
   m. array многомерный массив
   m. problem многомерная задача
multifeedback множественная обратная связь
multifold многократный
multiform многообразный
multiformity многообразие, полиморфизм
multigrade equation многостепенное уравнение
multigrid многосеточный
   m. method многосеточный метод
multiindex мультииндекс
multilateral многосторонний
multilattice мультиструктура
multilayer(ed) многослойный, слоистый; многоуровневый, иерархический

   m. shell многослойная (слоистая) оболочка
multilevel многоуровневый, иерархический
multilinear form полилинейная форма
multilobe многолопастный
multiloop многосвязный, многоконтурный; со многими циклами
multimedia мультимедиа, комплексное (аудиовизуальное) представление информации
multimeter мультиметр, универсальный (электро-)измерительный прибор
multimetering многократный отсчет; измерение многих параметров
multimode многомодальный; многорежимный
multinomial многочлен, полином
multiobjective многоцелевой, многокритериальный
multipartite состоящий из многих частей; разделенный на много частей
multiphase многофазный; многоэтапный, многофазовый
   m. flow многофазное течение
multiplace number многозначное число
multiple 1. кратный; многократный, множественный; повторный; сложный, составной; параллельный; 2. кратное (число); кратная единица (измерения)
   m. constraints множественные (многократные) ограничения
   m. control сложное (множественное, многократное) управление
   m. cracking множественное растрескивание
   m. definition повторное определение
   m. edges кратные ребра (графа)
   m. eigenvalue кратное собственное число
   m. excitation множественное возбуждение
   m. frequencies кратные частоты
   m. index мультииндекс, многомерный индекс
   m. integral кратный интеграл
   m. iterated integral повторный интеграл
   m. jet многоструйное истечение
   m. point кратная точка
   m. regression множественная регрессия
   m. resonance многократный резонанс
   m. root кратный корень
   m. shock wave interaction многократное взаимодействие ударных волн
   m. time perturbations кратные по времени возмущения
   m. unit кратная единица (измерения)
   m. wave кратная волна
   decimal multiples of SI units десятичные кратные единицы в системе СИ
   least common m. (l.c.m.) наименьшее общее кратное
   whole m. целое кратное
multiple-degree-of-freedom system система со многими степенями свободы
multiple-point многоточечный
   m. boundary value problem многоточечная краевая задача

m. constraints многоточечные (множественные) ограничения
multiple-unit многоэлементный
multiple-valued многозначный
   m. function многозначная функция
multiplex 1. сложный; многократный; 2. мультиплексный; ‖ мультиплексировать (данные)
multiplexer мультиплексор, концентратор (данных); коммутатор
multiplicand множимое
multiplication 1. умножение; перемножение; 2. усиление, увеличение; 3. размножение; 4. мультипликация, "оживление" изображений, анимация
   m. by constant умножение на константу
   m. factor множитель; коэффициент усиления (умножения)
   m. of series умножение рядов
   m. table таблица умножения
   m. time время (выполнения команды) умножения
   abridged m. сокращенное умножение; умножение чисел с отбрасыванием лишних десятичных знаков
   binary m. двоичное умножение
   commutative m. коммутативное умножение
   floating-point m. умножение с плавающей запятой
   frequency m. умножение (кратное увеличение) частоты
   image m. мультипликация, анимация
   logical m. логическое умножение, конъюнкция
   matrix m. rule правило умножения матриц
   scalar m. скалярное умножение
   signal m. усиление сигнала
   vector m. умножение векторов
multiplicative 1. мультипликативный; 2. увеличивающий(ся), усиливающий(ся); 3. размножающийся, ветвящийся
   m. process ветвящийся процесс
multiplicity 1. многообразие; многочисленность, множественность; 2. кратность; 3. сложность
   root m. кратность корня
multiplier 1. множитель, сомножитель; коэффициент; 2. умножитель
   m. factor множитель
   constant m. постоянный множитель
   frequency m. умножитель частоты
   indefinite m. неопределенный множитель
   Lagrange m. множитель Лагранжа
   scaling m. масштабный множитель
multiply 1. умножать(ся), множить; 2. размножать(ся), множиться; 3. увеличивать(ся), усиливать(ся)
   to multiply by умножать(ся) на
multiply 4. многократно; множественно; повторно; кратно
   m. defined многократно (повторно) описанный

multiplying 1. умножение; ‖ умножающий(ся); 2. увеличение, усиление; ‖ увеличивающий(ся), усиливающий(ся); 3. размножение; ‖ размножающий(ся); множительный
   m. order команда умножения
multipoint многоточечный
multiprocessing многопроцессорная (мультипроцессорная) обработка (данных), параллельная обработка, мультипроцессирование
   m. system многопроцессорная (вычислительная) система
multiprogramming мультипрограммирование; многозадачный режим
multipurpose многоцелевой, широкого назначения, комплексный, универсальный
multireflection многократное отражение
multishock система скачков уплотнения
multispan многопролетный
   m. bridge многопролетный мост
multistable со многими устойчивыми состояниями, мультиустойчивый
multistage многоступенчатый, многошаговый, многоэтапный; многокаскадный; многоэтажный
multistep многошаговый
   m. integration rule многошаговая формула интегрирования
multistory многоэтажный
multistrand многопрядный (о канате)
multitasking многозадачный режим
multitubular трубчатый
multitude множество; большое число; масса
multivalent многовалентный; многолистный
   m. function многолистная функция
multivalued многозначный
   m. dependence многозначная зависимость
multivariable (зависящий) от многих переменных, со многими переменными, многоосный
   m. control регулирование нескольких (взаимосвязанных) величин
multivariate многомерный, многоосный
   m. distribution многомерное распределение
   m. function функция многих переменных
   m. moment смешанный момент
multivarious многообразный, разнообразный
multivector мультивектор
multiversion многовариантный
multivibrator мультивибратор
multiway многоходовый; многоканальный; многопозиционный
mush мягкая масса, "каша"
mushy мягкий; бесформенный, неопределенный
must 1. должен, следует, необходимо (сделать что-либо); 2. возможно, вероятно, должно быть; 3. настоятельная необходимость, требование
   it must be emphasized следует подчеркнуть, что
   one must have нужно, следует (иметь)

muster проверка, осмотр, освидетельствование; ‖ проверять, освидетельствовать
    to pass a muster пройти освидетельствование, выдержать испытание, оказаться годным
mustered-out выбракованный
mutable изменчивый, переменчивый
mutate видоизменять(ся)
mutatis mutandis (лат.) с соответствующими поправками, с необходимыми изменениями
mute немой; бесшумный, приглушенный; заглушенный; недействующий; ‖ глушить, подавлять
    m. index немой индекс
mutilate повреждать, деформировать, сминать; искажать (смысл)
mutilation повреждение, деформация, смятие; искажение
muting глушение, подавление
mutual взаимный, обоюдный; общий, совместный
    m. coupling factor коэффициент взаимосвязи
    m. effect взаимовлияние
mutuality взаимность; взаимная зависимость
mutually взаимно
    m. disjoint взаимно не пересекающиеся
    m. exclusive events несовместимые (взаимоисключающие) события
    m. exclusive sets не пересекающиеся множества
muzzle дуло, ствол; насадка, мундштук, сопло
    m. energy дульная энергия, живая сила у дула
    m. velocity начальная (дульная) скорость
muzzy неясный, расплывчатый
mystery тайна, загадка
myth миф; вымысел

N

nabla operator оператор набла (оператор Гамильтона)
nacelle гондола (дирижабля), корзина аэростата, открытая кабина самолета; обтекатель
    engine n. мотогондола
    sonar n. обтекатель гидролокатора
    wheel n. гондола (ниша) шасси
nadir надир, низшая точка; очень низкий уровень, упадок
nail гвоздь; ‖ забивать гвозди, соединять на гвоздях
    screw n. шуруп
    wire n. шпилька, штифт
naked обнаженный, незащищенный, неизолированный; явный, открытый; необоснованный
    by naked eye невооруженным глазом
name имя; название, наименование; обозначение; идентификатор; ‖ называть, давать имя, обозначать (именем); упоминать; указывать
    to name only a few не говоря уже о других
    by name по имени
    by the name of под именем
    in only name только номинально
    array n. имя массива
    compound n. составное имя
    data n. имя (идентификатор) элемента (набора) данных
    device n. имя устройства
    file n. имя файла
    global n. глобальный идентификатор
    job n. имя задания
    path n. составное имя (файла), указатель пути доступа к файлу
    program n. имя программы
    specific n. собственное имя
    tree n. иерархическое имя
    unique n. уникальное имя (в программе)
    variable n. имя переменной
nameless безымянный, неизвестный
namely а именно, то есть
nano- нано- (одна миллиардная доля основной меры), обозначение: н
nanosecond наносекунда, нс
Napierian logarithm натуральный (неперов) логарифм
nappe 1. струя; переливающийся слой (на водосливе); 2. покров; 3. полость
    adhering n. прилипающая струя
    aerated n. аэрированная струя
    depressed n. прижатая струя
    drowned n. подтопленная струя
    free n. свободная струя
    overflow n. переливающаяся струя
narrative изложение, описание; комментарий, примечание
narrow 1. узкий; ограниченный; ‖ суживаться, уменьшаться; 2. малый, незначительный; 3. подробный, тщательный
    to narrow down сводить к чему-либо
    within narrow limits в узких рамках
    n. angle малый угол
    n. beam узкий луч, узкий пучок
    n. gage узкая колея
    n. majority незначительное большинство
    n. mesh мелкая (частая) сетка
narrow-gage узкоколейный; ограниченный
narrowing сужение; ограничение; уменьшение
    frequency bandwidth n. сужение полосы частот
narrowly 1. узко, тесно; 2. едва, чуть; 3. подробно, точно
narrow-meshed мелкоячеистый, частый (о сетке, решетке)
nascency рождение, возникновение
nascent рождающийся, возникающий, в стадии возникновения
native естественный, природный; чистый

natural 1. естественный, натуральный, природный; собственный; внутренний, присущий; нормальный, обычный; 2. относящийся к естествознанию
   n. **boundary conditions** естественные краевые условия
   n. **coordinates** естественные координаты; естественная система координат
   n. **equation of a curve** натуральное уравнение кривой
   n. **extension** естественное удлинение (расширение)
   n. **flow** течение под действием силы тяжести, самотёк
   n. **frequency** собственная частота, частота собственных (свободных) колебаний
   n. **gas** природный газ
   n. **ground** природный грунт; материк
   n. **horizon** видимый горизонт
   n. **mistake** естественная ошибка
   n. **mode** собственная форма (мода), форма собственных колебаний
   n. **number** натуральное число
   n. **philosophy** натуральная философия, естествознание, физика
   n. **property** природное свойство; внутреннее (собственное) свойство
   n. **resonance** собственный резонанс
   n. **sequence** натуральный ряд (чисел)
   n. **vibration** собственное (свободное) колебание
naturally естественно; свободно, легко; конечно, как и следовало ожидать
   n. **ordered** естественно упорядоченный, в естественном порядке
nature 1. природа; сущность, основное свойство (качество), характер; 2. род, сорт, тип, класс
   to be of similar nature иметь одинаковую природу, носить одинаковый характер
   by nature по (своей) природе
   in the nature of things естественно, в силу природы вещей; неизбежно
   in the course of nature при естественном ходе вещей
   true to nature реалистический, соответствующий сути явления
   n. **study** изучение (явлений) природы
   course of n. естественный порядок
   stick-slip n. скачкообразный характер
   stochastic n. вероятностная природа, стохастический характер
naught ничто; нуль
   to bring to naught сводить на нет
nautical морской; мореходный
   n. **mile** морская миля (= 1853,6 м)
navaid навигационное оборудование
naval (военно-)морской, флотский
nave ступица, втулка (колеса)
Navier equations of equilibrium уравнения равновесия Навье
Navier-Stokes equations уравнения Навье-Стокса

navigability судоходность; мореходные качества (судна)
navigable судоходный; мореходный, годный для плавания; лётный, пригодный для полётов; управляемый (о корабле, летательном аппарате)
navigate управлять (судном, летательным аппаратом); наводить (напр., ракету)
navigation навигация; судоходство, мореплавание; самолётовождение; наведение
   air n. аэронавигация
   blind n. навигация по приборам
   celestial n. астрономическая навигация
   inertial n. инерциальная навигация
   robot n. навигация (ориентация) робота
   space n. астронавтика, космонавтика
navy военно-морской флот
nay 1. отрицательный ответ, отказ, запрещение; 2. даже, более того
N.B. (nota bene) (лат.) примечание
N.C. (numerical control) числовое программное управление (ЧПУ); устройство с ЧПУ
near близкий; соседний; тесно связанный; подобный; ближайший (о времени); кратчайший, прямой (о пути); || близко; возле, около; почти, едва
   to come near приближаться, подходить
   near by близко; вскоре
   near upon почти
near-by близкий, соседний
near-critical близкий к критическому, околокритический
near-earth околоземный
   n. **space** околоземное пространство
nearly близко; около; приблизительно; почти
   more nearly более точно, несколько точнее
   not nearly совсем не
   n. **circular domain** область, близкая к кругу
near-ring почти-кольцо
near-sonic околозвуковой
neat чёткий, ясный; точный; лаконичный, краткий
nebula (лат.) (мн.ч. **nebulae**) туманность; галактика
nebulizer распылитель
nebulosity туманность; облачность; неясность, расплывчатость
nebulous туманный, облачный; неясный
necessarily обязательно; необходимо; безусловно; неизбежно
necessary необходимый, нужный; неизбежный, вынужденный
   if necessary если это необходимо
   n. **and sufficient condition** необходимое и достаточное условие
necessitate делать необходимым; неизбежно влечь за собой
necessity необходимость; неизбежность; потребность
   of necessity обязательно, в силу необходимости

the necessity for необходимость в чем-либо
doctrine of n. детерминизм
neck шейка; (поперечное) сужение; горловина (напр., сосуда); насадка, штуцер; выточка, (кольцевая) канавка; ‖ сужаться; делать выточку, опрессовывать
  to neck in загибать внутрь
  n. initiation начало образования шейки (в растягиваемом образце)
  bottle n. problem задача на узкие места
necked имеющий шейку (выточку), суженный
necking (местное) сужение, образование шейки; обжатие, утонение
  n. behaviour образование шейки (образца при растяжении); свойство неустойчивости (деформирования)
  local n. местное сужение
need необходимость, потребность; ‖ нуждаться в чем-либо; требоваться
needful нужный, необходимый, потребный
needle игла, иголка; спица; стрелка прибора; шпиль; ‖ игольчатый
  n. aberration отклонение (магнитной) стрелки
  n. bearing игольчатый подшипник
  n. fracture игольчатый излом
  magnetic n. магнитная стрелка
needle-shaped игольчатый, иглообразный
needless ненужный, излишний
negate отрицать; отвергать; сводить на нет; выполнять операцию отрицания (операцию НЕ), инвертировать
negation отрицание; логическая операция отрицания
negative 1. отрицательный; негативный, обратный; безрезультатный, давший отрицательный результат; 2. отрицание; отрицательный ответ; отказ; возражение; ‖ отрицать; возражать; опровергать, нейтрализовывать; 3. отрицательная величина; отрицательный знак (минус); знак отрицания; ‖ меньший нуля; 4. отрицательный полюс, катод; 5. (фото)негатив
  n. acceleration отрицательное ускорение, замедление
  n. allowance натяг
  n. grade отрицательный наклон, уклон, спуск
  n. hardening отпуск, отжиг (металла)
  n. lens рассеивающая линза
  n. pressure отрицательное давление, разрежение; давление ниже атмосферного
  n. quantity отрицательная величина
  n. rake отрицательный передний угол (напр., режущего инструмента)
  n. side отрицательный полюс (вывод), отрицательная клемма
  n. sign знак минус
  n. test опыт, давший отрицательный результат
  n. wear отрицательный износ (налипание материала)
  n. work отрицательная работа, работа (сил) сопротивления
negative-definite matrix отрицательно определенная (отрицательная) матрица
negative-going уменьшающийся, падающий; отрицательный (напр., сигнал)
negativity отрицательность
negatory отрицательный
neglect игнорирование, отбрасывание; ‖ пренебрегать, упускать, не обращать внимания; отбрасывать, игнорировать
negligible незначительный, (пренебрежимо) малый; не принимаемый в расчет
  by a negligible margin совсем незначительно, ненамного
  n. error незначительная погрешность, несущественная ошибка
  n. quantity пренебрежимо малая величина, незначительное количество
negotiability проходимость (дороги для транспортного средства)
negotiate 1. вести переговоры, обсуждать (условия), согласовывать(ся); 2. преодолевать (препятствия); вписываться (в кривую)
negotiation 1. переговоры; согласование, соответствие; 2. преодоление; вписывание (в кривую)
neighbourhood соседство, близость; окрестность
  in the neighbourhood поблизости от; в окрестности; около, приблизительно, примерно
  deleted n. проколотая окрестность
  distinguished n. отмеченная окрестность
  infinitesimal n. бесконечно малая окрестность
neighbouring соседство, смежность; ‖ соседний, смежный
neither никакой, ни один (из двух); ни тот, ни другой; ‖ также не
  neitgher of ни один из
  neither ... nor ни ... ни
  neither statement is true ни одно утверждение (из двух) не верно
neo- (как компонент сложных слов) нео-; новый
neologism неологизм, новое слово
neologize вводить новые слова
nephelometer нефелометр
nerviness восстановление, успокоение; свойство высокоэластического восстановления (формы)
nescience незнание
nest 1. гнездо; ячейка; вложение, вложенность; ‖ вкладывать, представлять в форме вложений; формировать гнездо; вставлять в гнездо; 2. набор, комплект
nested вложенный, гнездовой
  n. loops вложенные циклы
  n. subroutine вложенная подпрограмма
nesting вложение; размещение в гнездах (в ячейках); вложенность, параметр вложенности

net 1. сеть, сетка; схема, цепь; пучок, связка; ‖ покрывать сетью, увязывать в сеть
    n. of curves связка (пучок) кривых
    n. method метод сеток
net 2. чистый, результирующий, нетто (напр., масса, размер)
    n. efficiency практический (результирующий, эффективный) кпд, производительность-нетто
    n. force равнодействующая (результирующая, чистая) сила
    n. load полезная нагрузка; полезный (рабочий) вес; результирующая нагрузка
    n. weight чистый вес, вес-нетто
    coarse n. редкая (крупная, грубая) сетка (в сеточных методах); крупноячеистая сеть
    fine n. мелкая сетка
netlist описание сети; список узлов сети, список соединений
netting сеть, сетка; объединение в сеть, установление связи (связей), создание сети; сеточное покрытие; изготовление сети; генерация сетки (напр., конечных элементов)
network 1. сеть, сетка, решётка; схема, цепь; ‖ сетевой, сеточный, сетчатый; **2.** вычислительная сеть, сеть ЭВМ
    n. function сеточная функция
    n. generation генерация (расчётной) сетки
    n. graph граф сет(к)и, сетевой граф
    n. node узел сет(к)и; узел цепи
    n. refinement сгущение (измельчение, улучшение) сетки
    n. structure конфигурация сетки; сетчатая конструкция (структура); архитектура сети (ЭВМ)
    n. topology топология сет(к)и
    computer n. сеть ЭВМ
    elemental n. элементарная цепь
    extensive n. развитая (разветвлённая) сеть
    flow n. гидродинамическая сетка
    local area n. (LAN) локальная вычислительная сеть (ЛВС)
    Markovian n. цепь Маркова
    optimal n. оптимальная сетка, сетка с оптимальным расположением узлов
    planar n. плоская сетка, сетка на плоской области
    regular n. регулярная сетка, сетка из элементов правильной формы; сеть из повторяющихся элементов
    slip-line n. сетка линий скольжения
    triangular n. треугольная сетка, сетка с треугольными ячейками
    three-dimensional n. трёхмерная (пространственная) сетка
    unbalanced n. неуравновешенная (несимметричная) схема
networking сеть, сетка; цепь, схема; объединение в сеть, организация сети
Neumann boundary condition краевое условие Неймана
(von) Neumann machine (вычислительная) машина фон-Неймана
neutral 1. нейтральный; средний, промежуточный; безразличный, индифферентный; неопределённый; **2.** нейтраль; нейтральная точка (линия, поверхность); нейтральное положение
    n. axis нейтральная ось (напр., балки при изгибе)
    n. equilibrium нейтральное (безразличное) равновесие
neutralize нейтрализовывать, компенсировать; уравновешивать; усреднять
never никогда; ни разу
    never before никогда ещё
nevertheless однако, тем не менее; несмотря на
new новый; иной, другой; недавний; современный, новейший, передовой, вновь открытый; дополнительный; ‖ недавно, только что; заново, вновь
new-built вновь выстроенный; перестроенный
newel опора, опорная тумба, стойка
newly вновь, заново; недавно
Newmark recurrence scheme рекуррентная (пошаговая) схема Ньюмарка (численного интегрирования систем обыкновенных дифференциальных уравнений динамики)
newness новизна
news новость, новости; известие
Newton Ньютон
    N. first law первый закон (механики) Ньютона (закон инерции)
    N. law of gravitation закон всемирного тяготения, закон тяготения Ньютона
    N. laws of motion законы механики Ньютона
    N. linearization линеаризация методом Ньютона
    N. method метод Ньютона, метод касательной (решения нелинейных уравнений)
    N. second law второй закон (механики) Ньютона (основной закон динамики)
    N. step шаг (по методу) Ньютона
    N. third law третий закон (механики) Ньютона (закон действия и противодействия)
    modified N. method модифицированный метод Ньютона
newton ньютон, Н (единица силы)
Newton-Cotes quadrature (численное) интегрирование по Ньютону-Котесу; квадратурная формула Ньютона-Котеса
Newtonian (newtonian) Ньютона, ньютонов, ньютоновский
    N. fluid ньютоновская жидкость
    N. iteration итерация по методу Ньютона
    N. potential ньютоновский (гравитационный) потенциал
    N. viscosity ньютоновская (нормальная) вязкость
Newton-like algorithm алгоритм типа Ньютона

Newton-Raphson method метод Ньютона-Рафсона
next следующий; последующий, будущий; ближайший, соседний; || затем, после; в следующий раз; снова; || рядом, около
  next but one предыдущий
  next to last предпоследний
  next to nothing почти ничего
  n. decade следующий (десятичный) разряд
nexus связь, связующее звено, соединение
  causal n. причинная зависимость
nib остриё; наконечник; выступ, клин, шип
nick 1. зарубка, метка; зазубрина, царапина; нарезка; трещина, щель, прорез; || делать метку (зарубку); надсекать; разрезать, отрезать; 2. сужение, шейка; 3. точный момент; критический момент
nickel никель
nigh близко; почти
nil нуль; пустое множество, пустой список
nine цифра девять; (число) девять
nineteen девятнадцать
ninety девяносто
nip сжатие, сдавливание; зажим, захват; тиски; перегиб (напр., проволоки); || сжимать, сдавливать, прессовать; зажимать; захватывать
  to nip up захватывать, сжимать, сдавливать; откусывать, отрезать
nippers клещи, кусачки
nipple 1. патрубок, штуцер, сопло; ниппель; 2. пузырек (в стекле, металле)
nisi (лат.) если не
no 1. нет; не; 2. никакой; 3. отрицание; отказ
  no go безвыходное положение, тупик
  no longer больше не
  no matter неважно, безразлично
  no one никто
  no sooner...than как только
  in no case никогда, ни в коем случае
  in no way никак, никоим образом
  with no без
nodal узловой, относящийся к узлу (узлам); центральный
  n. array массив (список) узлов; массив атрибутов узла
  n. average узловое среднее (значение)
  n. averaging (по)узловое осреднение
  n. boundary conditions граничные условия (заданные) в узлах
  n. connections связи (соединения) узлов
  n. constraints узловые связи (ограничения)
  n. deformation узловая деформация, значение деформации в узле
  n. degrees of freedom (d.o.f., dofs) узловые степени свободы, степени свободы узла
  n. displacement узловое перемещение
  n. equilibrium равновесие в узлах
  n. force узловая сила, узловое усилие
  n. function узловая функция
  n. graph узловой граф, граф сетки узлов
  n. hinge узловой шарнир
  n. joint узловое соединение
  n. line линия узлов, узловая линия
  n. list список узлов
  n. load узловая нагрузка
  n. number номер узла
  n. orientation ориентация узла
  n. point узловая точка, узел
  n. smoothing (по)узловое сглаживание
  n. stress напряжение в узле
  n. support узловое опирание
  n. unknowns узловые неизвестные, неизвестные в узлах
  n. values узловые величины (параметры, значения)
nodalwise поузловой
node 1. узел (сетки, решетки); узловая точка, точка пересечения (линий); место соединения (разветвления); вершина (графа); 2. агрегат, блок, модуль; элемент, компонент; 3. утолщение
  n. connectivity связи (список связей) узла; связность (инцидентность) узла
  n. numbering scheme схема (алгоритм, порядок) нумерации узлов
  n. splitting расщепление узлов
  adjacent nodes смежные узлы
  boundary n. граничный узел
  condensed n. сконденсированный (исключенный) узел
  corner nodes узлы (находящиеся) в вершинах углов, угловые узлы
  datum n. опорный узел; узел отсчета
  daughter n. дочерняя вершина (графа), узел-потомок
  even n. четная вершина (графа)
  external n. внешний узел
  finite element n. узел конечного элемента
  Gaussian nodes узлы (квадратурной формулы) Гаусса
  graph nodes узлы (вершины) графа
  hinged n. шарнирный узел
  interface n. узел на поверхности раздела; интерфейсный узел, узел сопряжения
  interior n. внутренний узел
  interpolation n. узел интерполяции
  intersection n. точка (узел) пересечения
  kinematically constrained n. узел с кинематическими связями (ограничениями)
  loaded n. нагруженный узел
  massless n. безмассовый (неинерционный) узел; узел, не несущий массы
  master n. основной (главный) узел
  mesh n. узел сетки
  midside nodes узлы (конечных элементов), находящиеся в серединах сторон
  network n. узел сет(к)и; узел цепи
  odd n. нечетная вершина (графа)

parent n. родительская вершина (графа), узел-родитель
reference n. исходный узел, узел отсчета; опорный узел
rigid n. жесткий (недеформируемый) узел, жесткое соединение
serendipian nodes серендиповы узлы, узлы серендипова конечного элемента
slave n. подчиненный (второстепенный) узел
specified nodes заданные (определенные, выделенные) узлы
specifying nodes определяющие (уточняющие) узлы
superelement nodes узлы суперэлемента
supported n. опертый (закрепленный) узел; подкрепленный узел
supporting n. опорный узел
truss n. узел фермы
wave n. узел волны
yield n. узел (сетки), в котором есть пластические деформации, пластический узел
nodeless безузловой
   n. variable неузловая (внеузловая) переменная
nodule 1. узелок; гранула; комок, сгусток; средоточие; 2. включение, вкрапление
no-failure безотказная работа; || безотказный
no-float хорошо пригнанный, плотный, несмещающийся
noise шум; помехи, шумы; || создавать шум (помехи)
   n. generation возникновение (образование) помех
   n. reduction шумоподавление
   aerodynamical n. аэродинамический шум
   flow n. шум(ы) потока
   Gaussian n. гауссов (нормально распределенный) шум
   industrial n. промышленные шумы
   low n. малые помехи
   random n. случайные помехи, случайный шум
   thermal n. тепловой шум
   white n. белый шум
noiseless бесшумный; свободный от помех
   n. run бесшумная работа, бесшумный ход (машины)
noisiness шумность, зашумленность
no-load ненагруженный; работающий вхолостую; ненапряженный
nomenclative 1. номенклатурный; 2. терминологический
nomenclature 1. номенклатура; 2. терминология; система условных обозначений; спецификация
nominal 1. номинальный; нарицательный; именной; условный; 2. малый, незначительный; 3. допустимый
   n. position положение (координата) в пределах допуска

   n. strain условная деформация
   n. value номинальное значение
nominally 1. номинально; нарицательно; условно; 2. незначительно; 3. в пределах допуска
nominate именовать, называть; объявлять
nomogram номограмма
nomograph см. nomogram
non- (приставка, означающая отрицание или отсутствие) не-, без-, бес-
nonacceptance неприятие, отклонение
nonageing не подверженный старению
nonary состоящий из девяти (предметов); девятеричный (о системе счисления)
nonautomatic неавтоматический
nonbearing ненесущий, несиловой, ненагруженный
nonce: for the nonce специально для данного случая; в данное время; временно
noncentral внецентренный, нецентральный, несоосный, эксцентричный
noncirculatory бесциркуляционный
nonclassic неклассический, неканонический; необщепринятый
noncompliance несогласие; несоблюдение
noncondensing неконденсирующийся; неконденсируемый, неисключаемый (о степенях свободы конечного элемента)
nonconductor непроводник, диэлектрик
nonconforming несовместный, неконформный; несогласованный, несоответствующий
   n. finite element несовместный (неконформный) конечный элемент
nonconformity несовместность, неконформность; несогласованность, несоответствие
nonconservative неконсервативный
   n. difference scheme неконсервативная конечно-разностная схема
   n. load неконсервативная нагрузка
noncontact неконтактный, неконтактирующий
noncontrollable неуправляемый
nonconvex невыпуклый
noncorrodible устойчивый к коррозии, нержавеющий
noncorroding не вызывающий коррозии; устойчивый к коррозии
noncoverable необнаруживаемый, скрытый
noncurrent устаревший, несовременный; снятый с производства; несовершенной конструкции
nondecreasing неубывающий, возрастающий
   n. function неубывающая функция
nondeflecting жесткий, недеформирующийся
nondense неплотный
nondestructive неразрушающий
   n. testing неразрушающие испытания, неразрушающий контроль
nondimensional безразмерный, не имеющий размерности
   n. parameter безразмерный параметр

nondurable недолговечный, ненадежный; короткий, кратковременный
none никто, ничто; ни один; || никакой; || нисколько, совсем не
  none but никто кроме
  none the less тем не менее
noneffective неэффективный; недействительный; непригодный
nonequilibrium неравновесность, отсутствие равновесия; || неравновесный
  n. flow неравновесное течение
nonessential неважный, несущественный
nonexistence отсутствие; невозможность существования
nonfailure безотказный
nonferrous цветной (о металле)
non-Fourier solid твердое тело, не подчиняющееся закону (теплопроводности) Фурье
nonfreezing незамерзающий, морозостойкий
nonfulfil(l)ment невыполнение
nonholonomic неголономный
nonhomogeneity неоднородность, негомогенность
nonhomogeneous неоднородный, негомогенный
  n. equation неоднородное уравнение
  n. material неоднородный (негомогенный) материал
  n. stress неоднородное напряженное состояние
nonignorable существенный; неоспоримый
nonincreasing невозрастающий, убывающий
  n. sequence невозрастающая последовательность
nonisothermal неизотермический
  n. flow неизотермическое течение
  n. mechanics неизотермическая механика, механика неизотермических процессов; механика неизотермического деформирования
nonlevel негоризонтальный; неплоский
nonlimited неограниченный
nonlinear нелинейный
  n. analysis нелинейный анализ (расчет), расчет по нелинейной модели
  n. behaviour нелинейное поведение, нелинейная реакция
  n. buckling нелинейная потеря устойчивости, нелинейное выпучивание
  n. constitutive relations нелинейные уравнения состояния
  n. elastic constraint нелинейно-упругая связь
  n. elasticity нелинейная упругость
  n. field problems нелинейные задачи теории поля
  n. filtration нелинейная фильтрация
  n. function нелинейная функция
  n. interaction нелинейное взаимодействие
  n. material нелинейный материал, материал с нелинейными свойствами, нелинейно деформирующийся материал
  n. mechanics нелинейная механика
  n. media нелинейная среда
  n. path нелинейная траектория
  n. relation нелинейная зависимость, нелинейное уравнение
  n. solution branch нелинейная ветка решения
  n. spring нелинейная пружина
  n. structural analysis нелинейный расчет (деформирования) конструкций
  n. system of equations нелинейная система уравнений
  n. term нелинейный член, нелинейное слагаемое
  n. theory нелинейная теория
  n. vibrations нелинейные колебания
  n. viscous liquid нелинейная вязкая жидкость
  geometrically n. deformation геометрически нелинейное деформирование
  highly n. constraint существенно нелинейное ограничение
  physically n. mechanics физически нелинейная механика, механика физически нелинейного деформирования
nonlinear-elastic нелинейно-упругий
nonlinearity нелинейность; нелинейная характеристика, нелинейные свойства
  n. of boundary conditions нелинейность краевых условий
  amplitude n. нелинейность амплитудной характеристики
  cubic n. кубическая нелинейность, нелинейность 3 порядка, нелинейность с кубической характеристикой
  degree of n. степень (порядок) нелинейности
  geometrical n. геометрическая нелинейность
  material n. физическая нелинейность
  strong n. сильная (существенная) нелинейность
  type of n. тип нелинейности
  weak n. слабая нелинейность
nonmetal неметалл
non-negative неотрицательный
non-numerable несчетный, неперечислимый
  n. set несчетное множество
non-numerical нечисленный, нечисловой
nonperfect неидеальный, несовершенный
  n. hinge неидеальный шарнир, шарнир с трением
  n. fluid неидеальная (вязкая) жидкость
nonpersistent нестойкий, неустойчивый
nonplanar неплоский, непланарный, пространственный
  n. graph непланарный граф
  n. stress distribution неплоское (пространственное) распределение напряжений
nonpositive неположительный
  n. definite неположительно определенный
  n. definite matrix неположительно определенная матрица

nonproportional непропорциональный

   n. damping непропорциональное демпфирование

nonrecurrent нерекуррентный, неповторяющийся

nonregular нерегулярный, иррегулярный; неправильный, неправильной формы (структуры); неповторяющийся, нециклический, не содержащий повторяющихся элементов; неравномерный

   n. grid нерегулярная сетка, сетка из элементов неправильной формы; неравномерная сетка

   n. structure нерегулярная конструкция (структура)

nonresponse отсутствие реакции, нечувствительность; отрицательная реакция; неполучение данных (при исследовании)

nonrigid нежесткий; деформативный, упругий; гибкий, перестраиваемый, адаптивный

nonsaturated ненасыщенный

non-selfadjoint несамосопряженный

   n. boundary value problem несамосопряженная краевая задача

non-selfsimilarity неавтомодельность

nonsense бессмыслица, абсурд

nonsignificant незначащий, несущественный

   n. figures незначащие цифры

nonsingular несингулярный, невырожденный, неособенный

   n. matrix невырожденная матрица

nonskid 1. нескользящий, небуксующий; 2. приспособление против скольжения; тормозной башмак

nonslack жесткий, напряженный, натянутый; строгий

   n. inequality строгое неравенство

nonslip отсутствие скольжения, непроскальзывание; || нескользящий, непроскальзывающий

   n. condition условие непроскальзывания

   n. crack трещина без проскальзывания

nonsoluble см. **nonsolvable**

nonsolvable 1. неразрешимый, необъяснимый; 2. нерастворимый

   n. equation неразрешимое уравнение

nonsquare 1. неквадратный; непрямоугольный; 2. неквадратичный (о порядке, степени)

nonstalling безотрывный (о течении, профиле крыла)

nonstandard нестандартный, не соответствующий нормам, необычный

nonstationary нестационарный, неустановившийся, переходной, динамический, эволюционный

   n. loading нестационарное (динамическое) нагружение

   n. response нестационарный отклик, динамическая реакция; неустановившееся решение

nonstop непрерывный, безостановочный; беспосадочный (о полете)

nonsuch наилучший образец, эталон

nonsymmetric несимметричный, несимметрический

   n. matrix несимметричная матрица

nontangency отсутствие соприкосновения, некасание

nontangent некасательный, несоприкасающийся

nonterminating бесконечный, непрекращающийся

nontrivial нетривиальный; значимый

nonuniform неоднородный; неравномерный; непостоянный, переменный

   n. convergence неравномерная сходимость

   n. velocity переменная скорость

nonvanishing не стремящийся к нулю, неисчезающий; не обращающийся в нуль, ненулевой; незатухающий

   n. error неисчезающая погрешность

   n. residual vector ненулевой вектор невязки

nonviscous невязкий, идеальный (о газе, жидкости)

nonvoid непустой

nonvolatile 1. неиспаряющийся, нелетучий; 2. долговременный, неразрушающийся; постоянный

nonvortex безвихревой, ламинарный, потенциальный

nonwetting несмачиваемый; несмачивающий(ся)

   n. liquid несмачивающая жидкость

   n. surface несмачиваемая граница

nonwoven нетканый (о материале)

nonzero ненулевой, отличный от нуля

   n. digit ненулевой разряд

   n. location ненулевой элемент (массива)

   n. profile профиль ненулевых элементов (разреженной матрицы)

noon полдень

nor ни; и ... не, также ... не

   neither ... nor ни ... ни

norm норма; образец, эталон; норматив, правило, стандарт; || нормировать

   n. of a function норма функции

   design norms нормы (правила) проектирования, расчетные нормативы

   energy n. энергетическая норма

   Euclidean n. эвклидова норма

   matrix n. норма матрицы; матричная норма

   residual n. норма невязки

   weighted n. взвешенная норма

normal 1. нормаль, перпендикуляр; || нормальный, ортогональный, перпендикулярный; собственный, главный (напр., о колебаниях); 2. нормальное состояние; нормальный (стандартный, типовой) образец (размер и т.д.); || нормальный; обычный, стандартный; 3. распределенный по нормальному закону (о случайной величине)

   in normal use при обычном использовании

   n. acceleration нормальное ускорение, ускорение в направлении нормали

n. conditions нормальные (стандартные) условия; нормальный режим
n. coordinates нормальные координаты; главные координаты
n. derivative производная по нормали
n. displacement нормальное перемещение, перемещение по нормали
n. distribution нормальное (гауссово) распределение
n. element нормальный элемент; элемент нормали
n. flexure нормальный (поперечный) изгиб
n. force сила, направленная по нормали, нормальная (продольная, осевая) сила; стандартная (эталонная) сила; расчетная (ожидаемая) сила
n. form нормальная (стандартная, каноническая) форма; собственная форма (мода)
n. fracture нормальный отрыв
n. frequency собственная частота
n. line нормальная (ортогональная) линия; направление нормали
n. mode нормальная (собственная) форма (мода); собственное (главное) колебание
n. pressure нормальное (обычное, номинальное) давление; давление по нормали (напр., к поверхности)
n. response нормальная реакция, нормальное (обычное, ожидаемое) поведение
n. shock прямой (нормальный, фронтальный) удар; прямой скачок уплотнения
n. stress нормальное напряжение; рабочее (допустимое) напряжение
n. to a surface нормаль к поверхности
n. variate случайная величина, распределенная по нормальному закону
n. vector нормальный вектор, вектор нормали
n. velocity скорость по нормали, нормальная составляющая скорости
n. vibration поперечное (нормальное) колебание; главное (собственное) колебание
external n. внешняя нормаль
inward n. внутренняя нормаль
outward n. внешняя нормаль
principal n. главная нормаль
unique n. единственная нормаль
unit n. единичная нормаль, единичный вектор нормали
normality 1. нормальность; ортогональность, перпендикулярность; 2. нормальное состояние
n. condition условие нормальности (ортогональности)
normalization 1. нормализация; нормирование, нормировка; 2. стандартизация; упорядочение
n. factor нормирующий множитель
n. of a vector нормирование вектора

number n. нормализация числа
steel n. нормализация стали
normalize 1. нормализовывать, нормировать; 2. стандартизировать; упорядочивать
normalized 1. нормализованный, нормированный; приведенный; 2. стандартизованный; упорядоченный
n. coordinates нормированные (нормализованные) координаты
n. eigenmode нормированная (нормализованная) собственная форма
n. form нормализованное представление (числа)
n. unit нормализованная (приведенная) единица (измерения)
normalizing 1. нормализация; нормирование, нормировка; приведение; 2. стандартизация; упорядочение
n. factor нормирующий множитель, коэффициент нормировки (нормализации)
normally 1. нормально; по нормали, в направлении нормали, ортогонально; 2. обычно, стандартно
n. ordered нормально (вполне) упорядоченный
normed 1. нормированный; 2. упорядоченный
n. space нормированное пространство
north север
nose нос; носок, передняя часть (напр., самолета, судна); выступ, головка; режущая кромка; II носовой, головной
n. cone носовой конус, головная часть (снаряда, ракеты)
bank n. голова дамбы
bulb n. расширяющаяся носовая часть
shock-wave n. головная часть скачка уплотнения
tool n. режущая кромка инструмента
nosed имеющий носовую (выступающую) часть
nosing нос, носовая часть; выступ, головка; консоль, свес; (носовой) обтекатель
streamlined n. носовой обтекатель
not нет, не, ни; отрицание (как логическая операция)
nota bene (N.B.) (лат.) примечание
notability известность; значительность
notable заметный; значительный
notably заметно; весьма, особенно
notation 1. обозначение, система обозначений, нотация; запись, представление, форма; 2. система счисления; 3. примечание
contracted n. сокращенная запись; сокращенное обозначение
decimal n. десятичная система счисления; десятичная запись (числа)
dimensionless n. безразмерная форма (запись)
exponential n. экспоненциальное представление (чисел)
floating-point n. представление (чисел) в форме с плавающей запятой

logarithmic n. логарифмическое представление
mathematical n. математическая запись; математическое обозначение, система математических обозначений
matrix n. матричная запись
positional n. позиционная система счисления
postfix n. постфиксная (инверсная, польская) запись
radix n. позиционная система счисления
scale of n. система обозначений; система счисления
scientific n. экспоненциальное представление числа
symbolic n. условное обозначение; символьная запись
notationally в обозначениях
notch надрез, пропил; вырез, выемка, паз; (от)метка, риска; ‖ надрезать, на(д)секать, пропиливать; отмечать, помечать
 n. apex вершина надреза
 n. base основание надреза
 Charpy n. надрез Шарпи, надрез (на образце) для ударного испытания по Шарпи
 crack n. надрез, оканчивающийся трещиной
 edge n. краевой надрез
 gentle n. неострый надрез
 part-through-the-wall n. несквозной (поверхностный) надрез
notched надрезанный, надпиленный; зазубренный
 n. specimen образец с надрезом
note 1. замечать, обращать внимание, отмечать, указывать; 2. знак, обозначение, символ; отличительный признак; пометка; ‖ обозначать; помечать; 3. заметка, запись; примечание, сноска, комментарий; записка; ‖ записывать; снабжать примечаниями, комментировать; аннотировать; 4. известность; 5. звук, тон; (звуковой) сигнал
 to be noted for быть известным чем-либо
 to compare notes обмениваться мнениями
 to take note of обращать внимание на что-либо; принимать к сведению
 it will be noted следует отметить
 of note известный
 worthy of note заслуживающий внимания (упоминания)
 n. of exclamation восклицательный знак
 n. of interrogation вопросительный знак
notebook записная книжка, тетрадь
noted отмеченный, замеченный; известный; упомянутый; обозначенный
notedly заметно, в значительной степени
noteless незаметный
noteworthy заслуживающий внимания, примечательный
not-go закрытый, непроходной (напр., о канале), выключенный

nothing 1. ничто, ничего; ‖ нисколько, совсем нет; 2. нуль
 to be for nothing in не играть никакой роли, не оказывать никакого влияния на что-либо
 to come to nothing кончиться ничем, не иметь последствий
 to have nothing to do with не иметь ничего общего с, не касаться чего-либо
 to make nothing of something никак не использовать что-либо; не понять чего-либо
 to say nothing of не говоря уже о
 nothing but только лишь; ничего кроме
 nothing else than не что иное как
notice 1. наблюдение; внимание; ‖ замечать, обращать внимание; 2. запись; заметка; рецензия, отзыв; ‖ отмечать, упоминать; делать обзор, рецензировать; 3. извещение, предупреждение; объявление
 to bring to notice привлекать (обращать) внимание
 to bring to one's notice доводить до сведения
 to take notice of обращать внимание на
 on a short notice немедленно, сразу
noticeable достойный внимания; заметный
noticeably заметно, значительно
notify 1. отмечать, регистрировать; 2. объявлять, доводить до общего сведения, извещать
notion 1. понятие; идея; представление; 2. мнение, точка зрения; 3. знание, знакомство; 4. категория, класс
 to have no notion of не иметь представления о чем-либо
 to come under the notion of относиться к категории
 defined n. определенное понятие
notional 1. отвлеченный, теоретический, умозрительный; 2. значимый, значащий, смысловой
notionally абстрактно, теоретически
notwithstanding несмотря на, вопреки; тем не менее, однако
nought ничто; нуль
 noughts complement точное (алгебраическое) дополнение
noun имя существительное
nova (лат.) (мн.ч. **novae**) новинка
novation нововведение, новшество, новация
novel новый, неизвестный; последней (новейшей) конструкции
novelty новизна; новинка, нововведение, новшество
now 1. теперь, сейчас; в настоящее время, в данный момент; ‖ когда; 2. здесь; в данной работе; 3. настоящее время; данный момент
 now and again иногда, время от времени
 now that теперь, когда
 before now раньше
 by now к этому времени, до сих пор
 from now on в дальнейшем

just now только что; в настоящее время
up to now до сих пор; до настоящего времени
nowadays в настоящее время, в наши дни
nowhere нигде; никуда
nowise никак, никоим образом
nozzle 1. сопло; выпускное отверстие, горловина; форсунка, горелка; 2. насадка, патрубок, штуцер
   n. angle угол (наклона) сопла
   n. cascade сопловой аппарат
   n. convergence сужение сопла
   n. divergence расширение сопла
   n. edge срез сопла
   n. entry входное сечение сопла
   n. pipe инжекционная трубка; наконечник
   n. ring кольцо насадок, кольцо сопел
   n. section сечение (профиль) сопла, срез сопла
   n. throat критическое сечение сопла
   acceleration n. ускоряющее сопло
   adjustable n. регулируемое сопло
   blast n. сопло форсунки
   contracting n. суживающееся сопло
   contracting-expanding n. сопло Лаваля
   delivery n. нагнетательное сопло
   discharge n. выходное (выхлопное) сопло
   divergent n. расширяющееся (расходящееся) сопло
   exhaust n. выхлопное (реактивное) сопло
   fixed-area n. нерегулируемое сопло
   flanged n. патрубок с фланцем
   flow n. измерительное (расходомерное) сопло
   jet n. реактивное сопло; жиклер, форсунка
   (de) Laval n. сопло Лаваля, расширенное сопло
   Mach 3 n. сопло с числом М=3
   metering n. мерное (калибровочное) сопло
   mixing n. смесительная форсунка
   polygonal n. сопло многоугольного сечения
   propelling n. реактивное сопло
   reversed n. обратное (обращенное) сопло
   shrouded n. экранированное сопло
   slotted n. щелевое сопло
   spray n. распылитель, распыляющее сопло
   standard n. стандартное (мерное) сопло
   subsonic n. дозвуковое сопло
   suction n. всасывающее сопло, входной патрубок
   supersonic n. сверхзвуковое сопло
   unchoked n. дозвуковое сопло
   variable-area n. регулируемое сопло
   water n. водяное (водоструйное) сопло
n-th n-ный, номера n
   to the n-th degree до степени n, до порядка n
n-tuple n-кратный
nuance оттенок, нюанс

nub 1. утолщение; 2. ком, кусок; 3. суть, сущность
nuclear содержащий ядро; ядерный
   n. reactor ядерный реактор
nucleate образовывать ядро
nucleation зарождение, образование
   crack n. зарождение трещины
nucleonics ядерная физика и техника
nucleus ядро; центр, центральная часть
   n. of condensation ядро (центр) конденсации
   fracture n. очаг разрушения
   system n. ядро (операционной) системы
nuisance 1. помеха; неудобство; 2. повреждение
   n. vibrations вредные колебания
null нуль; отсутствие (напр., информации); обнуление; || нулевой; пустой; несуществующий, фиктивный, недействительный; || обнулять, приравнивать нулю; аннулировать; исключать незначащую информацию
   to render null аннулировать
   n. argument пустой параметр (программы)
   n. event событие с нулевой вероятностью
   n. gravity невесомость
   n. hypothesis нулевая (основная) гипотеза
   n. plane нулевая плоскость, плоскость отсчета
   n. set пустое множество; множество меры нуль
   n. statement пустой оператор
   n. vector нулевой вектор, нуль-вектор
nullification аннулирование, уничтожение
nullify аннулировать, сводить к нулю, делать недействительным
nullity недействительность; малость, ничтожность
number число, количество; номер; сумма; (количественный) показатель, индекс, параметр; выпуск (напр., журнала); || нумеровать; считать, подсчитывать, насчитывать; числиться, быть в числе; причислять, зачислять
   a number of некоторое количество, ряд
   in great numbers в большом количестве; значительными силами
   in number численно, количеством
   n. crunching (быстрая) обработка числовой информации
   n. field поле чисел
   n. line числовая прямая
   n. of revolutions число оборотов, частота вращения
   n. theory теория чисел
   abundant n. избыточное количество
   average n. среднее число, среднее значение; среднее арифметическое
   base n. основание системы счисления
   binary n. двоичное число
   Biot n. число Био

Boolean n. булево число
Boussinesq n. число Буссинеска
Brinell n. число (показатель) твердости по Бринелю, твердость по Бринелю
broken n. дробное число, дробь
cardinal n. количественное числительное; мощность множества
cavitation n. число кавитации
characteristic n. характеристическое (собственное) число
complex n. комплексное число
composite n. составное число
concrete n. именованное число
condition(ing) n. число обусловленности
conjugate complex numbers комплексно-сопряженные числа
consecutive numbers последовательные числа
coprime numbers взаимно простые числа
Courant n. число Куранта
cutoff n. предельное (критическое) число
decimal n. десятичное число
denominate n. именованное (размерное) число
Darcy n. число Дарси
double-precision n. число удвоенной точности
drag-rise Mach n. критическое число Маха
Eckert n. число Эккерта
even n. четное число
Fibonacci numbers числа Фибоначчи
fixed-point n. число с фиксированной запятой
floating-point n. число с плавающей запятой
fractional n. дробное число, дробь
Froude n. число Фруда
Grashof n. число Грасгофа
hardness n. число (показатель) твердости
harmonic n. порядок гармоники
Hartmann n. число Гартмана
hexadecimal n. шестнадцатеричное число
imaginary n. (чисто) мнимое число; комплексное число
integer n. целое число
inverse n. обратное число
irrational n. иррациональное число
item n. номер элемента; номер позиции
law of large numbers закон больших чисел
Mach n. число Маха
merit n. показатель качества
mixed n. смешанное число, смешанная дробь
mode n. показатель (индекс) моды
natural n. натуральное число
negative n. отрицательное число
nodal n. номер узла
nonnegative n. неотрицательное число
normalized n. нормализованное число

Nusselt n. число Нуссельта
octal n. восьмеричное число
odd n. нечетное число
ordinal n. порядковое число
Peclet n. число Пекле
positive n. положительное число
Prandtl n. число Прандтля
prime n. простое число
propagation n. волновое число
proper n. характеристическое (собственное) число
pseudorandom n. псевдослучайное число
radix n. основание системы счисления
random n. случайное число
rational n. рациональное число
real n. вещественное (действительное) число
reciprocal n. обратное число
remote Mach n. число М потока на бесконечности, число М полета
Reynolds n. число Рейнольдса
Reynolds n. based on length число Рейнольдса, отнесенное к длине
round-off n. округленное число
sequence n. порядковый номер
serial n. порядковый номер
Shields n. число Шилдса
signed n. число со знаком
spectral n. элемент спектра; спектральное число (обусловленности); собственное число
Strouhal n. число Струхаля
supersonic Mach n. сверхзвуковое число М
turbulence n. степень турбулентности
unsigned n. число без знака
wave n. волновое число
Weber n. число Вебера
whole n. целое число
numbered пронумерованный
numbering нумерация, порядок номеров
n. scheme алгоритм (порядок) нумерации
graph n. нумерация (вершин) графа
numberless без номера; бесчисленный, неисчислимый
numerable исчислимый, счетный
numeral цифра, символ числа; имя числительное; || цифровой; числовой, численный
    Arabic numerals арабские цифры
    binary n. двоичная цифра
    decimal n. десятичная цифра
    Roman numerals римские цифры
numeralization представление данных в цифровом виде, оцифровка
numerate считать, исчислять; обозначать цифрами
numeration счет, исчисление; система счисления; представление чисел; нумерация
    decimal n. десятичная система счисления
numerator числитель (дроби); счетчик

numeric(al) численный, числовой; цифровой
  n. analysis численный анализ, вычислительная математика; числовой расчет
  n. calculations численные (числовые) расчеты
  n. character цифра
  n. constant числовая постоянная
  n. control (NC) числовое (программное) управление (ЧПУ)
  n. data числовые данные
  n. error числовая погрешность
  n. integration численное интегрирование
  n. inversion численное обращение
  n. mapping численное отображение (преобразование)
  n. method численный метод
  n. quadrature численное интегрирование, численная квадратура
  n. solution численное решение
  n. study численное исследование, численный эксперимент
  n. transformation численное преобразование
  n. value числовое (численное) значение
  Gauss-Legendre n. integration численное интегрирование (по формуле) Гаусса-Лежандра
  reduced n. integration редуцированное (сокращенное) численное интегрирование
numerical-alphabetic буквенно-цифровой, алфавитно-цифровой
numerically численно, в числах; в числовом отношении
numerous многочисленный
  on numerous occasions во многих случаях
numerously в большом количестве
Nusselt number число Нуссельта
nut гайка; (резьбовая) муфта
  to be nutted up удерживаться гайкой
  adjusting n. установочная (регулировочная) гайка
  safety n. контргайка, предохранительная гайка
  union n. соединительная гайка
nutate испытывать нутацию; колебаться, покачиваться, наклоняться, кивать
nutation нутация; наклонение; покачивание
  n. angle угол нутации
nylon нейлон

O

oak дуб; древесина дуба
oar весло; ‖ грести
obey подчиняться, выполнять; удовлетворять условиям
  to obey the rule следовать правилу
obiter (лат.) между прочим
object 1. объект, предмет; тело; вещь; 2. цель; ‖ целевой; 3. выходной, конечный, объектный; 4. возражать

  no object не имеет значения
  the object in view поставленная цель
  with the object of с целью
  o. code объектный код, объектная программа
  o. function выходная функция; целевая функция
  o. variable выходная переменная; предметная переменная
  celestial o. небесное тело
  compound o. составной (сложный) объект
  data o. информационный объект
  fiducial o. эталонный объект, основа для сравнения
  geometrical o. геометрический объект, геометрическое тело
  manipulated o. объект манипулирования
  mobile o. движущийся объект; подвижная цель
  parametrized o. параметризованный (параметрический) объект
  physical o. физический объект, физическое тело
  point o. объект, представляемый (представляющийся) точкой, сосредоточенный объект
  primitive o. элементарный объект, примитив
  prototype o. эталон, прототип
  regular o. регулярный объект; объект правильной формы
object-glass объектив
objectify 1. осуществлять, реализовывать; воплощать; 2. ссылаться на объективные причины
objection 1. возражение; 2. недостаток, дефект
  to offer objections вызывать возражения
  to take objection возражать
  open to objection встречающий возражения, сомнительный, уязвимый
objectionable вызывающий возражения, спорный; нежелательный; неудобный
objective 1. цель, задача; целевая функция; (техническое) требование; ‖ целевой; 2. объективный; действительный, вещественный, реальный; 3. предметный; 4. объектив
  o. function целевая функция
  o. point конечная цель
  conflicting objectives противоречивые требования
  design objectives (требуемые) проектные параметры
objectless беспредметный, бесцельный
object-oriented объектно-ориентированный
  o. language объектно-ориентированный язык (программирования)
oblate сплющенный
obligation обязательство; обязанность, долг
obligatory обязательный, обязывающий
oblige обязывать; принуждать, заставлять
oblique 1. косой, наклонный; отклоняющийся от вертикали, неперпендикулярный; косоугольный; скошенный; косвенный, непрямой;

2. наклонная линия (черта); диагональ; раскос, подкос
  o. **angle** косой (непрямой) угол
  o. **coordinates** косые (косоугольные) координаты; косоугольная система координат
  o. **crack** наклонная трещина
  o. **derivative** наклонная (косая) производная
  o. **drawing** диметрическое изображение, диметрия
  o. **impact** косой удар
  o. **projection** косая проекция
  o. **section** косое сечение, наклонный разрез (срез)
  o. **shock** косой удар; косой скачок уплотнения
  o. **stress** косое напряжение, напряжение на косой площадке
  o. **symmetry** косая симметрия, кососимметричность
  o. **triangle** косоугольный треугольник
obliquely косо, наклонно
  o. **stiffened plate** пластина, подкрепленная косыми ребрами
obliqueness см. obliquity
obliquity наклонное положение; косое направление; наклон, скос, перекос; угол наклона; наклонение (орбиты); конусность; непараллельность, несоосность; неперпендикулярность
  angle of o. угол наклона (скоса)
obliterate уничтожать; стирать, вычеркивать
obliteration уничтожение; стирание, вычеркивание
oblong продолговатый, удлиненный, вытянутый
  o. **hole** овальное отверстие
  o. **rectangular** вытянутый прямоугольник
obscure темный, тусклый; неясный, непонятный; незаметный, скрытый; неизвестный; || затемнять; делать неясным; запутывать
observable 1. наблюдаемый, поддающийся наблюдению; заметный, различимый; 2. требующий соблюдения (чего-либо); соблюдаемый; 3. достойный внимания
  o. **variables** (непосредственно) наблюдаемые переменные
observant 1. наблюдательный, внимательный; 2. исполняющий (правила, предписания)
observation 1. наблюдение; 2. (экспериментальное) исследование, измерение; замер, отсчет; 3. замечание, высказывание; 4. соблюдение (напр., правил)
  to keep under observation следить за
  to make an observation брать отсчет, делать замер
  to make an observation on делать замечание по поводу чего-либо
  o. **data** данные наблюдений, экспериментальные данные
  o. **error** ошибка наблюдения (измерения)
  o. **point** точка наблюдения; наблюдательный пункт
  o. **time** срок наблюдения
  back o. взгляд назад, ретроспектива
  bogus o. наблюдение (исследование) на модели
  field observations данные натурных исследований
  flight o. (по)летное исследование
  human o. визуальное наблюдение
  rejected observations отбрасываемые данные (замеры)
  simulation observations результаты моделирования
  truncated o. исследование по сокращенной программе
  tuft o. исследование (обтекания) при помощи шелковинок
observational наблюдательный; относящийся к наблюдениям; экспериментальный, эмпирический
observatory 1. наблюдательный; связанный с наблюдениями; 2. обсерватория; наблюдательный пункт
observe 1. наблюдать; 2. вести наблюдения; (экспериментально) обнаруживать, определять, замечать; 3. отмечать, высказывать; 4. соблюдать (напр., правила)
  to observe (up)on делать замечание по поводу, комментировать что-либо
observed замеченный; увиденный; полученный наблюдением; отмеченный
  it will be observed следует отметить
  the observed предмет наблюдений
  o. **data** данные наблюдений
  o. **value** наблюдаемая величина, измеренное значение
observer наблюдатель
obsolescence устаревание, моральное старение
obsolescent выходящий из употребления, устаревающий
obsolete вышедший из употребления, устаревший; изношенный
obstacle 1. препятствие, помеха; 2. обтекаемое тело
obstruct препятствовать; мешать, затруднять; преграждать
obstruction 1. препятствие, помеха; затруднение; 2. закупорка, засорение; стеснение (потока)
obstructive 1. препятствующий, мешающий, преграждающий; 2. препятствие, помеха
obtain 1. получать, приобретать, добывать, достигать; 2. применяться; 3. иметь место, существовать; 4. быть признанным
obtainable достижимый, доступный
obtrude 1. выступать, выдаваться; выталкивать, выбрасывать; 2. входить, вторгаться; 3. навязывать (напр., мнение)
obtruncate обрезать, обрывать; срезать вершину; скруглять (угол), округлять (число)

obtrusive 1. выступающий, выдающийся; выталкивающий, выбрасывающий; 2. входящий, вторгающийся

obturate закрывать (напр., отверстие), заделывать; уплотнять

obturation закрытие, заделка (отверстия); уплотнение

obturator заглушка, затвор, пробка; уплотняющее устройство
   o. **ring** кольцо уплотнения; поршневое кольцо

obtuse 1. тупой; тупоугольный; 2. глухой, приглушённый (о звуке)
   o. **angle** тупой угол
   o. **triangle** тупоугольный треугольник

obverse 1. передний, верхний, лицевой, обращённый наружу; 2. дополнительный, дополняющий, составляющий пару; 3. являющийся составной частью

obviate избегать, обходить (напр., препятствие); устранять, избавляться от чего-либо

obvious очевидный, явный, ясный
   for an obvious reason по вполне понятной причине
   it is obvious that очевидно, что
   the obvious example of this is наглядным примером этого является

obviously очевидно, ясно, несомненно

occasion 1. случай; основание, причина, повод; возможность, удобный случай, шанс; || вызывать, являться причиной; 2. обстоятельство; 3. событие
   to give occasion to служить основанием для
   on occasion иногда; попутно
   on repeated occasions неоднократно
   on several occasions несколько раз
   on the occasion of по случаю

occasional 1. случайный, редкий; происходящий время от времени; 2. сделанный (специально) для определённой цели

occasionally изредка, несистематически, время от времени

occlude 1. преграждать; закрывать (напр., отверстие), закупоривать; смыкаться; 2. поглощать (напр., газы)

occlusion 1. преграждение; закрытие, закупорка; смыкание; 2. поглощение

occupation 1. занятие; завладение; 2. профессия

occupational профессиональный, связанный с характером работы

occupy занимать (напр., место, внимание); захватывать, завладевать
   to occupy attention of привлекать внимание кого-либо
   to occupy oneself with something заниматься чем-либо

occur 1. происходить, случаться; иметь место; находиться; встречаться, наблюдаться; входить (напр., в уравнение); 2. залегать (о полезных ископаемых); 3. приходить на ум

occurrence 1. случай; явление, событие; 2. появление, возникновение; наличие, присутствие, вхождение; существование; местонахождение; 3. распространение, распространённость; случай употребления; 4. месторождение; залегание
   of common occurrence обычный
   of frequent occurrence часто встречающийся, распространённый
   o. **time** время (наступления) события
   free o. свободное вхождение
   simulated o. имитированное событие

ocean 1. океан; 2. большое количество, множество, масса

oceanic океанский, океанический
   o. **bed** дно океана

octa- (как компонент сложных слов) восьми-, окта-

octagon восьмиугольник

octagonal восьмиугольный

octahedral восьмигранный; октаэдрический
   o. **strain** октаэдрическая деформация

octahedron восьмигранник, октаэдр

octal восьмеричный
   o. **notation** восьмеричная запись

octant октант; восьмая часть круга (окружности), дуга в 45 градусов

octonary см. octal

octree дерево октантов

octuple восьмикратный; восьмеричный

ocular 1. глазной; наглядный (напр., о доказательстве); 2. окуляр

odd 1. нечётный; 2. непарный, разрозненный; отдельный, находящийся вне системы, незанятый, свободный, остающийся; лишний, избыточный; дополнительный, добавочный; 3. необычный, странный; 4. случайный; выборочный
   twenty odd двадцать с лишним
   o. **function** нечётная функция
   o. **node** нечётная вершина (графа)
   o. **parity** проверка на чётность
   o. **permutation** нечётная подстановка
   o. **in shape** неправильной формы (о теле)
   o. **test** выборочный контроль

oddly странно
   oddly to say как ни странно

oddness 1. нечётность; 2. непарность; разрозненность

odds 1. разница, различие; неравенство, расхождение; разногласие; 2. преимущество; 3. шансы
   equal o. равные шансы
   long o. существенное различие (преимущество), неравные шансы
   short o. небольшое различие (преимущество)

ODE (ordinary differential equation) обыкновенное дифференциальное уравнение (ОДУ)
   ODE integral интеграл обыкновенного дифференциального уравнения
   rigid ODEs жёсткая система обыкновенных дифференциальных уравнений

oersted эрстед (единица напряженности магнитного поля)
of (предлог) 1. указывает на принадлежность (передается родительным падежом); напр., **the period of time** период времени; 2. из; 3. о, об, относительно; 4. от, из-за, по причине; в результате
   to be of (+ существительное) иметь, представлять; принадлежать к
   to be of consequence иметь значение
   to be of help быть полезным
   of course конечно
   of reference исходный; эталонный; сравнительный
   of value ценный, имеющий значение
   a beam of laminate балка из слоистого материала
   by way of посредством, путем; в качестве; с целью
   in terms of посредством, при помощи, через; на основе; на примере; исходя из, с точки зрения; в терминах, на языке, в понятиях, в смысле, в единицах; в функции, в значениях
   in view of ввиду (того что), принимая во внимание
   most of большинство (большая часть) из
   neither of ни один из
   short of около; почти до
off 1. (наречие) указывает на: 1) удаление, отделение; 2) прекращение, завершение действия; 3) выключение, отключение; 4) расстояние; 5) отсутствие, невозможность получения; 2. (предлог) указывает на: 1) расстояние; 2) удаление (напр., с поверхности); 3) отклонение от состояния, нормы; 4) неучастие; 3. состояние "выключено"; остановка, простой; || выключенный, отключенный; свободный; отстоящий, смещенный; снятый, отделенный; || уходить, удалять(ся); выключать(ся), отключать(ся), прекращать(ся), прерывать(ся); снимать(ся); отделять(ся); 4. второстепенный, маловажный; низкосортный; 5. маловероятный; 6. правый, правосторонний
   to bring off (успешно) выполнять, завершать
   to come off уходить, удаляться; происходить, иметь место
   to carry off уносить, уводить; захватывать; выдерживать
   to carry off to доводить до (состояния, положения)
   to carry off to a failure доводить до разрушения
   to get off отправляться; начинать; снимать; отходить, отклонять(ся); отрываться (от земли), подниматься
   to get off the point отклоняться от темы
   to give off выделять, излучать, испускать
   to put off выключать, останавливать; откладывать, приостанавливать; отменять; снимать
   to read off отсчитывать
   to switch off выключать, отключать

   off and on время от времени, нерегулярно
   off grade низкого качества, низкосортный
   off hand без подготовки, сразу
   off issue второстепенный вопрос
   off the point не по существу
   off state состояние "выключено"
   off time время выключения; время простоя
   far off отдаленный
   on the off chance на всякий случай
   the off side правая сторона; борт корабля, обращенный к открытому морю
off-axis неосевой, нецентральный, внецентренный, эксцентричный; (находящийся на расстоянии) от оси
   o. attachment неосевое (эксцентричное) прикрепление
   o. load внецентренная (неосевая) нагрузка
off-balance неуравновешенный, неравновесный, несбалансированный
off-beat необычный
off-cast отвергнутый, отброшенный
off-cell невключенный элемент
off-centre внецентренный, смещенный, эксцентричный; неосевой; || смещать(ся), уводить, сбивать(ся); делать(ся) внецентренным (эксцентричным)
off-course отклонение от курса
off-design нерасчетный, незапроектированный, нештатный
   o. conditions нештатные условия; нерасчетный режим
off-diagonal (в)недиагональный
   o. entries внедиагональные элементы (матрицы)
off-duty невключенный; резервный
offence 1. нарушение; неисправность; 2. наступление, нападение
offending неисправный; нарушающий нормальную работу, являющийся причиной неполадок
offer 1. предложение; || предлагать; выдвигать предложение; давать, предоставлять; предоставляться (о случае, возможности); случаться, являться; 2. попытка; || пытаться; 3. оказывать
   to offer the advantage давать преимущество
   to offer an opinion высказывать мнение
   to offer the possibility давать возможность
   to offer resistance оказывать сопротивление
offering предложение; предоставление (возможности); попытка
off-gauge нестандартный; не по размеру
off-heat отходящая теплота
office служба, должность; обязанность, функция; работа, место работы; учреждение
   o. of weights and measures палата мер и весов

official официальный; должностной
off-line автономный, работающий в автономном режиме, неподключенный; || автономно, независимо
    o. **device** автономное (неподключенное) устройство
    o. **mode** автономный режим
    o. **test** автономное испытание
off-load разгрузка, выгрузка; || разгружать, выгружать
off-orientation разориентация
off-position положение "выключено", нерабочее положение
off-print отдельный оттиск (напр., статьи)
offset 1. смещение, сдвиг; отклонение, снос, уход; несовпадение, невязка; || смещенный, сдвинутый, отклоненный; || смещать(ся), сдвигать(ся); отклонять(ся); 2. ответвление, отвод, колено (напр., трубы); 3. выступ, уступ, зубец; 4. разрыв; изгиб, загиб; 5. возмещение, компенсация, коррекция, поправка; || возмещать, компенсировать, корректировать; сводить на нет; 6. противовес; контраст; 7. контур, профиль; 8. остаточная деформация; 9. офсетный (о печати)
    o. **method** метод определения остаточной деформации
    o. **yield stress** условный предел текучести
    frequency o. сдвиг (уход) частоты
    timing o. ошибка синхронизации
    zero o. смещение нуля (прибора), коррекция нуля
off-shoot ответвление, отвод; отросток
off-shore морской, находящийся на расстоянии от берега
    o. **structure** морское сооружение
off-size (сделанный) не по размеру, меньшего размера
offspring 1. потомок; 2. продукт, результат, плод (труда)
off-stage скрытый, невидимый
offtake отвод, отводящий канал; || отводить (напр., воду, газ, теплоту)
off-the-shelf готовый (об изделиях); имеющийся в наличии; предварительно подготовленный (обработанный); испытанный в работе
offtime время отключения; длительность выключенного состояния; интервал (напр., между импульсами)
off-tune расстраивать(ся), разрегулировать(ся), сбивать настройку
often часто; много раз
oftentimes часто, многократно
oft-recurring часто повторяющийся
ogee 1. стрелка свода; 2. S-образная кривая
ogive 1. оживальная кривая (поверхность); оживал; стрельчатый свод; 2. интегральная кривая
ogival оживальный, заостренный
ohm ом, Ом (единица электрического сопротивления)

ohmage (электрическое) сопротивление в омах
ohmic омический
    o. **heating** омический нагрев
    o. **resistance** омическое сопротивление
ohmmeter омметр
oil (жидкое) масло; (жидкая) смазка; нефть; нефтепродукты; || масляный; нефтяной; || смазывать; пропитывать маслом
    to **make oil** добывать нефть
    o. **duct** смазочный канал, маслопровод
    o. **field** нефтяное месторождение
    o. **hardening** закалка с охлаждением в масле
    o. **pipe** маслопровод
    o. **production** нефтедобыча; нефтеотдача (пласта)
    o. **pump** масляный насос
    o. **recovery** нефтедобыча; нефтеотдача (пласта)
    o. **saturation** нефтенасыщенность
    o. **sump** нижний картер двигателя; поддон картера
    o. **tank** масляный бак
    o. **well** нефтяная скважина
    carbon o. керосин
    crude o. сырая нефть
    engine o. моторное масло
    mineral o. нефть; нефтепродукт; минеральное масло
    produced o. добытая нефть
    road o. дорожный битум
    thick o. вязкое (густое) масло
    thin o. маловязкое (жидкое) масло
oil-bearing нефтеносный
oil-car (нефтеналивная) цистерна
oil-derrick нефтяная вышка
oil-engine двигатель на жидком топливе
oiler 1. нефтеналивное судно, танкер; 2. масленка; 3. нефтедобывающая скважина
oil-fuel жидкое топливо
oil-gear гидравлическая передача, гидропривод
oilhole смазочное отверстие
oiling смазка (смазывание) маслом; || смазывающий, смазочный
oilness маслянистость; смазочные свойства
oil-producing нефтедобывающий
oil-proof маслостойкий; нефтепроницаемый
oil-tanker танкер
oil-well нефтяная скважина
old старый; бывший, прежний; более ранний (из нескольких), первоначальный; опытный
olden старый; относящийся к более раннему периоду
old-established установленный, принятый
old-fashioned устаревший
oleaginous маслянистый
oleiferous маслянистый
oleometer олеометр, ареометр для нефтепродуктов

omega омега (последняя буква греческого алфавита); конец, завершение
omen знак, признак, симптом; ‖ служить признаком
omissible несущественный
omission пропуск, пробел; упущение
omit пропускать; не включать, опускать; пренебрегать, упускать
omitted пропущенный; упущенный
  o. term пропущенный член (напр., в разложении)
omni- (как компонент сложных слов) все-, полно-
omnibus охватывающий несколько предметов (тем); обобщающий, обобщенный; полный, исчерпывающий
  o. approach обобщенный подход
omnidirectional не имеющий определенного направления действия, всенаправленный, круговой
omnifarious разнообразный; всевозможный; бессистемный
on 1. (предлог) на, в; у, около; из; по, после, при; о, об, относительно, к вопросу о; исходя из, на основании; 2. (наречие) указывает на: 1) движение вперед, дальше; 2) продолжение, развитие действия; 3) отправную точку, момент; 4) приближение к моменту времени; 5) включение, соединение; 3. положение "включено", рабочее состояние; ‖ включенный; подключенный, соединенный (напр., в цепь); 4. приближаться, подходить; включать, подключать, соединять; надевать
  to bear on опираться на; касаться, иметь отношение к
  to carry on продолжать; вести, проводить
  to get on приближаться (о времени); продолжать(ся)
  to go on продолжать, идти дальше; продолжаться, длиться
  to go on for приближаться к (о времени)
  to go on to переходить к
  to keep on продолжать (делать что-либо); сохранять в прежнем положении (на прежнем уровне)
  to put on включать; прибавлять, повышать, (пре)увеличивать; надевать
  on the assumption of исходя из предположения о
  on the basis of на основе, исходя из
  on behalf of от имени
  on centre (установленный) по центру, на линии центров
  on the contrary (и) наоборот, напротив
  on hand имеющийся, располагаемый; рассматриваемый
  on the other hand с другой стороны
  on the lines of в направлении; следуя чему-либо, по примеру
  on the occasion иногда, эпизодически; по случаю; попутно
  on the point of близкий к
  on the score of вследствие, по причине

  on state состояние "включено"
  on time время включения; время работы
  (up)on the whole в целом, в общем
once 1. (один) раз; однажды, когда-то, в свое время; иногда; 2. если, как только, если только
  once again еще раз, снова
  once and again несколько раз, неоднократно
  once in a while редко, иногда
  once more еще раз
  all at once неожиданно
  at once сразу, немедленно; одновременно
  for once на этот раз, для этого случая; в виде исключения
  more than once не раз, неоднократно
once-over беглый просмотр; предварительный осмотр
oncoming приближение; ‖ приближающийся, надвигающийся; предстоящий, будущий
on-cycle рабочая часть цикла; время работы
ondometer частотомер, волномер
one 1. единица, число один; номер один; 2. употребляется вместо существительного во избежание повторения; 3. некто, кто-то; 4. единственный; 5. одинаковый, такой же; 6. неопределенный, какой-то, некий
  one and only one один и только один
  one another друг друга, друг другу
  one by one один за другим, по одному, последовательно
  one in a thousand один на тысячу, редкий
  one may можно
  one must нужно, следует
  one must admit следует признать
  one more еще один
  one or more один или несколько
  one ought to нужно, следует
  for one например
  for one thing во-первых, прежде всего
  last but one предпоследний
  with one another друг с другом
  binary o. двоичная единица
one- (как компонент сложных слов) одно-, едино-; с одним
one-at-a-time последовательный
one-dimensional одномерный
  o. array одномерный массив, вектор
  o. search одномерный (линейный) поиск
one-directional однонаправленный
one-figure однозначное число; ‖ однозначный
one-fold простой, несложный
one-for-one взаимно однозначный; один к одному
one-half половинный
  o. angle половинный угол
oneness единство; тождество; тождественность; единообразие; неизменность, неизменяемость
one-one взаимно однозначный

one-parameter однопараметрический
   o. **characterization** описание по одному параметру
one-piece цельный, монолитный; неразъемный; моноблочный
one-ply однослойный
one-point одноточечный
   o. **quadrature** одноточечное интегрирование, одноточечная квадратурная формула
onerous затруднительный
one-side(d) односторонний
   o. **approximation** одностороннее приближение
   o. **contact** односторонний контакт
   o. **surface** односторонняя поверхность
one-spar однолонжеронный (о типе конструкции)
one-to-one взаимно однозначный
   o. **mapping** взаимно однозначное соответствие (отображение)
one-valued однозначный
   o. **function** однозначная функция
one-way односторонний, однонаправленный
   o. **classification** классификация по одному признаку
   o. **plate** (прямоугольная) пластина, опертая по двум противоположным сторонам; пластина, армированная в одном направлении
onflow течение; приток
onlay накладка; отделка
on-line 1. (работающий) под управлением основного оборудования, управляемый ЭВМ; неавтономный, подключенный; диалоговый, интерактивный; оперативный; работающий в реальном (масштабе) времени; 2. линейная расстановка, последовательное (продольное) расположение
   o. **control** оперативное управление; управление в реальном (масштабе) времени
   o. **design** диалоговое проектирование
   o. **programming** программирование в диалоговом режиме
   o. **unit** подключенное устройство
only 1. единственный; исключительный; уникальный; || только, лишь; единственно, исключительно; 2. но
   only if только, если; только бы, хотя бы только
   only just только что
   only not едва не, почти
   only that за исключением того, что
   if and only if тогда и только тогда
   the only единственный
on-off работающий по принципу "включено-выключено", двухпозиционный, релейный
   o. **switch** двухпозиционный переключатель
on-position рабочее положение, положение "включено"
onset 1. начало; появление, возникновение; вступление, ввод в действие; 2. нагон волны

   at the first onset сразу же
   wind o. ветровой нагон (волны)
on-site местный, собственный; (установленный) на (своем) месте, по месту; непосредственный, прямой
onspeed заданная скорость
on-state состояние "включено"; открытое состояние
on-the-spot см. **on-site**
ontime время (момент) включения; время (продолжительность) включенного состояния; длительность импульса
onto (предлог) на
onus (лат.) ответственность, долг
onward продвигающийся, идущий вперед; прогрессивный; || вперед; впереди, далее
   o. **movement** движение вперед; прогресс
onwards вперед; впереди, далее
ooze просачивание; медленное течение; || просачиваться, сочиться; медленно течь (вытекать)
   to ooze out просачиваться; проступать наружу
opacity непрозрачность, непроницаемость; затененность, темнота; неясность, смутность
   acoustic o. звуконепроницаемость
opaque 1. непрозрачный, светонепроницаемый, темный; 2. непрозрачная среда; темнота
open 1. открытый; доступный, незанятый, свободный, незамкнутый, разомкнутый, незавершенный; || открывать(ся), раскрывать(ся); начинать(ся); размыкать (цепь), отключать, выключать; 2. отверстие, свободное пространство
   to open out раскрывать(ся), развертывать(ся)
   to open up делать(ся) доступным, раскрывать(ся); вскрывать(ся)
   to open up opportunities предоставлять возможности
   to open up relations устанавливать отношения
   the open открытое пространство; перспектива
   o. **loop** открытый контур; незамкнутый цикл; открытая система
   o. **to objection** встречающий возражения, сомнительный, уязвимый
   o. **polygon** ломаная линия
   o. **question** открытый вопрос; вопрос, допускающий множество ответов
   o. **section** открытое (незамкнутое) сечение
   o. **set** открытое множество
   o. **system** открытая (расширяемая) система; система без обратной связи
open-and-shut элементарный, очевидный
open-air наружный; открытый
open-ended открытый, незамкнутый; расширяемый
opener 1. расширитель; 2. разрыхлитель, разрыхляющее вещество
opening 1. отверстие; просвет, проем, внутренний габарит; проход; || открывающий,

раскрывающий; **2.** щель, расщелина; раскрытие (напр., трещины); **3.** (горная) выработка; вскрытие месторождения; **4.** устье (отверстия, скважины); раствор (конуса); **5.** отключение, размыкание; разрыв, обрыв; || отключающий, размыкающий; разрывающий; **6.** начало; вступление; || начальный, исходный; вступительный; **7.** разрыхление

   o. **mode crack** трещина нормального отрыва, трещина типа I
   o. **stress** разрушающее напряжение
   admission o. впускное отверстие
   angular o. угол раствора (конуса)
   clear o. просвет, проход; ширина в свету, свободное (живое) сечение
   crack o. раскрытие трещины
   crack o. **stress** напряжение раскрытия
   discharge o. выпускное отверстие
   intake o. отверстие заборника
   mine o. горная выработка

open-loop открытый, разомкнутый; без обратной связи, не саморегулирующийся
openly открыто; публично
openness открытость; назамкнутость
operability (при)годность; работоспособность (оборудования); удобство использования (управления); действенность
operable действующий, в рабочем (включенном) состоянии; работоспособный, исправный; пригодный к обработке
operand операнд, объект действия
operate 1. работать, действовать, функционировать, производить операции; управлять, оперировать, манипулировать; воздействовать, оказывать влияние; приводить(ся) в действие (движение); **2.** эксплуатировать, разрабатывать

   to **operate (up)on** производить действия над чем-либо; действовать (оператором) на, применять (оператор) к
   to **operate under a theory** действовать на основании теории
   to **operate with** взаимодействовать с чем-либо; быть подключенным к, находиться в зацеплении с

operated управляемый; приводимый в действие (в движение); разрабатываемый
   directly o. непосредственно управляемый
   numerically o. с числовым программным управлением
   remotely o. телеуправляемый, с дистанционным управлением

operating действующий; рабочий, эксплуатационный; оперативный; операционный; текущий
   o. **characteristic** рабочая (эксплуатационная) характеристика
   o. **conditions** условия (режим) работы
   o. **efficiency** производительность, эксплуатационный кпд
   o. **mechanism** исполнительный (рабочий) механизм; привод
   o. **personnel** технический персонал
   o. **pressure** рабочее давление

   o. **regime** режим работы (эксплуатации)
   o. **system (OS)** операционная система (ОС)
   o. **zone** рабочая область, зона действия

operation действие, операция; работа, функционирование; процесс; обработка, цикл обработки; режим (работы); управление; приведение в действие; эксплуатация; обслуживание

   to **be in operation** действовать, работать; находиться в состоянии разработки (в процессе обработки)
   to **call into operation** приводить в действие
   in operation работающий; использующийся; (находящийся) в действии, в процессе разработки

   o. **life** эксплуатационная долговечность, ресурс
   o. **mode** режим работы; способ обработки
   o. **time** рабочее время; время срабатывания
   AND o. операция И, конъюнкция, логическое умножение
   arithmetic o. арифметическое действие; арифметическая операция
   array o. операция над массивом, матричная операция
   associative o. ассоциативная операция
   binary o. бинарная операция
   Boolean o. булева (логическая) операция
   Carnot o. цикл Карно
   commutative o. коммутативная операция
   comparison o. операция сравнения
   concurrent o. совмещенная работа; работа в параллельном режиме
   conjunction o. конъюнкция, логическое умножение
   do-nothing o. фиктивная операция
   fail-safe o. отказоустойчивая работа
   finishing o. доводочная операция
   fixed-point o. операция с фиксированной запятой
   fundamental operations of arithmetic основные арифметические действия
   grouped o. групповая операция, групповая работа
   identity o. тождественная операция, операция эквивалентности
   increment o. операция приращения (увеличения)
   integer o. целочисленная операция
   jump o. операция перехода
   linear o. линейный режим
   logical o. логическая операция
   machining o. цикл (технологической) обработки
   marginal o. работа в предельных условиях
   matrix o. матричная операция, операция над матрицей (матрицами)
   mechanical o. механическая обработка

multiple o. совмещенная работа, работа в параллельном режиме
no-failure o. безотказная работа; безотказность
no-load o. работа без нагрузки, холостой ход
NOT o. операция НЕ, операция отрицания
one-pass o. операция, выполняемая за один проход
on-line o. работа (оборудования) в составе комплекса; работа под управлением ЭВМ; работа (обработка данных) в реальном масштабе времени; работа в диалоговом режиме
OR o. операция ИЛИ, дизъюнкция, логическое сложение
parallel o. параллельная операция, параллельная работа (обработка)
point o. (по)точечная операция, операция над отдельным элементом
primitive o. элементарная (первичная) операция; простейшее действие
radius of o. радиус действия
repetitive o. циклический режим
research of operations исследование операций
scalar o. скалярная операция, операция над скалярными величинами
scale o. операция масштабирования
sequential o. последовательная обработка
set o. операция над множествами, теоретико-множественная операция
single-mode o. одномодовый режим
stable o. устойчивый режим, устойчивая работа
step-by-step o. (по)шаговая обработка, (по)шаговое выполнение
synchronous o. синхронная работа, синхронное выполнение
temperature of o. рабочая температура
transfer o. операция перехода (пересылки)
transient o. работа в неустановившемся режиме
unary o. унарная (одноместная) операция
vectorial o. векторная операция, операция над векторами; (поэлементная) операция над одномерными массивами
operational 1. рабочий, эксплуатационный; 2. действующий, работающий; 3. готовый к работе; исправный, пригодный; 4. операционный; операторный
  to be operational 1. работать, действовать; 2. находиться в состоянии готовности; быть пригодным
  o. calculus операционное исчисление
  o. characteristics рабочие параметры, эксплуатационные характеристики
  o. costs расходы по эксплуатации
  o. data рабочие данные; информация о функционировании системы
  o. factors рабочие (текущие) параметры, эксплуатационные характеристики
  o. failure эксплуатационный отказ
  o. method операторный метод
  o. research исследование операций
  o. testing испытания в реальных условиях; опытная эксплуатация
operative 1. действующий, работающий; 2. рабочий, эксплуатационный; 3. использующийся, применяющийся; 4. готовый к работе, исправный; 5. операционный; оперативный; 6. действительный, имеющий силу; действенный; 7. движущийся; 8. оператор
  to become operative входить в силу
  o. algorithm рабочий алгоритм
  o. condition исправное состояние
  o. conditions условия эксплуатации
  mechanical o. механический оператор, робот
operator 1. оператор; 2. операция; знак операции; 3. действующий фактор
  o. function операторная функция
  o. in functional space оператор в функциональном пространстве
  o. method операторный (операционный) метод
  o. variable операторная переменная
  additive o. аддитивный оператор; операция (типа) сложения
  algebraic o. алгебраический оператор, алгебраическая операция
  Boolean o. булев (логический) оператор
  boundary o. граничный оператор, оператор краевых условий
  composite o. составной оператор
  differential o. дифференциальный оператор
  gradient o. оператор градиента
  Hamiltonian o. оператор Гамильтона, гамильтониан
  identity o. оператор тождественности, единичный оператор
  inverse o. обратный оператор
  Laplace o. оператор Лапласа, лапласиан
  linear o. линейный оператор
  mathematical o. математический оператор
  matrix o. матричный оператор
  monadic o. унарный (одноместный) оператор
  OR o. оператор ИЛИ
  positive definite o. положительно определенный оператор
  projection o. оператор проектирования, проекционный оператор
  relational o. оператор отношения
  sequential o. оператор следования
  symmetrical o. симметричный оператор
  unit o. единичный оператор
  zero o. нулевой оператор
operator-controlled управляемый оператором
opine высказывать мнение; считать, полагать

opinion мнение, взгляд; заключение (специалиста)
    to **adhere** to the opinion придерживаться мнения
    to **be** of opinion that полагать, что
    a **matter** of opinion спорный вопрос
    advisory o. консультативное заключение
    high o. высокая оценка
opponent 1. противоположный; расположенный напротив; 2. оппонент; противник
opportune благоприятный, подходящий
opportunity (благоприятная) возможность
    to **lose** an opportunity упускать возможность
    to **take** the opportunity of пользоваться случаем (возможностью)
oppose противодействовать, препятствовать, мешать; противопоставлять; выступать против
opposed противоположный, противный; противодействующий; встречающий сопротивление
    as **opposed** to в противоположность (чему-либо)
    o. **force** противоположно направленная сила; противодействующая сила
opposite 1. противоположный; обратный; противолежащий; обратного знака, разноименный; 2. противоположность; противоположение
    o. **angle** противолежащий угол
    o. **forces** противоположно направленные силы
    o. **poles** разноименные полюсы
    o. **pressure** противодавление
    o. **side** противолежащая сторона
    o. **sign** обратный (противоположный) знак
    o. **vectors** противоположные (противоположно направленные) векторы
    o. **vorticity** вихрь (завихренность) обратного направления
    direct o. прямая противоположность
opposition противоположность; противодействие, сопротивление; противоположение; противостояние; противофаза
opt выбирать
optative желательный
optic(al) оптический; зрительный
    o. **anisotropy** оптическая анизотропия
    o. **path** световод
    o. **spectrum** оптический спектр; оптическая область спектра
optically оптически; относительно оптических свойств
    o. **anisotropic media** оптически анизотропная среда
optics оптика; оптические приборы; оптическая система
    deformable o. деформируемая оптическая система
    fiber o. волоконная оптика
    geometric(al) o. геометрическая оптика
    lens o. линзовая оптика, линзовая оптическая система

    mirror o. зеркальная оптика, зеркальная оптическая система
    polarizing o. поляризующая оптическая система
    reflective o. отражательная (зеркальная) оптика
optimal оптимальный, наилучший, наивыгоднейший; экстремальный
    o. **control** оптимальное управление
    o. **design** оптимальное проектирование; оптимальный проект, оптимальная конструкция
    o. **estimate** оптимальная (неулучшаемая) оценка
    o. **sampling** оптимальная выборка
    o. **sampling integration** численное интегрирование в оптимальных точках
    o. **structure** оптимальная конструкция (структура)
    o. **synthesis** оптимальный синтез, оптимальное проектирование (напр., конструкций)
optimality оптимальность, наилучшее качество; экстремальность
    o. **condition** условие оптимальности, уравнение оптимальности
    o. **criterion** критерий оптимальности
    mass o. оптимальность (конструкции) по массе
optimization оптимизация; отыскание оптимума; достижение наилучшего качества
    o. **package** пакет программ для решения задач оптимизации
    o. **parameter** параметр оптимизации
    code o. оптимизация программы
    constrained o. оптимизация при наличии ограничений, условная оптимизация
    discrete o. дискретная оптимизация
    global o. глобальная оптимизация
    gradient o. градиентная оптимизация, оптимизация градиентным методом
    integer o. целочисленная оптимизация
    local o. локальная оптимизация
    multiobjective o. многокритериальная оптимизация
    nonlinear o. нелинейная оптимизация
    on-line o. оптимизация в реальном (масштабе) времени; диалоговая оптимизация
    overall o. глобальная оптимизация
    parametric o. параметрическая оптимизация, оптимизация параметров
    peep-hole o. локальная оптимизация (напр., программ)
    shape o. оптимизация формы
    storage o. оптимизация (использования) памяти, оптимизация по памяти
    structural o. оптимизация конструкций; структурная оптимизация
    unconstrained o. оптимизация без ограничений, безусловная оптимизация
    user o. вариант (режим), выбираемый пользователем
    variational o. вариационная оптимизация

optimize оптимизировать, находить оптимум; доводить до наивыгоднейшего значения; получать наилучшее качество
optimizer средство (программа) оптимизации
optimizing оптимизация, отыскание оптимального решения; ‖ оптимизирующий, дающий оптимум
optimum оптимум, оптимальное значение, наивыгоднейшее (оптимальное) решение, наилучшее качество; ‖ оптимальный, наилучший, наивыгоднейший
   o. design оптимальный проект
   o. point точка оптимума
   o. probability based design оптимальное проектирование на базе вероятностного подхода
   o. test проверка оптимальности; критерий оптимальности
   applied o. design прикладное оптимальное проектирование
   goal function o. оптимум целевой функции
option 1. выбор; возможность (выбора), альтернатива, вариант; предмет выбора; 2. режим; 3. необязательный параметр
   default o. режим (вариант), принимаемый по умолчанию; стандартный режим
   system o. режим (функционирования) системы
optional необязательный, произвольный, по выбору, факультативный
   o. parameter необязательный параметр
or 1. или; иначе, в противном случае; другими словами, то есть; 2. логическая функция (операция) ИЛИ; 3. до, прежде чем
   or else иначе, или же
   or so или около того
   exclusive o. исключающее ИЛИ
   inclusive o. включающее ИЛИ
   and/or и/или (оба вместе или по отдельности)
orb 1. шар, сфера; 2. небесное тело; 3. орбита; круг, оборот; 4. множество, совокупность
orbed (о)круглый, шарообразный, шаровой, сферический
orbicular сферический, шаровой, круглый; завершенный
orbit 1. орбита; траектория; ‖ выводить (выходить) на орбиту, двигаться по орбите; 2. сфера деятельности; компетенция
   concentric o. концентрическая орбита
   earth-centered o. геоцентрическая орбита
   inclined o. наклоненная орбита
   n-degree o. орбита с наклонением n градусов
   planar o. плоская орбита
   tailored o. заданная орбита
orbital орбитальный; планетарный
orbiter орбитальный аппарат, орбитальная ступень; искусственный спутник
orbiting движение по орбите, вывод на орбиту

order 1. порядок, упорядоченность; последовательность; нумерация; расположение, размещение; порядок действий, порядок слов; регламент; ‖ упорядочивать; располагать (в некотором порядке); нумеровать; регламентировать; 2. порядок, степень; показатель; ранг; 3. разряд (числа); 4. кратность, повторность; 5. команда, директива, распоряжение; задание, назначение, предписание; запрос, заказ; ‖ задавать, назначать, предписывать; запрашивать, заказывать; 6. порядок, исправность; ‖ приводить в порядок; 7. группа, класс, род
   to put in order 1. приводить в порядок, исправлять; 2. упорядочивать
   in order 1. в исправности; надлежащим образом; 2. по порядку
   in order of по порядку, в порядке (напр., возрастания)
   in order of size по размеру
   in order to для того, чтобы
   of the n-th order порядка n
   of the order of порядка (величины), приблизительно равный
   correct in the first order верный в первом приближении, верный с точностью до членов первого порядка (малости)
   o. of accuracy порядок (степень) точности
   o. of approximation порядок аппроксимации
   o. of differential equation порядок дифференциального уравнения
   o. of finite element порядок (степень) конечного элемента
   o. of magnitude порядок величины
   o. of pole порядок полюса
   o. of radical показатель корня
   o. relation отношение порядка
   o. of system порядок (размерность) системы
   o. of tensor ранг (валентность) тензора
   o. of theory порядок теории
   o. of variables порядок (расположения) переменных
   alphabetical o. алфавитный порядок
   ascending o. упорядоченность по возрастанию
   convergence o. порядок (скорость) сходимости
   cyclic o. циклический порядок, циклическая последовательность
   derivative o. порядок производной
   higher o. высший порядок; старший разряд; ‖ (более) высокого порядка, высшего порядка
   integration o. порядок (формулы) интегрирования
   lexicographic o. лексикографический порядок
   low o. низкий (низший) порядок; младший разряд
   n-th o. n-ный порядок
   polynomial o. степень (порядок) полинома

preference o. отношение предпочтения
random o. произвольный порядок
reverse o. обратный порядок
symmetry o. порядок симметрии
units o. разряд единиц
ordered упорядоченный; пронумерованный; регулярный
  o. **graph** упорядоченный граф
  o. **sequence** упорядоченная последовательность
  normally o. нормально (вполне) упорядоченный
ordering порядок, упорядочение; последовательность; нумерация; расположение, размещение, распределение
  o. **criterion** критерий упорядочения
  o. **of equations** упорядочение уравнений (в системе)
  o. **relation** отношение порядка
  graph o. упорядочение (вершин) графа
  profile minimization o. упорядочение, минимизирующее профиль (ненулевых элементов матрицы)
  sparsity o. упорядочение разреженности; схема (формат) хранения разреженных данных
orderly упорядоченный; регулярный; методичный
ordinal 1. порядковый; перечислимый; 2. порядковое числительное
ordinance 1. нормативный (регулирующий) документ; 2. план, расположение частей
ordinarily обычно; как правило
ordinary обыкновенный; обычный, ординарный, простой
  o. **derivative** обыкновенная производная
  o. **differential equation (ODE)** обыкновенное дифференциальное уравнение (ОДУ)
  o. **tensor** единичный тензор
ordinate ордината
  o. **axis** ось ординат
  o. **value** значение ординаты
  o. **vector** вектор ординат, вектор значений функции
ordnance артиллерия; артиллерийские орудия; вооружение (напр., самолета)
ore руда; || (горно)рудный
ore-dressing обогащение руд; механическая обработка полезных ископаемых
organ 1. орган; 2. элемент, блок
organic 1. органический; 2. организованный, систематизированный; 3. согласованный
  o. **whole** единое целое
organization организация; структура, устройство
  data o. структура (организация) данных
organize организовывать, устраивать
orient ориентировать(ся), определять местонахождение
orientable ориентируемый
orientate ориентировать(ся); определять местонахождение

orientation ориентация; ориентирование; координаты положения
  spatial o. пространственная ориентация
oriented ориентированный, направленный
  o. **curve** ориентированная кривая
  o. **graph** ориентированный (направленный) граф, орграф
  o. **material** материал с ориентированной структурой
  o. **in space** ориентированный в пространстве
-oriented (как компонент сложных слов) -ориентированный; напр., **problem-oriented** проблемно-ориентированный
orifice отверстие; проход, канал; выход, устье; сопло; жиклер; насадка, наконечник
  o. **discharge** расход (жидкости) через отверстие (напр., сопло, мерительную диафрагму)
  o. **meter** диафрагмовый счетчик (расходомер)
  o. **tank** измерительная камера
  adjustable o. регулируемая диафрагма, регулируемое сопло
  delivery o. расходное отверстие
  jet o. выходное сопло; инжекционное отверстие; форсунка
  measuring o. измерительное (мерное) отверстие
  metered o. калиброванное отверстие
origin 1. начало; источник; происхождение; 2. начало отсчета, начало координат; исходное (отсчетное) положение; 3. корень дерева (графа)
  to trace one's origin to вести происхождение от
  at origin в (самом) начале; в начале координат
  o. **of coordinates** начало координат, начало отсчета
  arbitrary o. произвольное начало отсчета
  crack o. зарождение трещины; начало трещины
  fracture o. источник разрушения
  grid o. начало координат
  line of o. линия отсчета, ось координат
  noise o. источник шума
  time o. начало отсчета времени
  vector o. начало вектора
  vector from o. вектор из начала координат, радиус-вектор
original оригинал; первоисточник; прообраз, прототип; || (перво)начальный, исходный, первичный; оригинальный, новый
  by the original по первоисточнику; по прототипу
  in the original в оригинале
  o. **configuration** исходная конфигурация; начальная форма
  o. **coordinates** начальные координаты; исходная система координат
  o. **edition** первое издание
  o. **equation** исходное уравнение
  o. **source** первоисточник
  o. **velocity** начальная скорость

originality оригинальность; новизна; подлинность

originally первоначально; по происхождению; оригинально

originate давать начало, порождать, начинать, инициировать; создавать; брать начало, происходить, возникать

origination 1. начало, происхождение; 2. образование, порождение, создание; 3. подготовка

originative 1. дающий начало, образующий, порождающий; 2. созидательный, творческий

originator 1. источник; излучатель (сигналов); 2. автор; инициатор

ortho- (как компонент сложных слов) орто-, прямо-; право-

orthocentre центр вписанной окружности (сферы)

orthocomplement ортодополнение

orthogon прямоугольник

orthogonal ортогональный, перпендикулярный; прямоугольный

    o. **axes** ортогональные оси, ортогональная (прямоугольная) система координат

    o. **basis** ортогональный базис

    o. **coordinates** ортогональные координаты; ортогональная система координат

    o. **functions** ортогональные функции

    o. **grid** ортогональная сетка

    o. **matrix** ортогональная матрица

    o. **projection** ортогональная проекция, ортогональное проектирование

    o. **section** ортогональное (прямое) сечение

    o. **to a surface** ортогональный к поверхности, нормальный к поверхности

    o. **tests** статистически независимые критерии

    o. **transformation** ортогональное преобразование

    o. **vectors** ортогональные векторы

    energy o. энергетически ортогональный

    force o. ортогональный относительно усилий

    vectors o. **with respect to the mass matrix** векторы, ортогональные относительно матрицы масс

orthogonality ортогональность, перпендикулярность, нормальность

    o. **condition** условие ортогональности

    o. **of natural modes** ортогональность собственных форм

orthogonalization ортогонализация

    o. **process** процесс ортогонализации

    Gram-Schmidt o. ортогонализация по Граму-Шмидту

orthogonalize ортогонализировать

orthographic орфографический; ортогональный (о проекциях)

orthonormal ортонормальный, ортонормированный

    o. **set of vectors** ортонормированная система векторов

orthonormalized ортонормированный, ортонормализованный

orthotropic ортотропный

orthotropy ортотропия

oscillate колебаться, осциллировать; вибрировать; генерировать колебания

oscillating колебание, осцилляция; вибрация; ‖ колеблющийся, осциллирующий; колебательный; (знако)переменный

    o. **function** осциллирующая функция

    o. **load** пульсирующая нагрузка

    o. **loop** колебательный контур; пучность волны

    o. **motion** колебательное движение; колебания, вибрация

    o. **series** знакопеременный ряд

    highly o. сильно осциллирующий

oscillation колебание, осцилляция, пульсация; вибрация; (частая) перемена знака; генерация колебаний

    o. **about a center** колебание относительно центра

    o. **of a function** колебание (осцилляция) функции

    o. **period** период колебания

    angular o. угловое колебание

    backward-wave o. колебания обратной волны

    characteristic o. собственное (свободное) колебание

    continuous o. непрерывное колебание; незатухающее колебание

    convergent o. затухающее колебание

    damped o. затухающее (демпфированное) колебание

    diverging o. нарастающее колебание, колебание с отрицательным затуханием

    forced o. вынужденное колебание

    free o. свободное (собственное) колебание

    full-wave o. полное колебание

    fundamental o. собственное колебание; колебание на основной частоте

    galloping o. галопирующее колебание

    gas o. пульсация газа

    hunting o. колебательное движение рыскания; фугоидное колебание

    harmonic o. гармоническое колебание

    lateral o. поперечное колебание

    longitudinal o. продольное колебание

    mechanical o. механическое колебание

    modulated o. модулированное колебание

    natural o. собственное (свободное) колебание

    nonlinear o. нелинейное колебание

    pendular o. маятниковое колебание

    periodic o. периодическое колебание

    persistent o. незатухающее колебание

    phugoid o. длиннопериодическое (фугоидное) колебание

pitching o. колебательное движение тангажа
pressure o. пульсация давления
pulsatory o. пульсация
pure o. синусоидальное колебание
quasi-stationary o. квазистационарное колебание
relaxation o. релаксационное (затухающее) колебание
self-sustained o. автоколебание, самовозбуждающееся колебание
shock o. ударная осцилляция; пульсация скачка уплотнения
sideslip o. колебательное движение рыскания
slow o. низкочастотное (медленное) колебание, длиннопериодическое колебание
sound o. звуковое колебание
steady-state o. установившееся (стационарное) колебание
surface o. колебание поверхности; поверхностное колебание
sustained o. незатухающее колебание
tidal o. приливное колебание
timing o. синхронизирующее колебание, эталонное колебание
transverse o. поперечное колебание
undamped o. незатухающее колебание
unstable o. неустойчивое колебание
unsteady o. неустановившееся (нестационарное) колебание
vortex-excited o. колебание, возбуждаемое вихрем

oscillator осциллятор; колеблющаяся частица; вибратор, генератор, излучатель (колебаний)
driving o. задающий генератор (колебаний)
harmonic o. гармонический осциллятор
Hertzian o. вибратор (диполь) Герца, элементарный излучатель
impulse o. импульсный генератор
master o. задающий генератор
reference o. эталонный осциллятор; эталон частоты; генератор опорной частоты
simple o. гармонический осциллятор
sine-wave o. генератор гармонических колебаний
square-wave o. генератор прямоугольных импульсов

oscillatory колебательный; пульсационный
o. circuit колебательный контур
o. discharge колебательный (газовый) разряд
o. response колебательный реакция; пульсационная характеристика

oscillogram осциллограмма
oscillograph осциллограф
o. record осциллограмма
oscilloscope осциллоскоп, осциллограф
o. display осциллограмма

osculant 1. (сопри)касающийся, касательный; **2.** промежуточный, соединительный
osculate (сопри)касаться
osculating (сопри)касающийся, касательный
o. plane соприкасающаяся плоскость
osculation 1. соприкосновение, касание; **2.** самокасание (кривой)
osmose осмос; ‖ осмозировать, диффундировать
osmosis осмос
osmotic осмотический
o. pressure осмотическое давление
ossature каркас (сооружения)
ostensible 1. мнимый, фиктивный; **2.** очевидный, явный
other другой, иной; дополнительный
other than помимо, кроме, исключая; а не
other conditions being equal при прочих равных условиях
each other друг друга
on the other hand с другой стороны
somehow or other так или иначе
with one another друг с другом
others другие; прочие; остальные
otherness различие, отличие; несхожесть
otherwise 1. иначе, иным способом, по-другому; или же, в противном случае; в других отношениях; **2.** иной, другой
if otherwise stated если не оговорено иное
the presence or otherwise of присутствие или отсутствие чего-либо
under otherwise equal conditions при прочих равных условиях
ought (to) должен, следует, необходимо (сделать что-либо)
it ought to be remarked следует отметить
one ought to bear in mind that необходимо помнить, что
ounce 1. унция (= 28,35 г); **2.** малое количество, капля
out 1. вне, за, из; из-за, вследствие, в силу, по причине; без; **2.** (наречие) указывает на: 1) положение вне, снаружи, за пределами чего-либо; 2) направленность наружу, за пределы; 3) завершенность, окончание действия; 4) отклонение от положения (правил, нормы, истины); **3.** внешний, наружный; выпущенный; выключенный; отключившийся (от); ‖ выходить (выводить) за пределы, превышать; отклонять(ся); гасить, тушить; выключать(ся); **4.** выход; выдача, выпуск; пропуск; **5.** положение "выключено"; "отключено"
to be out of control выходить из управления
to bear out подкреплять, поддерживать; подтверждать
to bring out выявлять, обнаруживать; высказывать (мнение); публиковать
to carry out выполнять, доводить до конца, осуществлять

to fall out выпадать из; не соответствовать, не подходить
to fill out наполнять(ся), заполнять(ся); надувать(ся); расширять(ся); возмещать (недостающее)
to get out выходить, вылезать, вынимать, вытаскивать; обходить
to get out of control выходить из управления
to give out выдавать, выпускать; издавать; выделять; распределять
to go out выходить, заканчиваться, исчерпываться; гаснуть; терпеть неудачу
to grow out перерастать, переходить (за)
to point out указывать (на), показывать, выделять, обращать внимание, отмечать
to put out of account не принимать во внимание
to rule out исключать из
to set out излагать (напр., принципы); стремиться, пытаться; делать разметку, размечать; задавать, определять (напр., значение); приступать к
to single out выбирать, отбирать; выделять
to turn out оказываться; выпускать, производить
to work out разрабатывать; вырабатывать; решать (задачу)
out and away намного, гораздо
out of necessity в силу необходимости
out of reach вне (пределов) досягаемости
out of step несинхронно
out of time несвоевременно
further out еще дальше
way out выход из положения
  o. **device** устройство вывода
  o. **parameter** выходной параметр
out- (как компонент сложных слов, придающий значения: 1) завершенности; 2) удаления, отдаленности; 3) превосходства; 4) выхода; 5) проявления) вне-, вы-, ис-, об-, от-, пере-, пре-, про-
outage 1. перерыв; выход из строя, простой; 2. выпускное отверстие
out-and-out полный, совершенный
outbalance перевешивать; превосходить
outboard внешний, установленный снаружи; прицепной, подвесной; || вне, снаружи, за бортом
outbowed выгнутый, выпуклый
outbreak 1. выброс; 2. прорыв; вторжение; 3. начало
outburst выброс; взрыв, вспышка
  rock b. выброс (стреляние) породы
outclass превосходить
outcome 1. результат, исход; выход (продукции); 2. выпускное отверстие
outcrop выход (пласта) на поверхность
outdated устаревший
outdiffusion обратная диффузия
outdistance обгонять

outdo превосходить, быть лучше; преодолевать
outdoor устанавливаемый (проводимый) вне помещения; внешний, наружный; натурный, полевой
outdrive обгонять
outer 1. внешний, наружный; отдаленный от центра, периферийный; 2. объективный, объективно существующий
  o. **air** наружный (атмосферный) воздух
  o. **face** внешняя поверхность; лицевая сторона
  o. **fibre stress** напряжение в наружном волокне (напр., балки)
  o. **normal** внешняя нормаль
  o. **product** внешнее (векторное) произведение
  o. **ring frame** внешний пояс шпангоута
outermost самый удаленный, крайний
outfall 1. отвод, желоб; сброс; || отводить, сбрасывать; 2. устье; || впадать (о притоке)
outfit 1. оснащение; оборудование, аппаратура; принадлежности, набор инструментов; || оснащать, снаряжать, оборудовать; 2. установка, агрегат
outflow истечение, выход, утечка; слив; отбрасываемая (винтом) струя; выходящий поток; || вытекать, истекать, выходить
  free o. свободное истечение
  gas o. истечение газа
outgassing выход (утечка) газа; удаление газа, дегазация
outgo 1. выход, отвод, отход; отправление; || отводить, отходить; 2. превосходить, опережать
outgoing 1. уходящий, отходящий; направленный наружу; отработанный; отводящий; 2. издержки
  o. **wave** уходящая волна
outgrowth 1. продукт, результат; следствие; естественное развитие; 2. отросток, отвод
out-in перемещение "вперед-назад"; вылет (стрелы крана), диапазон движения
outlay затраты, расход(ы)
outlet 1. выход, вывод; выхлоп; сток; выпускное отверстие, выходное сечение; || выходной, выпускной; 2. вылет (напр., стрелы крана)
  o. **tube** выпускная (отводящая) труба
  cable o. вывод кабеля; (закрепляемый) конец троса
  duct o. выходной участок (выходное сечение) канала
  exhaust o. выпускное (выхлопное) отверстие
  power o. отбор мощности
  water o. водовыпуск, водосброс
outlier 1. отличный от других; посторонний; 2. отклонение, выброс, пик (кривой); значение, резко отличающееся от остальных; объект вне группы (класса)
outline 1. очертание, контур, обвод; || контурный; || очерчивать, рисовать контур; 2. эскиз, набросок; схема, план; конспект;

|| намечать, набрасывать; (кратко) характеризовать, описывать
  in outline в общих чертах
outlines 1. мн. ч. от outline; 2. основы; основные принципы
outlook вид, перспектива; обзор; наблюдение; точка наблюдения; взгляд, точка зрения, мнение; || наблюдать; обозревать; виднеться, выделяться (на фоне)
outmatch превосходить
out-of-balance неуравновешенный, несбалансированный
out-of-control неуправляемый, нерегулируемый; выходящий за пределы, превышающий допуск
out-of-core находящийся во внешней памяти, выполняющийся с использованием внешней памяти
  o. solver программа решения с использованием внешней памяти
out-of-date устаревший, несовременный
out-of-gear разъединенный; выключенный
out-of-level негоризонтальный; неровный; выходящий за уровень
out-of-node (в)неузловой
  o. parameter (в)неузловой параметр (конечного элемента)
out-of-plane неплоский, не (лежащий) в плоскости; (направленный) из плоскости, поперечный
  o. loading поперечное нагружение
out-of-plumb невертикальный, наклонный
out-of-position не на месте, неправильно расположенный
out-of-round некруглый, нецилиндрический; овальный; разбитый (об отверстии)
out-of-service неприменяемый, вышедший из употребления
out-of-shape потерявший (исходную) форму, деформированный
out-of-square неперпендикулярный, непрямой, косой, наклонный
out-of-true неправильный, неточный; неточно установленный
out-of-use неупотребительный, вышедший из употребления
out-of-work неработающий, остановленный; вышедший из строя
outperform превосходить в производительности (скорости)
output 1. выход, вывод; продукция, продукт; выпуск (продукции), добыча; производительность, отдача, (отдаваемая) мощность; дебит (скважины); || выходной, на выходе; 2. выходное устройство; 3. выходные данные, результаты; выходной сигнал
  at the output на выходе
  o. action выходное (воз)действие
  o. coefficient коэффициент отдачи (использования)
  o. data выходные данные, результаты
  o. error ошибка на выходе; погрешность выходной величины, погрешность результата

  o. format выходной формат, формат результатов
  o. parameter выходной параметр
  o. response реакция на выходе, выходная характеристика
  o. speed скорость на выходе
  o. of well дебит скважины
  actual o. полезная отдача, эффективная мощность
  algorithm o. выходные данные (результат работы) алгоритма
  available o. располагаемая (выходная) мощность
  data o. вывод данных; выходные данные
  energy o. выделение энергии; выделенная (выработанная) энергия; выходная мощность; энергоемкость
  formatted o. форматный вывод (данных)
  heat o. теплопроизводительность, тепловая мощность; отводимая теплота
  graphical o. графический вывод (данных)
  instantaneous o. мгновенная мощность
  power o. выход мощности; отдаваемая (выходная) мощность
  pump o. подача насоса
  quantized o. дискретный выход (выходной сигнал)
  useful o. полезная мощность (производительность)
outrank превосходить; быть более важным
outreach 1. вылет (стрелы крана), диапазон действия; 2. превосходить
outrigger консоль; выносная стрела; укосина
outright полный, совершенный, прямой, открытый; || вполне, совершенно, до конца
outrival превосходить, опережать
outrun 1. опережать, обгонять; 2. биение (вала)
outrush 1. вытекание с большой скоростью; напор на выходе; 2. импульс тока при отключении
outset начало, отправление; исток
  at the outset вначале
  from the (very) outset с (самого) начала
outshot 1. выступ, выступающая часть; 2. отходы
outside наружность; наружная часть или сторона; внешняя поверхность; || наружный, внешний; крайний, последний; наибольший, предельный; посторонний; || снаружи, извне, за пределами; наружу, за пределы; || вне, за; кроме, помимо
  at the (very) outside самое большее; в крайнем случае
  from outside извне, снаружи
  on the outside снаружи, с внешней стороны
  o. limit крайний предел
  o. measurement наружный размер
outsize избыточный размер; припуск; || превышать (заданный) размер; давать припуск

outspread распространение, расширение; ‖ распространенный; простирающийся; ‖ распространять(ся), расширять(ся); простирать(ся)
outstanding 1. выступающий; выдающийся, известный; 2. невыполненный; остающийся неразрешенным, спорным
outstay выдерживать
outstep выходить за пределы
outstroke ход выпуска (выхлопа)
outswap выгружать (данные)
out-to-out наибольший (габаритный) размер
out-turn объем выработки, (общий) выход
outward внешний, наружный; направленный наружу; поверхностный; видимый
 o. **normal** внешняя нормаль (к поверхности)
outwardly 1. внешне, по виду; наглядно; 2. наружу, вовне
outwardness объективное существование
outwards наружу, вовне, за пределы
outwash смыв, водная эрозия
outwear изнашивать(ся)
outweigh перевешивать, быть тяжелее; превосходить
outworn изношенный, непригодный к дальнейшему использованию
oval овал; выпуклая замкнутая кривая; ‖ овальный
ovality овальность
ovalization овализация, потеря круглой формы (напр., вследствие износа)
oven (сушильная) печь, сушильный шкаф, термостат
over 1. над, выше; через, по, поверх, на; сверх, свыше, больше; слишком, чрезмерно; ‖ верхний, расположенный выше; излишний, избыточный, чрезмерный; 2. с помощью, путем, посредством; 3. снова, вновь, повторно, еще раз; 4. в пределах, в течение, на протяжении; 5. по сравнению; 6. относительно, касательно
 to be **over** заканчиваться, завершаться
 to bring **over** переубеждать
 over and above сверх, в дополнение; к тому же
 over against против, напротив; по сравнению
 over much of на протяжении большей части чего-либо
 over and over again повторно, неоднократно
 over a period of на протяжении, в пределах (о времени)
 over the range в пределах, в диапазоне
 just over непосредственно над (выше) чуть выше
 well over значительно выше (больше)
over- (как компонент сложных слов) сверх-, над-, пере-; добавочный, избыточный, чрезмерный
overall 1. общий, полный, суммарный, итоговый; охватывающий, покрывающий, всеобъемлющий, всеобщий; ‖ полностью, в целом, включая все; повсюду; 2. наибольший, предельный, габаритный
 o. **dimension** полный (габаритный) размер
 o. **equilibrium** общее равновесие
 o. **estimate** полная (суммарная) оценка; всесторонняя оценка
 o. **height** габаритная высота, строительная высота
 o. **instability** общая потеря устойчивости
 o. **length** полная длина
 o. **resistance** полное сопротивление, импеданс
 o. **strength** общая прочность
 o. **thrust** суммарная тяга
 o. **view** общее представление
overbalance перевес, избыток; дисбаланс; добавочная масса для уравновешивания; ‖ перевешивать, превосходить; выводить из равновесия
overbending перегиб; запас на упругое пружинение
overbias избыточное смещение
overbridge путепровод
overburden 1. перегрузка; ‖ перегружать, избыточно нагружать; 2. вскрыша
overburden 1. перегружать, избыточно нагружать; 2. вскрыша
overcapacity запас мощности (производительности, объема)
overcharge перегрузка; избыточный заряд; ‖ перегружать; преувеличивать
overcoat (внешнее) покрытие; ‖ наносить покрытие
overcome преодолевать, побеждать
overcorrection перерегулирование
overdamping демпфирование выше критического, избыточное демпфирование
overdesign 1. повторное проектирование, перепроектирование; 2. проектирование с большим запасом по параметрам; избыточность конструкции
overdetermination переопределенность
overdetermined переопределенный (о системе уравнений)
overdimension избыточный размер; припуск
overdraft превышение; преувеличение
overdrive 1. повышающая (ускоряющая) передача; 2. перевозбуждение
over-estimate переоценка; оценка сверху; завышенное значение; ‖ переоценивать; оценивать сверху
overexcitation перевозбуждение
overexpansion перерасширение (сопла)
overfall перелив; водослив; ‖ переливаться
overfill переполнение; ‖ переполнять(ся)
overflow 1. переполнение (напр., разрядной сетки, счетчика); выход за пределы; избыток; ‖ переполнять(ся), выходить за пределы; 2. перелив; перетекание; (водо)слив; сливное отверстие, сливная труба; порог, поток на пороге; ‖ переливать(ся); перетекать; сливать(ся)

o. **pipe** перепускная труба
o. **pressure** избыточное давление, давление перетекания
exponent o. переполнение (разрядов) порядка
division o. переполнение при делении
overfull переполненный; чрезмерно высокий
overground 1. надземный; 2. тонко измельченный; слишком мелкий
overgrow перерастать; превышать; быстро расти, разрастаться
overhang выступ, свес, нависание; вылет, консоль; ‖ выступать; нависать, свисать; перевешиваться
  body o. свес кузова
overhanging выступающий, нависающий, консольный; находящийся на конце (напр., вала, балки)
  o. **beam** консольная балка
  o. **flywheel** маховик на конце вала
  o. **length** вылет (консоли), свободная длина
overhaul 1. тщательный осмотр; пересмотр; 2. капитальный ремонт
overhead верхний; воздушный, надземный; подвесной; ‖ наверху
  o. **road** эстакада
  o. **traveller** мостовой кран
overheat перегрев; ‖ перегревать(ся)
overhung выступающий; висячий, (свободно) подвешенный; консольный; наружный
  o. **frame** консольная (рамная) конструкция, навесная рама
overjump перепрыгивать, переходить; пропускать, игнорировать
overladen перегруженный
overland сухопутный; ‖ на суше, по суше
overlap перекрытие, (частичное) наложение, совмещение; нахлёстка, соединение внахлёстку; (частичное) совпадение; область перекрытия; ‖ перекрывать(ся), накладывать(ся), покрывать(ся); (частично) совпадать; соединять внахлёстку
  o. **joint** соединение внахлёстку
overlay 1. перекрытие, наложение; совмещение; покрытие; верхний слой; ‖ перекрывающий(ся), наложенный (один на другой); слоистый; ‖ перекрывать(ся), накладывать(ся); совмещать(ся); покрывать; 2. оверлей; ‖ оверлейный
  o. **model** слоистая модель
  o. **program** оверлейная программа, программа с перекрытиями
overleaf на обратной стороне листа
overload перегрузка; ‖ перегружать
  o. **capacity** способность выдерживать перегрузку, работать с перегрузкой
  o. **safeguard** предохранительное устройство от перегрузки
  o. **test** испытание на перегрузку
  thermal o. перегрев
overlook 1. возвышаться (напр., над поверхностью); обозревать, наблюдать, смотреть

сверху; 2. не замечать, не обращать внимания, не учитывать
overlord доминировать
overly 1. слишком, чрезмерно; 2. поверхностно
overmatch превосходить
overmeasure излишек, избыток; припуск
overmuch чрезмерно, слишком много
overpass 1. переход; эстакада, мост; ‖ переходить, проходить, пересекать; преодолевать; 2. превосходить, превышать; 3. оставлять без внимания, не учитывать
  pedestrian p. пешеходный мост
overpast прошедший, прошлый
over-persuade переубеждать; склонять к чему-либо
overplus излишек, избыток
overpressure избыточное давление; перекомпрессия
overrange выход за пределы (диапазона); величина отклонения
over-refine добиваться слишком высокого качества; излишне измельчать (напр., расчётную сетку)
over-relaxation верхняя релаксация
  successive o. **method** (**SOR**) метод последовательной верхней релаксации
override 1. отвергать, не принимать во внимание, игнорировать; 2. превосходить, преобладать; подавлять; 3. отмена; блокировка; ‖ отменять; блокировать; 4. замещение; ‖ замещать; 5. перерегулирование; 6. ручная коррекция; ‖ корректировать вручную
overrule 1. доминировать, преобладать; 2. отвергать, отклонять; 3. аннулировать
overrun 1. превышение, выход за границы; перегрузка, переполнение; ‖ превышать, переходить за границы; перегружать; 2. движение по инерции; ‖ двигаться по инерции; 3. наложение (новых данных на прежние)
oversampling передискретизация, дискретизация (выборка) с повышенной частотой
overset 1. нарушать порядок (план); 2. опрокидывать(ся)
overshadow затемнять, затенять
overshoot превышение, выход за пределы; выброс, пик; перелёт; перерегулирование; ‖ превышать (норму, предел); превосходить; перелетать
overside через борт, за борт
over-simplify упрощать; понимать (представлять, излагать) слишком упрощённо
oversize завышенный (избыточный) размер; припуск; ‖ превышать (завышать) размер; оставлять припуск
oversized с завышенными размерами; имеющий слишком большой запас прочности
overspeed чрезмерная скорость; превышение скорости
overstability сверхустойчивость, запас устойчивости
overstate преувеличивать, переоценивать, завышать

overstated преувеличенный, завышенный
overstock чрезмерное количество (напр., материала), излишний запас
overstrain 1. перенапряжение, перегрузка; || создавать перенапряжение, перегружать; 2. остаточная деформация; || создавать остаточную деформацию
overstress перенапряжение, перегрузка; || создавать перенапряжение, перегружать
overstretching перенапряжение; избыточное натяжение; избыточное растяжение
overswing выброс, пик, скачок; зашкаливание (прибора)
overtake догонять, наверстывать; обгонять
overtension перенапряжение; избыточное растяжение
overtime дополнительное время; передержка
overtone обертон
overtravel 1. превышение, выход за границы; слишком длительная эксплуатация, перебег; 2. дополнительное перемещение; 3. перерегулирование
overturn опрокидывание, падение; опровержение; || опрокидывать(ся), падать; опровергать
 to **overturn a theory** опровергать теорию
 to **overturn a thread** срывать резьбу
overturning опрокидывающий; опровергающий
 o. **moment** опрокидывающий момент
overtype расположенный сверху (поверх); имеющий верхнее расположение (об элементах конструкции)
overvalue переоценка, завышенная оценка; || переоценивать, давать завышенную оценку; придавать слишком большое значение
overweight 1. избыточная масса; перегрузка; || весящий больше нормы, тяжелее обычного; || перегружать, излишне нагружать; 2. перевес, преобладание
overwhelming подавляющий; очень сильный, непреодолимый
overwhelmingly очень, чрезвычайно; в подавляющем большинстве случаев
overwrite перезапись, затирание предыдущих данных; || перезаписывать (поверх старых данных)
oviform яйцевидный, овальный
ovoid овоид, яйцевидное тело; || яйцевидный, овальный
owe быть должным, обязанным
owing (to) вследствие, по причине, из-за; благодаря
own 1. свой, собственный; оригинальный; || иметь, владеть, обладать; 2. признавать(ся)
 it **stands on its own** это говорит само за себя
 o. **weight** собственный вес; вес нетто
oxbow излучина (реки); меандр
oxidant окислитель
oxidation окисление
oxide окись, окисел; окалина; || окисный
 o. **film** окисная пленка
 o. **tints** цвета побежалости

oxidize окислять(ся), оксидировать
oxidizer окислитель
oxode аксоид
 fixed o. неподвижный аксоид
 moving o. подвижный аксоид
oxygen кислород
oxygenous кислородный
oxygon остроугольный треугольник
oxygonal остроугольный

P

pace 1. шаг; длина шага; походка; || шагать; 2. скорость, темп, такт; || задавать скорость (темп)
 to **keep pace with** быть на уровне, идти в ногу с
 to **set the pace** задавать скорость (темп); задавать тон
 warp p. шаг нитей основы (ткани)
pacer задающий (тактовый) генератор
pacing задающий (такт, темп); основной, определяющий
 p. **factor** определяющий фактор
pack 1. пакет, связка, кипа; уплотнение, сжатие, плотное размещение, упаковка; объединение; заполнение, закладка; || упаковывать, укладывать; сжимать(ся), уплотнять(ся); объединять(ся); заполнять; 2. группа (однородных объектов); набор, комплект; множество, масса; || группировать(ся); комплектовать; 3. блок, модуль, узел; 4. корпус, контейнер, оболочка; || помещать в корпус; 5. предохранительное покрытие; || предохраняющий (о покрытии, слое)
 to **pack up** 1. укреплять, скреплять (вместе); 2. зажимать, заклинивать; 3. выходить из строя
 p. **hardening** поверхностная закалка, цементация
 function p. функциональный блок
 parameters p. блок (список) параметров
package 1. пакет, связка, кипа; упаковка; || упаковывать, укладывать; 2. группа (однородных объектов); набор, комплект; множество, масса; || группировать(ся); комплектовать(ся); собирать(ся); 3. блок, модуль, узел; 4. корпус, контейнер, оболочка; || помещать в корпус; 5. пакет программ
 p. **specification** спецификация пакета (программ)
 analysis p. пакет программ для расчетов
 application p. пакет прикладных программ
 benchmark p. контрольный (тестовый) пакет программ
 ceramic p. керамический корпус
 electronic p. электронный блок
 development p. пакет программ для разработки (конструирования), инструментальный пакет программ
 documentation p. комплект документации

finite element p. пакет программ для расчетов методом конечных элементов
flat p. плоский корпус, плоская упаковка
graphics p. пакет машинной графики, пакет графических программ
integrated p. интегрированный пакет (программ)
laminated p. пакет слоев (материалов), слоистый пакет
molded p. литой корпус
optimization p. пакет программ для решения задач оптимизации
plug-in p. вставной (сменный) блок; кассета
pressure p. герметическая (изобарическая) упаковка; баллон (напр., для сжатого газа)
propulsion p. двигательная установка, блок (ракетных) двигателей
sensory p. группа датчиков, блок чувствительных элементов
simulation p. пакет программ моделирования
software p. пакет программ
tension spring p. корпус (упаковка) на пружинных растяжках

packaged 1. упакованный; заключенный в корпус; 2. объединенный в группу, скомплектованный; скомпонованный; комплексный
packaging 1. упаковка, тара; упаковывание, укладка; 2. объединение; комплектование; компоновка; монтаж, сборка
protective p. защитная упаковка
packed 1. упакованный; заключенный в корпус; 2. уплотненный; компактный; 3. скомплектованный
packer пак(к)ер; уплотнение, уплотнитель, сальник
packet см. **package**
pack-harden упрочнять, цементировать
packing 1. упаковывание, укладка; сжатие, уплотнение, плотное размещение; объединение; компоновка; 2. герметизация; герметизирующий материал; || уплотнительный, герметизирующий; 3. подкладка, подушка, прокладка; заполнение, набивка; амортизирующий материал
p. layer уплотняющий (герметизирующий) слой; амортизирующий слой
airtight p. герметичное уплотнение
data p. упаковка данных
elastic p. упругая прокладка
joint p. уплотнение стыков
sparse matrix p. упаковка (компактное хранение) разреженной матрицы

pad 1. подкладка, прокладка, подушка; опора; || подкладывать; 2. участок, площадка (напр., стартовая площадка ракеты); монтажная поверхность; зона контакта; 3. графический планшет, дигитайзер; 4. клавиатура; 5. дополнять, заполнять (свободное место)
concrete p. бетонная подушка
damping p. смягчающая прокладка, демпфер
graphics p. графический планшет, дигитайзер
layer p. прокладка
numeric p. цифровая клавиатура
resilient p. упругая прокладка
padding подкладка, прокладка; набивка, набивочный материал; заполнение (напр., незначащей информацией, нулями), дополнение (напр., пробелами)
zero p. дополнение (незначащими) нулями
paddle 1. весло; лопасть, лопатка; плавник, ласт; гребок (веслом); 2. затвор шлюза
p. wheel гребное (лопастное) колесо
Pade approximation (рациональная) аппроксимация Паде
page страница; || нумеровать страницы; разбивать на страницы
memory p. страница памяти
paginal (по)страничный
pagination нумерация страниц; разбиение на страницы
paging страничная организация (памяти)
paint 1. краска; окраска; || красить, окрашивать, раскрашивать; 2. описывать, изображать
painting окраска, окрашивание
pair пара; парный предмет, комплект из двух частей; кинематическая пара; пара трения; || парный; двойной; || соединять попарно, образовывать пары
p. of compasses циркуль
p. of forces пара сил
p. of scales весы
closed p. замкнутая (кинематическая) пара
contact p. контактная пара; пара трения
eigen p. собственная пара (собственное число и собственный вектор)
friction p. пара трения
gear p. зубчатая пара
kinematic p. кинематическая пара
matched p. подобранная (согласованная) пара
ordered p. упорядоченная пара
prismatic p. поступательная пара
rectilinear p. поступательная пара
screw p. винтовая пара
turning p. вращательная пара
twisted p. витая пара (проводов)
wheel p. колесная пара
paired сдвоенный, спаренный; парный
pairwise попарно
pale 1. свая; шпала; 2. ограда; граница, предел; || огораживать; 3. слабый, тусклый
beyond the pale за пределами
pall 1. завеса, пелена; 2. кулачок; собачка
pallet 1. поддон, плита, стол; 2. собачка (храпового механизма)
palliative паллиатив, полумера
palm ладонь; лопасть (весла); лапа (якоря)
Palmgren-Miner rule закон Пальмгрена-Майнера (накопления повреждений)
palpability осязаемость; очевидность

palpable осязаемый, ощутимый; очевидный, явный
pamphlet брошюра; технический проспект; каталог с подробным описанием
pan 1. чаша, чашка; лоток, корыто; изложница, кристаллизатор; 2. котловина; 3. панель
pane 1. (оконное) стекло; 2. боек (молота); ‖ наклепывать, нагартовывать; 3. (боковая) грань; панель
panel 1. панель; доска, стенка; плата; обшивка, облицовка; участок поверхности; пролет; (пологая) оболочка; 2. кессон, короб, отсек (напр., крыла), секция; камера, (горная) выработка; 3. пульт (панель) управления (информационное) табло; 4. персонал; группа специалистов (экспертов); участники дискуссии, обсуждения; дискуссия, семинар; ‖ составлять список
   p. flutter панельный флаттер
   aerodynamic p. аэродинамическая панель, обтекатель
   body p. панель кузова (корпуса, фюзеляжа)
   bottom p. нижняя стенка
   buckling p. прохлопывающая (теряющая устойчивость) панель
   control p. пульт (панель) управления
   cowl p. крышка капота
   cylindrical p. цилиндрическая панель
   display p. индикаторная панель
   form p. щит опалубки
   front p. передняя (лицевая) панель
   maintenance p. инженерный пульт
   safety p. предохранительный экран
   sandwich p. трехслойная (многослойная) панель
   shallow p. пологая панель, пологая незамкнутая оболочка
   shear p. панель, работающая на сдвиг
   sheathing p. панель обшивки
   testing p. испытательный стенд
   truss p. панель фермы
   wing p. панель (обшивка) крыла
   workshop p. научный семинар, заседание группы экспертов
panel(l)ing 1. (панельная) обшивка, облицовка; 2. дискуссия, обсуждение
panning панорамирование
panorama панорама
panoramic панорамный
paper 1. бумага; 2. документ; 3. научная работа, статья
   chart p. диаграммная (миллиметровая) бумага
   metal p. фольга
   scientific p. научная публикация (статья), научный доклад
   working p. рабочий отчет (доклад)
par 1. равенство; паритет; 2. номинал; 3. нормальное состояние
   par example например
   par excellence преимущественно, главным образом; в особенности

   par value номинальное значение
   at par в соответствии с номиналом
   on a par наравне, на одном уровне; в среднем
   on a par with наравне, на равных началах
parabola 1. парабола; 2. параболическая антенна, параболическое зеркало
   cubic p. кубическая парабола, парабола третьей степени
   grid p. решетчатая параболическая антенна
   three-point p. парабола, проведенная через три точки
parabolic параболический
   p. approximation аппроксимация параболой, параболическая аппроксимация
   p. equation параболическое уравнение, уравнение параболического типа
   p. point параболическая точка, точка параболичности
parabolize придавать параболическую форму
paraboloid 1. параболоид; 2. параболическая антенна, параболическое зеркало
   p. of revolution параболоид вращения
   elliptic p. эллиптический параболоид
   hyperbolic p. гиперболический параболоид, гипар
   surface p. параболоид (свободной) поверхности
parachute парашют; купол парашюта; ‖ парашютировать
   p. canopy купол парашюта
   p. development раскрытие (купола) парашюта
   drag p. тормозной парашют
paradigm 1. парадигма, теория; 2. пример, образец
paradox парадокс
paradoxical парадоксальный
paragraph абзац; параграф, пункт; ‖ разделять на абзацы
paragraphic(al) состоящий из параграфов (пунктов, отдельных заметок)
parallax параллакс
parallel параллель; соответствие, аналогия; параллельная линия; параллельное соединение; ‖ параллельный; подобный; ‖ проводить параллель (аналогию), сравнивать; соответствовать; быть параллельным, проходить параллельно; соединять параллельно
   in parallel параллельно; соответственно; одновременно
   p. axiom аксиома параллельных
   p. circle параллельная окружность, параллель
   p. computer параллельная ЭВМ
   p. connection параллельное соединение, шунтирование
   p. displacement параллельное перемещение, параллельный перенос (осей)
   p. instance подобный случай
   p. of latitude параллель широты, географическая параллель

parallel   413   **parameter**

p. lines параллельные прямые
p. programming параллельное программирование, программирование (для) параллельных ЭВМ
p. translation параллельный перенос (осей)
p. wire unit пучок арматуры
test of parallels признак параллельности
parallelepiped параллелепипед
   p. finite element конечный элемент в форме параллелепипеда
   oblique p. косой параллелепипед
   right p. прямой параллелепипед
parallelepipedal в виде параллелепипеда
   p. product смешанное произведение (трех векторов)
parallel-flow прямоточный (о реактивном двигателе)
paralleling параллельное расположение; параллельное соединение (элементов), параллельное включение; распараллеливание (напр., вычислений); синхронизация
parallelism параллельность, параллелизм; параллельный принцип организации
parallelogram параллелограмм
   p. identity тождество параллелограмма
   p. of velocities параллелограмм скоростей
   law of p. правило параллелограмма
parallel-plane плоскопараллельный
parallels мн.ч. от **parallel**; параллельные прямые
parallel-serial параллельно-последовательный
paralogize делать ошибочный вывод
paralogism паралогизм, ошибочное умозаключение
parameter параметр; показатель, характеристика; коэффициент; переменная
   p. continuation продолжение по параметру
   p. of curvature параметр кривизны
   p. of location параметр положения; параметр адреса
   parameters lumping сосредоточение (распределенных) параметров
   p. marching движение (продолжение) по параметру; прогонка по параметру
   p. mismatch несоответствие (неправильный подбор) параметров
   p. passing передача параметров
   p. point (фиксированное) значение параметра
   p. of shear параметр (коэффициент) сдвига
   p. space пространство параметров; интервал изменения параметра
   p. value значение параметра
   actual p. фактический параметр; текущее значение параметра
   adjustable p. настраиваемый (регулируемый) параметр
   analogy p. показатель (критерий) подобия
   artificial p. искусственный параметр
   aspect ratio p. параметр удлинения
boundary p. граничный параметр; переменная границы (контура); предельный параметр
characteristic p. характеристический параметр
constitutive p. параметр состояния; определяющий параметр
constrained p. ограниченный параметр, заданный параметр
continuation p. параметр продолжения (решения)
control p. управляющий параметр
controlled p. управляемый (регулируемый) параметр
convergence p. параметр сходимости
critical p. критический параметр; основная характеристика
current p. текущее значение параметра
damping p. параметр демпфирования, характеристика затухания
default p. стандартный параметр, значение параметра "по умолчанию"
design parameters конструктивные параметры, проектные (расчетные) характеристики; параметры (переменные) проектирования
dimensionless p. безразмерный параметр
distributed parameters system система с распределенными параметрами
dummy p. формальный параметр
expansion p. параметр разложения (в ряд)
fictitious p. фиктивный параметр
formal p. формальный параметр
free p. свободный (незаданный, неизвестный) параметр
generalized p. обобщенный параметр
governing p. управляющий параметр
hardening p. параметр упрочнения
increment(al) p. параметр приращения
initial parameters method метод начальных параметров
input p. входной параметр
iteration p. параметр итерации (цикла); итерационный коэффициент
Lame parameters параметры Ляме (геометрические параметры поверхности)
load p. параметр нагрузки
lumped parameters сосредоточенные параметры
material parameters параметры (модули) материала
measurable p. измеримый параметр
mesh p. параметр сетки
nodal p. узловой параметр
nondimensional p. безразмерный параметр
objective parameters реальные характеристики
operating p. рабочий (эксплуатационный) параметр
optional p. необязательный параметр
out-of-node p. (в)неузловой параметр (конечного элемента)
output p. выходной параметр

pack of parameters блок (список) параметров
path p. параметр траектории
performance p. показатель производительности; эксплуатационный параметр
preset p. предварительно заданный параметр
representative p. представительный параметр
required p. обязательный параметр
Reynolds p. число Рейнольдса
scalar p. скалярный параметр
shape p. параметр формы; коэффициент формы
similitude p. характеристика подобия; критерий подобия
small p. малый параметр
small p. expansion разложение по малому параметру
stability p. параметр (коэффициент) устойчивости
state p. параметр состояния
strain p. параметр деформации
surface parameters (геометрические) параметры поверхности
thickness p. параметр толщины (напр., оболочки)
time p. параметр времени
time-varying p. динамический (эволюционный) параметр
value p. параметр, передаваемый по значению (в программе)
vector p. векторный параметр
viscosity p. параметр (коэффициент) вязкости
wave p. волновой параметр, волновое число; фазовая постоянная
weighting p. весовой коэффициент
parameter-dependent зависящий от параметра
parametric параметрический
  p. coordinates параметрические координаты
  p. equation параметрическое уравнение, уравнение с параметром
  p. optimization параметрическая оптимизация, оптимизация параметров
  p. representation параметрическое представление (описание)
parametrization параметризация, представление в параметрическом виде; выбор (задание) параметров
  surface p. параметризация поверхности
parametrize параметризовать, представлять в параметрическом виде
paramount высший; первостепенный; доминирующий
  of paramount importance первостепенной важности
parasite вредное (паразитное) явление, помеха
parasitic(al) вредный, паразитный, мешающий; излишний
  p. eigen-values паразитные собственные значения
  p. resistance вредное сопротивление
parbuckle строп

parent родитель; источник, причина; ‖ родительский, материнский; исходный, первичный; основной
  p. aircraft самолет-носитель
  p. node родительская вершина (графа), узел-родитель
  p. population генеральная совокупность
  p. structure первичная (исходная) структура
parentage происхождение
parental родительский, материнский; исходный, первичный; являющийся источником
parentheses (круглые) скобки
  to remove parentheses раскрывать скобки
  matching p. парные скобки
  unbalanced p. незакрытые скобки
parenthesize заключать в скобки; расставлять скобки
paranthetic(al) заключенный в скобки; вводный
parenthetically между прочим
parity 1. паритет, равенство; равноценность; 2. аналогия, соответствие; 3. четность
  by parity of reasoning по аналогии
  even p. проверка на четность
part 1. часть; доля; деталь, компонент, элемент; раздел (напр., книги); том, выпуск; ‖ делить(ся) на части, разделять(ся); отделять(ся); ‖ частично, отчасти; 2. участие; роль; 3. сторона (в споре)
  to part with отдавать, передавать; отказываться от
  to play part играть роль
  to take part in принимать участие в чем-либо
  part and parcel неотъемлемая часть
  as part of the study в ходе исследования
  by parts по частям
  for the most part большей частью, в значительной мере
  in part частично, отчасти
  in large part в значительной степени
  on the part of со стороны кого-либо
  the in part внутренняя часть
  constitutive parts составные части
  critical p. ответственная деталь
  exponent p. порядок числа
  fore p. передняя часть; первая часть
  fractional p. дробная часть (числа), мантисса
  imaginary p. мнимая часть (комплексного числа)
  integer p. целая часть (числа)
  integral p. 1. целая часть (числа); 2. неотъемлемая часть; цельная (неразъемная) деталь
  integration by parts интегрирование по частям
  load-bearing p. несущая деталь
  pressed p. штампованная деталь
  real p. действительная часть (комплексного числа)

replacement p. сменная деталь, запасная часть
rough p. заготовка
spare p. запасная деталь
stationary p. неподвижная деталь
trajectory p. участок траектории
wearing p. изнашиваемая деталь

partake 1. принимать участие; 2. содержать примесь (чего-либо)

parted разделенный; составной

partial частичный, неполный; отдельный, частный; парциальный
p. derivative частная производная
p. difference частная разность
p. differential equation (PDE) дифференциальное уравнение в частных производных
p. discretization частичная дискретизация
p. fraction элементарная дробь
p. frequency парциальная частота
p. eigenvalue problem частичная проблема собственных значений
p. load неполная (частичная) нагрузка
p. pressure парциальное давление
p. product частичное произведение
p. response частичный (парциальный) отклик
p. section частичный (неполный) разрез, неполное сечение
p. solution частное решение
p. sum частичная сумма

partially частично
p. ordered set частично упорядоченное множество

participant участник

participate участвовать; разделять, делить
to participate in 1. принимать участие; разделять что-либо; 2. пользоваться чем-либо

participation участие
p. factor коэффициент участия

particle частица; материальная точка
p. derivative полная (субстанциальная) производная
airborne p. частица аэрозоля; пылинка
charged p. заряженная частица
dynamics of p. динамика частицы (материальной точки)
embedded p. включение; инородная частица
flour p. пылевидная частица
fluid p. элемент (частица) жидкости
foreign p. инородная частица, включение; частица примеси
free p. свободная частица
liquid-borne p. частица взвеси (суспензии)
material p. материальная частица (точка)
point p. материальная точка
propellant p. частица топлива
solid p. твердая частица
spherical p. сферическая частица
system of particles система материальных точек (частиц)
wear particles частицы продуктов износа

particle-size distribution гранулометрический состав

particular 1. частный; особый, особенный; индивидуальный, отдельный, специальный; исключительный; 2. подробный; 3. частное решение, частный интеграл (дифференциального уравнения)
to go into particulars рассматривать (описывать) подробно
in particular в частности; в особенности
p. algorithm специальный (частный) алгоритм
p. solution частное решение

particularity 1. особенность, специфика; частность, подробность; 2. тщательность

particularize подробно останавливаться (на чем-либо)

particularized специализированный; особый

particularly 1. особенно, в особенности; в частности; 2. подробно, детально; 3. в (по) отдельности; 4. очень, чрезвычайно
generally and particularly в общем и в частности

particulate 1. относящийся к части (частице); в виде частиц(ы); раздельный, отрезной; частичный; дольный; 2. разделение; разъем, стык; 3. частица

parting разделение, расчленение, отделение; ответвление; поверхность раздела; прослойка; ‖ разделяющий(ся), отделяющий(ся); разветвляющийся, отходящий
p. face поверхность раздела

partite раздельный; дольный

partition разделение; разбиение; распределение; секционирование; отделение, отдел; раздел, сегмент, часть; перегородка, переборка; ‖ разделять, разбивать, расчленять; распределять; выделять; секционировать
to partition off отделять, отгораживать (перегородкой)
p. function функция разбиения
p. method метод разделения (переменных)
bearing p. несущая перегородка
energy p. распределение энергии
framed p. каркасная перегородка

partitioning разделение, разбиение, расчленение; распределение; выделение; секционирование
domain p. разбиение области (на подобласти); построение сетки
functional p. функциональное разбиение
load p. разделение нагрузки; распределение нагрузки
structure p. разбиение конструкции (на подконструкции)
substructure p. выделение подконструкций
topological p. топологическое разбиение

partitive 1. разделительный; 2. дробный, частный

partly частично, до некоторой степени
part-through неполный, частичный; несквозной
   p. **crack** несквозная трещина
party группа, партия
parvo : in parvo в незначительной степени
Pascal Паскаль
   P. **law** закон Паскаля
   P. **triangle** треугольник Паскаля
pascal паскаль, Па (единица давления и механического напряжения)
pass 1. проход; переход; прохождение, пропускание; пробег; ‖ проходить; пробегать; переходить, пересекать; пропускать; происходить, случаться; принимать (при контроле); передавать; превышать, выходить за пределы; опережать; 2. путь; канал, русло; ширина (канала), калибр, расстояние (напр., между опорами), пролёт; 3. (однократное) выполнение, прогон, цикл обработки; просмотр
   to **pass ahead** опережать
   to **pass away** исчезать, прекращаться, проходить
   to **pass by** проходить мимо; пропускать, оставлять без внимания
   to **pass into** переходить, превращаться во что-либо
   to **pass off** (постепенно) сокращать(ся), прекращать(ся), затухать; отклонять(ся) (от нормы)
   to **pass on** проходить, переходить (напр., к другому вопросу); передавать; продолжать(ся)
   to **pass out** успешно сдавать (экзамены)
   to **pass over** проходить; передавать; пропускать, оставлять без внимания
   to **pass round** совершать цикл
   to **pass test** (успешно) проходить испытание
   to **pass through** пересекать, переходить, проходить через (сквозь); пропускать
   to **pass up** отвергать, отказываться от чего-либо
   p. **band** полоса пропускания (частот)
   p. **of light** прохождение света
   machine p. выполнение программы на ЭВМ, прогон программы; цикл обработки
   navigable p. фарватер; судопропускное сооружение (напр., шлюз); судоходный пролёт (моста)
passage 1. проход, прохождение; пропускание, передача; переход; распространение; 2. канал, русло, проток, труба; коридор; отверстие; 3. габарит, линейный размер; промежуток, расстояние (напр., между опорами), пролёт; 4. (однократное) выполнение, прогон, цикл обработки; 5. доступ, право доступа; 6. событие
   passage to the limit переход к пределу
   p. **of current** прохождение (пропускание) тока
   p. **of disturbance** распространение возмущения
   air p. вентиляционный канал, воздуховод

   area of p. площадь поперечного сечения (канала), живое сечение
   bypass p. перепускной канал, байпас
   drain p. отводная труба
   flow p. канал, труба; водовод
   free p. свободный проход
   heat p. передача тепла
   height of p. расстояние по вертикали; вертикальный пролёт
   gas p. газопровод; газовый тракт
   program p. выполнение (прогон) программы
   shock front p. прохождение фронта ударной волны
   signal p. прохождение сигнала
   smooth p. канал с гладкими стенками
   thin p. узкий канал
   width of p. расстояние по горизонтали; горизонтальный пролёт; расстояние между опорами
passage-way 1. канал, русло; проход; 2. перепускной (уравнительный) канал
passband полоса пропускания (частот)
pass-by 1. обход; обвод; перепуск; 2. разъезд
passing 1. прохождение, протекание; передача; ‖ проходящий, протекающий, переходящий; 2. кратковременный; беглый
   in passing from при переходе от, переходя от
   while passing пропуская, проходя, при пропускании (проходе)
   p. **area** площадь поперечного сечения (канала), живое сечение
   p. **reference** беглое упоминание
   argument p. передача параметров
passive 1. пассивный, инертный; бездействующий; отключенный; 2. движущийся по инерции; 3. наблюдающий, контролирующий
   p. **flight** полёт с неработающим двигателем, полёт (ракеты) на пассивном участке траектории
   p. **hardness** износостойкость, сопротивление износу
pass-through 1. переход, пересечение; пропускание; проход; прогон; 2. канал, проток; коридор; отверстие
past прошлый, прошедший, истекший; бывший; ‖ после, за; свыше, сверх, за пределами; мимо
   for some time past (за) последнее время
paste 1. тесто; паста; 2. клей; мастика; ‖ наклеивать, приклеивать
pasteboard многослойный (клееный) картон
paste-in вклейка; ‖ вклеивать
pasty тестообразный; вязкий
pat 1. хлопок; ‖ хлопать; 2. своевременный, уместный; ‖ своевременно, уместно, кстати
patch вставка, вклейка, заплата, накладка; маленький участок, лоскут, пятно; (временное) исправление; ‖ кусочный, мозаичный, обрывочный; ‖ ставить заплаты, латать,

вклеивать; составлять из кусков, склеивать; делать (временные) исправления
  to pass the patch test удовлетворять кусочному тесту, выдерживать кусочное тестирование
  p. cord соединительный шнур
  p. piece накладка
  p. surface мозаичная (кусочная) поверхность
  p. test кусочный тест (Айронса) (для проверки сходимости несовместных конечных элементов); оценочные испытания
  arrest p. стопорная накладка (для остановки трещины)
  contact p. площадка ("пятно") контакта

patchy неоднородный, пёстрый; обрывочный, несистематический; случайный

paten металлический кружок, диск

patency явность, очевидность; доступность

patent 1. явный, очевидный; доступный, открытый; 2. патент; диплом; право по патенту, исключительное право; ‖ патентованный; оригинальный; ‖ патентовать; брать патент

patently явно, очевидно; открыто

path путь; траектория, трасса; дорожка, тракт; курс, маршрут; кривая, линия; контур; интервал, участок; ветвь (напр., программы); цепь; длина пути
  p. axis ось траектории, ось потоковой (скоростной) системы координат
  p. of contact линия зацепления; длина зацепления
  p. derivative производная по пути (по траектории)
  p. of integration путь (контур, траектория) интегрирования
  p. of lift ход груза (при подъеме)
  p. of loading траектория (путь) нагружения
  p. space пространство путей (траекторий)
  access p. путь доступа (к данным)
  actual p. фактическая (истинная) траектория
  adiabatic p. адиабата
  blade p. траектория лопасти (лопатки)
  calculated p. расчётная траектория
  circular p. круговая траектория
  closed p. замкнутая траектория; замкнутый контур
  crack p. траектория (путь) трещины
  feedback p. контур (цепь) обратной связи
  file p. путь доступа к файлу
  flat p. пологая (настильная) траектория
  fluid p. линия тока
  followed p. отслеживаемая траектория
  fracture p. кривая разрушения, траектория трещины
  free p. траектория свободного движения (блуждания); длина свободного пробега, свободный выбег
  gliding p. траектория планирования

  graph p. путь в графе
  guide p. направляющая (линия)
  image p. кажущаяся траектория
  jet p. траектория струи
  logic p. логический путь, логическая схема
  motion p. траектория движения
  optical p. световод
  particle p. траектория частицы
  phase p. фазовая траектория
  ray p. путь (траектория) луча; прямолинейная траектория
  rubbing p. путь трения
  seepage p. путь фильтрации
  slowdown p. путь, проходимый по инерции до остановки; путь выбега, тормозной путь
  smooth p. гладкая траектория
  spiral p. спиральная (винтовая) траектория
  straight p. прямолинейная траектория
  strain p. траектория деформирования, траектория в пространстве деформаций
  stress p. траектория нагружения; траектория (в пространстве) напряжений
  tangent to a p. касательная к траектории
  tangential p. касательная траектория; прямой участок пути
  transmission p. линия (тракт) передачи
  vortex p. траектория вихря

path-independent не зависящий от пути (траектории, контура)
  p. integral интеграл, не зависящий от пути (интегрирования)

pathless непроходимый; неисследованный

pathway траектория; маршрут; магистраль; направляющая

patten опора, подставка, подошва, башмак; база колонны
  rail p. подошва рельса

pattern 1. образец; пример; модель, шаблон; ‖ образцовый, примерный; ‖ следовать образцу, схеме; 2. образ, изображение; рисунок, (общая) картина, схема, узор; форма, вид, конфигурация; система, структура
  patterned after сделанный по (образцу)
  p. of calculation схема (алгоритм) вычисления
  p. matching сопоставление с образцом, отождествление
  p. recognition распознавание образов (изображений)
  p. of sparsity расположение ненулевых элементов (в матрице), узор разреженности
  p. of wear характер (картина) износа
  array p. структура массива; матричная структура
  broken p. разрушенный образец
  buckling p. форма (картина) потери устойчивости
  crack p. рисунок трещины

diamond-shaped buckling p. ромбовидная форма потери устойчивости
diffraction p. дифракционная картина
displacement p. картина (распределение) перемещений
dot p. точечное изображение, растр
drilling p. расположение скважин
eigen-frequencies p. спектр (распределение) собственных частот
equilibrium p. равновесное распределение (напр., напряжений), равновесное поле
field p. картина (конфигурация) поля
field-strength p. диаграмма напряжённости поля
finite difference p. конечноразностный шаблон
finite element p. картина (сетки) конечных элементов; конечноэлементная аппроксимация
flow p. картина течения, спектр обтекания
force p. картина (распределение) усилий
fracture p. характер излома; картина разрушения
fracture growth p. картина развития разрушения
fringe p. интерференционная картина
grain p. зернистая структура
heating p. картина распределения температур, температурный рельеф
holographic p. голограмма
isobaric p. картина изобар (барического поля), распределение давления
isochromatic p. картина изохром
laminate p. структура слоёв (напр., слоистого материала)
layout p. компоновочная схема, топологический чертёж
line p. конфигурация кривой
Lissajous patterns фигуры Лиссажу
load p. схема (распределение, картина) нагрузок
Mach-line p. спектр (система) линий возмущения
mesh p. рисунок сетки
moire p. муаровая картина
motion p. картина движения; спектр обтекания
negative p. негативное изображение, негатив
nonzero p. расположение ("узор") ненулевых элементов в разреженной матрице
one-piece p. цельный образец
optical p. оптическое изображение
oscilloscope p. осциллограмма
phase p. фазовый портрет, фазовое изображение
potential p. потенциальный рельеф
powder p. порошковая фигура
pressure p. распределение давлений, барическое поле
pulse p. временная диаграмма (следования) импульсов
random p. хаотичная (случайная) картина
raster p. растр
reference p. образец, эталон
scan p. растр
search p. схема поиска
shape function p. вид (картина) функций формы
spatial p. пространственная структура; пространственное изображение; пространственная картина
stall p. картина срыва потока, спектр сорванного потока
stiffness m. pattern расположение ("узор") ненулевых элементов в матрице жёсткости
stream p. картина течения (потока), спектр обтекания
stress p. картина (распределения) напряжений
tread p. рисунок протектора шины
vortex p. картина (система, спектр) вихрей; строение вихря
wave p. волновой спектр, характер волнового поля
wear p. характер (картина) износа
well p. схема размещения скважин
X-ray p. рентгенограмма

paucity малое количество, малочисленность; недостаточность
pause пауза, остановка; || делать паузу, останавливать(ся)
pave укладывать дорожное покрытие, мостить
pavement мостовая, дорожное покрытие, дорожная одежда; панель, тротуар; подошва (выработки), почва (пласта)
 p. depth толщина дорожного покрытия
paving мостовая, дорожное покрытие, дорожная одежда; мощение; крепление (напр., откосов)
pavior строительный кирпич; брусчатка
pawl защёлка; предохранитель; упор; || защёлкивать, запирать
pay 1. оплата; || платить, оплачивать; окупаться, быть выгодным; 2. залежь, пласт; 3. травить (канат, трос); 4. покрывать, устраивать гидроизоляцию
 to pay attention to обращать внимание на что-либо
 to pay tribute to отдавать должное
payable выгодный, целесообразный
payload полезный груз, полезная нагрузка; грузоподъёмность
PC (personal computer) персональный компьютер, персональная ЭВМ
PDE (partial differential equation) дифференциальное уравнение в частных производных
peak пик; высшая точка, максимум, вершина; амплитуда; гребень (волны); остриё; || пиковый, максимальный, амплитудный
 p. factor коэффициент амплитуды
 p. of load максимальная (пиковая) нагрузка

p. of negative pressure пик отрицательного давления, пик разрежения
p. shaving срезание пика (напр., импульса)
p. stress максимальное (амплитудное) значение напряжения
negative p. максимальное отрицательное значение
resonance p. резонансный пик
trajectory p. высшая точка траектории

peak-to-peak полный размах (колебания), двойная амплитуда
peaky с пиками (о кривой); остроконечный
PECE (predictor-corrector) method метод (типа) "предиктор-корректор" (предсказание-поправка)
Adams PECE method метод Адамса типа "предиктор-корректор" (интегрирования обыкновенных дифференциальных уравнений)
peck 1. множество, масса; куча; 2. пек (внесистемная мера объема сыпучих тел: амер. пек = 8,8098 куб.дм, брит. пек = 9,0922 куб.дм)
pecked пунктирный
pecker ударник, боек; острие
Peclet number число Пекле
peculiar особый, особенный, специальный; свойственный, характерный
to be peculiar to быть характерным для
of peculiar interest представляющий особый интерес
p. properties особенности
peculiarity особенность; характерная черта, свойство
peculiarly особенно; больше обычного
pedal педаль, ножной рычаг; || педальный, ножной, с педальным управлением (приводом)
p. lever педаль, рычаг педали
pedestal основание, опора, подставка, цоколь, база (колонны); плита основания; || ставить (на опору), устанавливать
p. base станина, стойка
peel внешняя оболочка, скорлупа; || снимать верхний слой; отделять(ся), отслаивать(ся), отходить
p. strength прочность на отрыв
peeling внешняя оболочка, внешний слой, покрытие
peeling-off отделение, отслаивание, отрыв (напр., пограничного слоя)
peen боек, ударник; ударная поверхность; || ударять; ковать, расклепывать, расплющивать; править, рихтовать; наклепывать, нагартовывать
peep 1. щель, скважина; смотровое отверстие; || смотреть, наблюдать; 2. проявление; || проявляться; 3. звуковой сигнал
peer равный, равноценный
peg 1. штифт, веха, колышек, знак границы; || размечать, обозначать границы; 2. штепсель

to peg down связывать, стеснять, ограничивать
to peg in(to) вбивать, вколачивать
to peg out размечать, отмечать границы
pel элемент изображения
pellet шарик; дробинка; гранула
pellucid прозрачный; ясный, понятный
pelt бросание, метание; сильный удар; || бросать
Peltier heat теплота Пельтье
pen перо, ручка, пишущий элемент; || перьевой
p. plotter перьевой графопостроитель
light p. световое перо
penalize 1. штрафовать; 2. браковать, выбраковывать
penalty 1. штраф; || штрафной; 2. (производственный) брак
p. function method метод штрафных функций
p. term штрафной член
pencil 1. карандаш; 2. пучок, связка, семейство; луч
p. of matrices пучок матриц
projective p. проективный пучок
vertex of p. центр пучка
pendant 1. висячий; подвешенный; см. также **pendent**; 2. подвеска; 3. дополнение, дополняющий (второй) предмет, пара
pendency неопределенность
pendent 1. висячий; подвешенный; свисающий, нависающий; 2. нерешенный, ожидающий решения; незаконченный
pendentive 1. висячий; 2. парус (свода)
pending 1. незаконченный; ожидающий (решения); 2. в продолжение, в течение; во время; (вплоть) до; в ожидании
p. job "зависшая" программа
pendular подвесной, висячий; маятниковый, качающийся
pendulate качаться, колебаться
pendulous подвесной, подвешенный, висячий; качающийся (напр., как маятник)
pendulum маятник; отвес; неустойчивый предмет; || маятниковый, качающийся
p. bearing качающаяся (маятниковая) опора; призматическая (ножевая) опора
p. hammer маятниковый копер
p. hardness маятниковая твердость (материала)
p. impact test ударное испытание маятниковым копром
p. swing колебание маятника
ballistic p. баллистический маятник
compound p. составной (сложный, многозвенный) маятник
double physical p. двойной физический маятник
equivalent length of a p. приведенная длина маятника
Foucault p. маятник Фуко
free p. свободный маятник

    gravity p. гравиметрический маятник
    inverted p. обратный маятник
    mathematical p. математический маятник
    physical p. физический маятник
    simple p. математический маятник
    torsional p. крутильный маятник
penetrability проницаемость; проникающая способность
penetrable проницаемый
penetrant проникающий
penetrate проникать (внутрь), внедрять(ся), проходить сквозь, пронизывать; просачиваться, пропитывать; вникать, понимать
    to penetrate with проникать в (сквозь); внедряться в; пронизывать; пропитывать
penetrating проникание, проникновение, внедрение; ‖ проникающий; проницательный
    p. crack прорастающая (внедряющаяся) трещина
    p. power проникающая способность
penetration проникание, проникновение, внедрение, пенетрация; проходка; глубина проникания (проходки, разрушения); проницаемость, фильтрационная способность
    p. of bit внедрение бура (в породу)
    p. hardness твердость на вдавливание, индентoрная (индентометрическая) твердость
    p. mechanics механика внедрения (проникания)
    p. resistance сопротивление прониканию
    p. tool наконечник, индентор; резец; бур
    p. of tool проникание инструмента (бура, резца)
    p. speed скорость проходки (бурения), скорость подачи (напр., сверла)
    p. test проверка прониканием (напр., плотности грунта); определение проницаемости (фильтрационной способности)
    frost p. промерзание
    fusion p. проплавление, провар
    heat p. прогрев, проникновение теплоты
    impact p. ударное пробивание (проникание)
    pressure p. проникание под давлением (под напором)
    weld p. проплавление, провар
penetrometer пенетрометр
penstock шлюз, затвор шлюза; напорный трубопровод
penta- (как компонент сложных слов) пяти-, пента-
pentad число пять; группа из пяти, пятерка
pentagon пятиугольник
pentagonal пятиугольный
pentahedral пятигранный
pentahedron пятигранник, пентаэдр
pentangular пятиугольный
penult(imate) предпоследний
penumbra полутень, область полутени
penury недостаток, нехватка
penurious недостаточный

per 1. в, за, на (единицу), с (каждого); **2.** через, по, посредством, с помощью
    per annum (лат.) в год, ежегодно
    per cent (лат.) на сто, на сотню; процент
    per contra (лат.) с другой стороны
    per saltum (лат.) сразу, за один раз, одномоментно
    per se (лат.) сам по себе, по существу
    per unit (приходящийся) на единицу; удельный, относительный
percale перкаль
perceive воспринимать, ощущать, различать; понимать, постигать
percent процент
    p. test выборочное испытание
    mass p. массовый процент
    volume p. объемный процент
percentage процентное отношение, процентное содержание; процент; часть, доля, количество
    p. of elongation относительное удлинение (в процентах)
    p. error ошибка, выраженная в процентах
    p. of reinforcement процент армирования, процентное содержание арматуры (армирующих волокон)
    p. by weight процент по весу
percentage-wise в процентном отношении
percept объект восприятия
perceptible ощутимый, заметный; различимый, воспринимаемый
perception восприятие; понимание; распознавание
    artificial p. распознавание образов
    threshold p. порог чувствительности
    visual p. зрительное восприятие
perceptive восприимчивый; воспринимающий
perch 1. шест, веха; **2.** мера длины (= 5,03 м); **3.** подушка рессоры
perchance случайно; может быть, возможно
percipient восприимчивый
percolate проникать сквозь; просачиваться, фильтровать, перколировать; процеживать
percolation перколяция, просачивание, фильтрация; процеживание, фильтрование
percolator фильтр, перколятор
percuss ударять, стучать; простукивать
percussion удар; столкновение, соударение; перкуссия; ‖ ударный, взрывной
    p. action ударное (воз)действие
    p. fuse ударный взрыватель
    p. test испытание на удар
    centre of p. центр удара
percussive ударный; взрывной; пробивающий
perdurable очень прочный; вечный, постоянный
peremptory безусловный, безоговорочный
perfect 1. идеальный, совершенный; абсолютный; чистый; полный, точный; законченный; ‖ совершенствовать, улучшать; завершать, за-

канчивать; 2. нереальный, недостижимый; теоретический, возможный лишь теоретически; без трения (напр., о контакте, связи), без потерь (напр., о тепловом цикле), невязкий (о газе, жидкости)
   p. contact идеальный контакт, контакт без трения
   p. cycle идеальный цикл, цикл без потерь
   p. elasticity идеальная упругость
   p. fluid идеальная (невязкая) жидкость
   p. hinge идеальный шарнир, шарнир без трения
   p. square полный квадрат
   p. value истинное значение; абсолютно точное значение
perfection совершенство; законченность, завершенность; полнота; высшая степень (чего-либо); совершенствование; завершение
   to perfection в совершенстве
perfectly совершенно, идеально, точно
   p. elastic идеально упругий
   p. plastic body идеально-пластическое тело
perforate перфорировать, пробивать отверстия; проникать
perforated имеющий отверстия, перфорированный
   p. shell оболочка с отверстиями
perforation перфорация, перфорирование, пробивание отверстий; отверстие, система отверстий
perforator перфоратор; бур
perforce по необходимости
perform выполнять, исполнять; производить, совершать, осуществлять
performance 1. выполнение, исполнение; работа, действие, функционирование; режим работы; 2. производительность, быстродействие, пропускная способность; эффективность, коэффициент полезного действия (кпд); показатель, (рабочая) характеристика; летные (ходовые) качества, приемистость (автомобиля)
   p. characteristic рабочая характеристика, кривая производительности
   p. figure показатель производительности; кпд
   p. period рабочий период
   p. reliability эксплуатационная надежность
   aerodynamic p. аэродинамическое качество; аэродинамические характеристики
   automatic p. автоматическая работа, автоматизм
   control p. характеристика (системы) управления
   dimensionless p. безразмерная характеристика
   estimated p. расчетная характеристика (производительность), теоретический кпд
   external p. фактическая производительность
   heat transfer p. коэффициент теплопередачи
   internal p. собственная производительность

   optimum p. оптимальные (рабочие) характеристики; оптимальный режим
   phase p. фазовая характеристика
   propulsive p. ходовые качества
   refrigeration p. холодопроизводительность
   service p. эксплуатационные характеристики
   transient p. переходная характеристика; неустановившийся режим
perhaps может быть, возможно
perigee перигей
perigon полный угол (в 360 градусов)
perihelion (мн.ч. perihelia) перигелий
peril опасность, риск
perimeter периметр; длина замкнутой кривой; ‖ внешний, периферийный; круговой
   p. of a circle длина окружности
period 1. период времени; продолжительность, срок; 2. интервал, отрезок, промежуток, шаг; 3. цикл, круг, оборот, повтор; 4. период функции (числа, дроби); 5. точка (в конце предложения); десятичная точка (запятая)
   over a period на протяжении
   p. of balance период весов
   p. of decimal период десятичной дроби
   p. of harmonic motion период гармонических колебаний
   p. length длина периода (напр., дроби)
   p. of loading продолжительность приложения нагрузки, цикл нагружения
   p. of motion период движения; период колебания
   p. of service срок службы (ресурс)
   admission p. цикл всасывания (впуска) (в цилиндр двигателя)
   boost p. время ускорения (разгона)
   clock p. такт, тактовый интервал
   compression p. цикл (такт) сжатия; период сжатия, первый акт удара
   damping p. продолжительность затухания
   delay p. интервал задержки (запаздывания)
   free p. период свободных колебаний
   frequency p. период колебаний, время одного колебания
   fringe p. период интерференционных полос
   hunting p. период рыскания
   loading - unloading p. цикл "нагрузка - разгрузка"
   natural p. период собственных (свободных) колебаний
   off p. время простоя; интервал между импульсами
   one-half p. полупериод
   operating p. рабочее время; продолжительность работы
   power-on p. время работы двигателя, время активного полета (напр., ракеты)
   presetting p. время схватывания (напр., бетона)
   restitution p. период восстановления, второй акт удара

rotation(al) p. период вращения
test p. продолжительность испытаний
timing p. такт, тактовый интервал
transient p. время переходного процесса, время установления (стационирования)
vibration p. период колебания
wave p. период волны; период колебаний

periodic периодический; циклический, повторяющийся; колебательный
  p. **duty** периодический режим
  p. **function** периодическая функция
  p. **motion** периодическое движение; колебание
  p. **time** период, продолжительность цикла

periodical 1. периодический; циклический, повторяющийся; 2. периодическое издание

periodically периодически, циклически, через определенные промежутки времени; время от времени

periodicity периодичность, цикличность; частота; число периодов

peripheral 1. периферийный, периферический, удаленный (от центра), внешний; окружной; касательный, тангенциальный; 2. дополнительный, вспомогательный; второстепенный
  p. **component of velocity** касательная (тангенциальная) составляющая скорости (при вращении)
  p. **interface** интерфейс периферийного (внешнего) устройства, внешний интерфейс
  p. **issue** второстепенный вопрос, частный вопрос
  p. **passage** обводной канал
  p. **speed** скорость на периферии, окружная скорость
  p. **unit** внешнее (периферийное) устройство

periphery 1. периферия; окружность, периметр; граница, контур, кромка; боковая поверхность; удаленная (от центра) область; 2. внешнее (периферийное) оборудование
  p. **of a circle** окружность
  angle at p. вписанный угол
  crack p. контур (край) трещины
  force of p. окружное усилие; касательная (тангенциальная) сила

periscope перископ
periscopic перископический
permafrost вечная мерзлота
permanence постоянство, неизменность, устойчивость, перманентность
permanency см. **permanence**; неизменная структура; постоянная (непрерывная) работа
permanent постоянный, неизменный, перманентный; устойчивый, долговременный, длительный; остаточный
  p. **axis** постоянная (устойчивая) ось (напр., вращения)
  p. **connection** неразъемное соединение
  p. **elongation** остаточное удлинение
  p. **expansion** остаточное расширение
  p. **load** постоянная (статическая, длительная) нагрузка

  p. **magnet** постоянный магнит
  p. **set** остаточная деформация
  p. **strain** остаточная деформация

permeability проницаемость, проникающая способность; пропускающая способность
  p. **to gas** газопроницаемость
  p. **index** коэффициент проницаемости
  p. **unit** единица проницаемости
  directional p. направленная проницаемость
  filter p. проницаемость фильтра
  humidity p. влагопроницаемость
  magnetic p. магнитная проницаемость

permeable проницаемый
  p. **wall** проницаемая стенка

permeance (магнитная) проницаемость
permeate проникать, проходить сквозь; распространяться (сквозь); просачиваться; пропитывать
permeation проникание; просачивание, фильтрация; пропитывание
permissibility допустимость
permissible допустимый, допускаемый
  p. **error** допустимая погрешность
  p. **variation** допускаемое отклонение, допуск; допустимая (возможная) вариация

permission разрешение
permissive 1. разрешающий, позволяющий; 2. рекомендующий; необязательный, факультативный
permit разрешение; ǁ позволять, допускать, разрешать; давать возможность
permittance 1. разрешение; 2. электрическая емкость
permittivity 1. диэлектрическая проницаемость; диэлектрическая постоянная; 2. удельная емкость
permutation 1. перестановка, изменение (порядка); подстановка; 2. размещение
  p. **index** индекс перестановки
  p. **matrix** матрица перестановок
  cyclic p. круговая (циклическая) перестановка
  even p. четная подстановка
  identity p. тождественная подстановка
  odd p. нечетная подстановка

permute переставлять, менять порядок
perpendicular перпендикуляр; отвес; вертикальное (прямое) положение; ǁ перпендикулярный; вертикальный, отвесный
  to erect perpendicular возводить перпендикуляр
  p. **alignment** восстановление перпендикуляра; перпендикулярность
  p. **force** перпендикулярная сила; нормальное усилие
  p. **planes** перпендикулярные плоскости

perpendicularity перпендикулярность; вертикальность
perpetual вечный, бесконечный; постоянный
  p. **motion** "вечное" движение, перпетуум-мобиле

perpetuity бесконечность, вечность
persist 1. оставаться, сохраняться, удерживаться; 2. настаивать
   to persist in настаивать на чём-либо
persistence 1. постоянство, продолжительность; устойчивость, стабильность; 2. выносливость, живучесть; 3. инерция, инерционность (напр., восприятия); последействие
   p. of frequency постоянство частоты
persistent 1. постоянный; стойкий, устойчивый; 2. настойчивый
   p. oscillation незатухающее колебание
personal личный, персональный
   p. computer (PC) персональный компьютер, персональная ЭВМ (ПЭВМ)
   p. library библиотека (программ) пользователя
personnel персонал, личный состав, экипаж
perspective перспектива; вид; проекция; || перспективный
   p. geometry 1. аксонометрия; 2. начертательная геометрия
   p. drawing перспективный чертёж
   central p. центральная проекция
   parallel p. параллельная проекция
   sound p. звуковая (акустическая) перспектива
   three-dimensional p. объёмная перспектива
perspicuity ясность, понятность; прозрачность
persuade убеждать
   to persuade from разубеждать в чём-либо
   to persuade of убеждать в чём-либо
persuasion убеждение; убедительность
persuasive убедительный
pertain принадлежать; иметь отношение, быть свойственным; подходить, соответствовать
pertaining относительно, в отношении
pertinence связь, отношение; уместность
pertinent имеющий отношение, подходящий, соответствующий, уместный
   to be pertinent to иметь отношение к, являться существенным для чего-либо
perturb возмущать, вносить возмущения (помехи), нарушать, искажать
perturbation возмущение, искажение, нарушение; помеха; отклонение
   p. action возмущающее (воз)действие, возмущение
   p. method метод возмущений
   p. theory теория возмущений
   p. velocity скорость (распространения) возмущения
   p. of velocity флуктуации скорости
   linear p. линейное возмущение
   multiple perturbations множественные возмущения; кратные возмущения
   random perturbations случайные возмущения
   singular p. problem сингулярная задача возмущения
   small p. малое возмущение

perturbed возмущённый, искажённый, нарушенный
   p. boundary возмущённая граница, граница с искажениями формы
   p. equilibrium возмущённое (нарушенное) равновесие
   p. Lagrangian возмущённый лагранжиан
pervade 1. распространяться, проникать, охватывать; 2. наполнять; пропитывать
pervasion 1. распространение, проникновение, охват; 2. наполнение; пропитывание
pervasive (широко) распространяющийся, проникающий; всеобъемлющий, глубокий (напр., о влиянии)
perversion искажение
pervert искажать
pervibration глубинная вибрация; вибрационное уплотнение
pervious проницаемый, проходимый, пропускающий (напр., влагу); восприимчивый
peter : **to peter out** иссякать, истощаться
petrol бензин, моторное топливо
petroleum нефть; нефтепродукты
petty небольшой; незначительный; ограниченный
phantom иллюзия; фантом; макет, модель; || кажущийся; фиктивный; искусственный; макетный, модельный
phase 1. фаза; этап, ступень (напр., развития), стадия; 2. фазовое состояние (вещества); 3. фаза, фазовый угол; || фазировать; 4. аспект, сторона
   to bring in phase согласовывать по фазе, фазировать; включать синфазно
   in phase совпадающий по фазе, (находящийся) в фазе, синфазный
   in phase opposition (находящийся) в противофазе
   out of phase не совпадающий по фазе, (находящийся) не в фазе
   p. angle фазовый угол, фаза (колебания, циклического движения); сдвиг (разность) фаз
   p. centre фазовый центр
   p. change фазовый переход, фазовое превращение (вещества)
   p. delay запаздывание по фазе, фазовая задержка
   p. diagram фазовая диаграмма, диаграмма состояний
   p. difference разность (сдвиг) фаз
   p. displacement фазовое смещение, сдвиг фаз
   p. equilibrium фазовое равновесие
   p. factor фазовая постоянная
   p. front фазовый фронт
   p. image фазовое изображение, фазовый портрет
   p. interface граница раздела фаз, межфазная граница
   p. lag отставание фазы
   p. lead опережение фазы

p. pattern фазовый портрет, фазовое изображение
p. performance фазовая характеристика
p. plane фазовая плоскость
p. quadrature сдвиг по фазе на 90 градусов
p. rate фазовая скорость; угловая скорость; угловая (круговая) частота
p. response фазовая (фазочастотная) характеристика
p. reversal обращение (опрокидывание) фазы
p. shift сдвиг фазы
p. space фазовое пространство
p. speed фазовая скорость
p. of the subject сторона вопроса
p. swing качание фазы
p. trajectory фазовая траектория, траектория на фазовой плоскости
p. transition фазовый переход, фазовое превращение
p. variable фазовая переменная
p. of vibration фаза колебания
condensed p. конденсированная фаза
continuous p. непрерывная (однородная) фаза
envelope p. фаза огибающей
gaseous p. газообразная фаза
initial p. начальная фаза; начальная стадия, исходное состояние
instantaneous p. мгновенная фаза
intermediate p. промежуточная фаза, промежуточное состояние
liquid p. жидкая фаза
metastable p. метастабильная фаза
opposite p. обратная (противоположная) фаза, противофаза
precession p. фаза прецессии
reference p. эталонная (опорная) фаза, фаза отсчета
retarding p. отстающая (запаздывающая) фаза
solid p. твердая фаза, твердое состояние
starting p. начальная фаза
time p. временная фаза
vapour-condensed p. пароконденсированная фаза
wave p. фаза волны, фаза колебаний
wave-function p. фаза волновой функции
phase-stable устойчивый по фазе
phasing фазирование, фазировка, синхронизация
phasor фазовый вектор, вектор на комплексной плоскости
polarization p. вектор поляризации
phenomena мн.ч. от phenomenon
phenomenal 1. относящийся к явлению (эффекту), феноменологический; 2. необыкновенный, феноменальный
p. approach феноменологический подход
phenomenological феноменологический
p. description феноменологическое описание

p. plasticity theory феноменологическая теория пластичности
phenomenon (мн.ч. phenomena) явление, эффект, феномен
p. model модель явления
accumulation of errors p. эффект накопления погрешностей
buckling p. явление потери устойчивости, потеря устойчивости
choking p. явление запирания (потока)
frequent p. часто встречающееся явление
heat transfer p. явление теплопереноса
osmotic p. явление осмоса, осмос
physical p. физическое явление
philosophy философия; основные принципы (положения)
design p. принципы проектирования; основные идеи конструкции
natural p. натуральная философия, естествознание, физика
test p. принципы проведения испытаний
phonic звуковой, акустический
phonics акустика
photic световой, относящийся к свету
photics световая оптика
photo- (как компонент сложных слов) фото-, свето-; световой; фотографический
photoactive светочувствительный
photocell фотоэлемент
photoelastic фотоупругий
p. study исследование методом фотоупругости
photoelasticity фотоупругость; метод фотоупругости, поляризационно-оптический метод исследования напряженно-деформированного состояния
photoelectric фотоэлектрический
photofiber светопроводящее волокно, стекловолокно
photograph фотография, фотоснимок; || фотографировать, снимать
photographic фотографический
photography фотографирование, фотография
X-ray p. рентгенография, рентгеновская съемка
photomechanics фотомеханика
photosensitive фоточувствительный
phrase фраза, выражение; || выражать (словами)
phreatic подземный
p. water подземные (грунтовые) воды
phugoid 1. фугоидный, длиннопериодический; 2. длиннопериодическое движение (колебание), фугоида
physical физический; материальный, вещественный, телесный
p. analog(ue) физический аналог, физическая модель
p. atmosphere физическая атмосфера (атм)

p. change физическое изменение, изменение физических свойств
   p. equation физическое уравнение, уравнение физического состояния
   p. layer физический уровень
   p. lumping физическая дискретизация
   p. magnitude физическая величина
   p. meaning физический смысл
   p. mechanism физический механизм
   p. modelling физическое моделирование
   p. nonlinearity физическая нелинейность
   p. pendulum физический маятник
   p. property физическое свойство
   p. science физика; естествознание
   p. sense физический смысл, физическое значение
   p. shock механический удар
physically физически, в физическом смысле
   p. feasible физически возможный, осуществимый
   p. meaningful имеющий физический смысл, физически значимый
   p. nonlinear problem физически нелинейная задача
physicals физические свойства
physics физика; физическая сущность; физическая сторона (явления); физический смысл; физические свойства
   p. of failure механизм (природа, физическая сущность) отказа
   p. of fracture физика разрушения
   p. of strength физика прочности
   basic p. физические основы
   computational p. вычислительная физика
   mathematical p. математическая физика
   solid-state p. физика твердого тела
pick 1. выбор, отбор; сбор; || выбирать, отбирать, подбирать; собирать; 2. захватывание; || захватывать; 3. остроконечный инструмент; || долбить; прокалывать; 4. указатель, стрелка, курсор
   to pick off 1. выбирать, сортировать; 2. получать, считывать (данные)
   to pick on выбирать, отбирать
   to pick up 1. набирать, собирать; 2. захватывать, схватывать; поглощать; 3. воспринимать, принимать, получать, считывать (данные)
   to pick up dirt засоряться, загрязняться
   to pick up speed набирать скорость, разгоняться
pickoff датчик, чувствительный элемент
pickup 1. отбор, сбор; || набирать, собирать; поднимать, подбирать; 2. схватывание; захватывающее приспособление, захват, схват; поглощение; || захватывать, схватывать; поглощать; 3. восприятие; датчик, чувствительный элемент, адаптер, детектор; приемник; приемное устройство; || воспринимать, принимать, получать, считывать (данные)
   p. fitting стыковой узел (сборной конструкции)
   p. unit датчик, чувствительный элемент; приемное устройство
   acceleration p. датчик ускорения
   linear movement p. датчик линейных перемещений
   pressure p. датчик давления
   seismic p. сейсмодатчик
   vibration p. вибродатчик
pictorial 1. наглядный, изобразительный, графический; 2. наглядное представление, изображение; схема, макет
   p. data наглядная (графическая) информация
picture изображение; картина, рисунок; иллюстрация; (фото)снимок, кадр; образец, формат, шаблон; представление, модель, || изображать, описывать; представлять себе
   p. plane плоскость изображения
   classic p. of fracture классическая модель разрушения
   negative p. негативное изображение
   phase p. фазовый портрет
   shadow p. теневое изображение
   X-ray p. рентгенограмма
pie diagram круговая диаграмма
piece 1. часть; участок, фрагмент; обломок, осколок; || составлять из частей, комбинировать, объединять; 2. отдельный предмет; деталь (конструкции), компонент, элемент; 3. штука, единица измерения; определенное количество; 4. пример; образец (напр., для испытаний)
   to piece on присоединять(ся); надстраивать
   to piece out пополнять; надстраивать; составлять
   to piece together соединять, составлять (целое из частей); сочетать; систематизировать
   to piece up ремонтировать
   to be of a piece образовывать единое целое
   to take to pieces разбирать на части
   piece by piece по кускам, по частям; постепенно
   all of a piece сходный, подобный; одного качества
   all to pieces полностью, совершенно, с начала до конца
   bracing p. связь жесткости, раскос
   coupling p. соединительная деталь; переходник, фитинг; муфта
   distance p. прокладка; распорка
   elbow p. колено, коленчатая труба
   patch p. накладка
   sample p. образец; модель, эталон; типовая деталь
   spar p. поперечина, ригель
   straining p. затяжка, стяжка; поперечина
   test p. образец для испытаний
   wedge p. клиновидная деталь, клин
   work p. обрабатываемая деталь
piecemeal 1. по частям; постепенно; 2. на куски; 3. поштучно

piecewise кусочный, состоящий из фрагментов; || кусочно, фрагментарно
   p. **approximation** кусочная аппроксимация
   p. **function** кусочная функция
   p. **polynomial** кусочный полином, сплайн
piecewise-analytic кусочно-аналитический
piecewise-constant кусочно-постоянный
piecewise-continuous кусочно-непрерывный
piecewise-linear кусочно-линейный
piecewise-polynomial кусочно-полиномиальный, сплайновый
   p. **approximation** кусочно-полиномиальное приближение, аппроксимация сплайнами
piecewise-smooth кусочно-гладкий
pier 1. стойка, столб, пилон; опора, бык моста, устой; контрфорс; 2. дамба, мол, волнолом; 3. простенок
   bridge p. мостовой бык, устой моста
pierce пробитое отверстие, пробивка; || проходить сквозь, проникать; пробивать, просверливать, прокалывать; пересекать
piercer острый инструмент, пробойник, бурав; пуансон
piercing 1. проникновение; пробивание, прокалывание; пересечение; || пронизывающий, прокалывающий; бронебойный (о снаряде); пересекающий; 2. диаметр в свету
   p. **point** точка пересечения; след прямой (на плоскости)
piezoelectric 1. пьезоэлектрический; 2. пьезоэлектрик
piezometer пьезометр, пьезометрический прибор
pig болванка, заготовка
pigment пигмент, краситель
pile 1. пачка, кипа, связка; штабель; (электрическая) батарея; группа (однородных объектов), множество, совокупность; || пакетировать, складывать; группировать(ся), накапливать(ся); 2. свая; столб; || забивать сваи; 3. котел; (ядерный) реактор; 4. отвал (грунта)
   to **drive a pile** забивать сваю
   p. **foundation** свайное основание
   p. **group** куст свай
   p. **shell** свая-оболочка
   bearing p. несущая свая
   caisson p. кессонная свая
   dirt p. отвал, террикон
   driven p. забивная свая
   nuclear p. ядерный реактор
   sheet p. шпунтовая свая
   shell-type p. свая-оболочка
piled 1. сложенный (напр., в кипу), уложенный; накопленный; сгруппированный, объединенный, связанный; 2. свайный; (стоящий) на свайном основании
pile-driver свайный копер
pile-dwelling сооружение на сваях
pilework сооружение на сваях; свайное основание
piling 1. складирование, пакетирование; 2. свайный ростверк, свайное основание; шпунтовая стенка; 3. отвал (грунта)
   p. **wall** свайная (шпунтовая) стенка

pill ядро; шарик; гранула
pillar 1. столб, стойка, колонна, опора, пиллерс, пилон; || подпирать, удерживать; 2. целик
   gantry p. качающаяся опора
pillion седло; сиденье
pillow 1. подушка, подкладка; 2. подшипник; вкладыш
   p. **block** 1. опорная плита; 2. коренной (опорный) подшипник
   suspension p. подушка амортизатора
pilot 1. пилот; управляющий (регулирующий) механизм; направляющее устройство; || управляющий, направляющий, ведущий; || управлять, направлять; 2. опытный; экспериментальный; предварительный; 3. контрольный; сигнальный
   p. **design** опытная конструкция; конструкция-прототип
   p. **model** опытная модель, головной образец
   p. **pin** направляющий штифт
   p. **signal** управляющий сигнал; контрольный сигнал
   p. **unit** опытная установка
   automatic p. автопилот
pilot-balloon пробный шар
piloted направляемый, управляемый; пилотируемый
piloting 1. пилотирование; управление; || управляющий, направляющий, ведущий; 2. разработка опытного образца, прототипа; изготовление макета, макетирование
pilotless неуправляемый; беспилотный (о летательном аппарате)
pimple неровность
pin булавка; стержень, штифт, шпилька, ось, шарнир, цапфа; болт; || соединять шарнирно; скреплять на штифтах; прокалывать, прибивать
   p. **joint** шарнирное соединение, шарнирный узел; цилиндрический шарнир
   p. **load** сосредоточенная (точечная) нагрузка
   axis p. ось шарнира
   center p. ось, цапфа
   coupling p. соединительный штифт (стержень, болт)
   fitting p. установочный штифт
   fulcrum p. ось вращения; ось качания
   hinge p. ось шарнира; шарнир
   lever p. ось рычага
   pivot p. ось вращения
pinch 1. зажим; защемление; сужение, сжатие, выклинивание (напр., пласта); || сжимать, сдавливать; зажимать; ограничивать, стеснять; 2. рычаг, вага; || передвигать с помощью рычага; 3. плазменный шнур
   toroidal p. тороидальный (плазменный) шнур
pincher захват, зажим; клещи
pinching 1. захват, зажим; схватывание; ограничение, стеснение; || захватывающий,

зажимной; ограничивающий; 2. перемещение (тяжестей) с помощью рычага
   p. screw зажимной винт
pin-connected шарнирно-сочлененный, соединенный шарнирно
   p. frame шарнирно-сочлененная (стержневая) конструкция, ферма
pin-edge fixing шарнирное закрепление
pinfold ограниченный участок; || ограничивать
ping звуковой импульс; детонация (в двигателе)
pinhole (точечный) прокол; малое отверстие, микроотверстие; газовая пора, газовый пузырек
pinion 1. шестерня, (ведущее) зубчатое колесо; 2. крыло; перо
   p. drive зубчатая передача
pin-joint шарнирное соединение, шарнирный узел; цилиндрический шарнир; || шарнирный, шарнирно-сочлененный
   p. truss шарнирная ферма, ферма с шарнирными узлами
pinnacle вершина, кульминация
pinned шарнирно закрепленный (прикрепленный)
   p. end (шарнирно) закрепленный конец
pinning скрепление, закрепление; шарнирное соединение
pin-supported шарнирно-опертый
pin-point 1. острие; 2. точный; направленный, прицельный; || указывать точно; заострять внимание
   p. accuracy высокая точность
   p. explosion направленный взрыв
pin-pointing точное определение (местонахождения), локализация
pintle (вертикальная) ось; штифт; цапфа
Piola-Kirchhoff stress tensor тензор напряжений Пиола-Кирхгофа
pioneer пионер, инициатор, первый исследователь
   p. well разведочная скважина
   p. work пионерская работа, нововведение
pip 1. выброс, импульс; пик (кривой); 2. отметка; 3. отросток (трубы), штуцер
pipage система трубопроводов; перекачка по трубопроводу
pipe 1. труба, трубка, трубопровод; волновод; || проводить трубопровод; пускать по трубам; 2. усадочная раковина (в отливке)
   p. angle колено (трубы), отвод
   p. bend колено трубы; угольник
   p. connection соединительный патрубок, штуцер; соединение труб
   p. fitting соединительное устройство для труб, муфта, фитинг, деталь трубной арматуры
   p. flow течение в трубопроводе; расход трубопровода
   p. installation укладка труб; трубопровод, трубопроводная сеть
   p. joint соединение труб
   p. line трубопровод

   p. run трубопровод
   p. string колонна труб; ветка трубопровода
   p. system трубопроводная сеть
   p. whip биение (пульсация) трубопровода
   p. work трубопровод
   adapting p. соединительный патрубок, переходник
   admitting p. впускная труба
   air p. воздуховод
   barometric p. барометрическая трубка
   bifurcated p. разветвляющийся трубопровод
   blast p. сопло
   buried p. заглубленный (подземный) трубопровод
   casting p. обсадная труба
   coiled p. змеевик
   corrugated p. гофрированная труба
   delivery p. напорная труба; выводная труба
   eduction p. выпускная (выхлопная) труба
   elbow p. коленчатая труба, колено (трубы), угольник
   exhaust p. выхлопная труба
   expansion p. трубчатый компенсатор
   feed p. питающая (подводящая) труба
   finned p. ребристая (оребренная) труба
   flexible p. гибкий рукав, шланг
   force p. нагнетательная труба
   immersed p. погруженная труба, подводный трубопровод
   inlet p. впускная труба
   jet p. реактивное сопло; инжекционная трубка; наконечник
   light p. светопровод
   main p. магистральный трубопровод
   outlet p. выпускная (отводная, выхлопная) труба
   overflow p. перепускная труба
   pressure p. напорная труба
   seamless p. бесшовная труба
   shock p. ударная труба
   sleeve p. втулка, гильза, муфта
   steam p. паропровод
   supply p. впускная труба, подающая труба
   template p. (фасонная) соединительная часть трубы, фитинг
   thin-wall p. тонкостенная труба
pipeline 1. трубопровод; 2. конвейерная ЭВМ
pipelining 1. транспортировка по трубопроводу; прокладка трубопровода; 2. конвейерная обработка данных
pipework трубопровод, система трубопроводов; трубчатая конструкция
piping 1. трубопровод; укладка трубопровода; 2. усадочная раковина
pipy трубчатый
piston поршень, плунжер; пистон, клапан
   p. clearance рабочий объем (литраж) цилиндра двигателя; вредное пространст-

во, зазор между поршнем и крышкой цилиндра
p. curl поршневое кольцо
p. displacement рабочий объем (литраж) цилиндра двигателя
p. engine поршневой двигатель
p. flow поршневой (пробковый) режим потока
p. pressure давление на поршень
p. ring поршневое кольцо
p. rod шток поршня
p. stroke ход поршня
counter p. контрпоршень
floating p. плавающий (свободный) поршень
freely supported p. поршень на весу
hydraulic p. гидравлический поршень (плунжер)
opposed p. контрпоршень
percussion p. ударный поршень
pressure p. нагнетательный поршень
servo p. усилительный поршень

pit 1. яма, ямка; впадина, углубление; котлован, траншея, карьер; колодец, скважина; шахта, шпур, шурф; || делать углубления; закладывать шурф, бурить скважину; 2. раковина (в металле); коррозионный дефект, язва; || подвергаться коррозии; разъедать
   p. sample испытание на ковкость, кузнечная проба
   p. shaft шахтный ствол
   bore p. скважина, шпур, шурф
   corrosion p. коррозионная язва
   foundation p. котлован под фундамент
   test p. пробный шурф, разведочная скважина
   turbine p. турбинная камера

pitch 1. шаг (резьбы), ход, поступь (винта), питч; шаг зацепления (зубчатого механизма); расстояние между однородными объектами (напр., шаг заклепок); || изменять шаг; зацеплять (о зубцах); 2. наклон, уклон, угол наклона, склонение; угол установки лопасти винта; 3. тангаж, угол тангажа; килевая качка, дифферент; 4. степень, уровень; высота звука; 5. смола, пек
   p. axis ось тангажа, поперечная ось самолета
   p. circle начальная окружность (зубчатого колеса); окружность рабочего колеса (турбины); делительная окружность
   p. curve делительная линия
   p. error ошибка шага
   p. of holes шаг (расстояние между центрами) отверстий
   p. point полюс зацепления
   p. radius радиус делительной окружности
   p. rate угловая скорость тангажа
   p. ratio поступь винта, шаговое отношение (отношение шага винта к его диаметру)
   p. of rivets шаг (расстояние между центрами) заклепок
   p. of screw шаг (воздушного, гребного) винта; шаг резьбы, питч
   p. speed произведение шага резьбы на число оборотов винта в единицу времени
   angle of p. угол тангажа; угол наклона (установки) лопасти
   array p. шаг таблицы; шаг сетки
   blade p. шаг (установки) лопаток
   boom p. наклон стрелы (напр., крана)
   character p. шаг расположения знаков (в строке)
   chain p. шаг цепи
   coarse p. большой шаг
   collective p. общий шаг (несущего винта вертолета)
   even p. равномерный шаг; равномерный уклон
   fine p. малый шаг
   gear p. шаг зубчатого колеса
   grid p. шаг сетки
   lead-screw p. шаг винтовой подачи
   line p. интервал строк
   longitudinal p. продольный шаг
   nose-down p. пикирование
   nose-up p. кабрирование
   shallow p. пологий уклон
   stability in p. устойчивость по тангажу, продольная устойчивость
   teeth p. шаг зубьев
   variable p. переменный (изменяемый) шаг
pitch-down пикирование
pitching 1. изменение шага; 2. тангаж, движение тангажа; килевая качка; 3. устройство (укрепление) откоса
   p. angle угол тангажа; угол наклона (установки) лопасти винта
   p. couple момент тангажа
   p. oscillation колебательное движение тангажа
   car body p. галопирование кузова вагона
   ship p. килевая качка судна
pitch-up кабрирование
pith 1. сердцевина (напр., древесины); 2. суть, сущность; важность
pithily по существу, точно
pithy содержательный; сжатый (о стиле)
pitman шатун; соединительная тяга
Pitot Пито
   P. comb гребенка датчиков полного давления
   P. curve кривая полных давлений
   P. temperature температура торможения (потока)
   P. tube трубка Пито, датчик полного давления
pittance небольшая часть, малое количество
pitting точечная коррозия; образование поверхностных раковин
pivot 1. центр (точка) вращения, точка опоры; ось вращения; осевой стержень,

шарнир; ‖ (свободно) поворачиваться, вращаться; надевать на ось; 2. центральный (основной) элемент; 3. ведущий (главный) элемент матрицы
 p. axis ось вращения (качания)
 p. center центр вращения; ось вращения (качания)
 p. dominance преобладание главного элемента (напр., в строке матрицы)
 p. joint шарнирное соединение
 p. journal ось, цапфа
 articulation p. ось сочленения, ось шарнира
 balance p. точка опоры рычага
 ball p. шаровая опора, шаровой шарнир
pivotal 1. опорный; поворотный; 2. осевой; центральный; 3. ведущий, главный, основной
 p. entry главный (ведущий) элемент (в матрице)
 p. monomial опорный одночлен
 p. rod поворотный стержень, рычаг
pivotally шарнирно
 p. attached соединенный шарнирно
pivoted поворотный, вращающийся, шарнирный; качающийся; укрепленный на оси
 pivoted to вращающийся около (оси)
pivoting 1. поворот, вращение (вокруг оси); качание; ‖ вращающийся, качающийся; поворотный; 2. выбор главного элемента (в матрице)
 p. friction трение при вращении (повороте)
 p. hinge ось шарнира; шарнир
 p. wing поворотное крыло
 elimination with row p. исключение (неизвестных) с выбором главного элемента по строкам
pixel элемент растра, точка растра, пиксел; (минимальный) элемент изображения
place место; пространство, участок; положение; позиция (напр., в списке); разряд (числа), место знака; ‖ помещать; класть, ставить; устанавливать; определять место, положение
 to place against соотносить, сравнивать
 to place demands on предъявлять требования к чему-либо
 to place emphasis on подчеркивать, выделять, придавать значение чему-либо
 to place the limit устанавливать предел
 to place in operation приводить в действие
 to place in(to) orbit выводить на орбиту
 to place restrictions on накладывать ограничения на
 to give place to уступать место
 to take place иметь место, происходить
 to take the place of замещать, помещать вместо
 in place на месте; подходящий, уместный
 in place of вместо
 in the first place во-первых, в первую очередь

 out of place не на месте; неподходящий, неуместный
 p. of force место приложения силы
 p. of units разряд единиц
 p. value разрядное значение
 decimal p. десятичный разряд
-place (как компонент сложных слов) -значный, -местный; напр., seven-place logarithms семизначные логарифмы
placement размещение, расположение, расстановка; компоновка; установка, монтаж
 p. algorithm алгоритм размещения (компоновки)
placing см. placement
plain 1. плоскость; ровная поверхность; ‖ плоский; гладкий, ровный; 2. понятный; явный, очевидный; ‖ ясно, разборчиво, отчетливо; 3. простой, обыкновенный, ординарный
 p. bearing подшипник скольжения
 p. concrete неармированный бетон
 p. steel простая (нелегированная) сталь
 p. strain плоская деформация, плоское деформированное состояние
 p. value простое (некратное) значение, простое число
 p. web girder балка со сплошной стенкой
plainness 1. плоскостность; ровность; 2. понятность; отчетливость; 3. простота
plait сгиб, складка
plan 1. план; ‖ планировать; предполагать; намереваться; 2. проект; схема, чертеж; ‖ проектировать; составлять схему; вычерчивать; 3. план, горизонтальная проекция, вид сверху; ортогональная проекция
 p. area площадь горизонтальной проекции, площадь в плане
 p. section плоское сечение, горизонтальный разрез
 p. view вид сверху (в плане), план, горизонтальная проекция
 body p. поперечный разрез; чертеж корпуса (судна)
 construction p. строительный чертеж
 diagrammatic p. схематический план (чертеж)
 key p. пояснительный чертеж
 lines p. теоретический чертеж (судна)
 longitudinal p. продольный разрез
 master p. общий (генеральный) план
 motion p. план (схема) движения
 rough p. черновой набросок, эскиз
 section p. профиль сечения; план, горизонтальная проекция
 vertical p. вертикальный разрез, вертикальная проекция
planar плоский, плоскостный, планарный
 p. curve плоская кривая
 p. graph плоский (планарный) граф
 p. shock плоская ударная волна
 p. stress плоское напряженное состояние
planarity плоскостность; ровность
planch планка

plane 1. плоскость; плоская поверхность, площадка; грань; уровень; ‖ плоский, плоскостный; гладкий, ровный; ‖ выравнивать, делать плоским; **2.** несущая плоскость (поверхность), крыло; самолет; ‖ планировать, скользить; **3.** пластина, плата, панель

p. **angle** плоский угол
p. of **balancing** плоскость устойчивости
p. of **bending** плоскость изгиба
p. **coordinates** координаты на плоскости; плоская система координат
p. **curve** плоская кривая
p. **domain** плоская область
p. **elasticity** плоская упругость, плоская задача теории упругости
p. **extension** плоское расширение; распространение в плоскости
p. **face** плоская грань
p. of **failure** площадка разрушения
p. **finite element approximation of shell** аппроксимация оболочки совокупностью плоских конечных элементов, ("плоская" аппроксимация)
p. of **flexure** плоскость изгиба
p. **flow** плоское (плоскопараллельное) течение, двумерное течение
p. **fracture** плоский излом, плоская форма разрушения
p. **frame** плоская рама
p. **frame of reference** плоская система координат
p. **geometry** планиметрия, геометрия на плоскости
p. **image** плоское (двумерное) изображение
p. **kinematics** кинематика плоского движения
p. **motion** плоское движение
p. of **motion** плоскость движения
p. **opening mode of crack** плоское раскрытие трещины (трещина нормального отрыва, трещина типа I)
p. **problem** плоская задача, двумерная задача
p. of **reference** плоскость отсчета, нулевая плоскость; плоскость координат; поверхность приведения; плоскость уровня
p. of **rupture** плоскость разрыва, плоскость обрушения
p. **section** плоское сечение
p. of **shear** плоскость сдвига (среза)
p. **shearing mode of crack** плоское сдвиговое раскрытие трещины (трещина типа II)
p. **strain** плоская деформация, плоское деформированное состояние
p. **stress** плоское напряженное состояние
p. of **support** опорная плоскость
p. **surface** плоская поверхность (плоскость)
p. of **symmetry** плоскость симметрии
p. **system** плоская система
p. **truss** плоская ферма

p. of **weakness** критическое (опасное) состояние; плоскость наименьшего сопротивления
p. **wave** плоская волна
aerofoil p. аэродинамическая (несущая) поверхность (напр., крыла, оперения)
angle of a p. угол наклона плоскости, угол сечения
axis p. осевая плоскость; плоскость симметрии
basal p. базисная плоскость; несущая плоскость
carrying p. несущая плоскость (поверхность)
chord p. плоскость хорд
complex p. комплексная плоскость
coordinate p. координатная плоскость
datum p. координатная плоскость; базовая плоскость, плоскость отсчета; плоскость приведения
end p. торец, торцовая плоскость
equatorial p. плоскость экватора
equipressure p. плоскость (площадка) равного давления
flow p. плоскость течения
flow survey p. плоскость измерений в потоке
glide p. плоскость скольжения
half p. полуплоскость
higher half p. верхняя полуплоскость
hodograph p. плоскость годографа
horizontal p. горизонтальная плоскость, плоскость горизонта
image p. плоскость изображения
image of a p. отображение (образ, изображение) плоскости
inclined p. наклонная плоскость
infinite p. бесконечная плоскость
lifting p. несущая плоскость (поверхность)
Mach p. плоскость (поверхность) возмущений
main p. главная плоскость; основная несущая поверхность, крыло
middle p. срединная плоскость (напр., пластины)
mirror p. зеркальная плоскость; плоскость симметрии
nodal p. узловая плоскость
null p. нулевая плоскость, плоскость отсчета
oblique p. косая (наклонная) плоскость
orbital p. орбитальная плоскость
osculating p. соприкасающаяся плоскость
phase p. фазовая плоскость
physical p. физическая плоскость
picture p. плоскость изображения
pitching p. плоскость тангажа, плоскость симметрии самолета
principal p. главная плоскость, плоскость симметрии
projective p. проективная плоскость, плоскость проекции

prospective p. of separation плоскость вероятного разрыва
secant p. секущая плоскость
skew p. косая (наклонная) плоскость
stability p. плоскость устойчивости
stabilized p. стабилизированный (устойчивый) самолет
standard datum p. стандартная плоскость отсчета (высоты)
supporting p. опорная (несущая) плоскость
tail p. хвостовое (горизонтальное) оперение, стабилизатор
tangent(ial) p. касательная плоскость
tension p. плоскость растяжения
uniformly stressed p. плоский элемент в однородном напряженном состоянии
vortex p. вихревая пелена, вихревой слой
water p. свободная поверхность воды
wind p. плоскость вектора скорости ветра
wing p. плоскость (хорд) крыла
working p. рабочая плоскость (поверхность)

planeness плоскостность, правильность плоскости; ровность
plane-parallel плоскопараллельный
planet планета
planetary планетный, планетарный
    p. gear планетарный механизм, планетарная передача
planimetric планиметрический
planimetry планиметрия
planish править, выравнивать, рихтовать (металл); шлифовать, полировать
planisphere планисфера
plank планка, доска; || настилать, выстилать, обшивать (досками)
planless бессистемный
planning планирование; проектирование; планировка
plano-concave плоско-вогнутый
plano-convex плоско-выпуклый
plant 1. завод, промышленное предприятие; производственное оборудование; установка, агрегат; энергетическая установка; || ставить, устанавливать, основывать; внедрять; 2. растение
    industrial p. завод, промышленное предприятие
    power p. силовая установка, энергоагрегат; электростанция
    test p. испытательная установка, испытательный стенд
plasma плазма
plastic 1. пластический, пластичный; деформируемый пластически; 2. пластмасса, пластик; изделие из пластмассы
    p. adjustment приспособляемость (конструкции) при пластическом деформировании
    p. behaviour пластическое деформирование, поведение при пластическом деформировании

p. condition условие пластичности; состояние пластичности
p. constitutive relations уравнения пластического состояния (материала)
p. deformation пластическая деформация; пластическое деформирование
p. design проектирование с учетом пластических деформаций
p. domain зона пластичности
p. enclave пластическое включение; зона пластичности
p. extension пластическое растяжение; пластическое удлинение
p. fatigue пластическая (малоцикловая) усталость
p. flow пластическая деформация, пластическое течение
p. flow theory теория пластического течения
p. hardening пластическое упрочнение
p. hinge пластический шарнир
p. impact пластический удар
p. laminate слоистый пластик
p. limit предел пластичности
p. material пластмасса, пластик; пластически деформируемый материал
p. model пластическая модель (деформирования конструкции); модель пластичности
p. potential пластический потенциал, потенциал пластической деформации
p. range диапазон пластической деформации; зона пластичности (в конструкции)
p. reinforcement армирование пластика
p. response пластическое поведение (материала), пластическая работа (конструкции)
p. solution пластическое решение, решение по пластической модели (деформирования конструкции)
p. stability устойчивость пластического деформирования, устойчивость (конструкции) при пластическом деформировании
p. strain пластическая деформация
p. structure пластическая (пластически деформирующаяся) конструкция; конструкция из пластика
p. surface поверхность пластичности
p. theory теория пластичности
p. wave волна пластичности
p. working пластическая обработка, обработка давлением
p. yield пластическое течение, текучесть
p. zone зона (область) пластичности (в конструкции)
effective p. strain эффективная пластическая деформация; интенсивность пластических деформаций
engineering p. конструкционный пластик
fiberglass p. стеклопластик, стекловолокнит

fiber reinforced p. пластик, армированный волокнами
foamed p. пенопласт, поропласт
fully p. полностью пластичный, полностью в пластическом состоянии
glass-reinforced p. стеклопластик, стекловолокнит
ideally p. идеально пластический
laminated p. слоистый пластик
perfectly p. body идеально пластическое тело
reinforced p. армированный пластик
small p. strain малая пластическая деформация
time-dependent p. relaxation нестационарная пластическая релаксация

plastic-covered покрытый пластиком, с пластмассовой обшивкой

plasticity пластичность; деформируемость
p. analysis расчёт пластического деформирования, пластический расчёт
p. criterion критерий пластичности, критерий (начала) пластической деформации
p. formulation формулировка задачи пластического деформирования; модель пластического деформирования
p. index показатель пластичности; число пластичности (напр., глинистых пород)
p. model модель пластичности; пластическая модель, модель пластического деформирования (конструкции)
p. spread протяжённость пластической зоны
p. theory теория пластичности
p. zone зона (область) пластичности
athermal p. атермическая пластичность (не связанная с тепловыми эффектами)
contained p. ограниченная пластичность
convex p. condition выпуклое условие пластичности
crack p. пластическая теория разрушения (трещинообразования)
deformation p. theory деформационная теория пластичности
endochronic p. theory эндохронная теория пластичности
field of p. область (зона) пластичности
finite strain p. пластичность при конечных деформациях
hardening-softening p. пластичность с упрочнением-разупрочнением
incremental p. инкрементальная теория пластичности, теория пластичности в приращениях
isothermal p. изотермическая пластичность
modulus of p. модуль пластичности
perfect p. идеальная пластичность
phenomenological p. theory феноменологическая теория пластичности
plane-strain p. пластичность в условиях плоской деформации
reversed p. знакопеременная пластичность
secant p. modulus секущий пластический модуль
tangent(ial) p. modulus касательный пластический модуль
Tresca-Saint-Venant p. condition условие пластичности Треска-Сен-Венана

plasticizer пластификатор

plate пластина, пластинка, плита; плата, доска, лист, (плоский) диск, плоскость; ‖ пластинчатый, состоящий из пластин; плоский; ‖ плющить, придавать форму листа; плакировать; обшивать листами
p. bending изгиб пластин(ы)
p. bending finite element конечный элемент изгибаемой пластины; плоский изгибный конечный элемент
p. bending theory теория изгиба пластин
p. equations уравнения (изгиба) пластин
p. flexure изгиб пластины; прогиб пластины
p. frame листовая рама, листовой каркас
p. girder листовая балка (балочная конструкция); лонжерон
p. hinge плоский шарнир
p. of middle thickness пластина средней толщины
p. mill листопрокатный стан
p. spring листовая пружина, рессора
p. stress element плосконапряжённый элемент
p. theory теория (изгиба) пластин
acute skew p. остроугольная пластина
anchor p. анкерная плита
baffle p. отражательная стенка, экран, щит
base p. фундаментная (опорная) плита; подушка, подложка; основная плата (прибора); базисная плоскость
bearing p. опорная (несущая) плита
bed p. опорная плита, плита основания; подушка; стол (станка); станина
bimetal p. биметаллическая пластина
blast loaded p. пластина, нагруженная взрывом
boiler end p. днищевый лист котла
bottom p. днище, днищевый лист; плита основания
cantilever p. консольная пластина
channeled p. гофрированная пластина
chord p. пояс (балки), поясной лист
circular p. круглая пластина
clamped p. защемлённая пластина
composite p. пластина из композиционного материала
connection p. соединительная планка
continuous p. сплошная (неразрезная) пластина
corner p. угловой лист, косынка
corrugated p. гофрированная пластина
cover p. крышка; лист обшивки
cross-ply laminated p. перекрёстно армированная слоистая пластина

dial p. циферблат, круговая шкала, градуированный диск, лимб
draw p. фильера
elastic p. упругая пластина
end p. днище
female p. пластина матрицы
fine p. тонкий лист
fish p. стыковая накладка
flange p. пояс (балки), поясной лист
flanged p. пластина с фланцем
flat p. плоская пластина
flexible p. гибкая пластина
flooring p. лист настила, настил, флор
folded p. складчатая пластина, складка
folded p. structure пространственная пластинчатая конструкция, складчатая конструкция
force p. силовая (нагруженная) плита; нагрузочная пластина (накладка); плита пуансона
foundation p. фундаментная (опорная) плита
full p. сплошная пластина
gusset p. угловой лист, косынка
head p. днищевый лист (напр., котла)
heavy p. толстая пластина, плита; толстый лист
hinged p. шарнирно опертая пластина; шарнирно сочлененная оболочка
impact p. ударная плита; (отражающий) экран; амортизационная подушка
index p. шкала, циферблат
infinite p. бесконечная пластина
Kirchhoff p. пластина (модель пластины) Кирхгофа
knee p. угловой лист, косынка
laminated p. слоистая пластина
large deflection p. пластина, допускающая большие прогибы; гибкая пластина
lattice p. решетчатая (сетчатая) пластина
load distribution p. пластина для (равномерного) распределения нагрузки
male p. плита пуансона
moderately thick p. пластина средней толщины
mounting p. установочная плита; монтажная плата
obliquely stiffened p. диагонально подкрепленная пластина; пластина, подкрепленная косыми ребрами
one-way p. (прямоугольная) пластина, опертая по двум противоположным сторонам; пластина, армированная в одном направлении
packing p. уплотняющая пластинка, прокладка
perforated p. пластина с отверстиями
rectangular p. прямоугольная пластина
reinforced p. подкрепленная пластина, армированная пластина
reinforcement p. усиливающая (подкрепляющая) пластина, ребро жесткости

rhombic p. ромбическая пластина
ribbed p. ребристая пластина
rigid p. (абсолютно) жесткая пластина; пластина большой жесткости (допускающая лишь малые прогибы)
sandwich p. трехслойная пластина; слоистая пластина
shaped p. фасонный листовой металл
shell p. искривленная пластина; лист обшивки, стенка оболочки
ship p. корабельное листовое железо
simply supported p. пластина с простым опиранием, просто опертая пластина
skew p. косоугольная пластина
skin p. лист обшивки
sole p. фундаментная плита
solid p. сплошная пластина
space p. разделительная плита
space p. structure пространственная пластинчатая конструкция
stay p. стыковая накладка
stiffened p. подкрепленная (ребристая) пластина; армированная пластина
stiffening p. усиливающая (подкрепляющая) пластина, ребро жесткости
supporting p. опорная плита, плита основания
tapered p. сужающаяся (клиновидная) пластина; пластина уменьшающейся толщины
thick p. толстая пластина; толстое листовое железо
thin p. тонкая пластина; тонкий листовой металл
thin p. hypothesis гипотезы теории (изгиба) тонких пластин (гипотезы Кирхгофа)
thin p. theory теория (изгиба) тонких пластин
through-cracked p. пластина со сквозной трещиной
thrust p. упорная плита
tie p. стыковая накладка, соединительный лист
uniformly-loaded p. равномерно нагруженная пластина
web p. перегородка, переборка, стенка (балки)
wheel p. диск колеса
plateau плато, плоский участок; плоская (пологая) часть кривой
plated 1. пластинчатый, состоящий из пластин; 2. обшитый листами, облицованный, покрытый слоем другого материала
  p. beam пластинчатая балка; балка, усиленная листами
  p. structure пластинчатая конструкция
platelike имеющий вид пластины, пластинчатый
platen пластина, плита; стол (напр., станка), платформа
platform 1. платформа; основание; площадка, помост; ростверк; ∥ опираться, основываться; 2. стартовая площадка; 3. горизонтальная

platform 434 plug-in

проекция, план; **4.** проект; **5.** идейная основа
  computer p. базовые средства ЭВМ, компьютерная платформа
  continental p. шельф
  drilling p. буровая платформа
  missile p. пусковая площадка (установка); самолет-ракетоносец
  moving p. передвижная платформа; подвижное основание
  sea p. морская платформа (напр., для нефтедобычи)
  wing p. крыло в плане
plating покрытие, обшивка; нанесение покрытия; металлизация, гальваническое покрытие
platten раскатывать (в лист), плющить
platter (жесткий) диск
plausibility правдоподобие; вероятность
plausible правдоподобный, вероятный, возможный
  p. **explanation** правдоподобное объяснение
play 1. игра; ‖ играть; **2.** воспроизведение, исполнение; ‖ воспроизводить, исполнять; **3.** действие; ‖ приводить в действие, пускать; **4.** зазор, промежуток, люфт, свободный ход; отклонение; ‖ иметь люфт (свободный ход), отклоняться
  to **play off 1.** приводить в действие, пускать в ход, запускать; **2.** представлять в (ином) виде, выдавать за
  to **play the part** играть роль
  to **be in full play** идти полным ходом
  to **bring into play** вводить в действие, (за)пускать; осуществлять
  to **come into play** вступать в действие, начинать действовать
  p. **for expansion** зазор, учитывающий (тепловое) расширение
  free p. зазор, люфт; свободный (холостой) ход; качание
  joint p. люфт в сочленении
playback воспроизведение (напр., записи)
player воспроизводящее устройство
pleach сплетать, плести (напр., канат)
pleat складка
plenary 1. полный, неограниченный; **2.** пленарный (о заседании)
plenitude полнота; обилие
plenty обилие; множество; избыток; запас; ‖ обильный, многочисленный; ‖ вполне, довольно; очень, весьма
  plenty of много
plenum 1. пленум; **2.** полнота; **3.** давление выше атмосферного; камера давления; баллон, ресивер; нагнетатель; система вентиляции; ‖ с избыточным давлением; нагнетательный
  p. **chamber** камера давления
  p. **duct** нагнетательный (приточный) канал
plexiglass органическое стекло, плексиглас
plexus сплетение; переплетение
pliability гибкость; ковкость, пластичность
pliancy гибкость

pliers клещи
plinth цоколь, постамент
plot 1. чертеж, план; график, диаграмма, схема; ‖ чертить, вычерчивать, строить кривые; составлять план; прокладывать курс; **2.** участок, площадка
  to **plot a curve** строить кривую
  to **plot a point** наносить точку (на графике)
  building p. строительная площадка
  calibration p. градуировочная (калибровочная) кривая
  drag p. **against M number** график зависимости лобового сопротивления от числа Маха
  logarithmic p. график в логарифмическом масштабе
  phase p. фазовая диаграмма
  pressure p. **against volume** график зависимости давления от объема
  time p. годограф
plotted начерченный, изображенный; нанесенный на график
plotter планшет; графопостроитель; графическое регистрирующее устройство, самописец
  coordinate p. (двух)координатный графопостроитель
  data p. графопостроитель
  flatbed p. планшетный графопостроитель
  position p. курсопрокладчик
plotting черчение; вычерчивание, построение кривых; изображение; прокладка траектории (маршрута); построение плана (схемы)
  p. **program** программа графического вывода
  p. **scale** масштаб чертежа
  point p. построение графика по точкам
  pressure p. построение эпюры давлений
plough плуг
plow см. **plough**
plug 1. пробка; заглушка; ‖ закрывать пробкой, закупоривать; заглушать; **2.** (штепсельный) разъем; контактный штырек; ‖ вставлять в разъем, подключать
  to **plug up** закупоривать; заглушать; замыкать, блокировать
  p. **flow** жесткое течение, поршневой режим (двухфазного) потока
  choke p. заглушка, пробка
  force p. пуансон
  orifice p. дроссель; жиклер
  pipe p. заглушка трубы
  program p. программная заглушка, программа-имитатор
  spark p. свеча зажигания
plugging 1. закупорка, заглушение; заделка (отверстия); засорение, забивание; **2.** соединение частей разъема, подключение
  filter p. забивание фильтра
  flow p. торможение течения
plug-in 1. штыревой; штепсельный; **2.** вставной, съемный, сменный; собирающийся из блоков, модульный

p. structure модульная конструкция
p. unit вставной (сменный) блок
plumb 1. свинец; 2. отвес, лот; ‖ вертикальный, отвесный; ‖ ставить (проводить) вертикально; измерять глубину; ‖ вертикально, отвесно; 3. абсолютный, явный; окончательный; ‖ совершенно, окончательно
out of plumb невертикальный, наклонный
p. line отвес, вертикальная линия
plume струя, шлейф, факел (напр., выхлопных газов, загрязнений)
p. of bubbles область кавитации
convective p. конвективная струя
plummet отвес, лот
plunge ныряние, окунание, погружение; ‖ нырять, окунать(ся), погружать(ся)
plunger 1. плунжер, поршень; 2. шток, толкатель; 3. пуансон
p. die пуансон, подвижный штамп
cushion p. амортизационный плунжер
plunging ныряние, окунание, погружение; движение "вверх-вниз"
plural многочисленный, множественный; многократный
plus 1. (знак) плюс; 2. положительная величина; ‖ положительный; 3. добавка; дополнение; ‖ добавочный; дополнительный
ply 1. слой; 2. прядь, нить; 3. петля; виток, оборот; 4. сгиб, складка; 5. уклон, наклон
p. laminated plate слоистая пластина
belt p. слой брекера, брекер (шины)
body p. слой каркаса (шины)
cord p. слой корда (армирующих волокон)
cross p. слой с диагональным (поперечным) расположением армирующих волокон
tire casing p. слой каркаса шины
tread p. протектор шины, слой протектора
plywood фанера
p.m. (post meridiem) (лат.) после полудня
pneumatic 1. пневматический, воздушный, надувной; 2. пневматическое оборудование, пневматика; пневматическая шина
p. structure пневматическая (надувная) конструкция
p. tire пневматическая шина
p. working пневматический привод
pneumatics пневматика; пневматическое оборудование
pock углубление, полость; выбоина, щербина
pocket карман; углубление, выемка; полость, мешок; магазин, обойма; накопитель, бункер; кожух, коробка
p. of material карман (линза) в материале (напр., в грунте)
air p. воздушная пробка; воздушный мешок
cavity p. кавитационная каверна
lightening p. облегчающая выемка (полость, углубление и т.п.)
pod 1. оболочка, обшивка, кожух; обтекатель, гондола авиадвигателя; контейнер, (отделяемый) грузовой отсек; 2. переходное устройство
pod-mounted установленный в контейнере
Poincare small parameter method метод малого параметра Пуанкаре
point 1. точка; место, пункт, положение, позиция; координата; момент (времени); 2. суть, смысл, главное, дело, проблема; аспект, вопрос; особенность; 3. разделитель; деление (шкалы), риска, пункт; 4. (десятичная) запятая; ‖ отделять запятой; 5. указатель, стрелка; ‖ указывать, направлять, быть направленным, ориентировать, наводить; показывать, свидетельствовать; 6. заострение, остриё, режущая кромка; ‖ заострять; 7. оценочный балл, пункт, очко
to point off 1. отделять (десятичной) запятой; 2. отводить, уводить
to point out указывать (на), показывать, выделять, отмечать; обращать чьё-либо внимание
to be on the point of намереваться сделать что-либо
to get off the point отклоняться от темы
to keep to the point придерживаться темы
to pass through a point проходить через точку
to serve one's point выполнять своё назначение
about a point относительно точки
at a point в точке; в окрестности точки
at all points во всех отношениях
at this point здесь; на данном этапе
from this point on с этого момента
in point рассматриваемый
in point of в отношении
in point of fact фактически, действительно
off the point не по существу, не на тему
on the point of близкий к
the point at issue предмет обсуждения
the point is дело в том, что
there is no point нет смысла, не стоит
to the point по существу
to the point that до такой степени, что
up to this point до этого момента, до сих пор
p. of accumulation точка накопления; предельная точка
p. charge точечный заряд
p. collocation коллокация в точке, (по)точечная коллокация
p. of congelation точка (температура) замерзания
p. conic(al) кривая второго порядка
p. contact точечный контакт
p. of contact точка контакта; точка касания
p. of convergence точка сходимости; точка слияния
p. of departure начало отсчёта; исходная точка, начальный момент; пункт отправления

p. design конструкция, отвечающая заданным требованиям
p. of detection точка обнаружения
p. of discontinuity точка разрыва (скачка); точка нарушения сплошности
p. force сосредоточенная сила
p. function функция точки (координат, положения)
p. gearing точечное зацепление
p. at infinity точка на бесконечности, бесконечно удалённая точка
p. of inflection точка перегиба
p. of intersection точка пересечения
p. load сосредоточенная нагрузка; точечный груз
p. mass сосредоточенная (точечная) масса
p. matching method метод пристрелки
p. of mesh точка (узел) сетки
p. of minimum точка минимума
p. object объект, представляемый (представляющийся) точкой, сосредоточенный объект
p. of origin начало отсчёта, начало координат
p. particle материальная точка
p. of reversal точка возврата
p. set точечное множество
p. of sight точка наблюдения; точка визирования
p. support точечная опора; точечное опирание
p. of support точка опоры
p. symmetry центральная симметрия
p. of tangency точка касания
p. of thrust termination конец активного участка (траектории)
p. unit материальная точка, точечная масса
p. of view точка наблюдения; точка зрения, мнение
p. vortex точечный вихрь
p. welding точечная сварка
adherent p. точка соприкосновения
airfoil sonic p. звуковая точка на профиле
anchoring p. точка крепления (конструкции), точка механической фиксации
angular p. угловая точка
antinodal p. пучность (при колебаниях)
antipodal p. противоположная точка
application p. точка приложения (напр., силы)
arithmetic base p. запятая в позиционном представлении числа
attachment p. точка (узел) крепления
base p. базисная (опорная) точка; точка отсчёта; исходное положение
beginning p. начальная точка
bend p. точка экстремума (кривой); точка перегиба
bifurcation p. точка бифуркации (ветвления)
boiling p. точка (температура) кипения
boundary p. граничная точка

branching p. точка ветвления (перехода)
break p. точка разрыва, место разрушения; останов, прерывание (работы программы)
bubble p. точка (температура) кипения
burble p. точка срыва потока, критический угол атаки
burning p. точка (температура) воспламенения
central p. центральная точка, центр; нулевая точка, начало отсчёта
check p. 1. опорная точка, точка-ориентир, репер; 2. контрольная точка, точка рестарта (программы)
chilling p. точка (температура) кристаллизации, точка замерзания
circular p. циклическая точка
collocation p. точка коллокации
compression yield p. предел текучести при сжатии
condensation p. точка (температура) конденсации, точка росы
cone p. коническая точка
contact p. точка контакта (касания); контактное остриё, наконечник
control p. 1. опорная точка; контрольное значение (параметра); 2. ориентир, репер; 3. контрольная точка, точка рестарта (программы)
corresponding points соответственные точки
crack p. вершина трещины
crank p. вершина угла; точка перелома; точка возврата
critical p. критическая точка; особая точка
crossing p. точка пересечения
current p. текущая точка
cuspidal p. точка возврата
cutoff p. точка отсечения, отсечка; точка обреза (среза)
datum p. опорная точка; точка привязки, ориентир, репер; исходная точка, начало отсчёта; точка приведения
dead p. 1. мёртвая точка (напр., хода поршня); фиксированная точка; 2. опорная точка, ориентир, репер
decimal p. десятичная запятая (точка)
design p. расчётная точка, проектное значение (параметра); расчётный режим
destination p. заданная точка, цель; заданное положение (состояние)
dew p. точка росы, температура конденсации
distinguished p. характерная точка
dropping p. температура каплеобразования
elevation p. точка привязки, ориентир, репер
elliptic(al) p. эллиптическая точка, точка эллиптичности
end p. конечная точка
end points начальная и конечная точки; пределы интегрирования

entry p. точка входа
equilibrium p. точка равновесия, равновесная точка
exceptional p. особая точка, исключительная точка
exit p. точка выхода
experimental p. экспериментальное значение, экспериментальная точка (на графике)
external p. внешняя точка
extreme p. предельная точка; точка экстремума; последняя (крайняя) точка
extremum p. точка экстремума
fatigue p. предел усталости (выносливости)
feasible p. допустимая точка; достижимая точка
fiducial p. опорная (отправная) точка; ориентир, репер
fire p. температура воспламенения, точка вспышки
fixed p. фиксированная (неподвижная) точка, заданная точка; фиксированная (десятичная) запятая
fixed p. format формат (числа) с фиксированной запятой
flashing p. температура воспламенения, точка вспышки
flexibility p. точка перегиба
floating p. плавающая запятая (точка)
floating p. (co)processor (со)процессор для вычислений с плавающей запятой, арифметический (со)процессор
flow p. предел текучести; температура текучести
focal p. фокальная точка, фокус; основной аспект (проблемы)
freezing p. точка (температура) замерзания; температура затвердевания (кристаллизации)
full p. точка (знак препинания)
fusing p. точка (температура) плавления
ghost p. фиктивная точка (напр., конечноразностной сетки)
grid p. узловая точка (сетки); координата
ice p. точка замерзания воды; точка плавления льда
ideal p. несобственная (бесконечно удаленная) точка
ignition p. температура воспламенения; момент зажигания (в двигателе)
image of a p. образ (изображение, отображение) точки
imaginary p. несобственная точка
impact p. точка удара (соударения); точка падения
infinity p. бесконечно удаленная точка, точка на бесконечности
inflection p. точка перегиба
integration p. точка (узел) численного интегрирования
interior p. внутренняя точка

isolated p. изолированная точка; особая точка
key p. ключевой пункт; важная мысль
lattice p. узел решетки
limit p. предельная точка
liquefaction p. точка (температура) ожижения
load p. точка приложения нагрузки
locus of points геометрическое место точек
lower yield p. нижний предел текучести
mass p. материальная точка, сосредоточенная (точечная) масса
material p. материальная точка
measuring p. точка измерения
melting p. точка (температура) плавления, точка таяния
middle p. средняя точка
multiple p. кратная точка
nodal p. узловая точка, узел
nodal p. of vibration узел колебаний (точка, остающаяся неподвижной при колебаниях)
objective p. конечная цель
observation p. точка наблюдения
optimum p. точка оптимума
parabolic p. параболическая точка, точка параболичности
parameter p. (фиксированное) значение параметра
peak p. пик, точка максимума
pitching p. полюс зацепления (зубчатых колес)
plotted p. изображенная точка; точка, нанесенная на график
pouring p. температура разливки (металла); температура застывания
principal p. главная точка
probe p. острие зонда, измерительный наконечник
pronounced yield p. выраженная (явная) точка текучести
radix p. запятая в позиционном представлении числа
reentry p. точка повторного входа (в программу); точка возвращения (космического корабля в атмосферу)
reference p. точка отсчета; ориентир, репер; опорная (контрольная) точка
regular p. регулярная (несингулярная, простая) точка
representative p. представительная точка
rerun p. точка повторного запуска (рестарта)
rescue p. контрольная точка (в программе)
rest p. точка покоя, точка остановки
saddle p. седловая точка
salient p. точка излома (кривой), угловая точка
sample p. пробная точка; точка измерения (исследования)
saturation p. точка (предел) насыщения

separation p. 1. точка отделения (отрыва); 2. десятичная запятая (точка)
set p. заданное значение; выбранная (заданная) точка
setting p. точка (температуры) схватывания
sighting p. точка наблюдения; точка визирования
simple p. простая (регулярная) точка
singular p. особая точка, точка сингулярности
singular crack p. особая точка в вершине трещины
sintering p. температура спекания
sonic p. точка с числом M=1, точка перехода через скорость звука
stable p. устойчивая точка, точка устойчивого равновесия
stagnation p. точка остановки, точка торможения (потока); критическая точка
starting p. начальная (отправная) точка
stationary p. неподвижная точка; точка равновесия; точка стационарности (функционала)
steam p. точка (температура) парообразования
stress p. точка (пространства) напряжений
supporting p. точка опоры; опорная (базовая) точка, точка отсчета
surveying p. точка наблюдения
takeoff p. точка отрыва (при взлете)
tangent p. точка касания
tapping p. 1. точка отвода (ответвления); 2. точка выпуска жидкости (отбора давления)
target p. заданная точка; цель
tensile yield p. предел текучести при растяжении
terminal p. конечная точка
test p. контрольная точка
thaw p. точка (температуры) таяния, температура плавления
transition p. точка перехода; точка фазового превращения; точка ветвления
turning p. точка поворота, центр вращения; точка перегиба; точка возврата; экстремальная точка (кривой); поворотный пункт, перелом
unstable p. неустойчивая точка; точка потери устойчивости
vanishing p. точка схождения (параллельных линий на бесконечности); крайний предел
variable p. переменная (текущая) точка
via p. промежуточная точка
visible p. видимая точка
vortex p. вихревая точка, точечный вихрь
weak p. слабое место, недостаток
working p. рабочая точка; точка приложения силы
yield p. предел текучести

zero p. нулевая точка; начало координат; отсчетное (нейтральное) положение; абсолютный нуль (температурной шкалы)
zero-slip p. точка прилипания
point-by-point поточечный; последовательный, постепенный
pointed 1. указанный, выделенный, отмеченный; подчеркнутый, очевидный; 2. острый, заостренный; 3. ориентированный, наведенный
pointer стрелка (прибора); указатель; ссылка
  p. instrument прибор со стрелкой
pointful уместный, подходящий
pointing 1. указание; выделение, подчеркивание; 2. определение (напр., места), локализация; 3. ориентирование, наведение; 4. заострение
pointwise (по)точечный; ‖ поточечно, (последовательно) по точкам
  p. connections связи между точками
  p. constraints ограничения в точках
  p. convergence поточечная сходимость, сходимость в точках
  p. discontinuous точечно разрывный
  p. estimate (по)точечная оценка
  p. iteration method (по)точечный итерационный метод
  p. variational principle точечный вариационный принцип
poise 1. гиря, груз; противовес; 2. равновесие; уравновешивание; ‖ уравновешивать; балансировать; 3. пуаз, П (единица динамической вязкости)
poised уравновешенный
Poiseuille flow течение Пуазейля
Poisson Пуассон
  P. brackets скобки Пуассона
  P. contraction поперечное сжатие, сжатие за счет коэффициента Пуассона
  P. distribution распределение Пуассона
  P. equation уравнение Пуассона
  P. probability пуассоновская вероятность
  P. ratio коэффициент Пуассона, коэффициент поперечной деформации (поперечного сжатия)
Poisson-Kirchhoff theory of thin plates теория тонких пластин Пуассона-Кирхгофа
polar 1. полярный; полюсный; диаметрально противоположный; 2. поляра
  p. angle полярный угол; аргумент комплексного числа; (угловая) фаза
  p. coordinates полярные координаты; полярная система координат
  p. diagram диаграмма в полярных координатах; круговая (секторная) диаграмма
  p. equation уравнение в полярных координатах; уравнение поляры
  p. line поляра
  p. moment of inertia полярный момент инерции
  p. vector полярный вектор
drag p. кривая сопротивления
shock p. ударная поляра

spatial p. coordinates сферические координаты

polarity полярность; полярное соответствие; противоположность

polarization поляризация

polarize поляризовать(ся); придавать определенное направление, ориентировать

polarized поляризованный; ориентированный
p. light поляризованный свет

pole 1. полюс; особая точка (функции); центр; || полюсный; 2. вывод, контакт; 3. столб, мачта, свая, опора
to be poles asunder быть диаметрально противоположным
p. of a conic полюс конического сечения
p. of a function полюс функции
p. of inertia полюс инерции
analogous poles одноименные полюсы
anchor p. анкерная опора
conjugate poles сопряженные полюсы (функции)
earthed p. заземленный полюс (вывод)
instantaneous p. мгновенный центр (напр., скоростей)
girder p. решетчатая мачта
like poles одноименные полюсы
magnetic p. магнитный полюс; полюс магнита
opposite poles противоположные (разноименные) полюсы
order of a p. порядок полюса
reciprocal p. противоположный полюс
rotation p. полюс (центр) вращения
stayed p. опора с растяжками
trussed p. решетчатая опора
unlike poles разноименные полюсы

policy политика, стратегия
p. space пространство стратегий

poling ряд опор, свай; установка опор, забивка свай

polish полировка, шлифовка; блеск; лак; || полировать, шлифовать; покрывать лаком

polling опрос (напр., датчиков)

poly- (как компонент сложных слов) много-, поли-

polyadic многоместный; многочленный

polychromatic многоцветный, полихроматический

polygon многоугольник, полигон; (замкнутая) ломаная
p. of forces многоугольник сил
p. surface поверхность, составленная из многоугольников
arc p. дуговой многоугольник
closed p. замкнутый многоугольник
convex p. выпуклый многоугольник
curved p. криволинейный многоугольник, многоугольник с криволинейными сторонами
equilibrium p. (замкнутый) многоугольник сил
funicular p. веревочный многоугольник
inscribed p. вписанный многоугольник
load p. многоугольник нагружающих сил, силовой многоугольник
open p. незамкнутая ломаная
reflex p. самопересекающийся многоугольник
regular p. правильный многоугольник
space p. пространственный многоугольник; многогранник
vector p. векторный многоугольник
vortex p. вихревой прямоугольник

polygonal многоугольный, полигональный
p. domain многоугольная область

polygram сложная фигура

polyharmonic полигармонический

polyhedra мн.ч. от polyhedron

polyhedral многогранный
p. angle многогранный угол
p. surface поверхность, образованная плоскими гранями; поверхность многогранника

polyhedron (мн.ч. polyhedra) многогранник, полиэдр
convex p. выпуклый многогранник
edge of p. ребро многогранника
face of p. грань многогранника
regular p. правильный многогранник

polyline ломаная (линия)

polymer полимер

polymeric полимерный

polynomial многочлен, полином; || многочленный, полиномиальный, степенной
p. approximation полиномиальная аппроксимация, многочленное приближение
p. of best approximation многочлен наилучшего приближения
p. coefficients коэффициенты полинома
p. equation полиномиальное (степенное) уравнение
p. degree степень (порядок) полинома
p. fitting подбор полинома (напр., для аппроксимации данных); полиномиальное сглаживание; сглаживание полинома
p. function полиномиальная функция, многочлен
p. interpolation полиномиальная интерполяция
p. of least deviation многочлен наименьшего уклонения; многочлен, наименее уклоняющийся от нуля
p. resolution разложение полинома; полиномиальное (степенное) разложение
p. root корень полинома
p. series полиномиальный ряд
p. shape function полиномиальная функция формы (конечного элемента)
p. smoothing полиномиальное сглаживание
p. zero нуль (корень) полинома
Chebyshev p. полином Чебышева
complete p. полный полином
cubic p. кубический полином, многочлен третьей степени
harmonic p. гармонический многочлен

polynomial   440   **portion**

   Hermite p. полином Эрмита
   interpolation p. интерполяционный многочлен
   irreducible p. неприводимый (неразложимый) многочлен
   Lagrange p. полином Лагранжа
   Legendre p. полином Лежандра
   linear p. линейный полином, полином первой степени
   order of p. порядок (степень) многочлена
   piecewise p. кусочный полином, сплайн
polyphase многофазный
polyspast полиспаст, сложный блок, тали
polystyrene полистирол
polytechnic политехнический
polytope многогранник
polytrope политропа
polytropic(al) политропический, политропный
   p. **curve** политропа
   p. **exponent** показатель политропы
polyvalent многопараметрический
pond пруд, запруда; водоем, бассейн; бьеф; || запруживать
   upper p. верхний бьеф
pondage водохранилище; емкость, объем (напр., резервуара)
ponderous громоздкий, тяжелый
pontoon понтон, понтонный (наплавной) мост; кессон
   p. **bridge** понтонный мост
   p. **gear** поплавковое шасси
pony маленький, малого размера, малогабаритный; вспомогательный, дополнительный
pool 1. объединение; объединенный ресурс, фонд; накопитель, пул; || объединять (ресурсы), соединять; группировать; накапливать; 2. водохранилище; резервуар
   to **pool the experience** обобщать опыт
   lower p. нижний бьеф
   oil p. нефтяная залежь
   storage p. (динамическая) область памяти
pooled объединенный, соединенный; суммарный
pooling объединение, соединение; группирование; накапливание
poor бедный; недостаточный, с низким содержанием чего-либо; слабый; плохой
   poor in quality низкого качества
   p. **accuracy** низкая (недостаточная) точность, высокая погрешность
   p. **convergence** плохая (медленная) сходимость
   p. **vacuum** слабый вакуум
   p. **weld** слабый шов, непроваренный шов
pop 1. хлопок, щелчок; выстрел; || хлопать, щелкать; 2. толчок; || толкать, выталкивать
pop-in скачок, резкое смещение; прохлопывание, потеря устойчивости
popular распространенный, широко известный
populate населять; заполнять

populated заселенный; заполненный
   fully p. **matrix** полностью заполненная матрица, плотная матрица
   sparsely p. редко заполненный, разреженный
population население; совокупность, популяция; скопление; численность, количество; степень заполнения
   p. **mean** среднее значение, математическое ожидание
   finite p. конечная (генеральная) совокупность
   parent p. генеральная совокупность
   sampled p. совокупность выборки
porcelain фарфор
pore 1. пора; 2. скважина; 3. обдумывать, внимательно изучать
poriferous пористый
porosity пористость; ноздреватость; скважистость
   p. **index** коэффициент пористости
   closed p. закрытая пористость
   coarse p. крупная пористость
   flow p. эффективная пористость
   gas-filled p. газонасыщенная пористость
   intergranular p. межзерновая пористость
   noncommunicating p. несообщающаяся (рассеянная) пористость
   sealed p. закрытая пористость
porous пористый; ноздреватый; губчатый; скважистый; ячеистый
   p. **medium** пористая среда
port 1. порт; 2. отверстие, проход, канал; вход, выход; 3. точка подключения (внешнего устройства к ЭВМ), порт доступа; 4. левый борт (судна); || левый, находящийся слева
   p. **way** канал
   bypass p. обводной (байпасный) канал
   exhaust p. выпускное отверстие
   input/output p. порт ввода/вывода
portability портативность, переносимость, мобильность
portable портативный, переносной; съемный, складной, разборный; переносимый, мобильный (о программном обеспечении)
portage переноска, перевозка, транспорт
portal 1. портал, ворота; портальная рама; портальный кран; козлы (крана); || портальный; 2. выходной канал, устье
porthole отверстие, люк, иллюминатор; канал
portion 1. часть, доля; область, участок; || делить на части; 2. блок, узел
   braking p. участок торможения
   change-over p. переходной участок, переходная область
   control p. блок управления
   end p. оконечная часть, конец
   incremental p. приращение; нарастающая часть (характеристики)
   loading p. приращение нагрузки
   power p. активный участок (траектории)
   sloping p. спадающая часть (характеристики)
   trajectory p. участок траектории

portrait 1. портрет; изображение, описание; 2. вертикальный
portray изображать, показывать, описывать
pose ставить (вопрос), выдвигать, предлагать; формулировать, излагать
    to **pose a problem** ставить (формулировать) задачу
posed поставленный, сформулированный (о задаче); установленный
    well posed problem хорошо поставленная задача
posit постулировать, утверждать, класть в основу
position 1. позиция, место; (рас)положение; местоположение, координата; ‖ располагать, размещать; устанавливать в заданное положение, позиционировать; определять местоположение; 2. разряд числа, место цифры; 3. состояние; возможность (сделать что-либо); 4. отношение, мнение, точка зрения
    to **advance a position** экстраполировать траекторию, продолжать линию (положения)
    to **assume a position** занимать место (положение)
    to **be in a position** быть в состоянии, иметь возможность
    to **plot a position** изображать (определять) местоположение, указывать координаты (на чертеже, карте)
    out of position неправильно расположенный, не на месте
    p. **control** регулирование по положению, позиционное регулирование
    p. **of extremum** точка экстремума
    p. **feedback** обратная связь по положению
    p. **vector** вектор положения, радиус-вектор
    actual p. текущее положение
    adjustment for p. установка по положению
    angular p. расположение под углом
    at-rest p. исходное положение
    attitude p. пространственное положение
    centre-of-gravity p. положение центра тяжести, центровка
    decimal p. десятичный разряд
    downwind p. положение по потоку (по полёту)
    end p. конечное (крайнее) положение
    engage p. положение "включено"
    equilibrium p. положение равновесия
    extreme p. крайнее положение
    final p. конечное положение
    firing p. стартовое положение (ракеты)
    forward p. развёрнутое положение (напр., крыла изменяемой стреловидности), выдвинутое положение
    free p. свободное (произвольное, незаданное) положение; нейтральное положение
    function of p. функция положения, функция координат
    high-order p. старший разряд (числа)
    home p. исходное (начальное) положение
    intermediate p. промежуточное (среднее) положение
    level p. горизонтальное положение
    line of p. линия положения, траектория
    loaded p. нагруженное состояние
    neutral p. нейтральное положение
    nominal p. положение (координата) в пределах допуска
    operating p. рабочее положение
    plan p. горизонтальное положение; горизонтальная плоскость
    point p. место запятой (в числе)
    reference p. исходное (начальное, отсчётное) положение
    release p. положение "выключено"
    rightmost p. крайнее правое положение
    roll p. угол крена
    service p. рабочее положение
    sign p. знаковый разряд, место знака
    stable p. устойчивое положение
    starting p. исходное положение
    swept p. стреловидное положение (крыла)
    target p. заданное (целевое) положение, заданная координата
    terminal p. конечное положение
    unknown p. неизвестное положение, неизвестная координата
    work p. рабочее положение
    zero p. нулевое (исходное, отсчётное) положение; нейтральное положение
positional позиционный
    p. **notation** позиционная система счисления
positioner устройство позиционирования, позиционер; установочное устройство
position-independent не зависящий от положения; переместимый
positioning расположение, размещение; управление положением, установка в определённое положение, позиционирование; регулировка положения, юстировка; местонахождение, координаты; определение координат
    positive p. фиксация положения
    tool p. позиционирование инструмента
positive 1. положительный; позитивный; 2. положительная величина; 3. принудительный, вынужденный (напр., о движении), с принудительным приводом; ограниченный, стеснённый; нагнетательный, под давлением; 4. безусловный; абсолютный; определённый, точный; категорический; 5. вращающийся по часовой стрелке; 6. позитивное изображение, позитив
    p. **allowance** зазор (положительная разность между диаметрами отверстия и вала)
    p. **draft** положительная тяга; тяга под давлением (выше атмосферного)
    p. **flow** принудительное (напорное, стеснённое) течение
    p. **governing** принудительная регулировка; непосредственное (прямое) управление

p. **grade** положительный наклон, подъем
p. **increment** положительное приращение; приращение (угла) по часовой стрелке
p. **infinity** плюс бесконечность
p. **motion** 1. вынужденное (принудительное) движение; 2. движение без буксования (без взаимного проскальзывания ведущей и ведомой деталей); 3. движение по часовой стрелке
p. **number** положительное число
p. **opening** принудительное открытие (напр., канала)
p. **pressure** положительное давление; давление выше атмосферного; избыточное давление
p. **seat** неподвижное положение
p. **sign** знак плюс
p. **test** опыт, давший положительный результат
p. **wear** положительный износ (удаление материала)

positive-definite положительно-определенный
p. **matrix** положительно-определенная (положительная) матрица

positive-going увеличивающийся, нарастающий

positively 1. положительно; позитивно; 2. вынужденно, принудительно, с принудительной передачей движения; без скольжения (буксования); 3. безусловно; абсолютно; определенно, точно; категорически
p. **controlled** с принудительной передачей движения

positivity положительность

possess владеть, иметь, обладать

possession владение, обладание
to be in possession иметь в (своем) распоряжении

possibility возможность; вероятность

possible возможный, вероятный; допустимый
to do one's possible сделать все возможное
as high as possible как можно выше
if possible если это возможно

possibly возможно, может быть

post 1. столб, мачта, опора, свая; 2. пост, положение; укрепленный узел, форт; 3. колонка, пульт (управления); 4. целик (угля, руды); 5. почта; || почтовый; || отправлять по почте
bearing p. несущая опора; столбчатый фундамент
frame p. стойка рамы

post- (приставка) после-, пост-, по-, за-, над-

postacceleration послеускорение

postamble символ завершения, окончания; заключительная часть (текста)

postbuckling закритическое состояние, состояние (конструкции) после потери устойчивости; || закритический, надкритический
p. **analysis** расчет закритического деформирования
p. **curve** закритическая ветвь решения

p. **mode** закритическая мода (деформирования), конфигурация (конструкции) после потери устойчивости

postcondition выходное условие, постусловие

postcritical закритический, надкритический

poster 1. объявление; плакат; 3. стендовый доклад

posterior апостериорный, основанный на опыте, полученный из (после) опыта; эмпирический; последующий, позднейший; задний
p. **estimation** апостериорная оценка
p. **probability** апостериорная вероятность

posteriori : a posteriori (лат.) апостериори, из (после) опыта, на основании опыта; || апостериорный, основанный на опыте; эмпирический

posteriority следование за чем-либо; позднейшее обстоятельство

postgraduate аспирант
p. **course** аспирантура

postlude заключение, заключительная часть

post meridiem (p.m.) (лат.) после полудня

postmortem 1. "посмертный", после окончания; 2. постпрограмма
p. **dump** вывод данных после (аварийного) завершения программы
p. **report** заключительный отчет (напр., по окончании исследований)

postposition положение позади, заднее размещение, постпозиция

postnormalization постнормализация, нормализация результата

postprocessing постпроцессирование, последующая (заключительная) обработка

postprocessor постпроцессор

postressing последующее натяжение (напр., натяжение арматуры на бетон)

postulate постулат, аксиома, принятое (основное) положение; предварительное условие; || постулировать, принимать без доказательства; допускать, полагать; ставить (предварительным) условием, требовать

postulation постулирование, допущение

postulational основанный на постулатах, аксиоматический
p. **method** метод постулатов, аксиоматический метод

posture состояние, положение

post-yield пластический, в пластическом состоянии, (деформирующийся) за пределом текучести
p. **behaviour** пластическое поведение (деформирование)
p. **relation** (определяющее) соотношение пластического деформирования

pot котел, бак; резервуар, емкость; тигель

potency 1. (потенциальная) возможность, потенция; 2. действенность, эффективность; 3. мощность
p. **of a set** мощность множества

potent мощный, сильный; убедительный
p. **example** убедительный пример

potential 1. возможность; || возможный; 2. потенциал; потенциальная функция, силовая функция; || потенциальный; безвихревой; 3. напряжение, разность потенциалов
  p. **barrier** потенциальный барьер
  p. **difference** разность потенциалов
  p. **of elasticity** упругий потенциал, потенциал упругости
  p. **energy** потенциальная энергия
  p. **equation** уравнение потенциала
  p. **field** потенциальное (безвихревое) поле; поле потенциала
  p. **flow** потенциальное (безвихревое) течение
  p. **function** потенциальная функция, функция потенциала, потенциал; силовая функция; гармоническая функция
  p. **method** метод потенциала
  p. **pattern** потенциальный рельеф
  p. **due to source** потенциал источника
  p. **well** потенциальная яма
  advanced p. опережающий потенциал
  attraction p. потенциал притяжения
  boundary p. граничный потенциал
  complex p. комплексный потенциал
  Coulomb p. кулоновский (электростатический) потенциал
  crack-arresting p. способность (материала) останавливать трещину
  discharge p. потенциал разряда
  electric p. электрический потенциал; разность потенциалов, напряжение
  force p. потенциал (внешних) сил, силовой потенциал, силовая функция
  Gibbs p. (термодинамический) потенциал Гиббса
  gravity p. гравитационный потенциал
  Newtonian p. ньютоновский (гравитационный) потенциал
  plastic p. пластический потенциал, потенциал пластической деформации
  released elastic p. высвобожденная потенциальная энергия упругой деформации
  repulsion p. потенциал отталкивания
  retarded p. запаздывающий потенциал
  scalar p. скалярный потенциал
  streaming p. потенциал течения
  supersonic p. потенциал сверхзвукового течения
  thermal p. тепловой потенциал
  vector p. векторный потенциал
  velocity p. потенциал скоростей
potentiality потенциальность; потенциальная возможность
potentiate 1. делать возможным; 2. придавать силу (мощность); 3. потенцировать (находить число по данному логарифму)
pottery керамика, керамические изделия
potting герметизация, заливка
potty мелкий, незначительный; лёгкий

pound 1. (сокр. lb) фунт (=0,45359 кг); 2. удар; || ударять; обрабатывать молотом; трамбовать; 3. измельчать, толочь
  pound per cubic inch фунт на кубический дюйм (единица плотности = 27679,9 кг/куб.м)
poundal (pdL) паундаль, фундаль (единица силы в системе "фунт, фут, секунда" = 0,138255 H)
pounder 1. предмет массой в один фунт; 2. ударник, молот; пест(ик)
pound-force (сокр. lbf) фунт-сила (=4,44822 H)
  pound-force per square inch (psi, p.s.i.) фунт-сила на квадратный дюйм (единица давления, напряжения = 6894,757 Па)
pour лить(ся), вливать(ся), наливать(ся)
pouring разливка, заливка; укладка (бетона)
powder 1. порошок, пыль, пудра; || измельченный, порошкообразный; || превращать в порошок, толочь; 2. порох, взрывчатое вещество
powdery порошковый, порошкообразный, измельченный
power 1. мощность; 2. сила, энергия; источник энергии; || силовой, энергетический; моторный, машинный; || питать энергией; приводить в действие (в движение); 3. способность, возможность; 4. производительность, эффективность; 5. увеличение (оптического прибора); 6. степень, показатель степени
  to raise to a power возводить в степень
  p. **approximation** степенная аппроксимация, степенное приближение
  p. **consumption** расход энергии, потребление мощности
  p. **curve** степенная кривая; график мощности
  p. **dependence** степенная зависимость; зависимость от мощности
  p. **drive** привод от двигателя, силовой привод
  p. **efficiency** коэффициент полезного действия; производительность
  p. **engineering** энергетика
  p. **equation** степенное уравнение
  p. **expansion** разложение по степеням, степенное разложение
  p. **factor** коэффициент мощности
  p. **flow** поток мощности
  p. **fluid** рабочая жидкость (в гидросистеме)
  p. **function** степенная функция; функция мощности
  p. **gear** силовой привод; ведущее зубчатое колесо
  p. **of gravity** сила тяжести
  p. **input** подводимая мощность
  p. **law** степенной закон
  p. **of lens** сила увеличения линзы
  p. **load** силовая загрузка; нагрузка на единицу мощности
  p. **loss** потеря мощности
  p. **method** степенной метод

p. outlet выход мощности; отбор мощности
p. output выход мощности; выходная (отдаваемая) мощность
p. plant силовая установка, двигатель
p. of a point количество движения точки; степень точки (напр., относительно кривой)
p. portion активный участок (траектории)
p. residue степенной вычет
p. series степенной ряд
p. of a set мощность множества
p. shaft приводной вал, вал трансмиссии
p. spectrum спектр мощности, спектральная функция
p. station энергетическая установка, электростанция
p. stroke рабочий такт (ход)
p. supply источник питания; подвод энергии
p. take-off отбор мощности
p. of test мощность критерия
p. tool машина, орудие, станок
p. transmission силовая передача; передача энергии
p. transmission medium звено (кинематической цепи), передающее усилие
p. unit силовой агрегат, энергоблок; исполнительный механизм; единица мощности
p. waste потеря мощности (энергии)
absorptive p. поглотительная способность
adhesion p. сила сцепления; адгезионная способность
apparent p. кажущаяся мощность
ascensional p. подъемная сила
atomic p. атомная энергия
available p. доступная (располагаемая) мощность; номинальная мощность
average p. средняя мощность
base of p. основание степени
bearing p. несущая способность
braking p. тормозное усилие; энергия торможения
breakout p. усилие отрыва
calorific p. теплотворная способность
carrying p. несущая способность; грузоподъемность
complex p. комплексная (векторная, полная) мощность
computational p. быстродействие ЭВМ
conducting p. проводимость
design p. расчетная (проектная) мощность
discriminative p. различающая способность
dissipated p. рассеянная мощность
drag p. мощность, расходуемая на преодоление (лобового) сопротивления
fractional p. дробная степень
gross p. полная мощность
hardening p. показатель (степени) упрочнения (при степенном законе упрочнения материала)
hauling p. сила тяги

horse p. мощность в лошадиных силах
illumination p. сила света
impelling p. движущая сила; толкающая сила
indicated p. индикаторная мощность
instantaneous p. мгновенная мощность
integral p. целая степень, целый показатель степени
lifting p. подъемная сила; грузоподъемность; мощность насоса
like powers одинаковые степени
locomotive p. движущая сила
lubricating p. смазывающая способность
mass p. отношение мощности к массе
mathematical p. показатель степени
mean p. средняя мощность
mechanical p. механическая энергия
motive p. движущая сила; источник энергии
net p. полезная мощность
penetrating p. проникающая способность
propelling p. движущая сила; сила тяги; тяговая мощность
rated p. номинальная (расчетная) мощность
reactive p. реактивная сила; реактивная мощность
reflecting p. отражательная способность
required p. потребная мощность
resolving p. разрешающая способность
scattering p. рассеиваемая мощность
shaft p. мощность на валу
specific p. удельная мощность
spring p. упругость, эластичность; сила упругости
standby p. резервная мощность
starting p. стартовая (пусковая) мощность
successive powers последовательные степени
supporting p. несущая способность, грузоподъемность; поддерживающая (выталкивающая, подъемная) сила
thermal p. теплотворная способность; теплопроизводительность
threshold p. пороговая мощность
thrust p. тяговая мощность; тяга
total p. полная мощность; полная производительность
towing p. тяговая мощность, тяговое усилие (на крюке)
tractive p. сила тяги; грузоподъемность
useful p. полезная мощность
vector p. векторная (комплексная, полная) мощность
volume p. удельная мощность, мощность на единицу рабочего объема (двигателя)
wasted p. потерянная энергия (мощность)
weight p. мощность на единицу веса (двигателя)
wetting p. смачивающая способность
wind p. энергия ветра

powered снабжаемый энергией, питаемый; снабженный двигателем, с приводом, самоходный
  powered by с приводом от; движимый чем-либо
powerful сильный, мощный; значительный, веский
  p. success значительный успех
  p. test мощный критерий
powerfully сильно, мощно; значительно
power-hungry энергоемкий
powering возведение в степень
  convergence acceleration by p. улучшение сходимости путем возведения в степень
power-law степенной, изменяющийся по степенному закону
  p. hardening степенное упрочнение
  p. relation степенная зависимость
powerless не снабжаемый энергией; без двигателя, с выключенным двигателем
power-mode степенной, степенного типа
power-per-litre литровая мощность (двигателя)
power-to-weight ratio мощность на единицу веса (двигателя)
practicable осуществимый, достижимый; полезный
practical практический; действительный, фактический; практичный, удобный; полезный, целесообразный; осуществимый, реальный
  in practical work на практике, в действительности
practically практически; фактически, на деле; почти, приблизительно
practice 1. практика; практическая деятельность; применение; установившийся порядок; || осуществлять на практике; применять; практиковать; 2. практика, упражнение; || опытный, учебный; || практиковаться; 3. метод, способ; технология
  to put into practice осуществлять; вводить в обращение, начать применять
  in practice на практике; на поверку
  in actual practice в действительности
  p. ground учебный полигон
  welding p. способ (техника) сварки
practise 1. осуществлять (на практике); применять; практиковать; 2. практиковаться
practised опытный, умелый
Prager's kinematic hardening rule закон кинематического упрочнения Прагера
Prandtl Прандтль
  P. analogy in torsion (мембранная) аналогия Прандтля в кручении
  P. diagram диаграмма Прандтля (упруго-идеально-пластическая диаграмма деформирования)
  P. number число Прандтля
  P. wing theory теория крыла Прандтля
Prandtl-Glauert correction поправка Прандтля-Глауэрта (на сжимаемость)
Prandtl-Meyer expansion flow течение Прандтля-Мейера (при обтекании выпуклого угла), течение расширения

Prandtl-Reuss equations уравнения Прандтля-Рейсса (в теории пластического течения)
Prandtl-Reuss flow rule (ассоциированный) закон текучести Прандтля-Рейсса
praxis 1. практика; 2. упражнения, примеры
pre- (приставка) пред-, пре-, до-
preacceleration предварительное ускорение, предускорение
preact упреждение
preamble преамбула, вводная часть; предисловие, вступление; || делать предисловие
preanalysis предварительный анализ (расчет)
prearrange (заранее) подготавливать, планировать
preassigned (наперед) заданный, предписанный
  p. displacement заданное перемещение
prebuckling докритическое состояние, состояние до потери устойчивости; || докритический (до потери устойчивости)
  p. mode докритическая мода (деформирования), конфигурация (конструкции) до потери устойчивости
  p. state докритическое состояние
  momentless p. assumption предположение безмоментности докритического деформирования
  nonlinear p. behaviour нелинейное докритическое деформирование
precarious 1. случайный; 2. необоснованный, сомнительный
precast сборный, сборного типа (о конструкции); заводского изготовления
precaution предупреждение; предосторожность, мера предосторожности
precede 1. предшествовать, быть впереди; 2. превосходить
precedence 1. предшествование; 2. приоритет, первенство, превосходство
preceding предшествующий, предыдущий
precept указание; инструкция, предписание
precession прецессия
  p. angle угол прецессии
  direct p. прямая прецессия
  progressive p. прямая прецессия
  regular p. регулярная прецессия
  retrograde p. обратная прецессия
prechamber форкамера
precheck предварительная проверка
precipitate осадок; || выпадать в осадок, осаждать(ся)
precipitation (атмосферные) осадки; выпадение, осаждение
precis краткое изложение, конспект; || кратко излагать, конспектировать
precise точный; прецизионный, обладающий высокой точностью; определенный, четкий, ясный; тщательный
  to be more precise более точно, точнее
  p. balancing точное уравновешивание, точная регулировка
precisely точно, в точности; именно

precision точность; прецизионность; погрешность, величина погрешности; разброс, рассеяние (результатов измерений)
  to a precision of с точностью до
  p. instrument прецизионный инструмент, точный прибор
  p. of measurements точность (погрешность) измерений
  p. work прецизионная обработка
  desired p. требуемая точность
  double p. двойная (удвоенная) точность
  double p. arithmetic арифметика с удвоенной точностью
  extended p. повышенная точность
  floating-point p. точность вычислений с плавающей запятой
  instrument p. точность прибора
  machine p. машинная точность
  obtainable p. достижимая точность
  relative p. относительная точность
  single p. одинарная точность
preclude предотвращать, устранять
  to preclude from препятствовать, мешать (сделать что-либо)
preclusion препятствие, помеха
precoating предварительное покрытие, грунтовка
precompensation прекомпенсация; предварительная коррекция
precompression предварительное сжатие
preconceive знать заранее; предопределять
preconcert условливаться (обусловливать) заранее, оговаривать
precondition 1. предварительное условие; входное условие; предпосылка; || заранее обусловливать, оговаривать; 2. предварительно обрабатывать; 3. предобусловливать, (предварительно) улучшать обусловленность
preconditioner 1. средство предварительной обработки; 2. оператор (матрица) предобусловливания
  matrix p. предобусловливающая матрица
preconditioning 1. задание предварительных условий, предпосылок; 2. предварительная обработка; 3. предобусловливание, предварительное улучшение обусловленности
  p. of system of algebraic equations предобусловливание системы алгебраических уравнений
  diagonal p. диагональное предобусловливание
  element-by-element p. поэлементное предобусловливание
  incomplete Cholesky p. предобусловливание путем неполного разложения Холецкого
  iterative p. итерационное предобусловливание
precracking создание (нанесение) предварительной трещины
precursor предшественник, предтеча
precursory предшествующий; предварительный

predecessor предшествующий элемент, предшественник; || предшествующий
  p. event предшествующее событие
predefine заранее определять (задавать), предопределять, предсказывать
predefined предопределенный, заранее заданный
  p. function заранее заданная функция; стандартная функция
  p. solution предсказанное решение; наперед заданное решение
predeformation предварительное деформирование; предварительное напряжение
predesign предварительный (эскизный) проект
predesigned заранее установленный, наперед заданный
predestination предопределение
predetermine предопределять, предрешать; заранее определять (задавать)
predetermined предопределенный; предварительно установленный, заданный
predicament 1. затруднение; 2. (логическая) категория
predicate 1. предикат; 2. утверждение; || утверждать
  p. calculus исчисление предикатов
predication утверждение
predict 1. предсказывать, прогнозировать; теоретически оценивать, вычислять; 2. упреждать, предварять
predictability предсказуемость, прогнозируемость, оцениваемость
predicted предсказанный, ожидаемый; найденный теоретически, вычисленный
  p. value предсказанное (вычисленное, теоретическое) значение
prediction 1. предсказание, прогнозирование; прогноз; расчет; 2. упреждение
  p. algorithm алгоритм прогнозирования
  p. formula формула предсказания, прогностическая формула
  arrest p. расчет остановки (трещины)
  failure p. прогнозирование отказов
  flow p. прогноз стока
  life p. расчет ресурса (долговечности)
  linear p. линейный прогноз
  long-range p. долгосрочный прогноз
  numerical p. численный прогноз, количественная оценка
  theoretical p. теоретическое предсказание, теоретическая оценка
predictor предиктор, средство прогноза, экстраполятор; прогностический параметр
predictor-corrector method метод "предиктор-корректор", метод предсказаний и поправок (решения обыкновенных дифференциальных уравнений)
predominance преобладание, превосходство
predominant преобладающий, доминирующий
predominantly преимущественно
predominate преобладать, доминировать, превалировать

prefabricate готовить заранее; изготавливать заводским способом
prefabricated изготовленный (подготовленный) заранее; заводского изготовления; сборный, блочный (о конструкции)
   p. structure сборная конструкция, конструкция из типовых элементов
preface предисловие, введение; вводная часть; || снабжать предисловием, делать предварительные замечания
prefatory вступительный, вводный, предварительный
prefer предпочитать
preferable предпочтительный
preferably предпочтительно, лучше
preference предпочтение; преимущественное право; то, чему отдается предпочтение
   for preference предпочтительно
   in preference to вместо
   p. relation отношение предпочтения
preferential предпочтительный
preferred предпочтительный; привилегированный; первоочередной
prefix префикс, приставка; || ставить впереди; предпосылать; заранее присваивать, устанавливать
preform формировать заранее; предопределять
preformatted предварительно форматированный, в заданном формате
pregnable ненадежный, уязвимый
preheat предварительный нагрев, прогрев
preimage прообраз, прототип, оригинал
prelection лекция
prelector лектор
preliminary предварительный, подготовительный; черновой, эскизный
   to be a preliminary to предшествовать чему-либо
   preliminary to до, перед
   p. design эскизный проект
   p. results предварительные результаты
preliminaries предварительные замечания; предварительные (подготовительные) мероприятия
preloading предварительное нагружение (натяжение)
prelude вступление; || делать вступление; служить вступлением; начинать
prelusive вступительный
premature предварительный; преждевременный
premise (пред)посылка; || предпосылать
prenormalization предварительная нормализация, преднормировка
preordain предопределять
preordination предопределение
preparation 1. приготовление, подготовка; предварительная работа; 2. обогащение (напр., руды); 3. препарат
preparative 1. подготовительный, предварительный; 2. приготовление
preparatory подготовительный, предварительный
   preparatory to прежде чем; до того как

prepare готовить(ся), подготавливать(ся)
prepared подготовленный, готовый, (предварительно) обработанный
preponderant превосходящий, преобладающий, доминирующий
preponderate превосходить, превышать, перевешивать; преобладать
preposition 1. препозиция; 2. предлог
prepotency преобладание, доминирование
prepotent преобладающий, доминирующий
preprint препринт, предварительная публикация
preprocessing препроцессирование, предварительная (первичная) обработка, подготовка
preprocessor препроцессор (программа подготовки и предварительной обработки данных)
preproduction подготовка производства; выпуск опытного образца; || подготовительный; опытный, экспериментальный
   p. model опытный образец
prerequisite предпосылка, необходимое условие; обязательная принадлежность; || необходимый (как условие)
prerogative прерогатива, исключительное право; привилегия
prescience предвидение
prescind абстрагироваться
prescribe задавать, назначать, предписывать
prescribed заданный, предписанный
   p. boundary conditions заданные краевые условия
   p. degrees of freedom заданные (ограниченные, фиксированные) степени свободы
   p. variable заданная (фиксированная) переменная
prescription задание, предписывание; рекомендация
preselection предварительный отбор
presence 1. присутствие, наличие; 2. непосредственная близость
   in the presence of в присутствии, при наличии чего-либо
present 1. современный; настоящий, данный, текущий; имеющийся, располагаемый; существующий; присутствующий; 2. представлять; предлагать, сообщать, излагать; предоставлять, подавать; 3. подарок
   to present difficulties создавать трудности
   to be present иметься, присутствовать; иметь место, происходить
   at present в настоящее время
   for the present на этот раз; пока
   up to the present до настоящего времени
   p. knowledge последние (научные) данные
presentation 1. представление; изображение, индикация, отображение, показ; описание, сообщение; 2. подача (деталей)
   p. of number представление числа; код числа
   data p. представление данных
   graphic p. графическое изображение (представление)

present-day современный
presently сейчас, в настоящее время; вскоре
preservation сохранение, сохранность; предохранение; консервация
preserve сохранять, хранить; предохранять; консервировать
preserving сохранение; предохранение
    norm p. **mapping** сохраняющее норму отображение
preset предварительная установка, настройка, предварительное задание (параметров); || (заранее) заданный, установленный, предписанный; предварительный; стандартный; || (заранее) задавать, предписывать
preshaping предварительное задание формы; || задающий форму, вид
press 1. давление; надавливание; выдавливание; нажатие, нажим; || давить, оказывать давление; надавливать; выдавливать; жать, нажимать, прижимать; 2. пресс; || прессовать, штамповать; 3. печать, печатание; || печатать; 4. вынуждать, принуждать; настаивать
    to press **home** выжимать до отказа
    to press **in** вдавливать, запрессовывать
    in **press** в печати (о публикации)
    p. **fit** прессовая посадка
    p. **force** сила нажатия, сила давления
    p. **mould** прессформа
    p. **pump** нагнетательный насос
    bending **p.** гибочный пресс
pressed 1. нагруженный давлением; придавленный, прижатый; нажатый; 2. прессованный, штампованный; 3. напечатанный, отпечатанный
    p. **part** прессованная деталь
pressing 1. надавливание, нажатие; сжатие; выдавливание; 2. прессование, обработка давлением, штамповка; прессованное (штампованное) изделие; 3. настоятельный, неотложный
    p. **crack** трещина как дефект прессования
    p. **force** сжимающая сила, усилие сжатия (прессования)
    cold **p.** холодная штамповка
pressure 1. давление; сжатие; напор; 2. (электрическое) напряжение, электродвижущая сила
    to **bleed** pressure отбирать давление
    to **boost** pressure повышать давление
    to **exert** a pressure оказывать давление
    to **take up** pressure воспринимать (выдерживать) давление
    p. **angle** угол давления; угол зацепления
    p. **arch** свод давления
    p. **blower** компрессор, нагнетатель, воздуходувная машина
    p. **box** барокамера, отсек с регулируемым давлением
    p. **cabin** герметическая кабина
    p. **casting** литьё под давлением
    p. **charging** наддув (двигателя внутреннего сгорания)
    p. **differential** перепад давления
    p. **dimension** размерность давления
    p. **drag** сопротивление, испытываемое движущимся телом (определяемое давлением вокруг тела)
    p. **feed** подача под давлением
    p. **field** поле давления, барическая область
    p. **filter** напорный фильтр
    p. **flow** напорное течение
    p. **fluid** напорная жидкость, рабочая жидкость (напр., гидропривода)
    p. **force** сила давления (сжатия)
    p. **function** функция давления
    p. **gage** датчик давления, манометр
    p. **gain** прирост давления; коэффициент прироста давления
    p. **gradient** градиент давления
    p. **hardness** твёрдость на вдавливание
    p. **height** гидростатический напор
    p. **load** нагружение давлением, давление; сжимающая нагрузка
    p. **meter** измеритель давления, манометр
    p. **oscillation** пульсация давления
    p. **package** герметическая (изобарическая) упаковка; баллон (напр., для сжатого газа)
    p. **pipeline** напорный трубопровод
    p. **plot** график (эпюра) давления
    p. **recorder** регистратор давления
    p. **relief** понижение (сброс) давления, разгрузка
    p. **sensor** датчик давления
    p. **side** сторона давления (нагнетания); нижняя поверхность крыла
    p. **space** камера сжатия
    p. **stage** ступень давления (напр., компрессора)
    p. **suit** гермокостюм, пневмокостюм, скафандр
    p. **suppression** снижение давления
    p. **surge** скачок давления
    p. **test** испытание (под) давлением
    p. **tunnel** труба высокого давления, напорная труба; напорный туннель
    p. **unit** датчик давления
    p. **vessel** сосуд (высокого) давления
    p. **viscosity** вязкость под давлением
    p. **wave** волна давления (сжатия), скачок уплотнения
    p. **well** нагнетательная скважина
    p. **zone** область (повышенного) давления; нижняя поверхность крыла
    abutment p. опорное давление, давление (реакции) основания
    acoustic p. звуковое давление
    air p. давление воздуха; давление воздушного потока
    applied p. приложенное (внешнее) давление
    area of p. поверхность давления
    atmospheric p. атмосферное давление

authorized p. разрешенное (предельное) давление
available p. располагаемое давление
axial p. осевое давление
back p. противодавление
barometric p. барометрическое давление
base p. давление на основание (сооружения), донное давление
bearing p. опорное давление, реакция опоры; давление на подшипник
boost p. давление наддува
bottom p. давление снизу; давление на днище; давление грунта
bursting p. разрывающее (внутреннее) давление
capillary p. капиллярное давление
caving p. давление обрушения; давление обрушенной породы
circumferential p. периферическое (окружное, поясное) давление, касательное давление
collapsing p. разрушающее давление, давление смятия; давление схлопывания (напр., газового пузырька)
compression p. давление сжатия
condensing p. давление конденсации
confining p. всестороннее (горное) давление
constant p. постоянное давление; равномерно-распределенное давление
constant p. line линия равного (или постоянного) давления, изобара
contact p. контактное давление
contact soil p. контактное давление (отпор) грунта
cushion p. давление в воздушной подушке
decreased p. пониженное давление
delivery p. давление подачи
design p. расчетное давление
differential p. перепад давления
discharge p. давление на выходе
disruptive p. разрывающее давление; напряжение пробоя
drop of p. падение (перепад) давления
dynamic(al) p. динамическое давление, скоростной напор
earth p. давление грунта
effective p. полезное давление; рабочее давление
end p. опорное давление; осевое давление
environmental p. давление окружающей среды, внешнее давление
excessive p. избыточное давление; давление выше атмосферного
expansion p. давление расширения, давление в области разрежения
exit p. давление на выходе
face p. давление на поверхность
failure p. разрушающее давление
falling p. понижающееся давление
feed p. давление подачи
flow p. гидродинамическое давление

fluid p. давление жидкости; гидростатическое давление
free-stream p. давление в свободном (невозмущенном) потоке
gage p. манометрическое давление
geostatic p. геостатическое давление
ground p. давление на грунт; давление грунта; горное давление
ground bearing p. отпор грунта
head p. гидравлический (гидростатический) напор
hydrostatic p. гидростатическое давление, напор
impact p. ударное давление; динамическое давление, скоростной напор; полное давление
indicated p. индикаторное давление
initial p. начальное давление
injection p. давление впрыска (впуска)
inlet p. давление на входе, давление впуска (всасывания)
internal p. внутреннее давление
jet p. давление струи, давление в струе
lateral p. боковое давление
level p. постоянное (выравненное) давление
levitation p. давление в воздушной подушке
lifting p. давление, создающее подъемную силу
line p. давление в трубопроводе
line of p. кривая (эпюра) давления; линия зацепления
liquefaction p. давление ожижения
liquid p. давление жидкости
load p. давление (как нагрузка); нагружение давлением
local p. местное давление
manometer p. манометрическое давление; избыточное давление
mass p. массовое (инерционное) давление
mean p. среднее давление
negative p. отрицательное давление, разрежение; давление ниже атмосферного
normal p. нормальное (обычное, номинальное) давление; давление по нормали (к поверхности)
operating p. рабочее (эксплуатационное) давление
opposite p. противодавление
osmotic p. осмотическое давление
outlet p. давление на выходе
overflow p. избыточное давление, давление перетекания
partial p. парциальное давление
passive earth p. пассивное давление грунта
peak p. максимальное (пиковое) давление
peripheral p. периферийное давление; касательное (тангенциальное) давление

Pitot p. давление торможения, полное давление
pore p. поровое давление
positive p. положительное давление; давление выше атмосферного; избыточное давление
potential p. статическое давление; гидростатический напор
potential of p. потенциал давления
propagation of p. передача (распространение) давления
propelling p. упорное давление винта
ram p. скоростной напор; давление поршня
rated p. расчетное (номинальное) давление
reduced p. пониженное давление; приведенное давление; отрицательное давление, разрежение
retaining p. удерживающее давление
return p. противодавление
rock p. горное давление, давление породы
saturated p. давление насыщения
seam p. пластовое давление
seepage p. фильтрационное давление
service p. рабочее (эксплуатационное) давление
shock p. ударное давление; давление гидравлического удара; давление в скачке уплотнения
side p. боковое давление
soil p. давление грунта; отпор грунта
sound p. звуковое давление
specific p. удельное давление
standard p. стандартное давление, нормальное атмосферное давление
starting p. начальное давление
static p. статическое давление
storage p. давление в резервуаре
stored air p. давление сжатого воздуха
strata p. давление в слое (пласте); горное давление
subatmospheric p. давление ниже атмосферного, отрицательное давление, разрежение
suction p. давление всасывания
supercharge p. нагнетаемое (избыточное) давление, давление наддува
supply p. давление в системе подачи
surface p. (при)поверхностное давление; давление на поверхность
surge p. пиковое давление
tangential p. касательное напряжение
test p. испытательное давление, давление опрессовки
tire p. давление в шине; давление шины (на грунт), колесная нагрузка
total head p. полный напор
transient p. неустановившееся (переменное) давление
underground p. давление породы, горное давление

undisturbed p. давление в невозмущенном потоке
uniform p. равномерное (равномерно распределенное, постоянное) давление
unit p. единичное давление; удельное давление, давление на единицу поверхности
uplift p. давление, создающее подъемную силу; противодавление; взвешивающее давление; фильтрационное давление
upward p. давление снизу вверх
variable p. переменное давление
velocity p. динамическое давление, скоростной напор
viscous p. вязкостное давление
water column height p. давление водяного столба
water-hammer p. давление гидравлического удара
wheel p. колесная нагрузка, давление колеса (на грунт); давление (нагрузка) на колесо
wind p. ветровая нагрузка, ветровой напор
wind-blast p. давление набегающего потока
working p. рабочее (эксплуатационное) давление

pressure-operated работающий под давлением; приводимый в действие давлением; пневматический
pressure-tight герметический, герметичный
pressurization 1. создание давления, нагнетание, наддув; обжатие, опрессовка; 2. герметизация
pressurize 1. создавать (повышать) давление; обжимать, опрессовывать; 2. герметизировать
pressurized 1. находящийся под давлением; сжатый, обжатый; 2. пневматический; 3. герметизированный
   p. air сжатый воздух
   p. crack нагруженная трещина; сжатая (обжатая) трещина
   p. structure конструкция под давлением; пневматическая конструкция
presswork штамповка, прессование; штампованные (прессованные) изделия
prestore предварительно запоминать, накапливать
prestrain предварительное деформирование; предварительное напряжение; ‖ предварительно деформировать
   p. load предварительная нагрузка, нагрузка предварительного натяжения
   tensile p. предварительное растяжение
prestrained предварительно деформированный, предварительно напряженный
   p. concrete предварительно напряженный железобетон
prestress предварительное напряжение; предварительное напряженное состояние; ‖ создавать предварительное напряжение, предварительно деформировать
prestressed предварительно напряженный
   p. structure предварительно напряженная конструкция

prestressing предварительное напряжение
   p. **force** усилие предварительного напряжения
presumable возможный, вероятный
presumably вероятно, предположительно, по-видимому
presume (пред)полагать, допускать; считать доказанным
presumption предположение, допущение; основание для предположения; вероятность
presuppose 1. предполагать, допускать; считать доказанным; 2. заключать в себе, включать в себя
presupposition предположение, исходная посылка
pretend 1. претендовать, требовать; 2. ссылаться на что-либо (напр., в доказательство)
pretension 1. претензия, требование; 2. предварительное натяжение; || подвергать предварительному натяжению
pretreatment предварительная обработка
prevail 1. преобладать, доминировать; 2. существовать, быть распространенным
prevalence 1. преобладание; 2. широкое распространение
prevent предотвращать, предохранять, предупреждать; препятствовать, ограничивать, стеснять
preventer предохранитель, страховочное устройство
prevention предотвращение, предупреждение, предохранение; ограничение
   p. **of accidents** техника безопасности
   corrosion p. защита от коррозии
preventive предохранительный, предупредительный, профилактический
   p. **measure** предупредительная мера
previous предыдущий, предшествующий, предварительный
   previous to до, перед чем-либо, ранее
   p. **decade** предыдущий десятичный разряд
   p. **load history** предыстория нагружения
previously ранее, раньше; заранее, предварительно
previse предвидеть; предупреждать
prevision предвидение
price цена; стоимость
prick укол, прокол; острие, игла; || колоть, прокалывать
prill гранула
prima facie (лат.) на первый взгляд
primal первый, основной, главный; простейший, примитивный
   p. **element** простейший (примитивный) элемент, примитив
   p. **problem** основная (прямая) задача
primarily сначала, прежде всего, в первую очередь; главным образом
primary 1. исходный (первичный) объект; простейший (неразложимый) объект; || исходный, первичный; неприводимый, простейший, элементарный; 2. что-либо, имеющее важнейшее значение; главная цель; || важнейший, основной
   to be of primary importance иметь первостепенное значение
   p. **algorithm** элементарный алгоритм
   p. **colours** основные цвета
   p. **creep** начальная (переходная) стадия ползучести
   p. **formula** первичная (исходная) формула; элементарная формула
   p. **standard** первичный эталон, прототип
   p. **unit** 1. первичный (основной) элемент; неделимый (элементарный) объект; 2. первичный (чувствительный) элемент, датчик
   p. **variable** первичная (основная) переменная
prime 1. начало; начальный этап; первая часть; || первый; первичный, начальный; 2. основной, важнейший, 3. простой; элементарный, неразложимый, неприводимый; 4. лучший; 5. простое число; 6. воспламенение, детонация; 7. заправка двигателя; 8. прим, штрих
   p. **advantage** важнейшее преимущество
   p. **coat** первое покрытие, грунтовка
   p. **consideration** основной аргумент
   p. **mover** первичный двигатель; тягач
   p. **number** простое число
   p. **polynomial** неприводимый (неразложимый) многочлен
primer 1. пособие для начинающих; 2. запал, детонатор
priming 1. воспламенение, детонация; вскипание; 2. заправка, заливка (двигателя)
primitive 1. основной, базовый, неприводимый, простейший, элементарный; примитивный; 2. примитив, основной (базовый, простейший) элемент; элементарное действие; элементарное движение; 3. первообразная (функция), интеграл
   p. **action** элементарная операция
   p. **object** элементарный объект, примитив
   geometric p. (простейший) геометрический элемент, геометрический примитив
principal 1. главный, основной; ведущий; 2. основная несущая конструкция; || несущий, силовой
   p. **argument** главное значение аргумента (комплексного числа)
   p. **axes** главные оси (направления)
   p. **axes of elasticity** главные оси (направления) упругости
   p. **boundary condition** главное краевое условие
   p. **extension** главное удлинение
   p. **directions** главные направления (оси)
   p. **item** главный элемент; основной вопрос
   p. **moment of inertia** главный момент инерции
   p. **normal** главная нормаль

   p. normal form главная нормальная форма
   p. part главная часть
   p. reinforcement основной подкрепляющий элемент; несущая арматура
   p. root главное (арифметическое) значение корня
   p. stresses главные напряжения
   p. vibration основное (главное) колебание, колебание на основной частоте
   Cauchy p. value значение (интеграла) в смысле Коши, главное значение интеграла
principally главным образом, в основном, преимущественно
Principia "Начала" Ньютона
principle 1. принцип; закон, правило; основное положение, основная идея; 2. (перво)причина, источник; 3. составная часть, элемент
   in principle в принципе, по существу
   of principle принципиальный
   on principle из принципа
   on the principle that исходя из того, что
   as a matter of principle в принципе
   a question of principle принципиальный вопрос
   p. of action and reaction закон (равенства сил) действия и противодействия, третий закон Ньютона
   p. of argument принцип аргумента
   p. of complementary energy принцип (максимума) дополнительной энергии, принцип Кастильяно
   p. of conservation of matter закон сохранения материи
   p. of continuity принцип непрерывности
   p. of duality принцип двойственности
   p. of least action принцип наименьшего действия
   p. of the maximum принцип максимума
   p. of minimum potential energy принцип минимума потенциальной энергии, принцип Мопертюи-Лагранжа
   p. of operation принцип работы, принцип действия
   p. of optimality принцип оптимальности
   p. of reciprocity принцип взаимности (обратимости)
   p. of reflection принцип отражения, принцип (зеркальной) симметрии
   p. of relativity принцип относительности
   p. of superposition принцип суперпозиции (наложения); принцип независимости действия сил
   buoyancy p. закон Архимеда
   d'Alembert p. принцип Даламбера (Д'Аламбера)
   Boltzmann-Volterra superposition p. принцип суперпозиции Больцмана-Вольтерры (в линейной теории вязкоупругости)
   Castigliano p. принцип Кастильяно
   Dirichlet p. принцип Дирихле
   energy p. энергетический принцип; принцип (экстремума) энергии
   extremum p. принцип экстремума (максимума, минимума), экстремальный принцип
   Hamilton p. принцип Гамильтона
   Hellinger-Reissner mixed variational p. смешанный вариационный принцип Хеллингера-Рейсснера
   Hu-Washizu variational p. вариационный принцип Ху-Вашицу (Ху-Васидзу)
   Lagrange p. принцип Лагранжа
   minimal action p. принцип наименьшего действия
   Saint-Venant p. принцип Сен-Венана
   similarity p. закон (принцип) подобия
   stationary p. принцип стационарности
   unit construction p. блочный принцип конструирования, принцип агрегатирования
   variational p. вариационный принцип
   virtual displacement p. принцип виртуальных (возможных) перемещений
   virtual force p. принцип виртуальных (возможных) усилий
   virtual work p. принцип виртуальной работы
print печать; распечатка; оттиск, отпечаток; печатное издание; ‖ печатать; распечатывать; делать оттиски
   to print out распечатывать
   in print в печати
printer печатающее устройство, принтер
prior 1. прежний, предшествующий; 2. более важный, веский; 3. априорный, предварительный
   prior to до, перед чем-либо, раньше, прежде
   p. estimation априорная оценка
   p. ignorance априорное незнание
priori (a priori) (лат.) априори, до опыта, заранее; независимо от опыта; из первоначальных положений; ‖ априорный, предварительный; предположительный; теоретический
priority приоритет; первенство, преимущество; порядок очередности
   to take priority of 1. пользоваться преимуществом; 2. предшествовать
   order of p. очередность
prism призма
   edge of p. ребро призмы
   oblique p. косая призма
   regular p. правильная призма
   right p. прямая призма
   triangular p. треугольная призма
   truncated p. усеченная призма
prismatic призматический
   p. edge призматическая (ножевая) опора
   p. pair поступательная (кинематическая) пара
prize 1. награда, приз; 2. рычаг; ‖ поднимать (передвигать) при помощи рычага
pro and con (сокр. от pro et contra) (лат.) за и против

probabilistic вероятностный
   p. **measure** вероятностная мера
   p. **model** вероятностная модель
probability 1. вероятность; 2. правдоподобие
   in all probability по всей вероятности
   p. **convergence** сходимость по вероятности
   p. **density** плотность вероятности
   p. **distribution** распределение вероятностей
   p. **element** элемент вероятности (дифференциал функции распределения)
   p. **of event** вероятность события
   p. **of survival** живучесть, вероятность безотказной работы
   p. **theory** теория вероятностей
   p. **value** значение вероятности, вероятность
   p. **vector** вектор вероятностей
   absolute p. безусловная вероятность
   a priori p. априорная вероятность
   composite p. полная вероятность
   conditional p. условная вероятность
   confidence p. доверительная вероятность
   cumulative p. интегральная вероятность
   fundamental p. **set** множество элементарных событий
   high p. высокая вероятность
   inverse p. апостериорная вероятность
   malfunction p. вероятность сбоев
   Poisson p. пуассоновская вероятность
   reliability p. вероятность безотказной работы
   tail p. вероятность больших отклонений
   total p. полная вероятность
   true p. истинное значение вероятности
   unconditional p. безусловная вероятность
probable вероятный; возможный; правдоподобный; предполагаемый
   equally p. равновероятный
   most p. **value** наиболее вероятное значение
probably вероятно, возможно
probation испытание; испытательный срок
probationary испытательный; находящийся на испытании, испытываемый
probative испытательный, служащий для испытания; доказательный, являющийся доказательством (подтверждением, свидетельством)
probe 1. (контактный) датчик, зонд, щуп; исследовательский прибор; 2. исследование, зондирование; || исследовать, зондировать; 3. проба, образец
   balloon p. шар-зонд
   3-D p. трехкоординатный датчик
   rocket p. ракетный зонд
   Pitot p. трубка Пито, приемник воздушного давления
   pressure p. датчик давления
   touch p. контактный датчик, щуп
probing зондирование, исследование
problem 1. задача, проблема; 2. трудность; осложнение, затруднение

   to attack the problem приступать к решению проблемы
   to face a problem сталкиваться с проблемой
   to get around the problem решить задачу
   to solve the problem решать задачу
   to take up the problem заниматься проблемой
   p. **analysis** решение задачи; анализ проблемы; проблемный анализ
   p. **of buckling** задача (о потере) устойчивости
   p. **of control** задача управления
   p. **decomposition** декомпозиция задачи, выделение подзадач
   p. **definition** постановка (формулировка) задачи
   p. **of elasticity** упругая задача, задача упругого деформирования; задача теории упругости
   p. **of fitting** задача аппроксимации (подбора, подгонки)
   p. **formulation** формулировка (постановка) задачи
   p. **of moments** проблема моментов
   p. **order** порядок (степень, размерность) задачи
   p. **programmer** прикладной (проблемный) программист
   p. **of pursuit** задача преследования
   p. **solution** решение задачи
   p. **space** пространство задач(и)
   algebraic p. алгебраическая задача
   axisymmetric p. осесимметричная задача
   benchmark p. тестовая (эталонная, модельная) задача
   bifurcation p. задача бифуркации, задача о ветвлении решений (нелинейных уравнений)
   bottleneck p. задача на узкие места
   boundary value p. краевая (граничная) задача
   Cauchy p. задача Коши (задача с начальными условиями)
   check p. контрольный пример, тестовая (модельная) задача
   complex p. сложная задача
   computational p. 1. вычислительная задача; 2. вычислительная трудность
   constrained p. задача с ограничениями, ограниченная задача
   construction p. задача на построение
   contact p. контактная задача
   continual p. непрерывная задача, континуальная задача
   continuation p. задача продолжения (напр., решения по параметру)
   continuum p. задача (механики) сплошной среды; проблема континуума
   coupled p. связанная задача
   coupled thermoelasticity p. связанная задача термоупругости

couple-stress p. задача с учетом моментных напряжений
covering p. задача покрытия
crack propagation p. задача о распространении трещины
discrete p. дискретная задача
decision p. проблема разрешимости
decision-making p. задача принятия решений
deducibility p. проблема выводимости
degenerated p. вырожденная задача
delayed p. задача с запаздыванием
differential p. дифференциальная задача, задача в дифференциальной форме
dimension of p. размерность задачи
direct p. прямая задача
Dirichlet p. (краевая) задача Дирихле
dynamic p. динамическая задача, задача динамики, нестационарная задача
dynamic programming p. задача динамического программирования
eigenvalue p. (алгебраическая) проблема собственных значений, собственная проблема
elastic boundary value p. краевая задача теории упругости
elastic-plastic p. упруго-пластическая задача
elastic stability p. проблема упругой устойчивости
elastodynamic p. задача упругой динамики (эластодинамики), динамическая задача теории упругости
elliptic p. эллиптическая задача
end p. краевая задача
equilibrium p. задача о равновесии
estimation p. задача оценивания
extremum p. экстремальная задача, задача на экстремум
field p. задача теории поля
finite difference p. конечноразностная задача
finite-dimensional p. конечномерная задача
finite element p. конечноэлементная задача
finite element meshing p. проблема построения конечноэлементных сеток
flow p. задача о течении (обтекании)
free boundary p. задача со свободной границей
game p. задача теории игр, игровая задача
generalized p. обобщенная задача
geometrical p. геометрическая задача
geometrically nonlinear p. геометрически нелинейная задача (деформирования)
graph p. задача теории графов, задача на графах
graphics p. графическая задача
ill-conditioned p. плохо обусловленная задача
ill-posed p. плохо поставленная задача, некорректная задача

incorrect p. некорректная (некорректно поставленная) задача
indeterminate p. неопределенная (нечетко поставленная) задача; неразрешимая задача
inference p. проблема (логического) вывода
initial boundary value p. начально-краевая задача
initial value p. задача с начальными условиями, начальная задача, задача Коши
integer optimization p. задача целочисленной оптимизации
interfacing p. смежная проблема
interpolation p. задача интерполяции
inverse p. обратная задача
inversion p. задача обращения
heat transfer p. задача о теплопередаче
kinematic p. задача кинематики
large-scale p. задача высокой размерности
linear p. линейная задача
linearized p. линеаризованная задача
logical p. логическая задача
major p. основная проблема; наибольшая трудность
management p. задача управления
many-body p. задача многих тел
matrix p. матричная задача, задача в матричной форме
minimal p. задача на минимум
minimax p. проблема минимакса
minimization p. задача минимизации
model p. модельная (тестовая, эталонная) задача
motion formation p. задача формирования движения (напр., робота)
moving boundary p. задача с движущейся (подвижной) границей
multiobjective p. многокритериальная задача
multivariate p. многомерная задача
Neumann p. (краевая) задача Неймана
nominal design p. задача расчета номинальных значений параметров
nonlinear p. нелинейная задача
nonlinear elastic buckling p. нелинейная задача упругой устойчивости
non-selfadjoint p. несамосопряженная задача
numerical quadrature p. задача численного интегрирования
occupancy p. задача о размещении
one-dimensional p. одномерная задача
optimization p. задача оптимизации
overdetermined p. переопределенная задача
pattern recognition p. проблема распознавания образов
physically nonlinear p. физически нелинейная задача
plane p. плоская (двумерная) задача

plane strain p. задача о плоском деформированном состоянии
plane stress p. задача о плоском напряженном состоянии
planning p. задача планирования
plate bending p. задача изгиба пластин
primal p. основная (прямая) задача
queueing p. задача массового обслуживания
rate p. задача (поставленная) в скоростях, задача в функции скорости
reduced p. приведенная (редуцированная) задача
reducibility p. проблема сводимости
reliability p. проблема надежности
restricted p. ограниченная задача
round-off error p. проблема (накопления) ошибок округления
saddle-point p. задача о седловой точке
scale-effect p. проблема учета масштабного эффекта
selfadjoint p. самосопряженная задача
set of a p. постановка (формулировка) задачи
singular p. сингулярная (вырожденная, особенная) задача
space p. пространственная (трехмерная) задача
sparse p. разреженная задача, задача для разреженных матриц
spectral p. спектральная задача, собственная проблема, проблема собственных значений
stability p. задача устойчивости
stable p. устойчивая задача
statement of p. постановка (формулировка) задачи
static p. статическая задача, задача статики
statically indeterminate p. статистически неопределимая задача
stationary p. стационарная задача; статическая задача
stiff p. жесткая задача; трудная задача
stochastic p. стохастическая задача
strain rate p. задача в скоростях деформаций
structural analysis p. задача расчета (прочности) конструкции, задача строительной механики
Sturm-Liouville problem задача Штурма-Лиувилля
test p. тестовая (контрольная) задача, модельная задача
three-dimensional p. трехмерная (пространственная) задача
time-dependent p. задача, зависящая от времени; динамическая задача, нестационарная задача
torsion p. задача кручения
turning point p. задача с возвратными точками
two-point boundary value p. двухточечная краевая задача

uncoupled p. несвязанная задача
undecidable p. неразрешимая задача
underdetermined p. недоопределенная задача
unilateral constraint p. задача с односторонними ограничениями (связями)
variational p. вариационная задача
virial p. проблема вириала
well-posed p. хорошо поставленная задача
problematic(al) проблематичный; сомнительный
problem-oriented проблемно-ориентированный
  p. software проблемно-ориентированное программное обеспечение
procedure процедура; порядок действий; метод(ика), техника, алгоритм; (под)программа; (технологический) процесс, операция
  p. body тело процедуры
  p. call вызов процедуры, обращение к процедуре
analytical p. аналитический метод
assembling p. процедура сборки (напр., системы уравнений)
cataloged p. библиотечная (стандартная) процедура
computational p. вычислительная процедура (программа); методика (алгоритм) вычислений
continuation p. метод продолжения
convergent p. сходящийся алгоритм (процесс)
decision p. разрешающая процедура, алгоритм
design p. методика проектирования (расчета)
diagnostic p. диагностическая процедура, алгоритм диагностики
embedded p. вложенная процедура
experimental p. методика (техника) эксперимента
fracture mechanics design p. метод проектирования с учетом разрушения
function p. процедура-функция
Gauss elimination p. процедура (алгоритм) исключения по Гауссу
gradient computational p. градиентный численный метод
integration p. методика (алгоритм, программа) интегрирования
iteration p. итерационная процедура, алгоритм итерации
least-squares p. процедура (алгоритм) метода наименьших квадратов
loading p. методика нагружения; алгоритм задания нагрузки
measuring p. методика (техника) измерений
proof p. схема доказательства
recursive p. рекурсивная процедура
standardized p. стандартная методика
starting p. начальная (стартовая) процедура

step-by-step p. (по)шаговая процедура
straightforward p. прямой (непосредственный) метод
test p. методика испытаний; контрольная процедура
trial-and-error p. метод проб и ошибок, метод подбора
updating p. процедура перестроения (обновления)
validation p. процедура проверки достоверности

proceed действовать, поступать; продолжать(ся), продвигать(ся), развиваться; происходить; переходить (к чему-либо)
   to proceed from исходить из чего-либо
   to proceed to приступать к, переходить к чему-либо
   to proceed to completion завершать(ся)

proceeding 1. действие, поступок; 2. практика; (установившийся) порядок

proceedings 1. работа, заседание (напр., комиссии); 2. ученые записки, доклады, труды (напр., научной конференции)

process процесс; движение, течение, ход; технологический процесс, технология, способ обработки; обработка; ‖ обрабатывать; анализировать
   in process of time с течением времени
   p. control управление (технологическим) процессом
   p. design разработка технологии
   p. parameter параметр процесса, регулируемый параметр; технологический параметр
   adaptive p. адаптивный процесс
   adiabatic p. адиабатический процесс
   computation(al) p. вычислительный процесс
   concurrent processes параллельные (одновременные) процессы
   controlled p. регулируемый процесс
   diffusion p. диффузионный процесс, диффундирование, диффузия
   entropy p. энтропийный процесс
   exhaustive p. сходящийся (конечный, затухающий) процесс; процесс исчерпывания
   flow p. производственный (технологический) процесс
   inverse p. обратный процесс
   irreversible p. необратимый процесс
   isothermal p. изотермический процесс
   iterative p. итеративный (итерационный) процесс, процесс последовательных приближений
   Markoff (Markov, Markovian) p. марковский процесс
   optimum p. оптимальный процесс
   primary p. элементарный (первичный) процесс
   random p. случайный (вероятностный, стохастический) процесс
   rate p. кинетический процесс
   reversible p. обратимый процесс

   serial p. последовательный (многостадийный) процесс
   stable p. устойчивый процесс
   steady p. установившийся (стационарный) процесс
   stochastic p. стохастический (вероятностный, случайный) процесс
   unit p. элементарный процесс
   unsteady p. переходный процесс

processed обработанный, переработанный

processing обработка; переработка; технология обработки, технологический процесс
   p. unit процессорный элемент, процессор; обрабатывающая установка
   data p. обработка данных
   image p. обработка изображений
   mechanical p. механическая обработка
   oil p. переработка нефти
   serial p. последовательная обработка

processor процессор; обрабатывающее устройство; обрабатывающая программа
   p. time процессорное время, время счета
   arithmetical p. арифметический (со)процессор, процессор для операций с плавающей запятой
   array p. матричный (векторный) процессор
   central p. unit (CPU) центральный процессор
   fast Fourier transform p. процессор быстрого преобразования Фурье, БПФ-процессор
   math(ematical) p. математический (арифметический) (со)процессор
   vector(ial) p. векторный процессор
   word p. система обработки (подготовки) текстов, текстовый процессор

proclaim 1. объявлять; свидетельствовать, говорить о чем-либо; публиковать; 2. запрещать

procreate порождать

procreation порождение

procure доставать, доставлять, добывать; обеспечивать

prod 1. острый инструмент; ‖ колоть, прокалывать; 2. зонд, щуп, контактный датчик

prodrome введение, вводная часть, вводная статья

produce продукция; продукт, изделие; результат; ‖ производить, вырабатывать; создавать, порождать; вызывать, быть причиной; выводить (формулу), продолжать (линию); представлять, предъявлять, приводить
   to produce an argument приводить довод

producer 1. производитель, изготовитель; 2. генератор, источник; 3. эксплуатационная скважина, рудник

product 1. продукт, изделие; продукция; результат; 2. произведение (напр., чисел); пересечение (множеств)
   p. accumulation накопление произведений
   p. formula формула (в виде) произведения; формула приведения к виду, удобному для логарифмирования

product   457   **profile**

p. graph произведение графов, граф-произведение
p. of inertia 1. действие инерции; 2. (центробежный) момент инерции
p. moment смешанный момент
p. of sets пересечение множеств
p. sign знак произведения
by p. побочный продукт
Cartesian p. декартово (прямое) произведение
cast p. литье; отливка
combustion p. продукт сгорания
continued p. бесконечное произведение
cross p. векторное произведение
dot p. скалярное произведение
end p. конечный результат; готовый продукт
external p. внешнее (векторное) произведение
infinite p. бесконечное произведение
inner p. скалярное (внутреннее) произведение
intermediate p. частичное произведение
logical p. логическое произведение
matrix p. произведение матриц, матричное произведение
matrix-vector p. произведение матрицы на вектор
minor p. побочный продукт
modulo p. произведение по модулю
outer p. внешнее (векторное) произведение
parallelepipedal p. смешанное произведение (трех векторов)
partial p. частичное произведение
scalar p. скалярное произведение
scalar p. of a vector and a p. of two vectors смешанное произведение трех векторов
software p. программный продукт
space of p. область пересечения (множеств)
spurious p. паразитная составляющая
tensor(ial) p. тензорное произведение
vector p. векторное произведение
wear products продукты износа
production 1. производство, изготовление; получение, образование; добыча; генерация, порождение; 2. обработка; 3. продукция, изделия; 4. производительность, мощность; 5. порождающее правило, правило вывода
p. engineering разработка технологии; организация производства
p. line технологическая линия
p. piece промышленный образец
p. of surface обработка поверхности
inefficient p. низкая (недостаточная) производительность
mass p. массовое производство
model p. построение (порождение) модели
oil p. добыча нефти
sound p. генерация звука
well p. дебит скважины

productive производительный, продуктивный; производящий; влекущий за собой
to be productive of влечь за собой, быть чреватым чем-либо
p. capacity производственная мощность, производительность
productivity производительность, продуктивность, выработка
proem предисловие, введение; начало
pro et contra (лат.) за и против
profess 1. учить, преподавать; 2. выражать (мнение), заявлять
profession 1. профессия; 2. выражение, заявление
professional 1. профессиональный, относящийся к профессии; имеющий профессию; 2. профессионал
professor профессор, преподаватель
proffer предложение; ‖ предлагать
proficient 1. опытный, умелый; 2. специалист
profile профиль, контур, очертание; разрез, сечение; распределение, эпюра; ‖ профильный, фасонный; ‖ изображать в профиль (в разрезе); профилировать, копировать по шаблону
    profiles in cascade решетка профилей
p. form форма профиля; шаблон, копир, лекало
p. of matrix профиль (разреженной) матрицы, расположение ненулевых элементов в матрице
p. method профильный метод (хранения и обработки коэффициентов разреженных матриц)
p. plane боковая плоскость (проекции)
p. of slope профиль откоса
p. solver профильный решатель (программа решения систем уравнений при профильном хранении матриц)
airfoil p. профиль крыла
beam p. профиль (поперечное сечение) балки
density p. распределение плотности
excitation p. профиль (импульса, кривой) возбуждения
flight p. траектория полета
geological p. геологический разрез
high-speed p. скоростной профиль (крыла)
hydrofoil p. гидродинамический профиль; профиль подводного крыла
Joukowski p. профиль Жуковского
load p. профиль (диаграмма, эпюра) нагрузки
logging p. каротажный профиль
low-drag p. профиль малого сопротивления
matrix p. профиль (ненулевых элементов) разреженной матрицы
Pitot-pressure p. профиль полного давления
pressure p. профиль (эпюра) давления

program p. профиль программы (информация о ходе выполнения программы)
skyline p. контур горизонта; профиль (ненулевых элементов) разреженной матрицы
surface p. профиль поверхности
velocity p. профиль (эпюра) скоростей
wave p. профиль волны
wind p. профиль ветра
Z-type p. Z-образное сечение, зетовый профиль

profit выгода, польза; прибыль; ‖ быть полезным; пользоваться, извлекать пользу; получать прибыль

profitable выгодный; полезный; целесообразный

pro forma (лат.) для формы, формально

profound полный, абсолютный; глубокий, коренной, принципиальный; очень, сильный
  to have a profound effect оказывать сильное влияние

prognosis (мн.ч. **prognoses**) предсказание, прогноз

prognostic 1. предсказывающий, прогнозирующий, прогностический; 2. предсказание, прогноз

prognosticate предсказывать, прогнозировать

program(me) 1. программа; ‖ программный; ‖ программировать, составлять программу; 2. план, проект; ‖ плановый, проектный, относящийся к проекту, предусмотренный планом; ‖ планировать, проектировать
  p. **body** тело (исполняемая часть) программы
  p. **code** программный код, текст программы
  p. **compilation** компиляция (трансляция) программы
  p. **control** программное управление
  p. **development** разработка программ(ы)
  p. **execution** выполнение программы
  p. **flow** выполнение программы; блок-схема программы
  p. **head** вводная часть программы, заголовок (шапка) программы
  p. **input** ввод программы; входные данные программы
  p. **monitor** программа-монитор, управляющая программа
  p. **output** выходные данные программы, результаты
  p. **run** выполнение программы
  p. **section** сегмент программы
  p. **shell** программная оболочка; оболочка программы
  p. **statement** оператор программы
  p. **support** программная поддержка, программное обеспечение
  p. **of testing** программа испытаний
  p. **tracing** трассировка программы
  p. **unit** программная единица; блок программы
  absolute p. программа в абсолютных адресах, программа на машинном языке
  application p. прикладная программа
  assembler p. ассемблер, компонующая (составляющая) программа; программа на языке Ассемблера
  assembly p. см. assembler p.
  background p. фоновая программа, программа с низким приоритетом
  called p. вызываемая программа
  calling p. вызывающая программа
  common p. стандартная программа
  compiling p. программа-компилятор, транслятор
  control p. управляющая программа, программа-монитор; операционная система
  dummy p. программа-имитатор, программная заглушка; макет программы
  embedded p. встроенная программа
  executive p. операционная система; управляющая программа
  finite element p. конечноэлементная программа, пакет программ для расчетов методом конечных элементов
  general(-purpose) p. универсальная программа, программа общего назначения
  heuristic p. эвристическая программа
  interactive p. интерактивная (диалоговая) программа
  learning p. обучающаяся программа
  library p. библиотечная программа
  linear p. линейная программа; последовательная программа
  load p. программа нагружения, последовательность приложения нагрузок
  machine p. машинная программа, программа на машинном языке
  main p. основная программа
  object p. выходная (конечная) программа, объектная программа
  parallel p. параллельная программа
  relocatable p. перемещаемая программа
  research p. программа исследований, исследовательский проект
  routine p. стандартная программа
  sequential p. последовательная программа
  setup p. программа установки (значений параметров)
  simulation p. моделирующая программа, программная модель
  source p. исходная программа; текст программы
  stress analysis p. программа расчета напряженного состояния, программа расчета прочности конструкций
  structural analysis p. программа расчета (прочности) конструкций; программа структурного анализа
  supporting p. служебная (вспомогательная) программа
  test p. тестовая программа; программа испытаний
  universal p. программа общего назначения, универсальная программа
  utility p. сервисная программа, утилита

wired-in p. прошитая (нестираемая) программа
program-driven программно-управляемый
program-function программа-функция
programmability программируемость, возможность (удобство) программирования
programmable программируемый; с программным управлением
programmed запрограммированный; выполняющийся согласно программе (плану); программируемый
programmer 1. программист; 2. программирующее устройство, программатор
   application p. прикладной программист
   system p. системный программист
programming 1. программирование, составление программ; 2. программирование (как раздел теории оптимизации); 3. планирование
   p. language язык программирования
   p. tools (инструментальные) средства программирования
   application p. прикладное программирование
   computer p. программирование (для) ЭВМ
   convex p. выпуклое программирование
   discrete p. дискретное программирование
   dynamic p. динамическое программирование
   geometric p. геометрическое программирование
   integer p. целочисленное программирование
   linear p. линейное программирование
   mathematical p. математическое программирование
   nonlinear p. нелинейное программирование
   parallel p. параллельное программирование, программирование (для) параллельных ЭВМ
   quadratic p. квадратичное программирование
   system p. системное программирование
progress 1. прогресс; развитие; течение, ход; продвижение; || прогрессировать, развиваться, совершенствоваться; идти, проходить, протекать; продвигаться; 2. достижения; успехи; || делать успехи
   to be in progress выполняться; находиться в развитии
   in progress проходящий (выполняющийся, проводимый) в настоящее время
   p. report текущее сообщение, текущие сведения; промежуточный отчёт
   flight p. ход полёта
progression 1. прогрессия; последовательность; 2. движение, продвижение, распространение
   arithmetical p. арифметическая прогрессия
   geometrical p. геометрическая прогрессия
   harmonic p. гармоническая прогрессия
   increasing p. возрастающая прогрессия
   infinite p. бесконечная прогрессия
   phase p. набег фазы

stall p. with angle of attack развитие (распространение) срыва потока с увеличением угла атаки
progressive прогрессирующий, развивающийся; возрастающий, нарастающий; поступательный (о движении); постепенный
   p. approximation последовательное приближение
   p. failure постепенное (прогрессирующее) разрушение
   p. precession прямая прецессия
   p. rotation вращательно-поступательное движение
   p. trial прогрессивное испытание, испытание с постепенным увеличением параметров (напр., нагрузки, скорости)
   p. wave бегущая волна
progressively постепенно; все более
prohibit запрещать; препятствовать, мешать
prohibition запрещение
prohibitive запрещающий; препятствующий; недопустимый; предельный
   p. amount предельно допустимое количество (содержание)
project 1. проект, план; схема; конструкция, устройство; программа, проектная (исследовательская) работа; || проектировать, составлять проект, конструировать, планировать; 2. проектировать(ся), проецировать(ся); испускать (свет); бросать (тень); 3. переносить(ся), распространять(ся); 4. метать, выбрасывать, выпускать (напр., снаряд), запускать (напр., ракету); 5. выдаваться, выступать
projectile снаряд; пуля; || метательный
   jet p. реактивный снаряд
   rocket p. (неуправляемый) реактивный снаряд, ракета
projection 1. проектирование, планирование; проект, план, схема; 2. проекция; вид; проектирование, проецирование; показ; || проекционный; 3. бросание, метание; 4. выступ, выступающая часть; рельеф; 5. предсказание, предсказанное значение (напр., случайной величины); условное математическое ожидание
   p. basis базис проектирования, проекционный базис
   p. method проекционный метод
   p. on a plane проекция на плоскость
   axonometric p. аксонометрическая проекция, аксонометрия
   conformal p. конформная проекция
   dimetric p. диметрия
   floor p. горизонтальная проекция, план
   frontal p. фронтальная проекция, вид спереди
   isometric p. изометрическая проекция, изометрия
   oblique p. косая проекция
   orthogonal p. ортогональная проекция
   shadow p. теневая проекция
projective проективный, проекционный
   p. connection проективная связность

projective — **propagation**

p. **geometry** проективная геометрия
p. **method** проекционный метод
p. **pencil** проективный пучок
p. **plane** проективная плоскость
p. **relation** проективное соответствие
p. **space** пространство проектирования
projectivity проективное соответствие (отображение)
projector 1. проектирующий луч; проекционная установка; 2. проекционный оператор, проектор; 3. прожектор; излучатель (напр., акустических колебаний)
projecture выступ, выступающая часть; рельеф
prolate вытянутый, удлиненный; растянутый; широко распространенный
prolegomena предварительные сведения, введение
proliferate быстро увеличиваться; распространяться
proliferation быстрое увеличение; распространение
prolix (излишне) подробный
prolong продолжать, продлевать
prolongation продолжение, удлинение; продление
prolonged продленный, длительный
  p. **load** длительная нагрузка
prolusion 1. проба, предварительная попытка; 2. вступительная статья, предварительные замечания
prominence 1. выступ, выпуклость, неровность; выброс, пик; 2. известность
  much **prominence is given** много внимания уделяется
prominent 1. выступающий; выпуклый, рельефный; 2. известный, выдающийся
promiscuity разнородность, смешанность
promiscuous разнородный, смешанный, беспорядочный
promise обещание; перспектива; ‖ обещать
promising многообещающий, перспективный
promontory выступ, мыс
promote продвигать; способствовать, содействовать
  to **promote a better understanding** способствовать лучшему пониманию
promotion продвижение; содействие
prompt 1. подсказка, напоминание, указание; ‖ напоминать, подсказывать, указывать; побуждать; запрашивать (данные у пользователя); 2. вынуждать, делать необходимым; 3. быстрый; мгновенный; ‖ быстро; 4. ровно, точно
  p. **pulse** мгновенный (кратковременный) импульс
  p. **response** быстрая реакция
pronation наклон (вниз)
prone 1. наклонный, покатый; 2. склонный, имеющий тенденцию (к чему-либо)
prong заостренный инструмент; зубец; ‖ прокалывать, протыкать
pronged заостренный, снабженный зубцами

pronounce выражать, заявлять; произносить
  to **pronounce for** высказываться за (что-либо)
pronounced (резко) выраженный, значительный; определенный, явный
  p. **change** значительные изменения
  p. **effect** заметное влияние
  p. **necessity** острая необходимость
  p. **tendency** явная тенденция
proof 1. доказательство; подтверждение; испытание, проба, проверка; 2. защищенный, недоступный, непроницаемый; ‖ защищать, делать непроницаемым
  p. **listing** контрольная распечатка
  p. **load** испытательная нагрузка
  p. **sample** пробный образец, образец для испытания
  p. **thread** идея доказательства
  absolute p. несомненное доказательство
  algorithm p. доказательство (правильности) алгоритма
  formal p. формальное доказательство
  reducible p. сводимое доказательство
  rigorous p. строгое доказательство
-proof (как компонент сложных слов) -устойчивый, -стойкий, -непроницаемый, -изолирующий; защищенный, не поддающийся воздействию; (напр., **waterproof** водонепроницаемый, герметический; водостойкий; ‖ устраивать гидроизоляцию)
proofing защита; защитный покров, оболочка; ‖ защищающий, защитный
prop 1. опора, подпорка, стойка; раскос; ‖ подпирать, подкреплять (стойкой); 2. поддержка, помощь; ‖ поддерживать, помогать; 3. (сокр. от **propeller**) пропеллер, воздушный (гребной) винт
propagate распространять(ся), передавать(ся); развиваться; размножаться, количественно расти
propagation распространение; продвижение; развитие; размножение, количественный рост
  p. **error** распространяющаяся ошибка; накапливающаяся погрешность
  p. **factor** коэффициент распространения (передачи)
  p. **problem** задача распространения (напр., волн)
  p. **of sound** распространение (передача) звука
  p. **speed** скорость распространения
  crack p. распространение трещины
  ductile fracture p. процесс пластического разрушения
  error p. распространение ошибок (погрешностей)
  fatigue crack p. рост усталостной трещины
  rapid p. быстрое распространение
  shock-front p. распространение фронта ударной волны
  spontaneous p. самопроизвольное распространение
  stall p. распространение срыва потока

transients p. распространение неустановившихся процессов
unstable p. неустойчивое (неравномерное) распространение
wave p. распространение волны

propel двигать, приводить в движение, толкать; стимулировать

propellant 1. движущая сила; ‖ движущий, приводящий в движение, создающий тягу; 2. ракетное топливо
liquid p. жидкое (ракетное) топливо

propelled движимый; снабженный двигателем; приводимый в движение (воздушным) винтом, винтовой

propellent ракетное топливо, метательное вещество; ‖ движущий, приводящий в движение; метательный

propeller движитель; пропеллер, воздушный винт; гребной винт; рабочее колесо (турбины); ‖ двигательный; тянущий, толкающий; винтовой (о самолете)
p. aeroplane винтовой самолет
p. efficiency кпд винта
p. shaft вал винта
p. thrust тяга винта
aerodynamic p. воздушный винт
adjustable p. регулируемый винт, винт регулируемого шага
coaxial p. соосный винт
ducted p. туннельный винт, винт в трубе
fan p. тяговый вентилятор
ideal p. идеальный движитель
jet p. гидрореактивный (водометный) движитель
marine p. судовой движитель; гребной винт
negative thrust p. винт обратной тяги; реверсивный винт
propulsion p. тяговый винт
puller p. тянущий винт
pusher p. толкающий винт
screw p. гребной винт
tilting p. винт с изменяемым наклоном (оси вращения)
tractor p. тянущий винт
vane p. крыльчатый движитель
windmilling p. авторотирующий воздушный винт

propeller-driven приводимый в движение винтом, винтовой

propelling 1. сообщение движения, приведение в движение; тяга; ‖ движущий, двигающий; тянущий, толкающий; реактивный; 2. увеличение скорости или размаха колебаний
p. force движущая сила, сила тяги; реактивная сила
p. jet реактивная струя
p. nozzle реактивное сопло
p. power движущая сила; сила тяги; тяговая мощность

proper собственный; свойственный, присущий, характерный; соответствующий, надлежащий; истинный, правильный, точный; употребленный в собственном (точном, узком) значении (о термине), как таковой
in the proper way надлежащим образом
the subject proper сам объект, объект как таковой
p. fraction правильная дробь
p. rotation собственное вращение
p. value соответствующее (согласованное) значение; собственное значение, характеристическое число

properly собственно; должным образом, правильно, нормально; в узком (собственном) смысле слова
properly speaking собственно говоря; строго говоря
more properly точнее, точнее говоря

property 1. свойство, качество; характеристика, параметр, признак; способность; 2. собственность
p. description описание свойств
p. list список характеристик (параметров)
p. sort сортировка по признаку
adaptive p. адаптивность, способность к адаптации
adhesion p. адгезионная способность
aerodynamical properties аэродинамические характеристики
algebraic p. алгебраическое свойство
anisotropy p. свойство анизотропии, анизотропия; параметры анизотропии
associative p. свойство ассоциативности (сочетательности)
bulk p. объемная характеристика (материала)
commutative p. свойство коммутативности (перестановочности)
constitutive p. определяющее свойство; характеристика состояния
creasing p. свойство сминаемости
creep p. свойство ползучести, ползучесть; характеристика (закон) ползучести
cross-sectional properties характеристики поперечного сечения
damping p. свойство демпфирования, демпфирование; характеристика демпфирования
directional p. анизотропия
dynamic properties динамические свойства, динамические характеристики
elastic properties упругие характеристики, параметры упругости (материала)
environmental p. свойство (характеристика) окружающей среды
extremal p. экстремальное свойство
fatigue p. свойство усталости, усталость; усталостная характеристика
flow p. текучесть
general p. общее свойство; основная характеристика
geometrical properties геометрические свойства (характеристики)
greasy p. смазывающая способность; маслянистость
group p. групповое свойство

incompressibility p. свойство несжимаемости, несжимаемость
inelastic p. неупругость; неупругая характеристика, неупругий закон деформирования
inertial p. свойство инерции
inherent p. внутреннее свойство
key p. основное свойство
linear p. свойство линейности; линейная характеристика
literary p. авторское право
lubricating p. смазывающая способность; маслянистость
mass properties массовые (инерциальные) характеристики (напр., конструкции), распределение масс
material properties свойства материала, характеристики (параметры) материала
memory p. запоминающая способность, свойство памяти
metric p. метрическое свойство
minimal p. минимальное свойство
natural p. природное свойство; внутреннее (собственное) свойство
photoelastic p. свойство фотоупругости
physical-mechanical properties физико-механические свойства (характеристики)
plastic properties пластические свойства, характеристики (параметры) пластичности
post-yield properties свойства (материала) за пределами упругости (при текучести)
quantitative p. количественная характеристика
rheological properties реологические свойства
section properties характеристики (поперечного) сечения
solution properties свойства решения
spectral p. спектральное свойство; характеристика спектра
stiffening p. свойство упрочнения, упрочнение
stiffness properties жесткостные характеристики, параметры жесткости (конструкции)
stiffness-mass properties жесткостно-массовые характеристики
strength p. прочность; прочностная характеристика
strength-weight p. характеристика удельной прочности
surface p. свойство (характеристика) поверхности
symmetry p. свойство симметрии
tensile test properties характеристики (материала), полученные при испытаниях на растяжение
uniqueness p. свойство единственности, единственность
wear p. характеристика износа
wear resisting p. износостойкость
wetting p. смачивающая способность

prophylactic профилактический; предохранительный
propinquity близость; подобие, сходство
propone 1. излагать; 2. защищать, отстаивать; 3. предлагать на обсуждение
proponent 1. защитник, сторонник; 2. предлагающий что-либо на обсуждение
proportion 1. пропорция, (количественное) соотношение; пропорциональный состав; пропорциональность, соразмерность; ‖ соотносить, соразмерять, (пропорционально) распределять; дозировать; придавать размеры; 2. часть, доля; 3. пропорция, тройное правило (отношение)
  in proportion to соразмерно, соответственно чему-либо
  out of proportion несоразмерно; несоизмеримо; чрезмерно
  p. factor коэффициент пропорциональности
  considerable p. значительная часть
  continued p. ряд отношений
  geometrical proportions геометрические пропорции, отношения размеров
  harmonic p. гармоническая пропорция
  law of constant proportions закон постоянства состава
  term of p. член пропорции
  volumetric p. объемное соотношение
proportional 1. пропорциональный; соразмерный; 2. член пропорции
  p. control пропорциональное (линейное) регулирование; регулирование по отклонению
  p. limit предел пропорциональности; предел упругости
  mean p. среднее пропорциональное, средний член пропорции
proportionality пропорциональность; соразмерность
  factor of p. коэффициент пропорциональности
proportionate соразмерный, пропорциональный (чему-либо); ‖ соразмерять; делать пропорциональным
proportioning пропорциональное деление (на части); определение (задание) размеров; определение пропорционального состава (смеси); дозирование, дозировка
proportions мн.ч. от **proportion**; размеры
proposal предложение; план
propose предлагать, вносить предложение; предполагать, высказывать предположение; намереваться
proposition 1. предложение; 2. суждение, утверждение, теорема; 3. план, проект; 4. задача, проблема
  contradictory propositions взаимно противоречащие высказывания
  false p. ложное высказывание
  particular p. частное суждение
  true p. истинное высказывание
  universal p. общее предложение (суждение)

propositional пропозициональный; относящийся к высказываниям, предложениям
   p. **calculus** исчисление высказываний
propound предлагать на обсуждение; выдвигать (напр., теорию)
propriety уместность; правильность
propshaft карданный вал
propulsion 1. движение вперёд; продвижение; 2. сообщение движения вперёд; толчок; 3. движущая сила, тяга; 4. силовая установка, двигатель; ракетный двигатель
   p. **device** движитель
   p. **package** двигательная установка, блок (ракетных) двигателей
   p. **quality** ходкость (судна)
   p. **by reaction** реактивное движение
   p. **source** двигатель, источник движущей силы; движитель
   p. **unit** силовая установка
   cruise p. маршевый двигатель
   dual-thrust p. ракетный двигатель с двумя ступенями тяги
   jet p. реактивное движение; ракетный двигатель
   rocket p. ракетный двигатель; реактивное движение
propulsive 1. сообщающий поступательное движение, движущий; тяговый; создающий реактивное движение; 2. побуждающий
   p. **efficiency** кпд движителя; тяговый кпд
   p. **force** движущая сила, сила тяги; реактивная сила
   p. **jet** реактивный двигатель
   p. **performance** ходовые качества
   p. **thrust** движущая сила, тяга
propulsor двигатель
pro rata (лат.) пропорционально, в пропорции; соразмерно; в соответствии
pro-rate пропорциональная доля; || распределять (делить) пропорционально
proration пропорциональное распределение
prosecute вести, проводить; выполнять, продолжать
prospect 1. перспектива; вид, панорама; || быть перспективным; 2. изыскание, разведка; || исследовать, разведывать, делать изыскания
prospective будущий, ожидаемый, предполагаемый
prospector исследователь, изыскатель
prospectus проспект (напр., книги)
protect защищать, ограждать, предохранять
protected защищённый, закрытый
protecting защита, ограждение, предохранение; || защитный, предохраняющий, предохранительный
   p. **cap** защитный кожух
protection защита, предохранение; ограждение; обеспечение безопасности (сохранности)
   p. **fence** ограждение; предохранительный щиток, кожух
   copyright p. защита авторского права

   data p. защита данных
   error p. защита от ошибок
   slope p. крепление откосов
   thermal p. тепловая защита, теплоизоляция
protective защитный, предохраняющий, предохранительный
   p. **atmosphere** защитная (газовая) среда
   p. **coating** защитное покрытие
   p. **means** средства защиты; предохранительное устройство
protector 1. защитное устройство, предохранитель; ограждение, кожух; предохранительный слой; 2. протектор, беговая дорожка шины
pro tempore (**pro tem**) (лат.) на время, временно, пока; в данное время; своевременно
protest протест, возражение; || возражать
   under protest вынужденно
protocol 1. протокол; || вести протокол; 2. регламентированная процедура; условия соглашения, принятые правила
   network p. сетевой протокол (обмена данными)
prototype прототип; прообраз, аналог; опытный образец; модель, макет; эталон; шаблон
prototyping поиск прототипа, аналога; создание опытного образца; макетирование; разработка упрощённой модели (версии)
   demonstrator p. демонстрационный опытный образец, макет
   flying p. опытный летательный аппарат
protract 1. тянуть, растягивать, протягивать; удлинять; продолжать; 2. замедлять, затягивать; 3. чертить, вычерчивать
protraction 1. растяжение, растягивание, протягивание; удлинение; продолжение; 2. замедление; 3. начертание; нанесение на план, чертёж
protractor транспортир, угломер
protrude выдаваться, выделяться
protrusion выступ
protuberance выпуклость, выступ
protuberant выпуклый, выдающийся вперёд
provability доказуемость, возможность проверки, возможность обоснования
provable доказуемый
prove доказывать, подтверждать; испытывать, проверять; оказываться
   to prove out подтверждать(ся)
proven доказанный, подтверждённый; испытанный, проверенный
   p. **design** проверенная конструкция
provenance происхождение, источник
prover средство проверки
   automatic theorem p. программа для автоматизированного доказательства теорем
provide 1. обеспечивать; предоставлять, давать возможность; снабжать, запасать(ся); 2. предусматривать, принимать меры

to provide against принимать меры против чего-либо
  to provide for обеспечивать, предусматривать
  to provide insight into давать представление о чём-либо
  to provide that ставить условием
  to provide with снабжать, обеспечивать чем-либо
provided 1. обеспеченный; 2. предусмотренный
  provided by the rules предусмотренный правилами
  provided that при условии, что; в том случае, если; если только
province область, периферия, провинция; сфера деятельности, компетенция
  within the province of в области, в пределах
proving испытание, опробование; доказательство
  p. stand испытательный стенд
provision 1. обеспечение; снабжение; обеспеченность; 2. размещение, устройство; 3. средство; 4. положение, условие; 5. мера предосторожности
  to make a provision for обеспечивать (предусматривать) что-либо; принимать меры к
  with provision for с учётом, учитывая
  built-in p. встроенное средство
provisional временный; предварительный; условный
proviso условие, оговорка
provisory условный; временный
provocative вызывающий, стимулирующий; интересный
  p. problem интересная задача
provoke вызывать, возбуждать
  to provoke interest вызывать интерес
prow нос (судна, летательного аппарата)
proximate 1. ближайший, соседний; следующий; 2. приближённый
  p. analysis приближённый анализ
proximity близость, соседство; малый зазор
  in close proximity в непосредственной близости
prune обрезать, отсекать, удалять (лишнее); упрощать (математическое выражение)
pry рычаг, вага; || поднимать (передвигать) с помощью рычага; извлекать с трудом
pseudo- (как компонент сложных слов) псевдо-; ложный, фиктивный
pseudoinverse псевдообращение; || псевдообратный
  p. method псевдообратный метод; метод псевдообращения (напр., матриц, операторов)
pseudoload фиктивная нагрузка
pseudorandom псевдослучайный
pseudovariable фиктивная переменная
psi (p.s.i.) (сокр. от pound-force per square inch) фунт-сила на квадратный дюйм (единица давления, напряжения = 6894,757 Па)
psychrometer психрометр

public 1. общественный; общедоступный, публичный; 2. общественность
publication опубликование; публикация; издание
publish публиковать, опубликовывать; издавать, печатать
puck диск, шайба; дисковый амортизатор
puff струя воздуха, порыв ветра; || дуть порывами
pull тяга, сила тяги; натяжение, растяжение; растягивающее усилие, напряжение || тянуть, тащить, вытаскивать; выдёргивать, дёргать; натягивать, растягивать; притягивать, присасывать; брать на себя
  to pull apart разрывать
  to pull back отодвигать (назад), оттягивать; отступать
  to pull down понижать(ся), уменьшать(ся); падать; сносить (напр., здание)
  to pull off 1. снимать, стягивать; 2. справляться (напр., с задачей); 3. отходить, отъезжать
  to pull on натягивать; тянуть к себе
  to pull out вытягивать, вытаскивать; выдёргивать; отрывать; удлинять; выходить, отходить, удаляться
  to pull up 1. останавливать(ся), сдерживать(ся); 2. натягивать(ся)
  p. rod тяга; стержень, работающий на растяжение
  p. rope тяговый канат, трос
  p. test испытание на растяжение (разрыв, отрыв)
  magnetic p. магнитное притяжение
  upward p. тяга вверх
pull-back препятствие, помеха
puller тянущее устройство; приспособление для вытягивания, вытаскивания
  p. propeller тянущий (воздушный) винт
pulley блок, ролик, шкив; || поднимать посредством блока
  p. lift система блоков, сложный блок, полиспаст, таль
  driving p. ведущий шкив
  set of pulleys полиспаст
pulling тяга; растяжение, натяжение; протягивание, вытягивание; выдёргивание, дёрганье; отрыв, разрыв; || тянущий, тяговый, растягивающий, натягивающий; выдёргивающий, дёргающий; отрывающий
  p. power сила тяги; тяговая мощность, мощность на крюке
pull-out выдёргивание, вытаскивание; выдёргивание; || вытягивать, вытаскивать, извлекать; отрывать; выходить, отходить
  p. strength прочность, определённая методом выдёргивания
pull-up 1. остановка; 2. натяжение (напр., каната)
pulp пульпа, мягкая масса, суспензия; волокнистая масса, целлюлоза
pulpboard (многослойный) картон

pulsatance угловая скорость; угловая частота
pulsate пульсировать, вибрировать
pulsating пульсация; ‖ пульсирующий
   p. **stress** пульсирующее напряжение, напряжение в одностороннем (знакопостоянном) цикле
pulsation пульсация, биение, вибрация
   flow p. пульсация потока
pulsatory пульсирующий; пульсационный
pulse импульс; толчок; пульсация, биение; ритм пульсаций; ‖ импульсный; ‖ генерировать (формировать) импульсы; посылать импульсы; пульсировать
   p. **excitation** импульсное (ударное) возбуждение
   p. **generator** генератор импульсов
   p. **height** амплитуда импульса
   p. **rate** частота (следования) импульсов
   p. **response** импульсная характеристика
   p. **rise** фронт импульса
   p. **shape** форма (профиль) импульса
   p. **tail** срез импульса
   p. **time** длительность импульса; интервал между импульсами
   p. **velocity** скорость (распространения) импульса
   p. **width** длительность импульса
   actuation p. импульс возбуждения (запуска); управляющий импульс
   advance p. тактовый (синхронизирующий) импульс
   chopped p. срезанный (укороченный) импульс
   fast p. короткий импульс
   finite-duration p. импульс конечной длительности
   fluid p. гидравлический импульс
   heat p. тепловой импульс
   ignition p. импульс зажигания
   incident p. падающий импульс
   loading p. импульс нагружения
   master p. задающий (управляющий) импульс
   pilot p. контрольный импульс; задающий (управляющий) импульс
   power p. мощный импульс
   rectangular p. прямоугольный импульс
   reference p. опорный (отсчетный) импульс
   sawtooth p. пилообразный импульс
   shock p. ударный импульс
   suppression p. гасящий импульс
   synchronizing p. синхронизирующий (тактовый) импульс
   triangular p. треугольный импульс
pulsed импульсный, работающий в импульсном режиме
   p. **filter** импульсный фильтр
pulser генератор импульсов
pulsewise импульсно, в импульсном режиме
pulsing пульсация; генерация импульсов; ‖ импульсный, пульсирующий

pulverize распылять(ся); измельчать, растирать
pulverizer распылитель, пульверизатор; форсунка
pulverulent порошкообразный, пылевидный
pump насос, помпа; ‖ качать, нагнетать, накачивать, выкачивать; пульсировать
   to **pump off** выкачивать, откачивать
   to **pump over** перекачивать
   to **pump up** накачивать, нагнетать
   p. **barrel** цилиндр насоса; корпус насоса
   p. **delivery** производительность (подача) насоса
   p. **lift** высота подачи насоса; ход поршня насоса
   p. **wheel** колесо (крыльчатка) центробежного насоса
   circulating p. циркуляционный насос
   compression p. компрессор
   jet p. струйный насос, эжектор
   piston p. поршневой (плунжерный) насос
   suction p. всасывающий насос
   transfer p. перекачивающий насос
   turbine p. центробежный насос, турбонасос
   vacuum p. вакуумный (разрежающий) насос; вытяжной насос
   vane p. лопастной насос
   vortex p. вихревой насос
pumpage подача насоса
pumpdown откачка; разрежение, вакуумирование
pumping 1. подача (насосом), нагнетание, подкачка; откачка, разрежение; 2. колебание, пульсация
pun уплотнять, трамбовать
punch 1. штамп, пуансон ‖ штамповать; 2. перфоратор, пробойник; пробивка, пробитое отверстие, перфорация; ‖ пробивать (отверстия), перфорировать
   to **punch in** вбивать
   to **punch out** выбивать, выколачивать
   p. **press** штамповочный пресс
   cupping p. вытяжной штамп
   cutting p. вырубной штамп
   drawing p. вытяжной штамп
   forming p. гибочный штамп
   shearing p. вырубной штамп
   stretching p. вытяжной штамп
punch(ed)-card перфокарта
punched штампованный; пробитый, перфорированный
puncher пуансон; пробойник, перфоратор
punctual 1. пунктуальный, точный; 2. точечный
puncture прокол, пробой; ‖ прокалывать, пробивать
punctured проколотый, пробитый
   p. **circle** проколотый круг
   p. **vicinity** проколотая окрестность
purchase 1. преимущество; выигрыш в силе; рычаг, механическое приспособление для перемещения грузов; ‖ перемещать груз с помощью механического устройства (ры-

чага); 2. точка опоры, точка приложения силы; 3. приобретение; ‖ приобретать; 4. ценность, стоимость

pure 1. чистый; не содержащий примесей; 2. простой; четкий, ясный; 3. полный, совершенный, абсолютный; строгий; 4. абстрактный, отвлеченный, теоретический

   p. **bending** чистый (простой) изгиб, изгиб без растяжения; плоский изгиб

   p. **mathematics** чистая (абстрактная) математика

   p. **oscillation** синусоидальное колебание

   p. **shear** чистый (простой) сдвиг

   chemically p. химически чистый

purely чисто; исключительно, совершенно, вполне

   p. **comparable** вполне сравнимый

   p. **compatible** вполне совместный

   p. **random process** чисто случайный процесс

purge очистка, очищение; продувка; ‖ очищать, чистить; освобождать; продувать

purification очистка; исправление ошибок

   coarse p. предварительная (первичная) очистка

   gas p. газоочистка

purity чистота; отсутствие примесей

purlin брус, прогон; стрингер

purport 1. смысл, содержание; ‖ означать, подразумевать; 2. текст документа

purpose 1. цель, намерение; назначение; ‖ иметь целью, намереваться; 2. результат, успех

   to answer the purpose соответствовать назначению, отвечать требованиям

   to serve one's purpose выполнять свое назначение

   for the purpose of с целью; для того, чтобы

   (of) general purpose общего назначения, универсальный

   (of) special purpose специального назначения, специализированный

pursuance выполнение, исполнение

   in pursuance of выполняя что-либо; следуя (согласно) чему-либо

pursuant: pursuant to соответственно, согласно чему-либо

pursue преследовать (цель), следовать (напр., по пути); вести, проводить (напр., исследования), выполнять (программу); продолжать

   to pursue the parallel проводить сравнение

   to pursue a scheme следовать схеме; выполнять план, программу

pursuit следование, преследование, стремление; ведение, проведение, выполнение; продолжение; занятие

purview сфера, компетенция; область (действия); границы, рамки

push 1. удар, толчок, нажим; нажатие; давление; продвижение; ‖ толкать, надавливать, нажимать; продвигать(ся); отдавать от себя; 2. кнопка, клавиша

   to push forward стремиться вперед; продвигать, способствовать

   to push off отталкивать(ся)

   to push on ускорять; спешить

   p. **button** (нажимная) кнопка

pusher толкатель; толкающее устройство

   p. **propeller** толкающий (воздушный) винт

pushing толчок, нажатие; проталкивание; продвижение; ‖ толкающий, проталкивающий, продвигающий; нажимной

push-pull "к себе - от себя" (о направлении движения); двухтактный (о цикле); работающий в цикле "растяжение - сжатие"

pushrod толкатель; ударный стержень; стержень, воспринимающий (ударное) сжатие

put 1. класть, ставить; накладывать, прикладывать; помещать, размещать; задавать, назначать (параметр); приводить (в состояние, положение), подвергать (действию); предлагать, выдвигать, ставить на обсуждение; 2. метание

   to put about распространять

   to put aside откладывать; отводить

   to put by обходить; игнорировать

   to put down 1. опускать, класть; снижать; 2. записывать

   to put down to приписывать (чему-либо), объяснять (чем-либо)

   to put equal приравнивать, уравнивать

   to put forth прилагать (усилия), предлагать, выдвигать; выпускать, издавать; пускать (в обращение)

   to put forward выдвигать, предлагать (напр., гипотезу); передвигать вперед; содействовать

   to put in вставлять, вкладывать, вводить; включать, вводить в действие

   to put in brackets заключать в скобки

   to put into action приводить в действие, включать

   to put into practice осуществлять, реализовывать

   to put a load on прикладывать нагрузку, нагружать

   to put off выключать, останавливать; откладывать, отменять; снимать

   to put on включать; прибавлять, повышать, (пре)увеличивать; надевать

   to put on trial испытывать, подвергать испытанию

   to put out удалять, устранять; издавать, выпускать (продукцию); выключать, останавливать

   to put out of account не принимать во внимание

   to put over a common denominator приводить к общему знаменателю

   to put restraints on накладывать ограничения

   to put the other way round другими словами

to put through выполнять, заканчивать; пропускать, проводить (сквозь)
to put to the test испытывать, подвергать испытанию
to put to use вводить в употребление; применять на практике
to put together соединять, скреплять; собирать; сопоставлять
to put up поднимать, повышать; строить, восстанавливать, восставлять (перпендикуляр)
to put value upon ценить, оценивать
putative предполагаемый; мнимый
putty мастика, замазка; ‖ замазывать
put-up задуманный, заранее спланированный
puzzle задача, проблема, трудный вопрос; загадка; недоумение, затруднение; ‖ приводить в затруднение
   to puzzle out разобраться, разгадать, найти решение
pycnometer пикнометр
pylon пилон; опора; кронштейн
   engine p. пилон (подвески) двигателя
   tail boom p. хвостовая балка (вертолета)
pyramid пирамида
   n-sided p. n-угольная пирамида
   oblique p. косая (наклонная) пирамида
   regular p. правильная пирамида
   triangular p. треугольная пирамида
   truncated p. усеченная пирамида
pyramidal пирамидальный
   p. surface пирамидальная (коническая) поверхность
Pythagorean theorem теорема Пифагора

Q

q.e.d. (quod erat demonstrandum) (лат.) что и требовалось доказать
Q-factor (quality-factor) фактор качества, добротность
QST finite element (quadratic strain triangle) треугольный конечный элемент с квадратичной деформацией
qua (лат.) в качестве
quad четверка, тетрада; ‖ счетверенный, учетверенный; состоящий из четырех частей
quadrangle четырехугольник
quadrangular четырехугольный
quadrangulation квадрангуляция, разбиение (области) на четырехугольники
quadrant 1. квадрант, четверть круга (шара); 2. сектор управления; зубчатый сектор; 3. дуга (циркуля)
   elevation q. угол возвышения
   first q. angle угол в первом квадранте
quadrate 1. квадрат; ‖ квадратный; четырехугольный; 2. вторая степень; ‖ возводить в квадрат
   to quadrate to (with) согласовывать(ся), приводить в соответствие с чем-либо

quadratic 1. квадратный, квадратичный, второй степени, второго порядка; 2. квадратное уравнение; квадратичная форма
   q. convergence квадратичная сходимость, сходимость со вторым порядком
   q. equation квадратное уравнение, уравнение второй степени
   q. finite element квадратичный конечный элемент
   q. form квадратичная форма
   q. function квадратичная функция, функция второй степени
   q. functional квадратичный функционал
   q. mean среднее квадратичное
   q. parabola квадратичная парабола, парабола второй степени
   q. smoothing квадратичное сглаживание
   affected q. квадратное уравнение общего вида
   incomplete q. неполное квадратное уравнение
quadratic-linear квадратично-линейный
quadratically квадратично, по закону второй степени, со вторым порядком; с квадратом
   q. convergent квадратично сходящийся
   q. integrable интегрируемый с квадратом
quadrature 1. квадратура, интегрирование, вычисление интегралов; метод (численного) интегрирования; площадь, вычисление площади; 2. сдвиг (по фазе) на 90 градусов
   q. abscissae абсциссы формулы численного интегрирования
   q. error погрешность интегрирования
   q. formula квадратурная формула, формула (численного) интегрирования
   q. order порядок (формулы) интегрирования
   q. point точка (узел) численного интегрирования
   q. rule правило (формула) интегрирования
   q. weights веса (формулы) интегрирования
   adaptive q. адаптивное интегрирование, адаптивная квадратурная формула
   Gaussian q. (численное) интегрирование по Гауссу; квадратурная формула Гаусса
   mechanical q. механическая квадратура
   middle-point q. интегрирование по правилу средней точки (по формуле прямоугольников)
   Newton-Cotes q. (численное) интегрирование по Ньютону-Котесу; квадратурная формула Ньютона-Котеса
   numerical q. численное интегрирование, численная квадратура
   one-point q. одноточечное интегрирование, одноточечная квадратурная формула
   optimal q. оптимальная квадратура, оптимальная формула интегрирования
   phase q. сдвиг по фазе на 90 градусов
   reduced q. сокращенное (редуцированное) интегрирование
   selective q. выборочное интегрирование

quadric 1. квадратичный, второй степени, второго порядка; 2. квадратичная форма; квадрика

    strain q. квадратичная форма от деформаций

quadrilateral 1. четырехугольный, четырехсторонний; 2. четырехугольник, четырехсторонник

    q. finite element четырехугольный конечный элемент

    q. mesh четырехугольная сетка, сетка из четырехугольных ячеек (элементов)

    circumscribed q. описанный четырехугольник

    curved q. криволинейный четырехугольник

    eight-node q. восьмиузловой четырехугольный конечный элемент

    inscribed q. вписанный четырехугольник

    isoparametric q. изопараметрический четырехугольный конечный элемент

    oblique q. косоугольный четырехугольник

quadripole четырехполюсник

quadruple четверка, тетрада; учетверенное количество; ‖ четверной, счетверенный, учетверенный; ‖ увеличивать в четыре раза, учетверять; объединять по четыре

quadrupole квадруполь

quadtree дерево квадрантов; способ задания двумерного изображения в виде дерева

quaere (лат.) вопрос; желательно знать, спрашивается

quake колебание, дрожание, вибрация; сотрясение; землетрясение; ‖ колебаться, дрожать, вибрировать; сотрясаться

qualification 1. квалификация, подготовленность; пригодность; 2. определение, характеристика; классификация; 3. ограничение, оговорка; уточнение; 4. проверка, оценка (качества, пригодности); 5. (особое) свойство, качество

    data q. характеристика данных; классификация данных

    q. testing оценочные испытания

qualificatory 1. квалифицирующий; определяющий, описывающий; классификационный; 2. проверочный, оценочный, тестовый; подготовительный, предварительный; 3. ограничивающий

qualified 1. квалифицированный, компетентный, подготовленный; пригодный; 2. п(р)оверенный, оцененный; 3. ограниченный; ограниченного использования

    to be qualified as расцениваться в качестве, квалифицироваться как

qualifier спецификатор, квалификатор

qualify 1. квалифицировать; определять, характеризовать; называть; классифицировать; 2. обучать(ся), приобретать специальность; получать право (на что-либо); делать (становиться) правомочным; 3. ограничивать, оговаривать; уточнять; 4. ослаблять, смягчать

qualitative качественный, указывающий на качественную сторону; определяющий, классифицирующий

    q. analysis качественный анализ

qualitatively качественно, с качественной стороны

quality качество; свойство, характеристика; добротность; сорт, группа, класс (напр., точности); ‖ качественный, кондиционный, удовлетворяющий требованиям

    q. factor (Q-factor) фактор качества, добротность

    accelerating q. приемистость

    aerodynamic q. аэродинамическое качество; аэродинамические характеристики

    braking q. эффективность торможения

    dynamic q. динамическое качество

    handling q. характеристика управляемости

    propulsion q. ходкость (судна)

    riding q. ходовые качества; характеристика устойчивости (движения)

    stability q. характеристика устойчивости

    stall q. признак срыва (сваливания)

    wetting q. смачивающая способность

quandary затруднение

quanta мн.ч. от **quantum**

quantic (алгебраическая) форма

quantifier квантор

    existential q. квантор существования

    generality q. квантор общности

    universal q. квантор общности

quantify определять количество, оценивать количественно

quantile квантиль

quantitative количественный

    q. analysis количественный анализ

    q. response количественная характеристика

quantitatively количественно, с количественной стороны

    to describe quantitatively описывать количественно

quantity 1. количество, число; величина, значение; параметр, показатель; размер; 2. доля, часть; 3. большое количество

    a quantity of множество

    in quantities в большом количестве

    q. of charge величина заряда, заряд

    q. of electricity количество электричества

    q. under measure измеряемая величина

    q. of motion количество движения

    q. production массовое производство

    q. scale шкала изменения величины; масштаб величины

    abstract q. абстрактная (обобщенная) величина

    alternating q. (знако)переменная величина

    analog q. аналоговая (непрерывная) величина

    auxiliary q. вспомогательный параметр

    basic q. основная величина (напр., в системе единиц)

boundary q. граничное (краевое) значение; предельное значение
bounded q. ограниченная величина
characteristic q. характеристическая величина, показатель
complex q. комплексная величина
critical q. критическое (предельное) значение
denominate q. именованная (размерная) величина
derived q. производная величина (напр., в системе единиц)
dimensioned q. размерная величина
dimensionless q. безразмерная величина
discrete q. дискретная величина
exponential q. показатель степени
flow q. параметр (характеристика) течения; расход
fundamental q. основная величина (в системе единиц)
generalized q. обобщенная величина
imaginary q. (чисто) мнимое число; комплексное число
integer q. целое число, целочисленный параметр
intermediate q. промежуточное (среднее) значение; вспомогательная величина
mechanical quantities механические величины (параметры)
negative q. отрицательная величина
negligible q. пренебрежимо малая величина, незначительное количество
oscillating q. колеблющаяся величина
periodic q. периодически изменяющаяся величина
phasor q. векторная величина
physical q. физическая величина
random q. случайная величина
real q. вещественное (действительное) число, вещественный параметр
reciprocal q. обратная величина
reference q. эталонная величина, контрольное значение; исходное значение
scalar q. скалярная величина, скаляр
symbolic q. абстрактная величина
threshold q. пороговое (граничное) значение
unknown q. неизвестная величина, неизвестное
variable q. переменная величина
vector q. векторная величина
quantization квантование, дискретизация; разбиение на группы
quantize квантовать, дискретизовать; разбивать на группы
quantum 1. (мн.ч. quanta) квант; ‖ квантовый; 2. количество, величина; сумма; 3. доля, часть; шаг квантования, шаг дискретизации, дискрета
 energy q. квант энергии
 field q. квант поля
 light q. квант света, фотон

quarry карьер, открытая выработка; ‖ разрабатывать карьер
quarter 1. четвертая часть, четверть; квартал; ‖ делить на четыре равные части; 2. располагать под прямым углом друг к другу
quartic уравнение (поверхность, многообразие) четвертого порядка; ‖ четвертой степени, четвертого порядка
quartile квартиль
quartz кварц
quasi (лат.) кажущийся; ‖ как бы, как будто, якобы, псевдо, почти
quasi- (как компонент сложных слов) квази-, почти-, полу-, псевдо-
quasi-analytic квазианалитический
quasi-conductor полупроводник
quasi-conformal квазиконформный
 q. mapping квазиконформное отображение
quasi-cyclic квазициклический
quasi-harmonic квазигармонический, псевдогармонический
quasi-incompressible почти несжимаемый
quasi-inverse квазиобратный
 q. matrix квазиобратная матрица
quasi-inversion квазиобращение
quasi-linear квазилинейный
 q. equation квазилинейное уравнение
quasi-Newtonian method квазиньютоновский метод
quasi-periodic квазипериодический
quasi-plane квазиплоский
quasi-random псевдослучайный
 q. number псевдослучайное число
quasi-solution квазирешение
quasi-static квазистатический, псевдостатический
quaternary четверка, тетрада; комплект из четырех предметов; ‖ состоящий из четырех частей; четверичный
 q. quantic форма от четырех переменных
quaternion четверка, тетрада; кватернион
quay причал; набережная
 q. wall причальная стенка
quench 1. гашение, тушение; подавление, ослабление; ‖ гасить, тушить; подавлять, ослаблять; 2. закалка, закаливание (материала); ‖ закаливать
 q. crack закалочная трещина
 q. hardness закалочная твердость
 q. medium охладитель, охлаждающая среда
 q. pulse гасящий импульс
 q. strain закалочная деформация
 shallow q. поверхностная закалка
query вопрос, запрос; сомнение; вопросительный знак; ‖ спрашивать; выражать сомнение; ставить вопросительный знак
quest поиск; искомый предмет; ‖ искать
 in quest of в поисках чего-либо

question вопрос; проблема; дело; обсуждаемый предмет; сомнение; ‖ спрашивать, задавать (ставить) вопрос; подвергать сомнению, сомневаться; исследовать
  to be open to question быть сомнительным, спорным
  to call in question подвергать сомнению, возражать, оспаривать
  to come into question подвергаться обсуждению
  to go into the question рассматривать вопрос
  to make no question of не сомневаться, вполне допускать
  to put a question to задавать вопрос
  to raise a question поднимать (ставить) вопрос
  beyond (all) question вне (всякого) сомнения, несомненно
  in question рассматриваемый, обсуждаемый, данный
  it is a question of речь идет о
  past question без сомнения, несомненно
  the matter in question обсуждаемый вопрос
  the question is дело в том, что
  without question без сомнения
  indirect q. косвенный вопрос
  leading q. наводящий вопрос
  yes-no q. вопрос, требующий ответа "да-нет"
questionable сомнительный, спорный, проблематичный, недостоверный
questionless несомненный, бесспорный; ‖ несомненно
question-mark знак вопроса, вопросительный знак
questionnaire анкета, вопросник
queue очередь; очередность; ‖ образовывать очередь, находиться в очереди
  input q. входная очередь, очередь ввода
  priority q. очередь в соответствии с приоритетом
  processing q. очередь на обработку
  sequential q. простая очередь
  task q. очередь заданий
queuing очередь; очередность; организация очереди; ‖ последовательный, следующий
  q. theory теория очередей, теория массового обслуживания
quick 1. быстрый, скорый; ускоренный; мгновенный; ‖ быстро, скоро; 2. сыпучий, текучий (о материале)
quick- (как компонент сложных слов) быстро-, скоро-
quick-acting быстродействующий; безинерционный
quicken ускорять(ся); стимулировать
quick-look беглый просмотр
quickly быстро, скоро
quicksand плывун, водоносный песок
quiescence покой, состояние покоя, неподвижность; отсутствие возмущений

quiescent находящийся в покое, неподвижный; спокойный, невозмущенный; постоянный, статический
  q. load постоянная (статическая) нагрузка
quiescing сохранение состояния покоя; успокоение, установление; статический режим
quiet 1. покой; ‖ спокойный; ‖ успокаивать(ся); 2. тишина, отсутствие шумов; ‖ бесшумный; не проявляющий себя, скрытый; 3. неяркий
  q. error скрытая ошибка
quieting 1. успокоение, установление; 2. звукопоглощение, подавление шумов
quinary пятеричный, состоящий из пяти
quincunx расположение в шахматном порядке; ‖ располагать в шахматном порядке
quintessence квинтэссенция, наиболее существенное
quintic уравнение (поверхность, многообразие) пятого порядка; ‖ пятой степени, пятого порядка
  q. equation уравнение пятой степени
quintile квинтиль
quintuple пятерка, пять предметов; упятеренное количество; ‖ пятикратный; состоящий из пяти предметов (частей); ‖ увеличивать(ся) в пять раз
quit выход; ‖ выходить, оставлять; прекращать
quite 1. вполне, полностью, совершенно; 2. довольно, до некоторой степени; 3. действительно, в самом деле
  quite a difference большое различие
  quite a few довольно много
  quite as much в такой же степени (мере)
  quite a number значительное количество
  quite so именно так
quoad (лат.) что касается, по отношению
quod erat demonstrandum (q.e.d.) (лат.) что и требовалось доказать
quoin 1. клин; 2. угловой камень
quondam (лат.) бывший
quorum (лат.) кворум
quota (лат.) доля, часть, квота
  q. sample выборка по группам
quotable допускающий цитирование; заслуживающий цитирования
quotation 1. цитирование; цитата; 2. котировка, курс; цена
  q. marks кавычки
quote цитата; кавычка; ‖ открывать кавычки; заключать в кавычки; цитировать, ссылаться
  to quote at котировать; назначать цену
  single q. одинарная кавычка
quotient частное, отношение; коэффициент
  q. group фактор-группа
  complete q. полное частное
  difference q. разностное отношение, разделенная разность
  differential q. производная
  Rayleigh q. отношение (коэффициент) Релея
quotum см. quota

R

r.a.a. (reductio ad absurdum) (лат.) приведение к противоречию, к абсурду
   r.a.a. proof доказательство от противного
rabbet желобок, канавка, паз; фальц
rabble перемешивать
race 1. быстрое движение, быстрый ход; поток, (сильное) течение; струя (за винтом); || двигаться; набирать скорость; 2. дорожка (качения); траектория, орбита; 3. желобок; лоток; канал; бьеф
   head r. подводящий канал; верхний бьеф
   tail r. отводящий канал; нижний бьеф
racing быстрое движение; разгон
rack 1. стойка, стенд, штатив; каркас, рама, шасси; решетка; полка, стеллаж; эстакада; 2. (зубчатая) рейка
   launching r. пусковая установка, направляющая пусковой установки
racking 1. см. rack; 2. поперечная деформация (корпуса судна)
rack-wheel зубчатое колесо
radial радиальный, направленный по радиусу, лучевой
   r. coordinate радиальная координата
   r. stress радиальное напряжение
   r. surface цилиндрическая поверхность
   r. tire радиальная шина, шина с радиальным расположением корда
radian радиан, рад (единица плоского угла)
   r. frequency круговая (угловая) частота
radiance интенсивность (плотность потока) излучения, энергетическая яркость
radiant 1. излучающий; лучистый; 2. излучатель, источник
   r. energy лучистая энергия
   r. heat лучистая теплота
radiate излучать; исходить (расходиться) из центра
radiation излучение, (луче)испускание, радиация; распространение; лучистая энергия
   heat r. теплоизлучение
   shock wave r. распространение скачка уплотнения
   source of r. источник излучения
radiative излучающий; излучательный; радиационный
radiator излучатель, радиатор
   convector r. конвектор
radical 1. корень; || корневой; коренной, основной, радикальный; 2. знак корня, радикал; || подкоренной
   r. equation уравнение в радикалах
   r. sign знак корня, радикал
   conjugate r. сопряженный корень
radicand подкоренное выражение
radii мн.ч. от radius
radio радио, радиосвязь; радиоприемник; || передавать по радио
   r. aerial радиоантенна
   r. engineering радиотехника
radiogram рентгеновский снимок
radioscopy рентгеноскопия
radius (мн.ч. **radii**) радиус; длина радиуса; диапазон, охват, радиус действия; вылет (стрелы крана); спица колеса
   r. of action радиус действия
   r. of bend радиус изгиба (гибки); радиус кривизны
   r. of convergence радиус сходимости (напр., ряда)
   r. of curvature радиус кривизны
   r. of gyration радиус вращения (центра тяжести), радиус инерции
   r. of operation радиус действия
   r. of rounding радиус закругления
   accuracy r. радиус погрешности; диапазон точности
   bending r. радиус изгиба; радиус закругления (напр., колена трубы)
   crane r. вылет стрелы крана
   crank r. радиус кривошипа
   curve r. радиус кривой, радиус закругления; радиус кривизны
   focal r. фокальный радиус
   long r. радиус описанного круга
   notch root r. радиус основания надреза
   polar r. полярный радиус
   rolling r. радиус качения
   short r. радиус вписанного круга
   tire effective r. эффективный (динамический) радиус шины
   turning r. радиус поворота
   useful r. радиус действия, полезный вылет (напр., стрелы крана)
radius-vector радиус-вектор
radix (мн.ч. **radices**) 1. основание системы счисления; основание логарифма; 2. корень, иррациональное выражение; 3. основной объем выборки (при выборочном обследовании)
   r. point запятая в позиционном представлении числа (отделяющая целую часть числа от дробной)
   r. scale позиционная система счисления
radome обтекатель (купол) радиоантенны
raft 1. множество, большое количество, масса; 2. фундамент, фундаментная плита; свайный ростверк; 3. плот
   r. foundation сплошной фундамент
rafter стропило; балка
   trussed r. стропильная ферма
rag 1. лоскут, обрывок; заусенец; || дробить, измельчать; 2. известняк, песчаник
rag-bolt анкерный болт, ерш
ragged неровный, зазубренный
rag-wheel цепное колесо
rag-work бутовая кладка
rail 1. рельс; направляющая; железнодорожный путь; || железнодорожный; || прокладывать рельсы; 2. балка, лонжерон; 3. поперечина; 4. перила, ограда, поручень; || огораживать

r. bar стойка ограждения
r. head головка рельса
r. web стенка (шейка) рельса
cross r. поперечина, поперечная балка, траверса
guard r. ограждение; перила, поручни
side r. продольный лонжерон
track r. путевой рельс
rail-car железнодорожный вагон
rail-chair рельсовая подушка
railing рельсы; ограждение, перила; решетка
railless безрельсовый
railway железная дорога; рельсовый путь; || железнодорожный
rain дождь; || лить(ся), сыпать(ся)
rainbow радуга; || радужный, многоцветный
raise 1. подъем, увеличение, повышение; || поднимать, увеличивать; возводить (напр. сооружение); 2. вызывать, выдвигать; возбуждать
　to raise objections to выступать против чего-либо, выдвигать возражения
　to raise doubts вызывать сомнения
　to raise to the power of возводить в степень
　to raise a question поднимать вопрос
rake 1. скос, срез; наклон, уклон; угол уклона; отклонение от вертикали; подкос, распорка; || наклонять, отклонять; скашивать; 2. сгребать; соскребать
　r. angle угол скоса
　front r. передний угол (напр., режущего инструмента)
ram 1. скоростной напор; 2. плунжер, поршень; 3. силовой цилиндр, подъемник; 4. копер, свайный молот; || забивать, трамбовать, уплотнять; 5. стержень, шток
　r. action скоростной напор
　r. air набегающий поток воздуха
　r. effect скоростной напор; поджатие потока за счет скоростного напора
　r. engine копер
　r. jet (прямоточный) реактивный двигатель
　hydraulic r. гидравлический (силовой) цилиндр
　water r. гидравлический удар
RAM (random access memory) оперативная память, оперативное запоминающее устройство (ОЗУ)
ramification (раз)ветвление; ответвление, отросток, отвод
ramify разветвляться
rammer копер, свайный молот
ramp 1. откос, скат, уклон; наклонная плоскость; аппарель, слип, трап; (наклонная) направляющая, пусковая установка; 2. (быстрое) изменение по линейному закону; пилообразная функция
　r. forcing воздействие линейно изменяющейся нагрузкой
　r. function линейно изменяющаяся (нарастающая) функция; пилообразная функция

approach r. аппарель, наклонная плоскость, пандус
launching r. пусковая установка
ramp-down линейно снижающаяся характеристика
ramping 1. движение по наклонной плоскости; 2. линейное изменение, линейный рост (функции)
ramp-up линейно нарастающая характеристика
rance подпорка
rand рант, окантовка
random случайный; нерегулярный, беспорядочный; произвольный
　at random случайно, беспорядочно, хаотически
　r. access memory (RAM) оперативная память, оперативное запоминающее устройство (ОЗУ)
　r. error случайная (несистематическая) ошибка
　r. excitation случайное возбуждение (воздействие, нагружение)
　r. failure случайное повреждение
　r. function случайная функция
　r. loading случайное нагружение
　r. medium случайная среда, среда со случайными неоднородностями
　r. number случайное число
　r. number generator генератор случайных чисел
　r. process случайный (вероятностный, стохастический) процесс
　r. sample случайная выборка
　r. search случайный поиск
　r. structure случайная (неупорядоченная) структура
　r. topology произвольная топология
　r. variable случайная переменная
　r. walk случайное блуждание
　r. wind случайный ветровой поток
randomization рандомизация; перемешивание
　restricted r. неполная рандомизация
randomize рандомизировать, вносить элемент случайности; располагать в случайном порядке, перемешивать
randomizer генератор случайных чисел
randomness случайность; произвольность
range 1. диапазон, интервал; зона, область; амплитуда, размах; пределы, рамки; дальность, радиус (действия); || изменяться (в заданных пределах), варьировать; простираться; иметь дальность (радиус) действия; 2. ряд, последовательность; порядок, упорядочение, система; группа, класс, семейство; || располагать (в определенном порядке); сортировать; классифицировать, систематизировать; 3. множество значений (напр., параметра); 4. стадия, фаза, этап
　to range from ... to изменяться от ... до
　to range (up) то доходить до
　r. of action дальность (радиус) действия
　r. of adjustment диапазон регулирования

r. of application область применения
r. of crack growth стадия роста трещины
r. of definition область определения
r. of error диапазон погрешностей
r. of function множество значений функции, диапазон изменения функции
r. of incidence диапазон углов атаки
r. of influence область влияния; область распространения
r. of linearity область линейности (линейного изменения)
r. of measurement диапазон измерений
r. ratio отношение пределов цикла, коэффициент амплитуды
r. of response диапазон чувствительности
r. sensor дальномер
r. of stability интервал (диапазон, пределы) устойчивости
r. of stress амплитуда (диапазон, интервал) напряжений
r. switch переключатель диапазонов
r. of throw дальность броска (полета)
r. of use область применения
r. of variable область изменения переменной
critical r. критическая область, критический интервал
cruising r. дальность полета
ductile temperature r. температурный интервал пластичности
effective r. рабочий (используемый) диапазон
elastic r. диапазон упругого деформирования; упругая зона (область)
elastic unloading r. область упругой разгрузки
elasto-plastic r. упругопластическая зона
endurance r. предел выносливости
extension r. диапазон расширения; зона растяжения
fatigue r. интервал (пределы) выносливости
fatigue stress r. размах напряжений в усталостном цикле (при оценке усталости)
flow r. (температурный) диапазон текучести; область течения
frequency r. диапазон частот
fuel r. дальность (полета) по запасу топлива
full-scale r. полный диапазон (напр., прибора); полный (широкий) охват
ground r. горизонтальная дальность (полета)
indicating r. диапазон показаний (прибора)
instrument r. пределы измерения
interference r. область интерференции, зона искажений
legitimate r. допустимая область
limiting r. of stress предел диапазона напряжений
mapping r. область (значений) отображения

measurement r. диапазон измерений
number r. диапазон чисел
operating r. рабочий диапазон
order r. диапазон порядков (чисел)
plastic r. диапазон пластической деформации; зона пластичности (в конструкции)
proving r. испытательный полигон
rated r. номинальный (рабочий) диапазон
safe r. безопасная зона, безопасный (допустимый) интервал
scale r. диапазон шкалы; размах
sensitivity r. диапазон чувствительности
shakedown r. область приспособляемости, область допустимых изменений нагрузок
slant r. наклонная дальность (полета)
small-scale yielding r. область локализованного пластического деформирования
stability r. диапазон (область) устойчивости
strain r. амплитуда (диапазон) деформаций
supercritical r. закритическая область
surface r. горизонтальная дальность (полета)
tensile r. область растяжения
test r. тестовый интервал; испытательный полигон
tolerance r. область допустимых значений; пределы допусков (ошибок)
tuning r. диапазон настройки
variable r. область (значений) переменной; переменный диапазон
velocity r. диапазон скоростей
wave r. (частотный) диапазон волн
wide r. широкий диапазон
working r. рабочий диапазон
ranging 1. определение расстояния (дальности); 2. выбор (регулировка) диапазона; 3. масштабирование; 4. систематизация, классификация, упорядочение
rank 1. ряд; место, позиция (в ряду); порядок; разряд, категория, класс; вид, тип; ‖ занимать место (в ряду); упорядочивать, ранжировать; классифицировать, давать оценку; принадлежать (напр., к классу); 2. ранг (напр., матрицы); 3. степень
 to rank with занимать то же место (положение), что и; иметь одинаковое значение с
 matrix r. ранг матрицы
 symbol r. позиция символа (напр., в строке)
 tensor r. ранг (валентность) тензора
rank-deficient недостаточного (неполного) ранга (о матрице)
ranking упорядочение, ранжирование; систематизация
 r. function функция ранжирования
rank-order упорядоченный (напр., о последовательности)
rap (легкий) удар, стук; ‖ ударять; простукивать

rapid быстрый, скорый; быстро растущий, крутой
  r. **curve** крутая кривая
  r. **method** экспресс-метод
  r. **propagation** быстрое распространение
  r. **testing** ускоренные (форсированные) испытания, экспресс-анализ
rapidity быстрота, (высокая) скорость; частота
  r. **of convergence** быстрота сходимости
rare редкий; редко встречающийся, необычный; разреженный; разжиженный
  r. **atmosphere** разреженная атмосфера, разреженный воздух
  r. **gas** разреженный газ; инертный газ
rarefaction разрежение; разреженность; волна разрежения; разжижение
rarefied разреженный; разжиженный
rarefy разрежать(ся); разжижать(ся)
rarely редко; неплотно
rarity редкость; разреженность
rasp 1. дребезжание; ‖ дребезжать; 2. скрести; тереть
rasping 1. дребезжание; скрежет; ‖ дребезжащий; скрежещущий; 2. опиловка; опилки
raster растр; растровое изображение
  r. **graphics** растровая графика
  r. **grid** сетка растра
  r. **unit** элемент растра, единица (шаг) растра
rate 1. скорость; частота; расход (жидкости, газа); интенсивность, производительность; 2. отношение, коэффициент; пропорция; доля, норма; величина, степень, порядок; оценка; ‖ измерять, определять, оценивать, расценивать; 3. класс, сорт
  at the rate of со скоростью, равной
  at any rate во всяком случае, по меньшей мере
  at a growing rate с возрастающей скоростью
  at this rate в таком случае; при таких условиях
  r. **action** воздействие по производной
  r. **of advance** поступательная скорость
  r. **of angular motion** угловая скорость
  r. **of change** скорость (степень) изменения
  r. **of climb** скорость подъема; скороподъемность
  r. **of closure** скорость сближения
  r. **of combustion** скорость горения
  r. **control** регулирование (по) скорости
  r. **of cooling** скорость охлаждения (остывания)
  r. **of crack** скорость (распространения) трещины
  r. **of curve** характер кривой; скорость изменения графика; производная функции
  r. **of cutting** скорость резания
  r. **of decay** скорость убывания
  r. **of descent** скорость падения (уменьшения)

r. **of dive** скорость погружения
r. **of divergence** скорость расходимости; угол расширения
r. **of fall** скорость падения
r. **of function** скорость изменения функции, производная функции
r. **of gain** коэффициент усиления
r. **of increase** коэффициент (скорость) увеличения
r. **of motion** скорость движения
r. **problem** задача (поставленная) в скоростях; задача в функции скорости
r. **process** кинетический процесс
r. **of reinforcement** относительное количество подкрепляющих элементов, насыщенность арматурой
r. **response** реакция на скорость, отклик на воздействие по скорости (по производной); скоростная характеристика
r. **of rise** скорость увеличения (повышения); градиент, производная (функции); крутизна подъема
r. **of shear** коэффициент сдвига
r. **of turn** угловая скорость; скорость разворота
r. **of volume flow** объемный расход
r. **of work** скорость изменения работы
acceleration r. степень (показатель) ускорения
angular r. угловая скорость; угловая (круговая) частота; производная по углу
attenuation r. (удельный) коэффициент затухания
body force r. скорость изменения массовых сил
burning r. скорость горения
convergence r. скорость (порядок) сходимости
creep r. скорость ползучести
cure r. скорость затвердевания (кристаллизации)
cyclic crack growth r. скорость роста трещины в условиях циклического нагружения
data r. скорость передачи данных
deflection r. коэффициент упругости (жесткости), жесткость
efflux r. скорость истечения
energy release r. скорость высвобождения энергии
entropy r. коэффициент энтропии
error r. коэффициент ошибок, частота (появления) ошибок
failure r. частота (интенсивность) отказов
filtration r. скорость фильтрации
flow r. скорость потока; мощность потока, расход, норма стока; дебит скважины
hardening r. коэффициент (показатель) упрочнения; скорость затвердевания
heat r. тепловая мощность
heat-release r. скорость выделения тепла
heating r. скорость нагрева
input energy r. скорость подвода энергии

Irwin's linear elastic energy release r. ирвиновская скорость высвобождения упругой энергии (в линейной задаче о трещине)
lapse r. вертикальный (температурный) градиент
leakage r. скорость (интенсивность) утечки
loading r. скорость нагружения
mass r. (удельный) массовый расход
operating r. рабочая скорость
phase r. фазовая скорость; угловая скорость; угловая (круговая) частота
pitch r. угловая скорость тангажа
pulse repetition r. частота (следования) импульсов
reaction r. скорость реакции
recovery r. скорость восстановления
recurrence r. частота повторения
response r. скорость (время) реакции, инерционность (напр., прибора)
roll r. угловая скорость крена
sampling r. частота дискретизации; частота (взятия) отсчетов
scanning r. скорость развертки; частота сканирования
secondary creep r. скорость установившейся ползучести
spin r. скорость вращения, угловая скорость
spread r. скорость распространения; степень расширения
spring r. коэффициент жесткости пружины; коэффициент упругости
squeeze r. степень сжатия
steady r. установившаяся скорость
strain r. скорость деформаций
strain r. formulation постановка (задачи) в скоростях деформаций
strain r. tensor тензор скоростей деформаций
stress r. скорость напряжений
sweep r. скорость развертки
time r. скорость; интенсивность во времени, частота
transmission r. скорость передачи (распространения)
volumetric r. объемный расход
work r. работа в единицу времени
yaw r. угловая скорость рыскания
rated расчетный, проектный; номинальный; нормальный
r. capacity проектная (номинальная) мощность
r. conditions нормальные условия (работы машины)
r. pressure расчетное (номинальное) давление
r. range номинальный (рабочий) диапазон
rate-type дифференциального (скоростного) типа, инкрементальный, в приращениях (о математической модели)

r. constitutive equation уравнение состояния дифференциального типа; уравнение состояния в скоростях (в приращениях)
r. plastic material пластический материал скоростного типа (модель пластической среды)
rather 1. вернее, точнее; 2. лучше, предпочтительно; 3. до некоторой степени, несколько, довольно
rather than вместо того, чтобы; скорее, чем; а не
rather weak довольно слабый
rating 1. оценка, характеристика; показатель, индекс; класс, ранг; классификация, рейтинг; оценивание; 2. расчетное значение; номинальное значение, номинал; допустимое значение; 3. производительность, пропускная способность, мощность, дебит
r. of merit оценка качества
r. of well дебит скважины
r. value номинальное значение
ability r. (сравнительная) оценка параметров, сопоставление характеристик; динамический фактор (автомобиля)
accuracy r. степень точности
fatigue r. показатель усталостной прочности
filter r. пропускная способность фильтра
load r. допустимая (предельная) нагрузка; номинальная нагрузка
ply r. слойность (напр., шины)
power r. номинальная мощность, нагрузочная способность
ratio отношение; пропорция, соотношение; коэффициент, множитель; степень, показатель степени; знаменатель геометрической прогрессии; передаточное число; мера; кратность; ‖ устанавливать соотношение (величин)
in ratio в прямой пропорции
r. control регулирование соотношения (величин)
r. estimator оценка в виде отношения
r. of mixture пропорция составных частей в смеси
r. scale шкала отношений (коэффициентов)
r. of similitude коэффициент подобия
r. of slope заложение откоса
r. of tension коэффициент натяжения
r. test сопоставительная оценка
absorption r. коэффициент поглощения
area r. отношение площадей; относительное расширение
aspect r. отношение размеров, (относительное) удлинение; отношение вертикального и горизонтального масштабов (коэффициент сжатия) изображения; соотношение положений
attenuation r. коэффициент (декремент) затухания
Bowen r. число Бауэна
charge-to-weight r. весовой коэффициент (напр., ракетного двигателя)

compression r. степень сжатия
conditioning r. число обусловленности
contraction r. коэффициент поперечного сжатия (обжатия), относительное сужение; коэффициент поджатия (потока)
cost/performance r. отношение "стоимость-производительность" (напр., как критерий оценки ЭВМ)
damping r. относительное демпфирование, коэффициент демпфирования; декремент затухания
deformation r. коэффициент деформации, деформационное отношение; коэффициент искажения (напр., при конформном преобразовании)
density r. относительная плотность
direct r. прямая пропорциональность
drag-to-lift r. обратное аэродинамическое качество
elasticity r. отношение нормальных модулей упругости (двух тел)
endurance r. соотношение между пределом выносливости и пределом прочности
expansion r. коэффициент расширения; относительное расширение
feedback r. коэффициент обратной связи
fineness r. аэродинамическое качество (отношение подъемной силы к лобовому сопротивлению), удлинение (фюзеляжа)
floating-point r. вещественное отношение
force r. соотношение сил
gear r. передаточное число (отношение), передаточный коэффициент
harmonic r. гармоническое отношение
humidity r. удельная влажность
incremental r. отношение приращений
inverse r. обратное отношение, отношение обратных величин; обратная пропорциональность
likelihood r. отношение правдоподобия
lift-drag r. аэродинамическое качество, отношение подъемной силы к лобовому сопротивлению
load r. коэффициент нагрузки, относительная полезная нагрузка; коэффициент загрузки
low aspect r. малое удлинение
mass r. отношение масс; относительная масса; относительный массовый расход (в потоке)
mass-to-drag r. отношение массы к сопротивлению
mixture r. соотношение составных частей (напр., смеси)
pitch r. поступь винта, шаговое отношение (отношение шага винта к его диаметру)
Poisson r. коэффициент Пуассона, коэффициент поперечной деформации (поперечного сжатия)
power-loss r. коэффициент потерь
Rayleigh r. отношение (коэффициент) Релея

reciprocal r. отношение обратных величин
reduction r. передаточное отношение; степень обжатия, коэффициент вытяжки; степень измельчения
reinforcement r. коэффициент армирования, насыщенность арматурой
scaling r. коэффициент масштабирования
shrinkage r. коэффициент усадки
slenderness r. коэффициент гибкости (стержня)
slip r. коэффициент скольжения
steel r. of concrete коэффициент армирования бетона
stiffness r. коэффициент жесткости; отношение жесткостей
stiffness-to-weight r. удельная жесткость
strength-to-weight r. удельная прочность
stress r. отношение напряжений, коэффициент асимметрии цикла напряжений
test r. эмпирический коэффициент
thrust-to-weight r. тяговооруженность (летательного аппарата)
transformation r. коэффициент преобразования
transmission r. передаточное число (отношение)
utilization r. коэффициент использования
viscosity r. относительная вязкость
viscosity-to-density r. кинематическая вязкость
voids r. коэффициент пористости (пустотности)
volumetric subsidence-compaction r. коэффициент объемного уплотнения
wing taper r. относительное сужение крыла

ration порция, норма, доза; определенная часть; || делить на порции (дозы), нормировать
rational рациональный; разумный, целесообразный
  r. fraction рациональная дробь
  r. function рациональная функция
  r. number рациональное число
rationality рациональность, разумность
rationalization рационализация, улучшение; освобождение от иррациональностей
rationalize рационализировать, улучшать; освобождать(ся) от иррациональностей
rationally рационально
rato ракетный ускоритель, стартовый ракетный двигатель
raw 1. сырой; грубый, исходный, необработанный, неочищенный; 2. сырье, сырьевой материал
  r. data исходные (необработанные) данные
  r. error грубая ошибка, большая погрешность
  r. estimation грубая (приближенная) оценка
  r. material сырье, необработанный материал

ray луч; полупрямая; пучок (лучей); линия; (прямолинейная) траектория; ‖ излучать(ся), облучать(ся); расходиться лучами
  r. coordinate лучевая координата
  r. path путь (траектория) луча; прямолинейная траектория
  geodetic r. геодезическая линия
  laser r. луч лазера
  reflected r. отраженный луч
  refracted r. преломленный луч
Rayleigh Релей
  R. damping демпфирование по Релею
  R. ratio отношение (коэффициент) Релея
  R. surface wave поверхностная волна Релея
Rayleigh-Ritz method метод Релея-Ритца
raze 1. сглаживать, выравнивать; 2. скользить по поверхности, касаться, задевать; 3. стирать, вычеркивать
razor-edge остриe, острый край; резкая грань
re- приставка со значениями: 1) вновь, повторно, еще раз (напр., **remake** переделывать, восстанавливать); 2) назад, обратно (напр., **reflux** отлив, отток; обратное течение, противоток)
reach 1. вытягивание, протягивание; досягаемость, предел досягаемости; область влияния, охват, дальность (радиус) действия; протяжение; плечо (рычага); ‖ доставать, протягивать; достигать, доходить (до); простираться; составлять (число); 2. залив, эстуарий; бьеф; участок (канала, реки)
  to reach after стремиться к
  to reach to conclusion приходить к заключению
  to reach through проходить сквозь
  beyond the reach of вне досягаемости, вне зоны действия
  r. of crane вылет стрелы крана
  head r. верхний бьеф
reachless недосягаемый
react реагировать, отвечать; взаимодействовать
  to react against оказывать сопротивление, противодействовать; стремиться назад
  to react on влиять, вызывать (ответную) реакцию; взаимодействовать
reactance реактивное сопротивление, реактивность
reaction реакция; обратное (реактивное) действие; противодействие; влияние, воздействие; (положительная) обратная связь; сила реакции
  r. check проверка реакций (напр., проверка выполнения условий равновесия с учетом реакций связей)
  r. control регулирование реакций (обратной связи)
  r. pressure реактивное давление; отпор
  r. rate скорость реакции
  r. turbine реактивная турбина
  action and r. law закон действия и противодействия, третий закон Ньютона
  bearing r. опорная реакция, реакция основания; отпор грунта
  chain r. цепная реакция
  concentrated r. сосредоточенная реакция
  constraint r. реакция связи
  dynamic r. динамическая реакция
  elastic r. упругая реакция, упругое поведение (конструкции)
  end r. опорная реакция
  ground r. опорная реакция (отпор) грунта
  nonlinear r. нелинейная реакция, нелинейное поведение
  normal r. нормальная (обычная, ожидаемая) реакция; реакция вдоль нормали, нормальная составляющая реакции
  rocket r. реактивная сила, тяга ракетного двигателя
  support r. опорная реакция
  tangential r. касательная составляющая реакции
  time of r. момент срабатывания; время реакции
reaction-propelled с реактивным двигателем
reactive реактивный; возвратный; ответный; противодействующий
  r. force сила реакции, реактивная сила, сила противодействия
  r. motion реактивное движение
reactivity реактивность; реакционная способность; время реакции (ответа, срабатывания)
reactor 1. реактор, реакционный аппарат; 2. элемент с реактивным сопротивлением; катушка индуктивности; 3. руль, стабилизатор
  chemical r. химический реактор, реакционный аппарат
  flow r. проточный реактор
  jet r. газоструйный руль
  nuclear r. ядерный реактор
read чтение; считывание; снятие показаний (прибора); ‖ читать; считывать; снимать показания
readability удобочитаемость; возможность считывания (данных)
reader устройство считывания; программа ввода (данных)
readily легко, без труда
readiness готовность; подготовленность
reading 1. чтение; 2. толкование, понимание; 3. считывание, снятие показаний; показание (прибора), отсчет, (измеренное) значение
  direct r. прямое считывание (измерение), непосредственный отсчет
  fine r. точный отсчет
  observed r. измеренная величина
  pressure r. замер давления
  true r. правильный отсчет; истинное значение
  zero r. нулевой отсчет
readings отсчеты, показания (прибора); данные

readjust исправлять, изменять, переделывать; приспосабливать, регулировать (повторно); реорганизовывать

readjustment исправление, переделка; приспособление, (повторная) регулировка; реорганизация, перегруппировка

read-only (доступный) только для чтения, неизменяемый, постоянный (напр. о файле данных)
   r. **memory** (ROM) постоянное запоминающее устройство (ПЗУ)

readout считывание; отсчет, показание (прибора); вывод, выдача (результатов); устройство считывания (индикации)

ready готовый, подготовленный; легкий, быстрый, доступный
   r. **state** состояние готовности

ready-use готовый к применению

reaffirm (вновь) подтверждать

reagent реагент, реактив

real реальный; действительный, вещественный; существующий; истинный, фактический; неидеальный
   r. **axis** действительная (вещественная) ось
   r. **fluid** реальная (неидеальная) жидкость
   r. **number** действительное (вещественное) число
   r. **part** вещественная часть (комплексного числа)
   r. **value** вещественное значение; фактическая величина

realistic реалистический, соответствующий действительности; практический

reality действительность, реальность; сущность; истинность
   in reality в действительности, фактически

realization 1. реализация, осуществление, выполнение; 2. осознание, понимание

realize 1. реализовать, осуществлять, выполнять; 2. понимать, представлять себе
   generally realized that известно, что; понятно, что

reallocation перемещение, перераспределение

realm область, сфера
   temporary r. временная область

real-time (происходящий) в реальном времени, в темпе происходящих событий (поступления информации)
   r. **control** управление в реальном (масштабе) времени

real-type вещественного типа (о данных)

real-world реальный, практический

ream 1. большое количество, масса, куча; стопа (бумаги); 2. развертывать; 3. рассверливать, расширять (напр. отверстие)

reamer 1. развертка; 2. расширитель

rear 1. тыл, задняя (тыльная) сторона; хвостовая часть (летательного аппарата); || задний, расположенный сзади, тыльный; последний, замыкающий; 2. воздвигать, сооружать; поднимать
   at the rear сзади
   r. **axle** задняя ось, задний мост
   r. **edge** задняя кромка, кромка схода (крыла); задний фронт (волны, импульса)
   r. **sight** прицел
   r. **view** вид сзади

rear-hinged откидывающийся назад-вверх

rearmost самый задний, последний; тыльный

rearrange перегруппировывать, переставлять; перестраивать, реконструировать

rearrangement перегруппировка, перестановка; перераспределение; перестройка, реконструкция
   cyclic r. циклическая перестановка

rearward задняя часть, тыл; || задний, тыловой, хвостовой; || назад

rearwards назад

reason разум; причина, основание; аргумент, довод; || рассуждать; обсуждать; доказывать, аргументировать
   to reason into убеждать в чем-либо
   to reason out продумывать до конца
   to reason out of разубеждать
   to have good reason иметь все основания (полагать)
   by reason of по причине, из-за
   for practical reasons из практических соображений
   for reasons given на основании этого
   for some reason or other по той или иной причине
   for this reason по этой причине
   if for no reason that хотя бы потому, что
   it stands to reason that само самой разумеется, что; ясно, что
   with reasons не без основания
   strong r. веский аргумент

reasonable разумный; целесообразный, приемлемый; достаточный; умеренный
   within reasonable errors в приемлемых пределах погрешностей

reasonably разумно; с достаточным основанием; довольно, достаточно; умеренно

reasoning суждение; рассуждение, умозаключение; доказательство, обоснование; доводы, аргументация, объяснение; вывод
   deductive r. дедуктивный вывод
   mathematical r. математическое обоснование; математический вывод

reassembly повторная сборка

reassert подтверждать; переформулировать

reattached присоединенный
   r. **flow** присоединенное течение

reattachment (повторное) присоединение; восстановление сплошности
   flow r. 1. присоединение течения; 2. восстановление безотрывного обтекания

Reaumur temperature температура (по шкале) Реомюра

rebar арматурная сталь, арматурный профиль (пруток)

rebate 1. уступка; уменьшение, ослабление; || уступать; уменьшать, ослаблять; притуп-

лять; 2. канавка, вырез; шпунт, фальц; || вырезать
rebel противодействовать, оказывать сопротивление
rebellion противодействие, сопротивление
rebonding повторное соединение, скрепление; залечивание трещины
rebound 1. отскок, отдача, отбой; рикошет; восстановление (после деформации); || отскакивать; рикошетировать; восстанавливаться (после деформации); иметь обратное действие; отступать; 2. выпор, пучение (грунта)
    r. **hardness** твердость по склероскопу, твердость по Шору; упругая твердость
rebuild восстанавливать; переделывать, перестраивать
rebut отражать; опровергать
recall 1. напоминание; || вспоминать, напоминать; 2. повторное обращение (напр., к программе); || обращаться (вызывать) повторно; 3. отмена; || отменять, аннулировать
recapitulate 1. повторять; перечислять; 2. резюмировать, суммировать; конспектировать
recapping восстановление протектора шины
recapture 1. возвращать; 2. вспоминать
recast переделка, придание новой формы; || исправлять, придавать новую форму
recede 1. терять значение, интерес; 2. отказываться, отступать; убывать, удаляться, отдаляться; 3. отклоняться назад
receipt 1. получение, прием; 2. рецепт; средство, способ
receivable могущий быть полученным
receive 1. получать, принимать; воспринимать; 2. признавать (правильным, годным); 3. вмещать
received 1. полученный, принятый; 2. общепринятый, признанный
receiver приемное устройство, приемник; ресивер, сборник, накопитель
recension просмотр и исправление текста; исправленный текст
recent недавний, новый, последний, современный
    within recent years за последние годы
recently недавно, в последнее время
    more recently позднее, совсем недавно
    until recently до недавнего времени, еще недавно
receptacle 1. приемник; приемная часть (соединения), электрическая розетка, патрон, держатель; 2. резервуар; коробка; сосуд
receptance 1. (динамическая) податливость; восприимчивость; 2. выносливость
    r. **method** метод (динамической) податливости
reception прием, получение; восприятие; принятие (напр., в члены научного общества)
    r. **test** приемочное испытание
receptive восприимчивый
receptivity восприимчивость; поглощающая способность; емкость
    calorific r. теплоемкость

receptor 1. рецептор, датчик; 2. приемник; приемная часть (соединения)
recess 1. выемка, ниша, полость, углубление, ниша; вырез, прорезь; || делать углубление; прорезать; 2. перерыв; || делать перерыв; 3. отодвигать, сдвигать (назад)
recession 1. удаление, уход; спад, снижение; отступление; регресс; 2. углубление
recessive удаляющийся, отступающий
recipe рецепт; средство, способ
recipience получение, прием; восприимчивость
recipient получатель, приемник; реципиент; накопитель, сборник; || получающий, принимающий; восприимчивый
reciprocal 1. обратный; взаимный, обоюдный, ответный; соответствующий; эквивалентный; 2. обратная величина; обратная дробь
    reciprocal to обратный (взаимный) по отношению к
    r. **action** взаимное воздействие (влияние)
    r. **correspondence** (взаимно) обратное соответствие
    r. **equation** возвратное уравнение
    r. **formulas** взаимные (взаимно обратные) формулы
    r. **matrix** обратная матрица
    r. **ratio** отношение обратных величин
    r. **stiffness** податливость
    r. **viscosity** текучесть
    Betti's r. **theorem** теорема Бетти (о взаимности работ)
    Maxwell's r. **theorem** теорема Максвелла (о взаимности перемещений)
reciprocals взаимно обратные величины
reciprocate 1. совершать возвратно-поступательное движение; 2. отвечать, выполнять ответное действие; обмениваться
reciprocation 1. возвратно-поступательное движение; 2. ответное действие; обмен
reciprocating 1. возвратно-поступательный; 2. обменивающийся
    r. **engine** поршневой двигатель
    r. **motion** возвратно-поступательное движение
reciprocity взаимность; обратимость; взаимодействие; взаимный обмен
recirculation 1. рециркуляция, обратное течение; 2. зацикливание
recital изложение, описание; перечисление фактов
recite излагать, описывать; перечислять факты
reck принимать во внимание, обращать внимание
reckon 1. считать, исчислять, подсчитывать; 2. думать, предполагать, придерживаться мнения; 3. причислять, относить к, считать за, рассматривать в качестве
    to reckon in причислять, относить к чему-либо
    to reckon up насчитывать; подводить итог

    to reckon upon рассчитывать, полагаться на
    to reckon with считаться с, принимать во внимание что-либо
reckoning счет, расчет, вычисление; оценка, мнение; итог
    according to our reckoning по нашему мнению, на наш взгляд
    in the final reckoning в конечном счете
reclaim восстанавливать, исправлять, ремонтировать, регенерировать, рекультивировать; использовать, утилизировать
reclamation восстановление, исправление, ремонт; регенерация, рекультивация; использование, утилизация
recline опираться
    to recline (up)on полагаться на
recognition 1. различение, распознавание, идентификация; 2. признание, одобрение
    to gain recognition получать признание
    character r. распознавание символов
    pattern r. распознавание образов (изображений)
recognize 1. узнавать, распознавать, различать, идентифицировать; 2. признавать, выражать одобрение
recoil упругий возврат, отдача, отскок, откат, отбой; обратный ход (напр., пружины); ‖ отдавать, отскакивать, отходить, откатываться
    r. energy энергия отдачи
    elastic r. упругая отдача, упругий отскок
re-collect повторно собирать (объединять)
recollect вспоминать
recommend рекомендовать, советовать; говорить в пользу
recommendation рекомендация, совет
recompression повторное сжатие (напр., после расширения)
    flow r. повторное повышение давления в потоке; торможение потока
    shock r. сжатие (торможение) потока в скачке уплотнения
reconcilability совместимость, согласованность
reconcilable совместимый
reconcile согласовывать, совмещать; сглаживать
recondition восстанавливать, ремонтировать; модернизировать, перестраивать
reconfiguration реконфигурация, перестроение
reconsider пересматривать
reconstruct перестраивать, реконструировать; восстанавливать, воссоздавать
reconstruction перестройка, реконструкция; восстановление, воссоздание
reconversion повторное преобразование; обратное преобразование
record запись; отметка; регистрация, фиксация; данные, информация, результаты; протокол, отчет; график, кривая (самописца; ‖ записывать, регистрировать, фиксировать; протоколировать

    to bear record to свидетельствовать, подтверждать, удостоверять
    to keep record регистрировать, вести запись
    as a matter of record на основании полученных данных
    on record зарегистрированный
    r. curve записанная кривая (диаграмма)
    r. sheet запись, протокол
    continuous r. непрерывная регистрация
    experimental r. регистрация результатов эксперимента; протокол эксперимента; экспериментальные данные
    home r. начальная запись
    reference r. эталонная запись
    seismic r. сейсмограмма
recorder записывающее (регистрирующее) устройство, самописец
    r. scale масштаб самописца
    pulse r. регистратор импульсов
    strip-chart r. ленточный самописец
    track r. самописец траектории, регистратор перемещений
recording запись; регистрация, фиксация; график, кривая (самописца)
    r. unit регистрирующее устройство, самописец
    vibration r. запись колебаний
recoup возмещать, компенсировать
recoupment возмещение, компенсация
recourse обращение (к помощи); ‖ обращаться, прибегать (к помощи)
recover 1. восстанавливать(ся), возвращать(ся) (напр., к исходному состоянию); возмещать, компенсировать; регенерировать; 2. добывать, извлекать; использовать, утилизировать
recoverability возможность восстановления
recoverable восстановимый, исправимый
    r. deformation упругая деформация
    r. error исправимая ошибка
recovery 1. восстановление, возврат (к заданному состоянию); компенсация; регенерация; 2. извлечение, добыча
    r. characteristic кривая восстановления; характеристика переходного процесса
    r. creep theory теория ползучести с разгрузкой
    r. rate скорость восстановления
    r. of strain (упругое) восстановление формы
    elastic r. упругое восстановление, упругая отдача
    error r. устранение ошибок
    oil r. добыча нефти; нефтеотдача (пласта)
    subsonic r. восстановление дозвукового потока
    water r. конденсация водяного пара
recreation восстановление, возобновление
rectangle прямоугольник
    topological r. топологический прямоугольник; фигура, топологически эквивалентная прямоугольнику

rectangular прямоугольный
   r. **coordinates** прямоугольные (декартовы) координаты; прямоугольная (декартова) система координат
   r. **distribution** прямоугольное (равномерное) распределение
   r. **formula** формула прямоугольников (численного интегрирования)
   r. **mesh** прямоугольная сетка
   r. **prism** прямоугольная призма
rectifiability спрямляемость
rectifiable выпрямляемый, спрямляемый
rectification 1. исправление; внесение поправок, коррекция; 2. очистка, ректификация; 3. выпрямление (тока); спрямление (кривой)
rectifier очистительный аппарат, ректификатор; выпрямитель (тока)
rectify 1. исправлять; вносить поправки, корректировать; 2. очищать, ректифицировать; 3. выпрямлять (ток); спрямлять (кривую)
rectilineal см. rectilinear
rectilinear прямолинейный; направленный по прямой
   r. **generator** прямолинейная образующая
   r. **motion** прямолинейное движение
rectilinearly прямолинейно, по прямой
   r. **anisotropic** прямолинейно-анизотропный (о материале)
recuperate восстанавливать, возвращать (напр., энергию), рекуперировать
recuperation восстановление, рекуперация
recur возвращаться; повторяться, снова возникать (происходить); обращаться, приходить к чему-либо
recurrence возвращение; повторение; рекурсия; рекуррентность, рекуррентное соотношение
   r. **formula** рекуррентная формула
   r. **rate** частота повторения
   r. **scheme** рекуррентный алгоритм; (по)шаговая схема
recurrent возвратный, повторяющийся, периодический; рекуррентный
   r. **fraction** периодическая дробь
recurring возвращение; повторение; рекурсия; ‖ возвратный, повторяющийся, периодический
   periodically r. периодически повторяющийся
recursion повторение; рекурсия
recursive рекурсивный, рекуррентный; возвратный
   r. **function** рекурсивная функция
   r. **subroutine** рекурсивная подпрограмма
recurve загибаться назад
recycle повторный цикл; рециркуляция; ‖ повторять цикл; рециркулировать; повторно использовать
recycling повторение цикла; рециркуляция; повторное использование

red 1. красный; раскаленный (докрасна); 2. красный цвет
   r. **hardness** красностойкость, сохранение твердости при высокой температуре
redact редактировать; готовить к печати; компоновать
redaction редактирование; новое издание
redden окрашивать(ся) в красный цвет
redeem амортизировать, гасить, погашать; возмещать, компенсировать
redemption амортизация, погашение; возмещение
redented зубчатый, зазубренный
red-hot нагретый докрасна; горячий
redistribution перераспределение
   r. **of stresses** перераспределение напряжений
redouble усиливать(ся), увеличивать(ся), возрастать; складывать(ся) вдвое
redound способствовать, помогать
redress исправление; восстановление; возмещение; ‖ исправлять; восстанавливать; возмещать, компенсировать; выравнивать
   to redress the balance восстанавливать равновесие
reduce сокращать, уменьшать, понижать, редуцировать; приводить, сводить, упрощать; преобразовывать, превращать
   to reduce to a canonical form приводить к каноническому виду
   to reduce a fraction сокращать дробь
   to reduce fractions to a common denominator приводить дроби к общему знаменателю
reduced уменьшенный, сокращенный, неполный, редуцированный; приведенный
   r. **basis** редуцированный (сокращенный, неполный) базис
   r. **basis method** метод редукции базиса
   r. **fraction** сокращенная дробь
   r. **integration technique** метод редуцированного (сокращенного) интегрирования
   r. **length** приведенная длина
   r. **matrix** разложенная матрица; приведенная (редуцированная) матрица
   r. **pressure** пониженное давление; приведенное давление; отрицательное давление, разрежение
reducer редуктор; понижающая передача; переходная муфта, переходник; преобразователь (данных)
   shock r. амортизатор, демпфер
reducible приводимый, сводимый, допускающий упрощение; распадающийся; уменьшающийся, понижающийся
   r. **curve** распадающаяся кривая
   r. **polynomial** приводимый многочлен
reducing уменьшение, понижение, сокращение, редукция; приведение, сведение, упрощение; ослабление
   r. **gear** понижающая передача, редуктор

r. transformation приводящее (сводящее) преобразование, редукция
reductio ad absurdum (r.a.a.) (лат.) приведение к противоречию, к абсурду
  r.a.a. proof доказательство от противного
reduction 1. уменьшение, понижение, сокращение, редукция; приведение, сведение, упрощение; ослабление; преобразование, превращение; 2. дробление, измельчение; 3. обжатие; коэффициент вытяжки (при прокатке)
  r. centre центр (точка) приведения
  r. of drag снижение (лобового) сопротивления
  r. factor коэффициент приведения, коэффициент редукции (уменьшения)
  r. of forces приведение сил
  r. method метод приведения, метод редукции
  r. to a middle plane приведение к срединной плоскости
  r. in pass обжатие за проход (при прокатке)
  bandwidth r. уменьшение ширины ленты (матрицы); сужение диапазона
  basis r. редукция (редуцирование) базиса
  computer cost r. снижение вычислительных затрат
  data r. сокращение количества (сжатие) данных; обработка (экспериментальных) данных
  gage r. обжатие, уменьшение размеров
  Guyan-Irons r. method метод редукции Гайана-Айронса (метод статической конденсации)
  matrix r. приведение матрицы (напр., к определенному виду), разложение матрицы
  noise r. шумоподавление
  performance r. приведение характеристик
  rate r. снижение скорости
  redundancy r. уменьшение избыточности; раскрытие статической неопределимости
  size r. уменьшение размеров; дробление, измельчение
  stability r. уменьшение запаса устойчивости
  static r. статическая конденсация (исключение безмассовых степеней свободы)
  thickness r. уменьшение толщины; обжатие по толщине
redundancy 1. избыток, избыточность; запас, резерв; резервирование; 2. статическая неопределимость (в строительной механике)
  r. degree степень статической неопределимости
  r. elimination устранение избыточности; раскрытие статической неопределимости
  dual r. дублирование
  secondary redundancies второстепенные лишние неизвестные
  self-equilibrated redundancies самоуравновешенные лишние неизвестные
  tertiary redundancies третьестепенные лишние неизвестные
redundant 1. избыточный, излишний; резервный, дублирующий (о системе, элементе); 2. статически неопределимый (в строительной механике)
  r. bar лишний стержень (приводящий к статической неопределимости)
  r. displacements лишние неизвестные перемещения
  r. equation уравнение для лишних неизвестных (в строительной механике); избыточное уравнение; уравнение, содержащее посторонние корни
  r. forces лишние неизвестные усилия
  r. information избыточная информация
  r. structure статически неопределимая конструкция
  r. system система с избыточностью; статически неопределимая система
  r. unknown лишнее неизвестное
reduplicate удваивать, сдваивать; повторять
Redwood scale шкала (вязкости) Редвуда
reel катушка, бобина, рулон; барабан, ворот; || наматывать, сматывать; вращать(ся)
  to reel off разматывать
re-engineering пересмотр технического проекта, модификация конструкции
reentrant входящий
  r. corner входящий угол
reentry повторный вход; возвращение (космического корабля) в атмосферу; || входить повторно; возвращаться
  r. vehicle возвращаемый космический аппарат
reestablish восстанавливать
reeve 1. продевать (через отверстие), проводить; 2. закреплять
reexecution повторное выполнение
reexpand 1. повторно растягивать(ся) (расширяться); восстанавливать объем (после деформирования); 2. повторно разлагать (в ряд), переразлагать (ряд)
refer 1. обращаться (за информацией), справляться; отсылать, направлять; ссылаться, упоминать; объяснять чем-либо, приписывать чему-либо; 2. иметь отношение, касаться; относить (напр., к группе, классу); распространяться на что-либо, быть справедливым для чего-либо; 3. именовать, обозначать
  to be referred to as называться, именоваться, быть известным под именем, обозначаться
referable могущий быть отнесенным (к чему-либо)
reference 1. начало отсчета, исходная точка; ориентир, репер; отсчет (напр., по шкале); 2. ссылка, упоминание; сноска; справка; обращение; отношение; 3. образец, эталон; || контрольный, эталонный; опорный, исходный

to make reference ссылаться, делать ссылку, упоминать; обращаться (напр., к устройству)
in reference to в отношении, относительно (чего-либо); касаясь, что касается
of reference исходный, отсчетный; сравнительный, эталонный
with reference to относительно, в отношении, что касается
without reference to независимо от, безотносительно к, без ссылки на
r. book справочник
r. configuration исходная (отсчетная) конфигурация
r. data исходные данные; контрольные (эталонные) данные; справочная (нормативная) информация
r. element опорный элемент; образец, эталон
r. fluid эталонная жидкость
r. frequency эталонная (основная, опорная) частота
r. gage эталонная мера, эталон; эталонный (измерительный) прибор
r. line линия отсчета, ось координат; опорная линия; линия приведения
r. manual справочное руководство
r. point точка отсчета; ориентир; опорная (контрольная) точка
r. quantity эталонная величина, контрольное значение; исходное значение
r. standard эталон, образец; единица измерения
r. table справочная таблица; таблица перевода (одних величин в другие); таблица ссылок
r. time начало отсчета времени, начальный момент; эталонное время
axes of r. система осей (координат), система отсчета
backward r. обратная ссылка
circular references круговые ссылки, циклическая зависимость
cross references перекрестные ссылки
downward r. ссылка вниз
frame of r. 1. система отсчета, система координат, базис; 2. критерий, признак; 3. точка зрения; 4. компетенция, сфера деятельности
frequency r. опорная (эталонная) частота
function r. обращение к функции (программе-функции)
indirect r. косвенная ссылка
local r. frame локальная система координат
procedure r. обращение к процедуре
state of r. исходное (отсчетное) состояние
surface of r. поверхность отсчета, базовая поверхность; поверхность приведения; стандартная (эталонная) поверхность
system of r. система координат, система отсчета

time r. начало отсчета времени, начальный момент; эталонное время; система отсчета времени; привязка ко времени; генератор частоты
upward r. ссылка (снизу) вверх
references мн.ч. от reference; библиография, список литературы, ссылки
referencing 1. установка в исходное положение; 2. ссылка, обращение; 3. сравнение с образцом (эталоном)
time r. задание (эталонного) времени, привязка ко времени, синхронизация
refill дополнение, пополнение; || дополнять, пополнять
refine улучшать, совершенствовать; уточнять (напр., решение); измельчать; очищать
refined улучшенный, усовершенствованный; уточненный; измельченный; очищенный
r. mesh улучшенная (измельченная) сетка
r. theory уточненная теория
refinement улучшение, усовершенствование; уточнение; детализация; измельчение; очистка
r. of solution уточнение решения
r. of subdivision улучшение (сеточного) разбиения, измельчение сетки
adaptive r. адаптивное уточнение (решения); адаптивное измельчение (сетки)
iterative r. итерационное уточнение
mesh r. измельчение (улучшение) расчетной сетки
successive r. последовательное уточнение
refit ремонт; переоборудование; || ремонтировать; переоборудовать
reflect отражать (напр., свет, звук); отражаться, давать отражение; изображать
to reflect on 1. размышлять, раздумывать над; 2. бросать тень; подвергать сомнению
reflectance отражательная способность; коэффициент отражения
acoustic r. коэффициент звукоотражения
reflected отраженный
r. wave отраженная волна
reflection 1. отражение; изображение, образ; симметрия; 2. отраженная волна; 3. обдумывание, размышление; рефлексия
on reflection оценив, подумав
r. in a line симметрия относительно прямой
acoustic r. отражение звука
angle of r. угол отражения
direct r. зеркальное отражение
Mach r. отражение по Маху
primary r. однократное отражение; однократно отраженная волна
regular r. зеркальное отражение
repeated r. многократное отражение; многократно отраженная волна
specular r. зеркальное отражение
reflective отражающий, отражательный
r. power отражательная способность
reflectivity см. reflectance
reflector рефлектор, отражатель; зеркало

reflex отражение; образ; ответная реакция; ‖ отраженный; зеркальный; представляющий собой реакцию
reflexion см. reflection
reflexive рефлексивный, возвратный
   r. law закон рефлексивности
   r. space рефлексивное пространство
reflexivity рефлексивность, возвратность
reflow 1. противоток; отлив, отток; 2. оплавление
refluent отливающий, оттекающий
reflux отлив, отток; обратное течение, противоток
   r. flow противоток; обратное течение
reform 1. преобразование; исправление, улучшение; ‖ преобразовывать; исправлять(ся), улучшать(ся); 2. переделывать, делать повторно
refract преломлять (лучи)
refraction преломление, рефракция; преломленная волна
   angle of r. угол преломления
   light r. преломление света
   reflected r. отраженно-преломленная волна
   standard r. нормальная рефракция
refractive преломляющий; рефракционный
   r. index показатель преломления
   r. medium преломляющая среда
refractivity преломляющая способность
refractory 1. огнеупорный, тугоплавкий; 2. стойкий, устойчивый
refrain сдерживать, удерживать
   to refrain from воздерживаться от
refrangible преломляемый
refresh обновление; восстановление, регенерация; ‖ обновлять; восстанавливать
refrigence лучепреломление
refrigerant 1. охлаждающий; холодильный; 2. охлаждающее вещество, хладагент, охладитель
refrigerate охлаждать(ся); замораживать(ся)
refrigeration (искусственное) охлаждение; замораживание
refrigerator холодильник, рефрижератор; конденсатор
refuge убежище, прибежище
   to take refuge in прибегать к
refusal 1. отказ; несрабатывание; исчезновение, потеря; отклонение; 2. глубина забивки сваи
refuse 1. отказывать(ся), отвергать; отрицать; 2. отходы; брак; отвал породы; ‖ непригодный, пустой
   rock r. пустая (отвальная) порода
re-fuse переплавлять
refutation опровержение
refute опровергать
regard внимание; отношение; ‖ принимать во внимание, учитывать; рассматривать, считать; относиться, иметь отношение, касаться

   to have regard to учитывать, обращать внимание
   to pay no regard to не обращать внимания на, пренебрегать чем-либо
   as regards что касается
   in regard to относительно, в отношении чего-либо
   in this regard в этом отношении
   without regard for не учитывая
regarding относительно, в отношении, о, об; что касается
regardless не обращающий внимания, не учитывающий
   regardless of независимо от, несмотря на
regenerate 1. регенерат; восстановленный объект; ‖ восстановленный, регенерированный; ‖ восстанавливать, регенерировать; 2. преобразованный; улучшенный
regeneration 1. восстановление, регенерация; 2. преобразование
regime режим (напр., работы); состояние; условия
   r. of operation режим работы
   design r. расчетный режим
   flow r. режим течения, характер течения
   forced r. вынужденный режим; форсированный (усиленный) режим
   interactive r. диалоговый (интерактивный) режим
   runoff r. режим стока
   steady-state r. установившийся (стационарный) режим
   transient r. неустановившийся (переходный, нестационарный) режим
regimen 1. режим; управление; 2. гидрологический режим; водный баланс
regiment регламентировать; распределять по группам (категориям), сортировать
regimentation регламентация; распределение, сортировка
region область, район; диапазон, зона, интервал; сфера; слой (атмосферы)
   in the region of в сфере, в области; поблизости от
   r. of admissible deviation диапазон допустимых отклонений
   r. of convergence область сходимости
   r. of overlap область перекрытия (нахлеста)
   r. of no pressure область вакуума (разрежения)
   accessible r. доступная область
   adhesion r. зона прилипания (адгезии); область контакта
   angular r. диапазон углов
   antinodal r. область пучности (при колебаниях)
   blast r. зона действия ударной волны
   compression r. область сжатия (сжимающих напряжений)
   crack tip r. окрестность вершины трещины
   critical r. критическая область, зона критических значений (параметров)

dead r. застойная зона
eddy r. вихревая область, область завихренности
elastic r. упругая зона; диапазон упругого деформирования
evacuated r. область разрежения
feasible r. допустимая область
interface r. (по)граничная область, зона границы раздела
intermediate r. промежуточная область
junction r. область перехода
leading edge r. область передней кромки (крыла)
linearity r. область линейности, диапазон линейного изменения
necking r. область сужения; зона шейки (образца при растяжении)
optimum r. зона оптимума
plastic r. пластическая зона, область пластического деформирования
rejection r. область невыполнения (каких-либо условий), критическая область
shadow r. область тени
slip r. зона скольжения (проскальзывания)
spectral r. спектральная область, участок спектра
stability r. область (диапазон, интервал) устойчивости
stalling r. область срыва потока
stick r. область прилипания (сцепления)
super-stall r. закритическая область
surficial r. приповерхностная область
tensile r. зона растяжения (растягивающих напряжений)
transition r. переходная область
trust r. доверительный интервал
yielded r. пластическая зона, область пластического деформирования
regional местный, локальный
register 1. список, опись, регистр; журнал; регистрирующее устройство, самописец; ‖ записывать, регистрировать, отмечать; 2. совпадение, совмещение; ‖ совпадать, совмещать(ся); 3. регистр, запоминающее устройство, накопитель; счетчик; ‖ запоминать; суммировать, считать
to register with совпадать с чем-либо; перекрывать (напр., отверстие)
r. length длина (разрядность) регистра памяти
r. pin установочный (центрирующий) штифт
r. ton регистровая тонна
clock r. таймер
instruction r. регистр команд
pen r. перьевой самописец
registered зарегистрированный, фиксированный
registration 1. регистрация, запись; показания (прибора); 2. совпадение, совмещение
registry 1. регистрация, запись; реестр, список; 2. совпадение, совмещение

regress обратное движение; регресс, упадок; ‖ двигаться в обратном направлении; регрессировать
regression 1. регрессия; 2. обратное движение; возвращение (напр., в прежнее состояние)
curvilinear r. нелинейная регрессия
linear r. линейная регрессия
multiple r. множественная регрессия
polynomial r. полиномиальная регрессия
regressive обратный; регрессивный
r. interpolation обратная интерполяция, интерполяция назад
regroup перегруппировывать, перекомпоновывать
regula falsi (лат.) правило ложного положения
regulable регулируемый
regular правильный; регулярный; обычный, нормальный, стандартный; невозмущенный, неискаженный; повторяющийся, систематический, циклический
in a regular manner обычным образом
r. boundary граница правильной формы, гладкая (невозмущенная) граница
r. element регулярный элемент, элемент правильной формы; повторяющийся (циклический) элемент
r. excitation циклическое возбуждение
r. mesh регулярная сетка, сетка с ячейками правильной формы; сетка из повторяющихся элементов
r. point регулярная (несингулярная, простая) точка
r. polygon правильный многоугольник
r. sequence сходящаяся последовательность; последовательность Коши
r. shape регулярная (правильная) форма
r. structure регулярная конструкция; периодическая (симметричная) структура
r. system регулярная (несингулярная, невырожденная) система
regularity правильность, регулярность; упорядоченность, порядок, система; закономерность
with perfect regularity строго закономерно
regularization регуляризация; упорядочение, систематизация; идеализация
r. of ill-posed problem регуляризация плохо поставленной задачи
r. method метод регуляризации
r. of structure регуляризация (идеализация) конструкции
regularize регуляризировать; упорядочивать
regulate регулировать, настраивать; выверять
regulating регулирование, настройка; управление; стабилизация; ‖ регулирующий; управляющий
r. system система регулирования
regulation 1. регулирование, настройка; управление; стабилизация; 2. упорядочение; 3. предписание, инструкция
r. value нормативное значение
frequency r. регулирование (настройка) частоты

manual r. ручная настройка
technical regulations технические правила (нормы, условия)

regulator регулятор, регулирующее устройство; стабилизатор

rehabilitate реабилитировать, восстанавливать; ремонтировать, реконструировать

rehabilitation реабилитация, восстановление; ремонт, реконструкция

reheat повторный нагрев; дожигание топлива, форсаж
r. cracking растрескивание при повторном нагреве

reinforce усиливать, укреплять, упрочнять; подкреплять; армировать; скреплять (вместе)

reinforced усиленный, упрочненный; подкрепленный; армированный
r. concrete железобетон
r. earth армированный грунт
r. hole подкрепленное отверстие
r. shell подкрепленная оболочка; армированная оболочка

reinforcement 1. усиление, подкрепление; упрочнение; армирование; арматура; подкрепляющие элементы; 2. насыщение, обогащение
r. bar подкрепляющий (арматурный) стержень
r. thread армирующая нить
cable r. пучковая (тросовая) арматура
carbon r. армирование углеродное волокно
compression r. арматура, работающая на сжатие
cord r. армирование кордом
diagonal r. наклонное подкрепление; косое армирование; диагональная арматура
fabric r. армирование тканью
fiber r. армирование волокнами
hoop a. кольцевое подкрепление; кольцевая арматура
longitudinal r. продольное усиление (армирование); продольная арматура
mesh r. армирование сеткой; арматурная сетка
prestressed r. предварительно напряженная арматура
principal r. основной подкрепляющий элемент; несущая арматура
rate of r. относительное количество подкрепляющих элементов, насыщенность арматурой
stiff r. жесткая (несущая) арматура
strand r. пучковая арматура
tensile r. арматура, работающая на растяжение
three-dimensional r. объемное армирование
tied r. вязаная арматура
transverse r. поперечное усиление (армирование); поперечная арматура
unidirectional r. однонаправленное усиление (армирование); однонаправленная арматура

unsymmetrical r. несимметричное подкрепление, косое армирование

reinforcing усиление, подкрепление; упрочнение; армирование; арматура; ‖ подкрепляющий; армирующий
r. fabric армирующая (кордная) ткань, арматурная сетка
r. rod подкрепляющий (арматурный) стержень
two-way r. армирование в двух направлениях, перекрестное армирование

Reissner plate theory теория пластин Рейснера

reissue переиздание

reiterate повторять, выполнять повторно

reject отвергать, отказывать(ся); отбрасывать; вычеркивать; отводить, отбирать (напр., тепло); извергать, выбрасывать; ослаблять, подавлять; отражать

rejection отказ, отклонение; отбрасывание; вычеркивание; отвод, отдача, потеря; извержение, выброс; ослабление, подавление; отражение
r. region область невыполнения (каких-либо условий), критическая область
energy r. потеря (отдача) энергии

rejector отражатель; подавитель, фильтр (напр., нежелательных частот)

relate 1. относиться, иметь отношение; связывать, устанавливать связь (отношение, зависимость), соотносить; 2. рассказывать

related связанный, имеющий отношение, относящийся; зависимый; близкий, родственный
to be related to касаться, быть связанным с, иметь отношение к
r. equations связанные уравнения; система уравнений
r. functions зависимые функции
r. method родственный метод

relatedness связанность, соотнесенность; близость

relation 1. (со)отношение; зависимость, связь; уравнение; 2. изложение, повествование
to bear a relation to иметь отношение к
in relation to относительно, в отношении, что касается
adiabatic r. адиабатический закон
allowed r. допустимое соотношение
arbitrary r. произвольное соотношение
binary r. бинарное (двучленное) отношение
causal r. причинная зависимость, причинное отношение
cause-and-effect r. причинно-следственная связь
conformity r. соотношение совместности, согласованная зависимость
constitutive r. определяющее соотношение, уравнение состояния; физическое уравнение
constraining relations ограничивающие соотношения, уравнения связей

contact relations уравнения (условия) контакта
dependency r. отношение подчиненности
derivative r. производное (выведенное) (со)отношение
direct r. прямая зависимость
elastic stress-strain r. зависимость "напряжение-деформация" в упругой области, закон упругости, закон Гука
empirical r. опытная (экспериментальная) зависимость, эмпирическое соотношение
equivalence r. отношение эквивалентности
hereditary-type stress-strain r. соотношение "напряжение-деформация" наследственного типа
ideal-elastic-perfectly-plastic r. зависимость для идеально упруго-пластического материала
inclusion r. отношение включения
incremental r. инкрементальная зависимость, соотношение в приращениях
incremental plastic stress-strain r. соотношение между приращениями пластических напряжений и деформаций
inverse r. обратная зависимость
iterative r. итерационное соотношение, итерационная формула
linear r. линейная зависимость, линейное уравнение
load-displacement r. зависимость "нагрузка-перемещение"
logical r. логическое отношение
magnitude r. количественное отношение, соотношение величин
multivalued r. многозначное отношение
nonlinear r. нелинейная зависимость, нелинейное уравнение
one-to-one r. взаимно-однозначное соответствие; изоморфизм
order(ing) r. отношение порядка
orthogonality r. соотношение ортогональности
power-law r. соотношение степенного типа, степенная зависимость
precedence r. отношение предшествования
preference r. отношение предпочтения
pressure-density r. зависимость "давление-плотность"
projective r. проективное соответствие
reciprocity r. отношение (уравнение) взаимности
recurrence r. рекуррентное соотношение
reversible r. обратимое соотношение
strain relations соотношения для деформаций
stress-strain r. зависимость "напряжение-деформация", физические соотношения механики деформирования
structural r. структурное соотношение
unary r. унарное (одноместное) отношение

relational 1. относительный; 2. реляционный; 3. близкий, родственный
 r. algebra реляционная алгебра, алгебра отношений
 r. operator оператор (операция) отношения
relationship (со)отношение, взаимоотношение; зависимость, связь; уравнение; близость, родство
 analytic r. аналитическое соотношение, аналитическая зависимость
 assembly r. объединенное соотношение
 control r. отношение управления
 mass r. соотношение масс; уравнение (относительно) масс
 output r. выходное соотношение
 synthetic r. эмпирическое соотношение
relative 1. относительный; сравнительный; соответственный; связанный, взаимный; 2. относительное число, показатель
 relative to относительно, по отношению; в связи с
 r. acceleration относительное ускорение
 r. accuracy относительная точность (погрешность)
 r. axes относительная (подвижная) система осей
 r. coordinate относительная координата
 r. extremum относительный экстремум
 r. motion относительное движение
 r. thickness относительная толщина (напр., оболочки)
 r. unit относительная единица (измерения)
 system of r. подвижная система отсчета
relatively 1. относительно, по поводу; 2. сравнительно; 3. соответственно
relativistic релятивистский
 r. mechanics релятивистская механика
relativity относительность; теория относительности
 general theory of r. общая теория относительности
 restricted theory of r. специальная теория относительности
relator знак отношения
 identity r. знак тождества
relax ослаблять(ся), уменьшать(ся) (напр., о напряжении); смягчать(ся), делать(ся) менее строгим
relaxation 1. релаксация, ослабление, смягчение; уменьшение напряжения; 2. (пластическое) последействие
 r. coefficient коэффициент релаксации
 r. in the requirements ослабление требований
 r. time время релаксации
 dynamic r. method метод динамической релаксации
 load r. падение нагрузки
 stress r. релаксация напряжений
 viscous r. вязкая релаксация
relay 1. реле; ǁ релейный; 2. передача (сигнала); ǁ передавать, транслировать

release 1. освобождение; выделение, высвобождение (напр., энергии, теплоты); выброс; сброс; ‖ освобождать, отпускать; выделять(ся); выбрасывать; сбрасывать; 2. разъединение; выключение; ‖ разъединять, размыкать; 3. выпуск (продукции); новый вариант, новая редакция (версия); ‖ выпускать
    r. number номер выпуска, версии
    r. position положение "выключено"
    heat r. выделение теплоты
relegate 1. отсылать, направлять; 2. классифицировать, относить (к классу)
relevant соответствующий, уместный; рассматриваемый
reliability надёжность; достоверность; прочность
    r. criterion критерий надёжности
    r. of structure надёжность конструкции
    r. testing испытания на надёжность; проверка достоверности
    design r. расчётная (проектная) надёжность; надёжность конструкции
    fracture r. надёжность по сопротивлению разрушению
    operational r. надёжность функционирования
reliable надёжный; прочный; достоверный
reliably надёжно; достоверно
reliance доверие, уверенность
    to place reliance (up)on полагаться на, доверять
reliant уверенный
relic остаток, след
relief 1. облегчение; разгрузка, освобождение; уменьшение, понижение; сброс (давления); выключение, отключение; 2. рельеф, рельефность; чёткость, контраст; ‖ рельефный; контрастный
    r. angle задний угол (режущего инструмента), угол зазора
    r. cracking система разгружения трещин
    elastic r. упругая разгрузка
    stress r. снятие напряжений, разгрузка
relieve 1. облегчать; разгружать, снимать нагрузку, освобождать; уменьшать, понижать; выключать, расцеплять; 2. выступать, быть (делать) рельефным
relieving облегчение; разгрузка, снятие напряжения; уменьшение, снижение; выключение
    r. wall подпорная стена
reload повторная нагрузка (загрузка), перезагрузка; ‖ нагружать повторно, перезагружать; перезаряжать
relocate перемещать, сдвигать, переносить; настраивать (по месту); перераспределять (память)
relocatable перемещаемый, переносимый
relocation перемещение, перенос; настройка (по месту); перераспределение (памяти)
reluctance противодействие; сопротивление (напр., магнитное)

reluctant противодействующий, сопротивляющийся
rely доверять, надеяться, полагаться
    to rely on быть уверенным в
remain оставаться, сохраняться
    to remain valid оставаться в силе
    it remains to be seen ещё не известно
remainder остаток, оставшаяся часть; остаточный член (ряда); разность (при вычитании)
    r. of series остаточный член ряда
    r. theorem теорема (Безу) об остатке
remake переделка; восстановление; ‖ переделывать; восстанавливать
    r. to original shape восстановление первоначальной формы
remanence остаточная намагниченность
remark замечание, заметка; комментарий, примечание; наблюдение; ‖ замечать, отмечать; наблюдать
    it will be remarked that следует отметить, что
remarkable замечательный; удивительный; выдающийся
    the remarkable fact is примечательно, что
remediable исправимый, поддающийся восстановлению
remedial восстановительный, ремонтный; исправляющий, корректирующий, коррективный
remedy средство, мера (против чего-либо); ‖ исправлять
remember помнить, вспоминать, запоминать
    it should be remembered that следует помнить, что
    it will be remembered that вспомним, что
remind напоминать
reminder напоминание
    it is a reminder that напомним, что
remiss 1. слабый, сниженный; 2. растворенный, разжиженный; 3. невнимательный
remission уменьшение, ослабление, снижение
remissive уменьшающий, ослабляющий
remnant 1. остаток; 2. след
remodel переделывать, реконструировать
remodelling переделка, реконструирование
remote 1. дальний, удалённый; отдалённый; действующий на расстоянии, дистанционный, выносной (напр., о пульте управления); теле- (как компонент сложных слов); 2. небольшой, незначительный, слабый
    r. control дистанционное управление, телеуправление
    r. Mach number число М потока на бесконечности, число М полёта
    r. measurement телеизмерения, телеметрия
    r. stress напряжение на удалении (напр., от зон концентрации), напряжение на бесконечности
    r. velocity скорость на бесконечности
remote-controlled с дистанционным управлением

remoteness отдаленность, удаленность; удаление

remount собирать заново, восстанавливать

remous вихрь, восходящий (нисходящий) поток воздуха; скос потока

removable устранимый; сменный, заменяемый, съемный; подвижный
    r. **part** съемная (сменная) деталь
    r. **singularity** устранимая особенность

removal удаление, устранение; отвод, перемещение; исключение, отбрасывание
    r. **of constraints** удаление связей, устранение ограничений
    r. **of hidden lines** удаление невидимых линий (изображения)
    r. **of load** снятие нагрузки, разгрузка
    heat r. отвод тепла

remove 1. передвигать, перемещать; удалять, устранять; исключать, вычеркивать, стирать; 2. ступень, шаг; 3. расстояние, степень отдаления
    to remove the parentheses раскрывать скобки
    at many removes на большом расстоянии

rename переименовывать

rend отрывать, отдирать; разрывать, расщеплять, раскалывать

render 1. превращать, приводить (в состояние); 2. воспроизводить, изображать; 3. переводить на другой язык; 4. оказывать (напр., помощь); 5. отдавать, платить

rendezvous встреча, рандеву, сближение
    in-space r. встреча (сближение) в космическом пространстве

rendition воспроизведение (изображения)

rendock сближение и стыковка (напр., космических аппаратов)

renew обновлять, возобновлять, заменять новым; восстанавливать; повторять

renewal обновление, возобновление; восстановление, ремонт; повторение
    air r. воздухообмен

renewals запасные части

renounce отказываться; отвергать, отклонять

renouncement отказ, отклонение

renovate обновлять; восстанавливать, ремонтировать

renovation обновление; восстановление, ремонт

rent 1. аренда, арендная плата; 2. отверстие, прорезь; трещина, щель

renumber перенумеровывать, изменять нумерацию

renumbering перенумерация, смена нумерации, переупорядочение
    r. **of nodes** перенумерация узлов (сетки)
    r. **scheme** алгоритм перенумерации

reorder переупорядочивать, перенумеровывать

reordering переупорядочение

repair 1. ремонт, восстановление; ‖ ремонтировать, восстанавливать, исправлять; 2. отправляться, направляться
    to repair to прибегать к чему-либо
    beyond repair не подлежащий ремонту

r. **and maintenance** техническое обслуживание и ремонт
    r. **piece** запасная часть

repairable поддающийся ремонту, восстановимый, ремонтопригодный

reparable исправимый, поправимый
    r. **mistake** исправимая ошибка

repay возмещать

repeal аннулирование, отмена; ‖ отменять

repeat повторение; повторяющийся элемент; знак повторения; ‖ повторять(ся); воспроизводить

repeatability повторяемость, воспроизводимость; однотипность; цикличность
    radius of r. диапазон повторяемости
    solution r. повторяемость (цикличность) решения

repeated повторный, многократный, частый; цикличный
    on repeated occasions неоднократно
    r. **integral** повторный интеграл
    r. **strain** повторная (циклическая) деформация
    r. **stress failure** (усталостное) разрушение в результате повторных (циклических) нагрузок
    r. **structure** повторяющаяся (циклическая, регулярная) структура, конструкция из повторяющихся элементов

repeatedly повторно, многократно

repeater 1. повторитель; воспроизводящее (дублирующее) устройство; 2. непрерывная дробь

repeating повторение; воспроизведение; ‖ повторяющийся, периодический
    r. **decimal** периодическая десятичная дробь

repel отталкивать(ся), отбрасывать, отражать; отвергать, отклонять

repellence отталкивающая способность

repeller отражатель

repercussion отдача (после удара); отражение; отзвук, эхо; последствия (напр., события)

repertoire см. repertory 2.

repertory 1. запас; хранилище; 2. набор, комплект; состав (команд ЭВМ)

repetend период непрерывной дроби

repetition 1. повторение; 2. копия
    r. **factor** коэффициент повторения, кратность
    r. **rate** частота повторений
    r. **test** повторное испытание; циклическое испытание
    r. **time** продолжительность (период) цикла
    r. **work** серийное производство

repetitive (периодически) повторяющийся, повторный, итерационный, циклический

replace возвращать (на место), восстанавливать; заменять, замещать, сменять, подставлять (вместо)

replaceable заменимый; замещаемый; сменный

replacement замена, замещение; возвращение, возмещение; подстановка

replenish пополнять, дополнять, добавлять
replenishment пополнение, дополнение, добавление
replete наполненный, насыщенный; переполненный
repletion наполнение; переполнение
replica 1. повторение; точная копия, дубликат; 2. модель, копир, шаблон
replicate повторять, копировать, размножать
replication повторение, дублирование, копирование; копия, дубликат
replot перечерчивать, перестраивать (напр., график)
reply ответ; ‖ отвечать
   to **reply** for отвечать за что-либо
   to **reply** to отвечать на
   in **reply** to в ответ на
report доклад; сообщение; отчёт; ‖ докладывать; сообщать; представлять отчёт
   r. **generation** генерирование отчётов (документов), подготовка результатов для печати
   column r. отчёт в табличной форме
   difference r. сообщение об изменениях (напр., в программе)
   draft r. проект документа; предварительное сообщение; предварительный отчёт
   error r. сообщение об ошибке
   interim r. промежуточный отчёт
   internal r. внутренний (научный) отчёт (обычно, не предназначенный для широкой публикации)
   postmortem r. заключительный отчёт (напр., по окончании исследований)
   progress r. текущее сообщение, текущие сведения; промежуточный отчёт
   scientific r. научный отчёт; научный доклад
   test r. протокол испытаний
repose состояние покоя; остановка, задержка; ‖ покоиться, находиться в состоянии покоя; останавливаться, задерживаться; хранить(ся)
   to **repose** on полагаться, основываться на чём-либо; держаться, устанавливать(ся) на чём-либо
   angle of r. угол покоя; угол естественного откоса, угол внутреннего трения (сыпучего материала)
repository хранилище; контейнер; архив
repousse штампованное изделие; ‖ штампованный; рельефный, выпуклый
represent 1. представлять; быть представителем; 2. означать; символизировать; обозначать; 3. изображать, отображать, имитировать, моделировать; 4. описывать; излагать, формулировать; объяснять
representation 1. представление; 2. способ задания; формулировка, запись; обозначение; 3. изображение, отображение; имитация, моделирование; модель; 4. описание; объяснение
   r. **specification** описание представления

   analytical r. аналитическое (непрерывное, формульное) представление
   analog r. аналоговое (непрерывное) представление
   block r. блочное представление, блочная форма (запись); блок-схема
   conformal r. конформное отображение
   data r. представление данных
   diagrammatical r. схематическое изображение
   discrete r. дискретное представление (непрерывных величин)
   Eulerian r. эйлерово описание, пространственное описание; модель Эйлера
   finite element r. конечно-элементное представление, конечно-элементная модель
   fixed-point r. представление (чисел) в форме с фиксированной запятой
   frequency-domain r. представление в частотной области, частотное представление
   geometrical r. геометрическое представление, геометрическая модель; графическое изображение
   graphic r. графическое (наглядное) представление; представление в виде графа, граф
   internal r. внутреннее представление
   Lagrangian r. лагранжево описание, материальное описание; лагранжева модель
   Laplace r. изображение по Лапласу
   linearized r. линеаризованное представление, линеаризованная модель
   matrix r. матричное представление, матричная форма
   numerical r. численное представление
   parametric r. параметрическое представление (описание)
   solid r. пространственное (твердотельное) представление (в геометрическом моделировании)
   tensor(ial) r. тензорное представление, тензорная запись (форма)
   time-domain r. представление во временной области, временное представление
   trigonometric r. тригонометрическое представление (напр., комплексного числа)
   wire-frame r. каркасное представление (в геометрическом моделировании)
representative 1. представительный, представляющий, показательный, характерный, репрезентативный; 2. представитель; 3. образец, эталон
   to be **representative** of быть характерным для; отражать; соответствовать
   r. **domain** область представления; репрезентативная область
   r. **graphics** репрезентативная (машинная) графика
   r. **point** представительная точка
   r. **sample** представительная выборка; типичный образец
represented представленный; выраженный; изображённый, отображённый

reprint перепечатка, переиздание; оттиск (напр., статьи); ‖ перепечатывать, переиздавать
reprocess перерабатывать; повторно обрабатывать; дорабатывать
reproduce репродуцировать; воспроизводить; восстанавливать; копировать
　to reproduce to scale воспроизводить в масштабе
reproduction репродукция; воспроизведение; восстановление; копирование; копия
repulse отталкивать; отражать; опровергать
repulsion отталкивание; отражение; отпор
　magnetic r. магнитное отталкивание
repulsive отталкивающий; отражающий
　r. force сила отталкивания
repute общее мнение; репутация; ‖ считать, полагать
reputed известный, имеющий репутацию; предполагаемый, считающийся
　it is reputed считают, полагают; можно считать
request запрос; требование; ‖ просить, запрашивать
require требовать, запрашивать; нуждаться
required требуемый, необходимый; искомый; обязательный
　r. parameter искомый параметр; обязательный параметр
　r. solution искомое решение
requirement требование; необходимое условие; потребность, необходимость
　to meet the requirement удовлетворять требованию
　continuity r. требование непрерывности
　safety requirements правила техники безопасности
　specification of requirements техническое задание; технические условия (требования)
　storage requirements потребность в памяти
requisite необходимый, требуемый
　r. properties нужные свойства
requisition требование, условие; запрос; предписание
rerun повторный запуск, повторное выполнение; ‖ выполнять повторно
rescind отменять, аннулировать
rescission отмена, аннулирование
rescue 1. спасение, сохранение; восстановление; ‖ спасать, сохранять; восстанавливать; 2. освобождение; ‖ освобождать
　r. point контрольная точка (в программе)
research исследование, изучение; научно-исследовательская работа; ‖ исследовательский, научный, экспериментальный; ‖ исследовать, изучать
　r. engineering технические исследования и разработки
　r. fellow научный сотрудник, исследователь
　r. laboratory научно-исследовательская лаборатория
　r. of operations исследование операций

　r. technique методика исследований; экспериментальное оборудование
　advanced r. перспективные исследования
　applied r. прикладные исследования, прикладная наука
　basic r. фундаментальные исследования
researcher исследователь, научный работник
resemblance сходство
　to bear resemblance иметь сходство, быть похожим
　to have much resemblance to иметь много общего с
　near r. близкое сходство
resemble быть похожим (сходным), напоминать; совпадать
resequence переупорядочение, перенумерация; ‖ переупорядочивать, перенумеровывать
reservation 1. сохранение, резервирование; 2. исключение, оговорка, условие
　without reservation безоговорочно, безусловно
reserve 1. запас, резерв; ‖ сохранять, резервировать; 2. исключение, оговорка, условие; ‖ делать исключение (оговорку); 3. осторожность
　to reserve the right сохранять право
　with reserve с осторожностью
　with some reserve с некоторой оговоркой
　r. parts запасные части
reserved 1. сохраненный, зарезервированный; запасной, резервный; 2. осторожный
reservoir резервуар; хранилище; запас
reset повторное включение; повторная установка; восстановление, возврат в исходное положение; сброс; ‖ повторно устанавливать; восстанавливать, возвращать в исходное положение (состояние); устанавливать на нуль (прибор); сбрасывать
　r. action возвратное действие
reshape приобретать (придавать) иную форму, переформировывать, переконфигурировать
reshuffle перестановка, перегруппировка; ‖ переставлять, перегруппировывать
reside 1. находиться, пребывать; 2. быть присущим, свойственным; принадлежать
residence местонахождение; пребывание
resident 1. резидент; ‖ постоянно находящийся, резидентный; 2. присущий, свойственный
residual 1. остаток; остаточный продукт; остаточная примесь; осадок; ‖ остаточный; оставшийся; 2. разность; невязка, (остаточная) погрешность
　r. deformation остаточная деформация
　r. elasticity остаточная упругость, упругое последействие
　r. error остаточная погрешность, невязка
　r. force усилие-невязка
　r. norm норма невязки
　r. potential method метод разностного потенциала
　r. stress остаточное напряжение
　r. vector вектор невязки, остаточный вектор

equilibrium r. невязка (уравнений) равновесия
weighted residuals method метод взвешенных невязок
residuary оставшийся; остающийся
residue (мн.ч. residua) 1. вычет; остаток; 2. осадок; 3. отходы
calculus of residues теория вычетов
combustion r. остаточные продукты сгорания
electric r. остаточный электрический заряд
logarithmic r. логарифмический вычет
power r. степенной вычет
residuum см. residue
resilience 1. упругость, эластичность; упругое деформирование; (удельная) энергия деформации; 2. ударная вязкость
resilient упругий, эластичный
resin смола; канифоль; полимер
r. elastic резина; каучук
epoxy r. эпоксидная смола
resinous смолистый; загустевший
resist сопротивляться, оказывать сопротивление, препятствовать; воспринимать нагрузку, работать (о несущей конструкции)
resistance сопротивление; сопротивляемость; стойкость, устойчивость, прочность
to offer resistance оказывать сопротивление
r. box реостат
r. to corrosion сопротивление коррозии, коррозионная стойкость, антикоррозийные свойства
r. to failure устойчивость против отказов
r. force сила сопротивления
r. to impact сопротивление удару (ударной нагрузке); ударная вязкость
r. to indentation сопротивление вдавливанию; сопротивление механическому повреждению
r. of motion сопротивление движению
r. of path сопротивление пути, сопротивление движению
r. to rupture прочность на разрыв, предел прочности
r. to shear прочность на сдвиг (срез), сопротивление сдвигу
r. in waves сопротивление (судна) при ходе на волнении
r. to wear сопротивление износу, износостойкость
abrasion r. сопротивление истиранию (абразивному износу)
aerodynamic r. аэродинамическое сопротивление
ageing r. сопротивление старению
bending r. сопротивление изгибу, работа на изгиб
body r. объемное сопротивление; сопротивление (движению) тела; сопротивление корпуса (фюзеляжа)
brake r. тормозное сопротивление
buckling r. сопротивление потере устойчивости (выпучиванию, продольному изгибу)
bulk r. объемное сопротивление
burden r. сопротивление нагрузки
cohesive r. когезионная прочность, прочность сцепления
cold r. хладостойкость
collapse r. сопротивление смятию, прочность на смятие
compression r. сопротивление сжатию; прочность на сжатие, предел прочности при сжатии; работа (конструкции) на сжатие
concussion r. амортизационная способность
corrosion r. коррозионная стойкость
crack(ing) r. трещиностойкость, сопротивление образованию и росту трещин; вязкость разрушения
crack propagation r. сопротивление распространению трещины
creep r. сопротивление ползучести
crushing r. сопротивление раздроблению (раздавливанию)
cubic r. объемное сопротивление
detrimental r. вредное сопротивление
eddy r. вихревое сопротивление
elastic r. упругое сопротивление, упругая работа (конструкции)
electric(al) r. электрическое сопротивление
fatigue r. усталостная прочность
filtration r. фильтрационное сопротивление
fire r. огнестойкость, жаропрочность
flexing r. сопротивление изгибу, прочность на изгиб; работа (конструкции) на изгиб; прочность при многократном изгибе
flow r. сопротивление течению; аэродинамическое (гидродинамическое) сопротивление
form r. сопротивление формы
friction(al) r. сопротивление трения
frontal r. лобовое сопротивление
head r. лобовое сопротивление
heat r. теплостойкость; термическое сопротивление
hump r. максимальное сопротивление; сопротивление в околозвуковой области
hydrodynamic r. гидродинамическое сопротивление
impact r. ударопрочность; ударная вязкость
indentation r. сопротивление вдавливанию; сопротивление механическому повреждению
induced r. индуктивное сопротивление
input r. входное сопротивление
internal r. внутреннее сопротивление
intrinsic r. внутреннее (собственное) сопротивление
mechanical r. механическое сопротивление
moisture r. влагонепроницаемость; влагостойкость
ohmic r. омическое сопротивление

output r. выходное сопротивление
overall r. полное сопротивление, импеданс
parasitic r. вредное сопротивление
rolling r. сопротивление качению
scoring r. стойкость (поверхности) против задирания
seismic r. сейсмостойкость
shock r. ударопрочность
skin r. поверхностное сопротивление, сопротивление трения
sliding r. сопротивление скольжению
specific r. удельное сопротивление; коэффициент сопротивления
spring r. упругость пружины
standard r. эталонное сопротивление
streamline-flow r. сопротивление при ламинарном обтекании
support(ing) r. опорная реакция, опорное давление
tear r. сопротивление раздиранию
thermal r. тепловое сопротивление; термостойкость
tire rolling r. сопротивление качению шины
torsional r. сопротивление кручению, прочность на кручение; работа на кручение
total r. полное сопротивление, импеданс
turbulence r. турбулентное (вихревое) сопротивление
ultimate r. предел прочности, временное сопротивление (материала)
useful r. полезное сопротивление
viscous r. вязкое сопротивление
vortex r. вихревое сопротивление
wave r. волновое сопротивление
wear r. износостойкость, сопротивление износу
weather r. стойкость к атмосферным воздействиям
wind r. сопротивление воздуха (движению)
work of r. работа (сил) сопротивления
resistant сопротивляющийся; стойкий, устойчивый, прочный
   r. to rust нержавеющий
resisting сопротивление; стойкость, устойчивость; ‖ сопротивляющийся, противодействующий
   r. force сила сопротивления
resistive способный к сопротивлению; резистивный
   r. stress активное напряжение
resistivity удельное сопротивление
resistor резистор, электрическое сопротивление
resoluble 1. разрешимый; 2. разложимый (на составляющие); 3. приводимый, сводимый; 4. растворимый
resolution 1. решение; разрешение (напр., проблемы, противоречия); резолюция; 2. повторное решение; 3. разложение (на составляющие); 4. приведение, сведение; 5. разборка;

демонтаж; 6. разрешающая способность; четкость (изображения); 7. растворение; раствор
   r. threshold порог разрешения
   r. of a vector разложение вектора (на составляющие)
   angular r. разрешающая способность по углу
   conflict r. разрешение противоречия
   grid r. разрешающая способность сетки
   low r. низкое разрешение
   polynomial r. разложение полинома; полиномиальное (степенное) разложение
   radius of r. диапазон разрешающей способности
resolve 1. решать; разрешать (проблему); 2. повторно решать; 3. разлагать(ся), раскладывать(ся) (на составляющие), распадаться; 4. приводить, сводить; 5. разбирать(ся); 6. растворять(ся)
   to resolve into components разлагать на составляющие
   to resolve fine details различать мелкие детали
   the question resolves into вопрос сводится к
resolved 1. (раз)решённый; 2. разложенный; 3. приведенный, сведенный; 4. результирующий; 5. растворенный
   r. stress результирующее напряжение
resolvent 1. резольвента; разрешающее ядро; ‖ разрешающий, резольвентный; 2. растворитель; ‖ растворяющий
   r. of a matrix резольвента матрицы
resonance резонанс
   r. characteristic резонансная кривая
   r. frequency резонансная частота
   amplitude r. резонанс амплитуд
   fundamental r. резонанс на основной частоте
   harmonic r. гармонический резонанс
   main r. резонанс на основной частоте
   multiple r. многократный резонанс
   natural r. собственный резонанс
   parametric r. параметрический резонанс; параметрическое возбуждение
   phase r. резонанс фаз
   submultiple r. резонанс на субгармонике
resonant резонансный; резонирующий; звучащий
   r. cavity (объемный) резонатор
   r. frequency резонансная частота
resonate резонировать
resound повторять, отражать (звук)
resource 1. ресурс(ы); запас(ы); 2. способ, средство; возможность
respect 1. отношение; 2. беречь; соблюдать, не нарушать
   to differentiate with respect to x дифференцировать по x
   to have respect to касаться, иметь отношение к; принимать во внимание
   in all respects во всех отношениях
   in no respect ни в каком отношении

in respect of в отношении, по отношению к; что касается

with respect to относительно, по отношению к; что касается

with respect to a point относительно точки

without respect to не принимая во внимание; безотносительно

respecting относительно, в отношении, о, об

respective соответственный; соответствующий; указывающий на соответствие (между перечисляемыми объектами)

respectively соответственно, в указанном порядке

respond 1. отвечать, реагировать, отзываться; срабатывать; 2. соответствовать, подходить

response 1. ответ, отклик, реакция (на воздействие); срабатывание; вынужденное движение; 2. восприимчивость, чувствительность; 3. зависимость, кривая, характеристика; поведение

in response to в ответ на; под действием, под влиянием чего-либо

r. curve кривая реакции (отклика), характеристика

r. error погрешность решения

r. function функция отклика, характеристика; функция решения

r. to input реакция на входное воздействие

r. region участок характеристики

r. time момент срабатывания; время реакции, инерционность (прибора)

amplitude-frequency r. амплитудно-частотная характеристика

bandpass r. полосовая частотная характеристика

control r. реакция на управляющее воздействие

convergent r. затухающая реакция, сходящееся (устанавливающееся) решение

cyclic r. циклическая (периодическая) реакция, циклическое поведение

divergent r. неустойчивая реакция, нарастающая характеристика; расходящееся решение

dynamic r. динамическая реакция; динамическая характеристика

elastic r. упругий отклик, упругое поведение

excitation r. реакция на внешнее воздействие; характеристика возбуждения

fast r. быстрая реакция; высокая чувствительность; малая инерционность, реактивность; малое время срабатывания

fatigue r. характеристика усталости, усталостная кривая

flat r. горизонтальная (плоская, пологая) характеристика

forced r. вынужденная реакция, отклик на внешнее воздействие

fracture r. характеристика разрушения

frequency r. частотная характеристика, частотный отклик

hardening r. характеристика упрочнения (материала)

impulse r. импульсная характеристика; реакция на импульс

linear r. линейная характеристика, линейный отклик

material r. поведение материала

mode r. реакция мод (колебаний); чувствительность мод

model r. реакция (поведение, характеристика) модели; эталонная характеристика

oscillatory r. колебательная реакция; пульсационная характеристика

output r. реакция на выходе, выходная характеристика

partial r. частичный (парциальный) отклик

peak r. максимальный отклик, наивысшая чувствительность

phase r. фазовая (фазочастотная) характеристика

plastic r. пластическое поведение (материала), пластическая работа (конструкции)

predicted r. ожидаемая реакция; найденное (вычисленное, теоретическое) решение

ramp r. линейно изменяющаяся (нарастающая) характеристика

rate r. реакция на скорость, отклик на воздействие по скорости (по производной); скоростная характеристика

rate of r. скорость (время) реакции, инерционность (напр., прибора)

slow r. медленная реакция; инерционность; большое время срабатывания

spectral r. спектральный отклик, спектральная характеристика; спектральная чувствительность

steady-state r. стационарный отклик, статическая реакция; установившееся решение; стационарная характеристика

step r. реакция на скачок; переходная характеристика

structural r. реакция (поведение) конструкции

temporal r. временной отклик, динамическая реакция

thermal r. тепловая реакция; тепловая характеристика

time r. временная характеристика; динамическая реакция

transient r. динамическая (неустановившаяся) реакция; переходная характеристика

unit-impulse r. реакция на единичный импульс

viscoplastic r. вязкопластическое поведение (конструкции)

responsibility 1. ответственность; 2. обязательства; обязанности

responsible 1. ответственный; 2. надежный; достоверный; 3. важный
   to be **responsible** for 1. быть ответственным за что-либо; 2. быть инициатором (автором) чего-либо
responsive 1. ответный; 2. восприимчивый, чувствительный; управляемый
responsivity восприимчивость, чувствительность; реактивность
rest 1. покой; состояние покоя, неподвижность; ‖ покоиться, находиться в покое; лежать; оставаться без изменений; 2. пауза, перерыв, остановка; ‖ останавливаться; 3. опора; подставка, упор; ‖ опираться; держать(ся), основывать(ся); исходить из чего-либо; 4. остаток; остальное, остальные; ‖ оставаться
   to bring to **rest** останавливать(ся); тормозить
   to come to **rest** останавливаться, приходить в состояние покоя
   at **rest** (находящийся) в состоянии покоя, неподвижный
   for the **rest** в остальном
   the **rest** of остальные, остальная часть чего-либо
   the study **rests** on исследование опирается на
   r. **mass** масса покоя, собственная масса
   r. **state** состояние покоя
   adjustable r. регулируемая опора
   angle of r. угол покоя; угол естественного откоса (сыпучего материала)
restart повторный запуск, рестарт; восстановление
restitution восстановление (состояния); возмещение, компенсация; способность восстановления формы, пружинение
   elastic r. упругое восстановление, упругое пружинение
restoration восстановление; возмещение, компенсация; возобновление; реставрация; реконструкция
   r. of **equilibrium** восстановление равновесия
restore восстанавливать(ся); возмещать, компенсировать; возвращать (в прежнее состояние); реконструировать
restrain ограничивать, сдерживать; закреплять, фиксировать; удерживать
re-strain повторно деформировать (натягивать)
restrained ограниченный, связанный; закрепленный; стесненный
   r. **structure** конструкция со связями; закрепленная конструкция
   r. **warping** стесненная депланация
restraining ограничение, связь; закрепление; стеснение; ‖ ограничивающий, препятствующий, сдерживающий
   r. **stress** сдерживающее (удерживающее) напряжение; напряжение, препятствующее раскрытию трещин

restraint ограничение, связь; закрепление; стеснение; сокращение, сжатие (напр., при охлаждении), сужение, стягивание; ограничитель
   without **restraint** свободно, без ограничений
   elastic r. упругая связь, упругое закрепление
   redundant r. лишняя связь
   viscous r. вязкая связь; вязкостный демпфер
   warping r. стеснение депланации, ограничение коробления
restrict ограничивать, связывать; заключать (в пределы); сокращать(ся); сжимать(ся), суживать(ся)
restricted ограниченный, связанный; несвободный; находящийся в определенных пределах; ограниченного использования; сокращенный, сжатый, суженный
   r. **application** узкое (ограниченное) применение
   r. **motion** вынужденное (несвободное) движение
   r. **problem** ограниченная задача
restrictedly ограниченно
   r. **convergent** ограниченно сходящийся
restriction ограничение, связь; закрепление, фиксация; сокращение, уменьшение; сжатие, сужение (напр., сечения); помеха, препятствие; сопротивление
   to impose **restrictions** налагать (вводить) ограничения, накладывать связи
   to lift **restrictions** снимать ограничения
   without **restriction** без ограничения; неограниченный, несвязанный, свободный
   filter r. сопротивление фильтра
   stiff r. сильное (жесткое) ограничение
   weight r. ограничение по весу (массе)
restrictive ограничивающий, связывающий, сдерживающий; ограничительный; сжимающий, сужающий
result результат; итог, вывод; ответ, решение (задачи); ‖ заканчиваться (чем-либо), приводить к, иметь результатом; следовать, происходить в результате
   to **result** from проистекать, следовать из чего-либо; быть следствием чего-либо
   to **result** in приводить к, давать в результате
   as a **result** в результате
   with the **result** that в результате чего
   comparable **results** сопоставимые результаты
   conflicting **results** противоречивые результаты
   end r. конечный результат
   erroneous r. ошибочный результат
   model r. результат испытаний (расчетов) на модели; эталонный результат
   numerical r. численный результат
   observation r. результат наблюдения
   postponed r. отдаленный результат

preliminary r. предварительный результат
ultimate r. окончательный результат
variant results различные результаты
resultant 1. результант; равнодействующая, результирующая (напр., сила); результирующий вектор; ‖ равнодействующий, результирующий, суммарный; результантный; обобщенный; 2. итог, результат; 3. свертка
   r. action суммарное (результирующее) (воз)действие
   r. error полная (накопленная, суммарная) погрешность
   r. of forces равнодействующая (результирующая) сила, главный вектор системы сил
   r. stress результирующее напряжение; обобщенное напряжение; интенсивность напряжений
   r. vector результирующий (равнодействующий) вектор, главный вектор
   r. velocity результирующая скорость
   integral r. интегральная равнодействующая
   solution r. результант решения (напр., обобщенный параметр решения)
resulting 1. получающийся в результате, итоговый, окончательный; 2. равнодействующий, полный, суммарный; результирующий
   r. deduction окончательный вывод, заключение
   r. equation результирующее (разрешающее) уравнение
   r. motion результирующее движение
   r. vector результирующий (равнодействующий) вектор
resume 1. резюме; аннотация, конспект; сводка; ‖ подводить итог, резюмировать; 2. возобновлять, продолжать; 3. возвращать
resumption 1. возобновление, продолжение; 2. возвращение, возврат
resumptive обобщающий, суммирующий
retain удерживать, сдерживать; поддерживать; сохранять
retaining удерживающий, сдерживающий; поддерживающий, сохраняющий
   r. device удерживающее устройство, стопор, фиксатор
   r. wall подпорная стенка
retard замедлять, задерживать; тормозить; запаздывать, отставать
retardation замедление, задержка; запаздывание, отставание, сдвиг (по фазе); торможение; помеха, препятствие
   crack r. торможение трещины
   phase r. отставание по фазе
   smooth r. плавное замедление
retarded замедленный, запаздывающий, отстающий
   r. motion замедленное движение
retarding замедляющий, задерживающий, тормозящий
   r. torque тормозящий момент

retention 1. удерживание, удержание; удерживающая способность; сохранение; запоминание; 2. крепление; 3. задержка
   blade r. крепление лопатки
   data r. запоминание (хранение) данных
retentive удерживающий, задерживающий, сохраняющий
retentivity удерживающая способность; удерживающая сила; остаточный эффект
retest повторное испытание; ‖ повторно испытывать
reticle сетка, решетка; перекрестие нитей (в оптическом приборе)
reticulate сетчатый, решетчатый; ‖ покрывать сеткой; образовывать сетку
reticulated сетчатый, решетчатый
   r. shell сетчатая оболочка
reticulation сеть, сетка, решетка; сетчатое строение
reticule см. **reticle**
retiming повторный (контрольный) хронометраж
retire 1. уходить, удаляться; двигаться в обратном направлении; 2. аннулировать, отменять; снимать с эксплуатации
retort 1. реторта; автоклав; ‖ перегонять; 2. возражение; ‖ возражать
retortion загибание назад
retrace обратный ход, возврат (по пройденному пути); слежение, отслеживание; трассировка; ‖ возвращаться (по пройденному пути); следить, отслеживать; трассировать
retract 1. отход, обратный ход, движение в обратном направлении, возврат; втягивание; ‖ отходить (отводить) назад, возвращаться; втягивать, убирать (напр., шасси); 2. сокращение, сжатие; ‖ сокращать(ся), сжимать(ся); 3. отмена, отказ (от чего-либо); ‖ отменять, отказываться
retractile сокращающийся, втягивающийся, убирающийся
   r. undercarriage убирающееся шасси
retractation см. **retract** 3.
retraction см. **retract**
retreat отступление, уход, отход, отвод; отступ, срез, скос (в заднем направлении); ‖ отступать, уходить, отходить, отводить; делать отступ (скос, срез)
retreating отступающий, отходящий (назад), уходящий; срезанный, скошенный, покатый
   r. edge срезанный край, скошенная грань
retrial повторение, повтор; повторное испытание (исследование)
retrievable восстановимый, исправимый
retrieval 1. исправление; восстановление, возвращение (напр., в прежнее состояние); 2. поиск, выборка (данных)
   ordered r. упорядоченный поиск
retrieve 1. исправлять; восстанавливать, возвращать в прежнее состояние; возвращать себе; реабилитировать; 2. находить, отыскивать, выбирать (данные)

beyond retrieve неисправимый, невосстановимый
retroaction обратное действие, реакция; положительная обратная связь
retrofit доработка, доводка; модернизация; настройка, регулировка; ‖ дорабатывать, доводить; модернизировать; настраивать, регулировать
retrograde обратный, направленный назад; ‖ двигаться назад; ухудшаться, регрессировать
retrogress двигаться назад; ухудшаться, регрессировать
retrogression обратное движение; упадок, регресс
retrorocket тормозной двигатель
retrospect взгляд назад, в прошлое
   in retrospect ретроспективно
retrospective обращённый в прошлое, ретроспективный; относящийся к прошлому
retrosystem система торможения
retry повторение, повторное выполнение, повторная попытка; ‖ повторно пробовать
return 1. возврат, возвращение; движение назад, обратный ход; повторение; отдача, отражение, отражённый сигнал; ‖ обратный; возвратный; возвращённый; ‖ возвращать(ся), идти обратно; повторяться; отражать(ся); 2. ответ, возражение; ‖ отвечать, возражать; 3. выход (напр., из программы); выходные данные, результаты; ‖ выходить; выдавать (результаты); 4. восстановление; компенсация; 5. обратный канал, обратная труба
   in return взамен
   r. motion обратное (возвратное) движение, обратный ход, задний ход; отвод (рабочего органа)
   r. to origin возвращение в начало координат (в исходное положение)
   r. pressure противодавление
   r. from resource отдача источника
   r. shock (упругая) отдача
   r. spring возвратная пружина
   r. steam отработанный пар
   r. stroke обратный ход (напр., поршня)
   r. wave обратная волна, отражённая волна
reusable допускающий повторное применение; возвращаемый, спасаемый (о космическом аппарате)
rev оборот; ‖ вращать(ся)
   to rev up увеличивать скорость вращения
revamp ремонтировать; реконструировать; модернизировать
reveal показывать, обнаруживать, открывать
   to reveal itself появляться, обнаруживаться
reverberant отражающийся (о звуке); звучащий
reverberation отражение, реверберация (звука), эхо, отзвук
reverberator ревербератор, отражатель, рефлектор

reversal 1. обращение, реверсирование, реверс; обратное движение, обратный ход, перемена знака (числа), перемена направления на обратное; ‖ обратный, возвратный, реверсивный; 2. отмена, аннулирование
   r. load обратная (реверсивная) нагрузка; знакопеременная нагрузка
   r. of stress перемена знака напряжений
   flow r. реверсирование (опрокидывание) потока
   phase r. обращение (опрокидывание) фазы
   point of r. точка возврата
   sign r. перемена знака
   thrust r. реверс тяги
reverse обращение, реверсирование, изменение направления на обратное; обратное движение, обратный ход; отмена; ‖ обратный, противоположный; ‖ обращать, реверсировать; поворачивать(ся) в обратном направлении, переворачивать(ся); отменять
   to reverse the direction изменять направление на обратное, реверсировать
   to reverse end for end повернуть на 180 градусов
   in reverse наоборот, обратно; обратным путём
   the reverse is true имеет место обратное
   r. bend изгиб с перегибом (в обе стороны)
   r. flow обратное течение; противоток
   r. gradient обратный градиент; обратный (отрицательный) наклон
   r. rotation обратное вращение
   r. running обратное движение, задний ход
   r. transformation обратное преобразование
   ordering r. обращение порядка
reversed обращённый; обратный; перевёрнутый
   r. flow реверсированный поток
   r. operator обращённый (обратный) оператор
   r. stress напряжение обратного знака; знакопеременное напряжение
reverser реверсивный механизм
reversibility обратимость; реверсивность
reversible обратимый, обращаемый; двусторонний
   r. relation обратимое соотношение
reversion обращение; возврат, возвращение (к прежнему состоянию)
   r. of motion изменение направления движения на обратное, реверс
reversionary обратный, реверсивный
revert возвращаться; идти в обратном направлении
revet облицовывать, обшивать, укреплять поверхность
revetment облицовка, обшивка, покрытие
review обзор, обозрение; осмотр; просмотр, проверка; анализ, экспертиза; рецензия; периодический журнал; ‖ обозревать; осмат-

ривать; просматривать, проверять; делать обзор, рецензировать
   under review рассматриваемый
   analytical r. аналитический обзор
reviewer обозреватель, рецензент
revise проверка, сверка; исправление; || проверять; исправлять, перерабатывать; пересматривать
revision проверка; исправление, переработка; пересмотр, ревизия; переработанное и исправленное издание
revival возрождение; восстановление, возобновление
revive возрождать; восстанавливать, возобновлять
revocation отмена, аннулирование
revoke отменять, аннулировать; отказываться
revolution 1. (круговое) вращение; обращение, (полный) оборот, цикл; кругооборот; 2. революция; резкое изменение
   r. counter счетчик оборотов
   axis of r. ось вращения
   complete r. полный оборот
   counter r. обратное вращение
   orbital r. движение по орбите
   shell of r. оболочка вращения
   surface of r. поверхность вращения
revolvable поворотный, вращающийся
revolve вращать(ся); периодически обращаться (сменяться)
revolver барабан
revolving вращающий(ся); поворотный; обращающийся, циклический
   r. couple вращающая пара (сил), вращающий момент
reward награда, вознаграждение; || награждать; вознаграждать; отдавать должное
rewarding оправдывающий себя
   to be rewarding оправдывать себя
rewind обратная перемотка (напр., ленты); || перематывать (к началу)
reword выражать иными словами, менять формулировку
rewrite пере(за)писывать; перерабатывать (о тексте)
Reynolds Рейнольдс
   R. analogy подобие по числу Рейнольдса
   R. equation уравнение Рейнольдса
   R. number число Рейнольдса
   low R. number flow течение с малым числом Рейнольдса
rheologic(al) реологический
rheology реология
rheonomous реономный, нестационарный
   r. constraint реономная связь
rheostat реостат
rhombic ромбический, в виде ромба
rhomb(us) ромб
r.h.s. (right-hand side) правая часть (уравнения)
rhumb румб (1/32 часть полной окружности)

rhythm ритм, частота пульсаций (колебаний); размер
rib ребро; подкрепляющий стержень, элемент каркаса, шпангоут, нервюра; пояс(ок), реборда, фланец; край; буртик; прилив; || подкреплять ребрами
   after r. последний (кормовой) шпангоут
   bearing r. несущий стержневой элемент, силовое ребро; реборда (колеса)
   bow r. передний (носовой) шпангоут
   box r. коробчатая нервюра
   eccentric r. эксцентричное ребро
   I-type r. ребро двутаврового поперечного сечения
   stiffening r. подкрепляющее ребро, ребро жесткости
   wing r. нервюра крыла
ribbed ребристый; оребренный; подкрепленный ребрами, каркасированный; рифленый
   r. structure ребристая конструкция; каркасная (каркасированная) конструкция
ribbing система ребер, каркас; оребрение; усиление ребрами
ribbon лента, полоска
rib-siding ребристая боковая стенка, подкрепленный борт
rich богатый; ценный; изобилующий; разнообразный; интенсивный
Richter magnitude магнитуда (землетрясения) по шкале Рихтера
rickety шаткий, неустойчивый
ricochet рикошет; || делать рикошет
rid освобождать, избавлять, устранять
   to get rid of избавляться от
riddance избавление, устранение
riddle 1. решето, грохот, сито; экран, щит; || просеивать; критиковать; 2. загадка; || разгадывать
ride 1. езда, движение; || ехать, двигаться; плыть, скользить; управлять, направлять; 2. дорога, дорожка; тракт
rider 1. летательный аппарат, ракета; 2. предмет, лежащий поверх другого; 3. образец для испытаний на трение и износ; ползун; 4. вывод, заключение; вспомогательная теорема; дополнение, поправка
ridge выступ, гребень, хребет; край, кромка, ребро; складка
Riemann problem задача Римана, начальная характеристическая задача
Riemannian Римана, риманов
   R. geometry риманова геометрия
   R. space риманово пространство
rife обычный, распространенный; частый; изобилующий (чем-либо)
riffle 1. зыбь, небольшие волны; 2. порог (на реке); 3. желобок, канавка, рифля
riffled рифленый, гофрированный, желобчатый; ребристый
   r. iron рифленое железо
rift 1. щель, трещина; скважина; разрыв; просвет; ущелье; || расщеплять(ся), раска-

лывать(ся); 2. спайность, слоистость, кливаж (горной породы); 3. порог (реки)
rig 1. устройство, приспособление, станок, стенд; оборудование, оснастка; такелаж; ‖ оснащать, снаряжать, оборудовать; 2. буровой станок, буровая вышка
   to **rig down** демонтировать, разбирать
   to **rig up** монтировать, устанавливать
   r. **testing** стендовое испытание
   drilling r. буровой станок
   test r. экспериментальная установка, испытательный стенд
rigging 1. установка, сборка, монтаж; оснащение; 2. наладка, регулировка; 3. подвеска; такелаж; 4. рычажная передача
   spring r. пружинная (рессорная) подвеска
right 1. право; справедливое требование; правильность, справедливость; ‖ правильный, справедливый; надлежащий, должный; ‖ правильно, справедливо; надлежащим образом; точно; полностью, совершенно; 2. правая сторона; ‖ правый; правосторонний, лицевой; ‖ направо, в правую сторону; 3. прямой (об угле, линии), прямоугольный, перпендикулярный; ‖ выпрямлять(ся), спрямлять(ся), выравнивать(ся)
   to **do somebody right** отдавать должное
   to **put to rights** приводить в порядок
   right after сразу после
   right down to вплоть до
   right in the middle точно в середине
   right off сразу, немедленно
   by all rights по всем правилам
   by right по праву
   in its own right самостоятельно, само по себе
   in the right way правильно, должным образом
   on the right справа
   to the right направо
   r. **angle** прямой угол
   r. **angle side** катет
   r. **difference** правая разность, разность "вперед"
   r. **justified** выровненный по правому краю
   r. **section** прямое (перпендикулярное) сечение
   r. **size** правильный размер
   limit on the r. предел справа
right-about противоположное направление; поворот в противоположную сторону
right-angled прямоугольный
right-down совершенный, абсолютный, безоговорочный
righteous справедливый
rightful законный; справедливый
right-hand правый, правосторонний; с правым ходом, с правой резьбой; вращающийся вправо
   r. **derivative** правая производная
   r. **side** (r.h.s.) правая часть (уравнения), свободный член

   r. **rule** правило правой руки
   r. **thread** правая (правосторонняя) резьба
right-lined образованный прямыми линиями; прямолинейный
rightly правильно; справедливо
rightwards вправо, направо
rigid 1. жесткий; твердый, недеформируемый; обладающий большой жесткостью, слабо деформируемый; неизменяемый; неподвижный, неподвижно закрепленный; 2. строгий
   r. **axis** неподвижная ось
   r. **body** (абсолютно) твердое тело, твердое целое, недеформируемое тело; тело большой жесткости (допускающее лишь малые деформации); жесткий кузов (корпус)
   r. **collision** жесткое (неупругое) соударение
   r. **continuum** жесткий континуум, недеформируемая среда
   r. **differential equation** жесткое дифференциальное уравнение
   r. **fixing** неподвижное закрепление, защемление
   r. **frame** жесткая рама; неподвижная система отсчета
   r. **joint** жесткое (недеформируемое) соединение, жесткий узел
   r. **motion** жесткое перемещение, движение как твердого тела (жесткого целого), перемещение без деформации
   r. **plate** (абсолютно) жесткая пластина; пластина большой жесткости (допускающая лишь малые прогибы)
   r. **rotation** вращение как твердого тела (без деформации), жесткий поворот
   r. **rule** строгое правило
   r. **support** жесткая (недеформируемая) опора; неподвижное закрепление
   r. **system** жесткая (недеформируемая) система; жесткая система (дифференциальных) уравнений
rigid-body относящийся к твердому (недеформируемому) телу
   r. **dynamics** динамика твердого тела
   r. **motion** жесткое смещение, движение как твердого тела (жесткого целого)
rigid-elasto-plastic жестко-упруго-пластический (о материале)
rigidity 1. жесткость; твердость, прочность; недеформируемость, малая деформируемость; коэффициент жесткости; модуль материала; 2. неподвижность; 3. строгость (напр., условий)
   r. **dimension** размерность жесткости
   r. **factor** коэффициент жесткости
   r. **of support** жесткость опоры
   core of r. ядро жесткости
   cylindrical r. цилиндрическая жесткость
   elastic r. упругая жесткость, коэффициент жесткости (упругости)
   finite r. конечная жесткость

flexural r. изгибная жесткость, жесткость на изгиб
lateral r. жесткость в поперечном направлении
plastic r. жесткость при пластическом деформировании
prebuckling r. жесткость до потери устойчивости, докритическая жесткость
sectional r. жесткость (поперечного) сечения, жесткость в сечении
shearing r. жесткость на сдвиг
tensile r. жесткость на растяжение
torsional r. жесткость на кручение
rigidity-mass properties жесткостно-массовые характеристики
rigidity-weight ratio отношение жесткости к весу (конструкции)
rigid-plastic жестко-пластический (о материале)
rigorous строгий, точный; тщательный
 r. proof строгое доказательство
rim обод, реборда, бандаж, кольцо; край, кромка; периферия; || окружной; периферийный, периферический
 r. load нагрузка по периферии, кольцевая нагрузка
 r. speed скорость на периферии, окружная скорость
 frame r. полка шпангоута
 wheel r. обод колеса
rime изморозь; обледенение; || покрываться изморозью
rind кора
ring 1. кольцо; круг, окружность; тор; || окружать; отмечать кружочком (на рисунке); 2. виток, (круго)оборот, цикл; циклическая структура; || двигаться по кругу, совершать круговое (циклическое) движение; 3. обод, обруч, пояс; (круговой) шпангоут, оболочка вращения, обечайка; 4. звено (цепи); 5. звонок; || звенеть
 r. frame кольцевой шпангоут
 r. shift циклический сдвиг; круговая перестановка
 r. spring кольцевая пружина
 r. support кольцевая опора; кольцевое подкрепление
 bead r. бортовое кольцо (шины)
 blade r. лопаточный венец (диска турбины)
 carrying r. опорное (упорное) кольцо
 clamping r. стяжное кольцо
 docking r. стыковочный шпангоут
 drawing r. фильера, волочильное кольцо
 expansion r. кольцевой компенсатор (трубопровода)
 finite r. method метод конечных колец
 heavy r. упорное кольцо, силовой шпангоут
 piston r. поршневое кольцо
 stiffening r. подкрепляющее кольцо, пояс жесткости, шпангоут
 thrust r. упорное кольцо

 vortex r. вихревое кольцо, кольцевой вихрь
ringed кольцевой, в виде кольца; замкнутый; круговой, циклический
ring-stiffened подкрепленный кольцами (шпангоутами)
rinse промывка, промывание; || промывать
rip 1. разрыв, разрез; || разрывать(ся), раскалывать(ся), лопаться; распиливать; 2. рябь; зыбь
ripple 1. мелкие волны, зыбь; капиллярные волны; 2. пульсация (напр., силы)
 r. tank волновой бассейн (лоток)
 r. wave капиллярная волна; малая (мелкомасштабная) волна
 amplitude r. колебания амплитуды, амплитудная пульсация
ripply волнистый
rise 1. подъем; восход (солнца, луны); повышение, увеличение, рост; возвышенность; возвышение, разность высот (ординат), превышение; стрела подъема, высота (арки, оболочки); || подниматься; повышаться, нарастать, увеличиваться, усиливаться; 2. возникновение, появление; || возникать, появляться
 to rise from брать начало, происходить от
 to give rise to вызывать, обуславливать
 r. of tide высота прилива
 r. time wave нарастающая во времени волна
 capillary r. капиллярное поднятие
 pulse r. фронт импульса
 rate of a r. скорость увеличения; градиент, производная (функции); крутизна подъема
 span r. высота (стрела подъема) пролетного строения
risk риск, опасность; || рисковать
 r. function функция риска
Ritz method метод Ритца (определения экстремума функционала)
rive трещина, щель; разрыв; || раскалывать(ся), расщеплять(ся), трескаться; разрывать(ся)
river река; поток
 r. bed русло реки
 r. flow течение реки; расход (сток) реки
rivet заклепка; || клепать, приклепывать; расплющивать
 to rivet on приклепывать
 to drive rivet ставить заклепку
 r. head головка заклепки
 r. joint заклепочное соединение
 field r. монтажная заклепка
riveted клепаный, собранный на заклепках
 r. girder клепаная балка
riveting клепка; заклепочное соединение, заклепочный шов
road 1. дорога, путь; маршрут; проезжая часть; дорожное полотно; 2. штрек, горная выработка
 r. bed дорожное полотно

r. clearance дорожный просвет (напр., автомобиля), клиренс
r. test дорожные испытания (транспортного средства)
metalled r. шоссе
roadability управляемость (автомобиля), устойчивость (при движении); проходимость
road-block проблема, трудность
road-heading проходка (горной выработки)
road-metal щебень
roadway 1. проезжая часть дороги; шоссе, мостовая; (железно)дорожное полотно; 2. штрек, горная выработка
roast обжиг; || обжигать
robot робот; автомат (со сложными функциями); телемеханическое устройство; || автоматический
   r. pilot автопилот
   r. plane беспилотный самолет
   biped r. двуногий робот
   manipulation r. робот-манипулятор
   programmable r. программируемый робот
   smart r. интеллектуальный робот
   walking r. шагающий робот
robotics робототехника
robust устойчивый, надежный, робастный; прочный (о конструкции)
   r. algorithm робастный (устойчивый) алгоритм
robustness робастность, устойчивость (напр., к ошибкам); прочность; выносливость
rock 1. камень, скала; горная (скальная) порода; || горный, каменный, скальный; 2. качание, качка, колебание; неустойчивое положение; || качаться, колебаться
   r. foundation скальное основание
   bed r. подстилающая порода, материк
   crushed r. раздробленная порода, щебень
   explosive r. стреляющая порода
   gas r. газоносная порода
   in-situ r. порода в массиве
   ledge r. коренная порода
   loose r. рыхлая порода
   sand r. песчаник
   soft r. слабая порода
rock-bottom твердое (скальное) основание
rocker балансир; коромысло; качалка
rocket (неуправляемая) ракета, реактивный снаряд; ракетный двигатель; || ракетный, реактивный; || взлетать; запускать ракету; запускать с помощью ракеты
   r. propulsion реактивное движение; ракетный двигатель
   r. stage ступень ракеты
   aerodynamic r. крылатая ракета
   airborne r. ракета в полете
   booster r. стартовый (ракетный) ускоритель
   bottom r. нижняя ступень ракеты
   carrier r. ракета-носитель
   ferry r. транспортная ракета
   free(-flight) r. неуправляемая ракета

   ideal r. идеальная ракета (скорость движения которой равна скорости истечения продуктов сгорания)
   orbital r. орбитальная ракета, ракета-спутник
   space r. космическая ракета
   step(-by-step) r. многоступенчатая ракета
   unfinned r. неоперенная ракета
rocket-borne находящийся на борту ракеты, бортовой
rocketed запущенный при помощи ракеты
rocketry ракетная техника, ракетостроение
rocking 1. качание; балансировка; || качающийся, неустойчивый; 2. местное возмущение (воздуха)
   r. lever качающийся рычаг, балансир, коромысло
rockslide оползень; обвал
Rockwell hardness твердость по Роквеллу (определяемая вдавливанием конического наконечника)
rocky каменистый, скалистый
rod стержень; прут(ок); рычаг, тяга; штифт; || стержневой; рычажный
   r. control рычажное управление; рычажный механизм управления
   r. finite element стержневой конечный элемент
   actuating r. приводной рычаг
   armor r. арматурный стержень
   bearing r. несущий (рабочий) стержень; опорная стойка
   brace r. связь, стяжка
   cylinder r. шток цилиндра
   diagonal r. раскос
   extensional r. стержень, работающий на растяжение; растяжимый стержень
   guy r. растяжка, расчалка
   hanger r. подвеска
   hinged r. шарнирно закрепленный стержень; шарнирно сочлененный стержень
   hollow r. полый стержень
   lifting r. подъемная тяга
   link r. соединительный стержень, штифт; тяга
   locking r. закрепляющий штифт; ригель (рамной конструкции)
   pivot r. поворотный стержень, рычаг
   reinforcing r. подкрепляющий (арматурный) стержень
   sag r. подвеска
   shear r. (диагональный) раскос
   slender r. тонкий стержень
   stay r. анкер; оттяжка
   suspension r. подвеска; подвесная тяга
   tensile r. растягиваемый стержень
   tie r. связующий стержень, распорка, стяжка
   welding r. электрод
   wire r. пруток, прутковое железо

rodding 1. рычажная передача, рычаги, тяги; 2. армирование стержнями; арматура; стержневой каркас
rods мн.ч. от rod; сортовое железо
Roentgen rays рентгеновские лучи
roentgen рентген, P (единица рентгеновского излучения)
roil взбалтывать, перемешивать
roily мутный
roll 1. качение, вращение; ‖ катить(ся), вращать(ся); 2. качание; (бортовая) качка; крен, движение крена; ‖ качать(ся), колебаться (вокруг оси); давать (испытывать) крен, накренять(ся); 3. ролик; валик, валок, каток, (вращающийся) цилиндр; рулон, катушка; ‖ заворачивать, сворачивать; раскатывать, прокатывать; 4. список, каталог, перечень; ‖ просматривать, "прокручивать" (напр., файл на экране дисплея)
   to **roll** back откатывать(ся) (назад)
   to **roll** off уменьшаться, спадать
   to **roll** out раскатывать; прокатывать (металл)
   to **roll** over опрокидывать(ся), переворачивать(ся); перекатывать(ся)
   to **roll** up свертывать(ся), скатывать; заворачивать(ся)
   r. **angle** угол крена
   r. **axis** ось крена, продольная ось самолета
   r. **rate** угловая скорость крена
   r. **wave** бегущая волна
   ship r. бортовая качка корабля
   stability in r. устойчивость по крену, поперечная устойчивость
rolled завернутый, свернутый; прокатный, листовой
   r. **section** сортовой прокат, "профиль"
roller 1. ролик; валик, валок, каток, (вращающийся) цилиндр; вал; 2. волна
   r. **bearing** роликовый подшипник; катковая опора
   r. **face** поверхность качения
   r. **support** катковая опора
rolling 1. качение, вращение; 2. качание; (бортовая) качка; крен, движение крена; 3. прокатка, раскатка (технологическая операция); заворачивание, сворачивание; 4. просмотр (информации), "прокрутка" (файла)
   r. **angle** угол крена
   r. **friction** трение качения
   r. **load** подвижная нагрузка
   r. **moment** момент крена
   r. **motion** 1. качение; 2. движение крена, кренение; 3. качательное движение
   r. **surface** поверхность качения
   free r. свободное качение (без трения)
   velocity of r. скорость качения
roll-in загрузка, подкачка (напр., данных)
rolling-mill прокатный стан
rolling-stock подвижной состав
rolling-up свертывание, сворачивание
roll-stabilized стабилизированный вращением; стабилизированный по крену

Roman латинский, римский
   R. **alphabet** латинский алфавит
   R. **numerals** римские цифры
   R. **type** прямой шрифт
roof крыша, кровля; покрытие, перекрытие; верхняя стенка; свод; потолок (летательного аппарата); ‖ покрывать крышей, перекрывать, настилать
   r. **truss** стропильная ферма
   barrel r. цилиндрическое перекрытие
   shell r. оболочечное перекрытие
   vaulted r. сводчатое покрытие
   weak r. слабая кровля
roofage крыша, кровля
room комната, помещение; место, пространство; камера
   in the **room** of вместо
   r. **temperature** комнатная температура
roominess вместительность, емкость
roomy просторный, вместительный
root 1. корень; основание; корневая (комлевая) часть; причина, источник; ‖ основной, коренной, корневой; ‖ укоренять(ся), внедрять; 2. корень (уравнения), нуль (математического выражения); корень, иррациональное выражение; ‖ извлекать корень
   to be at the **root** of лежать в основе чего-либо
   to find a **root** находить корень (уравнения)
   to take a **root** извлекать корень
   r. **diameter** внутренний диаметр (резьбы)
   r. **directory** корневой каталог (директорий)
   r. **of equation** корень уравнения
   r. **flexibility** податливость в заделке (напр., балки)
   r. **location** отделение корня (функции)
   r. **principle** основной принцип
   r. **section** корневое сечение
   r. **sign** знак корня
   blade r. комель лопасти (лопатки), хвостовик (замковая часть) лопатки
   characteristic r. характеристический корень
   complex r. комплексный корень
   conjugate roots сопряженные корни
   cubic r. кубический корень, корень третьей степени
   extraneous r. побочный корень (уравнения)
   imaginary r. мнимый корень
   multiple r. кратный корень
   N-th r. корень степени N; N-й корень (уравнения)
   primitive r. первообразный корень
   principle r. арифметическое значение корня
   real r. действительный корень
   repeated roots кратные корни
   simple r. простой (некратный) корень
   square r. квадратный корень
   wing r. корневая часть (корневое сечение) крыла
rooted корневой, с корнем; укоренившийся
rooting извлечение корня

root-mean-square среднеквадратичный
   r. approximation среднеквадратичное приближение
   r. estimation среднеквадратичная оценка
rope веревка, канат, трос, кабель, шнур, жгут; вязка, нитка; ǁ веревочный, канатный, тросовый, кабельный; ǁ привязывать, связывать; тянуть на канате, тросе
   r. tackle block канатный сложный блок, полиспаст
   r. working канатный привод
   tight r. туго натянутый канат
   twisted r. свитый трос
   winding r. подъемный трос
   wire r. трос
ropeway канатная дорога
rosace розетка
   tensometer r. розетка тензодатчиков
rose роза, розетка; лимб
   current r. роза течений
   wind r. роза ветров
rosette розетка
   strain-gage r. розетка тензодатчиков
rosin смола, канифоль
rotary 1. вращательный; поворотный, вращающий(ся); ротационный, центробежный; 2. ротор
   r. acceleration ускорение вращения, угловое ускорение
   r. body тело вращения
   r. current многофазный ток
   r. moment вращательный момент
   r. motion вращательное (круговое) движение, вращение, поворот
   r. pump центробежный (ротационный) насос
   r. shell оболочка вращения
   r. surface поверхность вращения
rotary-wing винтокрылый (тип летательного аппарата)
rotate 1. вращать(ся); обращаться (вокруг центра); оборачивать(ся); чередоваться, (циклически) сменять(ся); 2. создавать завихрение
   to rotate the entire circle совершать полный оборот, поворачиваться на 360 градусов
rotating вращение; обращение; (циклическое) чередование; ǁ вращающийся; вращательный; поворотный
   r. apparatus поворотный механизм
   r. frame of reference вращающаяся система координат
   r. strength прочность при вращении
rotation 1. вращение, поворот; периодическое (циклическое) повторение, чередование, смена; 2. вихрь, ротор
   by rotation попеременно, по очереди; путем (с помощью) вращения
   r. angle угол поворота
   r. of axes поворот осей
   r. gear поворотный механизм

   r. group группа вращений
   rotations per minute (r.p.m.) оборотов в минуту
   r. vector вектор вращения (поворота), вектор вихря
   anticlockwise r. вращение против часовой стрелки
   axial r. осевое вращение
   axis of r. ось вращения
   classical r. классическое вращение (макровращение)
   clockwise r. вращение по часовой стрелке
   couple of r. вращающий момент
   equation of r. уравнение вращения
   fast rotations быстрые (преобразования) вращения
   finite r. конечный поворот, конечное вращение
   forced r. вынужденное вращение
   free r. свободное вращение
   grain r. поворот зерна (напр., при пластической деформации металлов)
   infinitesimal r. бесконечно малое вращение (поворот)
   Jacobi rotations (преобразования) вращения Якоби
   large rotations model модель (деформирования) с большими поворотами (вращениями)
   race r. вращение струи от действия (воздушного) винта
   reverse r. обратное вращение
   rigid-body r. жесткое вращение, поворот как твердого тела
   sense of r. направление вращения
   small rotations model модель (деформирования), допускающая лишь малые повороты
   steady r. равномерное вращение
   surface of r. поверхность вращения
   tensor of rotations тензор вращений (поворотов)
   uniform r. равномерное вращение
   velocity of r. скорость (частота) вращения, угловая скорость
rotational вращательный, поворотный; вихревой
   r. core вихревой жгут, ядро вихря
   r. degree of freedom вращательная степень свободы
   r. displacement угловое смещение; вращение, поворот; угол поворота
   r. field вихревое поле
   r. inertia инерция вращения
   r. shell оболочка вращения
   r. speed скорость вращения, угловая скорость; частота вращения, число оборотов
   r. stiffness вращательная жесткость, жесткость по отношению к поворотам (вращениям)
   r. stress напряжение от вращения
   r. surface поверхность вращения
   r. symmetry осевая симметрия

rotationality наличие вихрей, завихренность; непотенциальность
rotative вращательный, поворотный; вращающийся; переменный, чередующийся
rotatory вращательный; вращающий
rotodyne винтокрылый летательный аппарат (вертолет, автожир)
rotor ротор; воздушный винт; несущий винт вертолета; рабочее колесо (турбины); якорь (электродвигателя)
   r. **blade** лопасть ротора (винта)
   r. **plane** винтокрылый летательный аппарат (вертолет, автожир)
   r. **speed** окружная (периферийная) скорость ротора; частота вращения ротора
   r. **wheel** ротор, рабочее колесо (турбины)
   aft r. задний несущий винт
   antitorque r. рулевой винт (вертолета)
   main r. (основной) несущий винт вертолета
   solid r. массивный ротор
rotorcraft см. rotodyne
rotor-driven винтокрылый, с несущим винтом (о летательном аппарате)
rotund округленный, закругленный; круглый, шаровидный, сферический
roturbo турбонасос
rough 1. грубый; неровный, шероховатый; незаконченный, неотделанный; неточный, приближенный; черновой, эскизный; 2. неровность, незаконченность, незавершенность; черновой набросок, эскиз
   as a rough guide грубо, ориентировочно
   in the rough приблизительно; вчерне, в незаконченном виде
   r. **body** шероховатое (негладкое) тело
   r. **idea** грубое (приближенное) представление
   r. **mesh** грубая сетка
   r. **plan** черновой набросок, эскиз (проекта)
   r. **surface** шероховатая поверхность
roughcast 1. первоначальный набросок; грубая модель; 2. штукатурка
roughly грубо, приближенно, начерно
roughness грубость, неотделанность; неровность, шероховатость; коэффициент шероховатости, показатель чистоты обработки
   r. **factor** коэффициент (параметр) шероховатости
   surface r. шероховатость поверхности
round круг, окружность; круговое движение; оборот, цикл; обход; контур, очертание; ‖ круглый; круглого сечения, цилиндрический, сферический; круговой; замкнутый; циклический; полный; ‖ округлять; огибать; ‖ вокруг, кругом; около; обратно
   to round down округлять (число) в меньшую сторону
   to round off округлять (число); закруглять, скруглять
   to round to округлять до
   to round up округлять (число) в большую сторону; заканчивать, завершать

   to put the other way round другими словами, иначе говоря
   the other way round иначе; наоборот
   r. **angle** полный угол, угол в 360 градусов
   r. **cylinder** круговой цилиндр
   r. **motion** круговое (циклическое) движение
roundabout косвенный, непрямой
rounded округленный; закругленный, скругленный
   r. **value** округленное значение
rounding 1. округление; закругление, скругление; 2. обход; 3. завершение, окончание
   radius of r. радиус закругления
roundly 1. приблизительно; 2. полностью, окончательно
round-off округление (чисел); закругление
   r. **error** ошибка округления
round-the-clock круглосуточный
round-up 1. округление; закругление, скругление; 2. обзор, сводка
route путь, маршрут, траектория, трасса, тракт; ‖ направлять (по маршруту); прокладывать маршрут, строить траекторию, проводить соединение (между точками); трассировать
routine 1. определенная (общепринятая) практика, (установленный) порядок; повторяющая последовательность действий; ‖ определенный, установленный; общепринятый; стандартный; типовой; рутинный; 2. программа (для ЭВМ), (стандартная) подпрограмма; 3. алгоритм, методика; 4. режим
   r. **of experiment** методика эксперимента
   r. **maintenance** (текущее) обслуживание, сопровождение
   r. **test** типовое испытание
   r. **of work** режим работы
   auxiliary r. вспомогательная программа, утилита
   benchmark r. контрольная (тестовая) программа
   main r. основная программа
   monitor r. управляющая программа, диспетчер, монитор
routing выбор маршрута, маршрутизация; трассировка, проведение соединений
routingly как принято; по стандартной методике
rove шайба
rover самоходная машина
row ряд; строка; группа (однотипных объектов), цепочка; точки, расположенные на одной прямой
   r. **length** длина строки
   r. **of matrix** строка матрицы
   r. **norm** норма строки
   r. **scaling** масштабирование строк(и)
   blade r. решетка лопастей
   character r. строка символов
   element of r. элемент строки (матрицы)
   table r. строка таблицы

row-by-row построчный; || построчно
row-vector вектор-строка
row-wise построчный; || построчно
   r. elimination построчное исключение (неизвестных)
   r. storing scheme построчная схема хранения (напр., матриц)
rub 1. трение; стирание; шлифовка; || тереть(ся), стирать(ся), истирать(ся); точить, шлифовать; 2. затруднение, препятствие
rubber каучук, резина; эластомер; резиновые изделия; || каучуковый, резиновый, прорезиненный
   r. interply резиновая прослойка
   r. thread резиновый протектор
   fiber-reinforced r. резина, упрочненная волокнами
   sheet r. листовая резина
rubbing трение, истирание; || трущий(ся), стирающий(ся)
   r. area площадь трения
rubble бутовый камень; балласт
rubric заголовок, рубрика; абзац
rubricate разбивать на абзацы; снабжать подзаголовками
ruck масса, множество
rudder руль (направления); основной принцип
   elevation r. руль высоты
   hinged r. навесной руль
   jet r. струйный (газовый) руль
   yaw r. руль направления
rudder-plate перо руля
rude грубый; сырой, необработанный; упрощенный, примитивный; резкий
rudiment зачатки, элементы; элементарные (первичные) знания
rudimentary зачаточный, начальный, рудиментарный; элементарный, первичный
ruffle колебания с малой амплитудой, рябь; гофр, складки
rugged 1. неровный, шероховатый; 2. особо прочный, жесткий; массивный, тяжелый
ruggedness прочность, жесткость; массивность
rugose складчатый
rugosity складчатость; складка
rule 1. правило, закон; принцип, норма; образец; формула; || устанавливать правила (нормы); управлять; 2. (масштабная) линейка; масштаб; || проводить линии, линовать
   to rule out исключать
   to make rules устанавливать правила
   as a rule как правило
   r. of inference правило вывода
   associated flow r. ассоциированный закон текучести
   Darcy r. закон (фильтрации) Дарси
   default r. правило, действующее по умолчанию
   extrapolation r. формула экстраполяции
   Gaussian quadrature r. квадратурная формула Гаусса

   hard-and-fast r. твердое правило
   integration r. формула (численного) интегрирования
   Palmgren-Miner r. закон Пальмгрена-Майнера (накопления повреждений)
   right-hand r. правило правой руки
   rigid r. строгое правило
   similarity r. закон подобия
   Simpson r. формула Симпсона (численного интегрирования)
   slide r. логарифмическая линейка
   square r. угольник
   substitution r. правило подстановки
ruled 1. линованный; 2. линейчатый
   r. surface линейчатая поверхность
rule-of-thumb эмпирический метод; практическое правило; правило "буравчика"
ruler (масштабная) линейка
ruling 1. линовка; штриховка; 2. образующая линия
run 1. бег; ход, движение; отрезок пути, пробег; длина, расстояние; диапазон, интервал (изменения); пролет; || бежать, идти, двигаться; пробегать (расстояние, диапазон значений), проходить; распространяться, расти, увеличиваться; простираться; 2. направление; 3. выполнение, действие, работа (машины); || выполнять(ся), действовать, работать (о машине), нести нагрузку; 4. период (времени); цикл; || идти, проходить (о времени); 5. трубопровод; выпуск, желоб, лоток; || течь, литься; 6. партия (изделий), серия
   to run away уводить, отклонять(ся), сбивать(ся); выходить из-под контроля
   to run back уходить (отводить) назад, возвращать(ся); прослеживать (до начала, источника)
   to run by gravity течь самотеком
   to run counter противоречить
   to run a curve снимать характеристику
   to run down двигаться по инерции; завершать(ся), оканчивать(ся); разряжать(ся), садиться; сокращать(ся), уменьшать(ся) (о количестве), снижать(ся) до; излагать кратко (конспективно)
   to run dry работать без смазки
   to run empty работать вхолостую
   to run in 1. вливать(ся), втекать; 2. прирабатывать(ся), притирать(ся)
   to run into difficulties сталкиваться с трудностями
   to run off стекать; отводить (напр., жидкость)
   to run out 1. выходить, выпускать; 2. двигаться по инерции; 3. отклонять(ся) от направления, уводить; 4. изнашиваться, срабатываться
   to run up (to) возрастать, увеличивать(ся), поднимать(ся) до
   in the long run в конце концов
   in the short run вскоре, в ближайшем будущем
   r. diagram (временной) график выполнения

r. time время выполнения, время счета
benchmark r. контрольное выполнение (прогон)
computer r. запуск (выполнение) программы на ЭВМ; работа ЭВМ, счет
dry r. пробный запуск, пробное выполнение
endurance r. испытание на выносливость
experimental r. пробный запуск (напр., программы)
heat r. тепловые испытания
landing r. пробег при посадке

run-away увод, отклонение; выход из-под контроля; отключение
run-down движение по инерции; завершение, окончание; уменьшение, снижение
Runge-Kutta method метод Рунге-Кутты (решения обыкновенных дифференциальных уравнений)
running движение, ход; пробег; выполнение, действие, работа; || бегущий, двигающийся; пробегающий (расстояние, диапазон значений); выполняющийся, действующий; работающий; текущий, непрерывный, последовательный

r. balance динамическое равновесие
r. conditions режим работы (машины)
r. coordinate текущая координата
r. fracture распространяющееся разрушение, бегущая трещина
r. loss потери (энергии) при работе
r. out остановка; движение по инерции, выбег
r. quality рабочая характеристика
r. speed скорость движения
r. unloaded работа без нагрузки (вхолостую)
r. wheel ходовое колесо; ведущее колесо; рабочее колесо
r. wave бегущая волна
balanced r. ровный ход, отсутствие биения (при вращении)
hard r. тяжелый ход
loose r. холостой ход
reverse r. обратное движение, задний ход
smooth r. плавный ход

run-off расход (жидкости), сток; отвод, отведение
r. control регулирование расхода (стока)
surface r. поверхностный сток
underground r. подземный сток

run-out 1. выход, выпуск; расход (жидкости), сток; 2. движение по инерции, выбег, пробег; 3. эксцентричность, эксцентриситет; биение; отклонение, увод; 4. изнашивание, износ, срабатывание

run-through просмотр; прогон

run-time 1. динамический режим; || динамический, происходящий во время выполнения; 2. исполнительная система (программы); 3. время выполнения
r. system исполнительная система; управляющая система

run-up возрастание, увеличение; разбег; запуск; нагон (волны)

runway путь; взлетно-посадочная полоса; направляющая, (моно)рельс

rupture разрыв, разрушение; излом, трещина; (электрический) пробой; || разрываться, разрушаться; растрескиваться
r. face поверхность разрушения
r. resistance прочность на разрыв, предел прочности
r. strength сопротивление отрыву; предел прочности на разрыв
r. stress разрушающее (разрывающее) напряжение
creep r. разрушение при ползучести
elongation at r. относительное удлинение (образца) при разрыве
energy of r. энергия разрушения (разрыва)
explosive r. взрывное разрушение; лавинообразное разрушение, растрескивание взрывного типа
plane stress r. разрушение в условиях плоского напряженного состояния
shear r. сдвиговое разрушение, скол
theory of r. теория разрушения

rust ржавчина, коррозия; || ржаветь, корродировать, разъедать(ся)

rust-proof нержавеющий, антикоррозийный; антикоррозионный

S

s.a. (sine anno) (лат.) без указания года (издания)

sabin сэбин (единица звукопоглощения)

sack мешок

sacking грубый холст, мешковина

sacred зарезервированный

sacrifice жертва; потеря; уменьшение; ухудшение; || жертвовать; терять; уменьшаться; ухудшаться
to make a sacrifice of жертвовать чем-либо
without sacrifice of без ухудшения, не за счет чего-либо

saddle 1. седло, седловина; подкладка, подушка, опора; 2. свод; 3. поперечина, траверса; 4. салазки, каретка
s. point седловая точка

saddle-backed выпуклый (о форме); приподнятый

saddle-shaped седловидный

saddle-tree каркас сиденья

safe безопасный, надежный; допустимый, допускаемый
it is safe to say можно с уверенностью сказать
s. load допускаемая (безопасная) нагрузка
s. range of stress допускаемый диапазон напряжений

safeguard защита; предохранительное устройство; ограждение, щиток; предосторожность;

|| защищать; предохранять, ограждать; гарантировать
safety безопасность, надежность
   with **safety** безопасно, надежно, с уверенностью
   s. **appliance** предохранительное устройство
   s. **engineering** техника безопасности
   s. **factor** запас прочности, коэффициент надежности (безопасности)
   s. **standards** правила техники безопасности
   margin of s. запас прочности; коэффициент безопасности
   operational s. надежность функционирования
sag прогиб, провес; стрела прогиба (провеса); оседание; || прогибаться, провисать, оседать
   s. **of span** стрела прогиба пролета
   catenary s. провес цепи (троса)
   spring s. прогиб рессоры
sail 1. парус; лопасть ветроэнергетической установки; || двигаться под действием ветра; 2. плавание; парение; || плавать; плавно двигаться; парить, планировать
sailing плавание; парение, планирование; || парусный; парящий, планирующий
sailplane планер
sailwing парашют-крыло
Saint-Venant Сен-Венан
   S. **compatibility equations** уравнения совместности деформаций Сен-Венана
   S. **principle** принцип Сен-Венана
   S. **theory of torsion** теория кручения (стержней) Сен-Венана
sake: for the sake of для, ради; по причине
salience выступ, выпуклость; клин
salient выступ, выпуклость; || выступающий, рельефный; заметный
   s. **angle** выступающий угол
   s. **point of a curve** угловая точка кривой
saline соль; || соляной, солевой, соленый
salinity соленость, содержание соли
salt соль
   s. **transport** перенос солей
saltiness см. **salinity**
salting соленый, солевой
   s. **liquid** солевой раствор
saltus (лат.) скачок; конечный разрыв (напр., функции)
salvage восстановление, регенерация
salvager средство восстановления
salvo 1. оговорка, условие; 2. залп
   with an express salvo с особой оговоркой
same тот же самый; один и тот же; одинаковый, тождественный; сходный, аналогичный; || таким же образом, так же
   the same as так же, как; такой же, как
   all the same все равно; тем не менее; все-таки
   just the same таким же образом; точно такой же; одно и то же; все равно
   much the same почти такой же
   the very same точно такой же
   this same этот же
sample 1. проба, образец; замер, отсчет; опрос (датчика); || отбирать образцы; брать пробы, производить замеры (отсчеты); испытывать, проводить анализ; 2. модель, шаблон, эталон; 3. выборка; || производить выборку; 4. шаг, дискрета; || дискретизировать (непрерывную величину)
   s. **mean** выборочное среднее
   s. **piece** образец; модель, эталон; типовая деталь
   s. **point** пробная точка; точка, для которой проводится исследование; точка измерения
   s. **program** пример программы
   samples per second (количество) опросов в секунду
   s. **size** объем выборки
   s. **test** выборочное испытание; испытание образца; исследование выборки
   s. **unit** элемент выборки
   centre of s. центр выборки (полусумма крайних значений)
   frequency s. частотная выборка
   large s. большая выборка
   random s. случайная выборка
   representative s. представительная выборка; типичный образец
   standard s. стандартный образец, эталон; стандартная выборка
   test s. опытный образец, проба; экспериментальная выборка
   unit s. единичный отсчет
sampler 1. зонд, щуп, пробоотборник; 2. образец; шаблон; эталон; 3. схема выборки; 4. схема (шаблон) дискретизации
sampling 1. отбор, выбор; взятие образцов; опрос датчиков; выборочное исследование; 2. выборка; 3. дискретизация, квантование
   s. **item** элемент выборки
   s. **rate** частота дискретизации; частота (взятия) отсчетов
   s. **test** выборочный контроль
   amount of s. объем выборки
   cluster s. групповая выборка
   frequency s. частотная выборка; частотная дискретизация
   numerical integration of optimal s. численное интегрирование с оптимальным выбором точек
   single s. однократная выборка
   time s. дискретизация (квантование) по времени
   uniform s. равномерная дискретизация
   unitary s. однократная выборка
sand песок, песчаный грунт
sandwich трехслойная структура; трехслойная конструкция; слоистая конструкция; || трехслойный; слоистый, многослойный; || прослаивать, чередовать слои, укладывать слоями

s. laminate слоистый материал с заполнителем, трехслойный материал
s. plate трехслойная пластина; слоистая пластина
s. shell hypothesis гипотезы теории трехслойных (слоистых) оболочек
honeycomb s. трехслойная (слоистая) конструкция с сотовым заполнителем

sandwiched слоистый, содержащий прослойки; лежащий между слоями

sandwiching прослаивание

sandy песчаный

sash оконная рама; рамка

satellite спутник, сателлит; искусственный спутник Земли; (обязательная) принадлежность, вспомогательное средство; ‖ сопутствующий; вспомогательный; зависимый; периферийный
s. computer периферийная ЭВМ
artificial s. искусственный спутник
in-orbit s. спутник на орбите

satis (лат.) достаточно

satisfaction удовлетворение; выполнение (напр., условий, требований)

satisfactory удовлетворительный; удовлетворяющий, отвечающий (условиям); достаточный, приемлемый
to be satisfactory for подходить для чего-либо

satisfiability возможность удовлетворить (напр., условиям), выполнимость
joint s. совместная выполнимость

satisfiable выполнимый

satisfy удовлетворять, выполнять, отвечать (требованиям); быть пригодным, приемлемым
to satisfy equation удовлетворять уравнению
to satisfy of убеждать в чем-либо
to satisfy oneself убеждаться

saturant 1. насыщающий; пропитывающий; 2. насыщающее вещество; пропитка

saturate насыщенный; пропитанный; ‖ насыщать; пропитывать, сатурировать

saturated насыщенный, пропитанный, сатурированный; предельный; интенсивный
s. soil насыщенный грунт

saturation насыщение, насыщенность; пропитывание, пропитка
s. capacity поглотительная способность
s. point точка (предел) насыщения
gas s. газонасыщенность

saturometry определение насыщенности, сатурометрия

saucer 1. блюдце, диск; 2. поддон

savant (крупный) ученый

save сохранять; беречь, экономить; избавлять, спасать; ‖ за исключением, кроме, без; если бы не
to save for за исключением, исключая, кроме
save and except за исключением, исключая, кроме
s. area область сохранения (данных)

saving сохранение, спасение; экономия; ‖ сохраняющий; экономный; содержащий оговорку, условие; ‖ за исключением, исключая, кроме
s. of computational effort экономия вычислительных затрат
labor s. сокращение трудоемкости
space s. экономия объема

savour оттенок, примесь; ‖ придавать оттенок; примешивать, добавлять

saw пила; лезвие (полотно) пилы; ‖ пильный; пилообразный; ‖ пилить, распиливать
s. blade полотно пилы

sawcut пропил

sawdust опилки

sawed распиленный, пропиленный
s. notch пропил

saw-edged пилообразный, зазубренный

sawing пилка, распиловка

sawings опилки

saw-tooth зуб пилы; ‖ пилообразный
s. curve пилообразная линия

say слово; мнение; ‖ говорить; указывать, показывать
to say the least of по меньшей мере; без преувеличения
to say no отрицать
to say nothing of не говоря уже о
it goes without saying не требует доказательства, разумеется
it is safe to say можно с уверенностью утверждать
(let us) say допустим, скажем, например
needless to say разумеется
oddly to say как ни странно
so to say так сказать
that is to say то есть, таким образом
they say говорят
this is not to say это не означает
which is to say то есть

saying высказывание, выражение; мнение

scab 1. дефект, раковина (в материале); 2. раскалывать

scabbing 1. образование дефектов; 2. раскалывание, разрушение сколом

scabby имеющий дефекты, раковины; неровный

scaffold подмостки, леса; ‖ поддерживать, нести нагрузку

scalability масштабируемость

scalar 1. скалярный; 2. скалярная величина, скаляр
s. function скалярная функция
s. matrix диагональная матрица
s. product скалярное произведение
s. variable скалярная переменная

scale 1. шкала; масштаб, мера (длины), размер; (масштабная) линейка; ‖ масштабировать, пропорционально изменять; определять масштаб; соизмерять, сопоставлять; быть соизмеримым; 2. система счисления; 3. чаш(к)а весов; ‖ взвешивать; 4. градация, ступень, уровень; 5. окалина, нагар, накипь; чешуя, чешуйка; корка, оболочка; || отслаивать, лущить; образовывать окалину; удалять окалину

    to scale down уменьшать масштаб, делить на константу; сводить к масштабу
    to scale drawing снимать размеры с чертежа, промерять чертеж
    to scale off 1. измерять в масштабе; 2. крошиться, выкрашиваться; отслаиваться
    to scale up увеличивать масштаб, умножать на константу
    to draw to scale вычерчивать в масштабе
    to mark off a scale градуировать шкалу
    to sink in the scale опуститься на более низкую ступень
    on a full scale в натуральную величину
    on a large scale в большом масштабе
    s. of the abscissae масштаб по оси абсцисс
    s. crust слой окалины (накипи)
    s. effect масштабный эффект
    s. factor коэффициент масштабирования, масштабный множитель, масштаб
    s. of hardness шкала твердости
    s. of notation система обозначений; система счисления
    s. range диапазон шкалы; размах
    s. of turbulence масштаб турбулентности
    s. unit единица масштаба (шкалы)
    absolute temperature s. абсолютная шкала температур, шкала Кельвина
    Beaufort s. шкала Бофорта, шкала скоростей ветра
    boiler s. накипь
    calibration of s. градуировка шкалы; поверка шкалы
    centigrade s. стоградусная шкала (температур), шкала Цельсия
    coordinate s. масштаб координат; координатная сетка; масштабная сетка
    curved s. криволинейная шкала
    decimal s. десятичная шкала; десятичная система счисления
    depth s. шкала глубин
    dial s. круговая шкала, лимб
    dimension s. линейный масштаб
    displacement s. масштаб перемещений; шкала водоизмещения
    distance s. линейный масштаб
    divided s. шкала с делениями; штриховая мера (длины)
    dynamic s. динамическая шкала; масштаб динамически подобной модели
    equidistant s. равномерная шкала
    expanded s. растянутая шкала; увеличенный масштаб
    Fahrenheit s. температурная шкала Фаренгейта
    fine s. мелкий масштаб
    fire s. окалина
    fixed s. неподвижная шкала; постоянный масштаб
    full s. полная шкала; пределы шкалы
    g s. шкала перегрузок (приведенная к величине ускорения свободного падения)
    graph s. масштаб графика
    image s. масштаб изображения
    instrument s. шкала (измерительного) прибора
    large s. problem задача высокой размерности, большая задача
    line s. штриховая шкала; штриховая мера (длины)
    linear s. линейная (равномерная) шкала; линейный масштаб
    logarithmic s. логарифмическая шкала
    magnitude s. шкала магнитуд
    mechanical scales рычажные весы
    moving s. подвижная шкала
    nonlinear s. нелинейная (неравномерная) шкала; нелинейный масштаб
    number s. числовая прямая
    ordinal s. порядковая шкала
    pair of scales весы
    radix s. позиционная система счисления
    ratio s. шкала отношений
    reading s. отсчетная шкала
    reduction s. масштаб уменьшения
    Redwood s. шкала (вязкости) Редвуда
    regular s. линейная (равномерная) шкала
    relative s. относительный масштаб
    representative s. эталонная шкала; условный масштаб
    Richter s. шкала (магнитуд) Рихтера
    round s. круговая шкала, лимб, циферблат
    Saybolt s. шкала (вязкости) Сэйболта
    Shore hardness s. шкала твердости по Шору
    slide s. подвижная шкала
    spring scales пружинные весы
    standard s. эталонная шкала; эталонная штриховая мера (длины)
    time s. масштаб времени; шкала времени
    tonal s. шкала тонов
    uniform s. равномерная (линейная) шкала; равномерный масштаб

scale-beam коромысло весов
scaled 1. масштабированный, приведенный к масштабу (размеру); 2. измеренный, взвешенный
    s. paper диаграммная (миллиметровая) бумага
    column s. matrix матрица, масштабированная по столбцам
scaled-up увеличенный в масштабе, укрупненный
scalene неравносторонний, разносторонний; косой
    s. triangle неравносторонний (косой) треугольник
scaler 1. счетчик; измерительный прибор; 2. схема пересчета (масштабирования)
scales мн.ч. от scale; весы

scaling 1. выбор масштаба; изменение масштаба, масштабирование, пропорциональное (подобное) изменение; измерение; взвешивание; **2.** отслаивание, расслаивание; образование (удаление) окалины
  s. law правило подобия
  Froude s. моделирование по критерию подобия Фруда (в гидромеханике)
  geometry s. геометрическое масштабирование, пропорциональное изменение размеров
  linear s. линейное (пропорциональное) изменение
scaling-down уменьшение масштаба, пропорциональное уменьшение; деление на константу
scaling-up увеличение масштаба, пропорциональное увеличение; умножение на константу
scan 1. сканирование, развертывание, развертка; период развертки; || сканировать, развертывать; **2.** просмотр, поиск; изучение; анализ, разложение; || просматривать; изучать; анализировать
  s. line строка развертки
  circular s. круговое сканирование; круговая развертка
scanner сканирующее (развертывающее) устройство; сканер; многоточечный измерительный прибор
scanning развертка, сканирование; просмотр; обзор; опрос датчиков
  s. field поле развертки; растр
  s. recorder прибор, последовательно фиксирующий показания датчиков
scant малый, недостаточный, ограниченный; || ограничивать
scantling 1. малое (недостаточное) количество; **2.** образец, трафарет; эскиз, набросок; **3.** силовой набор (каркас) корпуса судна; размеры сечений элементов каркаса; **4.** размеры строительных деталей
scape стебель (растения); стержень колонны
scar 1. скала; **2.** след; пятно; || оставлять след
  s. of contact пятно (след) контакта
scarce малый, недостаточный; немногочисленный, редкий
scarcely едва; вряд ли, едва ли, почти не; как только, только что
scarcity дефицит, недостаток; редкость
scarf скос, косой край; косой стык; соединение замком; || скашивать, срезать края (углы); делать пазы; соединять взамок; сращивать
scarp (крутой) откос; || делать крутым, отвесным
scatter рассеяние; рассеивание; разброс; || рассеивать(ся); разбрасывать; разбивать, разрушать
  s. of points разброс точек (напр., на графике)
scattered рассеянный; отдельный, разрозненный; разбросанный, рассыпанный
  s. instances отдельные случаи

scatterer рассеиватель; отражатель
scattering рассеяние, разброс
  acoustic s. рассеяние звука
  elastic s. упругое рассеяние
scavenge очищать, вымывать, продувать, удалять примеси
scene сцена; обстановка
schedule расписание, график; распорядок, регламент, режим (работы); план, программа; список, перечень, таблица; || составлять расписание (список, таблицу); планировать
scheduled запланированный, расчетный; регулярный
scheduling составление расписания; планирование, распределение
schema см. scheme
schematic 1. схематический, схематичный; принципиальный, основной; **2.** схематическое изображение
  s. diagram принципиальная схема
scheme 1. схема; диаграмма; чертеж, эскиз; план, проект, построение, расположение; || планировать, проектировать, разрабатывать; **2.** система, принцип; **3.** метод, алгоритм, процедура
  axiom s. система аксиом
  computational s. алгоритм вычислений, метод расчета
  difference s. разностная схема, схема метода конечных разностей
  explicit difference s. явная разностная схема
  finite element s. конечно-элементная схема (модель)
  flow s. **1.** диаграмма потока; **2.** блок-схема
  kinematic s. кинематическая схема (цепь)
  layout s. схема компоновки; топологический чертеж
  numbering s. алгоритм (порядок) нумерации
  recurrence s. рекуррентный алгоритм; (по)шаговая схема
  storage s. схема хранения (данных)
  user-fault-proof s. безошибочная (не зависящая от ошибок пользователя) схема; алгоритм, исправляющий ошибки пользователя
school школа; учение, обучение; (научное) направление; факультет
  higher s. высшая школа
sciagram рентгенограмма
science наука; теория, учение; естественные науки
  applied s. прикладная наука
  computer s. вычислительная наука и техника, информатика
  engineering s. техническая (прикладная) наука
  information s. информатика
  natural s. естественные науки
  pure s. чистая (теоретическая) наука
scientific научный
  s. computer ЭВМ для научных расчетов

 s. format экспоненциальный формат чисел
 s. graphics научная графика
scientist ученый, научный работник
scilicet (лат.) то есть, а именно
scintilla искра, вспышка; крупица, частица
scintillation сцинтилляция; вспышка; мерцание, свечение
scission деление, разделение, расщепление; разрезание, (от)сечение
scissor резать (ножницами); отрезать, отсекать
scissors ножницы
scleronomous склерономный, стационарный
 s. constraint склерономная связь
scleroscope склероскоп, прибор для измерения твердости
 s. hardness test склероскопическое определение твердости
scobs опилки, стружки; шлак, окалина
scoop 1. углубление, впадина, котлован; ‖ копать, выдалбливать; 2. ковш; ‖ вычерпывать; 3. заборник, улавливатель
scope 1. границы, рамки, пределы; диапазон, длина; протяженность, размах; область (знаний, действия), охват, сфера; контекст; 2. намерение, цель; 3. индикатор, устройство наблюдения, экран; осциллограф; 4. сокращение от названий оптических приборов (напр., microscope, telescope)
 to be beyond the scope of выходить за пределы чего-либо
 s. of rule область применения правила
 dynamic s. динамический контекст, контекст использования
 instrument s. диапазон прибора
score 1. (от)метка; черта, риска; надрез, зазубрина; ‖ делать отметки, размечать; делать надрезы; 2. количественный показатель, оценка, счет (очков, баллов) ‖ оценивать, считать; 3. причина, основание
 to score an advantage получить преимущество
 on the score of вследствие, по причине
 on this score по этой причине, на этом основании
 correlation s. степень (показатель) корреляции
 fatigue s. усталостный задир
scores мн.ч. от score; множество
 scores of times многократно
scoria (мн.ч. scoriae) шлак, окалина
scoring 1. разметка; измерение; 2. счет, подсчет, количественное оценивание; 3. задир, задирание (поверхности), заедание; рифление
scotch надрез
scotia выкружка, галтель
scour размыв, водная эрозия; промывка, очистка; ‖ размывать; очищать, промывать
scrap брак, лом; обломок; ‖ браковать; ломать
 chip s. стружка
scrape 1. царапина; скобление; задевание, заедание; ‖ царапать, скоблить, скрести;

задевать, заедать; 2. затруднение, затруднительное положение;
scraper скребок; скрепер
scrappy состоящий из кусков (лоскутов); отрывочный, несистематический
scratch 1. царапина, задир; царапанье; скрип; ‖ царапать, скрипеть; 2. метка, пометка; ‖ отмечать, размечать; 3. случайный, несистематический, разнородный
 s. hardness твердость, определяемая царапанием (твердость по Мартенсу)
scratch-resistant стойкий против механического контактного повреждения
scree щебень
screen 1. экран; заграждение; ‖ экранировать, защищать; показывать на экране; 2. решетка; сито, грохот; фильтр; ‖ просеивать; сортировать; проверять; 3. сетчатый трафарет; растр
 s. area площадь экрана; площадь парусности
 damping s. амортизирующий экран, успокоительная сетка
 diffusing s. рассеивающий экран
 gauze s. сетчатый экран (фильтр), экранирующая решетка
 well s. скважинный фильтр
 wind s. ветровой экран, ветровое стекло
 wire s. проволочная сетка, сетчатый экран, решето
screw винт; болт, шуруп; шнек; пропеллер, гребной винт; винтовая линия; резьба; ‖ ввинчивать, завинчивать; закреплять (винтами); нарезать резьбу; вращать(ся)
 to screw down завинчивать; подвинчивать, подтягивать
 to screw home завинчивать до отказа
 to screw in ввинчивать, вворачивать
 to screw off отвинчивать, развинчивать
 to screw on навинчивать
 to screw out вывинчивать
 to screw up завинчивать, стягивать винтом
 s. coupling винтовое соединение; винтовая муфта
 s. fastening винтовое крепление (соединение)
 s. lead шаг винта
 s. line винтовая линия, спираль
 s. motion винтовое движение
 s. nut гайка
 s. pair винтовая пара
 s. pitch шаг винта; шаг резьбы
 s. shaft вал (воздушного, гребного) винта
 s. thread винтовая резьба
 s. turn оборот винта
 s. wheel винтовое (зубчатое) колесо
 s. wrench (разводной) гаечный ключ
 actuating s. приводной (ходовой) винт
 endless s. шнек, червяк
 female s. гайка; внутренняя резьба
 left-hand s. винт левого вращения (с левой резьбой)

male s. винт; наружная резьба
   motion s. ходовой винт
   propelling s. пропеллер, воздушный (гребной) винт, тянущий винт; винтовой двигатель
   worm s. шнек, червяк
screwed винтовой; винтообразный; скрепленный на винтах; завинченный, завернутый
screwing завинчивание; соединение на винтах
scribe размечать
   to scribe a line наметить (прочертить) линию
scrim холст
scroll 1. спираль, завиток, "улитка"; спиральная нарезка; спиральная камера (насоса, гидротурбины); 2. список, перечень; 3. просмотр, "прокрутка"; || прокручивать, просматривать (на экране)
scroop скрип; || скрипеть
scrutator внимательный исследователь
scrutinize внимательно рассматривать, исследовать
scrutiny тщательное исследование, критическое рассмотрение
scud порыв ветра; быстрое движение; || двигаться под ветром; лететь
scuff истирание, износ; срабатывание; задир, царапина; || истирать(ся), изнашивать(ся), срабатывать(ся); образовывать царапины (задиры)
scum пена; || пениться
scuttle люк, отверстие; крышка люка
s.d. (sine die) (лат.) без указания времени, на неопределенный срок
sea 1. море; 2. волна; волнение
   s. level уровень моря
   beam s. боковая волна
   head s. встречная волна
   random s. нерегулярное волнение
seal 1. уплотнение; изоляция, герметизация; затвор, перемычка; || уплотнять, герметизировать; заделывать, преграждать доступ; 2. спай, паяный шов, сварной шов; клеевой шов; || паять, запаивать; заваривать; 3. печать, клеймо
   air-tight s. герметичное уплотнение
   interface s. уплотнение стыка
   rubber s. резиновое уплотнение
   water s. гидравлическое уплотнение; гидравлический затвор
   weld s. сварное соединение, сварной шов
sealant уплотнитель, герметик; изоляционный материал
sealer уплотнитель; защитное покрытие, изоляционный материал
sea-level находящийся на уровне моря
sea-line береговая линия; линия горизонта
sealing 1. уплотнение; изоляция, герметизация; 2. пайка, сварка; спаивание, сваривание; 3. заливка, наполнение
   s. compound заливочная смесь (масса)
   contact s. контактная сварка
   dot s. точечная сварка

seam 1. шов; соединение, стык, фальц; линия стыка; || соединять швом; 2. пласт, слой, прослойка; 3. трещина, волосовина; || растрескиваться
   s. thickness мощность пласта; толщина шва
   coal s. угольный пласт
   gaseous s. газоносный пласт
   generous s. прочный шов
   high s. мощный пласт
   thin s. тонкий слой (пласт)
   tight s. плотный (герметичный) шов
   weld s. сварной шов
seamless цельный, монолитный, без швов
search поиск; перебор; исследование; || искать, отыскивать; перебирать; исследовать
   area of s. область (интервал) поиска
   binary s. двоичный поиск, поиск делением пополам
   directed s. направленный поиск
   gradient s. градиентный поиск
   guided s. управляемый поиск
   line s. линейный (одномерный) поиск, одномерная оптимизация
   linear s. линейный поиск; последовательный перебор
   one-at-a-time s. последовательный поиск
   one-dimensional s. одномерный (линейный) поиск
   random s. случайный поиск
   serial s. последовательный поиск
   table s. поиск в таблице, табличный поиск
   tree s. поиск по дереву (графа)
season сезон, время года; период; || выдерживать, акклиматизировать, закалять, тренировать
seasoning выдерживание, акклиматизация, закалка, тренировка
seat сиденье; опора, опорная поверхность, основание, фундамент; место установки, гнездо, седло; || садиться, размещать(ся), располагать(ся), устанавливать
   cockpit s. сиденье летчика
   nut s. опорная поверхность гайки
   yielding s. податливая (деформируемая) опора
seating опора, опорная поверхность, основание, фундамент; размещение, установка; место установки, гнездо, седло; место (для сидения)
   s. capacity число мест, вместимость
   s. surface опорная поверхность
sea-wall дамба
secant 1. секущий, пересекающий; 2. секущая (линия); 3. секанс (угла)
   s. of angle секанс угла
   s. line секущая (линия)
   s. method метод секущих (решения нелинейных уравнений)
   s. modulus секущий модуль (материала)
second 1. секунда (единица времени, единица угла); 2. второй; другой; повторный;

вторичный, производный, второстепенный; дополнительный; 3. поддерживать, подкреплять
    to second a motion поддерживать предложение
    s. derivative вторая производная
    s. mark значок секунды
    s. moment момент второго порядка; момент инерции
    s. sheet копия, дубликат
secondary вторичный, второстепенный, подчиненный; вспомогательный; дополнительный
    s. action вторичное действие; последействие
    s. colours составные цвета
    s. creep вторая (установившаяся) стадия ползучести
    s. diagonal побочная диагональ (матрицы)
    s. effect вторичный эффект; эффект второго порядка
    s. redundancies второстепенные лишние неизвестные
    s. storage внешняя память
second-order второго порядка, второй степени
    s. curve кривая второго порядка
    s. equation уравнение второго порядка (второй степени)
    s. term член второго порядка (малости)
section сечение; рассечение; разрез, срез; профиль; отсек, секция, модуль, блок; отрезок, сегмент, участок, часть, деталь; раздел (книги), параграф; || делать сечение, разрезать, делить на части (отрезки, секции), подразделять, секционировать
    to pass section проводить сечение
    s. area площадь (поперечного) сечения
    s. iron профильное (сортовое, фасонное) железо, прокатные профили
    s. modulus момент сопротивления сечения
    s. plane плоскость сечения
    s. profile профиль (поперечного) сечения
    airfoil s. профиль (сечение) крыла
    axial s. осевое сечение, продольный разрез
    body s. отсек корпуса (фюзеляжа)
    box s. коробчатое сечение
    built-up s. составное сечение
    center wing s. центроплан (фюзеляжа)
    central s. центральное (миделево) сечение
    channel s. швеллерное сечение, корытный профиль
    circular s. круговое сечение
    closed s. замкнутое сечение
    conic s. коническое сечение, линия второго порядка
    control s. контрольное (гидрометрическое) сечение, контрольный створ
    cracked s. сечение с трещиной
    critical s. критическое (опасное) сечение
    cross s. поперечное сечение, профиль; поперечный разрез; живое сечение (потока), створ

depth s. глубинный разрез
design s. расчетное сечение
effective s. эффективное (полезное) сечение, сечение-нетто
fracture s. сечение излома
fragmentary s. частичный разрез
golden s. золотое сечение
gross s. полное сечение, площадь сечения брутто
horizontal s. горизонтальное сечение
I - s. двутавровое сечение
Joukowski s. профиль Жуковского
kernel of s. ядро сечения
lateral s. поперечное сечение, профиль; поперечный разрез
lift coefficient of s. коэффициент подъемной силы профиля
light s. тонкое сечение
longitudinal s. осевое сечение, продольный разрез; продольный профиль
low-drag s. профиль с малым (аэродинамическим) сопротивлением
meridional s. меридиональное сечение
middle s. среднее (миделево) сечение, мидель
midspan s. среднее сечение (крыла), сечение по полуразмаху
multi-connected s. многосвязное сечение
net s. площадь сечения нетто, полезное сечение
normal s. нормальное сечение
nozzle s. сечение (профиль) сопла, срез сопла
oblique s. косое сечение, наклонный разрез (срез)
open s. открытое (незамкнутое) сечение
orthogonal s. ортогональное (прямое) сечение
outer s. внешняя часть; консольная секция
output s. выходное (конечное) сечение
part s. частичный разрез, надрез
plane s. плоское сечение
program s. сегмент программы
regular s. сечение правильной (канонической) формы, регулярное сечение, типовое сечение
representative s. представительное (эквивалентное) сечение
right s. прямое (перпендикулярное) сечение
rolling s. прокатный профиль
seismic s. сейсмический разрез
semi-monocoque shell s. полумонококовый элемент оболочки
shearing s. поперечное сечение (площадь) среза; плоскость действия сдвигающих напряжений
side s. боковой разрез
slender s. тонкое сечение
sound s. сплошное сечение
starting s. переднее сечение, носовая часть
streamwise s. сечение по потоку

structural s. сечение конструкции; конструкционный профиль
tapered s. суживающееся (клиновидное) сечение
thin-walled s. тонкостенное сечение
transverse s. поперечное сечение; поперечный разрез
tubular s. трубчатое (кольцевое) сечение; (поперечное) сечение трубы
uncracked s. сечение, не содержащее трещины; перемычка (между трещинами)
uniform s. постоянное сечение
variable s. переменное сечение
vulnerable s. опасное сечение
well s. профиль скважины (шурфа)
wetted s. живое сечение (потока)
wing s. профиль (сечение) крыла
working s. рабочее сечение

sectional 1. относящийся к сечению; 2. разрезной, сборный, составной, секционный; 3. изображенный в разрезе
s. area площадь поперечного сечения
s. elevation разрез, сечение, вид в разрезе
s. properties характеристики (поперечного) сечения

sectioning (рас)сечение, разбиение, секционирование
method of s. метод сечений

sector 1. сектор; часть, участок; || разбивать на секторы (участки); размечать; 2. кулиса
s. finite element конечный элемент в виде сектора
s. velocity секторная (угловая) скорость
spherical s. шаровой сектор

sectorial секториальный, секторный; круговой
s. diagram секторная (круговая) диаграмма
s. moment of inertia секториальный момент инерции (поперечного сечения тонкостенного стержня)

sectoring разбиение на секторы; разметка

secular вековой; характеристический
s. equation вековое (характеристическое) уравнение, уравнение для собственных значений

secure надежный, безопасный, гарантированный; || обеспечивать, гарантировать; предохранять; закреплять, крепить
to secure rotationally удерживать от вращения
to secure to прикреплять к, скреплять с чем-либо

security безопасность, надежность; обеспечение, гарантия; защита

sediment осадок; отстой; отложение, нанос

sedimentation осаждение, седиментация; отстаивание

see видеть; смотреть, наблюдать; выяснять, определять, устанавливать; понимать, сознавать; придерживаться мнения, считать
to see after смотреть, наблюдать, следить за чем-либо
to see into рассматривать, вникать в
to see over осматривать
to see that следить за тем, чтобы
to see through видеть сквозь; доводить до конца
as seen как видно
it will be seen можно видеть, что; будет показано, что

seeing 1. видение; 2. ввиду того, что; принимая во внимание, поскольку

seek искать; определять, отыскивать; пытаться, стремиться; наводить(ся)
to seek after стремиться к чему-либо

seel крениться, накренять(ся)

seem казаться, представляться
it seems кажется, по-видимому

seeming кажущийся; мнимый

seemingly по-видимому

seep просачиваться, фильтровать, протекать

seepage (ин)фильтрация, просачивание; течь, утечка; фильтрационный поток; расход фильтрации; выход (напр., нефти)
s. discharge фильтрационный расход
s. flow фильтрационный поток; расход фильтрации
s. path путь фильтрации
s. water фильтрационная вода
deep s. фильтрация в основании сооружения
effluent s. потери (воды) на фильтрацию (в гидротехническом сооружении)
fluid s. просачивание (фильтрация) жидкости
inflow s. инфильтрация; приток фильтрационной жидкости
potential s. расчетная фильтрация

see-saw возвратно-поступательное движение; || совершать возвратно-поступательное движение; качаться, колебаться

seethe кипеть, бурлить

see-through прозрачный

segment сегмент; часть, участок, фрагмент; отрезок; сектор; звено (механизма); || делить на сегменты (части, отрезки)
s. of circle круговой сегмент
s. of industry отрасль промышленности
s. of line отрезок линии
congruent segments конгруэнтные отрезки
path s. участок траектории
program s. сегмент программы
spherical s. сферический сегмент; шаровой пояс

segmentation разделение (на части), сегментация

segregate выделенный (отделившийся) компонент; || выделять(ся), отделять(ся), изолировать(ся)

segregation выделение, отделение; изоляция

seiche колебание уровня (напр., воды), сейш(а)

seism землетрясение

seismic сейсмический
s. area область сейсмичности

s. excitation сейсмическое возбуждение
s. prospecting сейсмическая разведка
s. stability сейсмостойкость
s. survey сейсмическая разведка
seismics сейсморазведка
seismicity сейсмичность
seismology сейсмология
seismogram сейсмограмма
   earthquake s. сейсмограмма землетрясения
seize захватывать; охватывать; заедать, заклинивать
seizure захват; охват; заедание, заклинивание
seldom редко
select выбранный, отобранный; выделенный; || выбирать, отбирать, подбирать; выделять, отделять
selectance избирательность, селективность
selected отобранный, подобранный; выделенный
selection выбор; выборка; отбор, подбор, селекция; выделение; сборник
   long s. длинная выборка
   menu s. выбор (пункта) из меню
   partial s. частичная выборка
   profile s. подбор (аэродинамического) профиля, выбор сечения
   random s. случайный выбор
selective выборочный; избирательный, селективный
   s. elimination выборочное исключение (неизвестных)
   s. reduced integration выборочное редуцированное (численное) интегрирование
selectivity избирательность, селективность; чувствительность
   spectral s. спектральная чувствительность
selector селектор; искатель; переключатель
self- (как компонент сложных слов) само-, авто-; автоматический; автономный; внутренний, собственный
self-acting автоматический, действующий автоматически
self-adaptive самонастраивающийся, адаптивный
self-adjoint самосопряженный
   s. equation самосопряженное уравнение
self-adjusting автоматическая настройка (регулировка)
self-attenuation собственное затухание
self-balanced самоуравновешенный
   s. loads самоуравновешенная система нагрузок
self-balancing самоуравновешивание; автобалансировка; || самоуравновешивающий(ся)
self-checking автоматический контроль, самоконтроль; || самоконтролирующий(ся)
self-congruent самосогласованный
self-conjugate самосопряженный
self-contained автономный, независимый; замкнутый, цельный
self-cooled с естественным охлаждением

self-correcting автокоррекция, самокорректировка; || самокорректирующийся, адаптивный
   s. method самокорректирующийся метод (решения нелинейных систем уравнений); адаптивный метод
self-energy собственная (внутренняя) энергия; энергия покоя
self-equilibrated самоуравновешенный
self-equilibrium самоуравновешенность
self-evident (само)очевидный, не требующий доказательств
self-excitation автовозбуждение, самовозбуждение
self-explanatory ясный, очевидный
self-feeding автоматическая подача; подача самотеком
self-healing самозалечивание, самовосстановление
self-impedance внутреннее (собственное) сопротивление
self-learning самообучение; || самообучающийся
self-monitoring самоконтроль
self-oscillation автоколебания; самовозбуждение
self-propelling самоходный, самодвижущийся
self-recording самопишущий, авторегистрирующий
self-resonance авторезонанс
self-righting остойчивый (о судне)
selfsame тот же самый
self-similar автомодельный
   s. mode автомодельный режим
self-similarity автомодельность
self-starting автоматический запуск; || самостартующий
   s. procedure самостартующая процедура (не требующая начальной, стартовой)
self-support самостоятельность, автономность, независимость
self-testing автоконтроль, самотестирование
self-timing автосинхронизация
self-tuning самонастройка
self-verification самоконтроль
self-weight собственный вес
semblance 1. вид, наружность; видимость; 2. подобие, сходство
semi- (приставка) полу-; квази-, почти-; частичный, неполный
semi-automatic полуавтоматический
semi-axis полуось
semibandwidth полуширина ленты (ленточной матрицы), полуширина диапазона (интервала)
semicircle полукруг; полуокружность
semicircular полукруглый
semicolon точка с запятой
semiconductor полупроводник; полупроводниковый прибор
semidefinite полуопределенный
   positively s. matrix положительно полуопределенная (неотрицательная) матрица

semidiameter радиус
semidiscretization частичная дискретизация, полудискретизация
semidome полукупол
semifluid полужидкий, вязкий
semigroup полугруппа
semi-infinite полубесконечный
   s. **domain** полубесконечная область
semi-inverse полуобратный
   s. **method** полуобратный метод
semilinear квазилинейный; кусочно-линейный
semi-Loof finite element конечный элемент (оболочки) типа "семилуф"
semi-monocoque полумонокок (тип авиационной тонкостенной конструкции, подкрепленной системой шпангоутов и стрингеров)
seminar семинар
semiperiod полупериод (колебаний)
semirational полуэмпирический
semirigid полужесткий
semispan полуразмах
semistall частичный срыв потока, околосрывной режим
semi-uniform квазиравномерный
senary шестикратный; по основанию шесть
send посылать, отправлять, передавать; сообщать (напр., движение); приводить в состояние
   to send out выпускать, испускать; излучать
senior старший
sense 1. чувство; восприятие; опознавание, распознавание; измерение, отсчет, считывание; ǁ чувствовать, воспринимать; распознавать; измерять, считывать; 2. смысл, значение; сознание; ǁ понимать, сознавать; 3. направление; ориентация; ǁ определять направление
   to make sense иметь смысл
   in a sense в известном смысле, в некотором отношении
   in the sense of в смысле; в том смысле, что
   in a general sense в широком смысле (слова)
   s. **control** ручное (точное) управление
   s. **of current** направление течения (тока)
   s. **of rotation** направление вращения
   s. **of screw motion** направление хода винта
   common s. здравый смысл
   leftward s. левое направление (вращения)
sensed принятый (напр., датчиком, приемником), измеренный
sensibility чувствительность, восприимчивость; точность (прибора)
sensible 1. чувствительный, восприимчивый; 2. заметный, значительный, существенный
   s. **difference** значительное различие
sensibly заметно, существенно; в достаточной мере

sensing восприятие; определение, распознавание; обнаружение; измерение, считывание; ǁ воспринимающий, чувствительный
sensitive воспринимающий, чувствительный; прецизионный, точный
   s. **element** чувствительный (воспринимающий) элемент, датчик
sensitivity чувствительность, восприимчивость; управляемость
   s. **analysis** анализ (расчет) чувствительности
   s. **theory** теория чувствительности
   aircraft s. управляемость летательного аппарата
   error s. чувствительность к ошибкам (погрешностям)
   spectral s. спектральная чувствительность
   threshold s. пороговая (предельная) чувствительность
sensor чувствительный элемент, датчик, сенсор
   s. **array** матрица датчиков
   acceleration s. датчик ускорения
   contactless s. бесконтактный датчик
   flow s. датчик расхода
   fluidic s. струйный датчик
   force s. датчик силы (усилия)
   inertial s. инерциальный датчик; датчик ускорений (перегрузок)
   light s. светочувствительный датчик, фотоэлемент
   overload s. датчик перегрузок
   position s. датчик положения
   pressure s. датчик давления
   rate s. датчик скорости
   remote s. телеметрический датчик
   strain s. датчик деформаций, тензодатчик
   three-dimensional s. пространственный (трехкоординатный) датчик
   touch s. контактный (тактильный) датчик
   velocity s. датчик скорости; счетчик оборотов, тахометр
   vibration s. вибродатчик
sensory чувствительный, сенсорный, измерительный
sentence предложение, высказывание, суждение
   true s. истинное высказывание
separability отделимость, сепарабельность
separable отделимый, сепарабельный; съемный, разъемный, составной
separata мн.ч. от **separatum**
separate отдельный; особый, индивидуальный; изолированный, разъединенный; ǁ разделять(ся), отделять(ся), выделять(ся); изолировать; разлагать (на составляющие); различать(ся); сортировать
separation 1. разделение, отделение, выделение; разбиение, разложение, сепарирование; сортировка, классификация; 2. отрыв (как вид разрушения), расхождение (напр., берегов трещины); 3. срыв потока, область

сорванного потока; **4.** расстояние, интервал; разнос
 s. area область срыва, площадь сорванного потока
 s. of cord отслоение корда (шины)
 s. flow отрывное обтекание
 s. by mass сортировка по массе
 s. of modes разделение мод
 s. surface поверхность раздела; поверхность отрыва; поверхность срыва потока
 s. of variables разделение переменных
 boundary layer s. отрыв пограничного слоя
 flow s. срыв потока; разделение потока
 frequency s. разделение частот
 mode s. разделение мод
 normal s. прямой отрыв
 ply s. расслоение
 pulse s. интервал между импульсами
 site s. пространственное разделение (разнесение)
 size s. сортировка по величине (по размеру)
 spatial s. пространственное разнесение
 tread s. отслоение протектора шины
separator 1. сепаратор; устройство сортировки; центрифуга; **2.** отделитель, разделитель; прокладка, прослойка, перегородка; распорка; **3.** решето, грохот, фильтр
 beam s. распорка
 cyclone s. циклонный сепаратор, циклон
 file s. разделитель файлов
separatum (лат.) (мн.ч. **separata**) отдельный оттиск (статьи)
septa мн.ч. от **septum**
septate разделенный перегородкой
septum (лат.) (мн.ч. **septa**) перегородка, диафрагма
septuple семикратное количество; ‖ семикратный; ‖ увеличивать в семь раз, умножать на семь
sequel продолжение; (по)следствие, результат; последующее событие
 in the sequel впоследствии, в дальнейшем
sequence 1. последовательность; ряд; порядок (следования), очередность; цепь, цикл; ‖ устанавливать порядок, упорядочивать; **2.** (по)следствие, результат
 in sequence последовательно, один за другим; постепенно
 s. of operations последовательность действий
 s. of shocks последовательность ударов (скачков уплотнения)
 acceleration of s. ускорение сходимости последовательности
 arbitrary s. произвольная последовательность, произвольный порядок
 convergent s. сходящаяся последовательность
 decreasing s. убывающая последовательность
 divergent s. расходящаяся последовательность

 error in s. нарушение последовательности (порядка)
 Fibonacci s. последовательность Фибоначчи
 fundamental s. фундаментальная последовательность; последовательность Коши
 increasing s. возрастающая последовательность
 iteration s. итерационная последовательность
 kinematic s. кинематическая цепь (схема)
 monotonous s. монотонная последовательность
 numerical s. числовая последовательность
 phase s. чередование фаз
 random s. случайная последовательность, последовательность случайных чисел
 reverse s. обратная последовательность, обратный порядок
 streamflow s. гидрологический ряд
 Sturm s. последовательность Штурма
 time s. временная последовательность
 uniform s. однородная последовательность; равномерная последовательность
 vector s. векторная последовательность
sequencing установление последовательности, упорядочение
 nodal s. упорядочение (нумерация) узлов (сетки)
sequent 1. (по)следующий, очередной; **2.** элемент последовательности; **3.** являющийся результатом, следствием
sequential последовательный; (по)следующий
 s. access последовательный доступ (к данным)
 s. program последовательная программа
Serendipian (serendipian) серендипов, серендипова типа
 s. family семейство серендиповых конечных элементов
 s. finite element серендипов конечный элемент, конечный элемент серендипова типа
 s. shape function серендипова функция формы
serendipity см. **serendipian**
serial 1. последовательный, порядковый; периодический; **2.** сериал; периодическое издание
 s. computer последовательная ЭВМ
 s. number порядковый номер
 s. processing последовательная обработка
seriate(d) серийный, в виде серий; упорядоченный; периодический
seriatim (лат.) по порядку, последовательно
series ряд; последовательность; серия; группа, семейство, система; последовательное расположение; последовательное соединение; ‖ последовательный, расположенный по порядку; серийный
 in series последовательно
 in series form в форме ряда, в рядах (о методике решения)

s. acceleration ускорение (сходимости) ряда
s. in closed form ряд в замкнутом виде
s. of curves семейство кривых
s. expansion разложение в ряд
s. sum сумма ряда
s. term член ряда
alternate s. знакопеременный ряд
arithmetical s. арифметический ряд, арифметическая прогрессия
asymptotic s. асимптотический ряд
convergent s. сходящийся ряд
derived s. производный (продифференцированный) ряд
diverged s. разошедшийся ряд
double s. двойной ряд
exponential s. показательный (экспоненциальный) ряд
finite s. конечный ряд (последовательность)
Fourier s. ряд Фурье
geometric s. геометрический ряд, геометрическая прогрессия
harmonic s. гармонический ряд
Laurent s. ряд Лорана
power s. степенной ряд
residual s. остаток ряда
summable s. суммируемый ряд
Taylor s. ряд Тейлора
temporal s. временной ряд
truncated s. усеченный ряд
serious серьезный; важный
serpentine серпантин; змеевик; || извилистый; извивающийся; || извиваться
serrate(d) зубчатый, зазубренный; зигзагообразный; рифленый
serration зуб, зубец; зубчатость
serve служить, обслуживать; использовать(ся), быть полезным; соответствовать, удовлетворять
   to serve for служить для (в качестве) чего-либо
   to serve out вырабатывать (напр., ресурс); распределять
server обслуживающее устройство, сервер
   computational s. вычислительный сервер
   file s. файловый сервер (в сети ЭВМ)
service 1. служба; работа, действие, функционирование, эксплуатация; обслуживание; || обслуживать; эксплуатировать; 2. вспомогательное устройство
   to be of service быть полезным
   to put into service вводить в эксплуатацию, пускать в ход
   in service применяемый, находящийся в эксплуатации
   s. conditions условия эксплуатации
   s. factor эксплуатационный коэффициент; коэффициент динамичности
   s. fracture эксплуатационное разрушение
   s. life срок службы, ресурс
   s. load полезный груз, эксплуатационная нагрузка
   s. pressure рабочее давление
   s. routine служебная программа, утилита
   engineering services инженерные коммуникации
   hard s. работа с большими нагрузками (напр., машины, конструкции), тяжелый режим
serviceable полезный; пригодный; удобный в эксплуатации, ремонтопригодный; прочный, долговечный
   s. life срок службы, ресурс
serving защитная оболочка, защитное покрытие
servo 1. следящая система, сервосистема; сервомеханизм; || следящий; 2. вспомогательный
servocontrol следящее управление, сервоуправление
sesquialteral полуторный
session 1. сессия; собрание, заседание; 2. тематическая секция (научной конференции); 3. учебные занятия; семестр; 4. сеанс (работы)
   terminal s. сеанс работы с терминалом
set 1. множество; система, набор, комплект; || составлять множество (набор, систему); 2. агрегат, аппарат, установка; 3. компоновка, конфигурация, строение, структура; 4. задание, назначение, установление; || задавать, назначать, определять; ставить, устанавливать; приводить в состояние; 5. направление (движения); направленность, тенденция; || направлять; 6. наладка, регулировка; || налаживать, регулировать; 7. осадка (грунта); коробление, остаточная деформация; || оседать; коробиться; 8. затвердевание, отверждение, схватывание; стабилизация, фиксация; крепление; || затвердевать, схватываться; стабилизировать(ся); закреплять
   to set about начинать, приступать
   to set against противопоставлять
   to set aside не учитывать, игнорировать, отбрасывать
   to set a constant задавать константу
   to set down записывать
   to set equal to приравнивать, полагать равным чему-либо
   to set for регулировать; устанавливать; задавать
   to set forth предлагать; выдвигать, излагать; разрабатывать
   to set forward выдвигать (напр., предложение)
   to set free освобождать
   to set going запускать, приводить в действие
   to set in устанавливать(ся); возникать, образовываться; приводить в (состояние, движение)
   to set limits задавать ограничения
   to set in motion приводить в движение
   to set in order приводить в порядок, исправлять; располагать в (определенном) порядке

to set an origin задавать начало координат
to set a problem ставить задачу
to set out излагать (напр., принципы); стремиться, пытаться; делать разметку, размечать; задавать, определять (напр., значение); приступать к
to set solid затвердевать, отверждать(ся), схватываться
to set to приступать к чему-либо; устанавливать, задавать
to set to an angle of устанавливать под углом
to set up задавать (параметры, данные); набирать (текст); основывать; монтировать, собирать, устанавливать
s. of assumptions система гипотез
s. of blades комплект (семейство) лопаток
s. of curves семейство кривых
s. of equations система уравнений
s. square угольник
s. theory теория множеств
s. value установленное (заданное) значение
bounded s. ограниченное множество
character s. набор символов; алфавит
closed s. замкнутое множество
complete s. полный набор, комплект; полная система
connected s. связное множество
countable s. счетное множество
data s. набор данных
dense s. плотное множество
empty s. пустое множество
finite s. конечное множество; конечная система (уравнений)
fuzzy s. нечеткое множество
initial s. 1. начальное задание (напр., параметров); начальная конфигурация; 2. начальная деформация (осадка); 3. начало затвердевания (схватывания)
model s. модель, модельная установка; макет
nonconvex s. невыпуклое множество
null s. пустое множество; множество меры нуль
numerable s. счетное множество
open s. открытое множество
ordered s. упорядоченное множество
permanent s. остаточная деформация
resulting s. of equations результирующая система уравнений
solution s. множество (семейство) решений
stringer s. набор стрингеров (конструкции)
tension s. остаточная деформация при растяжении; относительное удлинение (после разрыва)
uncountable s. несчетное множество
union of sets объединение множеств
set-back 1. препятствие; 2. уступ; 3. задержка развития, регресс

set-in установка; позиционирование
set-off 1. выступ, зубец, отросток; 2. контраст, противопоставление; противовес
set-out 1. расположение, расстановка; 2. начало
at the first set-out в самом начале
setpoint заданное значение
set-theoretic теоретико-множественный
setting 1. задание, назначение, установление; задание параметров (положения, ориентации); режим; 2. монтаж, сборка; наладка, регулировка; 3. основание, фундамент, опора, подушка; каменная кладка; 4. затвердевание, отверждение, схватывание; стабилизация, фиксация; 5. осадка, осаждение
s. shrinkage усадка при отверждении (схватывании)
s. through полное отверждение
angular s. установка под углом
cruise s. крейсерский режим
initial s. задание начальных значений (начального положения и т.п.)
mode s. задание режима
oblique s. установка под углом, перекос
parameters s. задание (значений) параметров
pitch s. шаг резьбы, шаг (воздушного) винта
wing s. установка крыла; угол установки крыла
zero s. установка на нуль (измерительного прибора)
settle 1. задавать, определять; настраивать, регулировать; стабилизировать(ся), устанавливать(ся) (напр., о режиме); 2. решать, приходить (приводить) к решению; 3. садиться, оседать, проседать; осаждать(ся); отстаивать(ся); 4. давать перекос
to settle a problem разрешать проблему
settled установленный, заданный, поставленный; устойчивый; твердый, определенный; установившийся, стационарный
s. creep установившаяся ползучесть
settlement 1. задание, установление; настройка, регулировка; установление, стационирование; 2. (раз)решение; 3. осадка, оседание, проседание; осаждение, отстаивание; осадок
s. of soil осадка грунта
differential s. неравномерная осадка
setup 1. задание, определение, установка; задание параметров; наладка, настройка; сборка, монтаж; 2. разметка; компоновка, расположение, размещение; схема; 3. устройство, установка; оснастка; 4. запуск, пуск в ход
s. program программа установки (значений параметров)
experimental s. экспериментальная установка
seven цифра семь; (число) семь
sevenfold семикратный; || в семь раз
seventeen семнадцать

seventy семьдесят
sever отделять, разъединять; разрывать, перерезать, отрубать
several некоторое количество, несколько; ‖ отдельный, особый, индивидуальный
severance отделение, разделение; разрыв; резка (напр., металла)
severe строгий, сильный, трудный
   s. **error** серьезная ошибка
   s. **test** строгий тест; тщательное испытание; испытание на предельном режиме
   s. **wear** жесткий износ
severity строгость, жесткость; трудность; интенсивность
   s. **of stall** интенсивность срыва потока
sew шить; зашивать, пришивать, сшивать
sewage сточные воды
sexadecimal шестнадцатеричный
sextant 1. секстан(т); 2. шестая часть окружности
shackle скоба; замок, захват
shade 1. тень; оттенок; штриховка; ‖ затенять; штриховать; постепенно переходить (в другой цвет); 2. экран, защитное стекло; ‖ экранировать; 3. деталь, малое отличие; малое количество
   colour s. оттенок цвета
shaded затененный; заштрихованный
   s. **area** затененная (заштрихованная) область
   s. **graphics** графика с построением теней на изображениях
shadow 1. тень, затенение, область тени; ‖ затенять; 2. след; ‖ следовать (за чем-либо)
   reflected s. **method** метод отраженной тени
   shock wave s. (вихревой) след за скачком уплотнения
   wind s. поток за телом, спутная струя
shadowgraph силуэт, теневое изображение; рентгеновский снимок
shadowing затенение, экранирование
shadow-moire method теневой метод муара
shaft 1. вал, ось; шток, тяга, стержень; ручка, рукоятка; колонна, стойка, ствол; 2. шахта, колодец
   s. **horse power** мощность на валу в лошадиных силах
   axle s. ось (колеса)
   bent s. коленчатый вал
   cardan s. карданный вал
   center s. ось; шейка вала, цапфа
   column s. колонна, стойка; стержень колонны
   driving s. ведущий вал
   flexible s. гибкий вал
   hollow s. полый вал
   solid s. сплошной вал
   tapered s. конический вал
   torsion s. вал, передающий крутящий момент
shafting силовая передача, трансмиссия

shake 1. толчок; встряхивание, тряска, вибрация; землетрясение; ‖ трясти, встряхивать, сотрясаться; 2. трещина, щель; ‖ трескаться
shakedown приспособляемость
   s. **analysis** расчет (с учетом) приспособляемости
   s. **limit** предел приспособляемости
shake-proof вибростойкий, ударопрочный
shaker вибратор; вибростенд
shaking встряхивание, сотрясение; ‖ вибрационный
shaky 1. шаткий, неустойчивый; ненадежный; 2. растрескавшийся
shallow 1. мелкий, неглубокий; пологий; плавный; 2. отмель, мелкое место
   s. **curve** пологая (плавная) кривая
   s. **foundation** мелкий фундамент, фундамент мелкого заложения
   s. **quench** поверхностная закалка
   s. **shell** пологая оболочка
   s. **surface** пологая поверхность
   s. **water** мелкая вода
shallowness 1. мелководность; 2. пологость; плавность
shank 1. корпус, тело; 2. стойка, стержень; 3. хвостовик, рукоятка (инструмента)
shape 1. форма, конфигурация; геометрия; очертание, профиль, фигура; образец, модель, шаблон; ‖ придавать (принимать) форму; формировать, формовать, профилировать; приспосабливать; раскраивать; делать по образцу; 2. положение, состояние
   to bring to shape доводить до нужного вида (очертания); приводить в порядок
   to take shape принимать форму, формироваться; воплощаться
   in the shape of в форме чего-либо
   s. **of bottom** рельеф дна
   s. **factor** коэффициент формы, формфактор
   s. **function** функция формы (конечного элемента)
   s. **of shock** форма импульса, профиль ударной волны
   arbitrary s. произвольная форма, произвольный контур
   eigenmode s. вид (геометрия) собственной моды, собственная форма
   equilibrium s. равновесная конфигурация
   natural mode s. собственная форма, форма собственных колебаний
   pulse s. форма (профиль) импульса
   regular s. регулярная (правильная) форма
   steel s. фасонная сталь, стальной профиль
   streamline s. обтекаемая форма; форма линии тока
   stress s. распределение (картина) напряжений, эпюра напряжений
   structural s. форма (контур, обводы) конструкции
   velocity s. распределение (профиль) скоростей

shaped имеющий определенную форму; сложной формы, профилированный, фасонный
   s. form сложная форма, криволинейный профиль
   irregularly s. неправильной формы
-shaped (как компонент сложных слов) -видный, -образный; имеющий указанную форму (напр., **cone-shaped** конический, конусообразный; **diamond-shaped** ромбовидный; **sine-shaped** синусоидальный; **T-shaped** Т-образный)
shapeless бесформенный, неопределенной формы; беспорядочный
shapes фасонный (сортовой) металл
   large s. крупносортное железо
shaping придание формы, формирование, формование, профилирование; компоновка; пластическая обработка, обработка давлением
share 1. доля, часть; участие; ‖ делить(ся), разделять(ся), распределять(ся), участвовать, принимать участие; совместно использовать; 2. лемех плуга
   to share characteristics иметь общие характеристики
   to share importance иметь одинаковое значение
   to share a load распределять нагрузку
sharing деление, разделение, распределение; совместное использование
sharp острый; крутой (напр., о профиле кривой); резкий, сильный; контрастный, отчетливый; определенный; ‖ резко, сильно, четко; точно, ровно
   s. edge острая кромка; крутой фронт (срез); резкая граница
sharpness острота, заостренность; резкость (напр., изображения), отчетливость; определенность, точность
   s. of resonance острота резонансной кривой
   crack tip s. заостренность трещины
shatter обломок, осколок; ‖ разбивать, дробить
shave стружка, щепа; ‖ срезать, строгать
shaving срезание, обрезка; строгание
shavings стружки
sheaf вязанка, сноп; пачка, связка, пучок
shear сдвиг; срез; скол; резка, срезывание, скалывание; перерезывающая (поперечная) сила; напряжение сдвига, касательное напряжение; ‖ сдвигать, срезать, скалывать; резать ножницами
   to shear off срезать
   to shear through рассекать
   s. band полоса сдвига, линия скольжения
   s. centre центр сдвига (изгиба, жесткости) (поперечного сечения тонкостенной балки)
   s. coefficient коэффициент сдвига
   s. correction сдвиговая поправка; коэффициент корректировки сдвига
   s. couple сдвигающая пара сил, момент сдвига
   s. deflection сдвиговое смещение, прогиб от сдвига

   s. diagram эпюра напряжений сдвига (поперечных сил)
   s. difference method метод сдвиговой разницы (в фотоупругости)
   s. effect эффект (влияние) сдвига
   s. elasticity упругость при сдвиге
   s. energy энергия (деформации) сдвига
   s. element сдвиговой элемент, элемент конструкции, воспринимающий (поперечный) сдвиг
   s. flow 1. поток сдвига (касательных усилий, напряжений); 2. сдвиговое течение; поток вязкой жидкости; вихревое течение
   s. force 1. касательное усилие, перерезывающая (поперечная) сила; 2. сила трения (в жидкости)
   s. layer 1. слой, работающий на сдвиг; 2. пограничный слой (в жидкости)
   s. line эпюра напряжений сдвига (перерезывающих сил)
   s. load сдвиговая (срезающая, скалывающая) нагрузка
   s. modulus модуль сдвига, модуль упругости при сдвиге, модуль поперечной упругости, модуль упругости второго рода
   s. panel панель, работающая на сдвиг
   s. rod (диагональный) раскос
   s. rupture сдвиговое разрушение, скол
   s. section поперечное сечение (площадь) среза; плоскость действия касательных напряжений
   s. strain деформация сдвига, сдвиговая (угловая) деформация; работа на сдвиг
   s. stress напряжение сдвига, касательное напряжение; сдвиговое напряженное состояние
   s. vibration сдвиговое колебание
   s. wall стенка, работающая на сдвиг
   s. wave волна сдвига
   angle of s. угол сдвига
   constant s. stress intensity condition условие постоянства интенсивности касательных напряжений
   double s. сдвиг в двух плоскостях
   generalized s. обобщенный сдвиг
   inplane s. плоский сдвиг
   lateral s. поперечный сдвиг; перерезывающая сила
   longitudinal s. продольный сдвиг
   out-of-plane s. сдвиг из плоскости, поперечный сдвиг
   pure s. чистый (простой) сдвиг
   rate of s. коэффициент сдвига
   relative s. относительный сдвиг
   simple s. простой (чистый) сдвиг
   torsional s. сдвиг (напряжение сдвига) при кручении
   transverse s. поперечный сдвиг; перерезывающая сила
   transverse s. coefficient коэффициент поперечного сдвига
   transverse s. distribution распределение напряжений поперечного сдвига

uniaxial s. одноосный (чистый) сдвиг
uniform s. постоянный сдвиг
uniform s. finite element конечный элемент с постоянным сдвигом
sheared срезанный; скошенный
shearing сдвиг; срез; скол; резка, срезывание, скалывание; перерезывающая (поперечная) сила; напряжение сдвига, касательное напряжение; || сдвиговой, сдвигающий; перерезывающий, поперечный; касательный
  s. area область (зона) сдвига; эпюра сдвига, площадь эпюры перерезывающей (поперечной) силы
  s. crack сдвиговая трещина; трещина при резании
  s. of layers (взаимный) сдвиг слоев
  s. machine механические ножницы, резак
  s. resilience (упругая) деформация при сдвиге, сопротивление сдвигу
  s. strength прочность на сдвиг (срез, скол), предел прочности при сдвиге; сопротивление сдвигу, работа на сдвиг
  s. wire (диагональная) расчалка
  angle of s. resistance угол связности (напр., грунта)
  flow of s. поток сдвига (касательных усилий, напряжений)
shear-legs треногá
shear-locking "заклинивание" от сдвига (завышение жесткости конечного элемента при неадекватном учете сдвига)
shears ножницы
sheath оболочка; обшивка, покрытие; капсула, кожух
sheathe заключать в оболочку, обшивать; защищать
sheave катушка; шкив, ролик
shed 1. укрытие; навес, ангар, эллинг, депо; изолятор; 2. излучать (напр., свет), распространять; 3. ронять, сбрасывать, терять; срывать(с)
  to shed light on проливать свет, разъяснять что-либо
sheer 1. явный; полный, абсолютный; чистый, без примесей; || полностью, абсолютно; 2. прозрачный, тонкий, легкий (о пленке, ткани); 3. вертикальный, отвесный, перпендикулярный; || вертикально, перпендикулярно; 4. отклонение от курса; изгиб, кривизна, погибь, отклонение от заданной формы; || уклоняться, отклоняться
sheet 1. лист; полоса; (тонкая) пластина, плата, слой, прослойка, пелена; пленка; листовой металл; 2. график, диаграмма, схема, эпюра; таблица
  s. filler слоистый (листовой) наполнитель
  s. flow тонкое (поверхностное) течение; поверхностный (склоновый) сток
  s. of liquid слой жидкости
  s. metal листовой металл
  s. pile шпунтовая свая
  boom s. листовая накладка, пояс
  checkered s. рифленый лист

flow s. технологическая схема, последовательность операций
light s. тонкий лист (листовой материал)
piled s. свайная стенка
record s. запись, протокол
rubber s. слой резины
second s. копия, дубликат
stress s. картина (распределение) напряжений
timing s. временная диаграмма
vortex s. вихревая пелена, вихревой слой
sheeted покрытый слоем, обшитый; слоистый
sheeting листовой материал; обшивка, материал обшивки; опалубка; ограждение
sheet-like листовой, листовидный; пластинчатый, слоистый
shelf 1. полка; стеллаж; 2. уступ, выступ; 3. шельф, отмель; 4. пласт породы
shell 1. оболочка; обшивка; капсула, кожух; ограждение, изоляция; слой; || оболочечный, оболочковый, в виде оболочки; || снимать оболочку, отслаиваться; 2. снаряд; вкладыш, гильза, стакан; обечайка; 3. каркас, остов, несущая (силовая) система
  s. analysis расчет оболочек
  s. arch арка-оболочка, свод-оболочка
  s. burster разрывной снаряд
  s. construction оболочечная конструкция
  s. with cutout оболочка с вырезом
  s. depth подъемистость (стрела подъема, высота) оболочки; толщина оболочки
  s. edge край (торец) оболочки
  s. finite element конечный элемент оболочки
  s. with large rotations оболочка, допускающая большие повороты
  s. model модель (деформирования) оболочки; оболочечная модель (конструкции)
  s. of moderate thickness оболочка средней толщины
  s. of negative curvature оболочка отрицательной кривизны
  s. plate искривленная пластина, плита-оболочка; лист обшивки, стенка оболочки
  s. of revolution оболочка вращения
  s. ring (подкрепляющий) обод, обруч, шпангоут; барабан (напр., котла)
  s. with small deflections оболочка, допускающая лишь малые прогибы
  s. structure оболочечная конструкция; конструкция оболочки
  s. surface поверхность оболочки
  s. theory теория оболочек
  s. thickness толщина оболочки
  anisotropic s. анизотропная оболочка
  armed s. армированная оболочка
  axially loaded s. оболочка, нагруженная в осевом направлении
  barrel s. цилиндрическая оболочка, цилиндрический свод; обечайка, цилиндрическая (боковая) часть котла
  buckled s. оболочка, потерявшая устойчивость

buckling of s. потеря устойчивости (прощелкивание, прохлопывание) оболочки
body s. оболочка кузова (корпуса судна, фюзеляжа); каркас (несущая система) кузова
cantilever s. консольная оболочка
clamped s. защемленная оболочка
closed s. замкнутая оболочка
complete s. замкнутая оболочка
composite s. оболочка из композиционного материала
compression s. оболочка, работающая на сжатие
concrete s. (железо)бетонная оболочка
conical s. коническая оболочка
constrained s. закрепленная оболочка
containment s. защитная оболочка
continuous s. неразрезная (сплошная) оболочка
cord-reinforced s. оболочка, армированная волокнами
corrugated s. волнистая (гофрированная, рифленая) оболочка
curved s. криволинейная оболочка
cylindrical s. цилиндрическая оболочка
deep s. подъемистая (неполотая) оболочка
design of a s. проектирование (расчет) оболочки
dome-shaped s. (полу)сферическая оболочка, куполообразная оболочка
doubly curved s. оболочка двойной (двоякой) кривизны
elasto-plastic s. упруго-пластическая оболочка, оболочка из упруго-пластического материала
faceted s. оболочка (оболочечная конструкция) из плоских элементов, складка
flexible s. гибкая оболочка
general s. произвольная оболочка, оболочка произвольной формы
guy s. висячая оболочка, оболочка покрытия
hinged s. шарнирно опертая оболочка; шарнирно сочлененная оболочка
hypar s. оболочка в форме гипара (гиперболического параболоида)
isotropic s. изотропная оболочка
laminated s. слоистая оболочка
large-span s. большепролетная оболочка
latticed. s. сетчатая оболочка
membrane s. оболочка-мембрана, безмоментная (безизгибная) оболочка
middle surface of a s. срединная поверхность оболочки
middle-thickness s. оболочка средней толщины
momentless s. безмоментная (безизгибная) оболочка
multibarrel s. многоволновая цилиндрическая оболочка
multilayered s. многослойная (слоистая) оболочка

open(-ended) s. открытая (незамкнутая) оболочка
orthotropic s. ортотропная оболочка
perforated s. оболочка с отверстиями
pile s. свая-оболочка
polyhedral s. многогранная (складчатая) оболочка
pressure s. оболочка, нагруженная давлением; несущая (силовая) оболочка, нагруженная обшивка
pressurized s. оболочка под давлением
protective s. защитная оболочка
reference surface of s. поверхность отсчета (приведения) оболочки
reinforced s. подкрепленная (армированная) оболочка
ribbed s. оболочка, подкрепленная ребрами; ребристая оболочка
rigid s. жесткая оболочка; оболочка большой жесткости (с малыми перемещениями)
rigid-plastic s. жестко-пластическая оболочка, оболочка из жестко-пластического материала
ring-stiffened s. оболочка, подкрепленная шпангоутами
rippled s. волнистая оболочка
rotational s. оболочка вращения
sandwich s. трехслойная оболочка; слоистая оболочка
shallow s. пологая оболочка
shallow s. hypotheses гипотезы теории пологих оболочек
shallow s. solution решение для пологой оболочки; решение по теории пологих оболочек
shallow s. theory теория пологих оболочек
simply supported s. просто (свободно) опертая оболочка
spherical s. сферическая оболочка
stiffened s. подкрепленная (ребристая) оболочка; армированная оболочка
supported s. опертая (закрепленная) оболочка; подкрепленная оболочка
textile s. текстильная (тканевая) оболочка
thick(-walled) s. толстая (толстостенная) оболочка
thin(-walled) s. тонкая (тонкостенная) оболочка
toroidal s. тороидальная оболочка
translational s. оболочка с поверхностью переноса; переходная оболочка
transversally isotropic s. трансверсально-изотропная оболочка
unrestrained s. незакрепленная (свободная) оболочка
unstiffened s. неподкрепленная (гладкая) оболочка
variable thickness s. оболочка переменной толщины
shelled покрытый оболочкой, (находящийся) в оболочке, изолированный
shell-hole пробоина

shelling отслаивание, скалывание; образование поверхностных трещин
shell-type оболочечный, оболочковый, типа оболочки, в виде оболочки
   s. **structure** конструкция оболочечного типа
shelter укрытие, прикрытие; навес
shield защита, защитное устройство; ограждение, покрытие; щит, экран; обтекатель; || защищать, покрывать, экранировать
Shields number число Шилдса
shift 1. сдвиг; смещение, перемещение, отклонение; замена, смена, чередование; переключение; || сдвигать(ся); смещать(ся), перемещать(ся), отклонять(ся); заменять, менять(ся); переключать, переводить; **2.** средство, способ
   to shift to переходить к
   s. **lever** рычаг переключения
   eigen(-value) s. сдвиг спектра (собственных чисел)
   frequency s. сдвиг частоты
   logical s. логический сдвиг
   number s. сдвиг числа
   phase s. сдвиг фазы
   ring s. циклический сдвиг; круговая перестановка
   temperature s. изменение температуры
   zero s. уход нуля (шкалы прибора)
shim прослойка, прокладка, шайба; клин; || ставить прокладку (шайбу); вставлять клин, заклинивать
shimmy шимми, угловое колебание колес
ship судно, корабль; летательный аппарат, самолет
   s. **heading** курс судна
   air-cushion s. судно на воздушной подушке
   hydrofoil s. судно на подводных крыльях
   space s. космический корабль
   theory of s. теория корабля
ship-based корабельный, установленный на борту, палубный
ship-building судостроение, кораблестроение
shipway стапель
shipwreck кораблекрушение; || терпеть кораблекрушение; терпеть неудачу
ship-yard верфь, судостроительный завод
shoal отмель; скрытая опасность
shock удар, толчок, сотрясение; ударное воздействие; ударная волна, скачок уплотнения; || ударять, создавать возмущение
   to take up shocks воспринимать удары, амортизировать
   s. **absorber** амортизатор, демпфер
   s. **action** ударное (воз)действие
   s. **compression** ударное сжатие, сжатие в скачке уплотнения
   s. **of earthquake** подземный толчок
   s. **front** ударный фронт, фронт ударной волны
   s. **load** ударная нагрузка

   s. **shape** форма импульса, форма ударной волны
   s. **spring** пружинный амортизатор
   s. **stress** напряжение при ударе; ударная нагрузка
   s. **test** испытание ударом, проба на удар
   s. **tube** ударная труба
   s. **wave** ударная волна, скачок уплотнения
   acoustic s. акустический (звуковой) удар
   applied s. ударное воздействие
   attached s. присоединенный скачок уплотнения
   bow s. **wave** (головная) ударная волна, волна сжатия
   compression s. сжимающий удар, ударная волна сжатия, скачок давления (уплотнения)
   detached s. **wave** неприсоединенный скачок уплотнения, отошедшая ударная волна
   diagonal s. косой удар, косой скачок уплотнения
   expansion s. скачок разрежения
   expansion of s. распространение ударной волны
   explosion s. взрывной удар, ударная волна
   frontal s. фронтальный (прямой) удар; головной скачок (уплотнения)
   heat s. тепловой удар
   hydraulic s. гидравлический удар
   landing s. удар при посадке (летательного аппарата)
   normal s. прямой (нормальный, фронтальный) удар, прямой скачок уплотнения
   physical s. механический удар
   planar s. плоская ударная волна
shocked подвергшийся удару; содержащий скачки уплотнения
shock-free безударный; не имеющий скачков уплотнения
   s. **airfoil** безударный профиль
shock-proof ударостойкий; амортизированный
shock-sensitive чувствительный к ударам
shock-stall волновой срыв (кризис)
shoe башмак; колодка; опорная подушка, фундаментная плита; покрышка шины
   brake s. тормозная колодка
   cushion s. подушка амортизатора
shoot 1. запуск (напр., ракеты); стрельба; бросок, рывок; || стрелять; взрывать; запускать; бросать, кидать; сбрасывать; **2.** фотосъемка; || фотографировать, снимать; **3.** желоб, лоток, сток; быстрое течение; || сливать, ссыпать; **4.** уток, нить утка
shooting стрельба; взрывные работы; сейсмическая разведка
   s. **method** метод пристрелки
   trouble s. поиск (устранение) неисправностей (ошибок), диагностика
   well s. сейсмический каротаж

shop цех, мастерская; предприятие
   s. drawing рабочий чертёж
   computing s. вычислительный центр

Shore hardness твёрдость по Шору, твёрдость по склероскопу

shore 1. берег, побережье; || береговой; 2. крепление; крепь; опора, подпорка, подкос; || крепить, подкреплять, подпирать, оказывать поддержку

shoring крепление; крепь; усиление

short 1. короткий; краткий, краткосрочный; малый, недостаточный, неполный; || внезапно, резко; 2. короткое замыкание; || замыкать накоротко; шунтировать; 3. хрупкий, ломкий
   to come short of не хватать, испытывать недостаток в чём-либо; не достигать цели, не оправдывать ожиданий; уступать в чём-либо
   to run short заканчиваться, истощаться
   to run short of испытывать недостаток в чём-либо
   short of 1. около; почти до; 2. исключая
   for short для краткости
   in short кратко
   in the short run вскоре, в ближайшем будущем
   s. circuit короткое замыкание
   s. cut кратчайшее расстояние; наименьшая затрата времени
   s. life малый ресурс
   s. measure недостаточное количество
   s. ton короткая (малая) тонна (= 907,2 кг)
   s. wave короткая волна
   s. wing крыло малого размаха

shortage нехватка, недостаток; некомплектность

short-armed короткий, малой длины
   s. lever короткоплечий рычаг

short-brittle красноломкий

shortcoming недостаток, дефект; нехватка

short-cut сокращённый, укороченный; малый (о размере), мелкий; упрощённый
   s. matrix multiplication метод сокращённого умножения матриц

shorten сокращать(ся), укорачивать(ся)

shortening уменьшение длины, сокращение, укорочение; сжатие
   axial s. осевое (продольное) укорочение
   ultimate s. предельное укорочение (сжатие); разрушение при сжатии (обжатии)

shortfall дефицит, недостаток

short-lived недолговечный, с малым сроком службы

shortly коротко; кратко, сжато; резко; вскоре; незадолго
   shortly after вскоре после
   shortly before незадолго до

shortness хрупкость (металла), ломкость
   cold s. хладноломкость
   hot s. красноломкость

short-range короткий, с малым диапазоном, с малой амплитудой
   s. stress (циклическое) напряжение с малой амплитудой

short-term короткий, кратковременный

shot 1. выстрел; взрыв; шпур; запуск, старт (ракеты); сейсмический источник; бросок, рывок, попытка; 2. кадр, фотоснимок; план; 3. дробь, дробинка; твёрдые включения (вкрапления)

shoulder плечо; уступ, выступ; кромка, поясок, фланец

shove толчок, толкание; || толкать(ся), отталкивать(ся)

shovel лопата, ковш; экскаватор; || копать, рыть; сгребать

show показ, демонстрация; выставка; внешний вид, видимость; проявление; || показывать; демонстрировать, выставлять; доказывать; появляться, казаться; проявлять(ся)

shower ливень, поток; || поливать; осыпать

shred лоскут, кусок; частица; малое количество; || резать, разрывать(ся); измельчать(ся)

shrink усадка; сокращение, сжатие; || давать усадку, садиться, сокращаться, усыхать; коробиться
   s. fit горячая (горячепрессовая) посадка, напряжённая посадка

shrinkage усадка; сокращение, сжатие, обжатие; коробление
   s. of concrete усадка бетона
   s. crack (температурно-)усадочная трещина
   s. hole усадочная раковина
   s. strain усадочная деформация
   s. tear усадочная трещина
   dry s. усадка при высыхании
   linear s. линейная усадка
   liquid s. усадка при застывании
   postmold s. усадка после формования
   setting s. усадка при отверждении (схватывании)
   thermal s. термическая усадка
   volume s. объёмная усадка

shrinkproof безусадочный

shroud кожух, колпак, чехол, экран; бандаж (колеса турбины)

shunt ответвление; шунт, параллельное соединение; || включать параллельно, шунтировать

shut 1. спай; место сварки; || запаивать; сваривать; 2. закрывать(ся), перекрывать(ся), затворять, изолировать; останавливать(ся), прекращать(ся), прерывать(ся); складывать(ся)
   to shut down закрывать(ся); останавливать(ся), выключать(ся)
   to shut off выключать, останавливать(ся); перекрывать, отсекать, изолировать

shut-down останов(ка); выключение, прекращение (работы); неполадка, неисправность

shutter задвижка, заслонка, затвор, клапан

shuttle челнок; возвратно-поступательное движение; ‖ совершать возвратно-поступательное (челночное) движение
SI (System International of Units) Международная система единиц (СИ)
sickle серп
sickle-shaped серповидный
side 1. сторона; край; боковая поверхность; борт, стенка; берег; склон; ‖ боковой; побочный; 2. полюс, клемма, вывод (источника электропитания); 3. часть математического выражения (с одной стороны от знака равенства); 4. точка зрения; подход
   s. of an angle сторона угла
   s. effect побочное действие
   s. elevation вид сбоку, боковая проекция
   s. play боковой зазор
   s. stringer бортовой стрингер
   s. thrust боковая тяга; боковое давление; боковой сдвиг (срез)
   crack s. берег трещины
   face s. лицевая поверхность, верхняя (передняя) грань, внешняя сторона
   leeward s. подветренная сторона
   left(-hand) s. (l.h.s.) левая часть (уравнения)
   mathematical s. математический аспект (проблемы)
   negative s. отрицательный полюс (вывод), отрицательная клемма
   pressure s. сторона давления (нагнетания), нижняя поверхность крыла
   suction s. сторона разрежения, засасывающая сторона (лопасти), верхняя поверхность крыла
   windward s. наветренная сторона
side-by-side (расположенные) последовательно, в ряд
sideling наклонный; непрямой, косвенный
sidelong боковой; косой, наклонный; направленный в сторону; ‖ боком; наклонно; в сторону
sideslip боковое скольжение, занос; ‖ заносить
sideview вид сбоку, профиль
sidewall боковая стенка; боковина шины; обечайка (цилиндрического резервуара)
sidewash боковое смещение потока
sideway перекос; искажение
sidewise боковой
   s. buckling боковое выпучивание
sidewalk пешеходная дорожка (напр., моста)
sidework боковое нагружение (обжатие)
siding обшивка, облицовка
sieve сито, решето, грохот; (сетчатый) фильтр; ‖ просеивать; фильтровать; сортировать
   s. method метод решета (определения простых чисел)
sift просеивать; фильтровать; сортировать; подробно анализировать

sight 1. зрение; взгляд; ‖ видеть; наблюдать; 2. точка зрения, мнение; 3. прицел, визир; поле зрения; ‖ наводить
   at first sight с первого взгляда
   axis of s. линия визирования
   rear s. прицел
sign знак; символ, обозначение; буква; признак, симптом; ‖ отмечать; обозначать; указывать, служить признаком
   to show the signs проявлять признаки
   s. control управление (контроль) по знаку
   s. convention правило знаков
   s. of function знак (символ) функции
   s. of product знак произведения
   s. of summation знак суммы (суммирования)
   s. test проверка знака
   algebraic s. алгебраический знак, символ алгебраической операции
   arbitrary signs условные знаки (обозначения)
   differential s. знак дифференциала; отличительный признак
   equality s. знак равенства
   exponent s. знак порядка (числа); символ порядка
   greater-than s. знак "больше"
   law of signs правило знаков
   less-than s. знак "меньше"
   like signs одинаковые знаки
   negative s. знак минус
   opposite s. обратный (противоположный) знак
   positive s. знак плюс
   radical s. знак корня, радикал
   summation s. знак суммирования
   unlike signs различные знаки
signal сигнал; знак; оповещение; признак; ‖ передавать сигналы; оповещать
   s. passage прохождение сигнала
   analog s. аналоговый (непрерывный) сигнал
   calibration s. эталонный (тарировочный) сигнал
   digital s. цифровой (дискретный) сигнал
   filtered s. отфильтрованный сигнал
   impulse s. импульсный сигнал, импульс
   in-phase s. синфазный сигнал
   sine s. синусоидальный сигнал
   square(-wave) s. прямоугольный сигнал
signature признак, отличительное свойство, характеристика; подпись
sign-determined знакоопределенный
   s. matrix знакоопределенная матрица
signed имеющий знак, со знаком (о числе); помеченный; обозначенный
significance значение, смысл; важность, значительность
   to be of significance иметь значение
significand значащая часть числа, мантисса
significant значащий; значимый, существенный

it is significant that важно, что
s. digit значащая цифра
s. graduation оцифрованное деление (шкалы)
s. value значимая (существенная) величина
signification (точное) значение, смысл
signify значить, означать; иметь значение; служить признаком
Signorini problem задача Синьорини
signum function знаковая функция, сигнум-функция
silencer глушитель, (шумо)подавитель
silent бесшумный, тихий; выключенный, неработающий
   to be silent about не касаться, не упоминать о чем-либо
silent-block (резиновый) амортизатор, демпфер
silhouette силуэт, контур
silicon кремний; полупроводник
sill порог; лежень
silo силос, силосная башня; бункер; стартовая шахта (ракеты)
silt осадок, нанос
SIMD machine (single-instruction multiple data) СИМД-машина (параллельная ЭВМ с одним потоком команд и несколькими потоками данных)
similar подобный, сходный; аналогичный; автомодельный
   s. figures подобные фигуры
   s. solution подобное (автомодельное) решение
   s. terms подобные члены
similarity подобие, сходство; преобразование подобия; гомотетия
   s. law правило (принцип) подобия; теория подобия
   s. transform преобразование подобия
   center of s. центр подобия
   dynamic s. динамическое подобие
   geometrical s. геометрическое подобие; геометрическая тождественность
similarly подобно, сходно, аналогично
similitude см. similarity
simmer закипание; ‖ закипать, кипеть, кипятить
simple простой; несложный; элементарный, неразложимый, неприводимый; однократный; явный; истинный
   s. beam простая (свободно опертая) балка; балка на двух опорах
   s. bending простой (чистый) изгиб, плоский изгиб
   s. bifurcation point точка простой бифуркации
   s. eigenvalue простое (некратное) собственное значение
   s. equation линейное уравнение с одним неизвестным
   s. event элементарное событие
   s. fraction простая дробь
   s. framework простая рама (ферма)
   s. harmonic motion простое гармоническое колебание
   s. iteration method метод простой итерации
   s. loading простое нагружение
   s. pendulum математический маятник
   s. point простая (регулярная) точка
   s. root простой (некратный) корень
   s. shear простой (чистый) сдвиг
   s. stress простое (одноосное) напряженное состояние
   s. structure простая структура; статически определимая конструкция
   s. support простое опирание
   s. theory простая (элементарная) теория
simplex 1. симплекс; ‖ симплексный; наиболее простой, простейший; 2. односторонняя связь; ‖ односторонний
   s. figure симплексная фигура, фигура-симплекс
   s. finite element конечный элемент-симплекс, симплекс-элемент
   s. method симплекс-метод (решения задач линейного программирования)
   spatial s. пространственный симплекс
simplicity простота; неразложимость, неприводимость; истинность; очевидность
simplification упрощение, упрощенное представление; приведение, сведение
simplify упрощать; разлагать (на составляющие), приводить, сводить
simply просто, легко
   more simply проще, упрощенно; проще говоря
   s. supported просто (свободно) опертый
simply-connected односвязный
Simpson rule формула Симпсона (численного интегрирования)
simulacrum (лат.) подобие, видимость
simulate имитировать, (искусственно) воспроизводить; моделировать
simulation имитация, воспроизведение; моделирование; модель
   s. model имитационная модель, модель поведения; математическая (расчетная) модель
   s. of structure моделирование конструкции (структуры)
   analogue s. аналоговое (непрерывное) моделирование
   computer s. компьютерное (численное) моделирование
   discrete s. дискретное моделирование
   flow s. моделирование течения
   geometrical s. геометрическое моделирование; геометрически подобное моделирование
   mathematical s. математическое моделирование
   numerical s. численное моделирование
   physical m. физическое моделирование
   real-time s. моделирование в реальном (масштабе) времени

stochastic s. стохастическое (вероятностное) моделирование
time s. моделирование (функции) во времени, нестационарное моделирование
wind tunnel s. аэродинамическое моделирование, продувка в аэродинамической трубе
simulator моделирующее устройство, имитатор; модель; моделирующая программа
simultaneity одновременность, синхронность; совместность; одновременная работа, совмещение операций
simultaneous одновременный, синхронный; совместный
   s. equations совместные (рассматриваемые совместно) уравнения; система уравнений
   s. failure внезапное разрушение
   s. iteration method метод одновременных итераций (решения частичной алгебраической проблемы собственных значений)
   s. system совместная система (уравнений)
simultaneously одновременно, синхронно; совместно
since 1. с (какого-то времени), после; с тех пор как; 2. так как, поскольку, ибо
   since then с того времени
   ever since с тех пор (все время), со времени, после
sine 1. синус; || синусоидальный, в форме синуса
   s. curve синусоидальная кривая, синусоида
   s. expansion разложение синуса (в ряд); разложение по синусам
   s. load синусоидальная нагрузка
   s. transform синус-преобразование (Фурье)
   s. wave синусоидальная волна, синусоида; гармоническое колебание
   conversed s. единица минус синус угла
   inverse s. арксинус
   law of sines теорема синусов
   natural s. натуральный синус
sine 2. (лат.) без
   sine anno (s.a.) (лат.) без указания года (издания)
   sine die (s.d.) (лат.) без указания времени, на неопределенный срок
   sine qua non (лат.) обязательное условие
sine-shaped синусоидальный, в форме синусоиды
   s. excitation синусоидальное возбуждение
single один; единственный, единичный, отдельный, одиночный, однократный; единый; || выбирать, отбирать
   to single out выбирать, отбирать; выделять
   s. beam однопролетная балка; балка на двух опорах
   s. case отдельный случай
   s. element test тест для отдельного (конечного) элемента
   s. error одиночная ошибка

   s. force отдельное усилие; сосредоточенная сила; единичная сила
   s. mass отдельная (сосредоточенная) масса; единичная масса
   s. sampling однократная выборка
   s. scale factor единый масштабный коэффициент
   s. tension однократное растяжение
   s. vortex одиночный (отдельный) вихрь
single- (как компонент сложных слов) одно-, едино-
single-acting односторонний, одностороннего действия
single-cell односвязный
   s. cross-section односвязное поперечное сечение
single-degree-of-freedom system система с одной степенью свободы
single-layer однослойный
single-mode одномодовый, с одной формой (колебаний); однорежимный; одномодальный (о распределении вероятностей)
single-parameter однопараметрический
   s. characterization однопараметрическое описание
single-phase однофазный; в одну стадию, за один шаг
single-piece цельный, неразъемный, монолитный
single-ply однослойный
single-precision с одинарной точностью
single-purpose специализированный, узкого назначения
single-sided односторонний
single-span однопролетный
single-stage в одну стадию; одноступенчатый, одношаговый
   s. compression однократное (одноступенчатое) сжатие
single-step одноступенчатый; одношаговый; (по)шаговый (напр., режим выполнения программы)
   s. error погрешность одного шага (вычислений)
   s. integration scheme одношаговый метод интегрирования
singleton единичный предмет (объект)
single-value(d) однозначный
   s. function однозначная функция
singly отдельно, раздельно, разрозненно; самостоятельно
singular единичный; исключительный; сингулярный; особый, особенный; вырожденный, вырождающийся
   of singular importance исключительной важности
   s. distribution сингулярное (вырожденное) распределение
   s. field сингулярное поле
   s. function сингулярная функция, функция с особенностями
   s. integral сингулярный интеграл

s. integral equation сингулярное интегральное уравнение
s. matrix сингулярная (вырожденная, особенная) матрица
s. point особая точка, точка сингулярности
s. proposition единичное предложение (суждение)
s. solution сингулярное (особое) решение
s. surface сингулярная поверхность
s. value сингулярное число
near s. почти сингулярный

singularity особенность; сингулярность, вырожденность; особая точка; исключительность, необычность
s. due to boundary conditions сингулярность от граничных условий
s. due to numerical integration сингулярность от численного интегрирования
s. of mapping сингулярность (особая точка) отображения
s. order порядок сингулярности
s. on shock особенность на скачке уплотнения
s. at sonic velocity особенность при переходе через скорость звука (на звуковой линии тока)
s. type тип (вид) сингулярности
apparent s. устранимая особенность
branch-point s. особенность типа точки ветвления
crack tip strain s. сингулярность деформаций у конца трещины
elastic s. упругая особенность, сингулярный член уравнения (решения) задачи теории упругости
entrance corner s. сингулярность от входящего угла
essential s. существенная (неустранимая) особенность
isolated s. изолированная сингулярность (особая точка)
removable s. устранимая особенность
stress s. сингулярность (поля) напряжений
vortical s. вихревая особенность

singular-value decomposition сингулярное разложение
sinistrorsal левая (о спирали, резьбе); левосторонний, левовращающий; с левым ходом, с левой резьбой
sink сток, слив; приемник, поглотитель; отвод; ‖ стекать, сливать; отводить, опускать(ся), оседать, погружать(ся); убывать, уменьшаться
s. flow сток
heat s. сток теплоты; теплоотвод; поглотитель тепла, источник холода
strength of s. интенсивность стока
two-dimensional s. двумерный (плоский) сток

sinkage осадка, оседание; погружение; проходка, бурение

sinter 1. агломерат, спеченный материал; ‖ спекать(ся); **2.** окалина, шлак; ‖ образовывать окалину (шлак)
sintering агломерация, спекание; обжиг
sinuosity изгиб, извилина; извилистость; волнообразное движение
sinuous волнистый, волнообразный; синусоидальный
sinus синус
sinusoid синусоида
sinusoidal синусоидальный, гармонический
s. envelope синусоидальная огибающая
s. load синусоидальная нагрузка
s. vibration синусоидальное (гармоническое) колебание
siphon сифон
site 1. место, местонахождение; положение, позиция; площадка, участок; пункт, точка, узел, центр; **2.** установка, стенд
s. separation пространственное разделение (разнесение)
dam s. створ плотины
lattice s. ячейка сетки, узел (кристаллической) решетки
launching s. пусковая площадка; стартовый комплекс
test s. испытательный стенд
situated расположенный, находящийся (в определенных условиях)
situation ситуация, обстановка, состояние, условия; место, (рас)положение
six цифра шесть; (число) шесть
sixfold шестикратный; ‖ в шесть раз
sixteen шестнадцать
sixty шестьдесят
sizable довольно большой, значительный
size 1. размер, величина; объем; формат; сечение, калибр; ‖ измерять, определять величину; задавать величину (размер); сортировать по величине; обрабатывать (точно) по размеру; оценивать, составлять мнение; **2.** клей; проклейка; ‖ клеить, проклеивать
to size up определять величину (размер); оценивать, составлять мнение
s. of load величина нагрузки
s. of mesh размер (ячейки) сетки, шаг сетки
s. of unit размер единицы (физической величины)
actual s. фактический размер; натуральная величина
basic s. основной размер; стандартный (номинальный) размер
correction s. величина поправки
effective s. эффективный (приведенный) размер; действительный размер
intended s. заданный (номинальный) размер
linear s. линейный размер
memory s. размер (емкость) памяти (запоминающего устройства)
overall s. полный (габаритный, наибольший) размер

particle s. размер (величина) частиц
pore s. величина пор
sample s. объём выборки
specified s. заданный размер
step s. размер шага
typical s. характерный размер
wire s. диаметр (калибр) проволоки

sizing 1. измерение, определение (назначение) размеров; сортировка по величине; обработка по размеру; 2. проклеивание; грунтовка

skate конёк, полоз; салазки; ‖ скользить

skeleton 1. скелет; каркас, остов; несущая (стержневая) конструкция, силовой набор; станина, рама; ‖ каркасный, каркасированный; стержневой, рамный; 2. схема, план, контур, эскиз; ‖ схематический; основной, контурный
   s. diagram общая схема
   s. frame рама каркаса; стержневой каркас, остов
   s. line основная (контурная) линия
   s. structure каркасная (каркасированная) конструкция
   bearing s. несущий каркас

sketch набросок, схематический чертёж, эскиз
   landscape s. чертёж местности

skew 1. косой; наклонный; несимметричный; ‖ наклонять(ся), располагать(ся) наклонно; отклонять(ся); перекашивать(ся); 2. наклон, уклон; скос, перекос; сдвиг фазы; рассинхронизация
   s. angle косой угол; угол скрещения (между непересекающимися прямыми)
   s. coordinates косые (косоугольные) координаты; косоугольная система координат
   s. distribution асимметричное распределение
   s. lines скрещивающиеся линии
   s. plane косая (наклонная) плоскость
   s. plate косоугольная пластина

skewed косой, скошенный; наклонный; непараллельный; несимметричный
   s. surface косая (скошенная) поверхность; винтовая поверхность

skewing скос, скашивание; перекос

skewness скошенность; асимметрия; неравномерность

skew-symmetric кососимметричный, антисимметричный, обратно-симметричный
   s. matrix кососимметричная матрица

ski лыжа, полоз; лыжное шасси
   s. gear лыжное (полозковое) шасси

skid 1. лыжа, полоз, салазки, направляющий рельс; 2. занос, скольжение; буксование; ‖ заносить, проскальзывать; буксовать; 3. тормозная колодка

skill квалификация, мастерство

skilled квалифицированный

skim 1. тонкий слой, плёнка, накипь; ‖ снимать плёнку (накипь); 2. скользить, касаться

skin кожа; поверхностный (верхний, наружный) слой, оболочка, обшивка
   s. friction поверхностное трение
   s. plate лист обшивки
   bearing s. несущая обшивка
   hardened s. упрочнённый (закалённый) поверхностный слой
   pressure s. герметичная обшивка
   smooth s. гладкая обшивка
   stiffened s. подкреплённая обшивка
   stressed s. напряжённая (работающая, несущая) обшивка

skin-stressed с работающей обшивкой (о тонкостенной конструкции)

skip скачок; перескок; пропуск, прогон; ‖ скакать; перескакивать, пропускать
   to skip the details опускать подробности

skirt юбка, кожух

sky небо

skyline 1. горизонт, линия горизонта; 2. очертание, контур; 3. профиль ненулевых элементов разрежённой матрицы
   s. matrix профильная матрица
   s. storage scheme профильная схема хранения (элементов матриц)

slab плита, пластина; сляб, плоская заготовка; плита перекрытия; дорожная панель
   s. lattice решётка из пластин
   continuous s. неразрезная плита
   cored s. плита с пустотами
   foundation s. фундаментная плита
   ribbed s. ребристая плита
   shell s. искривлённая плита, плита-оболочка
   thin s. тонкая (тонкостенная) плита

slack 1. слабый; ослабленный, нежёсткий; ненатянутый, ненапряжённый; нестрогий; ‖ ослаблять(ся); 2. ослабление; провисание, провес; стрела провеса; зазор, люфт; 3. резерв времени
   s. inequality нестрогое неравенство
   s. variable фиктивная переменная

slag шлак

slant наклон, уклон; скос, перекос; косая черта; ‖ косой, наклонный; ‖ наклонять, перекашивать
   on the slant косо; в наклонном положении
   s. fracture косое разрушение, косой излом

slash 1. разрез, надрез, прорезь; 2. косая черта

slat тонкая доска, планка; перекладина

slave зависимый (подчинённый) элемент (в иерархии); ведомый механизм; исполнительная система; ‖ зависимый, подчинённый, управляемый; неосновной, второстепенный, исполнительный; ‖ подстраивать(ся), согласовывать(ся); синхронизировать(ся)
   s. coordinate зависимая координата
   s. degree of freedom зависимая (второстепенная) степень свободы
   s. unit подчинённый элемент (в иерархии); ведомое звено
   s. variable зависимая переменная

slaved зависимый, управляемый
slaving согласование, подчинение, синхронизация, координация; работа в качестве исполнительного механизма
sled см. **sledge**
sledge салазки, полозья, лыжное шасси, направляющий рельс
sleeper поперечина, поперечный брус; шпала
sleeve рукав; втулка, гильза, муфта, трубка, патрубок
slender тонкий; узкий, удлиненный, с большим удлинением; малый, незначительный, слабый
   s. **ellipse** вытянутый (тонкий) эллипс
   s. **section** тонкое сечение
   s. **strut** тонкая (гибкая) стойка
slenderness 1. (постепенное) уменьшение размера; 2. удлинение, параметр удлинения; 3. податливость, гибкость
slew поворот, вращение, вращательное движение; || поворачивать(ся), вращать(ся)
slice (тонкий) слой; срез, часть, доля; || разделять на слои; делить на части
slick шлифовать; выравнивать поверхность
slide 1. скольжение, проскальзывание; сдвиг; скользящая деталь; салазки; оползень; наклонная плоскость; || скользить, проскальзывать, сдвигать(ся); 2. слайд (диапозитив)
   s. **control** плавная регулировка
   s. **rule** логарифмическая линейка
   angle of s. угол скольжения (сдвига)
   earth s. оползень
   longitudinal s. продольное скольжение; продольная направляющая
   main s. поперечина, траверса
slider скользящая деталь; скользящий контакт; подвижная шкала
slideway направляющая, салазки; кулиса
sliding скольжение, проскальзывание; сдвиг; направляющие, салазки; || скользящий; движущийся, подвижный
   s. **area** зона проскальзывания
   s. **contact** контакт с проскальзыванием
   s. **fit** скользящая (подвижная) посадка
   s. **fracture** срез, скалывание
   s. **friction** трение скольжения
   s. **mode crack** трещина поперечного сдвига (трещина типа II)
   s. **motion** скольжение, движение со скольжением
   s. **rubbing** трение скольжения
   s. **scale** подвижная шкала
   s. **surface** поверхность скольжения (трения)
   s. **wear** износ от трения скольжения
   s. **wedge** призма обрушения
   antiplane s. антиплоское скольжение (напр., как тип деформации вблизи конца трещины), продольный сдвиг
   grain boundary s. межзеренное проскальзывание (по границам зерен)

   inplane s. сдвиг в плоскости, плоский сдвиг; взаимное скольжение поверхностей трещины в плоскости деформации
slight легкий, малый, слабый
   s. **change** небольшое изменение
slightly легко, незначительно
slim тонкий, удлиненный, узкий; с большим удлинением
   s. **hole** скважина малого диаметра
sling подвеска; подъемный трос, строп; || подвешивать, поднимать груз
slip 1. (относительное) скольжение, проскальзывание; сдвиг, (относительное) смещение; сползание, стекание; оползень; буксование; стапель; || скользить, проскальзывать; буксовать; сдвигать(ся), смещаться; сползать, стекать; плавно переходить; 2. боковой увод (шины); 3. (длинная) полоса, лист; 4. ошибка; || ошибаться; ухудшаться
   s. **angle** угол скольжения
   s. **area** поверхность скольжения
   s. **band** полоса (линия) скольжения, плоскость скольжения
   s. **condition** условие проскальзывания
   s. **distance** расстояние (шаг) скольжения; путь трения
   s. **element** элемент скольжения; элемент пластической среды, образованный сеткой линий скольжения
   s. **line** линия скольжения
   s. **surface** поверхность (относительного) скольжения, плоскость буксования; поверхность обрушения
   s. **of tire** проскальзывание (буксование) шины
   inplane s. плоское скольжение, плоский сдвиг
   interlayer s. межслойное проскальзывание, сдвиг слоев
   land s. оползень
   propeller s. спутная струя за винтом
   through-the-thickness s. проскальзывание в поперечном направлении, поперечное скольжение
slippage (относительное) скольжение, проскальзывание; сдвиг, (относительное) смещение; сползание, стекание; буксование
slips направляющие, салазки; стапель
slipstream 1. спутная струя (за винтом); 2. невязкое течение
slipway направляющие, салазки; наклонная плоскость (для подъема грузов)
slit щель; прорезь, разрез, шлиц; || разрезать, прорезать; расщеплять, раскалывать
   s. **crack** щелевидная трещина
   s. **region** зона разреза; область, ограниченная (параллельными) разрезами
   edge s. краевой (боковой) надрез
slitlike щелевидный, узкий
slitted расщепленный; имеющий прорезь (шлиц); разрезной, составной
slither скользить; скатываться

sliver 1. щепа; расщеп, скол; ‖ расщеплять(ся), откалывать(ся); 2. прядь (волокон)

slope наклон; уклон; угол наклона (откоса), тангенс угла наклона, угловой коэффициент, крутизна; угол поворота (напр. сечения); откос, склон; ‖ наклонять(ся), поворачивать(ся); ставить с уклоном; закладывать откос; скашивать

   s. boundary condition граничное условие на угол поворота (наклона, откоса)

   s. of curve at a point наклон (тангенс угла наклона) кривой в точке

   s. of repose угол естественного откоса, угол внутреннего трения (сыпучего материала)

   angle of s. угол наклона (откоса)

   gain s. наклон (крутизна) характеристики

   gentle s. пологий откос

   reverse s. обратный наклон

   safe s. устойчивый откос

   steep s. крутой уклон

   tangent s. наклон касательной

   ultimate s. предельный наклон (угол поворота); предельный (устойчивый) откос

slot 1. канавка, паз, прорезь, щель; надрез, разрез; 2. участок, область, сегмент; интервал времени

   s. array щелевая решетка

slotted щелевой, щелевидный

sloughing сползание, обрушение (породы)

slow медленный, замедленный, медленно действующий; постепенный; ‖ замедлять(ся), тормозить(ся); ‖ медленно, замедленно; постепенно

   s. buckling медленная потеря устойчивости (без "хлопка")

   s. term "медленная" (медленно изменяющаяся) составляющая

   s. test испытание при статическом воздействии

   s. transient медленный нестационарный процесс

slow-acting медленный, медленно действующий, тихоходный

slowdown уменьшение скорости, замедление, торможение; затухание; ‖ замедляющий(ся), затухающий

   s. of creep замедление (затухание) ползучести

   s. path путь, проходимый по инерции до остановки; путь выбега, тормозной путь

   s. time продолжительность движения по инерции, время торможения

slowly медленно; замедленно; с малой скоростью

   s. varying медленно изменяющийся

slow-response медленно срабатывающий, инерционный

sludge осадок, отстой; накипь; пульпа

slue поворот; ‖ поворачивать(ся)

slug 1. (металлическая) заготовка; брусок, стержень; вырубка из-под штампа; 2. доля, порция; 3. слаг (английская единица массы в системе фунт-сила, фут, секунда)

sluggish (за)медленный

sluice шлюз, перемычка, (гидротехнический) затвор; канал, водовод; ‖ шлюзовать; выпускать, отводить воду; промывать

sluice-gate шлюзовые ворота

slump снижение, уменьшение; осадка (породы, грунта); усадка; оползень; ‖ уменьшаться, падать; оседать; давать усадку

slurry взвесь, суспензия, пульпа; ‖ разжижать

small малый, небольшой, незначительный; слабый; немногочисленный; короткий, непродолжительный; мелкий

   as small as до, в пределах (перед цифрами)

   in small в небольших размерах, в малом

   half as small as в два раза больше, чем

   twice as small as в два раза меньше, чем

   s. aspect ratio малое удлинение

   s. deformation tensor тензор малых деформаций

   s. displacements model модель деформирования (лишь) с малыми перемещениями

   s. parameter method метод малого параметра

   s. perturbation малое возмущение

   s. torque малое закручивание, малые углы крутки

small-amplitude с малой амплитудой

smalls мелкие детали (элементы, фракции)

small-scale малый, небольшой, ограниченный; малой размерности; в малом масштабе

   s. yielding маломасштабное пластическое течение

small-size(d) небольших размеров, малогабаритный

smart 1. быстрый; резкий; 2. интеллектуальный (о приборе)

smelt плавка; расплавленный металл, расплав; ‖ плавить, расплавлять

smelting плавка, плавление; ‖ плавильный

   s. furnace плавильная печь

smooth гладкий; ровный, плавный; однородный; ‖ сглаживать; выравнивать; смягчать; шлифовать

   s. body (идеально) гладкое тело, тело без трения

   s. boundary гладкая граница, гладкий контур

   s. fracture гладкий (мелкозернистый) излом

   s. function гладкая функция

   s. running плавный ход

   s. support (идеально) гладкая опора

   s. surface гладкая поверхность; поверхность без трения

   piecewise s. кусочно-гладкий

smoothed сглаженный; выровненный; отшлифованный

   s. data сглаженные данные

smoothing сглаживание; выравнивание; шлифование
  s. **criterion** критерий сглаживания
  s. **polynomial** сглаживающий полином
  data s. сглаживание данных
  exponential s. экспоненциальное сглаживание
  nodal s. (по)узловое сглаживание
smoothness гладкость; плавность; однородность, равномерность
  s. **order** порядок гладкости
  aerodynamic s. обтекаемость
  surface s. гладкость поверхности; чистота поверхности
  torque s. равномерность крутящего момента (двигателя)
snag выступ, неровность; препятствие; неисправность
snail спираль, улитка
snaking неустойчивый полет, рыскание
snap удар, хлопок, щелчок; резкое изменение, скачок; потеря устойчивости, прощелкивание; ‖ хлопать, щелкать; резко изменяться, испытывать скачок; терять устойчивость, прохлопывать, прощелкивать; (внезапно) ломать(ся), рвать(ся)
  to snap off отламывать(ся)
  s. **action** мгновенное действие, скачок; "хлопок", потеря устойчивости (упругой конструкцией)
  s. **buckling** выпучивание, потеря устойчивости (с "хлопком", прощелкиванием)
  s. **formula** эмпирическая формула, практическое правило
snap-back обратный "хлопок", скачкообразный переход в исходное состояние (упругой конструкции)
snap-through "хлопок", прощелкивание, потеря устойчивости
  s. **algorithm** алгоритм расчета потери устойчивости (конструкций), алгоритм расчета закритического поведения
snick надрез, зарубка; ‖ надрезать
snip надрез; обрезок, кусок; ‖ резать (ножницами)
snips 1. мн.ч. от snip; 2. ножницы
snout сопло, мундштук
snow снег
snow-slip лавина
so так, таким образом; настолько; тоже, также; поэтому, следовательно
  so as так, чтобы
  so as to с тем, чтобы
  so far до сих пор, пока
  so far as настолько, насколько
  so far as ... is concerned что касается, поскольку речь идет о
  so long as пока; поскольку
  so much for все, что касается
  so much the more тем более, что
  so much so до такой степени, что; особенно

and so forth и так далее
even so даже в таком случае
if so если это имеет место, в таком случае
in so doing при этом
not so ... as не так ... как
or so или приблизительно; около этого
quite so именно так
the more so особенно
very much so безусловно; особенно; вполне возможно
soak впитывание, пропитывание; всасывание; замачивание; ‖ впитывать(ся), пропитывать(ся); всасывать(ся); просачиваться; намачивать(ся)
soar 1. парить, планировать; 2. (быстро) подниматься, повышаться, расти
Sobolev Соболев
  S. **inclusion theorem** теорема вложения Соболева
  S. **space** пространство Соболева
society общество; объединение, организация; общественность
socket 1. выемка, углубление; (контактное) гнездо, (электрический) разъем; 2. втулка, муфта, патрубок, раструб
  flanged s. патрубок, штуцер
  reducing s. переходная муфта (напр., для соединения труб)
socle основание, тумба, цоколь
soffit нижняя поверхность (напр., элемента конструкции); кессон (потолка)
soft 1. мягкий; слабый; нежесткий, непрочный, нетвердый, податливый; гибкий, изменяемый; неустойчивый, незакаленный (о материале); неинтенсивный, неяркий, неконтрастный (об изображении); 2. назначаемый (пользователем), программируемый
  s. **ground** слабый грунт
  s. **landing** мягкая посадка
  s. **steel** мягкая сталь
  s. **structure** нежесткая (гибкая, изменяемая, программируемая) структура; слабая (непрочная) конструкция
  s. **tissue** мягкая (мышечная) ткань
soften размягчать(ся), смягчать(ся); разупрочнять(ся), терять прочность; отпускать (металл); пластифицировать(ся)
softening размягчение, смягчение; разупрочнение, снижение прочности; отпуск (металла); пластификация; разрыхление
  s. **material** разупрочняющийся (разрыхляющийся) материал
  work s. деформационное разупрочнение
software программное обеспечение, программные средства
  s. **environment** программная среда
  s. **package** пакет программ
  s. **tools** инструментальные программные средства
  application s. прикладное программное обеспечение
  CAD s. программное обеспечение САПР

mathematical s. программное обеспечение для решения математических задач
operational s. системное программированное обеспечение; операционная система
structural analysis s. программное обеспечение для расчета конструкций (на прочность)
software-compatible программно совместимый
soil грунт, почва
  s. foundation грунтовое основание
  s. loading нагрузка на грунт; нагрузка от грунта
  s. mechanics механика грунтов
  s. reinforcement укрепление грунта
  s. settlement осадка грунта
  s. structure структура грунта; грунтовое сооружение
  aqueous s. водонасыщенный грунт
  binder s. связный грунт
  clay s. глинистый грунт
  cohesionless s. несвязный грунт
  cohesive s. связный грунт
  compacted s. уплотненный грунт
  firm s. плотный грунт
  granular s. сыпучий грунт
  loose s. рыхлый грунт
  permafrost s. мерзлый грунт, вечная мерзлота
  running s. плывун
  saturated s. насыщенный грунт
  weak s. слабый грунт
solar солнечный
solder припой; ‖ паять, припаивать, запаивать
soldering пайка
sole 1. основание, фундамент, подошва, постель; 2. единственный, исключительный
  s. plate фундаментная плита
  s. weight собственный вес
solebar продольная балка
solely только, единственно, исключительно
solenoid соленоид
solid 1. твердое тело; твердая фаза вещества; сплошное тело, сплошная среда; массив, целик; ‖ твердый, плотный, прочный; сплошной, непрерывный, без разрывов (полостей); цельный, монолитный, неразъемный; массивный; 2. геометрическое тело; объемное (пространственное) тело; ‖ объемный, пространственный, трехмерный; телесный (об угле); 3. обоснованный, убедительный
  s. angle пространственный (телесный) угол
  s. approach обоснованный подход
  s. argument убедительный довод
  s. body твердое тело; объемное тело; сплошное тело
  s. coupling неразъемное соединение
  s. cross-section сплошное поперечное сечение
  s. dam гравитационная (массивная) плотина; глухая плотина

  s. element объемный (пространственный) элемент; твердотельный элемент
  s. error постоянная (устойчивая) ошибка
  s. finite element объемный (пространственный) конечный элемент
  s. frame сплошная (неразрезная) рама
  s. fuel твердое топливо
  s. geometry геометрия в пространстве, стереометрия
  s. line сплошная (жирная) линия
  s. measure мера объема
  s. model пространственная модель; твердотельная (геометрическая) модель
  s. of revolution тело вращения
  s. state твердое состояние, твердая фаза (вещества)
  s. tire массивная шина
  axes of s. система осей, связанная с телом
  brittle s. хрупкое тело
  Cosserat-type s. тело (типа) Коссера
  dynamics of solids динамика (деформируемого) твердого тела
  elastic s. упругое тело
  elasto-plastic s. упругопластическое тело
  geometric s. геометрическое тело
  isotropic s. изотропное тело
  linear s. линейное (линейно-деформируемое, линейно-упругое) тело
  mechanics of solids механика твердого (деформируемого) тела
  non-Fourier s. твердое тело, не подчиняющееся закону (теплопроводности) Фурье
  regular s. тело правильной формы
  suspended solids взвешенные твердые частицы
  viscoelastic s. вязко-упругое тело
solid-drawn цельнотянутый, бесшовный, из единого куска
solidification затвердевание, застывание, загустевание; кристаллизация
  s. crack трещина затвердевания, усадочная трещина
  s. front фронт кристаллизации
solidify затвердевать, застывать; кристаллизоваться
solidity твердое состояние; твердость, плотность; сплошность, цельность
solid-propellant твердотопливный, работающий на твердом топливе
solid-state твердый, в твердом состоянии; твердотельный; полупроводниковый (о приборе)
  s. mechanics механика твердого (деформируемого) тела
solitary единичный, отдельный
  s. instance единичный пример (случай)
  s. wave отдельная (одиночная) волна
solubility 1. разрешимость; объяснимость; 2. растворимость
soluble 1. разрешимый; объяснимый; 2. растворимый

solus (лат.) один, в единственном числе
solute раствор, растворенное вещество
solution 1. решение; разрешение (напр., проблемы, противоречия); объяснение; процесс решения; 2. раствор; растворение; 3. разрыв (сплошности); разрушение, прекращение
   s. **accuracy** точность (погрешность) решения
   s. **curve** кривая (график) решения
   s. **of equation** решение уравнения
   s. **error** погрешность решения
   s. **existence** существование решения
   s. **expansion** разложение решения (напр., в ряд)
   s. **of flow** решение задачи о движении жидкости (об обтекании)
   s. **function** функция решения
   s. **by inspection** решение методом подбора
   s. **norm** норма решения
   s. **path** траектория (кривая) решения
   s. **scheme** схема (алгоритм) решения
   s. **in series** решение в форме ряда; решение в рядах
   s. **temperature** температура растворения
   s. **of triangle** решение треугольника
   accurate s. точное решение; (приближенное) решение с высокой точностью
   adequate s. правильное решение, решение с достаточной точностью
   ambiguous s. неоднозначное решение
   analytic(al) s. аналитическое (формульное) решение
   approximate s. приближенное решение
   basic s. основное (фундаментальное) решение
   biharmonic s. решение бигармонического уравнения
   boundary element s. решение методом граничных элементов, гранично-элементное решение
   bounded s. ограниченное решение
   branch of s. ветвь решения
   candidate s. (допустимый) вариант решения
   checking s. п(р)оверочное решение
   closed-form s. решение в замкнутой форме, аналитическое решение
   complex s. сложное (составное) решение; комплексное решение, решение в комплексной форме
   continuation of s. продолжение решения
   continuum-level s. континуальное (непрерывное) решение; решение с использованием непрерывной модели
   converging s. сходящееся решение
   crack propagation s. решение задачи о распространении трещины
   direct s. прямое решение
   discontinuous s. разрывное решение
   displacement s. решение в перемещениях
   elastic s. упругое решение; решение задачи теории упругости; решение по упругой модели деформирования
   engineering s. техническое (инженерное) решение
   exact s. точное решение
   feasible s. допустимое (возможное) решение
   finite element s. решение методом конечных элементов, конечноэлементное решение
   fundamental s. фундаментальное решение
   general s. общее решение
   heuristic s. эвристическое решение
   in-core s. решение в оперативной памяти
   incremental s. решение в приращениях, (по)шаговое решение
   isolated s. изолированное (особое) решение; частное решение
   interactive s. решение задачи в диалоговом режиме
   iterative s. итерационное решение
   linear s. линейное решение; решение линейной задачи; решение по линейной модели
   linear-independent solutions линейно независимые решения
   matrix s. решение в матричном виде; решение матричным методом
   membrane s. мембранное (безмоментное) решение; решение для мембраны (оболочки-мембраны, безмоментной оболочки); решение плоской задачи
   minimum energy s. решение, отвечающее условию наименьшей энергии
   mud s. глинистый раствор
   numerical s. численное решение
   on-line s. решение задачи в реальном времени (в темпе поступления данных)
   out-of-core s. решение с использованием внешней памяти ЭВМ
   partial s. частное решение
   particular s. особое решение; частное решение
   periodic s. периодическое (циклическое) решение
   power series s. решение в виде степенного ряда
   pure bending s. решение задачи о чистом изгибе; чисто изгибное решение
   required s. искомое решение
   Ritz s. решение методом Ритца (по Ритцу)
   schlicht s. однолистное решение
   shallow shell s. решение для пологой оболочки; решение по теории пологих оболочек
   similar s. подобное (автомодельное) решение
   singular s. сингулярное (особое) решение
   stable s. устойчивое решение; установившееся решение
   static s. статическое (стационарное) решение, решение задачи статики
   steady-state s. установившееся (стационарное) решение

strain s. решение для деформаций; решение в деформациях
superposition of solutions суперпозиция решений
theoretical s. теоретическое решение; аналитическое решение
trial s. пробное решение
trivial s. тривиальное решение
true s. правильное (истинное, точное) решение
unambiguous s. однозначное решение
unique s. единственное решение
unit-force s. решение от единичной силы
unit-form s. особое решение; частное решение
unit-jump s. решение от единичного импульса
unsteady s. неустановившееся решение; несошедшееся решение
viscous s. вязкий раствор; решение с учетом вязкости
wrong s. неверное решение
solvability см. **solubility**
solvable см. **soluble**
solve 1. решать, разрешать (задачу), объяснять; 2. растворять
solvency растворимость, растворяющая способность
solvend растворяющееся (растворимое) вещество
solvent растворитель
solver решающее устройство; программа решения, "решатель"
analog(ue) equation s. аналоговое (моделирующее) устройство для решения уравнений
eigen-value s. программа решения собственной проблемы
equation s. программа решения уравнений, "решатель"
frontal s. программа фронтального решения (системы линейных алгебраических уравнений), фронтальный "решатель"
in-core s. программа решения, использующая (только) оперативную память
incremental s. программа пошагового решения
skyline s. профильный "решатель", программа решения систем линейных уравнений при профильном хранении матриц
solving 1. решение, процесс решения; || решающий, разрешающий, объясняющий; 2. растворение; || растворяющий(ся)
some некоторое количество, несколько; часть; || некоторый; какой-либо; || несколько, немного; около, приблизительно (перед цифрами); до некоторой степени
some of некоторые (часть) из
for some measure до некоторой степени, отчасти
for some reason по некоторым причинам
in some or other way так* или иначе
somebody кто-либо

somehow как-либо, таким-то образом; почему-либо
somehow or other так или иначе
someone кто-либо
something что-то, нечто; || до некоторой степени, несколько, немного; приблизительно
s. like приблизительно, около (перед цифрами)
sometimes иногда
someway как-либо, каким-то образом
somewhat что-то; || до некоторой степени, несколько, отчасти
somewhere где-либо; куда-либо
sommer ригель, прогон; перемычка
sonar сонар, звуковой (гидро)локатор; гидролокация
sonde зонд
sonic звуковой, акустический; имеющий звуковую скорость
s. barrier звуковой барьер
s. frequency звуковая частота
s. line линия перехода через скорость звука, линия возмущений
s. threshold звуковой барьер; критическое сечение сопла Лаваля
s. velocity скорость звука
soniferous передающий звук, звуковой
soon скоро, вскоре
as soon as как только
soot сажа, нагар; кокс
sooth истина
in sooth в самом деле, поистине
sophisticated 1. сложный, усложненный; усовершенствованный; 2. опытный; 3. обманчивый
sophistication 1. усложнение, усовершенствование; 2. опыт; 3. софистика; софизм
sopping мокрый, намокший, промокший
sorely весьма, очень; совершенно
sort 1. сорт, вид, класс, род, тип; сортировка, классификация, упорядочение; || сортировать, классифицировать, упорядочивать; 2. качество, характер; 3. образ (действия), способ
to sort out сортировать, рассортировывать
to sort well соответствовать чему-либо
in a sort некоторым образом; в некоторой степени
ascending s. сортировка по возрастанию
bubble s. сортировка методом "пузырька"
merge s. сортировка слиянием
property s. сортировка по признаку
serial s. последовательная сортировка
sortie вылет; выход из кабины (космонавта)
sorting сортировка, классификация, упорядочение; программа сортировки
s. item элемент сортировки
sound 1. звук; звучание; шум; || звучать, издавать звук; испускать шум; 2. зонд; зондирование; || зондировать, испытывать, проверять; 3. надежный, прочный; сплошной, цельный; исправный, правильный,

обоснованный; интенсивный, сильный; густой, плотный; глубокий, тщательный
  s. **absorber** звукопоглотитель
  s. **argument** обоснованный довод
  s. **barrier** звуковой барьер
  s. **body** сплошное тело, тело без полостей (трещин, дефектов)
  s. **excitation** звуковое возбуждение
  s. **frequency** звуковая частота
  s. **velocity** скорость звука
  s. **vibration** звуковое (акустическое) колебание
  s. **wave** звуковая волна
  deep s. низкий звук
  rubbing s. шум трения
  technically s. **approach** технически обоснованный подход
  undershock s. баллистическая волна, звуковая волна (от взрыва)
sound-absorbing звукопоглощающий
sounding 1. звучание; 2. зондирование, измерение
  echo s. измерение (глубины) эхолотом
  supersonic s. ультразвуковое зондирование
sounding-board резонатор, дека
soundness надежность, прочность; отсутствие дефектов, цельность; исправность, исправное состояние; правильность, обоснованность; интенсивность, сила; плотность; тщательность
sound-proof звукоизолирующий
soup увеличивать (напр., мощность двигателя), усиливать, поднимать
source 1. источник; начало, причина; ‖ исходный, начальный; первичный, являющийся причиной; 2. оригинал; рукопись; исходная (входная) программа, текст программы; ‖ оригинальный; рукописный
  s. **of current** источник тока
  s. **error** начальная погрешность
  s. **of errors** источник погрешностей (ошибок)
  s. **of excitation** источник возбуждения
  s. **function** функция источника (влияния), функция Грина
  s. **of heat** источник теплоты
  s. **intensity** интенсивность источника
  s. **language** исходный (входной) язык
  s. **program** исходная программа; текст программы
  s. **and sink method** метод источников и стоков
  s. **strength** интенсивность источника
  earthquake s. очаг землетрясения
  feed s. источник питания
  harmonic s. источник гармонических колебаний
  ideal s. идеальный источник
  original s. первоисточник
  point s. точечный источник
  propulsion s. двигатель, источник движущей силы; движитель

  radiation s. источник излучения
  shock s. ударный источник, источник импульсов
  shot s. взрывной источник
  stationary s. стационарный (постоянный, неподвижный) источник
  vibration s. источник колебаний
  vorticity s. источник вихрей
  wave s. источник волн (колебаний)
south юг
space 1. пространство; космос; зона, область, поле; площадь, объем; расстояние, протяженность; интервал, зазор, промежуток, пробел; ‖ пространственный; космический; ‖ располагать, размещать; располагать с интервалами, оставлять промежутки; 2. шпация
  s. **basis** базис пространства
  s. **beam** пространственная балка
  s. **centrode** неподвижная центроида
  s. **character** знак пробела
  s. **curve** пространственная кривая
  s. **dimension** размерность пространства
  s. **epure** пространственная эпюра
  s. **flight** космический полет
  s. **frame** пространственная рама (конструкция); космический аппарат
  s. **lattice** пространственная решетка
  s. **satellite** космический (искусственный) спутник
  s. **structure** пространственная конструкция (структура); космическая конструкция
  s. **suit** космический костюм (скафандр)
  s. **truss** пространственная ферма
  s. **vehicle** космический аппарат (корабль)
  Banach s. банахово пространство
  blank s. пробел; пропуск
  clearance s. зазор, просвет, клиренс
  column s. пространство столбцов (натянутое на векторы-столбцы)
  compression s. пространство (область) повышенного давления; камера сжатия (давления)
  configuration s. пространство конфигураций
  control s. пространство (параметров) управления
  coordinate s. пространство координат
  dead s. мертвая (застойная) зона, область нечувствительности; вредное пространство (цилиндра двигателя)
  decision s. пространство решений
  deformation s. пространство деформаций
  delivery s. выходной канал; диффузор
  design s. пространство (параметров) проектирования
  deviator s. девиаторное пространство
  finite-dimensional s. конечномерное пространство
  feasible s. допустимое пространство
  free s. свободное пространство; зазор, люфт, свободный ход; свободная область памяти

full s. полное пространство
function(al) s. функциональное пространство, пространство функций
Hilbert s. гильбертово пространство
input s. входное пространство, входная камера; пространство входов (входных воздействий)
intermediate s. интервал, промежуток, шаг
linear s. линейное пространство
loading s. пространство нагрузок
memory s. область памяти
mesh s. шаг сетки, размер ячейки; сеточное пространство
metric s. метрическое пространство
null s. нулевое пространство, нуль-пространство
open s. открытое пространство
outer s. внешнее пространство; космическое пространство
parameter s. пространство параметров; интервал изменения параметра
phase s. фазовое пространство
pore s. объем пор
principal stress s. пространство главных напряжений
product s. область пересечения
reduced s. редуцированное пространство
Sobolev s. пространство Соболева
state s. пространство состояний
stowage s. полезный объем
strain s. пространство деформаций
topological s. топологическое пространство
trial s. пробное пространство, пространство пробных функций
two-dimensional s. двумерное пространство
vacuum s. пространство (область) разрежения; камера низкого давления
vector s. векторное пространство, пространство векторов
vector-spanned s. пространство, натянутое на (базисные) векторы
velocity s. пространство (поле) скоростей
virtual s. виртуальное пространство
white s. пробел
working s. рабочее пространство; рабочая область (памяти)
spacecraft космический (летательный) аппарат
spaced расположенный, размещенный; отстоящий, удаленный, (находящийся) на расстоянии
   equally s. равноотстоящий (равноудаленный)
space-flight mechanics механика космического полета
spaceplane (воздушно-)космический самолет
spacer разделитель; пробел; прокладка, шайба; распорка
spacing 1. интервал, промежуток, расстояние, шаг; расстановка, размещение (с интервалами); расположение (по отношению друг к другу); 2. шпация

s. of nodes расстояние между узлами, шаг узлов; размещение узлов
axle s. колесная база
blade s. шаг лопаток (колеса турбины)
clear s. расстояние между центрами (в осях, в свету)
frequency s. частотный интервал
mesh s. шаг сетки; нанесение сетки, сеточное разбиение
pulse s. интервал между импульсами
support s. расстояние между опорами; размещение опор
uniform s. равномерное распределение, равномерный шаг
vertical s. расположение по вертикали; шаг по вертикали; интервал между строками
spacious широкий, обширный; вместительный
   s. mind широкий кругозор
spade лопата; лемех; || копать
spade-work тщательная (подготовительная) работа
spall осколок, обломок; || разбивать, дробить; скалывать
spalling дробление, раскалывание; растрескивание; отслаивание
   thermal s. термическое растрескивание
span диапазон, интервал; пролет (моста), промежуток (между опорами); протяженность; амплитуда; размах (крыла); раствор (угла); длительность, отрезок времени; || простираться, охватывать; располагаться (по размаху, пролету); измерять
   s. of flight продолжительность полета
   s. of motion размах движений
   approach s. крайний (береговой) пролет (моста)
   beam s. пролет балки (между опорами); балочное пролетное строение
   bridge s. пролет (пролетное строение) моста
   cantilever s. консольный пролет; вылет консоли
   continuous s. непрерывный диапазон; неразрезное пролетное строение
   effective s. эффективная длина (пролета); приведенный размах
   error s. диапазон ошибки
   life s. срок службы, ресурс, жизненный цикл
   skew s. косое пролетное строение
   time s. отрезок (промежуток) времени, продолжительность
   truss s. пролет фермы
   wing s. размах крыла
spanner гаечный ключ
spanpiece затяжка; поперечина, ригель
spanwise вдоль (по пролету), по размаху (крыла)
   s. lift распределение подъемной силы по размаху
spar лонжерон, несущий брус, силовая балка; перекладина, поперечина, ригель
   box s. кессонный лонжерон, коробчатая балка

front s. передний лонжерон
   rotor blade s. лонжерон лопасти несущего винта вертолета
   wing s. лонжерон крыла
spare запас, резерв; запасная часть; ‖ запасной, резервный; ‖ экономить, сберегать
sparge разбрызгивание; ‖ разбрызгивать
sparger разбрызгиватель
spark искра, вспышка; искровой разряд; ‖ искрить, давать искры; вспыхивать; зажигать искрой
sparse редкий; разреженный; рассеянный, разбросанный; редкозаполненный
   s. format разреженный формат (хранения данных)
   s. matrix разреженная (редкозаполненная) матрица
sparsity разреженность; разбросанность
   s. ordering упорядочение разреженности; схема (формат) хранения разреженных данных
   s. pattern расположение ненулевых элементов (в матрице), узор разреженности
spasmodic нерегулярный, неритмичный, неровный
spat защитная накладка; кожух, обтекатель
spatial пространственный
   s. angle пространственный (телесный) угол
   s. coordinates пространственные координаты; пространственная система координат
   s. curve пространственная кривая
   s. discretization пространственная дискретизация, дискретизация по пространственным переменным
   s. frame of reference пространственная система отсчета
   s. polar coordinates сферическая система координат
   s. structure пространственная конструкция (структура)
   s. value пространственная координата
   s. variable пространственная переменная
spatial-temporal пространственно-временной
speak говорить; высказывать(ся); выступать; свидетельствовать
speaking разговор; ‖ говорящий; выразительный
   generally speaking вообще говоря
   in a manner of speaking если можно так выразиться
special специальный, особый; специализированный; отдельный, частный; определенный, заданный
   to be of special interest представлять особый интерес
   s. case особый (частный) случай
   s. steel специальная сталь
speciality 1. специальность; 2. отличительная черта, особенность; частность
specialize специализировать(ся); точно указывать, уточнять, конкретизировать; ограничивать, сужать, делать специфичным; приспосабливать(ся), адаптировать(ся)
specially специально; особенно
special-purpose специальный, специализированный, специального назначения
specialty 1. особенность; 2. специальность
species вид, категория, разновидность
specific 1. особый, специфический; 2. свойственный, характерный, видовой, собственный; 3. точный, определенный; конкретный; ограниченный; 4. удельный, относительный, (приходящийся) на единицу
   s. area удельная площадь (поверхность)
   s. density плотность, удельный вес (материала)
   s. duty удельная производительность
   s. elongation относительное удлинение
   s. energy удельная энергия
   s. gravity плотность, удельный вес
   s. heat удельная теплоемкость
   s. name собственное имя
   s. pressure удельное давление
   s. statement точная формулировка; ограниченное утверждение
   s. strength удельная прочность
   s. value удельное значение
   s. viscosity удельная вязкость
   s. weight удельный вес, плотность
specifically 1. особенно, в особенности; 2. в частности; 3. точно, конкретно
   more specifically точнее, точнее говоря
specification спецификация, (техническое) описание, детализация; технические условия; техническое задание
   out of specification за пределами технических условий
   design s. спецификации (описание) проекта, техническое задание (на проектирование)
   quantitative s. количественное описание; количественная оценка
specified (подробно) описанный, обозначенный (напр., на чертеже), специфицированный; (точно) определенный, установленный, вычисленный; заданный, фиксированный, постоянный; отмеченный, указанный
   unless otherwise specified если не оговорено иное
   s. boundary conditions заданные граничные условия
   s. error заданная погрешность; вычисленная погрешность
   s. load заданная (фиксированная) нагрузка; определенная нагрузка; расчетная нагрузка
   s. nodes заданные (определенные, выделенные) узлы
   s. value определенное (заданное) значение; вычисленное значение
specify 1. (подробно) описывать, обозначать, специфицировать; (точно) определять, устанавливать, вычислять; задавать, фиксировать; отмечать, указывать; конкретизиро-

вать, уточнять; 2. придавать особый характер

    it is usual to specify принято точно указывать

specimen образец; экземпляр; проба

    s. holder захват, зажим (напр., испытательной машины)

    beam s. образец в виде балки

    bending s. образец для испытания на изгиб

    calibration s. тарировочный образец

    Charpy s. образец (с надрезом) Шарпи

    compression s. образец для испытания на сжатие

    crack growth s. образец для исследования роста трещины

    drop-weight tear-test s. (DWTT) образец для испытания на разрыв падающим грузом

    fatigue s. образец для испытаний на усталость

    flat plate s. образец в виде плоской пластины

    fracture toughness test s. образец для определения вязкости разрушения (трещиностойкости)

    full-scale s. образец в натуральную величину

    grooved s. образец с надрезом

    impact s. образец для испытания на удар

    invalid s. непригодный образец; разрушенный образец

    Izod s. образец (с надрезом) для испытаний по Изоду

    notched s. образец с надрезом

    photoelastic s. фотоупругий образец

    pin-loaded s. образец под действием сосредоточенной нагрузки

    prestrained s. предварительно деформированный образец

    shouldered(-end) s. образец с заплечиками по концам

    split s. разъемный образец; расщепленный образец

    tapered s. клиновидный образец

    tension s. образец для испытания на растяжение

    test s. испытываемый образец; образец для испытаний

    three-point bend s. образец для трехточечного изгиба (образец на двух опорах, нагруженный сосредоточенной силой)

    uniaxial s. образец для испытаний при одноосном напряженном состоянии

speck частица, частичка; (маленькое) пятно, точка; || покрывать(ся) пятнами

    s. of matter частица материи (вещества)

speckle (маленькое) пятно, точка; спекл

spectacular яркий; очевидный, наглядный

    s. example наглядный пример

spectator наблюдатель

spectra мн.ч. от **spectrum**

spectral 1. спектральный; 2. собственный, характеристический

    s. analysis спектральный анализ; расчет спектра

    s. component элемент спектра

    s. conditioning criterion спектральный критерий обусловленности (фон Неймана)

    s. conditioning ratio спектральное число обусловленности

    s. decomposition спектральное разложение

    s. density плотность спектра, спектральная плотность

    s. equation уравнение для определения (собственного) спектра, характеристическое уравнение

    s. line линия спектра

    s. mode собственная форма (мода), собственный вектор

    s. problem спектральная задача, собственная проблема, проблема собственных значений

    s. sensitivity спектральная чувствительность

spectroscopy спектроскопия

spectrum 1. спектр; 2. разнообразие; номенклатура, сортамент; 3. диапазон, интервал; объем

    s. band интервал спектра, полоса (собственных) частот; ширина спектра

    acoustic s. акустический (звуковой) спектр, спектр звуковых частот

    band(ed) s. полосовой (линейчатый) спектр

    continuous s. непрерывный спектр

    dense s. плотный спектр

    discrete s. дискретный спектр

    eigen s. собственный спектр, спектр собственных чисел (частот свободных колебаний)

    energy s. энергетический спектр

    flat s. равномерный спектр

    frequency s. частотный спектр; диапазон частот

    line s. линейчатый (дискретный) спектр

    optical s. оптический спектр; оптическая область спектра

    oscillation s. спектр колебаний, колебательный спектр

    power s. спектр мощности; энергетический спектр

    pulse s. спектр импульса

    size s. размерный ряд

    speed s. диапазон скоростей

    wave s. волновой спектр

specular зеркальный; отражающий

    s. reflection зеркальное отражение

    s. surface зеркальная (отражающая) поверхность

speculate размышлять, рассуждать; делать предположения

speculation размышление, рассуждение; предположение, гипотеза; теория

speculative отвлеченный, теоретический, умозрительный; гипотетический; спорный, дискуссионный
speculum зеркало, отражатель, рефлектор
speech речь; выступление
speed скорость; темп; частота; быстродействие, производительность; частота вращения, число оборотов; || ускорять(ся), разгонять(ся); увеличивать(ся)
  to speed down замедлять(ся), тормозить; уменьшать(ся), снижать(ся)
  to speed up ускорять(ся), разгонять(ся); увеличивать(ся), поднимать(ся)
  s. of advance поступательная скорость; скорость подачи; скорость поступи (винта)
  s. box коробка скоростей (передач)
  s. counter счетчик числа оборотов, тахометр; спидометр
  s. dissipation снижение скорости
  s. of escape вторая космическая скорость, скорость отрыва
  s. gage указатель скорости, спидометр; указатель числа оборотов, тахометр
  s. governor регулятор скорости
  s. of operation рабочая скорость; быстродействие, производительность
  s. range диапазон скоростей
  s. reducer редуктор
  s. of response быстрота срабатывания (реакции)
  s. of rotation скорость вращения, угловая скорость; частота вращения
  acoustic s. скорость звука
  actual s. действительная (истинная, путевая) скорость; мгновенная (текущая) скорость
  air s. скорость воздушного потока; скорость летательного аппарата
  allowable s. допустимая скорость
  angular s. угловая скорость, скорость вращения; угловая (круговая) частота
  available s. располагаемая скорость
  avalanche s. скорость лавины; скорость лавинообразного распространения
  average s. средняя скорость
  axial s. осевая (продольная) скорость
  boring s. скорость сверления (бурения, проходки скважины)
  circumferential s. окружная скорость, скорость на периферии
  clock s. тактовая частота
  components of s. составляющие (вектора) скорости
  computation s. скорость вычислений, быстродействие ЭВМ
  constant s. постоянная скорость
  critical s. критическая (предельная) скорость
  cruising s. крейсерская скорость
  cutting s. скорость резания
  delivery s. скорость на выходе; скорость истечения
  design s. расчетная скорость
  dropping s. скорость падения

effective s. эффективная (полезная) скорость; приведенная (усредненная) скорость
elevating s. скорость подъема
engine s. частота вращения двигателя
exit s. скорость на выходе; скорость истечения; скорость отрыва
flutter s. скорость флаттера
forward s. поступательная скорость, горизонтальная составляющая скорости
fracture s. скорость разрушения, скорость распространения трещины
full s. полная скорость; максимальная (предельная) скорость, полный ход
ga(u)ging s. скорость измерений (опроса датчиков)
get-away s. скорость отрыва (при взлете)
ground s. путевая скорость; скорость (самолета) относительно земли
hypersonic s. сверхзвуковая (гиперзвуковая) скорость
initial s. начальная скорость
instantaneous s. мгновенная скорость
joint s. суммарная скорость
level s. скорость горизонтального движения
lifting s. скорость подъема, вертикальная скорость
light s. скорость света
margin of s. запас скорости
mean s. средняя скорость
near-sonic s. околозвуковая скорость
normal s. скорость по нормали, нормальная составляющая (вектора) скорости; расчетная (допустимая, стандартная) скорость
peripheral s. скорость на периферии, окружная скорость
phase s. фазовая скорость
rated s. номинальная скорость
relative s. относительная скорость
resonant s. резонансная скорость (частота вращения)
response s. скорость срабатывания; время реакции
resultant s. результирующая скорость
reverse s. скорость обратного хода
rim s. скорость на периферии, окружная скорость
rotor s. окружная (периферийная) скорость ротора; частота вращения ротора
shaft s. частота вращения вала
sonic s. скорость звука
stability with s. устойчивость по скорости
stream s. скорость потока
subsonic s. дозвуковая скорость
supersonic s. сверхзвуковая скорость
tangential s. скорость по касательной, касательная составляющая (вектора) скорости
thrashing s. критическая скорость, критическое число оборотов
translational s. скорость поступательного движения; переносная скорость

transonic s. околозвуковая скорость
uniform s. постоянная скорость, скорость равномерного движения
variable s. переменная скорость
vector of s. вектор скорости
wind s. скорость ветра
speedbrake гаситель скорости, устройство торможения
speeder ускоритель, повышающее устройство, мультипликатор
speedometer измеритель скорости, спидометр; измеритель числа оборотов, тахометр
speed-up ускорение, разгон; увеличение, повышение, подъем
speedy быстрый, скорый; производительный
spend затрачивать время; расходовать, тратить
spent затраченный, израсходованный; использованный
spheral сферический; симметричный
sphere сфера, шар; планета, небесное тело; круг, область (деятельности); || придавать форму шара; замыкать (в круг)
spherical сферический, шаровой; круглый
s. cap сферический купол; шаровой наконечник
s. coordinates сферические координаты; сферическая система координат
s. function сферическая функция
s. harmonic шаровая гармоническая функция
s. neighbourhood шаровая окрестность
s. pendulum сферический маятник
s. segment шаровой сегмент
s. tensor шаровой тензор
s. triangle сферический треугольник
sphericity сферичность, шарообразность
spherics сферическая геометрия
spheroid сфероид, эллипсоид вращения
prolate s. вытянутый сфероид
spheroidal сфероидальный, шаровидный, шарообразный, круглый
spherule шарик
spider 1. паук; 2. крест, перекрестье, звезда; 3. ступица колеса со спицами
s. lines крест (перекрестье, сетка) линий
spider-web паутина
spidery тонкий, слабый, легкий
spike острие, острый выступ; клин, шип; пик, всплеск, выброс; || заострять; прокалывать; прибивать, закреплять шипами; давать пик (всплеск)
s. pulse пик, выброс
spiky заостренный, острый
spile 1. втулка, пробка; 2. сверло, бурав; 3. свая
spill 1. расслоение; трещина, волосовина; порок металла, непровар; 2. втулка, гильза; 3. проливать(ся), разливать(ся); рассыпать(ся)
spillage протекание, утечка; потери от утечки; сброс воды

spillover 1. сброс (воды), объем сброса; водосливная плотина; 2. выход за заданные пределы
spillway водосброс; водосливная плотина
spin (быстрое) вращение, верчение; спин, собственное вращение; центрифугирование; штопор (летательного аппарата); свивка, скручивание, прядение; || вращать(ся); центрифугировать; вводить (входить) в штопор; свивать(ся), скручивать(ся), прясть
s. rate скорость вращения, угловая скорость
spindle 1. веретено; ось, вал, шпиндель; 2. ходовой винт; подъемный винт (домкрата)
spindly длинный и тонкий, веретенообразный
spine 1. позвоночный столб; гребень, хребет; 2. сущность, суть
spinning (быстрое) вращение; гироскопическое движение; центрифугирование; скручивание, прядение, намотка
spin-off сопутствующий результат
spin-out выход из штопора
spinup раскручивание, раскрутка, разгон
spin-wise направленный вдоль оси вращения
spiral спираль; винтовая линия; винтовая (геликоидальная) поверхность; спиральная камера (гидротурбины); змеевик; || спиральный, винтовой, винтообразный, геликоидальный; || двигаться по винтовой линии (по спирали)
s. angle угол винтовой линии (с осью)
s. conveyer винтовой транспортер, шнек
s. spring спиральная пружина
s. vortex спиральный вихрь
Archimedes s. спираль Архимеда
equiangular s. логарифмическая спираль
flat s. плоская спираль
spire острие, стрелка
spirit 1. дух; атмосфера, настроение; сущность, смысл; общая тенденция; 2. спирт; бензин
to take something in the wrong spirit неправильно толковать что-либо
spit 1. острый стержень, штык; || прокалывать; 2. брызги; || разбрызгивать(ся); 3. (длинная) отмель, коса
spite: in spite of несмотря на
splash 1. брызги; брызгание, разбрызгивание; всплеск; накат (волны); || разбрызгивать(ся); 2. пятно
s. board крыло (напр., автомобиля), щит(ок), отражатель
splay 1. скос, откос; скошенная кромка; || скашивать(ся); 2. растяжение, расширение; || растягивать(ся), расширять(ся)
splice соединение (внахлестку), сращивание; склеивание; место соединения, стык; || нахлесточный; стыковой; || стыковать, сращивать, склеивать
s. bar стыковая накладка
butt s. стыковое соединение

spline 1. сплайн, кусочный полином; ‖ сплайновый, кусочно-полиномиальный; 2. (гибкая) линейка, планка; 3. паз, шлиц; 4. шпонка
   s. **approximation** приближение сплайнами, сплайн-аппроксимация
   s. **coefficients** коэффициенты сплайна
   s. **fitting** сглаживание (данных) сплайнами, подбор (подгонка) с помощью сплайна (напр., кривой по точкам)
   s. **nodes** узлы сплайна
   s. **order** порядок (степень) сплайна
   approximating s. аппроксимирующий сплайн
   cubic s. сплайн третьего порядка (третьей степени), кубический сплайн
   interpolating s. интерполяционный сплайн
   two-dimensional s. двумерный сплайн
splint 1. осколок; щепа; ‖ раскалывать(ся), расщеплять(ся); 2. чека, шплинт; 3. накладка, шина
splinter осколок; щепа
splintery осколочный; расщепляющийся
   s. **fracture** осколочный излом
split разрез, прорез, трещина, щель; разделение, разъединение, расслоение, расщепление; ‖ расщепленный, расколотый; разрезной, составной; ‖ разделять(ся), расщеплять(ся), раскалывать(ся), растрескиваться
   to **split the line** устанавливать точно вровень с отметкой
   to **split off** откалывать(ся), отделять(ся)
   to **split up** разделять(ся), расщеплять(ся)
   s. **bar** составной (разрезной) стержень
   s. **fracture** разрушение расщеплением (раскалыванием, расслоением)
   s. **frame** разъемная (сборная) рама
splitting расщепление; разделение; расслоение, растрескивание; ‖ расщепляющий(ся), раскалывающий(ся); делящий(ся), разделяющий(ся)
   s. **of domain** декомпозиция области, разбиение области (на подобласти)
   s. **of nodes** расщепление узлов
   s. **technique** метод расщепления
   s. **wedge** раскалывающий клин
   crack s. ветвление трещины
   operator s. расщепление (декомпозиция) оператора
   stream s. разделение потока
spoil 1. вынутый грунт, пустая порода; 2. повреждать(ся), портить(ся); 3. перекрывать поток; 4. гасить подъемную силу
spoilage повреждение, порча
spoiler защитный щиток, отражатель, экран; спойлер, срывник; интерцептор
   aileron s. интерцептор
   lift s. гаситель подъемной силы
spoke спица (колеса); перекладина; ‖ снабжать спицами
   s. **rib** радиальное ребро, ребро-спица
   wire s. проволочная спица
sponge губка, пористый материал; ‖ губчатый; ‖ впитывать; вытирать
   s. **filter** губчатый фильтр

sponginess губчатость, пористость, ячеистость
spongy губчатый, ноздреватый, пористый
spontaneous самопроизвольный, спонтанный; непосредственный
spool 1. катушка, (намоточный) барабан, бобина; ‖ наматывать, перематывать; 2. буфер, буферное устройство; ‖ буферизовать; 3. компрессор, каскад компрессоров
spoon ложка; (широкая) лопасть, лопатка
spoor след
   s. **of matrix** след матрицы
sporadic спорадический, несистематический, нерегулярный, случайный
spot 1. пятно, пятнышко, крапинка; точка; (инородное) включение; ‖ ставить пятно, покрывать пятнами; 2. место, область, зона; ‖ местный, локальный; ‖ определять место, обнаруживать; размечать; располагать, расставлять
   s. **welding** точечная сварка
   landing s. место приземления
   stall s. область срыва потока
spottiness неоднородность
spout 1. желоб, лоток; выпускное отверстие, слив; наконечник, штуцер; ‖ литься; 2. столб жидкости; струя; ‖ бить струей; извергать(ся)
spouter фонтанирующая скважина
spray 1. брызги; распыленная жидкость, аэрозоль; разбрызгивание, распыление; распылитель, пульверизатор, жиклер, форсунка; ‖ распылять, разбрызгивать; 2. ветка, ответвление
   s. **cone** инжекционный конус
   s. **nozzle** распылитель, распыляющее сопло
sprayer распылитель, пульверизатор, жиклер, форсунка
spraying разбрызгивание, распыление; напыление
spread 1. распространение; протяжение; протяженность, расстояние; расширение; растекание; разброс; диапазон; размах (крыльев), вылет (стрелы); ‖ распространять(ся); простираться; растягивать(ся), расширять(ся); плющить, расковывать; 2. паста
   s. **footing** протяженное основание; естественное основание (напр., скальное)
   s. **of holes** расположение отверстий; расстояние между (периодическими) отверстиями
   s. **of indications** диапазон показаний (прибора)
   s. **of points** разброс точек (на графике), разброс отсчетов
   data s. разброс данных
   explosion s. распространение взрыва
   jet s. расширение струи
   rate of s. скорость распространения; степень расширения
   time s. продолжительность; разброс по времени

spreader распределитель; расширитель; распорка, растяжка

spreading распространение; протяжение; расширение; рассеивание; разброс; диапазон; растекание; плющение, расковка

spreadsheet электронная таблица

spring 1. пружина, рессора; упругость, эластичность, пружинение; ‖ пружинный; упругий, эластичный, пружинящий; ‖ пружинить; деформироваться упруго; подвешивать на пружинах (рессорах), подрессоривать; 2. прыжок, скачок; ‖ прыгать; 3. источник; 4. трещина, щель; течь

   s. **action** пружинящее (упругое) действие, пружинение

   s. **arch** стрела (подъема, прогиба) рессоры

   s. **balance** пружинные весы

   s. **cushion** пружинная подушка

   s. **damper** пружинный амортизатор (демпфер)

   s. **hanger** рессорный подвес

   s. **leaf** лист рессоры

   s. **rate** коэффициент жесткости пружины; коэффициент упругости

   s. **return** возврат пружины; упругий возврат, пружинение

   s. **sag** прогиб рессоры

   s. **scales** пружинные весы

   s. **steel** рессорная сталь

   s. **suspension** пружинная (рессорная) подвеска

   s. **support** пружинная опора

   coil(ed) s. винтовая (цилиндрическая) пружина

   compression s. пружина сжатия

   disk s. дисковая (тарельчатая) пружина

   extension s. пружина растяжения

   flat s. плоская пружина

   flexion s. изгибная пружина, рессора

   helical s. винтовая (цилиндрическая) пружина

   laminated s. листовая рессора

   nonlinear s. нелинейная пружина

   pressure s. нажимная пружина

   ribbon s. плоская пружина; пружина, работающая на скручивание

   rigid s. жесткая пружина (рессора)

   shock s. пружинный амортизатор

   tension s. пружина растяжения

   torsional s. пружина кручения, торсион

   volute s. спиральная пружина

spring-actuated с пружинным приводом

springback упругий возврат, отскок; упругое пружинение; упругое последействие; обратный ход пружины

springing упругость, эластичность; отскакивание, отскок; упругое подвешивание

spring-load нагрузка от пружины; ‖ подпружинивать

spring-mounted подвешенный (установленный) на пружинах, подрессоренный, амортизированный

springs мн. ч. от **spring**; причина, мотив; начало, источник

   s. **of action** побудительные причины

springy пружинящий; упругий, эластичный

sprocket зубчатое (цепное) колесо, звездочка

spume пена; ‖ пениться

spumous пенистый

spur 1. подкос, подпорка; контрфорс; 2. зубец, выступ; 3. зубчатое колесо; 4. ответвление; 5. след

   matrix s. след матрицы

spurious ложный, мнимый, фиктивный

   s. **energy mode** мода с нулевой энергией деформирования, ложная (кинематическая) форма

   s. **solution** ложное (фиктивное) решение

spurt 1. рывок, резкое усиление, всплеск; ‖ резко усиливаться; 2. (сильная) струя; ‖ бить струей

sputter 1. разбрызгивать, распылять; напылять; 2. детонировать

squall шквал

square 1. квадрат; прямоугольник, четырехугольник; ‖ квадратный; прямоугольный, четырехугольный; 2. прямой; параллельный или перпендикулярный чему-либо; ‖ выпрямлять; распрямлять; устанавливать прямо; ‖ прямо; непосредственно; 3. ровный; правильный, точный; ‖ приводить в порядок; выравнивать; согласовывать; 4. вторая степень, квадрат величины; ‖ квадратичный, (во) второй степени, в квадрате; ‖ возводить в квадрат; 5. площадь; единица площади (=100 кв. футов = 9,29 кв.м); ‖ определять площадь

   to square up устанавливать под прямым углом

   with square to находящийся под прямым углом к

   s. **approximation** квадратичная аппроксимация, аппроксимация второго порядка

   s. **area** квадратура, площадь; площадь квадрата; площадь поверхности

   s. **bracket** квадратная скобка

   s. **equation** квадратное уравнение

   s. **form** квадратичная форма

   s. **fracture** плоский излом

   s. **law** квадратичный закон

   s. **parabola** квадратичная парабола, парабола второго порядка

   s. **root** квадратный корень

   s. **rule** угольник

   s. **side** сторона квадрата

   s. **term** член второй степени, квадратичное слагаемое

   s. **wave** прямоугольный импульс

   integrable with s. интегрируемый с квадратом (со второй степенью)

   least s. **technique** метод наименьших квадратов

   perfect s. полный квадрат

   set s. угольник

squared возведенный в квадрат
  s. value квадрат величины
square-law квадратичный, второй степени
squareness перпендикулярность (напр., сторон); прямоугольность; геометрическая точность
square-root method метод квадратного корня (решения симметричных систем линейных уравнений)
squaring 1. разбиение на квадраты (прямоугольники); 2. возведение в квадрат
squash расплющивать
squeezable сжимающийся, сдавливающийся, поддающийся сжатию
squeeze сжатие, обжатие; давление, сдавливание; ‖ сжимать, обжимать, сдавливать, выдавливать; уплотнять, прессовать, формовать
squeezing сжатие, обжатие; сдавливание; уплотнение; выпор (грунта)
squirt струя; шприц; ‖ бить струей; разбрызгивать
stability устойчивость; стабильность; состояние равновесия; остойчивость (судна); стойкость, прочность; неизменяемость
  stability against to устойчивость по отношению к чему-либо
  s. analysis анализ устойчивости, расчет на устойчивость
  s. bounds границы (пределы) устойчивости
  s. in compression устойчивость при сжатии
  s. condition условие (уравнение) устойчивости
  s. of control устойчивость управления
  s. criterion критерий (потери) устойчивости
  s. diagram диаграмма устойчивости
  s. for disturbance устойчивость к возмущениям
  s. equation уравнение устойчивости
  s. of equilibrium устойчивость равновесия
  s. factor коэффициент (параметр) устойчивости; запас устойчивости
  s. limit предел (граница) устойчивости
  s. loci область (граница) устойчивости
  s. mode форма (мода) устойчивости, форма устойчивого равновесия (движения)
  s. of motion устойчивость движения
  s. parameter параметр (коэффициент) устойчивости
  s. in pitch устойчивость по тангажу, продольная устойчивость
  s. polygon замкнутый многоугольник сил
  s. region диапазон (область) устойчивости
  s. in roll устойчивость по крену, поперечная устойчивость
  s. of ship остойчивость судна
  s. with speed устойчивость по скорости
  s. theory теория устойчивости
  s. threshold граница устойчивости
  s. variation изменение запаса устойчивости
  s. in yaw устойчивость по рысканию, путевая устойчивость
absolute s. абсолютная (безусловная) устойчивость
asymptotic s. асимптотическая устойчивость
chatter s. виброустойчивость
computational s. вычислительная (счетная) устойчивость
conditional s. условная устойчивость
critical s. предел устойчивости
deformational s. деформационная устойчивость, устойчивость (процесса) деформирования
dynamic(al) s. динамическая устойчивость
elastic s. упругая устойчивость, устойчивость в пределах упругости, устойчивость упругого деформирования
Euler's s. устойчивость по Эйлеру
environmental s. устойчивость к воздействиям внешней среды
flow s. устойчивость течения
frequency s. стабильность частоты; частотная устойчивость
heat s. термостойкость
intrinsic s. внутренняя (собственная) устойчивость
lateral s. поперечная устойчивость; устойчивость по крену, остойчивость (судна)
linear theory of beam s. линейная теория устойчивости балок
linearized s. линеаризованная модель устойчивости
margin of s. запас устойчивости
marginal s. предел устойчивости
negative s. неустойчивость, отсутствие устойчивости
neutral s. нейтральное (безразличное) равновесие, нулевой запас устойчивости
null s. абсолютная устойчивость
oscillatory s. устойчивость колебаний
pendulum s. устойчивость движения маятника; устойчивость колебаний
round-off errors s. устойчивость к ошибкам округления
seismic s. сейсмостойкость
static(al) s. статическая устойчивость, устойчивость статического деформирования
transient s. устойчивость переходного процесса
unconditional s. безусловная (абсолютная) устойчивость
yaw s. курсовая (путевая) устойчивость, устойчивость по углу рыскания
stabilization стабилизация; переход в устойчивое состояние, установление, успокоение, стационирование; повышение запаса устойчивости
  s. time время стабилизации (установления), продолжительность переходного режима
stabilizator см. **stabilizer**

stabilize стабилизировать(ся); устанавливать(ся), стационировать(ся); приводить в состояние равновесия; укреплять, упрочнять
stabilized установившийся, стационарный, равновесный; неизменный, постоянный
   s. conditions установившийся (стационарный) режим
   s. solution установившееся решение
stabilizer стабилизатор; гаситель, успокоитель
stable устойчивый, стабильный; остойчивый; уравновешенный, равновесный; неизменный, постоянный; стационарный, установившийся; стойкий, прочный
   s. branch устойчивая ветка (напр., решения нелинейной задачи)
   s. crack устойчивая (неподвижная) трещина
   s. equilibrium устойчивое равновесие
   s. foundation устойчивый (прочный) фундамент
   s. mode устойчивая форма (напр., равновесия); устойчивый режим
   s. structure устойчивая конструкция (структура); геометрически неизменяемая конструкция
   neutrally s. находящийся в состоянии нейтрального (безразличного) равновесия
stack 1. пакет, набор, комплект; блок, батарея; полка, стеллаж; || складывать, пакетировать; комплектовать; 2. стек, магазин; || помещать в стек, размещать последовательно; располагать в иерархии; 3. стержень колонны, стойка; 4. дымовая (выхлопная) труба
   cooling s. градирня
stacker приемник, накопитель
stadia дальномер, теодолит
staff 1. персонал, штат; 2. рейка
stage 1. стадия, этап, фаза, период, ступень; 2. этаж, ярус; каскад, ступень (ракеты); отсек; 3. помост, платформа, площадка
   in early stages на ранних стадиях
   in two stages в два этапа
   s. of solution стадия (этап) решения
   compressor s. ступень компрессора
   elastic s. упругая стадия (деформирования); упругое состояние
   liquid s. жидкое состояние, жидкая фаза
   pressure s. ступень давления (компрессора)
   rocket s. ступень ракеты
   setting s. начальная стадия
   transient s. переходный этап
staged ступенчатый; постепенный, поэтапный; этажный, ярусный
stagger 1. уступ; смещение; чередование, расположение в шахматном порядке; || располагать(ся) уступами (зигзагообразно, в шахматном порядке); чередовать(ся); 2. вынос крыльев (летательного аппарата)
   back s. отрицательный (обратный) вынос крыльев

staging 1. разделение на этапы (фазы); ступенчатое изменение; отделение ступеней (ракеты); 2. помост, платформа, площадка
stagnancy см. **stagnation**
stagnant застойный; стоячий (о воде)
stagnation застой, остановка; застойная зона; торможение (потока)
   s. flow тормозящее течение
   s. region застойная зона
   s. temperature температура торможения (потока); температура в застойной зоне
stain пятно; красящее вещество, краска; || красить, окрашивать(ся); ржаветь
   s. resistance сопротивление коррозии
staining крашение, окрашивание; коррозия, ржавление
stainless нержавеющий, устойчивый против коррозии
   s. steel нержавеющая сталь
stair лестница, трап; ступень (лестницы)
staircase лестница; || ступенчатый
   s. function ступенчатая функция
stake столб, стойка; веха, рейка; || укреплять, подпирать; отмечать вехами
stale старый, устаревший, изношенный; || устаревать; изнашивать(ся)
stalk 1. стебель, ствол; 2. дымовая труба
stall 1. рабочее пространство, камера; забой (шахты); 2. срыв (потока); сваливание самолета; || вызывать срыв потока, выходить на критические (срывные) углы атаки; сваливаться (о самолете); 3. останавливать, задерживать; терять скорость; 4. вводить в заблуждение
   above stall после срыва потока, при закритических (срывных) углах атаки
   below stall до срыва потока, при докритических углах атаки
   s. angle угол срыва потока, критический (срывный) угол атаки
   s. cascade срывная решетка
   blade s. срыв потока с лопасти
   complete s. полный срыв потока
   leading edge s. срыв потока у передней кромки (крыла)
   pronounced s. интенсивный (развившийся) срыв потока
   shock s. волновой срыв (кризис)
   tip s. концевой срыв потока
stalling срыв потока; || срывной, критический
   s. angle угол срыва потока, критический (срывный) угол атаки
   s. flutter срывной флаттер
   s. pattern картина срыва потока, спектр сорванного потока
stalloy легированная сталь
stamp 1. штамп; оттиск, отпечаток; || штамповать, выбивать; делать оттиски; 2. дробить, измельчать
   to stamp out штамповать, вырубать (на прессе); пробивать
   punch s. пуансон, пробойник

stamping 1. штамповка, прессование; 2. дробление, измельчение
  s. **machine** штамповочный (вырубной) пресс
stance поза, положение
  robot s. поза (стойка) робота
stanchion колонна, стойка; опора, подпорка; пиллерс
stand 1. остановка; место, позиция, положение; точка зрения; ‖ стоять; останавливать(ся); помещать(ся), устанавливать; находиться, занимать место; 2. опора, основание, подставка; станина; кронштейн, консоль; ‖ поддерживать; выдерживать (усилие, напряжение); оставаться в силе, быть действительным; 3. установка, (испытательный) стенд
  to **stand against** сопротивляться, выдерживать (напр. усилие, напряжение)
  to **stand behind** отставать
  to **stand by** поддерживать, отстаивать
  to **stand for** означать, обозначать; поддерживать
  to **stand in contrast to** находиться в противоречии с чем-либо
  to **stand over** оставаться нерешенным
  to **stand (up)on** основываться на
  to **come to a stand** остановить(ся)
  as it stands в создавшейся ситуации
  it stands on its own это говорит само за себя
  it stands to reason очевидно, само собой разумеется
  base s. опора, основание; станина
  machine s. станина станка
  test s. испытательный стенд
  vibration s. вибростенд
stand-alone автономный, независимый
standard 1. стандарт; норма; норматив; эталон; образец, модель; единица измерения; ‖ стандартный; нормальный; нормативный; типовой, общепринятый; образцовый; 2. опора, станина; колонна, стойка
  s. **air** воздух при нормальных условиях, стандартная атмосфера
  s. **conditions** стандартные (нормальные) условия; стандартный режим
  s. **frequency** эталонная частота
  s. **sample** стандартный образец, эталон; стандартная выборка
  s. **specifications** типовые (технические) условия (нормы)
  s. **subroutine** стандартная (библиотечная) подпрограмма
  s. **temperature** стандартная (нормальная) температура
  s. **test** типовое (стандартное, нормативное) испытание
  s. **time** стандартное время; норма времени
  s. **value** стандартное (эталонное) значение
  accuracy standards нормы точности
  engineering s. технический стандарт
  design s. проектный норматив
  lateral s. боковая стойка
  mandatory s. обязательный стандарт
  material s. стандарт материала
  pass-off s. допустимое отклонение (от стандарта)
  reference s. эталон; образец; единица измерения
  safety standards правила техники безопасности
  time s. эталон (единицы) времени
  working s. действующий стандарт
standardization 1. стандартизация; нормализация; нормирование; 2. калибровка; градуировка; 3. аттестация, поверка
standardize 1. стандартизировать; нормализовывать; нормировать; 2. калибровать; градуировать; 3. аттестовывать, поверять
standards мн.ч. от **standard**; технические требования
stand-by запас, резерв; резервирование; резервная система; ‖ запасной, резервный; вспомогательный
stand-in замена, подмена
stand-off отклонение; зазор
standpoint точка зрения
stand-up стоячий, вертикально расположенный
stank (непроницаемая) перемычка
staple 1. скоба, проушина; 2. колено; 3. основной продукт (производства); основной элемент; главная тема; ‖ главный, основной; 4. (текстильное) волокно
star звезда; светило; звездочка; ‖ звездный; звездообразный; ‖ отмечать звездочкой
  s. **connection** звездообразное соединение
  s. **of elements** звезда (конечных) элементов, сходящихся в одном узле (сетки)
  topological s. топологическая звезда
starboard правый борт, правая сторона; ‖ правый
stark 1. полный, абсолютный; ‖ совершенно, полностью; 2. застывший
starling волнорез
start начало, старт; включение, (за)пуск, отправление, трогание; взлет; ‖ начальный, стартовый; ‖ начинать(ся), стартовать; включать(ся), (за)пускать(ся), отправлять(ся), трогать(ся)
  to **start from** исходить из, начинать с
  to **start up** включать(ся), (за)пускать(ся); приходить в движение; вводить в действие
  to **start with** исходить из, начинать с; для начала; прежде всего
  once started после начала
  s. **of significance** начало значащих цифр
  s. **time** момент начала (пуска, старта); время разгона
starter стартер, пусковое устройство; инициатор
  crack s. инициатор трещины

starting начало, старт; включение, (за)пуск, отправление, трогание; разгон; взлёт; ‖ начальный, стартовый; пусковой; передний
  starting from исходя из, начиная с
  s. acceleration начальное ускорение
  s. conditions начальные условия; пусковой (стартовый) режим
  s. distance путь разгона
  s. force начальное усилие; сила, преодолевающая инерцию покоя
  s. position исходное положение
  s. procedure начальная (стартовая) процедура
  s. section переднее сечение, носовая часть
  s. value начальное (исходное) значение

startup включение, начало, (за)пуск
starvation "зависание" машины (программы)
state состояние; положение; условия, режим; строение, структура; ‖ устанавливать, определять, задавать; утверждать, констатировать, формулировать; ставить (задачу), выражать (математически)
  as stated above как сказано выше
  one may state that можно утверждать, что
  s. of aggregation агрегатное состояние
  s. of (the) art современное состояние, современный уровень развития
  s. of compression состояние сжатия, сжатое состояние
  s. diagram диаграмма состояния
  s. equation уравнение состояния, закон (изменения) состояния
  s. of equilibrium состояние равновесия
  s. of motion состояние движения; характер движения
  s. parameter параметр состояния
  s. of rest состояние покоя
  s. space пространство состояний
  s. of stress напряжённое (напряжённо-деформированное) состояние; нагруженное состояние
  s. variable переменная состояния; фазовая переменная
  balanced s. состояние равновесия
  biaxial s. двухосное (двумерное) состояние
  disturbed s. возмущённое состояние
  elastic s. состояние упругости (материала), упругое (напряжённо-деформированное) состояние
  excited s. возбуждённое состояние
  final s. конечное (окончательное) состояние
  forced s. вынужденное состояние; форсированный режим
  gaseous s. газообразное состояние, газовая фаза
  general s. общее (произвольное) состояние
  initial s. начальное (исходное) состояние
  intermediate s. промежуточное состояние
  liquid s. жидкое состояние, жидкая фаза
  nonequilibrium s. неравновесное состояние
  off s. состояние "выключено"
  on s. состояние "включено"
  phase s. фазовое состояние
  quiescent s. состояние покоя
  reference s. исходное (отсчётное) состояние
  residual s. остаточное состояние
  set s. установленное (заданное) состояние; возбуждённое состояние
  solid s. твёрдое состояние, твёрдая фаза
  stable s. устойчивое состояние
  static s. статическое (стационарное) состояние, состояние равновесия
  stationary s. стационарное (установившееся) состояние
  steady s. установившееся (стационарное) состояние; устойчивое состояние; установившийся режим
  strain(ed) s. деформированное состояние; нагруженное (напряжённое) состояние
  stress(ed) s. напряжённое (напряжённо-деформированное) состояние; нагруженное состояние
  stress-free s. ненапряжённое (ненагруженное) состояние
  three-dimensional s. трёхмерное (пространственное, трёхосное) состояние
  transient s. переходное (нестационарное) состояние; промежуточное состояние
  ultimate s. предельное состояние
  unloaded s. ненагруженное состояние
  unstable s. неустойчивое (переходное) состояние
  yield(ed) s. состояние текучести (пластичности)

stated установленный, назначенный, заданный, (за)фиксированный; сформулированный, поставленный (напр., о вопросе)
  well s. problem хорошо поставленная задача

statement высказывание, предложение, утверждение; формулировка, постановка (напр., задачи); оператор (языка программирования)
  s. bracket операторная скобка
  s. of constraints формулировка (наложение) ограничений
  basic s. основное утверждение
  branch s. оператор перехода (ветвления)
  call s. оператор обращения (вызова)
  conversed s. обратное утверждение
  declarative s. оператор описания
  DO s. оператор цикла
  executive s. исполнимый оператор
  false s. ложное утверждение
  GO TO s. оператор перехода
  IF s. условный оператор
  iteration s. итерационный оператор, оператор цикла
  loop s. оператор цикла
  problem s. постановка (формулировка) задачи
  source s. оператор исходной программы

specific s. точная формулировка; ограниченное утверждение
true s. истинное утверждение
WHILE s. оператор цикла с условием продолжения
state-of-the-art современное состояние, современный уровень развития; ‖ современный
  s. technology современная технология
static(al) статический; стационарный, установившийся; неподвижный, фиксированный; равновесный; устойчивый
  s. analysis статический анализ, расчёт статики (статического деформирования)
  s. assumption статическая гипотеза (модель)
  s. balance статическое равновесие, равновесие сил (усилий)
  s. balancing статическое уравновешивание, статическая балансировка
  s. boundary conditions статические краевые условия
  s. buckling статическая потеря устойчивости
  s. condensation статическая конденсация (исключение неинерциальных степеней свободы)
  s. conditions статический режим, статическое (стационарное) состояние
  s. deflection статический прогиб, прогиб от статической нагрузки
  s. equations уравнения статики (равновесия), статические уравнения
  s. equilibrium статическое равновесие
  s. failure разрушение при статической нагрузке, статическое разрушение
  s. friction статическое трение, трение покоя
  s. load(ing) статическая нагрузка; постоянная нагрузка
  s. memory allocation статическое распределение памяти
  s. pressure статическое давление
  s. problem статическая задача, задача статики
  s. residual статическая невязка, невязка уравнений равновесия; статическая поправка
  s. solution статическое (стационарное) решение, решение задачи статики
  s. state статическое (стационарное) состояние, состояние равновесия
  s. strength статическая прочность, прочность при статической нагрузке
  s. stress статическое напряжение (напряжённое состояние)
  s. testing статические испытания, испытания при статической нагрузке
  s. variable статическая переменная
statically статически, неподвижно; в статическом смысле
  s. determinate статически определимый
  s. equivalent статически эквивалентный
  s. indeterminate статически неопределимый

statics статика; статическое (неподвижное) состояние, состояние равновесия; статические свойства
  s. of deformation статика деформирования
  s. of fluids гидростатика
  s. of solids статика (деформируемого) твёрдого тела
  s. of structures статика конструкций (сооружений)
  equations of s. уравнения статики (равновесия)
  graphical s. графостатика
  nonlinear s. нелинейная статика
  rigid-body s. статика твёрдого тела
station 1. станция; пункт; место, положение, позиция; остановка, стоянка; ‖ помещать, ставить, устанавливать; 2. устройство; блок, модуль; пульт (оператора), терминал
  base s. опорный пункт
  control s. блок управления; контрольный створ
  design s. (автоматизированное) рабочее место конструктора
  power s. энергетическая установка, электростанция
  space s. космическая станция
  store s. узел наружной подвески (летательного аппарата)
  terminal s. терминальное устройство, пульт
  work(ing) s. рабочая станция (микроЭВМ); автоматизированное рабочее место (АРМ)
stationarity стационарность; устойчивость; неподвижность, неизменность
stationary стационарный; постоянный; устойчивый, установившийся; неподвижный, закреплённый
  s. crack стационарная трещина
  s. principle принцип стационарности
  s. field стационарное поле
  s. state стационарное (установившееся) состояние
  s. value стационарное (постоянное) значение
  s. wave стационарная волна; стоячая волна; сейш(а)
stationing размещение, установка, позиционирование
statistic(al) статистический
  s. estimation статистическая оценка
  s. modelling статистическое моделирование
  s. test статистические испытания; статистический критерий
statistics статистика; статистические данные
  computational s. вычислительная статистика
  current s. текущие статистические данные
  experimental s. экспериментальные методы обработки экспериментальных данных; экспериментальные статистические данные

sufficient s. достаточная (исчерпывающая) статистика
stator статор
status статус, состояние, положение
    s. variable переменная состояния
    s. vector вектор (параметров) состояния
    active s. активное (рабочее) состояние
    current s. текущее состояние
    initial s. начальное состояние
status quo (лат.) статус кво
staunch 1. прочный, устойчивый; 2. герметичный, водонепроницаемый
stave перекладина
stay 1. остановка; задержка; пребывание; ‖ стоять, оставаться; останавливать(ся), задерживать(ся); 2. опора, стойка, мачта; распорка, подкос; тяга; стяжка, расчалка, ванта; ребро жесткости, стенка (балки); анкер; ‖ подпирать, поддерживать; укреплять, придавать жесткость
    anchor s. анкер; анкерная связь
    backing s. оттяжка, расчалка, ванта; подкос
staying 1. остановка, задержка; пребывание; ‖ стоящий, остающийся; останавливающий(ся), задерживающий(ся); неизменный, устойчивый, долговечный; 2. система тяг (оттяжек, вант); опирание, укрепление, придание жесткости (прочности); анкеровка, жесткое закрепление
    s. qualities износостойкость, долговечность
steadfast стойкий, устойчивый; твердый
steadily постоянно, неизменно; непрерывно
steadiness неизменность, стационарность; стойкость, устойчивость
steady 1. стационарный, установившийся; постоянный, устойчивый; равномерный, ровный; ‖ устанавливаться, приходить в стационарное состояние; придавать устойчивость; 2. опора; держатель, кронштейн
    s. loading стационарное нагружение; постоянное (длительное) нагружение
    s. rotation равномерное вращение
    s. state установившееся (стационарное) состояние; устойчивое состояние; установившийся режим
    s. stress постоянное (длительное) напряжение; стационарное напряженное состояние
steady-state установившийся, стационарный; постоянный, длительный; статический
    s. conditions стационарный (установившийся) режим
    s. creep установившаяся ползучесть, вторая (установившаяся) стадия ползучести
    s. error постоянная (стационарная) погрешность
    s. flow установившееся (стационарное) течение, устойчивое обтекание
    s. solution установившееся (стационарное) решение

steam (водяной) пар; испарение; ‖ паровой; ‖ испаряться; запотевать; работать на энергии пара
    s. ga(u)ge манометр
    s. engine паровая машина
    s. pressure давление пара
    motive s. движущий (энергетический) пар
    return s. отработанный пар
    saturated s. насыщенный пар
steamy парообразный; насыщенный парами; испаряющийся
steel сталь; железо; арматура (железобетона); ‖ стальной
    s. casting стальная отливка, стальное литье
    s. concrete железобетон
    s. ratio of concrete коэффициент армирования бетона
    alloy s. легированная сталь
    area of s. (суммарная) площадь сечения арматуры (в железобетоне)
    construction s. конструкционная сталь
    figured s. фасонная (профильная) сталь
    forging s. ковкая сталь
    hardened s. закаленная (упрочненная) сталь
    sheet s. листовая сталь
    soft s. мягкая сталь
    tension s. растягиваемая (растянутая) арматура
    wrought s. ковкая сталь; мягкая (сварочная) сталь
steelwork стальная конструкция; стальной каркас
steely стальной
steep 1. быстро изменяющийся; крутой; 2. резкое изменение; крутизна; 3. погружение в жидкость; намачивание, пропитка; ‖ погружать в жидкость; намачивать, пропитывать
steepest descent method метод (наи)скорейшего спуска
steepness крутизна; угол подъема, угол заложения
    s. of slope заложение откоса
    wavefront s. крутизна фронта импульса
steer рулевой механизм; ‖ управлять, править (рулем)
steerability управляемость
steerage рулевое управление
steering руль, рулевой механизм; (рулевое) управление
    s. attitude управляемость
    s. axle управляемая ось
    s. gear рулевой механизм, рулевое устройство
Stefan problem задача Стефана (задача с переменной границей)
stellar звездный; звездообразный
stellate(d) звездообразный, расходящийся лучами

stem 1. ствол; стебель; стержень, шток; 2. пуансон; 3. оказывать сопротивление; идти против ветра (течения); задерживать
   s. stream основное течение
stencil шаблон, трафарет
step шаг; ход; стадия, этап; ступень; скачок, перепад; бьеф; уступ; порог; ‖ шагать, выполнять шаг; изменяться скачкообразно (ступенчато)
   to step back отступать, уступать
   to step down спускать(ся), опускать(ся); уменьшать(ся), понижать(ся), замедлять(ся)
   to step up поднимать(ся); увеличивать(ся), повышать(ся); ускорять(ся)
   to keep in step with согласовывать(ся) с чем-либо
   to take steps принимать меры, делать шаги
   step by step последовательно, поэтапно, шагами; постепенно
   in step одновременно, синхронно
   out of step неодновременно
   s. displacement скачкообразное смещение, скачок
   s. excitation ступенчатое возбуждение, ступенчатый импульс (нагрузки)
   s. function ступенчатая функция; функция скачка, функция Хевисайда
   s. of integration шаг интегрирования
   s. load ступенчатая нагрузка
   s. of loading шаг нагружения
   s. size размер шага
   crack s. скачок (роста) трещины
   fractional s. method метод дробных шагов
   full Newton s. полный шаг по методу Ньютона
   growth s. стадия роста
   incremental s. шаг приращения
   iteration s. шаг итерационного процесса
   longitudinal s. шаг в продольном направлении, приращение продольной координаты
   parameter s. приращение параметра
   program s. шаг программы
   quantization s. шаг квантования
   time s. шаг по (параметру) времени; временной такт
   unit s. единичный скачок, единичная функция-ступенька, функция Хевисайда
   velocity s. перепад (скачок) скоростей
step-by-step (по)шаговый; поэтапный, последовательный, постепенный
   s. approach поэтапный подход, (по)шаговый метод; последовательное приближение
   s. continuation пошаговое продолжение (напр., решения)
   s. method (по)шаговый метод; метод последовательных приближений
   s. transient analysis (по)шаговый расчет переходного процесса
   s. update пошаговое перестроение, модификация на шагах

stepped ступенчатый; (по)шаговый, поэтапный; дискретный
stepping пошаговое изменение (приращение); поэтапное выполнение; дискретизация
   time s. дискретизация по времени; (по)шаговое отслеживание изменений во времени; (по)шаговое интегрирование по времени
step-shaped в виде ступеньки, ступенчатый, с уступами
step-up пошаговое увеличение
stepwise (по)шаговый; ступенчатый; поэтапный, постепенный
   s. integration (по)шаговое интегрирование
stere кубический метр
stereo- (как компонент сложных слов) стерео- ; пространственный
stereometry стереометрия, геометрия в пространстве
stereoscopic стереоскопический
stereotype стереотип; шаблон; стандарт
stern задняя часть предмета; корма судна, хвост (летательного аппарата); ‖ задний, кормовой, хвостовой
   s. wave волна за судном, судовая волна
stick 1. стержень; прут(ок), шток; 2. ручка (управления); ‖ управлять; 3. склеивать(ся); застревать, заедать
sticker связывающее вещество
sticking приклеивание, прилипание
sticky клейкий, вязкий
stiff жесткий; неупругий, негибкий; плотный, густой; трудный
   s. beam жесткая балка (допускающая лишь малые прогибы)
   s. collision жесткое соударение
   s. connection жесткая связь, жесткое соединение
   s. ordinary differential equation жесткое обыкновенное дифференциальное уравнение
   s. problem жесткая задача; трудная задача
   s. spring жесткая (сильная, тугая) пружина
   s. structure жесткая конструкция; постоянная структура
   s. support жесткая опора
   s. suspension жесткая подвеска
   s. wind сильный ветер
   uniformly s. beam балка постоянной (по длине) жесткости
stiffen 1. увеличивать жесткость, подкреплять, усиливать; армировать; 2. затвердевать, схватываться
stiffened 1. подкрепленный, усиленный; армированный; 2. застывший, затвердевший
   s. cross-section усиленное поперечное сечение
   s. edge подкрепленный край
   s. lamina армированный слой
   s. plate подкрепленная (ребристая) пластина; армированная пластина
stiffener 1. подкрепляющий элемент, элемент жесткости (напр., косынка, ребро),

подкрепление, арматура; **2.** загуститель, отвердитель

    s. **optimization** оптимизация подкрепления (подкрепляющего элемента)

    eccentricity of s. эксцентричность (эксцентриситет) подкрепления

stiffening 1. увеличение жесткости, усиление, подкрепление; армирование; крепление, анкеровка; || подкрепляющий, усиливающий; армирующий; **2.** загустевание, схватывание; || отверждающий

    s. **angle** уголок жесткости

    s. **bar** подкрепляющий стержень; полоса жесткости; расчалка

    s. **of concrete** армирование бетона; схватывание бетона

    s. **frame** рама жесткости, подкрепляющая конструкция

    s. **rib** подкрепляющее ребро, ребро жесткости

    s. **stringer** подкрепляющий стрингер

    axial s. осевое (продольное) подкрепление

    eccentrical s. эксцентричное подкрепление

stiffness жесткость; плотность, твердость; остойчивость (судна); || жесткостный, относящийся к жесткости

    s. **analysis** расчет (анализ, оценка) жесткости; расчет методом жесткостей, методом перемещений (в строительной механике)

    s. **approach** метод жесткостей, метод перемещений (в строительной механике)

    s. **centre** центр жесткости (напр., поперечного сечения тонкостенной балки)

    s. **coefficient** коэффициент (фактор) жесткости

    s. **constraint** ограничение (по) жесткости

    s. **contributions** компоненты (слагаемые) жесткости, вклады отдельных элементов в жесткость конструкции

    s. **control** управление жесткостью, регулирование (настройка) жесткости

    s. **core** ядро жесткости

    s. **correction factor** коэффициент корректировки жесткости

    s. **definition** определение (вычисление) жесткости

    s. **distribution** распределение жесткостей

    s. **estimation** оценка (вычисление, измерение) жесткости; оценка по жесткости

    s. **factor** жесткость, коэффициент жесткости

    s. **function** функция (от) жесткости

    s. **increase** увеличение (повышение) жесткости

    s. **increment** приращение жесткости

    s. **matrix** матрица жесткости

    s. **matrix pattern** расположение ("узор") ненулевых элементов в матрице жесткости

    s. **matrix of structure** матрица жесткости конструкции

    s. **measure** мера жесткости

    s. **method** метод жесткости (жесткостей), метод перемещений (в строительной механике)

    s. **optimization** оптимизация (по) жесткости

    s. **ratio** коэффициент жесткости; отношение жесткостей

    s. **reduction** уменьшение жесткости; редукция (понижение порядка) матрицы жесткости

    s. **relationship** соотношение жесткостей; уравнение (относительно) жесткостей

    s. **restriction** ограничение (по) жесткости

    s. **ring** подкрепляющее кольцо, пояс жесткости, шпангоут

    s. **of section** жесткость (поперечного) сечения

    s. **of support** жесткость опоры (опирания); жесткость подкрепляющих элементов

    s. **term** слагаемое (компонент) жесткости; выражение (запись) жесткости; коэффициент жесткости; элемент матрицы жесткости

    artificial s. искусственная жесткость

    assembled s. **matrix** объединенная (полная) матрица жесткости

    axial s. жесткость в осевом (продольном) направлении

    banded s. **matrix** ленточная матрица жесткости

    bending s. жесткость на изгиб, изгибная жесткость

    body s. жесткость корпуса (кузова)

    compressive s. жесткость на сжатие

    contact s. контактная жесткость

    current s. **parameter** текущий параметр жесткости

    cylindrical s. цилиндрическая жесткость

    direct s. **method** прямой метод жесткости (в строительной механике)

    dynamic(al) s. динамическая жесткость

    elastic s. упругая жесткость; коэффициент упругости

    element s. жесткость элемента (конструкции); матрица жесткости (конечного) элемента

    effective s. эффективная (усредненная, интегральная) жесткость; действительная (реальная) жесткость

    explicit s. **matrix** явная матрица жесткости

    fictitious s. фиктивная жесткость

    finite s. конечная жесткость

    flexural s. жесткость на изгиб, изгибная жесткость

    general s. общая (интегральная) жесткость

    geometrical s. **matrix** геометрическая матрица жесткости

    global s. **matrix** глобальная (общая) матрица жесткости, матрица жесткости в глобальной системе координат

initial s. начальная жесткость, жесткость начального состояния
initial s. matrix матрица начальной жесткости
lateral s. жесткость в поперечном направлении, поперечная жесткость
local s. matrix матрица жесткости (конечного элемента) в локальной системе координат
local-global s. transformation преобразование (матрицы) жесткости при переходе от локальных к глобальным координатам
longitudinal s. жесткость в продольном направлении, продольная жесткость
lumped s. сосредоточенная (приведенная к сосредоточенной) жесткость
measurement of the s. (экспериментальное) определение жесткости; вычисление жесткости
nondimensional s. безразмерная жесткость
normal s. нормальная жесткость, жесткость в направлении нормали (напр., к поверхности оболочки)
profile of s. matrix профиль (ширина профиля) матрицы жесткости; количество ненулевых элементов матрицы жесткости
radial s. жесткость в радиальном направлении
reciprocal s. податливость
rotational s. вращательная жесткость, жесткость по отношению к поворотам (вращениям)
superelement s. method суперэлементный метод жесткости, суперэлементный метод перемещений
tangent(ial) s. касательная жесткость; касательная матрица жесткости
tensile s. жесткость на растяжение
tension-compression s. жесткость на растяжение-сжатие
torsional s. жесткость на кручение (скручивание), крутильная жесткость
total s. полная (общая) жесткость
translational s. жесткость по отношению к (поступательным) перемещениям
transverse s. жесткость в поперечном направлении, поперечная жесткость
updated s. matrix модифицированная (перестроенная) матрица жесткости
vanishing s. исчезающе малая жесткость
variable s. переменная жесткость
variable s. beam балка переменной жесткости
zero s. element элемент нулевой жесткости
stiffness-mass properties жесткостно-массовые характеристики
still 1. неподвижный; тихий; бесшумный; спокойный; 2. до сих пор, все еще; все же, однако; еще (в сравнении)
 still further более того; еще дальше
 s. water стоячая вода, застойная зона течения
stimulation стимуляция, побуждение; воздействие, влияние
stimulus (мн.ч. stimuli) стимул; влияние
stint ограничение; граница, предел; ‖ ограничивать
stipulate обусловливать, ставить условием, оговаривать
stipulation обусловливание; условие, оговорка
stir размешивание, перемешивание; возмущение; вихреобразование; ‖ мешать, перемешивать; взбалтывать; возмущать
Stirling approximation for factorial приближение (формула) Стирлинга для факториала
stirring перемешивание; возмущение; вихревое движение
 s. motion вихревое (турбулентное) движение
stirrup скоба; хомут
stitch шов; петля (плетения); ‖ шить, прошивать
stithy наковальня; кузница
stochastic стохастический, вероятностный; случайный
 s. nature вероятностная природа, стохастический характер
 s. simulation стохастическое (вероятностное) моделирование
stock 1. ствол (дерева); ручка, рукоятка, шток; опора, подпорка; приклад; 2. запас, фонд; склад; пачка, стопа; ‖ готовый, имеющийся в наличии; шаблонный, стереотипный; ‖ снабжать; иметь в запасе, хранить (на складе); 3. сырье, материал; смесь, шихта; 4. стапель; 5. ступица колеса
 to take stock of подводить итоги
stocker накопитель
stockpile отвал (грунта); штабель
stocky большого сечения, толстый
stoke стокс, Ст (единица кинематической вязкости)
Stokes Стокс
 S. circulation formula формула Стокса для циркуляции
 S. flow function функция тока Стокса
 S. motion стоксово движение
stone 1. камень; 2. абразив
stonework каменная кладка; каменные работы
stoop целик
stop 1. останов(ка); прекращение; задержка; пауза, перерыв; ограничитель, стопор, упор; ‖ останавливать(ся); прекращать(ся); задерживать(ся), удерживать(ся); 2. знак препинания
 to come to a stop остановиться
 s. limit ограничитель хода, стопор
 forced s. вынужденная остановка
 full s. 1. останов(ка); крайнее положение; 2. точка
 water s. гидроизоляция; диафрагма; дамба
stop-motion стопорный механизм
stoppage остановка; задержка; простой

storage 1. хранение, накопление; хранилище, накопитель, аккумулятор; 2. запоминание; запоминающее устройство, память (ЭВМ)
   s. **allocation** распределение памяти
   s. **capacity** емкость накопителя (запоминающего устройства)
   s. **cell** ячейка памяти (хранилища)
   s. **dump** дамп (вывод содержимого, распечатка) памяти
   s. **of energy** накопление (аккумулирование) энергии
   s. **location** ячейка (адрес) памяти
   s. **map** схема (таблица) распределения памяти; схема хранения
   s. **scheme** схема хранения (данных)
   s. **tank** резервуар, накопитель
   s. **unit** запоминающее устройство; накопитель
   computer s. память ЭВМ
   disk s. запоминающее устройство (накопитель) на дисках, дисковая память
   dynamic s. динамическая память; динамическое хранение (данных)
   energy s. накопление энергии; аккумулятор энергии
   external s. внешняя память, внешнее запоминающее устройство
   heat s. аккумулирование теплоты; тепловой аккумулятор
   internal s. собственная память, оперативное запоминающее устройство
   main s. основная (оперативная) память
   mass s. внешнее запоминающее устройство (большой емкости)
   peripheral s. внешняя память
   secondary s. внешняя память
   virtual s. виртуальная память
storage-limited ограниченный допустимым объемом хранения (данных), ограниченный по памяти
store 1. запас, резерв; хранилище, накопитель; ‖ хранить, сохранять; накапливать; аккумулировать; 2. запоминающее устройство, память (ЭВМ); ‖ запоминать; 3. внешняя подвеска (летательного аппарата)
   to store up накапливать, аккумулировать; запоминать
stored накопленный, аккумулированный; сохраненный; запомненный
   s. **air** сжатый воздух
   s. **energy** накопленная энергия
   s. **error** накопленная (суммарная) погрешность
storey этаж, ярус
-storeyed (как компонент сложных слов) -этажный; напр., **multi-storeyed** многоэтажный
storing 1. хранение; накапливание, аккумулирование; 2. запоминание
storm буря, ураган, шторм
story 1. рассказ; история; 2. этаж, ярус
stove печь, огневой нагреватель; сушильная камера; ‖ нагревать (в печи), сушить

stow укладывать, складывать; размещать; наполнять
stowage укладка, размещение; наполнение, заполнение
straddle 1. подставка; стойка; 2. охватывать (с двух сторон); 3. отклоняться от оси
straggle беспорядочное расположение; ‖ беспорядочно располагаться (двигаться), блуждать
straight 1. прямой, прямолинейный; ровный; правильный; ‖ прямо, по прямой линии; ровно; правильно; точно; 2. прямая (линия); прямолинейный (ровный) участок; линейка; 3. немедленно, сразу
   s. **angle** развернутый (плоский) угол, угол в 180 градусов
   s. **line** прямая (линия)
   s. **motion** прямолинейное движение
   s. **wing** прямое (нестреловидное) крыло
straighten выпрямлять(ся), выравнивать(ся), править; приводить в порядок
straightforward прямой; движущийся прямо; непосредственный; ‖ прямо; непосредственно
straight-line прямой, прямолинейный, ровный
straightness прямолинейность
straightway 1. прямолинейный (ровный) участок; 2. сразу, немедленно
strain 1. деформация; деформирование; деформированное состояние; натяжение, растяжение; усилие, напряжение; ‖ деформационный; несущий, силовой; ‖ деформировать(ся), искажать(ся); вызывать деформацию; натягивать(ся), растягивать(ся); 2. фильтровать(ся), просачиваться
   to strain out фильтровать(ся), отфильтровывать(ся)
   to place strain накладывать деформацию (поле деформаций)
   s. **aging** деформационное (механическое) старение; эксплуатационное старение, изнашивание
   s. **bounds** границы (пределы, диапазон) деформации
   s. **centre** центр деформации
   s. **compatibility** совместность деформаций
   s. **components** компоненты (тензора) деформаций
   s. **of compression** деформация сжатия; работа на сжатие
   s. **concentration** концентрация деформаций
   s. **criterion** деформационный критерий, критерий в терминах деформаций
   s. **cycling** циклическое деформирование
   s. **degree** степень (уровень) деформации
   s. **density** интенсивность деформации
   s. **deviator** девиатор (тензора) деформаций
   s. **ellipsoid** эллипсоид деформаций
   s. **energy** (потенциальная) энергия деформации
   s. **energy function** функция энергии деформации
   s. **energy method** метод энергии деформации, энергетический метод (расчета)

s. **expansion** деформационное расширение; разложение деформации (в ряд)
s. **field** поле деформаций
s. **finite element** конечный элемент в деформациях
s. **of flexure** деформация изгиба; работа на изгиб
s. **function** функция деформации
s. **ga(u)ge** датчик деформаций, тензодатчик
s. **hardening** деформационное упрочнение; наклеп, нагартовка
s. **hardness** твердость, создаваемая холодной обработкой (наклепом)
s. **hysteresis** упругий (механический) гистерезис
s. **intensity** интенсивность деформаций
s. **measure** мера деформации
s. **measuring** измерение деформаций
s. **member** составляющая деформации; деформационное слагаемое; несущий (силовой) элемент (конструкции); элемент, работающий на растяжение
s. **path** траектория деформирования, траектория в пространстве деформаций
s. **quadric** квадратичная форма от деформаций
s. **range** амплитуда (диапазон) деформаций
s. **rate** скорость деформаций
s. **rate deviator** девиатор (тензора) скоростей деформаций
s. **rate problem** задача в скоростях деформаций
s. **relations** соотношения для деформаций
s. **sensor** датчик деформаций, тензодатчик
s. **space** пространство деформаций
s. **surface** поверхность деформаций
s. **of tension** деформация растяжения; работа на растяжение
s. **tensor** тензор деформаций
s. **of torsion** деформация кручения (скручивания); работа на кручение
s. **of ultimate tenacity** предельная деформация при растяжении
s. **vector** вектор деформаций
age s. деформация от старения
alternating s. знакопеременная деформация
angular s. угловая деформация, деформация поворота (вращения)
average s. средняя деформация
axial s. осевая (продольная) деформация
axisymmetrical s. осесимметричное деформирование; осесимметричное деформированное состояние
bending s. деформация (от) изгиба, изгибная деформация; работа на изгиб
Cauchy-Green s. **tensor** тензор деформаций Коши-Грина
compressive s. деформация сжатия; работа на сжатие

constant s. **triangle (CST)** треугольный конечный элемент с постоянной деформацией (CST-элемент)
cooling s. деформация при охлаждении
coupling s. моментная деформация
creep s. деформация (при) ползучести
cubic s. объемная деформация
curvature s. деформация искривления
effective s. эффективная (приведенная) деформация, условная деформация; интенсивность деформаций
elastic s. упругая деформация; упругое натяжение
elasto-plastic s. упруго-пластическая деформация
engineering s. условная ("инженерная") деформация; эффективная (приведенная) деформация
extension s. деформация растяжения (удлинения), относительное удлинение
finite s. конечная деформация
flexion s. деформация изгиба
general s. общая деформация, общее деформированное состояние
hardening s. деформация при упрочнении (закалке)
homogeneous s. однородная (равномерная) деформация, однородное деформированное состояние
hoop s. окружная деформация, деформация в окружном направлении
incremental s. приращение (инкремент) деформаций
infinitesimal s. бесконечно малая деформация
initial s. начальная деформация, начальное деформированное состояние
initial s. **method** метод начальных деформаций
internal s. внутренняя (собственная) деформация; внутреннее напряжение (натяжение)
Lagrange s. **tensor** тензор деформаций Лагранжа
large s. **theory** теория больших деформаций; теория, учитывающая большие деформации
lateral s. поперечная деформация
lateral contraction s. деформация поперечного сжатия (обжатия)
linear s. линейная деформация; линейное деформирование; линейная модель деформирования
linear s. **triangle (LST)** треугольный конечный элемент с линейными деформациями (LST-элемент)
local s. местная деформация
longitudinal s. продольная (осевая) деформация
moment s. моментная деформация, изгибная деформация
nominal s. условная деформация

normal s. нормальная деформация, деформация по нормали
octahedral s. октаэдрическая деформация
permanent s. остаточная деформация
plane s. плоская деформация, плоское деформированное состояние
plastic s. пластическая деформация
principal s. главная деформация
quench s. закалочная деформация
repeated s. повторная (циклическая) деформация
residual s. остаточная деформация
shear(ing) s. деформация сдвига, сдвиговая (угловая) деформация; работа на сдвиг
shrinkage s. усадочная деформация
small s. малая деформация
small s. - large deflection theory теория деформирования с малыми деформациями и большими (конечными) перемещениями
state of s. деформированное состояние; нагруженное (напряженное) состояние
stretching s. деформация растяжения; работа на растяжение
surface s. поверхностная деформация; поверхностное натяжение; деформация поверхности
tangential s. касательная (тангенциальная, мембранная) деформация
tearing s. деформация отрыва
temperature s. температурная (тепловая) деформация
tensile s. деформация растяжения; относительное растяжение (удлинение); работа на растяжение
torsional s. деформация кручения; работа на кручение
total s. полная (суммарная) деформация
transverse s. поперечная деформация
true s. истинная деформация
twisting s. деформация кручения; работа на кручение
ultimate s. предельная (критическая) деформация
volumetric s. объемная деформация
yield s. деформация текучести, пластическая деформация
strain-displacement relation связь между деформациями и перемещениями, геометрические соотношения деформирования
strained деформированный; нагруженный, напряженный
s. condition деформированное состояние; нагруженное (напряженное) состояние
strainer 1. натяжное приспособление; стяжка; 2. сетка, решетка; (сетчатый) фильтр
strain-ga(u)ge датчик деформаций, тензодатчик
s. rosette розетка тензодатчиков
s. unit тензометрическая установка
strain-ga(u)ging тензометрирование

strain-induced деформационный, обусловленный (наведенный) деформацией
s. anisotropy деформационная (наведенная, вторичная) анизотропия
straining 1. деформирование, деформация; натяжение; 2. фильтрование, фильтрация
s. ring кольцо сжатия, обруч
s. tie затяжка, стяжка
strain-meter измеритель деформаций, тензометр
strain-optical coefficient коэффициент оптической деформации
strain-sensitive wire тензочувствительная проволока
strain-stress relation соотношение "деформация-напряжение", физическое уравнение деформирования
straiten ограничивать, связывать, стеснять; суживать; сжимать, стягивать
strand 1. прядь, жила, стренга; скрутка; сердечник (напр., кабеля); || вить, скручивать; 2. берег, береговая полоса; отмель
wire s. прядь троса
stranded скрученный, витой
s. rope канат
s. wire трос, кабель
strange странный, необычный; незнакомый, неизвестный; чуждый
strangely странно, необычно, удивительно
strangely enough как ни странно
strangler дроссель
strap полоса, полоска; планка, накладка; ремень, строп; скоба, хомут; кронштейн; || скреплять, соединять, обвязывать, стягивать
butt s. стыковая накладка
strategy стратегия; методология, методика, алгоритм; поведение
computational s. вычислительная стратегия, методология расчетов
control s. стратегия (алгоритм) управления
optimal s. оптимальная стратегия
safe s. безопасная (надежная, беспроигрышная) стратегия
strata мн.ч. от stratum
stratification стратификация, расслоение; напластование; залегание; иерархическое (многоуровневое) представление
stratify стратифицировать(ся), разделять(ся) на слои (уровни), расслаивать(ся); наслаивать(ся)
stratochamber барокамера
stratosphere стратосфера
stratum (мн.ч. strata) слой, пласт; страта, уровень в иерархии
stray побочное явление; || случайный, бессистемный; отдельный, индивидуальный; побочный, неосновной; паразитный; блуждающий; || блуждать; отклоняться от темы
s. instances отдельные примеры
s. wave отдельная волна; блуждающая волна
strays мн.ч. от stray; помехи, шумы

streak 1. полоска, прожилка; пласт; 2. период, промежуток; 3. характерная черта
stream поток, течение; струя; ‖ течь, вытекать, протекать, струиться; обтекать
  on stream действующий, работающий; на ходу, в процессе работы
  s. of current направление течения
  s. line линия тока; струя; направление течения
  s. filament элементарная струйка, трубка тока
  s. function функция тока
  s. of particles поток частиц
  s. surface поверхность тока
  s. tube трубка тока, элементарная струйка
  air s. воздушная струя, воздушный поток
  choked s. дросселированный поток
  co-current streams спутные потоки
  contracting s. суживающийся поток
  convective s. конвективный поток
  converging streams сходящиеся потоки (струи)
  data s. поток данных
  effluent s. вытекающий поток
  flowing s. поток, (струйное) течение
  fluid s. поток (струя) жидкости
  free s. свободный (невозмущенный) поток
  input s. входной поток (напр., данных)
  jet s. реактивная струя; струйное течение
  laminar s. ламинарное течение
  main s. основной поток, ядро потока, поток вне пограничного слоя
  parallel s. параллельный (плоскопараллельный) поток
  solid s. сплошной поток; поток твердых частиц
  stem s. основное течение
  tidal s. приливное течение
  turbulent s. турбулентное течение, турбулентная струя
  unbounded s. неограниченный поток, поток со свободными границами
  undisturbed s. невозмущенный поток
streamflow поток, течение, струя; сток, объем стока
  s. volume объем стока
streaming поток, течение; разделение на потоки; ‖ текущий, движущийся; льющийся, струящийся; текучий
streamlet небольшое течение; струйка
streamline линия тока; линия обтекания; направление течения (движения); обтекаемый контур; ‖ обтекаемый, имеющий обтекаемую форму; безвихревой; гладкий, плавный; ‖ иметь (придавать) обтекаемую форму; упорядочивать
  s. flow ламинарное течение
  s. method метод линий тока
  s. motion ламинарное (безвихревое) течение, струйное течение
  s. of motion линия тока

  s. tracing прослеживание (визуализация) линий тока
  sink s. линия тока стока
  source s. линия тока источника
  stagnation s. нулевая (критическая) линия тока
streamlined обтекаемый, имеющий обтекаемую форму; гладкий, плавный; упорядоченный
  s. body тело обтекаемой формы
  s. curve плавная кривая
streamlining обтекаемость; обтекание; придание обтекаемой формы; упорядочение; оптимизация траектории (графика движения, технологической схемы и т.д.)
streamwise (направленный) по потоку, вдоль потока
street улица; коридор, проход, дорожка
  vortex s. вихревая дорожка, вихревой след
strength 1. прочность; сопротивление деформированию, работа конструкции (материала); временное сопротивление (материала), предел прочности; 2. интенсивность, напряженность (поля); сила, степень; мощность; концентрация (раствора); 3. численность, количество
  on the strength of в силу, на основании чего-либо
  s. ceiling предел прочности; ограничение по прочности
  s. of compression прочность на сжатие, (временное) сопротивление сжатию; работа на сжатие
  s. condition условие прочности
  s. of coupling прочность связи (соединения)
  s. criterion критерий прочности
  s. to density ratio удельная прочность
  s. of extension прочность на растяжение, (временное) сопротивление растяжению; работа на растяжение
  s. factor коэффициент (запас) прочности
  s. of flexure прочность на изгиб; сопротивление изгибу, работа на изгиб
  s. joint прочное соединение, прочный шов
  s. of materials сопротивление материалов
  s. member силовая (несущая, напряженная) деталь
  s. under shock прочность на удар, сопротивление удару
  s. of sink интенсивность стока
  s. of source интенсивность источника
  s. test испытание на прочность; определение предела прочности (временного сопротивления) материала
  adhesion s. прочность сцепления, сила адгезии
  bearing s. несущая способность; прочность на смятие (раздавливание); грузоподъемность; подъемная сила (крыла)
  biaxial s. двухосное напряженное состояние

breaking s. прочность на разрыв; сопротивление разрушению; разрывное усилие
brittle s. предел прочности при хрупком разрушении
bursting s. прочность (оболочки) на действие внутреннего давления; сопротивление продавливанию (прорыву)
Charpy impact s. ударная вязкость по Шарпи
cleavage s. сопротивление скалыванию
cohesive s. прочность сцепления, сила когезии
combined s. прочность при сложном напряженном состоянии
compression s. прочность на сжатие, (временное) сопротивление сжатию; работа на сжатие
crack s. сопротивление растрескиванию
creep s. сопротивление ползучести
creep rupture s. длительная прочность
crushing s. сопротивление раздавливанию, прочность на раздавливание
current s. сила тока
cutting s. сопротивление резанию; усилие резания
doublet s. интенсивность диполя
dynamic s. динамическая прочность, прочность при динамическом нагружении
elastic s. прочность упругого деформирования; сопротивление (сил) упругости, упругая работа (конструкции)
endurance s. сопротивление усталости; предел выносливости
fatigue s. усталостная прочность; предел усталости
field s. напряженность (интенсивность) поля
flow s. скоростной напор потока; энергия потока
folding s. прочность на перегиб
fore-and-aft s. продольная прочность (напр., судна)
fracture s. сопротивление разрушению
impact s. прочность на удар; ударная вязкость
longitudinal s. продольная прочность, прочность при растяжении
long-time s. длительная прочность, предел прочности при длительной нагрузке
margin of s. запас прочности
maximum s. максимальная прочность
mechanical s. механическая прочность
notch-impact s. ударная вязкость образца с надрезом
overall s. общая прочность
peel s. прочность на отрыв
plybond s. сопротивление расслаиванию
proof s. условный предел текучести
pull-out s. прочность, определенная методом выдергивания, прочность на отрыв
rupture s. сопротивление отрыву; предел прочности на разрыв

shear(ing) s. прочность на сдвиг (срез, скол); предел прочности при сдвиге; работа на сдвиг
shock s. ударная прочность; интенсивность скачка уплотнения
solution s. концентрация раствора
specific s. удельная прочность
static s. статическая прочность, прочность при статической нагрузке
structural s. прочность конструкции; работа (сопротивление) конструкции; структурная прочность
surface s. поверхностная прочность
tearing s. прочность на отрыв; сопротивление раздиранию
tensile s. прочность на растяжение, (временное) сопротивление растяжению; работа на растяжение
tensile yield s. предел текучести при растяжении
theory of s. теория прочности
transverse s. поперечная прочность; сопротивление в поперечном направлении; сопротивление сдвигу (срезу, сколу)
twisting s. предел прочности при кручении; сопротивление кручению, работа на кручение
ultimate s. предел прочности, временное сопротивление
uniaxial s. одноосная работа конструкции; предел прочности при одноосном состоянии
uniform s. равномерная прочность, равное сопротивление
vibration s. вибропрочность
vortex s. интенсивность вихря
wear s. сопротивление износу (истиранию)
weld s. прочность сварного шва
wind s. сила ветра
working s. рабочая прочность; рабочее натяжение
yield s. предел текучести
strengthen укреплять, усиливать; упрочнять; повышать интенсивность (концентрацию)
strengthening укрепление, усиление; упрочнение; повышение механических свойств; повышение интенсивности (концентрации); || укрепляющий(ся), усиливающий(ся), упрочняющий(ся)
  s. material упрочняющийся (уплотняющийся) материал
  s. rib ребро жесткости
  surface s. поверхностное упрочнение
  work s. энергетическое (деформационное) упрочнение
strengths сопротивление материалов
stress 1. напряжение; напряженное состояние; давление; нагрузка, воздействие; усилие; || вызывать напряжение, нагружать, прикладывать нагрузку; создавать давление; **2.** подчеркивать, выделять
  to induce stress вызывать напряжение

to lay stress on подчеркивать, придавать значение чему-либо
to remove stress устранять напряжение, разгружать
to take stress воспринимать напряжение
to withstand the stresses выдерживать напряжения (нагрузки)
s. alternation чередование напряжений, (знакопеременный) цикл напряжений
s. analysis расчет напряжений (напряженно-деформированного состояния), расчет на прочность
s. analysis model расчетная модель, расчетная схема (конструкции), прочностная модель
s. application приложение нагрузки, нагружение
s. assumption гипотеза о напряжениях (о виде напряженного состояния), статическая гипотеза
s. averaging осреднение значений напряжений
s. boundary condition граничное условие для напряжений (в напряжениях)
s. calculation расчет напряженного состояния, расчет на прочность
s. circle круг напряжений (Мора)
s. coat тонкое покрытие, используемое для определения напряжений (напр., хрупкое лаковое покрытие)
s. components компоненты (тензора) напряжений
s. concentration концентрация напряжений
s. condition напряженное (нагруженное) состояние
s. constitutive equation определяющее соотношение для напряжений
s. contours линии равных напряжений, изолинии напряжений
s. corrosion коррозия под напряжением
s. couple момент напряжений
s. criterion критерий в напряжениях (в терминах напряжений)
s. cycle цикл напряжений
s. degrees of freedom степени свободы-напряжения
s. diagram диаграмма (эпюра) напряжений
s. dimension размерность напряжения
s. distribution распределение (картина) напряжений
s. ellipsoid эллипсоид напряжений
s. equilibrium равновесие напряжений, равновесное напряженное состояние
s. equilibrium equations уравнение равновесия в напряжениях
s. error погрешность (определения) напряжений
s. evaluation определение (вычисление, расчет, оценка) напряжений
s. factor коэффициент напряжений, коэффициент запаса по напряжениям; эффект напряженности
s. field поле напряжений

s. field bifurcation бифуркация (разделение) поля напряжений (напр., при разветвлении трещины)
s. finite element конечный элемент в напряжениях
s. fluctuation колебание (значений) напряжений
s. formulation формулировка (задачи) в напряжениях
s. freezing "замораживание" (фиксация) напряжений
s. fringes (интерференционные) полосы напряжений равного уровня
s. function функция напряжений
s. ga(u)ge датчик напряжений
s. gradient градиент напряжений
s. history история нагружения
s. increment приращение напряжений
s. intensity интенсивность напряжений
s. intensity factor коэффициент интенсивности напряжений
s. invariant инвариант (тензора) напряжений
s. level уровень напряжений
s. limit предельное напряжение
s. model (расчетная) модель в напряжениях; прочностная модель; модель напряженного состояния
s. path траектория нагружения; траектория (в пространстве) напряжений
s. pattern картина (распределения) напряжений
s. peak максимальное (амплитудное) значение напряжения
s. plane плоскость напряжений (напр., в фазовой диаграмме)
s. propagation распространение напряжений
s. rate скорость напряжений
s. rate problem задача в скоростях напряжений
s. recorder регистратор напряжений
s. relaxation релаксация напряжений
s. relief снятие (внутренних) напряжений, отпуск материала
s. resultant результант напряжений; обобщенное напряжение; интенсивность напряжений
s. shape распределение (картина) напряжений, эпюра напряжений
s. singularity сингулярность (поля) напряжений
s. solid element объемный (конечный) элемент в напряжениях
s. space пространство напряжений
s. state напряженное (напряженно-деформированное) состояние; нагруженное состояние
s. tensor тензор напряжений
s. surface поверхность напряжений
s. trajectory траектория (в пространстве) напряжений
s. transfer передача напряжений; перераспределение напряжений

s. variation вариация напряжений; варьирование напряжений; изменение напряженного состояния
s. vector вектор напряжений
s. wave волна напряжения
actual s. действительное напряжение; истинное напряжение
added s. дополнительное (добавочное) напряжение; догружение
admissible s. допускаемое (допустимое) напряжение
aging s. напряжение старения
Airy s. function функция напряжений Эри
allowable s. допускаемое (допустимое) напряжение
alternate stresses знакопеременные напряжения
amplitude of s. амплитуда (цикла) напряжений
assembly s. монтажное (сборочное) напряжение
asymmetric s. несимметричный цикл напряжений; несимметричное напряженное состояние
asymmetric s. tensor несимметричный тензор напряжений
attendant s. действующее напряжение
average s. среднее (усредненное) напряжение; номинальное напряжение
axial s. осевое (продольное) напряжение; одноосное напряженное состояние
axial yield s. предел текучести при одноосном напряженном состоянии
axisymmetric s. осесимметричное напряженное состояние
bearing s. напряжение смятия
bending s. изгибающее напряжение; напряженное состояние при изгибе
biasing stresses смещающие напряжения
biaxial s. двухосное (двумерное) напряженное состояние
blow s. напряжение от удара; ударная нагрузка
bond s. напряжение сцепления
boundary s. напряжение на границе
breaking s. предел прочности; предельное (разрушающее) напряжение
buckling s. критическое напряжение (вызывающее потерю устойчивости)
bursting s. разрушающее (разрывное) напряжение
casting s. (внутреннее) напряжение в отливке
centrifugal s. напряжение от действия центробежных сил
circumferential s. окружное напряжение, напряжение в окружном направлении
cleavage s. напряжение отрыва (скола)
cohesive s. напряжение сцепления
combined s. сложное напряженное состояние
compressive s. сжимающее напряжение

compressive yield s. предел текучести при сжатии
contact s. контактное напряжение
contraction s. напряжение сжатия (обжатия); усадочное напряжение
couple s. моментное напряжение
crack opening s. напряжение раскрытия трещины
crack s. напряжение растрескивания; напряженное состояние в области трещины
crack tip s. напряжение в вершине трещины
creep s. напряжение (при) ползучести; предел текучести
critical s. критическое (предельное) напряжение
crushing s. разрушающее (раздавливающее) напряжение; предел прочности при смятии
current s. текущее (мгновенное) напряжение, текущее напряженное состояние
current yield s. мгновенный предел текучести
cyclic(al) stresses циклические напряжения
dead-load s. напряжение от собственного веса
degree of s. уровень напряжений
delamination s. напряжение расслаивания
design s. расчетное (проектное) напряжение, рабочее напряжение
deviatoric s. девиаторное напряжение
direct s. нормальное напряжение
direct s. machine машина для испытаний на растяжение-сжатие
dynamic(al) s. динамическое напряжение, динамическое напряженное состояние
dynamic(al) yield s. динамический предел текучести
edge s. напряжение на грани (кромке, ребре, контуре)
effective s. эффективное (приведенное) напряжение, условное напряжение; интенсивность напряжений
elastic s. упругое напряжение; упругое напряженное состояние
engineering s. условное ("инженерное") напряжение; эффективное (приведенное) напряжение
engineering ultimate s. "инженерный" (технический) предел прочности
engineering yield s. "инженерный" предел текучести
environmental s. напряжение от воздействия окружающей среды
equivalent s. эквивалентное (эффективное, обобщенное) напряжение, интенсивность напряжений
erection s. сборочное (монтажное) напряжение
Euler buckling s. критическое напряжение Эйлера (при потере устойчивости)

extreme fibre s. напряжение в крайних волокнах (напр., балки)
failing s. разрушающее напряжение
fatigue s. усталостное напряжение
fatigue s. range размах напряжений в усталостном цикле (при оценке усталости)
flexural s. напряжение при изгибе, изгибное напряжение
flow s. напряжение (пластического) течения
forging s. (остаточное) напряжение при ковке
fracture s. разрушающее напряжение
friction s. напряжение от трения
general state of s. общее (произвольное) напряженное состояние
generalized s. обобщенное напряжение
generalized plane s. обобщенное плоское напряженное состояние
Griffith fracture s. разрушающее напряжение Гриффитса
hardening s. упрочняющее (закалочное) напряжение
homogeneous s. однородное напряженное состояние
hoop s. окружное напряжение, напряжение в окружном направлении
horizontal s. горизонтальное напряжение; горизонтальный распор
impact s. напряжение при ударе
induced s. наведенное (вторичное) напряжение
inherent s. собственное (внутреннее) напряжение
initial s. начальное напряжение (напряженное состояние)
initial s. method метод начальных напряжений
inner s. внутреннее (собственное) напряжение
instantaneous s. мгновенное напряжение
interlaminar s. межслойное напряжение; напряжения расслаивания
intermediate s. промежуточное (переходное) напряжение
internal s. внутреннее (собственное) напряжение
irregular s. неравномерное напряжение; сингулярное напряженное состояние
lateral s. поперечное напряжение
limit s. предельное (предельно допустимое) напряжение
limiting maximum s. максимальное (допустимое) напряжение; верхний предел цикла напряжений
linear s. линейное (одноосное) напряжение (напряженное состояние)
live-load s. напряжение от переменной (пульсирующей) нагрузки
local s. местное напряжение (напряженное состояние)

longitudinal s. продольное (осевое) напряжение
main s. главное напряжение
mean-fatigue s. среднее напряжение в усталостном цикле
membrane s. мембранное (касательное, тангенциальное, цепное) напряжение; плоское напряженное состояние; напряженное состояние мембраны (безмоментной оболочки)
middle surface s. напряжения в срединной поверхности (оболочки)
(von) Mises-Hencky effective s. эффективное напряжение (интенсивность напряжений) по Мизесу-Генки
net s. результирующее напряжение
net section s. напряжение в нетто-сечении (в неразрушенной части образца)
nodal s. напряжение в узле
normal s. нормальное напряжение; рабочее (допустимое) напряжение
oblique s. косое напряжение, напряжение на косой площадке
operating s. рабочее (эксплуатационное) напряжение
peak s. максимальное (амплитудное) значение напряжения
percentage proof s. условный предел текучести
permissible s. допускаемое (допустимое) напряжение, расчетное напряжение
plane s. плоское напряженное состояние
preload s. предварительное напряженное (преднапряженное) состояние
principal s. главное напряжение
proof s. максимально допустимое напряжение; предел текучести
proof load s. напряжение при пробном (тестовом) нагружении
pulsating s. пульсирующее напряжение, напряжение в одностороннем (знакопостоянном) цикле
pure s. простое (одноосное, линейное) напряженное состояние
purely alternating s. симметричное знакопеременное напряжение, симметричный цикл нагружения
quenching s. закалочное напряжение
radial s. радиальное напряжение
reduced s. приведенное (эквивалентное, эффективное) напряжение, интенсивность напряжений
reference s. исходное напряжение (до приложения нагрузки); контрольное напряжение
remote s. напряжение на удалении (напр., от зон концентрации), напряжение на бесконечности
repeated s. повторное (циклическое) напряжение; повторное нагружение
residual s. остаточное напряжение
restraining s. удерживающее напряжение; напряжение, препятствующее раскрытию трещины

resulting s. результирующее напряжение
reversed s. напряжение обратного знака; знакопеременное напряжение
root-mean-square s. среднеквадратичное значение напряжения
rotational s. напряжение от вращения
rupture s. разрушающее (разрывающее) напряжение
safe s. допустимое (допускаемое) напряжение
secondary s. вторичное (дополнительное) напряжение
shear(ing) s. напряжение сдвига, касательное напряжение; сдвиговое напряженное состояние
shock s. напряжение при ударе; ударная нагрузка
short-range s. (циклическое) напряжение с малой амплитудой
shrinkage s. усадочное напряжение
simple s. простое (одноосное) напряженное состояние
state of s. напряженное (напряженно-деформированное) состояние; нагруженное состояние
static s. статическое напряжение (напряженное состояние)
steady s. постоянное (длительное) напряжение; стационарное напряженное состояние
stretching s. растягивающее напряжение
subsidiary s. дополнительное (второстепенное) напряжение
surface s. поверхностное напряжение
sustained s. длительное напряжение
tangential s. касательное (тангенциальное, мембранное, цепное) напряжение
temperature s. температурное (тепловое) напряжение
tensile s. растягивающее напряжение
tensile yield s. предел текучести при растяжении
thermal s. тепловое (температурное) напряжение
thickness s. напряжение по толщине (напр., в балке, оболочке)
three-dimensional s. трехмерное (трехосное, объемное, пространственное) напряженное состояние
torsional s. напряжение (от) кручения
total s. полное (суммарное) напряжение, результирующее напряжение
transient s. неустановившееся (переходное) напряжение; нестационарное напряженное состояние
transverse s. поперечное напряжение; напряжение от изгиба
triaxial s. трехосное (пространственное) напряженное состояние
twisting s. напряжение при кручении
two-dimensional s. двумерное (двухосное, плоское) напряженное состояние

ultimate s. предельное (критическое, максимально допустимое) напряжение; предел прочности, временное сопротивление
uniaxial s. одноосное (линейное, простое) напряженное состояние
uniform s. постоянное напряжение; однородное напряженное состояние
unit s. удельное напряжение
upper yield s. верхний предел текучести
variable s. переменное напряжение
varying s. переменное напряжение, (циклически) изменяющееся напряжение
viscous s. вязкое напряжение, касательное напряжение в вязкой жидкости
volumetric s. объемное (трехосное) напряженное состояние; гидростатическое давление
welding s. сварочное напряжение
wind s. напряжение от ветровой нагрузки
working s. рабочее (эксплуатационное) напряжение; расчетное (допускаемое) напряжение
yield s. предел текучести; напряжение пластического течения
stress-assisted вызванный напряжением; проходящий (выполняющийся) под напряжением
s. diffusion диффузия под напряжением
stressed 1. напряженный; нагруженный; 2. подчеркнутый, выделенный
s. body напряженное (нагруженное) тело
s. skin напряженная (работающая, несущая) обшивка
s. state напряженное (напряженно-деформированное) состояние; нагруженное состояние
stressing 1. напряжение, нагружение; 2. подчеркивание, выделение
fatigue s. циклическое нагружение
hydraulic pressure s. гидравлическое нагружение, нагружение давлением жидкости
stress-free ненапряженный, ненагруженный, свободный (от напряжений)
s. boundary свободная (ненагруженная) граница
stressless ненапряженный, свободный (от напряжений)
s. volume change изменение объема без появления напряжения
stress-optic constant фотоупругий коэффициент, оптико-механическая постоянная
stress-ration method метод равнонапряженной конструкции (оптимизации конструкций)
stress-strain analysis расчет (исследование) напряженно-деформированного состояния, расчет на прочность
stress-strain curve диаграмма "напряжение-деформация"
stress-strain relation зависимость "напряжение-деформация", физические соотношения механики деформирования
stretch 1. растяжение; вытягивание, растягивание, удлинение; натяжение; напря-

жение; (пре)увеличение; ‖ растягивать(ся), вытягивать(ся), удлинять(ся); натягивать(ся), напрягать(ся); (пре)увеличивать, усиливать; 2. протяжение; отрезок, участок; пространство; интервал времени, длительность; ‖ иметь протяжение, простираться; длиться
   s. elongation удлинение при растяжении; деформация растяжения; вытяжка (технологическая операция)
stretched растянутый, вытянутый; натянутый; напряженный
   s. length полная длина (напр., выпрямленной проволоки)
   s. membrane растянутая мембрана
stretcher натяжное приспособление; вытяжное устройство; распорка
stretching 1. растяжение; натяжение, напряжение; растягивание, удлинение; вытяжка (технологическая операция), прокатка; ‖ растягивающий(ся); натягивающий(ся), натяжной; вытягивающий(ся), удлиняющий(ся); 2. протяженность; длительность
   s. strain деформация растяжения; работа на растяжение
   s. wire оттяжка, расчалка; натяжной трос
strew разбрасывать; разбрызгивать
stria (мн.ч. striae) бороздка, полоска
striated бороздчатый, полос(ч)атый
striation бороздка, полоска; струйка
   fatigue striations бороздки усталости (на поверхности разрушения)
strict строгий; точный, определенный
   in the strict sense в строгом смысле
   s. inequality строгое неравенство
strictly строго; точно, определенно
   s. convex строго выпуклый
stride (большой) шаг; ‖ шагать
   to stride over перешагивать
strike 1. удар; ‖ ударять(ся), бить(ся); 2. находка, открытие; ‖ достигать; находить, открывать; придумывать
   to strike against упираться во что-либо; ударяться о что-либо
   to strike out вычеркивать; изобретать, придумывать
   to strike up начинать
   to strike upon достигать; придумывать
striker ударник, боек; баба (молота), копер
striking ударный; замечательный, удивительный
   s. discovery замечательное открытие
   s. energy энергия удара
   s. face ударная поверхность
string 1. струна; нить, волокно; веревка, шнур; ‖ натягивать; связывать; 2. ряд, последовательность, цепочка, строка
   to string together связывать
   to string up натягивать
   character s. строка символов
   pipe s. ветка трубопровода; колонна труб
   regular s. правильная (периодическая) последовательность

stringer продольная балка, продольный подкрепляющий элемент, стрингер; расчалка
   s. buckling потеря устойчивости стрингера
   s. support подкрепление стрингерами, продольное подкрепление
   continuous s. неразрезная продольная балка
   side s. бортовой стрингер
   Z-type s. стрингер зетового поперечного сечения
stringy 1. волокнистый; 2. вязкий, тягучий
strip 1. полоса, лента; планка; шина; 2. сдирать, снимать; разбирать
   to strip off срывать, удалять
   s. foundation ленточный фундамент
   boundary s. пограничная полоса (зона)
   breaker s. брекерная лента, брекер (пневматической шины)
   crack arrest s. накладка, останавливающая трещину
   finite s. method метод конечных полос
   semi-infinitive s. полубесконечная полоса, полуполоса
   side s. боковина (шины)
   vortex s. вихревая полоска
stripe полос(к)а, лента; ‖ наносить полосы
stripping очистка, обдирка, удаление верхнего слоя; разборка, демонтаж
stroke 1. удар; взмах; (отдельное) движение, перемещение; такт, ход (поршня), шаг; ‖ ударять; двигаться, перемещаться; 2. штрих, черта
   back s. обратный ход
   compression s. такт (ход) сжатия
   crane s. высота подъема крана
   exhaust s. ход выхлопа (выталкивания)
   fore s. прямой ход
   four s. engine четырехтактный двигатель
   heat s. тепловой удар
   intake s. ход впуска (всасывания)
   power s. рабочий такт (ход)
strong сильный; существенный, значительный; прочный, устойчивый; ясный, определенный; имеющий преимущество
   s. design прочная конструкция
   s. nonlinearity сильная (существенная) нелинейность
   s. reason веский аргумент
strongback траверса
strongly сильно; прочно; убедительно
   to indicate strongly убедительно показывать
strop строп, ремень
Strouchal number число Струхаля
structural структурный; конструкционный; строительный
   s. analysis расчет конструкций (на прочность); структурный анализ
   s. analyst инженер-расчетчик, прочнист
   s. assembly сборка (модели) конструкции; построение результирующих урав-

нений модели конструкции из уравнений для отдельных элементов
  s. behavior работа (поведение) конструкции
  s. codes нормы прочности, нормы и правила расчета конструкций
  s. damping конструкционное демпфирование; демпфирование конструкции
  s. diagram структурная диаграмма; диаграмма состояния, фазовая диаграмма
  s. dynamics динамика конструкций
  s. engineering строительная техника (технология); проектирование (расчеты) конструкций
  s. evaluation оценка (расчет) конструкции
  s. failure отказ (поломка) конструкции, нарушение прочности
  s. features особенность конструкции (структуры); элемент конструкции
  s. formula структурная формула, формула строения
  s. instability неустойчивость (потеря устойчивости) конструкции; структурная неустойчивость
  s. laminate конструкционный слоистый материал
  s. loading нагружение конструкции
  s. mass масса конструкции
  s. mechanics строительная механика, механика конструкций
  s. member элемент конструкции (структуры)
  s. model модель конструкции (структуры), расчетная модель (схема); структурная модель
  s. optimization оптимизация конструкций; структурная оптимизация
  s. reliability надежность конструкции
  s. response реакция (поведение) конструкции
  s. section сечение конструкции; конструкционный профиль
  s. shape форма (контур, обводы) конструкции
  s. steel конструкционная сталь
  s. stiffness жесткость конструкции
  s. strength прочность конструкции; работа (сопротивление) конструкции; структурная прочность
  s. support опирание конструкции; опора конструкции
  s. synthesis синтез (проектирование) конструкций; формирование структуры
  s. topology топология конструкции (структуры)
  s. version вариант конструкции
  s. viscosity структурная вязкость
  s. wall несущая стена
structurally в конструктивном отношении; конструктивно, структурно
  s. orthotropic model конструктивно-ортотропная модель

structure 1. конструкция; здание, сооружение; 2. структура; организация, система, строение, устройство; конфигурация, форма
  acicular s. игольчатая структура
  aerospace structures аэрокосмическая техника
  air s. пневматическая (надувная) конструкция
  aircraft s. конструкция летательного аппарата
  aligned s. ориентированная структура
  all-metal s. цельнометаллическая конструкция
  amorphous s. аморфная (некристаллическая) структура
  array s. структура массива; матричная структура; сетчатая (решетчатая) конструкция
  assembled s. собранная конструкция; объединенная структура
  axisymmetric s. осесимметричная конструкция (структура)
  balloon s. пневматическая (надувная) конструкция
  banded s. ленточная структура (напр., разреженной матрицы); линейчатая структура (спектра)
  beam s. балочная конструкция
  beamlike lattice s. решетчатая конструкция балочного типа; конструкция из решетчатых балок
  bearing s. несущая конструкция
  bending s. изгибаемая конструкция; конструкция, работающая на изгиб
  block s. блочная конструкция (структура)
  body s. конструкция кузова
  box s. коробчатая конструкция
  branched s. разветвленная структура
  buckled s. конструкция, потерявшая устойчивость
  building s. конструкция здания; строительная конструкция
  bulk s. объемная структура
  buried s. заглубленная (подземная) конструкция
  cable s. вантовая (тросовая) конструкция
  cancelled s. сетчатая (решетчатая) конструкция
  cantilever s. консольная конструкция; свободно несущая конструкция
  catenary s. цепная конструкция; вантовая конструкция
  cellular s. ячеистая (сотовая) структура; модульная конструкция
  chain s. цепная (цепочная, последовательная) структура
  clamped s. защемленная конструкция
  complex s. сложная (составная) конструкция; сложная структура
  compliance s. податливая (деформируемая) конструкция
  composite s. структура композита; конструкция из композиционного материала

concrete s. (железо)бетонная конструкция
constrained s. конструкция со связями; закрепленная конструкция
continuous s. сплошная (цельная) конструкция; неразрезная конструкция
crystal s. кристаллическая структура
cyclic(al) s. циклическая (периодическая, циклически симметричная) конструкция (структура)
damped s. амортизированная (демпфированная) конструкция
data s. структура данных
decomposition of s. разбиение (декомпозиция) конструкции
development of s. разработка (проектирование) конструкции
earth s. грунтовое сооружение
elastic s. упругая конструкция
elasto-plastic s. упруго-пластическая конструкция
fabric s. тканевая (матерчатая) конструкция; структура ткани
fabricated s. сборная конструкция, конструкция из типовых элементов
fail-safe s. безотказная (живучая) конструкция
fibrous s. волокнистая структура
fine s. тонкая структура
flexible s. гибкая конструкция; перестраиваемая структура
folded s. складчатая конструкция
frame s. рамная конструкция, стержневая система
framed s. каркасированная конструкция; рамная конструкция
free s. свободная (незакрепленная) конструкция; произвольная структура
fringe s. структура интерференционных полос
geometry of s. геометрия (конфигурация) конструкции
hinged s. шарнирная (шарнирно сочлененная) конструкция; шарнирно опертая конструкция
hollow s. полая конструкция
homogeneous s. однородная (гомогенная) структура
honeycomb s. сотовая (ячеистая) структура; (трехслойная) конструкция с сотовым заполнителем, сотовая конструкция
hydraulic s. гидротехническое сооружение
hyperstatic s. статически неопределимая конструкция
independent s. незакрепленная конструкция
internal s. внутренняя структура
irregular s. нерегулярная (несимметричная, нециклическая) структура; конструкция неправильной (сложной) формы
laminated s. слоистая конструкция (структура)

lattice s. решетчатая (сетчатая) конструкция; структура (строение) решетки
level s. структура уровней
linear s. линейная (последовательная) структура; линейно деформирующаяся конструкция
linked s. связанная (цепная) структура
loaded s. нагруженная конструкция
logical s. логическая структура (схема)
loose s. рыхлая структура
marine s. морское сооружение
masonry s. каменная конструкция
matrix s. матричная структура; структура матрицы (массива)
membrane s. мембранная (безмоментная) конструкция; конструкция мембраны (диафрагмы)
mesh s. конфигурация сетки; сетчатая (ячеистая) структура
metal(lic) s. металлическая конструкция; структура (строение) металла
microscopic s. микроструктура, микростроение
mode s. структура (состав) мод (напр., колебаний)
multilayer s. многослойная (слоистая) конструкция; многоуровневая структура
multilevel s. многоуровневая (иерархическая) структура
multispan s. многопролетная конструкция
network s. конфигурация сетки; сетчатая конструкция (структура); архитектура сети (ЭВМ)
nonbearing s. ненесущая (несиловая) конструкция
offset s. структура разрыва
offshore s. морское сооружение
optimum weight s. конструкция оптимального веса
ordered s. упорядоченная структура
orthogonal s. ортогональная (прямоугольная) структура
parent s. первичная (исходная) структура
piled-lamellae s. система связанных слоев, упорядоченная слоистая структура
planar s. плоская (планарная) структура; плоская конструкция
plastic s. пластическая (пластически деформирующаяся) конструкция; конструкция из пластика
pneumatic s. пневматическая (надувная) конструкция
precast s. сборная конструкция
pressure field s. картина (распределение) давления
pressurized s. конструкция под давлением; пневматическая конструкция
prestressed s. предварительно напряженная конструкция
profile s. профильная структура (напр., разреженной матрицы)
random s. случайная (неупорядоченная) структура

random loaded s. конструкция со случайным нагружением
redundant s. статически неопределимая конструкция
regular s. регулярная конструкция; периодическая (симметричная) структура
regularized s. регуляризованная (идеализированная) конструкция; упорядоченная структура
reinforced s. подкрепленная конструкция; армированная конструкция
repeated s. повторяющаяся (циклическая, регулярная) структура, конструкция из повторяющихся элементов
restrained s. конструкция со связями; закрепленная конструкция
reticular s. сетчатая структура (конструкция)
ribbed s. ребристая конструкция, каркасная (каркасированная) конструкция
rigid s. (абсолютно) жесткая конструкция; неизменяемая структура
rigid-frame s. конструкция с жестким каркасом
rigidly-connected s. жестко сочлененная конструкция, конструкция с жесткими узлами
rigid-work-hardening s. жестко-упрочняющаяся конструкция (из жестко-пластического материала с упрочнением)
ring s. кольцевая структура
riveted s. клепаная конструкция
semi-monocoque s. конструкция типа полумонокок (авиационная тонкостенная конструкция, подкрепленная системой шпангоутов и стрингеров)
shell s. оболочечная конструкция; конструкция оболочки
shell-type s. конструкция оболочечного типа
shock wave s. структура скачка уплотнения
simple s. простая структура; статически определимая конструкция
skeleton s. каркасная (каркасированная) конструкция
soil s. структура грунта; грунтовое сооружение
solid s. объемная (массивная) конструкция
space s. пространственная конструкция (структура); космическая конструкция
spar s. лонжеронная конструкция
stable s. устойчивая конструкция (структура); геометрически неизменяемая конструкция
stacked s. многослойная (многоуровневая) структура
star s. звездообразная структура
statically indeterminate s. статически неопределимая конструкция
steel s. стальная (металлическая) конструкция

stiff s. жесткая конструкция; постоянная структура
stressed s. напряженная (работающая) конструкция
stressed-skin s. конструкция с работающей обшивкой
submerged s. подводное сооружение
substatic s. геометрически изменяемая конструкция
supported s. опертая (закрепленная) конструкция; подкрепленная конструкция
supporting s. опорная (несущая) конструкция
suspended s. висячая (подвесная) конструкция
symmetric s. симметричная конструкция (структура)
theory of structures теория сооружений, строительная механика; теория структур
thin s. конструкция малой толщины, тонкостенная конструкция
thin-walled s. тонкостенная конструкция
three-dimensional s. пространственная конструкция (структура)
time s. временная структура
tire s. конструкция шины
tree-type s. древовидная структура
truss s. ферменная конструкция
tube s. трубчатая конструкция (структура)
unconstrained s. незакрепленная (свободная) конструкция
undamped s. конструкция без (учета) демпфирования, неамортизированная конструкция
underground s. подземная (заглубленная) конструкция
underreinforced s. недостаточно подкрепленная конструкция
unstable s. неустойчивая конструкция; геометрически изменяемая конструкция; переменная структура
unsupported s. свободная (незакрепленная) конструкция; неподкрепленная конструкция
void s. пористая структура
vortex s. структура вихря
wall-beam s. конструкция типа балка-стенка
welded s. сварная конструкция
wing s. конструкция крыла
wooden s. деревянная конструкция
yield(ed) s. пластическая конструкция, конструкция в состоянии пластичности (за пределами упругости)
structured структурированный, структурный
structuredness структурность
structureless бесструктурный, неструктурный
structuring структурирование
strut стойка; пилон; распорка; подкос, раскос; сжатый элемент конструкции; ‖ подкреплять, подпирать; распирать
s. diagonal сжатый раскос

s. frame рама с подкосами; распорная рама; шпренгельная система
   diagonal s. раскос
   supporting s. опорная стойка; стержень подвески
stub укороченная деталь; короткая стойка; короткая ось, цапфа
stud столб, стойка, стержень; ось, цапфа; болт, винт; шпилька, штифт
   fulcrum s. ось шарнира
   swivel s. ось, цапфа
student студент; исследователь, ученый; || изучающий
study изучение, исследование, анализ; наука, область науки; предмет исследования; научная публикация; || изучать, исследовать, рассматривать
   as part of the study в ходе исследования
   under study изучаемый, исследуемый
   application s. прикладное исследование
   case s. характерный пример, иллюстрация
   comparative s. сравнительное изучение
   cycle s. поцикловое исследование (напр., роста трещины)
   design s. конструкторская проработка
   experimental s. экспериментальное исследование
   field s. натурное (экспериментальное) исследование
   full-scale s. натурный (полномасштабный) эксперимент; обширное исследование
   integrated s. комплексное исследование
   model s. исследование (на) модели; эталонное исследование
   numerical s. численное исследование, численный эксперимент
   observational s. экспериментальное изучение, исследование по данным наблюдений
   photoelastic s. исследование методом фотоупругости (на фотоупругих моделях)
   simulation s. исследование путем моделирования
   theoretical s. теоретическое исследование
   wind-tunnel s. исследование в аэродинамической трубе
stuff 1. вещество, материал; 2. наполнитель, набивка, прокладка; || набивать, наполнять, заполнять
Sturm sequence последовательность Штурма
Sturm-Liouville problem задача Штурма-Лиувилля
style стиль; вид, род, тип; конструкция, модель
stylus 1. игла; щуп; 2. перо, пишущий узел
sub переходник
sub- (приставка) до-, ниже-, под-, суб-, инфра-; расположенный ниже; недостаточный, неполный, слабый
subacoustic инфразвуковой

subaqueous подводный
subarray часть массива, подмассив; элемент, компонент
subassembly подконструкция; агрегат, узел
subcritical докритический, субкритический
subdivide подразделять(ся), последовательно делить(ся); подразбивать
subdivision последовательное деление; подразбиение
   mesh s. подразбиение (дополнительное измельчение) сетки
subdomain подобласть
subgrade основание, подложка, постель
subgroup подгруппа
subindex субиндекс; нижний индекс; подстрочный символ
subjacent расположенный ниже (чего-либо); лежащий в основе
subject 1. предмет, объект; тема, вопрос; изучаемая дисциплина; 2. субъект, человек
   to subject to 1. подвергать (воздействию, влиянию); подчинять чему-либо; 2. представлять (напр., на рассмотрение)
   to subject to tension подвергать растяжению, растягивать
   to be subject to подвергаться, быть подверженным; подчиняться, зависеть от
   to confine to the subject придерживаться темы
   subject to 1. подверженный, подлежащий, подчиненный (чему-либо); 2. при условии, допуская, если
   on the subject по данному вопросу
   s. index предметный указатель (в книге)
   s. matter сущность, содержание (напр., публикации); основной вопрос, предмет рассмотрения
subjoin добавлять (в конце)
sublayer подслой
sublimation сублимация
submarine подводная лодка
submatrix подматрица, субматрица, блок матрицы
submerge погружать(ся); затоплять
submerged погруженный; подводный
   s. body погруженное тело
   s. pipeline подводный трубопровод
submergence погружение; затопление
submersible 1. подводный, глубоководный; погружаемый; 2. подводный аппарат
submit 1. подчинять(ся); 2. предлагать, представлять (на обсуждение); 3. доказывать, утверждать
submotion составляющая движения
submultiple дольная величина; дольная единица (системы единиц); || дольный, кратный
subordinate подчиненный, зависимый; второстепенный, низший; || подчинять, ставить в зависимость
subordination подчинение, подчиненность
subproduct промежуточный результат (продукт)
subprogram подпрограмма

subrange поддиапазон, субинтервал
subregion подобласть
subroutine подпрограмма
subscribe подписывать; придавать (нижний) индекс, индексировать (переменную)
subscript (нижний) индекс, подстрочный знак
subsequent последующий; являющийся результатом чего-либо
subsequently впоследствии, позже
subset подмножество
subside 1. снижаться, убывать; 2. проседать, оседать
subsidence 1. уменьшение, снижение; 2. осадка (напр., фундамента)
subsidiary вспомогательный, дополнительный; второстепенный
   s. deduction вспомогательный вывод
subsonic дозвуковой; инфразвуковой
   s. flow дозвуковой поток
   s. wing дозвуковое крыло
subsonics аэродинамика дозвуковых скоростей; дозвуковые течения
subspace подпространство
   s. basis базис подпространства
   s. dimension размерность подпространства
   s. iteration method метод итерации подпространства (решения частичной алгебраической собственной проблемы)
   s. of trial functions подпространство пробных функций
   approximative s. аппроксимативное подпространство
   functional s. функциональное подпространство, подпространство функций
substance 1. вещество, материя, субстанция; среда; 2. содержание, сущность; 3. плотность, густота
   binding s. связующее (вещество)
   impurity s. примесь
   working s. рабочее вещество, рабочая среда
substantial 1. вещественный, материальный; 2. существенный, значительный; 3. плотный, густой; прочный
   s. building прочное здание
   s. derivative субстанциальная (материальная) производная
   s. progress значительный прогресс
substantially значительно, в большой степени; по существу
substantiate 1. доказывать, подтверждать; 2. воплощать, реализовывать; конкретизировать
substantiation 1. доказательство, подтверждение; 2. воплощение, реализация; конкретизация
substatic геометрически изменяемый (о конструкции)
substep подэтап
substituend подставляемое выражение, подстановка

substitute замена, замещение; подстановка; заменитель; || заменять, замещать; вытеснять; подставлять
   to substitute by заменить (первое вторым)
   to substitute for заменить (второе первым)
substitution замена, замещение; подстановка
   substitution of ... by замещение (первого вторым)
   substitution of ... for замещение (второго первым)
   s. method метод подстановки; метод замены связей
   s. of solution подстановка решения
   s. of variables замена переменных
   backward s. обратная подстановка
   coordinate s. замена координат
   Euler s. подстановка (замена переменных) Эйлера
   forward s. прямая подстановка
   integration by s. интегрирование подстановкой (с помощью замены переменных)
substratum 1. основа, основание; нижний слой, грунт; 2. субстрат
substructure 1. подконструкция, подструктура; суперэлемент; 2. подземная часть (сооружения), основание, фундамент
   s. elimination исключение неизвестных, относящихся к подконструкции
   s. evaluation расчет подконструкции
   s. level уровень (иерархии) подконструкции
   s. method метод подконструкций (суперэлементов)
   s. synthesis объединение подконструкций; сборка подконструкции (из отдельных элементов)
   s. unknowns неизвестные, относящиеся к подконструкции
   assembling of substructures объединение подконструкций
   condensed s. сконденсированная подконструкция (с исключенными внутренними неизвестными), суперэлемент
   independent substructures независимые (необъединенные) подконструкции
substructuring разбиение на подконструкции (подструктуры)
   s. approach метод подконструкций (суперэлементов)
subsurface находящийся под поверхностью, подземный, подводный
subsystem подсистема, часть системы
subtend стягивать (дугу); противолежать
subtense хорда; сторона треугольника, противолежащая углу
subterranean подземный
subtitle подзаголовок
subtle тонкий; острый
subtotal промежуточная сумма
subtract вычитать
subtraction вычитание
subtrahend вычитаемое

subunit 1. элемент блока (агрегата, модуля); сборочная единица; **2.** дольная единица (системы единиц)
subwave парциальная волна
subway тоннель, подземный переход; метрополитен
subzero отрицательный, ниже нуля
succeed 1. следовать за чем-либо, сменять (по очереди); **2.** достигать цели, иметь успех
succeeding (по)следующий, очередной
   s. term последующий член (напр., ряда)
success успех, удача
   to be a success иметь успех
   to meet a success оказаться успешным
successful успешный, удачный
succession последовательность, непрерывный ряд; преемственность
   in succession последовательно, подряд, один за другим, по очереди
   s. of phases последовательность фаз
successive последующий, очередной; последовательный
   s. approximation method метод последовательных приближений
   s. over-relaxation method (SOR) метод последовательной верхней релаксации
   s. values последовательные значения
successively последовательно, один за другим
successor преемник, следующий по очереди
such такой; некоторый, такой-то, определенный (но не названный); таковой
   such as как например, типа; такой, как; такой, чтобы; тот, который; а именно
   such as above приведенный (упомянутый) выше
   such that так что; такой, что
   and such things и тому подобное
   as such как таковой, сам по себе; по существу
   in such a case в таком случае
suck всасывание, втягивание; || сосать, всасывать, втягивать
suction 1. всасывание, втягивание; отсос; разрежение; ход всасывания (впуска); **2.** всасывающая труба, заборник
   s. air всасываемый воздух
   s. airfoil крыло с отсосом пограничного слоя
   s. area область разрежения (отсоса); верхняя поверхность крыла
   s. curve кривая всасывания
   s. pipe всасывающая труба, заборник
   s. pressure давление всасывания
   s. side сторона разрежения, засасывающая сторона (лопасти), верхняя поверхность крыла
   high s. большое разрежение
   trailing-edge s. разрежение (отсасывание) у задней кромки
sudden внезапный, неожиданный; быстрый, резкий; мгновенный, скачкообразный

   s. alteration резкое изменение
   s. application мгновенное приложение (напр., нагрузки)
   s. drop in load резкое падение нагрузки
   s. fracture мгновенное разрушение
suddenly внезапно, неожиданно; быстро, резко
suffer испытывать, претерпевать
   to suffer a change претерпевать изменения
suffice удовлетворять, быть достаточным
sufficiency достаточность
   s. condition условие достаточности
sufficient достаточный, удовлетворительный
   s. approximation удовлетворительная аппроксимация, хорошее приближение
   s. condition достаточное условие
   s. rank matrix матрица достаточного (полного) ранга
suggest предлагать; (пред)полагать; подсказывать, наводить на мысль
   as suggested как было предложено (предположено); предложенный
   the mechanism suggested предлагаемый (предполагаемый) механизм
suggestion предложение; предположение; мнение
   to make a suggestion вносить предложение
suggestive наводящий на мысль, указывающий; многообещающий, перспективный
sui generis своеобразный, своего рода
suit 1. костюм; **2.** соответствие, согласование; || соответствовать, согласовывать(ся); удовлетворять требованиям, подходить; приспосабливать
   to follow suit следовать примеру
   dry s. водолазный костюм (скафандр)
   pressure s. гермокостюм, пневмокостюм
   space s. космический костюм (скафандр)
suitability (при)годность, соответствие (требованиям)
suitable (при)годный, соответствующий
suite 1. набор, комплект; (под)система; **2.** последовательность
suited (при)годный, соответствующий; согласованный; приспособленный
   to be suited for быть приспособленным для
sum сумма; итог; количество; || суммировать, складывать; подводить итог
   to sum up суммировать; резюмировать, подводить итог
   in sum в сумме, в итоге; итак; суммируя, резюмируя
   s. of series сумма ряда
   s. vector вектор суммы; результирующий вектор
   accumulated s. накопленная сумма
   algebraic s. алгебраическая сумма
   check s. контрольная сумма
   partial s. частичная сумма (ряда)
   total s. общая сумма, общее количество, итог

vectorial s. сумма векторов, результирующий вектор
summability суммируемость
summable суммируемый
   s. series суммируемый ряд
summand слагаемое
summarize суммировать; подводить итоги, резюмировать
summary аннотация, резюме; конспект, краткое изложение; обзор; сводка; || краткий; суммарный
   in summary в заключение; итак
   s. account краткий отчет
summation суммирование, сложение; подведение итогов; совокупность, итог
   s. curve кривая суммирования; результирующая кривая
   s. formula формула суммирования (напр., ряда)
summer-tree балка, перекладина, ригель
summit вершина, верх; высшая степень, предел
sums арифметические действия, арифметика
sun солнце
   against the sun против часовой стрелки
   with the sun по часовой стрелке
sunk ниже (заданного) уровня, погруженный, утопленный
super- (приставка) над-, сверх-, супер-; расположенный выше; превосходящий, более сильный
supercavitation суперкавитация
supercharge перегружать; нагнетать, создавать наддув
supercharger нагнетатель, компрессор
supercomputer супер-ЭВМ, суперкомпьютер
supercritical сверхкритический, закритический
superelement суперэлемент; подконструкция; см. **substructure**
   s. method метод суперэлементов (подконструкций), суперэлементный метод
superficial относящийся к поверхности; поверхностный, внешний; неглубокий
   s. content площадь поверхности
   s. dimension двумерность, наличие двух измерений (координат); площадь поверхности
superficies 1. поверхность; область, зона, территория; 2. внешний вид
superfluid сверхтекучая жидкость
superfluidity сверхтекучесть
superfluity избыток; избыточность, чрезмерность
superfluous излишний, чрезмерный
superhard сверхтвердый
superheat перегрев; || перегревать
superimpose см. **superpose**
superincumbent находящийся сверху, покоящийся на чем-либо; выступающий (над чем-либо)
superinduce вводить дополнительно, привносить

superior 1. верхний; высший, лучший, превосходящий; 2. старший; 3. надстрочный
   to be superior to превосходить
   s. limit верхний предел
superiority 1. превосходство; 2. старшинство
superlative 1. высший, высочайший, лучший; 2. вершина, высшая точка; превосходная степень
superlight сверхлегкий
super-mini computer супермини-ЭВМ
superpose накладывать (одно на другое); выполнять суперпозицию; совмещать; напластовывать
superposed наложенный; приложенный извне; совмещенный
   s. curves сложенные кривые
   s. ends наложенные (друг на друга) края
   s. force приложенная (внешняя) сила
superposition наложение; суперпозиция, сложение; совмещение
   s. of eigenmodes суперпозиция собственных форм
   s. method метод суперпозиции, метод наложения
   s. of motions суперпозиция (сложение) движений
   s. principle принцип суперпозиции; принцип независимости действия сил
   s. of solutions суперпозиция решений
superscript(ion) верхний индекс; показатель степени; надпись
supersede вытеснять, замещать; заменять
supersonic 1. сверхзвуковой; ультразвуковой; 2. сверхзвуковая волна; ультразвуковая частота
   s. airfoil сверхзвуковой профиль
   s. flow сверхзвуковой поток
   s. frequency ультразвуковая частота
   s. tunnel сверхзвуковая аэродинамическая труба
   s. wave сверхзвуковая волна
supersonics аэродинамика сверхзвуковых скоростей
supersound ультразвук
superstructure надстройка; часть здания выше фундамента; пролетное строение моста; верхнее строение
supervene следовать за чем-либо; вытекать из чего-либо
supervention появление вслед за чем-либо (в дополнение к чему-либо); действие (событие), возникающее как следствие другого
supervise наблюдать за чем-либо; управлять, контролировать; руководить
supervision наблюдение; управление; руководство
   under the supervision of под руководством кого-либо
supervisor 1. наблюдатель; руководитель; 2. управляющая программа, диспетчер, супервизор; операционная система
supplant вытеснять, замещать, заменять
supple гибкий, податливый

supplement 1. добавление; добавка; дополнение; приложение; || добавлять, дополнять, пополнять; **2.** дополнительный угол

supplementary дополнительный, добавочный

   s. angle дополнительный (до 180 градусов) угол

suppleness податливость (при нагружении)

supply подача, подвод, снабжение; приток; запас; источник питания; || подавать, подводить, питать, снабжать; доставлять

   in good supply в большом (достаточном) количестве

   s. line (подающий) трубопровод; линия электропитания

   s. tank расходный бак

   heat s. подвод теплоты

   power s. источник питания; подвод энергии

support 1. опора; опорная часть (конструкции); опирание, закрепление; подкрепление, усиление, обеспечение, поддержка; || опирать(ся); закреплять; подкреплять, усиливать; нести, выдерживать; помогать, поддерживать, способствовать; обеспечивать; **2.** подъемная сила

   to support load нести (выдерживать) нагрузку

   to support the conclusion подтверждать вывод

   to give support (to) оказывать поддержку; подтверждать

   in support of в поддержку, в подтверждение

   s. displacement перемещение (смещение) опоры

   s. reaction опорная реакция

   s. spacing расстояние между опорами; размещение опор

   angle s. угловая опора

   arched s. арочная крепь

   bearing s. (несущая) опора, опорный элемент

   compliant s. деформируемая (податливая) опора

   condition of s. условие опирания

   corner s. угловое опирание; угловая опора; угловое подкрепление

   elastic s. упругое опирание (закрепление); упругая опора; упругое подкрепление

   fixed s. закрепленная (неподвижная) опора

   force of s. реакция опоры; опорное давление

   hinged s. шарнирное опирание (закрепление); шарнирная опора

   intermediate s. промежуточная опора

   length of s. расстояние между опорами; свободная длина

   means of s. способ опирания (подкрепления); опорная система; источник подъемной силы

   movable s. подвижная опора

   nodal s. узловое опирание

   overhung s. кронштейн (консоли)

   point s. точечная опора; точечное опирание

   rigid s. жесткая (недеформируемая) опора; неподвижное закрепление

   roller s. катковая опора

   simple s. простое (свободное) опирание

   smooth s. (идеально) гладкая опора

   software s. программная поддержка; программное обеспечение

   spring s. пружинная опора

   static s. статическое опирание

   stiffness of s. жесткость опоры (опирания); жесткость подкрепляющих элементов

   stringer s. подкрепление стрингерами, продольное подкрепление

   swing s. качающаяся опора; шарнирная опора

   tangential s. касательная (тангенциальная) опора

   terminal s. концевая опора

   yielding s. деформируемая (податливая) опора

supported опертый; закрепленный; подкрепленный, усиленный

   s. cutout подкрепленный вырез (напр., в пластине)

   s. shell опертая (закрепленная) оболочка; подкрепленная оболочка

   elastically s. упруго-опертый

   simply s. просто (свободно) опертый

supporting опора; опорная часть (конструкции); опирание, закрепление; подкрепление, усиление, обеспечение, поддержка; средства обеспечения; || опорный; поддерживающий, подкрепляющий; несущий, силовой; обеспечивающий; служебный, вспомогательный

   s. arm (поддерживающий) кронштейн, подкос

   s. beam подкрепляющая балка; несущая балка

   s. force поддерживающая сила; реакция опоры, опорное давление

   s. frame несущая рама (конструкция); опорная рама

   s. power несущая способность, грузоподъемность; поддерживающая (выталкивающая, подъемная) сила

   s. program служебная (вспомогательная) программа

   s. structure опорная (несущая) конструкция

   s. surface опорная (несущая) поверхность

   s. tools вспомогательные средства, средства обеспечения

   beam s. опирание (закрепление) балки

suppose (пред)полагать, допускать

   let us suppose допустим, что; пусть

supposed предполагаемый; мнимый

supposedly предположительно, возможно; по общему мнению

supposing если; при условии, что; если предположить, что

supposition предположение, допущение

suppositional предположительный, предполагаемый, допускаемый
suppress подавлять, гасить, глушить; сдерживать, уменьшать; запрещать
suppression подавление, гашение; сдерживание, уменьшение
   s. **pulse** гасящий импульс
   mode s. подавление мод (колебаний)
   noise s. подавление шумов
   zeros s. отбрасывание (незначащих) нулей
suppressor глушитель, амортизатор, фильтр
supra (лат.) выше; ранее (напр., в тексте)
supremacy превосходство
supreme высший; последний, крайний; предельный; наиболее важный
   s. **frequencies** высшие (крайние) частоты
supremum (лат.) супремум, точная верхняя грань
surcease прекращение, остановка; || прекращать(ся), останавливать(ся)
surcharge перегрузка, добавочная (излишняя) нагрузка; перерасход; || перегружать, перерасходовать
surd иррациональное число (выражение); радикал; || иррациональный
sure уверенный; (досто)верный, безошибочный; несомненный, определенный; надежный
   to be **sure** конечно, несомненно
   to be **sure** of быть уверенным в
   to make **sure** убеждаться
   sure enough действительно, конечно, безусловно
   as **sure** as верно, как
   s. **event** достоверное событие
surely обязательно, несомненно, определенно, с уверенностью
surface поверхность; площадь; внешность, внешняя сторона, внешнее покрытие; || поверхностный; внешний
   s. **action** поверхностное (воз)действие, поверхностный эффект
   s. **approximation** аппроксимация (на) поверхности
   s. **area** площадь поверхности
   s. **bearing** поверхностное опирание
   s. **condition** условие (заданное) на поверхности; состояние (чистота обработки) поверхности
   s. **contact** поверхностный контакт
   s. **coordinates** координаты поверхности; поверхностная система координат
   s. **element** элемент поверхности, дифференциал поверхности; элементарная площадка
   s. **failure** поверхностное разрушение
   s. **of failure** поверхность разрушения
   s. **fatigue** поверхностная усталость
   s. **flow** поверхностное течение; поверхностный (склоновый) сток
   s. **force** поверхностная сила
   s. **friction** поверхностное трение
   s. **geometry** геометрия поверхности; рельеф поверхности
   s. **hardening** поверхностное упрочнение, поверхностная закалка, цементация
   s. **layer** (при)поверхностный слой
   s. **loading** поверхностная нагрузка
   s. **map** карта поверхности, плоская модель (развертка) поверхности
   s. **mesh** сетка на поверхности
   s. **metrics** метрика поверхности
   s. **model** модель (представление) поверхности; поверхностная модель
   s. **paraboloid** параболоид (свободной) поверхности
   s. **parametrization** параметризация поверхности
   s. **pressure** (при)поверхностное давление; давление на поверхность
   s. **properties** свойства (характеристики) поверхности
   s. **of revolution** поверхность вращения
   s. **roughness** шероховатость поверхности
   s. **of rupture** поверхность разрушения
   s. **stress** поверхностное напряжение
   s. **tension** поверхностное натяжение; растяжение поверхности
   s. **trace** поверхностная траектория; след поверхности, сечение поверхности плоскостью
   s. **wave** поверхностная волна
   back s. обратная поверхность
   bearing s. опорная (несущая) поверхность, площадь опирания
   blending s. переходная поверхность, поверхность сопряжения
   break s. поверхность разрушения (отрыва)
   boundary s. (по)граничная поверхность, поверхность раздела
   carrying s. несущая поверхность
   caustic s. каустика
   checked s. растрескавшаяся поверхность
   cleavage s. поверхность скола; плоскость спайности
   closed s. замкнутая поверхность
   coated s. поверхность с покрытием
   composite s. составная поверхность
   concave s. вогнутая поверхность
   conforming surfaces согласованные поверхности
   conical s. коническая поверхность
   contact s. поверхность контакта
   control s. поверхность управления, рулевая поверхность
   convex s. выпуклая поверхность
   cooling s. поверхность охлаждения
   corrugated s. волнистая (гофрированная) поверхность
   creep s. поверхность ползучести
   crude s. грубая (шероховатая) поверхность
   curved s. криволинейная поверхность
   cylindrical s. цилиндрическая поверхность; поверхность (площадь боковой поверхности) цилиндра

datum s. координатная поверхность; отсчетная (базовая) поверхность; поверхность приведения
deflection s. поверхность прогиба
disturbed s. возмущенная (искаженная) поверхность
doubly curved s. поверхность двойной (двоякой) кривизны
drag s. поверхность (площадь) лобового сопротивления; засасывающая поверхность (лопасти винта)
driving s. ведущая (передняя) поверхность; нагнетающая поверхность (лопасти винта)
end s. торцевая поверхность
energy s. энергетическая поверхность, потенциальный рельеф
engagement s. поверхность зацепления (контакта)
equipotential s. эквипотенциальная поверхность, поверхность уровня
external s. внешняя поверхность
faceted s. фасеточная поверхность (образованная из плоских элементов)
flank s. боковая поверхность; поверхность прилегания (зацепления)
flat s. плоская поверхность, плоскость
folded s. складчатая поверхность
fracture s. поверхность разрушения
free s. свободная поверхность
friction s. поверхность трения
front s. передняя поверхность
general s. произвольная поверхность
grained s. зернистая поверхность
hardened s. упрочненная (закаленная) поверхность
heated s. нагретая поверхность, поверхность нагрева
hidden s. скрытая (невидимая) поверхность
initial s. исходная поверхность; поверхность до деформации
interface s. поверхность раздела (стыка)
internal s. внутренняя поверхность
isobaric s. изобарическая поверхность
isostatic s. изостатическая поверхность
lateral s. боковая поверхность; площадь боковой поверхности
location s. базовая (отсчетная) поверхность
material s. материальная поверхность
mating surfaces сопряженные (соответствующие) поверхности; контактирующие (соприкасающиеся) поверхности
middle s. срединная поверхность
minimal s. минимальная поверхность
mirror(ed) s. зеркальная поверхность
neutral s. нейтральная поверхность (напр., оболочки при изгибе)
one-sided s. односторонняя поверхность
open s. открытая (незамкнутая) поверхность

patch s. мозаичная (кусочная) поверхность
perfect s. идеальная поверхность
phreatic s. уровень подземных вод
piecewise-continuous s. кусочно-непрерывная поверхность
planar s. плоская поверхность, плоскость
radial s. цилиндрическая поверхность
raked s. наклонная (скошенная) поверхность
rear s. задняя поверхность
reference s. поверхность отсчета, базовая поверхность; поверхность приведения; стандартная (эталонная) поверхность
Riemann s. поверхность Римана
rotational s. поверхность вращения
rough s. шероховатая поверхность
ruled s. линейчатая поверхность; косая поверхность
saddle s. седловая поверхность
separation s. поверхность раздела; поверхность отрыва (срыва потока)
settling s. установочная поверхность
shallow s. пологая поверхность
shock wave s. поверхность (фронт) скачка уплотнения
singular s. сингулярная поверхность
slide s. поверхность скольжения (трения)
slow s. поверхность медленности (в задаче распространения упругих волн)
smooth s. гладкая поверхность; поверхность без трения
specific s. удельная поверхность
specular s. зеркальная (отражающая) поверхность
spherical s. сферическая поверхность
strain s. поверхность деформаций
stream s. поверхность тока
suction s. поверхность разрежения, верхняя поверхность крыла, засасывающая поверхность (лопасти)
supporting s. опорная (несущая) поверхность
swept s. стреловидная (аэродинамическая) поверхность
tail s. хвостовое оперение
tangential s. касательная (соприкасающаяся) поверхность
tapered s. скошенная (коническая) поверхность
theory of surfaces теория поверхностей
transient s. переходная поверхность
transition s. поверхность переноса; переходная поверхность; поверхность (фазового) перехода
undulating s. волнистая поверхность
unfolded s. развертка поверхности (на плоскости)
unilateral s. односторонняя поверхность
wave s. волновая поверхность, фронт волны
wavy s. волнистая поверхность

wearing s. поверхность износа
wetted s. смоченная (омываемая) поверхность
yield s. поверхность текучести
surfacing планировка (профилирование) поверхности; обработка поверхности; нанесение покрытия
hard s. поверхностная закалка, цементация
surge 1. волна; волнение; биение, пульсация; ‖ колебаться, бить(ся), пульсировать; 2. скачок, выброс; гидравлический удар; помпаж
s. of current пульсация потока
s. wave волна возмущения, ударная волна
pressure s. скачок давления
surging 1. волнение; биение, колебание, пульсация; 2. помпаж
surmise предположение, догадка; ‖ предполагать, высказывать догадку
surmount преодолевать
surpass превосходить, превышать
surplus излишек, остаток; ‖ излишний, избыточный; добавочный
surprise удивление; неожиданность; ‖ удивлять
surprising удивительный; неожиданный
surrogate заменитель; ‖ заменять, замещать
surround окружать
surrounding окружающий; соседний
surroundings окружение, среда; окрестности
surveillance наблюдение; обследование, осмотр; контроль
acoustical s. акустический контроль
survey 1. обозрение, осмотр; наблюдение; исследование, обследование; ‖ обозревать, осматривать; наблюдать; исследовать, обследовать; 2. обзор, обзорная статья; отчет; ‖ обзорный; ‖ делать обзор
flow s. исследование потока; спектр обтекания
flowmeter s. расходометрия
engineering s. инженерные изыскания
seismic s. сейсмическая разведка
well s. каротаж скважин
survivability живучесть
survival живучесть; выживание; жизнеобеспечение
failure s. устойчивость к отказам, живучесть
survive выдерживать, сохранять работоспособность; сохраняться
susceptance восприимчивость; проводимость
susceptibility восприимчивость, чувствительность
susceptible восприимчивый, чувствительный; допускающий
suspect 1. думать, (пред)полагать; 2. сомнительный, подозрительный; ‖ сомневаться, не доверять
suspend 1. вешать, подвешивать; взвешивать; 2. приостанавливать, временно прекращать; задерживать, откладывать

suspended 1. висящий, подвешенный; висячий, подвесной; взвешенный, в состоянии суспензии; 2. приостановленный, задержанный
s. bridge висячий мост
s. solids взвешенные твердые частицы
suspender подвес(ка)
suspense 1. неопределенность; нерешенность; 2. приостановка, задержка
suspension 1. подвешивание; подвеска (напр. автомобиля), подвес; 2. взвешенное состояние; взвесь, суспензия; 3. приостановка, задержка
s. flow течение суспензии
s. points многоточие
s. of spheres суспензия из сферических частиц
air s. воздушная опора, пневматическая подвеска
articulated s. подвешивание на шарнирах; шарнирный подвес
elastic s. упругая подвеска
leaf s. рессорная подвеска
nonlinear s. нелинейная подвеска
spring s. пружинная (рессорная) подвеска
torsional s. торсионная подвеска
wire s. подвеска на тросах; проволочный подвес
sustain поддерживать, подкреплять; выдерживать; подтверждать, доказывать
to sustain load выдерживать нагрузку
to sustain speed сохранять скорость
to sustain a theory подтверждать теорию
sustained длительный, продолжительный; непрерывный, постоянный; установившийся, стационарный; поддерживаемый, сохраняемый
s. effort длительное усилие
s. vibration незатухающее колебание
sustention поддержка; выдерживание, сохранение в неизменном состоянии
swage 1. штамп; матрица; пуансон; ‖ штамповать, прессовать; 2. обжатие, обжим; ‖ обжимать
swag(e)ing 1. штамповка, прессовка; осадка, высадка; 2. обжатие, обжим;
swap 1. смена, замена, перестановка; ‖ заменять, обменивать(ся), менять(ся) местами; 2. подкачка; ‖ подкачивать; перекачивать
to swap in подкачивать
to swap out откачивать
swapping 1. смена, замена, перестановка; 2. подкачка
page s. подкачка страниц (памяти)
swarf отходы (обработки); обрезки, стружка
swash 1. сильное течение; 2. накат волны; 3. биение (вращающейся детали); удар; 4. заедание, перекос (движущихся деталей)
sway качание, колебание; ‖ качать(ся), раскачивать(ся), колебать(ся)
s. beam балансир

sweat выделение (выпотевание, осаждение, конденсация) жидкости; || выделять жидкость, выпотевать, конденсировать(ся)
sweating выпотевание, конденсация влаги
sweep 1. качание, колебание; взмах, ход; || качать(ся), колебать(ся); 2. размах, охват; протяжение, пролет; вылет (стрелы крана); лопасть; || охватывать, простираться, тянуться; 3. развертка; лекало, шаблон; кривая; изгиб, загиб, поворот; || развертывать(ся), разворачивать(ся); изгибать(ся); 4. стреловидность (крыла); || придавать стреловидность; 5. снос (ветром, потоком); течение; || сносить; 6. очистка; || чистить, очищать
   to **sweep back** придавать (увеличивать) стреловидность
   to **sweep out** пробегать весь интервал, принимать все возможные значения
   s. angle 1. угол стреловидности; 2. угол охвата
   s. trace линия развертки
   s. width угол раствора, ширина сектора
   backward s. прямая (положительная) стреловидность
   circular s. круговая развертка
   forward s. обратная (отрицательная) стреловидность
   frequency s. качание частоты
   supersonic s. сверхзвуковая кромка; стреловидность крыла со сверхзвуковыми кромками
   time-base s. временная развертка
   variable s. изменяемая стреловидность (крыла)
sweepback прямая (положительная) стреловидность (крыла); || обладающий прямой стреловидностью
swell 1. возвышение, выпуклость; нарастание, увеличение; вздутие, набухание; || нарастать, увеличивать(ся), усиливать(ся); набухать, раздувать(ся); 2. волнение, зыбь
swelling 1. нарастание, увеличение; вздутие, набухание, вспучивание; || 2. волнение, зыбь; 3. окантовка (подкрепление) края
swept стреловидный, скошенный
   s. wing стреловидное крыло
   highly s. обладающий большой стреловидностью
swerve отклонение, уклонение, девиация; || отклонять(ся), уклонять(ся)
swift скорый, быстрый
swim плавание; течение, ход; || плавать, плыть
swimming плавание; || плавающий; плавательный
swimmingly плавно, гладко
swing 1. качание, колебание; взмах, ход; ритм; амплитуда, размах; || качать(ся), колебать(ся), подвешивать; 2. поворот, разворот; || поворачивать(ся), вращать(ся)
   to **swing clearly** свободно колебаться
   s. bridge разводной мост
   s. joint шарнирное соединение
   s. radius вылет стрелы (крана)

   s. support качающаяся (шарнирная) опора
   pendulum s. колебание маятника
   phase s. качание фазы
swipe рычаг, коромысло, ворот
swirl вихрь, завихрение; вихревое движение; водоворот, воронка (на поверхности жидкости); || образовывать вихрь
   stream s. закрученность потока; водоворот
swirling вихрь, завихрение; завихренность; || завихренный, закрученный
   s. flow завихренное течение; закрученное течение
switch переключатель, коммутатор; ключ, выключатель, прерыватель; переключение; || переключать, коммутировать, переводить в другое состояние; выключать, прерывать; изменять
   to **switch in** включать
   to **switch off** выключать
   to **switch on** включать
   to **switch over** переключать
switchboard коммутационная панель, коммутатор; распределительный щит
switchpoint точка переключения, точка ветвления (алгоритма)
swivel 1. поворот, разворот; шарнир, шарнирное соединение; || вращающийся, поворотный; шарнирный; || вращать(ся), поворачивать(ся); 2. стяжка; || стяжной
   to **swivel to an angle of 30 degrees** поворачивать(ся) на угол в 30 градусов
swop см. **swap**
swoop движение вниз; || двигаться (стремиться) вниз
   to **swoop down** пикировать
symbiosis симбиоз, объединение
sylphon сильфон; анероидная коробка, гармошка
symbol знак, символ; идентификатор, имя, обозначение; литера
   s. rank позиция символа (напр., в строке)
   s. of unit обозначение единицы (измерения)
   arbitrary s. произвольный символ; условное обозначение
   Cristoffel s. символ Кристоффеля
   declared s. объявленный идентификатор
   functional s. функциональный символ
   graphical s. графический символ
symbolic символический; символьный, знаковый; аналитический, операторный, формульный
   s. calculations символьные (аналитические) вычисления
   s. factorization символическое разложение (матриц)
   s. method символический (аналитический) метод, операторный метод
symmetric(al) симметрический, симметричный; соразмерный
symmetrizable симметризуемый

symmetrization симметризация
symmetry симметрия, симметричность; соразмерность
  s. **condition** условие симметрии (симметричности)
  s. **group** группа симметрии
  s. **order** порядок симметрии
  s. **property** свойство симметрии
  axial s. осевая симметрия, осесимметричность
  axis of s. ось симметрии
  central s. центральная симметрия
  cyclic(al) s. циклическая (периодическая) симметрия
  line s. осевая симметрия
  mirror s. зеркальная симметрия
  oblique s. косая симметрия, кососимметричность
  point s. центральная симметрия
  translational s. симметрия переноса
sympathetic взаимный, ответный
  s. **vibration** ответное (резонансное) колебание
symposium 1. симпозиум, научная конференция; 2. сборник статей на общую тему
symptom симптом, признак
synchronism синхронизм; синхронность, одновременность, совпадение (совмещение) во времени
synchronize синхронизировать, совпадать во времени, согласовывать во времени
synchronous синхронный, одновременный
synergism синергизм
synopsis краткий обзор, конспект
synoptic(al) 1. конспективный, обзорный; 2. синоптический
syntactic(al) синтаксический
  s. **error** синтаксическая ошибка
syntax синтаксис
synthesis синтез; образование, объединение, построение; суммирование
  Fourier s. синтез Фурье, суммирование ряда Фурье
  kinematic(al) s. кинематический синтез, синтез кинематической схемы
  modal s. модальный синтез, синтез форм; вычисление динамических характеристик конструкции по информации для подконструкций
  motion s. синтез (построение) движения
  optimal s. оптимальный синтез, оптимальное проектирование (напр., конструкций)
  structure s. синтез (проектирование) конструкций; формирование структуры
synthetic(al) синтетический; искусственный
syphon сифон
  jet s. эжектор
syringe шприц, впрыскиватель; распылитель; || впрыскивать; распылять
system система; структура, устройство, конфигурация; конструкция; метод, подход; порядок, классификация; совокупность, набор, комплекс
  to solve a system решать систему (уравнений)
  s. **analysis** системный анализ
  s. **of assumptions** система допущений (гипотез)
  s. **of axes** система осей (координат), система отсчета
  s. **behaviour** поведение системы, реакция системы (на воздействие)
  s. **conditioning** обусловленность системы
  s. **of equations** система уравнений
  s. **of fits** система допусков и посадок
  s. **generation** 1. построение системы; генерация операционной системы; 2. поколение системы
  s. **kernel** ядро (операционной) системы
  s. **with lumped parameters** система с сосредоточенными параметрами
  s. **of mass points** система материальных точек
  s. **of notation(s)** система счисления; система обозначений
  s. **of numeration** система счисления
  s. **option** режим (функционирования) системы
  s. **order** порядок (размерность) системы
  s. **of reference** система координат, система отсчета
  s. **of relative** подвижная система отсчета
  s. **theory** теория систем
  s. **of units** система единиц, система размерностей
  s. **variable** переменная системы, системный параметр
  actuating s. система привода, привод
  adaptive s. адаптивная система
  application s. прикладная (программная) система; система приложения нагрузок
  assembling to a s. объединение (элементов) в систему
  automatic control s. система автоматического управления (САУ)
  axiomatic s. система аксиом
  backup s. дублирующая (резервная) система; поддерживающая система
  balanced s. уравновешенная (равновесная) система; симметричная система
  band(ed) s. ленточная система (уравнений)
  basic s. основная система
  binary s. двоичная система (счисления)
  block-diagonal s. блочно-диагональная система (уравнений)
  braking s. тормозная система
  buckled s. конструкция, потерявшая устойчивость
  cable s. система тросов (вант)
  CAD s. система автоматизированного проектирования
  CAM s. автоматизированная производственная система
  carrying s. несущая (силовая) система

Cartesian s. декартова (прямоугольная) система координат
CGS s. система (единиц) СГС (сантиметр-грамм-секунда)
closed s. закрытая (замкнутая, нерасширяемая) система
closed-loop s. замкнутая система, система с обратной связью
coding s. система кодирования (программирования)
complete s. полная (замкнутая) система
complex s. сложная система; комплексная система (уравнений)
computer s. вычислительная система
concurrent force s. сходящаяся система сил
conservative s. консервативная система; устойчивая система
control s. система управления
controlled s. управляемая система
coordinate s. система координат, система отсчета
coupled s. связанная система
degenerated s. вырожденная система
determined s. детерминированная система; замкнутая система (уравнений)
differential s. система дифференциальных уравнений
distributed parameters s. система с распределенными параметрами
driving s. система привода, привод; задающая система
dynamic(al) s. динамическая система
elastic s. упругая система (конструкция)
elliptic(al) s. эллиптическая система (уравнений)
embedded s. встроенная система
executive s. исполнительная система; операционная система, управляющая программа
exhaust s. система выпуска (двигателя)
fault-tolerant s. отказоустойчивая система
file s. файловая система
finite difference s. конечноразностная система (уравнений); конечноразностная модель
finite dimensional s. конечномерная система
finite element s. конечноэлементная система (уравнений); конечноэлементная модель
foil s. крыльевое устройство
follow-up s. следящая система
force s. система сил
Gaussian s. система (единиц) Гаусса, система СГС
geometrically nonlinear s. геометрически нелинейная система (конструкция)
graphics s. графическая система, система (машинной) графики
heterogeneous s. неоднородная (гетерогенная) система
holonomic s. голономная система

homogeneous s. однородная (гомогенная) система
host s. главная (центральная) система
hyperbolic s. гиперболическая система (уравнений)
inertial s. инерциальная система (отсчета); система масс
integrated s. интегрированная (комплексная) система; встроенная система
interactive s. интерактивная (диалоговая) система
International S. of Units международная система единиц (СИ)
kinematics of s. кинематика (механической) системы
large scale s. система (уравнений) высокой размерности; большая система
lift s. система несущих поверхностей
linear s. линейная система
loading s. система нагрузок; нагружающая система
local coordinate s. локальная (местная) система координат
loop s. замкнутая система, система с обратной связью
lossless s. система без потерь
mass-spring s. система масс и пружин
master s. основная система
material s. материальная (физическая, механическая) система, система масс
multilayered s. многослойная система (конструкция), иерархическая система
multiple-degree-of-freedom s. система с многими степенями свободы
nonlinear s. нелинейная система
open s. открытая (расширяемая) система; система без обратной связи
operating s. (OS) операционная система (ОС)
overdetermined s. переопределенная система (уравнений)
ordinary differential s. система обыкновенных дифференциальных уравнений
partial differential s. система дифференциальных уравнений в частных производных
program s. программная система, комплекс программ
redundant s. система с избыточностью; статически неопределимая система
run-time s. исполнительная система; управляющая система
self-adjusting s. самонастраивающаяся система
self-conjugate s. самосопряженная система (уравнений)
shock wave s. система скачков уплотнения
SI s. система (единиц) СИ
sign-determined s. знакоопределенная система
simultaneous s. совместная система (уравнений)

single-degree-of-freedom s. система с одной степенью свободы
single-mode s. система с одной степенью свободы, одномодовая система; однокомпонентная система; однорежимная система
singular s. сингулярная (особенная, вырожденная) система (уравнений)
slave s. подчиненная (зависимая) система
space s. пространственная система (конструкция); космическая система
sparse s. разреженная система (уравнений)
square s. квадратная система (уравнений)
stable s. устойчивая система
statically determinate s. статически определимая система
statically indeterminate s. статически неопределимая система
substatic s. геометрически изменяемая система
supporting s. система опор; несущая система; исполнительная система
symmetric(al) s. симметричная система
ternary s. трехкомпонентная система; система с тремя степенями свободы; троичная система (счисления)
test s. испытательная система
tridiagonal s. трехдиагональная система (уравнений)
undetermined s. недоопределенная система (уравнений)
vibrating s. колебательная система
wing s. схема крыла
systematic(al) систематический
systolic систолический
  s. array систолический массив, систолическая матрица

T

tab 1. наконечник, заострение; 2. щиток, триммер; 3. петля, ушко; 4. таблица, список; табулирование; || табулировать, сводить в таблицу; 5. обозначать, называть
table 1. стол; плита, доска; плоская поверхность, грань, плато; планшет; стенд, пульт; 2. таблица; матрица; расписание; || составлять таблицы, табулировать; 3. выносить на обсуждение
  t. column столбец таблицы
  t. of contents оглавление
  t. function табличная (таблично заданная) функция
  t. interpolation интерполяция в таблице
  t. row строка таблицы
  t. of weights and measures таблица мер и весов
  accuracy t. таблица поправок
  cell of a t. ячейка таблицы
  checking t. проверочная таблица; испытательный стенд
  conversion t. таблица преобразования; таблица перевода (одних мер в другие)
  correction t. таблица поправок
  difference t. таблица разностей
  drain t. дренажный стол
  flow t. гидролоток
  function t. таблица (значений) функции
  integral t. таблица интегралов
  plotting t. планшетный графопостроитель
  reference t. 1. справочная таблица; таблица ссылок; 2. таблица перевода (одних величин в другие)
  truth t. таблица истинности
  vibration t. вибростенд, вибростол
  water t. водное зеркало; уровень подземных вод
  X-Y t. двухкоординатный графопостроитель (планшет)
tablet 1. дощечка, пластинка, плитка; планшет; 2. таблетка; кусок
  digital t. цифровой планшет (для графического ввода данных), дигитайзер
tabloid конспект, краткий обзор; резюме, аннотация; || сжатый, краткий; конспективный
tabular 1. табличный, в виде таблицы; 2. плоский, с плоской поверхностью; 3. пластинчатый; слоистый
  t. data табличные данные
tabulate 1. табулировать, представлять в виде таблицы; 2. плоский; пластинчатый
tabulated табулированный; табличный
  t. function табулированная (табличная) функция
tabulation табулирование, составление таблиц, сведение в таблицы; таблица
tabulations табличные данные
tachometer тахометр, счетчик числа оборотов
tacit неявный, подразумеваемый
tack 1. (временное) крепление; присоединение; || скреплять, присоединять, добавлять; 2. курс, направление движения, линия поведения; || менять курс, поворачивать; 3. вязкость, клейкость; 4. отлип; || отлипать
  Behre t. клейкость по Беру
tackiness вязкость, клейкость
tackle тали, полиспаст, сложный блок; такелаж; инструмент, приспособление; || закреплять снастями; схватывать, удерживать
  t. block тали, полиспаст, сложный блок
  lifting t. грузоподъемное приспособление
  suspension t. подвеска
tag 1. метка, обозначение, признак; || отмечать, помечать; 2. конец; наконечник; окончание, заключительная часть
tail хвост, хвостовая часть; хвостовое оперение; конец, окончание, заключительная часть; срез (импульса); || задний, хвостовой; || уменьшаться, заканчиваться, сходить на нет
  t. board откидной борт, откидная доска
  t. race отводящий канал; нижний бьеф
  t. surface хвостовое оперение
  t. time время среза импульса
  pulse t. срез импульса
  vector t. конец вектора

tailbeam хвостовая балка
tailed имеющий хвостовое оперение, оперенный
tail-end хвост; конец, окончание, заключительная часть
tailless без хвостового оперения
tailor специально разрабатывать (для определенной цели), проектировать; задавать (параметры); (заранее) подготавливать; приспосабливать, подгонять, адаптировать
tailor-made заранее заданный; с заданными свойствами; специально подобранный, приспособленный
tailpiece задняя (хвостовая) часть
tailplane хвостовое оперение, хвостовой стабилизатор
tailwind попутный ветер
take брать; взять; получать; доставать, добывать; занимать (место, время и т.п.), затрачивать, потреблять, использовать, пользоваться; принимать (форму, значение); воспринимать, реагировать (на что-либо); выбирать (путь, способ); требовать(ся)
  to take **advantage of** воспользоваться чем-либо
  to take **apart** разбирать (на части), демонтировать
  to take **away** отнимать, вычитать, удалять
  to take **as a basis** класть в основу, принимать за основу
  to take **care of** заботиться о чем-либо, следить, принимать меры
  to take **control** управлять
  to take **diagram** снимать диаграмму
  to take **down** 1. разбирать, демонтировать; 2. записывать, фиксировать; 3. ослаблять, уменьшать
  to take **effect** вступать в силу; оказывать влияние
  to take **an expression into another** преобразовывать одно выражение в другое
  to take **for** принимать за
  to take **for (as) granted** принимать без доказательства, считать доказанным
  to take **form** принимать форму, приобретать характер (чего-либо)
  to take **hold of** 1. схватывать, захватывать; 2. воспользоваться
  to take **in** включать, содержать; укорачивать, натягивать
  to take **into account** принимать во внимание, учитывать
  to take **note of** замечать, обращать внимание на что-либо
  to take **off** вычитать, отнимать; снимать, отсоединять, удалять; взлетать
  to take **on** начинать, приступать (напр., к решению); брать на борт
  to take **the opportunity** пользоваться случаем (возможностью)
  to take **part** принимать участие
  to take **to pieces** разбирать на части

to take **place** иметь место, происходить, случаться
to take **the place of** занимать место, заменять что-либо
to take **readings** снимать показания (напр., прибора)
to take **the square root** извлекать квадратный корень
to take **stock of** подводить итоги
to take **up** 1. отнимать, занимать (напр., время); воспринимать (нагрузку), поглощать, впитывать (влагу); 2. подтягивать, закреплять; 3. укорачиваться, давать усадку; 4. предпринимать
to take **up pressure** воспринимать (выдерживать) давление
to take **up a problem** заниматься проблемой
to take **the view** придерживаться мнения
takedown 1. разборка, демонтаж; || разборный; 2. снижение, уменьшение
take-off удаление; отвод; отсоединение; подъем, взлет, отрыв от земли; место старта
  power t. отбор мощности
  vertical t. вертикальный взлет
talk разговор, беседа; || говорить, разговаривать, беседовать
  to talk **over** обсуждать что-либо
tall высокий
talus откос, скат; осыпь
tamp уплотнять, трамбовать; толочь
tamper уплотнитель, пробка; трамбовка
tandem тандем; || последовательно расположенный или соединенный
  in tandem последовательно, один за другим
tangency касание
  point of t. точка касания
tangent 1. касательная; || касательный, тангенциальный; касающийся; 2. тангенс
  t. curve 1. касательная кривая; 2. тангенсоида
  t. to a curve касательная к кривой
  t. equation уравнение касательной
  t. law теорема тангенсов
  t. method метод касательных
  arc t. арктангенс
  common t. общая касательная
  external t. внешняя касательная
  inflexional t. to a curve касательная в точке перегиба кривой
  inverse t. арктангенс
  length of a t. отрезок касательной
tangential 1. касательный, тангенциальный, направленный по касательной; 2. касательная
  t. coordinate тангенциальная координата, координата вдоль касательной
  t. to a curve касательная к кривой; (направленный) по касательной к кривой
  t. deformation касательная (тангенциальная, мембранная) деформация
  t. force касательная сила (усилие); касательное (тангенциальное, мембранное, цепное) усилие

t. modulus касательный модуль (материала)
t. path касательная траектория; прямой участок пути
t. plane касательная плоскость
t. speed скорость по касательной, касательная составляющая (вектора) скорости
t. stiffness matrix касательная матрица жесткости
t. stress касательное (тангенциальное, мембранное, цепное) напряжение
t. surface касательная (соприкасающаяся) поверхность
t. vector касательный вектор, вектор касательной

tangible вещественный, материальный; ясный, заметный

tangle сплетение, переплетение; петля; узел; || запутывать(ся), осложнять(ся)

tank 1. бак, ванна, резервуар, цистерна; приемник, сборник; гидроканал, опытовый бассейн; лоток; 2. танк; 3. колебательный контур
 air t. воздушный баллон, ресивер
 buoyancy t. понтон, цистерна плавучести
 expansion t. расширительная камера, ресивер
 experimental t. опытовый бассейн
 gas t. газгольдер
 hele-shaw t. щелевой лоток
 integral t. кессон-бак (в крыле самолета), бак-отсек
 orifice t. измерительная камера
 ripple t. волновой бассейн (лоток)
 supply t. расходный бак
 towing t. гидроканал, опытовый бассейн

tankage емкость резервуара; хранение в резервуарах

tank-car цистерна (железнодорожная, автомобильная)

tap 1. кран, заглушка; выпускное отверстие; выпуск жидкости (через отверстие); || выпускать (жидкость); 2. отвод, ответвление, тройник; || отводить, ответвлять; 3. легкий удар, стук; || стучать, п(р)остукивать; 4. метчик; || нарезать резьбу
 t. hole выпускное отверстие
 t. test контроль простукиванием
 pressure t. дренажное отверстие
 screw t. метчик

tape лента; рулетка, мерная лента
 t. measure мерная лента, рулетка
 magnetic t. магнитная лента

taper сужение; конус; клин; конусность; скос, уклон; постепенное уменьшение (ослабление); || конический, конусообразный, клиновидный; с уменьшающейся толщиной, клиновидный, скошенный; || (постепенно) сужаться, уменьшаться, сходить на нет; ослабевать
 t. beam клиновидная балка (с уменьшающимся поперечным сечением)
 t. disk конический диск
 abrupt t. тело с большой конусностью

tapered сужающийся, клиновидный, конический; скошенный; постепенно уменьшающийся (затухающий)
 t. surface скошенная (коническая) поверхность
 t. wing сужающееся (трапециевидное) крыло, крыло с уменьшающейся хордой

tapering сужение; конусность, клиновидность; скошенность; скос, уклон; постепенное уменьшение (ослабление); || конический, конусообразный, клиновидный; скошенный; уменьшающийся, ослабевающий
 angle of t. угол конусности

tapping 1. выпуск жидкости (через отверстие); 2. отвод, ответвление; 3. стук, п(р)остукивание; 4. нарезание резьбы

tar гудрон, смола; || пропитывать смолой, смолить

tare тара, упаковка; вес упаковки; сухой вес

target цель, мишень; преграда (напр., в экспериментах по соударению); адресат; задание; выходная информация, выходная продукция, выход; || целевой; выходной; объектный; плановый, проектный, расчетный
 t. method метод проб, метод пристрелки
 t. value заданное (требуемое) значение
 mobile t. подвижная цель
 point t. точечная цель

task 1. задача; задание; || ставить задачу, давать задание; загружать; 2. обязанность; норма (выработки); 3. испытывать, подвергать проверке

taut натянутый, напряженный

tautology тавтология

tautness степень натяжения

taxi руление; || рулить

Taylor Тейлор
 T. expansion разложение (в ряд) Тейлора
 T. series ряд Тейлора

T-bar тавровая балка

teach учить, обучать, преподавать

teacher учитель, преподаватель

teaching 1. обучение; 2. учение, теория, доктрина

tear 1. разрыв, отрыв; задир, задирание; || рвать(ся), разрывать(ся); 2. износ, изнашивание, срабатывание; || изнашивать(ся), срабатываться
 to tear down сносить, разрушать
 t. energy энергия разрыва
 ductile t. пластический отрыв
 shrinkage t. усадочная трещина
 wear and t. износ, изнашивание, срабатывание

tearing 1. образование разрывов (трещин); разрыв, отрыв; трещина; задир, задирание; || разрывающий(ся), растягивающий(ся); 2. износ, изнашивание, срабатывание; || изнашивающий(ся)
 t. mode crack трещина продольного сдвига (трещина типа III)
 t. force разрывающая сила, усилие отрыва

tearing   581   **temperature**

    t. **strain** деформация отрыва
    lamellar t. расслаивание
technical 1. технический, промышленный; специальный; методический; 2. техническая деталь; технический термин
    t. **approach** инженерный подход
    t. **atmosphere** техническая атмосфера (ат)
    t. **gap** нерешенная техническая проблема
    t. **regulations** технические правила (нормы, условия)
technicalities мн.ч. от **technicality**; техническая терминология
technicality техническая сторона дела, техника
technically технически; методически
    t. **sound** технически обоснованный
technics техника, техническая наука
technique метод, методика, способ; алгоритм, процедура; технические приемы, техника; технология; оборудование, аппаратура
    t. **of finite elements** метод конечных элементов; техника метода конечных элементов
    brittle coating t. метод хрупких лаковых покрытий
    computing t. техника вычислений; метод расчета; вычислительная техника
    design t. метод проектирования
    force t. метод сил (в строительной механике)
    forecasting t. методика прогноза
    least squares t. метод наименьших квадратов
    matrix t. матричный метод
    measuring t. методика измерения
    optimization t. метод оптимизации
    research t. методика исследований; экспериментальное оборудование
    solution t. метод (процедура, алгоритм) решения
technology технология; техника; технические и прикладные науки; метод, способ, техника
    computer-aided t. автоматизированная технология
    information t. информационная технология, техника (технология) обработки информации
    software t. технология программирования
    sparse matrix t. технология (представления, хранения, обработки) разреженных матриц
    state-of-the-art t. современная технология
tedious однообразный, утомительный; громоздкий
tee Т-образный предмет; тавровая балка; тройник; ‖ Т-образный; тавровый; тройниковый
    t. **pipe** Т-образная труба, тройник
teem лить, разливать (жидкий металл)
tegument оболочка, покров

tele- (как компонент сложных слов) теле-; удаленный, дистанционный
teleautomatics телемеханика
telecommunication связь, телекоммуникация, дистанционная передача данных
telecontrol дистанционное управление, телемеханика
telemeter телеметрический датчик; телеметрическая система
telemetry телеметрия, телеизмерение
teleprocessing дистанционная обработка, телеобработка
telescope 1. телескоп; дальномер; 2. телескопическое устройство; ‖ выдвигать(ся), вдвигать(ся)
telescopic телескопический, выдвижной
teleseim волны удаленного землетрясения
tell 1. рассказывать, сообщать; делать сообщение, доклад; 2. отличать, различать; выделяться
    to tell from отличать от чего-либо
temper 1. отпуск (металла); улучшение структуры металла (термической обработкой); ‖ отпускать; смягчать; регулировать; 2. остаточные напряжения; 3. смесь, состав; ‖ делать смесь; 4. добавка
    t. **colours** цвета побежалости
temperate умеренный
tempered отпущенный (о металле), смягченный
temperature температура; ‖ температурный, тепловой
    to take the temperature измерять температуру
    t. **contours** изолинии температуры, изотермы
    t. **deformation** температурная (тепловая) деформация
    t. **extension** температурное (тепловое) расширение
    t. **function** функция температуры
    t. **impact** тепловой удар
    t. **loading** температурное (тепловое) нагружение
    t. **of melting** температура плавления
    t. **of operation** рабочая температура
    t. **scale** шкала температур; масштаб температур
    t. **stress** температурное (тепловое) напряжение
    t. **test** термическое испытание, контроль температуры
    absolute t. абсолютная температура, температура (по шкале) Кельвина
    ambient t. температура окружающей среды
    atmospheric t. температура воздуха
    centigrade t. температура (по шкале) Цельсия
    combustion t. температура горения
    congelation t. температура замерзания (застывания)
    dew-point t. температура конденсации, точка росы

Fahrenheit t. температура (по шкале) Фаренгейта
firing t. температура горения
friction-induced t. температура, обусловленная трением
fusion t. температура плавления
high t. creep высокотемпературная ползучесть
Kelvin t. температура (по шкале) Кельвина, абсолютная температура
liquefaction t. температура сжижения (разжижения)
melting t. температура плавления
nonuniform t. неравномерное распределение температуры, неравномерный нагрев
Pitot t. температура торможения (потока)
Reaumur t. температура (по шкале) Реомюра
room t. комнатная температура
sink t. температура стока
sintering t. температура спекания
solution t. температура растворения
stagnation t. температура торможения (потока); температура в застойной зоне
standard t. стандартная (нормальная) температура
stationary t. постоянная (установившаяся) температура
subzero t. отрицательная температура, температура ниже нуля
thermodynamic t. термодинамическая температура
transient t. неустановившаяся температура
transition t. температура переходного состояния, температура фазового перехода; нестационарная температура
uniform t. постоянная температура
vaporization t. температура испарения
template шаблон, трафарет; образец, эталон; лекало; фасонная деталь; копир
templet см. template
tempo темп, ритм
temporal временной, зависящий от времени; временный
   t. coordinate временная координата
   t. frame система отсчета во времени
   t. integration интегрирование по времени
   t. value временная координата, значение (отметка) времени
temporality временный характер
temporarily временно
temporary временный; промежуточный, текущий; временной, зависящий от времени
   t. variable временная переменная; промежуточная переменная
ten десять; десяток
   tens digit цифра разряда десятков
   tens place разряд десятков
tenable 1. логичный; **2.** надежный, прочный, устойчивый
tenacious 1. вязкий, клейкий; **2.** крепкий, прочный; **3.** живучий

tenacity 1. вязкость, клейкость; способность к сцеплению, связность (грунта); **2.** прочность на разрыв (растяжение), сопротивление разрыву
tend стремиться, иметь тенденцию, направляться, приближаться
   to tend to the limit стремиться к пределу
tendency 1. стремление, тенденция; склонность; **2.** смещение, увод
tendon (предварительно напряженная) арматура
   wire t. проволочная арматура; арматурный пучок
tenet (лат.) принцип, постулат, доктрина
tenfold десятикратный; ‖ в десять раз
tenon шип, шпилька
tenor 1. общее содержание, смысл; **2.** течение, развитие; направление; **3.** копия, дубликат
tense натянутый, напряженный; ‖ натягивать(ся), напрягать(ся)
tensile растяжимый, работающий на растяжение, растягивающий(ся); прочный на растяжение (на разрыв)
   t. compliance податливость при растяжении
   t. crack трещина отрыва; растягиваемая трещина
   t. creep ползучесть при растяжении
   t. diagram диаграмма растяжения
   t. failure разрушение при растяжении
   t. force растягивающая сила
   t. load растягивающая нагрузка
   t. machine разрывная машина
   t. member растянутый элемент; элемент, работающий на растяжение; тяга, растяжка
   t. modulus модуль упругости на растяжение
   t. reinforcement арматура, работающая на растяжение
   t. specimen образец для испытания на растяжение
   t. spring пружина растяжения
   t. stiffness жесткость на растяжение
   t. strain деформация растяжения; относительное растяжение (удлинение); работа на растяжение
   t. strength прочность на растяжение, (временное) сопротивление растяжению; работа на растяжение
   t. stress растягивающее напряжение
   t. testing испытание на растяжение (на разрыв)
tensile-stressed растягиваемый, растянутый
tensility растяжимость, возможность растяжения
tension 1. растяжение; натяжение; растягивающее напряжение; работа на растяжение; напряженное состояние растяжения; ‖ растягивать, натягивать, создавать (растягивающее) напряжение; **2.** натяжное приспособление; **3.** давление (пара); **4.** электрическое напряжение

to tension reinforcement натягивать арматуру
to analyse for tension рассчитывать на растяжение
to be in tension находиться в состоянии растяжения, работать на растяжение
to be strong in tension хорошо сопротивляться растяжению
to fail in tension повреждаться (разрушаться) при растяжении
to subject to tension подвергать растяжению, растягивать
to test by tension испытывать на растяжение
t. apparatus натяжное приспособление
t. area область растяжения (растягивающих напряжений)
t. arm тяга
t. bar растянутый стержень; стержень, работающий на растяжение; растяжка, расчалка
t. diagonal растягиваемый раскос, растяжка
t. fracture разрушение при растяжении
t. set остаточная деформация при растяжении; относительное удлинение (после разрыва)
t. shackle стяжной замок; захват для образца (напр., в разрывной машине)
t. spring пружина растяжения
t. test испытание на растяжение
t. weight натяжной груз; противовес
adhesive t. адгезионное натяжение
all-around t. всестороннее растяжение
aqueous t. давление водяного пара, упругость пара
axial t. осевое растяжение; одноосное растяжение; одноосное напряженное состояние
biaxial t. двухосное растяжение
breaking t. разрывное усилие
cable t. натяжение каната
capillary t. капиллярное давление; поверхностное натяжение
combined t. сложное растяжение
diagonal t. косое растяжение
eccentric t. внецентренное (неосевое) растяжение
hoop t. кольцевое растяжение, растяжение в окружном направлении
impact t. ударное растяжение
operating t. рабочее (эксплуатационное) натяжение
remote t. удаленная растягивающая нагрузка
simple t. простое (одноосное) растяжение, одноосное напряженное состояние
single t. однократное растяжение
static t. статическое растяжение
surface t. поверхностное натяжение; растяжение поверхности
triaxial t. трехосное (всестороннее, пространственное) растяжение

ultimate t. предел прочности при растяжении, временное сопротивление растяжению; разрывное усилие
uniaxial t. одноосное (простое) растяжение, одноосное напряженное состояние
uniform t. постоянное (равномерное) растяжение
tensioner натяжное устройство
tensioning натяжение, растяжение
tensity напряженность, напряженное состояние
tensive растягивающий, натягивающий; создающий напряжение
tensometer тензометр; ‖ тензометрический
t. base база тензометра
tensor тензор; ‖ тензорный
t. algebra алгебра тензоров, тензорная алгебра
t. analysis тензорный анализ
t. axes оси тензора
t. calculus исчисление тензоров, тензорное исчисление
t. contraction свертка тензора
t. invariant инвариант тензора
t. order ранг (валентность) тензора
t. product тензорное произведение
t. rank ранг (валентность) тензора
t. representation тензорное представление, тензорная запись (форма)
t. valency валентность (ранг) тензора
alternating t. альтернирующий тензор (Леви-Чивиты)
antisymmetric t. антисимметричный (кососимметричный) тензор
Cauchy-Green strain t. тензор деформаций Коши-Грина
complex force t. тензор комплексных усилий
contravariant t. контравариантный тензор
couple stress t. тензор моментных напряжений
covariant t. ковариантный тензор
curvature t. тензор кривизн(ы)
deformation t. тензор деформаций
deviator(ic) t. тензор-девиатор
distortion t. тензор дисторсий
elastic constant t. тензор упругих постоянных
Eulerian strain t. тензор деформаций Эйлера
first Piola-Kirchhoff stress t. первый тензор напряжений Пиола-Кирхгофа
Green deformation t. тензор деформаций Грина
gyration t. тензор вращений
infinitesimal strain t. тензор бесконечно малых деформаций
isotropic t. шаровой тензор
Jaumann incremental stress t. тензор приращений напряжений Яумана
Kelvin-Somigliana t. тензор Кельвина-Сомильяны

Lagrangian strain t. тензор деформаций Лагранжа
metric t. метрический тензор
ordinary t. единичный тензор
plastic strain increment t. тензор приращений пластической деформации
rotation t. тензор вращений (поворотов)
second order t. тензор второго ранга
skew symmetric t. антисимметричный (кососимметричный) тензор
spatial t. пространственный тензор
spatial strain t. пространственный (эйлеров) тензор деформаций
specific t. удельный тензор, тензор удельных величин
spherical t. шаровой тензор
strain t. тензор деформаций
strain rate t. тензор скоростей деформаций
stress t. тензор напряжений
stress deviation t. (тензор-)девиатор напряжений
symmetric(al) t. симметричный (симметрический) тензор
total t. суммарный тензор
uniaxial t. одноосное напряженное состояние, тензор одноосного состояния

tensorial тензорный
   t. notation тензорные обозначения; тензорная запись (форма)

tentative 1. опытный, пробный, экспериментальный; предварительный; временный (о стандарте, нормах и т.п.); **2.** теоретический, умозрительный
   t. data предварительные данные; опытные данные
   t. value предварительное (предположительное) значение

tentatively в порядке опыта; предварительно; ориентировочно, предположительно; условно

tenth десятая часть; ‖ десятый

tenuity малое (недостаточное) количество; недостаточность, скудость; слабость, тонкость; разреженность

tenuous малый, недостаточный; незначительный, слабый, тонкий (напр., о различиях); разреженный

terete круглый (в сечении), цилиндрический

term 1. член, терм; элемент, компонент, составляющая; слагаемое; **2.** термин, выражение; ‖ выражать, именовать, называть; **3.** предел, граница; срок, период (времени); **4.** (мн.ч. **terms**) условия (соглашения); язык, способ выражения
   to be termed as именоваться, называться
   to make terms прийти к соглашению
   term in x член, зависящий от x
   in terms of в терминах, на языке, в понятиях, в смысле; в функции, в значениях, в единицах
   in general terms в общих чертах
   t. of equation член уравнения
   t. of head главный член (напр., разложения)
   t. of proportion член пропорции
   t. of sum слагаемое
absolute t. свободный член (уравнения)
additive t. аддитивная составляющая, слагаемое
basic terms основные термины (понятия); основные условия
Boolean t. булев (логический) терм
compressibility t. член, учитывающий влияние сжимаемости
corrective t. поправочный член
error t. выражение погрешности, остаточный член (напр., ряда)
excitation t. нагрузочный член (напр., в уравнении динамики); составляющая возбуждения
extreme t. крайний член (пропорции)
first-order t. член первого порядка (малости)
free t. свободный член (уравнения)
general t. слагаемое общего вида, произвольный член; общее условие
higher-order t. член высшего порядка (малости)
inertial t. инерциальный член, инерциальная составляющая
in-phase t. синфазная составляющая
integral t. интегральный член; целый (целочисленный) компонент
integration t. подинтегральное выражение
leading t. старший член
like terms подобные члены
linear t. линейный член, слагаемое первой степени
load t. нагрузочный член; составляющая нагрузки
low-order t. член низшего порядка (малости)
off-diagonal t. (в)недиагональный элемент (напр., матрицы)
oscillating t. колебательная составляющая; колеблющееся (знакопеременное) слагаемое
penalty t. штрафной член
product t. член произведения
remainder t. остаточный член (ряда)
secular t. вековой член
series t. член ряда
similar terms подобные члены
singular t. сингулярный член
slow t. "медленная" (медленно изменяющаяся) составляющая
succeeding t. последующий член (напр., ряда)
unlike terms неподобные члены
upper t. член высшего порядка
viscous t. вязкий член, вязкое слагаемое

term-by-term почленный; ‖ почленно
   t. integration почленное интегрирование

terminal 1. терминал, оконечное устройство; конечный пункт; ‖ (о)конечный, терми-

нальный; заключительный, окончательный; предельный; **2.** зажим, клемма; контакт; полюс; ввод, вход; вывод, выход; **3.** причал
   t. **conditions** условия на концах (напр., интервала), граничные условия
   t. **decision** окончательное решение
   t. **part of the trajectory** конечный участок траектории
   t. **support** концевая опора
   t. **velocity** конечная скорость; предельная скорость
   computer t. терминал ЭВМ
   control t. управляющий (операторский) терминал
   negative t. отрицательный вывод (напр., электрической батареи)
terminate заканчивать(ся), завершать(ся), ограничивать
terminating конец, окончание, завершение; ограничение, предел; || оканчивающийся, завершающийся; конечный
   t. **continued fraction** конечная цепная дробь
termination конец, окончание, завершение; прекращение; предел
   t. **criterion** критерий завершения (напр., итераций)
   abnormal t. аварийное завершение
   loop t. окончание цикла
   thrust t. прекращение действия силы тяги, выключение (реактивного) двигателя
terminology терминология
terminus конец, конечный пункт; конец вектора
termless не имеющий границ, неограниченный; бессрочный; не связанный условиями
termwise почленный, поэлементный; || почленно, поэлементно
   t. **summation** почленное суммирование
tern тройка, триада, тернар
ternary тройка, триада, тернар; || тройной; троичный, тернарный; трехкомпонентный, состоящий из трех частей; обладающий тремя степенями свободы
terrace терраса; уступ
terrain **1.** местность, территория; рельеф местности; || земной, наземный; **2.** почва, грунт
   complex t. сложный рельеф местности
terrene поверхность земли; || земной
terrestrial земной; сухопутный, наземный
   t. **field** (гравитационное) поле Земли
terse краткий, сжатый
territory территория; область, сфера
tertiary третий, третичный
   t. **creep** третья (ускоренная) стадия ползучести
   t. **redundancies** третьестепенные лишние неизвестные
tesla тесла, Тл (единица магнитной индукции)
test 1. испытание, контроль, проверка, тест; опробование, проба; исследование, анализ;

измерение, эксперимент; || испытывать, контролировать, проверять, тестировать; **2.** критерий, признак
   to be under test испытываться, находиться в стадии испытаний
   to pass a test выдерживать испытание
   t. **of accuracy** проверка точности; критерий точности
   t. **beam** испытательный образец-балочка
   t. **bed** испытательный стенд
   t. **in bending** испытание на изгиб
   t. **by bending in opposite directions** проба на перегиб (на изгиб с перегибом)
   t. **case** контрольный пример
   t. **of convergence** проверка сходимости; критерий сходимости
   t. **desk** испытательный стенд
   t. **to destruction** испытание до разрушения (образца), разрушающий контроль
   t. **device** испытательное устройство
   t. **for divisibility** признак делимости
   t. **for the end** проверка окончания; критерий окончания
   t. **facility** испытательная установка
   t. **flight** испытательный полет
   t. **function** пробная функция; функция критерия
   t. **gage** эталонный прибор; эталонная мера
   t. **of goodness fit** проверка согласованности
   t. **of hypothesis** проверка гипотезы
   t. **load** пробная (контрольная, тестовая) нагрузка
   t. **model** тестовая модель; испытательная модель
   t. **of parallels** признак параллельности
   t. **pit** пробный шурф, разведочная скважина
   t. **problem** тестовая (контрольная) задача, модельная задача
   t. **prod** датчик
   t. **program** тестовая программа; программа испытаний
   t. **range** тестовый интервал; испытательный полигон
   t. **ratio** эмпирический коэффициент
   t. **report** протокол испытаний
   t. **run** пробный запуск, пробный прогон (напр., программы)
   t. **sample** опытный образец, проба; экспериментальная выборка
   t. **specimen** испытываемый образец; образец для испытаний
   t. **stand** испытательный стенд
   t. **work** производство опыта, проведение испытания
   abrasion t. испытание на истирание (на абразивный износ)
   abruption t. испытание на разрыв
   accelerated t. ускоренные (сокращенные, форсированные) испытания
   acceleration t. испытания на воздействие ускорения (перегрузки)

acceptance t. приемочное (контрольное) испытание
actual t. натурные (полевые) испытания
adhesion t. определение силы сцепления, испытание на адгезионную прочность
ageing t. испытание на старение (на долговечность)
air-blast t. испытание обдувом (продувкой)
air-pressure t. проверка герметичности
alpha t. лабораторные испытания
alternate stress t. испытание на знакопеременную натрузку
angular t. испытание на изгиб
arrest t. испытание на остановку (трещины)
attrition t. испытание на износ (на истирание)
axial t. испытание на продольную нагрузку (на растяжение)
ball indentation t. определение твердости вдавливанием шарика (по Бринелю)
ball rebound t. определение твердости по отскоку шарика
beam t. испытание балки; испытание на изгиб, балочный тест
bearing t. испытание несущей способности
bench t. лабораторное (стендовое) испытание
benchmark t. контрольный (эталонный) тест
bend(ing) t. испытание на изгиб
bending under tension t. испытание на изгиб с растяжением
bend-over t. испытание на перегиб (загиб)
beta t. эксплуатационные испытания, опытная эксплуатация
biaxial strength t. двухосное испытание на прочность
blow t. испытание на ударную прочность; испытание продувкой
bounce t. испытание на ударную вибрацию
boundary t. испытания в предельном режиме
breakdown t. испытание до разрушения образца; проба на излом (разрыв)
Brinell hardness t. определение твердости по Бринелю (вдавливанием шарика)
brittleness t. испытание на хрупкость (ломкость)
buckling t. испытание на устойчивость (деформирования)
bump t. испытание на устойчивость к ударным нагрузкам
bursting t. испытание на разрыв (под действием внутреннего давления)
calibration t. тарирование, градуирование; поверочное испытание
chamber t. испытание в камере
Charpy t. испытание (образцов с надрезом) по Шарпи
check t. контрольное испытание
chi-square t. критерий хи-квадрат

COD (crack opening displacement) t. испытание по определению раскрытия трещины
collapse t. испытание на разрушение (смятием)
combined stress t. испытание при сложном напряженном состоянии
common t. стандартный тест
comparative t. сравнительные испытания
compatibility t. тест на совместность (совместимость)
compliance t. испытание на податливость (деформируемость, жесткость); проверка соответствия
comprehensive t. всестороннее испытание
compression t. испытание на сжатие
compression-compression t. испытание на двухосное сжатие
compression impact t. испытание на ударное сжатие
conditional t. условный критерий
conditioning t. контроль обусловленности (напр., матрицы)
constant-strain-rate t. испытание с постоянной скоростью деформирования, испытание при жестком нагружении
conventional t. типовые испытания
cracking t. испытание на растрескивание
creep t. испытание на ползучесть
crippling t. проба на перегиб; испытание на устойчивость
crude t. приблизительная проба; грубый критерий
crushing t. испытание на разрушение (раздавливание, смятие)
cyclic t. циклические испытания
deflection t. испытание на изгиб
deformation t. механическое испытание, испытание на прочность
destructive t. испытание до разрушения (образца), разрушающий контроль
double-over t. проба на загиб до соприкосновения сторон, испытание перегибом на 180 градусов
drawbar t. тяговое испытание
drawing t. испытание на вытяжку
drop(-weight) t. испытание падающим грузом
ductility t. проба на ковкость (вязкость, пластичность); проба на вытяжку (листового металла)
dummy t. модельные испытания
duty t. эксплуатационные испытания
dynamic(al) t. динамическое испытание; испытание динамической нагрузкой; испытание на удар
efficiency t. определение коэффициента полезного действия
elongation t. испытание на растяжение
endurance t. испытание на выносливость (усталость); испытание на долговечность; испытание на длительное нагружение

endurance life t. испытание на выносливость (усталость); ресурсное испытание
endurance torsion t. испытание на выносливость при кручении
engineering t. технические испытания
environmental t. испытания на воздействия окружающей среды, климатические испытания
evaluation t. аттестационные испытания
exposure t. испытания на воздействие атмосферных условий, климатические испытания
extended t. расширенное (длительное) испытание
fail-safety t. испытание на надежность
failure t. испытание на отказ
failure rate t. испытание на интенсивность отказов
fatigue t. испытание на усталость (выносливость)
fatigue tension t. испытание на усталость при растяжении
fiber t. испытание (прочности) волокна
flexure t. испытание на изгиб
flow t. испытание в потоке жидкости, гидравлические испытания
flutter t. испытания на флаттер
folding t. испытание на загиб (на 180 градусов)
fracture t. испытание на разрушение
fracture impact t. испытание на ударное разрушение
fracture toughness t. испытание на вязкость разрушения
freezing t. определение температуры замерзания; испытание на морозостойкость
full-scale t. натурное (полномасштабное) испытание
ground t. наземные испытания
hanging t. испытание (на разрыв) подвешиванием груза
hardness t. испытание на твердость, определение твердости
heat t. испытание на нагрев, тепловые испытания
hydraulic t. гидравлическое испытание
impact t. испытание на удар; определение ударной вязкости
indentation t. испытание на твердость вдавливанием (шарика)
individual (finite) element t. тест для отдельного (конечного) элемента
initial t. предварительные испытания
inspection t. входной контроль
integration t. комплексное (совместное) испытание
Izod t. проба (образца с надрезом) по Изоду
life(time) t. испытание на долговечность, ресурсное испытание
load(ing) t. испытание под нагрузкой
low-cycle fatigue t. испытание на малоцикловую усталость

maintenance t. эксплуатационные испытания
marginal t. испытания в предельных условиях
mechanical t. механические испытания
minimal t. минимальный критерий
mock-up t. испытание на (полномасштабной) модели
model t. испытание (на) модели; типовое испытание
negative t. опыт, давший отрицательный результат
nondestructive t. неразрушающие испытания, неразрушающий контроль
notch(ed) bar t. испытание образца с надрезом
odd t. выборочный контроль
one-sided t. односторонний критерий
overload t. испытание на перегрузку
patch t. кусочный тест (Айронса) (для проверки сходимости несовместных конечных элементов); оценочные испытания
penetration t. проверка проникания (напр., плотности грунта); определение проницаемости (фильтрационной способности)
percent t. выборочный контроль
percussion t. испытание на удар
performance t. испытание для определения эксплуатационных характеристик
positive t. опыт, давший положительный результат
program t. программный тест
pull(ing) t. испытание на растяжение (разрыв, отрыв)
pullout t. испытание на выдергивание
push-pull t. проба на (чередующиеся) растяжение-сжатие
quick t. ускоренное (форсированное) испытание, экспресс-тест
rank t. ранговый критерий
ratio t. сопоставительная оценка
reception t. приемочное испытание
reliability t. испытания на надежность; проверка достоверности
repeated t. циклические испытания; испытание на выносливость (усталость)
repeated stress t. испытание при повторном (циклическом) нагружении
replica t. повторное испытание
resilience t. испытание на упругость
reverse bend t. проба на изгиб с перегибом (в обе стороны)
rigid t. испытание в тяжелых условиях
Rockwell hardness t. определение твердости по Роквеллу
rough t. приблизительная (грубая) проба
routine t. типовое испытание
running t. ходовые (рабочие) испытания
sampling t. выборочный контроль
scratch hardness t. определение твердости царапанием
shock t. испытание ударом, проба на удар

shock crushing t. испытание на ударное разрушение
Shore hardness t. определение твердости по Шору
sign t. проверка знака
simulation t. проверка на модели, моделирование
single element t. тест для отдельного (конечного) элемента
small-scale t. маломасштабные испытания; испытания на уменьшенной модели; испытания при малом количестве образцов; сокращенные испытания
soil t. определение свойств грунта
specimen t. испытание образца
split t. проба на раскалывание (расщепление)
stability t. испытание на устойчивость; испытание на стабильность (характеристик)
static t. статическое испытание, испытание при статической нагрузке
statistical t. 1. статистические испытания; 2. статистический критерий
steady-load t. испытание при постоянной (длительной) нагрузке
stiffness t. проба жесткости
strength t. испытание на прочность; определение предела прочности (временного сопротивления) материала
tank t. испытание в опытовом бассейне
tap t. проверка простукиванием
tear t. проба на разрыв
temperature t. термическое испытание, контроль температуры
tension t. испытание на растяжение
toughness t. испытание на (ударную) вязкость
traction t. тяговое испытание; испытание на растяжение
twisting t. испытание на кручение
type t. стандартные (типовые) испытания
ultrasonic t. ультразвуковой контроль
uniaxial strength t. эксперимент на одноосное растяжение
uniformity t. проверка однородности; испытание, при котором каждый объект подвергается одному и тому же воздействию
use t. эксплуатационные испытания
vacuum t. испытание в вакууме, проверка герметичности
valid t. проверка по существу; состоятельный критерий
vibration t. вибрационные испытания
water t. гидравлическое испытание
wear(ing) t. испытание на износ (износостойкость, истирание)
testability контролируемость, тестируемость
tester контрольно-измерительный прибор, тестер; испытательный прибор (стенд, установка); зонд, щуп
testify свидетельствовать, служить свидетельством
testing испытание, проверка, тестирование; опробование; контроль, исследование, анализ; измерение, эксперимент; экспертиза; || испытательный; испытывающий, проверяющий; контрольный
  t. certificate свидетельство об испытаниях; протокол испытаний
  t. machine испытательная машина (установка)
  t. technique методика испытаний, техника эксперимента; экспериментальное оборудование
built-in t. встроенный контроль
commercial t. промышленные испытания; испытание всех изделий (сплошной контроль)
computerised t. автоматизированные испытания
cyclic t. циклические испытания
development(al) t. доводочные испытания
fault t. испытание на отказ (до отказа)
field t. полевые испытания, эксплуатационные испытания
integration t. комплексное тестирование (системы), проверка взаимодействия (подсистем)
material t. испытания (свойств) материала
module t. тестирование (отдельных) компонентов
on-line t. комплексное испытание (системы); оперативный контроль
parametric t. параметрические испытания, параметрический контроль
permeability t. определение проницаемости
pressure t. испытание (под) давлением
rig t. стендовое испытание
sample t. испытание образца; выборочный контроль
vacuum t. вакуум-контроль; проверка герметичности
wind-tunnel t. испытание в аэродинамической трубе
X-ray t. рентгеновский контроль
tetra- (как компонент сложных слов) четырех-, тетра-
tetrad четверка, тетрада
tetragon четырехугольник
  regular t. квадрат
tetragonal четырехугольный
tetrahedral четырехгранный, тетраэдральный
  t. angle четырехгранный угол
  t. finite element конечный элемент - тетраэдр
tetrahedron (мн.ч. **tetrahedra**) четырехгранник, тетраэдр
text текст; книга; учебник
  t. editor программа редактирования текстов, текстовый процессор
  source t. исходный текст, оригинал
textbook учебник, руководство

textile 1. текстильный; 2. текстиль; ткань
　t. **composite** текстильный (тканый) композит
　t. **shell** текстильная (тканевая) оболочка
　t. **structure** структура ткани
texture текстура, структура, строение; рисунок ткани, переплетение волокон
　t. **of fracture** текстура излома
　t. **of rock** строение (механический состав) горной породы
　fibrous t. волокнистая структура
　fine t. тонкая структура; микроструктура
　surface t. текстура (рельеф) поверхности
T-girder тавровая балка
than чем; как; кроме
　no sooner than как только
　other than помимо, кроме, исключая
　rather than скорее ... чем; а не; вместо того, чтобы
thank благодарность; ‖ благодарить
　thanks to благодаря, вследствие
that тот, та, то; это; ‖ который; ‖ так, до такой степени, настолько; ‖ что, чтобы; так, что(бы)
　that far настолько далеко
　that is то есть
　that is how вот как
　that is why вот почему, поэтому
　that much столько
　all that все что
　by that тем самым, этим
　for all that несмотря на все это
　in that в том смысле, что; тем, что
　now that теперь, когда
　so that так, что(бы)
thaw таяние, оттаивание; ‖ таять, оттаивать
thematic тематический, предметный; относящийся к существу
theme тема, предмет
then тогда; далее, потом, затем; ранее, прежде; отсюда, следовательно; в таком случае; кроме того, к тому же
　then unknown ранее (тогда) неизвестный
　by then к тому времени
　from then on после этого, с этого времени
　now and then иногда, время от времени
　since then с того времени, с тех пор, после этого
　until then до сего (того) времени, до того как
thence отсюда, следовательно; оттуда; с того времени
thenceforth с этого времени, впредь
theodolite теодолит, дальномер
theorem теорема; (математическое) предложение, утверждение; постулат, начало, принцип; закон; формула
　t. **of conservation** закон сохранения
　t. **of minimum potential energy** теорема о минимуме потенциальной энергии
　t. **proof** доказательство теоремы
　Bernoulli t. теорема Бернулли
　Betti's reciprocal t. теорема Бетти о взаимности работ
　binomial t. бином Ньютона, биномиальная формула
　Castigliano t. теорема Кастильяно
　Clapeyron's t. теорема Клапейрона
　convergence t. теорема (о) сходимости
　converse t. обратная теорема
　deduction t. теорема (о) дедукции
　divergence t. теорема (Гаусса-Остроградского) о дивергенции
　duality t. принцип двойственности
　embedding t. теорема вложения
　equivalence t. теорема эквивалентности
　existence t. теорема существования
　extended t. обобщенная теорема
　fixed-point t. теорема о неподвижной точке
　general t. общая теорема
　implicit function t. теорема о неявных функциях
　inverse t. обратная теорема
　least work t. теорема (начало) наименьшей работы
　lower bound t. **of plasticity** теорема о нижней границе в теории пластичности
　main t. основная теорема
　Maxwell's reciprocal t. теорема Максвелла о взаимности перемещений
　mean value t. теорема о среднем значении
　Melan's t. теорема Мелана, статическая теорема о приспособляемости
　moment of momentum t. теорема о моменте количества движения
　momentum t. теорема об изменении количества движения
　pi t. пи-теорема (в теории подобия и размерностей)
　plastic limit t. предельная теорема теории пластичности
　Pythagorean t. теорема Пифагора
　reciprocal t. обратная (взаимная) теорема
　remainder t. теорема (Безу) об остатке
　reversed-flow t. теорема обратимости течений
　superposition t. принцип суперпозиции
　uniqueness t. теорема единственности
　unit-displacement t. теорема о единичном перемещении
　unit-force t. теорема о единичной силе
　vorticities t. теорема о вихрях
theoretic(al) теоретический; умозрительный; найденный теоретическим путем, расчетный
　t. **assumption** теоретическое допущение; гипотеза (лежащая в основе) теории; предположение, делаемое на основе теории
　t. **background** теоретическое обоснование
　t. **constraint** теоретическое ограничение; ограничение теории
　t. **error** погрешность теории; теоретическая (предсказанная) погрешность

t. foundations теоретические основы; теоретическое обоснование
t. frequency теоретическая (расчетная) частота; теоретическая вероятность
t. mechanics теоретическая механика
t. model теоретическая (расчетная) модель, теоретическое представление
t. treatment теоретическое исследование
t. validation теоретическое обоснование (доказательство, подтверждение)
t. value теоретическая величина; точное значение

theory теория; методология; метод, подход
  to advance a theory выдвигать теорию
  to confirm a theory подтверждать теорию
  to disprove a theory опровергать теорию
  in theory в теории, теоретически
  t. of chances теория вероятностей
  t. of dimensions теория размерностей
  t. of elasticity теория упругости
  t. of flows теория течения
  t. of functions теория функций
  t. of gases теория газов; газовая динамика
  t. of lift теория подъемной силы
  t. of limits теория пределов
  t. of matrices теория матриц
  t. of numbers теория чисел
  t. order порядок теории
  t. of plasticity теория пластичности
  t. of reliability теория надежности
  t. of rupture теория разрушения
  t. of sensitivity теория чувствительности
  t. of shells теория оболочек
  t. of similarity теория подобия
  t. of strength теория прочности
  t. of structures теория сооружений, строительная механика; теория структур
  t. of surfaces теория поверхностей
  t. of vibrations теория колебаний
  t. of wing теория крыла
  aerodynamic t. теоретическая аэродинамика
  airfoil t. теория крыла
  approximate t. приближенная теория
  basic t. основная теория
  cascade t. теория аэродинамических решеток
  catastrophe t. теория катастроф
  constitutive t. основная теория; теория определяющих соотношений
  constrained t. ограниченная теория
  continuum t. теория сплошной среды (континуума); континуальная (непрерывная) теория
  control t. теория управления
  Cosserat's t. of elasticity (моментная) теория упругости Коссера
  cumulative damage t. теория накопления повреждений
  damage t. теория повреждаемости
  deformation t. теория деформаций; деформационная теория
  deformation t. of plasticity деформационная теория пластичности
  distortion energy t. теория энергии формоизменения (теория прочности)
  endochronic t. эндохронная теория
  Euler's t. of buckling теория устойчивости Эйлера
  fatigue t. теория усталости
  field t. теория поля
  filtration t. теория фильтрации
  finite element t. теория метода конечных элементов
  finite wing t. теория крыла конечного размаха
  first-order t. теория первого порядка, линейная теория
  first t. of strength первая теория прочности (наибольшего нормального напряжения)
  flow t. теория (пластического) течения; теория обтекания
  flow-field t. теория обтекания
  game t. теория игр
  general t. общая теория
  generalized t. обобщенная теория
  graph t. теория графов
  group t. теория групп
  heat transfer t. теория теплопереноса
  improved t. уточненная теория
  incompressible t. of plasticity теория пластичности несжимаемых сред
  incremental t. инкрементальная теория, теория в приращениях
  information t. теория информации
  Irwin's t. of fracture теория разрушения Ирвина
  kinetic t. кинетическая теория
  Kirchhoff t. of thin plates теория тонких пластин Кирхгофа
  Lame t. of thickwalled cylinders теория Ламе для толстостенного цилиндра
  large deformation t. теория больших деформаций; теория, учитывающая большие деформации
  lattice t. теория решеток, теория структур
  limit equilibrium t. теория предельного равновесия
  linear t. линейная теория
  linearized t. линеаризованная теория
  logic t. математическая логика
  maximum principal stress t. теория наибольшего главного напряжения (теория прочности)
  maximum shearing stress t. теория максимального касательного напряжения (теория прочности)
  membrane t. теория мембран; мембранная (безмоментная) теория (оболочек)
  molecular t. молекулярная теория
  multiaxial plasticity t. теория многоосной пластичности
  multipolar continuum t. мультиполярная теория сплошной среды

network t. теория сетей; теория электрических цепей
nonlinear t. нелинейная теория
number t. теория чисел
octahedral shearing stress t. теория октаэдрических касательных напряжений
optimization t. теория оптимизации
percolation t. теория перколяций
perturbation t. теория возмущений
plastic t. теория пластичности
postbuckling t. теория закритического деформирования
potential t. теория потенциала; потенциальная теория
potential flow t. теория потенциального (безвихревого) течения
Prandtl wing t. теория крыла Прандтля
probabilistic t. вероятностная теория
probability t. теория вероятностей
refined t. уточненная теория
reflection t. теория отраженных волн
relativity t. теория относительности
Saint-Venant t. of torsion теория кручения (стержней) Сен-Венана
scientific t. научная теория
seismic t. сейсмическая теория
set t. теория множеств
shakedown t. of continua теория приспособляемости сред
shallow shell t. теория пологих оболочек
simple t. простая (элементарная) теория
simple beam t. элементарная теория изгиба балок
solid state t. теория твердого (деформируемого) тела
stability t. теория устойчивости
system t. теория систем
tidal t. теория приливов
turbulence t. теория турбулентности
wave t. теория волн; волновая теория
weakest link t. теория слабого звена
yieldline t. теория линий текучести

there там; туда; здесь, в этом месте; в этом отношении
 from there оттуда
 up to there до того места
thereabouts поблизости, в окрестности; приблизительно
thereafter после этого, затем, впоследствии; соответственно
thereby таким образом, посредством этого; тем самым; при этом; в связи с этим
therefor за это, в обмен на это
therefore поэтому, следовательно
therefrom оттуда, из этого, на основании этого
therein здесь, там; в этом; в этом отношении
thereof из этого; об этом
thereon на том, на этом; после того, вслед за тем
thereout оттуда; из этого

thereto к тому, к этому; туда; кроме того, к тому же, в дополнение
theretofore до того времени
thereunder под этим; на основании этого, в соответствии с этим
thereunto кроме того, к тому же
thereupon на том, на этом; вслед за тем; вследствие того; в отношении того
therewith с тем, с этим; к тому же; немедленно
therm терм (единица теплоты)
thermal 1. термический, тепловой, температурный; горячий; 2. восходящий ток воздуха
 t. balance тепловой баланс
 t. capacity теплоемкость
 t. conductivity (удельная) теплопроводность
 t. crack термическая трещина
 t. deformation тепловая (температурная) деформация
 t. effect тепловой эффект, тепловое действие
 t. efficiency тепловой кпд; полезная отдача тепла
 t. expansion тепловое расширение
 t. fatigue crack термоусталостная трещина
 t. lag тепловая инерция
 t. machine тепловая машина, тепловой двигатель
 t. potential тепловой потенциал
 t. resistance тепловое сопротивление; термостойкость
 t. shock тепловой удар
 t. shrinkage термическая усадка
 t. strain тепловая (температурная) деформация
 t. stress тепловое (температурное) напряжение
 t. test термические испытания, контроль температуры
 t. treatment термическая обработка
 t. unit тепловая единица
thermic термический, тепловой
thermo- (как компонент сложных слов) термо-, тепло-; термический, тепловой
thermocouple термопара, термоэлемент
thermodynamic(al) термодинамический
 t. equation термодинамическое равновесие
thermodynamics термодинамика
 laws of t. законы (начала) термодинамики
thermoelastic термоупругий
 t. analysis расчет термоупругого напряженно-деформированного состояния
thermoelasticity термоупругость
 coupled t. problem связанная задача термоупругости
thermo-irradiation creep термoрадиационная ползучесть
thermojet воздушно-реактивный двигатель
thermomechanics термомеханика
thermometer термометр
thermometric термометрический

thermometry термометрия, измерение температуры
thermopile термоэлемент
thermoplastic термопластический, термопластичный
thermoplasticity термопластичность
thermoproperty тепловая характеристика
thermostable термостойкий, теплостойкий
thermostat термостат
thermoviscoelasticity термовязкоупругость
thermoviscoplasticity термовязкопластичность
thesaurus (тематический) словарь, тезаурус; справочник, энциклопедия
thesis (мн.ч. **theses**) 1. тезис, положение; 2. диссертация
   doctoral t. докторская диссертация
thick толстый; мощный (напр., о пласте); густой, плотный, консистентный, частый; обильный; мутный (о жидкости)
   a foot thick толщиной в один фут
   t. shell толстая (толстостенная) оболочка
thicken утолщать(ся); уплотнять(ся), сгущать(ся)
thickening утолщение, увеличение толщины; уплотнение, сгущение, концентрация
thickness толщина; мощность (напр., пласта); густота, плотность, консистентность
   t. expansion разложение по толщине (по параметру толщины)
   t. integration интегрирование по толщине (напр., оболочки)
   t. optimization оптимизация (распределения) толщины
   t. parameter параметр толщины
   boundary-layer t. толщина пограничного слоя
   coating t. толщина покрытия
   displacement t. толщина вытеснения (напр., пограничного слоя)
   energy t. плотность энергии
   plate of middle t. пластина средней толщины
   relative t. относительная толщина (напр., оболочки)
   seam t. мощность пласта; толщина шва
   shell t. толщина оболочки
   shock wave t. толщина скачка уплотнения
   stepped t. ступенчато изменяющаяся (кусочно-постоянная) толщина
   uniform t. постоянная толщина
   unit t. единичная толщина
   variable t. переменная толщина
thick-wall(ed) толстостенный
   t. vessel толстостенный сосуд
thimble 1. наконечник; втулка, гильза, муфта; 2. кольцо, серьга; 3. катушка
thin тонкий; тонкостенный; редкий, разреженный; жидкий; слабый
   t. body тонкое тело
   t. shell hypotheses гипотезы теории тонких оболочек
   t. structure конструкция малой толщины, тонкостенная конструкция
   t. tone высокий звук
thing 1. предмет, вещь; 2. дело, факт, обстоятельство
   the thing is дело в том, что
   all things considered с учетом всех обстоятельств
   all other things being equal при прочих равных условиях
   among other things между прочим
   and such things и тому подобное
   for one thing прежде всего, во-первых
   the same kind of thing то же самое
think думать; полагать, считать; понимать, представлять себе; предполагать, ожидать; иметь в виду, намереваться
thinkable мыслимый; возможный, осуществимый
thinking размышление; мнение
thinness тонкость; малая толщина; тонкостенность, параметр тонкостенности; разреженность; малая вязкость
thinning утончение, утонение; заострение; разрежение; разбавление
thin-wall(ed) тонкостенный
   t. beam тонкостенная балка
   t. shell тонкая (тонкостенная) оболочка
third третий
thirdly в-третьих
thirteen тринадцать
thirty тридцать
this это; || эта, этот
   this same этот же
thixotropy тиксотропия
thorough полный, совершенный; законченный; глубокий, основательный, тщательный
thoroughgoing радикальный, полный
thoroughly вполне, совершенно; глубоко, тщательно
thoroughness полнота, законченность; глубина, тщательность
   test t. глубина тестирования
though хотя, несмотря на; даже, если бы, хотя бы; тем не менее; однако
   as though как будто, как если бы
   even though даже если; несмотря на то, что
thought мысль; (раз)мышление; намерение
   at first thought на первый взгляд
   upon further thought при более подробном рассмотрении
thought-out (хорошо) продуманный
thousand 1. тысяча; 2. множество, масса
thrash 1. бить; 2. совершать крутильные колебания
   to thrash out тщательно обсуждать, прорабатывать
thrashing 1. биение; 2. крутильные колебания; 3. перегрузка, переполнение; критическое значение параметра

t. speed критическая скорость, критическое число оборотов
thread 1. нить; волокно; жила (провода); линия; цепочка; || нитяной; нитевидный; || нанизывать; пронизывать, проходить; прокладывать путь; 2. (винтовая) резьба; шаг (винта); || нарезать резьбу
   t. of current линия тока
   angle of t. угол резьбы
   beam t. основная нить, основа (ткани)
   caterpillar t. гусеничная лента, гусеничный ход
   coarse t. крупная резьба
   core t. основная (каркасная) нить
   filling t. уточная нить, уток
   fine t. мелкая резьба
   inch t. дюймовая резьба
   left-hand(ed) t. левая (левосторонняя) резьба
   male t. наружная резьба
   method t. идея метода
   metric t. метрическая резьба
   plasma t. плазменный шнур
   ply t. нить в несколько сложений
   proof t. идея доказательства
   reinforcement t. армирующая нить
   right-hand(ed) t. правая (правостороняя) резьба
   screw t. резьба
   straight t. прямая (цилиндрическая) резьба
   taper(ed) t. коническая резьба
threading нарезание резьбы
threadlike нитевидный; волокнистый
thready нитяной; нитевидный; волокнистый
three цифра три; (число) три
three-component трёхкомпонентный
three-dimensional трёхмерный, трёхкоординатный, трёхосный, объёмный, пространственный; стереоскопический
   t. coordinates трёхмерные координаты, пространственная система координат
   t. curve пространственная кривая
   t. flow пространственное течение
   t. state трёхмерное (пространственное, трёхосное) состояние
   t. vector трёхмерный (трёхкоординатный) вектор
three-link трёхзвенный
three-phase трёхфазный
   t. filtration трёхфазная фильтрация
three-ply трёхслойный (о материале)
three-throw строенный, соединённый по три
threshold порог, пороговая величина; граница, предел; || задавать порог (предел); сравнивать с предельной величиной
   t. effect пороговый эффект
   t. error граница ошибки, (допустимый) предел погрешности
   t. friction пороговое трение; трение покоя, коэффициент трения покоя
   t. quantity пороговое (граничное) значение
   t. of sensitivity порог чувствительности

   difference t. порог различимости
   preset t. заданный порог
   sonic t. звуковой барьер; критическое сечение сопла Лаваля
   stability t. граница устойчивости
   susceptibility t. порог чувствительности
thrill сверло, бурав
throat горло, горловина, (местное) сужение; шейка; узкий проход; критическое сечение сопла; выкружка, галтель
   flume t. горловина гидрометрического лотка
   inlet t. проходное сечение впускного (заборного) устройства
   nozzle t. критическое сечение сопла
   Venturi t. сопло трубки Вентури
throb биение, пульсация; || бить(ся), пульсировать
throttle дроссель; дроссельный клапан; || суживать, уменьшать сечение; управлять расходом (жидкости, газа), дросселировать
through 1. через, сквозь; 2. в течение, на протяжении; в продолжение; сплошь, подряд; включительно, до, по, от начала до конца; 3. с помощью, посредством; 4. вследствие, из-за, по причине; 5. совершенно, полностью; 6. отверстие; проход (сита, фильтра); || сквозной; прямой; беспрепятственный, свободный
   to carry through доводить до конца, заканчивать
   to look through просматривать (напр., статью)
   all through на всём протяжении
   through the agency с помощью, посредством, путём
   t. characteristic сквозная характеристика
   t. flow сквозной поток
   t. passage свободный проход
throughout повсюду, на всём протяжении; во всех отношениях; для всех (без исключения)
throughput пропускная способность; производительность
   volume t. объёмный расход
through(-the)-thickness сквозной, проходящий насквозь; (расположенный) по толщине; поперёк слоя, нормально к поверхности оболочки; || насквозь, по толщине
   t. crack сквозная трещина
   t. integration интегрирование по толщине (оболочки)
throw 1. бросок, толчок, движение (брошенного тела); дальность броска (полёта), полное перемещение, размах, ход (поршня); выброс; эксцентриситет; || бросать, кидать, метать; сбрасывать; 2. переключать, переводить (рычаг); 3. сооружать плотину, перебрасывать мост
   to throw aside отбрасывать
   to throw away отбрасывать; отклонять; упускать
   to throw back отбрасывать назад; замедлять развитие; отвергать

to throw down бросать, сбрасывать; разрушать; ниспровергать; отвергать
to throw in включать; добавлять, вставлять (напр., замечание)
to throw in action включать, приводить в действие
to throw light on разъяснять
to throw off выключать; отбрасывать, отвергать; набрасывать (напр., чертеж)
to throw out выключать; выбрасывать, отбрасывать; отвергать; излучать, испускать
to throw out of action выключать, останавливать
   t. of pump высота подачи насоса
   inclined t. наклонное движение (под углом к горизонту)
   lever t. плечо рычага
   range of t. дальность броска (полета)
throwing бросание, метание
thrust 1. осевое давление, осевая нагрузка; тяга, сила тяги, реактивная сила; напор; || создавать (развивать) тягу; оказывать давление; 2. толчок, удар; || толкать, ударять; 3. противодействие, противодавление; отпор; распор; || оказывать противодействие; распирать; 4. опора; упор; || опираться; упираться
   to develop a thrust развивать тягу
   t. face опорная поверхность
   t. force сила тяги; равнодействующая давления (распора)
   t. frame рама крепления двигателя
   t. load осевая нагрузка; давление, напор
   t. ring упорное кольцо
   t. due to temperature осевая сила от температурного расширения, температурный распор
   t. due to wind pressure усилие от давления ветра
   arch t. распор арки
   axial t. осевое давление (усилие), осевая тяга
   drilling t. усилие подачи при бурении
   earth t. давление грунта
   end t. осевая тяга; осевое давление, распор
   exhaust t. реактивная тяга
   expansion t. усилие от (теплового) расширения
   forward t. прямая тяга
   gross t. суммарная тяга
   horizontal t. горизонтальная составляющая силы; горизонтальное давление (грунта); распор
   jet t. реактивная тяга
   lateral t. 1. боковая тяга; боковое (поперечное) давление; 2. боковой удар
   line of t. направление силы тяги; линия распора; направление толчка
   net t. суммарная тяга; результирующее усилие (давление)
   propulsive t. движущая сила, тяга
   pump t. напор насоса

   reverse t. обратная тяга; обратное давление, противодавление
   rotor t. тяга несущего винта (вертолета)
   side t. боковая тяга; боковое давление
   specific t. удельная тяга
   takeoff t. взлетная тяга
thrusting 1. создание тяги; работа реактивного двигателя; 2. противодействие; распор
thumb 1. большой палец (руки); || перелистывать (книгу); 2. выступ, выступающая часть
   of thumb из опыта, эмпирически
   rule of t. эмпирический метод; практическое правило; правило "буравчика"
thump 1. глухой звук (удара); тяжелый удар; низкочастотный импульс, ударная волна; || ударять(ся), стучать; возбуждать низкочастотные колебания (ударные волны); 2. шум шины (при качении)
thumper источник низкочастотных колебаний, (сейсмический) ударный источник
thumping 1. возбуждение низкочастотных колебаний (ударных волн); 2. очень большой, подавляющий
   t. majority подавляющее большинство
thunder гром; грохот, шум; || греметь; грохотать, шуметь
thunderbolt удар молнии
thunderhead грозовой фронт
thus так, таким образом; поэтому; тем самым; итак; до, до такой степени
   thus far до сих пор, пока
   thus much столько
thwart поперечный; косой; || пересекать; мешать, препятствовать
   t. motion поперечное движение
tick отметка, риска; || отмечать, помечать
tidal приливный, связанный с приливами и отливами
   t. flow приливное течение
   t. wave приливная волна
tide 1. (морской) прилив; 2. поток, течение; волна
   flood t. приливное течение
   full t. большая (высокая) вода, уровень прилива
   low t. малая (низкая) вода, уровень отлива
   lunar t. лунный прилив
   solar t. солнечный прилив
   wind t. ветровой нагон
tie 1. связь, соединение; узел; || связывать, соединять, скреплять; ограничивать; завязывать; 2. затяжка, растяжка, расчалка; поперечина, траверса; шпала
   to tie an arch стягивать (затягивать) арку
   t. bar стяжка, расчалка; поперечная связь; поперечина; растянутый стержень
   t. member элемент, работающий на растяжение; затяжка, растяжка
   cross t. поперечная связь; поперечина, распорка; шпала
   diagonal t. косая связь, раскос
   extensible t. растяжимая связь

joint t. стыковая накладка
timber t. деревянная шпала
wind t. ветровая связь, расчалка
tie-beam поперечина, распорка, траверса
tie-down крепежное устройство
tie-plate плита основания, подкладка, подушка, анкерная плита
tie-rod растяжка, расчалка, соединительная тяга
tier ряд, ярус; ‖ располагать ярусами
tight 1. плотный; сжатый, компактный; тугой; непроницаемый, герметичный; неподвижный, постоянный; 2. трудный, тяжелый, недостаточный, скудный; 3. ведущий (о колесе)
 t. **constraint** жесткое (строгое) ограничение
 t. **coupling** плотное соединение
 t. **rope** туго натянутый канат
 t. **seam** плотный (герметичный) шов
-tight (как компонент сложных слов) -непроницаемый, -изолированный; герметичный
tighten затягивать(ся), натягивать(ся), стягивать(ся); сжимать(ся); уплотнять(ся)
tightener натяжное устройство
tightness 1. плотность; непроницаемость, герметичность; 2. напряженность; натяжение
tilde тильда, знак "~"
tile черепица; керамическая плитка
till до, пока (не), до тех пор пока, не раньше чем
 till now до сих пор, до настоящего времени
 till then до тех пор пока
 from ... till от ... до
tiller 1. рычаг, рукоятка; 2. отросток, побег
tilt наклон; угол наклона; наклонное положение; наклонная поверхность; отклонение, поворот; ‖ наклонять(ся), отклонять(ся), поворачивать(ся); опрокидывать(ся)
 t. **stabilization** стабилизация положения
 t. **wing** поворотное крыло
 axial t. продольный наклон, наклон оси
 body t. наклон кузова (напр., при движении по кривой)
 rotor t. наклон несущего винта вертолета
tiltable допускающий установку под углом; поворотный, с изменяемым углом наклона; откидывающийся, опрокидывающийся
tilting наклон; отклонение; опрокидывание; поворот, вращение; качание; ‖ наклонный, установленный под углом; поворотный; опрокидывающий(ся), качающий(ся)
 t. **bearing** шарнирная опора
 t. **feature** способность отклоняться, возможность установки под углом
 t. **moment** опрокидывающий момент
 t. **motion** наклон, опрокидывание; качание
 t. **wing** поворотное крыло
timber древесина, лес (как материал); бревно, брус, балка; шпангоут
 t. **covering** деревянная обшивка, деревянный настил
 t. **tie** деревянная шпала

timbering лесоматериалы; деревянная конструкция; опалубка, деревянная крепь
time 1. время; интервал, период, промежуток (времени); длительность, продолжительность; момент (времени); темп, такт; ‖ временной, зависящий от времени, изменяющийся во времени; относящийся к определенному времени, повременный; ‖ назначать время; измерять время; синхронизировать(ся); 2. раз; случай
 at a time за (один) раз, одномоментно
 at the time в это время
 at all times все время, всегда
 at one time or another в разное время
 at no time никогда
 at the same time одновременно, в то же время; тем не менее
 at other times в других случаях
 by that time к тому времени
 five times as large в пять раз больше
 for a time в течение некоторого времени
 for the first time в первый раз, впервые
 for a short time на короткое время
 for the time being в настоящее время, пока; на некоторое время
 from this time on начиная с этого момента
 from time to time время от времени, иногда
 in no time очень быстро, немедленно
 in time вовремя; со временем, позднее
 in a short time в скором времени
 in unit time за единицу времени
 this time на этот раз
 three times (взятый) трижды, умноженный на три
 t. **axis** временная ось
 t. **behaviour** поведение во времени, временная зависимость, динамическая реакция
 t. **control** регулирование по времени
 t. **curve** график (функции) от времени
 t. **dependence** зависимость от времени, функция (от) времени
 t. **derivative** производная по времени
 t. **domain** временная область, временной интервал
 t. **element** (бесконечно малый) элемент времени, интервал времени; конечный элемент по времени; устройство, срабатывающее по времени
 t. **factor** временной коэффициент; масштаб времени; фактор времени
 t. **to failure** наработка на отказ
 t. **frame** система отсчета во времени; интервал (квант) времени
 t. **function** функция (от) времени
 t. **graduation** отметка времени
 t. **history** изменение во времени, временной график
 t. **integration** интегрирование по времени
 t. **of lag** время запаздывания
 t. **limitation** ограничение по времени

t. marching (по)шаговое отслеживание изменений во времени, временная прогонка
t. parameter параметр времени
t. record отметка времени
t. response временная характеристика; динамическая реакция
t. sampling дискретизация (квантование) по времени
t. scale масштаб времени; шкала времени
t. simulation моделирование (поведения решения) во времени, нестационарное моделирование
t. slicing квантование времени
t. spread продолжительность; разброс по времени
t. standard эталон (единицы) времени
t. step шаг по (параметру) времени; (временной) такт, цикл
t. structure временная структура
t. of swing период качания
t. on test продолжительность испытаний
t. unit единица времени; такт, цикл
absolute t. абсолютное время
acceleration t. время ускорения (разгона); длительность фронта импульса
actual t. фактическое время
actuation t. время срабатывания, момент запуска
apparent t. истинное время
attenuation t. период затухания
braking t. время торможения
build-up t. время нарастания (импульса), время разгона, время выхода на режим
burning t. время горения (работы двигателя)
characteristic t. постоянная времени
common t. единое время
computer t. машинное время
computing t. время счета
continuous t. непрерывное время
current t. текущее время, текущий момент
cycle t. продолжительность цикла
damping t. время затухания (успокоения)
decay t. время затухания, время спада (импульса); время распада
definite t. конечное (заданное) время
delay t. время задержки (запаздывания); длительность выдержки
development t. время (продолжительность) разработки; время развития (зарождения, инкубации)
discrete t. дискретное время
down t. время простоя (работы вхолостую)
effective t. полезное (эффективное) время
elapsed t. (общее) затраченное время; истекшее время
engineering t. период разработки
estimated t. расчетное время
event t. время (наступления) события
exposure t. длительность воздействия

good t. полезное время
impulse front t. время нарастания импульса
impulse tail t. время среза импульса
initial t. начальный момент
intrinsic t. внутреннее (собственное) время
lead t. время (производственного) цикла, срок разработки; время упреждения
life t. эксплуатационная долговечность, ресурс
load-rise t. время нарастания нагрузки
nonfailure t. время безотказной работы, наработка на отказ
nonreal t. модельное время
observation t. срок наблюдения
occurrence t. время (наступления) события
off t. время выключения; время простоя
on t. время включения; время работы
operating t. рабочее время; время срабатывания
peak-load t. период (момент) наибольшей нагрузки
periodic t. период, продолжительность цикла
pick-up t. время срабатывания; время считывания (сигнала)
preset t. заданное (установленное) время
propagation t. время распространения, время прохождения (напр., импульса)
pulse t. длительность импульса; интервал между импульсами
reaction t. момент срабатывания; время реакции, инерционность (прибора)
real t. истинное время; реальное время
reference t. начало отсчета времени, начальный момент; эталонное время
relaxation t. время релаксации
remaining life t. остаточный (эксплуатационный) ресурс
repetition t. продолжительность (период) цикла
response t. момент срабатывания; время реакции, инерционность (прибора)
scores of times многократно
standard t. стандартное время; норма времени
start(ing) t. момент (за)пуска; время разгона
total t. суммарное (полное) время
transition t. время перехода; продолжительность переходного процесса
true t. истинное время; реальное время
unit t. единица времени; единичный интервал времени
wavefront t. время прохождения волнового фронта
time-consuming длительный, занимающий много времени, трудоемкий
timed синхронный, синхронизированный; рассчитанный по времени; регулируемый во времени

time-dependent зависящий от времени, динамический, нестационарный, переходный, эволюционный

time-displacement curve кривая смещения (пути) в зависимости от времени, график "время-перемещение"

time-independent не зависящий от времени, статический, стационарный, установившийся

time-out окончание временного интервала; перерыв, простой; время простоя

time-proof долговечный, с большим ресурсом

timer часы, временной механизм, датчик времени, таймер

time-saving экономящий время, ускоряющий

time-table расписание

time-varying изменяющийся во времени, динамический, эволюционный

time-worn старый, устаревший; изношенный

timing выбор (измерение, расчет) времени; отметка времени; согласование во времени, синхронизация

    precise t. точная синхронизация; точный расчет времени

Timoshenko beam балка Тимошенко (модель изгиба балки, учитывающая поперечный сдвиг)

tin олово

tine острие, зубец

tinge оттенок (цвета), тон; || придавать оттенок, окрашивать

tint краска; цвет; оттенок цвета, тон; || придавать оттенок

    hot tints цвета каления (побежалости)

tinted окрашенный

tiny очень маленький

tip 1. вершина, конец, кончик; головка, наконечник, законцовка; (режущая) кромка; 2. касание, соприкосновение; толчок; || касаться; ударять; 3. наклон, опрокидывание; || наклонять(ся), опрокидывать(ся), переворачивать(ся)

    t. displacement перемещение вершины (напр., трещины), смещение концевой точки

    t. mass концевая масса (сосредоточенная на конце)

    t. stall концевой срыв потока

    crack t. вершина (кончик) трещины

    polar t. полюс магнита

    vane t. кромка лопасти

    wing t. законцовка крыла

tip-lorry самосвал

tip-over наклон, опрокидывание; || опрокидывающийся

tipper опрокидыватель, опрокидывающее устройство; самосвал

tip-to-tip по всему размаху (напр., крыла)

tire 1. шина, покрышка; (колесный) бандаж; || надевать шину, ошиновывать; накладывать бандаж; 2. уставать, утомлять(ся)

    t. bead борт шины

    t. belt брекер шины

    t. capacity грузоподъемность шины

    t. casing каркас шины

    t. cord шинный корд

    t. effective radius динамический радиус шины

    t. fabric кордная (шинная) ткань

    t. pressure давление в шине; давление шины (на грунт), колесная нагрузка

    t. slip проскальзывание шины

    t. traction сцепление шины с дорожной поверхностью

    all-textile t. шина с текстильным кордом

    all-wire t. металлокордная шина

    balloon t. пневматическая шина

    band t. массивная шина, грузовая шина

    belt(ed) t. шина с жестким брекером

    bias t. диагональная шина

    diagonal t. диагональная шина

    dual tires двойные (сдвоенные) шины

    effective radius of t. динамический радиус шины

    flat t. ненакаченная (спущенная) шина

    heavy-duty t. большегрузная шина

    inflated t. накаченная шина

    inner t. камера шины

    mechanics of tires механика шин

    metal-cord t. металлокордная шина

    motor t. транспортная (автомобильная) шина

    one-ply t. шина с одним слоем корда

    pneumatic t. пневматическая шина

    radial(-ply) t. радиальная шина, шина с радиальным расположением корда

    solid t. массивная шина

    transverse t. радиальная шина

    tubed t. камерная шина

    tubeless t. бескамерная шина

tired 1. ошинованный, с надетой шиной; 2. усталый, утомленный; использованный, исчерпанный

    t. wheel ошинованное колесо

tissue (биологическая) ткань; сплетение, сеть; тонкая бумага

    soft t. мягкая (мышечная) ткань

titanium титан

tithe десятая часть

title заглавие, заголовок, название (напр., книги), титул; надпись; || называть, давать заглавие

title-page титульный лист

tittle мельчайшая частица

to (предлог) к, в, на, для, до, по; в соответствии; по сравнению

    to and from туда и обратно

    to a certain degree до некоторой степени

    to a degree of accuracy с точностью до одного градуса

    to scale в масштабе, с соблюдением масштаба

    to size (точно) по размеру

    to specifications в соответствии с (техническими) требованиями; по размеру

    to templet по шаблону

    to that end с этой целью

to-be будущее; || будущий
today сегодня; в настоящее время
toe 1. палец, носок (ноги); 2. нижний конец, нижняя часть; основание, подошва; пята, подпятник; 3. целик (угля)
   t. bearing упорный подшипник; подпятник
   t. of dam зуб плотины, (дренажная) призма плотины
together вместе, совместно; друг с другом; одновременно; непрерывно, подряд
   to get together собирать(ся), накапливать(ся); объединять(ся)
   to grow together срастаться, сливаться
   together with вместе с, наряду с; в добавление к; с учетом чего-либо
   compared together сравнивая одно с другим
toggle колено, коленчатый (шарнирный) рычаг, коленно-рычажный механизм
   t. lever коленчатый рычаг
token знак, символ; обозначение; признак; метка, маркер
tolerable допустимый, удовлетворительный
   t. limit допустимый предел, допуск
tolerance 1. допуск, (предельное) допустимое отклонение, допустимый разброс (параметров), допустимая погрешность; 2. выносливость, устойчивость (к чему-либо), толерантность
   out of tolerance вне допуска
   t. failure отклонение от допуска, выход за пределы
   t. to failure устойчивость к отказам, живучесть
   t. on fit допуск посадки, допуск зазора (натяга)
   t. limit граница допуска; допустимый предел
   t. of location допуск на смещение, допустимое отклонение
   t. unit единица допуска
   t. zone поле допуска, допускаемые пределы (погрешности)
   close t. малый допуск
   design t. расчетный (конструктивный) допуск
   frequency t. допустимое отклонение частоты
   lower t. нижнее отклонение допуска
   rated t. номинальный допуск
   wear t. допуск на износ
tolerant стойкий, устойчивый, толерантный
tolerate выдерживать; допускать; позволять
tomogram томограмма
tomography томография
tomorrow завтрашний день, будущее; || завтра
ton тонна, т
   displacement t. тонна водоизмещения (равна на весу 35 куб. футов воды)
   gross t. длинная (английская) тонна (= 1016,05 кг)
   metric t. метрическая тонна
   register t. регистровая тонна
   short t. короткая (английская) тонна (= 907,19 кг)
tone звук, тон; (цветовой) оттенок
   deep t. низкий звук, насыщенный (цветовой) тон
   thin t. высокий звук
tongs щипцы, клещи; схват
tongue язык, язычок; выступ, шип, шпунт
tonnage 1. тоннаж, грузовместимость; 2. тяговое усилие
tonne тонна, т
too 1. слишком, излишне; очень; 2. также, тоже, к тому же; 3. действительно
tool 1. инструмент, орудие; инструментальное средство; приспособление, станок; 2. обрабатывающий инструмент (резец, фреза, бур); 3. средство; метод, способ
   t. angle угол резца
   t. steel инструментальная сталь
   cutting t. режущий инструмент
   diagnostic tools средства диагностики
   downhole t. скважинный инструмент
   graphical tools графические средства
   inspection tools средства контроля
   intelligent tools интеллектуальные средства
   machining t. обрабатывающий (режущий) инструмент
   mathematical tools математический аппарат
   measuring tools средства измерений
   milling t. фреза
   penetration t. наконечник, индентор; бур
   software tools инструментальные программные средства
   supporting tools вспомогательные средства, средства обеспечения
tooling оснащение; наладка; инструментальная (технологическая) оснастка
toolkit набор (инструментов) инструментальных средств, инструментарий
tooth зуб; зубец; шероховатость; || нарезать зубцы; зацепляться
   t. spacing интервал между зубьями
toothed зубчатый; зазубренный; шероховатый
   t. wheel зубчатое колесо, шестерня
toothing зубчатое колесо, шестерня; зубчатое зацепление
top 1. вершина, верхушка; верхняя часть, верх; верхнее (высшее) положение; наилучший результат; || верхний, высший, максимальный; лучший; 2. надстройка, покрытие; 3. волчок, юла
   t. of atmosphere верхние слои атмосферы
   t. of dam гребень плотины
   t. digit цифра старшего разряда
   t. element последний элемент (списка), верхний элемент
   t. speed наибольшая скорость

t. view вид сверху, горизонтальная проекция, план
   rail t. головка рельса
   stack t. вершина стека
top-down нисходящий, сверху вниз
   t. design нисходящее проектирование, проектирование сверху вниз
top-heavy с тяжелым верхом, с массой, сосредоточенной в верхней части
topic тема, вопрос, предмет (обсуждения)
topical актуальный; тематический
topmost самый верхний; важнейший
topographical топографический
topography 1. топография; 2. рельеф (поверхности)
topological топологический
   t. product топологическое произведение
   t. rectangle топологический прямоугольник; фигура, топологически эквивалентная прямоугольнику
   t. space топологическое пространство
   t. star топологическая звезда
topology топология
   finite element t. топология конечноэлементной модели
   mesh t. топология сетки
   random t. произвольная топология
   structural t. топология конструкции (структуры)
   tree-type t. древовидная топология, топология типа "дерево"
torch факел; горелка; фонарь
tore тор
tori мн.ч. от **torus**
torn неровный, рваный, задранный
   t. surface рваная поверхность
tornado смерч, шквал, торнадо
toroid тороид
toroidal тороидальный, в виде тора
   t. shell тороидальная оболочка
torpedo торпеда; ‖ разбивать, подрывать; торпедировать
torque крутящий момент; вращающий момент; ‖ затягивать (винтовое соединение)
   t. balance крутильные весы (для измерения крутящего момента)
   t. box кессон (крыла)
   t. load нагрузка крутящим моментом, скручивающая нагрузка
   t. rating номинальный (расчетный) крутящий момент
   t. reaction реактивный крутящий момент
   braking t. тормозной момент
   damping t. демпфирующий момент, момент успокоения
   drag t. тормозной (тормозящий) момент, момент сопротивления
   driving t. вращающий момент
   friction t. момент трения
   negative t. отрицательный крутящий момент
   torsion t. крутящий момент

   yield t. крутящий момент на пределе текучести
torr торр (единица давления = мм ртутного столба = 133,322 Па)
torsion 1. кручение, закручивание, скручивание; деформация кручения; крутка; 2. торсион, пружина кручения, крутильный амортизатор
   to analyse for torsion рассчитывать на кручение
   to be in torsion находиться в состоянии кручения, работать на кручение
   to be strong in torsion хорошо сопротивляться кручению
   to fail in torsion повреждаться (разрушаться) при кручении; не работать на кручение
   to subject to torsion подвергать кручению, закручивать
   to test by torsion испытывать на кручение
   t. balance крутильные весы (для измерения крутяще.о момента)
   t. box коробчатая конструкция, кессон (крыла)
   t. of a curve кручение кривой
   t. function функция кручения
   t. moment крутящий момент
   t. rod стержень, работающий на кручение; торсион
   t. shaft вал, передающий крутящий момент
   angle of t. угол закручивания (крутки)
   bending-prevented t. кручение без изгиба, чистое кручение
   constrained t. стесненное кручение
   elastic t. упругое кручение
   prevented t. стесненное кручение
   simple t. простое (чистое) кручение
   small t. малое закручивание, малые углы крутки
   stress in t. напряжение (напряженное состояние) при кручении
torsional крутящий, скручивающий, крутильный
   t. balance крутильные весы
   t. couple крутящий момент
   t. deflection перемещение (прогиб) от кручения
   t. deformation деформация кручения, крутка
   t. elasticity упругость при кручении
   t. fatigue limit предел усталости при кручении
   t. force скручивающая (крутящая) сила
   t. frequency крутильная частота, частота крутильных колебаний
   t. load скручивающая (крутящая) нагрузка
   t. modulus модуль упругости при кручении
   t. moment крутящий момент
   t. spring пружина кручения, торсион
   t. stiffness жесткость на кручение (скручивание), крутильная жесткость

t. strength предел прочности при кручении; сопротивление кручению, работа на кручение
  t. stress напряжение (от) кручения
  t. vibrations крутильные колебания
torsional-flexural крутильно-изгибный
  t. vibrations изгибно-крутильные колебания
torus (мн. ч. tori) тор
toss бросание, метание; толчок, сотрясение; ‖ бросать; подбрасывать; метать (жребий); подниматься и опускаться (о судне)
total сумма, итог; ‖ общий; полный; суммарный; результирующий; абсолютный; ‖ суммировать, подводить итог; доходить до, насчитывать, равняться
  a total of всего
  t. characteristic общая (полная) характеристика
  t. derivative полная производная (функции многих переменных)
  t. differential полный дифференциал
  t. eclipse полное затмение
  t. energy полная энергия
  t. error полная (суммарная, интегральная) погрешность
  t. extension полное удлинение (напр., образца при растяжении); полная протяженность
  t. flow полный расход
  t. fracture полное разрушение
  t. heat теплосодержание, энтальпия
  t. Lagrangian scheme полный лагранжев метод, схема полного лагранжиана
  t. output полная мощность (производительность)
  t. separation полный отрыв (контактирующих поверхностей)
  t. value суммарное значение (количество); абсолютная величина
  t. variation полное изменение, полная вариация (функции)
  check t. контрольная сумма
  grand t. общая сумма, общий итог
totality сумма, итог; совокупность; множество
totalize суммировать, подводить итог; объединять (воедино)
totally вполне, полностью
  t. continuous вполне непрерывный
  t. monotonous sequence вполне монотонная последовательность
touch 1. касание, соприкосновение; контакт; осязание; ‖ касаться, соприкасаться; контактировать; затрагивать, иметь отношение; оказывать воздействие; 2. испытание, проба; 3. штрих
  to touch down касаться поверхности (земли), приземляться
  to touch the fringe of подходить, приближаться (напр., к решению)
  to touch up исправлять; заканчивать, завершать; напоминать

  to touch with контактировать (с чем-либо)
  in touch with в контакте с чем-либо
  t. sensor контактный (тактильный) датчик
touch-down приземление
touchstone критерий, пробный камень
tough 1. вязкий; 2. жесткий; прочный; плотный; 3. выносливый, стойкий; 4. трудный
  t. hardness вязкая твердость, сочетание вязкости и твердости
  t. problem трудноразрешимая проблема
toughness 1. вязкость; ударная вязкость; 2. жесткость, прочность; 3. выносливость, стойкость
  t. curve характеристика (кривая) вязкости
  t. test испытание на (ударную) вязкость
  crack t. вязкость разрушения, трещиностойкость
  impact t. ударная вязкость
  initiation fracture t. сопротивление разрушению на стадии возникновения трещины, стартовая вязкость разрушения
tow буксировка; буксируемое транспортное средство; канат, трос; ‖ буксировать
  t. basin опытовый бассейн; гидроканал
towage буксировка
towards по направлению к; по отношению к, относительно; для того, чтобы
  towards this end in view с этой целью
tower 1. башня; вышка, мачта; высотное здание; (химическая) колонна; 2. опора, пилон
  boom t. башня крана
  extending t. выдвижная (телескопическая) мачта
  graduation t. градирня
  stayed t. мачта (опора) с расчалками
towing буксировка
  t. power тяговая мощность, тяговое усилие на крюке
  t. tank гидроканал, опытовый бассейн
trace след; путь, траектория; запись, кривая (самописца); трассировка (напр., программы); ‖ следить, прослеживать; искать; записывать; чертить, вычерчивать; трассировать
  t. of line след прямой (точка пересечения с плоскостью); проекция прямой (на плоскость)
  t. of surface след поверхности, сечение поверхности плоскостью
  circular t. круговая траектория
  matrix t. след матрицы
  program t. трассировка программы
  seismic t. сейсмическая трасса
  sweep t. линия развертки
tracer следящее устройство; регистрирующее устройство, самописец; программа трассировки
tracing слежение, прослеживание; запись (самописца), кривая, график; построение кривых (траекторий); трассировка

curve t. построение кривых; исследование кривых
fault t. поиск неисправностей
streamline t. прослеживание (визуализация) линий тока
track 1. путь, траектория, трасса, маршрут; дорожка, тракт, трек; след, колея; ‖ прокладывать путь (курс); следить, прослеживать; оставлять след (колею); 2. дорожка качения; направляющая, рельсовый путь; 3. гусеница, трак; 4. протектор шины; 5. конвейер
   t. keeping выдерживание заданной траектории (маршрута)
   t. lug звено гусеницы, трак
   t. wheel каток (напр., гусеницы)
   assigned t. заданная траектория
   disk t. дорожка (магнитного) диска
   railway t. рельсовый путь
   wear t. след изнашивания
   wheel t. колея шасси
trackage рельсы, рельсовый путь
tracker следящая система
tracking слежение, сопровождение; наблюдение; трассировка
tract 1. тракт, путь; канал; 2. полоса пространства; интервал времени
tractable легко поддающийся обработке, податливый; легко решаемый
tractate трактат, сочинение, научный труд
tractile растяжимый, вытягивающийся
traction 1. тяга; сила тяги, тяговое усилие; 2. сила, усилие; напряжение; нагрузка; 3. растяжение; волочение, протягивание; 4. сила сцепления
   t. boundary нагруженная граница; предел (изменения) усилия
   t. boundary conditions граничные условия в усилиях
   t. force сила тяги; растягивающее усилие
   t. power сила тяги; грузоподъемность
   t. vector вектор (растягивающих) сил, вектор нагрузок
   boundary t. граничное усилие (напряжение); нагрузка по границе
   cable l. канатная тяга
   effective t. полезная сила тяги
   element tractions усилия в элементе
   gross t. полная (суммарная) тяга
   line t. осевое усилие; погонное усилие; нагружение по линии
   surface t. поверхностное усилие (напряжение); поверхностное натяжение
   tire t. сцепление шины (с дорожной поверхностью)
   variable t. переменная сила тяги; переменное усилие (напряжение); переменное нагружение
traction-free свободный от усилий (напряжений), незагруженный
tractive тянущий, растягивающий; тяговый
   t. force сила тяги, тяговое усилие; сила растяжения (натяжения)

tractor трактор, тягач; протягивающее (тянущее) устройство
trade 1. профессия; 2. торговля; производство, промышленность
trade-off согласование, координация; компромиссное решение
traffic движение, транспортный поток, трафик; поток информации
   t. capacity пропускная способность
   t. load нагрузка от движения (напр., по мосту)
trail 1. след; путь, траектория; запаздывание, отставание; ‖ прокладывать путь, оставлять след; следить, отслеживать; волочить(ся), тащить (за собой); отставать; 2. задняя часть (конструкции), хвост
   aircraft t. спутный след (самолета)
   dislocation t. след (движущейся) дислокации
   pulse t. срез импульса
   vortex t. вихревой след, вихревая дорожка
trailer прицеп, прицепное орудие, трейлер
trailing прокладывание курса; следование (сзади), слежение; буксирование; ‖ задний, находящийся сзади; присоединенный; ведомый
   t. axle задняя ось; ведомая ось
   t. digits младшие разряды (числа)
   t. edge задняя кромка, кромка схода (крыла); задний фронт (волны, импульса)
   t. end задний (следящий) конец
   t. vortex концевой (сбегающий) вихрь, присоединенный вихрь
train 1. поезд; 2. последовательность, ряд, цепь, цепочка; шлейф; последствие; 3. зубчатая передача; 4. учить, обучать; направлять; тренировать(ся); 5. наводить (напр., объектив)
   in the train в результате, вследствие
   t. of impulses последовательность импульсов
   gear t. зубчатая передача
   wave t. группа волн, волновой пакет
trait особенность, характерная черта; штрих
trajectory траектория, путь, след
   t. derivative производная по траектории (по пути)
   t. following движение вдоль (заданной) траектории, отслеживание траектории
   t. part участок траектории
   ascent t. восходящая траектория, траектория выведения (на орбиту)
   coasting t. траектория пассивного полета
   depressed t. пологая (настильная) траектория
   descent t. нисходящая траектория, траектория возвращения (с орбиты)
   flat t. пологая (настильная) траектория
   free t. траектория свободного полета, баллистическая траектория
   load t. траектория нагружения
   optimal t. оптимальная траектория

phase t. фазовая траектория, траектория на фазовой плоскости
powered t. активный участок траектории
reference t. исходная траектория; расчетная траектория
screw t. винтовая траектория
smooth t. гладкая траектория
space t. пространственная траектория
stress t. траектория (в пространстве) напряжений
vorticity t. траектория вихря

trans- (приставка) пере-, пре-, над-, за-, транс- (указывает: на 1) превышение предела, переход границы и т.п.; 2) изменение состояния, формы и т.п.)
transaction запрос, транзакция; деловая операция, дело
transactions мн.ч. от transaction; труды (научного общества)
transcalent теплопроводный
transcend превосходить, превышать
transcendental трансцендентный
  t. equation трансцендентное уравнение
transducer (электрический) преобразователь; датчик, приемник
  accelerometer t. датчик ускорений, акселерометр
  electric t. электрический преобразователь
  linear t. датчик перемещений
  vibration t. вибродатчик
transect надрезать, делать надрез
transfer передача, перемещение, перенос; переход; перелет; преобразование; передаточная характеристика; || передавать, перемещать, переносить
  to transfer a distance откладывать отрезок (прямой)
  t. arm механическая "рука"
  t. of axes перенос (координатных) осей
  t. characteristic переходная характеристика
  t. constant коэффициент передачи
  t. function передаточная функция; функция преобразования
  t. instruction команда перехода
  t. lever рычаг переключения
  t. matrix передаточная матрица; матрица перехода (преобразования)
  t. matrix method метод передаточных матриц
  t. rate скорость передачи (переноса, распространения)
  t. time время пересылки (распространения)
  conditional t. условная передача (управления), условный переход
  eddy t. турбулентный перенос
  heat t. теплопередача, теплоперенос
  load t. передача нагрузки; перераспределение нагрузки
  mass t. массопередача, массоперенос
  nonlinear t. нелинейный переход; нелинейная передаточная характеристика
  parallel t. параллельный перенос (осей); параллельная передача (данных)
  phase t. фазовый переход
  stress t. передача напряжений; перераспределение напряжений
  vorticity t. перенос вихря
transferable переносимый, переместимый, заменяемый
transferal передача, перенос, перемещение
transference передача, перенос
transfiguration видоизменение, преобразование
transfigure видоизменять, преобразовывать
transfix прокалывать, пронизывать
transform преобразование, превращение; отображение; результат преобразования, изображение; образ; || преобразовывать, превращать, трансформировать; отображать
  angle-preserving t. преобразование, сохраняющее углы
  complex t. комплексное преобразование
  conditioning t. (пред)обусловливающее преобразование
  cosine t. косинус-преобразование (Фурье)
  discrete t. дискретное преобразование
  fast Fourier t. (FFT) быстрое преобразование Фурье (БПФ)
  integral t. интегральное преобразование
  Laplace t. преобразование Лапласа; изображение по Лапласу
transformation преобразование, превращение, трансформация, трансформирование; отображение; фазовый переход
  t. of domain преобразование (отображение) области
  t. group группа преобразований
  t. invariant инвариант преобразования
  t. of symmetry преобразование симметрии
  t. of variables преобразование (замена) переменных
  affine t. аффинное преобразование
  angular t. угловое (тригонометрическое) преобразование
  canonical t. каноническое преобразование
  conformal t. конформное преобразование (отображение)
  energy t. преобразование (превращение) энергии
  identity t. тождественное преобразование
  inverse t. обратное преобразование
  isoparametric t. изопараметрическое преобразование
  Joukowski t. преобразование Жуковского
  linear t. линейное преобразование
  local-global stiffness t. преобразование (матрицы) жесткости при переходе от локальных к глобальным координатам
  matrix t. матричное преобразование
  orthogonal t. ортогональное преобразование
  similarity t. преобразование подобия
  wave t. трансформация (профиля) волны

transformant трансформанта, результат преобразования, изображение
transformer преобразователь; трансформатор
transfuse переливать; пропитывать, пронизывать
transiency (быстрая) изменяемость, нестационарность, переменность; неустойчивость
transient 1. переходный, динамический, нестационарный, неустановившийся, эволюционный; изменяемый, переменный; неустойчивый; 2. переходное состояние, нестационарный процесс, динамический режим
  t. **analysis** расчет переходного (нестационарного) процесса, расчет динамики
  t. **behavior** переходный режим, нестационарное поведение, динамическая реакция
  t. **creep** неустановившаяся ползучесть
  t. **equation** уравнение переходного режима (процесса), нестационарное уравнение
  t. **equilibrium** переходное равновесие, подвижное (динамическое) равновесие
  t. **error** нерегулярная (несистематическая) ошибка
  t. **load** нестационарная (динамическая) нагрузка
  t. **mode** переходный режим; мода переходного процесса
  t. **motion** неустановившееся движение; переносное движение
  t. **performance** переходная характеристика; неустановившийся режим
  t. **period** время переходного процесса, время установления (стационирования)
  t. **response** переходная характеристика; нестационарный режим; динамическая реакция
  t. **stability** устойчивость переходного процесса
  t. **state** переходное (нестационарное) состояние; промежуточное состояние
  closed-loop t. переходной процесс в замкнутой системе
  damping t. затухающий переходный процесс
  pressure t. изменение (импульс) давления
  slow t. медленный нестационарный процесс
transient-free установившийся, стационарный, без переходных процессов, статический; устойчивый
transit 1. прохождение; распространение; перемена, перевод, переход (напр., в другое состояние); доставка; перекачка; ‖ переходный, кратковременный; ‖ проходить, переходить, переводить; доставлять; перекачивать; 2. теодолит
  modal t. перенос (распространение) моды
transition переход; превращение, преобразование; сопряжение; перемещение; переключение; переходный участок; смещение, перемещение; переключение; переходный (неустановившийся) процесс; ‖ переходный, промежуточный
  t. **curve** переходная кривая, линия сопряжения; линия (фазового) перехода

  t. **finite element** переходный конечный элемент
  t. **function** переходная функция; функция сопряжения
  t. **layer** переходный слой
  t. **point** точка (фазового) перехода; точка ветвления
  t. **stage** переходная стадия
  t. **surface** поверхность переноса; переходная поверхность; поверхность (фазового) перехода
  adiabatic t. адиабатический переход
  coarse-to-fine t. (постепенный) переход от крупной к мелкой сетке
  conical t. коническое сопряжение
  continuous t. непрерывный (плавный) переход
  damping t. затухающий переходный процесс
  flat-to-space deformation t. переход от плоского деформированного состояния к пространственному
  phase t. фазовый переход, фазовое превращение
  plane-strain to plane-stress t. переход от плоскодеформированного к плосконапряженному состоянию
  slow t. медленный переходный процесс
  start-up t. переходный процесс при запуске
  streamlined t. плавное сопряжение
  tensile-shear fracture mode t. переход от растяжения к срезу (как смена вида разрушения)
  tough-brittle fracture t. переход от вязкого разрушения к хрупкому
  turbulence t. переход к турбулентности, турбулизация
translate 1. перемещать(ся), смещать(ся), сдвигать(ся); двигаться поступательно; (параллельно) переносить; переходить; 2. преобразовывать, трансформировать; пересчитывать (из одних единиц в другие); 3. переводить (с одного языка на другой), объяснять, толковать; 4. транслировать (программу)
translation 1. перемещение, смещение, сдвиг; поступательное движение; (параллельный) перенос; переход; 2. преобразование, трансформация; пересчет; 3. перевод (с одного языка на другой); объяснение, толкование; 4. трансляция (программ)
  t. **formula** формула переноса (напр., осей координат); формула пересчета
  t. **motion** поступательное движение; переносное движение
  t. **vector** вектор смещения (переноса, сдвига)
  coordinate t. перенос (системы) координат
  data t. преобразование данных, перевод данных из одного представления в другое
  forward t. перемещение (перенос) вперед
  frequency t. смещение (сдвиг) частоты
  origin t. перенос начала координат
  phase t. фазовый переход, фазовое превращение

program t. трансляция (компиляция) программы
rectilinear t. прямолинейное движение
translational поступательный, переносный; переходный; трансляционный
    t. **acceleration** ускорение поступательного движения; переносное ускорение
    t. **coordinates** переносная система координат
    t. **degree of freedom** поступательная степень свободы
    t. **hardening** трансляционное упрочнение
    t. **surface** поверхность переноса; переходная поверхность
    t. **symmetry** симметрия переноса
    t. **velocity** скорость поступательного движения; переносная скорость
translator транслятор (программ); преобразователь, конвертор
translatory поступательный, переносный
    t. **motion** поступательное движение; переносное движение
translocate перемещать, смещать
transmission 1. передача; пропускание, прохождение (напр., сигнала); распространение; коэффициент пропускания; перекачка; 2. привод, трансмиссия
    t. **case** коробка передач (скоростей)
    t. **factor** коэффициент пропускания
    t. **line** передача, привод, трансмиссия
    t. **of liquids** перекачка жидкостей
    t. **of load** передача нагрузки
    t. **ratio** передаточное число (отношение)
    t. **shaft** вал трансмиссии
    friction t. фрикционная передача
    gear t. зубчатая передача
    heat t. теплопередача
    lever t. рычажная передача
    light t. пропускание света
    noise t. пропускание шума
    pressure t. распространение давления
    wave t. распространение волн
transmit передавать; отправлять, посылать; проходить, распространять(ся); пропускать
transmittance проницаемость; прозрачность; коэффициент пропускания
transmitted 1. переданный, отправленный, пропущенный; 2. косвенный, непрямой; отраженный
    t. **load** переданная нагрузка; косвенная нагрузка
transmitter 1. передатчик; излучатель, источник; датчик, преобразователь; микрофон; 2. (проводящая) среда, носитель
    differential t. дифференциальный датчик
    temperature t. 1. датчик температуры; 2. теплоноситель
transmitting передача; прохождение, распространение; пропускание; || передающий; распространяющий; пропускающий
    t. **element** передающий (передаточный) элемент

transmittivity проницаемость; прозрачность; коэффициент пропускания
transmutation превращение, обращение
transmute превращать(ся), обращать(ся)
transom поперечный брус, распорка, транец; соединительное звено
transonic околозвуковой, трансзвуковой
    t. **speed** околозвуковая скорость
transonics аэродинамика околозвуковых скоростей
transparency прозрачность; незаметность; понятность; транспарант, (прозрачный) шаблон
transparent прозрачный; понятный; очевидный, явный; незаметный, скрытый
transpierce проходить (на)сквозь, пронизывать
transpiration 1. испарение; 2. просачивание
transpire 1. испаряться; 2. просачиваться, проступать; 3. обнаруживаться, становиться известным
transplant переносить, перемещать
transplantation перенос, перемещение
transport транспорт, перемещение, перенос; поступательное движение; средства транспорта; || транспортировать, переносить, перемещать
    t. **equation** уравнение переноса
    t. **of momentum** перенос импульса (количества движения)
    acceleration of t. ускорение поступательного движения; переносное ускорение
    data t. передача данных
    eddy t. турбулентный перенос
    force of t. переносная сила
    heat t. теплопередача
    hydraulic t. гидравлический транспорт
    mass t. массоперенос
    supersonic t. сверхзвуковой летательный аппарат
    velocity of t. скорость перемещения (поступательного движения); переносная скорость
transportable передвижной, переносный; подвижный, мобильный
transportation перевозка, транспорт, транспортирование; транспортные средства
transporter транспортер, конвейер
transpose 1. результат перестановки (перегруппировки); || перемещать, переставлять, перегруппировывать, переносить (в другую часть уравнения); преобразовывать (напр., формулу); 2. транспонирование; || транспонировать (матрицу)
transposed matrix транспонированная матрица
transposition 1. перемещение, перестановка, перегруппировка, транспозиция; перенос (членов уравнения); преобразование (формулы); 2. транспонирование
trans-sonic см. transonic
transversal 1. поперечный, поперечно направленный; секущий, пересекающий; трансверсальный, перпендикулярный; 2. секущая (линия); трансверсаль

t. integration интегрирование в поперечном направлении, интегрирование по толщине (оболочки)

t. load поперечная нагрузка

transversally поперек, в поперечном направлении, трансверсально

t. isotropic material трансверсально-изотропный материал

transverse поперечный, поперечно направленный, трансверсальный; перпендикулярный; боковой; секущий, пересекающий

t. bending поперечный изгиб

t. brace поперечная связь, распорка

t. compression поперечное сжатие

t. contraction поперечное сжатие (обжатие, сужение)

t. displacement поперечное смещение, прогиб

t. elasticity упругость в поперечном направлении; упругость при (поперечном) изгибе

t. force поперечная (перерезывающая) сила

t. load поперечная (боковая) нагрузка

t. modulus of elasticity модуль поперечной упругости (поперечного сжатия), модуль упругости второго рода, модуль сдвига

t. moment поперечный (боковой, изгибающий) момент

t. section поперечное сечение; поперечный разрез

t. shear поперечный сдвиг; перерезывающая сила

t. stress поперечное напряжение; напряжение от изгиба

t. tire радиальная шина

t. vibrations поперечные колебания

t. wave поперечная волна

trap ловушка, уловитель; захват, затвор; отделитель, сепаратор; сифон, фильтр, дренажная труба; выпускное отверстие; ‖ улавливать; захватывать; отделять, сепарировать

trapezium (мн.ч. **trapezia**) трапеция; (неправильный) четырехугольник

t. rule правило трапеций (для численного интегрирования)

trapezoid (неправильный) четырехугольник; трапеция

trapezoidal трапециевидный

travel перемещение; движение, шаг, (рабочий) ход, экскурсия; люфт; величина перемещения, пройденное расстояние; поездка; ‖ двигаться, перемещаться

t. time время хода (цикла); время прохождения (сигнала); время распространения (волны)

lever t. ход рычага

line of t. направление движения

piston t. ход поршня

travel(l)er передвижной кран; мостовой кран; ригель мостового крана

travelling перемещение; движение, шаг, (рабочий) ход, экскурсия; люфт; ‖ перемещающийся, подвижный; передвижной; ходовой

t. load подвижная нагрузка

t. speed скорость движения

t. wave бегущая волна

t. wheel ходовое колесо

traversal пересечение, прохождение; перемещение; обход

traverse 1. пересечение, прохождение, переход; перемещение; подача; ход; ‖ пересекать, переходить, проходить, обходить; располагать(ся) поперек; 2. поперечина, траверса

longitudinal t. продольное перемещение, продольная подача

screw t. перемещение при помощи ходового винта

tray 1. желоб, лоток; 2. поддон; 3. объединительный блок, шасси

tread 1. протектор шины, беговая дорожка шины; обод колеса; гусеница; колея, ширина колеи; 2. рабочая (опорная) поверхность; поверхность трения; поверхность качения

t. pattern рисунок протектора шины

t. ply протектор шины, слой протектора

creeper t. гусеничный ход

wheel t. обод колеса

treadle педаль; подножка; ‖ ножной, с ножным управлением (приводом)

t. drive ножной (педальный) привод

treat 1. обращаться, относиться; 2. иметь дело; рассматривать, обсуждать, исследовать, трактовать, интерпретировать; 3. обрабатывать, перерабатывать; подвергать воздействию; 4. пропитывать

treatise (научный) труд, исследование, монография; учебный курс

treatment 1. обращение, отношение; 2. рассмотрение, исследование; интерпретация, трактовка; 3. обработка, переработка; воздействие; 4. пропитка

analytical t. аналитическое исследование

data t. обработка данных

effluent t. очистка сточных вод

element-by-element t. поэлементная (последовательная) обработка, поэлементные вычисления

heat t. тепловая обработка, термообработка

mechanical t. механическая обработка

surface t. обработка поверхности

theoretical t. теоретическое исследование

treble тройное количество; ‖ тройной, утроенный, троекратный; ‖ увеличивать(ся) втрое, утраивать(ся)

tree 1. дерево; 2. древовидная (иерархическая) структура; древовидный граф; ‖ древовидный, иерархический; 3. стойка, подпорка; балка, вал, ось

t. graph древовидный граф, дерево

t. name иерархическое имя

t. search поиск по дереву (графа)

t. structure древовидная структура

axle t. продольная балка (тележки); колесный вал, ось
binary t. двоичное дерево
derivation t. дерево вывода
directed t. ориентированное дерево
search t. дерево поиска (перебора)
tree-like древовидный, типа дерева
tree-structured древовидный, с древовидной структурой
tree-walk обход (просмотр) дерева
Trefftz method метод Треффтца
trellis решетка, решетчатая конструкция
   t. work решетка фермы; решетчатая конструкция (ферма); раскосная система
tremor тремор, дрожание, вибрация; сотрясения, толчки
   earth t. толчки землетрясения
trench 1. ров, траншея; желоб, канавка; котлован, шурф; 2. замок плотины
trend общее направление, тенденция; стремление (напр., к пределу); ход, течение; || иметь направление (тенденцию); отклоняться (в каком-либо направлении)
   current t. современная тенденция
Tresca-Saint-Venant plasticity condition условие пластичности Треска-Сен-Венана
treshold см. threshold
trestle рамная опора; эстакада
tri- (как компонент сложных слов) трех-, три-, тре-; тройной
triable допускающий проверку (испытания)
triad триада, тройка
trial проба, попытка; опыт, эксперимент; испытание, проверка; попытка
   to give a trial опробовать, подвергать испытанию, испытывать
   t. action пробное (воз)действие
   t. function пробная функция
   t. load пробная (тестовая) нагрузка
   t. record запись (протокол) испытаний
   t. run пробное выполнение (запуск, прогон)
   data on trials данные об испытаниях
   field trials полевые (промышленные) испытания
   stability t. испытание на устойчивость
   static t. статические испытания
   valid t. зачетная попытка
trial-and-error method метод проб и ошибок, метод подбора; метод последовательных приближений
triangle треугольник; (чертежный) угольник
   t. area площадь треугольника
   t. height высота треугольника
   t. integration rule правило (формула) интегрирования по площади треугольника
   t. vertices вершины треугольника
   acute(-angled) t. остроугольный треугольник

constant strain t. (CST) треугольный конечный элемент с постоянной деформацией (CST-элемент)
dummy t. of zeros треугольник нулевых элементов (в ленточной матрице), не хранимый в памяти ЭВМ
equilateral t. равносторонний треугольник
force t. треугольник сил
inscribed t. вписанный треугольник
isosceles t. равнобедренный треугольник
linear strain t. (LST) треугольный конечный элемент с линейными деформациями (LST-элемент)
oblique(-angled) t. косоугольный треугольник
obtuse(-angled) t. тупоугольный треугольник
Pascal t. треугольник Паскаля
plane t. плоский треугольник
rectangular t. прямоугольный треугольник
scalene t. неравносторонний (косой) треугольник
similar triangles подобные треугольники
sliding t. (треугольная) призма скольжения, призма обрушения
velocity t. треугольник скоростей
triangular треугольный; трехсторонний
   t. coordinates треугольные координаты, система координат площади треугольника
   t. edge треугольная грань
   t. finite element треугольный конечный элемент
   t. generator генератор треугольных импульсов
   t. matrix треугольная матрица
   t. mesh треугольная сетка
   t. wave треугольная волна, треугольный импульс (сигнал)
   t. wing треугольное (дельтовидное) крыло
triangulation триангуляция, триангуляризация; разбиение (области) на треугольники, покрытие области треугольной сеткой; разложение матрицы на треугольные множители
   domain t. триангуляция области, разбиение области на треугольные элементы
   matrix t. триангуляция (триангуляризация) матрицы, приведение матрицы к треугольному виду, разложение матрицы на треугольные множители
triaxial трехосный, трехмерный, объемный, пространственный, всесторонний
   t. compression трехосное (всестороннее) сжатие
   t. stress трехосное (пространственное) напряженное состояние
tribology трибология
   t. application узел трения
tribomechanics механика трения
tribotesting испытание на трение (и износ)
tributary 1. приток; || являющийся притоком; 2. второстепенный, подчиненный

trichotomy деление на три части
Tricomi equation уравнение Трикоми
tridiagonal трехдиагональный
  t. **matrix** трехдиагональная матрица
trig 1. стопор; защелка; || затормаживать, стопорить; защелкивать, заклинивать; 2. наполнять, набивать; 3. исправный, работоспособный; 4. (сокращение от **trigonometry**) тригонометрия
trigger 1. пусковое устройство; спусковой механизм, защелка || запускать, приводить в действие; отпускать, отпирать; 2. детонатор; 3. триггер
  t. **action** механизм запуска, спусковой механизм
trigonal треугольный
trigonometric(al) тригонометрический
trigonometry тригонометрия
trigonous треугольный; с треугольным сечением
trihedral трехгранный, трехсторонний
  t. **angle** трехгранный угол
trilateral трехсторонний
trilinear трилинейный
  t. **finite element** трилинейный конечный элемент
trim 1. баланс, равновесие, устойчивость; балансировка, уравновешивание; выравнивание; регулировка, настройка; || балансировать, уравновешивать; выравнивать; настраивать, регулировать; 2. дифферент, наклон относительно продольной оси; 3. срезка угла, снятие фаски; зачистка; || подрезать, снимать фаску; зачищать
  t. **equation** уравнение равновесия
  angle of t. угол дифферента, угол атаки
  frequency t. подстройка частоты
  lateral t. поперечная балансировка
trimability возможность балансировки, балансировочная характеристика
trimm см. **trim**
trimmed сбалансированный, уравновешенный; балансировочный
trine тройной
trinomial трехчлен; || трехчленный
trip 1. поездка; полет; пробег; перемещение; движение, шаг, (рабочий) ход, экскурсия; 2. выключение, размыкание, расцепление; || выключать, размыкать, расцеплять; расчленять; освобождать; 3. срабатывание; || срабатывать; 4. опрокидывание; || опрокидывать(ся); 5. баба копра, молот
tripartite состоящий из трех частей; тройственный, трехсторонний
triple тройка (напр., чисел); || тройной, утроенный, строенный; || утраивать
  t. **integral** тройной интеграл
  t. **vector product** двойное векторное произведение (трех векторов)
triplet триплет, тройка, структура из трех элементов
triplex триплекс; || триплексный, тройной, строенный

triplicate тройной, строенный, утроенный; || утраивать
triplication утроение
tripod тренога, треножник; штатив
tripp(l)ing 1. выключение, размыкание, расцепление; 2. турбулизация
trisect делить на три равные части, делать трисекцию
trivial тривиальный; несущественный, не представляющий интереса; простейший
  t. **solution** тривиальное решение
trolley тележка, вагонетка
  t. **block** полиспаст с крановой тележкой
tromometer микросейсмометр
trouble затруднение; нарушение, неисправность, повреждение, авария; помеха; || затруднять; нарушать, повреждать
trouble-free надежный, безотказный
trouble-shooting поиск (устранение) неисправностей (ошибок), диагностика; || диагностический
  t. **test** диагностический тест
troublesome затруднительный, причиняющий затруднения; ненадежный
trough желоб, лоток, корыто; впадина, котловина, корытный профиль, швеллер
  wave t. впадина волны
truck 1. грузовой автомобиль; тележка; грузовой вагон, железнодорожная платформа; 2. ходовая часть; колесо, каток; 3. обмен; || обменивать(ся)
true истина; точность, правильность; || истинный; правильный, точный; || выверять, выравнивать, править; || истинно; правильно, справедливо, точно
  to hold true иметь силу, быть действительным (справедливым), распространяться на
  true to life реалистический
  t. **accuracy** реальная точность; фактическая погрешность
  t. **complement** точное (алгебраическое) дополнение
  t. **error** истинная погрешность
  t. **reading** правильный отсчет; истинное значение
  t. **solution** правильное (точное) решение
  t. **statement** истинное утверждение
  t. **strain** истинная деформация
  t. **value** истинное (действительное, точное) значение; значение (логической переменной) "истина"
  dead t. обладающий высшей степенью точности
tru(e)ly истинно; точно, достоверно, справедливо
trumpet воронка, раструб
truncate сокращать, укорачивать, усекать; округлять, отбрасывать (напр., значащие цифры); срезать вершину
truncated сокращенный, укороченный, усеченный; округленный
  t. **cone** усеченный конус

t. **expansion** усечённое (оборванное) разложение
truncation сокращение, укорочение, усечение; округление, отбрасывание; ограничение
    t. **error** ошибка округления, ошибка отбрасывания (напр., остаточного члена ряда)
    eigenmode t. отбрасывание собственных форм (в разложении)
trundle ролик; шестерня; тележка
trunk 1. ствол (дерева), стержень (колонны); канал, жёлоб, труба; колодец, шахта; 2. главная линия, магистраль, шина; 3. багажник
    vortex t. вихревая нить
trunnion цапфа; крестовина кардана; подвеска кронштейна
truss ферма; (косая) связь, раскос; шпренгельная система; рама; ǁ связывать, укреплять
    t. **approximation of shell** ферменная аппроксимация для оболочки
    t. **arch** арочная ферма
    t. **bridge** ферменный мост
    t. **finite element** конечный элемент фермы, ферменный элемент
    t. **floor** ферменное перекрытие
    t. **girder** ферменная балка
    t. **node** узел фермы
    t. **rod** стержень фермы; шпренгель
    t. **structure** ферменная конструкция
    bridge t. мостовая ферма
    cantilever t. консольная ферма
    continuous t. неразрезная ферма
    girder t. балочная ферма
    hinged t. шарнирная ферма; шарнирно опёртая ферма
    lattice t. решётчатая ферма
    (von) Mises t. ферма Мизеса
    pin-joint t. шарнирная ферма, ферма с шарнирными узлами
    plane t. плоская ферма
    roof t. стропильная ферма
    simple t. простая (безраспорная) ферма
    space t. пространственная ферма
    statically determined t. статически определимая ферма
    triangular t. треугольная ферма
trussed ферменный, раскосный
    t. **arch** арочная ферма
    t. **frame** раскосная конструкция; ферменная рама
trussing ферма, система ферм; решётка фермы; стропила, связи
truth 1. истина; истинность; правильность; точность; 2. правильность установки; соосность
    in truth в сущности, действительно
    t. **table** таблица истинности
    t. **value** значение истинности (логической переменной)
    fundamental t. аксиома

truthful (досто)верный, истинный, надёжный
try попытка; проба, испытание; ǁ пытаться; (о)пробовать, испытывать, проверять на опыте
    to try for добиваться, искать, стремиться к чему-либо
    to try on (о)пробовать; примерять
    cut and try method метод проб и ошибок; метод последовательных приближений
try-out проба; проверка
T-square тавровый профиль, тавровая балка
tsunami цунами
tub 1. бак; бочка; 2. вагонетка
tubbing тюбинг, тюбинговая крепь
tubby бочкообразный
tube 1. труба, трубка; патрубок; трубопровод, магистраль (гидравлическая, пневматическая); 2. рукав; камера шины; 3. баллон, колба; (электронная) лампа, электронно-лучевая трубка, кинескоп; 4. туннель, метрополитен
    t. **of current** трубка тока
    t. **face** экран электронно-лучевой трубки
    t. **elbow** колено трубы
    t. **intersection** пересечение труб
    t. **section** (поперечное) сечение трубы
    beam t. электронно-лучевая трубка (ЭЛТ)
    blast t. сопло
    bubble t. трубка уровня
    capillary t. капиллярная трубка, капилляр
    choke t. диффузор; сопло
    circular t. труба кругового сечения
    diverging t. расширяющаяся труба
    finned t. оребрённая труба
    flanged t. труба с фланцами
    flexible t. гибкая трубка, шланг
    flow t. трубка тока; трубка (расходомер) Вентури
    fluted t. гофрированная труба
    impact t. ударная труба; трубка Пито
    inlet t. впускная (всасывающая) труба
    inner t. внутренняя труба; камера шины
    level t. трубка уровня
    lifting t. подъёмная (вертикальная) труба
    outlet t. выпускная (отводящая) труба
    Pitot t. трубка Пито, датчик полного давления
    shock t. ударная труба
    stream t. трубка тока, элементарная струйка
    thin-walled t. тонкостенная труба
    vacuum t. электронная лампа; вакуумный шланг
    Venturi t. трубка Вентури; диффузор, дозвуковое сопло
    vortex t. вихревая трубка
tubing трубопровод, система труб; прокладка труб
    t. **coupling** соединение труб; трубная муфта
    pressure t. трубопровод высокого давления, напорный трубопровод

tubular трубный; трубчатый, полый, пустотелый; цилиндрический
  t. **frame** трубчатая рама
  t. **joint** соединение труб
  t. **section** трубчатое (кольцевое) сечение; (поперечное) сечение трубы
tubule (маленькая) трубка
tuck складка; ‖ делать складки, подгибать
tuft нить, "шелковинка"
tug тянущее усилие, тяга; трос, канат; буксир; ‖ тянуть; буксировать
tugger лебедка, тяговое устройство
tumble падение; опрокидывание, переворот; ‖ падать; опрокидывать(ся), переворачивать(ся); кантовать
tumbler 1. опрокидывающее устройство, опрокидыватель; 2. тумблер, переключатель
tumbling опрокидывание, переворот; вращение, поворот
tun бочка, резервуар, чан
tunability возможность настройки, настраиваемость; адаптивность
tune 1. настройка, регулировка; ‖ настраивать(ся), регулировать; 2. звук, тон
tuner устройство настройки, согласующее устройство
tuning настройка, регулировка
tunnel 1. туннель, галерея, штольня; труба, трубопровод; 2. аэродинамическая труба
  t. **blocking** запирание аэродинамической трубы
  t. **constraint** влияние стенок аэродинамической трубы
  cavitation t. кавитационная (гидродинамическая) труба
  closed-circuit wind t. аэродинамическая труба замкнутого типа
  continuous wind t. аэродинамическая труба непрерывного действия
  induction t. эжекторная труба
  Mach 3 wind t. аэродинамическая труба с числом Маха М=3
  pressure t. напорный туннель
  propulsion wind t. аэродинамическая труба для исследования двигателей
  supersonic wind t. сверхзвуковая аэродинамическая труба
  water t. гидродинамическая труба, гидроканал, гидролоток
  wind t. аэродинамическая труба
  wind t. **balance** аэродинамические весы
  wind t. **contraction** коллектор (конфузор) аэродинамической трубы; поджатие потока в аэродинамической трубе
tunnel(l)ing проходка туннелей; система туннелей
tunnel-tested испытанный в аэродинамической трубе
tup баба копра, молот
tuple группа (кортеж) данных
turbidimeter нефелометр
turbidity мутность; помутнение

turbine турбина
  t. **blade** лопатка (лопасть) турбины
  t. **disk** диск турбины
  t. **wheel** колесо (ротор) турбины
  air t. воздушная турбина
  axial-flow t. осевая турбина
  centrifugal t. радиальная турбина
  reaction t. реактивная турбина
  velocity t. активная турбина
  water t. водяная (гидравлическая) турбина
  wind t. ветровая турбина, ветровой (ветряной) двигатель
turbo- (как компонент сложных слов) турбо-; турбинный
turboblower турбовентилятор, турбокомпрессор
turbojet турбореактивный двигатель
turbulence турбулентность, завихренность, вихревое движение
  t. **level** степень турбулентности
  t. **scale** масштаб турбулентности
  atmospheric t. атмосферная турбулентность
  fine-scale t. мелкомасштабная турбулентность
  freestream t. турбулентность свободного потока
  grid-induced t. турбулентность за решеткой
  incipient t. начальная турбулентность
  large-scale t. крупномасштабная турбулентность
  natural t. естественная турбулентность
  weak t. слабая турбулентность
turbulent вихревой, турбулентный; возмущенный
  t. **boundary layer** турбулентный пограничный слой
  t. **diffusion** турбулентная диффузия
  t. **flow** турбулентное течение
  t. **viscosity** турбулентная вязкость; вязкость завихренной жидкости
turbuluzation турбулизация
turn 1. поворот; оборот; виток; изгиб, перегиб, колено (трубы); ‖ поворачивать(ся), вращать(ся); 2. изменение (направления, состояния), перемена, преобразование; ‖ изменять(ся), превращать(ся), преобразовывать(ся); 3. точить, обтачивать; 4. очередь, смена
  to **turn about** оборачиваться, поворачивать(ся) на 180 градусов
  to **turn around** обращаться, поворачиваться (напр., относительно оси)
  to **turn aside** отклонять(ся)
  to **turn back** поворачивать (отклонять, отгибать) назад
  to **turn down** загибать, отгибать; отвергать (предложение)
  to **turn forward** завинчивать, подвинчивать (гайку); отклонять, отгибать вперед
  to **turn home** завинчивать до отказа
  to **turn into** превращаться
  to **turn off** выключать, закрывать
  to **turn on** включать, открывать; зависеть (от)

to turn out оказываться; выпускать, производить

to turn over опрокидывать(ся), переворачивать(ся); обращаться, циклически повторяться

to turn round обращаться, поворачивать(ся)

to turn to обращаться к чему-либо; превращаться; оканчиваться чем-либо, быть результатом чего-либо

to turn to diameter обтачивать до требуемого диаметра

to turn up поднимать(ся) вверх, загибать(ся)

by turns по очереди

in turn в свою очередь, по очереди, последовательно

t. of screw оборот винта

pivot t. поворот вокруг оси

rate of t. угловая скорость

torque t. поворачивание (напр., болта) с усилием

turnabout поворот, разворот

turnaround оборот; цикл (напр., процесса)

turnbuckle винтовая муфта (стяжка)

turndown 1. наклон; загиб, подгиб; 2. диапазон изменения параметра; 3. отказ, отклонение

turning поворот; разворот; вращение; виток; изгиб; изменение; превращение; (токарная) обточка; || вращающийся; поворотный; токарный

t. couple момент вращения

t. force вращающий (крутящий) момент; окружное усилие

t. lathe токарный станок

t. pair вращательная кинематическая пара

t. point точка перегиба; точка возврата; экстремальная точка (кривой); точка поворота, центр вращения; поворотный пункт, перелом

t. radius радиус поворота

turnover 1. поворот, опрокидывание; || поворотный, вращающийся; откидной; 2. оборот, обращение, цикл; || обращающийся; цикличный

tutor учитель, наставник; || обучать, руководить

tutorial 1. учебный, методический; 2. обучение; консультация; учебное пособие, руководство

twain два (предмета), двойка, пара

in twain надвое, пополам

twelve двенадцать

twice дважды; вдвое

twice as little вдвое меньше

twice as much вдвое больше

twin 1. двойник, дубль, копия; зеркально-симметричный объект; || одинаковый, похожий; 2. двойка, пара (предметов); || двойной, сдвоенный, спаренный; состоящий из двух одинаковых частей; || сдваивать, соединять по двое

t. girder сдвоенная балка

t. wheels спаренные колеса

twine веревка, шнур; свивание, скручивание; || свивать, скручивать; окружать

twirl вращение, кручение; вихрь; || вращать(ся), закручивать(ся), крутить(ся)

twist 1. кручение, закручивание, крутка; угол закручивания (крутки); изгиб, поворот; искажение, искривление, коробление; || крутить(ся), скручивать(ся), закручивать(ся); изгибать(ся); искажать(ся), искривлять(ся); свивать; 2. шаг, ход (винта)

t. warp винтообразное (спиральное) коробление

aerodynamic t. аэродинамическая крутка (лопасти)

angle of t. угол закручивания (крутки)

centre of t. центр кручения

right-hand t. правая крутка, правый ход винтовой линии

wing t. (аэродинамическая) крутка крыла

twister 1. крутильная машина; 2. вихрь

twisting кручение, скручивание, закручивание; свивание; искажение, искривление, коробление; || крутящий, скручивающий(ся); поворачивающий(ся); изгибающий(ся), искривляющий(ся), коробящий(ся)

t. angle угол закручивания (крутки)

t. moment крутящий (скручивающий) момент

t. strength предел прочности при кручении; сопротивление кручению, работа на кручение

two цифра два; (число) два; пара

two- (как компонент сложных слов) дву-, двух-, би-; двойной, с двумя

two-bank двойной, двухрядный

two-by-two по два, попарно

two-dimensional дву(х)мерный, двухкоординатный, двухосный, от двух переменных, плоский

t. domain двумерная область

t. problem двумерная (плоская) задача

t. stress двумерное (двухосное, плоское) напряженное состояние

two-fold двойной, двукратный, сдвоенный, удвоенный; || вдвое, вдвойне

two-part состоящий из двух частей

two-phase двухфазный; двухэтапный

t. filtration двухфазная фильтрация

two-piece состоящий из двух частей; двухсекционный; разъемный

two-ply сложенный вдвое, двухслойный

two-point двухточечный

t. boundary value problem двухточечная краевая задача

two-pole двухполюсный

two-sided двухсторонний

two-spool двухконтурный, двухкаскадный

two-stable-state с двумя устойчивыми состояниями

two-stage двухстадийный, двухэтапный; двухступенчатый

two-value двузначный

two-way двухсторонний, двухходовой, двухпараметрический
    t. classification классификация по двум признакам
type 1. тип, вид, род; группа, категория, класс; ‖ типовой, стандартный; 2. модель, образец; 3. буква, литера, знак; шрифт; ‖ печатать (на машинке), вводить (с клавиатуры)
    t. test стандартные (типовые) испытания
    body t. тип кузова
    real t. вещественный тип (данных)
    transformation of t. преобразование типа
    variable t. тип переменной; переменный тип (данных)
-type (как компонент сложных слов) -видный, -образный; типа, в виде, подобно чему-либо
tree-type в виде дерева, древовидный
typical 1. типичный, характерный, присущий; 2. символический
    t. dimension характерный размер
typically обычно; характерно
typify характеризовать; быть типичным примером; служить прообразом
tyre шина, покрышка; (колесный) бандаж; ‖ надевать шину, ошиновывать; накладывать бандаж; см. также **tire**
tyred ошинованный, с надетой шиной
    t. wheel ошинованное колесо

U

U-bend изгиб в форме буквы U, двойной изгиб
u.i. (ut infra) (лат.) как указано ниже
U-iron швеллерное железо, швеллерный (корытный) профиль
ullage 1. незаполненная часть объема; 2. недостаток, нехватка; 3. утечка
ulterior скрытый, невыраженный; дальнейший, последующий
ultima (лат.) последний, крайний
ultimate 1. крайний, предельный; критический; последний, конечный, окончательный; самый отдаленный; 2. первичный, элементарный; неприводимый
    u. analysis предельный расчет, расчет на предельную нагрузку; элементарный анализ
    u. elongation предельное удлинение (напр., образца при растяжении)
    u. goal конечная цель
    u. load предельная нагрузка
    u. particle элементарная частица
    u. result окончательный результат
    u. strain предельная (критическая) деформация
    u. strength предел прочности, временное сопротивление (материала)
    u. stress предельное (критическое, максимально допустимое) напряжение; предел прочности, временное сопротивление
    u. tension предел прочности при растяжении, временное сопротивление растяжению; разрывное усилие
    u. value предельное (критическое) значение
ultimately в конечном счете, в конце концов
ultra- (приставка) сверх-, ультра-
ultrasonic сверхзвуковой, ультразвуковой
ultrasonics ультразвук; ультраакустика; ультразвуковая техника
ultrasound ультразвук; ‖ ультразвуковой
    u. analysis ультразвуковое исследование
ultraviolet ультрафиолетовый
    u. light ультрафиолетовое излучение
umbra область тени
umbrella зонт; покрытие
un- (приставка, придающая противоположное или отрицательное значение) не-, без-
unable неспособный, не в состоянии, непригодный
unabridged полный, несокращенный
unacceptable неприемлемый
unaccomplished незавершенный, незаконченный
unaccountable необъяснимый
unachieved недостигнутый, незавершенный
unadaptable неприменимый, неприспосабливаемый
unaffected не подвергшийся воздействию, незатронутый; неизменный
    to be unaffected оставаться неизменным, не изменяться
unallowable недопустимый
unalterable не допускающий изменений, неизменный, устойчивый
unambiguous однозначный
    u. statement однозначное утверждение
unapt несоответствующий, не отвечающий требованиям
unary унарный
    u. operation унарная (одноместная) операция
unassembled необъединенный, несобранный, состоящий из отдельных частей
    u. finite element matrices матрицы отдельных конечных элементов
unattainable недостижимый, недосягаемый
unauthorized неправомочный, неразрешенный
unavailable 1. не имеющийся в наличии; недоступный; 2. недействительный
unavoidable неизбежный
unbalance неуравновешенность, нарушение равновесия, дисбаланс; рассогласование, декомпенсация; ‖ выводить из (состояния) равновесия, нарушать равновесие, разбалансировать(ся), декомпенсировать(ся)
    mass u. неуравновешенность масс
unbalanced неуравновешенный, несбалансированный, разбалансированный, некомпенсированный, неустойчивый
    u. brackets незакрытые скобки
    u. flow неравновесное течение; нестационарное течение

unbelievable невероятный
unbend разгибать(ся), выпрямлять(ся); снимать напряжение; править, рихтовать
unbiased несмещенный, неискаженный; объективный
    u. **error** случайная (несистематическая) ошибка
    u. **estimator** несмещенная оценка
unblock открывать; устранять препятствие; деблокировать, разблокировать; распаковывать (напр., данные); разбивать блок на несколько подблоков
unbonded несвязанный, несоединенный; освобожденный
    u. **contact** контакт без связей (без трения)
unbound свободный, несвязанный, без ограничений, неограниченный
unbounded неограниченный, бесконечный
    u. **finite element** "бесконечный" (неограниченный) конечный элемент (напр., для моделирования бесконечных областей)
    u. **flow** неограниченный поток, поток со свободными границами
    u. **plate** неограниченная (бесконечная) пластина
unbrace ослаблять; раскрывать; разбирать; отменять
unbroken целый, цельный; непрерывный, сплошной
unbuild разрушать, сносить
uncase вынимать из оболочки (корпуса), распаковывать
unceasing непрерывный, постоянный
uncertain неопределенный; недостоверный, неточный; изменчивый
uncertainty 1. неопределенность; недостоверность, неточность; изменчивость; 2. погрешность
    absolute u. абсолютная погрешность
    component u. составляющая погрешности
    measurement u. погрешность измерения
    overall u. суммарная (общая) погрешность
    prior u. априорная неопределенность
uncharge разгружать(ся); разряжать(ся)
unclamp освобождать, разжимать, ослаблять (зажим)
unclose открывать(ся), размыкать(ся)
unclosed открытый, незамкнутый, разомкнутый; незакрепленный
uncoil разматывать(ся), раскручивать(ся)
uncombined несвязанный, свободный
uncommon необычный, редкий
unconditional безусловный, не связанный условиями, абсолютный
    u. **branch** безусловный переход
    u. **inequality** безусловное неравенство
unconditionally безусловно, при любых условиях, абсолютно
    u. **stable** безусловно устойчивый
unconditioned безусловный, абсолютный; неограниченный
unconformity несоответствие; несогласованность; неконформность

unconnected несвязанный, не имеющий связей; несвязный
    u. **node** свободный (несвязанный) узел
unconstrained не имеющий связей (ограничений), без ограничений, безусловный; незакрепленный, свободный
    u. **formulation** формулировка без ограничений, безусловная постановка
    u. **goal function** целевая функция без ограничений
    u. **structure** незакрепленная (свободная) конструкция
uncontrolled нерегулируемый, неуправляемый
unconventional необычный, нестандартный
uncountable несчетный, бесчисленный
    u. **set** несчетное множество
uncouple разделять, разъединять, расцеплять; выключать
uncoupled разделенный, разъединенный; несвязанный
    u. **equations** несвязанные уравнения (не объединенные в систему)
    u. **thermoelasticity problem** несвязанная задача термоупругости
uncover открывать, вскрывать; обнаруживать
uncracked не содержащий трещин, неповрежденный
uncrippled неповрежденный; недеформированный
uncured неотвержденный; невулканизированный
undamped незатухающий; недемпфированный, неамортизированный
    u. **frequency** частота незатухающих колебаний
    u. **structure** конструкция без (учета) демпфирования, неамортизированная конструкция
    u. **vibrations** незатухающие колебания, колебания без (учета) демпфирования
undecidability неразрешимость
undecidable неразрешимый
undeclared необъявленный, неописанный
    u. **variable** необъявленная переменная (в программе)
undefined неопределенный, неописанный, незаданный
    u. **boundary conditions** неопределенные (незаданные) граничные условия
undeformed недеформированный, до деформации, в исходном состоянии, невозмущенный
    u. **surface** недеформированная поверхность
    u. **volume** объем до деформации
under 1. под; ниже, внизу; меньше; при, в процессе; по, в соответствии; 2. нижний, низший; меньший; подчиненный
    to **act under a principle** действовать по принципу
    to **bring under** подчинять; заносить (в список), включать (в классификацию); осваивать, вводить в культуру

under the circumstances при данных обстоятельствах
under consideration рассматриваемый, обсуждаемый
under development развиваемый, разрабатываемый
under discussion обсуждаемый, рассматриваемый
under examination рассматриваемый, изучаемый, исследуемый
under no consideration ни при каких обстоятельствах
under observation наблюдаемый, рассматриваемый
under study изучаемый, исследуемый
under test испытываемый, исследуемый
under way осуществляемый в настоящее время
under- (приставка) недо-, ниже -, под-, суб-; расположенный ниже; недостаточный, неполный, слабый
underbody нижняя часть (корпуса, кузова), подводная часть
underbraced недостаточно закрепленный (затянутый); скрепленный снизу
undercapacity недостаточная мощность (пропускная способность)
undercarriage шасси; ходовая часть
undercoat грунтовочное покрытие, грунт; подложка
undercooling 1. недостаточное охлаждение; 2. переохлаждение
undercurrent скрытая, неявная тенденция; подводное (подповерхностное, глубинное) течение; подземное течение
underdamping докритическое демпфирование; недостаточное демпфирование, слабое затухание
underdesigned спроектированный с недостатками (напр., с недостаточным запасом прочности)
underdetermined недоопределенный
   u. system of equations недоопределенная система уравнений (с числом уравнений, меньшим числа неизвестных)
underestimate оценка снизу; недооценка; ‖ оценивать снизу; занижать, недооценивать
underflow 1. подводное (глубинное) течение; поток подземных вод; 2. исчезновение порядка (числа), потеря значимости
underframe основание, опорная часть; шасси, ходовая часть; станина, подмоторная рама
undergo испытывать, подвергаться, претерпевать
undergraduate студент
underground подземный; заглубленный; ‖ под землей
   u. excavation подземная выработка
   u. pressure давление породы, горное давление
underlay основание, подушка, подкладка; гидроизоляционный слой; ‖ подкладывать

underlie лежать под чем-либо; лежать в основе
underline подчеркивать
underload неполная (частичная) нагрузка, недогрузка
undermentioned нижеупомянутый
undermine подкапывать; подрабатывать (пласт); подмывать; подрывать
undermost самый нижний, низший
underneath вниз, внизу; ниже; ‖ под
underpan поддон
underpass тоннель
underpin подводить фундамент; подпирать, поддерживать; подкреплять
underplate фундаментная плита, основание, подушка
underpressure пониженное (недостаточное) давление; давление ниже атмосферного, разрежение, вакуумметрическое давление
underrate недооценивать, занижать
underrun(ning) недогрузка, работа с недогрузкой; недобег, остановка раньше заданной позиции
underscore подчеркивать
undersea подводный
underseal антикоррозийное покрытие; гидроизоляция
underseepage фильтрация (в основании сооружения)
undershoot недобег, недолет
underside обратная (внутренняя) сторона, изнанка
undersize заниженный размер, размер ниже номинального
underslung подвесной, крепящийся снизу
understable неустойчивый, недостаточно устойчивый
understand 1. понимать; истолковывать; подразумевать; предполагать; 2. приходить к соглашению
understanding 1. понимание; толкование; 2. соглашение, согласие
understate недооценивать, преуменьшать, занижать
understressed недонапряженный, недогруженный
understructure основание, фундамент
understratum нижний слой
understudy дублировать, заменять
undersurface нижняя поверхность; ‖ внутренний, подповерхностный, нижний
undertake предпринимать
undertaking предприятие
undertone полутон, оттенок; скрытый смысл
undervalue недооценивать, занижать
underwater подводный
underweight недостаточный (недостающий) вес, недовес; ‖ неполновесный
undesirable нежелательный; неудобный
undeterminable неопределимый
   statically u. статически неопределимый

undetermined неопределенный, недоопределенный
   u. constant неопределенная постоянная
   u. solution неизвестное решение
   u. system недоопределенная система (уравнений)

undeveloped неразвитый; необработанный

undirected ненаправленный, неориентированный
   u. graph неориентированный граф
   u. search ненаправленный поиск

undisputed неоспоримый, бесспорный
   u. advantage неоспоримое преимущество

undistinguished неразличимый

undistorted неискаженный, невозмущенный, недеформированный; правильной формы, регулярный
   u. mesh недеформированная сетка, регулярная сетка

undisturbed невозмущенный, неискаженный; спокойный
   u. stream невозмущенный поток

undivided целый, цельный, неразделенный; неразборный

undo отмена, возврат (в исходное состояние); разборка, демонтаж; || отменять, возвращать в исходное состояние; разбирать, демонтировать

undoubted несомненный, бесспорный

undue излишний, чрезмерный; несоответствующий

undular волнистый, волнообразный; волновой

undulate волнистый, волнообразный; волновой; || совершать волновое движение

undulation волнистость, волнообразная поверхность; волновое движение

unduloid ундулоид

unduly излишне, чрезмерно; неадекватно, неправильно

unelastic неупругий; вязкий; жесткий
   u. body неупругое тело
   u. collision неупругое столкновение

unending бесконечный

unequal неравный; неодинаковый, неравноценный; неадекватный, несоответствующий
   u. angle неравнобокий уголок
   u. spacing неравномерное деление, неравномерный шаг

unequality неравенство; неравноценность

unequally неодинаково; неравноценно; неравномерно

unequilateral неравносторонний

unequivocal однозначный, определенный

unerring верный, безошибочный

unessential несущественный

uneven 1. нечетный; 2. неровный, шероховатый; неравномерный
   u. fracture неровный (крупнозернистый) излом

unevenness 1. нечетный; 2. неровность (поверхности), шероховатость; неравномерность

unexpected неожиданный, непредвиденный, внезапный

unexperienced неопытный

unexplored неисследованный

unfailing бездефектный, безотказный, безошибочный

unfamiliar незнакомый, неизвестный

unfasten освобождать, откреплять, отпускать; ослаблять (закрепление)

unfinished незаконченный, незавершенный; необработанный

unfinned неоперенный, без оперения (о летательном аппарате)

unfit несоответствующий, неадекватный, непригодный; || не соответствовать, не согласовываться; делать непригодным; выводить из строя

unfix освобождать, откреплять; делать неустойчивым

unfixed незакрепленный, нефиксированный, свободный; непостоянный

unfold раскрывать(ся), разворачивать(ся)

unfolded развернутый, раскрытый; разворачивающийся
   u. surface развертка поверхности (на плоскость)

unfounded необоснованный

ungear разъединять, расцеплять; отключать

ungrounded необоснованный

unhardened неупрочненный, незакаленный

unhardening разупрочнение

unhooking расцепление, отсоединение

uni- (как компонент сложных слов) одно-, едино-, уни-

uniaxial одноосный; одномерный, линейный; соосный, с общей осью
   u. body одномерный объект; тело с одной осью симметрии, осесимметричное тело
   u. curve одноосная кривая, кривая одноосного растяжения (образца)
   u. shear чистый сдвиг
   u. stress одноосное (линейное, простое) напряженное состояние
   u. tension одноосное (простое) растяжение, одноосное напряженное состояние

unidimensional одномерный; линейный

unidirectional 1. однонаправленный; постоянно направленный; односторонний; нереверсивный; 2. с одной степенью свободы

unification унификация; группирование; объединение

unified унифицированный; единообразный; единый; объединенный, интегрированный

uniflow прямоточный (напр., о реактивном двигателе)

uniform однородный; равномерный, ровный; постоянный, неизменный; сплошной, непрерывный
   u. in area равномерный (равномерно распределенный) по площади; с постоянной площадью
   u. beam однородная балка; балка постоянного сечения

u. convergence равномерная сходимость
u. extension однородное растяжение (расширение); равномерное распространение (продолжение)
u. flow равномерное течение
u. load равномерная (равномерно распределенная, постоянная) нагрузка
u. motion равномерное движение
u. section постоянное сечение
u. sequence однородная последовательность; равномерная последовательность
u. shear finite element конечный элемент с постоянным сдвигом
u. speed постоянная скорость, скорость равномерного движения
u. strength beam балка равного сопротивления
u. stress постоянное напряжение; однородное напряженное состояние
u. temperature постоянная температура
u. tension постоянное (равномерное) растяжение
u. velocity motion движение с постоянной скоростью, равномерное движение
uniformity однородность; равномерность; постоянство; непрерывность
u. of discharge постоянство расхода
spatial u. пространственная однородность
uniformly однородно; равномерно, постоянно; непрерывно
u. accelerated motion равномерно ускоренное движение
u. damped vibration равномерно затухающее колебание
u. distributed load равномерно распределенная (постоянная) нагрузка
unify объединять; унифицировать
unilateral односторонний
u. constraint одностороннее ограничение; неудерживающая связь
u. surface односторонняя поверхность
unimodal унимодальный, с одним экстремумом
u. function унимодальная функция
unimodular унимодулярный
u. matrix унимодулярная матрица
uninterrupted непрерывный, непрерывающийся, сплошной
union соединение, объединение; логическая операция объединения; соединительная деталь
u. of sets объединение множеств
flange u. фланцевое соединение
unique единственный; уникальный; однозначный; особый, специфический
u. decision единственное решение
u. dependence однозначная зависимость
u. existence существование и единственность (напр., решения)
u. feature особенность, отличительная черта
uniqueness единственность; однозначность
u. of solution единственность решения; однозначность решения
u. theorem теорема единственности

unit 1. единица; единица (физической) величины, единица измерения; || единичный; приходящийся на единицу, удельный; 2. единое целое; нерасчленяемый объект; компонент, элемент; агрегат, узел, устройство; блок, модуль; секция, ячейка
as a unit как одно целое
per unit (приходящийся) на единицу; удельный, относительный
per unit area на единицу площади
u. of area единица площади
u. charge единичный заряд
u. displacement единичное перемещение
u. disturbance единичное возмущение, единичное воздействие
u. elongation относительное (удельное) удлинение
u. of fit единица допуска
u. force единичная сила
u. of force единица силы
u. function единичная функция
u. of heat единица количества теплоты
u. interval единичный интервал
u. of issue единица хранения
u. jump единичный скачок; единичный импульс
u. length единичная длина
u. of length единица длины
u. lift удельная подъемная сила; единичная подъемная сила
u. load единичная нагрузка; удельная нагрузка
u. of mass единица массы
u. matrix единичная матрица
u. of measurement единица измерения
u. normal единичная нормаль, единичный вектор нормали
u. point couple единичный момент
u. point load единичная сосредоточенная нагрузка
u. of power единица мощности
u. pressure единичное давление; удельное давление, давление на единицу поверхности
u. process элементарный процесс
u. sample единичный отсчет
u. step единичный скачок, единичная функция-ступенька, функция Хевисайда
u. support displacement единичное перемещение опоры
u. symbol символ единицы, обозначение единицы (измерения)
u. of time единица времени
u. vector единичный вектор, орт
u. volume единичный объем; удельный объем; единица объема
u. volume expansion относительное объемное расширение
u. of volume единица объема
u. weight единичный вес; удельный вес
u. of work единица работы
absolute u. абсолютная единица

actuating u. исполнительный механизм; силовой привод
assembly u. сборочная единица, агрегат, блок, модуль
basic u. основная единица (измерения)
central processing u. (CPU) центральный процессор
cgs u. единица системы СГС (сантиметр-грамм-секунда)
compound u. единица (измерения) со сложной размерностью
computing u. вычислительное устройство; единица масштаба
control u. устройство управления
data u. элемент данных
decimal u. десятичная единица
defining u. основная единица (измерения)
derived u. производная единица (в системе величин)
dimensional u. размерная единица
dimensionless u. безразмерная единица
disk u. дисковое запоминающее устройство
drive u. привод
dynamic u. динамический элемент
elementary u. элемент; элементарное звено, элементарная ячейка
elongation per u. length относительное (удельное) удлинение
engineering u. техническая единица (измерения); инженерный пульт (управления)
Engler u. градус Энглера (условной вязкости жидкости)
execution u. исполнительное устройство
foot-pound-second u. английская система единиц (фут-фунт-секунда)
fractional u. дольная единица (измерения)
friction u. узел трения
functional u. функциональный блок
fundamental u. основная единица (измерения)
Gaussian units единицы системы Гаусса (системы СГС)
graphical u. графическое устройство, устройство графического отображения, дисплей
gravimetric u. единица веса
gravitational units единицы системы с основными величинами: сила, длина, время
gravity u. единица ускорения свободного падения
hardness u. единица твёрдости
imaginary u. мнимая единица
input u. устройство ввода, входное устройство
in-system u. системная единица (измерения); устройство, входящее в систему, системный модуль
integral u. агрегат, объединение устройств; целая единица (измерения)
interface u. устройство сопряжения, интерфейсный модуль
international u. международная единица (измерения)
legal u. стандартизованная единица (измерения)
load per u. length погонная нагрузка
logical u. логическое устройство; логический блок
master u. основной (определяющий) элемент (в иерархии); ведущее звено
measurement u. единица измерения; измерительное устройство
mechanical work u. единица механической работы
memory u. запоминающее устройство (ЗУ); ячейка памяти
metric u. метрическая единица
multiple u. кратная единица (измерения)
national u. национальная единица (измерения)
normalized u. нормализованная (приведённая) единица
off-line u. автономное устройство
peripheral u. внешнее (периферийное) устройство
pickup u. датчик, чувствительный элемент
pilot u. опытная установка
point u. материальная точка, точечная масса
power u. силовой агрегат, энергоблок; исполнительный механизм; единица мощности
program u. программная единица; блок программы
propulsion u. силовая установка
raster u. элемент растра, единица (шаг) растра
recording u. регистрирующее устройство, самописец
relative u. относительная единица (измерения)
sample u. элемент выборки
scale u. единица масштаба (шкалы)
sensing u. чувствительный элемент, датчик
shaker u. вибростенд
SI units единицы (международной системы единиц) СИ
storage u. запоминающее устройство; накопитель
strain-ga(u)ge u. тензометрическая установка
structural u. элемент конструкции (структуры)
submultiple u. дольная единица (измерения)
supply u. блок питания
system of units система единиц, система размерностей
tail u. хвостовое оперение
test u. испытательная установка; устройство контроля
thermal u. тепловая единица
tolerance u. единица допуска

unitary унитарный; единичный, однократный
   u. matrix унитарная матрица
   u. sampling однократная выборка
unit-cast цельный, монолитный, неразъемный
unite объединять(ся), соединять(ся)
united объединенный, совместный
uniting объединение, соединение; ‖ объединяющий
unity 1. единство; 2. согласие; 3. единица
   u. element единичный элемент
univariate одномерный
   u. distribution одномерное распределение
universal 1. универсальный, широкого назначения; 2. всеобщий; всемирный
   u. gravitation всемирное тяготение
   u. joint универсальный шарнир, шарнир Гука, кардан
   u. program программа общего назначения, универсальная программа
   u. quantifier квантор общности
universally широко; везде, повсеместно
universe 1. космос, Вселенная; 2. область, сфера; предмет (напр., исследования); 3. множество, совокупность
   u. of discourse предмет доклада, область исследования
   u. mean среднее по совокупности, математическое ожидание
university университет
univocacy однозначность
univocal однозначный
unjoin разъединять; расцеплять
unknown 1. неизвестный; 2. неизвестная величина, неизвестное
   u. function неизвестная функция
   nodal unknowns узловые неизвестные, неизвестные в узлах
   vector of unknowns вектор неизвестных
unlabelled непомеченный, без метки
unless 1. если не, пока не; 2. кроме, за исключением
   unless and until до тех пор пока
   unless otherwise mentioned если не указано иное
unlike непохожий на, не такой как; неодинаковый, различный; разноименный; ‖ в отличие от
   to be unlike отличаться
   u. poles различные (разноименные) полюсы
   u. signs разные знаки (плюс и минус)
   u. terms неподобные члены (выражения)
unlikely 1. неправдоподобный, маловероятный; ‖ вряд ли, едва ли; 2. обреченный на неудачу; непривлекательный
   it is unlikely маловероятно
unlimited неограниченный
unlink разъединять; расцеплять

unload разгружать(ся), снимать нагрузку; выгружать; выводить (напр., содержимое памяти)
unloaded разгруженный; ненагруженный, свободный (от нагрузки); ненесущий
unloading разгрузка, снятие нагрузки; выгрузка
   u. theorem теорема о разгрузке (в теории пластичности)
   elastic u. упругая разгрузка
unlock открывать (замок), освобождать, размыкать, разблокировать
unmake отменять, возвращать в исходное состояние, аннулировать; разбирать, демонтировать; переделывать
unmanageable неуправляемый, нерегулируемый, выходящий из-под контроля; неразрешимый (о проблеме)
unmanned необслуживаемый, автоматический; беспилотный
unmarked незамеченный, неотмеченный; непомеченный
unmatched несогласованный, несоответствующий, несовпадающий
unmeasured неизмеренный; неизмеримый; чрезмерный
unmistakable безошибочный; несомненный, очевидный
unnecessary ненужный, не являющийся необходимым, излишний
unnotched без надрезов, гладкий
unnoted незамеченный, неотмеченный
unnumbered непронумерованный; бесчисленный, неисчислимый
unobservable не поддающийся (непосредственному) наблюдению, ненаблюдаемый, невидимый
unobstructed беспрепятственный, свободный
unobtainable недоступный
unoccupied вакантный, незанятый, пустой, свободный
unoriginal неоригинальный, заимствованный
unowned непризнанный
unpack распаковка; разделение; ‖ распаковывать; разделять
unpaired непарный
unpenetrable непроницаемый, непробиваемый
unperturbed невозмущенный, спокойный, в исходном состоянии; безвихревой (о потоке)
unplug отсоединять, отключать
unpredictable непрогнозируемый
unprepared неподготовленный
unpromising бесперспективный
unprotected незащищенный, открытый
unprovable недоказуемый
unproved недоказанный, необоснованный
unpublished неопубликованный, неизданный
unquestionable несомненный, бесспорный
unquote закрывать кавычки
unravel объяснять, разгадывать
unreasoned непродуманный; необоснованный
unrecognized нераспознанный; непризнанный

unreducible неуменьшаемый; несократимый; неприводимый; несводимый
   u. polynomial неприводимый (неразложимый) многочлен
unreel разматывать, раскручивать
unrefined неочищенный; неизмельченный; исходный, грубый
   u. mesh исходная (неизмельченная) сетка
unregistered незарегистрированный, незафиксированный
unregulated нерегулируемый, неуправляемый; беспорядочный
unreinforced неподкрепленный; неармированный
   u. material неармированный материал
   u. shell неподкрепленная (некаркасированная, гладкая) оболочка
unrelated несвязанный, вне связи; не имеющий связей (отношений)
unreliable ненадежный; недолговечный
unreserved незарезервированный; не ограниченный связями (условиями и т.п.)
unrestrained неограниченный, без ограничений, несвязанный, нестесненный; невынужденный, свободный, естественный; незакрепленный
   u. degrees of freedom неограниченные степени свободы
   u. flow свободное (невынужденное, безнапорное) течение
   u. functional функционал без ограничений
   u. shell незакрепленная (свободная) оболочка
   u. variable свободная (неограниченная, несвязанная) переменная
   u. warping свободная (нестесненная) депланация
unrestricted неограниченный, без ограничений, несвязанный; незакрепленный; свободный, произвольный
   u. sample неограниченная (произвольная) выборка
unrestrictedly неограниченно, без ограничений, произвольно, свободно
unriddle разгадывать, объяснять
unrolling развертывание, раскатывание; развертка
unsafe ненадежный, опасный
unsatisfactory неудовлетворительный
unsaturated ненасыщенный
   u. flow ненасыщенное течение
unscrew отвинчивать(ся), развинчивать(ся)
unseen невидимый
unset возврат в исходное положение (состояние); сброс, очистка
unsettle нарушать (напр., порядок); расстраивать(ся), сбивать(ся) (о настройке)
unshaded незатененный; без теней, контурный (о рисунке)
unshielded незащищенный, неэкранированный
unshock устранять (смягчать) удары, демпфировать; устранять скачки уплотнения (в потоке)

unshocked безударный, не имеющий скачков уплотнения; виброизолированный
unshrinkable безусадочный, не дающий усадки
unsolvability 1. неразрешимость; 2. нерастворимость
unsolved нерешенный (о задаче), неразрешенный (о противоречии)
unsound неисправный, дефектный; ненадежный, непрочный; необоснованный, ошибочный
   u. argument необоснованный довод
unsprung неподрессоренный, неамортизированный
unstable неустойчивый; нестационарный; непостоянный, переменный
   u. algorithm (численно) неустойчивый алгоритм
   u. boundary неустойчивая (переменная) граница
   u. equilibrium неустойчивое равновесие
   u. motion неустойчивое движение; неравномерное движение
unstall устранять срыв потока, восстанавливать плавное обтекание
unstalled несорванный, плавный (о потоке)
unsteady неустановившийся, нестационарный, переходный, эволюционный, динамический; переменный; неустойчивый
   u. flow неустановившееся (нестационарное) течение
   u. process переходный (динамический) процесс
   u. solution неустановившееся решение; несошедшееся решение
unstiffened неподкрепленный, неусиленный; неармированный
   u. cutout неподкрепленный вырез (напр., в оболочке)
   u. layer неармированный слой
   u. shell неподкрепленная (гладкая) оболочка
unstirred неперемешивающийся; невозмущенный; безвихревой, ламинарный
   u. flow невозмущенное течение; безвихревое течение
unstop открывать, откупоривать, прочищать (напр., канал); восстанавливать движение, процесс (после остановки)
unstrained 1. недеформированный; ненагруженный, ненапряженный; невынужденный, свободный; 2. неотфильтрованный
unstressed 1. ненапряженный; ненагруженный; недеформированный; 2. неподчеркнутый
   u. member неработающий (ненагруженный) элемент (конструкции)
unstressing снятие (ослабление) напряжений, разгрузка
unstudied 1. неизученный, неисследованный; 2. естественный, невынужденный, свободный
unsubstantial 1. несущественный, незначительный; 2. неплотный; непрочный

unsuccessful неудачный, безуспешный
unsuitable непригодный, несоответствующий
unsupported незакрепленный, неопертый, свободный; неподкрепленный, без усиления
    u. length свободная длина, расстояние между (соседними) опорами; вылет (консоли)
    u. structure свободная (незакрепленная) конструкция; неподкрепленная конструкция
unsure неуверенный; неопределенный; ненадежный; недостоверный
unsusceptible нечувствительный, невосприимчивый
unsuspected 1. не вызывающий сомнений; 2. неожиданный, непредвиденный
unswept нестреловидный (о крыле)
unswitching размыкание, выключение
unsymmetrical несимметричный, несимметрический, асимметричный; неправильный, нерегулярный; несоразмерный
    u. bending несимметричный (косой) изгиб
    u. composition несимметричное (нерегулярное) построение
    u. cut несимметричный вырез, вырез неправильной формы
    u. cycle несимметричный цикл
    u. loading несимметричная нагрузка
    u. matrix несимметричная (несимметрическая) матрица
unsymmetry несимметрия, несимметричность, асимметрия, отсутствие симметрии; нерегулярность, нецикличность; неправильная форма
    geometrical u. геометрическая несимметрия, отсутствие геометрической симметрии
    measure of u. мера асимметрии
untempered неотпущенный (о металле)
untenable несостоятельный (напр., о теории); непригодный
untestable непроверяемый, непригодный для тестирования
unthinkable немыслимый, невообразимый
untie освобождать(ся); развязывать(ся), расцеплять(ся)
untied несвязанный; освобожденный, расцепленный
untight неплотный; негерметичный, проницаемый
until до; до тех пор, пока; пока не
    until now до настоящего времени
    until recently до недавнего времени
    until then до того времени, когда; до тех пор, пока
    it was not until ... that и только когда, только после, только при условиях
    not until лишь (когда), не раньше (чем)
untimely несвоевременный, преждевременный
untreated необработанный, сырой, грубый
untried непроверенный, неиспытанный
untrue 1. неверный, ложный, неточный; 2. неправильной формы, утративший правильную форму, разработавшийся, некруглый; бьющий (о вращающейся детали)
untruth неистинность, ложность; неточность
    u. of alignment отклонение от правильного положения, разрегулировка; несоосность
untune сбивать настройку, разлаживать(ся), расстраивать(ся)
untwist раскручивать(ся), расплетать(ся)
unusable неподходящий, непригодный, не могущий быть использованным
unusual необычный; редкий; специальный
    u. beam балка специального профиля
unutilized неиспользованный
unveil раскрывать
unwanted нежелательный, лишний; побочный
    u. frequency побочная (паразитная) частота
unwarrantable неоправданный
unwarranted недопустимый; негарантированный
unwatched необслуживаемый, автоматический
unwatering осушение, обезвоживание
unwind разворачивать(ся), разматывать(ся), раскручивать(ся); спускать (пружину); опускать (груз)
unworkable непригодный (для работы), неприменимый
unworthiness непригодность, несоответствие (напр., техническим требованиям)
unwrap развертывать(ся)
unyawed без рыскания, направленный по потоку
unyielding твердый, жесткий, недеформируемый, неподатливый, труднодеформируемый
up 1. вверх, вверх по; по направлению к; вдоль, вглубь; ‖ наверху; выше; 2. подъем, увеличение, рост; ‖ поднимающийся, повышающийся, возрастающий
    up in готовый (к чему-либо); сведущий
    up to 1. в соответствии с; 2. вплоть до
    up to the point до этого времени, до сих пор
upbuild строить, выстраивать; восстанавливать
upcast 1. вертикальная шахта; ‖ направленный вверх, восстающий, восходящий; 2. выброс
update модернизация, модификация, обновление; корректировка; развитие, расширение; модернизированная конструкция; исправленное и дополненное издание; ‖ модифицировать, модернизировать, обновлять; корректировать; развивать, расширять, наращивать
    u. version новая (расширенная) версия
    cursor u. перемещение курсора
    step-by-step stiffness matrix u. пошаговое перестроение матрицы жесткости
updated модернизированный, обновленный, перестроенный, усовершенствованный, уточненный; доработанный; откорректированный

u. Lagrangian scheme модифицированный лагранжев метод, схема перестроенного (модифицированного) лагранжиана
u. stiffness matrix модифицированная (перестроенная) матрица жесткости

updating модернизация, обновление, усовершенствование; внесение поправок, доработка; корректировка
  geometry u. перестроение геометрии, корректировка геометрических данных
  screen u. обновление (регенерация) изображения на экране

updraft подъем; вертикальная тяга; восходящий поток

upedge ставить на ребро (на торец)

upend опрокидывать

upender опрокидыватель

upfloat всплытие; || всплывать

upflow восходящий поток

upgrade 1. подъем, рост, увеличение; улучшение, обогащение, повышение качества; || поднимать(ся), расти, увеличивать(ся); улучшать(ся), обогащать; 2. модернизация, обновление; || модернизировать, реконструировать

upheaval сдвиг, (взаимное) смещение; переворот

uphill тяжелый, трудный
  u. task трудная задача

uphold поддерживать, защищать
  to uphold the view придерживаться мнения

upkeep содержание в исправности, обслуживание; ремонт

upleg восходящая ветвь (напр., траектории)

uplift 1. подъем; || поднимать(ся); 2. противодавление (напр., гидростатическое, фильтрационное); выпор (грунта)
  foundation u. выпор грунта основания
  seepage u. фильтрационное противодавление

upload 1. нагрузка, действующая вверх; 2. подкачка, подгрузка, загрузка (напр., данных); || подгружать, подкачивать

upon на; после, при; см. также **on**

upper 1. верхний, высший; 2. верхняя (передняя) часть
  u. atmosphere верхние слои атмосферы
  u. bound верхняя грань (граница), верхний предел, ограничение сверху
  u. term член высшего порядка

uppercase верхний регистр (клавиатуры)

uppermost самый верхний, высший; главный, преобладающий

upperside верхняя (лицевая, правая) сторона

upperworks надстройка; надводная часть судна

upraise подъем; вертикальная шахта, восстающая выработка; || поднимать(ся), восставать

upright стойка, колонна; подпорка, вертикальный несущий элемент (конструкции); профиль, прямое сечение, вертикальный разрез; || прямой, вертикальный, отвесный; || прямо, вертикально, стоймя

uprise восход; появление; подъем; || восходить; поднимать(ся), восставать

uproot устранять, искоренять

uprush восходящий поток; накат волны

upset 1. задание, назначение, определение, установление; || заданный, установленный; || задавать, назначать, определять; ставить, устанавливать; приводить в состояние; 2. направленность, тенденция; направление (движения); || направленный; || направлять; 3. нарушение порядка, сбой, (некритический) отказ; || нарушать порядок; давать сбой, отказывать; 4. опрокидывание; || опрокидывать(ся); 5. высадка (металла), осадка, расковка, плющение; укорочение при высадке; || высаживать, осаждать, плющить
  u. pressure давление высадки
  u. test проба на расковку, испытание осаживанием
  hot u. осадка в горячем состоянии

upshot завершение; результат, вывод

upside см. **upperside**

upstairs вверх (по лестнице); наверху

upstanding находящийся в стоячем положении, вертикальный, прямой

upstream верхнее течение, верхний бьеф; || выше (вверх) по потоку, против течения
  u. of shock wave впереди скачка уплотнения
  u. water верхний бьеф, верховая вода
  u. of wing впереди крыла
  well u. далеко вверх по потоку

upstroke 1. движение вверх, ход (поршня) вверх; 2. вертикальная черта

upsurge подъем, повышение, рост; || подниматься, повышаться, усиливаться

upswing подъем; улучшение; || подниматься; улучшаться

uptake 1. понимание; 2. поглощение, потребление; 3. вертикальный канал, ствол

uptime период работоспособного состояния, время (безотказной) работы; доступное время (машины)

up-to-date современный, новый; отвечающий современным требованиям; || в данное время

uptrend тенденция к повышению (улучшению)

upturn 1. подъем, рост; улучшение; 2. переворот, опрокидывание; || переворачивать(ся), опрокидывать(ся)

upward направленный (двигающийся) вверх, восходящий; || вверх
  u. compatibility совместимость "снизу вверх"
  u. flow восходящий поток
  u. motion движение вверх
  u. pull тяга вверх
  u. reference ссылка (снизу) вверх

upwards 1. вверх; выше; 2. больше; старше
  upwards of свыше (перед цифрами)

upwash скос потока вверх

upwelling выкачивание, добыча (из скважины); подъем глубинных вод
upwind направленный против ветра (потока)
urge побуждение; импульс, толчок; ‖ побуждать; форсировать; убеждать
urgency безотлагательность, срочность
urgent срочный; остро необходимый
usability пригодность к использованию, применимость; удобство использования, практичность
usable пригодный к использованию; удобный, практичный
usage использование, применение, употребление; способ (порядок) применения; коэффициент использования (загруженности)
use использование, применение, употребление; право пользования; польза; цель, назначение; ‖ использовать, применять, употреблять; пользоваться
  to use up израсходовать, истратить; изнашиваться, срабатываться
  to be in use применяться, использоваться
  to be of use иметь применение, быть полезным
  to be out of use не иметь применения; выходить из употребления
  to become common use найти широкое применение, стать общепринятым
  to bring into use вводить в употребление, применять (на практике)
  to make use of использовать, применять
  use and wont обычная практика
  in use используемый, применяемый, находящийся в употреблении
  u. factor коэффициент использования
  authorized u. санкционированное использование
  limited u. ограниченное применение
  long-term u. длительное использование, долговременная эксплуатация
  multiple u. многократное использование
  tool of many uses инструмент широкого назначения
  wide u. широкое применение
used использованный, бывший в употреблении; отработанный, отработавший; употребительный, часто применяющийся
used up изношенный, отработанный
useful полезный, пригодный, удобный; плодотворный
  u. area полезная (эффективная) площадь; живое сечение (канала)
  u. efficiency используемая мощность; действительная (эффективная, полезная) мощность, кпд
  u. load полезная нагрузка
  u. radius радиус действия, полезный вылет (напр., стрелы крана)
useless бесполезный; неприменимый
user пользователь; потребитель; абонент
  u. environment (программная) среда пользователя
  u. manual руководство пользователя
  end u. конечный пользователь (потребитель)
  skilled u. квалифицированный пользователь
user-defined определяемый (задаваемый) пользователем
user-fault-proof scheme безошибочная (не зависящая от ошибок пользователя) схема; алгоритм, исправляющий ошибки пользователя
user-friendly удобный для пользователя
usual обычный, обыкновенный
usually обычно, как правило
utensil принадлежность
utilitarian утилитарный
utility 1. полезность; пригодность; выгодность; эффективность; 2. обслуживающая (сервисная) программа, утилита
  of general utility общего назначения
  u. function вспомогательная функция, функция-утилита; функция полезности
  life u. срок службы, (эксплуатационный) ресурс
  sorting u. программа сортировки
utility-type общего назначения, универсальный; бытовой (напр., о приборах)
utilization использование, применение, употребление; утилизация; коэффициент использования
  u. factor коэффициент использования
utilize использовать, утилизировать
ut infra (u.i.) (лат.) как указано ниже
utmost самое большее; ‖ крайний, предельный; максимальный; наиболее удаленный
  to do one's utmost сделать все возможное
  at the utmost самое большее
  to the utmost до конца, до предела; в высшей степени, предельно, максимально
ut supra (u.s.) (лат.) как указано выше
utter 1. полный, совершенный, абсолютный; крайний; 2. произносить, выражать словами
utterly крайне, чрезвычайно
uttermost см. utmost

V

vacancy пустота; интервал, промежуток; пробел, пропуск; свободный участок
vacant пустой; незанятый, свободный; холостой, без нагрузки
vacate освобождать; оставлять; аннулировать
vacation освобождение; оставление
vacuity 1. пустота; интервал, промежуток; пропуск; свободный участок; наличие пустот (полостей), пустотность; незаполненность; 2. бессодержательность; 3. разреженность, пониженное давление
vacuo : in vacuo (лат.) на свободном месте; в вакууме, в пустоте
vacuous 1. пустой; содержащий пустоты, пустотелый; 2. бессодержательный; бессмысленный

vacuum вакуум, пустота; разрежение, разреженное пространство; пониженное (остаточное) давление; ‖ вакуумный, разреженный
   v. pump вакуумный (разрежающий) насос; вытяжной насос
   v. space пространство (область) разрежения; камера низкого давления
   v. tube электронная лампа; вакуумный шланг
   v. velocity скорость в пустоте
   backing v. предварительное разрежение, форвакуум
   high v. глубокий вакуум
   perfect v. абсолютный вакуум
vague неопределенный, неясный
vale долина; желоб, канавка, лоток
valence см. **valency**
valency валентность; ‖ валентный
   tensor v. валентность (ранг) тензора
valid действительный, имеющий силу; существенный, имеющий значение; состоятельный, обоснованный, справедливый; истинный; допустимый; идущий в зачет
   to be valid иметь силу, быть обоснованным
   to remain valid оставаться в силе
   v. approximation допустимое (справедливое, "хорошее") приближение
   v. estimate справедливая оценка
   v. test проверка по существу; состоятельный критерий
   v. trial зачетная попытка
validate обосновывать; придавать силу; подтверждать истинность
validation обоснование; подтверждение; доказательство (достоверности); проверка, тестирование; аттестация, сертификация
   v. criterion критерий достоверности
   experimental v. экспериментальное обоснование (доказательство, подтверждение)
   model v. обоснование модели; проверка (тестирование) модели
validity обоснованность, справедливость; достоверность, истинность; точность
   v. check проверка достоверности
   assumption v. обоснованность допущения
valley долина; впадина, углубление; окрестность минимума (на кривой); желоб, канавка, лоток
   v. value минимальное значение, значение в низшей точке (кривой)
   corrugation v. основание гофра
   profile v. впадина профиля
valuable ценный; значительный; полезный
valuation оценка; оценивание; расчет
value (количественное) значение; величина, число, показатель; оценка; значимость, ценность; смысл (слова); стоимость, цена; ‖ оценивать, вычислять
   to assign a value присваивать (задавать) значение
   to assume a value задавать значение; принимать значение
   to attribute a value приписывать (присваивать) значение
   to be of value иметь значение, быть важным (значимым)
   to possess a value иметь значение, быть важным; принимать значение
   to prescribe a value задавать (присваивать) значение
   to put value upon ценить (оценивать) что-либо
   v. of error величина погрешности
   v. of function значение функции
   v. parameter параметр, передаваемый по значению (в программе)
   absolute v. абсолютная величина, модуль (числа)
   accepted v. допустимое значение; принятое значение
   actual v. фактическое значение; текущее значение
   adopted v. принятое значение
   anticipated v. ожидаемое значение
   approved v. принятое значение
   approximate v. приближенное значение
   arbitrary v. произвольное значение
   assessed v. вычисленное (оцененное) значение
   assignment of v. присваивание значения
   assumed v. заданное (принятое) значение
   asymptotic v. асимптотическое значение
   attribute v. значение атрибута (параметра)
   average v. среднее значение
   bearing v. несущая способность
   best v. оптимальное значение
   Boolean v. булево значение, значение логической функции
   boundary v. граничное (краевое) значение
   boundary v. problem краевая (граничная) задача
   Brinell hardness v. число (показатель) твердости по Бринелю
   calculated v. вычисленное (расчетное) значение
   calibration v. (эталонное) значение, используемое для градуировки (тарировки)
   caloric v. теплотворная способность; калорийность
   Cauchy principle v. главное значение (в смысле) Коши
   certainty v. вероятность
   certified v. подтвержденное значение; значение (технического параметра), указанное в свидетельстве
   characteristic v. характеристическое (собственное) значение; показатель
   Charpy v. ударная вязкость по Шарпи
   combustion v. теплота сгорания; теплотворная способность (топлива)
   common v. принятое значение, стандартная величина
   complex v. комплексная величина, комплексное число
   computed v. вычисленное значение

conjugate v. сопряженная величина
conservative v. установившееся (стационарное) значение; осторожная оценка
consistent v. согласованное значение
constant v. постоянное значение
control v. контрольное (эталонное) значение, управляющий параметр
conventional v. условное значение; принятое значение, стандартная величина
critical v. критическое значение, критический параметр
current v. текущее значение
datum v. исходное (данное) значение; отсчетное значение; значение на линии (поверхности) приведения
default v. значение по умолчанию, стандартное значение
defined v. определенное (вычисленное) значение; заданное значение
derivative v. значение производной
design v. проектное (расчетное) значение; конструктивный параметр
desired v. ожидаемое (требуемое) значение
effective v. эффективное (текущее) значение; усредненное (приведенное) значение
eigen v. собственное (характеристическое) значение, собственное число
eigen v. problem (алгебраическая) проблема собственных значений, собственная проблема, задача Штурма-Лиувилля
equal and opposite v. значение, равное по величине, но противоположное по знаку
equilibrium v. равновесное значение; установившееся (стационарное) значение
estimated v. расчетное значение, оценка
exact v. точное значение
expectation v. ожидаемое значение, оценка; математическое ожидание
extreme v. экстремальное (предельное) значение
extremum v. экстремальное значение, значение экстремума (функции, выборки и т.д.)
fatigue v. предел усталости (выносливости), усталостная прочность
final v. окончательное значение
finite v. конечное значение
fractional v. дробная величина
free-stream v. значение (параметра) в свободном потоке
full-scale v. 1. значение для натурного объекта; **2.** предельное значение шкалы (прибора)
guess v. оценочное значение; начальное приближение
heating v. теплотворная способность; калорийность
high v. высокое (верхнее) значение
illegal v. недопустимое значение
imaginary v. (чисто) мнимое значение, мнимая величина

impact v. прочность на удар; ударная вязкость
improved v. улучшенный показатель; уточненное значение
initial v. начальное значение
initial v. problem задача с начальными условиями, начальная задача, задача Коши
initial boundary v. problem начально-краевая задача
instantaneous v. мгновенное значение, текущая величина
integer v. целое (целочисленное) значение
integral v. значение интеграла; целое значение
intermediate v. промежуточное значение
inverse v. обратная величина
item v. значение элемента данных, значение переменной
legitimate v. допустимое значение
limiting v. предельное значение
lumped v. сосредоточенная величина
mean v. среднее значение; математическое ожидание
mean v. theorem теорема о среднем значении
mean-square v. среднеквадратичное приближение
measured v. измеренное значение
nodal v. узловая величина, узловой параметр; значение в узле
nominal v. номинальное значение
normalized v. нормализованное (нормированное, приведенное) значение
numerical v. числовое (численное) значение
observed v. наблюдаемая величина, измеренное значение
optimum v. оптимальное значение
original v. начальное значение
parameter v. значение параметра
peak v. максимальное (пиковое) значение, амплитуда
peak-to-peak v. размах, двойная амплитуда
permitted v. допустимое значение
plain v. простое (некратное) значение, простое число
precise v. точное значение, значение с высокой точностью
predicted v. предсказанное (вычисленное, теоретическое) значение
principal v. главное значение; арифметическое значение (корня)
proper v. соответствующее (согласованное) значение; собственное значение
rated v. номинальное (расчетное) значение
real v. вещественное значение; фактическая величина
reciprocal v. обратная величина
reduced v. приведенное значение
reference v. исходное (отсчетное, эталонное, контрольное) значение
refined v. уточненное значение

regulatory v. нормативное значение
relative v. относительная величина, относительное значение
revised v. уточненное значение
root-mean-square v. среднеквадратичное значение
rough v. грубое (приближенное) значение
rounded(-off) v. округленное значение
set v. установленное (заданное) значение
significant v. значимая (существенная) величина
singular v. сингулярное число
spatial v. пространственная координата
specific v. удельное значение; относительное (нормированное) значение
specified v. определенное (заданное, установленное) значение; нормированное значение
squared v. квадрат величины
stagnation v. значение (параметра) в застойной зоне (в заторможенном потоке)
standard v. стандартное (эталонное) значение
starting v. начальное (исходное) значение
steady-state v. установившееся (стационарное) значение
successive values последовательные значения
tabular v. табличное значение
tabulated v. табулированная величина; табличное значение
target v. необходимое (целевое) значение; искомая величина
temporal v. временная координата, значение (отметка) времени
tentative v. предположительное значение, предварительная оценка
theoretical v. теоретическая величина; точное значение
threshold v. пороговое значение
time-mean v. среднее по времени значение
true v. истинное (действительное, точное) значение; значение (логической переменной) "истина"
truth v. значение истинности (логической переменной)
two-dimensional v. двумерная величина (функция)
typical v. типичное (характерное) значение
ultimate v. предельное (критическое) значение
unique v. единственное значение
unit v. единичное значение
valley v. минимальное значение, значение в низшей точке (кривой)
variable v. значение переменной
virtual v. допустимое значение; фактическое (текущее) значение
weighted v. взвешенное значение
weighted average v. взвешенное среднее значение
working v. рабочее значение
zero v. нулевое значение

valueless несущественный, незначимый; бесполезный
valve 1. клапан; вентиль, задвижка, (гидротехнический) затвор, кран; створка; 2. электронная лампа
 gate v. задвижка, затвор
 inlet v. впускной клапан
 safety v. предохранительный клапан
 vacuum v. 1. клапан разрежения; 2. электронная лампа
van вагон, фургон
vane 1. лопатка (турбины); лопасть, крыло; крыльчатка; вертушка, флюгер; 2. направляющее устройство, стабилизатор
 v. pitch шаг лопаток
 v. wheel лопастное (облопаченное) колесо, крыльчатка
 adjustable v. регулируемая лопатка (лопасть)
 exhaust v. газовый руль
 guide v. направляющее устройство, стабилизатор
 jet v. газовый руль
 nozzle v. сопловая лопатка
 set of vanes семейство (комплект) лопаток
 variable v. регулируемая (поворотная) лопатка
 vortex-free v. безвихревая лопатка
 wind v. флюгер
vaned крыльчатый, лопастной, облопаченный (о колесе, роторе)
vanish исчезать, пропадать; стремиться к нулю, уменьшаться; принимать нулевое значение
vanishing исчезновение; стремление к нулю; || исчезающий, пропадающий; исчезающе малый, стремящийся к нулю
 v. fraction дробь, стремящаяся к нулю
 v. point точка исчезновения; точка схождения (линий на бесконечности); крайний предел
vantage преимущество
vapor пар(ы), испарения; вещество в газообразном состоянии; || парообразный; паровой; испарительный; || испарять(ся), выпаривать(ся), переходить в газообразное состояние
 v. condensation конденсация пара
 v. trail след самолета в разреженном воздухе
 aqueous v. водяной пар
 condensed v. сконденсировавшийся пар, конденсат
 saturated v. насыщенный пар
 spent v. отработавший пар
vaporability испаряемость
vaporation см. vaporization
vaporescense парообразование
vaporization испарение; парообразование; выпаривание
 v. loss потери на испарение
 equilibrium v. равновесное испарение

flash v. мгновенное испарение; однократное испарение
vaporize испарять(ся), выпаривать
vaporizer испаритель
vaporous парообразный; наполненный паром (парами)
vapour см. **vapor**
vapo(u)ry парообразный; паровой; газообразный; газовый; туманный, затуманенный
variability изменчивость, переменность
variable 1. переменный, нестационарный; изменяющийся, изменяемый; подвижный; текущий; регулируемый; 2. переменная (величина); параметр
  v. acceleration переменное ускорение
  v. coordinate переменная (текущая) координата
  v. cross section переменное поперечное сечение
  v. declaration описание (объявление) переменной
  v. geometry переменная геометрия, изменяемая геометрия (напр., крыла)
  v. loading переменное нагружение; нестационарное нагружение
  v. motion неравномерное (переменное) движение
  v. quantity переменная величина
  v. step integration интегрирование с переменным шагом
  v. stress переменное напряжение
  v. traction переменная сила тяги; переменное усилие (напряжение); переменное нагружение
  v. type 1. переменный тип (данных); 2. тип переменной
  v. upper limit переменный верхний предел (интегрирования)
  v. value значение переменной
  v. vane поворотная лопатка
  v. velocity переменная скорость
  additional v. дополнительная (вспомогательная) переменная
  attached v. связанная (зависимая) переменная
  auxiliary v. вспомогательная переменная
  Boolean v. булева (логическая) переменная
  bound v. связанная переменная
  cause v. аргумент причинной зависимости
  chance v. случайная переменная
  character v. символьная переменная
  complex v. комплексная переменная
  conjugate variables сопряженные переменные
  control v. управляющая переменная
  controlled v. управляемая (регулируемая) переменная
  decision v. искомая переменная; переменная (параметр) решения
  dependent v. зависимая переменная
  design v. переменная проектирования; проектный параметр
  dual v. двойственная (сопряженная) переменная
  dummy v. фиктивная переменная
  essential v. основная (независимая) переменная
  Eulerian variables эйлеровы переменные
  fictitious v. фиктивная переменная
  fixed v. заданная переменная; ограниченная (связанная) переменная
  free v. свободная (несвязанная, неограниченная) переменная; независимая переменная
  global v. глобальная переменная
  hidden v. неявная переменная
  independent v. независимая переменная
  input v. входная переменная, входной параметр
  integer v. целая (целочисленная) переменная
  integration v. переменная интегрирования
  Lagrangian variables лагранжевы переменные
  local v. локальная переменная
  loop v. переменная (параметр) цикла
  master v. основная (независимая) переменная
  nodal v. узловая переменная
  nodeless v. (в)неузловая переменная
  normalized v. нормированная (нормализованная, приведенная) переменная
  object v. предметная переменная
  optimization v. переменная (параметр) оптимизации
  output v. выходная переменная, выходной параметр
  phase v. фазовая переменная
  primary v. первичная (основная) переменная
  process v. (регулируемый) параметр процесса, технологический параметр
  random v. случайная переменная
  real v. вещественная (действительная) переменная
  scalar v. скалярная переменная
  slave v. зависимая переменная
  spatial v. пространственная переменная
  state v. переменная состояния; фазовая переменная
  static v. статическая переменная
  stochastic v. случайная переменная
  subscripted v. переменная с индексом (индексами), индексированная переменная
  system v. переменная системы, системный параметр
  temporary v. временная переменная; промежуточная переменная
  transformation of v. преобразование (замена) переменной
  unbound v. свободная (несвязанная) переменная
  undefined v. неопределенная (незаданная) переменная

variable-sweep с изменяемой стреловидностью (о крыле)
variable-thrust с регулируемой тягой (о двигателе)
variance 1. изменение; изменчивость; 2. отклонение; расхождение, несоответствие; 3. рассеяние, дисперсия
 to be at variance расходиться во мнениях, противоречить
 analysis of v. дисперсионный анализ
 error v. дисперсия ошибок
variant вариант; версия; ‖ различный; иной, отличный (от других)
 v. results различные результаты
variate 1. переменная (величина); ‖ изменяться, отклоняться; варьировать; 2. случайная величина
 v. transformation преобразование (замена) переменной
 normal v. случайная величина, распределенная по нормальному закону
variation 1. изменение; отклонение; разброс, осцилляция (напр., параметров); 2. вариация; варьирование; 3. вариант, разновидность
 variation with изменение в зависимости от
 v. of function вариация функции; варьирование функции; изменение функции
 v. with incidence изменение (вариация) по углу атаки
 v. of stress вариация напряжений; варьирование напряжений; изменение напряжённого состояния
 absolute v. абсолютное изменение
 allowable v. допустимая вариация; допускаемое отклонение, допуск
 calculus of variations вариационное исчисление
 compass v. магнитное склонение
 cyclic v. циклическое (периодическое) изменение
 function of bounded v. функция с ограниченным изменением, функция ограниченной вариации
 infinitesimal v. бесконечно малое изменение (приращение), бесконечно малая вариация
 kinematically admissible v. кинематически допустимая (возможная) вариация, вариация, допускаемая кинематическими связями
 limits of v. границы изменения (отклонения); пределы варьирования
 linear v. линейное изменение; линейная вариация
 magnetic v. магнитное склонение
 mass v. изменение массы; вариация (параметра) массы
 method of local variations метод локальных вариаций
 method of v. of constants метод вариации (произвольных) постоянных
 permissible v. допустимое отклонение, допуск; допустимая (возможная) вариация

 region of v. область изменения; область варьирования
 smooth v. плавное изменение
 stability v. изменение запаса устойчивости
 stepped v. ступенчатое изменение
 thickness v. изменение толщины
 total v. полное изменение, полная вариация (функции)
variational вариационный; (записанный) в вариациях
 v. adjustment вариационная формулировка задачи; построение разрешающих соотношений вариационным методом; вариационная корректировка (параметров модели)
 v. calculus вариационное исчисление
 v. constraints вариационные ограничения
 v. crime нарушение (возмущение) вариационного соотношения
 v. derivation вариационный вывод (напр., дифференциальных уравнений)
 v. equation вариационное уравнение, уравнение в вариациях
 v. formulation вариационная формулировка (постановка)
 v. inequality вариационное неравенство
 v. method вариационный метод
 v. principle вариационный принцип
 v. problem вариационная задача
 direct method of v. calculus прямой метод вариационного исчисления
 mixed v. principle смешанный вариационный принцип
varied различный, разнообразный; иной, отличный (от чего-либо); дифференцированный; переменный; изменчивый
 v. cross section переменное поперечное сечение
 v. in form имеющий различные формы (виды); разнообразный; изменчивый; имеющий переменные геометрические параметры
variety 1. ряд, множество; многообразие, разнообразие; 2. вид, разновидность, модификация
 variety of ряд, последовательность; многообразие
 for variety of reasons по целому ряду причин
 in variety of ways различными способами
variform имеющий различные формы (виды); разнообразный; изменчивый
various различный; разнообразный, многообразный
varnish лак; глазурь; (глянцевое) покрытие; ‖ покрывать лаком
vary изменять(ся); отличаться, различаться; варьировать
 to vary by изменяться на
 to vary continuously изменяться непрерывно

to vary directly (inversely) as изменяться прямо (обратно) пропорционально (чему-либо)
to vary from отличаться от
to vary in различаться по
to vary with изменяться в зависимости от
varying изменение; ‖ переменный, изменяющийся; изменчивый
  v. duty переменный режим; переменная нагрузка (мощность)
  v. speed переменная скорость
vast очень большой, обширный; многочисленный
  v. literature обширная литература
vastly значительно, в большой степени; весьма
vat бак, чан, цистерна
vault свод
  barrel v. цилиндрический свод
  covered v. сомкнутый свод
  fan v. веерный свод, ребристый свод
  spherical v. сферический свод, купол
vaulted сводчатый
vector вектор; направление, курс; одномерный массив (данных); ‖ векторный, в виде вектора; ‖ направлять, придавать направление, наводить
  v. algebra алгебра векторов, векторная алгебра
  v. basis векторный базис
  v. component компонент (составляющая) вектора
  v. computer векторная ЭВМ
  v. graphics векторная графика
  v. line линия (направление) вектора; силовая линия (векторного поля)
  v. magnitude модуль (длина) вектора
  v. norm норма вектора, векторная норма
  v. origin начало вектора
  v. from origin вектор из начала координат, радиус-вектор
  v. potential векторный потенциал
  v. product векторное произведение
  v. space векторное пространство, пространство векторов
  v. of speed вектор скорости
  v. tail конец вектора
  v. of translation вектор смещения (переноса, сдвига)
  v. of unknowns вектор неизвестных
  absolute value of v. длина (модуль) вектора
  air v. вектор скорости воздушного потока (полёта)
  angular momentum v. вектор момента количества движения
  arbitrary v. произвольный вектор
  attribute v. вектор атрибутов (признаков)
  axial v. аксиальный (осевой) вектор
  basis v. базисный вектор, вектор базиса
  Cartesian v. вектор в декартовой системе координат; базисный вектор декартовой системы координат

characteristic v. характеристический (собственный) вектор
collinear vectors коллинеарные векторы
column v. вектор-столбец
composition of vectors сложение векторов
consistent load v. согласованный вектор нагрузки
constant v. постоянный вектор
control v. вектор (параметров) управления
coordinate vectors координатные векторы, (базисные) векторы системы координат
coplanar vectors компланарные векторы
correction v. вектор поправки
decomposed v. вектор, разложенный на составляющие
direction of v. направление вектора, ориентация вектора
displacement v. вектор смещения (перемещений)
drag v. вектор (лобового) сопротивления
eigen v. собственный (характеристический) вектор
end of v. конец вектора
energy-flux v. вектор потока энергии
error v. вектор ошибки, вектор погрешностей
feature v. вектор характеристик (признаков)
feedback v. вектор обратной связи
field v. вектор (напряженности) поля
field of vectors векторное поле
fixed v. неподвижный (постоянный) вектор; связанный вектор
flux v. вектор (плотности) потока
flux of v. поток вектора
force v. вектор сил(ы), вектор нагрузки
gain v. вектор приращения
global v. глобальный вектор
gradient v. вектор-градиент
gyration v. вектор вращения
incremental v. вектор приращения
initial guess v. вектор исходного приближения
input v. входной вектор, вектор исходных данных
iteration v. итерационный вектор, вектор итерационного приближения
lift v. вектор подъемной силы
linearly independent vectors линейно независимые векторы
load v. вектор нагрузки, грузовой вектор
module of v. модуль (длина) вектора
moment(al) v. вектор момента
momentum v. вектор количества движения
nodal v. узловой вектор, вектор узловых величин
nodal force v. вектор узловых сил
norm of a v. норма вектора
normal v. нормальный вектор, вектор нормали
normalized v. нормализованный (нормированный) вектор

null v. нулевой вектор, нуль-вектор
opposite vectors противоположные (противоположно направленные) векторы
origin v. радиус-вектор начала координат
original v. начальный (исходный) вектор
orthogonal vectors ортогональные векторы
orthonormal vectors ортонормированные векторы
output v. выходной вектор, вектор результатов
outward normal v. вектор внешней нормали
phase v. фазовый вектор
polar v. полярный вектор
position v. вектор положения, радиус-вектор
residual f. вектор невязки, остаточный вектор
residual force v. вектор усилия-невязки
resultant v. результирующий (равнодействующий) вектор, главный вектор; вектор результантов
rotation v. вектор вращения (поворота), вектор вихря
row v. вектор-строка
sliding v. скользящий вектор
solution v. вектор решения
space v. пространственный вектор
status v. вектор (параметров) состояния
strain v. вектор деформаций
stress v. вектор напряжений
sum v. вектор суммы; результирующий вектор
tangent v. касательный вектор, вектор касательной
three-dimensional v. трехмерный (трехкоординатный) вектор
traction v. вектор (растягивающих) сил, вектор нагрузок; вектор тяги
trial v. пробный вектор
triple v. product двойное векторное произведение трех векторов
unit v. единичный вектор, орт
velocity v. вектор скорости
vortex v. вектор вихря
wave v. волновой вектор
weight(ing) v. весовой вектор
zero v. нулевой вектор, нуль-вектор

vectorable с изменяемым направлением, поворотный

vectorial векторный; векториальный
v. angle полярный угол; аргумент комплексного числа; (угловая) фаза
v. calculus исчисление векторов, векторное исчисление
v. field векторное поле
v. force вектор силы
v. function векторная (векторзначная) функция, вектор-функция

v. operation векторная операция, операция над векторами; (поэлементная) операция над одномерными массивами
v. processor векторный процессор
v. sequence векторная последовательность
v. sum сумма векторов, результирующий вектор

vectoring 1. отклонение вектора, поворот; наведение, управление; 2. векторизация, преобразование (данных) в векторную форму; 3. распараллеливание (вычислений)

vectorization см. vectoring 2., 3.

vectorize 1. векторизовать (данные); 2. распараллеливать (вычисления)

vee V-образный

veer 1. изменение направления; отклонение, увод; ‖ изменять направление; 2. травить канат

vehicle 1. транспортное средство; летательный аппарат, корабль, ракета; 2. проводник (напр., звука); носитель; 3. связующее вещество; 4. растворитель
aerospace v. воздушно-космический самолет
airborne v. летательный аппарат
air-cushion v. транспортное средство на воздушной подушке
automotive v. механическое транспортное средство; автомобиль
flying v. летательный аппарат
frameless v. бескаркасное транспортное средство; автомобиль с несущим кузовом
interface v. экраноплан
legged v. шагающий аппарат
rotor-driven v. винтокрылый летательный аппарат
satellite v. искусственный спутник
space v. космический аппарат (корабль)
surface effect v. экраноплан
tail-aft v. летательный аппарат с хвостовым оперением
winged v. крылатый летательный аппарат

vehicular транспортный; автомобильный

vein 1. вена, кровеносный сосуд; 2. жила, прожилка; 3. тенденция, направление

velocimeter измеритель скорости; расходомер

velocity скорость; темп; частота; быстродействие, производительность; частота вращения
affected by velocity зависящий от скорости
at the velocity of со скоростью
v. of advance скорость подачи; скорость поступи (винта)
v. diagram диаграмма (план, эпюра) скоростей
v. field поле скоростей
v. gage датчик скорости; счетчик оборотов, тахометр
v. gradient градиент скорости
v. at infinity скорость на бесконечности
v. of light скорость света
v. of loading скорость нагружения
v. potential потенциал скоростей

v. **resolution** разложение (вектора) скорости
v. **of rotation** скорость (частота) вращения, угловая скорость
v. **shape** распределение (профиль) скоростей
v. **squared** квадрат скорости
v. **of transformation** скорость (выполнения) преобразования
v. **of transport** скорость перемещения (поступательного движения); переносная скорость
v. **triangle** треугольник скоростей
v. **vector** вектор скорости
acoustic v. скорость звука
actual v. действительная (истинная, путевая) скорость; мгновенная (текущая) скорость
air v. скорость воздушного потока; скорость летательного аппарата
angular v. угловая скорость, скорость вращения; угловая (круговая) частота
apparent v. кажущаяся скорость
areal v. секторная (секториальная, угловая) скорость
ascensional v. скорость восходящего движения (подъема)
available v. располагаемая скорость
average v. средняя скорость
axial v. осевая (продольная) скорость
ballistic v. баллистическая скорость
branching v. скорость ветвления (трещины)
characteristic v. характеристическая скорость
circumferential v. окружная скорость, скорость на периферии
component v. составляющая (вектора) скорости
constant v. постоянная скорость
controllable v. скорость, обеспечивающая управляемое движение
coordinate velocities координатные составляющие скорости
crack v. скорость (распространения) трещины
critical v. критическая (предельная) скорость
Darcy v. скорость Дарси, скорость переноса жидкости в пористой среде
delta of v. приращение скорости
depth-mean v. средняя скорость по глубине
discharge v. скорость истечения
drag-free v. скорость движения при отсутствии сопротивления (в пустоте)
drift v. скорость дрейфа (смещения), скорость увода (параметров)
entrance v. скорость на входе; скорость вхождения
envelope v. групповая скорость (распространения волны)
escape v. вторая космическая скорость; скорость отрыва
exhaust v. скорость истечения (напр., продуктов сгорания)

exit v. скорость на выходе; скорость выхода
fall v. скорость падения; скорость осаждения
finite v. конечная скорость
flow v. скорость течения
fluctuating v. пульсационная скорость
forward v. поступательная скорость, горизонтальная составляющая скорости
fracture v. скорость разрушения, скорость распространения трещины
generalized v. обобщенная скорость
group v. групповая скорость
hypersonic v. сверхзвуковая (гиперзвуковая) скорость
impact v. скорость соударения
incremental v. приращение скорости
indraft v. скорость набегающего потока
initial v. начальная скорость
inlet v. скорость впуска
instantaneous v. мгновенная скорость
interface v. скорость межфазной поверхности
jet v. скорость струи
lateral v. поперечная (боковая) скорость, боковая составляющая скорости
leading edge v. скорость у передней кромки
leaving v. скорость истечения
linear v. линейная скорость, скорость поступательного движения
longitudinal v. продольная (осевая) скорость, продольная составляющая скорости
mass v. массовая скорость, массовый расход
mean v. средняя скорость
near-bed v. скорость потока в придонном слое
nonuniform v. непостоянная (переменная) скорость
normal v. скорость по нормали, нормальная составляющая скорости
normalized v. относительная скорость; число Фруда
original v. начальная скорость
outflow v. скорость истечения
outlet v. скорость выпуска, скорость истечения
path v. скорость на (по) траектории
peripheral v. окружная скорость, скорость на периферии
perturbation v. скорость (распространения) возмущения
phase v. фазовая скорость
propagation v. скорость распространения
pulse v. скорость (распространения) импульса
rebounding v. скорость отскока
reduced v. приведенная скорость; отношение скорости полета к частоте колебаний (при флаттере)

reference v. исходная скорость; отсчетная скорость
relative v. относительная скорость
remote v. скорость на бесконечности
resultant v. результирующая скорость
rolling v. скорость качения; угловая скорость крена
root-mean-square v. среднеквадратичная скорость
rotary v. окружная скорость; частота вращения
scouring v. размывающая скорость
sector v. секторная (угловая) скорость
seepage v. скорость фильтрации; коэффициент фильтрации
settling v. скорость осаждения
signal v. скорость (прохождения) сигнала
slip v. скорость скольжения; касательная составляющая скорости
sonic v. скорость звука
sound v. скорость (распространения) звука
striking v. скорость соударения
subsonic v. дозвуковая скорость
supersonic v. сверхзвуковая скорость
tangential v. тангенциальная скорость, касательная составляющая скорости
terminal v. конечная скорость; предельная скорость
translational v. скорость поступательного движения; переносная скорость
transonic v. околозвуковая скорость
transverse v. поперечная скорость
turbulent v. скорость турбулентного потока
uniform v. постоянная скорость, скорость равномерного движения
upstream v. скорость набегающего потока; скорость в верхней части потока
vacuum v. скорость в пустоте
variable v. переменная скорость
virtual v. виртуальная (возможная) скорость
wake v. скорость спутной струи
wall v. скорость (потока) у стенки
wave v. скорость (распространения) волны
yawing v. (угловая) скорость рыскания
velometer измеритель скорости
veneer (однослойная) фанера; облицовка, наружный слой; ‖ покрывать тонким слоем, облицовывать
vent отверстие (выпускное, выходное); полюсное отверстие (напр., в куполе); вентиляционный канал; ‖ делать отверстие; удалять, выпускать (напр., газ), отводить
ventilation 1. вентиляция; 2. обсуждение, выяснение
ventilator вентилятор, вентиляционный канал
ventral находящийся снизу корпуса
Venturi Вентури
  V. action эффект Вентури, завихряющее действие
  V. tube трубка Вентури; диффузор, дозвуковое сопло
  ideal V. идеальная трубка Вентури

veracious достоверный, точный
veracity достоверность, точность
verbal 1. устный, словесный; 2. буквальный
  v. translation буквальный перевод
verge граница, край, предел; обочина (дороги); ‖ приближаться, стремиться
  to verge to приближаться к
  on the verge of на грани чего-либо
verification верификация, контроль, проверка; подтверждение
  experimental v. экспериментальная проверка, экспериментальное подтверждение
  model v. верификация модели
  visual v. визуальный контроль
verify верифицировать, контролировать, проверять; подтверждать
verisimilar правдоподобный, вероятный
verisimilitude правдоподобие
veritable настоящий, подлинный; истинный
verity истина, истинность
  of a verity поистине, в самом деле
vernier нониус
  v. scale шкала нониуса
versatile гибкий (в применении), изменяемый, адаптивный; универсальный, широкого назначения
  v. construction универсальная (многоцелевая) конструкция; изменяемая конструкция
versatility гибкость, адаптивность; разносторонность; универсальность
version 1. версия, вариант; модификация, видоизменение; исполнение, реализация; 2. изменение (напр., формы, направления); 3. мнение, трактовка; 4. перевод (слова, текста)
  v. of structure вариант конструкции
  program v. версия программы
versus (vers., vs.) (лат.) против, в сравнении с, по отношению к; в зависимости от, как функция от
vertex (мн.ч. vertices) вершина; высшая точка; узел, общая точка (напр., нескольких кривых)
  v. angle угол при вершине, угол раствора (конуса), угол конусности
  v. of angle вершина угла
  v. degree порядок (степень) вершины (напр., графа)
  v. of pencil центр пучка
  finite element vertices узлы в вершинах конечного элемента
  incident(al) v. инцидентная вершина (графа)
vertical 1. вертикальный, отвесный; нормальный, перпендикулярный; 2. вертикаль, вертикальная линия; перпендикуляр; 3. стойка, колонна; 4. относящийся к вершине; находящийся в вершине
  to leave the vertical отклоняться от вертикали
  v. angles вертикальные углы

upward v. направленный вверх по вертикали
vertices мн.ч. от **vertex**
verticity вращение вокруг (своей) оси; возможность вращаться
vertiginous вращающийся; вихревой
very 1. весьма, очень, в значительной степени; ‖ предельный, самый; **2.** истинный, настоящий; **3.** тот же самый
   very much the other way как раз наоборот
   from the very beginning с самого начала
   this very fact тот же самый факт
vessel 1. сосуд; резервуар; баллон; котел; камера; **2.** корабль, судно; летательный аппарат, ракета
   air-cushion v. судно на воздушной подушке
   pressure v. сосуд (высокого) давления
   process v. (химический) технологический аппарат
   reactor v. корпус реактора
vestige след, остаток; признак
vet рассматривать, исследовать; проверять; просматривать (напр., текст)
veto (лат.) вето, запрет, запрещение
vetting рассмотрение, исследование; проверка; просмотр
via (лат.) через; сквозь; с помощью, путем, посредством; из-за, по причине
viability устойчивость (к внешним условиям), жизнеспособность
viaduct виадук, путепровод
via-hole сквозное отверстие
vial пробирка; флакон; ампула
viatic дорожный
vibrant вибрирующий; резонирующий
vibrate колебаться, вибрировать, дрожать; качаться; вызывать вибрацию
vibrating колеблющийся, вибрирующий; колебательный
vibration колебание, колебательное движение, вибрация, осцилляция, дрожание
   to set in vibration вызывать колебания
   v. absorber амортизатор, демпфер, гаситель колебаний
   v. amplitude амплитуда (размах) колебания
   v. analysis расчет колебаний, расчет на вибрацию
   v. excitation возбуждение колебаний
   v. frequency частота колебания
   v. ga(u)ge датчик колебаний, вибродатчик
   v. generator генератор колебаний, вибратор
   v. mode форма (мода) колебания; вид колебаний; режим колебания
   v. node узел колебания (точка, остающаяся неподвижной при колебаниях)
   v. phase фаза колебания
   v. sensor вибродатчик
   v. source источник колебаний
   v. strength вибропрочность
   v. table вибростол, вибростенд
   v. test вибрационные испытания
   v. theory теория колебаний
acoustic v. акустическое (звуковое) колебание
aeolian v. автоколебания в потоке воздуха
aeroelastic v. аэроупругие колебания
airborne v. полетная вибрация
axial v. продольное (осевое) колебание
beam-type v. балочное колебание, колебание балочного типа (по балочной форме)
bending v. изгибное колебание
bump v. ударная вибрация
characteristic v. собственное (свободное) колебание
circular v. круговое колебание
compression v. колебание сжатия-растяжения
concrete v. виброуплотнение бетона
constrained v. вынужденное колебание; ограниченное колебание
coupled vibrations связанные колебания; совместные колебания
damped v. затухающее (демпфированное) колебание
diverging v. нарастающее колебание, колебание с отрицательным затуханием
elastic v. упругое колебание
extensional v. колебание растяжения-сжатия
flexural v. изгибное колебание
flow-induced v. колебание, вызванное течением
fluid-elastic v. гидроупругие колебания
forced v. вынужденное колебание
free v. свободное (собственное) колебание
fundamental v. собственное колебание; колебание на основной частоте
harmonic v. гармоническое (синусоидальное) колебание
high-frequency v. высокочастотное колебание
in-plane v. колебание в плоскости
lateral v. поперечное колебание
linear v. линейное колебание
longitudinal v. продольное (осевое) колебание
low-frequency v. низкочастотное колебание
natural v. собственное (свободное) колебание
nonlinear v. нелинейное колебание
normal v. поперечное (нормальное) колебание; главное (собственное) колебание
nuisance v. вредное колебание
out-of-plane v. колебание из плоскости
parametric v. параметрическое колебание
period of v. период колебания
periodic v. периодическое колебание, периодическое движение
principal v. основное (главное) колебание, колебание на основной частоте
random v. случайное колебание

    self-induced v. автоколебание
    shear v. сдвиговое колебание
    shell-mode v. колебание по оболочечной форме, колебание как оболочки
    sinusoidal v. синусоидальное (гармоническое) колебание
    small v. малое колебание, колебание с малой амплитудой
    sound v. звуковое (акустическое) колебание
    steady-state v. установившееся колебание
    sustained v. незатухающее колебание
    sympathetic v. ответное (резонансное) колебание
    torsional v. крутильное колебание
    transverse v. поперечное колебание
    undamped v. незатухающее колебание, колебание без (учёта) демпфирования
    violent v. интенсивная вибрация; вынужденное колебание

vibration-proof виброустойчивый, вибростойкий; амортизированный

vibration-resistant виброустойчивый, вибростойкий

vibrator вибратор, источник колебаний
    plate v. виброплита, вибростол
    seismic v. источник сейсмических колебаний, сейсмоисточник
    surface v. поверхностный вибратор

vibratory колебательный, вибрационный

vibro- (как компонент сложных слов) вибро-; вибрационный, колебательный

vibrocompaction виброуплотнение

vibrograph виброграф

vibrometer виброметр

vibroplate виброплита, вибростол

vibrorecord виброграмма

vibrostand вибростенд, установка для вибрационных испытаний

vicarious замещающий

vice 1. фиксирующее устройство, зажим; тиски; клещи; ‖ сжимать, зажимать, фиксировать; **2.** порок, дефект

vice 3. (лат.) вместо
    vice versa (v.v.) (лат.) (и) наоборот, обратно

vicinity окрестность; близость, соседство
    in vicinity of в окрестности; около; приблизительно, примерно
    crack-tip v. окрестность вершины трещины
    pinholed v. проколотая окрестность
    point v. окрестность точки

vicious ошибочный, неправильный; дефектный; загрязнённый

Vickers hardness твёрдость по Виккерсу (определяемая вдавливанием алмазной пирамиды)

vide (лат.) смотри
    vide infra (лат.) смотри ниже
    vide supra (лат.) смотри выше

videlicet (лат.) (сокр. viz.) а именно, то есть

view 1. вид; поле зрения, обзор; изображение; проекция; перспектива; ‖ смотреть; осматривать, рассматривать; **2.** представление, мнение, точка зрения; ‖ оценивать, судить
    to bring into view обратить внимание
    to come into view появиться
    to keep in view не терять из виду, сохранять в поле зрения
    in view of ввиду, принимая во внимание
    in my view по моему мнению
    with a view to с целью; с тем, чтобы
    axonometric v. аксонометрическая проекция
    back v. вид сзади
    bottom v. вид снизу
    close v. изображение крупным планом
    cross-sectional v. поперечное сечение, вид в поперечном разрезе
    diagrammatic v. схематическое изображение
    disassembled v. см. exploded view
    elevation v. вертикальная проекция; вид в вертикальном разрезе
    end v. вид с конца; вид сбоку
    exploded v. покомпонентное изображение; чертёж, показывающий сложный объект в разобранном виде
    front(al) v. вид спереди, фронтальная проекция; вертикальная проекция
    general v. общий вид
    lateral(-side) v. вид сбоку, боковая (профильная) проекция
    longitudinal v. продольный вид, вид вдоль оси
    object in v. поставленная цель
    overall v. общее представление
    perspective v. перспектива, перспективное изображение
    plan v. см. top view
    point of v. точка наблюдения; точка зрения, мнение
    rear v. вид сзади
    scrap v. изображение лишь части предмета
    sectional v. вид в разрезе, разрез, сечение
    side v. вид сбоку, боковая проекция
    top v. вид сверху (в плане), план, горизонтальная проекция

viewer 1. зритель, наблюдатель; **2.** окуляр, видоискатель

viewing осмотр, наблюдение; визирование; визуализация, визуальное отображение

viewpoint 1. точка наблюдения; **2.** точка зрения, мнение

viewport точка наблюдения; поле индикации; окно просмотра (в машинной графике)

violate нарушать

violation нарушение; противоречие
    constraint v. нарушение ограничений

violent 1. сильный, интенсивный; **2.** искажённый, неправильный; **3.** вынужденный

    v. interpretation неправильное толкование

    v. vibration интенсивная вибрация; вынужденное колебание

violet 1. фиолетовый; 2. фиолетовый цвет

virgin исходный, первоначальный; цельный; чистый, несмешанный; неразработанный; ювенильный (о поверхности)

    v. system система в исходном состоянии, исходная система

    v. wave неискаженная волна

virial вириал

    Clausius v. law теорема вириала Клаузиуса

virtual 1. виртуальный, возможный, допускаемый (связями); допустимый; 2. действительный, фактический, текущий

    v. constraint виртуальная связь

    v. displacement виртуальное (возможное) перемещение; перемещение, допускаемое связями

    v. displacement principle принцип виртуальных (возможных) перемещений

    v. force виртуальное (возможное) усилие

    v. image мнимое изображение

    v. mass фактическая масса; присоединенная масса

    v. memory виртуальная память

    v. value допустимое значение; фактическое (текущее) значение

    v. work виртуальная работа

virtually 1. виртуально, возможно; 2. в действительности, фактически; в сущности, по существу

virtue 1. сила, действие; 2. свойство; 3. достоинство, преимущество

    in virtue of в силу чего-либо; с помощью, посредством

viscid см. viscous

visco- (как компонент сложных слов) вязко-

viscoelastic вязкоупругий

viscoelasticity вязкоупругость, вязкоупругие свойства

    linear v. линейная вязкоупругость

viscoelastic-plastic вязко-упругопластический

viscoplastic вязкопластический

viscoplasticity вязкопластичность

    combo v. комбинированная вязкопластичность

viscosimeter вискозиметр

    capillary v. капиллярный вискозиметр

    float v. поплавковый вискозиметр

    kinematic v. вискозиметр для определения кинематической вязкости

    liquid v. жидкостный вискозиметр

    Saybolt v. вискозиметр Сэйболта

    Stokes v. вискозиметр Стокса

    torsion v. торсионный вискозиметр

viscosimetry вискозиметрия

viscosity вязкость; внутреннее трение; коэффициент вязкости; вязкое вещество

    v. damper вязкостный демпфер

    v. ga(u)ge измеритель вязкости, вискозиметр; вязкостный манометр

    v. term вязкий член, вязкое слагаемое, вязкая составляющая

absolute v. абсолютная вязкость

anomalous v. аномальная (неньютоновская) вязкость

apparent v. кажущаяся (условная) вязкость; псевдовязкость, псевдопластичность; структурная вязкость

artificial v. искусственная вязкость

bulk v. объемная вязкость

characteristic v. характеристическая вязкость

creep v. вязкость ползучести

dynamic v. динамическая вязкость

eddy v. турбулентная вязкость; вязкость завихренной жидкости

fluid v. вязкость жидкости (текучей среды)

intrinsic v. внутренняя (характеристическая) вязкость

kinematic v. кинематическая вязкость

Newton: v. ньютоновская (нормальная) вязкость

pressure v. вязкость под давлением

reciprocal v. текучесть

residual v. остаточная вязкость

Saybolt v. (условная) вязкость по Сэйболту

shear v. сдвиговая вязкость

solid v. внутреннее трение

specific v. удельная вязкость

structural v. структурная вязкость

surface v. поверхностная вязкость; вязкость поверхностного слоя

volume v. объемная вязкость

viscous вязкий; густой; вязкостный

    v. flow вязкое течение, течение вязкой жидкости

    v. fluid вязкая жидкость

    v. force сила вязкости, сила внутреннего трения

    v. friction вязкое трение

vise тиски; клещи; фиксирующее устройство, зажим; ‖ сжимать, зажимать, фиксировать

visibility видимость; обзор; доступность

    v. scope область видимости

visible видимый; заметный; очевидный, явный

visibly заметно, явно

vision зрение; вид, видимый объект; проникновение, предвидение; система технического зрения

    by vision зрительно, визуально

    computer v. машинное (техническое) зрение

visional зрительный; воображаемый

visual зрительный, визуальный; видимый, наглядный; оптический

    v. angle угол зрения

visualization визуализация, наглядное представление; зрительный образ

vital жизненный; наиболее важный; существенный
vitreous стеклянный; стекловидный
vitrescence стеклообразное состояние
vitro: in vitro (лат.) в искусственных условиях
viz. (сокр. от **videlicet**) (лат.) а именно, то есть; очевидно, ясно
vocabulary словарь; словарный состав, лексика; терминология
voice голос; речь
void пустота; полость; пора; пропуск, пробел; ‖ пустой, свободный
   v. **coalescence** слияние пор (пустот)
   v. **structure** пористая структура
   v. **volume** объем пор, коэффициент пористости
   closed v. закрытая пора, изолированная полость
   plastic v. **enlargement** рост пор при пластической деформации
   shrinkage v. усадочная полость (раковина)
voidage пористость; пустотность
V-notch V-образный надрез
volatile летучий, испаряющийся; изменчивый, непостоянный
volatility летучесть, испаряемость; изменчивость
volatilization испарение, улетучивание
volatize испарять(ся), улетучиваться
volcanic вулканический
   v. **rock** вулканическая порода
volcano (мн.ч. **volcanoes**) вулкан
   active v. действующий вулкан
volplane планирование (летательного аппарата); ‖ планировать
volt вольт, В (единица электрического напряжения)
voltage напряжение (в вольтах), вольтаж
   internal v. электродвижущая сила (эдс)
voltaic гальванический, электрический
volume 1. объем; емкость, вместимость; 2. количество, масса; 3. интенсивность, сила; громкость; 4. (динамический) диапазон; 5. том, книга
   per unit volume на единицу объема
   v. **coordinates** координаты объема; система координат объема; пространственная система координат
   v. **density** объемная плотность
   v. **efficiency** объемный кпд; коэффициент заполнения
   v. **expansion** 1. объемное расширение; 2. расширение динамического диапазона
   v. **flow** объемный расход
   v. **force** объемная (массовая) сила
   v. **integral** объемный интеграл, интеграл по объему
   v. **of solid** объем тела
   v. **of sound** громкость
   v. **strain** объемная деформация
   v. **of stroke** полезный объем цилиндра
   v. **throughput** объемный расход
   v. **viscosity** объемная вязкость
   v. **weight** объемный вес
   bulk v. объем сыпучего (насыпного) материала
   centre of v. центр объема, центр тяжести
   combustion space v. объем камеры сгорания
   control v. контрольный объем
   delivery v. объем подачи; производительность (напр., компрессора); расход
   differential of v. дифференциал объема, (бесконечно малый) элемент объема
   displaced v. вытесненный (смещенный) объем
   elementary v. элементарный объем, (бесконечно малый) элемент объема, дифференциал объема
   finite v. **method** метод конечных объемов
   inflow v. объем притока
   inverse v. величина, обратная объему
   logical v. логический том
   phase v. фазовый объем
   pore v. объем пор; коэффициент пористости
   specific v. удельный объем
   swept v. рабочий объем (литраж) двигателя
   undeformed v. объем до деформации
   unit v. единичный объем; удельный объем; единица объема
   unit of v. единица объема
   weight by v. объемный вес
volumetric объемный, волюметрический
   v. **capacity** емкость, объемная вместимость
   v. **compaction** уменьшение (занимаемого) объема; объемное сжатие (прессование)
   v. **rate** объемный расход
   v. **shrinkage** объемная усадка
   v. **strain** объемная деформация
voluminosity объемность, массивность
voluminous объемный, массивный
volute спираль, улитка; виток; спиральная камера
vortex (мн.ч. **vortices**) 1. вихрь, завихрение; водоворот; 2. вихревая камера, турбулизатор, циклон; 3. фокус (дифференциального уравнения)
   v. **agitation** вихревое перемешивание
   v. **axis** ось вихря
   v. **cone** вихревой конус
   v. **decay** затухание (диффузия) вихря
   v. **drag** вихревое сопротивление
   v. **field** вихревое поле
   v. **flow** вихревой поток, турбулентное течение
   v. **generation** образование вихря, турбулизация
   v. **lattice** вихревая решетка
   v. **line** вихревая нить, вихревой шнур

v. motion вихревое (турбулентное) движение
v. path траектория вихря
v. pattern картина (система, спектр) вихрей; строения вихря
v. ring вихревое кольцо, кольцевой вихрь
v. shedding срыв вихря
v. sheet вихревая пелена, вихревой слой
v. strength интенсивность вихря
v. structure структура вихря
v. trail вихревой след, вихревая дорожка
v. tube вихревая трубка
v. wake вихревая пелена
adjacent v. присоединенный (спутный) вихрь
blade-tip v. концевой вихрь лопасти (лопатки)
blade-to-blade v. межлопаточный вихрь
bound v. присоединенный вихрь
discrete v. дискретный (отдельный) вихрь
discrete v. method метод дискретных вихрей
free v. свободный вихрь
horseshoe v. подковообразный (П-образный) вихрь
lifting v. несущий вихрь
line v. линейный вихрь, вихревая линия (нить)
point v. точечный вихрь
separated v. отделившийся (отсоединенный, свободный) вихрь
single v. одиночный (отдельный) вихрь
spiral v. спиральный вихрь
starting v. начальный (разгонный) вихрь
tip v. концевой вихрь
trailing v. концевой (сбегающий) вихрь, присоединенный вихрь
transient v. нестационарный (неустойчивый) вихрь
wake v. вихревая спутная струя, вихрь за телом
vortex-free безвихревой, потенциальный (о потоке, обтекании)
vortex-induced индуцированный вихрем, вихревой
vortical вихревой; вращательный
vorticity завихренность; турбулентность; вихрь; область турбулентности; напряженность (интенсивность) вихря
v. form тип турбулентности
v. layer вихревой слой
v. transfer перенос вихря
bound v. система присоединенных (связанных) вихрей
concentrated v. результирующий вихрь
infinitesimal v. бесконечно малая напряженность вихря (вихрей)
kinematics of v. кинематика вихрей
opposite v. вихрь (завихренность) обратного направления
total v. суммарная завихренность
uniform v. равномерная завихренность

vote 1. голосование, баллотировка; избирательный голос; ‖ голосовать; 2. (мажоритарная) выборка
voxel элемент объема; объемный элемент
vrille штопор, спуск (падение) штопором
vs. (сокр. от **versus**) (лат.) против, в сравнении с, по отношению к; в зависимости от, как функция от
V-shaped V-образный
V-slot V-образный паз, паз типа "ласточкин хвост"
VTOL (vertical takeoff and landing) летательный аппарат вертикального взлета и посадки
vug(h) впадина, пустота; усадочная раковина, каверна (в отливке)
vulgar обычный, простой; распространенный
v. fraction простая дробь
vulgo (лат.) обычно
vulnerable слабый, опасный, уязвимый
v. crack (наиболее) опасная трещина
v. section опасное сечение
v.v. (сокр. от **vice versa**) (лат.) (и) наоборот, обратно
V-wing стреловидное крыло

W

wadding (мягкая) набивка, подкладка
wade продвигаться, преодолевая сопротивление
to wade into приниматься за что-либо; вступать в спор, критиковать
to wade through преодолеть
wafer 1. пластина, тонкий диск; 2. вафельная (гофрированная) пластина; ‖ гофрированный; слоистый
waft взмах (крыла); порыв ветра
wag взмах, качание; ‖ махать, качать
waggle качание, колебание; ‖ качать(ся), колебать(ся) (напр., о стрелке прибора)
wagon тележка, вагон(етка), платформа
waist пояс; сужение, узкая часть, шейка, горловина
waisted зауженный, суженный, с шейкой
wait 1. ожидание; ‖ ждать, ожидать; 2. сопровождать, сопутствовать
to wait (up)on являться результатом чего-либо; сопровождать, сопутствовать чему-либо
waiting ожидание; состояние ожидания; ‖ ждущий, ожидающий
wake 1. след; след за телом в потоке, волновой (турбулентный) след, спутная струя; кильватер; возмущенный поток; вихревая пелена; ‖ спутный, замыкающий; 2. будить, пробуждать; 3. осознавать
in the wake of вслед за; в кильватере
airplane w. спутная струя самолета, след самолета
blade w. след за лопастью
eddying w. вихревая спутная струя, вихревая пелена

far w. дальний след
infinite w. бесконечная спутная струя
jet w. струя газов реактивного двигателя
multiple w. сложный след
near w. ближний след
propeller w. след винта (движителя)
stagnant w. застойная зона в потоке
vortex w. вихревая пелена

walk ходьба; движение; шаг; походка; уход, увод, блуждание; маршрут, обход; дорожка; расстояние; ‖ ходить, идти; двигаться; уводить, уходить, отклонять(ся); обходить
   to walk away уходить, отходить, отклоняться
   to walk off уходить, уводить
   frequency w. уход (дрейф) частоты
   random w. случайное блуждание

walk-down уход, отклонение (напр., параметров)
walker шагающий механизм
walking ходьба; походка; ‖ шагающий, на шагающем ходу
walk-through подробный анализ, тщательное рассмотрение, сквозной контроль
wall стена; стенка; барьер, преграда; перегородка, переборка, перемычка, диафрагма; ‖ обносить стеной; устраивать стенку (заграждение); разделять стенкой (диафрагмой)
   to wall up заделывать
   w. board стеновая плита
   w. effect граничный эффект, влияние стенок
   w. thickness толщина стенки
   w. velocity скорость (потока) у стенки
   adiabatic w. адиабатическая стенка
   apron w. перемычка (в здании)
   beam w. стенка балки
   bearing w. несущая стена
   buried w. заглубленная стена, стена в грунте
   burning w. фронт горения
   curtain w. ненесущая стена, перегородка
   diaphragm w. диафрагма, перегородка; стена в грунте
   divide w. делительная стенка, перегородка
   embankment w. подпорная стенка
   face w. передняя стена, фасад; подпорная стенка
   flexible w. гибкая стенка
   foundation w. фундаментная стена
   gravity w. подпорная стенка
   permeable w. проницаемая стенка
   piling w. свайная (шпунтовая) стенка
   pit w. стенка (борт) котлована
   porous w. пористая диафрагма
   retaining w. подпорная стенка
   shadow w. экран, рефлектор
   shear w. стенка, работающая на сдвиг
   slotted w. щелевая стенка
   structural w. несущая стена
   toe w. зуб плотины

wall-beam балка-стенка, рандбалка
   w. finite element конечный элемент балки-стенки, конечный элемент плоской задачи теории упругости
   w. structure конструкция типа "балка-стенка"
walling стена, стенка, перегородка, щит; ограждающая конструкция; возведение стен (перегородок)
wand прут(ок); щуп, зонд
wander отклонение, смещение, уход, увод; рыскание; ‖ отклонять(ся), смещать(ся), уходить, уводить; блуждать
wane убывание, уменьшение, спад; ‖ убывать, уменьшаться, падать
want желание; необходимость, потребность; недостаток, нехватка; ‖ хотеть, желать; быть нужным, требоваться; испытывать недостаток
   for want of из-за отсутствия (недостатка чего-либо)
wantage нехватка; недостающее количество
wanting нуждающийся; недостающий, отсутствующий; ‖ без; при отсутствии
   to be wanting отсутствовать, недоставать
wap виток
war война; ‖ военный; боевой
ware изделия, продукты производства, товары
warhead боевая головная часть, боеголовка
warily осторожно
warm теплый, горячий; ‖ греть(ся), нагревать(ся)
   to warm up прогревать(ся)
warmer нагреватель
warming нагрев, прогрев, разогрев; ‖ греющий, нагревающий; нагревательный
warmth тепло
warm-up нагрев, прогрев
warn предупреждать
warning предупреждение; обнаружение; признак, симптом; предупреждающее сообщение; ‖ предупреждающий
warp 1. коробление; деформация; искривление, перекос; крутка (крыла, лопасти, лопатки); депланация; ‖ коробить(ся); деформировать(ся); искривлять(ся), перекашивать(ся), искажать(ся); депланировать; 2. основа (ткани); 3. канат, трос
   w. function функция депланации
   w. yarn пряжа основы
   crook w. (продольно-поперечное) коробление, депланация
warpage коробление; деформация; искажение; крутка; депланация
warped покоробленный; деформированный; искаженный; закрученный; депланированный
   w. cross section искаженное (искривленное, депланированное) поперечное сечение (напр., тонкостенной балки)
   w. surface покоробленная поверхность; кривая поверхность
warping коробление; деформация; искажение; искривление, перекос; закручивание, крутка; депланация; ‖ коробящий(ся);

искажающий(ся), деформирующий(ся); искривляющий(ся); закручивающий(ся); депланационный
    w. effect эффект коробления, депланация
    edge w. коробление кромок
    restrained w. стесненная депланация, стесненное коробление
    thermal w. температурное коробление
    twist w. закручивание, винтовое (спиральное) коробление
warrant 1. предписание; 2. основание; оправдание; || оправдывать, служить оправданием; подтверждать; 3. гарантировать
    to warrant attention заслуживать внимания
    to warrant mention заслуживать упоминания
warrantable законный; допустимый
warranty 1. основание; 2. гарантия; 3. приемное испытание
    w. test приемное испытание; гарантийное испытание
wash 1. мойка; промывка; смачивание, омывание; || мыть; промывать, смывать; смачивать, омывать; 2. размыв, эрозия; овраг; нанос, аллювий; песок, гравий; || размывать; нести (о воде); сносить; 3. попутная (спутная) струя, кильватер; 4. тонкий слой; || покрывать тонким слоем, заливать; 5. скос (потока); 6. крутка (крыла, лопасти)
    to wash away смывать; сносить; вымывать, размывать
    jet w. струя реактивного двигателя; скос потока
    screw w. спутная струя винта
    wave w. волновая эрозия
washer 1. промывной аппарат; 2. шайба, прокладка, кольцо
    air w. воздушный фильтр
    check w. пружинная шайба
    plain w. плоская шайба
    spacing w. распорное кольцо
washin положительная крутка (крыла)
washout 1. размыв, вымывание, эрозия; 2. нейтрализация нежелательного эффекта; 3. отрицательная крутка (крыла)
wastage изнашивание, износ; потери, убыль
waste отходы; потери, убыль; брак; лом; пустая порода; || пустой; лишний; отработанный; непригодный; || портить, тратить, непродуктивно расходовать, терять
    w. steam отработанный пар
    energy w. потери энергии
    gaseous w. газообразные отходы
wasted потерянный; отработанный; изношенный
    w. power потерянная энергия (мощность)
watch 1. внимание; наблюдение; || наблюдать, смотреть; ждать; 2. часы
watcher наблюдатель; исследователь
water вода; водоем; прилив; паводок; объем воды; расход; || водный, водяной, гидравлический; || смачивать, увлажнять; заливать; растворять
    to go to water обводнять(ся), заводнять(ся) (о скважине)
    to hold water удерживать (не пропускать) воду
    to make water давать течь
    w. hardening закалка с охлаждением в воде
    w. load гидростатическая (гидродинамическая) нагрузка; водяной балласт
    w. motor гидравлический двигатель; водяная турбина
    w. ram гидравлический удар
    w. rate расход воды (напр., через трубу)
    w. table водное зеркало; уровень подземных вод
    w. test гидравлическое испытание
    w. tunnel гидродинамическая труба, гидроканал, гидролоток
    w. wheel водяное колесо, рабочее колесо гидротурбины
    calm w. спокойная вода
    condensation w. конденсационная вода, конденсат
    cooling w. охлаждающая вода
    dead w. стоячая вода; застойная зона в потоке воды
    deep w. глубокая вода; глубинная вода
    displaced w. вытесненная вода
    drain w. дренажный сток
    effluent w. сточные воды
    entrained w. присоединенная масса воды
    formation w. пластовая вода
    free w. свободная (несвязанная) вода; безнапорное течение
    ground w. грунтовые воды
    high w. прилив; паводок, высокая вода
    leakage w. фильтрационная вода; потери на фильтрацию (утечку)
    lenthic w. стоячая вода
    lothic w. проточная вода
    low w. отлив; низкая вода
    millimeter of w. миллиметр водяного столба, мм вод.ст. = 9,80665 Па
    narrow w. узкий пролив; гидролоток, бассейн
    phreatic w. подземные воды
    pressure w. напорная вода
    process w. техническая вода
    recirculated w. оборотная вода
    seepage w. фильтрационная вода; потери на фильтрацию (утечку)
    sewage w. сточные воды
    shallow w. мелкая вода
    solid w. замерзшая вода, лед; вода, не содержащая пузырьков газа
    still w. стоячая вода, застойная зона течения
    storage w. аккумулированный сток
    subsoil w. подпочвенные (грунтовые) воды
    tail w. нижний бьеф; отводящий канал

tilted w. наклонное зеркало воды
upstream w. верхний бьеф, верховая вода
waterborne плавучий; на воде (о судне); переносимый водой, находящийся в воде
water-cooled с водяным охлаждением
water-course водоток; канал, русло
waterfall водопад
water-flooding заводнение
water-gate водяной затвор, затвор шлюза
water-glass водомерное стекло
water-hammer гидравлический удар
watering увлажнение, смачивание; обводнение, заводнение
water-jacket водяная рубашка
water-jet водяная струя; || водоструйный
waterline береговая линия; уровень воды; уровень подземных вод; ватерлиния (судна)
water-main водовод
water-mark отметка уровня воды
water-meter водомер
waterplane гидросамолет
waterproof водонепроницаемый, герметический; водостойкий; || устраивать гидроизоляцию
water-tight 1. водонепроницаемый, герметический; 2. неопровержимый; однозначный, не допускающий произвольного толкования
watt ватт, Вт (единица мощности)
wattmeter ваттметр
wave волна; колебание; махание; импульс; скачок уплотнения; волнистость; || волноваться, колебаться, качаться; махать
  w. **acoustics** волновая акустика
  w. **angle** угол наклона волны (волнового фронта); угол распространения волны
  w. **band** (частотный) диапазон волн
  w. **drag** волновое сопротивление
  w. **elevation** профиль волны; ордината (высота) волны
  w. **equation** волновое уравнение
  w. **flow** волновое течение
  w. **front** фронт волны (импульса), волновой фронт
  w. **function** волновая функция
  w. **length** длина волны
  w. **line** направление распространения волны
  w. **load** волновая нагрузка
  w. **mechanics** волновая механика
  w. **node** узел волны
  w. **number** волновое число
  w. **pattern** волновой спектр, характер волнового поля
  w. **reflection** отражение волны
  w. **refraction** рефракция (преломление) волн
  w. **shadow** волновой след
  w. **shape** форма (профиль) волны
  w. **source** источник волн (колебаний)
  w. **spectrum** волновой спектр
  w. **surface** волновая поверхность, фронт волны
  w. **theory** теория волн; волновая теория

w. **train** группа волн, волновой пакет
w. **trough** впадина волны
w. **vector** волновой вектор
w. **velocity** скорость (распространения) волны
w. **width** ширина (фронта) волны
acceleration w. волна ускорения
acoustic w. акустическая (звуковая) волна
advancing w. распространяющаяся волна
air w. воздушная волна
amplifying w. усиливающаяся волна; волна нагружения
arriving w. приходящая волна
attached w. присоединенная волна, присоединенный скачок уплотнения
back(ward) w. обратная волна, отраженная волна
ballistic w. баллистическая волна
blast w. взрывная (ударная) волна
body w. объемная волна
bow w. головная волна, головной скачок уплотнения; ударная волна
buckle w. волна выпучивания (при потере устойчивости)
bulk w. объемная волна
capillary w. капиллярная волна
carrier w. несущая (волна)
chopped w. усеченная волна, срезанный импульс
coincident w. стоячая волна
combustion w. фронт горения
compression w. волна сжатия, скачок уплотнения
conical w. коническая (головная) волна; конус возмущений
continuous w. непрерывная (незатухающая) волна, незатухающее колебание
cross w. поперечная волна
cylindrical w. цилиндрическая волна
damped w. демпфированная (затухающая) волна
decaying w. затухающая волна
density w. волна плотности
depression w. волна разрежения; волна разгрузки
detached w. отдельная (отошедшая) волна, неприсоединенный скачок уплотнения
detonation w. волна детонации
direct w. прямая волна
disturbance w. волна возмущения, интерференционная волна
diverging w. расходящаяся (уходящая) волна
double w. двойная волна, двойной импульс
earthquake w. сейсмическая волна
edge w. краевая волна
elastic w. упругая волна
emitted w. излученная волна
evanescent w. волна разгрузки; нераспространяющаяся волна; затухающая волна

excitation w. волна возмущения (нагружения)
expansion w. волна расширения (разрежения)
explosion w. взрывная волна
fan-like waves веерообразно распространяющиеся волны
flexural w. изгибная волна, волна изгиба
flood w. волна паводка
forward w. прямая волна
frontal w. прямая (фронтальная) волна
full w. полное колебание; полный период
fundamental w. основная волна; главная гармоника
gravity w. гравитационная волна
ground w. земная (сейсмическая) волна
harmonic w. гармоническая волна, гармоническое колебание
head w. головная волна, головной скачок уплотнения
heat w. тепловая волна, тепловой импульс
Hertz waves волны Герца, электромагнитные волны, радиоволны
impact w. ударная волна
incident w. падающая волна
incoming w. приходящая (набегающая) волна
interacting waves взаимодействующие волны
knock w. ударная волна, волна детонации
Lamb w. волна Лэмба
leading w. головная (передняя) волна
light w. световая волна
long waves длинные волны
longitudinal w. продольная волна
Love w. волна Лява
Mach w. волна Маха, ударная волна, волновой фронт Маха, линия возмущений; аэродинамическая характеристика
maintained w. незатухающая волна
meander w. прямоугольная волна, меандр
oblique w. наклонная волна, косой скачок уплотнения
plane w. плоская волна
plastic w. волна пластичности
Prandtl-Meyer w. волна Прандтля-Мейера, волна расширения (разрежения)
pressure w. волна давления (сжатия), скачок уплотнения
progressive w. бегущая волна
radiated w. излученная волна
rarefaction w. волна разрежения
Rayleigh w. волна Релея
rear w. замыкающая волна, замыкающий скачок уплотнения
reflected w. отраженная волна
refracted w. преломленная волна
return w. обратная волна, отраженная волна
ripple w. капиллярная волна; малая (мелкомасштабная) волна

rise time w. нарастающая во времени волна
roll w. бегущая волна
running w. бегущая волна
scattered w. рассеянная волна
seismic w. сейсмическая волна
shear w. волна сдвига
shock w. ударная волна, скачок уплотнения
sine w. синусоидальная волна, синусоида; гармоническое колебание
sky w. пространственная волна; отраженная (от верхних слоев атмосферы) волна
solitary w. отдельная (одиночная) волна
sound w. звуковая волна
spherical w. сферическая волна
square w. прямоугольная волна, прямоугольный импульс, меандр
standing w. стоячая (стационарная) волна
steep w. крутая волна, крутой импульс
stern w. волна за судном, судовая (кормовая) волна
Stokes w. волна Стокса
stray w. отдельная волна; блуждающая волна
stress w. волна напряжения
suction w. волна разрежения
supersonic w. сверхзвуковая волна
surface w. поверхностная волна
surge w. волна возмущения, ударная волна
tail w. хвостовая (кормовая) волна
tidal w. приливная волна
transverse w. поперечная волна
travelling w. бегущая волна
undamped w. незатухающая волна
virgin w. невозмущенная (неискаженная) волна
waveband диапазон волн
waveform форма волны (импульса, сигнала)
pulse w. форма волны (импульса)
triangular w. треугольный импульс
wavefront фронт волны (импульса), волновой фронт
w. aberration искажение волнового фронта
w. time время прохождения волнового фронта
incident w. фронт падающей волны
plane w. плоский волновой фронт
waveguide волновод
ideal w. идеальный волновод (без потерь)
leaky w. волновод с потерями
matched termination w. окончание волновода, не дающее отраженной волны
seismic w. сейсмический волновод
wavelength длина волны
critical w. критическая длина волны
medium w. длина волны в среде
unloaded w. длина волны собственной моды
wavelet волна малой амплитуды (длительности), слабая волна; элементарная волна

wavemeter волномер, частотомер
wavenumber волновое число
wavepacket волновой пакет
waver колебаться, колыхаться; развеваться
wavestrip волновая полоса
wavetail срез волны (импульса)
wavetrain группа волн, волновой пакет
waviness волнистость, волнистый характер (поверхности)
waving колебание, махание; ‖ колеблющийся, машущий
wavy волнистый, волнообразный
  w. **fracture** волнистый излом
wax воск; парафин; пластичный материал
way 1. путь, дорога; расстояние; 2. движение (вперед), ход; 3. направление, сторона; 4. направляющая, полоз, стапель; 5. желоб, русло; (горная) выработка, (шахтный) ствол; 6. метод, способ, средство, образ действия; 7. отношение; 8. область, сфера
  to be in the way мешать, препятствовать
  to be under way находиться в процессе выполнения (разработки), проводиться, проходить
  to find way into проникать во что-либо
  to give way to уступать (место), поддаваться чему-либо
  to put the other way round иными словами
  way ahead далеко впереди
  way back давно
  way behind далеко позади
  way out выход (из положения), возможность
  a little way недалеко, немного
  all the way to непрерывно до
  any way так или иначе
  by way of посредством, путем, через; в качестве, в виде; с целью
  in a way в некотором отношении; в известном смысле; до некоторой степени
  in any way во всяком случае
  in every way во всех отношениях
  in a minor way незначительно
  in much the same way почти так же, аналогично
  in no way никоим образом, никак
  in a rough way приблизительно
  in such a way так, чтобы; так, что
  in the way of в отношении, что касается
  in this way таким образом
  one way or another так или иначе
  the other way иначе
  the other way round наоборот
  the other ways в других отношениях
  under way текущий, происходящий в данное время, находящийся в процессе выполнения (разработки)
  cable w. канатная дорога
  gate w. штрек
  race w. подводящий канал

way-out 1. отдаленный; 2. современный, новейший
weak слабый; непрочный, нетвердый; не соответствующий требованиям; необоснованный, неубедительный
  to be weak in tension плохо сопротивляться растяжению
  to grow weak ослабевать
  w. **constraint** слабое (нестрогое) ограничение
  w. **convergence** слабая сходимость; плохая сходимость
  w. **formulation** слабая формулировка
  w. **point** слабое место, недостаток
  w. **soil** слабый грунт
weaken ослабевать; ослаблять; уступать
weakened ослабленный
weakest link theory теория слабого звена
weakness слабость; слабое место, недостаток; непрочность, неустойчивость; необоснованность, неубедительность; отсталость
wealth богатство; изобилие
weapon оружие
weaponry оружие, вооружение, боевая техника
wear 1. износ; изнашивание, истирание; срабатывание; амортизация ‖ изнашивать(ся); истирать(ся); срабатывать(ся); 2. одежда
  to wear in притирать(ся), прирабатывать(ся) трением
  to wear out изнашивать(ся), срабатывать(ся)
  w. **and tear** износ, изнашивание, срабатывание; амортизация
  w. **hardness** износостойкость, сопротивление износу, пассивная твердость
  w. **failure** отказ за счет износа
  w. **fatigue** усталость от изнашивания, поверхностная усталость
  w. **fragment** частица изнашивания
  w. **limit** максимально допустимый износ
  w. **line** профиль износа
  w. **pattern** характер (картина) износа
  w. **strength** сопротивление износу (истиранию)
  w. **surface** поверхность износа
  w. **test** испытание на износ (износостойкость, истирание)
  abrasive w. абразивный износ
  adjustment for w. поправка на износ
  cavitation w. кавитационный износ
  corrosive w. коррозионный износ
  deformation w. деформационный износ
  delamination w. износ расслаиванием (растрескиванием), деламинационный износ
  fatigue w. усталостный износ
  friction(al) w. износ при трении
  gradual w. постепенное изнашивание
  lamination w. износ расслаиванием
  mass w. износ по массе, потеря массы от износа
  mechanical w. механический износ

mild w. мягкий износ
negative w. отрицательный износ (налипание материала)
one-body w. износ одного из элементов пары трения
positive w. положительный износ (удаление материала)
severe w. жесткий износ
sliding w. износ от трения скольжения
surface w. поверхностный износ
total w. суммарный износ
two-body w. износ обоих элементов (пары трения)

wearability износостойкость

wear-and-tear износ, изнашивание, срабатывание; амортизация

wear-out см. wear

wearproof износоустойчивый, износостойкий, медленно срабатывающийся

wear-resistance износостойкость

weather погода; ‖ погодный; метеорологический, синоптический; ‖ подвергать(ся) атмосферным влияниям; выветривать(ся)

weathercock флюгер; ‖ устанавливаться по ветру, разворачиваться по потоку

weathering 1. разрушение под влиянием атмосферных воздействий, выветривание; 2. (дренажный) сток, слив

weather-proof устойчивый против атмосферных влияний

weave 1. ткань, тканый материал; переплетение, узор (ткани); плетение; прошивка; ‖ ткать, плести; сплетать(ся); прошивать; 2. качание; ‖ качать(ся)

web 1. перемычка, (промежуточная) стенка, переборка, перепонка; стенка балки, шейка рельса; полка (напр., уголка или тавра), ребро; лист, полотно (пилы); диск колеса; 2. сеть, сплетение, паутина; ткань; сетчатая конструкция; решетка (напр., фермы); ‖ плести (сеть), сплетать(ся); 3. втягивать, вовлекать

w. girder балка со сплошной (высокой) стенкой
deep w. высокая стенка (балки)
leading w. передний лонжерон, передняя стенка лонжерона
solid w. сплошная стенка
spar w. стенка лонжерона (балки)
thrust w. силовой элемент для восприятия тяги двигателя
triangular w. треугольная решетка (фермы)
wheel w. диск колеса

webbed 1. имеющий перемычки (стенки), разделенный на отсеки; перепончатый; ребристый; 2. плетеный, тканый
w. cross section многосвязное поперечное сечение

webbing 1. плетение; паутина, сеть; тканый материал; 2. решетчатая конструкция, решетка фермы

Weber number число Вебера

wedge клин; призма; ‖ клиновидный, клинообразный; ‖ заклинивать(ся), защемлять(ся), закреплять клином, вбивать клин
to wedge in вклинивать(ся)
to wedge out расклинивать
w. angle угол клина
w. force расклинивающая сила
flame w. конус пламени
fluid w. жидкостный клин
slender w. тонкий клин
sliding w. призма обрушения
turbulence w. расширяющаяся полоса турбулентности

wedged 1. клиновидный, скошенный; 2. расклиненный; защемленный

wedge-shaped клиновидный, скошенный

wedging 1. клиновидность, скошенность, непараллельность; 2. заклинивание, расклинивание

week неделя

weep течь; просачивание, фильтрация; выпотевание; ‖ течь, протекать; просачиваться, фильтровать; выпотевать, выделять жидкую фазу

weepage просачивание, фильтрация

weep-hole фильтрационное отверстие

weft уток (ткани)
w. yarn пряжа утка

weigh 1. взвешивание; ‖ взвешивать(ся); весить, иметь вес; уравновешивать; 2. обдумывать, оценивать, сравнивать
to weigh against сравнивать с чем-либо
to weigh up уравновешивать; обдумывать
to weigh with иметь значение, влиять

weighing-machine весы; дозатор

weight 1. вес; масса; единица веса (массы); груз, нагрузка; гиря; ‖ нагружать, увеличивать вес; делать весомым; отягощать; 2. весовой коэффициент, весовая функция; ‖ задавать (приписывать) вес (весовой коэффициент); 3. влияние, значение
to put too much weight придавать слишком большое значение
per unit weight на единицу веса
the weight of evidence suggests that есть основания считать, что
w. application приложение груза (нагрузки); нагружение собственным весом
w. per axle нагрузка на ось
w. coefficient весовой коэффициент
w. equalizer балансир, противовес, контргруз
w. flow весовой (массовый) расход
w. function весовая функция
w. power мощность на единицу веса (двигателя)
w. by volume объемный вес
absolute w. абсолютный вес (в вакууме)
airborne w. полетный вес
balance w. гиря; противовес, балансировочный груз(ик); балластный груз

basis w. основной вес; сухой вес (напр., двигателя); вес пустого транспортного средства
  bulk w. объемный вес, объемная масса; насыпная масса
  counter w. противовес, балансировочный груз(ик)
  dead w. 1. собственный вес (конструкции); 2. полная грузоподъемность (судна), дедвейт
  design w. расчетный вес
  dry w. масса (вещества) в сухом состоянии; сухая масса (напр., двигателя)
  expended w. израсходованная масса (напр., топлива)
  gross w. общий (полный) вес, вес брутто
  installed w. вес собранного (установленного) оборудования
  integral w. общий (полный) вес; сумма весов (весовых коэффициентов)
  jettison w. вес отделяемой части (напр., сбрасываемой ступени ракеты)
  own w. собственный вес; вес нетто
  payload w. полезная нагрузка, полезный вес
  quadrature weights веса (формулы) интегрирования
  self w. собственный вес
  specific w. удельный вес, плотность
  submerged w. масса тела в жидкости
  takeoff w. взлетная масса
  target w. расчетный (заданный) вес
  throughput w. массовый расход
  total w. общий (полный) вес
  touchdown w. посадочная масса
  unit w. единичный вес; удельный вес
  volume w. объемный вес
  wet w. вес заправленного агрегата (двигателя)
weighted 1. взвешенный; 2. оцененный, измеренный; 3. нагруженный, находящийся под действием силы тяжести
  w. average взвешенное среднее
  w. Euclidean norm взвешенная эвклидова норма
  w. residual method метод взвешенных невязок
weighting 1. взвешивание; ‖ весовой; взвешивающий; 2. измерение, оценивание, оценка; 3. нагружение
  w. factor весовой множитель (коэффициент)
  exponential w. экспоненциальное взвешивание; экспоненциальная весовая функция
weightless невесомый
weightlessness невесомость, состояние невесомости
  airborne w. невесомость, создаваемая на самолете
weighty тяжелый; затруднительный; веский; важный
  w. conclusion важный вывод

weir плотина, запруда; водослив; ‖ перекрывать плотиной, запруживать
  w. flow расход водослива
  w. ga(u)ge измеритель водослива
weld сварка, сваривание; сварное соединение, сварной шов; ‖ сварочный; сварной; ‖ сваривать
  to weld on приваривать, наваривать
  to weld together сваривать, соединять сваркой
  w. metal сварочный (наплавленный) металл
  w. seam сварной шов
  butt w. стыковое сварное соединение
  intermittent w. прерывистый шов
  principal w. основной (несущий) сварной шов
  strength w. прочный сварной шов; несущий сварной шов
  T-w. Т-образный сварной шов
weldability свариваемость
welded сваренный, сварной; приваренный, заваренный
  w. structure сварная конструкция
welding сварка, сваривание; сварное соединение, сварной шов; ‖ сваривающий; сварочный; сварной
  w. joint сварное соединение, сварной шов
  w. rod электрод
  w. stress напряжение, вызванное сваркой
  lap w. сварка внахлестку
  spot w. точечная сварка
weldless бесшовный, без сварки, цельный
well 1. источник; колодец, шахта; скважина; полость, выемка, камера; водоем; ‖ фонтанировать, бить ключом
  w. control method метод регулирования давления в скважине; способ глушения скважины
  w. flowing фонтанирование скважины
  w. head устье скважины
  w. screen скважинный фильтр
  w. survey каротаж скважин
  appraisal w. оценочная скважина
  development w. эксплуатационная скважина
  drowned w. обводненная скважина
  exploratory w. разведочная скважина
  gas w. газовая скважина
  injection w. нагнетательная скважина
  offshore w. морская скважина
  oil w. нефтяная скважина
  operating w. эксплуатационная скважина
  perfect w. совершенная скважина
  potential w. потенциальная яма
  pressure w. нагнетательная скважина
  sinking of w. бурение скважины, рытье колодца
well 2. хороший; ‖ хорошо; 3. правильно, разумно; 4. весьма, очень; далеко, значительно; 5. вполне, полностью, совершенно
  well above значительно выше

well after значительно позже
well before задолго до
well in advance значительно раньше
well over значительно больше
as well так же; в той же степени
as well as а также и, так же как
well-balanced уравновешенный; симметричный; отрегулированный
well-becoming подходящий, пригодный, правильный
well-defined четкий, вполне определенный; хорошо поставленный
w. problem хорошо поставленная задача
well-established общепринятый, установившийся
well-founded обоснованный
well-head источник
well-ordered вполне упорядоченный
well-thought-out продуманный, обоснованный
well-worn изношенный, сработавшийся
welt фальц; бордюр, борт, кромка; стыковое соединение
west запад
wet влажность; || влажный, мокрый, сырой; жидкий; заправленный (о двигателе); || мочить, смачивать, увлажнять
wettability смачиваемость
wetted смоченный; смачиваемый, омываемый
w. area смоченная (смачиваемая, омываемая) поверхность
w. section живое сечение (потока)
wetting смачивание, увлажнение; || смачивающий, увлажняющий
w. area смачиваемая (омываемая) поверхность
w. capability смачивающая способность
w. liquid смачивающая жидкость
whack удар; звук удара; || ударять
wharf (мн.ч. **wharves**) пристань, причал; верфь
what что?, какой?, сколько?; || что, какой, который, сколько (как союзное местоимение)
what for? зачем?
what is more более того, кроме того
in view of what follows ввиду того, что следует
whatever все, что; что бы ни; независимо от того, что; || любой, какой бы ни; никакой (в отрицательном предложении); || где-либо (еще); вообще, совсем
whatsoever вообще, совсем
Wheatstone bridge мост(ик) сопротивления
wheel колесо; диск; ролик; маховик, штурвал; зубчатое колесо, шестерня; круг, оборот; || катить(ся); поворачивать(ся); описывать круг
w. arm спица колеса
w. base колесная база, база шасси
w. drag волочение колеса; тормозная колодка
w. flange реборда колеса
w. load колесная нагрузка, давление колеса (на грунт); нагрузка на колесо
w. rim обод колеса
w. size диаметр колеса
w. web диск колеса
balance w. маховое колесо, маховик
blade(d) w. лопастное (облопаченное) колесо, колесо с лопатками
control w. рулевое колесо
disk w. дисковое колесо
driven w. ведомое колесо
driving w. ведущее колесо
fly w. маховое колесо, маховик
friction w. фрикционное колесо
gear w. зубчатое колесо, шестерня
impeller w. рабочее колесо (турбины), ротор, крыльчатка
landing w. колесо шасси
locked w. заторможенное колесо
multiplying w. повышающая (ускорительная) зубчатая передача
paddle w. гребное (лопастное) колесо
pilot w. штурвал, маховик; крестовина
plate w. дисковое колесо
reaction w. реактивное колесо, колесо реактивной турбины
rotor w. ротор, рабочее колесо (турбины)
running w. ходовое колесо; ведущее колесо; рабочее колесо
spoke(-wire) w. колесо с проволочными спицами, спицевое колесо
steering w. рулевое колесо
tail w. хвостовое колесо
tired w. ошинованное колесо
toothed w. зубчатое колесо, шестерня
turbine w. колесо (ротор) турбины
twin wheels спаренные колеса
vane w. лопастное (облопаченное) колесо, крыльчатка
water w. водяное колесо, рабочее колесо гидротурбины
wheelband (колесный) бандаж
wheeled колесный, имеющий колеса
wheeling движение качением, качение; вращение колес
free w. свободный ход
wheelpair колесная пара
wheel-ski колесно-лыжное шасси
wheelspin пробуксовка колеса
wheelwork зубчатая передача; механизм
when 1. когда?; || в то время как, как только, тогда как; в тех случаях, когда; хотя, несмотря на; если; после того, как; 2. время, дата
when (being) heated при нагревании, будучи нагретым
when in motion при движении, находясь в движении
when in use в действии; в процессе (применения)
as to when в отношении того, когда
just when именно когда

whence откуда
whenever всегда, когда; когда бы ни
where где?, куда?; ‖ там, где; туда, где; в тех случаях, когда
   where from? откуда?
   as to where в отношении того, где (куда)
whereabouts 1. где?; 2. (приблизительное) местонахождение
whereas тогда как; в то время, как; несмотря на то, что; принимая во внимание, поскольку
whereat затем, после этого; на что, на это; о чем
whereby 1. посредством чего, при помощи которого; в результате чего, тем самым; 2. как?, каким образом?
wherefore 1. почему?, по какой причине?, для чего?; 2. причина
wherein в котором; там, где
whereof из которого; о котором, о чем
whereupon после чего, вследствие чего; тогда; ‖ на чем?, где?
wherever где бы ни, куда бы ни; повсюду, где; ‖ где?, куда?
wherewith чем, с помощью чего
whet точить, править (инструмент)
whether ли
   whether it be будь то
   whether ... or или...или; независимо от
   whether ... or not ли; так или иначе, во всяком случае
which который, какой, кто (что)
   by which means посредством чего
   in which case и в этом случае
   it is ... which именно ... (для усиления значения)
whichever какой бы ни, любой
while 1. пока (выполняется условие); в то время как; в то время, когда; тогда, как; 2. хотя; несмотря на то, что; наряду с тем, что; 3. время, промежуток времени
   to be worth while стоить, иметь смысл
   after a while через некоторое время
   for a while на некоторое время
   once in a while время от времени, иногда
WHILE loop цикл с условием продолжения
WHILE statement оператор цикла с условием продолжения
whilst см. while 1.
whim рычаг; лебедка
whip 1. биение; ‖ бить; 2. провисание, прогиб; ‖ провисать; 3. лебедка; 4. строп; 5. схлестывать(ся); обматывать, оплетать
whirl 1. вихрь, завихрение, вихревое движение; ‖ вихревой; ‖ завихриваться; 2. движение по кругу, вращение, кружение; ‖ двигаться по кругу, вращать(ся)
   axial w. осевой вихрь
   ring w. кольцевой вихрь
   rising w. восходящий вихрь
whirlabout вращение; волчок; ‖ вращающийся

whirler центрифуга, циклон
whirlpool водоворот
whirlwind воздушный вихрь, смерч
whisker точечный контакт; контактный волосок
white 1. белый цвет; белая краска; ‖ белый; 2. прозрачный, бесцветный; чистый
   w. light дневной свет
   w. noise белый шум
   w. space пробел
whiten окрашивать(ся) белым, белеть, светлеть
who кто?; ‖ который; тот, кто
whole 1. целое; ‖ целый, весь; цельный; 2. итог, результат
   as a whole в целом
   on the whole в целом, в общем
   w. number целое число
wholeness цельность, целостность
wholly полностью, целиком
why 1. почему?, по какой причине?; 2. основание, причина
   that is why и поэтому, вот почему
wick фитиль
wide широкий; обширный; далекий; ‖ широко; повсюду, везде; далеко
   wide apart на большом расстоянии друг от друга
   w. angle большой угол
   w. spectrum широкий спектр (диапазон)
   w. variety большое разнообразие
   3 ft. w. шириной 3 фута
widebody широкий фюзеляж, самолет с широким фюзеляжем
widely широко; далеко
widely-meshed крупноячеистый, редкий (о сетке)
widely-spaced далеко отстоящие (друг от друга), редко расположенные
widen расширять(ся)
widening расширение
widespread широко распространенный
   w. use широкое применение
width 1. ширина; размер, расстояние; интервал, диапазон; мощность (пласта); пролет; 2. длительность, продолжительность
   w. between centers расстояние между центрами, межосевое расстояние
   w. of span ширина пролета
   band w. ширина полосы частот; ширина ленты (напр., ленточной матрицы)
   clear w. габаритная ширина; ширина в свету
   external w. габаритная ширина
   finite w. конечная ширина
   pulse w. длительность импульса
   sweep w. угол раствора, ширина сектора
   wave w. ширина (фронта) волны
wield владеть, обладать; управлять
wieldy (легко) управляемый
wiggle качать(ся), раскачивать(ся)
will воля, желание; ‖ хотеть, желать
   at will по желанию, произвольно

wimble дрель, бурав
win выигрыш, победа; ‖ выигрывать, побеждать; добиваться, достигать
   to win acceptance завоёвывать признание
winch лебёдка, ворот; домкрат; коленчатый рычаг; ‖ поднимать лебёдкой
   crane w. крановая лебёдка
   lifting w. подъёмная лебёдка
   well w. простой ворот
wind 1. ветер; поток воздуха, воздушная струя; ‖ ветровой, ветряной; ‖ дуть, выдувать, надувать, обдувать; 2. оборот, поворот, виток; перемотка; обмотка; ‖ вращать(ся), поворачивать(ся); наматывать, перематывать; навивать; виться, извиваться; 3. поднимать (груз) при помощи лебёдки
   to wind off разматывать(ся)
   to wind up 1. поднимать лебёдкой; 2. заводить (напр., пружинный механизм); 3. сматывать; 4. завершать; заканчивать
   to allow for wind учитывать ветер, вносить поправку на ветер
   down the wind по ветру
   w. allowance поправка на ветер
   w. axis ось (направление) потока, ось потоковой системы координат
   w. channel аэродинамическая труба
   w. flow воздушный поток
   w. load ветровая (аэродинамическая) нагрузка
   w. mill ветряной двигатель
   w. moment ветровой момент
   w. resistance сопротивление воздуха (движению)
   w. rose роза ветров
   w. tide ветровой нагон (воды)
   w. tie ветровая связь, расчалка
   w. truss ветровая ферма
   w. tunnel аэродинамическая труба
   w. velocity скорость ветра
   adverse w. неблагоприятный (встречный) ветер
   backward w. обратная перемотка
   baffling w. неблагоприятный (переменный) ветер
   ballistic w. баллистический ветер
   blast w. взрывная волна
   cross w. боковой ветер
   fair w. попутный ветер
   head(-on) w. встречный (лобовой) ветер
   high w. сильный ветер
   jet-stream w. реактивная струя
   prevailing w. господствующий ветер
   relative w. набегающий поток, (относительная) скорость набегающего потока
   resultant w. результирующий ветер
   tail w. попутный ветер (в полёте)
   true w. истинный ветер
windage сопротивление воздуха (движению), давление воздуха на движущийся предмет; парусность; снос ветром

wind-driven приводимый в движение ветром, ветровой, ветряной
windflaw порыв ветра
wind-force ветровое усилие
winding 1. ветер; порыв ветра; 2. перемотка, наматывание, навивка; виток, обмотка (напр., электромотора); изгиб, поворот; 3. подъём (груза) при помощи лебёдки
   w. engine подъёмная машина, лебёдка
   magnet w. обмотка электромагнита
windlass лебёдка, ворот
windmill ветряной двигатель, ветроэнергетическая установка; воздушный винт; вертолёт; ‖ вращаться от действия ветра; авторотировать (о роторе вертолёта)
windmilling движение (лопастей) от действия ветра; авторотация
window 1. окно; отверстие; иллюминатор, люк, фонарь; 2. интервал, промежуток, просвет; 3. выделенная зона на экране дисплея, окно; кадр
windowing организация оконного (полиэкранного) режима, управление окнами (на экране дисплея); отсечение (части изображения)
windscreen ветрозащита; переднее (ветровое) стекло; козырёк
windstream поток воздуха, набегающий поток
wind-up 1. подъём (лебёдкой); 2. завод (пружины); 3. конец, завершение
windward наветренная сторона; ‖ наветренный; ‖ с наветренной стороны, против ветра
wing крыло; лопасть; выступ, отросток; полка уголка; лезвие
   w. aspect ratio удлинение крыла
   w. axis ось крыла, линия фокусов крыла
   w. cascade решётка профилей
   w. loading нагрузка на крыло, отношение веса самолёта к поверхности крыла
   w. rib нервюра крыла
   w. section профиль (сечение) крыла
   w. span размах крыла
   w. spar лонжерон крыла
   w. sweeping стреловидность крыла; задание (изменение) стреловидности крыла
   w. theory теория крыла
   w. twist (аэродинамическая) крутка крыла
   arrow w. стреловидное крыло
   aspect-ratio-3 w. крыло с удлинением 3
   beating w. машущее крыло
   biconvex w. двояковыпуклое крыло, крыло чечевицеобразного профиля
   braced w. раскосное крыло
   buzzard-type w. крыло обратной стреловидности
   cantilever w. свободнонесущее крыло
   center w. section центроплан (фюзеляжа)
   circular w. дисковидное крыло, круглое (в плане) крыло
   clear w. аэродинамически чистое крыло
   crescent w. серповидное крыло
   delta w. треугольное (дельтовидное) крыло

double-wedge w. ромбовидное крыло
dry w. крыло без топлива (без топливных баков)
fail-safe w. крыло повышенной живучести
finite w. крыло конечного размаха
fixed w. неподвижное крыло
flapping w. машущее крыло
flexible w. гибкое крыло
flying w. "летающее крыло" (как тип летательного аппарата)
high-lift w. крыло с высокими аэродинамическими свойствами (с большой подъемной силой)
high(-set) w. высоко расположенное крыло
infinite w. бесконечное крыло, крыло бесконечного размаха
laminar(-flow) w. крыло с ламинарным обтеканием
lifting w. несущее крыло
low-aspect-ratio w. крыло малого удлинения
low-drag w. крыло малого сопротивления
low(-set) w. низкое (низко расположенное) крыло
monospar w. однолонжеронное крыло
pivoting w. поворотное крыло
reversed-taped w. крыло с обратным сужением
root section of w. корневое сечение крыла
short w. крыло малого размаха
slender w. тонкое крыло
solid w. монолитное (сплошное) крыло; неразрезное крыло
square-cut w. прямоугольное крыло
straight w. прямое (нестреловидное) крыло
subsonic w. дозвуковое крыло
swept w. стреловидное крыло
tapered w. сужающееся (трапециевидное) крыло, крыло с уменьшающейся хордой
thin-walled w. тонкостенное крыло
tilting w. поворотное крыло
torsion-box w. крыло кессонной конструкции
unswept w. прямое (нестреловидное) крыло
variable-incidence w. крыло с изменяемым углом установки, переставное крыло
waving w. машущее крыло
wet w. подводное крыло; крыло с топливом (с топливными баками)

winged крылатый, имеющий крылья
w. vehicle крылатый летательный аппарат

wingless не имеющий крыльев, бескрылый
wing-mounted установленный на крыле
wing-shaped крыловидный, имеющий форму крыла
wing-sweep actuation изменение стреловидности крыла
wingtip концевая часть крыла, законцовка
Winkler elastic foundation упругое основание Винклера (как расчетная модель основания)

wipe вытирание; стирание, удаление; скольжение; ‖ вытирать, протирать; стирать, удалять; скользить
w. contact подвижный (скользящий) контакт

wiper протирающее устройство, щетка; подвижный (скользящий) контакт

wire проволока; кабель, трос; провод, проводник, шина; проволочное (проводное) соединение; ‖ проволочный; проводной; ‖ связывать (скреплять) проволокой; армировать (волокнами, проволокой)
w. bridge висячий мост
w. cable (проволочный) трос; арматурный пучок
w. cloth проволочная сетка, металлическая ткань
w. drawing волочение проволоки
w. fabric проволочная (арматурная) сетка
w. frame проволочный (арматурный) каркас
w. frame representation каркасное представление (в геометрическом моделировании)
w. mesh проволочная (арматурная) сетка
w. rod прут(ок), прутковое железо
w. rope трос
w. screen проволочная сетка, сетчатый экран, решето
w. shaft гибкий вал, тросик
w. spoke проволочная спица
w. work проволочная сетка, металлическая ткань
guy w. оттяжка, ванта
messenger w. несущий трос
reinforcing w. арматурная проволока
shear w. (диагональная) расчалка
stay w. оттяжка, ванта
stretching w. натяжной трос
strain-sensitive w. тензочувствительная проволока
suspension w. несущий трос; проволочная подвеска, подвеска на тросах
welding w. сварочный пруток, электрод

wiredrawn очень тонкий; слишком тонкий (о различии), надуманный

wire-frame каркасный, с проволочным (стержневым) каркасом
w. model каркасная модель (геометрии объекта)

wise 1. разумный; знающий, осведомленный; 2. способ, образ действия
to put wise to выводить из заблуждения, объяснять
it is wise to целесообразно (делать что-либо)
in no wise никоим образом

wish желание, пожелание; ‖ желать, хотеть; высказывать пожелание

wisp жгут, пучок, сгусток

wispy тонкий

wit ум, разум; остроумие
to wit то есть

with с, вместе с, при; в зависимости от; от, из-за; в случае, в отношении; несмотря на
  with few exceptions за немногими исключениями
  with a glance с учетом
  with no без
  with reason не без оснований
  with reference to в отношении, относительно, что касается
  with respect to в отношении, ссылаясь на
  as with как и в случае
  derivative with respect to x производная по (переменной) x
withdraw 1. вытаскивать, выдергивать, извлекать, удалять; брать назад; уходить, отдалять(ся); 2. срыв потока
withdrawal извлечение, удаление; уход
  heat w. отвод тепла
within 1. в, внутри, в пределах; не далее как, не позднее; 2. внутренняя сторона
  within the grasp of в пределах досягаемости
  within the limits в пределах, в диапазоне
  within recent years за последние годы
  within the time в пределах (интервала) времени
  to within с точностью до
without 1. без; без того, чтобы; 2. вне, за, за пределами, снаружи; 3. внешняя сторона
  without the benefit не используя, без помощи
  without consideration не учитывая, не принимая во внимание
  without fail безошибочно, наверняка, без сбоев; обязательно, непременно
  without recourse to не прибегая к помощи
  without reference to независимо от, безотносительно к, без ссылки на
  without regard for не учитывая
  from without снаружи, извне
  it goes without saying не требует доказательства, разумеется
withstand выдерживать, сопротивляться
  to withstand the stresses выдерживать напряжения (нагрузки)
wobble качание, колебание; биение, виляние, неровный ход; ‖ качать(ся), колебаться; бить, вилять
  w. frequency частота (периодичность) качания (биения)
  wheel w. биение колеса
wobbler источник колебаний; эксцентрик, кулак
  w. action эксцентрическое движение, биение
wobbly качающийся; имеющий эксцентриситет; шаткий, неустойчивый
  w. theory шаткая теория
Wohler curve кривая Велера, кривая усталости
wonder удивление; нечто удивительное; ‖ удивляться; интересоваться

wood лес; древесина, дерево (как материал) ‖ лесной, древесный, деревянный
wooden деревянный
woodwork деревянная конструкция
woof уток (ткани)
word слово; речь; ‖ словесный, текстовый; ‖ выражать словами, формулировать
  in a word короче говоря
  in other words другими словами
  w. length длина (разрядность) слова
  w. processor система обработки (подготовки) текстов, текстовый процессор
  binary w. двоичное слово
  key w. ключевое слово
  machine w. машинное слово
wording формулировка; текст; редакция (текста)
work 1. работа; действие; функционирование; операция; ‖ работать, действовать, функционировать; 2. обрабатываемое изделие; продукция; завод, производство; ‖ обрабатывать; вырабатывать; 3. конструкция; механизм; действующий (подвижный) элемент конструкции; 4. научное исследование, научная работа; произведение, труд
  to work at работать над чем-либо
  to work for стремиться к чему-либо
  to work in вводить; вставлять; проникать, углубляться, уходить внутрь
  to work off освобождаться от чего-либо
  to work on оказывать действие, действовать (влиять) на что-либо; работать над чем-либо
  to work on the principle действовать по принципу
  to work out разрабатывать; вырабатывать; решать (задачу)
  to work out the parenthesis выполнять действия в скобках
  to work over перерабатывать
  to work up разрабатывать, подготавливать
  to be at work работать, действовать, функционировать
  in practical work на практике, в действительности
  w. for acceleration работа (для создания) ускорения
  w. area рабочая площадь (поверхность)
  w. of deformation работа деформации
  w. drawing рабочий чертеж
  w. expression in terms of выражение работы через (в терминах)
  w. file рабочий файл
  w. due to friction работа (сил) трения
  w. hardening энергетическое (деформационное, механическое) упрочнение, наклеп
  w. load полезная нагрузка; рабочая (эксплуатационная) нагрузка, допускаемая нагрузка
  w. minimization минимизация работы
  w. of resistance работа (сил) сопротивления

w. per time работа в единицу времени, мощность
aerodynamic w. аэродинамическое исследование
block w. блочная конструкция
cold w. холодная обработка; нагартовка, наклеп
complementary w. дополнительная работа (деформации)
compression w. работа сжатия
consumed w. затраченная (поглощаемая) работа (мощность)
course of w. рабочий ход (напр., поршня)
development w. разработка, опытно-конструкторская работа
effective w. полезная работа
elementary w. элементарная работа
expansion w. работа растяжения; работа расширения
external load w. работа внешней нагрузки
flight w. летные испытания
functional of w. функционал работы
incremental w. приращение работы, работа на шаге по параметру
input w. затраченная работа, полная работа (включая потери на трение и т.д.), индикаторная работа
internal w. внутренняя работа
lift w. работа подъема (подъемной силы)
linear w. линейная разметка
machine w. механическая обработка
mechanical w. механическая работа; механическая обработка
metal w. металлическая конструкция
negative w. отрицательная работа, работа (сил) сопротивления
required w. затраченная (поглощаемая) работа (мощность)
research w. исследование, научно-исследовательская работа
retrofit w. настройка, регулировка; доработка, доводка; модернизация
routine of w. режим работы
steel w. стальная конструкция; стальной каркас
unit of w. единица работы
virtual w. виртуальная работа
wheel w. зубчатая передача; механизм
wire w. проволочная сетка, металлическая ткань
wood w. деревянная конструкция
workability применимость, пригодность к работе (обработке), обрабатываемость
workable выполнимый, осуществимый; реальный
workbench инструменты, инструментальные средства; рабочее место
worked обработанный, переработанный
w. example рассчитанный пример
working работа; действие; деятельность, практика; разработка, развитие, решение; обработка; работа (несущей) конструкции; || рабочий, работающий, действующий; используемый, рассматриваемый, текущий
w. condition рабочее состояние
w. conditions условия работы (эксплуатации), режим работы
w. example демонстрационный пример
w. formula рабочая формула
w. knowledge практическое умение (владение); практические результаты научных исследований
w. life эксплуатационная долговечность, ресурс
w. liquid рабочая жидкость
w. load полезная нагрузка; рабочая (эксплуатационная) нагрузка, допускаемая нагрузка
w. loss потеря работы (напр., на сопротивление)
w. point точка приложения силы
w. position рабочее положение
w. pressure рабочее (эксплуатационное) давление
w. space рабочее пространство; рабочая область (памяти)
w. standard действующий стандарт
w. stress рабочее (эксплуатационное) напряжение; расчетное (допускаемое) напряжение
w. substance рабочее вещество, рабочая среда
hot w. горячая обработка
mine w. горная выработка
plastic w. пластическая обработка, обработка давлением
workpiece обрабатываемая деталь
workshop лаборатория; мастерская, цех; (научная) конференция, семинар, симпозиум; секция (конференции); рабочая группа, группа экспертов
w. panel научный семинар, заседание группы экспертов
orbital w. орбитальная лаборатория
worksite рабочее место
workspace рабочее пространство; рабочая область (памяти)
workstation рабочая станция (класс ЭВМ); автоматизированное рабочее место (АРМ)
design w. автоматизированное рабочее место проектировщика
world 1. мир, вселенная; 2. окружение, окружающая среда; сфера деятельности; кругозор
w. coordinate мировая (реальная, физическая) координата
worm червяк; бесконечный (архимедов) винт, шнек; змеевик; || червячный, шнековый, винтовой
worm-gear червячная передача
worse худший; || хуже; сильнее
worsen ухудшать(ся)
worth ценность; цена, стоимость; || стоящий, заслуживающий; обладающий (чем-либо)

to be worth иметь смысл
worth attention заслуживающий внимания
worthless бесполезный
worth-while полезный, стоящий; целесообразный
worthy достойный, заслуживающий
   to be worthy of notice заслуживать внимания
would-be предполагаемый, вероятный, будущий; мнимый
woven тканый
   w. composite тканый композит
wrap покрытие, обертка; намотка, навивка; виток, оборот; || покрывать, оборачивать; наматывать, обвивать
   to wrap around циклически возвращаться (переходить к началу)
   to wrap over перекрывать
wrap-around циклический возврат (переход)
wreck поломка; заедание, заклинивание; обломки; || вызывать поломку; разрушать(ся)
   impact w. разрушение при ударе (напр., в момент приземления)
wreckage обломки
wrench гаечный ключ; выворачивание, заворачивание; || выворачивать, заворачивать
wriggle изгиб, изгибание; извив; продвижение ползанием; || изгибаться, прогибаться; извиваться; двигаться ползанием
   w. instability потеря устойчивости при изгибе, изгибная неустойчивость
wring 1. сжатие, сжимание; выжимание, отжим; || сжимать; выжимать; 2. скручивание; || скручивать
wringling fit напряженная посадка
wrinkle 1. морщина, складка; || морщить(ся), складывать(ся), сминать(ся); 2. приспособление, вспомогательное устройство; специальный прием (способ)
wrinkling образование складок, сморщивание; местная потеря устойчивости, местное выпучивание
wrist 1. сужение, шейка; 2. ось, палец; цапфа
write запись, операция записи (данных); || писать, записывать; фиксировать
   to write down записывать
   to write in вписывать, вносить запись, заполнять (графу, поле)
   to write off вычеркивать, аннулировать (запись); не принимать во внимание
   to write out переписывать; выписывать
   to write up подробно описывать; дописывать, завершать
   to write the program составлять программу
writer 1. автор; разработчик; 2. программа (устройство) записи
writing запись, операция записи
wrong неправильный, ошибочный; несправедливый; несоответствующий; неисправный; || неправильно, несправедливо

in the wrong way неправильно
   w. assumption ошибочное предположение, неверная гипотеза
   w. solution неверное решение
wrought 1. обработанный; выработанный, сделанный; 2. кованый; ковкий (о металле)
wry кривой, перекошенный; неправильный; искаженный; противоречивый
wye соединение звездой, звезда; тройниковое соединение, тройник

X

X-axis ось абсцисс, ось X
X-ray рентгеновский луч; || рентгеновский; || просвечивать (облучать) рентгеновскими лучами
   X. apparatus рентгеновская установка
   X. image рентгеновский снимок, рентгенограмма
xylonite целлулоид; || целлулоидный
XY-plotter двухкоординатный графопостроитель

Y

yank рывок, дергание
yard 1. открытая площадка, двор; 2. верфь; 3. ярд (мера длины = 0,9144 м)
yarn нить; пряжа
   warp y. пряжа основы
   weft y. пряжа утка
yaw отклонение от курса; угловое движение; рыскание, скольжение; угол рыскания; момент рыскания; || отклоняться от курса; рыскать, скользить
   at yaw под некоторым (ненулевым) углом скольжения
   y. angle угол рыскания (скольжения)
   y. axis ось рыскания, вертикальная (нормальная) ось самолета
   y. error отклонение по курсу
   y. rate угловая скорость рыскания
   amount of y. угол рыскания (скольжения); амплитуда рыскания
   stability in y. устойчивость по рысканию, путевая устойчивость
yawed установленный под углом (атаки), с ненулевым углом атаки, не совпадающий с направлением потока, скользящий, рыскающий
yawhead датчик угла скольжения, датчик направления потока
yawing отклонение, уклонение; рыскание, вращение (летательного аппарата) вокруг вертикальной оси; скольжение; || рыскающий
   y. moment момент рыскания
   y. velocity (угловая) скорость рыскания
yawn зазор, люфт
Y-axis ось Y, ось ординат
year год

yellow желтый цвет; ‖ желтый; ‖ окрашивать(ся) в желтый цвет
   y. **brass** латунь, желтая медь
yet еще, все еще; до сих пор; когда-либо; однако, тем не менее, все же
   yet **more** еще больше
   as yet все еще, пока, до сих пор
   never yet никогда еще не
   not yet еще не
yield 1. течение; текучесть (материала); пластическая деформация; деформируемость, податливость; ‖ течь, деформироваться пластически; уступать, подаваться; 2. выход, выработка, выпуск; производительность, полезная работа; извлечение, добыча; дебит, сток; ‖ выдавать, выпускать, вырабатывать; извлекать, добывать
   y. **behaviour** пластическое поведение, пластическая работа (конструкции)
   y. **condition** условие текучести
   y. **criterion** критерий текучести
   y. **ellipse** эллипс текучести
   y. **function** функция текучести
   y. **hinge** пластический шарнир
   y. **limit** предел текучести
   y. **line** линия текучести
   y. **node** узел (сетки), в котором есть пластические деформации, пластический узел
   y. **point** предел текучести
   y. **state** состояние текучести (пластичности)
   y. **strain** деформация текучести, пластическая деформация
   y. **stress** предел текучести; напряжение пластического течения
   y. **surface** поверхность текучести
   axial y. податливость в осевом направлении
   current y. **condition** мгновенное условие текучести
   hexagonal y. **condition** условие текучести (Треска), определяемое шестиугольником (шестигранником)
   (von) Mises-Hencky y. **condition** условие текучести Мизеса-Генки (представляется круговым цилиндром в пространстве главных напряжений)
   support y. податливость опоры
   tensile y. **stress** предел текучести при растяжении
   upper y. **stress** верхний предел текучести
yielded 1. находящийся в состоянии текучести, пластически деформируемый, пластический; 2. выпущенный, произведенный
   y. **element** пластически деформируемый элемент
   y. **material** материал в состоянии пластичности, пластический материал; упрочненный материал
yielding 1. текучесть, (пластическое) течение; пластическое деформирование; податливость; осадка, оседание; ‖ испытывающий состояние текучести; податливый, деформируемый, упругий; деформирующийся; 2. выход, выработка, выпуск; извлечение, добыча; дебит, сток
   y. **area** зона пластических деформаций, область текучести
   y. **flow** текучесть, пластическое течение
   y. **of foundation** податливость основания; осадка фундамента
   y. **of metal** текучесть металла; (пластическое) течение металла
   y. **structure** пластическая конструкция, конструкция в состоянии пластичности (за пределами упругости)
   y. **support** деформируемая (податливая) опора
yoke 1. вилка, тройник; скоба, хомут; 2. перекладина, поперечина, ригель, траверса; 3. обойма
Young's modulus of elasticity модуль Юнга, модуль упругости при растяжении, модуль упругости первого рода
Y-shaped вилкообразный

Z

zap 1. затирать (запись); 2. замыкать(ся)
Z-axis ось аппликат, ось Z
Z-bar зетовая сталь, балка с Z-образным профилем поперечного сечения
zenith зенит
zero нуль; начало отсчета, начало координат; нулевая точка (шкалы); нейтральное положение; нулевой элемент; ‖ нулевой; нейтральный; исходный, начальный; ‖ устанавливать (на) нуль; задавать нулевые значения, обнулять; приравнивать нулю
   to fill by zeros заполнять нулями (напр., блок матрицы)
   to set to zero устанавливать (на) нуль, приводить к нулю, приравнивать нулю
   z. **balance** нулевой итог
   z. **complement** точное (алгебраическое) дополнение; дополнительный код (числа)
   z. **dimension** нулевая размерность, отсутствие размерности, безразмерность
   z. **drift** отсутствие отклонения (увода); уход нуля (шкалы прибора)
   z. **energy mode** форма (деформирования) с нулевой энергией, кинематическая форма (мода), мода деформирования упругого тела как механизма
   z. **of function** нуль (корень) функции
   z. **gravity** невесомость
   z. **line** нулевая линия, линия отсчета; линия приведения, нейтральная линия (ось)
   z. **position** нулевое (исходное, отсчетное) положение; нейтральное положение
   z. **value** нулевое значение
   absolute z. абсолютный нуль
   complex z. комплексный нуль
   computer z. машинный нуль

    creep of z. смещение нулевой точки (шкалы)
    decimal z. десятичный нуль
    imaginary z. мнимый нуль
    leading zeros нулевые старшие разряды (числа)
    multiple z. кратный нуль (корень) (функции)
    negative z. отрицательный (машинный) нуль
    nonsignificant z. незначащий нуль (числа)
    suppression of zeros отбрасывание (незначащих) нулей
    time z. начало отсчета времени, нуль оси времени
    trailing zeros нулевые младшие разряды (числа)
zeroaxial проходящий через начало оси координат
zero-decrement не имеющий демпфирования, без затухания
zero-dimensional нуль-мерный; не имеющий размерности, безразмерный
zero-g нулевая перегрузка, невесомость
zeroing установка на нуль (шкалы); приравнивание нулю; заполнение нулями, очистка (области памяти)
zeroize устанавливать (на) нуль; приравнивать нулю; очищать, заполнять нулями
zero-point нулевой
zigzag зигзаг; ‖ зигзагообразный; ‖ делать зигзаги
zonal зональный
zone зона, область, район, участок; диапазон, интервал, полоса, сегмент
    z. of action зона действия
    z. of compression зона сжатия, область сжимающих напряжений
    z. of sphere шаровой пояс
    boundary z. пограничная область, граничный интервал
    brittle z. зона хрупкости (хрупкого разрушения)
    burbling z. область срыва потока
    constraint z. область ограничения
    contact z. зона (участок, пятно) контакта
    dead z. мертвая (застойная) зона; зона нечувствительности
    edge z. краевая зона
    hardened z. упрочненная зона, зона закалки
    low-pressure z. зона низкого давления
    memory z. область памяти (ЭВМ)
    neutral z. нейтральная зона; зона безразличного равновесия
    operating z. рабочая область, зона действия
    plasticity z. зона (область) пластичности
    pressure z. область (повышенного) давления; нижняя поверхность крыла
    ruptured z. зона разрушения
    seismic z. зона сейсмичности
    shadow z. область тени
    sliding z. зона проскальзывания
    suction z. область разрежения (отсоса); верхняя поверхность крыла
    tension z. зона растяжения, область растягивающих напряжений
    tolerance z. поле допуска, допускаемые пределы (погрешности)
    transition z. переходная область
zoom 1. резкий подъем, рост; ‖ резко подниматься, расти; 2. увеличительное стекло, лупа; масштабирование изображения (фрагмента); ‖ увеличивать (масштаб изображения), выделять фрагменты
    to zoom down уменьшать изображение
    to zoom up увеличивать изображение
zooming 1. резкий подъем, рост; 2. масштабирование изображения (фрагмента); увеличенное изображение; ‖ увеличивающий, выделяющий
    z. method метод выделения фрагментов, метод "лупы"
    coarse-to-fine mesh z. подразбиение крупной сетки, (постепенный) переход от крупной к мелкой сетке
    integer z. изменение масштаба в целое число раз
    multiple z. (много)кратное увеличение (масштаба); многократное выделение (все более мелких) фрагментов
Z-type Z-образный, зетовый
    Z. profile Z-образное сечение, зетовый профиль

ПРИЛОЖЕНИЕ

Британские и американские меры

Меры длины

mil	мил	= 0,0254 мм
point	точка	= 0,3527 мм
line	линия	= 2,117 мм
inch	дюйм	= 2,54 см
link	линк	
	геодезический	= 0,2012 м
	строительный	= 0,3048 м
foot	фут	= 0,3048 м
yard	ярд	= 0,9144 м
cable('s) length	кабельтов	
	брит.	= 183 (или 185,3) м
	амер.	= 219,5 м
fathom	фатом, морская сажень	= 1,8288 м
land (statute) mile	сухопутная (статутная, уставная) миля	= 1609,34 м
nautical mile	(международная) морская миля	= 1852 м
land league	сухопутная лига	= 4828 м
marine sea league	(международная) морская лига	= 5556 м

Меры площади

square line	кв.линия	= 4,4817 кв.мм
square inch	кв.дюйм	= 6,4516 кв.см
square foot	кв.фут	= 0,92903 кв.м
square yard	кв.ярд	= 0,83612 кв.м
acre	акр	= 4,0468 кв.м
are	ар	= 100 кв.м
rood	руд	= 10,117 кв.м
hide	хайд	= 40,468 га
land (statute) square mile	сухопутная (уставная) кв.миля	= 2,5899 кв.км

Меры объема общие

cubic inch	куб.дюйм	= 16,3871 куб.см
cubic foot	куб.фут	= 0,028317 куб.м
cubic yard	куб.ярд	= 0,7646 куб.м
peck	пек	
	брит.	= 9,09218 куб.дм
	амер.	= 8,80977 куб.дм

Меры объема жидкостей

ounce	унция жидкая	
	брит.	= 28,416 куб.см
	амер.	= 29,574 куб.см
gill	джилл	
	брит.	= 0,142065 куб.дм
	амер.	= 0,118294 куб.дм
pint	пинта	
	брит.	= 0,568261 куб.дм
	амер.	= 0,473176 куб.дм
quart	кварта	
	брит.	= 1,13652 куб.дм
	амер.	= 0,946353 куб.дм
gallon	галлон	
	брит.	= 4,546 куб.дм
	амер.	= 3,785 куб.дм
barrel, petroleum	баррель нефтяной	= 158,98 куб.дм
barrel, liquid	баррель винный	= 119,24 куб.дм

Меры объема сыпучих веществ

pint	пинта	
	брит.	= 0,568261 куб.дм
	амер.	= 0,550610 куб.дм
quart	кварта	
	брит.	= 1,13652 куб.дм
	амер.	= 1,10122 куб.дм
gallon	галлон	
	брит.	= 4,45609 куб.дм
	амер.	= 4,40488 куб.дм
bushel	бушель	
	брит.	= 36,368 куб.дм
	амер.	= 35,239 куб.дм
barrel	баррель	
	брит.	= 163,655 куб.дм
	амер.	= 115,63 куб.дм

Особые меры объема

register ton	тонна регистровая	= 2,83168 куб.м
freight ton	тонна корабельная	
	брит.	= 1,19 куб.м
	амер.	= 1,132672 куб.м
displacement ton	тонна водоизмещения	= 0,991 куб.м

Мера массы общие

grain	гран	= 64,799 мг
ounce	(торговая) унция	= 28,349 г
pound	фунт	= 453,592 г
stone	стон	= 6,35 кг
quarter	квортер	
	брит.	= 12,7006 кг
	амер.	= 11,34 кг
long hundredweight	хандредвейт длинный	= 50,802 кг
short hundredweight	хандредвейт короткий	= 45,359 кг
cental (centner US)	центал (центнер амер.)	= 45,359 кг
long ton	тонна большая или длинная	= 1016,047 кг
short ton	тонна малая или короткая	= 907,185 кг

Ювелирные (монетные, тройские) меры массы

doit	дойт	= 0,135 мг
mite	майт	= 3,24 мг
grain	гран	= 64,799 мг
pennyweight	пеннивейт	= 1,555 г
ounce	унция	= 31,1035 г
assay ton	пробирная тонна	
	брит.	= 32,6667 г
	амер.	= 29,1667 г
pound	фунт	= 373,242 г

Меры плотности

pound per cubic inch	фунт на куб.дюйм	= 2,76799 кг/куб.м
pound per cubic foot	фунт на куб.фут	= 16,0183 кг/куб.м
pound per liquid gallon	фунт на жидкостный галлон	
	брит.	= 99,7763 кг/куб.м
	амер.	= 119,826 кг/куб.м

Меры силы и момента

poundal	паундаль	= 0,138255 Н
ounce-force	унция-сила	= 0,278014 Н
pound-force	фунт-сила	= 4,44822 Н
pound-force-inch	фунт-сила-дюйм	= 0,112984 Нм
pound-force-foot	фунт-сила-фут	= 1,35582 Нм

Меры давления и напряжения (сила на площадь)

pound-force per square foot	фунт-сила на кв.фут	= 47,88 Па
pound-force per square inch	фунт-сила на кв.дюйм	= 6,895 Па
poundal per square foot	паундаль на кв.фут	= 1,44816 Па
foot of water column	фут водяного столба	= 2,989 Па
inch of water column	дюйм водяного столба	= 249,09 Па
inch of mercury column	дюйм ртутного столба	= 3,38639 кПа

Меры мощности

pound-force-foot per second	фунт-сила-фут в секунду	= 1,35582 Вт
poundal-foot per second	паундаль-фут в секунду	= 42,1401 мВт
horsepower	лошадиная сила	
	брит.	= 745,7 Вт
	амер.	= 746 Вт

Меры скорости и расхода

foot per hour	фут в час	= 0,3048 м/ч
(statute) mile per hour	(уставная) миля в час	= 1,60934 км/ч
knot	узел	= 0,47704 м/с
(nautical mile per hour)	морская миля в час	= 1,852 км/ч
		= 0,5144 м/с
pound per hour	фунт в час	= 0,453592 кг/ч
		= 0,125998 г/с
pound per second	фунт в секунду	= 0,453592 кг/с
cubic foot per second	куб.фут в секунду	= 28,3168 куб.дм/с
cubic yard per second	куб.ярд в секунду	= 0,76455 куб.дм/с
gallon liquid per minute	жидкостный галлон в минуту	
	брит.	= 0,075768 куб.дм/с
	амер.	= 0,063091 куб.дм/с

Соотношение температур по шкалам Фаренгейта (T°F) и Цельсия (T°C)

$$T°C = 5/9 \, (T°F \times 32)$$
$$T°F = (9/5 \times T°C) + 32$$

СОДЕРЖАНИЕ

Предисловие v
От авторов vi
О пользовании словарем vii
Preface viii
Acknowledgements ix
How to use the dictionary x
Литература xi
Словарь 1-651
Приложение. Британские и американские меры 653

Я. Бурман, Г. Бобковский

**Англо-русский
научно-технический словарь.**

ЛР № 090090 от 20 мая 1994 г.

Художественный редактор Т.В. Калинина
Технический редактор Б.Я. Зархин
Корректоры В.В. Кузьмин, Е.В. Егорова, Н.В. Торопова
Подписано в печать 24.10.95. Формат 70х100/16.
Бумага книжно-журнальная. Гарнитура Таймс. Печать офсетная.
Усл. печ. л. 42. Усл. кр.-отт. 42. Уч.-изд. л. 87,5
Тираж 4000 экз. Тип. зак. 3441.

АОЗТ «Джон Уайли энд Санз»
117526 Москва, проспект Вернадского, 101, а/я 83
Тел. (095) 434-4340; факс (095) 434-3383
E-mail *cgrave@wiley.msk.su*

Отпечатано с оригинал-макета в Московской типографии № 2 РАН.
121099 Москва Шубинский пер., 6.